हिन्दी भाषा
और
साहित्य का इतिहास

हिन्दी भाषा और साहित्य का इतिहास

संजय सिंह बघेल

वाणी प्रकाशन

वाणी प्रकाशन

4695, 21-ए, दरियागंज, नयी दिल्ली 110 002

फ़ोन : +91 11 23273167 फ़ैक्स : +91 11 23275710

शाखाएँ

अशोक राजपथ, पटना 800 004, बिहार

कॉफ़ी हाउस कैम्पस, महात्मा गांधी मार्ग, इलाहाबाद 211 001, उत्तर प्रदेश

महात्मा गांधी अन्तरराष्ट्रीय हिन्दी विश्वविद्यालय, वर्धा 442 001, महाराष्ट्र

सुल्तानिया रोड, मोतिया पार्क, भोपाल 462 001, मध्य प्रदेश

www.vaniprakashan.com
marketing@vaniprakashan.in
sales@vaniprakashan.in

HINDI BHASHA AUR SAHITYA KA ITIHAS
by Sanjay Singh Baghel

ISBN : 978-93-89915-33-4
History of Hindi Literature/Linguistics

प्रथम संस्करण 2020

मूल्य : ₹ 795

सिटी प्रेस, दिल्ली-110 095 में मुद्रित

वाणी प्रकाशन का लोगो मक़बूल फ़िदा हुसेन की कूची से

ज्ञान के स्रोत उन सभी गुरुओं और साथियों को समर्पित
जिनकी वजह से इस पुस्तक का सृजन हो सका।
प्रमुखतः प्रो. नित्यानन्द तिवारी, प्रो. (स्व.) कृष्णदत्त पालीवाल,
प्रो. सुधीश पचौरी, प्रो. पुरुषोत्तम अग्रवाल, डॉ. (स्व.) दीपक सिन्हा,
डॉ. रामेश्वर राय, डॉ. अभय ठाकुर (आई.आर.एस.),
समीर वर्मा (आई.ए.एस.), डॉ. विकास दिव्यकीर्ति (प्रबन्ध निदेशक,
'दृष्टि आई.ए.एस.'), सर्वश्रेष्ठ त्रिपाठी (आई.पी.एस.)

भूमिका

हिन्दी भाषा और साहित्य के इतिहास पर अभी तक सैकड़ों पुस्तकें लिखी गयीं। लेकिन भाषा और साहित्य के विद्यार्थियों के लिए अभी तक एक ऐसी पुस्तक का अभाव खलता रहा, जो भाषा और साहित्य की प्रमुख्य प्रवृत्तियों को एक साथ एक पुस्तक में सँजो दे। यह पुस्तक इस दिशा में एक छोटा-सा प्रयास भर मात्र है। इसको सिविल सर्विस परीक्षा के सम्पूर्ण पाठ्यक्रम को न सिर्फ़ ध्यान में रखकर लिखा गया है अपितु उस अभाव को भी पूरा किया गया है, जिसके पाठ्यक्रम को समग्रता से समझने के लिए हमें पच्चीस से तीस पुस्तकों का कम-से-कम सहारा लेना पड़ता है। पुस्तक की यू.एस.पी. (विशिष्टता) भी यही है कि इसमें संघ लोक सेवा आयोग के 'हिन्दी भाषा और साहित्य' के दोनों भागों के पाठ्यक्रम की व्याख्या समग्रता से की गयी हैं, जो इस परीक्षा के प्रतिभागी को 'टू द पॉइंट' कैसे लिखा जाये, इस बात का मार्गदर्शन भी प्रदान करेगी।

पुस्तक को इस दृष्टिकोण से भी लिखने का प्रयास किया गया है कि यदि किसी भी राज्य सेवा का अभ्यर्थी 'हिन्दी भाषा और साहित्य' विषय के साथ कोई परीक्षा देना चाहता है तो उसको भी बहुत न भटकना पड़े। साथ ही 'हिन्दी भाषा और साहित्य' के उन विद्यार्थियों के लिए भी यह पुस्तक उपयोगी साबित हो सकती है, जो स्नातक और परास्नातक स्तर पर इस विषय का अध्ययन कर रहे हैं। ईमानदारी से कहें तो यह पुस्तक 'भाषा और साहित्य' के किसी एक विषय विशेष को गहराई से समझाने में असमर्थ

होगी। हाँ! इतना ज़रूर आश्वस्त कर सकता हूँ कि यह उस कमी को अवश्य पूरा करेगी जिसमें भाषा और साहित्य के दोनों भागों का एक साथ समामेलन हो और जिसको एक समग्र पुस्तकाकार रूप में पढ़कर किसी भी परीक्षा की वैतरिणी को आसानी से पार किया जा सके।

साथ ही, इस पुस्तक में इस बात का भी ध्यान रखा गया है कि जो छात्र एक उपयोगी पुस्तक के अभाव में उन सैकड़ों पुस्तकों को भी पढ़कर के अपना कोई एक मत नहीं बना पाते, दिग्भ्रमित हो जाते हैं कि किसी भी प्रश्न का उत्तर कैसे लिखना है, इस कमी को भी पुस्तक पूरा करेगी। कारण देश भर में फैले 'भाषा और साहित्य' के उन विभिन्न कोचिंग संस्थानों के पढ़ने-पढ़ाने के ढंग और अध्ययन सामग्री के अध्ययन के बाद ही इस पुस्तक का सृजन किया गया है। यह पुस्तक प्रत्येक अभ्यर्थी को यह बताने में सक्षम होगी कि इस विषय को कितना पढ़ना है और कैसे पढ़ना है।

दूसरे शब्दों में कहें तो किसी भी प्रतियोगी परीक्षा की सफलता का मापदण्ड वह समय नहीं होता जो आप उसको पढ़ने और समझने में व्यतीत करते हैं, अपितु वह प्रबन्धन होता है जिसके माध्यम से आप एक सम्मानजनक अंक प्राप्त कर पाते हैं। मेरा मानना है कि किसी भी परीक्षा को पास करना और अच्छे अंक लाना भी एक कला है। इसलिए बिन्दुवार ढंग से एक-एक विषय को समझाने का प्रयास इस पुस्तक में आपको दिखाई देगा।

कहते हैं अनुभव ज्ञान की पराकाष्ठा का परिणाम होता है। जब मैं विद्यार्थी था तो मुझे भी नहीं पता था कि एक प्रश्न के उत्तर को कैसे लिखना है और एक परीक्षक क्या देखकर के किसी विद्यार्थी को अंक देता है। आज जब एक प्राध्यापक और ऐसी परीक्षाओं के मूल्यांकनकर्ता की हैसियत से जब हम उसी चीज़ को देखते हैं तो उस कमी के अभाव का एहसास होता है। इस नज़रिए से भी इस पुस्तक का निर्माण किया गया कि संक्षिप्तता के साथ-साथ कैसे सम्पूर्णता में किसी भी प्रश्न को लिखा जा

सकता है। इस बात का भी ध्यान इस पुस्तक को लिखते समय रखा गया है।

कुल मिलाकर कहा जाये तो इस पुस्तक में अपना कुछ खास नहीं है। थोड़ा-थोड़ा सबका उधार लेकर इस पुस्तक रूपी नीड़ का निर्माण हमने किया है। इसमें सिर्फ़ अनुभव ही अपना है। ज्ञान तो गुरुओं, मित्रों और विद्यार्थियों का समाहित है। इस अवसर पर एक-एक का नाम यहाँ गिना पाना असम्भव है। लेकिन उन सबका कृतज्ञ हूँ, जिनकी बदौलत इस पुस्तक का निर्माण आज सम्भव हो पाया है। इस पूरी यात्रा में पत्नी उमा और बच्चे अद्वित और आरव का साथ हमेशा बना रहा, जो बीच-बीच में न सिर्फ़ लड़ते-झगड़ते रहे, अपितु दैनन्दिन तनाव को भी कम करते रहे। बहन सुधा सिंह का सम्बल घर में शान्ति प्रदान करता रहा जिसके चलते मैं अपने-आपको एकाग्रचित्त कर पाया।

इस अवसर पर वाणी प्रकाशन के अरुण माहेश्वरी जी और अदिति माहेश्वरी को भूल जाना नाइंसाफी होगी क्योंकि इस पुस्तक के प्रस्ताव को जिस सहर्ष भाव से उन्होंने स्वीकारा उसके लिए कृतज्ञता जैसा शब्द छोटा जान पड़ता है।

अपने हिसाब से कोशिश तो यही कि है कि कुछ अच्छा बन पड़े। शेष तो पाठक और लाभार्थी ही बताएँगे। सुधार की गुंजाइश तो हमेशा किसी भी चीज़ में बनी रहती है। इसलिए सुझाव के रूप में आपका फीडबैक यदि मिलता रहे तो हमें अच्छा लगेगा। फीडबैक के लिए आप सीधे हमें हमारे ई-मेल sanjaysinghdu@gmail.com पर अपनी प्रतिक्रिया भेज सकते हैं।

और अन्त में माता-पिता और परम पिता परमेश्वर के आशीर्वाद और उनके स्मरण के साथ...

आपका

संजय सिंह बघेल

अनुक्रम

खण्ड - क

हिन्दी भाषा और नागरी लिपि का इतिहास

खण्ड - ख

हिन्दी साहित्य का इतिहास

खण्ड - क

हिन्दी भाषा और नागरी लिपि का इतिहास

1. हिन्दी भाषा का इतिहास
2. अपभ्रंश, अवहट्ट और आरम्भिक हिन्दी
3. अवधी और ब्रजभाषा का विकास
4. 19वीं सदी में खड़ी बोली हिन्दी का विकास
5. 19वीं सदी में नागरी लिपि का विकास
6. हिन्दी भाषा का मानकीकरण
7. स्वतन्त्रता आन्दोलन और हिन्दी का राष्ट्रभाषा के रूप में विकास
8. भारत में राष्ट्रभाषा के रूप में हिन्दी का विकास
9. हिन्दी भाषा का वैज्ञानिक और तकनीकी विकास
10. हिन्दी की प्रमुख बोलियाँ और उनमें अन्त:सम्बन्ध
11. मानकीकृत हिन्दी की व्याकरणिक संरचना

1

हिन्दी भाषा का इतिहास

'अंग्रेज़ी पढ़ना या पढ़ाना इस देश को अन्तहीन काल तक गुलाम बनाये रखेगा।'—महात्मा गाँधी

हिन्दी में 'भाषा' शब्द की उत्पत्ति संस्कृत की 'भाष्' धातु से हुई है, जिसका अर्थ है 'भाष् व्यक्तायां वाचि' अर्थात् जो व्यक्त वाणी है उसी को भाषा कहते हैं। वाणी का यह स्वरूप लिखित, वाचिक और कायिक कुछ भी हो सकता है, लेकिन भाषा का सबसे महत्त्वपूर्ण रूप ध्वन्यात्मक संकेतों के आदान-प्रदान में ही अभिव्यक्त होता है। अलग-अलग विद्वानों ने भाषा को अलग-अलग ढंग से परिभाषित किया है, लेकिन सबका परिप्रेक्ष्य एक ही था कि यह अभिव्यक्ति का एक माध्यम मात्र है।

1. **डॉ. भोलानाथ तिवारी**—'भाषा निश्चित प्रयत्न के फलस्वरूप मनुष्य के मुख से निकली हुई उस सार्थक ध्वनि को कहते हैं जिसका विश्लेषण और अध्ययन किया जा सके।'

2. **पतंजलि**—'व्यक्ता वाचि येषा त इमे व्यक्त्वाचः' 'अर्थात् जिस वाणी को वर्णों में व्यक्त किया जा सके उसे भाषा कहते हैं।'

3. **हेनरी स्वीट**—'ध्वन्यात्मक शब्दों द्वारा विचारों को प्रकट करना ही भाषा है।'

4. **गार्डिनर**—'विचारों को अभिव्यक्त करने के लिए जिन व्यक्त और स्पष्ट ध्वनि संकेतों का सहारा लिया जाता है उसे भाषा कहते हैं।'

5. **डॉ. श्यामसुन्दर दास**—'मनुष्यों के बीच जब किसी वस्तु के विषय में अपनी इच्छा और विचार का आदान-प्रदान ध्वनि संकेतों के माध्यम से किया जाता है तब उसे भाषा कहते हैं।'

हिन्दी भाषा का इतिहास

- संस्कृत काल शताब्दी तक (3500 ई.पू. से 500 ई.पू. तक) → रामायण महाकाव्य महाभारत कालिदास
- पाली, प्राकृत, अपभ्रंश काल (500 ई.पू. से 1000 ई.पू. तक) → बुद्ध के आदेशों का संग्रह (पिटक)
- 1000 से छठी शती तक → भरतमुनि का नाट्यशास्त्र → भाषा का विकास → शौरसेनी, मागधी, अर्धमागधी, महाराष्ट्री, ब्राचड़, पैशाची
- छठी से दसवीं → पतंजलि का → भामह काव्यालंकार

भाषा के इतिहास को पाँच स्तरों पर बाँटा गया है–

1. संस्कृत–3500 ई.पू. से 500 ई.पू. वैदिक इतिहास एवं लौकिक साहित्य (कालिदास, रामायण, महाभारत आदि)।
2. 500 ई.पू. से 1100 ई. तक (पाली, प्राकृत, अपभ्रंश) पाली–वह भाषा जिसमें महात्मा बुद्ध के वचन सुरक्षित हैं।
3. प्राकृत–1 से छठी सदी।
4. अपभ्रंश–छठी से दसवीं सदी।
5. दसवीं सदी से लेकर आधुनिक भारतीय आर्य–भाषा काल 1000 से लेकर अभी तक।

आधुनिक भारतीय आर्य भाषाओं का विकास अपभ्रंश से हुआ है। हिन्दी के प्रथम काव्य पृथ्वीराज रासो में ये तय करना कठिन है कि कहाँ अपभ्रंश है और कहाँ नहीं। हिन्दी का विकास अपभ्रंश से हुआ है, यह कुछ विवादित है क्योंकि मानक हिन्दी के 70 प्रतिशत शब्द संस्कृत के हैं।

सम्पूर्ण भाषाशास्त्र का अध्ययन चार स्रोतों के माध्यम से किया गया–

(i) ध्वनि के माध्यम से
(ii) शब्द के माध्यम से
(iii) व्याकरणिक संरचना के माध्यम से
(iv) लिपि और वर्तनी के माध्यम से

1. ध्वनि के माध्यम से

ध्वनि–व्याकरण में वर्ण के उच्चरित रूप को ध्वनि कहते हैं। इसका लिखित रूप लिपि कहलाता है। हिन्दी भाषा में कुल 59 ध्वनियाँ स्वीकार की गयी हैं। इस दृष्टि से हिन्दी विश्व की सर्वाधिक समृद्ध भाषा मानी जा सकती है। विश्व की सभी प्रचलित ध्वनियों का सम्मिश्रण इसमें मौजूद है। जिस ध्वनि के उच्चारण में कोई अंग स्पर्श नहीं करता वह स्वर कहलाता है। अर्थात् जिसको बोलने में कोई बाधा उत्पन्न नहीं है। कुछ लोग हिन्दी वर्णमाला में 52 ध्वनियाँ ही स्वीकार करते हैं। जबकि कामता प्रसाद गुरु ने 43 वर्णों को ही मान्यता दी है। सम्पूर्ण ध्वनि व्यवस्था को तीन वर्गों में विभाजित किया गया है।

(i) स्वर (ii) व्यंजन (iii) अयोगवाह ध्वनियाँ (अनुस्वार अनुनासिकता और विसर्ग)

स्वर–वह ध्वनि है जिसके उच्चारण में मुख से निकली हुई हवा अबाध गति से बाहर निकलती है। अर्थात जिसमें किसी प्रकार की बाधा न हो। उच्चारण स्थान, मात्रा, जीभ की स्थिति, ओष्ठ आदि के आधार पर स्वरों का विभाजन किया जाता है। जैसे–

अ, आ (कंठ)
इ, ई (तालव्य)
उ, ऊ (ओष्ठ्य)
ए, ऐ (कंठ-तालव्य)
ओ, औ (कंठोष्ठ्य)

व्यंजन वह ध्वनि है जहाँ उच्चारण के दौरान अंग कहीं भी नहीं टकराते हैं। क - वर्ग (कंठ), च - वर्ग (तालव्य) आदि।

व्यंजनों का विभाजन

व्यंजनों को दो आधारों पर व्याख्यायित किया जाता है–

(i) व्यंजन (ii) संयुक्त व्यंजन

व्यंजन में उच्चारण मुख के किसी-न-किसी भाग से होता है, अतः इसका विभाजन उच्चारण स्थान के आधार पर किया जाता है–

क वर्ग के वर्ण–क, ख, ग, घ, ङ (कंठ से)
च वर्ग के वर्ण–च, छ, ज, झ, ञ (तालु से)
ट वर्ग के वर्ण–ट, ठ, ड, ढ, ण (तालु के मूर्धा भाग से)
त वर्ग के वर्ण–त, थ, द, ध, न (दांतों के मूल से)
प वर्ग के वर्ण–प, फ, ब, भ, म (ओष्ठ्य से)

अन्तस्थ - य, र, ल, व उच्चारण भीतर से होता है, गति से।

उष्म - श, ष, स, ह घर्षण पैदा होती है और ऊष्मा पैदा होती है।

संयुक्त व्यंजन–संयुक्त व्यंजन जैसा कि नाम से ही स्पष्ट है इसमें दो व्यंजनों के सहयोग से जो उच्चारण होता है उसे संयुक्त व्यंजन कहते हैं। उदाहरण–क्ष, त्र, ज्ञ

क्ष - क् + ष
त्र - त् + ट
ज्ञ - ज् + त्र
- ड़ व ढ़

अयोगवाह ध्वनियाँ (अनुस्वार, अनुनासिक, विसर्ग)

ये वह ध्वनियाँ हैं जो न तो स्वर हैं और न ही व्यंजन। ये स्वर इसलिए नहीं हैं क्योंकि इनमें स्वतन्त्र गति नहीं है और व्यंजन इसलिए नहीं हैं क्योंकि ये स्वरों के बाद आती हैं। भाषाशास्त्र में ऐसी तीन ध्वनियाँ चिह्नित की गयी हैं–

(क) अनुस्वार, (ख) अनुनासिक, (ग) विसर्ग

(क) अनुस्वार–अनुस्वार नाक से निकली हुई एक ऐसी ध्वनि है जिसका उच्चारण स्वर के बाद होता है। ये दो शब्दों से मिलकर बनी है अनु + स्वर = अर्थात् जो नासिक ध्वनियों के बाद आती हैं। जैसे–गंजा, गंगा, ठंडा, लम्बा आदि। अनुस्वार का प्रयोग पंचम वर्ण ('ङ', 'ञ', 'ण', 'न', 'म'–ये पंचमाक्षर कहलाते हैं।) के स्थान पर किया जाता है। जैसे–

गंगा – गङ्गा
झंडा– झण्डा
चंचल – चञ्चल
मंद – मन्द
संबल – सम्बल

गंगा (गङ्गा), झंडा (झण्डा), चंचल (चञ्चल), मंद (मन्द), संबल (सम्बल) आदि वर्णों में अनुस्वार (ं) के बाद आने वाले वर्ण का सम्बन्ध जिस वर्ग के साथ है, अनुस्वार उसी वर्ग के पाँचवें वर्ण के स्थान पर प्रयुक्त हो रहा है। यही पंचम वर्ण के प्रयोग का नियम है।

(ख) अनुनासिक–नाक से निकली हुई एक ऐसी ध्वनि है जिसको स्वर के साथ जोड़कर बोला जाता है। अनुनासिक स्वरों के उच्चारण में मुँह से अधिक तथा नाक से बहुत कम साँस निकलती है। इसमें स्वर अक्षर जैसे अ, आ के साथ चन्द्रबिन्दु तथा ए, ओ की मात्रा के साथ बिन्दु का प्रयोग किया जाता है।

जैसे–चाँद, आँख, माँ, गाँव आदि। इसी तरह जहाँ सिर्फ बिन्दु का प्रयोग किया जाता है वहाँ भी अनुनासिक होता है। जैसे–में, मैं, जौंक आदि।

(ग) विसर्ग–यह एक ऐसी ध्वनि है जिसका उच्चारण तत्सम शब्दों में स्वर के बाद 'ह' के रूप में होता है। विसर्ग अपने-आप में कोई अलग वर्ण नहीं है, वह केवल स्वराश्रित है। विसर्ग का उच्चारण विशिष्ट होने से उसे पूर्णतया शुद्ध नहीं लिखा जा सकता, क्योंकि विसर्ग अपने आप में ही किसी उच्चारण का प्रतीक मात्र है। जैसे–अतः, पुनः, प्रायः, निःशुल्क, निःसंकोच, निःस्वार्थ, दुःख। विसर्ग के पूर्व 'अ' कार हो तो विसर्ग का उच्चारण 'ह' जैसा, 'आ' हो तो 'हा' जैसा, 'ओ' हो तो 'हो' जैसा,'इ' हो तो 'हि' ...इत्यादि जैसा होता है। पर विसर्ग के पूर्व अगर 'ऐं' कार हो तो विसर्ग का उच्चारण 'हि' जैसा होता है।

विसर्ग के दो **सहस्वनिक** होते हैं–

केशवः = केशव (ह)
बालाः = बाला (हा)
भोः = भो (हो)
मतिः = मति (हि)

पंक्ति के मध्य में विसर्ग हो तो उसका उच्चारण आघात देकर 'ह' जैसा करना चाहिए।

उल्लेखनीय है कि हिन्दी वर्णमाला में अनुस्वार और अनुनासिक ध्वनियों की गणना एक ध्वनि के रूप में की जाती है। इस प्रकार अयोगवाह ध्वनियाँ मुख्यतः दो ही होती हैं।

इस प्रकार स्वर (12), व्यंजन (45) और अयोगवाह (2) मिलाकर कुल ध्वनियाँ 59 होती हैं।

2. शब्द के माध्यम से हिन्दी शब्द सम्पदा का विकास

ध्वनियों के सार्थक समूह को शब्द कहते हैं अर्थात् जिसका कोई अर्थ हो उसे शब्द कहा जाता है। किसी भी विकसित और विकासशील भाषा की सबसे बड़ी विशेषता यह होती है कि उसमें विविध माध्यमों से आये शब्द जुड़ते चले जाते हैं तथा वह अधिक से अधिक भौगोलिक क्षेत्रों तथा सन्दर्भों में प्रयुक्त होने लगती है। भाषा में किस–किस के शब्द हैं और उनका उपयोग किसके लिए किया जाता है, इन तथ्यों के माध्यम से उस भाषा के विकास के स्तर एवं स्वरूप को विश्लेषित किया जाता है।

शब्द के माध्यम से हिन्दी शब्द सम्पदा का विकास मूलतः चार रूपों में हुआ है अर्थात् हिन्दी में चार स्रोतों से शब्द आये हैं–

(क) तत्सम
(ख) तद्भव
(ग) देशज
(घ) विदेशी या विदेशज

(क) तत्सम–संस्कृत के वे शब्द जो बिना किसी परिवर्तन के हिन्दी में आ गये हैं उन्हें तत्सम कहा जाता है। संस्कृत में तत्सम का अर्थ है तत (उसके) + सम (समान)अर्थात् वे शब्द जो संस्कृत में मिलते थे उनको उसी रूप में ले लिया गया हो। चूँकि हिन्दी भाषा का विकास संस्कृत से हुआ है, अतः स्वाभाविक रूप से संस्कृत शब्दों का हिन्दी में आना न केवल उचित है अपितु हिन्दी के शब्द भंडार को बढ़ाने में संस्कृत की भूमिका बहुत महत्त्वपूर्ण रही है।

तत्सम शब्दों का प्रयोग अपनी जटिलता के कारण व्यवहार की भाषा में नहीं हो पाया और इसका अधिकतम प्रयोग लिखित भाषा के रूप में ही रहा। संस्कृत का चूँकि भारत के सन्दर्भ में अपना एक ऐतिहासिक महत्त्व रहा है इसलिए इसका प्रयोग प्रायः पूजा-पाठ, रीति-रिवाज, सांस्कृतिक अनुष्ठानों आदि को सम्पन्न कराने में होता रहा है। इस तरह से तत्सम शब्दों का प्रयोग प्रायः व्यावहारिक न होकर अनुष्ठानों तक ही सीमित होता चला गया और मानवीय क्रियाकलापों और अनुभवों से यह भाषा कटती चली गयी। इसीलिए इसमें कहानी, उपन्यास और नाटक कम लिखे गये, जो यथार्थ का चित्रण करते हैं।

सामाजिक वर्गीकरण की दृष्टि से देखें तो संस्कृत मूलतः उच्च वर्ग की भाषा रही, अर्थात् प्रारम्भिक समय से ही जो पढ़ा-लिखा वर्ग था वह ही संस्कृत का प्रयोग करता था। जबकि आम बोलचाल की भाषा के रूप में बोलियों का प्रयोग होता रहा। इस सबके बावजूद इसके जो सहज और सरल शब्द थे उनको हिन्दी शब्द-भंडार में सुरक्षित कर लिया गया और इनका उपयोग सामान्य बोलचाल में होता रहा। जैसे–कल, नेता, मन्त्री, साधु, उपकार, महात्मा इत्यादि। इसके विपरीत जो शब्द जटिल थे उनका उपयोग सामान्य बोलचाल की भाषा से दूर रहा। जैसे–अन्तर्भूत, बहिर्गमन, वायुयान, औषधालय, क्षीर, आम्र, अग्नि इत्यादि।

जहाँ तक हिन्दी साहित्य के इतिहास के भीतर तत्सम शब्दों के प्रयोग की बात है तो इसका उपयोग तुलसीदास और जायसी के काव्य में अधिक दिखाई देता है। इसकी कुछ प्रवृत्ति छायावाद में भी दिखाई देती है, जबकि प्रयोगवाद के भीतर इसका प्रयोग विजातीय शब्दों के रूप में किया जाता है।

गद्य साहित्य के भीतर इसका प्रयोग हजारी प्रसाद द्विवेदी द्वारा लिखित पौराणिक-ऐतिहासिक उपन्यास (बाणभट्ट की आत्मकथा) में किया गया। इसकी कुछ झलक प्रसाद के नाटकों में भी दिखाई देती है। आचार्य रामचन्द्र शुक्ल तत्सम शब्दों का प्रयोग जमकर करते थे। हिन्दी साहित्य के इतिहास में जयशंकर प्रसाद एकमात्र

ऐसे रचनाकार थे जिन्होंने अपनी कविता और नाटकों दोनों में तत्सम शब्दों का भरपूर प्रयोग किया। उनकी सबसे प्रसिद्ध कृति *कामायनी* की पहली पंक्ति में ही तत्सम शब्दों के उपयोग की एक बेहतरीन झलक देखने को मिलती है।

"हिमाद्रि तुंगशृंग से प्रबुद्ध शुद्ध भारती
स्वयंप्रभा समुज्ज्वला स्वतन्त्रता पुकारती"

(ख) तद्भव–तद्भव वे शब्द हैं जो संस्कृत से उत्पन्न तो हुए हैं पर जो संस्कृत जैसे नहीं हैं। यह हिन्दी में प्राकृत के माध्यम से आये। तद्भव का अर्थ है तत् (उससे) + भव (निर्मित) अर्थात् जो शब्द संस्कृत के समान तो नहीं हैं पर संस्कृत से ही निर्मित हैं, उन्हें तद्भव कहा जाता है। भाषा के विकास की परम्परा में शब्दों की प्रकृति निरन्तर बदलती रहती है। इसी बदलाव के क्रम में जो शब्द संस्कृत से बदलकर हिन्दी में स्वीकार कर लिए गये वही तद्भव कहलाते हैं।

हिन्दी के शब्द भंडार में सबसे अधिक महत्त्वपूर्ण स्थान इन्हीं तद्भव का है। यद्यपि यह हिन्दी संस्कृत से ही निर्मित है लेकिन उससे यह अलग भाषा है। संस्कृत से हिन्दी के भाषिक विकास को सरलीकरण की जिस प्रक्रिया के माध्यम से विश्लेषित किया जाता है, तद्भव शब्द उसी परम्परा के आधार स्तम्भ हैं।

तद्भव शब्दों का प्रयोग प्राय: लोक परम्पराओं में घटने वाली घटनाओं, विचारों, तथ्यों आदि के माध्यम से किया जाता है। ऐसे शब्द समाज के उस वर्ग से सम्बन्धित होते हैं जो वर्ग आर्थिक और सामाजिक रूप से कमज़ोर होता है। यह वर्ग जटिल भाषा का प्रयोग न करके प्राय: ऐसे सामान्य शब्दों का प्रयोग करता है जो उसके दैनिक जीवन में रोज़ प्रयोग में आते हैं। अर्थात् लोक जीवन में प्रयोग होने वाली भाषा का दूसरा नाम ही तद्भव है।

उदाहरण के लिए–

"गोरख जगायो जोग, भगति भगाए लोग"

अग्नि	–	आगिन	–	आग
(संस्कृत)		**(प्राकृत)**		**(हिन्दी)**
वत्स	–	बच्छ	–	बाछा, बच्चा
पुण्य	–	पुण्ण	–	पुन्न
मध्य	–	मज्झ	–	में
नव	–	नअ	–	नौ

3. देशज–देशज वह शब्द हैं जिनकी व्युत्पत्ति का कोई पता नहीं है अर्थात् जिनकी उत्पत्ति का स्रोत पता नहीं है। लेकिन यह ऐसे शब्द हैं जिनका जन्म देश में ही हुआ है। यहाँ देश से तात्पर्य भाषा के उस क्षेत्र से है जो लोग यहाँ की परम्परा और संस्कृति में पैदा हुए और उसको भाषा और साहित्य के भीतर एक शब्द के

रूप में स्वीकार कर लिया गया। देशज शब्द प्रायः ध्वन्यात्मक होते हैं तथा ध्वनि के अनुकरण से ही निर्मित होते हैं। जैसे–चिड़िया, कटोरा, खिड़की, जूता, पगड़ी, लोटा, भौंपू, घर्घर, किलकारी, टर्र–टर्र इत्यादि।

देशज भाषा की सबसे बड़ी विशेषता यह होती है कि इसका निर्माण किसी क्षेत्र विशेष में होने के कारण यह एक वर्ग विशेष की भाषा के रूप में प्रयुक्त होती है। इस भाषा में किसी अंचल विशेष की लोक संस्कृति की झलक पूरी गहराई के साथ दिखाई देती है अर्थात् इन शब्दों की व्यंजना भी बहुत प्रभावी होती है। जैसे–*मैला आंचल* हिन्दी साहित्य का ऐसा ही उपन्यास है जो कि देशज अथवा आंचलिक शब्दों के सहारे लिखा गया। लेकिन यही भाषा जब सर्वग्राही हो जाती है तो इसका फलक विस्तृत हो जाता है जिसको सम्पूर्ण समाज द्वारा स्वीकार कर लिया जाता है।

(घ) विदेशी या विदेशज–विदेशज शब्द वे हैं जो बाहर से आये, जैसे–अरबी, फ़ारसी, तुर्की, पुर्तगाली, चायनीज़, अंग्रेज़ी इत्यादि। इन्हें विदेशज शब्द कहने का एक कारण यह भी है कि ये शब्द हमारे देश में पैदा नहीं होते लेकिन सांस्कृतिक आदान–प्रदान और पर्यटन आदि की वजह से ऐसे शब्द एक देश से दूसरे देश में पहुँच जाते हैं और प्रचलन में आ जाते हैं। प्रारम्भ में ऐसे शब्दों को कुछ व्याकरणाचार्यों और शुद्धतावादियों का प्रतिरोध सहना पड़ता है लेकिन कालान्तर में इसके निरन्तर उपयोग से इन्हें अब भाषा के एक अंग के रूप में स्वीकार कर लिया जाता है।

दूसरा विदेशी भाषाओं का देशीय संस्करण कई बार इसलिए भी उसी रूप में स्वीकार कर लिया जाता है क्योंकि कुछ शब्दों को अन्तर्राष्ट्रीय मान्यता मिल चुकी होती है। जैसे–इंटरनेट, ब्लॉग आदि। यद्यपि इनके देशीय शब्द गढ़े गये यथा–इंटरनेट के लिए अन्तर्जाल और ब्लॉग के लिए चिट्ठा, लेकिन बहुतायत, खासकर युवा वर्ग द्वारा इंटरनेट और ब्लॉग का ही उपयोग लगातार करते रहने से इन शब्दों को उसी रूप में स्वीकार कर लिया गया। ऐसा सांस्कृतिक और तकनीकी संक्रमण के कारण भी होता है, क्योंकि भूमण्डलीकरण ने व्यावसायिक और वैश्विक सीमाओं को जिस तरह से तोड़ा है उससे भाषा का विस्तार होना स्वाभाविक था। साथ ही एक देश से दूसरे देश में भाषाओं और शब्दों का आवागमन भी बढ़ा है। ऐसे में दूसरे देश के शब्दों को ग्रहण करने के अलावा और कोई रास्ता नहीं बचता।

फ़ारसी–अफ़सोस, आतिशबाज़ी, ज़िन्दगी, शादी
अरबी–अमीर, इलाज, आदत, तरक्की, मौसम, दुआ
तुर्की–कालीन, तलाश, चेचक, बेगम
पुर्तगाल–आलपीन, गिरजा, तम्बाकू

3. मानक हिन्दी का व्याकरणिक रूप

(i) **संज्ञा**–यह विकारी शब्द हैं। विकारी (वह जिसके रूप में परिवर्तन सम्भव है। उदाहरण लड़का-लड़के) संज्ञा वह विकारी शब्द है जिससे किसी विशेष, वस्तु या नाम का बोध होता हो।

(i) **व्यक्तिवाचक संज्ञा**–वह व्यक्ति या वस्तु विशेष से सम्बन्ध रखता है, उदाहरण–हिमालय, गंगा, राम, पूर्व।

(ii) **जातिवाचक संज्ञा**–जातिवाचक संज्ञा से अर्थ पूरी जाति विशेष का प्रतिनिधित्व करने वाले शब्द से है। उदाहरण–गाय, आदमी, जंगल आदि वर्ग का प्रतिनिधित्व करते हैं।

(iii) **समूहवाचक**–जिससे समूह का प्रतिनिधित्व होता है जैसे सभा, झुंड, गुच्छा। समूह व वर्ग में अन्तर है। समूह छोटा होता है और वर्ग बड़ा।

(iv) **द्रव्यवाचक**–वे वस्तुएँ जिन्हें नापा या तौला जा सकता है, उदाहरण, सोना, तेल, दूध आदि।

(v) **भाववाचक**–जिस संज्ञा शब्द से वस्तु या व्यक्ति के गुण, धर्म या दशा का पता चले, उदाहरण–बुढ़ापा, मिठास, गर्मी, घबराहट।

(ii) **सर्वनाम**–सर्वनाम उस विकारी शब्द को कहते हैं जो संज्ञा के बदले में प्रयुक्त होते हैं। जैसे मैं, तुम, वह आदि।

सर्वनाम के भेद–सर्वनाम के 6 भेद हैं–

(i) **पुरुष वाचक–**

(क) **उत्तम पुरुष**–मैं (एकवचन), हम (बहुवचन)

(ख) **मध्यम पुरुष**–तुम, तुम लोग।

(ग) **अन्य पुरुष**–वह, वे

(ii) **निजवाचक**–जो अपने लिए कहा जाये।

(iii) **निश्चयवाचक**–जिससे निश्चय का बोध हो जैसे–यह, वह।

(iv) **अनिश्चयवाचक**–जिससे निश्चय का बोध न हो–कोई, कुछ।

(v) **सम्बन्धवाचक**–जो, सो।

(vi) **प्रश्नवाचक**–कौन, क्या।

(iii) **क्रिया**–जिस शब्द से किसी काम के होने या करने का बोध हो उसे क्रिया कहते हैं जैसे बोलना, सोना, चलना, दौड़ना आदि। क्रिया के मूल रूप को 'धातु' कहते हैं।

क्रिया के भेद

(क) **सकर्मक**—जिस क्रिया में कर्म लगा होता है या जिस वाक्य में क्रिया का प्रभाव किसी अन्य पर पड़ता है। उदाहरण—मैं किताब पढ़ रहा हूँ।
(कर्ता) (प्रभाव)

(ख) **अकर्मक**—जिसमें क्रिया का प्रभाव कर्ता पर ही पड़ता है। उदाहरण—मैं रो रहा हूँ।

(ग) **संयुक्त क्रिया**—जो क्रिया दो या अधिक धातुओं/क्रियाओं के मेल से बनती हैं। उदाहरण शेखर रोने लगा। मैं गिर पड़ा।

(घ) **सहायक क्रिया**—क्रिया का वह रूप जो क्रिया के काल कर्ता के अनुसार प्रयुक्त होता है। जैसे वह खाता है। मैं खाता हूँ। वे दौड़ते हैं।
हैं, हैं, हूँ, था, गे, गें आदि।

पूर्वकालिक क्रिया—जब कर्ता एक क्रिया समाप्त कर उसी समय दूसरी क्रिया में प्रवृत्त होता है तो पहली क्रिया पूर्वकालिक कहलाती है। उदाहरण—उसने नहाकर भोजन किया।, वह काम पूरा करके खेलने गया।

(iv) **विशेषण**—जो संज्ञा या सर्वनाम की विशेषता बताये वह विशेषण कहलाता है और जिसकी विशेषता बताई जाये उसे 'विशेष्य' कहा जाता है।

(v) **क्रिया विशेषण**—जिस शब्द क्रिया अथवा विशेषण की विशेषता प्रकट हो उसे क्रिया विशेषण कहते हैं।
राम धीरे-धीरे टहलता है।
क्रिया विशेषण (क्रिया)
वह बहुत बड़ा आदमी है।
क्रिया विशेषण (क्रिया)

(vi) **उपसर्ग और प्रत्यय**—

उपसर्ग—उस शब्दांश या अव्यय को उपसर्ग कहते हैं जो किसी शब्द के आरम्भ में जुड़कर विशेष अर्थ को प्रकट करता है। (अव्यय - वे शब्द जिनके रूप में कोई परिवर्तन नहीं होता। काल, क्रिया आदि का प्रभाव नहीं पड़ता) नया शब्द बन जाता है। उदाहरण—

प्र + हार = प्रहार
अनु + करण = अनुकरण
अभि + भावक = अभिभावक
आ + गमन = आगमन
शब्द की प्रकृति में परिवर्तन कर देता है।

प्रत्यय—शब्द के बाद जो अक्षर या अक्षर समूह लगाया जाता है उसे प्रत्यय समूह कहते हैं।

भला + आई = भलाई
होना + हार = होनहार
दया + वान = दयावान

प्रत्यय के दो रूप–कृदंत, तद्धित

(i) **कृदंत**–क्रिया या धातु के अन्त में लगने वाले प्रत्ययों को कृत-प्रत्यय कहते हैं और उनके मेल से बने शब्दों को कृदंत। ये क्रिया या धातु के रूप में परिवर्तन करते हैं।

कृतप्रत्यय	**क्रिया**	**शब्द**
वाला	गाना	गानेवाला
हार	होना	होनहार
इया	छलना	छलिया
धातु		
अन	नी	नयन
ति	शक्	शक्ति
तव्य	कृ	कर्त्तव्य

(ii) **तद्धित**–संज्ञा, सर्वनाम या विशेषण के अन्त में लगने वाले प्रत्यय को तद्धित कहते हैं।

मानव + ता = मानवता
अच्छा + ई = अच्छाई
अपना + पन = अपनापन

(vii) **कारक**–संज्ञा या सर्वनाम के जिस रूप से वाक्य के अन्य शब्दों के साथ उनका सम्बन्ध सूचित हो उस रूप को कारक कहते हैं। कारक वह चिह्न हैं जिनसे वाक्य निर्माण होता है। कारक वाक्य रचना की मौलिक इकाई है। इसके बिना वाक्य नहीं बन सकता है।

कारकों का वर्गीकरण (कारक चिन्ह)

(1) **ने** - कर्ता (उसने देखा, मैंने कहा)
सामान्यतः ने का प्रयोग सकर्मक क्रिया के साथ होता है।

(2) **को** - कर्म
राम ने रावण को मारा।
मैंने पुस्तक पढ़ी। (को सायलेंट)

(3) **करण (माध्यम)**–मोहन ने लाठी से साँप को मारा। (माध्यम या करण)

(4) **सम्प्रदान** - को, के। जिसके लिए क्रिया की जाती है वह सम्प्रदान है।
राम ने सीता की मुक्ति के लिए रावण से संघर्ष किया।

(5) **अपादान** - से (कारण–अथवा माध्यम के लिए अपादान में अलगाव के लिए)

पेड़ से पत्ते गिरते हैं।

(6) **सम्बन्ध** - सम्बन्ध बताने वाले चिह्न (का, के, की)

(7) **अधिकरण** - में भी सम्बन्ध होता है पर यह वस्तुओं के सहचर्य से होता है।

जैसे मेज पर पुस्तक रखी है।

(8) **सम्बोधन** - अरे, अजी, अहो आदि।

2

अपभ्रंश, अवहट्ट और आरम्भिक हिन्दी

1. अपभ्रंश का सामान्य परिचय

अपभ्रंश की पहचान आधुनिक व प्राचीन भारतीय आर्यभाषाओं के बीच कड़ी के रूप में होती है। इसमें प्राकृत की तमाम विशेषताएँ होने के साथ ही नयी भाषिक प्रवृत्तियों का उदय हुआ। इन नवीन प्रवृत्तियों से ही नवीन भाषाओं का उदय हुआ भी माना जाता है। संस्कृत में इसे अपभ्रंश या अपभ्रष्ट कहा गया।

नामवर सिंह के अनुसार 'भारतीय आर्य भाषा के विकास की जो अवस्था अपभ्रंश के नाम से जानी जाती है, उसके लिए प्राचीन संस्कृत ग्रन्थों में अपभ्रंश या अपभ्रष्ट नाम मिलते हैं।'

प्राकृत ग्रन्थों में अन्य नामों का भी उल्लेख है–अवब्यंस, अवहंस–अवहट्ठ, अवहत्य, अवहट्, अवहठ। परन्तु संस्कृत का 'अपभ्रंश' नाम ही स्वीकृत हुआ है।

कई रचनाकारों ने अपभ्रंश के लिए अनेक नामों का प्रयोग किया है।

स्वयंभू (अपभ्रंश के वाल्मीकि) – पउमचरिउ (पद्मचरित) – 8वीं सदी – 'अवहत्य' शब्द का प्रयोग। संस्कृत अपभ्रष्ट का तद्भव।

अद्दहमाण (अब्दुल रहमान) – सन्देश शासक (विरह काव्य) अवहट्ट नाम का प्रयोग।

ज्योतिरीश्वर और **विद्यापति** – अवहट्ट।

अतः 10वीं सदी तक अनेक नाम प्रचलित थे। 15वीं सदी में 'अपभ्रंश' नाम स्वीकृत हुआ। दूसरी सदी ई.पू. पतंजलि – 'अपभ्रंश' नाम – "एकैकस्थ शब्दस्थ बहवो अपभ्रंशाः" (एक शब्द के जो बहुत सारे अर्थ और रूप होते हैं वही 'अपभ्रंश' हैं।) उन्होंने कहा कि आर्येतर जातियाँ, जो भाषिक और व्याकरणिक दृष्टि से भ्रष्ट और अशुद्ध शब्दों को प्रयुक्त करती हैं वे ही अपभ्रंश हैं। भाषा के अर्थ में नहीं, व्याकरण असम्मत शब्दों के रूप में पहली सदी में भरत ने इसे आरम्भिक बोली कहा। पहले केवल संस्कृत और प्राकृत के रूप में पहचान मिली। 6वीं सदी में संस्कृत के महान व्याकरणाचार्य भामा ने भी इसे मान्यता दे दी।

वल्लभि के राजा धरसेन द्वितीय के तामपत्र में लिखित भाषा की पहचान अपभ्रंश के रूप में की गयी। साहित्य में इसका प्रथम प्रयोग कालिदास द्वार। 'विक्रमोर्वशीयम्' में स्त्री, नौकरों और शूद्रों की भाषा के रूप में फुटकर प्रयोग हुआ।

धीरे-धीरे यह मुख्य साहित्यिक भाषा के रूप में प्रतिष्ठित हो गयी। इसके कारण राजनीतिक व धार्मिक थे।

अनेक राजाओं का प्रश्रय–मानखेट के राष्ट्रकूट, बंगाल के पाल, जैन और सिद्ध, साहित्य, जैसे-जैसे इसका विकास हुआ तो इसमें भेद होते गये और क्षेत्रों के आधार पर भी इसे वर्गीकृत किया गया। अपभ्रंश के व्यापक प्रचार-प्रसार के साथ इसके क्षेत्रीय भेदों व उपभेदों का विकास हुआ। भाषा वैज्ञानिकों ने इसके अलग-अलग चार मुख्य आधार माने। 11वीं सदी में 'नामिसाधु' ने इसके तीन भेद किये–

सामाजिकता के आधार पर–

1. उपनागर 2. आभीर 3. ग्राम्य

मार्कण्डेय - 17वीं सदी

1. नागर 2. उपनागर 3. ब्राचड

इसके 27 उपभेदों का भी उल्लेख मिलता है। इसका नागरता, जातीयता व क्षेत्र आधार था।

डॉ. तंगारे–1. पश्चिमी 2. पूर्वी 3. दक्षिणी।

डॉ. धीरेन्द्र वर्मा - अपभ्रंश चूँकि स्वतन्त्र भाषा नहीं है और इसका विकास प्राकृत से हुआ अतः प्राकृतों के आधार पर इसका भेद किया।

1. शौरसेनी
2. मागधी
3. अर्धमागधी
4. महाराष्ट्री
5. पैशाची

नागर–गुजरात की बोली थी। गुजरात के नागर ब्राह्मणों द्वारा एवं नगरों में बोली जाती थी। इसे शिष्ट भाषा का दर्जा प्राप्त था। अपभ्रंश का अधिकांश साहित्य इसी में है।

अपभ्रंश का प्राचीनतम रूप 'विक्रमोर्वशीयम्' में देखने को मिलता है। अधिकांशतः रचनाएँ इसी में देखने को मिलती हैं। उदाहरण–भविष्यत कहा, जसहर चरिउ, पउम चरिउ, योग प्रकाश पाहण दोहा।

उपनागर–राजस्थान। इसमें ब्राचड और नागर का मिश्रण है।

ब्राचड का उपयोग सिन्ध प्रान्त में होता है। इसका कोई साहित्य उपलब्ध नहीं है।

उपलब्ध साहित्य के आधार पर

पश्चिमी–शौरसेनी का परवर्ती रूप, कालान्तर में गुजरात और राजस्थानी बोलियों का मिश्रित रूप लिए हुए है।

पूर्वी - सिद्धों की साहित्य रचना इसी में हुई। उदाहरण–सरहपा, कण्हपा।

दक्षिणी–पुष्पदंत। रचनाएँ–महापुराण, करकंड चरिउ।

वास्तविक भेद डॉ. धीरेन्द्र वर्मा द्वारा किया गया। प्राकृत और अपभ्रंश का सम्बन्ध अक्षुण्ण रहता है।

अपभ्रंश का महत्त्वपूर्ण साहित्य दो प्रकार का है–

1. प्रबन्ध काव्यों की परम्परा मुख्यत: जैन रचनाकारों में, जिन्होंने पौराणिक कथाओं को जैन धर्म अनुसार बनाया।
2. मुक्तक काव्य–वह कविता जिसमें कोई कथा नहीं होती अर्थात् नीतिकाव्य।

प्रमुख रचनाकार

ज्योतिरीश्वर–वर्णरत्नाकर
वंशीधर–प्राकृत पैंगलम्
अद्दहमाण–सन्देश-रासक
स्वयंभू–पउम-चरिउ
पुंष्पदंत–महापुराण
दामोदर शर्मा–उक्ति-व्यक्ति प्रकरण
रोड़ा–राउलबेल
विद्यापति–कीर्तिलता
इसके आधार पर भाषिक विशेषताएँ।

भाषिक विशेषताएँ

1. संस्कृत ने व्याकरण के विस्तार और जटिलताओं को अपभ्रंश में छोड़ा और भाषा को सरलीकृत किया।
2. विभक्ति चिह्नों की संख्या में अभूतपूर्व कमी आयी।
3. परसर्गों की बहुलता बढ़ी। शब्द और परसर्ग की अलग व्यवस्था। अलग से परसर्ग जोड़ने की प्रथा ईजाद हुई। उदाहरण : धरहि माँझ
4. क्रिया पदों में तद्धित की जगह कृदंत की प्रधानता हुई। वाक्यविन्यास में शब्दों की क्रमिकता पर ध्यान दिया गया। भाषा में उकार बहुलता की प्रवृत्ति बढ़ी।

हिन्दी के विकास में अपभ्रंश का योगदान

लगभग 1000 वर्ष की यात्रा प्रक्रिया (10वीं ई. 20वीं ई.) से गुजरकर आज हिन्दी जिस पड़ाव पर पहुँची है, उसमें अनेक भाषाओं का योगदान है। विद्वानों की मान्यता है कि भारतीय आर्य भाषाओं के साथ ही हिन्दी का विकास भी हुआ। चूँकि भारतीय आर्य भाषाओं का विकास अपभ्रंश के माध्यम से हुआ। अत: इसमें हिन्दी के बीज भी दिखाई दिये। इसने भाषिक एवं साहित्यिक दोनों स्तरों पर प्रभावित किया है। अपभ्रंश को हिन्दी की जननी भी कहते हैं। संस्कृत से अलगाव की प्रेरणा अपभ्रंश से मिली।

1. व्याकरण के स्तर पर
2. साहित्य के स्तर पर।

हिन्दी की व्याकरणिक (भाषिक) संरचना पर प्रभाव

1. हिन्दी की एक प्रधान प्रवृत्ति अपभ्रंश से विकसित हुई - अन्त्य स्वर का लोप हुआ। इसका प्रारम्भ अपभ्रंश से ही होता है।

द्राक्षा–दाख चुंच–चोंच

निद्रा–नींद (हिन्दी के तद्‌भव शब्द) बन्ध्या–बाँझ

2. पंचमाक्षरों के स्थान पर अनुस्वार का प्रयोग। यह अपभ्रंश में प्रारम्भ हुआ और भाषा के सरलीकरण के लिए हिन्दी में अत्यन्त विकसित हुआ।

अङ्क–अंक दण्ड–दण्ड

बन्धन–बंधन पञ्च–पंच

किशोरी दास वाजपेई ने कहा–अपभ्रंश ज-ण की भाषा है। अपभ्रंश में 'ण' की बहुलता थी परन्तु हिन्दी ने इसे भी छोड़ा।

3. संस्कृत के संयुक्त व्यंजनों के सरलीकरण की प्रवृत्ति हिन्दी में अपभ्रंश से आयी इससे उच्चारण में सरलता आयी।

काष्ठ–काठ आश्चर्य–अचरज

श्रेष्ठि–सेठ उद्‌दतेन–उबटन

4. अनेक महाप्राण ध्वनियों के स्थान पर 'ह' कर देने की प्रवृत्ति प्राकृतों से अपभ्रंश और यहाँ से हिन्दी में आयी।

आखेट–अहेर कथानक–कहानी

गर्दभ–गदहा। दुर्लभ–दुलहा।

मधूक–महुआ।

5. शब्द के बीच में पड़ने वाले 'क', 'ग', 'च', 'ज', 'त', 'द' का लोप प्राकृत में हो गया। ला और उसके स्थान पर 'अ' का प्रयोग होता था। अपभ्रंश में भी प्रवृत्ति थी। हिन्दी ने प्राकृत और अपभ्रंश के इस ढाँचे को छोड़कर अपनी अलग

विशेषताएँ अपनायी।

इअर–इतर बअन–वचन

पआस–प्रकाश जीअन–जीवन

6. परसर्गों का विकास (अति महत्त्वपूर्ण) को, के, से, का, की, में, पर। इनका स्रोत अपभ्रंश है।

क लागि–के लिए सणे–ने

संस्कृत और प्राकृत में परसर्गों की प्रवृत्ति नहीं थी। यह एक भाषिक योगदान है।

7. हिन्दी के अनेक सर्वनामों की रचना का स्रोत भी अपभ्रंश है।

मह–मैं किचा–कितना

तुहु–तू जिन्ता–जितना

एट–यह

8. अपभ्रंश में संयुक्त क्रियाओं का सूत्रपात हुआ इसलिए संयुक्त क्रियाएँ हिन्दी में अपभ्रंश की देन हैं। इससे हिन्दी में नयी अर्थवत्ता पैदा हुई। आ गया, चल पड़ा, खा लिया, गिर पड़ा।

इस प्रकार ध्वनि, शब्द, रचना एवं व्याकरण के स्तर पर अपभ्रंश का बहुत बड़ा योगदान है।

साहित्य के स्तर पर

अपभ्रंश और हिन्दी साहित्य में इतनी सघन निकटता है कि भाषा या साहित्य के रूप में उनकी पहचान करना कठिन है। 'आदि काल के भीतर अपभ्रंश की रचनाएँ भी ले ली गयी हैं क्योंकि वे सदा से भाषा काव्य के अन्तर्गत ही मानी जाती रही हैं।'

–आचार्य रामचन्द्र शुक्ल

'अपभ्रंश आदिकालीन हिन्दी साहित्य का मूल रूप है। ऐसी स्थिति में अपभ्रंश और हिन्दी साहित्य का प्रगाढ़ सम्बन्ध है।'

–हजारी प्रसाद द्विवेदी

1. **अन्तर्वस्तु में समानता**–अपभ्रंश साहित्य मुख्यतः अन्तर्विरोधों का साहित्य है। एक तरफ घोर शृंगारिकता, वीरता और विरह के काव्य हैं तो दूसरी ओर सिद्धनामों का धार्मिक साहित्य। अतः ग्राम्य और शिष्ट, रूढ़ और नवीन, शृंगार और वीरता तथा सिद्धनामों का साहित्य, योग पद्धति और कहीं-कहीं भक्तिपरक रचनाएँ दिखाई देती हैं। अपभ्रंश साहित्य की परस्पर विरोधी प्रवृत्तियों का सीधा प्रभाव प्रारम्भिक हिन्दी साहित्य पर है।

2. **काव्य रूढ़ियों का प्रभाव**-रचना की पद्धति

(i) चरित्रकाव्य लिखने की परम्परा-अपभ्रंश के फलस्वरूप अनेक चरित्रकाव्य हिन्दी में भी लिखे गये।

1. खुमाण रासो 2. परमाल रासो 3. पृथ्वीराज रासो

(ii) नायक की विलासिता, वैभव आदि का अतिशयोक्तिपूर्ण वर्णन। अतः अतिशयोक्ति की परम्परा अपभ्रंश काव्यों से आयी।

(iii) पक्षियों के संवाद, भविष्यवाणियाँ, तूफान और अप्रत्याशित घटनाएँ, विश्वासघात आदि।

3. **अपभ्रंश के लोक गीत और हिन्दी के शृंगारी मुक्तकों** में पूर्वापर सम्बन्ध दिखाई पड़ता है, मुख्यतः विरह काव्यों में। विद्वानों की धारणा है कि अपभ्रंश में लोकजीवन और लोकतत्त्वों की बहुलता है, संस्कृत में नहीं। इस दृष्टि से अद्दहमाण का 'सन्देशरासक' महत्त्वपूर्ण है जिसका हिन्दी पर काफी प्रभाव है। उदाहरण– बीसलदेव रासो, ढोला मारू रा दोहा। आरम्भिक विरह काव्य। अभिव्यक्ति की सादगी के साथ-साथ भावों की तीव्रता। कालान्तर में हिन्दी और अपभ्रंश में लोकोन्मुख हो गयी और भक्ति काल में काफी विकसित हो गयी। सूफी कवियों पर भी इसका प्रभाव है।

4. **सिद्ध साहित्य का योगदान**–सन्तकाव्य धारा कबीर, दादू, रैदास आदि का प्रेरणा स्रोत अपभ्रंश साहित्य ही है। शब्दावली, अन्तर्वस्तु और छन्द के स्तर पर अपभ्रंश का प्रभाव दिखाई देता है। योग साधना की समस्त शब्दावली अपभ्रंश से सिद्धों ने ली जिस शैली में धार्मिक पाखण्डों, वर्ण व्यवस्था आदि का खंडन किया है वही सन्तों में भी दिखाई देती है।

5. **छन्द के स्तर पर**–अपभ्रंश की छन्द व्यवस्था को ज्यों का त्यों स्वीकार नहीं किया। छन्दों की मात्रिकता स्वीकार की गयी। यह प्रवृत्ति संस्कृत में नहीं है, छन्द व्यवस्था वर्णिक है। अपभ्रंश के मात्रिक छन्द–

दोहा–हिन्दी के सगुण साहित्य व रीतिकाल में। सर्वाधिक लोकप्रिय 'छन्द' ही है।

अतः मात्रिक सम्बन्धों के सूत्रपात के साथ अपभ्रंश ने हिन्दी को बहुत बड़ा योगदान दिया। प्रबन्ध काव्यों और मुक्तकों की परम्परा भी अपभ्रंश में दिखाई देती थी।

समग्रतः हिन्दी अपभ्रंश की जीवन्त परम्परा को लेकर आगे बढ़ी। अपभ्रंश की जीवन्त परम्परा कुछ तो 'सन्देश-रासक' जैसे प्रेमयुक्त लोकगीतों में व्यक्त हुई तो कुछ 'भविष्यत कहा', 'जसवर चरिउ', करकंड चरिउ जैसे आख्यानक काव्यों में। जैन कवियों के दोहों, स्वयंभू तथा पुष्पदंत के चरित काव्यों तथा सम्पूर्ण अपभ्रंश की प्राण धारा को हिन्दी ने अपनी रचनात्मकता में समाहित किया और उससे प्रभाव ग्रहण करते हुए अपनी स्वतन्त्र एवं सार्थक अस्मिता का विकास किया।

अपभ्रंश, अवहट्ट और आरम्भिक हिन्दी का तुलनात्मक अध्ययन

तुलना का आधार	अपभ्रंश	अवहट्ट	आरम्भिक हिन्दी
कालान्तर अन्तर	लगभग 7वीं से 9वीं सदी के	लगभग 9वीं से 11वीं सदी के	लगभग 12वीं से 14वीं सदी के
ध्वनियों के आधार पर भिन्नता			
(i) अनुनासिकता	अनुनासिकीकरण एवं निरनुनासिकीकरण की प्रवृत्ति मिलती है, जैसे– अश्रु–आँसू (अनुनासिकीकरण) सिंह–सींह (निरनुनासिकीकरण)	मात्र अनुनासिकीकरण की ही प्रवृत्ति दिखाई देती है।	अनुनासिकीकरण की प्रवृत्ति जारी रहती है लेकिन न के समान।
(ii) ऋ का प्रयोग	ऋ का अ, इ, उ, ए में परिवर्तन दिखाई देता है, जैसे– कृष्ण–कण्ह, गृह–गेह	इसी प्रवृत्ति का और विकास दिखाई देता है।	विकास की यह प्रणाली निरन्तर जारी रहती है।
(iii) ऐ, औ का प्रयोग	अपभ्रंश में ऐ और औ का प्रयोग नहीं होता।	ऐ और औ का प्रयोग मिलने लगता है। जैसे–खेल, दौड़ा	ऐ और औ का भरपूर प्रयोग दिखाई देता है। जैसे–ठौर, चलै
(iv) स्वर संयोग (जहाँ दो स्वर एक साथ मिल जाते हैं, उसे स्वर संयोग कहते हैं।)	स्वर संयोग की प्रक्रिया काफी मात्रा में दिखाई देती है। यथा–अन्धकार	स्वर संयोग से शब्दों को समझने में कठिनाई पैदा होने लगी।	स्वर संयोग प्रवृत्ति का लगभग अभाव दिखाई दिया।

(v) स्वरभक्ति	व्यंजन को सरल बनाने के लिए स्वर भक्ति की परम्परा अपभ्रंश से दिखाई देती है। उदाहरण–क्रिया–किरिया	पहले की अपेक्षा कुछ अधिक दिखाई देती है।	सर्वत्र दिखाई देने लगती है।
(vi) व्यंजनों का प्रयोग	इसमें निम्नलिखित सात व्यंजनों का अभाव है–ड़, ढ़, न, श, ष	ड़, ढ़ का विकास हुआ परन्तु शेष का नहीं।	श, ष का विकास नहीं हुआ, शेष पाँच व्यंजनों का विकास हुआ।
(vii) द्वित्वीकरण व दीर्घीकरण की प्रवृत्ति	संयुक्त व्यंजनों के स्थान पर द्वित्वीकरण करने की प्रवृत्ति दिखती है। जैसे–कर्म–कम्म	क्षतिपूरक दीर्घीकरण का शुभारम्भ होता है। जैसे–धम्म–धाम	क्षतिपूरक दीर्घीकरण का और अधिक विकास देखने को मिलता है।
(viii) महाप्राण ध्वनियों में परिवर्तनों की प्रकृति	महाप्राण व्यंजनों (जैसे–ख, घ, छ झ, भ, ध) का 'ह' में परिवर्तन होने लगा।	इस प्रवृत्ति में वृद्धि हुई।	इस प्रवृत्ति में और अधिक वृद्धि हुई।
(ix) 'ण' तथा 'न' का प्रयोग	अपभ्रंश में 'ण' का प्रयोग मिलता है 'न' का प्रयोग नहीं मिलता।	यह प्रणाली बनी रही।	'ण' तथा 'न' दोनों का प्रयोग मिलता है।

ाकरण आधारित अन्तर			
	(i) 'हिं' विभक्ति से प्रायः सभी कारकों का काम लिया जाता है।	हिं विभक्ति का प्रयोग बना रहा	यही दोनों प्रवृत्तियाँ बनी रहीं।
	(ii) सभी प्रातिपदिक पहले स्वरान्त, फिर उकारान्त हुए।	प्रक्रिया जारी रही	प्रक्रिया जारी रही
	(iii) परसर्गों का आरम्भिक विकास दिखाई देने लगा तथा सम्बन्ध कारक में	परसर्गों का विकास और बढ़ा। कर्त्ता कारक के लिए 'न' तथा कारक के लिए 'को' तथा	परसर्गों का और विकास हुआ। कर्म
	'का' परसर्ग का विकास अपभ्रंश की प्रमुख घटना है।	करण व अपादान के लिए 'से' परसर्ग का विकास प्रमुख घटनाएँ हैं।	अधिकरण के लिए 'पर' परसर्ग का विकास प्रमुख घटनाएँ हैं।
ा तथा कारक व्यवस्था	(iv) निर्विभक्तिक प्रयोग आरम्भ हो गये।	प्रक्रिया जारी रही।	प्रक्रिया जारी रही।
र्नाम व्यवस्था	(v) हिन्दी के सर्वनामों के आरम्भिक चिन्ह दिखाई देने लगे, जैसे 'तुम्हें' (मध्यम पुरुष बहुवचन कर्त्ता)। इसके अतिरिक्त 'महार' और 'तुहार' जैसे सर्वनाम दिखाई देते हैं।	वही + मेरा, मैं, तुम, वह और उन्हें जैसे सर्वनाम भी दिखाई देने लगे।	सर्वनामों का अत्यधिक विकास हुआ। इस काल में आधुनिक हिन्दी के प्रायः सभी सर्वनाम दिखाई देते हैं जैसे–वे, कौन, जो, तेरा इत्यादि।

वचन व्यवस्था	(vi) संस्कृत के तीन वचनों के स्थान पर दो ही वचन (एकवचन एवं संज्ञाओं बहुवचन) बचे।	वही + संज्ञा बहुवचन के के लिए न्ह, न्हि परसर्गों का प्रयोग होने लगा, जैसे- हाथन्ह।	वही + बहुवचन बनाने के नियम निश्चित होने लगे। पुल्लिंग के लिए 'ए' व 'अन' तथा स्त्रीलिंग संज्ञाओं के लिए 'अन', 'न्ह' प्रत्ययों का प्रयोग व्यापकता से होने लगा। उदाहरण- बेटा > बेटे (पुल्लिंग) सखी > सखिअन (स्त्रीलिंग)
रूप			
लिंग व्यवस्था	(vii) संस्कृत के तीन लिंगों के स्थान पर दो लिंगों (पुल्लिंग व स्त्रीलिंग) नपुंसक लिंग का उपयोग कहीं-कहीं बना रहा।	दो लिंगों की व्यवस्था ही बनी रही।	वही + स्त्रीलिंग शब्द इकारांत होने लगे।

2. अवहट्ट

अवहट्ट का समय सन् 900 से 1100 ई. अथवा इसके थोड़े बाद तक का माना जाता है। साहित्य के भीतर इसका प्रयोग चौदहवीं सदी तक होता रहा है। इस दृष्टि से देखें तो इस भाषा को अपभ्रंश और पुरानी हिन्दी के बीच की कड़ी माना जाता है। इस शब्द का सर्वप्रथम प्रयोग ज्योतिश्वर ठाकुर ने अपने 'वर्ण-रत्नाकर' में किया था। 'प्राकृत पैंगलम' की भाषा को उसके टीकाकार बंशीधर ने भी अवहट्ट ही माना है। सन्देश रासक के रचयिता अद्दहमाण (अब्दुल रहमान) ने भी अवहट्ट भाषा का उल्लेख किया है। मिथिला के विद्यापति ने अपनी रचना 'कीर्तिलता' की भाषा को अवहट्ट कहा है। इस समय के जितने भी रचनाकार हुए उन सभी ने इस समय की कृतियों को या तो संस्कृत का माना या तो प्राकृत, मागधी, पैशाची, शौरसेनी, अपभ्रंश अथवा अवहट्ट का।

अवहट्ट शब्द संस्कृत शब्द 'अपभ्रष्ट' का तद्भव रूप है। कुछ विद्वानों ने अपभ्रंश और अवहट्ट को एक ही भाषा का रूप माना है अथवा यह कहें कि दोनों को एक-दूसरे का पूरक माना गया है। ऐसे में यह स्वाभाविक रूप से सवाल उठता है कि फिर अवहट्ट और अपभ्रंश में अन्तर क्या है। यह समस्या और जटिल तब हो जाती है जब उस समय के कुछ कवियों और रचनाकारों को अवहट्ट का माना जाता है तो कुछ को अपभ्रंश का।

इस तरह दोनों को एक ही भाषा का मानते हुए भी कुछ मूलभूत अन्तर भी निर्धारित किये गये हैं। आधुनिक भाषा के वैज्ञानिकों ने तुलनात्मक अध्ययन के आधार पर अवहट्ट को उत्तरकालीन या परवर्ती अपभ्रंश माना है और बताया है कि निश्चित रूप से अवहट्ट में ध्वनि के रूप और शब्दसम्बन्धी बहुत से ऐसे तत्त्व हैं जो इससे पूर्ववर्ती अपभ्रंश को इससे अलग करते हैं। इसी आधार पर कुछ विद्वानों ने महाराष्ट्र के सन्त ज्ञानेश्वर की 'ज्ञानेश्वरी' और रोड़ाकृत 'राउलबेल' को भी अवहट्ट का ही ग्रन्थ माना है।

अवहट्ट की प्रमुख विशेषताएँ–

(i) ध्वनि सम्बन्धी विशेषता

(क) अवहट्ट की ध्वनि व्यवस्था में कोई परिवर्तन नहीं आया है। सिर्फ 'ए' और 'औ' दो नयी स्वर ध्वनियाँ इस युग में विकसित हुईं। संस्कृत में 'ए' 'औ' संध्यधर थे और इनका उच्चारण 'अइ', 'अउ' करके होता था। ये दोनों अक्षर 'अइ', 'अउ' अपभ्रंश काल तक पाये जाते हैं। अवहट्ट में 'ऐ', 'औ' सरल स्वर हैं। उदाहरण के लिए बैल और चौड़ा।

(ख) संस्कृत के शब्दों का प्रयोग दिखाई देने लगा था। लेकिन तद्भव शब्दों

में 'ऋ' का स्थान अ, इ, उ, ए ने ले लिया था। इस प्रवृत्ति का सूत्रपात अपभ्रंश में ही हो गया था, लेकिन अवहट्ट में आकर इसका विकास तेज हो गया। जैसे तिन (तृण), हृदय (हिय), मऊर (मोर)।

(ग) अपभ्रंश में अनुनासिकता के कुछ स्वर अवहट्ट में विलुप्त हो गये, लेकिन इस तरह की तीन प्रवृत्तियाँ दिखाई देती हैं। इसमें से एक प्रवृत्ति है 'अकारण अनुनासिकता'। यथा : बंभण (ब्राह्मण), बंक (वक्र), निन्द (निद्रा), ग्रीवा (गींव)।

(घ) अवहट्ट की ध्वनि संरचना में एक और प्रवृत्ति का उदय होता है इसे 'क्षतिपूरक दीर्घीकरण' कहते हैं। यह प्रवृत्ति अपभ्रंश में भी थी, लेकिन अवहट्ट में बढ़ी। इसको प्रायः सयुंक्त व्यंजनों को सरल करने में प्रयोग किया जाता है। यथा : आँचल (अंचल से), भीत (भित्ति से), हत्थ (हाथ), कम्म (काम)।

(ङ) अवहट्ट में स्त्रीलिंग शब्दों के अन्त में 'आ' लगाने वाले प्रचलन का लोप हो गया। जैसे : शिक्षा से सीख, भिक्षा से भीख।

(च) अवहट्ट में स्वर संकोचन प्रवृत्ति का प्रचलन भी समाप्त हो गया। यह प्रवृत्ति अपभ्रंश में बहुत थी। जैसे : गृहिणी से धरणी, विरहिणी से विरहणी, उपआस का उपास, अन्धआर का अन्धार।

(छ) अवहट्ट में व्यंजन माला के जो शब्द क, ख, ग, घ, ...से लेकर य, र, ल, व, स, ह तक चलते थे, उसमें ड़, ढ दो नयी ध्वनियाँ आ गयीं। जो बाद में व्यंजन के ही हिस्से हो गये। जैसे : प्रतिहार का पडिहार, पुणो का पुनः।

(ज) संस्कृत का द्वितिकरण प्राकृत से चला आ रहा था। यह प्रवृत्ति अवहट्ट में भी बनी रही। लेकिन कई बार इसमें 'अकारण द्वितिकरण' भी दिखता है, जो अवहट्ट की अपनी अनोखी विशेषता है। दोक्काण (दुकान), तुरुक्का (तुर्क), अक्खर (अक्षर) आदि।

(ii) व्याकरण सम्बन्धी विशेषता—अपभ्रंश की तरह अवहट्ट की व्याकरणिक बनावट में भी कई परिवर्तन हुए। संज्ञा, सर्वनाम और क्रिया की विकारी रचना में इतना विकास हुआ कि अवहट्ट और पुरानी हिन्दी में अन्तर कर पाना कठिन था।

(क) संज्ञा तथा कारक व्यवस्था के आधार पर

संज्ञा के स्तर पर अपभ्रंश में चल रही सरलीकरण की प्रक्रिया और अधिक तेज हुई। अवहट्ट में इस दृष्टि से कई विशेषताएँ दिखाई देती हैं।

(i) अवहट्ट में अधिकतम प्रतिपादित अकारान्त हो गये, जिससे उनके रूपान्तर में समानता आ गयी। विभक्तियों के स्थान पर स्वतन्त्र उपसर्ग बढ़ गये। इसीलिए कुछ ऐसे विभक्ति चिह्न भी हैं और परसर्ग भी। जैसे युवराजन्ही माँझ तान्ही केरो पुत्त। इसमें विभक्ति नहीं और परसर्ग माँझ तथा केरो द्रष्टव्य है।

(ii) लुप्तविभक्तिक अथवा निर्विभक्तिक प्रयोगों की संख्या काफी बढ़ गयी और वाक्य में शब्दों का क्रम सुनिश्चित होने लगा। संस्कृत में रामेण सर्पः हतः, हतः सर्पः रामेण, रामेण हतः सर्पः सब का अर्थ एक ही है क्योंकि विभक्ति चिह्न से स्पष्ट है कि किसने, किसको मारा।

(iii) कुछ ऐसे प्रयोग भी दिखाई देते हैं जिसमें स्वतन्त्र रूप से परसर्गों का प्रयोग होता है। इसका कारण लुप्तविभक्तिक प्रयोग से भाषा कठिन होने लगी थी। अतः परसर्गों का प्रयोग करना स्वाभाविक था। अवहट्ट में निम्नलिखित परसर्ग दिखाई देते हैं :

कर्ता – ने
कर्म – केहि, केहिं
करण – सउ, से, सन,
सम्प्रदान – केहि, केहिं, लागि,
अपादान – हुंते, हुंतउ, से, सऊँ
सम्बन्ध – केर, केरा, कौ, का, के, की
अधिकरण – माँझ, महि, उप्परि.

(iv) 'हि' विभक्ति अथवा परसर्ग का प्रयोग प्रायः सभी कारकों में होता रहा। कुछ भाषा वैज्ञानिकों ने तो इसी को अवहट्ट की सबसे बड़ी विशेषता माना है। अपभ्रंश का 'हिं' प्रायः अवहट्ट में 'हि' हो गया है। मसलन

मणहिं–मणहि, जलहिं–जलहि।

डॉ. तगारे ने अवहट्ट की सबसे बड़ी विशेषता 'ए' को माना है। इसमें एक ही विभक्ति चिह्न से कई कारकों के अर्थ लिए जाते हैं। जैसे 'ए'। चित्ते का अर्थ चित्त को, चित्त से, चित्त के प्रति, चित्त में प्रसंगानुसार हो जाते हैं।

(v) अपभ्रंश की तरह अवहट्ट में भी दो ही लिंग की व्यवस्था है पुल्लिग और स्त्रीलिंग।

(vi) संस्कृत के तीन वचनों के स्थान पर दो वचनों का प्रयोग अपभ्रंश में ही प्रारम्भ हो गया था। अवहट्ट में इसकी सरलीकरण की प्रक्रिया और आगे बढ़ी तथा बहुवचन के भी बहुत सारे रूप एकवचन के रूप में प्रयोग होने लगे। इसके अलावा बहुवचन रूप के लिए 'न्ह' और 'न्ही' परसर्गों का प्रयोग होने लगा। जैसे : हाथन्ह।

(ख) सर्वनाम के आधार पर

शब्दों और इसके प्रयोग को लेकर जो प्रयोग अपभ्रंश में चल रहे थे वे प्रयोग अवहट्ट में भी अबाध रूप से जारी रहे। सरलीकरण की यह प्रक्रिया अवहट्ट में ज्यादा तीव्र दिखाई देती है, जिसके कुछ उदाहरण इस प्रकार हैं–

(क) उत्तम पुरुष

कर्ता	एकवचन	बहुवचन
	मैं, हौं मेरा	अम्हे, हमें

(ख) मध्यम पुरुष

कर्ता	एकवचन	बहुवचन
	तुहूँ, तैं, तोर	तुम्ह, तुम, तुम्हार, तोहार

(ग) अन्य पुरुष : अन्य पुरुष में दूरवर्ती और निकटवर्ती निश्चयार्थ के रूपों में लिंग भेद समाप्त हो गया जो अपभ्रंश से चला आ रहा था। जैसे–

जो के लिए	जो, जे	आप के लिए	आप, अप्पण
कोई के लिए	केहू, कोऊ, काहु	दूसरों के लिए	वह, उन्हें, उनको

इस तरह से देखा जा सकता है कि अवहट्ट की निकटता आधुनिक हिन्दी से लगातार बढ़ती जा रही है।

(ग) विशेषण के आधार पर

कृदंतों के सहारे क्रिया निर्माण की प्रक्रिया जो अपभ्रंश में प्रारम्भ हुई थी उसका विकास अवहट्ट में जबरदस्त ढंग से हुआ। साथ ही क्रिया के कुछ तत्त्व तो आश्चर्यजनक तरीके से सरल हो गये। जैसे–

धातु–चल, कह, जा, खा, ले

संज्ञार्थक क्रिया–चलण, करण, सहणु आदि।

जबकि संख्यावाचक और सार्वनामिक विशेषण तो आधुनिक हिन्दी के काफी करीब आ गये। जैसे–

संख्यावाचक–सात, दस, बीस, सत्ताइस

सार्वनामिक–अइस, जइस, इत्ता, उत्ता, जित्ता

(घ) काल रचना के आधार पर

अवहट्ट में काल रचना के रूप हिन्दी की पश्चिमी और पूर्वी बोलियों के अनुसार विकसित होने लगे। जैसे–

(i) वर्तमान के दो रूप मिलते हैं–

कंपए (कांपता है) और इसी का विकसित रूप है पालै (पालता है)

कृदंतीय रूप–जात, करत (पूर्वी रूप) करंता, करंते (पश्चिमी रूप)

(ii) भूतकाल के रूप–

भूतकाल में भी अवहट्ट के दो रूप मिलते हैं। जैसे पूर्वी अवहट्ट में ल रूप मिलता है : चलल, थाकल, गइल। पश्चिमी हिन्दी में थका, थके, थकान आदि।

(iii) भविष्यकाल के रूप में–

भविष्यकाल के भी दो ही रूप हैं ह रूप (पश्चिमी) और व रूप (पूर्वी)। यथा: करिहऊँ (करूँगा), करिही (तू करेगा), खाइब, जाइब, पढ़ब, इत्यादि।

(ङ) शब्दकोश के आधार पर

(i) अवहट्ट में तद्भव शब्दों की संख्या सबसे अधिक है। देशज, विदेशी, तत्सम शब्दों की संख्या अपभ्रंश के मुकाबले बहुत अधिक है। तद्भव के रूप में दृष्टि, लोचन आदि।

(ii) तत्सम शब्दों का तो अवहट्ट में भंडार देखने को मिलता है। जैसे : बाधा, भाग, भोग, मदिरा, रीति, शुद्ध इत्यादि।

(iii) विदेशी संख्याओं का भी काफी विकास हुआ। ये शब्द अरबी, फारसी और तुर्की से आये। अदब, इनाम, किताब, खोजा, दरगाह, वजीर, खान इत्यादि।

(iv) देशज शब्दों का प्रचलन भी खूब बढ़ा। जैसे : रुककर, युद्ध, निकलता, चिथड़ा, आँसू।

कुल मिलाकर हम कह सकते हैं कि संस्कृत के सरलीकरण की जो प्रक्रिया पाली, प्राकृत, अपभ्रंश से होते हुए अवहट्ट तक आयी, उसमें आधुनिक हिन्दी के काफी शब्द एक-दूसरे के करीब आते दिखे। कहा जा सकता है कि वास्तव में अवहट्ट ही हिन्दी का वह उत्थान काल है जिसकी परिणति आज हम आधुनिक हिन्दी के रूप में देखते-सुनते हैं।

3. आरम्भिक हिन्दी/पुरानी हिन्दी

यह कहना बहुत ही कठिन है कि आरम्भिक हिन्दी का सूत्रपात कहाँ से हुआ। **डॉ. हरदेव बाहरी** मानते हैं कि "सन् एक हजार ईस्वी के आसपास भारतीय आर्यभाषाओं का उदय हुआ, किन्तु 8वीं और 9वीं शताब्दी के सिद्धों की भाषा में हमें अपभ्रंश से निकलती हुई हिन्दी स्पष्ट दिखाई पड़ती है।" जबकि **रामचन्द्र शुक्ल** ने अपने हिन्दी साहित्य के इतिहास का आरम्भ सरहपा, कण्डपा आदि सिद्धों की रचनाओं से माना है। कुछ कवियों ने पुष्पदंत, स्वयंभू, विद्यापति के कुछ पदों, मुल्ला दाउद के चन्दायन, रोड़ा की 'राउरबेली' तथा अमीर खुसरो के कुछ छन्दों और दोहों से आरम्भिक हिन्दी का प्रारम्भ माना है। इन सबके कुछ उदाहरण इस प्रकार हैं–

जिम बाहिर तिम अब्भन्तरू /
चउदह भुवणे ठिअउ निरन्तरू ।। (सरहपा)

जिही दिसि दिसि तिमरइ मिलियाई ।
तिहि दिसि दिसि जारइ मिलियाई ।। (पुष्यदंत)

राम कहा (कथा) सरि एह सोहंती (स्वयंभू)

तोहर बदन सम चाँद होअथि नाहिं, कैयो जतन बिह केला।
कै बेरि काटि बनायल नव कै तैयो तुलित नही भेला ।। (विद्‌यापति)

खुसरो रैन सुहाग की, जागी पी के संग ।
तन मेरे मन पीउ को, दोउ भये एक रंग ।। (अमीर खुसरो)

1. आरम्भिक अथवा पुरानी हिन्दी की भाषा सम्बन्धी विशेषताएँ

(क) *ध्वनि सम्बन्धी विशेषताएँ*

(i) आरम्भिक हिन्दी में निम्नलिखित स्वर मिलते हैं–

ह्रस्व : अ, इ, उ, ए, ओ

दीर्घ : आ, ई, ऊ, ऐ, औ

ए, औ का प्रयोग अवहट्ट में भी होता था, लेकिन अब इन ध्वनियों का प्रयोग और भी व्यापक और विस्तृत हो गया है। जैसे : बोलइ–बोलै, मउर–मौर।

(ii) आरम्भिक हिन्दी में स्वरान्त शब्दों का प्रयोग बढ़ने लगा जबकि संस्कृत में व्यंजनार्थ शब्दों की बहुलता थी। जैसे : अउसर के अन्त में अ, दीसा, सोहंता आदि।

(iii) ऋ के स्थान पर अ, उ, इ, ई आदि ध्वनियाँ आ गयीं। अब इनकी संख्या बढ़कर बहुत हो गयी है। जैसे : बुढ्यो (वृद्ध), मीचु (मृत्यु), अमिय (अमृत)।

(iv) संज्ञा विशेषण के अन्त में उ पुल्लिग की और इ स्त्रीलिंग शब्द की पहचान हुई। जैसे : कारणु, पुंज, पिंडु, और राति, जुगति, खबरि।

(v) कुछ शब्दों के स्वरों का ह्रस्वीकरण हो गया। उदाहरण के लिए : अनन्द (संशोधित...आनन्द) दिवारी (संशोधित...दीपावली)

जबकि कुछ का दीर्घीकरण हो गया। जैसे : मानुख (सं. मनुष्य), मीत (सं. मित्र), दाप (सं. दर्प)।

(vi) आरम्भिक हिन्दी में कई शब्दों के स्वर परिवर्तन भी हो गये। जैसे : देवस (सं. दिवस), मुषाण (सं. मसाण), पुरीस (सं. पुरुष), नेउर (सं. नुपुर)

(ख) *व्यंजन सम्बन्धी विशेषताएँ*

(i) आरम्भिक हिन्दी में ध्वनि सम्बन्धी विशेषताएँ इस प्रकार हैं–

क, ख, ग, घ, ङ	च, छ, ज, झ, ञ
ट, ठ, ड, ढ, ण	त, थ, द, ध, न
प, फ, ब, भ, म	य, र, ल, व, स, ह

श का प्रयोग विरल है। ष प्रायः ख के स्थान पर पाया जाता है। तत्सम शब्दों में ष पहले से ही पाया जाता है।

(ii) अनुनासिक व्यंजनों में ङ, ञ स्वतन्त्र नहीं हैं, जबकि अवहट्ट में ये स्वतन्त्र थे। प्रायः इनके स्थान पर अनुस्वार का प्रयोग किया जाता है। जैसे : गंगा, कुंजु, लंका, पुंजू।

(iii) ण का प्रयोग पूर्वी हिन्दी में न के रूप में होता है जैसे : पुन्नि (पुण्य), घिन (घृणा), चरन (चरण)। जबकि पश्चिमी हिन्दी में ण का प्रयोग इतना होता है कि 'न' का प्रयोग 'ण' के रूप में कर दिया जाता है। उदाहरण के लिए सुजाण, तिण, जाणउ। जबकि अब ण का प्रयोग बमुश्किल से ही कहीं होता है।

(iv) र और ल में कोई भेद नहीं है। दोनों का प्रयोग व्यक्ति और स्थान के आधार पर बदलता रहता है, जैसे कहीं सरिता का सलिता हो जाता है, तो कहीं सकारे का सकाले।

(v) आरम्भिक हिन्दी में शब्द के बीच आने वाले क, ग, च, ज, त, द प्राकृत में ही अ अथवा य हो गये थे। जैसे : वचन से (वअन), नेअर से (नगर), राजा से (राया), लेकिन कालान्तर में आरम्भिक हिन्दी ने पुनः तत्सम शब्दों को व्यवहार में लाना प्रारम्भ कर दिया। जैसे: वचन, नगर, अचल आदि।

(vi) शब्द के बीच आनेवाला म अब व या उ रूप में मिलता है, जैसे रवणिज्ज (रमणीय), कवल का (कमल)

(vii) क्षतिपूर्ति दीर्घीकरण प्रारम्भिक हिन्दी की अपनी प्रवृत्ति रही है। उससे पहले के अक्षर का स्वर दीर्घ हो गया है। जैसे : निद्रा से निदद से नींद, पुत्र से पुत्त से पूत।

(viii) क्ष का पूर्वी बोलियों में छ और पश्चिमी बोलियों में ख हो गया है। मसलन लक्ष्मण से लछमन से लखन और अक्षर से अच्छर से आखर।

2. पुरानी हिन्दी की व्याकरणिक संरचना

नवीन व्याकरणिक प्रत्यय, परसर्ग और कृदंतीय रूप विकसित होने के कारण आरम्भिक हिन्दी में वियोगात्मक प्रक्रिया का विकास हुआ है। इस प्रवृत्ति के लक्षण पुरानी हिन्दी में और अधिक ढंग से स्पष्ट होने लगे थे। पुरानी हिन्दी की व्याकरणिक संरचना को निम्न प्रकार से व्याख्यायित किया जा सकता है–

(क) कारक और संज्ञा व्यवस्था के रूप में

(i) आरम्भिक हिन्दी में परसर्गों का प्रयोग काफी तेजी से हुआ। सविभक्तिक प्रयोग लगभग न के बराबर होता था। लुप्तविभक्तिक और निर्विभक्तिक का प्रयोग होता था, लेकिन इसमें न तो परसर्ग है और न ही विभक्ति चिह्न। जैसे : (कर्ता) चेरी धाई, चेरी धाई (बहुवचन), (कर्म) बासन फोरे, मान बढ़ावत, (करण) बिरह तपाइ तपाइ, (अपादान) तुही देश निसारउ, (सम्बन्ध), राम कहा सरि, (अधिकरण), कंठ बैठि जो कहइं भवानी।

(ii) कुछ विभक्तियाँ ऐसी हैं जिसमें 'हि' का प्रयोग हुआ, जो सभी कारकों को अर्थ देता है। यथा : वज्रहि मारि उड़ाइ (सम्प्रदान), बरहि कन्या दे (अपादान), चरनोदक ले सिरहि चढ़ावा (अधिकरण)।

(iii) जहाँ तक संज्ञा की बात है इसमें परसर्गों का काफी प्रयोग हुआ। कुछ परसर्ग निम्नलिखित हैं–

कर्ता–ने, कर्म–को, करण, अपादान–से, सै, ते, तै, सम्प्रदान–लागि, तई, सम्बन्ध–क, का, कै, की, के, केरा, केरी, केरे, अधिकरण–में, मैं, मह, माँह, माँझ, पर।

(ख) वचन व्यवस्था

आरम्भिक हिन्दी में बहुवचन बनाने की प्रक्रिया दिखाई देने लगी। इसीलिए कुछ नये शब्दों का प्रयोग प्रारम्भ हो गया। जैसे :

पुल्लिग बहुवचन के लिए ए और अन प्रत्यय जुड़ने लगे।

बेटा–बेटे, बेटा–बेटन

इसी प्रकार स्त्रीलिंग के लिए अन, न्ह, यें, आँ प्रत्यय जुड़े। जैसे :

सखी–सखियन, अँखिया–अँखियाँ कल्लोल–कलोलैं।

3. लिंग संरचना

लिंग को लेकर आरम्भिक हिन्दी की सबसे बड़ी विशेषता यह थी कि इसमें लिंग के भेद के अनुसार शब्दों का प्रयोग सुनिश्चित होने लगा। पुल्लिग में तो बहुत बदलाव नहीं आया लेकिन स्त्रीलिंग शब्द इकारान्त होने लगे। जैसे : बहुरिया, पापिनी, आगि, आँखि, औरति।

4. सार्वनामिक संरचना

आरम्भिक हिन्दी के सर्वनाम आधुनिक हिन्दी में लगभग पूरी तरह दिखाई देने लगते हैं, जिनको विभिन्न पुरुषों और वाचकों के माध्यम से समझा जा सकता है।

उत्तम पुरुष

एकवचन	बहुवचन
मैं, हौ, मोर, मेरो, मेरा	हम, हमार, हमारो, हमारा, म्हारो, हमहि

मध्यम पुरुष

एकवचन	बहुवचन
तूँ, तुहूँ, तै, तुही, तोहि, तोर, तेरा, तेरा	तुम, तुन्ह, तुमहि, तुझ, तुम्हार, तुम्हारा, तुम्हारो, तिहारो

अन्य पुरुष

एकवचन	बहुवचन
सो, से, सेइ, ताहि	ते, वे, वै

वाचक के स्तर पर कुछ अन्य सर्वनाम भी उपलब्ध हैं–

प्रश्नवाचक : को, कौन, कवन, का, काहे, केहि, किन्ह, के, क्या, काह

संकेतवाचक : वह, ऊ, वाहि, तासु, ताहि, वे, तिन, इस, ये, इन्ह

सम्बन्धसूचक : जे, जो, जिहि, जा, जिस, जिह, जिन्है

अनिश्चयवाचक : कोउ, काहु, किसी, कोई

5. विशेषणगत संरचना

आरम्भिक हिन्दी में आकारान्त, उकारान्त विशेषणों का रूप पुल्लिग बहुवचन में एकारान्त और स्त्रीलिंग में ईकारान्त हो जाता है। जैसे : तीखे, ऊँचे, साँवरी, पातली, गाढ़ी।

6. क्रियागत संरचना

आरम्भिक हिन्दी में मूलतः पाँच प्रकार की क्रियाएँ दिखाई देती हैं–

(i) पूर्वकालिक क्रिया : इसमें 'इ' परसर्ग का प्रयोग दिखाई देता है। जैसे : लगाइ, देखि करि, तपाइ, खाइ।

(ii) संज्ञार्थक क्रिया : इसमें 'ओ' और 'औ' परसर्ग का प्रयोग बहुतायत में होता है। जैसे : देखनो, देखनौ, देखिबौ।

(iii) प्रेरणार्थक क्रिया : जैसे : देखावइ, सुनावत, करायो, विछावहि।

(iv) कर्मवाच्य क्रिया : कहीं न जाइ, जानियत, कहीजै।

(v) सयुंक्त क्रियाएँ : इनकी संख्या बहुतायत में है और इसका प्रयोग कई स्तरों पर होता है। जैसे : सुनि सकत, चलत न पाए, देखौ चाहत, चितवत, कहे जात हैं।

3. आरम्भिक हिन्दी की शब्दकोशीय विशेषताएँ

यह वह समय था जब हिन्दी के शब्द-भंडार में अभूतपूर्व वृद्धि हुई। तत्सम और तद्भव शब्दों के उदाहरण तो पहले से ही मौजूद थे लेकिन इस समय में अरबी-फारसी के शब्दों के अलावा अन्य कई विदेशी भाषाओं के शब्द इसमें जुड़े। साथ देशज शब्दों के कई शब्द इसमें शामिल किये गये जो विभिन्न जगहों में इस्तेमाल किये जाते थे। विदेशज शब्दों के रूप जो अरबी-फारसी से आये, उनके कुछ उदाहरण इस प्रकार हैं–

गजनी, इलाम (इनाम), कालम, कलीमा (करीम), खसम, खोजा, खोदाए (खुदा), जंग, दरबार, सहनाई।

इसी तरह देशज शब्दों से भी इसके शब्द-भंडार में भरपूर बढ़ोतरी हुई। जैसेः ठमकना, घाघरा, घनघन, घहरना, गुदड़ी, गुंडा।

निष्कर्ष : कुल मिलाकर कहा जा सकता है कि हिन्दी भाषा की विकास यात्रा जो पालि, प्राकृत, अपभ्रंश, अवहट्ट से होते हुए आरम्भिक हिन्दी तक पहुँचती है, वह आरम्भिक हिन्दी में आकर एक आधुनिक भाषा का रूप ग्रहण करते हुए दिखाई देती है। कह सकते हैं वर्तमान हिन्दी का विकसित स्वरूप सबसे पहले आरम्भिक हिन्दी में ही दिखाई देता है, अर्थात् आधुनिक हिन्दी के विकास में आरम्भिक हिन्दी की जड़ें मौजूद हैं।

3

अवधी और ब्रजभाषा का विकास

1. साहित्यिक भाषा के रूप में अवधी का विकास

नामकरण—अवध प्रान्त में बोली जाने के कारण यह अवधी कहलाई। इसे 'कोसली' भी कहा गया है। कोसलपुर-अयोध्या-अवध। इसका नामकरण क्षेत्र विशेष के आधार पर किया गया है। इसके अन्य नाम—पूर्वी (ब्रज को पश्चिमी भी कहते हैं) परन्तु यह नाम उपयुक्त नहीं है, कुछ लोग बैसवाड़ी (अवध के बैसवाड़ राजपूतों के अधीन रहने के कारण) (मूल स्रोत—अर्द्धमागधी अपभ्रंश।) मथुरा और मगध के बीच के इलाके में विकसित प्राकृत (जनभाषा)। भाषा के रूप में अवधी का अस्तित्व 1000 ई. के आसपास मिलने लगता है, जो मध्यकालीन आर्य भाषाओं के उद्‌भव का काल है, लेकिन इसका साहित्य नहीं मिलता। परन्तु इसके बीज पुराने हैं। दूसरी शताब्दी के कई शिलालेखों में अवधी के शब्द मिलते हैं। पिपरहवा, सारनाथ, सोहगौरा। अत: बाबूराम सक्सेना का कहना है कि इसका मूल 'पालि' है न कि अर्द्धमागधी अपभ्रंश। परन्तु इस समय यह जनभाषा नहीं थी।

अत: 10वीं सदी में इसका जनभाषा के रूप में अस्तित्व मिलने लगता है, जबकि भाषा के रूप में इसका सबसे पहला रूप अमीर खुसरो की रचना 'खालिकबारी' में 13वीं सदी में मिलता है। तत्पश्चात् अवधी का कुछ प्रयोग रोड़ा कृत 'राउलबेल' तथा दामोदर पण्डित कृत 'उक्ति व्यक्ति प्रकरण' में भी मिलता है। परन्तु साहित्यिक रूप 14वीं-15वीं सदी में ही मिलता है।

क्षेत्र—लखीमपुर (नेपाल सीमा) से बस्तर तक एवं कानपुर से पश्चिमी मिर्जापुर से लेकर लखनऊ, रायबरेली, लखीमपुर खीरी, सीतापुर, प्रतापगढ़, सुल्तानपुर, फैजाबाद, गौण्डा, बहराइच आदि अवधी भाषा के क्षेत्र हैं।

साहित्यिक भाषा के रूप में अवधी का विकास

मध्यकाल में जिन भारतीय भाषाओं ने भक्ति आन्दोलन को व्यापकता दी उसमें अवधी का महत्त्वपूर्ण योगदान है। भक्ति आन्दोलन की विचारधारा को साहित्यिक रूप देने में अवधी की भूमिका महत्त्वपूर्ण है। ब्रज के साथ अवधी भक्ति आन्दोलन की आधार भाषा है। अत: भक्ति आन्दोलन के साथ ही अवधी के साहित्यिक रूप की शुरुआत होती है।

सूफी काव्य में अवधी भाषा का विकास

मुल्ला दाऊद रचित– *चन्दायन* को (1370 ई.) अवधी की प्रथम रचना माना गया। साहित्यिक भाषा के रूप में जिस अवधी की शुरुआत हुई, उस पर ग्रामीणता व स्थानीयता का प्रभाव था। परन्तु फिर भी इस अवधी में साहित्यिकता लक्षित होती है। (सूफीवाद मुख्यत: कट्टर इस्लाम की प्रतिक्रिया के रूप में आया) यह परिनिष्ठित अवधी नहीं है। उदाहरण के लिए–

कुतुबन–लीलावती (1503 ई.) जायसी–पद्मावत (1535-42 ई.)
मंझन–मधुमालती (1545 ई.) उस्मान–चित्रावली (1613 ई.)
शेख–नवी–ज्ञानदीप (1619 ई.)

साहित्यिकता के परिमाण

साहित्यिक भाषा के रूप में अवधी का विकास काव्य के प्रेम-तत्त्वों के माध्यम से हुआ, जिसे हम प्रेमाख्यान काव्य अथवा 'सूफी काव्य' के नाम से भी जानते हैं। इसीलिए काव्य में आलंकारिकता के सारे लक्षण बिम्ब अलंकार, सजावट देखने को मिलते हैं। मुल्ला दाऊद कृत 'चन्दायन' में आलंकारिकता की ओर भरपूर झुकाव देखने को मिलता है। उदाहरण–'आँखों का वर्णन' दाऊद कुछ इस तरह करते हैं "नैन समुद्र हुई अति अवगाहा।" जिसमें अतिशयोक्ति की परम्परा देखने को मिलती है।

कविता में बिम्बात्मकता अनिवार्य है। रचना की उदात्तता बहुत हद तक बिम्बात्मकता पर निर्भर करती है। चन्दायन से ही अवधी में साहित्यिकता दृष्टिगोचर होने लगती है। यह जायसी तक पहुँचते हुए परिनिष्ठित हो जाती है।

आरम्भिक अवधी में संस्कृत शब्दों का अभाव, लेकिन जायसी तक पहुँचते-पहुँचते दिखने लगता है। बाद में अवधी परिमार्जित हो जाती है। जायसी तक पहुँचते-पहुँचते अवधी अधिक ठेठ दिखाई देने लगती है। शब्द-विधान की दृष्टि से नहीं, वस्तु विधान की दृष्टि से भी। पहली बार गाँव कविता में शामिल होता है। जायसी पहले कवि हैं जो गाँव का सम्पूर्ण चित्रण करते हैं।

"सामान्य जीवन से कविता बुनने की शुरुआत यहीं से होती है। जायसी यह सिद्ध करते हैं कि साहित्य के महान होने में आभिजात्यता आवश्यक नहीं है।" मसलन : "प्रेम कला एहि भाँति विचारहु"–जायसी।

"माधुर्य कविता का बड़ा गुण है। जायसी की भाषा गत्यात्मक व लयात्मक है। इस प्रकार के शब्दों को विधान कहते हैं।

"अलंकारों से मार्मिकता प्रकट करने की परम्परा विकसित की। विरहावस्था में अतिशयोक्ति का प्रयोग करते हैं फिर भी मार्मिक हैं। फारसी अफसानों का प्रभाव।"

"लोक जीवन की गतिविधियों का प्रयोग" जायसी जिस चतुराई से करते हैं वह अन्योन्याश्रित है।

"ए रानीमण देखु विचारी। एहि नैहर रहना दिन चारी।
जब लगि अहै पिता कर राजू। खेलि लेहु जौं खेलहु आजू।
पुनि सासुर हम गौनब कालि। कित हम कित एह सरवर पाली।"

"एक ऐसी काव्य भाषा का निर्माण जहाँ ग्राम्य व नागरी भाषा (संस्कृत) का समन्वय था।"

"कविता में दर्शन को घुलाने की क्षमता थी। कविता द्वारा गम्भीर वैचारिक विषय उठाये गये, विशेषकर मध्यकालीन नारी-पराधीनता का प्रश्न। इससे कविता का कद (गुणवत्ता) ऊँचा होता है।" यथा :

"तन चित उर मन राजा कीन्हा। हिय सिंघल बुद्धि पदमिनी चीन्हा।
गुरु सुवा जेहि पन्थ देखावा। जिन गुरु जगत् को निरगुण पावा।
नागमती यह दुनिया धंधा। बाँचा सोइ न एहि चित बँधा।"

"सूफी-दर्शन समन्वय की बात करता है। प्रेम की बात और घृणा का त्याग करता है।"

जायसी के बाद के कवियों की भाषा भी अवधी रही, लेकिन उनकी भाषा में क्रमशः परिवर्तन आता गया। इसका कारण राम भक्ति का उदय भी हो सकता है। जिससे कविता का धरातल प्रेम से हलकी भक्ति की तरफ झुकने लगा। इसीलिए इसमें तत्सम और अर्द्धतत्सम शब्दों की बढ़ोतरी भी होने लगी।

राम भक्ति काव्यधारा में अवधी का विकास

16वीं सदी में अवधी में गोस्वामी तुलसीदास का उदय हुआ। तुलसीदास मध्यकाल के समन्वयवादी कवि थे। तुलसीदास का समन्वयवाद उनकी भक्ति-भावना में भी दिखाई देता है। '*रामचरितमानस*' में उन्होंने राम और शिव दोनों को एक-दूसरे का भक्त दिखाकर बैष्णव और शैव सम्प्रदायों को एक करके जिस सामान्य भावभूमि का दिग्दर्शन कराया वह अद्भुत है। आचार्य हजारी प्रसाद द्विवेदी ने लिखा,

"भारतवर्ष का लोकनायक वही हो सकता है, जो समन्वय करने का अपार धैर्य लेकर आया हो। भारतीय जनता में नाना प्रकार की परस्पर विरोधी संस्कृतियाँ, साधनाएँ, जातियाँ, आचार-विचार और पद्धतियाँ प्रचलित हैं। तुलसीदास स्वयं नाना प्रकार के स्तरों पर रह चुके थे। उनका सारा काव्य समन्वय की विराट चेष्टा है। उसमें केवल लोक और शास्त्र का ही समन्वय नहीं है—गृहस्थ और वैराग्य का, भक्ति और ज्ञान का, भाषा और संस्कृति का, निर्गुण और सगुण का, पुराण और काव्य का, भावावेग और अनासक्त चिन्तन का समन्वय 'रामचरितमानस' के आदि से अन्त तक दो छोरों पर जाने वाली परा-कोटियों को मिलाने का प्रयत्न है।" 'रामचरितमानस' अवधी में है हालाँकि वे ब्रज में भी लिखते थे। 'रामचरितमानस' अवधी के विकास में निर्णायक मोड़ है और ग्राम्यता और आभिजात्यत्ता का समन्वय है। उन्होंने स्थानीय भाषाओं की हीनता तोड़ी और संस्कृत के साथ रखा। अवधी को संजीयता से निकाल कर अखिल भारतीय पहचान दी और संस्कृत को अवधी के विरोध में नहीं, बल्कि सहचर्य में रखा। अवधी के अतिरिक्त इसमें ब्रज और भोजपुरी को भी मिलाया एवं अवधी को समर्थ काव्य भाषा के रूप में विकसित किया।

रामचरितमानस में अवधी का प्रयोग और उसकी साहित्यिक विशेषताएँ

"अलंकारों पर तुलसी का अपूर्व अधिकार है। विशेषकर रूपक और अनुप्रास अलंकार पर।"

"तुलसी नाद के कवि हैं। (नाद शब्दों के उच्चारण से उत्पन्न घोष)। खासकर युद्ध के वर्णन में।" **डॉ. विश्वनाथ त्रिपाठी** अपनी पुस्तक *लोकवादी तुलसीदास* में लिखते हैं—"शब्दों को ध्वनि योजना द्वारा धर्म की झंकार देने में तुलसीदास जैसी निपुणता हिन्दी के किसी अन्य कवि के पास नहीं है।" नाद-सौन्दर्य से धर्म की अभिव्यंजना कैसे झंकृत होती है, इस उदाहरण से स्पष्ट है—

"सिभिल अंग पग भग डोलहिं।
बिहबल बचन प्रेम बस बोलहिं।।"

"तुलसी वक्तव्यों के कवि नहीं थे बल्कि बिम्बों के कवि थे। हर चीज के बिम्बों को पकड़ने में तुलसीदास पूरी तरह सफल रहे। उनकी कविता में मानवीय प्रकृति की अद्‌भुत पकड़ और पहचान थी।"

तुलसी ने चरित्रों को उनकी सम्पूर्ण मनोवैज्ञानिकता के साथ अवधी में व्यक्त किया और इस प्रकार भाषा को समृद्ध बनाया। इसके अतिरिक्त तत्कालीन सामाजिक व राजनीतिक परिस्थितियों का वर्णन भी किया है। भाषा इन सब गतिविधियों को काव्य में धारण करने में समर्थ हुई। उन्होंने अवधी को अपने चरम पर पहुँचाया। 'रामचरितमानस' भारतीय रचनाशीलता की श्रेष्ठतम विशेषता है।

तुलसी के बाद के कई कवियों ने भी अपनी रचना अवधी में ही की। लेकिन जो स्थान तुलसी को मिला वह कोई अन्य प्राप्त नहीं कर सका। कुछ हद तक कबीर ही तुलसी के समकक्ष पहुँचते हैं लेकिन उनकी भाषा शुद्ध अवधी न होकर सधुक्कड़ी है। कुछ एक जगहों पर पूर्णतः अवधी का प्रयोग करते हुए दिखाई देते हैं, लेकिन ऐसे उदाहरण कम ही देखने को मिलते हैं।

यथा–"दशरथ सुत तिहुँ लोक बखाना।
राम नाम को मरम ना जाना।"

इनके अलावा रामानन्ददास, नाभादास, केशवदास, सेनापति, लालदास, ईश्वरदास आदि कवियों ने भी अपनी रचनाएँ अवधी में ही लिखीं।

काव्य भाषा के रूप में अवधी की व्याकरणिक विशेषताएँ

ध्वनि संरचना

1. अवधी में उकारान्तता की प्रवृत्ति प्रबल है। शब्द का अन्त 'उ' से होता है। खासकर पुल्लिंग वाची शब्दों में। जैसे

रामु, मातु, संसारु, सुल्तान, (साहित्यिक स्तर पर)

राम, माता, संसार, सुल्तान

2. अवधी में ऐ, औ संध्याक्षर हैं। जो दो अक्षर से मिलकर बने हैं। उनका उच्चारण भी वैसा ही है।–

ऐ = अ + इ (अइसा, अउरत)

औ = अ + उ (जइसा, पइसा, नइहर, बरल) (कउन, अउर)

3. अवधी में संयुक्त व्यंजन अलग-अलग उच्चारित होते हैं।

भ्रम (भरम), आश्चर्य (अचरज), कृपा (किरपा), प्रवीण (परवीन)।

4. आरम्भिक और अन्तिम 'य' का उच्चारण 'ज' होता है।

यौवन (जोवन), युवती (जुबती), कार्य (कारज), यमुना (जमुना)

5. मध्यवर्ती 'ल' व 'ड़' उच्चारण 'र' के रूप में होता है।

लड़ाई (लराई), पड़यो (परयो), उलझन (उरसन)

6. अवधी में लेखन और उच्चारण के स्तर पर निम्न परिवर्तन होते हैं।

आरम्भिक 'व' का उच्चारण 'ब', जैसे–

वर्षा – बरखा वदन – बदन विश्वामित्र – बिस्वामित्र

7. 'ण', 'श', 'ष' का उच्चारण क्रमशः 'न', 'स' 'ख'। इसे ऐसे भी लिखा जाता है–

कारण – कारन, रण – रन

रावण – रावन

शशि – ससि, शीश – सीस
शरण – सरन, शृंगार – सिंगार
भाषा – भाखा, वर्षा – बरखा

रूप रचना

1. अवधी में पुल्लिग शब्दों का अन्त प्राय: 'वा' और स्त्रीलिंग शब्दों का अन्त 'इसा' से होता है।

जगदीश – जगदीशवा।	बच्चा – बचवा।	रात – रतिया।
बात – बतिया	बहिन – बहिनिया।	बेटी – बिटिया।

(व्यावहारिक स्तर पर) (बोलचाल)

2. संज्ञाओं को बहुवचन बनाने के लिए खासकर 'न्ह' परसर्ग का प्रयोग किया जाता है।

बालक – बालकन्ह	सखी – सखिन्ह	सुर – सुरन्ह

3. सर्वनाम के स्तर पर अवधी में व्यवस्था

पुरुषवाचक	*एकवचन*	*बहुवचन*
उ. पुरुष	मइ, हउं, हौं (मैं)	हम (हम)
म. पुरुष	तू, तै, तो (तुम)	तुम, तुम्हें
अ. पुरुष	ता, तिस, वा (वह)	तै, तिन, तिन्ह (वे)

अनिश्चयवाचक–कोई–कोउ, कुछ–कछु
निश्चयवाचक–या, वा
सम्बन्धवाचक–जो, जेइ, जवन
प्रश्नवाचक–कवन, कउन, को (कौन)।

4. विशेषण – (i) अवधी में विशेषण लिंग के अनुसार बदल जाते हैं

आपन (पुल्लिग)	आपनि (अपना) (स्त्रीलिंग)
हमार,	हमारि (हमारा)

(ii) मूलरूप में विशेषण प्राय: आकारान्त होते हैं।
नीक, मत, थोर, खोट

5. अव्यय कालि (काल)

पुनि (फिर)

बहोरि (फिर)

नियरे (निकट)

6. क्रिया रूप

(i) संज्ञार्थ क्रियाओं के अन्त में 'इबो' जोड़ने की प्रवृत्ति

जाइबो, खाइबो, करिबो, मारिबो।

(ii) पूर्वकालिक क्रिया के लिए प्राय: 'ई' परसर्ग का प्रयोग।

करि (करके), लिखि (लिख के)

(iii) भूतकालिक क्रियाओं के अन्त में 'न', 'ना' 'न्ह', 'न्हा' की प्रवृत्ति

किया–कीन्ह, कीन्हा, कीना

दिया–दीन्ह, दीन, दीन्हा।

(iv) स्त्रीवाचक क्रिया रूपों में 'नी' तथा 'न्ही' परसर्ग।

किया–कीन्ही, कीनी

दिया–दीन्ही, दीनी

(v) अधिकांश भूतकालिक क्रियाओं के मध्यवर्ती व्यंजन हलन्त होते हैं।

लिखा–लिख्यो

गिरा–गिर्‍यो।

कहा–कह्यो।

(vi) भविष्यत कालिकक्रिया रूपों में 'ब' जोड़ने की प्रवृत्ति

चलब, कहब, करब

(vii) निम्नांकित सहायक क्रिया रूप।

आहे (है)

बाटे

अटै

भये।

कारकीय रूपरचना

1. कर्ता में 'ने' का प्रयोग नहीं होता। हम बोले थे।
2. कर्म (को)–के, कहुँ, काहु।
3. करण (से)–सों, ते, सन, पाहिं, कहं।
4. सम्प्रदान (लिए)–लागि,
5. आपादान (से)–सौं, तन, ते।

6. सम्बन्ध (का, की, के)–कर, केर, क, कै।

7. अधिकरण (मैं, पे, पर)–माहिं, माँ, मँह।

मध्यकाल की एक समृद्ध काव्य भाषा होने के कारण अवधी का व्याकरण ढाँचा व्यवस्थित है। शब्दकोशीय स्तर पर उसमें छत्तीसगढ़ी ब्रज के शब्दों की भरपूर उपस्थिति है परन्तु ध्वनि और रूप रचना के स्तर पर उसकी पहचान असन्दिग्ध है।

2. मध्यकाल में साहित्यिक भाषा के रूप में ब्रजभाषा

हिन्दी साहित्य के इतिहास में जिस बोली को हम ब्रजभाषा के नाम से जानते हैं उसका सम्बन्ध ब्रज प्रदेश से है, जिसके अन्तर्गत मथुरा, आगरा, बदायूँ, बरेली, एटा, मैनपुरी, भरतपुर, अलीगढ़ और इसके आसपास के क्षेत्र आते हैं।

ब्रज का अर्थ है गोस्थली अर्थात् वह क्षेत्र जहाँ गायें रहती हैं। गायों के रहने के स्थान के कारण मथुरा और उसके आस-पास के 84 कोस तक के मण्डल को ब्रज-मण्डल कहते हैं। साहित्यिक दृष्टि से यदि देखें तो मध्यकाल की राष्ट्रीय भाषा ब्रज ही है, जिसे अखिल भारतीय काव्यभाषा के रूप में स्वीकार किया गया, लेकिन इसका चरमोत्कर्ष, भक्तिकाल के उत्तरार्ध में ही दिखाई देता है।

ब्रजभाषा की पृष्ठभूमि

ब्रज अर्थात् (चरागाह)। ब्रज प्रदेश चरागाही के लिए उपयुक्त प्रदेश है। ब्रज प्रदेश में प्रचलित भाषा होने के कारण इसका नाम ब्रजभाषा पड़ा। क्षेत्र विशेष के आधार पर नामकरण करने से भी इसका नाम ब्रज रखा गया।

बौद्ध काल में इसे - मज्झिमदेश, मध्यदेश, ब्रह्मर्षि देश, मथुरा मण्डल, शूरसेन जनपद आदि के नाम से जाना जाता था।

स्रोत : शौरसेनी अपभ्रंश से।

यहाँ की भौगोलिक, सामाजिक एवं सांस्कृतिक परिस्थितियों के कारण यहाँ की भाषाओं को अखिल भारतीय ख्याति मिली। 1000 ई.पू. से लेकर बीसवीं सदी के पहले चरण तक ब्रज-प्रदेश की भाषा सारे राष्ट्र के शिष्ट जनों, विद्वानों और साहित्यकारों के बीच प्रचलित रही, जिसमें से संस्कृत, पाली, शौरसेनी प्रमुख थीं। ब्रज इन सबकी उत्तराधिकारिणी रही है। यह पश्चिमी हिन्दी की प्रधान भाषा है। इसका विकास शौरसेनी अपभ्रंश से हुआ है। साहित्यिक दृष्टि से यह अत्यन्त सम्पन्न भाषा है। प्रारम्भ में ब्रजभाषा के लिए 'पिंगल' तथा 'भाखा' शब्द का प्रयोग किया जाता था।

विकास के चरण

ब्रज के विकास के चरणों को तीन भागों में बाँटा जा सकता है।

1. सूर - पूर्व 2. सूर - कालीन 3. रीति कालीन

अत: एक सामान्य बोली से साहित्यिक भाषा के रूप में विकसित होने की परम्परा समूचे हिन्दी साहित्य की परम्परा है। ब्रज का विकास वस्तुत: हिन्दी साहित्य के विकास का पर्याय है। यह अपने मूल क्षेत्र की सीमाओं को तोड़कर सम्पूर्ण हिन्दुस्तान की काव्य भाषा बन गयी। नरसी मेहता (गुजरात), तुकाराम (महाराष्ट्र)। इसके उदाहरण हैं। मध्यकाल तक आते-आते यह सारे देश में प्रतिष्ठित हो गयी। लगभग सभी विद्वानों ने ब्रज को ही काव्य भाषा माना।

"भाषा ब्रज भाषा रुचै।"–बिहारी

डॉ. सुनीति चटर्जी–"ब्रज भाषा पुरानी शौरसेनी भाषा की सबसे महत्त्वपूर्ण और शुद्ध प्रतिनिधि है और हेमचन्द्र के व्याकरण के अपभ्रंश दोहों की भाषा इसकी पूर्व पीठिका है।"

परन्तु ब्रज को मध्यकालीन भक्ति आन्दोलन तक आकर ही पूर्ण प्रतिष्ठा मिली। 12–13वीं सदी पूर्व यह रूप सिद्धों और नाथों में दिखाई देते हैं।

मत्स्येंद्र नाथ–"जोगी सोह सुजणये, जगसे रहे उदास" 14वीं सदी तक आते-आते साहित्यिक भाषा के रूप में ब्रज अपनी पहचान बना लेती है। कबीर के पदों की भाषा सधुक्कड़ी है (साखियों की नहीं)।

1320 ई. के आस-पास अमीर खुसरो ने ब्रज और फारसी का साथ-साथ प्रयोग किया।

साहित्यिक रूप में ब्रज का विकास

1. सूर-पूर्व युग की ब्रजभाषा–सूर-पूर्व युग में ब्रजभाषा का आरम्भिक रूप मिश्रित रूप में 'प्राकृत पैंगलम्' तथा 'उक्ति व्यक्ति प्रकरण' आदि रचनाओं में देखने को मिलता है। तत्पश्चात् ब्रज अपना साहित्यिक रूप ग्रहण करने लगी, जिससे सिद्धों, नाथों, अमीर खुसरो और निर्गुण कवियों में भी इसके रूप दिखाई देने लगते हैं। इसमें अप्रभंश व स्थानीय बोलियों का प्रभाव दिखाई देता है।

यही कारण है कि हिन्दी साहित्य के प्रारम्भिक ग्रन्थ रासो साहित्य के कुछ अंश ब्रजभाषा से मिलते-जुलते हैं। इसी तरह नाथ साहित्य के प्रमुख कवि 'जलंधर नाथ' के पदों में भी ब्रज-मिश्रित भाषा का प्रयोग दिखाई देता है। मसलन–

"जोगी सोई जाणिये
जग तैं रहे उदास।"

ब्रजभाषा का पहला स्वतन्त्र प्रयोग करने का श्रेय अमीर खुसरो को जाता है, जिन्होंने खड़ी बोली हिन्दी का भी सर्वप्रथम प्रयोग किया। यद्यपि खुसरो की भाषा में अवधी, फारसी और खड़ी बोली तीनों की भाषिक परम्पराएँ दिखती हैं लेकिन ब्रज का भी उत्कृष्ट रूप सबसे पहले इन्हीं के यहाँ देखने को मिलता है।

"मेरा मोसे सिंगार करावत
आगे बैठ के मान बढ़ावत।"

14वीं सदी से 16वीं सदी तक के काल को ब्रजभाषा एवं ब्रज साहित्य का निर्माण काल कहा जा सकता है। इस काल में जो ग्रन्थ सामने आये, इनमें 'प्रद्युम्न चरित' तथा 'हरिवंश पुराण' प्रमुख हैं। 'प्रद्युम्न चरित' में कृष्ण के पुत्र प्रद्युम्न के चरित्र का वर्णन है। इसकी रचना ब्रज में हुई। यथा–

"नित-नित भीड़इ बिलखी खरी, काहे दुखी विधाता करी।"

'हरिश्चन्द्र पुराण' में राजा हरिश्चन्द्र की पौराणिक कथा कही गयी है, जिसकी भाषा ब्रज है।

इसके अतिरिक्त 15वीं सदी के प्रथम कवि 'विष्णुदास' ब्रजभाषा के अप्रतिम कवि हुए। उन्होंने 'महाभारत कथा', 'स्वर्गारोहण', 'स्नेहलीला' जैसे प्रमुख ग्रन्थ लिखे। इसी काल में नारायणदास की 'छिताई वार्ता' मानिक कवि की 'बैताल पच्चीसी' तथा छीहल की 'छीहल बावनी' की भी रचना ब्रजभाषा में हुई।

वस्तुत: ब्रज को साहित्यिक भाषा के रूप में प्रतिष्ठित करने का श्रेय कृष्ण भक्त कवियों (विशेषकर अष्ट छाप कवियों) को ही जाता है। इसने अपनी सहज रचनात्मकता से ब्रज प्रदेश की संस्कृति, प्रवृत्ति, जीवन पद्धति आदि को ब्रजभाषा के उदात्त रूप (सबसे परिनिष्ठित रूप) में प्रस्तुत किया। इनमें से सर्वश्रेष्ठ कवि सूरदास ही थे। सूर के वात्सल्य, शृंगार आदि के वर्णनों ने ब्रजभाषा की अन्तर्वस्तु और रूप दोनों धरातलों पर महिमामंडित किया। संगीतात्मकता, बिम्बधर्मिता और अंलकारिता इसके गुण हैं। बिम्ब का उदाहरण – "सिखवत चलत जसोदा मैया" नितान्त घरेलू जीवन से बिम्बों का चुनाव हुआ है।

संवाद योजना, सौन्दर्य के अप्रतिम और गतिशील चित्र। सुख और दु:ख जीवन के दोनों यथार्थों को साधने की क्षमता। भाषा में व्यंग्य को पैदा करने की क्षमता (चरमोत्कर्ष-भ्रमरगीत) गीत रसखान-कविता और सवैयों का प्रयोग रहीम-दोहों के माध्यम से जीवन के विभिन्न रूपों का चित्रण। जीवन के अनुभव को व्यक्त करने के उपयुक्त बनाया।

2. सूरकालीन युग में ब्रजभाषा–यद्यपि ब्रजभाषा का प्रयोग सूरदास के पूर्व कवियों में भी दिखाई देने लगा था, लेकिन ब्रजभाषा अपने चरमोत्कर्ष में सूरदास

के काल में ही दिखाई देती है। इस ब्रजभाषा को मानस पटल पर स्थापित करने का काम सूरदास के गुरु वल्लभाचार्य ने किया। जब उन्होंने ब्रज जाकर गोवर्धन और गोकुल को अपना केन्द्र बनाया। इसके बाद इन्हीं के पुत्र विट्ठलदास ने यहीं पर 'अष्टछाप' की स्थापना की, जिसमें कृष्ण भक्ति शाखा के आठ कवियों को शामिल किया गया, जिसमें सूरदास, नंददास, परमानन्द दास प्रमुख हैं। अवधी में जो स्थान तुलसीदास और जायसी का है, वही स्थान ब्रज में सूरदास का है।

सूरदास की सबसे बड़ी विशेषता यह है कि वे भाषा के रूप में जिस ब्रजभाषा को चुनते हैं, उसमें इतनी मिठास है कि वात्सल्य का कोई वर्णन एक बाल–सुलभ जिज्ञासा का अप्रतिम रूप अपने आप निखर आता है। जैसे–

"मैया कबहु बढ़ेगी चोटी?

कीती बार मोहिं दूध पिवत भई है अजहूँ यह छोटी।"

बाल–मनोविज्ञान का जितना अच्छा चित्रण सूरदास के यहाँ देखने को मिलता है, उतना शायद की किसी भाषा के कवियों के यहाँ मिलता हो। सूरदास की विशेषता नये–नये विषयों पर लिखना नहीं है, बल्कि कुछ विषयों पर नये–नये तरीके से लिखना ही उनकी उत्कृष्टता को उद्घाटित करता है। मसलन बालकों की अन्तःप्रकृति का ज्ञान सूर को अद्भुत मति से है। कृष्ण माँ से माखन–चोरी करने का बहाना कैसे बनाते हैं–

"मैया मैं नहीं माखन खायो।

'ख्याल' परे सब सखा संग

मिलि मेरे मुख लपटायो।"

वात्सल्य और शृंगार के अलावा उलटबांसी के माध्यम से वाग्विदग्धता की शैली सूरदास की एक और पहचान है। जैसे–

"निर्गुण कौन देश को बासी।"

सूरदास के समय जहाँ कृष्ण भक्ति शाखा का विकास हुआ और जिसकी अधिकतम प्रायोगिक भाषा ब्रज थी, वहीं इस समय में कुछ राम भक्ति शाखा के लोग भी ब्रज में रचना कर रहे थे तो कुछ जगह मिश्रित ब्रजभाषा का रूप देखने को मिलता है। मीराबाई और रसखान की भाषा में जहाँ मिश्रित ब्रजभाषा का पुट मिलता है, वहीं रामकाव्य के कुछ कवियों का रचना–संगठन ब्रज के काफी करीब बैठता है। यथा–

"बिरहनी बावरी सी भई

ऊँची चढ़ि अपने भवन में तेरत हाय दई।

ले अँचरा मुख अँसुवन पोंछत उघरे गात सही।

मीरा के प्रभु गिरधर नागर बिछुरत कछु न कही।"

राम भक्ति शाखा के सर्वश्रेष्ठ कवियों में से एक कबीर और तुलसी भी ब्रजभाषा का प्रयोग सहजानुरूप करते हैं, कबीर ब्रज का प्रयोग जहाँ निर्गुणिया राम के रूप में करते हैं, वहीं तुलसीदास इसका प्रयोग सगुण रूप में करते हैं। मसलन–

"दशरथ सुत तिहुँ लोक बखाना।
राम नाम को मरम न जाना।" –कबीर दास

3. रीतिकालीन काव्य में ब्रजभाषा का विकास–उत्तर मध्यकाल अथवा रीतिकाल तक आते-आते अवधी का प्रयोग कम होने लगा था और उसकी जगह पूरी तरह से या तो ब्रजभाषा ले चुकी थी अथवा खड़ी बोली की सुगबुगाहट प्रारम्भ हो चुकी थी।

रीतिकाल ब्रजभाषा का चरमोत्कर्ष काल है। भाषा में अपूर्व कलात्मकता (1643-1843 ई.) संगति, अलंकार और बिम्ब की परम्परा को कला के चरम सोपान पर पहुँचाया। एक वाक्य से अनेक अर्थों की प्रस्तुति। भाषा के उत्कर्ष के लक्षण यहाँ दिखाई देते हैं।

अद्‌भुत बिम्बों का निर्माण।

विषय वस्तु महत्त्वपूर्ण नहीं, चमत्कार पैदा करना महत्त्वपूर्ण। भाषा अलंकार के स्तर पर अनुप्रास प्रधान हो गयी।

इसी बात की ओर संकेत करते हुए कविवर भिखारीदास लिखते हैं–

"आगे के कवि रीझिहैं तो कविताई, न तो
राधिका कन्हाई, सुमिरन को बहानौ है।"

भक्तिकाल के खत्म होते-होते रीतिकाल की भाषा की पृष्ठभूमि लगभग तैयार हो चुकी थी। कृष्ण और राधा का चरित्र केन्द्र में होते हुए भी भाषा के स्तर पर ब्रजभाषा को सर्वमान्य स्वीकार कर लिया गया था। उद्‌देश्य स्पष्ट था कि रामकाव्य के भीतर जिस तरह से लोकमंगल और नैतिकता को मूल-आधार बनाया गया था उसी तरह प्रेम-प्रसंग के नाम पर 'रीति' और 'श्रृंगार' को कविता का मूलाधार माना गया। दूसरा रीतिकाल में जो कवि आये उनका मूल स्वभाव कविता करना था। वे किसी समाज सुधार की दृष्टि से अथवा किसी सामाजिक

दबाव की उपज नहीं थे। इसलिए स्वभाव से वे सुन्दरता और श्रृंगार के कायल थे, और उसके लिए ब्रजभाषा से अच्छी कोई भाषा हो नहीं सकती थी। जो कलात्मक ओज से परिपूर्ण और स्वाभाविक मिठास से सम्पूर्ण हो। इसलिए इस काल के सभी कवियों ने ब्रज को ही अपनी अभिव्यक्ति का माध्यम बनाया–चाहे वह बिहारी हो, घनानन्द हो, आलम हो, बोधा अथवा ठाकुर हो।

रीतिकालीन कविता में रीति को मुख्यतः दो रूपों में वर्णित किया है–पहला रीतिबद्ध दूसरा रीतिमुक्त। लेकिन कुछ आलोचक विद्वान जैसे आचार्य विश्वनाथ प्रसाद मिश्र का कहना है कि अलंकार, रस, नायिका भेद, ध्वनि, आदि को यदि ध्यान में रखें तो इसका प्रत्यक्ष निरूपण इन कवियों ने नहीं किया अपितु उत्कृष्ट काव्य का सृजन किया। इस दृष्टि से वे रीतिबद्ध कहे जाते हैं। जबकि डॉ. नगेन्द्र का कहना है, जो रीति परम्पराओं का निर्वहन करते हैं, और उनके लक्षणों का अनुपालन करते हैं, वे या तो रीतिबद्ध कवि माने जायेंगे अथवा रीतिकार और आचार्य कहे जायेंगे। ऐसे रीतिबद्ध कवियों के कुछ नामों में से बिहारी, बेनी, रसनिधि, नेवाज, द्विजदेव प्रमुख हैं, जबकि रीतिमुक्त काव्यधारा के समर्थकों का कहना था कि जो धारा किसी लोक अथवा परिपाटी से मुक्त हो और जो किसी भी तरह के साहित्यिक बन्धन और रूढ़ियों को जोड़ती है, उसे रीतिमुक्त कहते हैं। रीतिमुक्त काव्यधारा में स्वच्छन्दता को मुख्य प्रेरक तत्त्व माना गया। ऐसे कवियों में घनानन्द, बोधा, ठाकुर के नाम प्रमुख हैं।

रीतिबद्ध कवियों की विशेषता यह है कि इसमें प्रेम और कला का एक साथ दिग्दर्शन होता है और लयात्मकता भी बरकरार रहती है, यथा :

"तन्त्रीनाद कवित्त रस सरस राम रति रंग,
अनबूड़े, बूड़े तिरे जे बूड़े सब अंग।" –बिहारी (बिहारी सतसई)

ब्रजभाषा पर बिहारी का असाधारण अधिकार था। शब्द और वर्ण उनके दोहों में नगों के समान जड़े हैं और रत्नों की आभा बिखेरते हैं। शब्दों को माँजने, चमकाने, मोड़ने और सँवारने की कला में बिहारी सिद्धहस्त हैं, इसीलिए डॉ. नगेन्द्र इन्हें रीतिसिद्ध कवि मानते हैं। इसका एक और अनुपम उदाहरण इस प्रकार है–

"अंग-अंग नग जगमगति, दीप शिखा सी देह।
दिया बुझाए हूँ रहै, बड़ो उजेरो गेह।"

रीतिमुक्त धारा के सबसे प्रमुख कवि हैं घनानन्द। भावात्मकता, लाक्षणिकता, वैयक्तिकता, रहस्यमयता, मार्मिकता, स्वच्छन्दता इस धारा के प्रमुख गुण हैं।

यही कारण है कि घनानन्द की कविताओं में–रीझ, विषाद, उलझन, अभिलाषा, भूल, उपालम्भ एक साथ दिखाई देता है। प्रिय के रूप पर रीझने में मन की क्या दशा होती है, घनानन्द का यह सवैया बेजोड़ है–

"रावरे रूप की रीति अनूप नयौ-नयौ लागत, ज्यौं-ज्यों निहारिये।
त्यौं इन आँखिन बानि अनोखी, अघानि कहूँ नाहि आन तिहारियै।
एक ही जीव हुतौ सुतौ वार्‍यौ, सुजान संकोच औ सोच सहारियै।
रोकी रहै न दहै घनआनन्द, बाबरी रीझ के हाथानि हारियै।

अत: यह कहा जा सकता है कि ब्रज भाषा अखिल भारतीय रचनाशीलता की सबसे आदरणीय, व्यापक और स्वीकृत भाषा रही है। भक्त कवियों ने नाद सौन्दर्य और रूप सौन्दर्य के स्तर पर इसे स्वाभाविक मधुरता और सम्प्रेषणीयता प्रदान की। कृष्ण के चरित्र से जुड़कर यह भाषा भारतीय सौन्दर्य बोध, भाव बोध और कलात्मकता की अभिव्यक्ति करती है। रीतिकाल के कवियों ने सर्जनात्मक स्तर पर इसका कलात्मक दोहन किया। इस तरह से ब्रज भाषा उत्कृष्टता के चरम सोपान पर पहुँचकर जीवनानुभूतियों के ठोस प्रसंगों से दूर हटती गयी और इस प्रकार इस महान साहित्यिक भाषा के क्षेत्र के बीज दिखाई देने लगे। यद्यपि भाषा का प्रयोग बीसवीं सदी के प्रारम्भ तक चलता रहा। परन्तु जीवन की समकालीन चुनौतियों को व्यक्त करने की क्षमता उसमें नहीं रह गयी थी। अत: यह धीरे-धीरे इतिहास के हाशिए में समा गयी और इसका स्थान खड़ी बोली ने ले लिया।

4

19वीं सदी में साहित्यिक भाषा के रूप में खड़ी बोली का विकास

खड़ी बोली का उद्‌भव और विकास

खड़ी बोली के बीज 19वीं सदी से पूर्व मौजूद थे। खड़ी बोली व ब्रज दोनों का उद्‌भव 12वीं सदी में हुआ।

10वीं सदी – अपभ्रंश की अन्तिम अवस्था या अवहट्ट – में भारतीय भाषाओं में देशभेद या क्षेत्रीयता दिखाई पड़ती है। इस दौरान भाषायी आधार पर तीन क्षेत्र उभर के आते हैं – पूर्वी, पश्चिमी व मध्यदेश की भाषा। इनमें भेद न केवल उच्चारण का है वरन् व्याकरण का भी है। गुजराती, मराठी व बांग्ला के भ्रूण तो अपभ्रंश में थे, परन्तु 14वीं सदी तक वे एकदम अलग भाषा बन गयी। इसका कारण–राजनीतिक–सामाजिक था। खड़ी बोली पर शुरू से ही अरबी, फारसी का प्रभाव था।

(i) 12वीं शताब्दी के आसपास भारतीय भाषाओं में देशभेद की प्रवृत्ति विकसित हुई। गुजराती आदि का स्वतन्त्र विकास हुआ।

(ii) मध्यक्षेत्र में किसी भी एक बोली की स्थापना न हो सकी। इसका कारण था लगातार विदेशी आक्रमण। तीन साहित्यिक भाषाएँ थीं– (1) अवधी (2) ब्रज (3) खड़ी बोली।

खड़ी बोली के विकास में ब्रज का बहुत बड़ा योगदान था। **डॉ. नामवर सिंह** उल्लेख करते हैं कि "खड़ी बोली का सबसे प्राचीन कवि है शेख फरीदुद्दीन शंकर गंजी (समय – खुसरो के समकालीन)।"

उदाहरण – तन धोने से जो दिल होता पूक
पेशरू आफ़ना से होता मूक।

इस दौरान खड़ी बोली का रूप स्वतन्त्र रूप से देखने को नहीं मिलता। यह मिश्रित रूप में दिखाई देता है। खड़ी बोली को भाषा के रूप में व्यवस्थित रूप से

रखने का श्रेय सर्वप्रथम अमीर खुसरो को जाता है। 14वीं सदी में जिसमें ब्रजभाषा का पुट है।

दोहा – "गोरी सोवे सेज पर मुख पर डारे केश।
चल खुसरो घर आपने रैन भई चहुँ देश।"

पहेली – "एक नार ने अचरज किया।
साँप मार पिंजरे में दिया।"

खड़ी बोली का प्रारम्भिक इतिहास फुटकर प्रयोग के रूप में दिखाई देता है, पर साहित्यिक भाषा के रूप में नहीं। 10वीं से 18वीं सदी एक चरण है जहाँ व्यवहार में इसका प्रयोग होता है परन्तु यह साहित्य की भाषा नहीं है। 19वीं सदी में इसका विकास एकाएक नहीं हुआ, बल्कि इसकी एक परम्परा प्राप्त होती है।

खड़ी बोली का नामकरण

जिस बोली को आप हम खड़ी बोली के नाम से जानते हैं उसका वास्तविक नाम 'देहलवी' था। 'देहलवी' इसलिए क्योंकि यह दिल्ली के आसपास के क्षेत्र मसलन–मेरठ, आगरा, मैनपुरी, अंबाला आदि में बोली जाती थी। कुछ लोग इसे 'कौरवी' के नाम से भी जानते थे, क्योंकि यह कौरवों और पाण्डवों के राज्य इन्द्रप्रस्थ अर्थात् आज की दिल्ली के आसपास बोली जाती थी। दिल्ली चूँकि सदैव से सत्ता के केन्द्र में रही है वह मुगल शासक हो या अंग्रेज़, जिसने भी दिल्ली के आसपास राज किया अपनी भाषा और संस्कृति की पहचान छोड़ते गये। इसीलिए इस भाषा में हिन्दुस्तानी, उर्दू, रेख्ता, अंग्रेज़ी और दक्खिनी हिन्दी का प्रभाव बना रहा। 'देहलवी' और 'कौरवी' का नाम बदलकर खड़ी बोली रखने के पीछे अलग-अलग विद्वानों का अलग-अलग मत है। मसलन–

गार्सा द तासी–"खड़ी का सम्बन्ध 'खरी' (Pure) अर्थात् शहद से है। इसका मानना है कि इसमें कई भाषाओं का मिश्रण है और इसे अरबी-फारसी, रेख्ता अथवा उर्दू से अलग रखा जा सके, इसलिए इसे शुद्ध भाषा के रूप में अलग रखा गया।"

टी. ग्राहम बेली का मानना है कि 'खड़ी अंग्रेज़ी' के शब्द खड़ी (Standing) का हिन्दी अनुवाद है, जिसका अंग्रेज़ी में अर्थ है मानक (Standing) अथवा परिष्कृत भाषा।"

डॉ. धीरेन्द्र वर्मा का कहना है 'खड़ी कठोरता' का परिचायक है। इसमें ब्रज जैसी मिठास, मधुरता और कोमलता नहीं थी इसलिए उसे ब्रज से स्वतन्त्र रखकर एक नयी भाषा के रूप में स्थापित किया गया।"

उपर्युक्त सभी विश्लेषणों से एक बात स्पष्ट है कि खड़ी बोली के नामकरण के पीछे कोई एक कारण जिम्मेदार नहीं था। इसके कई कारण थे। कुछ लोग इसे संस्कारित और शुद्ध भाषा मानते हैं तो कुछ मानक। कुछ लोग इसे कठोर मानते हैं तो कुछ लोग मिश्रित, लेकिन इतनी बात तो तय है कि यह ऐसी परिनिष्ठित भाषा है जिसका प्रभाव बहुत व्यापक है। इसे विधिवत मान्यता फोर्ट विलियम कॉलेज के संस्थापक प्राचार्य जॉन गिलक्रिस्ट ने दिलाई, जिन्होंने अपनी अध्यक्षता में खड़ी बोली शब्द की अनेक शैलियों की नींव रखी।

1. सिद्ध-साहित्य में खड़ी बोली का प्रारम्भिक रूप

सिद्ध-साहित्य की स्थापना, बौद्ध धर्म में वज्रयान शाखा के प्रचार-प्रसार के लिए की गयी। इनके साहित्य की भाषा जनभाषा थी। राहुल सांकृत्यायन ने चौरासी सिद्धों के नामों का उल्लेख किया है, जिनमें से सिद्ध 'सरहपा' से यह साहित्य प्रारम्भ होता है। इनका मुख्य काम तांत्रिक क्रियाओं द्वारा सिद्धि प्राप्त करना था। इसी कारण से ये लोग सिद्ध कहलाने लगे। 'सरहपा' के अलावा 'शबरपा', 'लुइपा', 'डोम्मिपा', 'कण्णपा' एवं 'कुकरिया' हिन्दी के अन्य सिद्ध कवि हैं।

सिद्धों की रचना की भाषा अर्द्धमागधी अपभ्रंश के काफी करीब है जो पश्चिमी हिन्दी की उत्पत्ति का कारण है और जिसकी प्रमुख बोली खड़ी बोली और ब्रजभाषा है, इसलिए सिद्धों की रचनाओं में आरम्भिक खड़ी बोली की झलक देखने को मिलती है। उदाहरण के लिए-

"नाद न बिन्दु न रवि न शशि मण्डल
चिअगब सहाबे मूकल।
हाथेरे कांकाण मा लोक दापण,
अपणे अपा बुझतु निअम्मण।।"

कविता की भाषा से स्पष्ट है कि उनकी भाषा तो हिन्दी ही है केवल उस पर यत्र-तत्र अपभ्रंश का प्रभाव है।

इसी तरह डोम्मिपा की एक रचना है-

"गंगा जाउना माझेरे बहर नाइ।
ताँहि बुड़िली मातंगि पोइआली के पार करई।"

यदि देखें तो स्पष्ट पता चलता है कि गंगा, जाउना, बुड़िली, करई आदि शब्दों में आकारान्त और इकारान्त का प्रयोग किया गया है, जो प्राकृत और अपभ्रंश के साथ-साथ आरम्भिक खड़ी बोली हिन्दी के स्वरूप के लक्षण हैं।

2. नाथ-साहित्य में खड़ी बोली का स्वरूप

नाथ-साहित्य का विकास सिद्ध-साहित्य से ही हुआ, लेकिन ये सिद्धों की वाममार्गी भोगप्रधान योग-साधना का विरोध करते थे। भोग के स्थान पर ये लोग संयम और निवृत्ति पर आधारित साधना-पद्धति पर विश्वास करते थे और अपनी साधना-पद्धति पर अडिग रहते थे, इसीलिए इन्हें हठी भी कहा जाता था। यही कारण है कि उनकी साधना-पद्धति को हठयोग-साधना के नाम से भी जाना जाता है।

इस पन्थ को चलाने वाले मत्स्येन्द्रनाथ (मछन्दरनाथ) तथा गोरखनाथ माने जाते थे। डॉ. रामकुमार वर्मा ने नाथ-पन्थ के चर्मोत्कर्ष का समय बारहवीं सदी से चौदहवीं सदी के अन्त तक माना। इनका मानना है कि नाथ-पन्थ से ही भक्तिकाल के सन्त-मत का विकास हुआ, जिसके प्रथम कवि कबीर थे। कबीर की भाषा में जैसे घुमक्कड़पन का एहसास होता है और उनकी भाषा सधुक्कड़ी है। ठीक वैसे ही भाषा का प्रयोग नाथ-साहित्य में दिखाई देता है, जिसमें खड़ी बोली का व्यापक प्रभाव द्रष्टव्य होता है।

नाथ-साहित्य के पहले सिद्ध कवि गोरखनाथ ने हठयोग पर उपदेश देते हुए जिस तरह से हठयोग को परिभाषित किया था, उसी में खड़ी बोली का व्यापक परिदृश्य दिखाई देता है। इनके अनुसार इस मार्ग में विश्वास करने वाला हठयोगी साधना द्वारा शरीर और मन को शुद्ध करके शून्य में समाधि लगाता था और वहीं ब्रह्म का साक्षात्कार करता था। गोरखनाथ ने कहा कि धीर वह है जिसका चित्र विकार-साधना होने पर भी विकृत नहीं होता है–

"नौलख पातरि आगे नाचै, पीछे सहज अखाड़ा।
ऐसे मन लै जोगी खेलै, तब अन्तरि बसै भंडारा।"

इसमें खड़ी बोली की सारी प्रवृत्तियाँ परिलक्षित होती हैं। आकारान्तता और एकारान्तता आधुनिक खड़ी बोली की पहचान है। कुछ शब्दों जैसे–खेलै, बसै, नाचै आदि को छोड़ दें, जिसमें ब्रजभाषा की प्रवृत्ति दिखाई देती है, तो सभी शब्दों में खड़ी बोली हिन्दी के लक्षण साफ नजर आते हैं।

नाथ-साहित्य के विकास के साथ-साथ जिन अन्य नाथ कवियों ने खड़ी बोली के विकास में योगदान दिया, उनमें चौरंगीनाथ, गोपीचन्द, चर्पटीनाथ, चुणकरनाथ आदि के नाम प्रमुख हैं। कुल मिलाकर कह सकते हैं नाथ साहित्य में भी खड़ी बोली के सम्पूर्ण आरम्भिक लक्षण विद्यमान थे।

3. खुसरो साहित्य में खड़ी बोली का आरम्भिक रूप

अमीर खुसरो का नाम आधुनिक खड़ी बोली के जनक रूप में लिया जाता है। आचार्य रामचन्द्र शुक्ल ने (1255–1324) तक के काल को खुसरो काल का नाम दिया। इनका जन्म एटा जिले के पटियाली गाँव में हुआ था और इनका असली नाम अबुल हसन था। अमीर खुसरो आदिकाल में खड़ी बोली को काव्य की भाषा बनाने वाले पहले कवि थे। उन्होंने जनता के मनोरंजन के लिए पहेलियाँ और मुकरियाँ लिखी थीं। यद्यपि इनके द्वारा रचित ग्रन्थों की संख्या 100 के आसपास बताई जाती है, लेकिन उपलब्ध सिर्फ बीस-इक्कीस ही हैं, जिनमें 'खालिक-बारी', पहेलियाँ, मुकरियाँ, दो सुखने, ग़ज़ल आदि अधिक प्रसिद्ध हैं।

अमीर खुसरो को भाव की दृष्टि से भले ही बहुत महत्त्व नहीं दिया गया हो, लेकिन भाषा की दृष्टि से उनकी पहेलियाँ खड़ी बोली के आरम्भिक प्रयोग का अप्रतिम दस्तावेज हैं। उनकी भाषा के ऐतिहासिक महत्त्व को समझने के लिए एक पहेली यहाँ प्रस्तुत है–

"तरवर से इक तिरिया उतरि, उनने बहुत रिझाया,
बाप का उसने नाम जो पूछा, आधा नाम बताया।।
आधा नाम पिता पर प्यारा, बूझ पहेली गोरी।
अमीर खुसरो कहे, अपने नाम न बोलीं निबोरी।"

उपर्युक्त पहेली की रचना का विस्तार आगे नहीं हुआ, किन्तु रहस्य-प्रवृत्ति के विकास पर इसका प्रभाव अवश्य पड़ा।

खुसरो की कुछ-कुछ पहेलियाँ तो आधुनिक खड़ी बोली का एकदम शुद्ध रूप प्रस्तुत करने में सक्षम हैं। यथा–

"खीर बनाई जतन से, चरखा दिया चलाय।
आकर कुत्ता खा गया, बैठी ढोल बजाय।"
"खुसरो दरिया प्रेम का, उलटी बाकी धार।
जो उतरा सो डूब गया, जो डूबा सो पार।"

खुसरो की पहेलियों से एक बात तो स्पष्ट है कि इन्होंने खड़ी बोली के माध्यम से भाषा में जो चमत्कार और कुतूहल पैदा किया उसका स्थान हिन्दी-साहित्य में दिनोंदिन बढ़ता गया। यह अनायास नहीं था कि रीतिकाल में कुतूहल काव्यों और रहस्यमयी काव्यों की एक जो लम्बी परम्परा रही उसके पीछे खुसरो का हाथ है। कुल मिलाकर कहा जा सकता है कि अमीर खुसरो ने भाषिक प्रयोगों के माध्यमों से अपने समय की भाषा के बीच जो समन्वय किया वह अद्भुत और ऐतिहासिक था।

4. सन्त-साहित्य में खड़ी बोली का स्वरूप

सन्त साहित्य की उत्पत्ति का आधार उपनिषद, शंकराचार्य का अद्वैत दर्शन, नाथ पन्थ, इस्लाम-धर्म, सूफी दर्शन आदि रहा है, अर्थात् जो इन सभी दर्शनों की मान्यताओं को अपने हृदय से रचा-पचा जाये वही सन्त-साहित्य का प्रवर्तक हो सकता है। इसका सबसे उत्कृष्ट लक्षण कबीर के दोहों में दिखाई देता है, इसीलिए कबीर को सन्त-साहित्य का प्रवर्तक माना जाता है।

सन्त-साहित्य को भक्तिकाल की निर्गुण शाखा का प्रथम सोपान माना जाता है, जिसका समय 14वीं से लेकर सत्रहवीं सदी तक माना जाता है। इस धारा के कवियों में कबीरदास, रामानन्ददास, सुन्दरदास, मलूकदास, लालदास, दादूदयाल, मानक देव का नाम प्रमुखता से लिया जाता है।

सन्त-काव्य की सबसे बड़ी विशेषता यह थी कि इसमें मूर्तिपूजा और अवतारवाद का बहिष्कार किया गया और एकेश्वरवाद को स्वीकार किया गया। साथ ही इस धारा से कवियों ने 'नाम जप' को भक्ति और मुक्ति का आधार माना। प्रेममयी भक्ति का अनुभव व्यक्त करते हुए जैसे कबीर ने लिखा–

"हरि रस पीया जानिये, जे कबहु न जाय खुमार।
मैमंता घूमत फिरै, नहिं तन की सार।"

स्पष्ट है भाषा के स्तर पर सन्त-काव्य की भाषा मिश्रित खड़ी बोली हिन्दी है जिसे हम सधुक्कड़ी अथवा 'पंचमेल खिचड़ी' भाषा भी कहते हैं। इसका कारण सन्त-काव्य के कवियों की विचरण परम्परा रही है, जो एक जगह कहीं ठहर कर रुकते ही नहीं थे। नयी-नयी जगह घूमते रहने के कारण इनकी भाषा में कई प्रदेशों और बोलियों का व्यापक प्रभाव पड़ा जैसा कि कबीर अपने एक पद में लिखते भी हैं–

"जो बिछुड़े हैं पियोर से भटकते दर-बदर फिरते,
हमारा यार है हममें, हमन को इन्तजारी क्या।"

इस पद की मूल प्रवृत्ति भाषा के स्तर पर खड़ी बोली है, लेकिन 'हमन' शब्द की देशीयता और अपनापन में पूर्वी हिन्दी की झलक देखी जा सकती है। इसी तरह 'दर-बदर' में विचलन के साथ-साथ फारसी का प्रभाव द्रष्टव्य होता है।

कबीर की ही तरह अपनी अनगढ़ और उन्मुक्त शैली के लिए जो दूसरे सन्त-साहित्य के सबसे प्रसिद्ध कवि रहे वे मलूकदास थे। उनका एक दोहा ही इतना प्रसिद्ध रहा, जो न सिर्फ खड़ी बोली हिन्दी के प्रयोग की उत्कृष्ट मिसाल बना, अपितु व्यक्तिगत फक्कड़पने का जो उदाहरण बना, वह लोगों की जुबान में आज भी मौजूद है।

"अजगर करे न चाकरी, पंछी करे न काम
दास मलूका कह गये, सबके दाता राम।"

निष्कर्ष रूप में कहा जा सकता है कि आधुनिक काल में जिस खड़ी बोली को हम व्यावहारिक रूप में आज खड़ा पाते हैं उसमें सन्त-साहित्य का महती योगदान रहा है।

5. रहीम साहित्य में खड़ी बोली का स्वरूप

हिन्दी में केशव के पश्चात् रीति निरूपण में रीतिकाल में जिस कवि ने सबसे अधिक प्रभावित किया उनमें अब्दुल रहीम खानखाना का नाम प्रमुख है। ये अकबर के दरबारी कवि थे। यद्यपि इनको भक्तिकाल के कृष्ण भक्ति कवियों की श्रेणी में रखा जाता है। लेकिन इनकी दूसरी पहचान भक्तिकाल और रीतिकाल को जोड़ने वाले कवि के रूप में भी की जाती है। रीतिकाल के रूप में इनकी प्रसिद्ध रचनाएँ हैं–'नायिका भेद', 'नगर शोभा', 'बरवै', 'नायिकाभेद', 'दोहावली', 'मदनाण्टक'।

रहीम की विशेषता यह थी कि वे अरबी, फारसी, संस्कृत के अच्छे ज्ञाता होने के साथ हिन्दी के भी उतने ही बड़े जानकार थे। 'मदनाष्टक' को खड़ी बोली हिन्दी की अप्रतिम कृति माना गया। इन्होंने एक तरफ जहाँ शृंगार पर खूब कलम चलाई, वहीं दूसरी तरफ नीति-सम्बन्धी दोहे भी खूब प्रसिद्ध हुए। इन दोनों के योग से इन्होंने 'सतसई' लिखा जिसमें जीवन की विविध अनुभूतियों का मार्मिक चित्रण हुआ और वह भी बहुतायत में खड़ी बोली में। यथा–

"जो रहीम गति दीप की कुल कपूत गति सोय।
बारे उजियारे लगे, बढ़े अँधेरो होय।"

यद्यपि रहीम की भाषा अवधी के अधिक करीब जान पड़ती है लेकिन इनके दोहे आधुनिक खड़ी बोली से इतने अधिक मिलते हैं कि उनको आज की खड़ी बोली से अलग कर पाना मुश्किल है। उदाहरण के लिए–

"रहिमन पानी राखिये, बिन पानी सब सून।
पानी गये न ऊबरै, मोती मानुष चून।"

स्पष्ट है आधुनिक खड़ी बोली को जिन लोगों ने एक सशक्त आधार दिया उनमें रहीम का नाम अग्रणी लोगों की श्रेणियों में रखा जाता है, जिनकी बुनियाद पर ही खड़ी बोली का वर्तमान इतिहास खड़ा है।

6. दक्खिनी हिन्दी में खड़ी बोली का आरम्भिक स्वरूप

शाब्दिक दृष्टि से दक्खिनी हिन्दी का अर्थ 'दक्खिनी' अर्थात् दक्षिण की हिन्दी से होता है, क़िन्तु इतना कहने मात्र से ही इस भाषा का ज्ञान ठीक-ठाक से नहीं हो जाता है। **गजेटियर ऑफ इंडिया** के अनुसार दक्कन (दक्षिण) में बोली जाने वाली पुरानी हिन्दी को ही दक्खिनी कहा गया। ग्रियर्सन का मानना है जिसका प्रयोग दक्षिण में रहने वाले मुसलमान करते हैं, उसे दक्खिनी कहा गया। जबकि डॉ. उदय नारायण तिवारी का कहना है कि दक्खिनी हिन्दी दिल्ली की भाषा है जिसे दक्षिण में ले जाया गया।

दक्खिनी हिन्दी का प्रवेश भारत में मुसलमान शासकों के 13वीं सदी के आसपास आगमन से माना जाता है, जब अलाउद्दीन खिलजी ने दक्षिण भारत के कुछ भागों में अपना अधिकार स्थापित कर लिया। अलाउद्दीन खिलजी के बाद मोहम्मद बिन तुगलक ने देवगिरी को अपनी राजधानी बनाया तब वहाँ की हिन्दुस्तानी मिश्रित भाषा हिन्दी बनी।

राज्य स्थापना के लिए जो दक्षिण अभियान चला उसमें मुसलमानों का बहुमत था। वे अपने आपको दक्खिनी मुसलमान कहते थे। ये वही मुसलमान थे जो अफगानिस्तान होते हुए दर्रा खैबर के रास्ते पंजाब और दिल्ली पहुँचे थे और जिनकी भाषा अरबी, फारसी और उर्दू थी। लेकिन दिल्ली के आसपास कुछ दिनों तक रहने के कारण इनकी भाषा में खड़ी बोली हिन्दी का प्रभाव हो गया। इसी हिन्दुस्तानी मिश्रित भाषा में जब हिन्दी खड़ी बोली का समामेलन हो गया, उसे ही दक्खिनी हिन्दी कहा गया। बाद में इस भाषा में वहाँ के आसपास की भाषा मसलन कन्नड़, तेलुगु और मराठी का भी प्रभाव पड़ा, लेकिन इसके स्वरूप में कोई विशेष परिवर्तन नहीं आया।

इस भाषा की सबसे बड़ी विशेषता इसमें लयात्मकता और राग का होना था। इसी कारण इसे रेख्ता भी कहा गया। इससे पहले इसको हिन्दुई भी कहा जाता था, जो हिन्दी-उर्दू का पुराना नाम है। 13वीं सदी के सूफी फकीरों से लेकर अठारहवीं सदी तक इसमें साहित्य रचा गया, जिसे दक्खिनी साहित्य के नाम से पहचाना गया। अब रचना के स्तर पर इसका प्रयोग कम दिखाई देता है लेकिन व्यवहार की भाषा आज भी यह बनी हुई है।

खड़ी बोली से निकटता के अनेक ऐसे उदाहरण हमें देखने को मिलते हैं जिसमें उत्तर भारत के खड़ी बोली के प्रतिबिम्ब साफ देखे जा सकते हैं। उदाहरण के लिए बुरहानुद्दीन ने अपनी भाषा को हिन्दी कहते हुए लिखा–

"यह सब बोलूँ हिन्दी बाले
पुन तूं एम्हों सेती घाले।"

इसी तरह नवाजिदा अली खाँ शैदा (हैदराबाद) (1714 ई.) ने अपनी भाषा को हिन्दी होने की घोषणा करते हुए कहा कि–

"किबाब इक तूँ बना हिन्दी जबाँ सूँ
आखिरी अलाम की कर अब खाब से ज्यूँ।"

इसके अलावा भी कई रचनाकार हुए जिन्होंने अपनी रचना को हिन्दी कहा, जिनमें कवि चन्दरबदन महियार, उर्दू कवि फिगार, अब्दुल समद, मुल्ला बजही और ख्वाजा बन्देनवाज प्रसिद्ध हैं। यहाँ मुल्ला वजही के दो उदाहरण द्रष्टव्य हैं–जिसमें एक में वे अपनी भाषा को बड़े गर्व से दक्खिनी कहते हैं, वहीं दूसरे में खड़ी हिन्दी का अप्रसिद्ध रूप दिखाई देता है–

1. "दफन मैं जो दक्खिनी मीठी बात का,
अदा नयी किया कोई इस घात का।"
2. सूरज ‵यूँ हे रंग आसमांनी मने
कि खिल्या कमल फूल पानी मने।"

दक्खिनी हिन्दी को खड़ी हिन्दी के इसलिए समकक्ष माना जाता है क्योंकि इसमें हिन्दी के समान सभी स्वरों और व्यंजनों के लक्षण उसी प्रकार मिलते हैं जैसे खड़ी बोली हिन्दी के।

कुल मिलाकर दक्खिनी को खड़ी हिन्दी से अलग करके नहीं देखा जा सकता, अपितु इसे पूरबी हिन्दुस्तानी और हिन्दी का विस्तार माना जा सकता है, जिसमें उत्तर भारत खासकर दिल्ली के आसपास का काफी प्रभाव है।

भक्तिकाल में प्रयोग

खड़ी बोली का विकास

आधुनिक खड़ी बोली को हम आज जिस रूप में देखते हैं उसके बीज भक्तिकाल में ही पड़ गये थे। इसकी एक व्यापक पहचान भक्तिकाल के कई कवियों में देखने को मिलती है। उदाहरण के लिए–

कबीर–"रहना नहिं देश बिराना है।
यह संसार कागज की पुड़िया (देशज का पुट) बूँद परे गल जाना है।"

जायसी–(सूफी कवि) पद्मावती का रूप वर्णन करते हुए लिखते हैं–

"ससि मुख अंग मलय गिरि वासा। (संस्कृत का पुट)
नागिन ढांप तीन्हिं चहुँ पासा।।" (चौपाई)

तुलसीदास–

"तहाँ जापि देखी बन सोभा।
गूँजत चंपरीक मधु लोभा।।"

सूफी कवियों व सन्तकाव्यों में भी संस्कृतनिष्ठ खड़ी बोली का प्रयोग दिखाई देता है।

बिहारी–मेरी भव बाधा सुनो

(मेरी) खड़ी बोली का शब्द। ब्रज "मोरी"।

वस्तुतः खड़ी बोली का विकास 19वीं सदी में ही हो सका। साहित्य की भाषा के रूप में, व्यवहार में पहले से ही थी।

मध्यकाल की साहित्यिक भाषा ब्रज और अवधी हैं।

भाषा और व्यवस्था के बीच गहन सम्बन्ध है। मध्य काल में चरम ऐहिकता (भौतिकता) व चरम आध्यात्मिकता साथ-साथ दिखाई पड़ती है। इसलिए चन्दबरदाई और कबीर साथ-साथ मिल जाते हैं। मुख्य बात शृंगार, वीरता और भक्ति की थी। ये भाषाएँ सामन्ती संस्कृति का प्रतिनिधित्व करती हैं।

19वीं सदी में राजनीतिक व सामाजिक व्यवस्था में मूलभूत बदलाव हुआ। रीतिकाल का नारी चित्रण रानी लक्ष्मीबाई की वीरोचितता के आगे धराशायी हो जाता है। 19वीं सदी इतिहास में हो रहे परिवर्तन से मुठभेड़ करती है। इसका परिणाम है भारतीय पुनरुत्थान। इस पुनरुत्थान और सामाजिक परिवर्तनों के मूल में स्त्री व शूद्र हैं। 19वीं सदी में समाज की आर्थिक व राजनीतिक व्यवस्था में मूलभूत परिवर्तन होता है। यह सदी की अदला-बदली मात्र नहीं है। इन परिवर्तनों के परिणामस्वरूप एक नयी व्यवस्था सामने आयी जिसे व्यक्त करने में ब्रज भाषा असमर्थ थी। इन नये परिवर्तनों ने खड़ी बोली को साहित्यिक भाषा के रूप में प्रतिष्ठित किया।

1. **आधुनिक भाव बोध का सूत्रपात**–यहाँ आधुनिकता से तात्पर्य एक जीवन दृष्टि से है जो विश्वास के स्थान पर विवेक और तर्क पर आधारित है। एक और पहलू मनुष्य की केन्द्रीयता है। इसके विपरीत मध्यकालीन सामन्ती व्यवस्था का आधार विश्वास है, आस्था है। हिन्दी के प्रथम उपन्यास 'परीक्षा गुरु' में ही यह सवाल उठाया जाता है कि प्रामाणिक मनुष्य (Authentic man) कौन है। उत्तर दिया जाता है जो राजनीतिक और आर्थिक बोध रखता है। इस तरह इस सदी में नये सामाजिक, नये जीवन मूल्यों एवं नयी जीवन दृष्टि की खोज प्रारम्भ हुई। जिसके तत्कालीन कारण निम्नानुसार हैं :

(क) **भारतीय नवजागरण से आदि परिवर्तनों की अभिव्यक्ति का माध्यम**–अहिन्दी भाषी क्षेत्रों के भी नवजागरण के प्रवर्तकों ने खड़ी बोली में विचार व्यक्त किये। राजा राममोहन राय, दयानन्द सरस्वती इसके अगुआ थे। खड़ी बोली

पहले चिन्तन की भाषा के रूप में आयी, इसके पश्चात् साहित्य की भाषा बनी। इसलिए भारतेन्दु युग का गद्य साहित्य तो खड़ी बोली में मिलता है परन्तु काव्य ब्रज में।

(ख) **राजनीतिक चेतना एवं संगठन का विकास**-1857 का विद्रोह, काँग्रेस की स्थापना आदि इन राजनीतिक कारणों को ब्रज भाषा में व्यक्त नहीं किया जा सकता था।

2. फोर्ट विलियम कॉलेज की स्थापना—इसका मूल लक्ष्य अंग्रेज़ी अफसरों को हिन्दी सिखाना था। इसके प्रिंसिपल जॉन गिलक्रिस्ट थे। उन्होंने हिन्दी का व्याकरण तैयार कराया तथा बड़े पैमाने पर पाठ्य पुस्तकों, ज्ञान-विज्ञान की पुस्तकों तथा अनुवादित पुस्तकों का विकास किया गया और अनुवाद पर जोर दिया गया। मुख्य योगदान - लल्लू लाल, सदल मिश्र, शिवप्रसाद सितारे हिन्द एवं लक्ष्मणसिंह। खड़ी बोली शिक्षा के माध्यम के रूप में सामने आयी और ज्ञान-विज्ञान की प्रमुख पुस्तकों का अनुवाद हुआ।

3. ईसाई मिशनरियों का योगदान—ईसाई मिशनरियों का भाषा विकास मूल लक्ष्य नहीं था। मूल लक्ष्य था बाइबिल व ईसाई धर्म का प्रचार। इनके द्वारा खोले गये स्कूलों में तथा अस्पतालों में खड़ी बोली का प्रयोग किया गया।

4. प्रेस का उदय—पत्र-पत्रिकाओं व अखबारों का उदय एक बहुत बड़ी घटना थी। हजारों तक इनकी पहुँच थी। 19वीं सदी में वैचारिक मन्थन प्रारम्भ हुआ और वैचारिक उथलपुथल को व्यक्त करने का माध्यम बना। 1826 कलकत्ता से हिन्दी का प्रथम पत्र 'उदण्ड मार्तण्ड' का प्रकाशन हुआ । राजा शिवप्रसाद सितारे हिन्द ने 'बनारस अखबार' निकाला। भारतेन्दु हरिश्चन्द्र की 'हरिश्चन्द्र मैगजीन' और 'कवि वचन सुधा' का सम्पादन किया।

इसके साथ-साथ अभिव्यक्ति की भाषा के नये प्रयोगों और क्षमताओं का विकास हुआ। कहा जाता है कि तमाम अनुकूल परिस्थितियों के बावजूद खड़ी बोली का इतना विकास नहीं होता यदि प्रेस का विकास नहीं हुआ होता।

19वीं सदी की खड़ी बोली की कहांनियाँ

मानकता का नितान्त अभाव इसका मुख्य कारण था :

- भाषा मानकता लेकर नहीं आती वरन् प्रयोगों से मानक बनते हैं।
- मिश्रित बोली का प्रयोग हुआ है।
- व्याकरण को लेकर गड़बड़ी।
- रूप रचना और वाक्य विन्यास में शिथिलता।

साहित्य का योगदान उदाहरणार्थ—देवकीनन्दन खत्री का 'चन्द्रकान्ता' एवं 'चन्द्रकान्ता सन्तति'। इसी दौरान 'नागरी आन्दोलन' या 'खड़ी बोली आन्दोलन'

प्रारम्भ हुआ। जिसे अयोध्या प्रसाद खत्री ने प्रारम्भ किया। 1901 ई. में माधवराव सप्रे की कहानी 'एक टोकरी भर मिट्टी' से कहानी विधा की शुरुआत मानी गयी। इसके पश्चात् 1909 ई. में आचार्य रामचन्द्र शुक्ल के 'चिन्तामणि भाग-एक' का प्रकाशन हुआ। इसी दौरान अध्यापक पूर्णसिंह, श्यामसुन्दर दास तथा पद्मसिंह शर्मा जैसे लेखक भी गद्य को रच रहे थे जिसमें खड़ी बोली का पर्याप्त पुट मौजूद था। प्रेमचन्द तक पहुँचते-पहुँचते तो कहानी और उपन्यास दोनों विधाओं में खड़ी बोली का स्वरूप लगभग विकसित हो चुका था। उदाहरण के लिए, 'गोदान' का यह चर्चित कथन "जब दूसरों के पाँव तले अपनी गर्दन दबी हो तो उसको सहलाने में ही अपनी भलाई है।" जिसका और विकसित रूप हजारी प्रसाद द्विवेदी के 'बाणभट्ट की आत्मकथा' और अज्ञेय के 'शेखर एक जीवनी में' भरपूर देखने को मिलता है।

व्यापक प्रसार के कारण

(1) मध्यदेश राजनीतिक केन्द्र

(2) मध्यदेश धार्मिक केन्द्र

(3) व्यापार वाणिज्य की भाषा

(4) अधिकांश लोगों की भाषा। हिन्दी क्षेत्र अत्यन्त विस्तृत।

ब्रजभाषा चिन्तन की भाषा नहीं रही। यह मूलत: कविता की भाषा रही। गद्य की कोई परम्परा इसमें दिखाई नहीं देती। यही बात अवधी पर लागू होती है।

कुल मिलाकर खड़ी बोली की अखिल भारतीयता में वहन करने की क्षमता थी। इसलिए अहिन्दी भाषी क्षेत्रों के लेखक तथा बोलियों के क्षेत्रों के लेखकों द्वारा भी खड़ी बोली में रचना की गयी। खड़ी बोली की गद्य परम्परा के कारण उसमें गद्य साहित्य का सृजन आसान था।

5

19वीं सदी में नागरी लिपि का विकास

लिपि

किसी भी भाषा की लिखित आकृति ही उसकी लिपि कहलाती है। ध्वनि का प्रतीकात्मक चिह्न ही लिपि है। चिह्न लिपि की बुनियादी इकाई है।

भारत में लिपि की परम्पराएँ—भारत में इन लिपियों का इतिहास सिन्धु घाटी की लिपि, ब्राह्मी लिपि और खरोष्ठी लिपि से मिलता है। सन् 400 ई.पू. से पहले इसका व्यवहार भारत के उत्तर-पश्चिमी प्रदेश में होता था। 5वीं सदी तक आते-आते लिपि का अविष्कार पूर्णतः हो चुका था। इसके स्पष्ट प्रमाण मिलते हैं। सबसे प्राचीन लिपि—ब्राह्मी है। सभी भारतीय लिपियों की जननी यही है। एक अन्य लिपि खरोष्ठी है। इसका विकास आरमेरक लिपि से हुआ। परन्तु यह भारत में प्रचलित न हो सकी। कालान्तर में ब्राह्मी के दो रूप हो गये—उत्तरी, दक्षिणी।

दक्षिणी—दक्षिण भारतीय लिपियों का विकास।

उत्तरी—नागरी का विकास, लम्बी विकास प्रक्रिया, सीधा सम्बन्ध नहीं।

गुप्त काल में ब्राह्मी से गुप्त लिपि का विकास हुआ। गुप्त लिपि 6वीं-7वीं सदी में कुटिल लिपि में परिवर्तित हुई। कुटिल नाम इसलिए कि कुटिल लिपि टेढ़ी-मेढ़ी थी। वास्तव में इसका नाम सिद्ध लिपि या सिद्ध मातृका है। इसका विकास भारत के बाहर भी हुआ और यह विश्व लिपि के रूप में प्रतिष्ठित हुई। इसके दो भेद हुए—

1. नागरी—संस्कृत, प्राकृत, पाली, अपभ्रंश, नेपाली व हिन्दी की तमाम बोलियों की लिपि, ब्रज, अवधी, राजस्थानी आदि।

2. शारदा—कश्मीरी।

अतः नागरी ब्राह्मी लिपि की वंश परम्परा से है।

नागरी लिपि का नामकरण–विभिन्न मत

- गुजरात के नागर ब्राह्मणों के द्वारा विशेष रूप से प्रयुक्त होने के कारण।
- नगरों में प्रचलित भाषाओं की लिपि होने के कारण।
- 'ललित विस्तार' में उल्लेखित 'नाग' लिपि से विकसित होने के कारण।
- आकारों को लेकर। तान्त्रिक चिह्न 'देवनागर' से साम्य होने के कारण।
- काशी को देवनार कहा जाता था और संस्कृत सिर्फ देवनागरी में लिखी जाती थी। अतः देवनागरी कहलायी।

परन्तु यह प्रश्न अभी तक अनिर्णित है, क्योंकि इसका कोई प्रामाणिक साक्ष्य उपलब्ध नहीं है।

देवनागरी का इतिहास

लगभग आठवीं सदी के आस-पास (724 ई.) राष्ट्रकूट वंश के राजा दन्तिदुर्ग के शिलालेख, जो समनगढ़ (आधुनिक कोल्हापुर, महाराष्ट्र) में स्थित है, में देवनागरी का प्राचीनतम रूप दिखाई पड़ता है। 780 ई. गोविन्द राज द्वितीय के धुलिया शिलालेख में भी नागरी के चिह्न मिलते हैं।।

8वीं सदी–गुजरात के राजा जयभट्ट ने एक शिलालेख पर अपना हस्ताक्षर नागरी में किया है। "स्वहस्तो मम् जय भट्स्य।" इसी को देवनागरी की उत्पत्ति का सबसे प्रामाणिक चिह्न माना गया और कहा गया राजा जयभट्ट ने ही सर्वप्रथम देवनागरी का प्रयोग किया। उत्तर भारत में प्राचीन नागरी का उल्लेख कन्नौज के प्रतिहार वंशी राजा पाल प्रथम के दान पत्र में मिलता है। इसके समकालीन परमार, चन्देल, गहरवार आदि राजाओं ने भी इसे अपनी लिपि के रूप में स्वीकार किया। 10वीं सदी तक नागरी सम्पूर्ण मध्य भारत की केन्द्रीय लिपि के रूप में प्रतिष्ठित हो गयी।

देवनागरी की विशिष्टताएँ या वैज्ञानिक लिपि के गुण

नागरी को विश्व की सर्वाधिक वैज्ञानिक लिपि होने का गौरव प्राप्त है। इस लिपि का समूचा वर्गीकरण तर्क, सुविधा व गणितीय नियमों पर आधारित है। अतः यह उच्चारण और लेखन के स्तर पर अनिश्चित और अराजक होने का अवसर नहीं देती।

1. एक ध्वनि के लिए एक चिह्न का प्रयोग होता। अन्य लिपियों में एक ध्वनि के लिए अनेक चिह्नों का प्रयोग भी हो सकता है; जैसे–क, C, K, Q ध्वनि चाहे शब्द में कहीं पर लगे उसका उच्चारण वही होगा। अतः प्रयोग लिपि के लिए अलग चिह्न व्यवस्था।

'क' के लिए रोमन लिपि में चार चिह्नों का प्रयोग

K	C	Ch	Ck
Kite	Cat	Charity	Black

2. एक स्वर ध्वनि के लिए एक लिपि का प्रयोग। अन्य भाषाओं में स्वर ध्वनियों का उच्चारण निश्चित नहीं है। U cut, put, unity। अतः स्वर ध्वनियों की अराजकता विद्यमान है।

3. ध्वनियों का वर्गीकरण–आधार पूर्णतः वैज्ञानिक व तार्किक है। ध्वनियों को प्रयत्न के आधार अथवा जहाँ से उच्चरित होती हैं इस आधार पर वर्गीकृत किया गया है। यह विश्व की किसी भी भाषा में दिखाई नहीं पड़ता चाहे वह अरबी हो अथवा रोमन लिपि में।

4. वर्ण-विन्यास का क्रम–नागरी में स्वर और व्यंजनों की अलग-अलग व्यवस्था है। अन्य भाषाओं में ये मिले-जुले हैं। स्वर आरम्भ में, व्यंजन बाद में।

5. दूसरा, रोमन लिपि की तरह ध्वनियों को दो तरह से लिखने की व्यवस्था नहीं की गयी है।

6. उच्चारण के अनुरूप लेखन तथा सभी चिह्नों का उच्चारण। बारीक से बारीक ध्वनि को चिह्नों में पकड़ा गया है। रोमन और अरबी में एक शब्द को दो तरह से पढ़ा जा सकता है।

th – त, थ, ध।

7. देवनागरी का प्रत्येक अक्षर उच्चरित होता है। अंग्रेज़ी में कई शब्दों में अक्षर मूक हैं; जैसे–half में l, knife में k आदि।

8. देवनागरी लिपि का प्रयोग बहुत व्यापक है। संस्कृत, नेपाली, हिन्दी, मराठी की तो यह एकमात्र लिपि है। साथ ही गुजराती और पंजाबी के लिए भी इसका प्रयोग होता है।

9. यह लिपि भारत की अनेक लिपियों के निकट है और सबको सुलभ है, इसीलिए हमारे नेता भी बीच-बीच में माँग करते रहते हैं कि यदि भारत की एक लिपि हो तो वह देवनागरी ही हो सकती है।

10. इस लिपि में लेखन और मुद्रण के अक्षर एकरूप हैं।

11. यह लिपि स्वदेशी है। उर्दू, रोमन आदि लिपि विदेशी हैं।

देवनागरी के दोष

1. देवनागरी अक्षरों की बनावट जटिल है। अतः इन्हें पढ़ना और लिखना बहुत कठिन है। खासकर रोमन की तुलना में। अतः सीखने में कठिन है।

2. इसकी वर्णमाला बहुत लम्बी है, 58 से 63। किसी वैज्ञानिक लिपि में इतने वर्ण नहीं होने चाहिए।

3. लेखन की एकरूपता नहीं है। ध्वनि के लिए भी अनेक चिह्नों का प्रयोग होता है। रोमन में (ॆ) व (़) की कोई आवश्यकता नहीं होती।

4. एक ही ध्वनि के लिए अलग-अलग चिह्नों का प्रयोग। उदाहरण; श, ष, ऋ, रि। लिपि में अनावश्यक चिह्नों का जमाव। अनावश्यक इसलिए क्योंकि जिन ध्वनियों का एक तरह से उच्चारण हो सकता है उनके लिए अलग चिह्न हैं।

5. लिपि की बनावट ऐसी है कि कई ध्वनियों के गलत लिखे या पढ़े जाने की गुंजाइश है। जैसे–

- ख, रव, ध, घ, भ, म।
- बाद में ख, ध, भ।

6. देवनागरी टंकण के लिए सर्वाधिक अनुपयुक्त लिपि है। लगभग सवा दो सौ चिह्न बनाने पड़ते हैं। मात्राओं की समस्या–ऊपर, साथ में व नीचे लगती हैं। देवनागरी की इन सीमाओं को दूर करने के लिए कई समितियों का गठन किया गया।

- महादेव गोविन्द रानाडे समिति–महाराष्ट्र साहित्य परिषद्, पूना।
- काका कालेलकर सुधार समिति।
- आचार्य नरेन्द्र देव की अध्यक्षता में गठित सुधार समिति।
- डॉ. राधाकृष्णन की अध्यक्षता में गठित सुधार परिषद्।

इन समितियों द्वारा दिये गये सुझाव–

(i) 'अ' में ही मात्राएँ लगाई जायें।

(ii) पंचमाक्षरों के स्थान पर अनुस्वार का प्रयोग।

(iii) एक 'श' व ऋ को हटाना।

लेकिन उपरोक्त लोगों ने जो भी सुझाव दिये, उनका कोई वैज्ञानिक आधार नहीं था, इसलिए सभी को अस्वीकृत कर दिया गया।

स्वीकृत सुझाव

1. हिन्दी में दीर्घ 'ॠ' का उच्चारण नहीं होता इसलिए इसे हटाना चाहिए।

2. खड़ी पाई वाले व्यंजनों का संयुक्त रूप खड़ी पाई हटाकर बनाना चाहिए। प्राप्त, तख्त। अन्त: संयुक्त व्यंजन बनाने के लिए खड़ी पाई को हटाने का प्रावधान किया। पूर्व में हलन्तों का प्रयोग किया जाता था। 'अद्भुत'।

3. 'ख', 'ध', 'भ', 'अ', 'ण' का मराठी।
ख, घ, भ, प्र, रा देवनागरी रूप

4. पूर्ण विराम को छोड़कर शेष विराम चिह्नों को अंग्रेज़ी से लिया जाये।
; , ,, –आदि।

5. अनिवार्यतः शिरो रेखा का उपयोग किया जाये। देवनागरी में शिरो रेखा एक शब्द की इकाई है अर्थात् कहाँ एक शब्द शुरू हो रहा है, कहाँ खत्म यह शिरो रेखा से तय होता है।

6. पंचमाक्षरों की जगह अनुस्वार प्रयोग की छूट, विशेषकर टंकण में।

अभी भी कमियाँ–

गति की समस्या।

वर्णमाला को छोटा करने की समस्या।

एक ही ध्वनि वाले दो चिह्नों को हटाना।

कुल मिलाकर कह सकते हैं देवनागरी लिपि में कई वैज्ञानिक विशेषताएँ होने के बावजूद उसमें कुछ कमियाँ रह गयी हैं। यदि इनको सुधार कर इनको खत्म कर दिया जाता है तो यह दुनियाभर में सबसे उत्तम लिपि होने का दावा कर सकती है क्योंकि इसमें ध्वनि और उच्चारण तथा लिखित और मौखिक स्वरूप एक ही जैसा देखने को मिलता है जो इसकी सर्वश्रेष्ठ विशेषता है।

हिन्दी भाषा के मानकीकरण में भूमिका

भाषा को मानकीकृत करने में लिपि की बहुत बड़ी भूमिका है। यह भाषा के अस्तित्व को काल की सरहद से बाहर ले जाती है तथा साहित्य, संस्कृति और परम्पराओं को सहेजकर रखती है। भाषा के समूचे अर्जन को सुरक्षित रखती है। भाषा को मानकीकृत करने का एक ही उपाय लिपि है। भाषा की शुद्धता और मानकता का आधार लिपि ही है। भाषा को प्रसारित करने में भी लिपि की भूमिका है। यह भाषा सीखने की प्रक्रिया को सहज व सुगम बनाती है। अतः सम्बन्ध ऊपरी नहीं बल्कि आन्तरिक है।

1. हिन्दी भाषा की मानकता का मूल आधार संस्कृत है। इसलिए चूँकि संस्कृत देवनागरी में लिखी जाती है इसकी व्याकरण सम्बन्धी व्यवस्था नागरी से ही हिन्दी में आती है।

2. विदेशी ध्वनियों को समाहित करने में देवनागरी की भूमिका है।

3. हिन्दी का विकास मूलतः प्राकृत और अपभ्रंश से हुआ है, अतएव अपभ्रंश की समस्त ध्वनि व्यवस्था व्याकरण व्यवस्था को हिन्दी में पहुँचाने में नागरी की भूमिका निर्णायक है।

4. भाषा व वर्तनी अन्योन्याश्रित है। हिन्दी वर्तनी के मानकीकरण में नागरी की भूमिका। नागरी लिपि से ही प्राप्त हो सकती है।

अद्‌भुत – अद्‌भूत
लाश – लास
जिजीविषा – जिजीविशा।

मानकीकरण से अभिप्राय और लक्षण

डॉ. हरदेव बाहरी के अनुसार एक शिक्षित वर्ग द्वारा दूसरे शिक्षित वर्ग के लिए भाषा के साधारणीकरण का जो आदर्श होता है उसे भाषा का मानक रूप कहते हैं। इसका स्वरूप शिक्षा, समाज, संचार माध्यमों और सरकारी कामकाज में देखने को मिलता है। मानक भाषा को सामाजिक और सरकारी दोनों मान्यताएँ प्राप्त होती हैं। एक क्षेत्र बड़ा व्यापक होता है और बोली की तुलना में राष्ट्रभाषा के रूप में भी इसे मान्यता प्राप्त होती है। उदाहरण के लिए, किसी बोली का क्षेत्र कुछ स्थानों तक ही सीमित होता है, जैसे–बघेली (बघेलखण्ड क्षेत्र), बुन्देली (बुन्देलखण्ड) और मैथिली (मिथिलांचल बिहार) तक ही सीमित है वो मानक भाषा का उपयोग सभी सरकारी कार्यालयों और उसके कामकाज में उत्तर से दक्षिण, पूर्व से पश्चिम तक देश के सभी कोनों में इनकी पहुँच होगी।

मानक भाषा का आधार एक होते हुए भी उसे किसी बोली के रूपों में से अनेक एक रूप का चयन करना पड़ता है। एकरूपता मानक भाषा का सबसे बड़ा लक्षण है। उदाहरण के लिए, कौरवी में कर्म और सम्प्रदाय कारक के लिए पाँच परसर्ग हैं–को, कू, नूँ, ने, के। परन्तु खड़ी बोली में एक 'को' को ही मात्र ग्रहण किया गया है। इसी तरह करण और अपादान कारक के लिए चार उपसर्ग थे–तें, से, और सें, तो, जबकि हिन्दी में सिर्फ 'से' को ही अपनाया गया।

मानक का शाब्दिक अर्थ है आदर्श/अर्थात् ऐसी भाषा जो सुधीजनों अथवा पढ़े–लिखे वर्ग द्वारा सर्वमान्य रूप से स्वीकृत हो। बोलचाल के भी और लिखित रूप में भी। लिखित रूप में इसका रूप अधिक अच्छे से और स्पष्ट रूप में होता है क्योंकि इसमें एकरूपता बरकरार रहती है, जबकि बोलते हुए लोग अपनी सुविधानुसार भाषा का चयन कर लेते हैं।

मानकीकरण का एक और लक्षण यह है कि इसका मौखिक रूप से उच्चारण होने के साथ-साथ इसका लिखित स्वरूप भी बिल्कुल वैसा ही बना रहता है, जो उसकी एकरूपता को बनाये रखता है।

स्वतन्त्रता के बाद हिन्दी भाषा और नागरी लिपि के मानकीकरण हेतु कई उपाय किये। यथा–

1. केन्द्रीय हिन्दी निदेशालय ने नागरी लिपि और अंकों में एकरूपता लाने के लिए उपयोगी सुझाव प्रस्तावित किये।

2. हिन्दी क्षेत्र में स्थित लगभग सभी विश्वविद्यालयों में हिन्दी शिक्षण का माध्यम बनी।

3. वैज्ञानिक एवं तकनीकी शब्दावली आयोग की स्थापना हुई, जिसमें आयुर्विज्ञान, विज्ञान, मानविकी और अभियान्त्रिकी विषयों की शब्दावली तैयार कराई गयी एवं हिन्दी को कई जगह अध्यापन की भाषा बनाया गया।

4. अप्रत्यक्ष और गैर-सरकारी रूप से हिन्दी के मानकीकरण में सिनेमा, रेडियो, पत्र-पत्रिकाओं ने भी काफी सहायता पहुँचाई।

हिन्दी और नागरी लिपि के मानक रूप का विकास

खड़ी बोली हिन्दी का वर्तमान परिनिष्ठित रूप कोई एक दिन में नहीं विकसित हुआ है। इसके लिए निरन्तर प्रयास चलता रहा है। उन्नीसवीं सदी के आरम्भ में फोर्ट विलियम कॉलेज की स्थापना से खड़ी बोली हिन्दी के विकास का जो सिलसिला चला है वह रुकने का नाम नहीं ले रहा है। यह आज भी अबाध तरीके से जारी है। भारतेन्दु हरिश्चन्द्र तथा उनके समकालीन लेखकों ने जहाँ व्याकरण सम्बन्धी बहुरूपता, शब्द चयन की अनिश्चितता पर काम किया, लिंग-वचन आदि की कमियों को दूर करने की कोशिश की, वहीं महावीर प्रसाद द्विवेदी ने हिन्दी और नागरी लिपि के मानकीकरण के लिए सबसे पहले आवाज उठायी। साथ ही मैथिलीशरण गुप्त ने भाषा के परिष्कृत प्रारूप पर बल दिया, जबकि छायावादी कवियों ने भाषा की सरलता पर जोर दिया। तत्पश्चात् ऐसी कई संस्थाएँ भी सामने आयीं जिन्होंने भाषा और इसकी लिपि को सुधारने पर बल दिया। इनमें प्रमुख थीं—नागरी प्रचारिणी सभा, हिन्दी साहित्य सम्मेलन, प्रयाग वैज्ञानिक और तकनीकी शब्दावली आयोग, भारत सरकार आदि।

भाषा और लिपि के मानकीकरण की सिफारिश और सुझाव

महावीर प्रसाद द्विवेदी से लेकर कामता प्रसाद गुरु तक भाषा और लिपि के मानकीकरण को लेकर जो सुझाव दिये। उसके प्रमुख बिन्दु निम्नलिखित हैं—

1. परसर्ग को संज्ञा से अलग रखना चाहिए, क्योंकि परसर्ग से पूर्व अव्यय आता हो, तो परसर्ग को सटाकर लिखना सम्भव नहीं होता है। यथा—राम ने, राम ही ने सर्वनाम के साथ परसर्ग को सटाकर लिखा जाये।

2. पुल्लिंग शब्दों के बहुवचन रूप सूरमे, राजे, दवेते की जगह सूरमा, राजा, देवता लिखा जाना चाहिए। इसी प्रकार राजों, देवतों की जगह राजाओं और देवताओं को मान्यता मिली।

3. स्त्रीलिंग में भी पुल्लिंग की तरह शकुन्तले और सीते जैसे शब्दों का प्रयोग बन्द हो गया।

4. सर्वनामों में इनने, उनने की जगह इन्होंने, उन्होंने के रूप में परिनिष्ठित कर दिया गया।

5. यह, वह के बहुवचन रूप ये, वे लिखे जाने लगे।

6. लिखित भाषा 'मैं' को एकवचन के लिए और 'हम' को बहुवचन के लिए मान्यता मिली।

7. क्रिया के आवैं, जावैं, कीणै, लीजै आदि शब्दों के प्रयोग को बन्द कर दिया गया और उसकी जगह इकरान्त शब्दों का प्रयोग होने लगा, जैसे– आइये, जाइये, कीजिए, लीजिए आदि।

उपरोक्त के अलावा वर्तनी, शब्दावली और व्याकरण के मानकीकरण के लिए भी कुछ सुझाव दिये गये। जो इस प्रकार हैं–

क. वर्तनी का मानकीकरण–

1. सर्वसम्मति से यह स्वीकार किया गया कि संस्कृत के तत्सम शब्दों की वर्तनी संस्कृत के नियमों के अनुरूप मान्य हो। इन शब्दों के प्रमाणीकृत रूप को ही शुद्ध माना गया और सिफारिश की गयी जो अशुद्ध रूप है उसे छोड़ दिया जाये; जैसे–

शुद्ध	अशुद्ध	शुद्ध	अशुद्ध
उज्ज्वल	उज्वल	चिह्न	चिन्ह
ज्योतिष	ज्यौतिष	विभीषण	विभीषण
दुर्गन्ध	दुर्गन्धि	हनुमान	हनूमान

2. रेफ के कारण जिन शब्दों के विकल्प से द्वित्व होता है, उनको छोड़ने की बात कही गयी; जैसे–

वर्मा - वर्म्मा कर्म - कर्म्म शर्मा - शर्म्मा

3. हल चिह्नों का कड़ाई से पालन किया जाना चाहिए, जैसे–

वाक्, परिषद्, महान्

4. पंचमाक्षर की जगह अनुस्वार लिखने की परम्परा चल निकली, भले ही संस्कृत में पंचमाक्षर ही शुद्ध हो; जैसे–

मञ्च (मंच) दण्ड (दण्ड) सन्त (सन्त) सम्भव (सम्भव)

5. अरबी-फारसी की क़, ख़, ग़, ज़ ध्वनियों का हिन्दीकरण रूप मान्य हो गया; जैसे–क, ख, ग, ज।

ख. शब्दावली का मानकीकरण–

डॉ. हरदेव बाहरी के अनुसार शब्दावली के मानकीकरण की समानता को पाँच स्तरों पर उठाया गया है–1. लोकभाषा के स्तर पर, 2. साहित्यिक शब्द, 3. राजभाषा की शब्दावली, 4. राष्ट्रभाषा अथवा अखिल भारतीय स्तर के शब्द, 5. अन्तरराष्ट्रीय भाषा की शब्दावली।

1. लोकभाषा के स्तर पर

लोकभाषा के शब्दों के अन्तर्गत बोल-चाल की भाषा में एक ही शब्द की बार-बार पुनरावृत्ति होती रहती है। इससे बचने के लिए भाषाविदों का कहना है कि ऐसे समय

में पर्यायवाची शब्दों का प्रयोग किया जाना चाहिए, जिससे लोगों के दिमाग में एक ही शब्द बार-बार न खटके।

2. साहित्यिक शब्द

हमारे साहित्य में एक ही शब्द के अनेक पर्याय देखने को मिलते हैं, ऐसे में भाषा वैज्ञानिकों का कहना है कि साहित्यिक शब्दों की भरमार में से कुछ शब्द चुन लिए जाये जिनको सार्वभौमिक स्वीकार्यता हो। उदाहरणस्वरूप–भाभी के लिए भौजी, भौजाई, भातृजाया आदि कई शब्द हैं, लेकिन इसके लिए एक ही शब्द 'भाभी' मानक रूप में स्वीकार करने से समझने में आसानी होगी।

3. राजभाषा की शब्दावली

राजभाषा की शब्दावली से तात्पर्य है राजकाज की भाषा अथवा सरकारी कामकाज की भाषा। इसके लिए सभी राज्यों में एक शब्दावली का प्रयोग किया जाना चाहिए, अन्यथा अलग-अलग राज्यों में शब्द को लेकर भ्रम फैल सकता है। उदाहरणस्वरूप अंग्रेज़ी के (Seminar) और (Workshop) के लिए कार्यशाला अथवा संगोष्ठी का ही सभी जगह प्रयोग किया जाना चाहिए। 'कर्मशाला' और 'कार्यगोष्ठी' नहीं।

4. राष्ट्रभाषा अथवा अखिल भारतीय स्तर के शब्द

राष्ट्रभाषा की पहचान है कि उसे सर्वमान्य रूप से स्वीकार किये जाने के लिए देश की अन्य भाषाओं और बोलियों को भी अपने में आत्मसात् करना होगा, जिसमें हिन्दी सफल रही, जैसे–उसने दक्षिण भारत के शब्दों इडली, डोसा, सांभर आदि को जस का तस ले लिया।

5. अन्तरराष्ट्रीय भाषा की शब्दावली

किसी भी भाषा में नित नवीन शब्द हमेशा जुड़ते रहते हैं। ऐसे में प्रगतिशील भाषा की पहचान होती है कि वह आम बोलचाल की भाषा में उसकी पॉपुलरिटी (लोकप्रियता) और प्रयोग के अनुसार उसे स्वीकार कर ले, जैसे–इंटरनेट के लिए हिन्दी में शब्द गढ़ा गया (संजाल) लेकिन इसका प्रयोग बहुत सीमित ही हुआ। अतः इंटरनेट को इंटरनेट के रूप में ही स्वीकार कर लिया गया।

ग. व्याकरण का मानकीकरण–

1. हिन्दी भाषा में कई ऐसे वाक्यों का प्रयोग आम बोलचाल में किया जाता है जो सुनने में थोड़ा अटपटा लगता है। जैसे कारकों का प्रयोग पश्चिमी हिन्दी में इस

प्रकार होता है 'हमने पानी पीना था' 'हमने जाना है'। इसी तरह शब्दों का प्रयोग भी बहुत अटपटे ढंग से किया जाता था, जैसे–दादें, दादों, राजों आदि। व्याकरणिक हिन्दी में इन कमियों को दूर कर एक मानक वाक्य और शब्द तैयार कर दिया गया, जैसे–'हमें पानी पीना है।' 'हमको जाना है।' इसी तरह शब्दों में भी बदलाव हो गया, जैसे–दादाओं, राजाओं आदि।

2. वचन के स्तर पर स्त्रीलिंग की द्विरूपता को समाप्त कर दिया गया। यथा–
रोटियाँ (मानक) रोटिएँ (अमानक)
चिड़ियाँ (मानक) चिड़िएँ (अमानक)

3. जिन शब्दों से उसके लिंग का पता न चलता हो उसे पुल्लिग मान लेना चाहिए, जैसे–कुदाल, प्याज, साइकिल, आलू आदि।

4. पदनामों में लिंगभेद समाप्त कर दिया गया। स्त्रीलिंग और पुल्लिग दोनों के लिए पदनाम एक ही जैसे मान्य कर दिये गये, यथा–अध्यक्ष, लेखा पाल, राजदूत, राष्ट्रपति आदि। इसका स्त्रीलिंग करने पर शब्द प्रयोग कितना अटपटा लगता है, जैसे–राजदूती, राष्ट्रपत्नी आदि।

5. सम्बोधन में संज्ञा का बहुवचन रूप मान्य घोषित कर दिया गया, जैसे–भाइयों, और बहनों।

6. अप्रत्यक्ष कथन में कर्ता आदि क्रिया में अन्तर जान नहीं पड़ता, लेकिन इसमें भी 'कि' जोड़कर अलग कर दिया गया, जैसे–उसने कहा–"मैं जाऊँगा।" "उसने कहा कि मैं जाऊँगा।"

कुल मिलाकर कहा जा सकता है भाषा और लिपि के मानकीकरण की समस्या कोई एक दिन में समाप्त होने वाली नहीं है, बल्कि यह कहा जाना चाहिए जैसे-जैसे भाषा का विकास होता है, नये-नये शब्द उसमें जुड़ते चले जाते हैं, उसके प्रयोग से इसका परिष्कार भी होता चला जाता है। साथ ही इसकी एक मानक व्यवस्था भी समनान्तर विकसित होती रहती है। इस दृष्टि से देखें तो हिन्दी भाषा और लिपि की जो स्थिति है वह काफी सन्तोषजनक है और इसमें उत्तरोत्तर प्रगति की गुंजाइश शेष है।

6

हिन्दी भाषा का मानकीकरण

भाषा के मानकीकरण का प्रश्न वर्तनी के मानकीकरण से जुड़ा हुआ है। इसके अन्तर्गत–

हिन्दी भाषा का मानकीकरण

(1) मानकता का अभिप्राय
(2) मानकीकरण के सोपान
(3) मानकीकरण का इतिहास
(4) मानकीकरण की समस्याएँ और समाधान

मानकता का अभिप्राय

मानकता की बुनियादी शर्त है–

(i) व्याकरण सम्मता–निश्चित व्याकरण व व्याकरण के नियमों से बँधी हुई परिपाटी।

(ii) व्याकरण की जन स्वीकृति आवश्यक है।

(iii) शिष्ट समुदाय द्वारा उस भाषा का प्रयोग।

मानक भाषा–शिक्षा, प्रशासन, साहित्य, व्यापार-वाणिज्य का माध्यम अर्थात् सम्पूर्ण सार्वजनिक कार्यों में व्यवहार होती है।

वही मानक भाषा होती है जिसके रूप को विभाषी सीखते हैं अर्थात् उसके लिए जो मान्य और स्वीकृत है।

परिभाषा–मानक किसी देश अथवा राज्य की वह प्रतिनिधि तथा आदर्श भाषा होती है जिसका प्रयोग वहाँ के शिक्षित वर्ग के द्वारा अपने सामाजिक, सांस्कृतिक, प्रशासकीय कार्यों में किया जाता है। यह मानकता की अवधारणा है।

मानक भाषा वह भाषा होती है जो बोली रूप से क्रमशः विकसित होकर ऐसी परिनिष्ठित भाषा का रूप धारण कर लेती है जो धर्म, शिक्षा, साहित्य तथा प्रशासनिक कार्यकलापों में सामान्यतः सर्वमान्य भाषा बन सके। किसी भाषा का बोल-चाल के स्तर से उठकर मानकता को प्राप्त करना ही मानकीकरण है।

प्रायः तीन चरणों में गुजरकर भाषा मानकता के शिखर तक पहुँचती है।

1. किसी भाषा का सामान्य व आरम्भिक रूप बोली का होता है। आंचलिक और स्थानीय शब्दों का इसमें दबाव होता है। सीमित शब्द भण्डार होता है। यह अनिश्चित होता है। बोली की प्रकृति दशा धीरे-धीरे इस भाषा में शब्दों और प्रयोगों का चुनाव होते-होते मानक होने लगता है। हालाँकि सफलता नहीं मिलती।

2. वही बोली जब कुछ विशेष भौगोलिक, सामाजिक, सांस्कृतिक, राजनीतिक और प्रशासनिक कार्यों से अपने क्षेत्र का विस्तार कर लेती है और एक निश्चित रूप धारण करने लगती है। व्यापक प्रयोजनों के कारणवश भाषा व्याकरणसम्मत होने लगती है। इसके अतिरिक्त यह व्याकरण सम्मत भाषा लोक व्यवहार की स्वीकृति भी प्राप्त कर लेती है और सामाजिक जीवन के सार्वजनिक पदों की अभिव्यक्ति का माध्यम बन जाती है और बोली से भाषा के रूप में अन्तरित हो जाती है। तब मानक रूप ग्रहण करने लगती है।

3. यह वो स्तर है जहाँ भाषा अपने क्षेत्र की सीमाओं को तोड़ देती है और ऐसा रूप धारण कर लेती है जिसमें कहीं भी बोली की प्रतिच्छाया नहीं रहती। उसकी एक मानक शब्दावली विकसित हो जाती है। इस तरह से राष्ट्रीय-अन्तर्राष्ट्रीय स्तर पर उसे मानक भाषा की प्रतिष्ठा प्राप्त होती है।

हिन्दी भाषा के मानकीकरण का इतिहास

हिन्दी का प्रयोग बारहवीं-तेरहवीं शताब्दी से शुरू हुआ। 600-700 वर्ष तक यह बोली ही बनी रही। परन्तु 19वीं सदी में यह बोली का रूप छोड़कर भाषा का रूप धारण कर लेती है। 'खड़ी बोली' शब्द का प्रयोग सर्वप्रथम लल्लूलाल ने 1803 में किया।

लल्लूलाल, सदल मिश्र और इंशाउल्ला खाँ ने खड़ी बोली का प्रयोग किया व इसकी मानकता पर भी ज़ोर दिया। सन् 1803 में सदल मिश्र के 'नासिकेतो पाख्यान' का खड़ी बोली में अनुवाद किया गया जो लोक व्यवहार की बोली थी।

इंशाउल्ला खाँ ने भी 'रानी केतकी की कहानी' में भाषा की मानकता के प्रति जागरूकता का प्रदर्शन किया। (मानकता का प्रश्न हिन्दी भाषा में निहित है)

20वीं सदी के शुरू में अयोध्या प्रसाद सिंह 'हरिऔध' ने हिन्दी का मानक रूप 'ठेठ हिन्दी का ठाट' में प्रदर्शित किया। इसी समय भारतेन्दु हरिश्चन्द्र ने कालचक्र में कहा-'हिन्दी नयी चाल में ढली।'

चूँकि हिन्दी के निर्माण में अनेक बोलियों का प्रभाव है। अतः इस पर उनका दबाव बना रहता है। इस कारण से उसकी स्थिति विशिष्ट है।

मानकीकरण की समस्या

पूर्ण मानकता की प्राप्ति 20वीं सदी के तीसरे दशक में हुई उस मानकीकरण का स्रोत संस्कृत थी। इस मानकता को प्राप्त कर लेने के बाद भी कुछ समस्याएँ बनी रही।

1. उच्चारण के स्तर पर - उच्चारण की दृष्टि से हिन्दी में मानक और अमानक दोनों रूप प्रचलित हैं। मूल - कारण - हिन्दी में विभिन्न बोलियों का स्थानीय प्रभाव है। अतः उच्चारण की एकरूपता नहीं है।

यज्ञ - जज्ञ, घोड़ा-घेरा, क्षमा - छमा, शहर - सहर, स्वच्छ - स्वक्ष

इस उच्चारण का प्रभाव वर्तनी पर भी पड़ता है इस कारण विभिन्न क्षेत्रों में वर्तनी की भिन्नता देखी जा सकती है।

2. व्याकरण के स्तर पर–संज्ञा के स्तर पर - पंजाबी प्रभाव के कारण संज्ञा शब्दों में अनावश्यक रूप से (ए) जोड़ने की प्रक्रिया शुरू हो गयी। मामे, चाचे, लाले। हिन्दी में संज्ञा विभक्ति नहीं लगायी जाती है।

वाक्य प्रयोग के स्तर पर - बिहार में 'के चलते'। व्याकरण और स्थानीय स्तर के प्रयोगों में तनाव।

सर्वनाम - मानक रूपों के अतिरिक्त और भी इसके उदाहरण हैं जैसे 'मुझे' और 'मुझको'। इसकी अतिरिक्त 'मेरे को', 'मेरे में'। वैसे ही 'तेरे को' 'तेरे में'। पूर्व में 'मैं' की जगह 'हम'। (विशेषकर आकारान्त विशेषण)

विशेषण के स्तर पर - मानक हिन्दी के व्याकरण नियम के अनुसार विशेषण लिंग और वचन के अनुसार परिवर्तित नहीं होता. जैसे 'ताजा', 'ताजे', 'ताजी'।

'सुनहरी मौका'–सुनहरा मौका

(मानक) (अमानक)

क्रिया पद -

मैंने किया - मैंने करा (पश्चिमी प्रभाव)

कीजिए - करिए

आप बैठिए - आप बैठो

लिंग के स्तर पर -

दही - पश्चिमी में पुल्लिग, पूर्वी में स्त्रीलिंग।

तकिया - (तय नहीं)

तौलिया, रूमाल, कमल, चर्चा।

समस्या की जटिलता के कारण दोनों ही रूप चल रहे हैं और क्षेत्र-विशेष के अनुसार मान्य हैं।

3. **शब्द भण्डार और अर्थ की समस्या**–मानक भाषा में अनिवार्य है कि एक शब्द का एक ही अर्थ माना जाये। परन्तु विशाल भू-भाग में बोली जाने के कारण शब्दों के अर्थों में वैविध्य है। अतः शब्द भण्डार और अर्थ में एकरूपता की समस्या हमेशा बनी रहती है।

चींटी – कीड़ी (हरियाणा) कद्दू – घिया और लौकी।

तोरी – नैनुआ, परोल। भिण्डी – रामतरोई भिण्डी

ताऊ – काका, बड़का बाबू, चाचा, दाऊ, बड़े पापा

डायरेक्टर – निदेशक, निर्देशक, संचालक।

वर्कशॉप – कार्यशाला, कर्मशाला, कार्यगोष्ठी, संगोष्ठी।

कवरिंग लेटर – प्रावरण पत्र, आवरण पत्र, उपरिपत्र, परिपत्र।

4. **लिपि के स्तर पर** – व्यवहार और व्याकरण के स्तरों के साथ कुछ समस्या लिपि व वर्तनी के स्तर पर भी है।

वर्तनी की एकरूपता के स्तर पर–

नई – नयी जाएगा – जायेगा – जावेगा – जायगा।

माताएँ – मातायें। लिए – लिये।

हलंत चिह्नों के स्तर पर – संस्कृत में चूँकि पूरा शब्द बोलने की प्रवृत्ति है इसलिए हलंत चिह्न आवश्यक हैं, परन्तु हिन्दी की प्रकृति ही आधा शब्द बोलने की है। व्यवस्था यह है कि परम्परागत शब्दों में चलने दिया जाये। अतः कोई सर्वमान्य नियम नहीं है।

विसर्ग के स्तर पर – हिन्दी में एकरूपता नहीं है संस्कृत के कई विसर्गयुक्त शब्द हिन्दी में आकर विसर्गरहित हो गये हैं।

दु:ख – दुख। नि:सन्देह – निस्सन्देह, निसन्देह।

नि:संकोच – निस्संकोच, निसंकोच।

चन्द्रबिन्दु और अनुस्वारों के प्रयोग में – टंकण की सुविधा के कारण प्रयोगों में बदलाव जो कि व्याकरण असम्मत हैं।

हंस – हँस।

व्यवस्था– जिन शब्दों में लिपि मात्राएँ होंगी उनमें ज़रूरत के बावजूद चन्द्रबिन्दु के स्थान पर बिन्दु ही प्रयोग होगा।–'में'

चाँद – चांद आँख – आंख ऊँट – ऊंट।

आरम्भ में पंचमाक्षरों को लिखने की प्रथा थी, जैसे– चञ्चल, पाण्डेय, सन्त।

व्यवस्था–यदि उसी वर्ग का है तो बिन्दु लगा सकते हैं। चंचल, पांडेय, सन्त। परन्तु फिर भी पुराने रूप प्रचलित हैं।

विदेशी ध्वनियों को लेकर–क़, ख़, ज़, फ़, ग़, ऑ। विवाद रहा है कि ये ध्वनियाँ प्रयोग हों या नहीं।

व्यवस्था–जिन ध्वनियों का प्रयोग हिन्दी की प्रकृति के अनुसार हो गया है उनमें प्रयोग की ज़रूरत नहीं हैं परन्तु जहाँ अर्थ बदल जाने का खतरा हो वहाँ आवश्यक है, परन्तु कोई व्यवस्था नहीं है।

इस तरह अधिकतर स्तरों पर समस्याएँ हैं।

(i) यादृच्छिकता।

(ii) व्याकरण और सामाजिक स्वीकृति के बीच में टकराव।

परन्तु वैयाकरणों ने कुछ समाधान दिये हैं।

(i) वर्तनी संस्कृत व्याकरणों के नियमों के अनुरूप हो।

जितेन्द्र = जीत + इन्द्र = जीतेन्द्र, इसमें जोत (हिन्दी) जित (संस्कृत) में है।

उज्ज्वल, महत्त्व, व्यंग्य, वीभत्स।

(ii) रेफ के कारण जिन शब्दों में विकल्प से द्वित्व होता है उनमें सरलता की दृष्टि से एक ही लिखा जाये। आर्य्य - आर्य।

(iii) पंचमाक्षर के स्थान पर अनुस्वार लिखने का विकल्प मान्य हुआ।–

पाण्डेय–पांडेय, संबंध–सम्बन्ध। टंकण की दृष्टि से सरलता हेतु।

(iv) हिन्दीतर भाषाओं से जो शब्द हिन्दी में आ गये हैं उनके प्रयोग को यथावत् रखा जाये, जैसे–इडली, डोसा आदि।

(v) अंग्रेज़ी से अनुवादित शब्दों में एकरूपता।

(vi) हिन्दी के व्याकरण या जो ढाँचा द्विवेदी युग में निर्मित किया गया उसे अन्तिम माना जाये। अर्थात् 'हिन्दी शब्दानुशासन' व 'हिन्दी व्याकरण'।

हिन्दी में मानकता की समस्या कोई बहुत गम्भीर नहीं है। प्रयोग में न सही परन्तु लिखित स्तर पर। हिन्दी के मानकीकरण की जो प्रक्रिया 19वीं सदी में शुरू हुई थी वह एक मुकाम तक पहुँच चुकी है फिर भी कई क्षेत्रों में द्विरूपता विद्यमान है। मानकीकरण एक सतत् प्रक्रिया है इसलिए भाषा की मानकता स्थिर नहीं हो सकती, जैसे-जैसे भाषा का स्वभाव बदलेगा मानकीकरण के नियमों को भी बदलना पड़ेगा। परन्तु विदेशी भाषा के आक्रमण से आज मानकता का सवाल महज मानकता का सवाल नहीं रह गया है बल्कि सांस्कृतिक एवं भाषायी अस्मिता का सवाल बन गया है।

7

स्वतन्त्रता आन्दोलन और हिन्दी का राष्ट्रभाषा के रूप में विकास

राष्ट्र एक आधुनिक संकल्पना है परन्तु देश पुराना है। कालिदास के साहित्य एवं पुराणों में देश की सीमाओं का उल्लेख है परन्तु राष्ट्र की कोई चर्चा नहीं है। यह संकल्पना गुलामी की प्रतिक्रिया स्वरूप सघन हुई है।

डॉ. नगेन्द्र ने राष्ट्र के लिए तीन चीज़ें महत्त्वपूर्ण मानी हैं–

(i) एक परिचित भू-भाग

(ii) उसमें रहने वाली जनता

(iii) उस जनता की भाषा और संस्कृति।

अतएव, भाषा राष्ट्र की बुनियादी संकल्पना के तत्त्वों में है। राष्ट्र व राष्ट्रभाषा पर चर्चा मुख्य रूप से 19वीं सदी में प्रारम्भ हुई। यह सवाल मध्यकाल में भी उभरा परन्तु वहाँ संघर्ष आभिजात्य वर्ग की भाषा के विरुद्ध जनभाषा का है।

सवाल यह उठता है कि राष्ट्र या राष्ट्रभाषा की अवधारणा की चर्चा 19वीं सदी में ही क्यों हुई क्योंकि विदेशी आक्रमण तो पहले से ही होते रहे हैं। उत्तर है कि मध्यकालीन आक्रान्ताओं की समाज व्यवस्था व भारतीय समाज व्यवस्था में कोई बुनियादी अन्तर नहीं था। दोनों धर्म पर आधारित थीं। परन्तु ब्रिटिश साम्राज्यवाद जो एक नयी व्यवस्था पर आधारित था, वह है बाज़ार पर आधारित अर्थव्यवस्था। इसका हस्तक्षेप आर्थिक और सांस्कृतिक संरचना दोनों पर था। इस अंग्रेज़ी व्यवस्था को लेकर सांस्कृतिक स्तर पर व्यापक प्रतिक्रिया हुई, क्योंकि अंग्रेज़ों ने भारतीय संस्कृति पर भी आक्रमण किया और इसे जाहिल और गँवार बताया। इस प्रतिक्रिया का आवेग बहुत तेजी से चिन्तन, काव्य व तकलीफ के रूप में उभरकर आया। इन परिस्थितियों से राष्ट्र की अवधारणा विकसित हुई। यह राष्ट्रीयता की भावना 1857 के विद्रोह से परिलक्षित होती है। इसी राष्ट्र भावना की कोख से राष्ट्रभाषा की परिकल्पना पैदा हुई। गाँधी जी के नेतृत्व में स्वतन्त्रता आन्दोलन महज राजनीतिक आन्दोलन नहीं था वरन् सामाजिक और सांस्कृतिक आन्दोलन भी था।

भाषा में संस्कृति का प्रवाह सुरक्षित रहता है। भाषा को लेकर जो चिन्ता और उत्तेजना दिखाई देती है उसके मूल में राष्ट्र व स्वाधीनता की ही चिन्ता है।

राष्ट्रभाषा वह है जिसमें एक देश की परम्परा, इतिहास और संवाद स्थित होता है। राष्ट्रभाषा के बिना राष्ट्र की परिकल्पना अधूरी है।

राष्ट्रभाषा की शर्तें

महात्मा गाँधी ने राष्ट्रभाषा बनने की जो महत्त्वपूर्ण शर्तें रखी हैं। उनमें प्रमुख हैं–

(i) बहुसंख्यक लोगों द्वारा प्रयुक्त।

(ii) सीखने में आसानी।

(iii) सरकारी कर्मचारी उसके प्रयोग से परिचित हों।

(iv) राष्ट्र की सांस्कृतिक, आर्थिक और राजनीतिक ज़रूरतें पूरी हो सकें।

राष्ट्रभाषा किसी देश के लिए अत्यन्त आवश्यक है-इसलिए इसका विकास होना चाहिए। भारत जैसे बहुभाषिक व भिन्न सामाजिक संस्कृति वाले देश में एकता और संवाद कायम करने के लिए राष्ट्रभाषा आवश्यक है। इसे स्वतन्त्रता संग्राम के दौरान शिद्दत से महसूस किया गया। इसलिए 19वीं सदी के लगभग सभी चिन्तकों, समाज सुधारकों, राजनीतिज्ञों ने राष्ट्रभाषा की ज़रूरत को स्वीकार किया और यह भी स्वीकार किया कि हिन्दी ही वह भाषा हो सकती है। **केशवचन्द्र सेन**–"हिन्दी को ही राष्ट्रभाषा बनाया जाये।"

यहाँ आश्चर्य की बात यह है कि हिन्दी को राष्ट्रभाषा बनाने के पक्ष में जितनी बातें सामने आयीं वह सब अहिन्दी भाषियों के द्वारा। अतएव राष्ट्रीय एकता एवं संस्कृति के लिए राष्ट्रभाषा की ज़रूरत थी क्योंकि पहली बार संस्कृति और पहचान पर आक्रमण हो रहा था। अखिल भारतीय संवाद के लिए, अंग्रेज़ी के विकल्प रूप में।

हिन्दी के राष्ट्रभाषा बनने की पृष्ठभूमि

(i) हिन्दी लगभग भक्ति आन्दोलन की भाषा है। भक्ति आन्दोलन केवल धार्मिक आन्दोलन नहीं था। इसका एक निश्चित वैचारिक दर्शन है जो समाज व्यवस्था को लेकर सवाल उठाता है। नये जीवन मूल्यों से भक्तों के स्थान पर भक्ति का प्रतिपादन करता है। जगत् के सत्य की प्रतिष्ठा करता है। इस आन्दोलन में भाषा की भूमिका है। भक्ति काव्य के कवि 'भाख'। (जन भाषा) के कवि हैं। यहाँ हिन्दी से तात्पर्य खड़ी बोली से नहीं वरन् विभिन्न बोलियों के समूह से है। सन्त-काव्य इन्हीं बोलियों का साहित्य है। यह काव्य हिन्दी से उतर प्रदेशों में भी फैला और हिन्दी भाषा का अखिल भारतीय स्तर पर व्यापक प्रचार-प्रसार हुआ। अतएव राष्ट्रभाषा की भावना तो 19वीं सदी से पहले ही थी, परन्तु मूक थी। इसे स्वतन्त्रता आन्दोलन ने

मुखर कर दिया। भक्ति काव्य ने अन्य कलाओं, जैसे–नृत्य, गायिकी, चित्र आदि को भी प्रभावित किया। दक्षिण से आये सन्तों ने भी हिन्दी का ही प्रयोग किया।

(ii) सामासिक संस्कृति वाले देश की राष्ट्रभाषा का भी सामासिक होना अनिवार्य है। हिन्दी में यह क्षमता है। इसने संस्कृत, विदेशी तथा हिन्दी-इतर भाषा के तत्त्वों को अपने में समाहित किया। अतएव इसकी मूल प्रकृति भारतीय समाज के अनुरूप है। इसमें अनुकूलता (Adaptability) तथा लचीलापन है। हजारी प्रसाद द्विवेदी के अनुसार, "यह समन्वयों का देश है। यह बात भाषाओं पर भी लागू होती है। हिन्दी में यह समन्वय क्षमता मौजूद थी।"

(iii) हिन्दी प्रदेश राजनीति और व्यापार का केन्द्र था। इसने हिन्दी को प्रतिष्ठित होने में सहायता की। इसके अतिरिक्त धार्मिक क्षेत्र मुख्य था, इसलिए हिन्दी सम्पूर्ण भारत के लिए कोई अजनबी नहीं थी। इन कारणों ने स्वतन्त्रता आन्दोलन से पहले ही हिन्दी के लिए एक मानसिक स्वीकृति की भूमि तैयार कर दी थी।

राजभाषा और राष्ट्रभाषा में अन्तर

(i) **प्रयोजन के स्तर पर भिन्नता**–राजभाषा का प्रयोग शासन व्यवस्था से सम्बद्ध है। राष्ट्रभाषा का सम्बन्ध देश की सांस्कृतिक चेतना, परम्परा और रीति-रिवाजों से है।

(ii) **भावना के स्तर पर**–राजभाषा में केवल सूचना के शब्द होते हैं। राष्ट्र भाषा में भाषा की रचनात्मक भंगिमा मौजूद होती है। मुहावरे, लोकोक्तियाँ, लक्षणा, व्यंजन आदि।

(iii) **प्रकृति के स्तर पर**–राजभाषा की प्रकृति कृत्रिम बनाई जाती है। राष्ट्र भाषा नैसर्गिक, सहज एवं प्राकृतिक है। राजभाषा मूलतः अभिधात्मक है। इसमें तनिक भी ढीलापन नहीं होता। इसकी संरचना निर्दिष्ट है, कोई परिवर्तन नहीं होता। राष्ट्र भाषा समाज और जीवन के अनुसार बदलती रहती है।

(iv) **व्याप्ति के स्तर पर**–राजभाषा प्रायोजन मूलक या काम करने की भाषा है। इसका सीमित क्षेत्र है और सम्पर्क भाषा होना इसका अनविार्य गुण नहीं है, जबकि राष्ट्र भाषा की बुनियादी शर्त व्यापक स्तर पर इसकी व्याप्ति है। इसका सम्पर्क भाषा होना आवश्यक है।

स्वतन्त्रता आन्दोलन के दौरान हिन्दी का राष्ट्र भाषा के रूप में विकास

भूमिका–किसी भी राष्ट्र की सांस्कृतिक और राजनीतिक एकता को अखण्ड बनाये रखने के लिए राष्ट्रभाषा की आवश्यकता होती है। जिस देश के लोग एक ही भाषा के सूत्र में बँधे होते हैं उनके भावों और विचारों में मतभेद नहीं बल्कि

एकरूपता होती है। भाषायी विविधता जहाँ किसी राष्ट्र के लिए वैयक्तिक टकराव का कारण बन सकती है वहीं इससे सांस्कृतिक, सामाजिक और राजनीतिक एकरूपता में भी बाधा आने लगती है। इस सन्दर्भ में डॉ. हरदेव बाहरी ने अपनी पुस्तक *हिन्दी भाषा* में एक बड़ा रोचक प्रसंग लिखा है–"बाइबिल में बेबल (बेबीलोनिया) के मीनार की एक कथा आती है कि आदम के बेटों ने आसमान तक पहुँचने के लिए एक बहुत बड़ी मीनार बनानी चाही। ईश्वर को लगा कि ये लोग स्वर्ग तक पहुँचकर मेरी बराबरी करने लगेंगे। इन लोगों की एक भाषा भी है और वे सब मिलकर काम करते हुए ऊपर चढ़ते चले जा रहे हैं। ईश्वर ने यह दृश्य देखते ही निर्णय लिया कि इनको तितर-बितर करने का एक ही उपाय है, और वह है इनकी भाषा में भिन्नता कर देना। ईश्वर ने ऐसा ही किया अब इन्हें भिन्न-भिन्न भाषाएँ देकर तितर-बितर कर दिया। भाषा की विभिन्नता के कारण अब ये एक-दूसरे की बात समझने में असमर्थ थे। वे आपस में लड़ने लगे। झगड़े में मीनार भी टूट-फूट गयी। जिस देश के लोग एक भाषा के सूत्र में बँधे होते हैं उनमें आपस में किसी तरह का मनमुटाव नहीं होता और उस देश की सांस्कृतिक और राजनीतिक एकता अक्षुण्ण बनी रहती है।
स्वतन्त्रता आन्दोलन के दौरान हिन्दी को राष्ट्रभाषा बनाने के लिए तीन तरह से लोग काम कर रहे थे। जो इस प्रकार हैं–

1. सामाजिक और धार्मिक आन्दोलनों के माध्यम से

जैसा कि मैंने पहले ही कहा कि हिन्दी को राष्ट्रभाषा बनाये जाने के बीज भक्तिकाल में पड़ चुके थे। भक्तिकाल सिर्फ एक साहित्यिक-आन्दोलन न होकर धार्मिक आन्दोलन भी था, जिसकी एक सुदीर्घ परम्परा आधुनिक काल में भी दिखाई देती है। भक्तिकाल में यह परम्परा जहाँ स्थलों और सम्प्रदायों के माध्यम से देखने को मिलती है, वही परम्परा आधुनिक काल में समाज सुधारकों के रूप में दिखाई देती हैं। इस तरह इसका पक्ष धार्मिक-सामाजिक रहा, जिसकी भाषा हिन्दी ही थी, क्योंकि तब भी वह एक सम्पर्क भाषा के साथ में प्रयोग की जाती थी। हिन्दी को राष्ट्रभाषा के रूप में विकसित करने में जिन प्रमुख सामाजिक-धार्मिक संस्थाओं में योगदान दिया उनका विवरण निम्नानुसार है–

आर्य समाज–आर्य समाज ने "आर्य भाषा" के नाम से अपना पूरा आन्दोलन चलाया। इनका उद्‌देश्य था पूरे देश में स्वराज धर्म और हिन्दी भाषा की प्रतिस्थापना करना। इसके लिए इन लोगों ने 28 नियम बना रखे थे, जिसमें से एक प्रमुख नियम था हिन्दी पढ़ना। इसी तरह उनके जितने भी सम्मेलन और सत्संग होते थे वे हिन्दी में होते थे। हिन्दी को सुदृढ़ बनाने के लिए उन्होंने कई महाविद्यालयों, विद्यालयों

और गुरुकुलों की स्थापना की। गुरुकुल कांगड़ी विश्वविद्यालय उन्हीं में से एक है जिसमें विज्ञान पढ़ने की भाषा सर्वप्रथम हिन्दी बनी।

ब्रह्म समाज–राजा राममोहन राय द्वारा स्थापित ब्रह्म समाज आधुनिक भारतीय चिन्तन का सबसे बड़ा केन्द्र था। यद्यपि ये अंग्रेज़ी को सार्वभौमिक ज्ञान का सबसे बड़ा माध्यम मानते थे, लेकिन राष्ट्रीयता के सन्दर्भ में वे हिन्दी के प्रबल समर्थक थे। इस बात को स्वीकार करते हुए उन्होंने कहा था कि "यदि राष्ट्रीयता के सन्दर्भ में बात की जाये तो अखिल भारतीय भाषा बनने की क्षमता मात्र हिन्दी में है।" हिन्दी भाषी क्षेत्र में 'ब्रह्म समाज' जैसी संस्था की स्थापना करके उन्होंने हिन्दी की जिस प्रकार वकालत की इससे उनके कई समकालीन विद्वानों और समाज-सुधारकों को प्रेरणा मिली। इसमें ईश्वरचन्द्र विद्यासागर, केशवचन्द्र सेन, दयानन्द आदि प्रमुख हैं। उनके द्वारा कई पुस्तकों का प्रकाशन हिन्दी में हुआ जिसमें नवीनचन्द्र राय की *क्षमा प्रदायिनी*, स्वामी दयानन्द की *सत्यार्थ प्रकाश* और भूदेव मुखर्जी की *आचार-प्रबन्ध* प्रमुख हैं। केशवचन्द्र सेन ने स्पष्ट शब्दों में कहा कि हिन्दी देश की सबसे प्रचलित भाषा है। अतः राष्ट्रीय एकता का आधार यही बन सकती है।

प्रार्थना समाज–प्रार्थना समाज की स्थापना मूलतः अस्पृश्यता, छुआछूत, जाति व्यवस्था और नारी उत्पीड़न आदि को खत्म करने के लिए की गयी, लेकिन इनका अधिकांश कार्य हिन्दी में होता था। अतः इसके माध्यम से हिन्दी के प्रचार-प्रसार में इससे बल मिला। चूँकि उनके प्रचार-प्रसार का केन्द्र भी गैर-हिन्दी भाषी क्षेत्र महाराष्ट्र था। अतः राष्ट्र भाषा के रूप में हिन्दी को स्थापित करने में इसका महत्त्वपूर्ण योगदान रहा। इस समाज के प्रसिद्ध नेताओं में न्यायाधीश महादेव गोविन्द रानाडे तथा आर.जी. भण्डारकर का नाम प्रमुख है।

सनातन धर्म सभा–सनातन धर्म सभा का नाम उत्तर भारत में कई शिक्षण संस्थानों को स्थापित करने के लिए बड़े गर्व के साथ लिया जाता है। पं. मदनमोहन मालवीय के शिष्य गणेश दत्त ने सर्वप्रथम पंजाब के लायलपुर में गुरुकुल की स्थापना की, जिसमें अध्ययन और अध्यापन की व्यवस्था हिन्दी और संस्कृत में की गयी। इसके पश्चात् कई ऐसी संस्थाओं और व्यक्तियों का उदय हुआ जिसके माध्यम से हिन्दी उत्तर-भारत में जनमानस की भाषा बन गयी। इसी में से एक नाम श्रद्धाराम फिल्लौरी का बड़े आदर के साथ लिया जाता है।

थियोसेफिकल सोसाइटी–इसकी मुख्य कर्ता-धर्ता श्रीमती एनी बेसेंट थीं, जिन्होंने काशी में हिन्दू कन्या विद्यालय एवं सेन्ट्रल हिन्दू कॉलेज की स्थापना सन् 1898 में की। इसके अलावा देश के कई कोनों में इन्होंने कई शिक्षा संस्थानों की स्थापना की, जिसके शिक्षण का माध्यम हिन्दी था। इतना ही नहीं इन्होंने दक्षिण भारत में भी घूम-घूमकर हिन्दी को राष्ट्रभाषा बनाये जाने का प्रचार-प्रसार किया। 1928 में चेन्नई में हुए हिन्दी साहित्य सम्मेलन में इन्होंने जोर देकर कहा कि

"मेरा दृढ़ विश्वास है कि हिन्दी भारतवर्ष की मुख्य भाषा होगी और देशभर की शिक्षा-व्यवस्था में इसे अनिवार्य किया जाना चाहिए।"

2. राजनीतिक आन्दोलनों के माध्यम से

19वीं सदी का उत्तरार्द्ध नवजागरण का काल है। इन संस्थाओं का मूल लक्ष्य धार्मिक नहीं वरन् सामाजिक था। समाज को आधुनिक विचारधारानुसार संगठित करना। इन आन्दोलनों ने अखिल भारतीय स्तर के मुद्दे उठाये। इन आन्दोलनों की भाषा सामान्यतः हिन्दी थी। इनकी प्रवृत्ति भक्ति आन्दोलन के समान सम्पूर्ण समाज को आन्दोलित करना था। आर्य समाज के 10 सूत्रों में एक हिन्दी का ज्ञान है। इन आन्दोलनों का प्रभाव और व्याप्ति अखिल भारतीय थी। इन्होंने हिन्दी फैलाने में मुख्य भूमिका निभायी।

इस तरह हम देखें तो राष्ट्रभाषा के रूप में हिन्दी के विकास में स्वाधीनता आन्दोलन ने सर्वाधिक महत्त्वपूर्ण भूमिका निभायी। इस समय के सबसे बड़े राष्ट्रीय संगठन 'अखिल भारतीय राष्ट्रीय कांग्रेस' के सभी बड़े नेताओं ने राष्ट्रीय चेतना के जागरण हेतु हिन्दी के प्रयोग पर बल दिया। इसके लिए इस संगठन से जुड़े सभी महत्त्वपूर्ण नेताओं को अपने-अपने क्षेत्र में अलग-अलग माध्यमों से हिन्दी के प्रचार-प्रसार की जिम्मेदारी सौंपी गयी। हिन्दी के विकास के जो सबसे बड़े समर्थक थे वे स्वयं महात्मा गाँधी थे जो अन्य सभी नेताओं को नेतृत्व प्रदान कर रहे थे।

3. हिन्दी के विकास में महात्मा गाँधी का योगदान

महात्मा गाँधी ने स्वभाषा की चेतना जागृत की। वैचारिक उत्तेजना भाषा के उत्कर्ष का काल होता है।

वैचारिक आदान-प्रदान की भाषा या अखिल भारतीय स्तर पर सम्पर्क भाषा के रूप में। इस वैचारिक जलवायु ने हिन्दी को फैलने का बहुत अवसर दिया।

महात्मा गाँधी के समय आरम्भिक राजनीतिक आन्दोलन संस्कृति से परिचालित था इसमें नैतिक मूल्य और आचार जुड़े हुए थे। हिन्दी को राष्ट्र भाषा के रूप में प्रतिष्ठा महात्मा गाँधी ने दी। 1909–गुजरात में बुद्धिजीवी सभा में गाँधीजी ने कहा–"क्या वे लोग जो अपनी राजभाषा का अपमान करते हैं, वे क्या देश का हित कर सकते हैं।" जो लोग अपनी भाषा को छोड़ देते हैं वे देशद्रोही हैं। हिन्दी अनुपस्थित, पर राष्ट्र भाषा की चर्चा जोर-शोर से उठायी। गाँधीजी अलग-अलग अवसर पर राष्ट्रभाषा की चर्चा निरन्तर करते रहते हैं।

1930 में उन्होंने स्वराज को राष्ट्र भाषा और हिन्दी से जोड़ा और कहा "अगर स्वराज करोड़ों भूखों, निरक्षरों और दलितों का हो, तो हिन्दी ही एकमात्र राष्ट्र भाषा हो सकती है।"

1947–"यदि मैं तानाशाह होता तो विदेशी भाषा में शिक्षा बन्द कर देता, अध्यापकों को सीखने पर मजबूर कर देता।"

"दुनिया से कह दो गाँधी अंग्रेज़ी भूल चुका है।"–पत्रकार सम्मेलन में

भाषा के सवाल को राष्ट्र के सवाल से जोड़ा "अंग्रेज़ी से पिण्ड छुड़ाना स्वराज का मुख्य उद्देश्य है।" इतना ही नहीं महात्मा गाँधी ने हिन्दी को राष्ट्रभाषा बनाये जाने के लिए कई सैद्धान्तिक तर्क भी रखे, जैसे–

- राष्ट्रभाषा बनने का अधिकार उसे ही मिलना चाहिए जिसे बहुसंख्यक लोग बोलते और जानते हों।
- जो सीखने और समझने में सहज और सरल हो।
- जिसमें दूसरी भाषाओं के शब्दों को स्वीकारने की क्षमता हो।
- जो दीर्घगामी हो और जिसका फलक व्यापक हो।

गाँधीजी ने कहा राष्ट्रभाषा के उपरोक्त सभी गुण मात्र हिन्दी में ही मिलते हैं। इतना ही नहीं इन्होंने हिन्दी को राष्ट्रभाषा बनाये जाने के लिए कई सभाओं और समितियों का भी गठन किया। मसलन–वर्धा (महाराष्ट्र) और मद्रास (चेन्नई) में जो राष्ट्रभाषा प्रचार संभाएँ गठित हुईं, उसके पीछे गाँधीजी की ही प्रेरणा थी। इन्हीं सभाओं के माध्यम से काका कालेलकर मोटारी सत्यनारायण दक्षिण के कई राज्यों, जैसे केरल, आन्ध्र प्रदेश, कर्नाटक आदि हिन्दी के प्रचारक बनकर काम करते रहे।

हिन्दी को राष्ट्रभाषा बनाये जाने और इसे संविधान में शामिल किये जाने का जो सबसे पहला स्वर सुनाई दिया वह दक्षिण से ही उठा और वह आवाज थी *सी. राजगोपालाचारी* की जिन्होंने कहा–

"हिन्दी भारत की राष्ट्र भाषा तो है ही; यह जनतन्त्रात्मक भारत में राजभाषा भी है।"

इतना ही नहीं इन्होंने 1937 में मद्रास में सम्पन्न हुए हिन्दी साहित्य सम्मेलन में यह प्रस्ताव रखा कि काँग्रेस की सारी कार्यवाही हिन्दी में हो, जिसे सर्वसम्मति से पारित कर दिया गया। सी. राजगोपालाचारी के अलावा जिन अन्य नेताओं ने हिन्दी को राष्ट्रभाषा बनाये जाने का दक्षिण भारत में समर्थन किया उनमें सी.वी. रामास्वामी अय्यर, टी. विजयराघवाचार्य, एस. निजालिंगप्पा, एन. सुन्दरैय्या और टी.आर. वेंकटराम शास्त्री प्रमुख हैं।

राजर्षि पुरुषोत्तम दास टण्डन

राजर्षि पुरुषोत्तम दास टण्डन को 'हिन्दी का प्रहरी' कहा जाता है। आपको हिन्दी के प्रति लगाव पं. मदनमोहन मालवीय द्वारा बताये गये मार्ग के कारण हुआ। मालवीय जी की ही प्रेरणा से इन्होंने 'हिन्दी साहित्य सम्मेलन' की स्थापना की, जिससे बाद

में महात्मा गाँधीजी भी जुड़े। अपने इस सम्मेलन के माध्यम से उन्होंने हिन्दी के विकास के लिए अनवरत् कार्य किया, जिसकी परिणति के रूप में 'काशी नागरी प्रचारिणी सभा' का उदय भी हुआ। हिन्दी के प्रचार के लिए इनके सहयोगी के रूप में लाला लाजपतराय ने भी महती भूमिका निभायी। कुछ समय के लिए इन्हें 'लोक सेवा मण्डल' का सभापति भी बनाया गया। जिसके माध्यम से उन्होंने हिन्दी का प्रचार-प्रसार करते हुए कहा–"मैं हिन्दी के प्रचार को राष्ट्रभाषा के प्रसार का मुख्य अंग मानता हूँ क्योंकि मैं मानता हूँ कि राष्ट्रभाषा ऐसी होनी चाहिए जिसको केवल कुछ प्रान्तों के लोग ही न समझें बल्कि सम्पूर्ण देश में इसकी व्यापकता और सुगमता बनी रहे।"

लाला लाजपत राय

राजर्षि पुरुषोत्तम दास टण्डन के साथी और हिन्दी को राष्ट्रभाषा बनाये जाने के पक्ष में जिन लोगों ने अगुआ का काम किया उनमें लाला लाजपत राय का नाम प्रमुख है। इन्होंने पंजाब और इसके आस-पास के क्षेत्रों में हिन्दी का जमकर प्रचार-प्रसार किया। इसके लिए इन्होंने 1886 में लाहौर के दयानन्द एंग्लो-वैदिक कॉलेज एवं 1911 में पंजाब शिक्षा संघ की स्थापना की। इसके माध्यम से लाजपत राय ने शिक्षा में हिन्दी पढ़ने की अनिवार्यता को लागू किया। साथ ही पंजाब विश्वविद्यालय में रत्न और प्रभाकर नाम के दो नये पाठ्यक्रम प्रारम्भ किये।

सेठ गोविन्द दास

जब लोग हिन्दी के प्रचार-प्रसार और इसे राष्ट्रभाषा बनाये जाने के लिए जोर दे रहे थे और इसके लिए विभिन्न सभाओं और संस्थाओं की स्थापना कर रहे थे उस समय सेठ गोविन्द दास जी ने देश के दिल कहे जाने वाले मध्य प्रदेश के जबलपुर से *शारदा*, *जयहिन्द* और *लोकमत* समाचार-पत्र निकालकर हिन्दी को जन-जन तक पहुँचा दिया। वे भारतीय इतिहास में पहले व्यक्ति थे जिन्होंने परतन्त्र भारत की कौंसिंल ऑफ स्टेट में हिन्दी भाषा के प्रश्न को उठाया। उन्होंने हिन्दी के प्रति अपने प्रेम को अभिव्यक्त करते हुए कहा कि "हम हिन्दी के सच्चे प्रेमी तभी कहलाने के हकदार होंगे, जब हम इसके लिए अपने आप को समर्पित कर दें और देवनागरी को इसकी लिपि बनाने में योगदान दें, क्योंकि देवनागरी पूरे विश्व की सबसे वैज्ञानिक लिपि है।"

उपरोक्त के अलावा हिन्दी को राष्ट्रभाषा बनाये जाने की जिन लोगों ने वकालत की उनमें लोकमान्य बाल गंगाधर तिलक, पं. मदनमोहन मालवीय, डॉ. राजेन्द्र प्रसाद, सी. राजगोपालाचारी, काका कालेलकर और कन्हैया लाल माणिकलाल मुंशी का नाम प्रमुख है।

4. साहित्यिक आन्दोलन

साहित्य भाषा को स्थायित्व प्रदान करता है। साहित्य में परम्परा सुरक्षित रहती है। भारतेन्दु कहते हैं, "निज भाषा उन्नति अहै, सब उन्नति को मूल।" भारतेन्दु के पश्चात् महावीर प्रसाद द्विवेदी ने न केवल साहित्य वरन् ज्ञान-विज्ञान के अनेक विषयों पर पुस्तकें लिखीं। जिसमें व्याकरण का रूप निर्धारण, 'हिन्दी व्याकरण' एवं 'हिन्दी शब्दानुशासन' प्रमुख है। हिन्दी का मानकीकरण हुआ और हिन्दी साहित्य के अलावा अन्य क्षेत्रों की भी अभिव्यक्ति में समर्थ हुई।

पत्रकारिता की भी इसमें अहम भूमिका रही भारतेन्दु युग केवल साहित्य का युग नहीं है वरन् पत्रकारिता का भी है। इन पत्र-पत्रिकाओं की स्वतन्त्रता आन्दोलन में विशेष भूमिका थी। इनमें हिन्दी के प्रति विश्वास और गरिमा थी कि यह राष्ट्र भाषा के रूप में प्रतिष्ठित हो सकी। इसमें भाषा को लोकप्रियता दिलायी। हिन्दी के विकास में जिन साहित्यिक संस्थाओं एवं पत्र-पत्रिकाओं का हाथ रहा उनके विवरण निम्नानुसार हैं–

भारतेन्दु हरिश्चन्द्र और उनके मित्रगण

"निज भाषा उन्नति अहै, सब उन्नति को मूल।"–का नारा देकर हिन्दी साहित्य के इतिहास में जो एक अलख जगायी उससे एक नवीन साहित्यिक परम्परा का जन्म हो गया जिसे 'भारतेन्दु मण्डल' के नाम से जाना जाता था। इन सब ने खड़ी बोली हिन्दी को साहित्य की भाषा स्वीकार करते हुए एक से बढ़कर एक हिन्दी के पक्ष में लेख लिखे, जिनका सामाजिक, धार्मिक और राजनीतिक महत्त्व था। इस मण्डल के सदस्यों में पं. प्रताप नारायण मिश्र, श्रीनिवास दास, पं. बालकृष्ण भट्ट, बालमुकुन्द गुप्त और चौधरी बदरीनारायण 'प्रेमधन' का नाम प्रमुख है।

हिन्दी साहित्य सम्मेलन, प्रयाग

हिन्दी साहित्य सम्मेलन की स्थापना 1910 में नागरी प्रचारिणी सभा के तत्वाधान में हुई। इसका प्रथम अधिवेशन पं. मदनमोहन मालवीय की अध्यक्षता में सम्पन्न हुआ। इस सम्मेलन में हिन्दी के विकास तथा इसे राष्ट्रभाषा कैसे बनाये जैसें प्रश्नों की नियमावली तैयार की गयी। यही वह समय था जब राजर्षि पुरुषोत्तम दास टण्डन ने कार्यालयों और न्यायालयों में हिन्दी और देवनागरी को लागू करने पर बल दिया। इस संस्था ने हिन्दी के प्रचार-प्रसार के लिए कई शोधपरक और रचनात्मक पत्रिकाएँ भी प्रारम्भ की जिसमें 'राष्ट्रभाषा सन्देश' और 'सम्मेलन पत्रिका' प्रमुख हैं। 1962 में भारत सरकार ने लोक सभा में एक विशेष प्रस्ताव पारित करके इसे राष्ट्रीय महत्त्व की संस्था घोषित कर दिया। हिन्दी का सबसे

प्रामाणिक मानक कोश 'मानक हिन्दीकरण' को प्रकाशित करने का श्रेय इसी संस्था को जाता है।

नागरी प्रचारिणी सभा, काशी

जैसा कि नाम से ही स्पष्ट है कि इस संस्था की उत्पत्ति नागरी लिपि के प्रचार-प्रसार के लिए हुई। इसके लिए इस प्रचारिणी सभा ने नागरी लिपि में सुधार के लिए कई कार्यक्रम चलाये। इसमें टाइपिंग से लेकर शॉर्टहैंड तक, सम्मेलन से लेकर पुस्तक प्रकाशन तक का काम इस सभा ने किया। इस संस्था के जो आधार स्तम्भ रहे, उनमें बाबू श्यामसुन्दर दास, गोपाल प्रसाद खत्री, पं. मदनमोहन मालवीय, चौधरी बदरीनारायण 'प्रेमधन', श्री राधाचरण गोस्वामी और पं. रामनारायण मिश्र प्रमुख हैं।

राष्ट्रभाषा प्रचार समिति, वर्धा

अहिन्दी भाषी क्षेत्रों में हिन्दी के प्रचार-प्रसार के लिए जिन संस्थाओं की स्थापना की गयी उनमें से यह एक प्रमुख संस्था है। इस संस्था का प्रस्ताव सर्वप्रथम श्री पुरुषोत्तम दास टण्डन ने 'हिन्दी प्रचार समिति' के नाम से रखा, जिसका पहला अधिवेशन 1936 में वर्धा में हुआ। यह वही समय था जब प्रगतिशील लेखक संघ की स्थापना हुई थी। बाद में काका कालेलकर के सुझावानुसार इसका नाम बदलकर 'राष्ट्रभाषा प्रचार समिति' रख दिया गया। इस संस्था ने कई ऐसे कार्यक्रम चलाए जिससे हिन्दी का विकास हो सके। इनमें आन्तरिक परीक्षा से लेकर पत्रिका का प्रकाशन तक शामिल है। इसके माध्यम से प्रकाशित सबसे प्रसिद्ध पत्रिकाओं में 'राष्ट्र भारती' और 'राष्ट्रभाषा' प्रमुख हैं। इसके कई केन्द्र देश से बाहर भी खोले गये हैं, जैसे—मॉरीशस, इंग्लैंड, सुमात्रा और श्रीलंका। हिन्दी को प्रोत्साहित करने और इसके प्रचार-प्रसार के लिए यह संस्था कई पुरस्कार भी देती है।

दक्षिण भारत हिन्दी प्रचार सभा, मद्रास

स्वतन्त्रता के बाद हिन्दी को राष्ट्र भाषा बनाये जाने का सबसे बड़ा विरोध दक्षिण भारत, खासकर मद्रास में ही हुआ था। इसी आशंका को भाँपते हुए गाँधीजी ने 1918 के इन्दौर अधिवेशन में दक्षिण में हिन्दी प्रचार सभा की स्थापना की योजना बनायी। इसका कार्यभार उन्होंने अपने पुत्र देवदास गाँधी को दिया। देवदास गाँधी का सहयोग करने के लिए सत्यदेव परिव्राजक भी वहाँ पहुँचे, लेकिन दक्षिण भारत हिन्दी प्रचार सभा का विधिवत संचालन तब प्रारम्भ हुआ जब 1927 में बाकायदा इसका नामकरण 'दक्षिण भारत हिन्दी प्रचार सभा' कर दिया गया। इस सभा की स्थापना में सबसे सक्रिय भूमिका जिस व्यक्ति ने निभायी उसमें सी. राजगोपालाचारी

का नाम सर्वोपरि है। सभा द्वारा दक्षिण में हिन्दी के प्रचार के लिए कई हिन्दी प्राध्यापकों की नियुक्ति की गयी और कई पत्रिकाएँ भी निकाली गयीं जिनमें 'दक्षिण भारत और हिन्दी प्रचार समाचार' पत्रिका प्रमुख हैं। भारत सरकार ने बाद में इसे हिन्दी साहित्य सम्मेलन, प्रयाग की तरह राष्ट्रीय महत्त्व की संस्था घोषित कर दिया।

उपरोक्त के अलावा कई और भी संस्थाएँ हैं जिनका हिन्दी को राष्ट्र भाषा बनाये जाने में महती योगदान रहा और ये अभी भी कार्यरत है। इनमें हिन्दी विद्यापीठ, मुम्बई; महाराष्ट्र राष्ट्रभाषा सभा, पूना; हिन्दुस्तानी प्रचार सभा, वर्धा, गुजरात विद्यापीठ, अहमदाबाद; केन्द्रीय हिन्दी संस्थान, आगरा आदि प्रमुख हैं।

वर्तमान दशा—स्वतन्त्रता के बाद 163 देशों में हिन्दी विभाग खोले गये और 10 वर्ष बाद ही 103 देशों में यह विभाग बन्द भी हो गये।

कारण—इसके प्रमुख कारण हैं—

(i) राजनीतिक स्तर पर स्वप्न शून्यता। आजादी पश्चात् काँग्रेस की बागडोर ब्रिटिश हितैषियों और स्वार्थियों के हाथ में। राजनीतिक इच्छा शक्ति का अभाव देखा गया।

(ii) हिन्दी को रोजगारोन्मुख नहीं बनाया गया। यह वाणिज्य, विज्ञान और तकनीक की भाषा नहीं थी। यह भ्रामक धारणा फैलाई गयी कि तकनीकी विकास के लिए अंग्रेज़ी आवश्यक है। रोजगारोन्मुख न होने से हिन्दी के सम्मान में कमी आयी।

(iii) एक नकलची और आत्मतुष्ट प्रभु-वर्ग का उदय—इस संस्कृति ने हिन्दीभाषियों को एक हीन भावना का शिकार बनाया।

इनके फलस्वरूप स्वातन्त्रता पूर्व के 100 वर्षों का प्रयास निरर्थक हो गया।

8

भारत में राजभाषा के रूप में हिन्दी का विकास

संवैधानिक स्थिति

राष्ट्र की आजादी के बाद राजभाषा की ज़रूरत महसूस हुई। इस पर संवैधानिक सभा में भी चर्चा हुई। एक भाषा के रूप में हिन्दी भी मौजूद थी। यह बहुसंख्यक की भाषा थी। स्वतन्त्रता आन्दोलन में इसकी लम्बी भूमिका थी। लम्बी साहित्यिक परम्परा होने के कारण इसे स्वाभाविक दावेदार माना गया। 14 सितम्बर 1949 को लम्बी बहस के बाद हिन्दी को राजभाषा के रूप में स्वीकार किया गया। इसका प्रस्ताव गोपाल स्वामी आयंगर (मद्रास) ने रखा एवं समर्थन कन्हैया लाल माणिक लाल मुंशी (गुजरात) ने किया एवं इसका फॉर्मूला तैयार किया। आयंगर-मुंशी फॉर्मूला में लिखा गया–"हमारी मूल नीति यह होनी चाहिए कि संघ के कामकाज के लिए हिन्दी देश की सामान्य भाषा हो और देवनागरी सामान्य लिपि।"

संविधान के भाग पाँचवें-छठे और सत्रहवें में इसकी व्यवस्था की गयी है।

भाग पाँच का शीर्षक संसद में प्रयुक्त होने वाली भाषा है।

भाग छह (6) की धारा 210 में विधान सभा में प्रयुक्त होने वाली भाषा का उल्लेख है।

भाग सत्रह (17) का शीर्षक संघ की भाषा है। इसमें धारा 343-351 शामिल हैं।

भाग पाँच (5) की धारा 120 के अनुसार संसद का कार्य हिन्दी या अंग्रेज़ी में किया जायेगा। साथ ही, लोकसभा का अध्यक्ष या राज्यसभा का सभापति सदस्य को मातृभाषा में बोलने की अनुमति दे सकता है। यह भी प्रावधान किया गया कि यदि संसद कानून बनाये तो संविधान के लागू होने के 15 वर्ष बाद अंग्रेज़ी को हटाया जा सकेगा।

भाग छह (6) धारा 210–विधान मण्डलों का कार्य राज्य की राजभाषाओं अथवा हिन्दी या अंग्रेज़ी में किया जायेगा। इसके अतिरिक्त विधानसभा अध्यक्ष मातृभाषा में बोलने की अनुमति दे सकता है।

संविधान के भाग 17 को चार अध्यायों में विभक्त किया गया है–

अध्याय I–संघ की भाषा–इसमें दो धाराएँ हैं–343 व 344

अध्याय II–प्रादेशिक भाषाएँ–इसमें तीन धाराएँ हैं–345, 346 व 347

अध्याय III–उच्चतम व उच्च न्यायालयों की भाषा–इसमें दो धाराएँ हैं–348 व 349

अध्याय IV–विशेष निर्देश–इसमें दो धाराएँ हैं–350 व 351

अध्याय-1 : संघ की भाषा

343–राजभाषा संघ की भाषा

(i) संघ की राजभाषा हिन्दी और लिपि देवनागरी होगी। संघ के शासकीय प्रयोजनों के लिए प्रयोग होने वाले अंकों का अन्तरराष्ट्रीय रूप होगा।

(ii) शासकीय प्रयोजनों के लिए अंग्रेज़ी का प्रयोग 15 वर्ष की अवधि के लिए किया जाता रहेगा। राष्ट्रपति अध्यादेश पास कर अंग्रेज़ी के साथ हिन्दी का प्रयोग प्राधिकृत कर सकता है।

(iii) संसद उक्त 15 वर्ष की अवधि के बाद भी विधि द्वारा अंग्रेज़ी भाषा के प्रयोग को प्राधिकृत कर सकेगी।

344–राजभाषा आयोग एवं संसद की समिति

(i) संविधान के प्रारम्भ से 5 वर्षों की समाप्ति पर राष्ट्रपति एक आयोग का गठन करेगा। यह आयोग हिन्दी प्रयोग के सम्बन्ध में राष्ट्रपति को सिफारिशें देगा।

(ii) इस पाँच वर्ष की समाप्ति के बाद राष्ट्रपति अपने आदेश के द्वारा एक-दूसरे आयोग का गठन करेगा जो 8वीं अनुसूची में शामिल विभिन्न भाषाओं के प्रतिनिधित्व करने वाले अन्य सदस्यों से मिलकर बनेगा। यह आयोग भी राष्ट्रपति को हिन्दी भाषा के उपयोग के सम्बन्ध में सिफारिशें करेगा। यह आयोग अंग्रेज़ी भाषा के प्रयोग, न्यायालयों में प्रयुक्त भाषा के स्वरूप, संघ और राज्य के बीच की भाषा और एक राज्य से दूसरे राज्य के बीच होने वाले सम्पर्क की भाषा पर सिफारिशें देगा।

(iii) दूसरे आयोग की सिफारिश पर संसद की एक समिति अपनी राय राष्ट्रपति को देगी। राष्ट्रपति इस रिपोर्ट पर विचार कर कोई भी निर्देश दे सकता है।

अध्याय-2 : प्रादेशिक भाषाएँ

345–राज्य की राजभाषा या भाषाएँ

किसी राज्य का विधान मण्डल विधि द्वारा उस राज्य में प्रयुक्त होने वाली किसी

भाषा या भाषाओं में से किसी एक या अधिक भाषाओं को या हिन्दी को शासकीय प्रयोजनों के लिए स्वीकार कर सकेगा, लेकिन, अगर किसी राज्य का विधान मण्डल कानून नहीं बनाता तो अंग्रेज़ी का प्रयोग यथावत जारी रहेगा।

346–विभिन्न राज्यों व राज्य संघ के बीच पत्रादि की भाषा

संघ द्वारा प्राधिकृत भाषा एक राज्य व दूसरे राज्य के बीच तथा किसी राज्य व संघ के बीच पत्रादि की भाषा होगी। यदि राज्य परस्पर हिन्दी भाषा को स्वीकार करेंगे तो हिन्दी भाषा का प्रयोग हो सकता है।

347–राज्य की जनसंख्या के किसी भाग की माँग के आधार पर राजभाषा के सम्बन्ध में उपबन्ध

यदि किसी राज्य की जनसंख्या का पर्याप्त भाग यह चाहता हो कि उसके द्वारा बोले जाने वाली भाषा को शासकीय मान्यता प्रदान की जाये तो राष्ट्रपति यह निर्देश दे सकेगा कि उस राज्य में सर्वत्र या किसी भाग में उस भाषा विशेष को मान्यता दी जाये।

अध्याय 3 : उच्चतम व उच्च न्यायालयों की भाषा

348–उच्चतम न्यायालय व उच्च न्यायालयों में प्रयुक्त होने वाली भाषा

(i) जब तक संसद विधि द्वारा उपबन्ध न करे तब तक उच्चतम न्यायालय व प्रत्येक उच्च न्यायालय में सारी कार्यवाही अंग्रेज़ी में होगी।

(ii) किसी राज्य का राज्यपाल राष्ट्रपति की पूर्व सहमति से उच्च न्यायालय में हिन्दी या उस राज्य में प्रयुक्त भाषा के प्रयोग की अनुमति दे सकेगा। उस उच्च न्यायालय द्वारा दिये निर्णय, डिक्री, आदेश आदि पर इस खण्ड की कोई बात लागू नहीं होगी।

(iii) इस खण्ड का किन्हीं बातों के लिए यदि अंग्रेज़ी के अलावा किसी और भाषा को प्राधिकृत किया तो प्रामाणिक पाठ अंग्रेज़ी का माना जायेगा।

349–भाषा से सम्बन्धित कुछ विधियाँ अधिनियमित करने की प्रक्रिया

राजभाषा से सम्बन्धित कोई भी प्रस्ताव या संशोधन राष्ट्रपति की पूर्व अनुमति से लाया जा सकेगा, लेकिन राष्ट्रपति आयोग की सिफारिशों पर गठित रिपोर्ट के बाद ही अपनी मंजूरी देगा।

अध्याय–4 : विशेष निर्देश

350–आवेदनों में प्रयोग की जाने वाली भाषा

(i) भारत का प्रत्येक नागरिक कोई आवेदन या शिकायत संघ या राज्य में प्रयुक्त होने वाली किसी भाषा में कर सकता है। अल्पसंख्यक बच्चों की प्राथमिक शिक्षा उनकी मातृभाषा में दिये जाने की पर्याप्त सुविधा सुनिश्चित की जायेगी।

(ii) भाषायी अल्पसंख्यकों के लिए राष्ट्रपति एक विशेष अधिकारी नियुक्त करेगा जो उन वर्गों से सम्बन्धित सभी विषयों पर विचार करेगा व अपनी रिपोर्ट राष्ट्रपति को देगा।

351-हिन्दी भाषा के विकास के लिए निर्देश

संघ का यह कर्तव्य होगा कि वह हिन्दी भाषा का प्रचार–प्रसार व विकास करे ताकि हिन्दी भारत की सामासिक संस्कृति के सभी तत्त्वों की अभिव्यक्ति का माध्यम बन सके। आठवीं अनुसूची में शामिल सभी भाषाओं में प्रयुक्त शैली, रूपों और पदों को आत्मसात् करते हुए, मूलतः संस्कृत व गौणतः अन्य भाषाओं से अथवा शब्द भण्डार विस्तृत करें।

विकास से तात्पर्य संवैधानिक उपबन्धों के क्रियान्वयन से है।

राजभाषा के रूप में हिन्दी की प्रगति

संविधान की धारा 343 (i) के अनुसार तत्कालीन राष्ट्रपति राजेन्द्र प्रसाद ने जून 1955 में (महाराष्ट्र के तत्कालीन मुख्यमन्त्री) बाल गंगाधर तिलक की अध्यक्षता में एक राजभाषा आयोग गठन किया। जिसमें संविधान की आठवीं अनुसूची में शामिल भाषाओं के प्रतिनिधियों ने निम्नलिखित सिफारिशें कीं–

- 14 वर्ष की आयु तक प्रत्येक भारतीय विद्यार्थी को हिन्दी का ज्ञान करा देना चाहिए।
- हिन्दी भाषी क्षेत्र के विद्यार्थी को एक अन्य भारतीय भाषा विशेषकर दक्षिण भारतीय भाषा सीखनी चाहिए।
- प्रतियोगिता परीक्षाओं में हिन्दी का प्रश्न पत्र अनिवार्य होना चाहिए।
- प्रत्येक भारतीय भाषाओं के लिए देवनागरी लिपि का प्रयोग होना चाहिए।
- संसद और विधान मण्डलों में हिन्दी और प्रादेशिक भाषाओं का तथा उच्च न्यायालयों में क्षेत्रीय भाषाओं का प्रयोग होना चाहिए।
- प्रशासनिक कर्मचारियों को एक निश्चित अवधि के भीतर हिन्दी का कार्य साधक ज्ञान प्राप्त हो जाना चाहिए।
- भारत सरकार के अधिक से अधिक प्रकाशन हिन्दी में होने चाहिए।

इस पर विचार के लिए गृहमन्त्री गोविन्द बल्लभ पन्त की अध्यक्षता में एक संसदीय समिति का गठन राष्ट्रपति ने किया। इसकी सिफारिशें इस प्रकार थीं–

1. 1965 तक शासकीय कार्यों में हिन्दी को पूरी तरह से लागू करना व्यावहारिक नहीं है। इसलिए अंग्रेज़ी को सहभाषा का स्थान दिया जाना चाहिए।

2. सरकारी कर्मचारी जब तक हिन्दी का कार्यसाधक ज्ञान प्राप्त न कर लें अंग्रेज़ी में कार्य की छूट देनी चाहिए। 45 वर्ष से ऊपर के कर्मचारियों को हिन्दी सीखने के लिए बाध्य न किया जाये।

3. जब तक हिन्दी उपयुक्त योग्यता प्राप्त नहीं कर ले, संसद, विधान मण्डल व न्यायालय में अंग्रेज़ी जारी रहे।

4. हिन्दी ज्ञान प्राप्त करने तक कोई भी कर्मचारी अंग्रेज़ी का प्रयोग करता रहेगा।

5. विधान मण्डलों के अधिनियमों व विधेयको के हिन्दी पाठ प्रामाणिक होंगे। जम्मू–कश्मीर पर लागू नहीं होगा।

1968 में राजभाषा हिन्दी को गति प्रदान करने के लिए संकल्प पारित किया।

इसके अनुसार–

1. हिन्दी भाषी क्षेत्रों में हिन्दी, अंग्रेज़ी व दक्षिणी भाषा का ज्ञान प्राप्त करना अनिवार्य है।

2. अहिन्दी भाषी क्षेत्रों के लिए हिन्दी, अंग्रेज़ी व प्रादेशिक भाषा का उपयोग किया जायेगा।

3. केन्द्रीय सेवाओं में भारत के लिए हिन्दी अथवा अंग्रेज़ी अथवा दोनों भाषाओं का ज्ञान आवश्यक होगा।

4. हिन्दी के विकास के लिए सरकार गहन व व्यापक कार्यक्रम बनायेगी जिसे प्रत्येक वर्ष संसद में प्रस्तुत किया जायेगा।

1974 में आयोग, संसदीय समिति व राष्ट्रपति के आदेशों को कार्यान्वित करने के लिए एक विधेयक पारित किया गया जिसके अन्तर्गत गृह मन्त्रालय के अन्तर्गत 1976 में राजभाषा अनुभाग की स्थापना की गयी जो बाद में विभाग बन गया।

इस विभाग ने हिन्दी के प्रयोग को सुनिश्चित करने के लिए कुछ नियम निर्धारित किये जो इस प्रकार हैं–

1. देशभर में हिन्दी के विकास के लिए सरकारी कार्यालयों, सार्वजनिक क्षेत्र के उपक्रमों में हिन्दी के प्रयोग के लिए इसे तीन भागों में बाँटा गया।

2. इन कार्यालयों को 'क, ख, ग' तीन क्षेत्रों में बाँटा गया।

3. **'क' वर्ग** के क्षेत्र उत्तर प्रदेश, मध्य प्रदेश, राजस्थान, बिहार, हिमाचल प्रदेश, दिल्ली और हरियाणा–यह सारा हिन्दी क्षेत्र है।

'ख' वर्ग के क्षेत्र पंजाब, गुजरात, महाराष्ट्र और केन्द्रशासित चण्डीगढ़ तथा अण्डमान-निकोबार द्वीप समूह।

'ग' वर्ग के क्षेत्र में शेष सब राज्य अर्थात् प. बंगाल, उड़ीसा, उत्तर-पूर्वी प्रदेश, द्रविड़ भाषी (दक्षिण के) राज्य।

4. (क) 'क' क्षेत्र के किसी व्यक्ति या कार्यालय के पत्र हिन्दी में लिखे जायें। यदि किसी को अंग्रेज़ी में पत्र भेजा जाये तो उसका अनुवाद हिन्दी में दिया जाना चाहिए।

(ख) 'ख' क्षेत्र के कार्यालयों में अधिकतर हिन्दी में पत्र भेजे जायें और यदि ज़रूरत पड़े तो अंग्रेज़ी के साथ हिन्दी अनुवाद भी भेजा जाये।

(ग) 'ग' क्षेत्र के सभी कार्यालयों में पत्र अंग्रेज़ी में भेजा जाये, लेकिन हिन्दी को बढ़ाने का प्रयास जारी रखा जाये।

5. सभी पत्र हिन्दी और अंग्रेज़ी में निकाले जायें।
6. कहीं से प्राप्त हिन्दी के पत्रों का उत्तर हिन्दी में ही दिया जाये।
7. 'क' क्षेत्र में हिन्दी के पत्र भेजने का अनुपात सरकार निर्धारित करे।
8. कोई भी व्यक्ति आवेदन हिन्दी और अंग्रेज़ी भाषा दोनों में दे सकता है, लेकिन यदि आवेदक के हस्ताक्षर हिन्दी में है तो उत्तर हिन्दी में देना होगा।
9. कोई भी अधिकारी हिन्दी अथवा अंग्रेज़ी में टिप्पणी लिख सकता है, लेकिन यदि उस कार्यालय के 80 प्रतिशत से अधिक लोगों को हिन्दी आती है तो नोटिंग हिन्दी में करना चाहिए।
10. जिस भी कर्मचारी ने दसवीं की परीक्षा हिन्दी में दी थी, उसे हिन्दी में प्रवीण माना जायेगा।
11. जिस कार्यालय के कर्मचारी ने प्राज्ञ अथवा उसके समकक्ष की परीक्षा पास की है उसे कार्यसाधक कर्मचारी माना जायेगा।
12. केन्द्रीय और सार्वजनिक क्षेत्र के सभी कार्यालयों के रजिस्टर, फाइलें, परिपत्र, नोटिस आदि को हिन्दी और अंग्रेज़ी दोनों भाषाओं में निकालना होगा।
13. हिन्दी सम्बन्धी सरकारी नियमों का अनुपालन कराने हेतु उत्तरदायित्व उस कार्यालय और उसके प्रमुख का होगा।

1976 के बाद राजभाषा विभाग की स्थिति

1976 के बाद राजभाषा विभाग, गृह मन्त्रालय द्वारा समय-समय पर ज्ञापन निकाले गये। जिनमें सभी मन्त्रालयों, सरकारी कार्यालयों, राष्ट्रीयकृत बैंकों एवं अन्य सार्वजनिक क्षेत्रों की कंपनियों में हिन्दी के अधिकारिक उपयोग की बात की गयी। साथ ही आदेश भी दिया गया कि सेवा-पुस्तिकाओं में प्रविष्टियाँ हिन्दी में ही की जानी चाहिए।

राजभाषा विभाग, गृह मन्त्रालय के कार्य–

1. विभाग इस बात के लिए प्रेरित करता है कि सभी अखिल भारतीय सम्मेलनों की कार्यसूचियाँ, टिप्पणियाँ और बैठकों की कार्यवाही आदि हिन्दी में तैयार की जाये तथा 'क' क्षेत्र के सभी कर्मचारियों के वेतन, चेक आदि हिन्दी में हों।

2. विभाग प्रत्येक वर्ष यह सुनिश्चित करता है कि कितने प्रतिशत लोग हिन्दी में कार्य करने में सक्षम हुए। साथ ही यदि कोई नहीं प्रशिक्षित है तो उसे टाइपिंग, आशुलिपिक का तकनीकी ज्ञान आदि हिन्दी में करने को प्रोत्साहित करता है।

3. विभाग हिन्दी न जानने वाले कर्मचारियों के लिए प्रशिक्षण कार्यक्रम भी चलाता है जिसके लिए इस विभाग के अन्तर्गत 'केन्द्रीय हिन्दी प्रशिक्षण संस्थान' की स्थापना भी की गयी। कर्मचारियों के प्रशिक्षण के लिए तीन पाठ्यक्रम प्रबोध, प्रवीण और प्राज्ञ बनाये गये हैं।

4. केन्द्रीय अधिनियमों, नियमों और विनियमों आदि का अनुवाद हिन्दी में करने हेतु केन्द्रीय अनुवाद ब्यूरो की स्थापना की गयी। ब्यूरो का काम संसद में पेश होने वाले विधेयकों के अनुवाद के अलावा सरकारी उपक्रमों, प्रतिष्ठानों, बैंकों आदि की सामग्री का भी अनुवाद करना है। साथ ही अनुवादकों को प्रशिक्षित करने की जिम्मेवारी भी इसी के पास है।

5. इस विभाग का सबसे महत्त्वपूर्ण उत्तरदायित्व है केन्द्रीय हिन्दी समिति और मन्त्रालयों की हिन्दी समितियों की बैठकों का नियमित रूप से आयोजन कराना और तिमाही प्रगति रिपोर्ट बनवाना। साथ ही विभिन्न सार्वजनिक कार्यालयों में हिन्दी के कामकाज की देखरेख हेतु नगर राजभाषा समिति के कार्यों की समीक्षा करना भी है।

गृह मन्त्रालय के राजभाषा विभाग के अतिरिक्त हिन्दी में कामकाज को बढ़ावा देने के लिए कई अन्य मन्त्रालयों ने भी अपने-अपने विभाग खोल रखे हैं, जो हिन्दी को बढ़ावा देने और काम करने के लिए प्रोत्साहित करते हैं। इनमें से कुछ प्रमुख मन्त्रालय निम्नलिखित हैं–

शिक्षा मन्त्रालय

राजभाषा के प्रचार हेतु केन्द्रीय शिक्षा मन्त्रालय और उसका हिन्दी निदेशालय अत्यन्त महत्त्वपूर्ण है। इसके अन्तर्गत वैज्ञानिक कला, तकनीकी शब्दावलियों का निर्माण और प्रकाशन, विश्वविद्यालयों के लिए अनेक उच्च विषयों के पाठ्यक्रमों का प्रकाशन और प्रोत्साहन, त्रिभाषी कोशों का निर्माण, अनुवाद, व्याख्यान, मालाओं का आयोजन आदि कई महत्त्वपूर्ण कार्य हैं। इसका एक उत्कृष्ट उदाहरण महात्मा गाँधी अन्तरराष्ट्रीय विश्वविद्यालय, वर्धा (महाराष्ट्र) में स्थापित करके पेश किया गया। जिसके लिए यह

निर्णय लिया गया कि यहाँ किसी भी विषय की पढ़ाई मात्र हिन्दी में ही होगी, चाहे वह मीडिया, मैनेजमेंट अथवा सामाजिक विज्ञान कुछ भी हो।

विधि मन्त्रालय

इस विभाग का काम विधि संहिता का अंग्रेज़ी से हिन्दी में अनुवाद करना है। साथ ही इसका प्रयास है कि समस्त भारतीय विधि साहित्य को हिन्दी में करके समूचे देश में पहुँचाए।

इसी तरह रेल मन्त्रालय, वित्त मन्त्रालय आदि भी अपने-अपने स्तर पर अपना काम हिन्दी में करने के लिए लगातार प्रयत्नशील हैं।

राजभाषा हिन्दी की प्रगति की समीक्षा

भारतीय संविधान में राजभाषा के रूप में हिन्दी को सन् 1950 में मान्यता दिये जाने के बाद यदि हम पिछले 69 वर्ष (1950 से 2019) तक की समीक्षा करें तो पायेंगे कि हिन्दी का विकास दैनिक जीवन में एवं व्यवहार में तो बहुत हुआ है, लेकिन जितनी प्रगति सरकारी कामकाज, प्रशासन, शिक्षा, ज्ञान-विज्ञान में होनी चाहिए थी उतनी नहीं हुई है और राष्ट्रीय भाषा के रूप में स्वीकार किये जाने का तो सवाल ही पैदा नहीं होता। इसका कारण एकमात्र हमारे राजनेताओं में दृढ़ इच्छाशक्ति का न होना है। दूसरा हमेशा भाषायी विविधता का रोना लेकर हिन्दी को देश की एकमात्र राष्ट्रभाषा बनाये जाने के सामने प्रश्नचिह्न खड़ा कर दिया जाता है और आवाज उठने लगती है। इससे राष्ट्रीय एकता को खतरा हो सकता है।

ऐसी भाषायी विविधता वाला भारत एकमात्र देश नहीं है। 1815 में जर्मनी जब स्वतन्त्र हुआ था तो बिस्मार्क ने आदेश दिया कि एक वर्ष के भीतर सभी राज कर्मचारी अपना-अपना कार्य जर्मन में करने लगें नहीं तो उन्हें नौकरी से हाथ धोना होगा। परिणामस्वरूप जर्मन एक वर्ष के भीतर राजभाषा बन गयी। इसी तरह इजराइल की हिब्रू भाषा जो हमारी संस्कृत के जैसी मृतप्राय: भाषा बन गयी थी, लेकिन इजराइल जब स्वतन्त्र राष्ट्र बना तो यहूदियों ने अपनी मृतप्राय: भाषा को पुन: जीवित किया और हिब्रू इजराइल की राजभाषा बन गयी।

हमारे राजनीतिज्ञों और यहाँ के प्रशासकों पर प्रश्नचिह्न उस समय खड़ा होता है जब हम देखते हैं हमसे ही अलग हुए दो राष्ट्र पाकिस्तान और बांग्लादेश स्वतन्त्रता के बाद उर्दू और बांग्ला को अपनी राजभाषा बना देते हैं और हम सिर्फ यह तर्क देते रह जाते हैं कि अपने देश में यह सम्भव नहीं क्योंकि–

- भारत एक विविधतापूर्ण देश है और ऐसे देश में सिर्फ एक भाषा कैसे थोपी जा सकती है।

• हिन्दी पढ़ने से रोजगार नहीं मिलता क्योंकि वह पिछड़ी हुई भाषा है और अंग्रेज़ी एक समृद्ध भाषा।

यदि यही सोच जर्मनी और इजराइल जैसे देश रखते तो कभी उनके देश की भाषा जर्मन और हिब्रू नहीं बन पाती। जबकि सच्चाई का दूसरा पहलू यह है कि ज्ञान-विज्ञान, शिक्षा, तकनीक आदि किसी भी क्षेत्र में जर्मनी और इजराइल दुनिया के किसी भी ताकतवर देश को विकास के मामले में टक्कर दे सकते हैं और कइयों से तो बहुत आगे भी हैं।

आज अगर अंग्रेज़ी स्वामी और हिन्दी दासी बनकर रह गयी है तो उसके पीछे उन राजनेताओं की उदासीनता है जो इसको राजभाषा बनाये जाने के लिए अपने मत को प्रभावी ढंग से नहीं रखते। साथ ही इसकी उपेक्षा के कुछ कारण यह भी हैं कि इसकी तरफ हमारे राजनेताओं की दृष्टि ही नहीं जाती। जिसकी वजह से हिन्दी की यह दुर्गति हुई है।

1. हिन्दी की प्रगति को सुनिश्चित करने के लिए भारत सरकार ने 'केन्द्रीय हिन्दी समिति' का गठन किया है जिसके मुखिया प्रधानमन्त्री होते हैं। यह हिन्दी के विकास की सर्वोच्च समिति है। पर दुर्भाग्य यह कि इसकी पाँच-पाँच वर्ष तक कोई बैठक ही नहीं होती।

2. अनुच्छेद 344 में कहा गया था कि 1950 के बाद प्रत्येक पाँच वर्ष में एक आयोग का गठन किया जायेगा जो हिन्दी की प्रगति की समीक्षा करेगा, लेकिन 1955 के बाद कभी न तो किसी दूसरे आयोग का गठन किया गया और न ही समीक्षा। तो प्रगति क्या होगी।

3. सरकारी आदेश के अनुसार जो राज कर्मचारी हिन्दी में कामकाज कर सकते हैं और जिन्होंने हिन्दी में प्रशिक्षण प्राप्त कर लिया है वे अपना कामकाज हिन्दी में करेंगे, लेकिन प्रशिक्षण प्राप्त करने के बाद वे फिर से अंग्रेज़ी में ही काम करने लगते हैं जो हमारी भाषा नीति के मुँह पर करारा तमाचा जैसा है।

4. राजभाषा विभाग, गृह मन्त्रालय जिसको सरकार के हिन्दी के कामकाज की समीक्षा करने का उत्तरदायित्व सौंपा गया, उसका काम सिर्फ वर्ष भर में कुछ सरकारी समारोहों और पुरस्कार आयोजन के अलावा कुछ नहीं रह गया है।

इसके अलावा हिन्दी की प्रगति के जो आज दृश्यमान कुछ कारण हैं और हिन्दी की जो दुर्दशा है उसके कुछ कारण ये भी हैं–

1. उच्च शिक्षा व प्राइमरी शिक्षा का माध्यम क्या हो यह अभी तक सरकार द्वारा सुनिश्चित नहीं किया गया है। इसलिए अंग्रेज़ी स्कूलों में 500 गुना वृद्धि (1950-1980)।

2. क्या हिन्दी को रोजगारोन्मुख बनाया जा सकता है। कारण हिन्दी में रोजगार की स्थितियाँ लगभग समाप्त हो गयीं।

3. अधिक से अधिक जोर अनुवादों पर। हिन्दी मात्र अनुवादधर्मी भाषा बन गयी, जो इसके पतन का कारण भी है और आत्मकुण्ठा का भी।

हिन्दी के राजभाषा के रूप में प्रतिष्ठित होने में बाधा

हिन्दी के राजभाषा के रूप में प्रतिष्ठित होने में निम्नलिखित बाधाएँ हैं–

- शासक व नौकरशाह वर्ग का अंग्रेज़ी मोह एवं वर्चस्व बनाये रखने की भावना। सामाजिक वर्चस्व हिन्दी (सामाजिक प्रतिष्ठा) के माध्यम से प्राप्त नहीं किया जा सकता।
- अस्पष्ट संवैधानिक उपबन्धों की व्यवस्था।
- राजभाषा अधिनियम 1963 में अनन्तकाल तक अंग्रेज़ी की स्वीकृति।
- दोषपूर्ण शिक्षा नीति।
- राजनीतिक संकल्प का घोर अभाव।
- राष्ट्रीय भावना का ह्रास व क्षेत्रीयता का पोषण।
- अनुवादों की क्लिष्टता।
- हिन्दी भाषी प्रदेशों में हिन्दी की हीनता ग्रन्थि।

हिन्दी की स्थिति में सुधार के सुझाव

1. हिन्दी को अनुवाद की भाषा से मुक्त किया जाये।
2. हिन्दी को रोजगारोन्मुख भाषा बनाया जाये।
3. शिक्षा का सम्पूर्ण माध्यम कम-से-कम हिन्दी भाषी क्षेत्रों में हिन्दी में ही हो।
4. त्रिभाषा सूत्र का कड़ाई से पालन किया जाये और प्रत्येक बच्चे को प्रारम्भिक शिक्षा मातृभाषा में दी जाये।
5. जो अधिकारी/कर्मचारी हिन्दी का कार्यसाधक ज्ञान प्राप्त कर चुका है वो हिन्दी में ही काम करे।
6. राजभाषा को सरल और सहज बनाया जाये। उसे अनुवाद के चंगुल से मुक्त किया जाये।
7. संघ लोक सेवा आयोग की परीक्षा से अंग्रेज़ी को मुक्त किया जाये और हिन्दी और अन्य भारतीय भाषाओं को बढ़ाया जाये।
8. तकनीक के स्तर पर हिन्दी का अपना ब्राउजर और सॉफ्टवेयर विकसित किया जाये जिससे हिन्दी को आसानी से समझा और लिखा जा सके।

कुल मिलाकर कहा जा सकता है कि हिन्दी के समुचित विकास में सबसे बड़ी समस्या राजनीतिक इच्छाशक्ति का न होना है। दूसरा हिन्दी के माध्यम से रोजगार का सृजन न कर पाना और अंग्रेज़ी शिक्षा और ज्ञान को बढ़ावा भी इसका सबसे बड़ा कारण है। अन्यथा जर्मनी और इजराइल जैसे छोटे देश यदि सफलता के इस मुकाम तक अपनी भाषा के बल पर पहुँच सकते हैं तो भारत क्यों नहीं।

9

हिन्दी भाषा का वैज्ञानिक और तकनीकी विकास

किसी भी भाषा की समृद्धि और विकास का परिचय इस बात से मिलता है कि उस भाषा का उपयोग विज्ञान और तकनीक में कितना किया जा रहा है। भाषा ही वह बिन्दु है जिससे पता चलता है कि उसमें नवीनता कितनी है और वह कितने गहरे स्तर पर किसी भी नये वैज्ञानिक अनुसन्धानों को अभिव्यक्त करने में सक्षम है।

जहाँ तक हिन्दी भाषा की वैंज्ञानिकता और तकनीकीपरक ज्ञान का सवाल है वह इस बात पर निर्भर करता है कि उसका उपयोग्ग वैज्ञानिक क्रियाकलापों और तकनीक के उपयोग में कितना किया जाता है। किसी भी भाषा की उपयोगिता और प्रयोजनमूलक क्षमता से ही इस भाषा की आधुनिकता को पहचाना जाता है। इस दृष्टि से देखें तो हिन्दी काफी सरल और सहज भाषा है क्योंकि इसकी लिपि की उत्पत्ति संस्कृत की 'नागरी लिपि' से हुई है जिसे दुनिया की सबसे आधुनिक लिपि होने का दावा किया जाता है, लेकिन सच्चाई का दूसरा पहलू यह भी है कि प्रयोजन के स्तर पर इसका इस्तेमाल उतना नहीं किया जाता जितना किया जाना चाहिए और न ही इस भाषा में बहुत अधिक वैज्ञानिक और तकनीकपरक साहित्य उपलब्ध है।

हिन्दी को आधुनिक भाषा स्वीकारने में जो प्रश्न उठाए जाते हैं उनमें से कुछ इस प्रकार हैं–

1. कम्प्यूटर टेक्नोलॉजी से लेकर मार्केट इकोनॉमी तक हिन्दी में उतने शब्द उपलब्ध नहीं हैं जितने होने चाहिए और न ही इसका उपयोग दैनिक जीवन में सहजता से किया जाता है। इसके लिए हमें अंग्रेज़ी के शब्दों का सहारा लेना पड़ता है।

2. प्रशासन तन्त्र और सरकारी कामकाज में जिस आम भाषा का उपयोग किया जाना चाहिए उसका उपयोग उतनी सहजता से नहीं किया जाता, जितना किया जाना चाहिए। अब भी इसके लिए अनुवादित शब्दों का सहारा लिया जाता है।

3. भाषा अपने सभी स्तरों, जैसे–ध्वनि, वर्ण, शब्द लिपि, वर्तनी आदि में एकरूप हो। इस स्तर पर हिन्दी अपने आप में न तो पूर्ण है और न ही मानकीकृत।

उपरोक्त समस्याओं के बावजूद हिन्दी को वैज्ञानिक भाषा बनाने के प्रयास भारत

सरकार द्वारा निरन्तर किये जा रहे हैं, जिसके कुछ अभिलक्षण इस प्रकार हैं–

● वैज्ञानिक और तकनीकी शब्दावली आयोग का गठन। ● केन्द्रीय अनुवाद ब्यूरो का गठन। ● मानकीकरण का निरन्तर प्रयास। ● हिन्दी कार्यसाधक ज्ञान, टंकण और हिन्दी सॉफ्टवेयर का विकास।

वैज्ञानिक और तकनीकी शब्दावली आयोग का गठन

हिन्दी को वैज्ञानिक भाषा बनाने और इसे अन्तरराष्ट्रीय मानकों के अनुरूप तैयार करने के लिए भारत सरकार ने वैज्ञानिक एवं तकनीकी शब्दावली आयोग का गठन किया। जो भारत सरकार के मानव संसाधन विकास मन्त्रालय के अधीन कार्यरत हैं।

इस आयोग का कार्य है समय-समय पर विभिन्न संगोष्ठियों, कार्यशालाओं और बैठकों के माध्यम से हिन्दी की ऐसी शब्दावलियों का निर्माण करना जिनका अंग्रेज़ी रूप तो उपलब्ध नहीं होता है, लेकिन हिन्दी में कोई मानक शब्द उपलब्ध नहीं है, जैसे–'जनरल मैनेजर' के लिए 'महा प्रबन्धक', 'एकाउण्ट' के लिए 'खाता', 'असिस्टेंट प्रोफेसर' के लिए 'सहायक प्राध्यापक' आदि।

इस आयोग का मुख्य लक्ष्य है ज्ञान-विज्ञान, शिक्षा, तकनीक, अभियान्त्रिकी, बैंकिंग, बीमा आदि क्षेत्रों से जुड़े हुए शब्दों के लिए हिन्दी में निर्माण करना और उनको दैनिक जीवन में पापुलर बनाना।

इसी आयोग के तर्ज पर विधि मन्त्रालय, भारत सरकार ने विधि आयोग का गठन किया, जिसका उद्देश्य है शासन तन्त्र की विधायी शब्दावली का निर्माण करना और उनके प्रयोग और प्रचलन को बढ़ाना।

केन्द्रीय अनुवाद ब्यूरो का गठन

केन्द्रीय अनुवाद ब्यूरो का गठन राजभाषा विभाग, गृह मन्त्रालय, भारत सरकार द्वारा किया गया। इस ब्यूरो का मुख्य उद्देश्य है शासन और प्रशासन से जुड़े हुए शब्दों और साहित्य का अनुवाद करना और इसके हिन्दीकरण को बढ़ावा देना। दुनिया में लगातार हो रहे वैज्ञानिक और तकनीकी विकास के चलते यह ब्यूरो लगातार नये-नये ग्रन्थों के निर्माण और इससे जुड़ी हुई सामग्रियों के अनुवाद में संलग्न रहता है, जिससे नवीनतम जानकारी आम लोगों तक उनकी भाषा में पहुँचाई जा सके।

मानकीकरण का निरन्तर प्रयत्न

हिन्दी भाषा के मानकीकरण का प्रयास भारत के संविधान में हिन्दी को राजभाषा स्वीकारने के बाद यद्यपि थोड़ा बढ़ा है, लेकिन इसका प्रयास बीसवीं सदी के प्रारम्भ

से ही दिखने लगा था। जब भाषा शास्त्रियों और लिपि के जानकारों ने अपने स्तर पर इसमें सुधार करने की कोशिश प्रारम्भ कर दी थी। (इस बिन्दु के सन्दर्भ में मानकीकरण वाला अध्याय पढ़ें)

हिन्दी कार्यसाधक ज्ञान, टंकण और हिन्दी सॉफ्टवेयर का विकास

मानव संसाधन विकास मन्त्रालय, भारत सरकार के आधीन कार्यरत केन्द्रीय हिन्दी संस्थान, आगरा का मुख्य कार्य है हिन्दी के प्रचार-प्रसार को बढ़ावा देना। साथ ही यहाँ से कोई भी सरकारी कर्मचारी प्रबोध, प्रवीण, प्राज्ञ की परीक्षा, पास करके हिन्दी कार्यसाधक ज्ञान की उपाधि प्राप्त कर सकता है। इसी तरह भारत सरकार के विभिन्न मन्त्रालयों, सार्वजनिक क्षेत्र के बैंकों आदि में भी हिन्दी में कार्य करने को बढ़ावा देने के लिए समय-समय पर अपने कर्मचारियों को टंकण के प्रशिक्षण हेतु भेजते रहते हैं जिससे वे लोग हिन्दी में टाइपिंग आदि करने में सक्षम हो सकें।

इन सबके अलावा उक्त कार्यालयों द्वारा कम्प्यूटर में हिन्दी के प्रयोग हेतु अलग-अलग फॉन्ट्स, जैसे-सूसा, कृति, मंगल आदि का उपयोग करते रहते हैं और साथ ही हिन्दी के सॉफ्टवेयर का उपयोग भी करते हैं, जैसे–दस वर्ष पूर्व सार्वजनिक क्षेत्र के कई बैंकों ने अपने दैनिक बैंकिंग कामकाज को हिन्दी में करने के लिए आकृति सॉफ्टवेयर का निर्माण कराया था, जिसका उपयोग आज उतना नहीं हो रहा है।

हिन्दी का तकनीकी विकास

हिन्दी भाषा के आधुनिकीकरण का दूसरा पहलू उसकी तकनीक से जुड़ा हुआ है। मसलन ऐसी तकनीक जिसके माध्यम से हिन्दी का विकास हो रहा था उस दृष्टि से देखें तो हिन्दी की हमें दो स्थितियाँ दिखाई देती हैं–

1. कम्प्यूटर पूर्व की तकनीक, 2. कम्प्यूटर पश्चात की तकनीक।

1. कम्प्यूटर पूर्व की तकनीक

कम्प्यूटर पूर्व की तकनीक में उन उपकरणों को शामिल किया गया है जिसके माध्यम से हिन्दी का कामकाज चलता था। जिसके मुख्य उपकरण इस प्रकार हैं–

(क) टाइपराइटर–हिन्दी को तकनीक से जोड़ने का सबसे बड़ा उदाहरण जो हमें स्वतन्त्रता के बाद दिखाई देता है उसमें टाइपराइटर सबसे अधिक महत्त्वपूर्ण है। जिसका सर्वप्रथम निर्माण रेमिंग्टन टाइपराइटर के रूप में हुआ। यद्यपि इसका प्रयोग सबसे पहले अंग्रेज़ी के अक्षरों के लिए किया गया था, लेकिन बाद में उसमें थोड़ा सुधार करके इसे हिन्दी में उतारा गया।

यद्यपि उस समय कुछ विद्वानों ने माना कि देवनागरी तकनीकपरक भाषा नहीं है लेकिन पं. रविशंकर शुक्ल आदि जैसे नेताओं ने इस पर जोर दिया कि तकनीक को भाषा की ज़रूरतों के अनुसार ढाला जाये। परिणामस्वरूप डॉ. वी.के.आर.वी. राव, डॉ. रघुवीर, डॉ. बाबूराम सक्सेना आदि के प्रयासों से इसकी कुंजीपटल का निर्माण किया गया। जिससे टाइपिंग करने में आसानी हो। इस तरह वर्षों तक देवनागरी कुंजीपटल के साथ इसका उपयोग होता रहा। आज भी न्यायालयों आदि में कई जगह नोटरी आदि के माध्यम से बनाये गये दस्तावेज इसी रेमिंग्टन कुंजीपटल पर टाइप होते हैं।

(ख) इलेक्ट्रॉनिक टाइपराइटर–इलेक्ट्रॉनिक टाइपराइटर की विशेषता यह है कि टाइपराइटर में जहाँ एक ही लिपि में टाइप किया जा सकता है वहीं इलेक्ट्रॉनिक टाइपराइटर में एक से अधिक लिपियों की टाइपिंग की जा सकती है। साथ ही इसमें त्रुटियों को ठीक करने की ऑटोमैटिक व्यवस्था भी होती है। सरकारी कार्यालयों ऐसी ही टाइपराइटरों का उपयोग अधिक किया जा रहा है।

(ग) टेलीप्रिंटर–टेलीप्रिंटर का प्रयोग प्राय: हिन्दी भाषा के दैनिक कामकाज में न होकर सूचना भेजने के एक त्वरित माध्यम के लिए किया जाता था। यह संचार माध्यम का 1990 के पूर्व तक एक सशक्त माध्यम था। इसे गति उस समय मिली थी जब भारत सरकार ने संचार मन्त्रालय के अधीन 'हिन्दुस्तान टेलीप्रिंटर' का शुभारम्भ 1960 में किया गया। प्रारम्भ में इसमें भी देवनागरी की लिपियों में टाइपिंग की समस्या आयी थी, लेकिन कुछ वर्षों बाद ही डाक विभाग एवं मानव संसाधन विकास मन्त्रालय आदि के सुझावों के बाद इसकी खामियों को दूर कर दिया गया, जिसका प्रयोग कम्प्यूटर आने के पूर्व तक अबाध रूप से चलता रहा।

कम्प्यूटर पश्चात् की तकनीक

माइक्रोसॉफ्ट के चेयरमैन बिल गेट्स ने कहा है कि वर्तमान समय में ऐसी कोई भी शिक्षा प्रणाली जिसका सम्बन्ध सूचना-प्रौद्योगिकी से न हो उसे शिक्षा कहना ही सही नहीं माना जा सकता। यही बात आधुनिक भाषा के सन्दर्भ में लागू होती है। ऐसी कोई भी भाषा जिसका उपयोग सूचना-प्रौद्योगिकी के माध्यम से न हो सके उसे आधुनिक भाषा का दर्जा नहीं दिया जा सकता।

कम्प्यूटर आज जीवन का अभिन्न अंग बन चुका है। इसका उपयोग जीवन के सभी पहलुओं में चाहे शिक्षा हो, व्यवस्था हो, चिकित्सा का क्षेत्र हो अथवा भाषा हो सब में इसकी पहुँच है।

हिन्दी भाषा का पहला कम्प्यूटर सॉफ्टवेयर 1977 में ई. सी. आई. एल कंपनी, हैदराबाद ने फोर्टान नाम से बाजार में उतारा। इसके दो-तीन वर्ष बाद ही दिल्ली की डी. सी. एम. नामक कंपनी ने 'सिद्धार्थ' नाम से कम्प्यूटर सॉफ्टवेयर बाजार में

उतारा जिसमें द्विभाषी टाइपिंग की सुविधा उपलब्ध थी। लेकिन ये भी बहुत उपयोगी सिद्ध नहीं हुआ। इसी समय सी.एम.सी नामक कंपनी ने (अंग्रेज़ी, हिन्दी और अन्य भारतीय भाषाओं) टाइपिंग हेतु, 'लिपि' नामक सॉफ्टवेयर निकाला। इस तरह कई और कंपनियों ने अपने स्तर पर हिन्दी भाषा के सॉफ्टवेयर तैयार किये। साथ ही भारत सरकार के कई मन्त्रालयों और सार्वजनिक क्षेत्र के कई बैंकों में भी अपने स्तर पर अलग-अलग कंपनियों से अपने दैनिक कार्य को हिन्दी में करने के लिए कई सॉफ्टवेयर और फॉण्ट तैयार कराये, जिनमें अक्षर, आकृति, सुलेख, शब्दस्तान, सूसा, मंगल, श्रुति आदि प्रमुख हैं।

लेकिन हिन्दी भाषा की तकनीकी विकास यात्रा में सबसे बड़ा योगदान भारत सरकार की कंपनी सी-डैक (C-DAC : Centre of Development of Advance Computing), पुणे ने किया। इसने जिस्ट नामक एक कम्प्यूटर कार्ड विकसित किया। जिसको कम्प्यूटर में लगाने से सभी भारतीय भाषाओं के अक्षर कम्प्यूटर स्क्रीन पर आ जाते थे और इन सबके उपयोग और टाइपिंग के लिए की-बोर्ड की सहायता से इन्हें लिखा जा सकता था। इस चिप की विशेषता यह भी थी कि यह किसी भी बैंकिंग संस्थान अथवा वित्तीय संस्थान के डाटा प्रोसेसिंग का कार्य भी हिन्दी में करने में सक्षम था।

इसके बाद तो देश-विदेश की कई कंपनियों ने शिक्षण, प्रशिक्षण से लेकर अनुवाद आदि तक के लिए कई ऐसे सॉफ्टवेयर तैयार किये जिसकी मदद से हिन्दी को न सिर्फ टाइप किया जा सकता था बल्कि सीखा भी जा सकता था। अब तो गूगल अनुवाद आदि जैसे न जाने कितने ऐसे सॉफ्टवेयर भी आ गये हैं जो किसी भी भाषा का अनुवाद दूसरी अन्य भाषाओं में करने में सक्षम हैं। यद्यपि इसमें पूर्णतः सफलता नहीं मिली है, लेकिन भाषा को लेकर जिस तरह का आकर्षण दुनिया की सभी महत्त्वपूर्ण कंपनियाँ दिखा रही हैं इसको देखते हुए लगता है वो दिन दूर नहीं जब हम अपनी मनपसन्द की भाषा लिखने, बोलने और सुनने में कभी भी, कहीं भी सक्षम होंगे।

कम्प्यूटर में हिन्दी टाइपिंग की समस्याएँ और सुविधाएँ

1. टाइपिंग की-बोर्ड के मानकीकरण की समस्या–हिन्दी में टाइपिंग की-बोर्ड की समस्या प्रारम्भ से ही रही है। इसका कारण अलग-अलग कंपनियों द्वारा अपने स्तर पर की-बोर्ड का निर्माण किया जा रहा है, जैसे–रैमिंग्टन टाइपराइटर, गोदरेज टाइपराइटर, रोमनाइज, फोनेटिक 86, इनस्क्रिप्ट, नामरो आदि।

अलग-अलग कंपनियों द्वारा निर्मित इन टाइपराइटरों से समस्या यह आई कि सभी कंपनियों ने अक्षरों की स्थिति को एक ही जगह में पहचान किये बगैर अपनी-अपनी सुविधानुसार की-बोर्ड का निर्माण कर दिया। परिणाम यह हुआ कि एक ही बटन दबाने से किसी में 'स' टाइप होगा तो किसी में 'ल'।

जबकि इसके विपरीत अंग्रेज़ी में यह समस्या नहीं आयी। चाहे आप विंडोज में काम करें अथवा लिनक्स (Linux) पर। अंग्रेज़ी टाइपिंग का तरीका एक ही रहेगा।

इसका सबसे बड़ा कारण भारत सरकार द्वारा टाइपिंग और इसकी की-बोर्ड का एक मानक न स्थापित कर पाना रहा तो दूसरी तरफ सभी कंपनियों को यह सुविधा भी मिली हुई थी कि जो जैसे चाहे वैसे अपने सॉफ्टवेयर का निर्माण कर सकता है। परिणाम यह हुआ कि हिन्दी टाइपिंग के मानकीकरण की समस्या आज भी जस की तस बनी हुई है।

2. सॉफ्टवेयर और फॉण्ट की समस्या—हिन्दी में टाइपिंग हेतु सॉफ्टवेयर और फॉण्ट की समस्या प्रारम्भ से ही रही। यूनिकोड और भाषा के मानकीकरण की सुविधा उपलब्ध न होने से प्रत्येक सॉफ्टवेयर में अलग-अलग फॉण्टों का प्रयोग किया गया। जिससे एक फॉण्ट में टाइप की गयी सामग्री दूसरे कम्प्यूटर में खुलती ही नहीं थी, यथा किसी ने मंगल फॉण्ट को ट्रांसलेशन की-बोर्ड के साथ टाइप किया है तो उस कम्प्यूटर में ये दोनों नहीं खुलेंगे तब तक कि उसको डाउनलोड न किया। अथवा कुछ लोग तो फॉण्ट भी टाइप सामग्री के साथ संलग्न करके हाल ही तक भेजते थे। लेकिन अब भाषा इंडिका की आई.एम.आई. इंडिका और गूगल इनपुट ने इस प्रक्रिया को आसान कर दिया है, जो यूनिकोड में यह सुविधा देने में सक्षम है।

हिन्दी टाइपिंग की आधुनिक सुविधाएँ

फोनेटिक टाइपिंग ने हिन्दी भाषा की पूरी दुनिया बदल दी है। इसकी सबसे बड़ी विशेषता यह है कि जो रेमिंग्टन टाइपिंग अथवा इनस्क्रिप्ट टाइपिंग नहीं भी जानता है वह भी इसमें टाइप कर सकता है। कारण इसमें हिन्दी के अक्षरों को यदि कोई की-बोर्ड पर नहीं जान पाता कि वह कहाँ पर है तो वह अंग्रेज़ी में भी टाइप करके हिन्दी लिख सकता है, जैसे—यदि कोई रामायण लिखना चाहता है तो वह अंग्रेज़ी में (Ramayan) लिखेगा तो हिन्दी में वहाँ स्वत: 'रामायण' लिखकर आ जायेगा। इसमें सबसे बड़ी सुविधा यह है कि 'जैसा बोला जाता है वैसा ही लिखा जाता है'। अत: आज अधिकतम लोग इसी सुविधा का लाभ उठाते हुए हिन्दी में लिख रहे हैं।

हिन्दी में फोनेटिक टाइपिंग की सुविधा तीन प्रकार से उपलब्ध हैं—1. ऑनलाइन, 2. ऑफलाइन, 3. स्पीच टू टेक्स्ट (Speech to Text)

1. ऑनलाइन—ऑनलाइन टाइपिंग में आज सम्बन्धित हिन्दी टाइपिंग सॉफ्टवेयर की साइट में जाकर वहाँ टाइप करके फिर उसे कॉपी करके जहाँ लिखना होता है वहाँ पेस्ट करना पड़ता है। बार-बार लिखो फिर पेस्ट करो के झंझट के चलते इसमें काम करने वालों को असुविधा होती है। चूँकि यह टाइपिंग इंटरनेट के कनेक्शन पर पूरी तरह आधारित होती है। अत: प्रत्येक जगह सुविधा मिलना मुश्किल काम है।

दूसरा इंटरनेट की स्पीड भी इसके लिए बहुत मायने रखती है। जिससे इंटरनेट की स्पीड पर इसकी टाइपिंग निर्भर करती है। उदाहरण–गूगल ऑनलाइन, वेबदुनिया डॉटकॉम, यूनिनागरी आदि।

2. ऑफलाइन–ऑफलाइन टूल की सबसे बड़ी विशेषता यह होती है कि एक बार इसे डाउनलोड करके जहाँ टाइप करना है वहीं पर कहीं भी, कभी भी लिख सकते हैं। इसको आप गूगल के इनपुट मैथेड एडीटर (IME) में जाकर डाउनलोड कर सकते हैं। इसको डाउनलोड करते समय कई भाषाओं के विकल्प आपके सामने आते है; जैसे–मराठी, बांग्ला, तमिल, तेलुगू आदि, लेकिन आपको यदि हिन्दी में टाइप करना है तो उसी को क्लिक करके आप सीधे इसे डाउनलोड कर सकते हैं। यह बहुत ही सुविधाजनक सॉफ्टवेयर है, जिसको कोई भी मुफ्त में डाउनलोड कर सकता है। अब तो ऐसे कई सॉफ्टवेयर फ्री में उपलब्ध हैं, जैसे–गूगल का ही इनपुट मैथेड एडीटर, हिन्दी इंडिक आई.एम.एफ. आदि।

3. स्पीच टू टेक्स्ट (Speech to Text **)**–ये टाइपिंग की बिल्कुल नवीनतम तकनीक है जिसको सबसे पहले गूगल ने विकसित किया था। इसमें आप कम्प्यूटर के सामने बैठकर स्पीकर ऑन करके जो भी टाइप करना है बोलते जाइये तो जो भी आप बोलना चाहते हैं वह आता चला जायेगा। अब तो यह सुविधा मोबाइल आदि में भी आ गयी है। यदि आप गाड़ी चलाते समय कहीं से कहीं जाना चाहते हैं तो आप मोबाइल के गूगल स्पीच में जाकर जहाँ जाना चाहते हैं बोल दीजिए तो वह अपने आप कैच कर लेगा, जैसे–वसुन्धरा, गाजियाबाद से साउथ कैंपस, दिल्ली विश्वविद्यालय। यह बहुत ही आसान टाइपिंग की विधि है। बस इसमें भी समस्या यही है कि आप जो टाइप करना चाहते हैं उसको बोलकर आपको कहीं और पेस्ट करना पड़ता है। स्पीच नोट्स डॉट कॉम ऐसा ही एक स्पीच टू टेक्स्ट का बेहतरीन उदाहरण है।

हिन्दी भाषा का तकनीकी रूप में विकास

1. पिछले कुछ दशक में जिस तरह से तकनीकी विकास हुआ उतना तेजी से हिन्दी भाषा का विकास नहीं हुआ। यदि हुआ भी तो प्रारम्भ से कम्प्यूटर की भाषा अंग्रेज़ी रही। हिन्दी को कम्प्यूटर से जोड़ने का सबसे पहला प्रयास राजभाषा विभाग, गृह मन्त्रालय द्वारा किया गया। जब उसने हिन्दी में काम करने के लिए 'शब्दिका' नामक सॉफ्टवेयर तैयार करवाया। इसके कुछ समय बाद 'अनुस्मारक' नामक सॉफ्टवेयर ईजाद किया गया इसकी विशेषता यह थी कि इसमें अन्य भारतीय भाषाओं के साथ अन्तरण की सुविधा उपलब्ध थी।

2. महज दो दशक पहले तक हिन्दी के पास अपना कोई सॉफ्टवेयर नहीं था इसका निर्माण भारत सरकार की संस्था सी-डैक ने सबसे पहले किया और जिसका

नाम 'लीप' रखा। कुछ दिनों बाद माइक्रोसॉफ्ट ने हिन्दी विंडोज़ नामक सॉफ्टवेयर लॉन्च किया जो हिन्दी में टाइपिंग आदि के लिए सक्षम था।

3. हिन्दी तकनीक के क्षेत्र में सबसे बड़ा विकास उस समय हुआ, जब भाषा की एक नयी एनकोडिंग प्रणाली विकसित हुई, जिसे यूनिकोड (Unicode) कहते हैं। यूनिकोड का शाब्दिक अर्थ है जिसमें भाषा की कोड की जाने वाली छवियाँ एक जैसी हों, जिसमें एकरूपता हो। अंग्रेज़ी के प्रभुत्व को तोड़ने और अन्य भाषाओं के महत्त्व के लिए यूनिकोड कन्सोंटियम (Unicode Consortium) ने विश्व की सभी प्रमुख भाषाओं के सभी संकेतों के लिए एक निश्चित कोड अथवा मापदण्ड तैयार कर दिया है। इससे दुनिया की कोई भी प्रसिद्ध भाषा के बीच ऐसा कुछ संयोजन ज़रूर मिलता है जिससे किसी भी फॉण्ट में टाइप की हुई सामग्री किसी भी दूसरे कम्प्यूटर अथवा फॉण्ट में खुल जायेगी। यदि उसे यूनिकोड में टाइप किया गया हो। यूनिकोड प्रणाली मूलत: उन्हीं कम्प्यूटर में सुचारू रूप से चलते हैं जिनकी काम की क्षमता पेंटियम-4 और रैम (RAM) क्षमता कम-से-कम 256 मेगाबाइट की हो। आज माइक्रोसॉफ्ट के लगभग सभी कम्प्यूटरों में यह सुविधा उपलब्ध है चाहे वह माइक्रोसॉफ्ट एक्स.पी. हो अथवा विंडोज विस्टा।

4. तकनीक की दुनिया में हिन्दी की महत्ता उस समय और बढ़ने लगी जब डिजीटल क्रान्ति में हिन्दी के समाचार-पत्रों को ई-समाचार-पत्र में निकालना प्रारम्भ कर दिया। जैसे भास्कर डॉट कॉम, जनसत्ता डॉट कॉम आदि, लेकिन इस दिशा में प्रारम्भिक प्रयास करने का श्रेय मध्य प्रदेश, इन्दौर शहर से निकलने वाले समाचार-पत्र *नयी दुनिया* को जाता है, जिसने सबसे पहले इंटरनेट की दुनिया का पहला समाचार पत्र *वेबदुनिया* नाम से प्रारम्भ किया। इसके बाद बलेन्दु शर्मा दाधीच में प्रभासाक्षी डॉट कॉम (Prabhasakshi.com) निकाला। तत्पश्चात् ई-सामाचार-पत्रों की बाढ़ आग गयी।

धीरे-धीरे हिन्दी भाषा का इंटरनेट में इतना उपयोग बढ़ने लगा कि लोग ऑनलाइन पत्रिकाएँ चलाने लगे, जिसमें साहित्यिक कविता, कहानी से लेकर उपन्यास तक सभी प्रकार की सामग्री दी जाने लगी। इस दिशा में सबसे बड़ा प्रयास खाँड़ी देश से निकलने वाली दो ऑनलाइन पत्रिकाओं को जाता है। जिनका नाम है अभिव्यक्ति डॉट कॉम और अनुभूति डॉट कॉम। महात्मा गाँधी अन्तरराष्ट्रीय विश्वविद्यालय, वर्धा का ऑनलाइन पोर्टल *हिन्दीसमय डॉट कॉम* (Hindisamay.com) ने भी इस दिशा में अपनी विशिष्ट पहचान बनायी है।

अब तो हिन्दी भाषा के तकनीकी विकास का आलम यह है कि हिन्दी ब्लॉग, विकिपीडिया, गूगल, हिन्दी साहित्य से आगे निकलते हुए फेसबुक और व्हाट्स-अप तक में जा पहुँची है। अब तो फेसबुकिया और व्हाट्स-अप साहित्य लिखा जाने लगा है। जिसका एक बड़ा उदाहरण प्रसिद्ध पत्रकार रवीश कुमार

द्वारा प्रारम्भ की गयी लप्रेक (लघु प्रेम कथा) शृंखला थी, जो फेसबुक की वॉल पर 10-15 लाइनों में लिखी जाती थी। इसके बाद तो प्रत्येक लिखने वालों की शृंखला बढ़ती चली गयी, जिसमें विनीत कुमार और गौरीनाथ का नाम जुड़ा। बाद में इसका पुस्तक रूप में प्रकाशन भी हुआ।

कह सकते हैं हिन्दी को अब तकनीक के पंख लग चुके हैं, जो अब टाइपिंग और कार्यालयीन भाषा की दुनिया से निकलकर वैश्विक दुनिया में विचरण कर रही है। यह सब तकनीक की वजह से ही सम्भव हुआ। आज हिन्दी किसी एक विशेष वर्ग, देश और समाज की भाषा न होकर वैश्विक जन समुदाय की भाषा बन चुकी है, जिसका साहित्य किताबों की दुनिया से निकलकर इंटरनेट की दुनिया में पहुँच चुका है। दूसरा, भारत दुनिया में बाजारवादी व्यवस्था के रूप में उभरता हुआ सबसे बड़ा बाजार भी बन चुका है। अतः अब हिन्दी साहित्य और समाचार की दुनिया से निकलकर बाजार की भाषा में भी प्रवेश कर चुकी है, इसीलिए हिन्दी तकनीक के क्षेत्र में यह अपना सिक्का दिन प्रतिदिन जमाती जा रही है। गूगल अनुवाद (Google Translator) से लेकर स्पीच टू टेक्स्ट (Speech to Text) में हिन्दी को शामिल किया जाना इसके उज्ज्वल भविष्य की निशानी है।

10

हिन्दी की प्रमुख बोलियाँ और उनमें अन्तर्सम्बन्ध

सिन्ध के पार अर्थात् हिन्दुस्तान में बोली जाने वाली भाषा का नाम हिन्दी है। इसी अर्थ में फिरदौसी और अलबरूनी (11वीं शती), अमीर खुसरो (14वीं शती) और अबुल फजल (17वीं शती) ने हिन्दी के अर्थ को ग्रहण किया। मध्यकाल तक हिन्दी या हिन्दवी को पूरे भारत की भाषा समझा जाता था। अमीर खुसरो ने बड़े स्पष्ट शब्दों में कहा–"मैं हिन्दुस्तानी तुर्क हूँ और हिन्दी में बात करता हूँ।"

जहाँ तक बोली का सवाल है भाषा और बोली में कोई एक विधिवत कसौटी नहीं है कि जिसके आधार पर अन्तर बताया जा सके। सिर्फ कुछ आधारों से भाषा का स्तर व्यापक होता है और बोली का सीमित। भाषा को जानने-समझने वाले लोग अधिक होते हैं, बोली को कम। यदि भाषा वैज्ञानिक ढंग से देखें तो भाषा और बोली में शाब्दिक और व्यावसायिक अन्तर न के बराबर होता है। सिर्फ कुछ अक्षरों और वाक्यों की शुद्धता या परिनिष्ठता के अलावा।

कुल मिलाकर बोली को शासन और साहित्य में मान्यता मिल जाती है। इस दृष्टि से विद्वानों ने स्वीकार किया है कि हिन्दी एकमात्र ऐसी भाषा है जिसमें कई बोलियों का सम्मिश्रण है और इसको पूरे भारतवर्ष के अधिकतर लोग जानते हैं। कश्मीर से कन्याकुमारी तक तथा महाराष्ट्र से लेकर मणिपुर तक, हिन्दी को समझने और उसका उपयोग करने वाले लोग मिल जायेंगे।

हिन्दी की प्रमुख बोलियाँ

भौगोलिक और ऐतिहासिक दृष्टि से देखें तो पूरी हिन्दी भाषा की प्रकृति को पाँच भागों में बाँटा गया है जिसमें से इन बोलियों का उद्‌भव हुआ है। प्राकृत स्तर पर–अपभ्रंश, शौरसेनी, अर्द्धमागधी, मागधी से हिन्दी की पाँच उपभाषाएँ बनीं। यथा–राजस्थानी हिन्दी, बिहारी हिन्दी, पहाड़ी हिन्दी, पूर्वी हिन्दी और पश्चिमी हिन्दी।

1. राजस्थानी हिन्दी (मारवाड़ी बोली)

हिन्दी भाषा में ऐसी बोलियों को उपभाषा कहा जाता है। ये उपभाषाएँ पूरे राजस्थान के कोने-कोने में तथा मालवा जनपद के कुछ भाग में बोली जाती हैं। वर्तमान समय में इसे बोलने वालों की संख्या 5 करोड़ के लगभग है। हिन्दी के प्रारम्भिक इतिहास के समय राज़स्थानी बोली का बोलबाला था। चन्दरबरदाई, दुरसायी, सूर्यमल्ल, मीरा, दादू, चरणदास, हरिदास आदि ने अपनी रचनाएँ राजस्थानी हिन्दी में ही कीं। 'ढोला मारू रा दूहा' से लेकर मीराबाई के पद तक में इसी राजस्थानी हिन्दी के पुट दिखाई देते थे।

इस राजस्थानी हिन्दी की कई उपभाषाएँ अथवा बोलियाँ हमें देखने को मिलती हैं, जैसे–मारवाड़ी, जयपुरी, मेवाती, मालवी आदि। मारवाड़ी को राजस्थानी हिन्दी की प्रमुख बोली माना गया क्योंकि अधिकांश साहित्य इसी में रचा गया। मारवाड़ी मरू प्रदेश अथवा मारवाड़ क्षेत्र के आसपास बोली जाती है। मारवाड़ क्षेत्र में आज के जोधपुर, अजमेर, किशनगढ़, जैसलमेर, पालनपुर, सिरोही आदि क्षेत्र शामिल हैं। राजस्थानी का अधिकांश साहित्य इसी बोली में उपलब्ध है।

विशेषताएँ–राजस्थानी हिन्दी की प्रमुख विशेषताएँ निम्नलिखित हैं–

(i) मारवाड़ी में 'आ' का उच्चारण अवृत्ताकार होता है। 'ऐ', 'औ' कहीं सरल हैं तो कहीं संयुक्त अर्थात् 'अइ', 'अऊ'। साथ ही महाप्राण ध्वनियों को अल्प-प्राणित करके बोला जाता है, जैसे हात (हाथ के लिए), रैणों (रहणों के लिए), भूक (भूख के लिए) 'न' के स्थान पर 'ण' ध्वनि का प्रयोग होता है, जैसे–गाणा, चलणा आदि। दूसरा ओकारान्त (पधारो, म्हारो, चरणो) इसकी विशेषताएँ मानी जाती हैं।

(ii) जयपुरी, मेवाती और मालवी–राजस्थानी हिन्दी के इस वर्ग में जयपुरी, मेवाती और मालवी का स्थान मारवाड़ी की तुलना में गौण माना जाता है। ये पूर्वी राजस्थान की बोली मानी जाती है। इनमें मारवाड़ी के 'ण' की जगह 'न' का प्रयोग होता है, जैसे : तनै, मनै।

जबकि मेवाती मेवात गाँव हरियाणा के गुड़गाँव (गुरुग्राम) के आसपास बोली जाती है। इसके अलावा, भरतपुर और अलवर में भी कुछ मेवाती बोली बोलने वालों की संख्या है।

मालवी का सम्बन्ध मध्य प्रदेश के मालवा क्षेत्र मसलन इन्दौर, उज्जैन से जुड़े जिलों के आसपास की बोली से है, जैसे–कोटा और चित्तौड़गढ़ मालवा क्षेत्र से अधिक नजदीक पड़ते हैं। इसमें शब्द के किसी अक्षर में स्वर का दीर्घीकरण हो जाता है, जैसे–कपड़ा–कापड़ा, लकड़ी–लाकड़ी आदि।

2. बिहारी हिन्दी

जैसा कि नाम से ही प्रतीत होता है कि बिहार और उसके आसपास के इलाकों, जैसे झारखण्ड के क्षेत्रों में बोली जाने वाली बोली को बिहारी हिन्दी के नाम से जानते हैं। इसकी तीन प्रमुख उपबोलियाँ हैं–भोजपुरी, मगही और मैथिली। जिसका परिचय इस प्रकार है :

भोजपुरी–भोजपुरी का सम्बन्ध राजा भोज के वंशजों की उस बोली से है जिन्होंने बिहार के मल्ल जनपद में आकर अपना राज्य स्थापित किया था और जिसकी राजधानी भोजपुर थी। राजधानी के नाम पर उस क्षेत्र के आसपास का नाम भी भोजपुर हो गया और इसके आसपास के इलाकों में बोली जाने वाली भाषा का नाम भोजपुरी हो गया। भोजपुरी बोलने वालों की संख्या बहुत व्यापक है। यह बिहार के बाहर उत्तर प्रदेश, झारखण्ड में तो है ही, विदेशों में मॉरीशस, सूरीनाम और फीजी आदि में भोजपुरी बोलने वालों की बहुत अधिक संख्या है। ये लोग बिहार, उत्तर प्रदेश, झारखण्ड के छपरा, चम्पारण, राँची, पलामू, गोरखपुर, गाजीपुर, देवरिया, मिर्जापुर आदि क्षेत्रों से वर्षों पहले वहाँ गिरमिटिया मजदूर के रूप में काम करने गये थे और वहीं बस गये, लेकिन इन्होंने अपनी भाषा को नहीं छोड़ा। भोजपुरी के कवियों में कबीरदास, चरणदास, धरमदास आदि बहुत प्रसिद्ध हुए। भोजपुरी सिनेमा का भी हिन्दी पर काफी प्रभाव है और इसका एक व्यापक जन-समुदाय है। भोजपुरी की विशेषताएँ इस प्रकार हैं–

(i) 'अ' को थोड़ा वृत्ताकार (होंठों को गोल करके) बोला जाता है।

(ii) 'ऐ' और 'औ' का उच्चारण 'अई', 'अउ' करके होता है, जैसे–गइला गउना, पइसा।

(iii) कुछ शब्दों में दीर्घीकरण की प्रवृत्ति देखने को मिलती है, जैसे–डिब्बा (डीबा), मट्ठा (माठा), बत्ती (बाती)।

(iv) 'ण' ध्वनि का प्रयोग नहीं होता है।

(v) कई शब्दों में 'र' का प्रयोग करते हुए लुप्तीकरण के लक्षण देखने को मिलते हैं, जैसे–लरिका (लइका), धरि (धइ), करि (कइ)।

(vi) 'ड' का प्रयोग 'र' के रूप में होता है। जैसे–साड़ी (सारी), थोड़ा (थोरा), घड़ी (घरी)।

(vii) एकवचन को बहुवचन में बोलते समय प्राय: जन, लोगन जैसे शब्दों का प्रयोग किया जाता है।

(viii) सर्वनामों में हमरा, ओकरा, रउरा, तोहरा आदि शब्दों का प्रयोग होता है।

(ix) क्रियाओं में कालों का वर्णन शब्दों के प्रयोग से अपने-आप परिलक्षित होता है, जैसे–'त' रूप में (चलत, देखत, रहत) वर्तमान काल के लिए प्रयुक्त होता है। 'ल' रूप में (सूनल, देखल, पिहल, सकल, करल),

भूतकाल के कर्मवाच्य और संयुक्त क्रिया के दौरान प्रयोग में लाये जाते हैं, 'ब' रूप में (करब, भरब, होइब) में भविष्यकाल के दर्शन होते हैं।

(x) भोजपुरी में स्त्रीलिंग संज्ञाएँ प्रायः इकारान्त होती हैं, जैसे–बकरी (छेरी), रात्रि (राति), झालर (झालरि) आदि।

मगही और मैथिली–मगही मगध प्रान्त की बोली है जो पटना, गया, हजारीबाग, भागलपुर, मुंगेर (का कुछ हिस्सा) आदि क्षेत्रों में बोली जाती है। इसकी भोजपुरी से काफी समानता है। भोजपुरी से भिन्न सिर्फ इसमें सम्प्रदान में 'ला', 'ले', अधिकरण में 'मों' अतिरिक्त परसर्ग लगता है तथा संज्ञा, सर्वनाम की जगह हिन्दी का 'आप' व्यवहार में लाया जाता है।

बिहारी हिन्दी की तीसरी प्रमुख बोली मैथिली है जो मिथिला जनपद के आसपास बोली जाती थी। इसमें दरभंगा, मुजफ्फरपुर, पूर्णिया, उत्तरी भागलपुर और उत्तरी मुंगेर के कुछ क्षेत्र शामिल हैं। साहित्य की दृष्टि से यह बड़ी समृद्ध बोली है। हिन्दी रीतिकाल के प्रमुख कवि विद्यापति मूलतः मैथिली भाषा के ही कवि थे।

व्याकरण की दृष्टि से यह भोजपुरी के करीब बैठती है। परन्तु सभी शब्द स्वरान्त होते हैं। 'अ' थोड़ा वृत्ताकार होता है कुछ-कुछ बांगला 'अ' की तरह। मैथिली में 'छी', 'छ' और 'ल' ध्वनियों का काफी प्रयोग किया जाता है, जैसे–बैठा नहीं जाता है (बैठल नाहि जाइछ), वह आँखों में सुरमा क्यों लगाता या लगाती है। (ओ आँखि में सुरमा किये राखै छयि)।

3. पहाड़ी हिन्दी

उत्तर भारत के पहाड़ों की भाषा को पहाड़ी हिन्दी के नाम से जाना जाता है। इसके अन्तर्गत नैनीताल, अल्मोड़ा, कुमाऊँ, गढ़वाल और पिथौरागढ़ के जिले सम्मिलित हैं, लेकिन पहाड़ी हिन्दी की मूलतः दो ही शाखाएँ देखने को मिलती है। पहली कुमाऊँनी, दूसरी गढ़वाली।

कुमाऊँनी–बोली में राजस्थानी बोलियों का प्रभाव अधिक रहा है। इसके उच्चारण में 'ण' और 'ल' शब्दों के राजस्थानी प्रभाव देखने को मिलते हैं। कौरवी की तरह इसके अल्पप्राणीकरण और पूर्वी हिन्दी की अवधी की तरह 'या', 'वा' का प्रयोग किया जाता है। यह भी ओंकार बहुल बोली है, जैसे–उसका लड़का कहाँ गया (बीको च्यालो केति गो)।

गढ़वाली–टिहरी और पौड़ी-गढ़वाल जिलों के आसपास के क्षेत्र में बोली जाती है। इसमें पंजाबी और राजस्थानी का प्रभाव रहा है। व्यंजन ध्वनियाँ मुख में सामान्य से थोड़े पीछे बोली जाती हैं। 'स', 'श', 'न', 'ण' और 'ल' भेद व्यंजन हैं। स्वरों को अनुनासिक कर देने की प्रवृत्ति विशेष रूप से उल्लेखनीय है, जैसे–पैंसा, प्यांर, सांल आदि। संज्ञार्थक शब्दों में पंजाबी की तरह देखण, देखदा, चल्या आदि

शब्दों का प्रयोग किया जाता है। यथा: हमें मिलता-जुलता रहता था (हम तै मिलदा-जुलदा रौंदा छया)।

4. पूर्वी हिन्दी

पूर्वी हिन्दी का क्षेत्र बड़ा व्यापक है। यह देश के तीन राज्यों—उत्तर प्रदेश, मध्य प्रदेश और छत्तीसगढ़ के कई प्रमुख जिलों में बोली जाती है। पूर्वी हिन्दी की सबसे प्रमुख बोली अवधी है, लेकिन इसके अलावा बघेली और छत्तीसगढ़ी को भी इसी भाषा समूह में शामिल किया गया है।

अवधी—उत्तर प्रदेश के अवध क्षेत्र अर्थात् अयोध्या के आसपास की बोली को अवधी के नाम से जानते हैं। फैजाबाद, लखनऊ, रायबरेली, हरदोई, मिर्जापुर, सुल्तानपुर, सीतापुर, गोंडा, बहराइच, बाराबंकी आदि जिलों में अवधी बोली जाती है। भोजपुरी के बाद संख्या की दृष्टि से यह दूसरी सबसे बड़ी बोली अथवा उपभाषा है। साहित्यिक दृष्टि से भी यह ब्रजभाषा के बाद दूसरी सबसे बड़ी बोली है। जायसी, उस्मान, तुलसीदास, महाराजा रघुराज सिंह आदि कवि/रचनाकारों ने अपनी रचनाएँ इसी अवधी में लिखीं।

अवधी की विशेषताएँ निम्नलिखित हैं—

(i) इसमें 'ण' ध्वनि नहीं है। ङ, ञ अवश्य मिलते हैं। 'र', 'व' का प्रयोग 'ब' और 'श', 'ष' का प्रयोग 'स' रूप में होता है। जैसे: साड़ी—सारी, वर्षा—बरसा।

(ii) संज्ञा के तीन रूप देखने को मिलते हैं। जैसे: घोरा, घोरवा, घोरउवा।

(iii) स्त्रीलिंग में 'ई' प्रत्यय का प्रयोग किया जाता है, जैसे—सुअरी, बकरी, पण्डितानी, नौकरानी।

(iv) एकवचन से बहुवचन के लिए जन, लोगन का प्रयोग होता है, जैसे—इन लोगों की बात अलग है (इ लोगन के बातैं अलग है)।

(v) सर्वनाम शब्दों में एकरा, ओकरा, तोहरा आदि शब्दों का प्रयोग होता है।

(vi) विशेषणों में इकारान्त और आकारान्त दोनों तरह के शब्दों का प्रयोग होता है, जैसे—अच्छी, कुँआरी (ईकारान्त), अच्छा, कुँआरे (आकारान्त)।

(vii) क्रिया अवधी में आकारान्त, ईकारान्त और उकारान्त का प्रयोग क्रिया विशेषण के दौरान अद्भुत समन्वय के रूप में दिखाई देता है। उदाहरण के लिए, वह लड़का इससे लम्बा है। (उन लरिका ईसे लम्बा हइ)।

बघेली—मध्य प्रदेश के कुछ भाग तथा छत्तीसगढ़ के कुछ क्षेत्रों में बोली जाने वाली उपभाषा का नाम बघेली है। बघेलखण्ड के नाम से मशहूर और बघेल राजाओं की राजधानी रीवा के इर्द-गिर्द बोली जाने वाली भाषा का नाम बघेली पड़ा। इस क्षेत्र के अन्तर्गत रीवा, सीधी, सतना, शहडोल, उमरिया (मध्य प्रदेश), उत्तर प्रदेश

के कुछ भागों जैसे–इलाहाबाद और मिर्जापुर तथा छत्तीसगढ़ के कुछ भाग इसमें शामिल हैं। अवधी से मिलती-जुलती होने के कारण कुछ विद्वान इसे अवधी की उपबोली मानते हैं। जबकि डॉ. ग्रियर्सन और कुछ अलग विद्वान एक अलग बोली के रूप में इसे मान्यता प्रदान करते हैं। बघेली की भाषिक विशेषताएँ निम्नलिखित हैं–

(i) अवधी और हिन्दी के 'व' की जगह उसमें 'ब' का बहुतायत में प्रयोग होता है, जैसे–अवधी में आवा (बघेली में आबा), देखस (अवधी), देखब (बघेली), देखो (हिन्दी)।

(ii) बघेली के सर्वनामों में इकारान्त और उकारान्त शब्दों का खूब प्रयोग किया जाता है, जैसे–मोही, तोही, तुमका, उमका आदि।

(iii) 'ऐ' की जगह 'ऐ' और 'व' की जगह 'ब' ध्वनियों का प्रयोग अत्यधिक मात्रा में किया जाता है। यथा: देखब (अवधी), देखबै (बघेली), जवरा (अवधी), जबरा (बघेली)

छत्तीसगढ़ी–वर्तमान छत्तीसगढ़ भूखण्ड में बोली जाने वाली उपभाषा का नाम छत्तीसगढ़ी है। चेदी राजाओं के नाम पर इसका नाम चेदिशगढ़ हो गया। उसी से छत्तीसगढ़ हो गया। इसके अन्तर्गत सरगुजा, कांकेर, रायपुर, बिलासपुर, दुर्ग, रायगढ़, कोरिचा आदि जिले आते हैं। यह बोली अवधी और बघेली से बहुत मिलती है। इसकी प्रमुख विशेषताएँ इस प्रकार हैं–

(i) ध्वनिगत विशेषताओं में महाप्राणीकरण की प्रवृत्ति देखने को मिलती है, जैसे–जन (इन), दौड़ (धौड़), कचहरी (कछेरी) आदि)।

(ii) 'श' और 'ष' को 'स' रूप में बोला जाता है, जैसे–कोश (कोस), भाषा (भासा)।

(iii) कर्म-सम्प्रदान का 'ला' परसर्ग और करण-अपादान में 'ले' का प्रयोग होता है, जैसे–माँ-बाप से बड़ा कोई नहीं है। (छत्तीसगढ़ी–मई ददा ले बड़ कोनो नइ/नी ऐ)।

(iv) एकवचन से बहुवचन बनाने में 'मन' शब्द का प्रयोग किया जाता है। यथा: हम लोग (छ. हम मन), हमने देखा होगा (छं. हमन देखेन होहन)।

5. पश्चिमी हिन्दी की बोलियाँ तथा उपभाषा

पश्चिमी हिन्दी का फलक हिन्दी भाषा के क्षेत्र में सबसे बड़ा है। यह अम्बाला से लेकर पूर्व में कानपुर तक, देहरादून, उत्तरांचल से लेकर महाराष्ट्र तक फैला हुआ है। पश्चिमी हिन्दी का रूप दक्खिनी हिन्दी के रूप में तमिलनाडु, आन्ध्र प्रदेश, कर्नाटक और केरल तक भी फैला हुआ है। साहित्यिक दृष्टि से भी अब तक की सबसे समृद्ध बोलियाँ और उपभाषाएँ इसी में से निकली हैं। सूरदास, नन्ददास, देव,

भूषण, बिहारी, रसखान से लेकर अमीर खुसरो, भारतेन्दु हरिश्चन्द्र से लेकर आज तक साहित्य, समाज, विज्ञान और तकनीकी का अधिकतम सृजन इन्हीं उपभाषाओं से हुआ है। इस वर्ग के अन्तर्गत पाँच बोलियाँ आती हैं–ब्रजभाषा, खड़ी बोली, बुन्देली, कन्नौजी और हरियाणवी। जिसका परिचय इस प्रकार है–

ब्रजभाषा–उत्तर प्रदेश के ब्रज क्षेत्र अर्थात् मथुरा, आगरा आदि के आसपास बोली जाने वाली बोली का नाम ब्रजभाषा है। इसका विकास शौरसेनी, अपभ्रंश से हुआ है। मध्यकाल की सबसे प्रधान बोली यही रही। पूरे भक्तिकाल और रीतिकाल में ब्रजभाषा का जमकर प्रयोग किया गया। भक्तिकाल की कृष्णभक्ति शाखा के सबसे बड़े कवि सूरदास से लेकर नन्ददास और रीतिकाल में बिहारी से लेकर देव, भूषण आदि ने भी अपनी रचना इसी भाषा में की। इसकी कुछ विशेषता इस प्रकार हैं–

(i) बोली के दौरान 'ए' और 'औ' का प्रयोग किया जाता है। इकारान्त की जगह ओकारान्त प्रधान प्रवृत्ति अधिक देखने को मिलती है, जैसे–मुझे–मोको, किसी/क्यों–काय को, होता–होतो।

(ii) शब्दों के एकवचन से बहुवचन बनाने के लिए 'अन' और 'एँ' प्रत्ययों का सहारा लिया जाता है जैसे: किताब–किताबन, किताब–किताबें।

(iii) पुल्लिग से स्त्रीलिंग बनाने के लिए अवधी और बघेली की तरह ही 'इन' 'आइन' और 'इ' प्रत्यय जोड़े जाते हैं। यथा: जेठानी, जेठाइन, ललाइन आदि।

(iv) ब्रजभाषा में ह्रस्व 'एँ' और 'आँ' अतिरिक्त ध्वनियाँ पायी जाती हैं तथा शब्दों के अन्त में ह्रस्व 'इ' और 'उ' लगता है, जैसे–मनु, कालु, करि, बहरि, करैं, ऊधौ, साधु को आदि।

(v) व्यंजन के अल्पप्राणीकरण की प्रवृत्ति भी ब्रजभाषा में पायी जाती है, जैसे–पीला (पीरो), पड़ा (पर्‌यो), बारह (बारा)।

(vi) कारक चिन्हों का प्रयोग आम भारतीय भाषाओं की ही तरह होता है जैसे–
कर्ता–ने
कर्म–कूँ, कौ
करण और अपादान–सौं, ते,
सम्प्रदान–के लएँ
सम्बन्ध–को, के, की।
अधिकरण–में, पै

(vii) सार्वनाममिक विशेषण में ऐसो, उत्तो, उत्तो, जित्तो, कित्तो जैसे शब्दों का प्रयोग होता है।

(viii) वाक्य को क्रिया-संरचना में वर्तमान काल के लिए हूँ, अँ, हौ भूतकाल के लिए - हतो, हो, हुतौ तथा भविष्यकाल के लिए होओ, ह्वैहे जैसे शब्दों का प्रयोग होता है।

खड़ी बोली–खड़ी बोली को कौरवी के नाम से भी जाना जाता है। यह कौरवों की नगरी 'कुरु' के आसपास बोली जाती थी। दिल्ली के आसपास, मेरठ, मुजफ्फरनगर, सहारनपुर, मुरादाबाद, कानपुर आदि जगहों में बोली जाने वाली भाषा का नाम ही खड़ी बोली पड़ा। खड़ी बोली या कौरवों के लक्षण वहीं है जो मानक हिन्दी के हैं। (विस्तार से पढ़ने के लिए मानक हिन्दी को पढ़ें) कुछ विशेषताएँ इस प्रकार हैं–

(i) स्वरों के दीर्घीकरण के साथ-साथ शब्दों के द्वितीकरण करने की प्रवृत्ति देखने को मिलती है, जैसे–बेट्टा, गाड्डी, राज्जा आदि।

(ii) ह्रस्व स्वर की जगह दीर्घ स्वर शब्द के अन्त में आते हैं। यथा: निधि, पशु का निधी और पशू।

(iii) यह अकारान्त बहुला बोली है जैसे–लड़का, घोड़ा, बड़ा।

(iv) 'औ' की ध्वनि 'ओ' की तरह सुनाई देती है, जैसे–मौ (मो), औरत (ओरत)।

(v) खड़ी बोली में 'न' के स्थान पर 'ण' तथा 'ल' के स्थान पर 'ळ' का प्रयोग होता है। यथा–बालक, लेन-देन–लेण-देण।

(vi) सर्वनामों के उत्तम पुरुष और मध्यम पुरुष में कोई विशेष अन्तर नहीं पाया जाता। मुझ और तुझ का उच्चारण 'मुज' और 'तुज' के रूप में होता है।

(vii) क्रिया संरचना में वर्तमान काल में अथवा कृदन्त-'ता:' भूतकाल में–'आ' का प्रयोग होता है, जैसे–सुणा, लिख्या, कारणा।

बुन्देली–बुन्देल राजाओं के गढ़ मध्य प्रदेश के पन्ना, छतरपुर, टीकमगढ़, ग्वालियर, बालाघाट तथा उत्तर प्रदेश के झाँसी, जालौन, हमीरपुर, बाँदा आदि क्षेत्रों में बोली जाती है। इस पूरे क्षेत्र को ही हम बुन्देलखण्ड के नाम से जानते हैं। मध्यकाल में बुन्देलखण्ड को साहित्य और संस्कृत का केन्द्र माना जाता था। तुलसीदास, केशवदास, रसनिधि, बिहारी, मतिराम, पद्माकर की जन्म स्थली यही बुन्देलखण्ड ही रही है। इसकी भाषिक विशेषताएँ इस प्रकार हैं–

(1) संज्ञा के दो रूप देखने को मिलते हैं, जैसे–घोड़ो, घुड़वा, लाठी, लठिया।

(2) बहुत सारे शब्दों के प्रयोग में 'र' का लोप पाया जाता है, जैसे–तुम्हारा (तुमाओ), गाली, गारि (गाई), सारे (साए)।

(3) शब्दों के अन्त में 'द' शब्द लगाकर अल्पप्राणीकरण कर दिया जाता है। यथा: दूध–दूद, आधा-आदा।

(4) बुन्देली में भी शब्दों को स्त्रीलिंग बनाने के लिए 'नी' और 'इन' प्रत्यय का उपयोग किया जाता है, जैसे–तेली का तेलिन, तेलनी, बनिया का बानिन, ठाकुर-ठकुराइन।

(5) सर्वनामों में 'मैं' की जगह 'हम' का प्रयोग अधिक होता है, जैसे–आपन का अर्थ 'हम' तुम का अर्थ 'तुमन' होता है।

कन्नौजी–प्राचीन कान्यकुब्ज (वर्तमान कन्नौज) की भाषा को ही कन्नौजी के नाम से जाना जाता है। यह ब्रजभाषा से काफी मिलती-जुलती है, लेकिन जॉर्ज ग्रियर्सन ने इसे एक अलग बोली का दर्जा दिया है। यद्यपि इसका केन्द्र उत्तर-प्रदेश का कन्नौज जिला ही है, लेकिन इसके अलावा यह कानपुर, शाहजहाँपुर, इटावा, फर्रूखाबाद, पीलीभीत आदि जिलों में भी बोली जाती है। इसकी कुछ विशेषताएँ इस प्रकार हैं–

(i) इसमें बुन्देली की तरह 'ह' का लोप हो जाता है यथा–जाहि-जाइ।

(ii) ओकारान्त शब्दों की बहुलता देखने को मिलती है। उदाहरण के लिए, खोरा–खोरवा, बकरा–बौकरा।

(iii) अनुनासिक शब्दों का प्रयोग प्राय: किया जाता है, जैसे–जात-जाँत, बात-बाँत, खात-खाँत।

(iv) अन्य हिन्दी बोलियों की तरह इसमें भी शब्दों का स्त्रीलिंग रूप बनाने के लिए 'इ' 'आइन' 'ही' शब्दों का प्रयोग किया जाता है। यथा: ठकुराइन, जेठानी, देवरानी, तेलिन।

(v) पुल्लिंग शब्दों में उकारान्त शब्दों की अधिकता देखने को मिलती है, जैसे–किसानु, श्यामु, नाकु।

हरियाणवी अथवा हरियाणी–जैसा कि नाम से ही स्पष्ट है एक ऐसी बोली जिसका सम्बन्ध हरियाणा से है। मसलन हरियाणा के आसपास, जैसे–दिल्ली, करनाल, हिसार, जीन्द और पटियाला में बोली जाती है। जॉर्ज ग्रियर्सन ने इसका दूसरा नाम 'बाँगरू' भी बताया है क्योंकि यह 'बाँगर' (करनाल आसपास) क्षेत्र के आसपास बोली जाती है। भाषिक विशेषताएँ इस प्रकार हैं–

(i) इसमें 'न' के स्थान पर 'ण' का उपयोग किया जाता है यथा–कौन–कोण, अपना-आपणा।

(ii) 'ऐ' और 'यूँ' अव्यय का सहारा लेकर शब्दों को बोलने की प्रवृत्ति दिखाई देती है, जैसे–वहाँ-अठै, यहाँ-आड़ै, यो–न्यूँ, क्योंकि-क्यूँ।

(iii) कुछ शब्दों में द्वितीकरण की प्रक्रिया भी देखने को मिलती है। यथा–लग्यौ, चल्लाया।

(iv) क्रिया संरचना में 'हूँ', 'है', 'हैं' के स्थान पर 'सूँ', 'सै', 'सैं' का प्रयोग होता है, जैसे–'करदा से', 'मिलते सै'।

(v) सर्वनामों में ब्रजभाषा की तरह पुल्लिंग और स्त्रीलिंग सर्वनाम अलग-अलग हैं। उदाहरण के लिए, योह (पु.), याह (स्त्री.), वोह (पु.), वाह (स्त्री.)।

हिन्दी बोलियों का पारस्परिक अन्तर्सम्बन्ध

ब्रजभाषा और अवधी में तुलनात्मक अन्तर्सम्बन्ध

तालिका

क्र.म.	अंतर का आधार	ब्रजभाषा	अवधी	खड़ी बोली
1	उद्भव और भौगोलिक विस्तार के आधार पर	शौरसेनी अपभ्रंश से केन्द्र–मथुरा, आगरा और वृन्दावन का संपूर्ण क्षेत्र कुछ भाग मथुरा से सटे हरियाणा का भी जैसे:पलवल, होडल आदि.	अर्धमागधी अपभ्रंश से आयोध्या, फैजाबाद, लखनऊ, सीतापुर, सुल्तानपुर, प्रतापगढ़ आदि। साथ ही फीजी, त्रिनिदाद, मारनीशस में रह रहे कुछ प्रवासी भारतीयों की भी भाषा।	शौरसेनी अपभ्रेश के उत्तरी रूप से मुख्य केन्द्र–मेरठ और उसके आसपास के क्षेत्र जैसे–दिल्ली, देहरादून, अंबाला और कुछ भाग चंडीगढ।
2	उपभाषा वर्ग के आधार पर	पश्चिमी हिन्दी की एक उपभाषा है। लेकिन अवधी से मिलती जुलती कारण दोनों के क्षेत्र आपस में जुड़े हुए।	पूर्वी हिन्दी की प्रमुख्य उपभाषा।	पश्चिमी हिन्दी की प्रमुख्य उपभाषा
3	साहित्यिक विकास के आधार पर	आदिकाल में 'पिंगल' की परम्परा में ब्रजभाषा के सूत्र यथा: उक्तिव्यक्तिप्रक्रण, प्राकृत पैगलम, पृथ्वीराज रासो का आरंभिक रूप में, उसके बाद नाथ साहित्य और खुसरों की कवितायों	अवधी की प्रारंभिक झलक भी उक्तिव्यक्तिप्रक्रण में, राउरवेल की कवितायों में, बाद में तुलसीदास की प्रमुख्य भाषा बनी। बाद में सूफी साहितय में भी इसका भरपूर उपयोग हुआ। खासकर जायसी की कवितायों में।	उद्भव 19वीं सदी के आसपास खुसरों की कविताओं से। बाद में सिद्ध, नाथ, रहीम और संत काव्य के कवियों की भाषा बनी। अब तो संपूर्ण हिंदी साहित्य का अधिकांश भाग खड़ीबोली में ही। अब मानक भाषा का मूलाधार भी।

क्र.म.	अंतर का आधार	ब्रजभाषा	अवधी	खड़ी बोली
4	ध्वनि व्यवस्था के आधार पर क) उच्चारण की प्रवृत्ति ख) ऐ और औ शब्दों का उच्चारण अधिक ग) अल्प्राण की जगह महाप्राण का प्रयोग घ)ध्वनियों में परिवर्तन हुआ।	ओकारांत शब्दों का प्रयोग: (गयो, रुको) जैसे: (गावौ, खावौ) अल्पप्राणीकरण की प्रवृत्ति बढ़ी (मुझ का मुज) जैसे : ण का न (बाण का बान) और र का ड (परे का पड़े)	उकारांत शब्दों का प्रयोग : (चलतु, कहतु) सामान्य रूप से संध्यक्षरों का प्रयोग (जावइ, चउडा) अवधी में भी यहीं प्रवृति रही। ण का न (कौण का कौन), ष का स (ऋषि का रिसि), व का व (विश्व का बिस्व)	आकारांतता: (चला, कहा, रुका) ऐ का उच्चारण ओ की तरह होने लगा (औरत का औरत) (धोखा का धोका) न का ण (मानस का माणस), र का ड (चपरासी का चपडासी)
5	व्याकरण के आधार पर क) संज्ञा का रूप	संज्ञा का एक ही रूप देखने को मिलता है।	जबकि अवधी में संज्ञा के तीन रूप देखने को मिलते है, जैसे : लड़का का लरिका, लरिकउना, लरिकवा।	संज्ञा का यहां भी प्राय: एक ही रूप देखने को मिलता है प्राय: आकारांत।

	ख) सर्वनाम : उत्तम पुरुष मध्यम पुरुष अन्य पुरुष	एकवचन मैं, मेरी, मोहिं तू, तोहि, तेरी वह, वाकौ, ताहि	बहुवचन हम, हमन, हमारी तुम, तुम्हारौ, तिहारो वे. वै उनको	एकवचन में, मो तू, तूं, तोर वह, ऊ, ओकर	बहुवचन हम, हमार तुम, तुम्ह, तुहार वेह, ओनकर, ओनका	एकवचन मैं, में तू, तै, वो, उसका	बहुवचन मेरा, हमारा तम, तारा, थारा वे, उन्का
	ग) लिंग व्यवस्था	स्त्रीलिंग के लिए इया, ई, आइन प्रत्यय लगाया जाता है। जैसे:बिटियां, लोरी, पंडिताइन, कही-कही नपुंसकलिंग का भी उपयोग किया जाता है, जैसे: सोना का सोनो।		इसमें प्रत्यय की जगह उपसर्ग लगाकर इया, ई, इनी, अनी परसर्ग लगाकर सब्दों का प्रयोग किया जाता है, जैसे: बिटियां, बकरी, बाघिनी, महारानी आदि।		इसमें स्त्रीलिंग के लिए ई, अन, नै प्रत्यय लगाया जाता है, शेर का शेरनी, माली का मालन, पंडिताइन का पंडितानी आदि।	
	वचन व्यवस्था के आधार पर	ए, अन, इन प्रत्ययों का प्रयोग किया जाता है, जैसे : किताबें, किताबन, बेटी-का बेटिन।		ए, न तथा न्हि प्रत्ययों का प्रयोग किया जाता है। जैसे : ए-से बातें, न से लरिका और लरिकन, न्, न्हि से सबन्हि, जुवतिन्ह।		पुलिंग में व, ब, ए प्रत्यय लगाकर नये शब्द बनाये जाते है, जैसे : बेटा से बेटे, रोटो से रोटियां, पुस्तक से पुस्तकें।	

ऊपर दी गयी तालिका ब्रजभाषा और अवधी की भाषिक प्रकृति की विभिन्नता को स्पष्ट करती है। इन बिन्दुओं के माध्यम से हम यह समझ सकते हैं कि यद्यपि ये दोनों बोलियाँ हिन्दी के अलग-अलग वर्ग में शामिल की जाती हैं किन्तु संरचना के स्तर पर इनमें अत्यधिक समानता है। जो अन्तर हैं, उन्होंने भाषा की कलात्मकता और गम्भीरता जैसी प्रवृत्तियों को विकसित किया है। इन्हीं अन्तरों का परिणाम है कि ब्रजभाषा का प्रयोग प्रायः कलात्मक शृंगारिक तथा लोकरंजनपरक साहित्य में जबकि अवधी का प्रयोग प्रायः लोकबद्ध और गम्भीर साहित्य में किया जाता है।

पूर्वी हिन्दी और पश्चिमी हिन्दी का अन्तर

हिन्दी भाषा की दो सर्वाधिक महत्त्वपूर्ण बोलियाँ पश्चिमी हिन्दी और पूर्वी हिन्दी हैं। हिन्दी भाषा और साहित्य के विकास में इनका योगदान अतुलनीय है। भौगोलिक दृष्टि से इनके क्षेत्रों में पर्याप्त निकटता होने के कारण इनकी बोलियाँ आपस में एक-सी हैं। जैसे 'ब्रजभाषा' 'पश्चिमी हिन्दी' के अन्तर्गत होते हुए भी भाषिक प्रकृति और संरचना की दृष्टि से 'पूर्वी हिन्दी' की 'अवधी' से काफी समानता रखती है। इस दृष्टि से, जब हम 'पूर्वी हिन्दी' और 'पश्चिमी हिन्दी' के पारस्परिक अन्तरों पर चर्चा करते हैं तो हमें पूर्वी हिन्दी के रूप में मुख्यतः अवधी (कहीं-कहीं भोजपुरी भी) और 'पश्चिमी हिन्दी' के प्रतीक के तौर पर प्रधानतः खड़ी बोली (कहीं-कहीं हरियाणवी भी) को ध्यान में रखना होगा। 'पश्चिमी हिन्दी' की चर्चा आवश्यक है कि हम ब्रजभाषा को अपवाद माने क्योंकि उसकी भाषिक प्रकृति 'खड़ी बोली' की अपेक्षा 'अवधी' के अधिक निकट है।

पूर्वी हिन्दी और पश्चिमी हिन्दी में प्रमुख अन्तर निम्नलिखित हैं–

(i) पूर्वी हिन्दी की उत्पत्ति अर्द्धमागधी प्राकृत-अपभ्रंश से हुई है जबकि पश्चिमी हिन्दी की उत्पत्ति शौरसेनी प्राकृत-अपभ्रंश से मानी जाती है।

(ii) पूर्वी हिन्दी उकारान्त उपभाषा है जबकि पश्चिमी हिन्दी (ब्रजभाषा के अतिरिक्त) प्रायः आकारान्त है।

(iii) 'इ' तथा 'उ' ध्वनियों का पूर्वी हिन्दी में ह्रस्वीकरण हो जाता है जबकि पश्चिमी हिन्दी में इनके दीर्घीकरण के उदाहरण दिखाई देते हैं। उदाहरण,

पूर्वी हिन्दी	**पश्चिमी हिन्दी**
मति–मत	मति–मती
पद्धति–पद्धत	पद्धति–पद्धती

(iv) पूर्वी हिन्दी में संयुक्त स्वर सन्ध्याक्षरों के रूप में प्रयुक्त होते हैं जबकि पश्चिमी हिन्दी में सरल रूप में, जैसे :

पूर्वी हिन्दी	**पश्चिमी हिन्दी**
बैल–बइल	बैल–बैल
कौन–कउन	कौन–कोन

(v) पूर्वी हिन्दी में 'ड़' ध्वनि प्रायः 'र' के रूप में उच्चारित होती है, जैसे–लड़ाई–लराई, जबकि पश्चिमी हिन्दी में अपने सामान्य रूप में, जैसे लड़ाई, उड़ना आदि।

(vi) पूर्वी हिन्दी में 'ढ़' का उच्चारण प्रायः 'रह' के रूप में होता है, जैसे–चढ़ा–चरहा, जबकि पश्चिमी हिन्दी में सामान्य रूप में, जैसे–चढ़ा, बढ़ा, गढ़ा।

(vii) पूर्वी हिन्दी में 'ण' का 'न' हो जाता है जबकि पश्चिमी हिन्दी में 'न' का 'ण', जैसे–

पूर्वी हिन्दी	**पश्चिमी हिन्दी**
ऋण–ऋन	पानी–पाणी
चरण–चरन	थाना–थाणा

(viii) पूर्वी हिन्दी में प्रायः 'य' और 'व' क्रमशः 'इ' और 'उ' के रूप में उच्चरित होते हैं, जैसे–यहाँ–इहाँ, वहाँ–उहाँ जबकि पश्चिमी हिन्दी में ऐसा नहीं होता।

(ix) पूर्वी हिन्दी में 'ऋ' का उच्चारण प्रायः 'रि' के रूप में होता है, जैसे–ऋतु–रितु, कृपा–क्रिपा, लेकिन पश्चिमी हिन्दी में 'ऋ' का उच्चारण 'र' की भाँति होता है, जैसे–कृपा–क्रपा, दृष्टि–द्रष्टि।

(x) पूर्वी हिन्दी में 'श' का उच्चारण केवल 'स' के रूप में होता है, जैसे–शीश–सीस, शहर–सहर, लेकिन पश्चिमी हिन्दी में 'श' का उच्चारण 'स' और 'श' दोनों रूपों में मिलता है, जैसे–शहर, सरबत, सिर, शिक्षा।

(xi) 'ष' का उच्चारण पूर्वी हिन्दी में 'ख' की तरह होता है, जैसे–वर्षा–बरखा, लेकिन पश्चिमी हिन्दी में कहीं 'स' और कहीं 'ख' के रूप में, जैसे–भाषण–भासन, षटकोण–खटकोण।

(xii) पूर्वी हिन्दी में शब्दों के मध्य आने वाला 'ल' प्रायः 'र' के रूप में उच्चरित होता है, जैसे–बालक–बारक, फल–फर, लेकिन पश्चिमी हिन्दी में 'ल' सामान्य रूप के अतिरिक्त मराठी के समान मूर्द्धन्य (ळ) रूप में भी मिलता है, जैसे–बालक–बाळक, नाला–नाळा।

(xiii) पूर्वी हिन्दी में संज्ञा के प्रायः तीन रूप मिलते हैं–सामान्य रूप–घोड़ा; वा सहित–घोड़वा; वना सहित–घोड़वना। पश्चिमी हिन्दी में एक ही रूप प्रचलित है–घोड़ा।

(xiv) पूर्वी हिन्दी में आकारान्त पुल्लिग एकवचन शब्द बहुवचन में भी वैसे रहते हैं, जैसे–ऊ लरका, ते लरका, लेकिन पश्चिमी हिन्दी में आकारान्त पुल्लिग संज्ञा शब्द बहुवचन में एकारान्त हो जाते हैं, जैसे–लड़का–लड़के, बेटा–बेटे।

(xv) पूर्वी हिन्दी में कर्ता प्राय: निर्विभक्तिक व परसर्ग सहित होते हैं जबकि पश्चिमी हिन्दी में भूतकालिक सकर्मक क्रिया के कर्ता के साथ 'ने' परसर्ग लगाने की प्रवृत्ति मिलती है, जैसे–

पूर्वी हिन्दी	**पश्चिमी हिन्दी**
मैं खाना खा लिया हूँ	मैंने खाना खा लिया है

(xvi) पूर्वी हिन्दी और पश्चिमी हिन्दी में परसर्गों की दृष्टि से भी अन्तर दिखाई देता है, जैसे–

कारक	**पूर्वी हिन्दी**	**पश्चिमी हिन्दी**
करण–अपादान	सू, सौ, सों, सन	सू, सौं, स, के द्वारा
सम्प्रदान	कूँ, कौ, लागि	को, के लिए, के वास्ते
सम्बन्ध	क, को, कौ, केर	का, के, की, रा, रे, री

(xvii) पूर्वी हिन्दी के अन्तर्गत संज्ञार्थ क्रियाओं या क्रियार्थ संज्ञाओं के साथ प्राय: 'इबो' परसर्ग जुड़ता है, जैसे–जाइबो, दैबो, लैबो जबकि पश्चिमी हिन्दी में 'ना' परसर्ग (जाना, देना, लेना)।

(xviii) पूर्वी हिन्दी और पश्चिमी हिन्दी के क्रिया रूप भी प्राय: अलग हैं।

काल	**पूर्वी हिन्दी**	**पश्चिमी हिन्दी**
वर्तमान काल	अहइ, हइ, आहे	है, हैं
भूतकाल	रहे	था, थी, थे
भविष्य काल	हे, हइ	गा, गी, गे

11

मानकीकृत हिन्दी की व्याकरणिक विशेषताएँ

भूमिका : संस्कृत, पाली, प्राकृत या अंग्रेज़ी की तुलना में हिन्दी की व्याकरण स्थिर नहीं है क्योंकि परम्परा और प्रयोग से इसका निर्माण हुआ है। इसकी प्रकृति मूलत: सामासिक है। कई भाषाओं की व्याकरणिक विशेषताएँ बनी हुई हैं और यह अनेक उपभाषाओं और बोलियों का समुच्चय है।

हिन्दी व्याकरणिक विशेषताएँ

विकास की प्रक्रिया में अनेक स्रोतों से प्रभावित होते हुए तथा उनके प्रयोग को लेते हुए। हिन्दी क्षेत्र विशेष का प्रतिनिधित्व करती हैं, यह 'सिन्धु' से सम्बन्धित है। पूर्व में हिन्दी का अर्थ या भारत में बोली जाने वाली भाषाएँ। इसका स्वरूप 12-13वीं सदी में स्पष्ट हुआ। भाषा के रूप में सर्वप्रथम प्रमाण 13वीं सदी में फारसी कवि औफ़ी द्वारा देशी भाषा के लिए 'हिन्दवी' का प्रयोग किया। हिन्दी तीन संज्ञाओं हिन्दवी, भाखा और खड़ी बोली के सोपानों से गुजरती हुई 19वीं सदी में 'हिन्दी' बनी।

मानक हिन्दी का मूल आधार, संस्कृत है और भाषाविज्ञान की दृष्टि से हिन्दी में आने वाली खड़ी बोली से है। पर खड़ी बोली के रूप को बहुत हद तक परिवर्तित किया है।

किशोरीदास वाजपेयी ने 'शब्दानुसार में' लिखा इसमें सन्देह नहीं कि मेरठ की बोली ही हिन्दी बन गयी है, लेकिन बोली को भाषा बनाने में उसका काफी संस्कार करना पड़ा है इसलिए दोनों में भारी अन्तर पड़ गया है। अत: राष्ट्र भाषा का लेखक मेरठ की बोली का ही एकमात्र अनुकरण नहीं कर सकता।

मानक हिन्दी की व्याकरणिक विशेषताएँ–

चार शीर्षकों में

1. ध्वनि संरचना - भाषा सर्वप्रथम सार्थक ध्वनि है।
2. शब्द संरचना - सार्थक ध्वनियों का समूह है शब्द।
3. रूप रचना - कई शब्दों के समूह से रूप का गठन।

4. वाक्य रचना। - अर्थपूर्ण शब्दों के समूह से वाक्य का निर्माण।

1. ध्वनि संरचना - संस्कृत की तरह दो वर्गों में विभक्त किया गया है।

(i) स्वर (ii) व्यंजन

(i) **स्वर** - 11 स्वर (अ, आ, इ, ई, उ, ऊ, ऋ, ए, ऐ, ओ, औ)

(ii) **व्यंजन** - तीन खण्डों में विभक्त किया है–

(अ) स्पर्श व्यंजन–जिनमें मुख का कोई भाग स्पर्श करता है। होंठ से कण्ठ तक के आधार पर विभाजन किया गया है।

कण्ठय - 'क' (कंठ) वर्ग।
तालव्य - 'च' (तालू) वर्ग।
मूर्धन्य - 'ट' (मूर्धा) वर्ग।
दन्त्य - 'त' वर्ग (दन्त)
ओष्ठ्य - 'प' वर्ग (ओष्ठ)

(ब) अन्तःस्थ व्यंजन - 'य','र', 'ल', 'व'।

(स) ऊष्म व्यंजन - 'श', 'ष', 'स', 'ह'।

उपरोक्त मूलतः स्पर्श और घर्षण के आधार पर हैं।

प्राण (हवा) के आधार भी वर्गीकरण किया गया है। इसके दो भेद हैं-

(अ) अल्पप्राण (ब) महाप्राण।

अल्पप्राण–वह ध्वनियाँ हैं जिनके उच्चारण में अपेक्षाकृत कम श्रम करना पड़ता है। स्पर्श वर्णों के प्रत्येक वर्ग का पहला, तीसरा व पाँचवाँ अक्षर अल्पप्राण होता है।

अन्तस्थ भी अल्पप्राण के अन्तर्गत आते हैं।

महाप्राण के उच्चारण में हकार जैसी ध्वनि विशेष रूप से रहती है।

स्पर्श वर्णों के प्रत्येक वर्ग का दूसरा व चौथा उदार तथा समस्त ऊष्म वर्ण **महाप्राण** होते हैं।

एक अन्य आधार संस्कृत के समान - नाद दो भेद हैं–1. घोष 2. अघोष।

जिन व्यंजनों के उच्चारण में स्वर तन्त्रियों में झंकार पैदा होती है वे **घोष** कहलाती है और जिनमें झंकृति नहीं होती **अघोष** कहलाती है। हिन्दी में स्पर्श व्यंजनों में प्रत्येक वर्ग का तीसरा, चौथा और पाँचवाँ वर्ण, सारे स्वर वर्ण और 'य', 'र', 'ल', 'व', 'ह' घोष हैं। स्पर्श व्यंजनों में प्रत्येक वर्ग का पहला, दूसरा व 'ह' को छोड़कर समस्त ऊष्म व्यंजन अघोष है।

हिन्दी की ध्वनि व्यवस्था पर संस्कृत की ध्वनि व्यवस्था का निर्णायक प्रभाव है। हिन्दी ने निश्चित रूप से कई नयी ध्वनियों को भी ग्रहण किया है। ये हैं–

क, ख, ग, ज़, फ। फन–फ़न , जरा–ज़रा।

2. शब्द संरचना–हिन्दी में शब्द रचना का आधार संस्कृत व्याकरण है। इसकी बहुआयामी शब्द सम्पदा है। अनेक भाषाओं और बोलियों से शब्द लिए गये हैं।

व्युत्पत्ति की दृष्टि से कोटियाँ–(तीन तरह के शब्द पाए जाते हैं)–

(i) रूढ़ (ii) यौगिक (iii) योगरूढ़।

(i) **रूढ़** - जिन शब्दों के खण्ड सार्थक न हों। पूरी इकाई होते हैं। अविभाज्य होते हैं। परम्परा में इनका अर्थ निश्चित होता है, जैसे–नाक, पीला।

(ii) **यौगिक** - ऐसे शब्द जो दूसरे शब्दों के मेल से बनते हैं और जिनके खण्ड सार्थक होते हैं। सामान्यतः रूढ़ शब्दों से बनते हैं, जैसे–दूधवाला, घुड़सवार, हथगोला, लेखापाल।

(iii) **योगरूढ़** - ऐसे शब्द जो यौगिक तो होते हैं, पर अर्थ के विचार से अपने सामान्य अर्थ को छोड़कर विशेष अर्थ प्रस्तुत करते हैं। उदाहरण, पंकज, लम्बोदर, दशानन, (कीचड़) राजीव, नयन।

रूपान्तर की दृष्टि से दो प्रकार के शब्द होते हैं–

(i) विकारी (ii) अविकारी

(i) **विकारी** वे शब्द हैं जिनमें रूप परिवर्तन होता रहता है या हो सकता है। संज्ञा, सर्वनाम, क्रिया और विशेषण से जुड़े शब्द विकारी होते हैं, जैसे–

घोड़ा–घोड़े–घोड़ी।

(वचन) (लिंग)

(ii) **अविकारी** वे शब्द हैं जिनके रूप में कोई परिवर्तन नहीं होता है उन्हें 'अव्यय' भी कहते हैं। क्रिया विशेषण, समुच्चय बोधक, सम्बन्ध बोधक, (में, पर) (का, के, की) विस्मयादिबोधक (हाय, शाबाश) इनका निर्माण रचना के आधार पर होता है।

रचना के आधार पर शब्द बनाने की चार विधियाँ हैं–

(i) उपसर्ग, (ii) प्रत्यय, (iii) सन्धि, (iv) समास।

(i) **उपसर्ग**–वे शब्दांश व ध्वनि इकाइयाँ जो शब्द से पहले लगाई जाती हैं।

प्र+हार - प्रहार, अनु+शासन - अनुशासन।

हिन्दी में संस्कृत उपसर्गों के साथ-साथ क्षेत्रीय और विदेशी उपसर्गों का भी प्रयोग होता रहा है। मुख्यतः अरबी, फारसी व तुर्की। बे+खबर - बेख़बर

संस्कृत - प्र+वास - प्रवास, अनुसन्धान, अभिवादन।

अरबी-फारसी - अलबत्ता, कमसिन, गैरहाजिर।

तद्भव–अधजला, भरपेट।

(ii) **प्रत्यय**–शब्दों के अन्त में लगने वाले अक्षर या अक्षर समूह को परसर्ग भी कहते हैं। प्रत्ययों से शब्द बनाने की प्रकृति बहुत प्रबल है। ये दो तरह की स्थितियों में लगाये जाते हैं।

(i) क्रिया में–कृदन्त कहलाता है, जैसे–गाने वाला, खेना+वैया = खिवैया।

(ii) धातु में–नि+यन = नयन, कृ+तव्य = कर्तव्य

संज्ञा, सर्वनाम, विशेषण और अव्यय के अन्त में जो परसर्ग लगते हैं, उन्हें तद्धित कहते हैं।

मानव+ता = मानवता, अच्छा+आई = अच्छाई

एक+ता = एकता, अपना+पन = अपनापन

(iii)**सन्धि**–दो वर्णों के मेल से होने वाले विकार को सन्धि कहते हैं, जैसे–

विद्या+आलय = विद्यालय देव+असुर = देवासुर

रजनी+ईश = रजनीश दिक्+भ्रम = दिग्भ्रम

देव+इन्द्र = देवेन्द्र

सामान्यतः संस्कृत की ही सन्धि व्यवस्था को ज्यों-का-त्यों स्वीकार किया गया है।

(iv) **समास**–दो या दो से अधिक शब्द जब अपनी विभक्ति छोड़कर मिल जाते हैं तो शब्द को समास कहते हैं। उदाहरण, गंगा का जल = गंगा-जल ('का' विभक्ति का लोप)

राजा का पुत्र = राजपुत्र

हिन्दी की समास व्यवस्था भी संस्कृत पर आधारित है। इसके मूलतः चार भेद हैं :

(अ) अव्ययीभाव–पूर्वपद की प्रधानता रहती है।
प्रतिदिन, आजन्म, अनुरूप, भरसक, बेखटके।

(ब) तत्पुरुष–अन्तिम पद की प्रधानता।
कठफोड़वा, गृहागत, जेबकतरा, गृहप्रवेश, राजदरबार, धर्मभ्रष्ट, देशभक्ति, जन्मान्ध।

(स) बहुब्रीहि–दोनों शब्दों को छोड़कर कोई तीसरा अर्थ प्रधान होता है। शब्द का वास्तविक अर्थ उपस्थित शब्दों से नहीं होता है, जैसे–दशानन, पीताम्बर, वीणापाणि।

(द) द्वन्द्व–दोनों शब्द प्रधान होते हैं, जैसे–माँ–बाप, रात–दिन।

(य) द्विगु–संख्यावाचक समास, जैसे–चतुर्भुज, षटकोण, त्रिभुज, एकादशी।

रूप रचना–रूप रचना के आधार पर संज्ञा, सर्वनाम, क्रिया, विशेषण और लिंग पर विचार किया जाता है।

(i) **संज्ञा**–संस्कृत के अनुरूप। व्यक्तिवाचक संज्ञा को छोड़कर शेष संज्ञाओं में लिंग, वचन और कारक के अनुरूप रूप परिवर्तन हो सकता है, जैसे–लड़की–लड़कियाँ, तारा–तारे। संज्ञा रूपों में परिवर्तन हिन्दी व्याकरण के अतिरिक्त मानक हिन्दी के संज्ञा पदों की संरचना क्रिया अथवा विशेषण पदों से रूपान्तरित हो सकती है।

श्रेष्ठ (पुल्लिग)–श्रेष्ठता (स्त्रीलिंग)।

(ii) **सर्वनाम–**वचन भेद के अनुसार हिन्दी सर्वनामों के रूप में परिवर्तन होता है। वह–वे, लेकिन लिंग भेद का कोई प्रभाव सर्वनाम पर नहीं पड़ता। तुम पढ़ते हो। तुम पढ़ती हो।

संस्कृत और अंग्रेज़ी के सर्वनाम पद संरचना में लिंग भेद से रूप परिवर्तन होता है। वहाँ लिंग के अनुसार अन्य पुरुषों में सर्वनामों की अलग व्यवस्था है, जैसे–हिन्दी में सह–सा और अंग्रेजी में he – she।

हिन्दी में सर्वनामों के रूपों में बहुत परिवर्तन की गुंजाइश है, जैसे–मैं–मुझे, मेरे। हम–हमें, हमारा, उस–उसे, उसका।

(iii) **विशेषण–**हिन्दी व्याकरण में विशेषणों की रचना संज्ञा, सर्वनाम के अनुरूप है। लगभग सभी गुणवाची विशेषणों की बनावट विशेषण पर आधारित होती है तथा तद्नुसार है।

सीता अच्छी लड़की है। (विशेषण स्त्रीलिंग)

लड़के अच्छे हैं। (विशेषण बहुवचन)

(iv) **लिंग-वचन** के अनुसार रूप परिवर्तन। यह व्यवस्था संस्कृत पर आधारित है,जैसे-निचला–निचले, अच्छा–अच्छे आदि।

(v) **क्रिया–**क्रिया पद संरचना में आधार की विविधता हिन्दी व्याकरण का निजी वैशिष्ट्य है। लिंग, वचन, काल के अनुसार क्रिया रूप में परिवर्तन होता है, जैसे–राम जाता है। सीता जाती है।

राघव आया। राघव आता है। राघव आयेगा।

इसके अतिरिक्त मानक हिन्दी में क्रिया के अनेक भेद विद्यमान हैं।

वह सोचता रहा। (अपूर्ण क्रिया)

वह गिर गया, गिर जाना, काम करना, मार देना। (संयुक्त क्रिया)

(vi) **प्रेरणार्थक–**प्रेरणा से संचालित, खिलाना, दौड़ाना, पढ़वाना आदि। हिन्दी में संज्ञा से क्रिया बनाने की व्यवस्था है।

लाज–लजाना, लात–लतियाना, बात–बतियाना।

हिन्दी व्याकरण में विशेषणों से क्रिया बनाने की व्यवस्था है।

मोटा–मोटापा, गर्म, गर्माना।

4. वाक्य संरचना–हिन्दी की वाक्य संरचना का मूल आधार संस्कृत है। वाक्य संरचना

कर्ता	**कर्म**	**क्रिया**
राम	आम	खाता है
कर्ता	**क्रिया**	**कर्म**
Ram	eats	Mango

(क्रिया का असर जिस पर पड़ता है। उसे कर्म कहते हैं।)

हिन्दी में वाक्यों की तीन प्रकृति हैं :

(i) **सरल वाक्य**–केवल एक क्रिया होती है। उदाहरण, पानी बरसा।

(ii) **मिश्र वाक्य**–जिस वाक्य में एक साधारण वाक्य के अतिरिक्त उसके अधीन कोई दूसरा वाक्य हो। उदाहरण, वह कौन-सा भारतीय है जिसने गंगा का नाम न सुना हो।

(iii) **संयुक्त वाक्य**–जिस वाक्य में साधारण अथवा मिश्र वाक्यों का मेल संयोजक अव्ययों (जो, सो) द्वारा होता है, उसे संयुक्त वाक्य कहते हैं। अन्यतः, संयुक्त वाक्य उस वाक्य समूह को कहते हैं जिसमें दो या दो से अधिक सरल या मिश्र वाक्य हों और अव्ययों के द्वारा जुड़े हुए हों। उदाहरण, मैं डायरी लिखकर लेटा ही था कि पानी बरसने लगा और बारिश इतनी तेज होने लगी कि खिड़की बन्द करनी पड़ी।

हिन्दी वाक्य संरचना के कुछ अपने विशिष्ट नियम हैं जो मानक हिन्दी के लिए अनिवार्य हैं।

1. हिन्दी में विशेषण पद को विशेष्य से पहले रखने का विधान है। उदाहरण, राम एक ईमानदार प्रशासक है।
2. 'ने' परसर्ग लगने पर क्रिया कर्म के अनुसार प्रयुक्त होती है कर्ता के अनुसार नहीं। उदाहरण,
   मैंने रोटी खायी। (कर्म-स्त्रीलिंग, क्रिया-स्त्रीलिंग)
3. जिस वाक्य में भिन्न-भिन्न वचन तथा लिंग वाली संज्ञाएँ हों उसमें क्रिया का रूप अन्तिम संज्ञापद के अनुसार होता है, जैसे-मैंने एक कलम, एक डायरी और एक छाता खरीदा।

कहा जा सकता है हिन्दी एक समृद्ध और व्यापक भाषा है भौगोलिक विस्तार एवं विभिन्न स्थानीयताओं से सम्बद्ध और प्रभावित होने के बावजूद उसका एक मानक स्वरूप है और उसकी यह मान्यता एक व्यवस्थित व्याकरणिक ढाँचे पर आधारित है। इसमें सन्देह नहीं कि हिन्दी व्याकरण का मूल आधार संस्कृत है, पर प्रयोग और ज़रूरत के अनुसार हिन्दी ने अपने नियम भी बनाये हैं जो इस भाषा की प्राणवत्ता का सुबूत हैं।

खण्ड - ख

हिन्दी साहित्य का इतिहास

1. हिन्दी साहित्य और इतिहास-लेखन परम्परा का महत्त्व
2. हिन्दी साहित्य के इतिहास के चार युगों की साहित्यिक प्रवृत्तियाँ

    क. आदिकाल : सिद्ध, नाथ और रासो साहित्य
    (प्रमुख कवि : चन्दबरदाई, खुसरो, हेमचन्द्र, विद्यापति)

    ख. भक्तिकाल : सन्त काव्यधारा, सूफी काव्यधारा, कृष्ण भक्तिधारा और राम भक्तिधारा
    (प्रमुख कवि : कबीर, जायसी, सूर और तुलसी)

    ग. रीतिकाल : रीति काव्य, रीतिबद्ध काव्य, रीतिमुक्त काव्य
    (प्रमुख कवि : केशव, बिहारी, पद्‌माकर और घनानन्द)

    घ. आधुनिक काल : नवजागरण काल, गद्य का विकास, भारतेन्दु काल, छायावाद, प्रगतिवाद, प्रयोगवाद, नयी कविता, नवगीत, समकालीन कविता और जनवादी कविता
    (प्रमुख लेखक/कवि : भारतेन्दु, बालकृष्ण भट्‌ट और प्रताप नारायण मिश्र, मैथिलीशरण गुप्त, जयशंकर प्रसाद, सूर्यकान्त त्रिपाठी 'निराला', महादेवी वर्मा, रामधारी सिंह 'दिनकर', अज्ञेय, मुक्तिबोध, नागार्जुन)

1

हिन्दी साहित्य और इतिहास-लेखन परम्परा का महत्त्व

'अतीत के किसी भी तथ्य, तत्त्व एवं प्रवृत्ति के वर्णन, विवरण, विवेचन व विश्लेषण को–जो काल विशेष या कालक्रम की दृष्टि से किया गया हो इसे ही इतिहास कहा जा सकता है।'

इतिहास की अवधारणा

इतिहास का मूलाधार है–ऐसा हुआ है या हुआ था। इसकी दो मूल इकाई–अतीत और तथ्यात्मकता हैं अर्थात् अतीत और तथ्य के संयोग को इतिहास कहते हैं। अतीत से अर्थ समय से विच्छिन्नता नहीं है, बल्कि अस्तित्व की निरन्तरता से है। मानवीय दृष्टि से समय के दो छोरों के बीच निहित निरन्तरता का अध्ययन इतिहास है।

तथ्य को लेकर अवधारणाएँ बदल जाती हैं। पश्चिम में तथ्य वैयक्तिता के विरोध में हैं। भारतीय जीवन दृष्टि में तथ्य भी विषयपरक (Subjective) है। अत: तथ्य अविश्वसनीय है। इसमें इतिहास लेखन की परम्परा नहीं (तथ्य मूलक परम्परा) है। भारतीय जीवन दृष्टि के अनुसार, वह सत्य जो समय की रेत की परतों को हटाकर बार-बार मानवीय जीवन में प्रकट होता है वही इतिहास है। जब शब्द और अर्थ के बीच सुन्दरता की स्पर्धा हो तभी साहित्य की सृष्टि होती है।

समय के प्रति पश्चिमी अवधारणा रेखीय है। अत: जो घट गया है वह अद्वितीय है। परन्तु भारतीय अवधारणा चक्रीय है, अखण्डीय है, वर्तमान, भविष्य और भूत तीनों की सम्यक, समग्र अवधारणा। **टी.एस. इलियट** के अनुसार–'केवल अतीत ही वर्तमान को प्रभावित नहीं करता वरन् वर्तमान भी अतीत को प्रभावित करता है।'

साहित्य का अर्थ

साहित्य का सम्बन्ध 'सहित' शब्द से है। भामह–'शब्दार्थों सहितो काव्यम' अर्थात् शब्द और अर्थ का सहित भाव ही साहित्य है, अभिव्यक्ति और आस्वादन में कलात्मकता ही साहित्य है (शब्द के स्तर पर)। संसार के प्रति गहरे और दुर्निवार

लगाव से साहित्य की सृष्टि होती है। साहित्य जगत् की सत्यता स्थापित करता है (सम्बद्धता के स्तर पर)।

साहित्य अपने समय की मानव विरोधी शक्तियों का विरोध करने वाली विधा है। इसलिए साहित्य की मूल प्रकृति विरोधात्मक है, विपक्षधर्मी है, (मूल्यों के स्तर पर)।

साहित्य का दूसरा अनिवार्य तत्त्व है-सौन्दर्य। कुरूपता के खिलाफ दुनिया को सुन्दर बनाने का सपना साहित्य को जन्म देता है। सौन्दर्य बदलाव चाहता है, सौन्दर्य सकर्मक है, कर्मशील न कि अकर्मक।

मूलतः प्रश्नाकूलता मनुष्य की प्रज्ञा की पहचान है। साहित्य में स्थापित वस्तुओं के विरोध में प्रश्न उठाये जाते हैं। हर युग का साहित्य प्रश्नों से अपने युग को जोड़ता-तोड़ता है। कल्पनाशीलता से वर्तमान को गतिमान बनाना साहित्य को औचित्य प्रदान करता है।

आई.ए. रिचर्ड के अनुसार–'साहित्य जीवन की आलोचना है। साहित्य जीवन को सम्पूर्णता से देखने की कला है।'

साहित्य का इतिहास

साहित्य के इतिहास के बारें में आचार्य रामचन्द्र शुक्ल दो बातें कहते हैं–

'साहित्य जनता की चित्तवृत्ति का संचित प्रतिबिम्ब है और चित्तवृत्ति स्थिर नहीं होती। इसमें राजनीतिक, सामाजिक कारणों से परिवर्तन होता रहता है। जनता की बदलती चित्तवृत्ति एवं रचित साहित्य के बीच सम्बन्ध विधान की निरन्तरता का अध्ययन ही साहित्य का इतिहास है।' अतः साहित्य के इतिहास में दो बातें सम्मिलित हैं-पहली उसके काल का सामाजिक इतिहास और दूसरी उसके और लिखित रचनाओं के बीच का सम्बन्ध।

- फ्रेंच समाजशास्त्री टेन का कथन है कि 'साहित्य का इतिहास उससे सम्बन्धित परम्पराओं, राष्ट्रीय, सामाजिक वातावरण एवं समसामायिक परिस्थितियों से सम्बन्धित होता है।' साहित्य के इतिहास का अध्ययन उस देश के मनुष्य की चेतना व उसके सामाजिक व्यवहारों का अध्ययन है।
- जर्मन विद्वान ए.एच. केट का कहना है 'साहित्य के इतिहास का अध्ययन युग चेतना के अध्ययन से जुड़ा है। रचना के भीतर निहित सामाजिक परिस्थितियों का उद्‌घाटन साहित्य के इतिहास की मूल चुनौती है।'
- कार्ल मार्क्स के अनुसार–'चूँकि मानव सभ्यता का इतिहास वर्ग-संघर्ष का इतिहास है इसलिए साहित्य के इतिहास को भी वर्गीय सम्बन्धों के विश्लेषणों से जुड़ा होना चाहिए।'

19वीं सदी के पूर्व अनेक ग्रन्थ लिखे गये, जिनमें-कवियों के जीवनवृत्त व कृतित्त्व का परिचय मिलता है, भक्तिकाल, चौरासी वैष्णवन की वार्ता दो सौ बावन वैष्णवन की वार्ता, इनमें से कुछ में कालक्रम, सन् सम्वत् का अभाव दिखाई देता है। अतः इसे इतिहास की संज्ञा नहीं दी जा सकती।

हिन्दी साहित्य में इतिहास लेखन की परम्परा व प्रमुख इतिहासकारों की इतिहास दृष्टि

हिन्दी साहित्य के इतिहास लेखन की परम्परा फ्रांस से शुरू होती है। इनमें प्रमुख इतिहासकार हैं-गार्सां द तासी और इनकी पुस्तक का नाम है **लितरेत्युर ऐन्दुई ऐन्दुस्तानी।** यह दो भागों में प्रकाशित है–1839 व 1847। इसमें हिन्दी व उर्दू के अनेक कवियों का अंग्रेज़ी वर्णक्रमानुसार विवरण दिया गया है। इसमें केवल कवियों की सूची है। रूप से इसका कोई खास महत्त्व नहीं और न ही भाषा, साहित्य व परम्परा की कोई दृष्टि इसमें है।

दूसरे इतिहासकार हैं-शिवसिंह सेंगर। इनका इतिहास भी मूलतः इतिवृत्त संग्रह है। इनकी पुस्तक का नाम है-**'शिवसिंह सरोज** (1883)। इसमें हिन्दी के एक हजार कवियों का जीवनवृत्त व उनकी रचनाओं का परिचय दिया गया है। इतिहास लेखन की दृष्टि से प्रथम बड़ा प्रयास है। इसमें न तो काल विभाजन है, न ही रचनाकारों की श्रेष्ठता का विवरण, कोई प्रभावी इतिहास दृष्टि नहीं थी, लेकिन इसका महत्त्व यह है कि बाद के इतिहासकारों को सामग्री देने में उपयोगी है।

वास्तव में प्रथम इतिहास-जॉर्ज ग्रियर्सन द्वारा 1888 में लिखा गया। इनकी पुस्तक का नाम था-**'द मॉडर्न वर्नाक्यूलर लिटरेचर ऑफ हिन्दुस्तान।'** स्वतन्त्र रूप से इतिहास का ग्रन्थ नहीं था परन्तु ऐतिहासिक सोसायटी की पत्रिका के विशेषांक के रूप में इसमें यह प्रकाशित हुआ। रामचन्द्र शुक्ल ने कहा इतिहास लेखन की एक नयी परम्परा का मार्गदर्शन किया।

ग्रियर्सन द्वारा लिखित इतिहास की विशेषताएँ निम्नलिखित थीं–

1. कवियों और लेखकों का कालक्रमानुसार वर्गीकरण किया गया।
2. रचनाकारों और उनकी रचनाओं की प्रवृत्तियों पर प्रथम बार ध्यान दिया गया।
3. काल विभाजन के साथ-साथ नामकरण का प्रयास भी किया गया, जैसे आदिकाल–चारणकाल, धार्मिक काव्य, प्रेम काव्य, दरबारी काव्य आदि।
4. हिन्दी भाषा एवं हिन्दी साहित्य के सम्बन्धों पर विचार किया गया।
5. स्पष्ट भाषा नीति–संस्कृत, प्राकृत, अपभ्रंश व उर्दू के कवियों को अलग रखा गया।

6. हिन्दी के विकासक्रम का निर्धारण किया गया। चारण काव्य, भक्ति काव्य, प्रेम काव्य (कृष्ण काव्य), दरबारी काव्य का अलग-अलग जैसे विश्लेषण किया गया।

इसके बावजूद इसमें कुछ **कमियाँ** थीं–

- पूरे इतिहास के विश्लेषण में ग्रियर्सन के औपनिवेशिक पूर्वाग्रह परिलक्षित होते हैं। उदाहरण के लिए, भक्ति काव्य ईसाई मत से प्रेरित है।
- साहित्य की उभरती हुई प्रवृत्तियों का समाज से तालमेल नहीं बैठा सकें।
- ऐतिहासिक तथ्यों में असंगति। उदाहरण चारण काव्य का समय छठी सदी बताया गया है।

मिश्रबन्धुओं द्वारा लिखित 'मिश्रबन्धु विनोद' हिन्दी इतिहास लेखन का सबसे बड़ा ग्रन्थ था।

इसको चार खण्डों में प्रकाशित किया गया–पहला, दूसरा, तीसरा (1913) में प्रकाशित हुआ, जबकि चौथा (1934) में।

विशेषताएँ–इसकी प्रमुख विशेषताएँ निम्नलिखित हैं–

1. इतिहास लेखन के प्रति एक गहरी जवाबदेही की भावना दिखाई देती है।
2. 5000 से अधिक कवियों का संकलन।
3. आठ काल खण्डों से अधिक में हिन्दी साहित्य का विभाजन।
4. कवियों के विवरण के साथ-साथ साहित्य के विभिन्न अंगों पर प्रकाश।
5. कवियों के सापेक्षिक महत्त्व का विवरण।

इसमें समग्र इतिहास दृष्टि का अभाव, जो ग्रियर्सन में दिखाई देती थी। अत: यह उससे पिछड़ा है। इसकी मुख्य देन तथ्य प्रस्तुत करने में है। आचार्य रामचन्द्र शुक्ल ने कृतज्ञता प्रकट करते हुए कहा इतिहास लेखन को बृहद् आधार प्रदान किया।

इन सबमें सबसे महत्त्वपूर्ण इतिहास आया, आचार्य रामचन्द्र शुक्ल का। जिसमें विभिन्न पुस्तकों का नाम पहली बार प्रकाशित किया गया पुस्तक का नाम था। 'हिन्दी साहित्य का इतिहास।'

विशेषताएँ–इसकी प्रमुख विशेषताएँ इस प्रकार हैं–

1. साहित्य के इतिहास के प्रति एक निश्चित व सुस्पष्ट दृष्टिकोण। जो प्रतिमान तय किये उनका पूर्ण निर्वाह किया। दृष्टि की निरन्तरता।

2. युगीन परिस्थितियों के सन्दर्भ में साहित्य के विकास और परिवर्तन की व्याख्या। इसमें परिस्थितियों को निर्णायक रूप दिया गया। इतिहास के प्रति नितान्त वैज्ञानिक व वस्तुवादी दृष्टिकोण है।

3. साहित्य के इतिहास को साहित्य लोचन के रूप में भी प्रस्तुत किया गया। इसमें विवरण मात्र ही नहीं विश्लेषण भी है।

4. काल विभाजन व नामकरण के आधारों का स्पष्टीकरण। यह इतिहास मात्र नहीं, इतिहास दर्शन भी है। नामकरण के आधार–(i) रचना का प्राचुर्य (ii) लोक प्रसिद्धि।

5. मूल्य प्रतिमानों की स्थापना। पहली बार इसमें की गयी कालजयी और जातीय विशेषताओं के आधार, नैतिक विचार के आधार पर, सामाजिक जवाबदेही के आधार पर। यह मूल्य प्रतिमान ही आचार्य शुक्ल का सबसे बड़ा प्रदेह है। साहित्य के प्रतिमान सर्वस्वीकृत हैं।

यद्यपि सबसे प्रसिद्ध और स्वीकार्य होने के बावजूद भी इसमें कुछ कमियाँ थीं, जैसे शुक्ल जी की कई प्रतिस्थापनाओं को खण्डित कर नयी प्रतिस्थापनाओं की प्रतिष्ठा हुई। उदाहरणस्वरूप 'भक्ति काल को इस्लामी विजय की प्रतिक्रिया के स्थान पर भारतीय परम्परा का सांस्कृतिक पल्लवन बताया।' –पं. हजारी प्रसाद द्विवेदी (1940)

साहित्य की भूमिका

इसके बाद जो इतिहास आया उसका नाम था 'साहित्य की भूमिका' इसके लेखक पण्डित हजारी प्रसाद द्विवेदी थे। यह 1940 में प्रकाशित हुआ।

इसकी विशेषताएँ इस प्रकार हैं–

1. शुक्ल जी से भिन्न एक नयी इतिहास दृष्टि की स्थापना।

2. शुक्ल जी की एकांगी परिस्थितिपरक दृष्टिकोण के स्थान पर दोनों पूरक हैं, परम्परा का महत्त्व। इन्होंने इतिहास अध्ययन को सम्यकता प्रदान की।

3. अपभ्रंश साहित्य को प्रमुखता दी। बाद में 'हिन्दी साहित्य : उद्‌भव और विकास' व 'हिन्दी साहित्य का आदिकाल' भी इन्होंने लिखा। जिसमें रामविलास शर्मा और भारतेन्दु युग पर भी ध्यान केन्द्रित (1950) किया। हिन्दी साहित्य की विकास और परम्परा पण्डित हजारी प्रसाद द्विवेदी ने भारतेन्दु हरिश्चन्द्र से माना जिसके अन्तर्गत फुटकल रचनाएँ लिखी गयीं।

इन तीनों इतिहासकारों की इतिहास दृष्टि।

1. रामचन्द्र शुक्ल 2. हजारी प्रसाद द्विवेदी

3. रामविलास शर्मा।

1. रामचन्द्र शुक्ल–इनकी इतिहास दृष्टि का केन्द्र है परिस्थितियाँ और युग सन्दर्भ। साहित्य के इतिहास का परिवर्तन आन्तरिक घटनाओं से नहीं होता वरन् बाह्य परिस्थितियों से होता। इन्होंने अन्तर्मुखी प्रवृत्तियों और रहस्यवाद का विरोध किया, इसलिए कहा कि साहित्य जनता की चित्तवृत्ति का प्रतिबिम्ब होता है और चित्तवृत्ति राजनीतिक, सामाजिक परिस्थितियों से निर्मित होती है।

2. हजारी प्रसाद द्विवेदी–इतिहास परम्पराओं से निर्मित होता है। इन्होंने छिपे हुए कारणों की व्याख्या की, परिस्थितियों की नहीं। साहित्य की निरन्तरता पर जोर दिया।

रामविलास शर्मा–भारतीय समाज के विकास के परिप्रेक्ष्य में साहित्य के विकास की व्याख्या की। ये मार्क्सवादी आलोचक है।

इन्होंने साहित्य के कई काल बताये–

पूर्व वैदिक काल–गण समाजों का काल

वैदिक - 11वीं–सामन्ती काल

12वीं–19वीं–व्यापारिक पूँजीवाद

19वीं - समकालीन–औद्योगिक पूँजीवाद

डॉ. रामकुमार वर्मा–'हिन्दी साहित्य का आलोचनात्मक इतिहास' (1938)। केवल 693 ई. से 1693 ई. की कालावधि। शुक्ल जी के वर्गीकरण का अनुसरण किया और सरल नाम दिये-सन्तकाव्य, प्रेम काव्य। इन्होंने ने भी अपभ्रंश साहित्य शामिल किया। इन्होंने हिन्दी साहित्यारम्भ 693 ई. को माना।

नागरी प्रचारिणी सभा–'हिन्दी साहित्य का बृहद् इतिहास'। अनेक लेखकों का सामूहिक प्रयास। शुक्ल जी के इतिहास के ढाँचे को किंचित् संशोधित करके अपनाया।

'हिन्दी साहित्य' सम्पादक - धीरेन्द्र वर्मा - सामूहिक प्रयास।

इस शताब्दी में इतिहास लेखन को लेकर सन्तोषजनक प्रगति हुई। विश्व इतिहास दर्शन के बहुमान्य सिद्धान्तों को अपनाया गया तथा नये सिद्धान्त भी प्रतिपादित किये गये। इसके अतिरिक्त अनेक पुस्तकें आलोचनाएँ व शोध आये। जिनमें एक विशेष काल खण्ड का विवेचन किया गया।

2

हिन्दी साहित्य के इतिहास के चार युगों की साहित्यिक प्रवृत्तियाँ

(क) आदिकाल

आदिकाल का परिवेश—परिवेश और रचना का सम्बन्ध उसी तरह होता है जैसे—जलवायु और बीज का। परिवेश का तात्पर्य है जीवन को प्रभावित करने वाली परिस्थितियाँ—राजनीतिक, धार्मिक, साहित्यिक परिस्थितियाँ (भाषिक परिस्थितियाँ), सांस्कृतिक परिस्थितियाँ से होता है।

"प्रकृति को रूप देने की प्रक्रिया संस्कृति है।"

काल निर्धारण व उसके आधार

किसी भी साहित्य के आरम्भ का प्रश्न भाषा की उत्पत्ति से जुड़ा है। भाषा की समग्रता की चरम निष्पति ही साहित्य है।

भाषा वैज्ञानिकों की धारणा है कि छठी से 15वीं सदी का समय अपभ्रंश का काल है। परन्तु 8वीं सदी से भाषा में कुछ ऐसे चिह्न दिखते हैं जो शुद्ध अपभ्रंश नहीं हैं। इन परिवर्तनों के आधार पर इसे उत्तर-अपभ्रंश कहा गया, क्योंकि भाषा के संकेत मानव अपभ्रंश से भिन्न थे। इस अपभ्रंश को चन्द्रधर शर्मा 'गुलेरी' ने पुरानी हिन्दी कहा जिसे राहुल सांस्कृत्यायन ने अपनी रचना 'पुरानी हिन्दी और उनकी रचनाएँ' स्वीकार किया। अत: आठवीं सदी के साहित्य को हिन्दी साहित्य में सम्मिलित किया गया है। आचार्य हजारी प्रसाद द्विवेदी, रामकुमार वर्मा आदि ने भी इस मत को स्वीकार किया है। आचार्य शुक्ल ने इसे अपभ्रंश (उत्तर अपभ्रंश को) प्रकृताभास (प्रकृत का आभास देती हुई हिन्दी) हिन्दी कहा। अत: सिद्धान्तत: शुक्ल जी भी 8वीं सदी की रचनाओं को भी भाषिक परिवर्तन का काल कहते हैं और इन्हें अपने इतिहास में सम्मिलित करते हैं। आदिकाल की 12 रचनाओं में चार अपभ्रंश भी शामिल हैं।

हिन्दी के प्रथम कवि को लेकर भी दो धारणाएँ हैं। शिवसिंह सेंगर भोज के दरबार के कवि पुष्प या पुण्ड नाम के कवि की ओर संकेत करते हैं। परन्तु इस कवि की कोई रचना उपलब्ध नहीं है। यह अनुमानाश्रित है। राहुल सांकृत्यायन जी सहरपाद (796 ई.) की ओर इंगित करते हुए कहते हैं, यही हिन्दी के प्रथम कवि हैं। सभी इतिहासकार भी ऐसा ही मानते हैं। राहुल जी के तर्क हैं :

1. सहरपा की भाषा में मानक अपभ्रंश से छूटने की स्पष्ट प्रवृत्ति सर्वव्याप्त दिखाई पड़ती है। सहरपा सिद्ध कवि हैं।
2. सन्त कवियों (कबीर, नानक, दादू, रैदास आदि) की बीज चेतना सहरपा की कविता में दिखाई देती है। मसलन अन्धविश्वासों, वर्णव्यवस्था का विरोध, आचरण की पवित्रता पर जोर इत्यादि।
3. सहरपा ने जिस छन्द व्यवस्था का प्रयोग किया (दोहा और पद) इसका प्रभाव परवर्ती काव्यों (14वीं-15वीं सदी) में दिखाई देता है।

इन सभी तर्कों के आधार पर सहरपा हिन्दी के प्रथम ज्ञात कवि हैं। आचार्य शुक्ल ने भी इसका विरोध नहीं किया।

शुक्ल जी ने विद्यापति (1371-14वीं सदी) व खुसरो (14वीं) को आदिकाल की अन्तिम सीमा पर रखा है। इसका कारण है विद्यापति के काव्य में आदिकाल के काव्यों की प्रवृत्तियों युद्ध और श्रृंगार (प्रेम) का विलोप होता दिखाई पड़ता है। खासकर रासो काव्यों में प्रेम की प्रकृति में परिवर्तन होता है। कवि युवा होती लड़की की उमंग और सामाजिक बन्धनों के बीच के संघर्ष को उल्लेखित करता है। (षोडशी राधा) का वर्णन देखने को मिलता है।

अमीर खुसरो के बारे में आचार्य शुक्ल कहते हैं कि वह हिन्दी की सामाजिक प्रवृत्ति का पहला कवि है और खड़ी बोली का भी प्रथम कवि।

इनके आधार पर 14वीं सदी को आदिकाल का अन्तिम बिन्दु कहा गया। अतः आदिकाल (8वीं-14वीं सदी) है।

भाषाविदों के अनुसार अपभ्रंश के रूप में निम्न परिवर्तन हुए :

- क्षतिपूरक दीर्घीकरण।
- कम्म–काम, हत्थ–हाथ, कज्ज–काज।
- परसर्गों की बहुलता–अपभ्रंश की तुलना में देखने को मिलती है।
- तत्सम शब्दों की बहुलता।

आदिकाल का परिवेश

राजनीतिक परिवेश–राजनीतिक परिस्थितियों का असर भाषा और साहित्य की प्रकृति पर पड़ता है। आदिकाल की तीन स्पष्ट राजनीतिक प्रवृत्तियाँ दिखाई देती हैं–

1. विकेन्द्रीकरण–राजा हर्षवर्द्धन की मृत्यु के बाद केन्द्रीय सत्ता में बिखराव देखने को मिलती है। इसे बल मिला बाहरी आक्रमण से। इस विकेन्द्रीकरण का प्रभाव देश की राजनीतिक समग्रता पर पड़ा। साहित्य में वीरता है परन्तु राष्ट्रीयता दिखाई नहीं पड़ती।

2. अस्थिरता–बाह्य आक्रमण और सामन्तों की अन्दरूनी लड़ाई के निरन्तर चलते रहने से पूरा का पूरा साहित्य ओज, गति और उत्तेजना का साहित्य नजर आता था। कोई स्थायी दर्शन नहीं दिखता। साहित्य और घटना बहुल है। भक्तिकाल में घटनाओं की जगह अनुभव दिखाई देता है। छन्द व्यवस्था तक में सूक्ष्म परिवर्तन दिखाई देता है।

3. शक्ति प्रदर्शन और वीरता की भावना–वीरता को ही जीवन का आत्यन्तिक लक्ष्य माना। परमाल रासो–"अठारह बरस क्षत्रिय जिये, आगे जीने को धिक्कार।"

धार्मिक परिस्थितियाँ–यह काल धार्मिक सांस्थानिकता का काल है। धर्म की सभी धाराओं के संस्थान हैं और ये संस्थान अपनी धुरियों से निकल गये हैं। बौद्ध धर्म का पतन हो गया था। इसमें स्त्री व शराब का सेवन अत्याधिक हो गया था। जैन धर्म, बाह्याडम्बरों से भर गया था। धर्म के संस्थानीकरण का परिणाम सामाजिक अधर्मता ही होती है। धर्म चेतना छोड़ कर्म काण्ड से युक्त हो गया। बौद्ध और **कापालिकों** में हिंसा भी बहुत अधिक बढ़ गयी। शैव और वैष्णवों में हिंसात्मक प्रतिद्वन्द्विता दिखाई देती है। धार्मिक मूल्यों के विकास का युग था। अतः साहित्य में लौकिकता व ऐतिहासिकता की चरम प्रवृत्तियाँ दिखाई देती हैं। सफलता, वीरता और शौर्य ही सामाजिक मूल्य थे। आदिकालीन साहित्य इसी में सिमटा हुआ था। परन्तु दरबार से बाहर लिखे काव्य में अलग प्रवृत्तियाँ भी हैं। अद्रदहभाण का 'सन्देश रासक' विरह काव्य है।

सामाजिक स्थितियाँ–राजनीतिक-धार्मिक परिस्थितियों से ही सामाजिकता का निर्माण होता है। सामाजिक संरचना सामन्ती है। इसके मूल्य हैं–वर्ण व्यवस्था, स्त्री की पराधीनता पर आधारित है। समाज भोग-विलास में डूबा रहता था और किसी उच्चतर मूल्यों के लिए प्रेरित नहीं था, परन्तु वीरता व बलिदान ज़रूर एक स्थापित मूल्य था।

साहित्यिक–राजनीतिक परिवेश–अभूतपूर्व सांस्कृतिक उत्थान। नये वाद्यों और रागों की सृष्टि। स्थापत्य में अभूतपूर्व, कोणार्क, दिलवाड़ा, सोमनाथ का निर्माण दार्शनिकता की दृष्टि से यह अत्यन्त उर्वर समय था। - 8वीं सदी - शंकराचार्य का उदय, 11वीं सदी - रामानुज सम्प्रदाय का उत्थान। आचार्यत्त्व के स्तर पर ध्वनि सिद्धान्त के आचार्य आनन्द दर्शन, अभिनव गुप्त, राजशेखर आदि। महत्त्वपूर्ण संस्कृत की रचनाएँ लिखीं गईः हर्ष-नैवध चरित्र, कल्हण-राजतरंगिणी, सरस्वती -कणभरण-भोज।

आदिकाल का नामकरण

भूमिका–हिन्दी साहित्य के इतिहास का सर्वाधिक विवादास्पद प्रश्न आदिकाल के नामकरण को लेकर है। इसके चार मुख्य कारण हैं :

1. भाषिक अनिश्चय–भाषा को लेकर मतभेद है कि भाषा के किस मोड़ पर अपभ्रंश माना जाये और कहाँ से हिन्दी, क्योंकि एक ही भाषा के दो रूप (शेड्स) हैं।
2. धार्मिक साहित्य को लेकर विवाद की स्थिति–साहित्य है या नहीं। रामचन्द्र शुक्ल शामिल नहीं करते लेकिन अन्य मानते हैं। अतः सम्मिलित किया जाये या नहीं। यह प्रश्न आज भी अनिर्णीत है।
3. रचनाओं की प्रमाणिकता पर प्रश्न चिह्न–रचनाएँ कब की हैं और किसकी हैं। रचनाओं का रूप भी समय के साथ परिवर्तित होता रहा है। अतः इसका मूल रूप क्या था यह कहना मुश्किल है।
4. विद्यापति की पदावली और खुसरो की पहेलियाँ
5. लोक साहित्य की स्वच्छन्द गति–तीन तरह की रचनाएँ–धार्मिक, राजदरबारों की और लोक साहित्य। लोक साहित्य को कहाँ रखा जाये।

नामकरण का सर्वप्रथम प्रयास ग्रियर्सन ने किया है। उन्होंने इसे 'चारणकाल' कहा, क्योंकि राजाश्रित कवियों में चारणता की प्रवृत्ति थी, अतिशयोक्तिपूर्ण प्रशंसा की प्रवृत्ति थी। ग्रियर्सन का काल निर्धारण 647 ई.–1388 ई. तक का है। परन्तु वे एक भी रचना 10वीं सदी से पूर्व की नहीं दिखा पाये जिसमें चारणता की प्रवृत्ति हो। दूसरा चारणकाल युग की समस्त सामग्रियों का प्रतिनिधित्व नहीं करता। यह संकुचित नाम है।

मिश्र बन्धुओं ने अपने ग्रन्थ 'मिश्र बन्धु विनोद' में 'प्रारम्भिक काल' नाम सुझाया। यह नाम स्वयं में अस्पष्ट और अर्थहीन है और किसी रचना प्रवृत्ति को इंगित नहीं करता है। रचना प्रवृत्ति से शून्य, सामान्य संज्ञा मात्र है। यह रचनाओं की विशेषता नहीं बताता।

रामचन्द्र शुक्ल अपने हिन्दी साहित्य में वीरगाथाकाल नाम लेकर आये। जो सुचिन्तित और औचित्यपूर्ण है। शुक्ल जी अपभ्रंश या प्राकृताभास हिन्दी से ही हिन्दी साहित्य के इतिहास का आरम्भ मानते हैं। वे कहते हैं–अपभ्रंश या प्राकृताभास हिन्दी के पद्यों का पुराना पता तान्त्रिक और योगमार्गी बौद्धों की साम्प्रदायिक रचनाओं में विक्रम की सातवीं सदी के अन्तिम चरण में मिलने लगता है, लेकिन वे इन रचनाओं से साहित्य का आरम्भ नहीं मानते, इसलिए ये साम्प्रदायिक शिक्षा मात्र है। अतः शुद्ध साहित्य की कोटि में नहीं आ सकती। नामकरण साहित्य के आधार पर होगा, भाषा के आधार पर नहीं। वे उपदेश और शिक्षा से प्रेरित रचनाओं को साहित्य नहीं मानते हैं। वे मुँज और भोज (1000–1055 ई.) से आदिकाल साहित्य की शुरुआत मानते हैं।

आचार्य रामचन्द्र शुक्ल ने आदिकाल की इस दीर्घ परम्परा में प्रथम डेढ़ सौ वर्षों के भीतर रचना की विशेष प्रवृत्ति का निश्चय नहीं होता। इस दौरान चर्म, नीति,श्रृंगार, वीर–सब प्रकार की रचनाएँ दोहों में मिलती हैं। इस अनिर्दिष्ट लोक प्रवृत्ति के उपरान्त जब मुसलमानी आक्रमण शुरू होता है तब रचना की एक विशेष दिशा या धारा दिखनी शुरू होती है। राज्याश्रित कवियों की अपने स्वामियों की शौर्यगाथा रासो काव्य के रूप में है। इसलिए शुक्ल जी ने रचना की इस विशेष प्रवृत्ति के आधार पर इसे वीरगाथा काल कहा। नामकरण के लिए बारह ग्रन्थों को चुना।

अपभ्रंश की	**देशभाषा की**
1. विजयपाल रासो	5. खुमान रासो
2. हम्मीर रासो	6. बीसलदेव रासो
3. कीर्तिलता	7. पृथ्वीराज रासो
4. कीर्ति पताका	8. जयचन्द्र प्रकाश
	9. जयमयंक जस–चन्द्रिका
	10. परमाल रासो
	11. खुसरो की पहेलियाँ
	12. विद्यापति की पदावली

इनमें से अन्तिभ दो तथा बीसलदेव रासो को छोड़कर शेष ग्रन्थ वीरगाथात्मक ही हैं। अत: आदिकाल का नाम वीरगाथा काल ही रखा जा सकता है।

इस मान्यता की पुष्टि हजारी प्रसाद द्विवेदी ने की, उन्होंने कहा–'यह सत्य है कि इस काल की रचनाओं में वीरत्त्व का एक नया स्वर सुनाई देता है। इस काल में वीर रस को सचमुच ही बहुत प्रमुख स्थान प्राप्त है।'

राहुल सांस्कृत्यायन के अनुसार तत्कालीन कविताओं में हमें तीन तरह ही प्रवृत्ति दिखती है :

1. आध्यात्म या रहस्यवाद।
2. निराशावाद।
3. युद्धवाद या वीर रस।

लेकिन इसके बावजूद शुक्ल जी का नाम परवर्ती इतिहासकारों द्वारा स्वीकार नहीं किया गया इसका कारण बहुत तार्किक है क्योंकि यह जनता की चित्तवृत्ति से कवि की वृत्ति को जोड़ती है।

परवर्ती इतिहासकारों द्वारा इसे अस्वीकार करने के आधार

1. रचनाओं की संदिग्धता–स्वयं आचार्य शुक्ल जी रचनाओं की संदिग्धता को स्वीकार करते हैं। वे पृथ्वीराज रासो को जाली ग्रन्थ तक कहते हैं। फिर भी इनके आधार पर नामकरण करते हैं। इसके दो कारण हैं :
(क) वे मानते हैं इनका कोई न कोई मूल रूप रहा होगा।
(ख) इन रचनाओं की लोकप्रसिद्धि निर्विवाद है। अतः अनुमान और लोकप्रसिद्धि के आधार पर वैज्ञानिक नामकरण सम्भव नहीं।

2. धार्मिक साहित्य–शुक्ल जी इसे साहित्य की श्रेणी में नहीं रखते। बौद्ध, सिद्ध, नाथ और जैनियों की रचनाएँ रूढ़ एवं उपदेशमूलक हैं। वे हठयोग या कायायोग का प्रचार करने वाली हैं। इनमें कोई अनुभूति नहीं है जो आचार्य शुक्ल के अनुसार साहित्य का मेरूदण्ड है, लेकिन उनके इस तर्क पर आपत्ति की गयीं है और कहा गया है कि यह साहित्य की संकुचित दृष्टि है।

हजारी प्रसाद द्विवेदी के अनुसार – 'केवल धार्मिक होने मात्र से किसी साहित्य को साहित्य की श्रेणी से अलग नहीं कर सकते। मनुष्य चित्त को रूढ़िग्रस्त धर्मभावना से मुक्त कर और सहज सत्य के प्रति उन्मुक्त करके उन्होंने (बौद्ध, सिद्ध आदि) परवर्ती भक्त कवियों के लिए क्षेत्र प्रस्तुत किया है। इसलिए इन रचनाओं को हम साहित्य से हटा नहीं सकते। इन्होंने जितनी दूर तक मनुष्य चित्त को रूढ़ि के विचार से मुक्त करके सहज सत्य तक पहुँचाने में सहायता की, इतनी दूर तक वह सच्चे साहित्य के अन्दर गिनी जाने योग्य है।'

हजारी प्रसाद द्विवेदी आक्रामकता को भी साहित्य का रूप मानते हैं। जहाँ केवल ठण्डे उपदेश हैं वे साहित्य नहीं हैं, परन्तु जहाँ वर्णव्यवस्था, आडम्बरों आदि का विरोध (चित्त को मुक्त करने वाली) है, वहाँ भी साहित्य है।

काव्य केवल आनन्दित करने के लिए नहीं है यह उद्वेलित भी करता है। कबीर और मीरा आदि की रचनाओं में इसके बीज हैं। अगर धार्मिक साहित्य होने के कारण इसे साहित्य से अलग रखा गया तो पूरा भक्तिकाल भी हटाना पड़ेगा।

अतः कविता और रचना के परिमाण व्यापक होने चाहिए। साहित्य आकाशधर्मी होना चाहिए। इस सन्दर्भ में हजारी प्रसाद द्विवेदी के तर्क अधिक उपयुक्त हैं।

3. विषयवस्तु का संकुचन–यह आदिकाल की सम्पूर्ण सामग्री का प्रतिनिधित्त्व नहीं करता और नहीं समस्त रचना प्रवृत्तियों का। अतः स्वयं शुक्ल जी खुसरो, विद्यापति व बीसलदेव रासो को बाहर रखते हैं।

4. भाषा की स्थिति का संकेत नहीं–यह भाषा की स्थिति का संकेत नहीं करता और भाषिक प्रवृत्तियों की उपेक्षा करता है।

(द्विवेदी जी कहते हैं कि जब तक कोई उपयुक्त नाम नहीं मिलता तब तक 'आदिकाल' ही उपलब्ध नामों में उपयुक्त है।)

हालाँकि यह नाम खारिज कर दिया गया। परन्तु शुक्ल जी की अपनी ऐतिहासिक सीमाएँ थीं। चूँकि उपलब्ध सामग्री बहुत सीमित थी और इन्हीं के आधार पर साहित्य का इतिहास लिखना पड़ा। अतः शुक्ल जी के नामकरण की सीमा मुख्यतः समय की सीमा है, प्रतिभा की नहीं। अन्यथा शुक्ल जी के तर्क अकाट्य हैं।

इस रूप में आगे चलकर दो प्रवृत्तियों को प्रमुखता देते हुए। राहुल सांकृत्यायन जी ने 'सिद्ध सामन्त' काल ('हिन्दी काव्यधारा' की भूमिका में) का नाम दिया। वे इसमें युग प्रवृत्तियों को रेखांकित करने वाली समस्त रचनाओं को शामिल करते हैं। वे बौद्ध सिद्धों की रचनाओं से हिन्दी साहित्य का आरम्भ मानते हैं। रचनाकारों (सिद्ध) एवं समाज (सामन्त) की केन्द्रीय चेतना को मिलाकर उन्होंने यह नाम दिया।

विद्यापति में भी सामन्ती चेतना के स्वर अप्रत्यक्ष रूप से मिलते हैं।

आदिकाल की सीमा

- सिद्ध रचनाकार थे और सामन्त रचनाओं के प्रेरक परन्तु इस नाम से प्रतीत होता है कि सामन्त भी रचना करते थे।
- पूरा का पूरा लोक साहित्य, विद्यापति और खुसरो की रचनाओं की उपेक्षा होती है।

रामकुमार वर्मा—रामकुमार वर्मा ने सन्धिकाल भाषा के लिए 'सन्धिकाल' एवं 'चारणकाल'। अपभ्रंश और पुरानी हिन्दी का सह अस्तित्व है। चारणकाल की रचना प्रवृत्ति को रेखांकित करता है। कुल मिलाकर

(i) युग के नामकरण में संक्षिप्तता होनी चाहिए। (अच्छे नामकरण की शर्त)

(ii) दोनों नाम मिलकर किसी रचना प्रवृत्ति का संकलन नहीं करते।

(iii) चारणकाल कहने से अन्य रचना प्रवृत्तियों की उपेक्षा।

अतः उपलब्ध नामों में से सर्वाधिक उपयुक्त नाम के रूप में 'आदिकाल' नाम शुक्ल जी ने ही दिया था। द्विवेदी जी ने इसे स्वीकृत किया।

हजारी प्रसाद द्विवेदी के तर्क

1. आदिकाल नाम से सभी रचना प्रवृत्तियों का प्रतिनिधित्त्व होता है—भाषा, अन्तर्वस्तु और शिल्पविधान तीनों स्तरों पर। यह नाम आदिकाल का सम्यक प्रतिनिधित्त्व करता है।

2. व्यापक भावभूमि का बोध होता है जो परवर्ती साहित्य का आधार है। धर्म, वीरता, श्रृंगार और लोकरचना - इन सब प्रवृत्तियों के बीज आदिकाल में दिखते हैं। प्रबन्ध काव्य (रासो काव्य), मुक्तक परम्परा (विद्यापति), खण्ड काव्य, गीत और छन्द व शिल्प विधान के स्तर (दोहा) की प्रवृत्तियाँ उसी युग में दिखती हैं।

अतः भाव, भाषा और संरचना की दृष्टि से आदिकाल ही उपयुक्त है। हालाँकि इसकी भी सीमाएँ हैं।

- आदिकाल को रामचन्द्र शुक्ल ने वीरगाथाकाल कहा। पर यह स्वीकृत नहीं हो सका। शुक्लोत्तर इतिहास लेखन में आदिकाल ही स्वीकृत हुआ।
- काल खण्ड - 8वीं से 14वीं सदी के मध्य शुक्ल जी ने स्वयं प्राकृताभास हिन्दी की रचना का साहित्य के इतिहास में रखा। सहरपा से विद्यापति तक ये लक्षण दिखाई देते हैं।
- आदिकाल का परिवेश संक्रमण और अनिश्चितता का है। पुराना टूट रहा है पर नया स्थापित नहीं हो पाया है। (अन्यकाल भारतेन्दु) हिन्दू राज का टूटना और इस्लाम का आगमन। यह संक्रमण अनिश्चित है। इसीलिए इसे संक्रमण काल भी कह सकते हैं।

आदिकाल के संक्रमण के स्तर

राजनीति–इस काल में सत्ता की केन्द्रीयता का ह्रास हुआ एवं क्षेत्रीय सत्ताओं का उदय हुआ।

सांस्कृतिक–मुस्लिम और हिन्दू संस्कृति का टकराव और समन्वय हुआ।

धर्म–धर्म के एक रूप में सामन्ती भोग विलास (धार्मिक स्खलन की प्रवृत्ति) की (सिद्धों), तो दूसरी ओर कठोर निग्रह की भावना की (नावन हठयोग) उत्पन्न हुई। अतः धर्म के स्तर पर भी अनिश्चितता बनी रही।

भाषा–अपभ्रंश और देशज भाषा का संक्रमण हुआ था (स्थापित भाषा) (उदय की स्थिति)।

अन्तर्विरोधों का चरम काल

हजारी प्रसाद द्विवेदी जी–यह काल नाना दृष्टियों से अत्यन्त महत्त्वपूर्ण है। शायद ही भारतवर्ष के साहित्य के इतिहास में इतने विरोधी और स्वतः व्याघातों का युग (अन्तर्विरोधों का युक्त) कभी आया होगा।

सामाजिक स्तर पर उथल-पुथल से साहित्य में अन्तर्विरोधों का जन्म होता है।

इस युग की प्रवृत्तियों की चर्चा इसी संक्रमित काल के परिप्रेक्ष्य में करेंगे–

परस्पर विरोधी काव्य प्रवृत्तियों का समाहार

संस्थानिकता की जड़ता–अन्तर्विरोधों से युक्त होने के कारण इस काल खण्ड में निश्चित चेतना नहीं है। अनेकानेक परस्पर विरोधी दबाव हैं, रचना की मनीषा पर। यह जैन-सिद्धों से शुरू होता है धार्मिक संस्थापना के अन्तर्गत लिखे साहित्य में

साम्प्रदायिक शिक्षा व उपदेश का काल है। साथ ही अनुभव और अन्तरसाधना की प्रधानता है। इसमें सांस्थानिकता और धर्म के स्तर पर की गयी स्थापनाओं में भी परस्पर विरोधी काव्य प्रवृत्तियाँ देखने को मिलती हैं। अनुभव एक-दूसरे के विरोध में है। अनुभव और शास्त्र की टकराहट नाथ और जैन -सिद्ध में दिखाई देती है।

जैन-सिद्धों के विरुद्ध नामों का उदय—काव्यचेतना के स्तर पर वीरता और श्रृंगार की परस्पर विरोधी प्रवृत्तियाँ दिखाई देती हैं। इस युग की वीरता व्यक्तिगत दर्प और अहं से प्रेरित है। शौर्य प्रदर्शन काम ग्रन्थि से पैदा होता है। वीरता और श्रृंगार दोनों पूरक हैं इस युग की वीरता किसी उच्चतर मूल्यों से नहीं जुड़ी है। वीरता में बलिदान या राष्ट्रभक्ति की भावना नहीं है। अतः वीरता मुख्यतः स्त्री को अपने पुरुषार्थ का प्रमाण देने के लिए है।

दो तरह का साहित्य—इस युग में दो तरह का साहित्य रचा गया। राजाश्रय व दरबारों का काव्य (लगभग सभी रासो काव्य)। इसके अतिरिक्त लोक काव्य, खुसरो की पहेलियाँ, सन्देश रासक, विद्यापति। पहले में राजकीय वातावरण का वर्णन है तो दूसरे में लोक व्यवहारों की झलकियाँ दिखाई देती हैं। यह साहित्य दो समानान्तर सामाजिक धाराओं का परिचय देता है।

सामन्ती जीवन मूल्यों की प्रबलता

आदिकाल सामन्ती परिवेश का काल है जो समाज व्यवस्था के स्तर पर रीतिकाल तक व्याप्त रहता है। इस व्यवस्था से तीनों कालों के अलग-अलग रिश्ते हैं। सामन्ती व्यवस्था से आदिकाल का रिश्ता अतिक्रमण का नहीं है वरन् प्रभाव ग्रहण का है। यह तोड़ता नहीं है वरन् प्रभावित होता है। जबकि भक्ति काल सामन्ती व्यवस्था को तोड़ता है और उसका विकल्प खोजता है। तुलसीदास तक में 'कलियुग महिमा' में सामन्ती व्यवस्था के विरुद्ध रामराज्य की संकल्पना है। रीतिकाल का काव्य सामन्ती भोग-विलास में डूबी कविता का है। इस दृष्टि से आदिकालीन कविता में सामन्ती जीवन मूल्यों की प्रबलता है। यह परिलक्षित होता है।

नारी की स्थिति या नारी जीवन का चित्रण—नारी का कोई अलग व्यक्तित्व नहीं है। नारी पुरुष के भोग-विलास की मात्र एक वस्तु है। हालाँकि नारी को लेकर युद्ध होता है परन्तु नारी महत्त्वपूर्ण नहीं है वरन् उसके संरक्षक पुरुष का अहं महत्त्वपूर्ण है। नारी को परिवार व समाज में कोई स्वाधीनता प्राप्त नहीं है। नारी के कुछ निश्चित रूप हैं—वह सम्पत्ति है और नारी का विरहिणी रूप कवियों का प्रिय विषय है। अतः आदिकाल स्त्री विरह के चित्रण से भरा पड़ा है—रासो काव्य में भी और लोक साहित्य में भी। विरहिणी रूप नारी की दयनीय स्थिति की ओर इंगित करता है। इस काल में विरह की प्रबलता को देखते हुए यह कहा जा सकता है कि नारी विवश, व्यापित और दयनीय है। नारी का सम्मान न के बराबर है।

विरहिणी का चित्रण—बीसलदेव रासो और सन्देश रासक—लोकरूप में लिखा अपभ्रंश और देशभाषा का पहला विरह काव्य है, जो सौन्दर्य का प्रतिमान भी है। अतः इसमें ज्ञात होता है कि स्त्री केवल पुरुष की इच्छाओं की पूर्ति करने वाली है। रासो काव्य में, विद्यापति के लोक साहित्य में भी स्त्री का कामिनी रूप ही प्रमुख है। स्त्री का सौन्दर्य वास्तविक नहीं है, इन्द्रजाल है जिसमें पुरुष दिग्भ्रमित है। सौन्दर्य में पारलौकिकता है—निष्कलंक, बेदाग और अनछुआ सौन्दर्य। इस प्रकार का सौन्दर्य चित्रण सामन्ती सोच से प्रेरित है। इसके अतिरिक्त वह भोग्या है। उसके लौकिक रूप नहीं दिखाई पड़ते हैं। स्त्री के ये रूप सामन्ती जीवन मूल्यों के कारण हैं।

धर्म सामन्ती व्यवस्था का मेरूदण्ड है, इसकी जीवन के समस्त क्षेत्रों में केन्द्रीय भूमिका है। धर्म ऐहिक जीवन की अपेक्षाओं से नियन्त्रित होता है। भोग-विलास की आकांक्षा सामन्ती है पर इसका रूप बदला हुआ है। यह व्यवस्था का विरोध नहीं करता है, क्योंकि धर्म भी राजाश्रय से पालित है। धार्मिक साहित्य में कहीं भी परिवर्तन की गूँज नहीं दिखाई पड़ती। यह शास्त्रवाद से संचालित है और सांस्थानिक है। सामन्ती जीवन मूल्यों का पोषक है। सिद्धों के यहाँ मद्य व स्त्री साधना अनिवार्य है। इनमें धर्म की यथास्थितिवादी भूमिका है। परन्तु धर्म में भी अन्तर्विरोध है। इस ऐहिक धार्मिकता के विरुद्ध नाथों का साहित्य है। इसमें धार्मिक सांस्थानिकता का विरोध है, काया एवं मन की शुचिता पर बल है। नाथों का धर्म अनुष्ठानिक नहीं है वरन् नितान्त वैयक्तिक है।

जैन धर्म सामाजिक आचार-विचार के लिए है, दूसरी नाथों के लिए धर्म आत्मशुद्धि है।

कविता में राज-दरबारों का वैभव, विलासिता, ऐश्वर्य आदि की चमक दिखाई देती है। राजसी वैभव व ऐश्वर्य की प्रधानता है—ख़ासकर रासो काव्यों में। अतः यह कविता लोक जीवन से सम्पृक्ति की धारा नहीं है।

कुल मिलाकर सामन्ती मूल्य तीन रूपों में दिखाई देती हैं :

(i) स्त्री की अवधारणा
(ii) धर्म का ऐहिक रूप
(iii) राजदरबार का ऐश्वर्य चित्रण

रासो काव्यों की बहुलता—रासो के कई अर्थ हैं। सामान्यता स्वीकृत अर्थ है जो प्रबन्ध काव्य रस युक्त है, मुख्यतः वीर एवं श्रृंगार रस से। आदिकाल में युद्ध एक ऐतिहासिक अनिवार्यता और मनःस्थिति है। इसका कारण है केन्द्रीय सत्ता का अभाव और बाहरी आक्रमण और वैयक्तिक स्वाभिमान की बढ़ती प्रवृत्ति। युद्ध समाज की मूल्य दृष्टि में है, जीवन में प्रमाणिकता की शर्त है। इस युग के पूरे

ऐहिक साहित्य में युद्ध की मनोवृत्ति व्याप्त है। युद्ध और युद्ध में जान देना मनुष्य की शोभा है, सार्थकता है। इस युद्ध का मूल कारण है व्यक्तिगत अहं और प्रेरक कारण है स्त्री।

इस युग में युद्धों का चित्रण अत्यन्त सजीव है क्योंकि राजाश्रित कवि योद्धा भी थे। युद्ध का व्यापक कैनवास है, अपनी समस्तता, सम्पूर्णता के साथ प्रारम्भ से परिणति तक। आश्रयदाता की वीरता का अतिशयोक्तिपूर्ण वर्णन इस काल की प्रमुख प्रवृत्ति है।

प्रकृति का व्यापक चित्रण दिखाई पड़ता है। इसके दो रूप हैं—एक तो सेनाओं के प्रयाण के रास्ते में (युद्ध के उद्दीपन में), दूसरा प्रेम में व प्रेम के उद्दीपन में। बारहमासा पद्धति की शुरुआत इसी युग में हुई है। अतः युद्धों के साथ विरह चित्रण में भी प्रकृति का चित्रण है परन्तु प्रकृति का स्वतन्त्र चित्रण कहीं नहीं है।

कथानक रूढ़ि का अर्थ है किसी घटना का कविता में बार-बार प्रयोग। बार-बार प्रयुक्त होने से रूढ़ि बन जाती है।

आदिकाल की प्रमुख विशेषताएँ

परस्पर विरोधी काव्य प्रवृत्तियों का समाहार
रासो काव्य की बहुलता।
वीरता और शृंगार की प्रवृत्ति
युद्धों का जीवन्त चित्रण
ऐतिहासिक प्रामाणिकता का अभाव
जनजीवन की अनुपस्थिति
कथानक रूढ़ियाँ
काव्य शैली
भषिक संरचना
आदिकालीन हिन्दी साहित्य का योगदान

आदिकाल में प्रयुक्त काव्य रूढ़ियाँ

1. नायक के मार्ग में शैतानी शक्तियों का आक्रमण;
2. नायक का पराशक्तियों से आशीर्वाद व सहयोग;
3. सन्देश प्रेषण—पक्षियों व पथिक द्वारा;
4. पक्षियों के संवाद के माध्यम से कथा की योजना।

इन्हीं रूढ़ियों का विकास प्रकारान्तर से भक्तिकाल के प्रबन्ध काव्य में दिखाई पड़ता है।

काव्य शैली–इस युग की पूरी संरचना दो स्तरों पर है–1. केन्द्रीभूत समाज व्यवस्था, 2. केन्द्रीयता का टूटना।

काव्य रूप के स्तर पर दो प्रवृत्तियाँ–

1. प्रबन्ध रचना–जीवन की सम्पूर्णता का आख्यान है, कथा है, पात्र है, पूर्वापद घटनाओं की निरन्तरता। चर्चित प्रबन्ध काव्य है–पउम चरिउ, रिट्ठमेयु चरिउ।

2. मुक्तक–कोई कथा नहीं। प्रत्येक पद्य स्वतन्त्र है।

आदिकालीन साहित्य में प्रबन्ध व मुक्तक दोनों की परम्परा है। प्रबन्ध काव्यों में संवाद धर्मिता व नाटकीयता है जो आगे चलकर हिन्दी प्रबन्ध काव्य की अपनी विशेषता बनी।

भाषिक संरचना–आदिकाल भाषा के निर्माण का काल है। इस काल में रचना में दो भाषाओं की समानान्तरता। विद्यापति व खुसरो में देशी भाषा का स्वरूप निरन्तर आता है। अतः यह युग एक भाषा से दूसरी भाषा के जन्म और विकास का युग है। अपभ्रंश की छाया रासो काव्य तथा धार्मिक साहित्य दोनों पर है। अतः यह भाषिक संक्रमण का युग भी है।

मात्रिक छन्दों की शुरुआत अपभ्रंश में हो गयी थी। अपभ्रंश का सर्वाधिक लोकप्रिय छन्द है–दुहा या दोहा। प्राकृत का है–गाहा या गाथा।

चूँकि वीरता प्रधान काव्य है अतः ऐसे छन्दों का प्रयोग किया गया है जिनमें वीरत्व हो, जैसे–तोटक, तोमर आदि। युद्धों की त्वरा और उत्तेजना में तेजी से छन्द बदलते हैं। रासो के छन्द परिस्थिति के अनुसार तेजी से बदल जाते हैं। इससे रचनाकारों की काव्य शक्ति का प्रमाण प्राप्त होता है। अतः भाषिक संक्रमण की स्थिति में भी छन्दों की काव्य प्रतिभा का प्रमाण हैं।

आदिकालीन कविता हिन्दी साहित्य के इतिहास और समाज के एक ऐसे दौर में लिखी गयी कविता है, जब परिवर्तन और ठहराव की शक्तियों में निरन्तर टकराव चल रहा था। राजनीतिक अस्थिरता, धार्मिक मूल्यवत्ता का क्षरण और सामन्ती मूल्यों के दृढ़तर होते हुए ढाँचे में इस कविता की रचना हुई। किसी बृहत्तर मूल्य की अनुपस्थिति के कारण प्राणवान होने के बावजूद इस कविता का कद बड़ा नहीं हो पाता। मनुष्य की चिन्ता की तुलना में राजाओं की चिन्ता इस कविता में अधिक दिखाई देती है लेकिन अपनी सभी सीमाओं के बावजूद यह कविता रचना के अनेक द्वारों का निर्माण करती है। इन्हीं द्वारों से भक्तिकालीन कविता का कारवाँ उस खुली दुनिया में पहुँचता है, जिसमें मनुष्य की मुक्ति के स्वप्न के साथ मानवीय धर्म को परिभाषित करने की तत्परता दिखाई देती है।

आदिकाल के प्रमुख कवि

चन्दबरदाई

आचार्य रामचन्द्र शुक्ल के अनुसार, चन्दबरदाई को हिन्दी का प्रथम कवि माना जाता है। इनके द्वारा रचित 'पृथ्वीराज रासो' को हिन्दी का प्रथम महाकाव्य माना जाता है। चन्दबरदाई की पहचान दिल्ली के अन्तिम हिन्दू सम्राट महाराजा पृथ्वीराज चौहान के एक दरबारी कवि और राज कवि के रूप में होती है। कवि होने के साथ-साथ ये एक व्याकरणाचार्य, छन्दशास्त्री, ज्योतिषाचार्य, पुराणवेत्ता, नाटककार आदि के रूप में भी विख्यात हैं। चन्दबरदाई सिर्फ़ एक कवि ही नहीं थे, अपितु पृथ्वीराज के बचपन के मित्र और सखा भी थे। जो ज़रूरत पड़ने पर उनको राजनीतिक सलाह भी देते थे, पृथ्वीराज ने 1165 से 1192 तक दिल्ली और अजमेर में शासन किया और यही चन्दबरदाई का रचनाकाल भी माना जाता है।

चन्दबरदाई का जन्म लाहौर में हुआ था। रासो के अनुसार, ये भट्ट जाति के जगात गोत्र के थे। डॉ. नगेन्द्र ने अपने **हिन्दी साहित्य के इतिहास** में लिखा है, इनका और महाराजा पृथ्वीराज का जन्म एक ही दिन हुआ था और दोनों ने एक ही दिन इस संसार को छोड़ा था। ऐसा माना जाता है इनका जन्म संवत् 1205 अर्थात् 1148 ई. में तथा मृत्यु संवत् 1249 अर्थात् 1191 ई. में हुई थी। भाषाशास्त्रियों के अनुसार, इनकी भाषा पिंगल थी, जिसे राजस्थान में ब्रजभाषा का पर्याय माना जाता है। शायद यही कारण है कि चन्दबरदाई को ब्रजभाषा का भी प्रथम कवि माना जाता है। इनकी रचना **पृथ्वीराज रासो** में सिर्फ़ महाराजा पृथ्वीराज चौहान के वीरतापूर्ण युद्ध का ही वर्णन नहीं है, अपितु इसमें कुछ अंश उनके प्रेम-प्रसंगों का भी है। पृथ्वीराज चौहान ने जितनी लड़ाइयाँ लड़ीं, उनमें से कुछ का उद्देश्य विवाह और अपहरण भी माना जाता है। यही कारण है कि इसमें इच्छिनी विवाह, पद्मावती विवाह, संयोगिता विवाह आदि अनेकों विवाह के प्रमाण उपलब्ध है, जो इनकी रसिकता और विलासिता की ओर संकेत करते हैं। वीर और श्रृंगार दो ही रस इस काव्य में दिखाई देते हैं। इस महाकाव्य में पृथ्वीराज चौहान के जीवन और चरित्र का भी वर्णन किया गया है।

पृथ्वीराज रासो ढाई हजार पृष्ठों का एक बहुत बड़ा ग्रन्थ है। जिसमें 69 सर्ग और अध्याय हैं। प्राचीन समय में प्रचलित लगभग सभी छन्दों का इसमें प्रयोग किया गया है, जिसमें से मुक्त छन्द, कवित्त, दोहा, त्रोटक, गाहा और आर्या प्रमुख हैं। ऐसा माना जाता है कि रासो के अन्तिम भाग को चन्दबरदाई के पुत्र जल्हण द्वारा पूर्ण किया गया था। शुक्ल जी के अनुसार जब शहाबुद्दीन गोरी पृथ्वीराज चौहान को कैद करके गजनी ले गया था। उसके कुछ दिनों बाद चन्दबरदाई भी वहाँ पहुँच गये थे, जाते समय उन्होंने अपने पुत्र जल्हण को रासो के 'शेष अंश को देते हुए कहा

था कि शेष पुस्तक को सम्पन्न करने की जिम्मेदारी अब तुम्हारी है।' ऐसा उल्लेख रासो में एक जगह दिखाई देता है।

"पुस्तक जल्हण हत्थ दै, चलि गज्जन नृपकाज।"

ऐसा माना जाता है कि कैद में बन्दी पृथ्वीराज को जब गजनी द्वारा अन्धा कर दिया गया था तो उनकी इस अवस्था को देख कर चन्दबरदाई का हृदय न सिर्फ़ द्रवित हो गया था बल्कि उन्होंने गोरी को मारने के लिए पूरी योजना भी बना ली थी। इसके लिए सबसे पहले तो उन्होंने गोरी के हृदय को जीता, फिर उन्होंने गोरी को बताया कि पृथ्वीराज चौहान एक ऐसा धनुर्धर है जो शब्दभेदी बाण चला सकता है। यह सुनकर गौरी के मन में पृथ्वीराज चौहान की यह कला और प्रतिभा को देखने की इच्छा उत्पन्न हुई। परिणामस्वरूप प्रदर्शन का दिन सुनिश्चित किया गया, प्रदर्शन के दिन चन्दबरदाई गौरी के साथ ही उसके बगल पर मंच आसीन हो गये। अन्धे पृथ्वीराज चौहान को जनसभा में लाया गया और उन्हें अपनी प्रतिभा का प्रदर्शन करने के लिए कहा गया तो पृथ्वीराज चौहान ने जो बाण चलाया। उसको देखकर अकस्मात् ही गोरी के मुँह से निकल पड़ा वाह! वाह! वाह! फिर क्या था। मौका मिलते ही चन्दबरदाई ने इधर अपनी प्रतिभा का परिचय देते हुए तत्काल एक दोहा पृथ्वीराज को सुना दिया, जिसमें यह कहा गया था कि गोरी कहाँ पर कितनी ऊँचाई पर बैठा है। जिससे इसका अन्दाजा पृथ्वीराज लगा सके। दोहा था :

चार बाँस चौबीस गज, अंगुल अष्ट प्रमान।
ता ऊपर सुल्तान है, मत चूको चौहान।।

यह सुनते ही पृथ्वीराज चौहान ने ऐसा अचूक बाण चलाया की गौरी फिर दोबारा अपने सिंहासन से उठ न सका और वहीं पर चित हो गया। ऐसी वीरता का वर्णन **पृथ्वीराज रासो** में दिखाई देता है। पृथ्वीराज रासो चन्दबरदाई का न सिर्फ़ पहला प्रामाणिक काव्य माना जाता है, बल्कि रासो परम्परा का वह प्रतिनिधि ग्रन्थ भी जिसमें तत्कालीन राजाओं की वीरता का वर्णन बखूबी किया गया है। जिसकी पराकाष्ठा के रूप में इसका स्थान सर्वश्रेष्ठ है।

अमीर खुसरो

अमीर खुसरो बहुमुखी प्रतिभा से सम्पन्न कवि व्यक्ति थे। वे एक महान सूफी सन्त, कवि (फारसी व हिन्दवी), निष्ठावान राजनीतिज्ञ, बहुभाषी, भाषाविद्, इतिहासकार, संगीत शास्त्री, गीतकार, गायक, खगोलशास्त्री होने के साथ-साथ सिद्धहस्त वीर योद्धा भी थे। अमीर खुसरो का पूरा नाम अबुल हसन यमीनुद्दीन अमीर खुसरो था। इनके पिता का नाम सैफुद्दीन था, जो लाचन जाति के तुर्क थे। लाचन जाति के तुर्क चंगेज खाँ के आक्रमणों से परेशान होकर बलबन (1266-1286 ई.) के एक शरणार्थी के रूप में भारत आ गये थे। अमीर खुसरो का जन्म 1253 ई. में उत्तर

प्रदेश के एटा जिले के पटियाली नामक कस्बे में हुआ था। वे जब महज सात वर्ष के थे तभी उनके पिता का देहान्त हो गया।

अपने तीन भाइयों में अबुल हसन (अमीर खुसरो) सबसे बड़े थे। 4 वर्ष की आयु में वे दिल्ली आये थे। 8 वर्ष की आयु में वे प्रसिद्ध सूफी हजरत निजामुद्दीन औलिया के शिष्य बने थे। 16-17 वर्ष की आयु में वे अमीरों के घर शायरी पढ़ने लगे थे। वे जब मात्र 20 वर्ष के थे तभी उनकी पहचान एक प्रसिद्ध कवि के रूप में हो चुकी थी। ऐसा माना जाता है कि अमीर खुसरो एकमात्र ऐसे कवि हैं जिन्होंने आठ सुल्तानों का शासन देखा था। अमीर खुसरो प्रथम मुस्लिम कवि होते हुए भी उन्होंने जमकर हिन्दी शब्दों का प्रयोग किया। इन्हें खड़ी बोली हिन्दी का पहला कवि भी माना जाता है। वे पहले कवि थे, जिन्होंने हिन्दी, हिन्दवी और फारसी में एक साथ लिखा। पहेलियाँ और मुकरियाँ लिखने में इनका कोई सानी नहीं था। इनकी भाषा में हिन्दवी का उल्लेख दिखाई देता है। मूलत: वे फारसी के कवि थे। इनको दिल्ली सल्तनत का आश्रय मिला हुआ था। इसीलिए इनका सारा साहित्यिक रचनाकर्म दिल्ली और आसपास के इलाके में हुआ।

ऐसा माना जाता है इनकी दोस्ती दिल्ली के सुल्तान ग्यासुद्दीन बलबन के भतीजे अलाउद्दीन मुहम्मद किलशी खाँ उर्फ मलिक छज्जू से थी, जो अपनी वीरता और उदारता के लिए विख्यात था। मलिक छज्जू खुसरो से खूब प्रेम करता था और उन्हें अपने दरबार का अहम हिस्सा मानता था। ऐसी एक कथा है कि एक बार अमीर खुसरो छज्जू के दरबार में बहुत ही देर से पहुँचे। जिससे बादशाह बहुत गुस्सा हो गया। इसका फायदा उठाकर कुछ चुगलखोरों ने खुसरो के खिलाफ और भी बादशाह के कान भर दिये, जिससे बादशाह और भड़क गया। जब खुसरो एक दिन बादशाह के दरबार में पहुँचे तो बादशाह ने थोड़ा सख्ती से दरबार में देर से आने का कारण पूछा, इसके जबाब में खुसरो ने बड़े विनोदप्रिय लहजे में, तुरन्त बादशाह की तारीफ और प्रश्न के जवाब में फारसी का एक हास्यपरक कसीदा सुना दिया। ये है–

"सुभा राव गुफ्तम कि खुर्शीद अद खुजास्त,
आस्माँ रुहे मलिक छज्जो नमोद।"

अर्थात्–"आज जब मैं घर से दरबार के लिए बाहर निकला तो मेरी सुबह से मुलाकात हो गयी। मैंने सुबह से पूछा कि बता तेरा सूरज कहाँ है? तो आसमान ने मुझे मलिक छज्जू की सूरत दिखा दी। इतना सुनते ही बादशाह के चेहरे पर अचानक ही मुस्कुराहट आ गयी और उनका सारा गुस्सा गायब हो गया।

इसी समय अमीर खुसरो की मित्रता हसन देहलवी से हुई। हसन भी फारसी में कविता लिखते थे। उनकी इस नैसर्गिक प्रतिभा को देखकर खुसरो उनकी ओर आकर्षित हो गया। ऐसा माना जाता है। यह मित्रता कृष्ण और सुदामा की मित्रता से किसी भी प्रकार से कम न थी। आगे चलकर इन दोनों को ग्यासुद्दीन बलबन

के दरबार में उच्च स्थान मिला। बलबन के मरने के बाद ये कैकुबाद के दरबार में पहुँचे। कैकुबाद भी खुसरो की शायरी का दीवाना था। इनकी शायरी से प्रसन्न होकर उसने इन्हें मुलुकशुयरा (राष्ट्रकवि) घोषित कर दिया। इसी बीच जलाल्लुदीन खिलजी ने दिल्ली पर आक्रमण कर सत्ता पर काबिज हो गया। इसके दरबार में भी खुसरो को उच्च स्थान प्राप्त हुआ। इन सब राजाओं के दरबार में रहते हुए भी खुसरो की सबसे बड़ी विशेषता यह थी कि इन्होंने अपना रचनाकर्म नहीं छोड़ा और लेखन का कार्य जारी रखा। इनके द्वारा लिखित जो प्रमाणिक रचनाएँ देखने को मिलती है। उनमें से प्रमुख हैं :

1. खलिकबारी(कोशग्रन्थ)
2. हालात-ए-कन्हैया (भक्ति परक रचना)
3. नजराना-ए-हिन्दी

इनके द्वारा लिखित कुछ प्रमुख्य पद इस प्रकार हैं :

खुसरो बाजी प्रेम की मैं खेलूँ पी के संग।
जीत गयी तो पिया मोरे हारी पी के संग।।

चकवा चकवी दो जने इन मत मारो कोय।
ये मारे करतार के रैन बिछोया होय।।
खुसरो ऐसी पीत कर जैसे हिन्दू जोय।
पूत पराये कारने जल जल कोयला होय।।

विद्यापति

हिन्दी साहित्य के इतिहास में विद्यापति का नाम उन प्रमुख कवियों में लिया जाता है। जो 'शृंगार-परम्परा' के साथ-साथ 'भक्ति-परम्परा' में भी एक प्रमुख स्थान रखते हैं। इन्हें मैथिली का भी सर्वश्रेष्ठ कवि माना जाता है। इन्होंने 'देसिल बयना सब जन मिट्ठा' का सूत्र देकर जिस मैथिली लोकभाषा की स्थापना की, वह जनचेतना की आवाज बन गयी। बिहार के मिथिलांचल में लोकव्यवहार में प्रयोग किये जाने वाले गीतों में आज भी विद्यापति के पदों की संख्या सर्वाधिक है।

साहित्यिक दृष्टि से यदि हम देखें तो अमीर खुसरो यद्यपि इनसे पहले हुए थे, लेकिन जनमानस और भाषा के स्तर पर इनकी पहुँच कहीं अधिक है। इसका कारण इनका संस्कृत, प्राकृत अपभ्रंश एवं मातृभाषा मैथिली पर समान अधिकार था। विद्यापति की रचनाएँ का दायरा संस्कृत, अवहट्ट, एवं मैथिली तीनों में देखने को मिलता है।

आचार्य रामचन्द्र शुक्ल विद्यापति को वीरगाथाकाल के उन प्रारम्भिक कवियों में मानते है। जिनको इस काल को प्रारम्भ करने का श्रेय दिया जा सकता है।

इनकी तुलना वे चन्दबरदाई से करते हैं। अयोध्या सिंह उपाध्याय 'हरिऔध' ने इनके पदों की मधुरता और गेयता की प्रसंशा करते हुए लिखा है–"गीत गोविन्द के रचनाकार जयदेव की मधुर पदावली पढ़कर जैसा अनुभव होता है, वैसा ही विद्यापति की पदावली पढ़कर। अपनी कोकिल कण्ठता के कारण ही उन्हें 'मैथिल कोकिल' कहा जाता है।"

विद्यापति के श्रृंगारी कवि होने के साथ-साथ भक्त कवि भी थे। उनके श्रृंगारी होने का कारण बिल्कुल स्पष्ट है, क्योंकि वे दरबारी कवि थे और उनके प्रत्येक पद पर दरबारी वातावरण की छाप दिखाई देती है। पदावली में कृष्ण के कामी स्वरूप को चित्रित किया गया है। यहाँ कृष्ण जिस रूप में चित्रित हैं वैसा चित्रण करने का दुस्साहस कोई भक्त कवि नहीं कर सकता। इसके इलावा राधा जी का भी चित्रण मुग्धा नायिका के रूप मे किया गया है। उन्होंने नायिका के वक्षस्थल पर पड़ी हुई मोतियों की माला का जो वर्णन किया है उससे उनके कवि हृदय की भावुकता एवं सौन्दर्य अनुभूति का अनुमान लगाया जा सकता है। एक उदाहरण देखिए-

कत न वेदन मोहि देसि मरदाना।
हट नहिं बला, मोहि जुबति जना।
भनयी विद्यापति, तनु देव कामा।
एक भए दूखन नाम मोरा बामा।
गिरिवर गरुअपयोधर परसित।
गिय गय मौतिक हारा।
काम कम्बु भरि कनक सम्भुपरि।
ढारत सेरसरि धारा।

बहुमुखी प्रतिभा-सम्पन्न इस महाकवि के भीतर एक चिन्तक, रसिक एवं शास्त्रकार का अद्‌भुत समन्वय देखने को मिलता है। संस्कृत में रचित इनकी पुरुष परीक्षा, भू-परिक्रमा, लिखनावली, शैवसर्वश्वसार, शैवसर्वश्वसार प्रमाणभूत पुराण-संग्रह, गंगावाक्यावली, विभागसार, दानवाक्यावली, दुर्गाभक्तितरंगिणी, गयापतालक एवं वर्षकृत्य आदि ग्रन्थ जहाँ एक ओर गहन पाण्डित्य के साथ इनके युगद्रष्टा एवं युगस्रष्टा स्वरूप का साक्षी है तो दूसरी तरफ कीर्तिलता एवं कीर्तिपताका महाकवि के सम्यक ज्ञान का सूचक भी।

विद्यापति की पदावलियों में एक तरफ श्रृंगार और रस के दर्शन होते है वही दूसरी तरफ हृदय को आनन्द विभोर कर देने वाला माधुर्य भी इनमें मौजूद है। जो इन्हें सिद्धहस्त कलाकार सिद्ध करती है। साथ ही इनके भीतर भक्त कवि का वह शास्त्रीय रूप भी दिखाई देता है जो लोकमार्ग का रास्ता प्रशस्त करता है।

महाकवि विद्यापति ठाकुर के जन्म को लेकर कोई प्रमाणिक दस्तावेज अभी तक नहीं प्राप्त हुआ है। इसलिए इनके जन्म को लेकर विवाद आज भी कायम है।

विद्यापति के ही एक पद से पता चलता है कि इनका जन्म 1402 से 1350 के बीच हुआ। स्व. नगेन्द्रनाथ गुप्त ने लक्ष्मण-संवत् 293 को 1412 ई. मानकर विद्यापति की जन्मतिथि 1360 ई. में मानी है। ग्रियर्शन और महामहोपाध्याय उमेश मिश्र की भी यही मान्यता है जबकि श्री ब्रजनन्दन सहाय 'ब्रजवल्लभ', श्री रामवृक्ष बेनीपुरी, डॉ. सुभद्रा झा आदि ने सन् 1350 को उनका जन्मतिथि का वर्ष माना है।

एक किंवदन्ती के अनुसार बालक विद्यापति बचपन से तीव्र और कवि स्वभाव के थे। जब वे मात्र आठ वर्ष के थे तब अपने पिता गणपति ठाकुर के साथ शिवसिंह के राजदरबार में पहुँचे। तब राजा शिवसिंह के कहने पर इन्होंने निम्नलिखित दो पंक्तियाँ लिखी :

पोखरि रजोखरि अरु सब पोखरा।
राजा शिवसिंह अरु सब छोकरा।।

लोगों की धारणा यह है कि महाकवि अपने पिता गणपति ठाकुर के साथ बचपन से ही राजदरबार में जाया करते थे। राजा शिवसिंह विद्यापति के बालसखा और मित्र थे। अतः उनके शासन-काल के लगभग चार वर्ष का काल महाकवि के जीवन का सबसे सुखद समय माना जाता था। राजा शिवसिंह भी उन्हें बहुत सम्मान देते थे। उन्होंने विद्यापति को 'अभिनवजयदेव' की उपाधि से नवाजा। यही कारण था कि विद्यापति भी अपने गीतों द्वारा अपने आश्रयदाता राजा शिवसिंह एवं उनकी पत्नी रानी लखिमा देवी के नाम पर लगभग 250 गीतों में शिवसिंह की प्रसंशागत दोहे लिखे।

कुछ आलोचक उन्हें भक्त भी मानते हैं। कुछ विद्वानों का मत है कि वे निम्बार्क द्वारा प्रतिपादित द्वैताद्वैत दर्शन से प्रभावित थे। इनके द्वारा लिखित ग्रन्थों की संख्या सैकड़ों में है, लेकिन सबसे अधिक प्रसिद्ध 'कीर्तिलता' और 'कीर्तिपताका' ही थी।

हेमचन्द्र

गुजरात के सोलंकी राजा सिद्धराज जयसिंह (संवत् 1150 से 1199) तथा उनके भतीजे कुमारपाल (संवत् 1199 से 1230) के धर्मोपदेशक होने के कारण इनका बहुत सम्मान था। ये अपने समय के सबसे बड़े जैन आचार्य थे। इन्होंने राजा सिद्धराज के समय एक बड़ा भारी व्याकरण ग्रन्थ "सिद्ध हेमचन्द्र" शब्दानुशासन लिखा। जिसमें संस्कृत, प्राकृत और अप्रभंश तीनों भाषाओं का समावेश था।

आचार्य हेमचन्द्र का जन्म गुजरात में अहमदाबाद से 100 किलोमीटर दूर धंधुका नगर में विक्रम संवत 1145 में हुआ था। ये अल्प आयु में ही शास्त्रों के ज्ञाता हो गये थे। 21 वर्ष की अवस्था में ही ये समस्त शास्त्रों का ज्ञान प्राप्त कर चुके थे।

आचार्य हेमचन्द्र ने अनेक विषयों पर विविध प्रकार के काव्य रचनाएँ लिखीं। अश्वघोष के समान हेमचन्द्र भी सोद्देश्य काव्य रचना में विश्वास करते थे।

इनका काव्य 'काव्यमानन्दाय' न होकर 'काव्यम् धर्मप्रचारय' है। इनके कुछ दोहे जो अपभ्रंश में मिले हैं। उनके कुछ उदाहरण इस प्रकार हैं–

"भल्ला हुआ जु मारिया बहिणि म्हारा कन्तु।
लज्जेजां तु वयस्समहु जइ भग्गा घरु एन्तु।"

(भला हुआ जो मारा गया, हे बहिन! हमारा कान्त। यदि वह भागा हुआ घर आता तो मैं अपनी समवयस्कों से लज्जित होती)।

"पिय संगमि कउ निद्रदणि ? पियहो परेक्खहो कॆंव।
मइं बिन्निवि विन्नासिया, निद्रदण एँव न तेंव।"

(प्रिय के संगम में नींद कहाँ और प्रिय के परोक्ष में भी क्योंकर आवे? मैं दोनों प्रकार से विनाशिता हुई। ...न यों नींद, न त्यों. नींद)

हेमचन्द्र ने कई विधायों पर अपनी कलम चलायी, लेकिन सबसे प्रसिद्ध ग्रन्थ इनका था 'शब्दानुशासन'। जिसमें इन्होंने व्याकरण वाङ्मय का समुचित अनुशीलन किया।

आचार्य हेमचन्द्र ने अपभ्रंश में भी कई पद लिखे। जिसमे 18000 श्लोकों वाला भाष्य भी है। इस भाष्य की हस्तलिखित प्रति बर्लिन में है। काव्यानुशासन के लिए भी इन्होंने खूब लिखा। जिसमें से 'अलंकारचूड़ामणि' सबसे प्रसिद्ध हुआ। हेमचन्द्र के अन्तिम अपूर्ण ग्रन्थ प्रमाणमीमांसा था। जिसका सम्पादन पण्डित सुखलाल जी ने किया।

आदिकाल से जुड़े सम्भावित प्रश्न

1. भूमिका।
2. आदिकाल के नामकरण के सन्दर्भ में विभिन्न इतिहासकारों के मत।
3. 'वीरगाथा काल' नाम की सार्थकता पर विचार।
4. 'आदिकाल' नाम की पर्याप्तता व सार्थकता पर विचार।
5. इतिहास की अवधारणा/इतिहास एवं वर्तमान का अन्तर्सम्बन्ध।
6. साहित्य का अर्थ। साहित्य का इतिहास। इतिहास और साहित्य के इतिहास में अन्तर।
7. हिन्दी साहित्य में इतिहास लेखन की परम्परा। प्रमुख इतिहास लेखक व इतिहास दृष्टि।
8. काल विभाजन एवं नामकरण के आधार। हिन्दी साहित्य के इतिहास में काल विभाजन व नामकरण की स्थिति।
9. आदिकाल का सामान्य परिचय।
10. हिन्दी साहित्य लेखन की परम्परा का सम्यक विवेचन करते हुए शुक्ल जी व द्विवेदी जी की इतिहास दृष्टियों का आंकलन कीजिए।

(ख) भक्तिकाल

"भक्ति काव्य मात्र भावनाओं का उच्छ्वास नहीं है उसकी एक सुदृढ़ दार्शनिक पृष्ठभूमि भी है।"

भक्ति की अवधारणा—भक्ति शब्द की व्युत्पत्ति 'भज" धातु से हुई है। 'भज' का अर्थ है स्मृति की रागात्मक निरन्तरता, ईश्वर की निरन्तर स्मृति।

भक्ति की परिभाषा

शांडिल्य भक्ति सूत्र—'सा परानुरक्तिरीश्वरे' अर्थात् ईश्वर में अनुशक्ति का भाव ही भक्ति है।

नारद भक्ति स्वरूप—''भक्ति मूलतः प्रेम स्वरूपा है। इसका मूल प्रेम है, ज्ञान और तर्क नहीं। भारतीय चिन्तन में ईश्वर प्राप्ति के दो मार्ग हैं—ज्ञान और भक्ति।''

भक्ति आन्दोलन मध्ययुगीन जड़ता के विरोध में आया। यह भक्ति आन्दोलन मध्यकालीन ईश्वर साधना में जो दलाली की प्रवृत्ति परिलक्षित थी उसके विरोध में आया। भक्ति ने मध्ययुगीन कर्मकाण्डों और आडम्बरों को खारिज करते हुए मनुष्य और ईश्वर के बीच सीधा सम्पर्क स्थापित किया। भक्ति मार्ग ही नहीं है, यह स्वयं में सार्थकता है, मूल्य है। अतः भक्ति अविनाशी विराट से जुड़ने का भावात्मक प्रयास है।

आर्य संस्कृति या वैदिक धर्म की प्रकृति मुख्यतः कर्मकाण्डी है। देवताओं को यज्ञों से प्रसन्न किया जा सकता है। अतः भक्ति के सूत्र आर्य संस्कृति में छुटपुट ही मिलते हैं, मुख्य सूत्र वहाँ नहीं है। जो इन्द्र से विष्णु के मुख्य देवता के रूप में स्थापित होने के कारण हैं।

(i) आर्य संस्कृति पर अर्येत्तर संस्कृति का प्रभाव। अनार्य संस्कृति में विष्णु महत्त्वपूर्ण हैं। आलवारों में विष्णु भक्ति की पुरानी परम्परा है।

(ii) उपनिषेदिक चिन्तन का उदय। उपनिषदों में वेदों के गम्भीर प्रश्नों का चिन्तन शुरू हुआ। वेदों में बहुवेदवाद की स्थिति है परन्तु उपनिषदों में ब्रह्म एक ही है कि

धारणा विकसित हुई। अद्वैत के सूत्र उपनिषदों में है। इसी ब्रह्म को कालान्तर में 'विष्णु' कहा गया। अतः उपनिषदों ने वैदिक कर्मकाण्ड और बहुदेववाद का खण्डन कर ब्रह्म चिन्तन पर बल दिया।

(iii) बौद्ध और जैन धर्मों के उदय ने यज्ञों के कर्मकाण्डों की शुष्कता और क्रूरता का खण्डन किया। इसी समय भागवत धर्म का सूत्रपात हुआ, जो कालान्तर में कृष्ण भक्ति में पल्लवित हुआ। इस भागवत धर्म के मूल में गीता का चिन्तन है। अतः भक्ति के सूत्र गीता में भी दिखाई देते हैं। श्रीमद्‌भागवत में भागवत देवता कृष्ण के हाथों वैदिक देवता इन्द्र की निर्णायक पराजय होती दिखाई गयी है।

इन ऐतिहासिक कारणों से वैदिक धर्म का विघटन हुआ और भक्ति की स्थापना हुई। इस पर अन्तिम मोहर लगाई रामानुजाचार्य ने जिन्होंने अवतारवादिता दास्य भक्ति का प्रतिपादन किया।

भक्ति आन्दोलन के उदय के कारण

विभिन्न विद्वानों के अनुसार भक्ति आन्दोलन के उदय के कारण इस प्रकार हैं–

ग्रियर्सन–"भक्ति आन्दोलन मूलतः विदेशी प्रभाव के कारण उदय हुआ (ईसाई धर्म का प्रभाव)।" इस तर्क को स्पष्ट करते हुए ग्रियर्सन कहते हैं–

1. भारतीय संस्कृति में भक्ति की कोई परम्परा नहीं थी। वैदिक धर्म कर्मकाण्ड प्रधान था, परन्तु ईसाई धर्म करुणा, प्रेम और भाईचारे पर आधारित है। यूरोप से कुछ लोग केरल में आये और वहाँ से भक्ति उत्तर भारत में आयी।

ग्रिर्यसन का यह मत औपनिवेशिक पूर्वाग्रह और अहं पर आधारित है। द्विवेदी जी ने इसकी ऐतिहासिकता पर प्रश्नचिह्न लगाते हुए कहा, "बौद्ध धर्म का मूल आधार करुणा है जो ईसाइयत से पूर्व ही भारत में था। अतः भक्ति की ईसाइयत से उत्पत्ति को तर्कसम्मत नहीं माना जा सकता है। जैन धर्म में अहिंसा एक परम मूल्य है।"

2. ग्रियर्सन ने कहा कि भक्ति आन्दोलन एक बिजली की कौंध की तरह आया। पर वे इसके कारणों का विवेचन करने में असफल रहे।

रामचन्द्र शुक्ल–इस्लाम के आक्रमण के प्रसाद स्वरूप भक्ति आन्दोलन विकसित हुआ। अपने पौरुष से हताश जाति के लिए भगवान की शरण में जाने के अतिरिक्त और दूसरा क्या मार्ग बचा था। वे यह भी कहते हैं कि इसके सूत्र हमें अलवार भक्तों में दिखाई देते हैं जो उत्तरी भारत में अनुकूल स्थितियाँ पाकर अत्यन्त विकसित हो गयी।

अतः शुक्ल जी भक्ति तत्त्व और आन्दोलन में अन्तर करते हैं। भक्ति तत्त्व पहले से दक्षिण भारत में था।

प्रतिक्रियाएँ

आचार्य हजारी प्रसाद द्विवेदी ने भक्ति आन्दोलन के उदय के कारणों पर प्रतिक्रिया देते हुए कहा कि–

1. भक्ति आन्दोलन इस्लाम के आक्रमण की प्रतिक्रिया से उत्पन्न नहीं हुआ, यदि ऐसा होता तो भक्ति काव्य में हताशा और इस्लाम से घृणा दिखाई देती। भक्ति काव्य विवेक जिजीविषा और प्रेम का काव्य है। कबीर के काव्य में इस्लाम और हिन्दुत्व में कोई बैर नहीं दिखता।

2. यदि भक्ति आन्दोलन इस्लामी आक्रमण के फलस्वरूप हुआ होता तो इसे उत्तर भारत में शुरू होना था, परन्तु इसका प्रारम्भ दक्षिण भारत में हुआ।

3. भक्ति के सूत्र हमारी समूची परम्परा में मौजूद हैं। उपनिषदों से विशिष्ट द्वैत तक छानबीन करके वह कहते हैं कि यह हमारी जातीय परम्परा का स्वतःस्फूर्त प्रस्फुटन है। अतः वे भक्ति आन्दोलन को आकस्मिक घटना नहीं मानते। इसकी पूरी पृष्ठभूमि पहले से ही तैयार हो रही थी।

परन्तु यह नहीं कहा जा सकता कि इस्लाम के आक्रमण का कोई प्रभाव नहीं रहा है। यह कबीर और सूफियों के यहाँ देखा जा सकता है, जहाँ इन दोनों धर्मों को जोड़ने का प्रयास है। रामानुजाचार्य लिखते हैं 'म्लेच्छाक्रांत देशेषु'। अर्थात् म्लेच्छ जातियों के आक्रमण से प्रभावित देश।

इरफ़ान हबीब–वे इसका कारण अन्त्यज जातियों की आर्थिक स्थिति में सुधार मानते हैं। खासकर सन्त काव्य के लगभग सभी कवि वर्ण व्यवस्था के अनुसार सबसे निम्न (शूद्र) जातियों से सम्बन्ध रखते थे। मध्य युग में इस्लाम की स्थापना के बाद निर्माण और व्यापार में वृद्धि हुई जिससे निचली जातियों की आर्थिक स्थिति में सुधार हुआ और उनमें आत्मसम्मान की भावना जगी। अतः पूरा भक्ति काव्य वर्ण व्यवस्था के विरोध में है।

परन्तु यह स्थापना इतिहाससम्मत नहीं है। हबीब जिन जातियों का उल्लेख करते हैं वह कमाऊ जातियाँ हैं और कृषि संस्कृति पर आश्रित हैं। अतः इनकी आर्थिक स्थिति पहले से ही अच्छी थी।

वेदान्त का विरोध–दर्शन के स्तर पर, इन चार कारणों के अतिरिक्त, जो अन्य कारण बताये गये, इस प्रकार हैं–

दार्शनिक पूर्वपीठिका–'वेदान्त' का अर्थ है वेदों का सार। दर्शन में श्रुति (वेद) के रहस्यभूत सिद्धान्तों का प्रतिपादक होने के कारण उपनिषदों को वेदान्त कहा गया। उपनिषदों के विरोधों के समन्वय हेतु बादरायण व्यास ने 'ब्रह्म सूत्र' की स्थापना की। गीता ने वेदों का सार प्रस्तुत किया। इन तीन पुस्तकों 'ब्रह्म सूत्र', 'उपनिषद' और 'गीता' को प्रस्थान–कहा जाता है। इन तीनों में स्थापित सत्य

एवं तत्त्व ज्ञान को ही वेदान्त कहते हैं। इनकी अलग-अलग एवं परस्पर विरोधी व्याख्याएँ हैं। इनकी मुख्यत: छह शाखाएँ हैं–

1. **अद्वैत**–मुख्य व्याख्याकार गौड़पाद। इसको जगत् व्यापी बनाया शंकराचार्य ने।
2. **विशिष्टाद्वैत**–संस्थापन रामानुजाचार्य। श्री सम्प्रदाय के जनक भी यही माने जाते है।
3. **द्वैताद्वैत**–निम्बार्क। सनकादि सम्प्रदाय के जनक।
4. **शुद्धाद्वैत**–विष्णुस्वामी। रुद्र सम्प्रदाय की स्थापना की। मध्ययुगीन प्रतिनिधि वल्लभाचार्य। पुष्टिमार्ग के संस्थापक। कृष्णधारा से सम्बन्धित थे।
5. **द्वैत**–माधवाचार्य। ब्राह्म सम्प्रदाय की स्थापना की।
6. **चैतन्य**–गौड़ीय सम्प्रदाय। अचिन्त्य भेदाभेद का दर्शन बताया।

अत: भक्ति आन्दोलन की प्रतिस्थापना के बाद के पाँच, सम्प्रदायों की बहुत बड़ी भूमिका है, जो शंकर के अद्वैत के विरोध में आये।

1. अद्वैत

ब्रह्म का स्वरूप–निरुपाधि, निर्विकार कहा गया, कबीर का ब्रह्म भी निरुपाधी है, लेकिन वह सगुण रूप भी धारण कर सकता है, जब माया के प्रभाव में आता है। शंकर कहते हैं 'सत्य ज्ञानन्तम् ब्रह्मन' बहम सत्य है और इसे ज्ञान के माध्यम से जाना जा सकता है। जो त्रिकाल से अबाधित है वही सत्य हो सकता है और जो अपरिवर्तनीय है और ऐसा केवल ब्रह्म है। दूसरा, ब्रह्म अनन्त है (जो बाँटा नहीं जा सकता)। इसलिए वह कहते हैं, 'ब्रह्म सत्य, जगतमिथ्या' (अर्थात् ब्रह्म सही है और जगत् मिथ्या है)।

माया–निर्गुण ब्रह्म को सगुण में परिवर्तित करने वाली ऊर्जा ही माया है। माया अनिवार्यत: ज्ञान विरोधी है और भ्रम पैदा करती है। यह हमेशा प्रतीत होता है, निरन्तर प्रतीत। इससे केवल ज्ञान से पार पाया जा सकता है। इसकी दो शक्तियाँ हैं–आवरण शक्ति, जिससे वह वास्तविक चीजों को ढँक देती है और दूसरी विशेष शक्ति - इसके द्वारा वह वस्तु में अवस्तु पैदा करती है। रस्सी में साँप का भ्रम पैदा कर देगी। इनके द्वारा वह साधक को सत्य तक नहीं पहुँचने देती।

जीव–जीव अन्त:करण से अविच्छिन्न (जुड़ा हुआ) चैतन्य है। अत्यन्त सूक्ष्म होने के कारण इसे अणु भी कहा गया है। इसके अस्तित्व की तीन अवस्थाएँ हैं–जागृति, स्वप्न और सुशुप्ति। जीव तीनों अवस्थाओं में सक्रिय रहता है। जो पाँच कोशों के रूप में–अन्नमय, मनोमय, प्राणमय, ज्ञानमय, अन्नदमय–विद्यमान रहता है। अत: ब्रह्म का अंश है जो माया से संचलित होने के कारण अपना अस्तित्व नहीं जान पाता।

जगत–माया की विशेष शक्ति का परिणाम है जगत। अतः यह अवास्तविक है। अनित्यता संसार का लक्षण है, यह निरन्तर परिवर्तनशील है। अतः सत्य नहीं कहा जा सकता।

2. विशिष्टाद्वैत

ब्रह्म अवतार लेता है, फिर भी माया से संचालित नहीं होता है। भाषा और जगत् का कोई भी गुण उसमें व्याप्त नहीं है। वि+शेष–जो शेष में नहीं है। अतः ईश्वर विशिष्टाद्वैत है–वह अद्वैत है पर जगत् के गुणधर्म से असंस्कृत होने के कारण विशिष्ट हैं। विशिष्टाद्वैत में ब्रह्म के अवतार की परिकल्पना की।

- मायावाद का प्रबल विरोध।
- अवतारवाद की प्रस्तावना।
- ब्रह्म अखण्ड है।
- जीव ईश्वर का अंश है।
- वह जगत् का उपवन (मिट्टी) व निमित्त (घड़ा) कारण भी है।
- दास्य भक्ति का प्रतिपादन। ईश्वर का पालनहार एवं करुणा रूप सामने आया।

अतः ज्ञान के विरोध में भक्ति की स्थापना हुई।

3. द्वैताद्वैत

ब्रह्म तथा जीव का सम्बन्ध व्यवहार में द्वैत का है, लेकिन परमार्थ स्तर पर इसकी अभिन्नता की स्थिति है। इसका कारण है रूप से जीव और ब्रह्म एक हैं, परन्तु कार्य रूप में अलग हैं। उदाहरण, सोना और आभूषण। कृष्ण को परब्रह्म का यथार्थ कहा गया है।

4. शुद्धाद्वैत

अद्वैत से भिन्नता दिखाने के लिए 'शुद्ध' शब्द का प्रयोग किया गया। शुद्धाद्वैत में ब्रह्म को निर्लिप्त और विरहित कहा गया है, इसलिए यह शुद्ध है। अतः जगत् भी सत्य है। ब्रह्म के दोनों रूपों सगुण व निर्गुण को स्वीकार किया गया है। ब्रह्म में विरुद्ध धर्मों का आश्रय है। यह माया के प्रभाव से पूर्णतः मुक्त है। अतः शुद्ध है। कृष्ण को परम ब्रह्म कहा गया है। सच्चिदानन्द भी इन्हीं का रूप है।

तीन रूप परम ब्रह्म–

आधिभौतिक–जगत।

आध्यात्मिक–अक्षर हम (ज्ञान से प्राप्त)।

आधिदैविक–पुरुषोत्तम (भक्ति के द्वारा पुष्टि मार्ग)।

5. द्वैत

मायावाद का खण्डन करता है, जो द्वैत ही ब्रह्म था सत्य है। 'तत्वतोभेद:'–भेद ही वास्तविक है।

इसके पाँच प्रकार के भेद हैं–

1. ईश्वर और जीव में
2. ईश्वर और जड़ में
3. जीव और जड़
4. जड़ और जड़
5. जीव और जीव

भेदों का ज्ञान ही मुक्ति का मार्ग है। सुख की अनुभूति भी मुक्ति की दशा है। सुख की अनुभूति भक्ति से ही हो सकती है।

6. चैतन्य

ऐतिहासिक दृष्टि से द्वैत की शाखा है। परन्तु सिद्धान्तों में भेद होने के कारण अलग माना गया है। इनका मत है: शक्ति तथा शक्तिमान का परस्पर सम्बन्ध नितान्त विलक्षण है। उनका सम्बन्ध न तो तर्क के द्वारा चिन्तनीय है और न ही भाव के द्वारा। इसलिए यह न तो भेद के स्तर पर है और न ही अर्थ के स्तर पर। इसके भेद-अभेद को चिन्तन व तर्क के स्तर पर नहीं समझा जा सकता। अत: तन्मयता से ही उसकी अनुभूति हो सकती है।

भक्ति काव्य को अन्तर्वस्तु देने में उपरोक्त मतों की मुख्य भूमिका है।

भक्ति काव्य की विशेषताएँ

आचार्य रामचन्द्र शुक्ल द्वारा किया गया भेद–

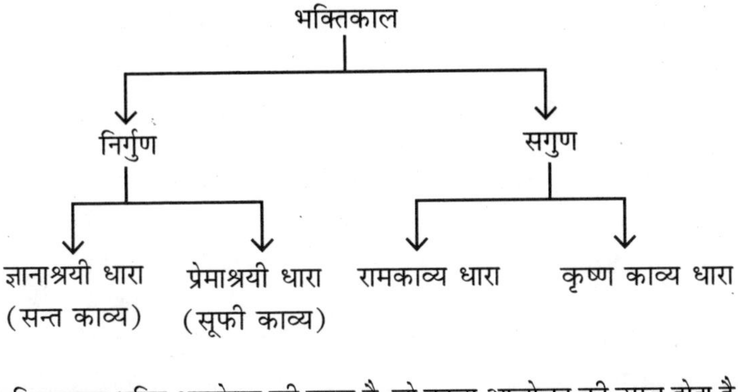

भक्ति काव्य भक्ति आन्दोलन की उपज है, जो काव्य आन्दोलन की उपज होता है वह ऐतिहासिक एवं सामाजिक परिस्थितियों को परिलक्षित करता है। भक्ति काव्य के मुद्दे हैं–वर्ण

व्यवस्था, जगत् की सच्चाई, सामन्तवादी राजनीतिक-सामाजिक व्यवस्था आदि। हालाँकि यह जगत् की नश्वरता की बात करता है, फिर भी संसार से गहरी सम्पृक्ति है। भक्ति काव्य केवल मानसिक काव्य नहीं है बल्कि समाज व इतिहास से यह गहरा जुड़ा है। इसका अपना जीवन दर्शन है जो एक वैचारिक भूमि पर आधारित है। इसे आत्मनिवेदन या शरणागति का काव्य समझना अधूरी व्याख्या है। यह जगत् पर निर्णायक प्रहार है पर प्रभु के आगे पूर्ण शरणागति है। अत: भक्ति कविता महज कीर्तन नहीं है। इसके प्रामाणिक आधार हैं :

- भक्ति काव्य का आधार भक्ति आन्दोलन है।
- इस आन्दोलन का एक दर्शन है इसलिए यह कविता वैचारिक भूमि पर आधारित है।
- भक्ति काव्य में धर्म साधना का नहीं वरन् भावना का रूप है। अत: शुक्ल जी इसे धर्म का रसात्मक रूप कहते हैं।

1. भक्ति की केन्द्रीयता–भक्ति काव्य जब शुरू हुआ था तब कोई राजनीतिक, सामाजिक या धार्मिक मूल्य नहीं था। मूल्यों का अभाव। किसी भी समाज में मूल्य मनुष्य बने रहने की बुनियादी शर्तों का समुच्चय है। अत: मूल्य का होना जीवन का स्पष्ट एवं सार्थक रास्ता इंगित करता है–समग्रता की चिन्ता के भीतर से मूल्यों का उदय होता है। समग्रता की अनुपस्थिति मूल्यों का दमन करती है।

अत: भक्ति काव्य की प्रमुख चुनौती मूल्यों की खोज है जो जीवन की सार्थकता और सामाजिक एकता स्थापित कर सके और वह मूल्य है–भक्ति। भक्ति मनुष्य के समूचे जीवन को संगठित कर, मानवीय एकता और सामाजिक भाईचारा पैदा करती है। अत: भक्ति भी एक मूल्य है जो जीवन को सार्थकता देती हैं। भक्ति पूर्व धर्म मनुष्यों को बाँट रही थी। भक्ति साधन ही नहीं है वरन् लक्ष्य भी है। अत: भक्ति को जीवन की सार्थकता का केन्द्र माना गया।

जैसा कि कबीर ने कहा–''हरि भगति जाने बिना, बूड़ि मुआ संसार'' (डूबकर मर जाने वाला संसार)

वही तुलसी का कहना था:–"देहु भगति तिहुँ पाप नसावनि।"

(तीन पाप - देह, मन और साधना)

अत: कबीर, तुलसी सभी भक्ति युग में स्वर्ग की बजाय भक्ति का वर माँगते हैं। भक्ति आन्दोलन कहता है कि जानना महत्त्वपूर्ण नहीं है, आस्वाद महत्त्वपूर्ण है। अत: ज्ञान की बजाय भक्ति महत्त्वपूर्ण है। अत: वे मनुष्य होने की शर्त को भक्ति मानते हैं। भक्ति तथ्य के स्थान पर भावना को लाती है। भक्ति-भावनात्मकता, सौन्दर्यात्मक व प्रतिरोधात्मक मूल्य है और भक्ति इस मूल्यों की समग्रता है।

2. नामस्मरण–भक्तिकाल में ईश्वर का नामस्मरण मात्र पण्डिताऊ प्रक्रिया नहीं है वरन् इसके गहरे निहितार्थ हैं। इसके पीछे का तर्क है कि :

- हमारा जीवन विचारों का प्रतिफल है।

- विचारों का निर्माण जीवन पद्धति से होता है। आदतों की एक शृंखला चलती है।

ईश्वर की निरन्तर स्मृति आपको ईश्वर के निकट ले जाती है और ईश्वर आराधना में अविचलित होने से रोकती है। अतः भक्ति के सभी धारकों ने नामस्मरण को अत्यन्त महत्त्व दिया है।

कबीर–स्मरण के लिए 'जपना' शब्द का प्रयोग करते है।

तुलसी कहते है:–'नाम लेत भव सिंधु सुखाहीं।' नाम ही वह आधार है जिससे संसार रूपी भवसागर सूख जाता है (सांसारिक बाधाएँ समाप्त हो जाती हैं और भक्ति के मार्ग पर निष्कंटक चला जा सकता है)। जैसा कि उन्होंने आंगे लिखा:

"कलयुग केवल नाम आधारा"

अतः नामस्मरण मानसिक रूपान्तरण की प्रक्रिया है। यह विचलन की प्रक्रिया को रोकता है। नामस्मरण स्वतः मानसिक वातावरण की सृष्टि करती है। स्मरण जीवन को सार्थकता एवं उल्लास से भर देता है।

नानक ने कहा– "सुमिरन कर ले मेरे मना"
कूप नीर बिनु, धेनु क्षीर बिनु, सावन भेद,
जैसे तरुवर फल बिनु हीना, वैसे प्राणी हरि नाम बिना।

3. गुरु की महिमा–सामान्यतः गुरु का अर्थ है 'श्रेष्ठ', लेकिन भक्ति आन्दोलन में गुरु को इस अर्थ में नहीं लिया गया, वहाँ इसका अर्थ है सम्भावना को उत्पन्न करने वाली ऊर्जा या सम्भावना की पहचान करने वाली ऊर्जा। भक्ति काव्य में गुरु के प्रति श्रद्धा विह्वल शब्द सुनाई देते हैं। गुरु भटकने से बचाता है। ज्ञानमार्गी धारा में और अधिक आग्रह है–

कबीर–"पीछे लागा जाइया, लोक वेद के साथि।
आगे तें सतगुरु, दीपक दिया हाथि।।"

अतः गुरु सुविधाएँ नहीं देता, वह दृष्टि देता है। भक्ति काव्य गुरु के प्रति गहरी कृतज्ञता से नतमस्तक दिखाई पड़ता है।

कबीर–"गुरु गोविन्द दोनों खड़े, काके लागू पाँव
बलिहारी गुरु आपने, गोविन्द दियो बताय।"

तुलसी– "बन्दऊ गुरु पद पदम परागा"
"गुरु बिनु होई न ज्ञान"
"बिन गुरू ज्ञान कहाँ ते पाऊँ"
"दीजो ज्ञान हरि गुन गाऊँ"

जायसी– "गुरु सुआ जेहि पंथ दिखावा"

सगुण और निर्गुण दोनों गुरु के महत्त्व को मानते हैं। लेकिन निर्गुण में गुरु को अधिक महत्त्व दिया जाता है। गुरु की महिमा का बखान इस प्रकार किया गया है–

4. संसार की निस्सारता का बखान—जगत को सच मानते हुए भी (अद्वैत के विरोध में) जगत् की निस्सारता का बखान किया गया है। यह निस्सारता दार्शनिक स्तर पर नहीं है वरन् चेतावनी है—सामन्तवादी चरम ऐहिकता व अहंकार लोभ-लाभ, आदि के विरुद्ध। अतः यह चेतावनी है संसार को अन्तिम मान लेने की भूल के विरुद्ध।

जैसा कि कबीर ने लिखा— "रहना नहीं देस बिराना है।
यह संसार कागज की पुड़िया बूँद परे गल जाना है।"

नश्वरता और असत्य में अन्तर है—संसार निस्सार है, फिर भी है। अतः संसार का निषेध नहीं है बल्कि आन्तरिक सम्पृक्ति के विरुद्ध चेतावनी है। यह संपृक्ति अनिवार्य है। अगर विराट से जुड़ना है तो लघुता छोड़नी पड़ेगी। बूँद यदि समुद्र होना चाहती है तो उसे बूँदत्व छोड़ना होगा। मानवीयता चेतना को उदास बनाती है। यदि निस्सारता का बोध हो जायेगा, तभी सांसारिक मोह छूट पायेगा।

5. प्रेम की महत्ता का प्रतिपादन—प्रेम एक अद्‌भुत मूल्य होता है यह प्रेम जीवन को आस्वाद देता है, अर्थ देता है, गति देता है, वैराग्य देता है। जीवन में सार्थकता का बोध भर देने वाली चेतना प्रेम से आती है। प्रेम की चर्चा बार-बार की गयी है। सभी भक्त कवियों ने यहाँ तक मर्यादावादी कवि तुलसीदास ने भी, सीता का राम से विवाह पूर्व आसक्ति का चित्रण किया है। सूफी सांसारिक प्रेम (इश्क मजाजी) की बात करते हैं और कहते हैं कि यदि सांसारिक प्रेम इतना उदात्त करने वाला है तो ईश्वर प्रेम की बात ही क्या। प्रेम की अनुभूति वेदना की है। प्रेम को अर्थवान करने की प्रक्रिया पीड़ा से होकर गुजरती है। प्रिय को हँसी से नहीं पाया जा सकता है।

"हँस-हँस केत न पाईये, जिनी पाया तिनि रोई।"

प्रेम की भारतीय अवधारणा भावना के स्तर पर अधिक है, मानसिक स्तर पर कम। भक्ति काव्य में इसे मुख्य स्थान दिया गया है। इस प्रेम को प्रेम से ही पाया जा सकता है। मीरा प्रेम की प्रतिनिधि कवि है। प्रेम शारीरिक स्तर पर होते हुए भी कलुषित नहीं है। यह शारीरिक उत्सव की अवहेलना नहीं है, फिर भी उदात्त है क्योंकि मन के विषाद में भी उतना ही गहरा है। शारीरिक स्तर और मानसिक विषाद साथ-साथ हैं। अतः मूल्य हैं।

यदि मानसिक विषाद नहीं होता तो यह केवल भोग लिप्सा होता। अतः प्रेम में सम्पूर्ण जीवन दर्शन को स्वीकार करने की प्रवृत्ति है। अतः काव्य का क्षितिज बहुत बड़ा है।

6. अहं का त्याग और आत्म-समर्पण—भक्ति काव्य की प्रथम प्रवृत्ति है, अहंकार क्षुद्रता व लघुता से पैदा होता है। अतः भक्ति विरोधी प्रवृत्ति है। यह माया का रूप है। अतः भक्त होने की चाह की पहली शर्त है अहं का परित्याग। भक्ति ईश्वर के प्रति समर्पण है और इस समर्पण के लिए अहं का त्याग होता है,

तो व्यक्तित्व की सीमा टूट जाती है और विराट से मिलन होता है। जीवन में अहं अनेक विकृति व दुष्कर्म देता है। विराट होने के लिए अहं का खूँटा तोड़ना ही होगा। यह जीवन की सहजता को नष्ट करता है। जब आप सहज होते हैं, तभी विराट हो सकते हैं। अत: भक्ति साधना का अनिवार्य सोपान हैं।

7. लोकभाषा और लोक जीवन का चित्रण–डॉ. रामविलास शर्मा भक्ति काव्य को लोक जागरण का काल कहते हैं। काव्य में सामान्य मनुष्य की प्रतिष्ठा की चेष्टा दिखाई देती है। तुलसी के राम के साथ विराट लोक सम्पृक्ति है। निषादों के साथ-साथ अन्य अन्त्यज जातियों के साथ राम की मित्रता दिखाई गयी है। राम राजा नहीं हैं वरन् मानव हैं। सूर के कृष्ण परब्रह्म होने पर भी गाते हैं। कबीर में लोक चेतना अत्यधिक प्रखर है। अत: भक्ति काव्य का मूल आधार लोक जीवन है इसमें राजदरबार की तड़क-भड़क नहीं है।

इसके अतिरिक्त काव्य में संस्कृत को छोड़कर जन भाषा की प्रतिस्थापना हुई।

कबीर लिखते है:–"संस्कृत है कूप जल, भाषा बहता नीर"

तुलसी भी रामकथा भाषा में कहने के प्रतिज्ञ दिखाई देते हैं। जन भाषा में काव्य, कविता की मुक्ति का द्वार भी है।

8. सन्तकाव्य या ज्ञानाश्रयी काव्यधारा–आचार्य रामचद्र शुक्लजी का मत है इस काव्य धारा की मेरूदण्ड ज्ञान है। यह आस्था और विश्वास के स्थान पर तर्क, विवेक और असम्मति को महत्त्व देती है, इसलिए अन्य काव्यधाराओं से इसकी, प्रकृति को अलग कर दिया। यह लोक परम्परा का अनुसरण नहीं करती, क्योंकि ज्ञान का सम्बन्ध वैयक्तिता से है। शुक्ल जी ने इसको अन्य नाम दिया–सन्त काव्य। ज्ञान का प्रयोग जब समाज की भलाई के लिए होता है तो सन्तत्व का प्रार्दुभाव होता है। इन सन्तों ने जो भी जाना उसे सामाजिक हितों के लिए प्रयोग किया, वैयक्तिक मुक्ति के लिए नहीं। अपने सामर्थ्य का प्रयोग मानव-मात्र के कल्याण के लिए किया। इसलिए सन्त कबीर और तुलसी ही कहलाये। इन्होंने समाज की अनीति का विरोध किया–व्यक्ति एवं साहित्य दोनों स्तरों पर। अत: वह काव्यधारा जो अपने ज्ञान अनुभव एवं ऊर्जा का प्रयोग सामान्य मनुष्यों के हितों के लिए करती है तो वह सन्तकाव्य कहलाती है।

सन्त काव्यधारा

समस्त सन्तों में एक सुन्दरदास को छोड़कर कोई भी विधिवत् रूप से शिक्षित नहीं है। अत: इसका कोई विधिवत् वैचारिक दर्शन नहीं है। उन्होंने मूलत: अनुभव के दबाव से मान्यता ग्रहण की। अत: इनमें अन्तर्विरोध दिखाई पड़ता है, क्योंकि इन्होंने अनेक वैचारिक मतों से ज्ञान ग्रहण किया, जिसमें अनेक मत आपस में अन्तर्विरोधी थे उदात्त मत आपस में अन्तर्विरोधी थे उदाहरण:

"अद्वैत तथा वैष्णवों का नामस्मरण।"

सूफी प्रेम व हठयोग साथ-साथ दिखते हैं।

1. अद्वैत वेदान्त–सामान्यत: सन्त काव्य में जो जगत, जीव और ब्रह्म की चर्चा है उस पर अद्वैत का स्पष्ट प्रभाव दिखाई देता है। उनका ब्रह्म भी अनिर्वचनीय है और अकथनीय है। कबीर कहते हैं कि जिसे कहा जा सकता है उसमें झूठ की सम्भावना रहती है। ब्रह्म अनुभूति की अकथनीयता है। ब्रह्म अन्मय है।

कबीर– "दसरथ सुत तिहँ लोक बखाना,
राम नाम का अर्थ है जाना (मर्म न जाना)।"

जीव और ब्रह्म के रिश्ते पर विचार करते हुए भी शंकराचार्य ने अद्वैत का सहारा लिया है। शंकराचार्य ने कहा था कि जीव और ब्रह्म में कोई बुनियादी धर्म नहीं है, जो भेद आत्मासित होता है वह माया के कारण। यही कबीर का भी मत है।

उदाहरण : कबीर–"जल में कुम्भ-कुम्भ में जल है, बाहर-भीतर पानी,
फूटा कुम्भ जल जलहि समाना। यह कह गये ग्यानी।"

अत: जीव और ब्रह्म की तात्विक एकता की स्वीकृति है।

शंकराचार्य माया के दो रूपों की चर्चा करते हैं–विद्यामाया व अविद्यामाया। विद्यामाया से अन्धकार को जान पाते हैं, परन्तु अविद्यामाया भटकन पैदा करती है, ईश्वर से विमुख करती है।

परन्तु सन्त काव्य में माया का केवल नकारात्मक रूप है। यह ब्रह्म से विमुख करने वाली है। कबीर उसे पापिनी कहते हैं, जो हरि से विश्वासघात कराती है, व्यक्तिक्रम पैदा करती है।

अत: वे भाषा से बचने की बात करते हैं। किसी भी बृहत्तर मूल्य से सम्बन्ध में बाधा पैदा करने वाली वस्तु ही भाषा है। यह आचार्य शंकराचार्य की अविद्यामाया की अवधारणा के निकट है।

जगत के बारे में भी थोड़ा संशोधन है उन्होंने जगत् को झूठा नहीं कहा वरन् असार कहा है। अद्वैत में जगत् की सत्ता को स्वीकार नहीं किया गया है, इसे मात्र अज्ञान का आभास माना है। परन्तु सन्तों में जगत् का निषेध नहीं है, निस्सारता है। जगत् अस्तित्ववान तो है, पर अर्थवान नहीं है। इसे क्षणिक और परिवर्तनशील कहा गया है। इससे गहरा रिश्ता नहीं बनाया जा सकता है। अत: सन्तों ने इस निस्सारता का प्रयोग सामन्ती प्रणाली की अतिऐहिकता के विरोध में किया। इस अस्थायी रिश्ते को स्थायी मानने की गलती के प्रति आगाह करते हैं। कबीर प्रतीकात्मक रूप में इसे 'नैहर' कहते हैं। स्थिर से जोड़ने के लिए अस्थिर की ओर ध्यान इंगित करना आवश्यक है।

2. सूफियों का प्रभाव–दर्शन के स्तर पर सन्त काव्य पवित्रतावादी काव्य धारा नहीं है। यह एक पगडण्डी पर चलने वाला काव्य नहीं है। यह अनेक मतों से अपने विचार ग्रहण करता है। सूफियों से प्रेमत्व लिया है। प्रेम को ही साधना का

केन्द्र मानने वाले सूफियों का प्रभाव सन्तों पर भी पड़ा। साधना के स्तर पर प्रेम को स्वीकार किया। कबीर–'ढाई अक्षर प्रेम का'। सूफियों के समान सन्तों ने भी विरह पर बल दिया। अत: कबीर विरह को बुरा नहीं कहते हैं। वे कहते हैं जिस शरीर में विरह नहीं है, वह शमशान के समान है। अत: सन्तों ने सूफियों का विरह तत्त्व लिया। कहीं-कहीं विरह का अतिशयोक्तिपूर्ण वर्णन भी है जो सूफियों के विरह तत्त्व द्वारा आया है।

3. हठयोग–कबीर आदि सन्तों द्वारा बड़े पैमाने में हठयोग के सूत्रों और शब्दावलियों का प्रयोग हुआ है। कुण्डिलिनी, षट्चक्र भेदन, सहस्त्रार, अमृत कुण्ड, इड़ा-पिंगला-सुषुम्ना, अनहद नाद आदि की चर्चा व संकेत दिखाई पड़ते हैं।

4. वैष्णव प्रभाव–वैष्णव प्रभाव का मूल आहार करुणा है। यह धर्म मानवीय करुणा के आधार पर विकसित हुआ है। अत: नरसी मेहता कहते हैं "वैष्णव जन को तेनि कहिए, पीर पराई जाने रे", यह मानवीय करुणा व्यापक स्तर पर सन्त काव्य में दिखाई पड़ती है। इसी करुणा के कारण सन्त काव्य में वर्ण व्यवस्था के विरुद्ध तीव्र प्रतिरोध है। कबीर वैष्णव धर्म के बारे में कहते हैं कि शक्यों के महलों की तुलना में वैष्णवता की झोपड़ी भली है। वैष्णवता सन्त होने का प्रमाण है। सन्त काव्य में अच्छाई और मानवीयता का मूल्य भरपूर है।

इसके अतिरिक्त नामस्मरण, भक्ति, शरणागति, अहिंसा आदि वैष्णव साधना तत्त्वों के अंग हैं। अत: कबीर कई जगह हिंसा व अहिंसा आधारित बाह्याचारों का तीव्र प्रतिरोध करते हैं।

इन चारों में ऊपरी स्तर पर भारी अन्तर्विरोध दिखाई पड़ता है–बाहरी विश्लेषण के स्तर पर। अन्तर्विरोधों का मूल कारण दृष्टि समग्रता की अनुपस्थिति है। मूलत: ये चारों प्रभाव अपनी परिणति व निष्कर्ष में एक ही भाव सत्य को प्रकट करते हैं अनुभूति की चरमता, निरंधा सघनता, ब्रह्मनुभूति इसके लक्षण हैं। अत: अन्तर्विरोध मार्ग के है, गन्तव्य स्थल के नहीं।

सन्त काव्य की विशेषताएँ

सन्त काव्य धारा की निम्नलिखित विशेषताएँ है–

1. सद्गुरु का महत्त्व–इसमें गुरु नहीं सद्गुरु की बात है। कबीर बार-बार गुरु के लिए जिस शब्द का प्रयोग करते हैं वह–सद्गुरु है। गुरु प्रकाशित करता है, रास्ता दिखाता है, क्योंकि वह स्वयं प्रकाशस्वरूप है। अत: गुरु वही हो सकता है, जो स्वयं प्रकाशित है।

2. निर्गुण ब्रह्म के प्रति आस्था–सभी सन्त कवि निर्गुण ब्रह्म के उपासक हैं। सभी सन्त वर्ण व्यवस्था में नीचे से आये थे और ब्रह्म की सगुण अवधारणाओं में वर्ण व्यवस्था के चिह्न थे। सगुण ब्रह्म, के कारण कई तरह के पाखण्ड थे जिनका

पोषक समाज का उच्च वर्ग था। मूर्तिपूजा और अवतारवाद अपनी प्रगाढ़ता में धर्म विरोधी हो जाता है। वह इसे ही वर्ण व्यवस्था का कारण मानते थे। अतः निर्गुण ब्रह्म के प्रति आस्था है, यह गुणरहित नहीं है, गुणातीत है। इन्द्रियों द्वारा जिसे अनुभव किया जा सके वह गुण है। वह जिसे सांसारिक माध्यमों से नहीं अनुभव किया जा सकता है वही गुणातीत है। निर्गुण ब्रह्म के प्रति आस्था के दो कारण हैं–

पहला सामाजिक–वर्णव्यवस्था के अन्यायों का पोषण करता है। जैसे सगुण–मन्दिर–पाखण्ड, मानव–मानव में भेद इत्यादि।

दूसरा चरम की अनुभूति को खण्डित माध्यम से प्राप्त नहीं किया जा सकता। ब्रह्मानुभूति वहाँ होती है, जहाँ मन और इन्द्रियाँ पीछे छूट जाती हैं।

3. माया की भर्त्सना–ब्रह्म साधना में बाधा का कारण माया को माना गया है। यह चेतना की समग्रता को खण्डित करती है इसके प्रतीक के रूप में स्त्री को लिया गया है। माया और स्त्री को एक माना और भर्त्सना की। कामिनी स्त्री की भर्त्सना है और सती की प्रशंसा की गयी है।

4. ब्रह्म और जीव की अद्वैतता में विश्वास–अद्वैत इसके अन्तर्गत माना गया कि ईश्वर और जीव में वैसी ही समानता है जैसे जल और कुम्भ में। कुम्भ का जल, जल में मिलते ही वैसे समान हो जाता है जैसे जीवात्मा का परात्मा से मिलना।

5. साधना का संश्लिष्ट रूप–इसमें कई तरह की साधना पद्धतियों का समाहार है - वेदान्त, हठयोग, सूफी, वैष्णव सूचना।

6. शास्त्रवाद का प्रबल प्रतिरोध–सन्त काव्य में शास्त्र का अर्थ है–अनुभव रहित ज्ञान (जीवन–अनुभव जानना–शास्त्र)। मध्यकाल में शास्त्रवाद का अर्थ है – पुरोहितवाद। पुरोहितवाद सामाजिक एकता और सच्चे धर्म की प्रतिष्ठा में बाधा है। तीसरा–कर्मकाण्डों का रूप है। अतः इसमें शास्त्रवाद और पुरोहितवाद का तीव्र विरोध है। कबीर तीव्र प्रहार करते हैं वे केवल आक्रोश नहीं वरन् गहरी सैद्धान्तिक चुनौती देते हैं।

7. तर्क एवं विवेकयुक्त विश्व दृष्टि (जीवन दृष्टि) की प्रस्तावना–जो भी अतार्किक और विवेकसम्मत नहीं है उसका विरोध। क्या अतार्किक है–

- वर्ण व्यवस्था का विरोध।
- धार्मिक कट्टरता का निषेध। धर्म के आधार पर विवादों की पीड़ा कबीर में दिखाई देती है।
- बाह्याचारों की निरर्थकता–जीवन का वह ढाँचा तो आन्तरिक चेतना से कटा है। जहाँ कथनी–करनी में अन्तर है। धर्म के नाम पर बाह्याचार का खण्डन किया गया है। कबीर के तीव्र आक्रमण इसी का परिणाम है।

8. अखण्ड आत्मविश्वास–कबीर कहते हैं कि सच कहने के लिए अखण्ड आत्मविश्वास होना चाहिए। सन्त सामन्ती खतरों को जानते हुए भी सच कहता है।

यह केवल आत्मविश्वास से ही सम्भव था। इस आत्मविश्वास की झलक कबीर में अत्यन्त प्रखर दिखाई देती है।

"झीनी-झीनी बीनी चदरिया।, जस की तस रख दीनी चदरिया।"

साहस की बात वही कर सकते हैं जिनमें डर के कारण नहीं हैं। यही आत्मविश्वास कबीर की आक्रामकता के मूल में है।

सूफी काव्यधारा

सूफी परम्परा—यह परम्परा बाहर से आयी एक ऐसी धारा है, जो इस्लाम की कट्टरता के विरोध में विकसित हुई, जिस प्रकार भारतीय भक्ति काव्य धारा धार्मिक कर्मकाण्डों के विरोध में आई। इसका चिन्तन समन्वय करता है; इसने बौद्ध, ईसाई, जरथुस्त आदि से भी प्रेरणा ग्रहण की है।

सूफीवाद की मूल प्रकृति समन्वयता की है, न कि कट्टरता की। इसकी व्युत्पति हुई है 'सूफ' शब्द से जिसका अर्थ है 'ऊन'। ऊन का सफेद चोगा पहनने वाले, एकान्तिक जीवन जीने वाले और ईश्वरीय प्रेम में मग्न और कभी-कभी उन्मादी हो जाने वाले, पवित्र साधकों को सूफी कहते थे। इससे पहले इन्हें साधु और ज्ञानी भी कहा गया। इसमें इस्लाम की सामूहिक साधना के विरुद्ध एकान्तिक साधना पर बल दिया गया। (इनमें ईश्वर से प्रेम की उत्कण्ठा अत्यन्त तीव्र थी।)। यह ईश्वर प्रेम इनकी बुनियादी धुरी है। अत: जो धारा प्रेम को मार्ग या आधार बनाकर ईश्वर को प्राप्त करना चाहती है, वह प्रेमाश्रयी काव्य धारा कहलायी। इनके मतानुसार, केवल प्रेम से ही विराट से मिला जा सकता है। उनके इस प्रेम की विशेषता है कि यह प्रेम प्रथमत: लौकिक प्रेम से शुरू होता है जो बाद में ईश्वरीय प्रेम बन जाता है। अत: लौकिकता और आध्यात्मिकता में कोई विरोध नहीं है। इसने इस्लाम की बहुत-सी बातें छोड़ीं। इस्लाम का अर्थ है-अपने अल्लाह (आराध्य) के प्रति उन्मुख रहने और उसके प्रति अनुशासित व्यवहार करते हुए जीवन बिताना। यही इनकी मूल प्रतिज्ञा है, मूल ढाँचा है। सूफियों को पहली असुविधा अनुशासन को लेकर हुई। इस्लाम में अल्लाह गलती पर दण्ड देता है। अत: मानव व अल्लाह का रिश्ता भय पर आधारित है, वह शासक है। पहले सूफी इस रिश्ते को भय का रिश्ता नहीं मानते क्योंकि इसमें कोई आनन्द नहीं है। अत: उन्होंने प्रेम की प्रतिष्ठा की।

इस्लाम में फ़ना (निर्वाण) की कोई अवधारणा नहीं है। बन्दे और खुदा में अलगाव है और जिससे मिलन की कोई सम्भावना नहीं है, वह स्वायत्त है। इस्लाम एकेश्वरवादी है, इसमें अनेक देवता नहीं हैं और आज एक है और वह जगत् और जीव से भिन्न है। अद्वैत जगत् को नहीं मानता तथा जीव और ब्रह्म में कोई अन्तर नहीं मानता। जीव और ब्रह्म की एकता है। इसके विपरीत जीव और खुदा तथा जगत् और खुदा में भेद किया गया है। सबकी स्वतन्त्र सत्ता है। इस्लाम में माया की कोई अवधारणा नहीं है,

शैतान की अवधारणा है। अतः एकेश्वरवाद में तात्विक भेद या अवस्था भेद को ही अन्तिम माना है, परन्तु अद्वैत में इसे एक ही तत्त्व माना है।

सूफी दर्शन पर एकेश्वरवाद तथा अद्वैत दोनों का प्रभाव है। एकेश्वरवाद उन्हें इस्लामी परम्परा से मिला, परन्तु उन्होंने जगत् को मात्र ब्रह्म का प्रतिबिम्ब व परछाई माना, ब्रह्म खुद से अलग नहीं जो अद्वैत विचारधारा से प्रभावित है। इस तरह तसव्वुफ अपनी चिन्तन प्रक्रिया में दो दार्शनिक प्रवृत्तियों को लेकर चलता है और उनका समन्वय करता है।

खुदा या ब्रह्म—खुदा एक है और जगत् का निर्माण करता है। जगत् खुदा की परछाई या प्रतिबिम्ब है।

जगत—जिसे इन्द्रियों से जाना जा सकता है वह दुनिया है। यह दुनिया खुदा और बन्दे के बीच माध्यम या सेतु का काम करती है। खुदा के सौन्दर्य का पता जगत् से ही चल पाता है। अतः अद्वैत के समान इसमें जगत् का निषेध नहीं है। प्रकृति की समस्त चीजों में उस खुदा की सुन्दरता ही दिखाई देती है।

भारतीय दर्शन में पुरुष ब्रह्म है, पर सूफी दर्शन में स्त्री ब्रह्म है और स्त्री का सौन्दर्य ब्रह्म का सौन्दर्य है। प्रकृति सौन्दर्य को नायिका की देह में देखा गया है। अतः यह जगत् ही वह माध्यम है जिससे ईश्वर का आभास या नमूना देखा जा सकता है, क्योंकि जगत् को ईश्वर ने स्वयं बनाया। अतः जगत् को वास्तविक माना है।

मनुष्य—भारतीय दर्शन के समान ईश्वर की सर्वोत्तम कृति मनुष्य को माना गया है। पर यह भी माना कि यह सत्य और असत्य का मेल है। अतः सत्य की तरफ जाकर ही ईश्वर को प्राप्त किया जा सकता है। प्रेम ही इस सत्य का मार्ग है। यह प्रेम या सत्य की प्रक्रिया अत्यन्त दुस्साध्य एवं संघर्षपूर्ण है। मनुष्य आरोहण-तिरोहण की सन्धि पर है। अतः चयन कर सकता है। साधक वही है जो आरोहण (सत्यमार्ग) का चुनाव करता है। अन्य प्राणी मात्र प्रकृति का अनुकूलन करते हैं। अतः सूफी काव्य का नायक सांसारिकता (विवाहित है) के बिन्दु से शुरू करता है और यहाँ से नायिका (ब्रह्म) की खोज में निकल जाता है। सूफियों ने सफर (साधना) को माना। वे कहते हैं कि यदि आप अपनी स्थिति छोड़ेंगे नहीं तब तक ईश्वरत्व प्राप्त नहीं हो सकता। अतः प्रेम भावना सांसारिक जड़ता के विरोध में भी है। सूफियों के यहाँ मनुष्य को लेकर कोई पछतावा या चेतावनी नहीं है। आप जहाँ भी हैं वहीं से शुरू करते हैं, प्रेम राह और मंजिल दोनों ही है, बस घनत्व में फर्क है। इश्क मिजाजी से हकीकी स्थायी तक दोनों में समानता है।

शैतान—विद्वानों के अनुसार माया से इसकी तुलना की जा सकती है। माया के समान इसकी भूमिका भी साधना के सफर से साधक को विचलित करना है, जैसे—नायक के पथ में बाधा पैदा करना, नायिका से विलगाव करना। परन्तु सूफियों की शैतान की धारणा सकारात्मक है क्योंकि यह प्रेम की भावना

(साधना) को उद्‌दीप्त करती है। शैतान बाधा उत्पन्न कर मिलन की उत्कण्ठा को तीव्र करता है। मिलन का महत्त्व नहीं है मिलन की आकांक्षा का है। अत: शैतान को प्रेमानुभूति के लिए अनिवार्य माना है। माया की अवधारणा नकारात्मक है व इसकी भर्त्सना की गयी है।

गुरु–सूफी दर्शन में भी गुरु का बड़ा महत्त्व है जो भारतीय धर्म साधना में भी है। अज्ञानता के अन्धकार में हमारा अस्तित्व डूबा हुआ है क्योंकि सत्य कहने वाला कोई नहीं है। ठीक मंजिल या वास्तविकता का बोध कराने वाला ही गुरु है। यह गुरु दैव योग से मिलता है जो जीवन के वास्तविक अर्थ का बोध कराता है। सूफी काव्य में गुरु के रूप में पक्षी भी हैं।–जायसी के यहाँ होता। जैसा कि जायसी लिखते हैं।

"गुरु सुवां जो राह दिखावा।"

सूफियों की साधना (सफर) पद्धति–पूरी सूफी साधना दो हिस्सों में बंटी है 1. अवस्था और 2. मंजिल में है। अवस्था का अर्थ है सीढ़ियाँ। साधना में अवस्था के साथ-साथ मंजिल भी बदलती है। अवस्था-मंजिल का युग्म है।

अवस्था

- **शरीअत**–इस अवस्था में साधक खुदा के आदेशों का पालन करता है। इसके साथ जो मंजिल है वह है नासूत (मृत्युलोक)।
- **तरीफत**–जो खुदा के आदेशों का पालन के साथ-साथ खुदा की ओर उन्मुख हो जाता है इसकी मंजिल है मलकूत (बैकुण्ठ)।
- **मारीफत**–खुदा प्राप्ति मार्ग की बाधाएँ दूर हो जाती हैं। मंजिल है ज़बरूत (अक्षरधाम)।
- **हकीकत**–वास्तविकता की अवस्था प्राप्त कर लेते हैं। खुदा सामने होता है।
- **मंजिल** - लाहूत (परमधाम) इस बिन्दु पर पहुँचकर साधक फना (निर्वाण) से सम्पन्न होकर बका (अनश्वर) हो जाता है।
- **फना**–निर्वाण, मुक्ति की दशा।
- **बका**–विलयन। जीवत्व खत्म। ईश्वर के अन्दर समा जाते हैं।

फना और बका की अवधारणा इसे इस्लाम से अलग करती है।

मजादिल निस्तामी ने पहली बार बका की अवधारणा प्रस्तावित की। मंसूर ने इसे अनलहक (अहं ब्रह्मास्मि) कहा। अत: चार अवस्था और मंजिल को पार कर साधक उस मंजिल पर पहुँच जाता है, जहाँ जीव और खुदा का विलयन हो जाता है। सूफियों के यहाँ विलयन से अधिक आनन्द सफर में है।

सूफियों का भारत प्रवेश और इसके प्रमुख सम्प्रदाय–11वीं सदी में सूफियों के कई आगमन के प्रमाण मिले हैं जिसे आगमन का केन्द्र व उहे-अल-हुज़वेरी कहा गया, इसके आगे चलकर कई सम्प्रदाय आये। जिनमें चार प्रमुख हैं :

चिश्तिया–इसका हिन्दी साहित्य से सीधा सम्बन्ध है।

कादरिया, नक्शबन्दिया, सुहरावर्दिया–इन तीनों का सीधा सम्बन्ध नहीं था।

अत: अरब में प्रारम्भ होने वाले सूफी जीवन ने इस्लाम के साथ प्रवेश किया तथा अनेक भारतीय चिन्तन धाराओं को ग्रहण किया।

आचार्य रामचन्द्र शुक्ल ने सूफियों को भारतीय संस्कृति को सामासिक बनाने का श्रेय दिया है। सूफियों ने हिन्दू-मुसलमान तनाव को कम किया और इस्लाम की कट्टरता और अजनबियत को मिटाकर जातीय संवाद की स्थापना की। मानव एकता प्रतिपादित की और मध्यकालीन भारतीय में जो तनाव था उसका प्रतिहार किया। समूची भारतीय परम्परा को आत्मसात किया।

सूफी काव्यरचना का सूत्रपात 14वीं सदी में हुआ। इसकी प्रथम उपलब्ध रचना मुल्ला दाऊद की चन्दायन (1379) है।

- दूसरी है कुतुवन की मृगावती (1503)।
- तीसरे और सबसे बड़े रचनाकार जायसी–पद्‌मावत (1540)।
- चौथे–उस्मान-चित्रावली (1613)। अन्तिम महत्त्वपूर्ण कवि नूर मुहम्मद–इन्द्रावती (1744) व अनुराग बाँसुरी (1764)।
- अत: लगभग चार सौ वर्षों तक लगातार रचनाएँ करते रहे।

सूफियों की विशेषताएँ

1. जीवन मूल्य के रूप में प्रेम की प्रस्तावना–सूफी काव्य में पहली बार प्रेम के मूल्य का समादर दिखता है। इसका कारण है कि मूल्यों की बात तभी उठती है जब संसार को सत्य माना जाये। अत: जगत् और मनुष्य को सत्य मानते हुए जिस मूल्य की प्रस्तावना सूफियों ने की वह है–प्रेम। मध्यकाल में सूफियों ने प्रेम को मूल्य के रूप में प्रचारित किया। यह इसलिए ज़रूरी है क्योंकि यह सार्थकता एवं विराटत्व की ओर ले जाता है। भारतीय साधना में 'भक्ति' को मूल्य माना है। परन्तु भक्ति का उच्चतर से रागात्मक सम्बन्ध है। परन्तु सूफियों में लौकिक-अलौकिक का कोई भेद नहीं है। सभी प्रकार का प्रेम मूल्य है। अत: जो प्रेम कर सकता है वही आध्यात्मिक हो सकता है।

जायसी - "मानुस प्रेम भये बैकुण्ठी,
नाहिं ता का क्षार भर मूठी।"

अत: सभी सूफी कवियों ने प्रेम कथाएँ ही लिखीं। ये हिन्दू घरों में प्रचलित कथाएँ थीं, जिनमें आध्यात्मिक अर्थवत्ता भरी हुई थी। फारस-अरब की प्रेम कथाएँ इनमें शामिल नहीं थीं।

प्रेम का लक्षण निर्धारित करते हुए सूफी कहते हैं यह है विरह। अरब में विरह ही प्रेम था। इस परम्परा को भारतीय सूफी परम्परा ने भी ग्रहण किया। अतः विरह की पीड़ा को रचना का मूल बनाया। इनका प्रेम विरहानुभूति ही है। इनमें विरह का अतिशयोक्तिपूर्ण वर्णन मिलता है (अरबी परम्परा का प्रभाव)। परन्तु यह भारतीय विरह से भिन्न है। सूफियों में यह आध्यात्मिक अभिप्रायों से संचालित है। भारतीय परम्परा में वेदना है, प्रतीक्षा है, उदासी है पर अतिशयोक्ति नहीं है। अतः कई बार यह अस्वाभाविक भी दिखाई देता है, वीभत्सता व घृणास्पद हो जाने के स्तर तक। अतः विरह का ढाँचा भारतीय परम्परानुसार नहीं था। जायसी जैसे स्वाभाविक कवि में भी यह अतिशयोक्ति मिलती है, विरह में साधक पुरुष विरह ही अधिक है।

2. सांस्कृतिक समन्वय का सूत्रपात–मध्यकाल की सामाजिक संरचना में साम्प्रदायिकता तनाव है जिसके ऐतिहासिक कारण हैं : (i) पराजित और विजेता जाति का मनोविज्ञान, (ii) उपासना पद्धति व जीवन मूल्यों में विभिन्नता। इस्लाम अत्यन्त कट्टर है और धर्मान्तरण से बहुसंख्यक वर्ग में असुरक्षा व उससे जनित घृणा विद्यमान थी। आरम्भिक इस्लाम की प्रकृति लुटेरे व हत्यारों की थी। इससे सम्पूर्ण जाति की नकारात्मक छवि है। सूफियों ने इस बँटवारे के तनाव को झेला था। अतः उन्होंने समन्वय करने की कोशिश की। यह समन्वयता एक ऐतिहासिक व सामाजिक ज़रूरत थी। सूफियों ने दोनों संस्कृति के धागों को जोड़ने की कोशिश की। यह समन्वय समाज के होने न होने का प्रश्न था। सन्त काव्य में भी इसे महसूस किया गया। यही समन्वय इनका सांस्कृतिक प्रदेय है।

(i) इन्होंने भारतीय लोक कथाओं का प्रतीकात्मक रूपान्तरण किया जो एक पराजित, हताश जाति के लिए ढांढस बँधाने वाली बात थी। विजयी जाति द्वारा भारतीय लोक कथाओं की सम्मानजनक प्रतिष्ठा ने घावों पर मरहम लगाने का काम किया। इन्होंने बताया कि धर्म का मूल आधार प्रेम है जो हिन्दू व इस्लाम धर्म में समान है। भारतीय कथाओं में अपना दर्शन भी अनुस्यूत किया। अतः दूरियाँ घटाने का काम किया और भारत की सामासिक संस्कृति की परम्परा जो टूट रही थी उसे रोका।

(ii) लोक जीवन व लोक परिस्थितियों का चित्रण–इसमें पूरे अरब की संस्कृति को तिलांजलि देते हुए, लोक जीवन व भारतीय समाज के चित्रण का काव्य में उपयोग किया गया। कविता के स्तर पर यह सामाजिक वास्तविकता उतनी ही स्पष्ट है, जितनी अन्य धाराओं के कवियों में। जायसी के सभी उदाहरण–विवाह, सामाजिक सम्बन्ध, अन्धविश्वास, मध्यकालिक भारतीय समाज के हैं। इनमें स्त्री की सामाजिक दशा का प्रामाणिक चित्रण मिलता है। मध्यकालीन स्त्री की विडम्बनापूर्ण स्थिति का वर्णन किया। यह सभी कवियों की भारतीय समाज के प्रामाणिक अनुभव से ही सम्भव था। अतः सामासिक संस्कृति का विकास किया। इन्होंने बताया कि यह

समाज उनका भी उतना है, जितना यह जीवन ही उनका है। स्त्री की पराधीनता को स्वाभाविक नहीं माना, उसकी सामाजिक अवस्था की विडम्बना को इंगित किया। इस सामाजिक मुद्दे को काव्य के स्तर पर पकड़ने का प्रयास केवल सूफी काव्य में दिखाई देता है।

(iii) हिन्दू देवी-देवताओं के प्रति आदर भाव–हिन्दू मिथकों व काव्य रूढ़ियों का इस्तेमाल किया। शिव-पार्वती, हनुमान आदि मिथकीय पात्रों का प्रयोग किया। मिथ का प्रयोग तभी सम्भव है जब संस्कृति की जानकारी हो। अतः यह सूफी काव्य सांस्कृतिक समन्वय की चेष्टा है जिसमें इन्हें सफलता भी मिली।

3. प्रकृति का रागात्मक चित्रण–भारतीय परम्परा में प्रकृति का चित्रण उद्दीपन रूप में होता है। सूफियों ने यह परम्परा अपनायी और बारहमासा का प्रयोग किया। चूँकि सूफियों के यहाँ प्रकृति से खास लगाव है क्योंकि यह दम्भ का प्रतिबिम्ब है। अतः प्रकृति का सौन्दर्य चित्रण विशद है तथा इसका आध्यात्मिक अभिप्राय भी है। प्रकृति का प्रयोग नायिका के सौन्दर्य के उपमानों के रूप में भी है।

4. शैतान की अवधारणा–ये सभी सूफी काव्यों में अनिवार्य है क्योंकि बाधाओं से साधक में तीव्रता उत्पन्न होती है। यह प्रक्रिया को कठिनतर व दुरूह करने की भूमिका निभाता है। शैतान के प्रति मौन कृतज्ञता का भाव है। शैतान साधक की चुनौती है और यह प्रेम को मूल्यवान बनाता है।

सूफी काव्य की विशेषताएँ

- प्रबन्ध शैली में काव्य रचना सूफी काव्य, मुक्तक काव्य नहीं है।
- प्रबन्ध काव्य में मसनवी शैली का प्रयोग।
- लोक भाषा का प्रयोग, वह भी सिर्फ अवधी। उन सूफी कवियों ने भी जो अवध प्रदेश के नहीं हैं।
- छन्द के स्तर पर दोहा-चौपाई, पदों का प्रयोग नहीं है।

अन्ततः काव्य मूल्य और काव्य सौन्दर्य की दृष्टि से सूफी काव्य मध्यकालीन हिन्दी कविता की महत्त्वपूर्ण उपलब्धि है। भावों की मार्मिकता, आध्यात्मिक अनुभव व काव्य सौन्दर्य की दृष्टि से तो इसका महत्त्व है ही, जीवन मूल्यों व सांस्कृतिक मूल्यों की दृष्टि से भी इसका महत्त्व निर्विवाद है। सूफी कवियों ने सामाजिक और सांस्कृतिक जीवन के जिन प्रतिमानों को तय किया वे प्रतिमान हमारी साझी संस्कृति की महत्त्वपूर्ण विरासत हैं।

रामकाव्य परम्परा

सगुण काव्यधारा में ब्रह्म की मानवीय भूमिका शुरू हुई, निर्गुण काव्य में ब्रह्म के

मानवीय जीवन से सम्बन्ध की कोई चर्चा नहीं है। उसे ज्ञान से पाया जा सकता है। ब्रह्म की जागतिक भूमिका की शुरुआत सगुण काव्य से हुई। ब्रह्म का लौकिकीकरण सगुण है इसने समूचे ब्रह्म चिन्तन को लौकिक रूप प्रदान किया यह तत्त्व चिन्तन नहीं है। काव्य सामाजिक सुख-दुख के स्तर पर आता है। इस सामाजिक परिवेश में ही ब्रह्म का आचरण परिलक्षित होता है। अतः सगुण ने आध्यात्म और ब्रह्म को मानव के पहचाने स्वरूप में प्रतिष्ठित किया। अतः सूक्ष्मता (तत्त्व चिन्तन) को स्थूल में परिवर्तित किया। भक्ति काव्य को लौकिक आधार देने का काम सगुण काव्य ने किया। मनुष्य के जीवन और आध्यात्म के बीच संवाद की शुरुआत यही से हुई। यह सगुण काव्य का बड़ा प्रदेह है यह मध्यकाल के वैराग्यवाद के खिलाफ है। अतः सगुण काव्य में कहीं रहस्यवाद या योग साधना नहीं। ब्रह्म का अवतारी स्वरूप और वह भी सामाजिक जीवन से बँधा हुआ दिखाई देता है। ईश्वर की सार्थकता मनुष्य बनने में है। ज्ञान की होड़ को सीमित करने और ठोस अनुभव को प्रतिष्ठा देने का कार्य काव्य सगुण ने ही किया।

रामकाव्य का दार्शनिक आधार रामानुजाचार्य का विशिष्टाद्वैत है। वह अवतार रह कर भी विशिष्ट रहता है, मानवीय आचरण करता है, लीलावादी है। मनुष्य होकर भी वह ब्रह्म बना रहता है। शंकराचार्य के अद्वैत के अनुसार ब्रह्म का सगुण रूप माया से सम्पृक्त होने पर दिखता है। इसका विकारी स्वरूप नहीं है।

शंकराचार्य के ब्रह्म में कोई भाव नहीं है। विशिष्टाद्वैत करुणावान है एवं मानव-पीड़ा हरने के लिए अवतार लेता है।

विशिष्टाद्वैत की देन

- अवतारवाद।
- करुणा।
- विशिष्टता-लीलावाद, ब्रह्मलीला करता है।

रामकाव्य की विशेषताएँ (मूल आधार तुलसीदास)

रामकाव्य धारा की प्रमुख विशेषताएँ निम्नलिखित है-

1. राम के मर्यादा पुरुषोत्तम रूप की स्थापना-राम की मर्यादा उनके मानवीय आचरण से पैदा हुई है अर्थात् मर्यादा का आधार विचार नहीं वरन् आचरण है। राम की मर्यादा उपदेश नहीं है बल्कि जीवन की सभी प्रतिकूल परिस्थितियों में अपने मूल्य और आचरण की सुरक्षा है। मर्यादा की पहचान प्रतिकूलता में ही होती है। मर्यादा के टूटने के हरेक बिन्दु पर राम स्थितप्रज्ञ है। समुद्र से रास्ता माँगने के लिए वे प्रार्थना करते हैं, बल प्रयोग नहीं, शक्ति का अनावश्यक प्रयोग नहीं करते,

वनवास जाते समय भी। रावण के वध के समय भी लक्ष्मण से आदर व उपदेश की बात करते हैं। वनवास से लौटने पर सर्वप्रथम कैकेयी के चरण स्पर्श करते हैं। सामन्ती व्यवस्था में भी एक पत्नीव्रत का पालन करते हैं। पारिवारिक, सामाजिक व राजनीतिक तीनों स्तरों पर मर्यादा का पालन करते हैं।

हजारी प्रसाद द्विवेदी के अनुसार "यह राम हमारे दैनिक जीवन के अनुभवों के बीच से उजागर हुआ है। वह केवल अनादि, अनन्त और व्यापक सच्चिदानन्द मात्र नहीं है, बल्कि शील, सौन्दर्य और मर्यादा का अधिष्ठाता है।" राम का पुरुषोत्तमत्व संघर्ष पर निर्भर करता है। यह कई स्तरों पर संघर्ष है–दैव (भाग्य) और राम (मनुष्य) का विपत्तियों से जूझना व विजय प्राप्त करना ही मर्यादा का लक्षण है। ''दैव सम्पादितो दोषो मानुषेष मायाजित:'' (देवता ने विपत्ति दी और मैंने मनुष्य होकर उस पर विजय प्राप्त की)–वाल्मीकि रामायण। राम की मर्यादा इसी मानवीय जिजीविषा से फूटी है। तुलसी के राम भी इसी दैव से टकराते हैं। दैव यानी जड़ शक्तियाँ। ये मानवीय संघर्ष की विराटता से उत्पन्न हैं। अत: मूल्यवान है। यह मर्यादा मनुष्य की पूरी सामाजिक संरचना के लिए मूल्यवान है। अत: तुलसी रामराज्य का सपना देखते हैं। मर्यादा रामकाव्य का एक आधारभूत मूल्य है। यह मानवीय समाज की रीढ़ है। रामकाव्य ने ऐसे युग में मर्यादा की स्थापना की, जब सम्पूर्ण राजनीतिक-सामाजिक व्यवस्था मर्यादाविहीन थी। मर्यादा का मूल्य समाज को संगठित व व्यवस्थित करने में है। मर्यादा का मूल्य राम के चरित्र से रखा है।

2. लोक मंगल की साधना या कर्म संघर्ष का चित्रण–लोक के कल्याण के लिए संघर्ष आवश्यक है। तुलसी लोकमंगल के साथ-साथ उसके उपायों की भी चर्चा करते हैं। तुलसी का लोक मंगल सद्कांक्षा मात्र नहीं है। लोक मंगल विरोधी शक्तियों को शक्ति से ही परास्त करना पड़ता है। अत: लोक मंगल की कामना संघर्ष से जुड़ी हुई है। राम का समस्त संघर्ष लोक मंगल से प्रेरित है, सामाजिक हितों के लिए है।

'कीरत भक्ति भूलि सब कोई'।

इसके साथ लोक मंगल को परिभाषित करते हुए तुलसी कहते हैं कि परहित ही सबसे बड़ा लोक मंगलकारी कार्य है।

तुलसी–दैवस विप्र धेनु सुर सन्त हित, लीन्ह मनुज अवतार।

इसके विपरीत कृष्ण काव्य की मूल प्रतिज्ञा लोकरंजन की है। परन्तु समूचा रामकाव्य लोक मंगल की साधना से प्रतिचालित है। संघर्ष की निरन्तरता व मर्यादा के निर्वाह में रामकाव्य की लोक मंगलकारी चेतना दिखाई देती है।

3. समन्वयात्मक जीवन दृष्टि–इसमें परस्पर विरोधी धाराओं का समाहार है। भारतीय संस्कृति की मूल प्रकृति समन्वयात्मक ही है। अनेक परस्पर विरोधी

विचारों और वस्तुओं का जमावड़ा है। अतः द्विवेदी जी कहते हैं – "भारतवर्ष का लोकनायक वही हो सकता है जो समन्वय करने का अपार धैर्य लेकर आया हो। तुलसी का सारा काव्य समन्वय की विराट चेष्टा है।"

अतः मध्यकाल में जब समाज और मूल्यों में बिखराव हो रहा था, तुलसी की मूल चिन्ता इस बिखराव को रोकने की है। वे सामाजिक व्यवस्था को तोड़ने की बजाय सुधारवादी स्वर अपनाते हैं। अतः निषाद को अत्यन्त महत्त्वपूर्ण स्थान देते हैं। अवर्ण होकर भी राम का मित्र है। इसी प्रकार शम्बूक-वध का समस्त प्रसंग छोड़ दिया। वह वर्ण व्यवस्था को तो स्वीकार करते हैं परन्तु सुधार की चेतना के साथ। तुलसी के यहाँ अनेक स्तरों पर समन्वयात्मकता दिखाई देती है।

- **दर्शन के स्तर पर**–इसमें निर्गुण व सगुण का समन्वय है। तुलसी के यहाँ कोई भेद नहीं है। दोनों ही संसार का दुख दूर करने वाले हैं। ज्ञान का भावात्मक रूप ही सगुण ईश्वर है। दोनों रूपों में ही ब्रह्म सत्य है।

  "अगुण अरूप अलख अज जोई
  भगति प्रेम बस सगुन सो सोई।"

  वे उनकी भर्त्सना करते हैं जो सगुण रूप का निषेध करते हैं।
- **वैष्णव और शैव के स्तर पर**–मध्यकाल का धार्मिक सत्य है। तुलसीदास ने तनाव को दूर कर शिव और विष्णु को एक-दूसरे का भक्त बताया। वे हरि और हर दोनों को साथ रखते हैं।
- **शास्त्र और लोक का समन्वय**–शास्त्रीय चिन्तन के साथ-साथ लोक भावना का समन्वय। तत्त्व के साथ-साथ लोक की बात। वे नवधा भक्ति के साथ सहज भक्ति की बात। भाषा में भी संस्कृत (तत्सम) के साथ-साथ ठेठ लोक भाषा का प्रयोग है। उत्तर काण्ड में विशुद्ध दर्शन व सुन्दर काण्ड, अयोध्या काण्ड में दर्शन नहीं है। यही समन्वय रामचरितमानस की व्याप्ति का कारण है। तुलसी इसी समन्वयात्मक प्रकृति के कारण लोक कवि हैं।

4. दास्य भक्ति की स्वीकृति–सम्पूर्ण रामकाव्य की भक्ति दास्य भक्ति है। इष्ट से स्वामी-दास का सम्बन्ध है। यह वास्तव में चेतना सम्पूर्ण है, इसमें अहंकार कहीं भी नहीं है। कबीर भी जब ईश्वर का स्मरण करते हैं तो यही सम्पूर्ण समर्पण की भावना दिखती है। रामकाव्य दास्य भक्ति को मान्यता प्रदान करता है। अतः तुलसी में रहस्यवाद कहीं भी नहीं दिखता है। इष्ट-भक्त में सम्बन्धों की पारदर्शिता है। अतः दास्य भक्ति सीधी, सरल व सहज है। तुलसी के राम कण-कण में व्याप्त हैं, सर्वसुलभ हैं। राम के विराटत्व की बात है। हनुमान (भक्ति का प्रतीक) और तुलसी के यहाँ राम का विराटत्व कबीर के निर्गुण राम की तरह विस्तृत है।

तुलसी–"कौ जाने को चाहिए सुरपुर कौन नरक धन धाम को।
तुलसी बहुत भलो लागत, जीवन रामगुलाम को।"

अत: दास्य भक्ति रामकाव्य की साधना का आधार है। वरदान में भी भक्त मुक्ति नहीं भक्ति ही माँगता है।

"देहु भगति रघुपति अति पावनि।
त्रिविध ताप भय दीप नसावनि।।"

अत: भक्ति ही सबसे सार्थक वस्तु है। रामचरितमानस के अन्त में कहते हैं कि जैसे कामी स्त्री को व लोभी धन चाहता है, मैं भी आपको चाहूँ। अत: यह भक्ति विश्वास और समर्पण पर आधारित है। यह जीवन का सबसे बड़ा सुख और सन्तुष्टि है।

5. गहन राजनीतिक बोध–समूचे मध्यकाल में भक्ति काव्य के भीतर राजनीतिक चेतना व अभिप्रायों की चर्चा दिखाई देती है। तुलसी मध्यकाल के प्रथम कवि हैं जो राजनीति को काव्य का ऐजेंडा बताते हैं–दो स्तरों पर–युगकालीन राजनीति–वह कहते हैं कि राजनीति मानस में स्पष्ट संकेत–"वेद धर्म दूरि गये, भूमि चीर भूप भए"। राजा का आचरण पापयुक्त है और वह अकारण ही प्रजा को दण्डित करता है। राजनीति औचित्य रहित होकर प्रजा विरोधी हो गयी है।

"नृप पाप परायण धर्म नहीं।
करि दण्ड विडम्ब प्रजा नितहीं।"

वे कहते हैं कि भय और आतंक की सत्ता स्थायी नहीं होती है।

"राज करित बिनु काज ही, करिह कुचाल कुसाज (षडयन्त्र)।"
"तुलसी जै दसकन्ध जो जहिंयें"

दूसरे स्तर पर वह एक आदर्श राजनीतिक व्यवस्था का सपना देखते हैं। कलियुगी यथार्थ के समानान्तर राम राज्य की संकल्पना करते हैं।

राम प्रजा के प्रति अत्यन्त जवाबदेह दिखते हैं। "जौ अनीति कुछ भारवो भाई, तो मोहि बरिजहुँ भय विसराई।" उधर प्रजा के कर्तव्य पर राम कहते हैं कि मुझे वही सेवक प्रिय है जो मेरे अनुशासन को मानता है। अत: प्रजा व राजा के आपसी सम्बन्धों पर आधारित शासन व्यवस्था का सपना देखते हैं। वे समाज की परिकल्पना करते हुए कहते हैं–

"नहीं दरिद्र कोउ दुरही न दीना, नाही केई अबुध न लक्षण हीना।"

प्राकृतिक सन्तुलन की बात करते हैं–

"फूलन परहिं सदा तक कानन, रहहिं संग गज पंजानन।"

प्रजा की बात करते हुए कहते हैं–

"सब उदार सब परहितकारी, विप्र चरण सेवक नर-नारी।"

अत: रामराज्य में सन्तुलित, भयहीन, मानव कल्याणकारी राजनीति की प्रस्तावना करते हैं। राजनीति यथार्थ व कल्पना की समानान्तर चर्चा भी दिखाई देती है।

6. वर्णाश्रम व्यवस्था का समर्थन–नारी और शुद्रों के प्रति तुलसी की दृष्टि में प्रश्न चिह्न लगाये गये हैं जो वर्णाश्रम व्यवस्था के टूटने के कारण की ओर संकेत करते हैं।

"विप्र, निरक्षर लोलुप कामी, निराचार सठ वृषल अनुगामी"

तुरन्त बाद एक और दोहा लिखते हैं :

"पूजिए विप्र सकल गुण हीना, शूर न पूजिए प्रबल प्रवीणा।"

इसमें वर्ण व्यवस्था का पूर्वाग्रह झलकता है। तुलसी के रामराज्य की बड़ी सीमा।

नारियों के प्रति तिरस्कार सम्बन्धी दृष्टि अनेक स्थलों पर दिखाई देती हैं, जैसे–

"विधिहुँ न नारि हृदय गति जानी
सकल कपट अध अवगुण खानी।"

7. युग जीवन के यथार्थ का चित्रण–प्राय: समस्त रामकाव्यों में युगीन परिस्थितियों का चित्रण है क्योंकि यह कथा मूलत: सामाजिक सम्बन्धों पर आधारित है। अत: तुलसी का रामचरितमानस अपने युग का प्रमाणिक दस्तावेज है।

तुलसी के काव्य में उस युग का समस्त यथार्थ चित्रित हुआ है।

8. धर्म–तुलसी का काल धार्मिक अराजकता का काल है। धर्म का केन्द्र दूर गया है। अत: धर्म स्वेच्छाचारी हो गया है। धर्म का प्रयोग सुविधा के रूप में किया गया हैं।

"नारि मुई गृह सम्पति नासी।
मूड़ मूड़ाइ होहि संन्यासी।"

अत: संन्यास पाखण्ड है। जिस संन्यास का सम्बन्ध ब्रह्म ज्ञान से है वह स्खलित हो गया है।

जाके नख और जटा विलासा
सोई तापस प्रसिद्ध कलिकाला।

धर्म वेशभूषा रह गया है और बनावट हो गया है। धर्म सतही और प्रदर्शन की वस्तु बन गया है, जो धार्मिकता के क्षरण का सूचक है।

राम वैयक्तिक नैतिकता को त्यागकर सामाजिक मर्यादा की प्रतिष्ठा के लिए बाली का छुपकर वध करते हैं।

तुलसी कहते हैं–

ब्रह्मा ज्ञान बिनु नारि वर कहहिं न दूसर बाल,
कौड़ी लगि मोर बस, करहि विप्र गुरू घात।

लोग ब्रह्मविहीन हो गये हैं। केवल पैसे की ही चर्चा है। पैसे के लिए लोग ब्राह्मण व गुरु से भी घात करते हैं।

शिक्षा की बात करते हुए तुलसी कहते हैं। शिक्षा पूरी तरह व्यवसाय में परिवर्तित हो चुकी है। गुरुओं के आचरण की बात करते हुए वे कहते हैं–

"हरई सिष्य धन शोक न हरई।
सोगुरु घोर नरक महँ परई।"

परिवार के स्तर पर भी संस्कारों व मूल्यों की शिक्षा नहीं रह गयी है–

"मातु पिता बालकन्हि बुलावहिं।
उदर भरइ सोइ धर्म सिखावहिं।"

अत: शिक्षा की भूमिका मात्र उदर पूर्ति का साधन रह गयी है। तुलसी समाज की आर्थिक परिस्थितियों की चर्चा भी करते हैं। आर्थिक दरिद्रता व भूख की बात करते हैं जो मध्यकाल में कहीं अन्य नहीं दिखाई पड़ती है।

अकाल की बात भी तुलसी करते हुए दिखाई देते हैं–

"कलि बारहिं बार दुकाल परैं
बिनु अन्न दुखी सब लोग मरैं।"

महामारी की बात भी तुलसी के यहाँ दिखाई देती है।

"नर पीड़ित रोग न भोग कहीं।
अभिमान विरोध अकारन ही (दरिद्रता का परिणाम)

तुलसी कवितावली में कहते हैं

"खेती न किसान को भिखारी को न भीख बलि।
बनिक को बनिज न चाकर को चाकरी।
जीविकाविहीन लोग सीधमान सोच बस
कहै एक एकल सो कहाँ जाई का करी।"

कविता भक्ति और सामाजिक यथार्थ में कोई विरोध नहीं है। अत: वैराग्य की बजाय, सांसारिक जीवन के बीच ही भक्ति की बात है। सामाजिक यथार्थ का चित्रण मध्यकाल के रामकथा की सबसे बड़ी उपलब्धि है।

9. काव्य संगठन–काव्य रूप या संरचना–कथा (प्रबन्ध) रामकाव्य का काव्य रूप प्रबन्ध का है। इसका मूल कारण है कि रामकाव्य की प्रकृति ही प्रबन्धात्मक है क्योंकि यह कथा सामाजिक सम्बन्धों व समस्याओं से जुड़ी है। मूल्य चिन्ता और सामाजिक पुनर्गठन की आकांक्षा इन दोनों स्थितियों ने रामकाव्य को प्रबन्धात्मक बनाया है। अत: काव्य रूप प्रबन्धात्मक या महाकाव्य है।

भाषा–पूरा का पूरा भक्ति काव्य संस्कृत छोड़ लोक भाषा की प्रतिष्ठा करता है, परन्तु रामकाव्य में मध्य मार्ग अपनाया गया है। रामचरितमानस में तुलसीदास की मूल प्रतिज्ञा भाषा में लिखने की है। "भासा बद्ध करब मैं सौंई"। कबीर के यहाँ संस्कृत से वितृष्णा है। तुलसी में संस्कृत व लोकभाषा का सहचर्य है, विरोध नहीं। यह भाषा नीति अन्य सगुण धारा कृष्णभक्ति के कवियों की भी है।

छन्द के स्तर पर–रामकाव्य का विधान दोहा और चौपाई का है। कहीं-कहीं श्लोक भी हैं। युद्ध के प्रसंग में नाराच जैसे ओजपूर्ण छन्द का भी प्रयोग है।

अलंकार—अलंकार व्यवस्था में शब्दालंकार को महत्त्व नहीं दिया है, हालाँकि अर्थालंकारों का प्रयोग है। कविता सजावट की वस्तु नहीं है। कवि की मूल चिन्ता अभिव्यक्ति की नहीं वरन् अर्थ अभिव्यंजना की है। तुलसी के यहाँ सबसे महत्त्वपूर्ण अलंकार 'रूपक' है। रामकाव्य का जो काव्य संगठन है उसमें रचनात्मक संगठन के प्रति चेतना दिखाई देती है। काव्य के नियमों का पालन किया गया है। यह विशेषता सन्त काव्य में नहीं दिखती है। कविता और भक्ति का अपूर्व सहचर्य दिखता है।

मूल्यांकन—समग्रतः हिन्दी रामकाव्य परम्परा हमारी जातीय रचनाशीलता व मूल्यचिन्ता का अप्रतिम दस्तावेज है। यह कविता जहाँ अपने समय के सामाजिक व मानवीय संकटों का कष्टपूर्ण वर्णन करती है, वहीं रामकाव्य के स्वप्न के रूप में एक विकल्प भी प्रस्तुत करती है।

रामकाव्य के प्रतिनिधि कवि तुलसी की कतिपय सीमाएँ भी हैं—वर्ण व्यवस्था की स्वीकृति, स्त्री के प्रति असहानुभूति का भाव और सामाजिक परिवर्तन का क्षीण प्रयास ही इस कविता की सीमाएँ हैं। परन्तु ये सीमाएँ इतिहास की भी हैं। वस्तुतः कोई भी जीवन्त काव्य अपने समय की सीमाओं से अछूता नहीं है इसलिए रचना की महत्ता इस बात पर निर्भर करती है कि वह किस हद तक अपने समय की सीमाओं का अतिक्रमण करती है और विकल्प देती है। रामकाव्य आधुनिक विश्व दृष्टि में अनेक सीमाओं से युक्त होने के बावजूद रामराज्य के स्तर पर इस कविता की प्रासंगिकता निर्विवाद है। इसकी उपलब्धि इसी प्रासंगिकता में निहित है।

कृष्ण काव्य

कृष्ण

- कृष्ण का प्राचीनतम उल्लेख ऋग्वेद में हुआ है। आठवें व दसवें मण्डल के रचयिता ऋषि के रूप में।
- कौशितकी ब्राह्मण और छांदोग्य उपनिषद् में कृष्ण की चर्चा अंगिरस नामक ऋषि के शिष्य के रूप में दिखाई पड़ती है।
- कृष्ण की विस्तृत चर्चा महाभारत में भी है। विद्वानों ने इस कृष्ण को वैदिक कृष्ण से अलग माना है।

महाभारत में कृष्ण—महाभारत में कृष्ण के तीन मुख्य रूप दिखाई देते हैं—

- नीतिज्ञ राजा।
- धर्मरक्षक।
- ज्ञानी पुरुष।
- आगे चलकर पुराण काल में कृष्ण को ब्रह्म के अवतार रूप में बताया गया है—हरिवंशपुराण। यह रूप महाभारत के रूप से भिन्न है। बाद में इन दो रूपों में समाहार हुआ।

- पहली शताब्दी के आसपास भागवत धर्म का प्रचार दक्षिण में हो चुका था। वहाँ की एक जाति आभीरो में इसकी पूजा प्रचलित थी बाल रूप में। इसका भी चित्रण इसमें हुआ है।
- दसवीं शताब्दी तक कृष्ण का सम्पूर्ण रूप निर्मित हो गया।

कृष्ण कथा के निर्माण में जिन पुराणों की भूमिका है, वे हैं–हरिवंश पुराण, विष्णु पुराण, ब्राह्मम वैदिक एवं रचनाकार–व्यास भागवत। भागवत काव्य का मेरुदण्ड है। भागवत में कृष्ण प्रेम का नायक है। भागवत में कृष्ण कथा के माध्यम से प्रेम की अनिवर्चनीयता की प्रतिष्ठा की गयी है। अत: हिन्दी काव्य की पूरी परम्परा का आधार कृष्ण काव्य है।

कृष्ण काव्य की पृष्ठभूमि में तीन दर्शन दिखाई पड़ते हैं : निम्बार्क, वल्लभाचार्य और चैतन्य महाप्रभु। इसकी मुख्य धारा वल्लभाचार्य की शुद्धाद्वैत या पुष्टिमार्गीय धारा है।

कृष्ण काव्य की परम्परा की शुरुआत बारहवीं सदी से दिखाई पड़ती है। इसका प्रथम काव्य है जयदेव का 'गीत गोविन्दम्'। इसमें स्त्री–पुरुष के आदिम और आवेगपूर्ण प्रेम चित्रण की व्याख्या है मर्यादाशील नहीं है। चण्डीदास व जयदेव की राधा में भिन्नता है। जयदेव की राधा काम निपुण व विदुषी है, चण्डीदास में मानिनी रूप, कच्चापन। विद्यापति (हिन्दी में प्रथम) की राधा भी अलग है षोडशी (सोलह वर्ष की कन्या) हैं व उसे सामाजिक नैतिकता का डर भी है।

वह व्यवस्थित समाज के बन्धनों में छटपटाती, काम निपुण नहीं। वय: सन्धि की डाँवाँडोल मनस्थिति। फिर भी, उनका प्रेम अत्यन्त प्रगाढ़ है। रामकुमार वर्मा लिखते हैं: "राधा का संसार गुलाबों का संसार है। इस परम्परा का शीर्ष है सूर का काव्य।"

अष्टछाप

सूरदास ने वल्लभाचार्य की प्रेरणा से कृष्ण काव्य लिखना शुरू किया। परन्तु सम्प्रदाय का संगठन इनके पुत्र विट्ठलाचार्य ने किया। इन्होंने आठ कवियों जिनमें चार वल्लभाचार्य के शिष्य - सूरदास, कृष्णदास, परमानन्द दास व कुम्भन दास तथा चार अपने शिष्यों - नन्ददास, चतुर्भुजदास, क्षीत स्वामी व गोविन्द स्वामी का संगठन किया जो अष्टछाप कहलाया। अष्टछाप की भक्ति का आधार पुष्टिमार्ग है जिसका दर्शन शुद्धाद्वैत है।

1. ब्रह्म माया संवलित नहीं होता।
2. वह जिस लोक में रहता है वही ब्रह्मलोक होता है।
3. जगत् सत्य है क्योंकि जगत् की रचना ईश्वर ने की है।

इसी ब्रह्म की कृपा जब जीव पर होती है तभी भक्ति उत्पन्न होती है, जिस पर ईश्वर की कृपा होती है वही भक्ति की ओर उन्मुख होता है।

इसमें तीन प्रकार के जीव की चर्चा की गई है–

प्रवाह जीव– चेतनाहीन। संसार के स्तर पर जीते हैं। बृहत्तर सत्य के प्रति कोई आग्रह नहीं।

मर्यादा जीव– ये मर्यादा का पालन करते हैं और सद्गति को प्राप्त करते हैं।

पुष्टि जीव– जिन पर सीधे भगवान का अनुग्रह होते हैं व ईश्वर की लीला के साक्षी होते हैं व लीला में भाग भी लेते हैं।

राधा की मुख्यता–प्रेम को धारण करने वाली और कृष्ण का अस्तित्व व आधार राधा जो कृष्ण की आदि शक्ति है। यह प्रेम पर आधारित भक्ति है, माधुर्य भक्ति है। प्रेम साधना में लोक मर्यादा और वेद मर्यादा दोनों का परित्याग आवश्यक है। इसमें प्रेम की स्वछन्दता का दर्शन होता। प्रेम की प्रवृत्ति परकीया है, स्वकीया नहीं है, क्योंकि कृष्ण आत्यन्तिक मूल्य है। प्रेम को भक्ति के पर्याय के रूप में स्थापित किया गया। इस प्रेम के दो रूप सम्भव हैं–1. वात्सल्य 2. रतिभाव।

हरिराय ने पुष्टिमार्ग को परिभाषित करते हुए कहा–''जिस मार्ग में समस्त साधनों की शून्यता प्रभु प्राप्ति में साधन बनती है, जिस मार्ग में प्रभु का अनुग्रह ही लौकिक तथा आध्यात्मिक सीढ़ियों का हेतु बन जाता है, जहाँ कोई प्रयत्न नहीं करना पड़ता, जहाँ प्रभु के साथ देहादि का सम्बन्ध ही साधन और फल दोनों बन जाता है, जहाँ भगवान की समस्त लीलाओं का अनुभव करते हुए वियोग में ही संयोग सुख से सम्बन्ध स्थापित हो जाता है वही पुष्टिमार्ग हैं।''

- पुष्टिमार्ग में साधनाओं की शून्यता है।
- प्रभु का अनुग्रह।
- लौकिकता और आध्यात्मिकता का अन्तर्भाव।
- प्रयत्नहीनता।
- देह सम्बन्धों की स्वीकृति।
- वियोग की प्रमुखता।

इनसे मिलकर जो रास्ता बनता है वही पुष्टिमार्ग है।

कृष्ण काव्य की विशेषताएँ (मुख्य धारा-अष्टछाप के आधार पर)

1. लोक रंजन की केन्द्रीयता–यह इसकी केन्द्रीय विशेषता है और आधारभूत चेतना भी। यह सन्तकाव्य का केन्द्र है–अज्ञान और रूढ़ियों का विरोध। ज्ञान अनुभव से उत्पन्न, होता है शास्त्र से नहीं। विरोध और आत्मचिन्तन की समानान्तरता है। ज्ञान सामाजिक मुद्दों से अछूता नहीं है। ब्रह्म ज्ञान तक सीमित नहीं है।

सन्तों के ज्ञान की सार्थकता प्रश्न उठाने और शास्त्रों को निरन्तर करने में है। उत्तर देने की परवाह नहीं है।

जायसी के काव्य में प्रेम मुख्य समस्या है। प्रेममार्ग से जीवन को सार्थकता व पूर्णता प्रदान की जा सकती है। निर्वाण व पूर्णता (प्रेम) प्रेम के रास्ते से ही प्राप्त हो सकती है, शक्ति से नहीं। जायसी लिखते हैं :

"मानुस प्रेम भयऊ बैकुण्ठी। नाहिं तो काहि क्षार भर मूठी।"

सामाजिक जीवन का पुनर्गठन तुलसी के काव्य की मूल चिन्ता है। वे सामाजिक मर्यादा की बात करते हैं, इसलिए तुलसी को किसानी संस्कृति का कवि कहा जाता है। टूटी सामाजिक मर्यादाओं की स्थापना का प्रयास करते हैं।

पूरे के पूरे कृष्ण काव्य के केन्द्र में रंजन है। कृष्ण काव्य में ब्रह्म के सिर्फ आनन्द रूप को ही ग्रहण करते हैं। इसका एक मूल आधार है—लीला को आदिम पुरुष और आदिम नारी के प्रणय से प्रकट किया गया है।

लीला को वात्सल्य से भी जोड़ा गया है। समूची कविता प्रेम और वात्सल्य से अनुप्राणित है। इनके माध्यम से कृष्ण काव्य में लोकरंजन अनुप्राणित हुआ है। लीला के द्वारा ही लोकरंजन। सगुण दर्शन के मतानुसार : ब्रह्म की दो शक्तियाँ—लोकरंजक (सूर) व लोक रक्षक (तुलसी)।

1. प्रेम की विराट परिकल्पना

भक्ति के बारे में सभी आचार्यों का मत है कि यह हृदय का धर्म है, उपासना पद्धति नहीं। हृदय के धर्मों में सर्वाधिक उदात्त और व्यापक धर्म है प्रेम। यही प्रेम भक्ति का मूल भाव है एवं सम्पूर्ण भक्ति काव्य का बीज तत्त्व भी, हालाँकि इनके रूप अलग-अलग हैं। यही उस मनुष्य को कुल, गोत्र, जाति आदि की सीमाओं से ऊपर उठाता है। प्रेम या भक्ति सभी प्रकार के बन्धनों को तोड़ती है। सत्ता के भय से मुक्त करती है, इसलिए प्रेम क्रान्तिकारी है, विलासी नहीं। यह सभी काव्य धाराओं को जोड़ता है। यह प्रेम व्यापक, मानवीय भावभूमि पर मनुष्य की एकता का आधार बनता है। इसी कारण से सम्पूर्ण भक्ति काव्य में कहीं भी साम्प्रदायिक संकीर्णता दिखाई नहीं देती है।

परन्तु सूर के काव्य में इसकी प्रकृति विशिष्ट है। कबीर के प्रेम से अधिक स्वाभाविक है, क्योंकि कबीर का ईश्वर निर्गुण है और प्रेम एक लौकिक अनुभव है। यह जायसी से अधिक लौकिक है जिनके काव्य में आध्यात्मिकता व प्रेम का तालमेल है।

सूर की प्रेमानुभूति की अथाह गहराई और अपार विविधता का अक्षय स्रोत प्रेम का लौकिक अनुभव है, शास्त्र नहीं। इस प्रेम की मुख्य विशेषताएँ हैं—

- लौकिकता।
- अनुभव की केन्द्रीयता।

- सभी मर्यादा (वेद और लोक) का अतिक्रमण।

जैसे कबीर ज्ञान रोढ़ियों को तोड़ते हैं, सूर की रचनाओं में यह भूमिका प्रेम निभाता है, इसलिए प्रेम का क्षेत्र प्रकृति के खुलेपन में है। सामन्ती विलासी प्रेम का निषेध है। सूर की राधा और गोपियों का प्रेम सामन्ती सीमाओं से बाहर निकाल प्रकारान्तर से सामन्ती शरीरवाद को नकारता है और चुनौती देता है। अतिकेन्द्रीयता का विरोध दिखाई देता है। अतः यह प्रेम राज प्रसादों को नकारते हुआ प्रकृति की हद व शरीर की हद में एकात्मकता स्थापित करता है। अतः व्याभिचार नहीं है। उत्सव है प्रेम में खुलापन है। प्रेम में कुण्ठा और जटिलता नहीं है। स्वच्छन्द प्रेम के लिए स्वछन्द परिवेश की आवश्यकता है। अतः प्रेम और प्रेम का मंच दोनों विराट हैं। दैनिक दर्पण, भोग, व्याभिचार के विरोध में है। मिलन की अति तीव्रता है, इसलिए विराट विरह का कारण बनता है।

कृष्ण से मिलन और विरह दोनों अवस्थाओं में प्रेम ही आधार बनता है। सूर का प्रेम राधा व गोपियों का जीवन बदल देता है। सूर का प्रेम सम्पूर्ण व्यापार है, अनुषांगिक नहीं। सूर का प्रेम पूर्णतः लौकिक है, ठेठ लौकिक अनुभवों से संचालित है। इसलिए अधिक विश्वसनीय है आध्यात्मिक संकेत नहीं है।

प्रेम के दोनों पक्षों संयोग व वियोग दोनों का चित्रण किया गया है। प्रेम के दोनों पक्षों को अनिवार्य माना गया है। कहीं भी प्रेम का चित्रण मर्यादा द्वारा बाधित नहीं है।

यह प्रेम तूफान की तरह पैदा नहीं हुआ है, वरन् सहचर्य की प्रक्रिया में विकसित हुआ है। गलियों में साथ-साथ खेलते हुए।

प्रेम का संयोगात्मक पक्ष

1. जीवनचर्या की संयोगात्मकता अनिवार्य है। कभी-कभी नहीं वरन् निरन्तर मिलना है। अतः यह प्रेम आकस्मिक नहीं है। बल्कि दिनचर्या की निरन्तरता का परिणाम है।
2. प्रेम का आधार सौन्दर्य भी है। सूर कृष्ण, राधा व गोपियों के सौन्दर्य का धार्मिक चित्रण करते हैं। नैसर्गिक सौन्दर्य का। उन्होंने भारतीय सौन्दर्य के प्रतिमानों को लागू किया है। राधा व कृष्ण के बाल्यावस्था से युवावस्था के विभिन्न अवस्थाओं में सौन्दर्य चित्रण है।
3. शारीरिक तन्मयता–तन्मयता के कारण यह प्रेम लोक लाज की परवाह नहीं करता।

प्रेम का वियोगात्मक पक्ष

वियोग चित्रण की दृष्टि से सूरदास की कविता विश्व स्तर पर एक विशिष्ट स्थान रखती है। सूर का वियोग मूलतः मानसिक स्तर पर है। इनके यहाँ दो चीजें महत्त्वपूर्ण हैं–

प्रतीक्षा और मौन। ये सूर के प्रेम के वियोगात्मक पक्ष की धुरियाँ हैं। राधा प्रतीक्षा में जीवन की सामान्य दिनचर्या तक से कट गयी हैं। अत: प्रेम की पीड़ा सतह पर नहीं है। वास्तविक प्रेम मिलन के स्तर पर तन्मय व वियोग की स्थिति में मौन वेदना तक पहुँच चुकी है। यह प्रेम की विश्वसनीयता लक्षित करता है। स्त्री की नियति को भी इंगित करता है, जो उल्लास का भी केन्द्र है और पीड़ा का भी। पूरा का पूरा काव्य प्रेम की महानता व विराटता का काव्य है।

2. वात्सल्य का विशद चित्रण

आचार्य रामचन्द्र शुक्ल ने लिखा : ''शृंगार और वात्सल्य के क्षेत्र में जहाँ तक इनकी दृष्टि पहुँची वहाँ तक और किसी कवि की नहीं। इन दोनों क्षेत्रों में तो इस महाकाव्य ने मानो औरों के लिए कुछ छोड़ा ही नहीं।"

प्रेम और वात्सल्य की सभी सम्भावनाओं को छान मारा है।

बालवर्णन का चित्र तुलसी में भी है परन्तु बार-बार राम के ब्रह्म स्वरूप को इंगित करते हैं।

सूर के वात्सल्य का चित्रण किसी और लक्ष्य के लिए नहीं है। वह स्वायत्त है। सूर की विशेषता है कि उन्होंने बाल मनोविज्ञान को कविता में रूपान्तरित कर दिया है। दूसरा यह कृषि चारागाही संस्कृति का वात्सल्य है। यह वात्सल्य मध्यकालीन भारतीय सामाजिक-पारिवारिक अवस्था का जीवन्त चित्र प्रस्तुत करता है। सूर बाल-चित्रण करते हुए सम्पूर्ण सामाजिक संरचना सम्बन्धों के इतिहास की सूचना देते हैं।

- **वात्सल्य चित्रण–** इसमें बालक के सौन्दर्य का चित्रण अप्रतिम है। बाल कृष्ण का सौन्दर्य अद्‌भुत है। इस चित्रण ने भारतीय जातीय मनोविज्ञान में सौन्दर्य के नये प्रतिमान को स्थापित किया है। इस सौन्दर्य चित्रण में स्थानीय परिवेश महत्त्वपूर्ण है। सूर के वात्सल्य में सौन्दर्य और स्थानीयता दोनों को महत्त्व दिया है।
- **बाल मनोविज्ञान की पकड़–**बाल मनोविज्ञान का एक पक्ष है बालक में अस्तित्व और श्रेष्ठता की प्रबल भावना को पहचानना। जब कृष्ण कहते हैं :

''मैया दाऊ बहुत खिझायो,''
''गोरे नन्द जसोदा गोरी, तू कत श्याम सरीर।
ताली दे दे हसत ग्वाल, सिखत देत बलबीर।।''

बालकों में स्पर्धा की भावना होती है इसका चित्रण सूरदास अत्यन्त सुन्दरता से करते हैं।

''मैया कबहुँ बढ़ेगी चोटी।''

बच्चे जब रूठते हैं तो जमीन पर लोटते हैं।

"काहे को अरि करल मोरे मोहन, यों तुम आँगन लेटि।"

कृष्ण जब कुछ बड़े हो गये हैं तो शिकायतें आने लगी हैं। बालक अपने बचाव में आक्रामक व बहानेबाज होते हैं। सूर ने इसका चित्रण किया है "मैया मैं नहीं माखन खायो।"

इस प्रकार सूर ने एक अनछुए विषय को सम्पूर्णता से चित्रित किया। वात्सल्य का भी वियोगात्मक पक्ष होता है। कृष्ण के चले जाने के बाद नन्द और यशोदा की मनस्थिति का चित्रण है। वात्सल्य की मुख्य चिन्ता पुत्रचिन्ता है। सूर को मार्मिक स्थलों की पहचान है। यशोदा देवकी को पुत्र की खानपान की आदतों का सन्देश भेजती हैं। माखन को देखकर उनके हृदय में शूल उठता है। सूर का वियोग वर्णन प्रधान नहीं वरन् व्यंजना प्रधान है। कुछ कथनों से ही पीड़ा की व्यंजना भी स्पष्ट दिखाई देती है।

3. ग्राम्य संस्कृति का चित्रण

सूर मूलतः पशुचारण संस्कृति के कवि हैं। सूर के काव्य में जीवन की सहजता है। मध्यकाल की संस्कृति के दो पक्ष हैं- नगर (मथुरा) व ग्राम्य (गोकुल)। गोपियाँ मथुरा को काजल की कोठरी कहती हैं प्रपंच व कुटिलता, ग्राम्य संस्कृति का दोहन शहरी संस्कृति की विशेषता है। गोपियाँ अपनी पूरी पीड़ा का कारण मथुरा को बताती हैं। ग्राम व शहर के बीच वैमनस्य व तनाव दिखता है। उद्धव शहरी बौद्धिकता का प्रतीक हैं जिसे गाँव की गोपियाँ पराजित करती हैं। सूचनाधर्मी ज्ञान पर अनुभव की ठोस विजय होती है। ग्राम्य जीवन पर घिरते संकट के अवसाद, के कारणों का विवेचन करते हैं–यह है शहर। यही कृष्णरूपी आनन्द को छीन लेता है।

- ग्राम व शहर के तनावपूर्ण सम्बन्धों की पहचान।
- ग्राम्य संस्कृति का अर्थ सहज व नैसर्गिक प्रकृति की उपस्थिति। सूर की कविता में प्रकृति की अत्याधिक उपस्थिति है। यह समस्त चर्चाओं का रंगमंच है। प्रकृति का मात्र उद्दीपन चित्रण नहीं है वरन् स्वतन्त्र वर्णन भी है। प्रकृति भरपूर शोभा लिए है।
- ग्राम्य स्तर के रीति-रिवाजों का विस्तृत वर्णन है, जैसे–मुण्डन, छेदन, टोने-टोटके अन्धविश्वास आदि। पर्व त्योहारों के विशेषकर होली का विस्तृत वर्णन प्राप्त होता है। पशु संस्कृति के केन्द्र में पशु हैं। रिश्तों की दुनिया आदमी तक सीमित नहीं है, इसमें पशु-पक्षी भी शामिल हैं। अतः गोपियाँ कहती हैं कि गायें दुखी हैं। यही ग्राम्य संस्कृति है।

4. सगुणोपासना पर बल

सूर सगुण रूप के उपासक हैं। अत: वे कृष्ण के प्रति समस्त मानवीय भावनाओं को आधार बनाकर काव्य को रचते हैं। वे जीवन में शामिल हैं। सूर के काव्य में निर्गुणोपासना का निषेध है। इस निर्गुणोपासना को लक्ष्य कर पूरा प्रसंग लिखते हैं–भ्रमर गीत। भागवत में भ्रमरगीत मात्र सन्देश के हेतु है, परन्तु कृष्ण काव्यों में इससे निर्गुण–सगुण का विवाद प्रदर्शित किया गया है। सूर ने इसे केवल उलाहने वाले प्रसंग से बाहर निकाला और निर्गुणोपासना की निरर्थकता व सगुण उपासना को प्रतिष्ठित किया है। यह शास्त्र और अनुभव की टकराहट है।

"गोपी सुनों हरि सन्देश
ब्रह्मों पूरन ब्रह्म ध्वावहु त्रिगुण मिथ्या भेस।"

पूरा का पूरा भ्रमर गीत उद्धव की इस प्रतिस्थापना के विरोध में है। वे कहती हैं–

''मधुकर हम अजान मति भोरी।
निरगुण ध्यान तुम्हारो ऊधौ, हम ऊबला मति थोरी।
चाहत सूर स्याम मुख चन्दहि, अँखियाँ तृषित चकोरी।''

प्रकारान्तर से निर्गुण की उपासना अनावश्यक है। यह आनन्दरहित व अस्वाभाविक है। अत: भ्रमरगीत को मौलिक उद्‌भावना देते हुए इसके माध्यम से सगुणोपासना की प्रतिष्ठा करते हैं।

तुलसी व सूर की रचनाओं में निर्गुण विरोध है पर उसमें अन्तर है। तुलसी की रचनाओं में इसलिए है कि ब्रह्म की जागतिक भूमिका है, इसलिए अवतार है। सगुणता ब्रह्म को अर्थवान व सार्थक बनाती है। सूर की रचनाओं में सगुणता ब्रह्म को अर्थवान बनाने के लिए नहीं, वरन् साधक को अर्थवान बनाने के लिए है। यहाँ सगुण ब्रह्म का सम्बन्ध लौकिक जगत् से है और आनन्द उन्हीं वस्तुओं से प्राप्त होता है जिससे जागतिक सम्बन्ध स्थापित किया जा सकता है। यह ब्रह्म साधक के जीवन को सरसता व आनन्द से भर देता है। कृष्ण काव्य की सार्थकता जीवन को सरस बनाने में है। मध्यकाल के कठिन समय में भी जीवन की चाह बनाये रखी। यह सरसता सगुण ब्रह्म पर ही आधारित हो सकती है, निर्गुण ब्रह्म से नहीं। वहाँ सरसता स्वयं माया के प्रभाव से है। सामान्य व्यक्ति के लिए निर्गुण मार्ग नहीं है, वह विशिष्ट के लिए है। सामान्य व्यक्ति सगुण उपासना ही कर सकता है। भ्रमर गीत मानवीय अनुभवों के आधार पर निर्गुण से तर्क करता है। भ्रमरगीत की योजना प्रकारान्तर से निर्गुण ब्रह्म को मानवीय शर्तों पर सगुण में बदलने की है। सूर ने उस दार्शनिकता को काव्य में परिवर्तित किया है। यह सूर की काव्य चेतना की प्रतिभा है। अत: किसी भी प्रकार की आध्यात्मिकता मनुष्य से जुड़कर ही सार्थक होगी। यह भक्ति काव्य का प्रदेह है। यह आधुनिक भाव बाँध के निकट है।

खासतौर पर सूर का योगदान महत्त्वपूर्ण है–दार्शनिक प्रश्नों को खींचकर मानव जीवन तक जाना। आध्यात्मिक सम्बन्धों का मानवीकरण कर मनुष्य की केन्द्रीयता की प्रतिष्ठा की। कबीर ने भी लौकिक अनुभवों से ही अपनी विरह और उपासना का वर्णन किया है। अतः सूर आध्यात्मिक कवि नहीं है। भ्रमरगीत का महत्त्व कविता के स्तर पर भी है और धर्म के स्तर पर भी।

5. पुष्टिमार्गीय भक्ति की प्रधानता

पुष्टिमार्ग की अनेक पद्धतियाँ व सम्प्रदाय हैं। राधा वल्लभ, हरिदास आदि इस मार्ग के प्रवर्तकों में से एक हैं। मुख्य रूप से कृष्ण काव्यधारा का सम्बन्ध पुष्टिमार्ग से है, लेकिन इस धारा के मुख्य प्रवर्तक वल्लभाचार्य जी हैं, जिनकी प्रेरणा से यह मार्ग संचालित है। कविता के स्तर पर पुष्टिमार्गीय भक्ति में ईश्वर के कृपा का वर्णन किया गया है–

सूरदास - जा पर दीनानाथ ढ़रै

सौ कुलीन बड़ौ सुन्दर सोहं जा पर कृपा करै।
सूर पतित तर जाय तनक में जो प्रभु नेक करै।''

यह कृपा तत्त्व ही सूर की भक्ति का मूल आधार है। कृपा का अर्थ है ईश्वर के द्वारा सम्बन्ध की स्वीकृति। प्रेम की पुष्टि यही है, हालाँकि पूर्व संस्कार से कहीं-कहीं दीनता भी सूर में दिखती है। प्रेम आनन्द का नाम है, और यह प्रेम प्रेम से ही उत्पन्न होता है। यह ही साधना का मूल आधार है।

सूरदास- प्रेम प्रेम तो होइ प्रेम ते पारहिं पइये
प्रेम बंध्यो संसार प्रेम पर मारथ लइये।

अतः प्रेम ही मानव जीवन को पार ले जाने या सार्थकता प्रदान करने वाली वस्तु है। परमार्थ प्रेम से ही सम्भव है। अतः परमार्थ की निर्गुण धारणा अर्थात् मुक्ति नहीं है। परमार्थ प्रेम, जाल और सम्बन्धों से ही है। इसलिए गोपियाँ इसी बात पर उद्धव की मुक्ति की बात को टोकती हैं।

परमार्थ की मानवीय और लौकिक उद्‌भावना है। कृष्ण की समस्त लीलाओं को दर्शित करते हुए तुलसी की तरह ब्रह्मत्व नहीं दर्शाते क्योंकि ये मानवीय लीला को ही परमार्थ मानते हैं।

6. काव्य संगठन

निर्गुण धारा में काव्य संगठन, अलंकार आदि के प्रति उदासीनता है। परन्तु सगुण काव्य में एक सुघड़ता है। तुलसी का काव्य काव्य शास्त्र की निपुणता लक्षित करता है। सूर में संगीत व लीला गान की व्याख्या है। अतः उसमें कवित्व कम हो सकता है,

परन्तु लोकरंजन की क्षमता के कारण एक बड़ी उपलब्धि है। कल्पनाशीलता के स्थान पर मानवीय भावना और जागतिक जीवन को अधिक महत्त्व दिया है। अतः लौकिक अनुभवों व सम्बन्धों का गहरा दबाव है। उस समय की प्रचलित काव्य विधाओं का प्रयोग किया है। सोहर, मंगलगान आदि। चूँकि सूर क्षेत्रीय कवि है। अतः ब्रज प्रदेश में प्रचलित विधाओं का प्रयोग उनकी कविताओं में देखने को मिलता है–मुख्यतः पदों (गीति विधा) का प्रयोग किया गया है।

सामान्यतः समस्त कृष्ण कवियों ने प्रबन्ध के स्थान पर मुक्तक को प्रधान स्थान दिया है। इसका मूल कारण नायक का चरित्र व गतिविधियाँ हैं। कृष्ण के जीवन के कुछ पक्षों का ही चुनाव है। ये हैं–वात्सल्य और शृंगार। चूँकि यह भाव उम्र-विशेष से बँधे हैं। अतः कृष्ण के बाल व कैशोर्य का ही उल्लेख है। अतः विषय के दबाव के कारण प्रबन्ध नहीं बन पाया है।

परन्तु सूरसागर में मुक्तक के स्तर पर भी प्रबन्धता व क्रमिकता के दर्शन होते हैं। अतः दुविधा पैदा होती है। सीमित होने के बावजूद बाल विकास की क्रमिकता ध्यान में रखी गयी है। अतः सूरसागर को 'प्रबन्ध मुक्तक' कहा है। वह मुक्तक जिसमें प्रबन्धात्मकता है। परन्तु सामान्यतः कृष्ण काव्य की प्रवृत्ति मुक्तक है क्योंकि यह भावनाओं पर आधारित है।

अलंकारों के स्तर पर सूर को उत्प्रेक्षा का कवि कहा है। यह स्थितियों को उदाहरणों से समझाने वाला अर्थालंकार है। परन्तु अलंकारों का प्रयोग शब्द के स्तर पर नहीं वरन् अर्थ की व्यंजना के लिए है। कहने के स्तर पर सहृदयता है, उतनी ही वाग्विदग्धता (कहने की चतुराई)। इस स्तर पर ही सूर आदि कृष्णकाव्य, रीतिकाल से अलग होता है। वहाँ वाग्विदग्धता तो है पर अनुभव की गहराई नहीं। अतः समूचा कृष्ण काव्य हृदय की सहजता व सरलता पर आधारित है। सामान्यतः सरलता व वाग्विदग्धता साथ नहीं मिलती पर कृष्ण काव्य में सामंजस्य है।

समग्रतः कृष्ण काव्य धारा ब्रह्म की रंजन शक्ति को आधार मानकर काव्य रचना में प्रवृत्त हुई है। मध्यकालीन इतिहास में इस काव्यधारा ने भारतीय समाज के चित्र को संगीत और प्रेम के सन्दर्भों से जोड़कर जीने की चाह की रक्षा की। ग्रहस्तिक प्रसंगों व स्वच्छन्द प्रेम की सामानान्तर व्यवस्था के कारण कविता में धरती और आकाश की समानान्तर सम्बन्ध व्यवस्था स्थापित की। वस्तुतः इन कविताओं की सबसे महत्त्वपूर्ण उपलब्धि प्रेम को मूल्य के रूप में प्रतिष्ठित करने के साथ-साथ ज्ञान की तुलना में लौकिक जीवन के अनुभवों को महत्त्वपूर्ण बनाने की है। इस कारण कृष्ण काव्य सही अर्थों में कविता के केन्द्र में मानवीय जीवन को प्रतिष्ठित करता है। हिन्दी कविता के 1000 वर्षों के इतिहास में कृष्ण काव्य का यह योगदान महत्त्वपूर्ण है।

राम काव्य व कृष्ण काव्य की तुलना

राम काव्य और कृष्ण काव्य की तुलना यहाँ निम्नलिखित प्रकार से की गयी है–

समानता

1. ब्रह्म के सगुण रूप की स्वीकृति–अवतारवाद की स्वीकृति दोनों काव्यों ने मानी है। यह अवतारवाद की परिकल्पना अद्वैत के विरोध में है। अद्वैत मनुष्य और मानवीय जगत् का तिरस्कार करता है। ब्रह्म को उदासीन सत्ता के रूप में देखता है, अत: मनुष्य के सम्बन्ध में ब्रह्म अर्थहीन है। शुद्धाद्वैत व विशिष्टाद्वैत ऐसे दर्शन को स्वीकारती है जहाँ जगत् सत्य है। जगत् का ईश्वर से सम्बन्ध मानने पर ईश्वर की जागतिक प्रकृति की अवधारणा की गयी। ईश्वर के करुणावान रूप की प्रतिष्ठा की है जो मनुष्य बनकर जगत् के तापों को हरता है।

अत: अवतारवाद ने मनुष्य के जागतिक जीवन को सार्थक बनाया। अवतारवाद को नयी प्रासंगिकता दी।

2. लीला को महत्त्व–लीलावाद सगुण उपासना की केन्द्रीय प्रवृत्ति है। भीतरी तटस्थता व बाहरी संलग्नता ही लीला का मूल आधार है। विशिष्टाद्वैत में ब्रह्म मनुष्य होते हुए भी अद्वैत बना रहता है। शुद्धाद्वैत के अनुसार वह निर्गुण और सगुण दोनों रूपों में शुद्ध (मायारहित) बना रहता है। यह लीलावाद सगुणता के कारण है। तुलसी की रचनाओं में ब्रह्म की वास्तविकता व लीला में फर्क दिखाया है। सूर की रचनाओं में यह फर्क नहीं दिखता।

3. लोकरक्षण के तत्त्व–अवतारवाद में लोकरक्षण की भूमिका है। मध्ययुगीन असुरक्षा में लोकरक्षण तत्त्व महत्त्वपूर्ण था। दोनों काव्यों में ब्रह्म का लोकरक्षण स्वरूप है। सूर के यहाँ कुछ कम, लेकिन निर्गुण में नहीं है।

4. भक्ति की केन्द्रीयता–भक्ति साधक व साध्य दोनों हैं। इसकी तुलना मोक्ष की उपेक्षा से की है। मनुष्य और ईश्वर में सान्निध्य तो है पर दूरी बनी रही है क्योंकि इस सम्बन्ध का बने रहना ही आस्वाद है, मनुष्य होने की सार्थकता है।

5. लोकजीवन की भरपूर उपस्थिति–दोनों काव्यधाराएँ जागतिक अनुभवों को महत्त्वपूर्ण स्थान देती हैं क्योंकि जगत् को सत्य माना है। ईश्वर को जागतिक जीवन व लौकिक जीवन के प्रसंगों में देखा व अनुभव किया गया है। अत: समाज और समय के गहरे निशान दिखते हैं। यह लोक जीवन का सच्चा दस्तावेज है। जन्मगत कुलीनता के बावजूद जीवनश्रेय लोकजीवन में ही है। ब्रह्म का मानवीकरण कर दिया गया है। मनुष्य के सामाजिक, पारिवारिक व राजनीतिक जीवन की अनेक छवियाँ दिखाई देती हैं जो लोकजीवन और रचना के बीच ठोस सम्बन्धों का सूत्रपात करती हैं। सच्चे अर्थों में रचना की सामाजिक जवाबदेही का सूत्रपात करती है

यह प्रवृत्ति आदिकाल में रासो काव्य में परिलक्षित नहीं थी। विरह काव्य में भी यह कम थी। अतः रचना का स्वरूप लोकधर्मी बनाने में ऐतिहासिक पहल करती है।

6. प्रकृति चित्रण–लोकजीवन व प्रकृति में गहरा रिश्ता है। लोकजीवन में प्रकृति से सान्निध्यता है। अतः दोनों धाराओं में प्रकृति के अनेक रूप दिखते हैं, जैसे–ग्राम्य प्रकृति के, ऋतुओं, वर्षा आदि का जो किसान से जुड़ी हैं, उनका ही चित्रण किया गया है। मनुष्य जीवन से गुँथी प्रकृति के दर्शन होते हैं।

असमानताएँ

1. अवतार एवं लीला के भिन्न लक्ष्य–सूर के काव्य में कृष्ण के अवतार या लीला का मूल लक्ष्य है लोकरंजन। आनन्द तत्त्व ही महत्त्वपूर्ण है, प्रेम वेद व लोक रूढ़ियों को तोड़ता है। ये तीनों एक ही चीज हैं। प्रेम सामाजिक जड़ता का विरोध करता है और मानवीय चेतना का प्रमाण है। यह भयभीत समाज को भयमुक्त करता है और आनन्द से जुड़ा है।

इसके विपरीत तुलसी के काव्य में अवतारवाद का मूल लक्ष्य है–लोकरक्षण। इसका अर्थ दायित्वशीलता व मर्यादा भी है, जो दायित्वशील है वह रंजक नहीं हो सकता है। राम का समूचा जीवन सामाजिक दायित्वों से संचालित है। राम के अवतार का कारण भयमुक्त और मर्यादित समाज की स्थापना है। अतः रामकाव्य गहन दायित्वबन्ध से संचालित है। वस्तुतः तुलसी का काव्य सुरक्षा देता है पर भयमुक्त नहीं करता है। परन्तु सूर में गोपी को प्रेम के लिए स्वयं को भयमुक्त करता है। अतः सभी मायने में भयमुक्त समाज की स्थापना की क्षमता सूर काव्य में अधिक है। परन्तु सामाजिक स्वीकृति व प्रतिमानों के स्तर पर तुलसी का काव्य ही स्वीकृत है।

लीला दोनों कवियों के नायक करते हैं, परन्तु अवधारणाओं में अलग हैं। सूर की रचनाओं में लीला का अर्थ है ब्रह्म की वह गतिविधि जो आनन्द प्रदान करती है, उल्लासित करती है। परन्तु तुलसी की रचनाओं में लीला ब्रह्म का मानवीय आचरण है, मानवीय गतिविधियाँ हैं। अतः बार-बार राम के ब्रह्म स्वरूप को इंगित करते हैं। अतः एक जगह लीला आनन्द है और दूसरी जगह नाटकीयता।

2. भक्ति की भिन्न पद्धतियाँ–सूर की रचनाओं में माधुर्य भक्ति है। इसे सखा भक्ति भी कहते हैं। ईश्वर से सखा का सम्बन्ध है। माधुर्योपासना साधक व ईश्वर को अधिक निकटता प्रदान करती है। साख्य भक्ति के कारण मर्यादा की उपेक्षा होती है। दार्शनिक आधार पर वल्लभाचार्य की यह मान्यता है कि भक्ति प्रेम से ही सम्भव है।

राम काव्य की भक्ति का आधार है–दास्य भक्ति। अतः मर्यादा महत्त्वपूर्ण है। सामाजिक मर्यादा की भावना से अनुप्राणित होने के कारण, ईश्वर और साधक के

बीच सीमा रेखा है। ईश्वर को श्रद्धेय व आदरणीय माना गया है। हनुमान इसके सबसे बड़े प्रतीक हैं।

3. युग यथार्थ का चित्रण–सूर का काव्य प्रेमभक्ति काव्य है। प्रेम ही परमार्थ है। युग यथार्थ की उपस्थिति अपेक्षाकृत कम है, वस्तुतः सूर ठेठ प्रेम और गृहस्थ जीवन के कवि हैं। अतः सामाजिक, राजनीतिक व्यापकता का अभाव है। सामाजिक रीति-रिवाजों का जिक्र भर है। तत्कालीन समाज के आर्थिक-सामाजिक संरचना की जटिलता के चित्रण का अभाव है और इसमें अन्तर्दृष्टि नहीं है।

तुलसी की रचनाओं में यथार्थ अत्यन्त व्यापक, जटिल और प्रामाणिक है। यथार्थ चित्रण मात्र नहीं वरन् इसके कारणों का भी वर्णन है। जीवन की दुर्दशा के कारणों में शासकों के धार्मिक स्खलन व राजनीति की मानवीय चेतना का अभाव माना है। इसके अतिरिक्त तुलसी इस यथार्थ का विकल्प भी देते हैं।

4. नारी के प्रति दृष्टि–दोनों में भिन्नता। सूर की रचनाओं में स्त्री लीला की अनिवार्य सहचरी है। राग को धारण करने वाली राधा है। कृष्ण की चिति (चेतना) है। अतः स्त्री के प्रति सम्मान या असम्मान के भाव का प्रश्न नहीं है। वह आनन्ददायी शक्ति है। सूर काव्य में स्त्री के प्रति नकारात्मकता नहीं है। स्त्री को रंजक भूमिका देकर स्त्री की प्रतिष्ठा को थामा गया है। इस कारण सूर और सूफी काव्य को प्रगतिशील माना गया है। स्त्री की स्वाधीनता पर बल है, क्योंकि तभी वह आनन्द का आधार बन सकती है। स्त्री को घर की परिधि से मुक्त करती है। मध्यकाल में स्त्री स्वाधीनता व समानता के बीज केवल सूर की रचनाओं में दिखते हैं। स्त्री पर जो सामन्ती दबाव है उनको तोड़ती है, जबकि तुलसी के यहाँ यह नहीं है। सीता की अग्नि परीक्षा इसका सबसे बड़ा उदाहरण है।

5. काव्य संगठन–दोनों काव्यधारा में लोक भाषा की प्रतिष्ठा, परिमार्जित भाषा, संगीतात्मकता, कविता के बाहरी रूप विधान के प्रति उदासीनता (अन्तर्वस्तु ही महत्त्वपूर्ण) दिखाई देती है।

रूप विधान के स्तर पर अन्तर–कृष्ण काव्य मुक्तक है, राम काव्य का रूप विधान प्रबन्ध काव्य का है।

कृष्ण काव्य में कविता शास्त्रीय संगीत से जुड़ी है, विशुद्ध रागों पर। राम काव्य में शास्त्रीय गायन का आग्रह नहीं।

कृष्ण काव्य पदों में लिखा है। राम काव्य में सभी प्रचलित छन्दों का प्रयोग है।

अतः कृष्ण और राम काव्य (की दोनों प्रवृत्तियाँ) धाराएँ वस्तुतः मानवीय चेतना का प्रतिनिधित्व करती हैं–सौन्दर्य और संघर्ष। एक का संसार प्रेम, सौन्दर्य और आनन्द के स्पर्श से अविशित है तो दूसरा संघर्ष की निरन्तरता से संचालित है। इसलिए सौन्दर्य और संघर्ष की भिन्नता ने इन दोनों काव्य धाराओं में इनकी जीवन दृष्टियों में, मूल्य प्रतिमानों में पर्याप्त अन्तर किया है, लेकिन समग्रता में ये दोनों

धाराएँ वस्तुत: एक ऐतिहासिक समय में भारतीय समाज के संगठित और आल्हादित करने की महती भूमिका स्थापित करती हैं।

सन्त काव्य व सूफी काव्य का तुलनात्मक अध्ययन

समानताएँ

1. ब्रह्म का निर्गुण स्वरूप—दोनों काव्य धाराएँ निर्गुण ब्रह्म को स्वीकारती हैं। ब्रह्म देश काल से बँधा नहीं है। ज्ञानेन्द्रियों के माध्यम से उपलब्ध वस्तु का रूप परिवर्तनशील है। वह देश काल से बँधी है। निर्गुण ईश्वर अनन्त है, पूर्ण है, सार्वभौमिक है व सर्वकालिक है। दोनों निर्गुण ब्रह्म की इस प्रकृति को स्वीकारती हैं।

यह ब्रह्म जागतिक नहीं है क्योंकि अवतार ग्रहण करेगा तो देशकाल से बँधेगा। अत: अवतारवाद को अस्वीकारती हैं।

2. दोनों काव्य धाराएँ ब्रह्म की एकता के आधार पर मानवीय एकता के तर्क को प्रसारित करती हैं। भेद खण्डित ज्ञान से होता है। सम्पूर्ण और अखण्डित ज्ञान से भेद खत्म हो जायेंगे, चूँकि ब्रह्म एक है इसलिए जगत् भी एक है। सूफी जड़ चेतन, मनुष्य-पशु, मनुष्यों आदि में कोई भेद नहीं करते। सभी ईश्वर की भिन्न-भिन्न प्रतिच्छायाएँ हैं क्योंकि संसार ब्रह्म की प्रतिच्छाया है। अत: जगत् में भेद करने वाली समस्त दृष्टियों—वर्णव्यवस्था, धर्म आदि का प्रबल विरोध करते है। सन्त काव्य में ब्रह्म की एकता का तर्क अधिक प्रबल दिखाई देता है। वस्तुत: सामाजिक या मनुष्यों की एकता ब्रह्म की एकता के आधार पर होता है। अत: मनुष्य को कुरीतियों से निकाल सम्मानीय स्थान दिया गया है, इसमें वास्तविक चिन्ता मनुष्य की प्रतिष्ठा की है। इसलिए यह काव्यधाराएँ आध्यात्मिक होते हुए भी मानवीय समस्याओं को शामिल करती हैं। दर्शन में जो ज्ञान और जीवन का बँटवारा है उसे खत्म करती हैं। अत: अपने को दर्शन की विशुद्ध धारा से अलग करती हैं और दर्शन को अनुभूति, अनुभव में रूपान्तरित करती हैं। दोनों काव्य धाराओं में बहुदेववाद को अस्वीकृत किया गया है। ब्रह्म के अतिरिक्त कोई नहीं है। दोनों काव्य धाराएँ मध्यकाल के धार्मिक और सामाजिक समस्याओं का काव्यात्मक समाधान देती हैं, जिसका भक्तिकाल में बड़ा योगदान है।

3. प्रेम की महत्ता की स्वीकृति—दोनों काव्य-धाराएँ प्रेम की महत्ता की प्रतिपादन है और इसे स्वीकार भी करती हैं, इनके यहाँ प्रेम एक मूल्य है। जो भक्त या मनुष्य होने की आधारभूत शर्त है। इस प्रेम के द्वारा साधक विराट के साथ गहरे आकर्षण की डोर में बँधता है, अपने जैविक बन्धनों से मुक्त होता है। इससे वह आस्वाद और मुक्ति के स्तर पर अर्थवान होता है। वस्तुत: प्रेम इन दोनों काव्य धाराओं में मनुष्य की साधना या चेतना को अर्थवान बनाने वाली वस्तु है।

जिससे लघु और विराट में एक स्थायी सम्बन्ध का सूत्रपात होता है। भक्ति भी प्रेम से ही सार्थक होती है, कर्मकाण्ड और पाखण्ड से नहीं। अतः प्रेम कर्मकाण्ड व पाखण्ड व अहंकार का विकल्प बन सकता है। पाखण्ड मध्यकाल की एक मुख्य समस्या है। ये धाराएँ इससे मुक्ति का मार्ग प्रेम में बताती हैं। प्रेम चैतन्यता, संघर्ष, मूल्य का प्रचारक है। प्रेम से ही मध्यकाल में देहवाद से मुक्ति पायी जा सकती है।

कबीरदास–"प्रेम न खेतों उपजै, प्रेम न हाट बिकाय"

प्रेम व उत्तेजना देह के स्तर पर नहीं वरन् मानसिक स्तर पर हैं। यह प्रेम ही है जो मनुष्य को पूर्णता या सार्थकता प्रदान करता है।

जायसी कहते हैं: ''मानुस प्रेम भयेऊ बैकुण्ठी, नहि त काह क्षार भर मूठी।

इस प्रेम में विरह की प्रधानता की स्वीकृति है। दोनों काव्य धाराओं में।

इसमें प्रेम का अर्थ है 'अतृप्ति'। अतप्ति प्रेम की वास्तविक चेतना है–अपूर्णता। अतः मनुष्य की सार्थकता मन और देह के स्तर पर पूर्णता में ही है। प्रेम एक यात्रा है, दूरी है, अतृप्ति है, चुनौती है। इसी को विरह कहा गया है। अनुपलब्धियाँ अपूर्णता का परिचायक हैं। अतः विरह ही आस्वाद है। जहाँ विराट से अलग होने की अनुभूति होती है, वहीं विरह होता है। विरह की अनुभूति जड़ता के साथ सम्भव नहीं है। विशेष ज्ञान की प्राप्ति के बाद ही, ज्ञान का उन्मेष जब गुरु कराता है, वहीं से विरह की पीड़ा शुरू होती है। विरह की पीड़ा संज्ञानता का लक्षण है।

कबीरदास–''सुखिया सब संसार है, खावै और सौवै''

अतः सुख पशुधर्म से संचालित वृत्ति है। अतः दोनों में प्रेम का सुख-पक्ष स्थायी नहीं है। प्रेम अर्थवान है क्योंकि वह अतृप्ति का बोध कराता है। अतः इन्होंने विरह को लौकिक और आध्यात्मिक दोनों सन्दर्भों में परिभाषित किया है। विरह प्रधानता का मूल कारण है कि प्रेम की तीव्रता का अनुभव विरह में ही होता है। इसलिए कबीर विरहिणी के लौकिक प्रसंगों का रूपक बाँधकर आध्यात्मिक विरह की व्यंजना करते हैं, इसमें मिलन के भी प्रसंग हैं परन्तु कुछ थोड़े ही है।

सूफियों में भी मिलन पश्चात् कथा समाप्त हो जाती है। अतः कथा का सार-तत्त्व विरह ही है।

4. रहस्यवाद का प्रयोग–साधना में रहस्यवाद की उपस्थिति दोनों काव्य धाराओं में मिलती है। आचार्य रामचन्द्र शुक्ल लिखते हैं–"अलौकिक सत्ता के प्रति जब कोई भी साधक अनेक तरह से प्रणय निर्वहन करता है, उस चेतना को रहस्यवाद कहा जा सकता है।" साधक जगत् का हो, पर जिससे प्रेम किया जा रहा है वह लोकोत्तर है। लोकबल और लोकोत्तर क्रे बीच प्रणय चेतना ही रहस्यवाद है। शुक्ल जी इसे अवास्तविक कहते हैं, क्योंकि अनुभव लोक पर ही आधारित होता है। इससे कविता में एक धुँधलापन व वायवीयता उपस्थित हो जाती है। रहस्यवाद के रूप–1. भावात्मक प्रणयमूलक 2. साधनात्मक–हठयोग मूलक। दोनों काव्यधाराओं

में रहस्यवाद के दोनों रूप दिखाई पड़ते हैं। निर्गुण काव्य में हठयोग सम्बन्धी शब्दावली की भरमार है। सूफियों में जो प्रेम-प्रसंग है उनकी आध्यात्मिक अर्थवत्ता है। रतन सेन-जीव, पद्मावती-ब्रह्म का प्रतीक। सिंहल द्वीप प्रसंगों में हठयोग के प्रतीकात्मक चिह्नों का प्रयोग है, यह अन्य सूफियों में भी।

5. लोकभाषा का प्रयोग–वस्तुतः समूचा भक्ति काव्य लोकचेतना के दबाव से पैदा हुआ है। यह पाण्डित्य का नहीं अनुभव का, अनुभूति का काव्य है। अतः भाषा ज्ञान की भाषा नहीं वरन् लोक या जीवन की भाषा है। शब्दों का चयन भी लोक जीवन से है। अतः शब्द विधान में सामन्ती व कृषि समाज के दबाव दिखते हैं। यह भाषा लोक जीवन से प्रेरणा ग्रहण कर अपने रूप का निर्माण करती है। अतः काव्य भाषा और जीवन की स्थिति में आभिजात्यता के विरोध में है। लोक जीवन के उपमान व स्थितियाँ इसमें समाहित हैं, राज-प्रसादों की नहीं।

असमानताएँ

1. ब्रह्म का स्वरूप–सन्त काव्यधारा में ब्रह्म की प्रकृति अद्वैत के सिद्धान्तों से निर्धारित है। अतः उसे अखण्ड, सम्पूर्ण, समूची सृष्टि में अन्तर्व्याप्त माना गया है और उसे आत्मज्ञान के माध्यम से उपलब्ध किया जा सकता है। आन्तरिक स्तर पर या बाह्य जगत् में ब्रह्म की खोज अज्ञान को लेकर है।

कबीरदास-कस्तूरी कुण्डलि बसे, मृग ढूँढ़े बन माह।
ऐसे घटि-घटि राम हैं दुनिया देखे नाह।

कबीरदास जी आगे लिखते हैं–जीव और ब्रह्म में कोई तार्किक अन्तर नहीं है।

''जल में कुम्भ-कुम्भ में जल है बाहर भीतर पानी,''

विलीनता का सिद्धान्त भी स्वीकारते हैं।

सूफियों के यहाँ एकेश्वरवाद और प्रतिबिम्बवाद का मिला-जुला ब्रह्म चिन्तन है। वे अद्वैत को पूर्णतः नहीं मानते। एकेश्वरवाद परम्परा के कारण हैं, पर ब्रह्म आध्यात्मिक रूप में प्रतिबिम्बवाद है। अद्वैतानुसार ब्रह्म भासित होता है, सूफियों ने इसे ग्रहण कर कहा कि जगत् का सौन्दर्य ब्रह्म की परछाई है। यह इस्लाम से अलग बात है। ब्रह्म के बारे में स्वतन्त्र धारणा इनके यहाँ दिखाई देती है।

2. जगत् की अवधारणा–शंकराचार्य ने जगत् को मिथ्या कहा है। सत्य कालबद्ध नहीं जगत् कालबद्ध होता है। सत्य अचल, जगत् परिवर्तनीय। सत्य केवल ब्रह्म। अन्य वस्तुएँ परिवर्तनीय अतः असत्य। निर्गुण काव्य में इसे असत्य के स्थान पर निस्सार कहा है।

यह ऐसा संसार है, जैसे-सेंबल फूल। सत्य तो है पर जगत् में धँस जाने की प्रवृत्ति के विरोध के लिए निस्सार बताया है।

"रहना नहिं देश विराना है"।

जगत को नाशवान बताते हैं।

"चलती चाकी देखकर दिया कबीरा रोय।"

सूफियों ने जगत् के प्रति एक रागात्मक दृष्टिकोण अपनाया। इस जगत् से ही आध्यात्म की ओर जाने वाली सीढ़ियाँ फूटती हैं। लोक अनुभूति से ही ब्रह्म अनुभूति उत्पन्न होती है। अतः सूफियों ने जगत् और इसकी अनुभूति को महत्त्वपूर्ण माना। जगत् ही वह आईना है जिसमें उसका प्रतिबिम्ब दिखता है। अतः जगत् का सम्मान है, निस्सार कहने की प्रवृत्ति नहीं है। ब्रह्म जगत् का रिश्ता बिम्ब-प्रतिबिम्ब का है।

3. नारी के प्रति दृष्टिकोण–सन्त काव्य में नारी को भाषा के प्रतीक के रूप में देखा गया है। मनुष्य के भीतर की आध्यात्मिक सम्भावनाओं में क्षरित करने वाली शक्ति ही नारी है। इसमें कामिनी रूप का वर्णन देखने को मिलता है। जिसमें सम्पूर्णता की साधना से विचलित करने वाली ताकत। यह भारत की जातीय मानसिकता है। स्त्री और भाषा का अभेद–मध्यकाल के भोगवाद और मूलाधार का एक अन्य कारण –स्त्री का भोग है। अतः स्त्री-विरोध के माध्यम से सामन्ती प्रवृत्तियों का विरोध किया गया, लेकिन सभी रूपों का विरोध नहीं किया गया है बल्कि केवल उत्तेजक रूप पर आक्रमण किया गया और सती की प्रशंसा। फिर भी यह नारी के प्रति अनुदारता का संकेत है।

इसके विपरीत सूफी काव्य में स्त्री स्वयं ब्रह्म का प्रतीक है। अतः स्त्री के प्रति गहरा भावात्मक सम्मान है। वह सौन्दर्य और सार्थकता का अन्तिम प्रमाण है। अतः मध्यकाल में जब नारी अनेक प्रकार से लांछित थी तभी सूफियों ने उसे सम्मान दिया। बड़ा सांस्कृतिक भेद दिखाई देता है।

4. अभिव्यक्ति के तेवर–सन्त काव्य की प्रवृत्ति सामान्यतः मूलतः खण्डन-मण्डन की शैली है। यह आक्रामक शैली है जिस में एक निषेधात्मक प्रहार है। संश्लेषण (synthetical) की नहीं विश्लेषण (Analysis) की है। अतः खास तरह का आवेश, प्रतिपक्ष पर प्रहार करने की प्रवृत्ति और चुनौतीपूर्ण प्रश्नशीलता है, ज्ञान मूलक नहीं। स्वयं भुक्तभोगी अतः स्वतः स्फूर्त प्रक्रिया।

इसके विपरीत सूफी शैली संश्लेषणात्मक है। सही मायने में सांस्कृतिक समन्वय का श्रेय। मनुष्यों की एकता का प्रतिपादन पर किसी का अपमान नहीं। परन्तु वर्ण व्यवस्था का पक्ष नहीं। समाज के सभी वर्गों के सम्बन्धों को जोड़ा। हिन्दू-मुसलमान के बीच कोई फर्क नहीं। रामचन्द्र शुक्ल कहते हैं–"यह संश्लेषण की ऐतिहासिक प्रक्रिया थी।"

5. रचना प्रबन्ध के स्तर पर–सन्त काव्य की रचना शैली मुक्तक है। कथा का प्रयोग नहीं। समूचा काव्य सामाजिक अनुभवों से अनुप्राणित नहीं, यह कवियों के व्यक्तिगत अनुभव है। अतः कथा नहीं है। व्यक्तिगत अनुभव मुक्तक अनुरूप। दूसरा, ज्ञान पर आधारित।

सूफियों ने अपने आध्यात्मिक अभिप्रायों को जगत् के माध्यम से प्रकट किया। सामाजिक सम्बन्धों व परिस्थितियों की कथा है। अतः पूरा सूफी काव्य मानवीय व सामाजिक सम्बन्धों के आधार पर कथा निर्माण करता है। अतः स्वतः ही। प्रबन्धात्मक शैली।

निर्गुण व सगुण काव्य धाराओं का तुलनात्मक अध्ययन

वस्तुतः शुक्ल जी ने सम्पूर्ण भक्तिकाल को सगुण व निर्गुण में विभक्त किया।

समानता

1. भक्ति की केन्द्रीयता—भक्ति प्रेम पर आधारित चेतना का रूप है। ईश्वर और भक्त के बीच प्रत्यक्ष सम्बन्धानुभूति ही भक्ति है। अतः भक्ति माध्यम (कर्मकाण्ड, पुरोहित आदि) को अस्वीकार करती है। भावना की केन्द्रीयता मूल आधार–"सा परानुरक्ति ईश्वरे।" - शाण्डिल्य सूत्र। अनुरक्ति में माध्यम की ज़रूरत नहीं होती, अतः मध्यकाल की कर्मकाण्डीय व स्वनित धार्मिक व्यवस्था के बीच भक्ति की प्रतिष्ठा की गयी। कबीर हठयोग व ज्ञान में भी भाषा को प्रतिष्ठित करते हैं। कबीर जैसे ज्ञानाश्रयी कवि का विराट से रिश्ता ज्ञानात्मक नहीं भावात्मक है। आधुनिक काव्य में मुक्तिबोध ने इसे ही संवेदनात्मक ज्ञान व ज्ञानात्मक संवेदना कहा है। कबीर का ज्ञान संवेदना से अनुप्राणित है। अतः भावात्मकता के कारण ज्ञान व संवेदना विरोधी नहीं है। सभी काव्यधाराओं को जोड़ने वाला तत्त्व भक्ति ही है। दूसरा, इस भक्ति को मात्र साधन के रूप में स्वीकारा नहीं गया है, यह साध्य भी है, और आस्वाद भी, यात्रा भी, मंजिल भी। भक्ति ऐसा मूल्य है जिससे जीवन को सार्थक किया जा सकता है। मध्यकाल के अज्ञान व भटकाव को खत्म किया जा सकता है। भक्ति सबके लिए उपलब्ध। अतः मानवीय व सामाजिक स्तर पर जोड़ने का कार्य।

आस्तिकता समूचे भक्तिभाव की धुरी है, हालाँकि ईश्वर की प्रकृति पर भिन्नता देखने को मिलती है।

2. गुरु की महत्ता—वस्तुतः मध्यकाल में गुरु पर्यावरण है जिसमें आपकी सामर्थ्य प्रकट होती है। गुरु अस्तित्व को अर्थवान बनाता है। शिष्य की समूची सम्भावना सामने लाता है—निर्गुण और सगुण भक्ति दोनों में।

'गुरु सुआ तेहि पन्थ दिखाया'—जायसी। सूर की समस्त काव्यधारा वल्लभाचार्य से मिलकर बदल गयी,

विनय - प्रेम, तुलसी - "बन्दऊ गुरुवर पदुम परागा।" गुरु - जो साधक के अन्तःकरण में चिंगारी जन्मा दे वही गुरु है। अतः पूरा भक्ति काव्य गुरु के प्रति गहरी कृतज्ञता से संचालित है।

3. लोकजीवन की उपस्थिति–आदिकाल में लोकजीवन का स्पंदन नहीं है। राजप्रासादों का वर्णन है। यह संस्कृत में भी नहीं है। कविता और लोक के बीच रिश्ते की नींव डाली गयी। इस गहरे लोक स्पंदन के कारण लोक के निचले स्तर तक पहुँची। इसका कारण है लोकजीवन से आने वाले रचनाकार। रचना व जीवन के बीच वास्तविक अद्वैत की शुरुआत आदि, पूर्णतया इस कविता में दिखती है। अतः यह लोकजीवन का सच्चा दस्तावेज है, यह प्रकारान्तर से रचना के परिणामों का निर्माण करती है। वही कविता बड़ी है जो लोकजीवन से स्पंदित हो। अतः काव्यशास्त्रीय धारणा के पलट, इसमें काव्य का मूल्य स्थापित किया जो प्रकारान्तर से हमारा साहित्यिक मूल्य बन गया। उदाहरण–प्रेमचन्द। कुलीन नायकों का जीवन भी लोक अनुप्राणित है, जैसे–राम व कृष्ण। सूफियों ने भी लोक प्रचलित कथाओं को ग्रहण किया। अतः भक्तिकाल की कविता सही मायने में मनुष्य की प्रतिष्ठा करती है। इस कारण से भक्तिकाल स्वर्ण युग कहलाता है।

4. प्रतिपक्षी चेतना–सम्पूर्ण भक्ति काव्य की खासियत है–प्रतिपक्षी चेतना। इसका अर्थ है–सत्ता के जड़ीभूत ढाँचे पर या तो प्रहार करता है या उसकी निरर्थकता को सामने लाता है। कबीर की रचना विद्रोह के स्तर पर। सूर में उपेक्षा के स्तर पर सीधी मुठभेड़ नहीं है। वे स्वच्छन्दता को मूल्य के रूप में प्रतिष्ठित करते हैं। सूफी प्रेम के उभय भाव का चित्रण करते हैं। मध्यकाल में पुरुष ही प्रेम कर सकता था। अतः नारी की प्रतिष्ठा, प्रेम के क्षणिक, दैहिक रूप का खण्डन किया। स्त्री के आधुनिक रूप के बीज मिलते हैं। सम्बन्धों का आधुनिक रूप दिखता है– सम्बन्धों की समानता। मध्यकाल में प्रेम की यह अवधारणा प्रतिरोधी है। तुलसी द्वारा कलियुग के प्रतिपक्ष में रामकाव्य की संस्थापना राजनीतिक प्रतिपक्षी चेतना की द्योतक है।

5. लोकभाषा का प्रयोग–समूचे भक्तिकाल में लगभग सभी कवियों ने लोकभाषा का जमकर प्रयोग किया है। इसका लक्षण तुलसी की अवधी सूर की ब्रज और अवधी कविता और कबीर की सधुक्कड़ी भाषा में दिखाई देता है।

अन्तर

1. ब्रह्म की प्रकृति–निर्गुण काव्य में ब्रह्म की प्रकृति अद्वैतमूलक है, चूँकि उसे भाव के माध्यम से नहीं जाना जा सकता (क्योंकि यह भाव मानवीय स्तर है)। अतः स्पष्ट है कि ज्ञान के दो ही मार्ग हो सकते हैं–भाव और चैतन्यता। निर्गुण धारा विशुद्ध चेतनता के स्तर पर ब्रह्म की धारणा स्वीकार करती है। अतः अनुभव, स्मृति या सम्बन्ध की भूमिका को नहीं स्वीकारती। क्योंकि चेतनागत उपलब्धि है, विशुद्ध ज्ञान के अलोक में ही इसे जाना जा सकता है।

कबीर–"घूँघट का पट खोल रे तुझे पियउ मिलेंगे।"

(अज्ञानता, सांसारिकता)

निर्गुण काव्य में ब्रह्म की प्रकृति गुणातीत है। इन्द्रियों के माध्यम से उपलब्धि सम्भव नहीं, यह चेतनता से ही सम्भव है। अत: ज्ञान का आश्रय ब्रह्म प्राप्ति की प्रक्रिया में अज्ञान हटाने की कोशिश करता है। उसे पाने की प्रक्रिया जागतिक (कर्मकाण्ड आदि) नहीं है। अत: मन्दिर, तीर्थव्रत व पूजा विधान आदि महत्त्वपूर्ण नहीं है। इसके कारण ही अवतारवाद का निषेध हो और पूरा ध्यान अद्वैत ब्रह्म पर केंद्रित है। इसके विपरीत सगुण काव्य में सामान्यत: (कृष्ण काव्य में विशुद्ध सगुण पर तुलसी में उभयात्मक निर्गुण–सगुण, सत्य भी।) जागतिक सम्बन्धों और मानवीय अनुभवों द्वारा, इसकी प्रतीति सम्भव है। अत: जगत् और संसार में फर्क। जगत–ईश्वर ने बनाया और संसार–जीव ने। अत: सांसारिकता विकारों (मोह, लोभ आदि) पर आधारित है। अत: जीवन, मरण, शृंगार, वीरता आदि सब क्षणभंगुर हैं। पर जगत् सत्य है क्योंकि ईश्वर ने बनाया है। अत: जगत् ब्रह्म के नियमों से संचालित है। यह अन्तिम सत्य है। वस्तुत: सगुण में जगत् को स्वीकारा गया है और ब्रह्म का अनुभव ज्ञान के माध्यम से किया जा सकता है। ब्रह्म की जागतिक भूमिका को ही आत्यंतिक माना गया है। ब्रह्म की सार्थकता जागतिक होने ही में है। अत: वह जीवन, अनुभव और भावना का विषय है, विशुद्ध चेतनता का नहीं। यही जागतिक भूमिका अवतारवाद का आधार है। अत: निर्गुण की ब्रह्म की अमूर्तता का मूर्ति रूप देने का काम अवतारवाद करता है। अवतार ब्रह्म की ऊर्जा की जागतिक फलस्तुति है। सगुण धारा मानवीय भूमिका स्वीकार करती है और उसे अनिवार्य मानती है, अत: सामाजिक जीवन के लिए अधिक स्वीकार्य और बोधगम्य है। यह प्रसिद्धि का आधार है। ज्ञान अनुभव पर ही आधारित है। अत: ठोस सगुण का आधार धार्मिक। व्यापक और मानवीय निहितार्थ से प्रेरित है। ब्रह्म करुणावान है। दीनबन्धु है, जगत् का पालनहार है। इस कारण इसमें लोकजीवन की उपस्थिति या लोकधर्म की भूमिका अधिक प्रगाढ़ है।

2. दार्शनिक आधार–निर्गुण काव्य का दार्शनिक आधार अद्वैत है और अद्वैतानुसार मूलत: ब्रह्म ज्ञान स्वरूप या चैतन्य स्वरूप है। अत: ब्रह्म का अंश है और ब्रह्म और जीव में कोई अन्तर नहीं है और जो अन्तर दिखता है वह माया के कारण है ज्ञान के प्रकाश में अज्ञान दूर हो जाता है। अत: अद्वैतता ही चरम सार्थकता है, जगत् मायाजनित है, जहाँ रूप है वहाँ असत्य है क्योंकि यह परिवर्तनीय है। इसलिए माया की दोनों भूमिका अविद्या (भ्रम पैदा करने वाली) व विद्या (प्रज्ञा देने वाली) हैं। अत: ब्रह्म जानने की ताकत माया का स्वरूप है। जगत् नश्वर है अत: असत्य है। अत: जगत् का निषेध है।

कबीर ने विद्या ब्रह्म प्रकृति के स्तर पर अद्वैत को स्वीकारा है। मसलन जगत् असत्य नहीं बल्कि नाशवान है। माया की केवल नकारात्मक भूमिका और ज्ञान का आधार भक्ति है। इसमें विशुद्ध ज्ञान की परिकल्पना नहीं है। ज्ञान को दिशा देने में भक्ति की भूमिका है। अतः ज्ञान की तुलना में भक्ति को महत्त्व दिया है।

परन्तु इसके विपरीत सगुण के दार्शनिक आधार अद्वैत से भिन्न हैं। दो दार्शनिक धाराओं से प्रभावित विशिष्टाद्वैत व शुद्धाद्वैत। यह दोनों ब्रह्म को स्वीकार कर उसकी जागतिक भूमिका पर बल देते हैं। दार्शनिक चिन्तन में प्रथम बार रामानुज ने ही अवतारवाद की प्रतिष्ठा की, हालाँकि परिकल्पना पहले से ही थी। अतः उसे करुणावान प्राणदाता आदि कहा गया। आध्यात्मिक प्रसंगों को जागतिक प्रसंगों से अलग नहीं माना है। दर्शन व संसार में संवाद लगातार चलता रहता है। वल्लभाचार्य के यहाँ ब्रह्म जागतिक भूमिका में ही शुद्ध रूप से ब्रह्म बना रहता है। वल्लभाचार्य व रामानुजाचार्य में लीला की अवधारणा भिन्न है। वल्लभ में लीला ब्रह्म की आनन्दमयी दशा है व रामानुज में ब्रह्म के वास्तविक व लीला रूपों में भेद है। अतः जगत् से ब्रह्म के सम्बन्ध को स्वीकारते हैं। यह अद्वैत के विरोध में आयी है और सही मायने में सगुण भक्ति ही ब्रह्म को व्यापक जनाधार देती है। अतः ब्रह्म प्राप्ति को निचले दर्जे तक ले जाया गया है।

3. साधना पद्धति–निर्गुणियों की साधना प्रकृति की अंतःसाधना पर आधारित है, जो अमूर्त और कालमुक्त है। भीतर व बाहर दोनों जगह है उसे भीतरी साधना से ही प्राप्त किया जा सकता है। इसमें बाहर को अर्थहीन माना गया है। अतः भक्ति की प्रकृति मन व चेतना को एकाग्र करने के स्तर पर है। इस पर अधिक बल दिया है। इसलिए बाह्याडम्बरों व तीर्थव्रत का निषेध है। ब्रह्म प्राप्ति में सबसे बड़ी बाधा ऐन्द्रिय विकार हैं जो मन को चंचल करते हैं। अतः मन की एकाग्रता पर बल दिया गया है। बाहरी साधना मन को एकाग्र नहीं करती। यह ब्रह्म की उपलब्धि के लिए नहीं वरन् सांसारिक आकांक्षाओं से युक्त है। अतः आध्यात्मिकता के विरोध में है।

कबीर–एक साधै सब सधै, सब साधे सब जाये।

अतः सन्तकाव्य में मन का अर्थ 'तरंग' या 'लहर' किया गया है। अतः मन को सबसे बड़ा शत्रु व मित्र भी कहा है। शत्रु क्योंकि एकाग्रता विरोधी है, मित्र क्योंकि इसी के द्वारा इन्द्रियों को वश में किया जा सकता है। समाधि में तरंग खत्म हो जाती है। यह समाधि चरम एकाग्रता है जो हठयोग से ही, सम्भव है। समाधि के बिन्दु पर ज्ञान स्वयं प्रकट हो जाता है।

कबीर–"कस्तरी कुंडलि बसै, मृग ढूंढ़ै बन माहि।"

इसके विपरीत सगुण काव्यधारा में अन्तःसाधना को अर्थहीन, निस्सार व पाखण्ड का पर्याय माना है। वस्तुतः किसी भी अनुभूति का स्रोत भीतरी भी हो सकता है और बाहरी भी हो सकता है। ब्रह्म के बोध का प्रश्न भी लौकिक अनुभवों से

फूटता है। अतः नितान्त आन्तरिक, व्यक्तिगत हो सकता है, यह सर्वसुलभ नहीं है। चूँकि ब्रह्म जागतिक है अतः ब्रह्म की प्राप्ति, में जगत् की भूमिका महत्त्वपूर्ण हो जाती है। अन्तःसाधना आत्मकेन्द्रित करती है, परन्तु मनुष्य की सार्थकता एकांगी मुक्ति में नहीं है। मुक्ति का यदि कोई अर्थ है तो वह समाज के साथ है। अतः इसकी प्रवृत्ति सार्वजनिक है। मनुष्य सार्वजनिक मुक्ति के लिए ही अवतार लेता है। चूँकि जगत् में ही मनुष्य को रहना है अतः साधना को सांसारिकता के बीच ही सम्भव करना आवश्यक है। अन्तःसाधना को स्वार्थ केन्द्रित माना गया, जिसे सामाजिक संकटों से कुछ लेना नहीं है। धर्म का अर्थ यदि लोक मंगल से है तो अन्तःसाधना नहीं। अतः सगुण कवि ईश्वर साधना में सामाजिकता को बदल देते हैं।

अतः साधना की प्रकृति बाहरी है। निर्गुणी इसे विकार कहते हैं। परन्तु सगुण इसे ही सार्थकता मानते हैं। गीता का अर्थ परिस्थिति से संचालित होना है। भक्ति में नामकरण, सत्संग आदि बाहरी प्रवृत्तियों पर बल है। ब्रह्म का सान्निध्य भक्ति से ही प्राप्त हो सकता है। समूचा जीवन जीते हुए भी भक्ति से सम्पृक्त रहना है। अतः जगत् की भरपूर उपस्थिति–प्रकृति, वियोग, वात्सल्य, श्रृंगार आदि है।

निर्गुण की तुलना में सगुण भक्ति का आधार अधिक ठोस है। निर्गुण काव्य की साधनात्मक प्रकृति वैयक्तिक है व सगुण की सामाजिक मानवीय है।

4. सामाजिक दर्शन–निर्गुण काव्य के समाज दर्शन का आधार मानवीय एकता है। यानी मनुष्य में भेद करने वाली किसी भी दृष्टि का विरोध। ईश्वर ने भेद नहीं किये वरन् मानवीय कुशक्तियों ने किये हैं, अतः मनुष्यों में जो भेद किये हैं उसका सजग व कड़ा विरोध किया गया है। सन्तकाव्य में यह प्रहारात्मक है। सूफियों में संश्लेषणात्मक है। प्रेम कथा द्वारा भेद खत्म करने का प्रयास है। समाज दर्शन के पीछे अद्वैत भावना भी कार्य कर रही है। चूँकि ईश्वर एक है और कोई भेद नहीं किया गया है। यदि भेद स्वीकार करते हैं तो ब्रह्म भी एक नहीं रह सकता। चूँकि मनुष्य बँटा है अतः आध्यात्मिकता इस भेद से टकराती है। वर्णव्यवस्था विरोध मानवीय एकता के प्रतिपादक ईश्वरीय एकता के आधार पर किया गया है। वास्तविक धार्मिक समाज भेदभाव पर आधारित नहीं रह सकता और भेदभावयुक्त समाज अधार्मिक है।

"जाँत पाँत पूछै नहि कोई, हरि को भजै जो हरि का होई।"

अतः इनके समाज दर्शन में उस प्रत्येक भेद का विरोध है जो मानवीय सम्बन्धों में दरार पैदा कर सकता है। अतः वर्णव्यवस्था और साम्प्रदायिकता दोनों का विरोध है व मानवीय एकता का समर्थन है।

सगुण काव्य में कुछ अलग-अलग स्थितियाँ हैं। सूर में भक्ति साधना (कृष्ण काव्य) में सम्प्रदाय व वर्ण की क्षमता स्वीकार नहीं की गयी है। पुष्टिमार्ग के अनुसार, सभी भगवत् कृपा के अधिकारी हैं। प्रभाव के स्तर पर नहीं वरन् इसकी निरर्थकता के आग्रह के आधार पर। कृष्ण काव्य में मुसलमान कवि भी शामिल हैं।

रसखान ब्रज के गाँव में रहने को अपनी सार्थकता मानते हैं। सामासिकता का आधुनिक बोध इन भक्त कवियों का भी ऋणी है।

तुलसी के काव्य में, यहाँ तक रामराज्य में भी वर्णव्यवस्था की स्वीकृति दिखाई देती है। वर्णव्यवस्था में टूटन पर खेद व्यक्त करते हैं। रामराज्य में इस टूटे ढाँचे को व्यवस्थित करते हैं। सभी वर्ण अपने-अपने कर्त्तव्यों का पालन रामराज्य में करेंगे। तुलसी जीवन व्यवस्था को चलाने में वर्गीकरण को आवश्यक मानते हैं। हालाँकि व्यवस्था में सम्बन्धों का आधार घृणा नहीं प्रेम है। कथा में वर्णव्यवस्था की कट्टरता का कहीं पुट नहीं है। निषाद व राम का रिश्ता तुलसी द्वारा बनाया गया। जो वाल्मीकि रामायण में नहीं है। वर्ण व्यवस्था की स्पष्ट स्वीकृति तुलसी में ही दिखती है। अतः प्रगतिशील आलोचक उन्हें संशोधनवादी कवि कहते हैं परिवर्तनवादी नहीं।

''मीरा जैसी स्वतन्त्र कवयित्री के गुरु अवर्ण रैदास हैं। परन्तु ब्रह्म उच्च वर्ण में ही जन्मता है।''

निर्गुण व सगुण काव्यधाराओं की तुलना करते हुए यह कहा जा सकता है कि दोनों काव्यधाराएँ मध्यकालीन सामन्ती परिवेश को चुनौती देती हैं। धर्म के अभाव में उभरते हुए विराट शून्य को भक्ति की चेतना से पाटती है। मनुष्य के क्षुद्र और मरणशील जीवन को एक सार्थक आधार देती है, इसलिए दोनों अपनी परिणति में समाज को एक नयी दिशा व मनुष्य को एक नयी अर्थवत्ता प्रदान करती है। लेकिन, जीवन दर्शन के स्तर पर भिन्नता के कारण इन धाराओं के समाज दर्शन में भक्ति के स्वरूप व साधना के बिन्दु पर भिन्नताएँ दिखाई पड़ती हैं। मानवीय एकता और सामाजिक नवनिर्माण के सन्दर्भ में निर्गुण काव्य धारा की भूमिका परिवर्तनकारी (Radical) है, लेकिन भक्ति की प्रकृति अन्तःसाधनात्मक होने के कारण इसमें सामाजिकता की उपेक्षा हुई है। इसके विपरीत सगुण काव्यधारा ब्रह्म की जागतिक भूमिका स्वीकार करते हुए भक्ति की बाह्य साधनात्मकता पद्धति पर बल देती है। सगुण कवियों के यहाँ भक्ति एक उत्सव है उसका एक ठोस समाज दर्शन है। यही कारण है कि निर्गुण की तुलना में सगुण का लोक प्रसार अधिक व्यापक है। यह सच है कि सगुण काव्य धारा विशेषतः रामकाव्य धारा में संशोधनवादी जीवन दृष्टि की प्रबलता है, अतः कहीं-कहीं संकीर्णता दिखाई देती है। यह संकीर्णता वस्तुतः कवि पर ऐतिहासिक दबावों से निर्मित हुई है। समग्रतः यह चारों काव्यधाराएँ अपने समन्वित रूप में मनुष्य की मंगलकामना के अभिप्रायों से संचालित हैं।

भक्ति काव्य में लोक जीवन की उपस्थिति का वर्णन

लोक शब्द दो चीजों का वाचक है—सामान्यता परिवर्तन का आभिजात्य रूप असम्पृक्ति का वर्ग है। भक्ति काव्य आभिजात्यवाद व शास्त्रवाद के विरोध में

उत्पन्न हुआ है। आभिजात्यता व शास्त्रीयता एक-दूसरे के पोषक हैं। लोक में अनुभवों की गत्यात्मकता के सम्बन्ध निहित होते है। अतः एक ताजगी व खुलापन दिखता है, शास्त्रबद्धता नहीं। अपार विविधताओं व अन्तर्विरोधों की द्रष्टव्यता है। लोकजीवन स्पन्दन का प्रतीक है।

समूचा भक्तिकाल लोक चेतना से अनुप्राणित है। यह मध्यकाल की सामाजिक, धार्मिक जड़ता के विरोध में खड़ा हुआ है। इस कविता में लोक परिस्थितियों व लोक आकांक्षाओं का विस्तार दिखाई देता है। लोकजीवन भक्ति काव्य को अनुभव सामग्री ही नहीं रचना की भाषा भी प्रदान करता है। पहली बार इतने व्यापक स्तर पर लोक भाषा में काव्य लिखा गया। अतः कविता में जीवन की ऊष्मा व प्रामाणिकता का स्रोत लोकजीवन है। लोकजीवन के अनेक रूप इस काव्य में दिखाई पड़ते हैं।

1. लोक प्रकृति की पहचान–लोक में रहकर लोक को तटस्थ भाव से देखा गया है। अतः लोकप्रकृति का गहन विश्लेषण भी इसमें मौजूद है।

कबीर ने लोक की दो विशेषताएँ बताईं :

(i) सामान्यतः लोक प्रकृति विस्मरण का शिकार होती है। यह वर्तमान के दबावों से संचालित है। 'लोका मति कै भोरा रे।' अतः इसमें परिवर्तन किया जा सकता है।

(ii) लोक सामान्यतः यथास्थितिवादी होता है इसलिए आसानी से परिवर्तन व नये विश्वास को स्वीकार नहीं करता। इसमें प्रकृति छटा है। यह लीक पर चलता है, विवेक व तर्क पर नहीं।

'पीछे लागा जायि था लोक वेद के साथ'

पूरी की पूरी भक्ति काव्य में लोकजीवन की अनुपस्थिति कई स्तरों पर दिखाई पड़ती है।

2. विश्वास के स्तर पर–मध्ययुगीन लोकजीवन भाग्यवादी चेतना से संचालित है। भाग्यवाद मानवीय प्रयासों से परिवर्तित नहीं होते क्योंकि सब कुछ पूर्व निर्धारित है। अतः यह मानवीय सक्रियता को स्वीकार नहीं करता। मनुष्य विराट शक्ति की कठपुतली मात्र है, यह ब्रह्म संचलित है।

तुलसी (वाल्मीकि)– "सुनहु भरत भावी प्रबल बिलखि कहंहि मुनिनाथ।
हानि लाभ जीवन मरण जस अपजस बिधि हाथ।"

इस भाग्यवाद से अन्धविश्वास जुड़ा है। अतः भक्ति काव्य में अन्धविश्वास भी दिखता है। जायसी के पद्मावत में यात्राएँ पुरोहितों से मिलकर तय की जाती हैं। अदृश्य शक्तियाँ यात्राओं को प्रभावित करती हैं।

जायसी– "गनक कहहिं करू गबन न आजू
दिन लै चलहिं करै काजू।"

3. स्त्री के प्रति लोक दृष्टि–स्त्री को लेकर जो दृष्टि है उसमें विचित्र विरोधाभास है। पुरुष स्त्री जीवन का मेरुदण्ड है। उसका कोई स्वतन्त्र जीवन नहीं है, अस्तित्व नहीं है।

तुलसी– ''जिय बिनु देह नदी बिनु पानी
तैसहिं नाथ पुरुष जग नारी।''

इसलिए स्त्री की स्वाधीनता की कोई परिकल्पना नहीं है। स्त्री पराश्रित है अतः पराधीन है। इस लोक विश्वास को आधार दिया है कि स्त्री की सार्थकता पति से ही है। प्रकारान्तर से यह कविता सामाजिक जीवन में स्त्री की वास्तविकता को उद्घाटित करती है। स्त्री की पीड़ा व विडम्बना की चर्चा करते हैं। एक तरफ लोकजीवन में स्त्री का जीवन, तो दूसरी ओर उसकी विडम्बनापूर्ण स्थिति का।

तुलसी– ''कतविधि सिरिजि नारि जग माही।
पराधीन सपनेहुँ सुख नाही।''

4. परिवेश चित्रण के स्तर पर–लोकजीवन की घनत्वपूर्ण स्थिति दर्शाई गयी है। वस्तुतः यह कविता का निवास ही लोकजीवन व उनके अनुभव हैं। अतः परिवेश चित्रण की समस्त स्थितियाँ लोकजीवन की हैं। नागमती जो कि रानी है, उसे भी जायसी ने प्रकृति और लोकजीवन की भूमि पर प्रतिष्ठित किया है।

''कुहुकि कुहुकि जस कोइल रोई।''

सूर की तमाम गोपियाँ मध्यकालीन आभिजात्य सीमाओं से निकल निर्बंध प्रकृति में निकलती हैं। सूर की कविता में कृष्ण लीला का स्थान प्रकृति में ही है। वृंदावन, यमुनातट, बंशीवट आदि। सूर ने भ्रमर गीत में नगर व आभिजात्य जीवन व ग्राम्य की टक्कर दिखाई है तथा नगरीय जीवन को प्रकृति की तुलना में हीन बताया है।

''यह मथुरा काजल की कोठरि जै आवै तिन्हे कारै।''

यहाँ कालापन का अभिप्राय कलुषता है।

कृष्ण के मन में ब्रज की कसक है।

"ऊधौ, मोहिं ब्रज बिरसत नाहीं।"

यह स्मृतियाँ जड़ों की या लोक से जुड़ाव की हैं। कृष्ण की स्मृतियों के केन्द्र में लोकजीवन है। नगरीय संस्कृति के दुष्प्रभावों व हस्तक्षेप के संकेत सूर में दिखाई पड़ते हैं।

भक्ति काव्य में लोक उत्सवों होली, बसन्त व सावन का अधिक चित्रण है।

लोक कविता होने के कारण भक्ति काव्य में लोक मुहावरे व लोक शैली का प्रयोग है। पदों के निर्माण में लोक संगीत को प्राथमिकता दी गयी है। पूरी रचना शैली में लोक तत्त्वों की प्रधानता है। अतः लोक व्याप्ति सम्भव हुई है।

लोकजीवन संवाद का जीवन है। संवादधर्मिता लोक जीवन की जीवन्तता का लक्षण है। भक्ति काव्य में इस संवादात्मकता को बहुत महत्त्व दिया है। हर जगह कबीर इसे सम्बोधित करते हैं। अतः शून्याताप की कविता नहीं है। श्रोता-वक्ता की कविता।

रामचरितमानस में शंकर-पार्वती, याज्ञवल्क्य-भारद्वाज, काकभुशुंडि-गरुड़ व तुलसी-श्रोता। इसके अतिरिक्त पात्रों में अपसी संवादों की भरपूर योजना। भ्रमर गीत मूलत: संवाद योजना ही है। यह लोक प्रभाव का ही लक्षण है। पूरा का पूरा भक्ति काव्य लोक भाषा से प्रभाव ग्रहण कर आभिजात्य भाषा के समानान्तर सार्थक साहित्य की सृष्टि करता है। अत: यह लोक जीवन की भरपूरता–भाषा, शैली आदि स्तर पर उसे ठोस आधार देता है।

समग्रत: भक्ति काव्य लोकजीवन से ऊर्जा ग्रहण करता है। वस्तुत: यह मुक्ति का काव्य है इसलिए जीवन के प्रवाह को बाधित करने वाले प्रत्येक अवरोधों से टकराता है। चेतना के स्तर पर यह अवरोध शास्त्र है। भक्ति के द्वारा यह काव्य शास्त्र की जड़ता को खण्डित करता है। भाषा के स्तर पर संस्कृत की आभिजात्यता के समानान्तर लोक भाषा में सार्थक साहित्य का विविधतापूर्ण संसार रचता है। अन्तर्वस्तु के परिप्रेक्ष्य में यह कविता पहली बार ब्रह्म लीला को लोकजीवन की चौहद्दी में प्रस्तुत करती है। यह सत्य है कि सगुण भक्ति के नायकों की जड़ें आभिजात्य जीवन में हैं, लेकिन भक्ति काव्य उन नायकों का पूरा विकास लोकजीवन की सहज भूमि पर करता है। अत: भक्ति काव्य लोकजीवन की प्रतिष्ठा का काव्य भी है और उसे सार्थक दिशा देने वाली चेतना का भी।

भक्ति काव्य की सांस्कृतिक चेतना–जो सांस्कृतिक काव्य है उसमें मानवतावादी चिन्ता अनिवार्यत: शामिल होगी। संस्कृति की बुनियाद मनुष्य की चिन्ता या मानवतावाद है। संस्कृति मनुष्य की एकता का आधार है, मनुष्य की सर्वोत्तम रचना व चेतना, प्रामाणिकता का आधार है। संस्कृति वह द्वार है जिसके द्वारा मनुष्य प्रकृति में अपना स्वायत्त स्थापित करता है। संस्कृति के हिस्से–कला एवं मूल्य चेतना। मानवतावाद से जुड़ा काव्य प्रासंगिक होता है।

भक्ति काव्य का मानवतावादी स्वर–यूरोप में जिसे 'मानवाधिकार' कहा गया है उसकी मूल चेतना का पूर्ण रूप है मानवतावादी चेतना। मानवतावाद शोषित, दलित और अधिकार वंचित जनता के पक्ष में संघर्ष और सहानुभूति की चेतना है। दूसरे, मानवतावादी चिन्तन और कर्म में प्रतिमानवीय शक्तियों की धारदार पहचान (नहीं तो संघर्ष दिशाहीन हो जायेगा) और उनके उन्मूलन की प्रतिबद्धता अनिवार्य है। मानवतावाद के आधार पर विवेक और संघर्ष की निरन्तरता के द्वारा न्यायोचित पक्ष की स्थापना का आग्रह होता है। इसलिए जड़ता और क्रूरता के विरुद्ध गति और करुणा का सनातन संघर्ष मानवतावाद का स्थायी आधार है। इस परिप्रेक्ष्य में भक्ति काव्य की मूल चेतना मानवतावादी मूल्यों से प्रेरित और रचित है।

- **भक्ति काव्य : मानवमुक्ति का काव्य**–मुक्ति का वास्तविक अर्थ है अधिकारों की समानता या समान अवसर। इनके बिना मुक्ति भ्रामक है। इस स्तर पर भक्ति का अधिकार पहली बार सामान्य मनुष्य को दिया गया है।

अतः भक्ति काव्य भक्ति की जनतांत्रिक पीढ़ी का निर्माण करता है। मनुष्य ही नहीं, पशु-पक्षी भी भक्त हो सकते हैं। प्राणिमात्र तक को भक्ति का अधिकार भक्ति की जनतांत्रिक चेतना का विकास है। इसलिए जड़ और चेतन के बीच आन्तरिक एकता का सूत्रपात करता है। मनुष्य के परिवार का विस्तार करता है। भक्ति की तन्मयता की अन्तहीन व्याप्ति है। यमुना द्वारा कृष्ण का पाद स्पर्श करना, भक्ति की इतनी व्याप्ति, जड़-चेतना की समाहितता मनुष्य की मुक्ति का मार्ग प्रशस्त करती है। जिस समग्र मानववाद की परिकल्पना आधुनिक समाज चिन्तन में उभर रही है उसके ठोस बीज भक्ति काव्य में दिखते हैं। सम्बन्धों का संगीत सुनाई पड़ता है। मानववादी चिन्ता में प्रकृति का संरक्षण भी शामिल है। मनुष्य की एकता में प्रकृति को भी शामिल किया गया है। मानवीय जीवन में विराट प्रकृति की सहभागिता, मानवीय एकता इन सभी बिन्दुओं में मानवमुक्ति के स्वर सुनाई देते हैं।

- **सामान्य के प्रति निष्ठा भाव : लोक जीवन की प्रतिष्ठा**—मानवतावादी चिन्तन में मुख्य चिन्ता की धुरी में सामान्य मनुष्य है। इस स्तर पर सामान्यता के प्रति निष्ठा भक्ति काव्य में दिखती है। भक्ति काव्य की ऊर्जा का स्रोत सामान्य जीवन है। आभिजात्यता के आधार पर नहीं वरन् लोकजीवन की उर्वर भूमि से भक्ति काव्य का जन्म हुआ है। अतः समस्त बड़ी प्रतिभाएँ राजाश्रय को नकारती हैं। देश की चेतना का सही चित्र इसलिए भक्ति काव्य में दिखता है। भक्ति काव्य जीवन की सहजता से फूटता है जिसका आधार है लोकजीवन। अतः भक्ति काव्य प्रकारान्तर से लोकजीवन, परम्पराओं, रीति-रिवाजों के वैविध्य का काव्य है। इनकी प्रतिष्ठा भक्ति काव्य में दिखती है। खानपान, रीतिरिवाज, मुहावरों के स्थानीय चिह्न। भक्ति काव्य वैविध्य का सम्मान करता है। भूगोल व संस्कृति की विविधाताओं का सम्मान करते हुए मनुष्य मात्र में एकता के सूत्रों को पहचानना इसके मानवतावादी स्वर की पहचान है। यह सामान्य का बोध सभी कवियों व उनके नायकों में दिखता है। लोकधर्म की प्रतिष्ठा मानवतावादी काव्य की चेष्टा है।

जीवन-मूल्यों के रूप में लोक मंगल की स्थापना

वस्तुतः मनुष्य का कल्याण मानवतावाद का मूल लक्ष्य है। लोक मंगल मूल है, मगर केवल आशीर्वचन नहीं है, संघर्ष भी अनिवार्य है। भक्ति काव्य लोक मंगल की चेतना के लिए संघर्ष भी करता है। रचना के स्तर पर तथा संघर्ष के स्तर पर लोक मंगल की कामना की गयी है। लोक मंगल की चेतना संघर्ष से जुड़ी है, पर संघर्ष अलग-अलग है। कबीर वर्णव्यवस्था व साम्प्रदायिकता से जूझते हैं। उनका लोक मंगल इनका विरोध एवं समानता पर आधारित समाज का निर्माण है।

कबीर का लोक मंगल मानवीय एकता पर आधारित है। यह अपने समय की सबसे बड़ी चुनौतियों से जूझता है। यह मात्र सैद्धान्तिक चिन्ता नहीं है, उसकी पीड़ा भी है और उसका विरोध भी है। सत्य की प्रतिष्ठा के लिए संघर्ष अनिवार्य है, मात्र जानना पर्याप्त नहीं है। भक्ति काव्य का कवि दोनों से परिपूर्ण है अत: प्रामाणिक है।

जायसी के यहाँ घृणा, सम्प्रदाय और सामासिक रूढ़ियों में बँधे समाज को प्रेम की चेतना से एक किया जा सकता है।

सूर के यहाँ लोक मंगल लोकरंजन से जुड़ा प्रसंग है, अत: लोकरंजन का तत्त्व प्रमुख है। संगीत, रास, भक्ति आदि तत्त्वों की सहायता से अपने समाज की विकृतियों का सामना करते हैं। अत: सूर के यहाँ स्वच्छन्दता लोक मंगल का आधार है। आधुनिक युग में भी स्वछन्दता एक मानवतावादी मूल्य है। सूर सामन्ती समय में भी स्वछन्दता को महत्त्व देते हैं।

तुलसी के यहाँ लोक मंगल एक मर्यादित समाज की स्थापना से जुड़ा है। रामराज्य जो संघर्ष की अनिवार्यता से जुड़ा है। धर्म विरोधी शक्ति से संघर्ष कर उन्हें परास्त करना सबसे बड़ी कठिनाई है। समूची कथा की चरम निष्पत्ति रामराज्य में होती है। यह तुलसी की मौलिक उद्‌भावना है। वाल्मीकि में नहीं है। आधुनिक युग समाज कल्याण (welfare state) की स्थापना करते हैं। देव आशीर्वाद से यह व्यवस्था की स्थापना नहीं है। लोक मंगल की धारणा ठोस राजनीतिक चेतना से संवलित है।

समग्रत:, अपनी-अपनी परिस्थितियों के अनुसार लोक मंगल की परिस्थितियों का चिन्तन है। अत: सम्पूर्ण भक्ति काव्य मानवतावाद से प्रेरित है।

सामन्ती जीवन-मूल्यों से मानवीय विवेक की मुठभेड़ का काव्य

भक्ति काव्य वस्तुत: प्रतिपक्ष का काव्य है। यह अपने समय की सम्पूर्ण सत्ता संरचना के विरुद्ध पैदा हुआ है। सामाजिक धरातल पर ब्राह्मण धर्म के पुरोहितवाद व राजनीतिक आदि के साथ मुठभेड़ इसमें दिखाई देता है।

समूचे भक्ति काव्य में सामाजिक संरचना से घोर विक्षोभ दिखाई पड़ता है। अत: उससे असहमति व प्रहार किया गया है।

सामाजिक स्तर पर मनुष्य के रक्त के आधार पर श्रेष्ठता का कहीं भी समर्थन नहीं है हालाँकि तुलसी विवादास्पद हैं। अत: सामन्ती सामाजिक संरचना के मेरुदण्ड वर्ण व्यवस्था को तोड़ना है। खासकर कबीर। मीरा सामन्ती व्यवस्था में स्त्री की पराधीनता को कविता व जीवन के स्तर पर चुनौती देती हैं।

सामन्तवाद की मूल जीवन पद्धति भोगवाद पर टिकी है। परन्तु यह भोगवाद धर्म के पर्दे से ढँका है। धर्म के नैतिक आग्रह से नियंत्रित है। भक्त कवियों ने उसे तोड़ने की कोशिश की है। अत: भक्ति काव्य में जीवन की क्षणभंगुरता को इंगित

करता है। मनुष्य के जीवन की महत्ता इसे निरर्थक बिता देने के क्षोभ से पैदा होता है। अतः चेतावनी का भी काव्य है।

इसके अतिरिक्त तुलसी व कबीर के यहाँ धर्म की अर्थहीनता और पाखण्ड पर प्रहार हैं।

अतः सत्ता के तीनों केन्द्र वर्णव्यवस्था, भोग व धर्म तीनों पर प्रहार हैं। वर्चस्व के इन आधारों पर प्रहार करते हुए, सामन्ती सत्ता को चुनौती देता है, मानवीय विवेक के आधार पर। यह अन्ध घृणा या वैयक्तिकता का काव्य नहीं है। सत्ता और विवेक की टकराहट मानवतावादी चेतना के मूल आधारों में से है। धृतराष्ट्री सत्ता का विरोध है। मुठभेड़ की प्रकृति घृणा से नहीं विवेक से संचालित है।

मानवीय सार्थकता के रूप में करुणा और आत्मविसर्जन की प्रस्तावना–भक्ति काव्य की मानवतावादी चेतना का अभिलक्षण है–करुणा। यानी पर-वेदना का आत्मवेदना बन जाना। यह हमदर्दी से अलग है। भक्त कवियों का कहना है कि करुणा के आधार पर ही मनुष्य की एकता व उसमें बदलाव सम्भव है। यह करुणा आत्मविश्वास देती है, क्रूरतम शक्तियों से टकराने की शक्ति देती है। अतः भक्ति काव्य करुणा की प्रस्तावना कर निर्भयता का संचार करता है। सभी भक्ति कवियों की निर्भयता का यही आधार है–मीरा, कबीर आदि। कथा के नायक भी करुणा द्वारा संचालित हैं जैसे–तुलसी के राम। अवतारवाद में वह करुणा से विचलित हो अवतार लेता है। अतः काव्य में आहत जन से तादातम्य स्थापित हो गया है। पाठक की चेतना में करुणा का उल्लेख करता है। यही उसकी मानवतावादी चेतना में गहरी आस्था का प्रमाण है। दुनिया को करुणावान व निर्भय बनाने का सन्देश है।

आत्मविसर्जन की अनिवार्यता–बार-बार अहं को छोड़ आत्मविसर्जन पर बल है। अहंकार से भय व हिंसा व क्षुद्रता का निर्माण करता है। विनयशीलता, विराट की चर्चा, मानुस-प्रेम, एकता आदि का आधार यही आत्मविसर्जन की चेतना है। इसमें ही मानवतावादी चेतना का स्वर सुनाई देता है।

लोकभाषा की प्रतिष्ठा–भाषा संवाद व सम्बन्धों का माध्यम है पर कई बार भाषा का वर्चस्व, शासन-सत्ता का माध्यम बन जाती है और लोक विरोध में हो जाती है। आभिजात्यता की शर्तों से जुड़ जाती है। पूरी की पूरी भक्ति कविता आभिजात्यता के इस दुर्निवार आग्रह को चुनौती देती है। संस्कृत के आतंक का सायास विरोध किया गया है। लोकजीवन की भाषा को रचना का माध्यम बनाया है। मनुष्य मुक्ति के संघर्ष का प्रश्न लोकभाषा के प्रश्न से जुड़ा है। सत्ता व आभिजात्य से मुक्ति लोकभाषा से ही सम्भव है। अतः लोकभाषा की प्रतिष्ठा का प्रश्न भी प्रकारान्तर से मानवतावाद से जुड़ा है। यह आधुनिक मानवतावादी आन्दोलन का भी मुद्दा है।

इन आधारों पर भक्ति काव्य में मानवतावादी स्वर अन्तर्निहित है। भक्ति काव्य घोषणा या आश्वासन का नहीं वरन् चिन्ता व संघर्ष का काव्य है। अतः मूल्य तथ्यों के स्तर पर नहीं अनुभव के स्तर पर हैं। मूल्य चिन्ता के स्तर पर भी हैं।

भक्ति काव्य की सांस्कृतिक चेतना

भक्ति काव्य—मानवतावाद और सांस्कृतिक चेतना आपस में सम्बन्धित हैं। संस्कृति का प्रश्न जीवनदृष्टि का भी है व मूल्य का भी। यह जीवनदृष्टि है इसीलिए मूल्य पद्धति है।

आज जिसे हम भारतीय संस्कृति कहते हैं उसका मूल आधार भक्ति काव्य है। भक्ति आन्दोलन के व्यापक व स्थायी प्रभाव का एक कारण उसकी सांस्कृतिक चेतना है। भक्ति काव्य भारतीय संस्कृति के अतीत की स्मृति है। सभी कवियों ने परम्परा को ग्रहण किया है। लेकिन अपने समय के समाज तथा संस्कृति की सजग चेतना भी इसमें परिलक्षित है तथा भविष्य की गहरी चिन्ता भी है। संस्कृति की सम्यक् चेतना प्राचीन, समकालीन व भविष्य तीनों सम्मिलित हैं। केवल अतीतोन्मुखी दृष्टि जड़ता की ओर ले जाती है। अतः भक्ति काव्य की समग्र सांस्कृतिक चेतना के तीन प्रकार है –

- अतीत की स्मृति।
- समय की सजग चेतना।
- भविष्य की चिन्ता। तीनों कालों को आगे लेकर बढ़ती है।

अतः पूरा भक्ति काव्य सामाजिक आन्दोलन भी है सांस्कृतिक भी।

1. सामाजिक समरसता की चेतना—यह सामाजिक विविधताओं का समाहार है। यह समरसता हमारी सांस्कृतिक एकता की बुनियादी ज़रूरत है। मात्र शोभा या उद्देश्य नहीं है। अस्तित्व की जड़ इसमें सम्मिलित है। लेकिन यह समरसता तब तक कायम नहीं हो सकती, जब तक जीवन के समान अवसर सामान्य जन को प्राप्त नहीं होते।

> "एक दुखी एक अति सुखी, एक भूप एक रंक
> एक को विद्या बड़ी, एक पढ़े नहीं अंक।
> एकन को मेवा मिले, एक चने भी नाहि।
> कारन कौन बताइए, कर चरनन की छाँहि।"

वस्तुतः ऋषि वाक्य "सर्वे भवन्तु सुखिनः" जो भारतीय संस्कृति का मूल है उसकी व्याख्या मिलती है। विलासिता के विरोध से अन्य लोगों को समान अवसर से वंचित होने की पीड़ा की चेतना है। यह प्रश्नानुकूल चेतना है। अतः भक्ति काव्य को थोथी आध्यात्मिकता का दस्तावेज़ कहना गलत है। इसमें समतावाद या समानता

की चेतना निहित है। सन्त महसूस करते थे कि विलासिता समतावाद के विरोध में है। तुलसी जैसे व्यवस्था समर्थक कवि में भी समान अवसर के स्वर मिल जाते हैं। (दूसरे रूप में, रामराज्य में)।

2. अन्याय का प्रतिकार—संस्कृति यदि मनुष्य होने की शर्त है तब वह न्याय के पक्ष की चेतना भी है। अत: भक्ति काव्य की सांस्कृतिक चेतना का एक पक्ष अपने समय के अन्यायों का प्रतिकार भी है। हर उस अन्याय का प्रतिकार है जो अमर्यादा से जुड़ा है, पाखण्ड से जुड़ा है। मध्यकाल के घटाक्षेप अँधेरे में जलता हुआ दीया है। अन्धकार व प्रकाश की लड़ाई है। संस्कृति व विकृति से लड़ाई है। अत: अन्याय के बिन्दुओं को पहचानकर उसका प्रतिकार करती है। यह कबीर में अधिक मुखर, वहाँ औचित्य-अनौचित्य, प्रामाणिकता, ज्ञान-विश्वास का संघर्ष है। अत: औचित्य की खोज या जीवन के उचित सन्दर्भों की खोज भक्ति काव्य की वास्तविक चिन्ता है। भोगवाद के प्रतिकार की मूल प्रेरणा मानवीय व सांस्कृतिक है। सांस्कृतिक व सामाजिक है। वर्णव्यवस्था, धार्मिक पाखण्ड, नारी की स्थिति को अस्वीकार करता है। अन्याय के प्रतिकार से जुड़ी हुई है निर्भयता की चेतना भी है। निर्भयता स्वत: एक सांस्कृतिक प्रवृत्ति है। अन्याय के प्रतिकार के साथ-साथ निर्भयता का काव्य है। सांस्कृतिक सन्देश-अन्याय के प्रतिकार व निर्भयता का। स्वतन्त्रता आन्दोलन के मेरुदण्ड में यही सांस्कृतिक चेतना है।

पूरा भक्ति काव्य अवसरवाद के विरोध में है। आज का अवसरवाद सांस्कृतिक क्षरण का होता है।

3. अहिंसा व करुणा की प्रस्तावना—भक्ति काव्य की सांस्कृतिक चेतना अहिंसा पर आधारित है। यह मात्र जीव हत्या तक सीमित नहीं है। वरन् सहनशीलता व समझदारी के विकास पर आधारित है। एक प्रज्ञा व चेतना है। जीवन में सभी तत्त्वों के समाहार की चेतना है। एक जीवन पद्धति है जिसमें सभी स्वतन्त्र, निर्भय व शंकारहित जीवनयापन कर सकें। यह कोई वैयक्तिक चीज नहीं, वरन् सामाजिक गुण है। जीवन में समान अवसर प्रदान करती है।

अहिंसा का यह आधार करुणा से जुड़ा है। कबीर कहते हैं कि–

"बकरी पाती खात है, ..."। हिंसा के प्रति गहरी चिन्ता "दिन में रोजा रखत हैं, रात हनत हो गाय।"

हिन्दुओं की बलिप्रथा का भी विरोध। गाँधी के आन्दोलन का आधार यही भक्ति काव्य है।

4. क्षुद्रता का अतिक्रमण-समष्टि चेतना की ओर आरोहण—वस्तुत: भक्ति काव्य हर तरह की संकीर्णता का विरोध करता है। भक्ति काव्य की मूल प्रतिज्ञा है संकीर्णता का विरोध व उदारता के सन्देश को प्रचारित करना। उदारता का लक्षण है, समन्वय भावना है। भारतीय इतिहास अनेक धाराओं का समन्वय है। धर्म व

समाज के स्तर पर आयी संकीर्णता का निषेध है। विजातीय तत्त्वों तक को भी ग्रहण कर निर्गुण-सगुण में किया गया। वैचारिक सांस्थानिकता व धार्मिक सांस्थानिकता का विरोध क्योंकि समाज की स्वच्छन्दता का विरोध है। चूँकि समाज की स्वच्छन्द चेतना के विरोध में होते हैं। सांस्थानिकता के विरोध से उपजी सांस्कृतिक चेतना आधुनिक काल में भी दिखती है। इसका बड़ा प्रदेह है। मनुष्य के मानसिक क्षितिज का विस्तार। अतः भक्ति काव्य मनुष्य की सामाजिकता का विस्तार करता है। उसके आग्रहों और चिन्तन का विस्तार व उदारीकरण करता है और मनुष्य को समष्टि की ओर प्रेरित करता है, जो सांस्कृतिक आरोहण का लक्षण है। समष्टि चिन्ता, मानव करुणा, मानव कल्याण आदि को रचना के स्तर पर संगठित करता है।

5. आत्मसंयम व सदाचार पर बल—वस्तुतः भक्ति काव्य धर्म को आचरण से जोड़ कर देखता है। धर्म महज विश्वास या दृष्टिकोण नहीं है। धर्म की प्रामाणिकता प्रवचन के स्तर पर नहीं है। वस्तुतः जीवन की पद्धति है। अतः धर्म की नयी व्याख्या व शर्त दिखाई देती है। अतः सदाचार व सादगी के सम्बन्धों को स्थापित किया गया। सदाचार पर बल दिया। सादगी का अर्थ है अपरिग्रह।

कबीर—"साईं इतना दीजिए, जामें कुटुम समाए।"

किसी भी संस्कृति की चेतना की कसौटी उस पर है कि वह किस हद तक सदाचार व सादगी से सम्पृक्ति है। अतः गैर-ज़रूरी चीजों का विरोध है। जीवन के नश्वरता की चर्चा इन्हीं अर्थों में की गयी है।

भौतिकता का तिरस्कार भक्तिकाल की सांस्कृतिक चेतना में से एक है। भारतीय मानस में यह तत्त्व आज भी अवशेष रूप में विद्यमान है।

6. समन्वयात्मक जीवन दृष्टि—यह समन्वय की विराट चेष्टा का काव्य है। परस्पर विरोधी प्रवृत्तियों व स्थितियों का समाहार एक साथ धारण करता है।

- समन्वयशीलता सहनशीलता को जन्म देती है।
- विविधता को आदर देती है।
- सामाजिक सन्तुलन का काम करती है।
- उदार सामाजिकता की स्थापना करती है।

अतः स्वस्थ, सन्तुलित व धार्मिक समाज की स्थापना।

भक्ति काव्य में अद्भुत समन्वयशीलता है जो तुलसी में सर्वाधिक दिखाई पड़ती है। रामराज्य में समन्वय पर आधारित समाज है। यहाँ तक जंगली जीवों में भी नैसर्गिक विरोधी प्रवृत्तियों का खात्मा होगा। गाँधी की नया हिन्दुस्तान की अवधारणा तुलसी की इसी समन्वयात्मक दृष्टि पर बहुत हद तक निर्भर करती है। समन्वयशीलता एक जनतांत्रिक प्रवृत्ति है। भक्ति काव्य का मूल्य स्तर आज भी आधुनिक समाज का मूल्य निर्धारित करता है।

7. लोक कल्याण की चेतना—लोक कल्याण की चेतना भक्तिकाल की एक

देन भी है व आग्रह भी। वस्तुतः अवतारवाद की पूरी परिकल्पना लोक कल्याण से संचालित है। भक्ति काव्य के सगुण में अवतारवाद का मूल प्रेरक कारण व निर्गुण में समतामूलक समाज है। काव्य सामन्ती जीवन का मंचन कर लोक कल्याण के मूल्य की स्थापना करता है। आधुनिक चिन्तन में बहुसंख्यक जन का कल्याण अनिवार्यतः शामिल है। कविता स्वयं से ही सांस्कृतिक मूल्य पैदा करती है। मूल्य थोपे हुए नहीं हैं।

आधुनिक जीवन के सन्दर्भों में भक्ति काव्य की सीमाएँ

भक्ति काव्य के केन्द्र में कहीं-न-कहीं वैराग्य की चेतना है। भक्ति काव्य जीवन के भौतिक सन्दर्भों की उपेक्षा करता है और एक तरह से मनुष्य को संकटों के निदान के लिए तैयार न कर अलौकिक से प्रार्थना करता है। आधुनिक युग में जीवन के संकटों का समाधान स्वयं मनुष्य के द्वारा ही सम्भव है। मनुष्य की शक्ति जगाने की जगह ऊपरी शक्ति की परिकल्पना की गयी है जिसने अनजाने ही पराश्रित मानसिकता को जन्म दिया। अतः एक स्वायत्त, स्वाभिमानी, स्वनिर्भर समाज की प्रतिस्थापना में बाँधा है। मनुष्य के पुरुषार्थ पर दबाव है। आधुनिकता जीवन को अदृश्य हाथों की बजाय मनुष्य के निर्णयों व चुनावों का परिणाम मानती है। भक्ति काव्य में यह स्वतन्त्रता नहीं वरन् उद्धारकर्त्ता का आह्वान है। एक स्वाधीन चेतना वाले समाज के निर्माण में बाधा है। संगठन का कोई महत्त्व नहीं, चमत्कारवादिता में विश्वास है, इन संस्कारों के दूरगामी परिणाम लक्षित हुए। यह संस्कार इतना गहरा है कि आज भी यह मानसिकता लक्षित होती है। वैचारिक काहिली निर्बलता, अशक्तता के बीज भक्तिकाल में हैं। हालाँकि मीरा के जीवन में मानवीय जिजीविषा दिखती है।

संसार व्यावहारिक स्तर पर एक ठोस वास्तविकता है। भक्ति काव्य वैराग्य व अपरिग्रह की बात करता है। परन्तु आधुनिक युग बोध में यह ठोस बात नहीं है। एक भूखा व नंगा समाज आध्यात्मिक नहीं हो सकता। बुनियादी आवश्यकताओं की पूर्ति मनुष्य बने रहने की अनिवार्य शर्त है। समाज में यदि दरिद्रता है तो उसमें मूल्य या संस्कृति नहीं पनप सकते। भक्तिकाल इस ओर सोचता ही नहीं है। घोर दरिद्र समाज में ईश्वर व दर्शन की बात करना बेमानी है। भक्ति काव्य ने एक ऐसे समाज के निर्माण में सहायता की जो दरिद्र व भक्त दोनों हैं। यह दोहरापन भारतीय मनुष्य में आज भी दिखता है। भौतिकता अध्यात्म विरोधी नहीं है, इस बात की ओर कोई ध्यान नहीं दिया गया।

नारी की स्वाधीनता की परिकल्पना आधुनिक परिकल्पना है। स्त्री का स्वतन्त्र अस्तित्व है। चिन्तन के स्तर पर पूजा भाव व वस्तुतः पराश्रित बनाये रखने की परम्परा का कोई विरोध नहीं किया। सामाजिक क्षमता की परिकल्पना पारम्परिक

समाज को तोड़ कर ही सम्भव है। भक्ति काव्य में इसके कोई गम्भीर प्रयास नहीं दिखते। भक्ति काव्य सामाजिक परिवर्तन में कोई गहरी पहल नहीं करता। इतने कालद्रष्टा कवियों का इस बात पर ध्यान न जाना सामन्ती घेरे को तोड़ न पाने के कारण है। सामाजिक सदाशयता व पुनर्निर्माण की बात अधूरे मन से की गयी है। भक्त कवियों के यहाँ माया रूप में है। आधुनिक सन्दर्भों में यह भक्ति काव्य की सीमा है। पुरुष मानसिकता का काव्य है वे स्त्री को पुरुष दृष्टि से देखते हैं। स्त्री व शूद्र को अधिकार दिलाने की न्यायप्रियता नहीं दिखती। स्त्री के प्रति पूर्वाग्रह है। सामाजिक पतन के लिए केवल स्त्री को ही दोषी माना है। पुरुष बिना स्त्री जीवन की कोई कल्पना नहीं है। उदाहरण–''कृष्ण विरह में राधा की दशा। स्त्री के लिए कोई विकल्प की खोज नहीं।''

भक्ति काव्य व्यापक वैचारिक आन्दोलन की उपज है जो सामन्ती समय को अनेक स्तरों पर चुनौती देता है। इस कविता की अपनी प्रतिबद्धताएँ हैं एवं एक निश्चित सांस्कृतिक प्रायोजन भी है। सामाजिक हित का भाव भक्ति काव्य की प्रतिबद्धता है। इसमें आत्मनिवेदन एवं अहंकार विसर्जन की वैयक्तिक चेतना के साथ सामाजिक आशयों की भरपूर उपस्थिति भी है। यह आभिजात्य से मुक्ति का काव्य है। इसलिए तुलसी कविता को सर्वकल्याणकारी गंगा के रूप में देखते हैं। भक्ति काव्य में स्मृति, वर्तमान बोध एवं भाव स्वप्न की एकसूत्रता है। यह काव्य अपने समय के लिए नयी मूल्य पद्धति व नयी आचार संहिता की तलाश करता है। जिस गहरी मानवीय चिन्ता से यह काव्य परिचालित है उसमें उसकी प्रासंगिकता एवं सार्थकता के अनेक सन्दर्भ समाहित हैं।

कबीर

परिचय–कबीर पर चर्चा से पूर्व युग परिवेश की चर्चा इसलिए ज़रूरी है क्योंकि कवि की चेतना के निर्धारण में युग परिवेश की भूमिका निर्णायक होती है। यह काव्य चेतना के उत्प्रेरक तत्त्व होते हैं। मनुष्य की चिन्ताएँ नैसर्गिक नहीं होतीं, वे चिन्ताएँ जिनका सम्बन्ध, मूल्यों, संस्कृति व समाज से है देशकाल पर निर्भर होती हैं। मनुष्य की चेतना देशकाल से निर्मित भी होती है व इसका अतिक्रमण भी करती है।

चेतना की बनावट में देशकाल की जवाबदेही होती है। रचनाकार के सम्पूर्ण निर्माण के लिए देशकाल आवश्यक तत्त्व है।

कबीर का आविर्भाव 13वीं सदी में हुआ। यह सामन्ती व्यवस्थता का उत्कर्ष काल था। सामाजिक ढाँचे, धर्म एवं राजनीति आदि पर इस सामन्ती व्यवस्था का गहरा प्रभाव पड़ा। कबीर के व्यक्तित्व के निर्माण में सामन्ती समाज व चेतना का

गहरा प्रभाव रहा, लेकिन यह प्रभाव स्वीकार का नहीं सामन्ती ढाँचे को कई जगह क्षतिग्रस्त करते हैं।

सामाजिक ढाँचा—वर्ण व्यवस्था मनुष्य की महत्ता को जन्म के आधार पर तय करती है। मानवीय गुण का आधार कुल व गोत्र को मानती है। अतः मनुष्य की व्यक्तिगत प्रतिभा व गुणवत्ता अस्वीकार करती है। एक विवेकहीन पूर्वाग्रह पर आधारित है। (इसके पीछे कोई तर्क नहीं) मनुष्य के सम्मान व सम्भावनाओं के विरोध में है। कबीर के समय वर्णव्यवस्था प्रबल थी। उन्हें इससे टकराना पड़ा क्योंकि यह मनुष्य को बराबरी का हिस्सा नहीं देती।

इस्लाम व हिन्दुत्व की टकराहट—एक घृणा में डूबा समाज जिसमें विजित व पराजित का सहअस्तित्व दिखाई देता है। भारतीय इतिहास में पहली बार इस्लाम का विलयन नहीं हो पाया। अतः धर्म के स्तर पर घृणात्मक टकराहट की स्थिति मौजूद थी। एक-दूसरे पर अविश्वास। धार्मिक पद्धतियों को लेकर घृणा व अवज्ञा का भाव दिखाई देता था। अपने-अपने धर्मों को लेकर लोगों के भीतर दम्भ की स्थिति मौजूद थी। जो सम्बन्धों व परिवेश को विषाक्त बना रही थीं।

धर्म—धर्म की मूल चेतना के विघटन का युग था। इसके लक्षण स्पष्ट दिखाई देते हैं—

मध्यकाल में धर्म का संस्थानीकरण हुआ। अतः कबीर कहते हैं धर्म अनुभव का विषय है, आत्मानुभूति है, जीने की पद्धति है। पर उनके समय धर्म मठों व मस्जिदों में रूपान्तरित हो गया था। इसे संचालित करने वाले मुल्ले-मौलवी थे। इससे धर्म कर्मकाण्ड का पर्याय हो गया था। यह धर्म के संस्थानीकरण का परिणाम था। धर्म की भूमिका मनुष्य को बाँटने की थी, एक करने की नहीं। अतः धर्म अनुभव का विषय न होकर अनुकरण का विषय हो गया था। कबीर धर्म का लक्ष्य ऐहिकता का अतिक्रमण मानते हैं। सांसारिकता के समानान्तर एक विराट दुनिया भी है। धर्म उसकी ओर इशारा है। संस्थानीकृत धर्म ऐहिक लाभ—पुत्र, धन आदि प्राप्ति की बात करता है। अतः धर्म का लक्ष्य ऐहिकता को बढ़ावा देना था। वह तीर्थव्रत, अन्धविश्वास, कर्मकाण्ड का पर्याय हो गया था।

स्त्रियों की दशा—सामन्ती परिवेश में स्त्री का प्रधान रूप कामिनी रूप था। इसी कारण कबीर ने जो कहा है वह स्त्री के बारे में नहीं, कामिनी रूप के सन्दर्भ में कहा है। यह भोग विलास की वस्तु है।

क्रान्तिकारी लोककवि

कबीर की क्रान्तिकारिता का परिप्रेक्ष्य राजनीतिक नहीं है। राजनीति आधुनिक शब्द है। अतः इस क्रान्तिकारिता का सन्दर्भ व्यक्तित्वान्तरण है। क्रान्ति-सम्पूर्ण सामाजिक परिवर्तन का। कबीर व्यक्ति के बाहरी परिवर्तन की बजाय व्यक्ति के

आन्तरिक परिवर्तन पर जोर देते हैं। वास्तविक बदलाव व्यक्ति के स्तर पर ही होता है। अतः उनका परिप्रेक्ष्य व्यक्तित्वान्तरण है अतः क्रान्ति के समस्त सूत्र व्यक्ति से सम्बन्धित हैं। व्यवस्था से नहीं।

इसका मूल आधार है–निष्काम आत्मविश्वास की चेतना को जाग्रत करना। ऐसा आत्मविश्वास जो प्रतिकूलता व दबाव से विचलित नहीं होता। इसके सहारे कबीर वस्तु व परिस्थितियों को नयी दृष्टि से परिभाषित करते हैं।

कबीर धर्म, समाज, ईश्वर व भक्ति को नितान्त नये तरीके से परिभाषित करते हैं। आत्मविश्वास की कमी समूह के प्रति समर्पण कराती है। लोग परम्परा के भीतर रहना चाहते हैं। सम्पूर्ण आत्मविश्वासी होने के कारण कबीर की चेतना परम्परा, स्थितियों व प्रत्ययों (विश्वास) को नये परिप्रेक्ष्य में देखती है। यही कबीर की क्रान्तिकारिता का मूल आधार है।

"कबीरा साँई पीर हैं जो जाने पर पीर,
जो पर पीर न जानई, सो काफिर बेपीर।"

कबीर ने कहा : वही आदमी वास्तविक है जो दूसरों की पीड़ा को जानता है। जो नहीं जानता वह काफिर है। इसे वे इस्लाम की परिभाषा से नहीं जोड़ते। कबीर ने कहा कि–

''क्रान्तिकारिता का दूसरा पहलू–सच को सच कहने की शक्ति है। इसके तीन पहलू है–सच, सच कहना व सच के लिए संघर्ष करना।''

वह सत्य की अनुभूति को लेकर आत्मलीन होने वाले कवि नहीं है। वह सच को सच की तरह कहते हैं। उनके क्रान्तिकारिता का आधार–अभिव्यक्ति की निर्भीकता में है। सच को अन्धविश्वासों की तरह स्थापित करने के विरुद्ध आक्रामक हथियार के रूप में उसे प्रयुक्त किया। अतः कबीर सत्य की प्रतिरोधी एवं सामाजिक भूमिका में है। इसी में उनकी क्रान्तिकारिता निहित है।

तीसरी क्रान्तिकारिता स्थापित मान्यताओं की सीमा का अतिक्रमण करती है। इन मान्यताओं में मनुष्य की पहचान धर्म से बँधी थी। कबीर ने कहा–

"–ना हिन्दु, ना मुसलमान।"

कबीर क्रान्तिकारिता को देखने–समझने की स्थापित पद्धतियों का अतिक्रमण करते हैं। यह कहने से वे मनुष्य को विभक्त करने वाली किसी भी संरचनाबद्ध दृष्टि का निषेध करते हैं।

अखण्डता–कबीर का व्यक्तित्व अखण्डता का है। वह संवाद के कवि व स्पष्ट निर्णायक व धारदार असहमति के कवि हैं। जिनके साथ संवाद हो सकता है उनमें अद्‌भुत संवादधर्मिता है। ''साधो देखो जग बौराना''। कबीर की चेतना में संवाद की अद्‌भुत भूख है लेकिन जिनसे संवाद सम्भव नहीं हो सकता उस जड़ता पर कबीर निर्ममता व अखण्डता से प्रहार करते हैं। कबीर मानते हैं कि असत्य वायवीय

नहीं है। उसके अपने संस्थान होते हैं। अत: वह असत्य के संस्थान वर्णव्यवस्था, संस्थानीकृत भोगविलास आदि से संवाद नहीं हो सकता। अत: वे सीधे प्रहार करते हैं। क्रान्तिकारी सत्य को आक्रामक तरीके से कहने की प्रकृति उनके भीतर है। कबीर यह मानते हैं–सत्य अप्रिय है पर कहना भी अनिवार्य है। अत: सत्य को काँटते-छाँटते नहीं पर पूर्णत: सामने रखते हैं। इसी अखण्डता के कारण रामचन्द्र शुक्ल जी ने कहा कि "कबीर में अहंकार बहुत है। चूँकि इस असत्य के पीछे बीड़ा है अत: वे आक्रामक होते हैं।"

कबीर लोक के कवि हैं। लोक का अर्थ है समाज का निचला अधिकार वंचित बहुसंख्यक तबका जो मुख्यधारा नगरीय जीवन से कटा हुआ है। अपने मानवोचित अधिकारों से वंचित, अशिक्षित, अन्धविश्वास में डूबा वर्ग। कबीर लोक में पैदा हुए हैं। कबीर लोक समाज से ही संवाद करते हैं। लोक की जमीन से आभिजात्य पर प्रहार करते हैं–धर्म की अमानवीयता, भोग, शास्त्र आदि को भी चुनौती देते हैं।

कबीर का व्यक्तित्व परिवेश व विवेक की टकराहट का प्रतिफलन है। इसलिए कबीर का व्यक्तित्व बहुत कुछ को अस्वीकार करने का अपार साहस लेकर पैदा हुआ था। कबीर परिवेश के अनेक पहलुओं को विवेक की कसौटी पर अस्वीकार करते हैं।

1. अनुभव का आग्रह–वस्तुत: कबीर का अनुभव शास्त्र के विरोध में है। इसके आधार पर ही वह शास्त्रों की जड़ता को पहचानकर उसे अस्वीकार करने का आग्रह करते हैं। मध्यकाल के नितान्त स्वीकृति प्रधान समाज में कबीर आत्मानुभव को ही सत्य का आधार मानते हैं। कबीर के व्यक्तित्व में अस्वीकार की चेतना का मूल अनुभव समाहित है। अत: अनुभव विरोधी सभी संस्थानों, शास्त्र, पुस्तक, लेखनी आदि पर प्रहार करते हैं। यह विचित्र विरोधाभास है कि शास्त्र मध्यकाल में अनुभव स्मृति के स्थान पर विरोध का कारण बना। यह तीनों चीजें पण्डितों और ब्राह्मणों के हाथ में थीं। शास्त्र अनुभव की टकराहट का कारण।

"कबिरा पढ़िबा दूरी करि, पुस्तक दे बहाय।"

पुस्तकें अनुभव, ताजगी को नष्ट कर देती हैं। एक चेतना के स्तर पर पराजित मनुष्य का दिग्दर्शन कराती है। सोचने-स्वीकारने की ताकत खत्म करती हैं।

कबीर पढ़ने को दूर करने की बात व पुस्तक बहाने की बात करते हैं। मध्य काल में जो पढ़ा जा रहा था वह शास्त्र था जिसे पढ़ना पूर्वाग्रहों की सुरंग में प्रवेश करना था। उनका मानना था विकल्प अनुभव से सम्भव है, शास्त्र से नहीं। शास्त्र विश्वास, जीवन व उपासना पद्धति के चुनाव का अपहरण करता है।

कबीर ज्ञान को महत्त्व देते हैं–

"पीछे लागा जाईला, लोक वेद के साथ,
आगे ता सद्गुरु मिला ज्ञान दिया बताय।"

'लोक' का अर्थ अप्रश्नित विश्वास। कबीर एक स्थान पर कहते हैं कि शास्त्र वालों से मेरा मन नहीं मिल सकता "तोहरा मेरा मनदा कैसे एक होई रे" (पण्डित शास्त्र, मौलवी) शास्त्र व्यक्ति को सत्य तक पहुँचाने की बजाय कर्मकाण्डों में उलझा देता है। सत्य की प्राप्ति अनुभव से ही सम्भव है।

"मैं कहता हूँ आँखन देखी तू कहता है कागद की लेखी।
मैं कहता सुलझावनहारी, उलझावन रे।"

कबीर का अनुभव के प्रति यह आग्रह अनिवार्यत: शास्त्र विरोध की जीविका तैयार करता है। कबीर की धारणा है कि जीवन के सच व आदमी के अनुभव को शास्त्र धुँधला करता है।

अत: कबीर की स्थापना है कि सत्य और आनन्द तक पहुँचने का रास्ता व्यक्ति के अनुभव जगत् से होकर गुजरता है।

2. आत्मविश्वास की अखण्डता व दृढ़ता—पराया ज्ञान हीनता पैदा करता है। व्यक्ति में आत्मविश्वास का सृजन नहीं होने देता। अपने अनुभव के प्रति पूर्णत: आश्वस्त होने के कारण व्यक्तित्व में अखण्ड व आत्मविश्वास उत्पन्न होता है। यह आत्मविश्वास कबीर की आन्तरिक, अनुभव व सच विवेक की चेतना पर आधारित है। इसी आत्मविश्वास की दृढ़ता के आधार पर सत्ता व समाज के संस्थानों को चुनौती देता है। इस आत्मविश्वास के अनेक रूप—

"तू बाँमन के कासी का जुलाहा,
चीन्हि न मोर गियाना।
तैं सब माँगे भूपति राजा, मोरे राम धियाना।"

मध्य काल में काशी के चौराहे पर यह वक्तव्य दिया गया। जिसमें सभी का विरोध दिखाई देता है। ऐसा दृढ़तापूर्वक अनुभव को जीवन में रूपान्तरित करने के कारण सम्भव हुआ है।

कबीर अपने अखण्ड आत्मविश्वास से व्यवस्था चलाने वालों को चुनौती देते हैं, न सिर्फ ब्राह्मण बल्कि, सिद्धों—नाथों और जोगियों को भी।

गंग और जमुन और अन्तरे

अनुभव पर चलने वाला व्यक्ति ही गन्तव्य पर पहुँचता है। अनुकरण वाले अपनी मंजिल पर नहीं पहुँचते। कबीर ने ब्राह्मणों, संन्यासियों व सभी साधकों के सन्दर्भ में यह बस कहा है।

"झीनी-झीनी बीनी चदरिया।"

इस निष्कंद आत्मविश्वास के सहारे ही जीवन को दूषित होने से बचाया जा सकता है।

आत्मविश्वास की दृढ़ता संयम उत्पन्न करती है। उस चादर को बेदाग रखते हैं जिसे देवता, मुनि भी गन्दा कर देते हैं।

3. निर्भयता, अक्खड़ता, प्रहार, सच कहने का साहस–कबीर के व्यक्तित्व में ये सारी चीजें समाहित हैं। इसके दो कारण हैं–

पहला, कबीर का ज्ञान आत्मानुभूत ज्ञान है। इसके सहारे ही कबीर ने समझा कि कुछ भी शाश्वत नहीं है–यश-अपयश, सम्बन्ध-संसार। इस निर्भयता का मूल कारण है विरक्ति का भाव। इसीलिए किसी भी प्रकार का भय, संशक्ति (जुड़ाव), बहुत कुछ पाने की आकांक्षा व संजोने की प्रवृत्ति के कारण सत्यकर्ता के साहस व क्षमता में कमी आती है। मोह और परिग्रह–सच कहने के मार्ग के सबसे बड़े अवरोध हैं। व्यक्तित्व में समझौतावाद इसी मोह के कारण है। कबीर जानते हैं कि जिनसे मोह किये जा रहा हैं–व्यक्ति या वस्तुएँ वे सभी नष्ट होने वाली हैं। जगत् के प्रति अतिरिक्त संशक्ति भय पैदा करती है। कबीर इनसे ऊपर उठ गये हैं क्योंकि वह इनकी वास्तविकता को जानते हैं। कबीर की निर्भयता ज्ञान की चेतना से आलोकित है। यह गाली-गलौज नहीं है। वास्तविकता व सार्थकता की समझ के बीच से कबीर की निर्भयता फूटती है। कबीर के यहाँ विरक्ति संन्यास नहीं वरन् चीजों को सही परिप्रेक्ष्य में समझ लेना है। यह परिप्रेक्ष्य नश्वरता का बोध कराता है–

"हाड़ जले ज्यों लाकड़ी, केस जलें ज्यों घास,
सब तन जलता देख कर, भया कबीर उदास"

इस निर्भयता का एक पहलू अक्खड़ता है जो कबीर की सामाजिक परिस्थितियों से प्रेरित है। कबीर आहत कवि हैं क्योंकि जुलाहा जाति का व्यक्तित्व ही शून्यता में है। कबीर की यह हैसियत पूर्वाग्रहपूर्ण मान्यताओं के कारण है। चूँकि उन्होंने वर्णव्यवस्था व साम्प्रदायिकता को देश में झेला है, अतः उनमें यह आक्रामकता पैदा हुई। अतः प्रहारता बहुत है। जो सन्त कवियों में अन्यों में नहीं दिखती, सिर्फ कबीर में है।

"काजी तुम कौन किताब बखानें
पढ़त-पढ़त केते दिन बीते, गति एक नहि जानें।"

पाँडे कौन कुमति तोहे लागी
वेद्र पुरान पढ़त अस पाँडे खर चंदन जैसे भारा।
साधो पाँडे निपुन कसाई

यह आक्रामकता कबीर के व्यक्तित्व का हिस्सा है।

4. **गहन संवेदनशीलता**–संवेदनशीलता प्रखरता से ही उत्पन्न होती है या गहन संवेदनशीलता के भीतर से ही प्रखरता उत्पन्न होती है।

कबीर का एक पहलू प्रहार का है पर दूसरा पहलू गहन संवेदनशीलता का है। इसके दो पक्ष है–अवसाद, दुख व प्रेमानुभूति। इस कारण कबीर का व्यक्तित्व विरोधाभासी दिखाई पड़ता है। कबीर काल की क्रूरता, मनुष्य के पागलपन, दुनिया की नश्वरता को लेकर प्रायः बहुत उदास पड़ जाते हैं। अतः कबीर के काव्य में

उदासी, कभी-कभी रुदन व अकेले पड़ जाने का दुख दिखाई देता है। कबीर की आन्तरिकता में गहन नीरवता व उदास सान्द्रता (एकाग्रता) दिखाई पड़ती है।

"चलती चाकी देख कर दिया कबीरा रोय
दो पाटन के बीच में साबुत बचा न कोय"

जिस कवि ने नश्वरता पर इतना कहा वही संसार की नश्वरता पर बेहद उदास है। मध्ययुग में अकेले कवि जिनकी आँखें डबडबाई। संसार की नश्वरता को लेकर कबीर का व्यक्तित्व ज्ञानी का नहीं, संवेदनशील कवि का व्यक्तित्व है।

उनमें एक पीड़ा विवेकहीनता को लेकर भी है। दुनिया पागलपन और उन्माद पर चली जा रही है।

"यह जग अन्धा केहि समझाऊँ"

–संसार पर स्वार्थों की पट्टी बँधी है।

"साधौ देखो जग बौराना
साँच कहो तो मारन धावे झूठे जग पतियाना।

अन्धेपन व पागलपन से ग्रस्त है। इसमें कोई परिवर्तन सम्भव नहीं–

"सुखिया सब संसार है, खावे और सोवे
दुखिया दास कबीर हैं, जागै और रोवे।"

अत: कबीर के व्यक्तित्व में प्रहार व आक्रामकता ही नहीं गहन संवेदना भी विद्यमान है।

दूसरा पक्ष, मार्मिक प्रणयानुभूति का है। कबीर के पदों में तीव्र पीड़ा की मार्मिक व्यंजना विद्यमान है। इस बिछुड़न की प्रकृति आध्यात्मिक है, लौकिक नहीं। कबीर ने इस विरहानुभूति को ठेठ जागतिक सम्बन्धों के बीच परखा है। कबीर विरह में कलेजे के दर्द की शिकायत करते हैं–

"साँई बिनु दरद करेजो होय
दिन नहिं चैन रात नहीं निंदिया।
कासे कहूँ दुख रोय।"

इस विरहानुभूति को किसी से भी नहीं कहा जा सकता। दुख को अकेले सहन करने की प्रवृत्ति ही दुख को सघन करती है।

"तड़पे बिनु बालम मोर जिया।"

कबीर की कविता में अनेक स्थानों पर प्रियतम की आर्द्र पुकार की गूँज सुनाई देती है। यह आह्वान की चरम मार्मिकता है।

"बालम आओ हमरे गेह रे।
तुम बिनु दुखिया देह रे।"

इस प्रकार कबीर के व्यक्तित्व में गहन संवेदना का पक्ष गहन अवसाद व मार्मिक प्रणयानुभूति का दिग्दर्शन कराते हैं।

विनयशीलता और समर्पण–यह चेतना भी कबीर के व्यक्तित्व में विरोधाभास में दिखती है। यह कबीर के व्यक्तित्व को जटिल बना देती है। वास्तव में संश्लिष्ट व्यक्तित्व। यह विनयशीलता विराट के प्रति है। लघुता व भेदभाव के प्रति आक्रामक दिखाई पड़ता है। बलसत्ता के प्रति पूर्ण समर्पण व उससे उत्पन्न हो जाती है विनयशीलता। विराट के सम्मुख शान्त, भाव उत्पन्न हो जाता है ललकार खत्म हो जाती है। गन्तव्य के पास पहुँच कर एक गम्भीरता आ जाती है। जहाँ अवरोधों के प्रति कबीर का व्यक्तित्व आक्रामक है वही गन्तव्य के प्रति विनयशीलता है अतः कोई विरोध नहीं है। अखण्डता जड़ता के विरोध में है। ईश के पास सब विरोध खत्म हो जाते हैं। हजारी प्रसाद द्विवेदी जी कहते हैं "कबीर का मूल व्यक्तित्व भक्त का है, अतः मूल प्रकृति विनय की। सम्बोधन का शब्द 'साधो', 'भाई' आक्रामक मजबूर होकर करते हैं। ब्रह्म के प्रति गहरी विनयशीलता 'गुलाम शब्द' के प्रयोग

''मैं गुलाम मोहि बेचि गुसाईं।''

वह जानते हैं भक्ति का मूल आधार अहंकार विसर्जन है। भक्ति वस्तुतः मानवीय एकता व विराटता के प्रति समर्पण है।

''कबीर कुत्ता राम का मोतिया मेरा नाऊँ
गले राम की जेवड़ी जित खींचे तित जाऊँ''

स्वयं को राम का कुत्ता स्वीकार करना विनयशीलता की चरम सीमा है।

कबीर के व्यक्तित्व में बाहरी स्थल पर बहिरूपता पर आन्तरिक एकसूत्रता के दर्शन देखने को मिलते हैं। यह मानव एकता व विराट के प्रति आस्थाशीलता पर आधारित है। अनेक अन्तर्विरोधों के बावजूद एक आन्तरिक संगति मौजूद है।

मध्यकालीन धर्म-साधना में कबीर का व्यक्तित्व चेतनासम्पन्न, संवेदनशील, आत्मानुभव से संचालित सन्त का है, जिन्होंने अपने समय की अन्धता व जड़ता पर प्रहार किया है। वर्णव्यवस्था और साम्प्रदायिकतावाद से जूझते हुए समाज को एक दिशा देने की कोशिश की है। इस रूप में व्यक्तित्व एक प्रखर समाज चेतना व समाज सुधार का है, लेकिन इसके साथ-साथ कबीर अपनी आन्तरिकता में गहरी संवेदनशीलता से युक्त है। वस्तुतः यह संवेदनशीलता ही कबीर की प्रहारकक्षमता और उनके अवसाद को कविता के धरातल पर जोड़ती है। वस्तुतः कबीर का व्यक्तित्व भक्ति आन्दोलन व भक्ति चेतना की रचनात्मक ऊर्जा का प्रतिफलन है।

कबीर की भक्ति

कबीर भक्ति आन्दोलन की उपज हैं इसलिए कबीर में भक्ति उनकी मूल्य चेतना का एक हिस्सा है। वस्तुतः समूचा भक्ति आन्दोलन मध्यकालीन अन्धकार के विरुद्ध विवेक और भावना का प्रकाश है। तमाम जड़ता के स्थान पर चेतना की

प्रतिस्थापना का युग है। भेद वाली दृष्टि के विरोध में एकात्म दृष्टि का प्रतिपादन करता है।

भक्ति आन्दोलन की एक बृहत्तर सामाजिक व मानवीय भूमिका है। इसके कवि होने के नाते कबीर की भक्ति मानवीय सार्थकता व सामाजिक आरोपों से सम्पन्न है। अत: इस भक्ति का लक्ष्य मुक्ति या आत्मकेन्द्रित नहीं। वरन् बृहत्तर सामाजिक मानवीय भूमिका का उद्‌घाटन करना है। भक्ति की प्रकृति मानवीय व सामाजिक है।

भक्ति आचरण का विषय है जीने की पद्धति है। अत: भक्ति आन्दोलन के सभी कवियों की मान्यता है कि भक्ति की प्रवृत्ति भीड़वाद व झुंड की नहीं है। यह आचरण की पवित्रता व मन की सात्त्विकता पर आधारित है। उनके यहाँ भक्ति की श्रेष्ठता का आधार किसी विशेष धर्म मत में विश्वास नहीं वरन् आचार शुद्धि व मन की पवित्रता है। अत: उन्होंने धर्म व भक्ति में भेद किया। समूह का संगठित विश्वास धर्म है इसका भक्ति से लेना-देना नहीं। व्यक्ति विशेष का आचरण ही सच्चे धर्म या भक्ति का आधार है। अत: वैयक्तिकता पर बल दिया है। बेहतर मनुष्य ही भक्त हो सकता है। अत: भक्ति ही प्रामाणिक व बेहतर मनुष्य होने की शर्त है।

कबीर की भक्ति के सामाजिक आधार–हिन्दी आलोचना में यह स्वीकृत है कि कबीर मूलत: भक्त हैं। उनकी धर्म साधना की समस्त विशेषताएँ भक्ति से ही संचालित होती हैं। कबीर के बहिर्रूपों की मूल प्रेरणा उनके भक्त रूप से फूटती है। हजारी प्रसाद द्विवेदी कहते हैं, "कबीरदास मुख्य रूप से भक्त थे। वे उन निरर्थक आचारों को व्यर्थ समझते थे जो असली बात को ढँक देते हैं और झूठी बातों को प्रधानता दे देते हैं। अत: कबीर की कविता का बीज तत्त्व भक्ति है। इसी भक्ति से उनकी कविता व व्यक्तित्व संचालित होते हैं।"

आचार्य रामचन्द्र शुक्ल ने कबीर की भक्ति का लक्ष्य हिन्दू-मुसलमान एकता व सामाजिक समानता को बताया है। "इनका लक्ष्य एक ऐसी सामान्य भक्ति पद्धति का प्रचार था जिसमें हिन्दू व मुसलमान दोनों योग दे सकें और भेदभाव का कुछ परिहार हो सके।"

अत: साम्प्रदायिक एकता व वर्णव्यवस्था से रहित समाज का स्वप्न कबीर की भक्ति भावना की मूल प्रेरणा है।

कबीर की भक्ति का मूल आधार प्रेम व समता पर आधारित सम्बन्ध व्यवस्था है। अत: भक्ति कबीर के यहाँ एक विराट स्वप्न से सम्पादित हैं। इस सन्दर्भ में भक्ति का लक्ष्य नितान्त वैयक्तिक नहीं पर साधना एकान्तिक है। भक्ति आन्दोलन के सभी कवियों की तरह कबीर की भक्ति भी सामाजिक निहितार्थों से संचालित है।

कबीर की भक्ति के आधार–कबीर की भक्ति का आधार-निर्गुण राम हैं। आचार्य रामचन्द्र शुक्ल जी कहते है–"अज्ञान और अव्यक्त के प्रति केवल जिज्ञासा हो सकती है। अभिलाषा या लालसा नहीं।" वे प्रेम या भक्ति के लिए आराध्य का

सगुण होना आवश्यक मानते हैं, लेकिन निर्गुण होते हुए भी कबीर के राम मानवीय सम्बन्धों व सम्बन्ध जनित अनुभूति के वाहक हैं।

कबीर निर्गुण भक्ति के कारण सामाजिक व्यवस्था पर गहरी चोट करते हैं। उस समय अवर्ण जातियों के लिए मन्दिरों के दरवाजे बन्द थे। पूजा–उपासना की सुविधा नहीं थी। अतः उन्होंने मन्दिर के बाहर भी ब्रह्म की सत्ता हो सकती है, इसके लिए निर्गुण ब्रह्म की सत्ता प्रतिपादित की, हालाँकि इसका उल्लेख भारतीय दर्शन में भी है। (अद्वैत दर्शन में)

कबीर ने सवर्णों के वर्चस्व व धर्म की सांस्थानिकता जो अवर्णों को पूजा–पाठ नहीं करने दे रही थी, उसका विरोध निर्गुण भक्ति के प्रतिपादन से किया।

शुक्ल जी कहते हैं–मुसलमानी उत्साह से मन्दिरों पर आक्रमण सही नहीं थे। मस्जिदों पर भी नहीं।

अतः कबीर की भक्ति निर्गुण से सम्बन्धित होते हुए भी निर्गुण मानवीय सम्बन्धों व सम्बन्ध जनित अनुभूतियों का उद्घाटन करती है।

"गुन में निर्गुण, निर्गुण में गुन
बाट छाँडि क्यों बहिए।"

जो सगुण उपासना कर रहे हैं वही उपासक नहीं हैं। निर्गुण वाले भी उपासक हैं। ईश्वर से सम्बन्ध स्थापित करने वाली भक्ति में निर्गुण–सगुण का कोई भेद नहीं है।

अतः कबीर की भक्ति मध्यवर्ग की परिस्थितियों व उपासना से वंचित होने के फलस्वरूप निर्गुण को स्वीकारती है। पर मानती है कि भक्ति वास्तव में तन्मयता है उसमें कोई भी भेद समाप्त हो जाता है। अतः कबीर की भक्ति उपासना में भेद करने वाली उपासना पद्धतियों को रेखांकित करते हुए भक्ति का जनतन्त्रीकरण करती है।

परिणामस्वरूप निर्गुण भक्ति का कारण मध्यकाल में है। वह इससे संगठन के वर्चस्व को चुनौती देते हुए एक सहज जनतांत्रिक व मानवीय अधिकार को प्राथमिकता देते हैं। भक्ति के सम्बन्ध में कबीर के अनुसार भक्ति सम्पूर्ण समर्पण व सांसारिक अभिलाषाओं से मुक्ति की दशा है। अतः चेतना की एक ऐसी अवस्था जिसमें अहंकार का विलयन हो जाता है और इसके साथ सांसारिकता का भी विलयन होता है।

कबीर बार–बार कहते हैं–सगुण साधना में याचना की प्रवृत्ति बहुत है। (निर्गुण भक्ति) तात्त्विक अन्तर नहीं है पर सगुण धर्म, ईश्वर व भक्ति का सांस्थानीकरण करेगा व उसमें कर्मकाण्ड शामिल हो जायेगा और भक्ति की सम्भावनाएँ समाप्त हो जायेंगी। भक्ति मन की एक अवस्था मात्र है जिसमें अहंकार व संसार का विलयन।

अतः कबीर ने कहा–

"जब लगि भगति सकामता, तब लगि निष्फल देव।
कह कबीर वह क्यूँ मिले निष्कामी निज देव।"

सकाम भक्ति से वह ईश्वर कैसे मिल सकता है जिसका काममाओं से कोई

वास्ता नहीं। अतः ऐसी भक्ति के द्वारा जो सांसारिक कामनाओं से जुड़ी है ईश्वर कैसे प्राप्त हो।

कबीर की रचनाओं में अहंकार व सांसारिकता के परित्याग पर बल है। इनसे ही मोह उत्पन्न होता है। जब यह छूट जायेंगे तब चित्त स्थिर हो जायेगी। यही भक्ति की स्थिति है। अतः कबीर की भक्ति में अहंकार व सांसारिकता का परित्याग है। यह तभी होगा जब आप इसकी वास्तविकता जान जायेंगे। संसार से सम्पृक्ति का कारण अज्ञान है। जब तक यह बनी रहेगी तब तक भक्ति सम्भव नहीं है। अतः कबीर के यहाँ ज्ञान ज़रूरी है। इसी से निरर्थकता का ज्ञान होता है व सम्पृक्ति टूटती है। अतः ज्ञान भक्ति के लिए आवश्यक है। इसी के द्वारा आपको अनावश्यक, नाशवान या मूल को देखने की बाधाओं की पहचान हो पायेगी।

"घूँघट के पट खोल रे तुझे पिया मिलेंगे"। अतः अनिवार्यतः तीन सोपान हैं।

अहंकार का परित्याग।

सांसारिकता का परित्याग।

अज्ञान का परित्याग।

इसकी समूची पृष्ठभूमि ज्ञान से निर्मित। भक्ति के विकास में तीनों की भूमिका है। शुक्ल जी कहते हैं: "कबीर की भक्ति में विदेशी तत्त्व मौजूद हैं।" भक्ति के स्वदेशी–विदेशी विवाद के कारण यह सम्भव हुआ है।

कबीर पर सूफियों का प्रभाव तीन स्तरों पर–जागतिक प्रेम से आध्यात्मिक प्रेम की ओर जाने के सूत्र सूफियों के यहाँ मिलते हैं–

- **प्रेम की केन्द्रीयता**–कबीर की भक्ति में जो प्रेमानुभूति का स्वरूप है आचार्यानुसार सूफियों से आया है। भक्ति में अनुभूति की भारतीय परम्परा है पर वह निर्गुण नहीं सगुण है। निर्गुण के प्रति प्रेमानुभूति सूफियों से आयी है।
- **विरह की गहनता**–कबीर की भक्ति में एकेश्वरवाद का तत्त्व दिखता है। बहुदेवोपासना का विरोध है। इसकी प्रेरणा आचार्यानुसार इस्लाम का प्रभाव है।
- **सांसारिक व आध्यात्मिक प्रेमानुभूति में एकात्मता**–भारतीय परम्पराओं व साधनाओं पर कबीर ने जिस तरह आक्रमण किया उसमें तात्कालिक इस्लाम की आक्रामकता की गंध थी। "बहुदेवोपासना, अवतार व मूर्तिपूजा का खण्डन वे मुसलमानी जोश के साथ करते थे।"

इन कारणों से वे कबीर की भक्ति पूर्णतः स्वदेशी नहीं मानते। स्वदेशी विदेशी का मिश्रण है। भक्ति पर विदेशी प्रभाव भी है।

भक्ति, साधना व जीवन की सार्थकता का आधार प्रेम है। विरहानुभूति व सांसारिक सम्बन्धों में प्रेम की महत्ता दर्शायी गयी है। "ढाई आखर प्रेम" से उस

प्रेम रूपी ज्ञान का पता चलता है। जिसमें कहा गया है सूचनाओं से जीवन में भराव नहीं आता। प्रेम से ही साधना व जीवन सार्थक होता है।

इस प्रेम का लक्षण है विरह की पीड़ा। हँस-हँस प्रेम न पाइए। यह प्रिय प्राप्त करने की प्रक्रिया वेदनापूर्ण है। अतृप्ति के कारण विरह की वेदना तीव्र है। "जे घर विरह न संचरे वह घर श्मशान।" कबीर के यहाँ सूफियों की विरहानुभूति की अतिशयता भी दिखाई देती है।

यह धारणा तर्कसम्मत नहीं, एकांगी है। कबीर की भक्ति की जड़ें, मूलतः भारतीय परम्परा में ही हैं। कबीर मूलतः हिन्दुत्व व इस्लाम के संश्लेषण के कवि हैं। जातीय संश्लेषण के कवि। अतः वह भक्ति के माध्यम से सामाजिक व मानवीय एकता का प्रतिपादन करते हैं।

संसार व जीवन के बीच प्रेम की चेतना औपनिषदिक चिन्तन में भी है। लघु और विराट के बीच आकर्षण के सूत्र से संचालित है। अतः कविता सूफियों से प्रभावित नहीं है।

विरह की भारतीय परम्परा में सुदीर्घ पद्धति है। अतः प्रेम में विरह व करुणा की बात सूफियों से ही ली—ऐसा कहना गलत है। प्रेम मात्र का प्रभाव ग्रहण करने से उनकी भक्ति विदेशी नहीं कही जा सकती। कबीर ने संवेदनशील होने के कारण सूफियों की धार्मिक प्रणयानुभूति का प्रभाव ही लिया। अतः इस बात से इनकार नहीं किया जा सकता है कि प्रभाव है, पर सूफियों का अनुकरण नहीं है।

स्वदेशी के बिन्दु

- ब्रह्म की प्रकृति भारतीय चिन्तन अद्वैत पर आधारित है। ब्रह्म, जीव, जगत, माया इन सभी का स्रोत औपनिषदिक चिन्तन है जो इस्लामी खुदा से भिन्न है।
- कबीर की साधना में हठयोग की शब्दावली की बहुलता है—इड़ा-पिंगला, अनहदनाद, सहस्रार आदि।
- कबीर की संरचना के प्रतीक ठेठ भारतीय परम्परा से—

मानसरोवर सुभर जल हंसा (आत्मा का प्रतीक) केलि करें।

वेद के समय से (आत्मा का प्रतीक)

अतः कबीर का ब्रह्म चिन्तन, हठयोग साधना आदि हमारी समूची परम्परा का सर्जनात्मक प्रतिफलन है। उनकी भक्ति स्वदेशी व विदेशी के भेद का अतिक्रमण करती है व कविता को सुदृढ़ करने में मदद करती है।

यदि समूचा भक्ति काव्य भारतीय सर्जनात्मक ऊर्जा का प्रतिफलन है, तो कबीर इसके वाहक हैं। आधुनिक भारत की एकता व समन्वयशीलता के स्रोत कबीर में मिलते हैं।

कबीर की भक्ति के विभिन्न रूप और लक्षण

शास्त्रों में भक्ति के अनेक रूप दिखाई देते हैं। उन्हीं में से एक विद्या भक्ति है। जो शास्त्र संचालित नहीं फिर भी अनेक रूप दिखते हैं–

- **दास्य भक्ति**–इनमें अहंकार विसर्जन व समर्पण की महती भूमिका है। अत: यह भक्ति मर्यादा पर आधारित है। इसमें अनिवार्यत: दीनता, असहायता का बोध होता है। अपने दीन का ही ईश्वर से सम्बन्ध है। अत: भारतीय पुराणों में संकेत दिया गया है कि यदि अहंकार का एक कण भी मौजूद है, तो ईश्वर से सम्बन्ध सम्भव नहीं है। अत: कबीर के यहाँ दैन्य भक्ति का रूप दिखता है। तुलसीदास भाव के सबसे बड़े कवि हैं।

  ''मैं गुलाम मोहि बेचि गुसाँई"

एक दूसरा रूप है कान्ता भक्ति। इसे प्रेमाभक्ति भी कहा है। इसमें आराध्य के प्रति प्रणय का महत्त्व है। ईश्वर व साधक का सम्बन्ध प्रेम का सम्बन्ध है। कबीर के प्रेमाभक्ति का रूप सर्वाधिक प्रबल है। प्रेम ही कबीर की भक्ति का वास्तविक आधार है अत: कबीर की दृष्टि में प्रेम ही वह मूल्य है जिसके द्वारा साधना एक सार्थक आस्वाद में परिवर्तित होती है और समाज में समानता आती है।

प्रेमाभक्ति की तीन भूमिका–

1. सार्थक का आस्वाद देती है।
2. समाज में समानता आती है, क्योंकि प्रेम जड़ता व अहंकार के विरोध में।
3. भेदभाव का परिहार।

इस प्रेम के आधार पर भक्ति की स्थापना। प्रेम भक्ति का पर्याय है यह। जगत् के अनेक भेदों में समानता उत्पन्न कर सकती है।

"हरि मेरा पिऊ मैं हरि की बहुरिया।" कान्ता भक्ति का सिद्धान्त।

वात्सल्य भी भक्ति का एक आधार है। कान्ताभाव में रति प्रधान प्रेम है। यही भाव जब माँ–बच्चे में हो तब वात्सल्य भाव आ जाता है। कबीर ने कई जगह अपने को बालक व हरि को माँ कहा है।

"हरि जननी मैं बालक तोरा
काहे न अवगुन बक्सेहु मोरा।"

कबीर की भक्ति पर वैष्णवी चेतना का गहरा प्रभाव है। अत: वैष्णवी भक्ति पद्धति पर मूल आधार है विश्वास। निष्कर्म आस्तिकता। ईश्वर के होने में। इसकी अनुपस्थिति संशय होती है। आस्था व विश्वास से ही संशय से बाहर आया जा सकता है। संशय व प्रश्न अहंकार से उत्पन्न होते हैं। ऐसी स्थिति में ईश्वर से सम्बन्ध से भय नहीं है। वैष्णव साधना का आधार है–निष्कर्म आस्था। संशय भी भक्ति व आस्था से करता है। कबीर के भक्तिभाव में भी इस निष्कर्म विश्वास की आस्था दिखती है।

"भाव भगति विश्वास बिन
कटै न संसे मूल।"

ऐसा विश्वास जो अनुभवों से पैदा हुआ है। लावारिस विश्वास नहीं है जो झुण्डवाद की प्रवृत्ति पैदा करता है। विश्वास जो भाव से जुड़ा। संशय को जड़ से केवल भावपूर्ण विश्वास से ही काटा जा सकता है, भक्ति से काटा जा सकता है। अतः कबीर के यहाँ यही विश्वास तत्त्व प्रधान है।

"जाहि विधि राखे राम ताहि विधि रहिए।"—वैष्णव पद।

कबीर ने इसी अखण्ड विश्वास के सहारे निर्बल, कमज़ोर व झूठी मान्यताओं को ध्वस्त किया। यह निर्भयता गहरे विश्वास से उत्पन्न होती है। इसी के सहारे कवि ने अपने समय की विराट चुनौतियों को प्रश्नों के कठघरे में खड़ा किया है। कबीर की सार्थकता गलत के सामने सवाल रखने में। इसने निरर्थक व्यवस्था को निरुत्तर कर दिया। कबीर की सार्थकता ने दुर्जेय व्यवस्था को प्रश्नों से निरन्तर जोड़ा नहीं।

वैष्णवों का दूसरा तत्त्व सत्संगति है। सत्संगति वैष्णव साधना की जीवन पद्धति चेतना की प्रकृति आहार्य से निर्मित होती है। इसलिए भारतीय चिन्तन ने बेहतर संगति पर बल दिया है। खराब संगति से बनी चेतना ईश्वर के विरोध में होती है। अच्छी संगति जो चित्त की भटकन को रोककर ईश्वरोन्मुख करती है। कबीर ने साधु संगति पर बहुत बल दिया है। यह तत्त्व वैष्णवों से लिया—

"जा घर साधु न सेवियहि,
हरि की सेवा नाहिं।
ते घर मरघट सारखे
भूत बसहिं तिन माहिं।"
"सन्त की गैल न छाड़िये, मारग लागा जाइ।"

अतः सन्तों व सत्संगति के प्रति बहुत ही सकारात्मक भाव है। कबीर में वैष्णवता का बहुत आदर है।

तीसरा तत्त्व जो वैष्णवों से लिया गया है वह है—नामस्मरण। कबीर इसके लिए 'ततसार' सारतत्त्व का प्रयोग करते हैं। स्मरण की निरन्तरता ही चेतना का निर्माण करती है। अतः उन्होंने कहा—"राम नाम ततसार है"। इसके द्वारा ही चित्त में निर्मलता आती है। कबीर लिखते हैं चित्त की चंचलता या आग को नामस्मरण से ही खत्म किया जा सकता है।

"कबीर चित्त चमंकिया, चहुँ दिसि लागी लाइ (ज्वाला)
हरि सुमिरन हाथूँ घड़ा बेगे लेहुँ बुझाइ।"

कबीर पाखण्डपूर्ण स्मरण का विरोध करते हैं। नामस्मरण आन्तरिक स्तर पर करते हैं।

चौथा गुण कीर्तन—सभी वैष्णवों में गुण कीर्तन की प्रकृति है। यह ईश्वर के प्रति

अथाह प्रेम व युद्ध के कारण उत्पन्न हुई। अत: ईश्वर दीनबन्धु, करुणासागर आदि विशेषण ईश्वर के इन गुणों की बार-बार चर्चा ही कीर्तन है। कबीर में गुण कीर्तन की प्रवृत्ति है–

''सात समंद की मसि करौ, लेखनि सब बनराइ
धरती सब कागद करौ, हरि गुण कहा ना जाइ।''

विराटता के प्रति ही श्रद्धा हो सकती है। जितना अधिक बलवान उतना ही श्रद्धा। वैष्णवों की ईश्वर के प्रति श्रद्धा अपार शक्ति व करुणा युक्त है।

पाँचवाँ गुण–शरणागति व आत्मसमर्पण। यह वैष्णव धर्मसाधना का हिस्सा।

"मेरा मुझ में कुछ नहीं, जो कुछ है सो तेरा
तेरा तुझको सौंपता, क्या लागत है मेरा।"

कबीर का भक्तिभाव कई स्रोतों से प्रभावित है। अगर हम स्रोतों की चर्चा करें तो एक ओर सूफी प्रभाव है तो दूसरी ओर वैष्णवों का प्रभाव।

समग्रत: कबीर की भक्ति उनकी गहरी मूल्य चेतना का आधार है। मूल्यों में स्वयं रहने व दूसरों के प्रहार सहने की प्रवृत्ति मौजूद है। अत: कबीर के अनुसार भक्ति मूल्य चुकाकर पायी जाने वाली सार्थकता है। उनके अनुसार प्रेम ही भक्ति है और उस प्रेम को साधने की कोई एक पद्धति या विधि नहीं है। प्रेम मूल तत्त्व है इस प्रेम को साधने की कोई निश्चित विधि नहीं है। पूर्ण तन्मयता व समर्पण से ही भक्ति चेतना का उद्‌भव हुआ है और यही भक्ति ही मानवीय जीवन को सार्थकता के बिन्दु तक ले जाती है।

कबीर की भक्ति की सबसे बड़ी विशेष्ता है कि यह स्वत: उपलब्ध बाधा नहीं है। कबीर के यहाँ भक्ति के लिए मन की साधना अनिवार्य है। अत: मानसिक एकाग्रता व आचरण की पवित्रता से ही कबीर की भक्ति की प्रकृति निर्धारित है।

अत: कबीर की भक्ति एक तरफ वैयक्तिक स्तर पर बेहतर व प्रामाणिक मनुष्य की सम्भावना का द्वार खोलती है तो दूसरी तरफ सामाजिक एकता व सौम्यनस्य का वातावरण तैयार करती है।

कबीर का काव्यत्व

कबीर भक्ति काव्य के सबसे बड़े कवियों में से एक हैं। पर कई कारणों से उनके काव्यत्व को लेकर विवाद है। इसका कारण है कि आचार्य रामचन्द्र शुक्ल कबीर को कवि मानने के पक्ष में नहीं हैं, जबकि हजारी प्रसाद द्विवेदी कबीर का मध्यकाल का सबसे बड़ा कवि मानते हैं। दोनों के काव्यत्व के परिणाम अलग-अलग हैं। शुक्ल जी रसवादी आलोचक हैं, कविता में भाव, जीवन के सुख-दुख आदि को अनिवार्य मानते हैं।

रामचन्द्र शुक्ल की धारणाएँ

शुक्ल जी के अनुसार कविता का सम्बन्ध मनुष्य के जीवन से है जबकि हजारी प्रसाद द्विवेदी के अनुसार सांसारिकता व मनुष्य के प्रति सम्पृक्ति बिना कविता नहीं हो सकती, यह मानवीय जीवन सम्बन्धों से जुड़ी है। अतः तत्त्वमीमांसा, ज्ञान-विज्ञान आदि कविता नहीं है। कविता में जीवन की धार्मिक अनुभूतियों की पहचान व चित्रण होना चाहिए। अतः समाज और अनुभूति की सम्पूर्ण स्वीकृति के बिना कविता नहीं हो सकती। कबीर की कविता में शुक्लजी को कई सीमाएँ नजर आयीं–

1. कबीर की कविता दार्शनिक सिद्धान्तों पर आधारित है जैसे ब्रह्म, माया, जगत् आदि। कविता में दार्शनिक मीमांसाएँ व दर्शन भरपूर है। तथा जीवन से गहरा सम्बन्ध नहीं है। दर्शन का सम्बन्ध मस्तिष्क से है हृदय से नहीं। वे कबीर साहित्य को दर्शन का पद्यानुवाद मानते हैं। दर्शन पर आधारित होने के कारण कबीर की कविता मानव जीवन की उपेक्षा करती है।

2. अद्वैत के बाद सबसे अधिक हठयोग की चर्चा कबीर की कविता में दिखाई देती है। एक तरफ तत्त्व दर्शन की मीमांसा व दूसरी ओर हठयोग का वर्णन है। आचार्य की हठयोग के प्रति अच्छी धारणा नहीं है, वह केवल कविता को व्यक्ति की मुक्ति का माध्यम मानते हैं, सामाजिक मुक्ति से सम्बन्ध नहीं है।

शुक्ल जी के अनुसार, यदि साधना सामाजिक मुक्ति व सदाशयता से संचालित नहीं है तो इसका कोई महत्त्व नहीं। वे हठयोगियों को चमत्कार का जादूगर मानते हैं। चूँकि कबीर में हठयोग का बाहुल्य है। अतः कबीर की कविता का सम्बन्ध जीवन व समाज से नहीं है।

3. **रहस्यवाद**–कबीर की कविता में रहस्यवाद की प्रधानता है। शुक्ल जी के अनुसार ''जब साधक एक अज्ञात प्रियतम के प्रति अनेक प्रकार से प्रणय निवेदन करता है वहाँ रहस्यवाद होता है।'' अतः शुक्ल जी के अनुसार, अपार रहस्यवाद का मूल आधार अगोचर, अनोखे व अत्यधिक सत्य के प्रति सम्बन्ध निवेदन है। वे मानते हैं सम्बन्ध वहीं हो सकता है जहाँ अनुभव गम्य साहचर्य व प्रत्यक्षता के बिना सम्बन्ध सम्भव नहीं है, इनमें गुण होना चाहिए। पर ब्रह्म अलख अगम्य है। अतः रहस्यवाद धुँधलका है। प्रत्यक्ष मानवीय अनुभूतियों के विरोध में। अनुभूति का सम्बन्ध लौकिक जीवन से फूटता है। अतः कबीर की विरह की धार्मिकता कल्पित है क्योंकि यह जगत् की अस्वीकृति पर आधारित है।

कविता मनुष्य के जीवन व अनुभूतियों से बँधी होती है जबकि अद्वैत, हठयोग आदि का सम्बन्ध मानवीय जीवन से नहीं है। अतः कबीर की कविता का जीवन से सम्बन्ध नहीं है। अतः वे कवि नहीं हैं। अन्तर्वस्तु के आधार पर कहते हैं। शुक्ल जी ने कबीर की प्रतिभा से इनकार नहीं किया। "उन्हें नैसर्गिक प्रतिभा प्राप्त थी।" पर उन्होंने विषय कविता का नहीं चुना।

जहाँ थोड़ी बहुत कविता है वहाँ वे उपदेशक हो गये। कविता उपदेश नहीं वरन् भावोन्मेष है। अत: साम्प्रदायिक विषय से बाहर उपदेश है। उपदेश की बहुलता ने कबीर को समाज सुधारक तो बनाया, कवि नहीं। कविता भावोन्मेष करती है, धार्मिक अनुभूतियों के बिन्दु तक ले जाती है। संवेदना का विकास करती है। कविता का सम्बन्ध हृदय से, जबकि उपदेश का सम्बन्ध मस्तिष्क से है। अत: कबीर की कविता की प्रकृति खण्डन-मण्डन की है। मस्तिष्क व विचार प्रमुख है हृदय नहीं। अत: कविता के मूल गुण रसविद्या व आस्वाद का कोई सृजन नहीं है। तर्क व मस्तिष्क के अन्दर से संचालित है, भाव से नहीं।

4. कविता भाषा की विशेष व्यवस्था है। भाषा के स्तर पर कबीर की कविता में बहुत ऊबड़-खाबड़पन मौजूद है। भाषा की सुदृढ़ता नहीं है। शुक्ल जी कबीर की भाषा को सधुक्कड़ी कहते हैं। सत्संग व उपदेश की भाषा यह कविता की भाषा नहीं है। वे कविता की भाषा में व्यवस्था मानते थे, बिम्ब बहुला भाषा। पाठक बिम्ब ग्रहण करता है। आचार्यानुसार–''बड़ी कविता सूचित नहीं करती। बिम्बों के माध्यम से कविता भाव, जीवन के दुख-सुख, आदि को अनिवार्य मार्मिक स्थितियों के बीच पाठक को खड़ा करती है।

इन प्रतिमानों को लागू कर के कबीर पर प्रश्न चिह्न लगाते थे।

शुक्ल जी कहते हैं–"कबीर को कवि हृदय नहीं मिला।" "ठोकपीट कर कवि हो गये हैं।"

हजारी प्रसाद द्विवेदी की धारणाएँ

1. काव्य सम्बन्धी–कबीर के सन्दर्भ में शुक्ल जी के विरोध में हजारी प्रसाद द्विवेदी जी का मानना है कि कविता की कोई सर्वमान्य अवधारणा नहीं हो सकती। प्रत्येक बड़ा कवि अपनी शर्तों पर कविता की धारणा विकसित करता है। अत: रसवादी प्रतिमानों पर ही कविता का मूल्यांकन ज़रूरी नहीं है। ज़रूरी नहीं कविता उन्हीं अनुभूतियों की व्यंजना करे जिसे शुक्ल जी मानते हैं। अत: तुलसी को प्रतिमान बना भक्तिकाल के अन्य कवियों का मूल्यांकन नहीं किया जा सकता। रचनाकारों की मान्यताएँ एक-दूसरे के आधारों पर तय नहीं हो सकतीं।

2. प्रतिमान–कविता के कुछ शाश्वत व मूलभूत प्रतिमान होते हैं। द्विवेदी जी के अनुसार काव्य के बुनियादी प्रतिमानों पर कबीर का काव्य खरा उतरता है।

1. अनुभव की केन्द्रीयता शास्त्र के विरोध में या अलग हो तो भी अनुभव के आधार पर होगी, जो रचा जायेगा वही कविता होगी। शास्त्र प्रत्यक्ष अनुभव से संचालित नहीं। बासी अनुभव से है। जीवन से पीछे छूटा। अत: जीवन व शास्त्र में विरोध या कम-से-कम भिन्नता है। अत: शास्त्र व जीवन में अन्तराल है। कविता रस को उनसे पाटती है, और नये अनुभव को सामने लाती है क्योंकि वह जीवन की

वर्तमानीयता व अनुभव से संचालित है। कबीर शास्त्र के नहीं अनुभव के कवि हैं। जीवन अनुभव कवि होने की सबसे बड़ी शर्त है जिसे कबीर पूरा करते हैं। कबीर ने जिसे अनुभव किया वही कहा। वह अनुभव की कसौटी पर तौल कर कविता करते हैं। अतः मूल रूप से हठयोग, सूफी प्रेम तत्त्व आदि नहीं है। यह नवीनता व मौलिकता अनुभव जन्य है। कबीर की कविता में शास्त्र व अनुभव की विरोधधर्मिता के लक्षण विद्यमान हैं।

"तोरा मोरा मनवा कैसे एक होय रे।"

अतः अनुभव का क्षेत्र कोई भी हो सकता है आध्यात्मिक भी। अतः कबीर कविता को अनिवार्यतः सम्प्रेषण का साधन नहीं मानते थे। अतः आध्यात्मिक अनुभवों को भी बेहिचक व्यक्त करते हैं।

शुक्ल जी कबीर की कविता को अनुभवजन्य नहीं वरंन् सुनी-सुनाई बखानों पर आधारित मानते हैं। पर कबीर के बारे में यह सही नहीं है। जबकि उनके अनुभव की केन्द्रीयता का साक्ष्य–आँखन देखी कविता है।

2. कविता का दूसरा शाश्वत प्रतिमान कविता का एक हस्तक्षेप है। जड़ विद्वानों, विवेकहीन व्यवस्था और अँधेरे के खिलाफ हस्तक्षेप। इसलिए किसी भी रचनाकार की रचनात्मकता का मूल्यांकन इस आधार पर भी होना चाहिए कि उसकी रचना प्रतिमानवीय शक्तियों के खिलाफ कितना मोर्चा लेती है।

कविता की मूल प्रकृति हस्तक्षेप व अस्वीकार की ही है। वह गति व मानवीयता का आह्वान करती है। कविता व कवि की प्रकृति ही विरोध हैं। वह अपने समय की समझदार चुप्पी के खिलाफ प्रश्नों की फौज खड़ा करती है।

किसी भी बड़े रचनाकार की यह पहचान है कि वह भाषा व रचना में बहस करे। वह प्रज्ञा के स्तर पर हस्तक्षेप करती है, अतः ब्रह्म है।

कबीर की कविता में हस्तक्षेप की अपराजेय क्षमता है। प्रश्न पर प्रश्न हैं। द्विवेदी जी कहते हैं–''कबीर स्वयं एक सवाल हैं जिसके कठघरे में समूचा मध्यकाल खड़ा है। इतना बड़ा कि आधुनिकता के अपराधी भी असहाय नजर आते हैं।''

उसके सवालों का जवाब न सामन्ती व्यवस्था के पास है न पूँजीवाद के पास। अतः कबीर की कविता प्रामाणिकता, विकास व सार्थकता के आधारभूत प्रतिमानों के स्तर पर हस्तक्षेप करती है। स्वीकारों के खिलाफ विवेकी प्रश्नों की कविता है।

वे कहते हैं सभी एक योनि से उत्पन्न होते हैं तो किस आधार पर ब्राह्मण व शूद्र कहा जाये। अतः कबीर की कविता स्वीकृत सीमाओं से बाहर निकलती है। मानवीय मूल्यों की रक्षा के लिए कविता की मर्यादा तोड़ती भी है। कविता का प्रसाशनिक संयम कबीर की कविता में नहीं है। वह व्यवस्था व जीवन के बड़े सवाल उठाती है अतः कवितापन छूट जाता है। सजावट के प्रतिमान संघर्षो पर लागू नहीं होते, अतः ध्यान देने योग्य उनके सवाल हैं।

कबीर की कविता की ताकत विन्यास की सुदृढ़ता पर नहीं है। वह व्यवस्था की समूची क्रूरता को क्षतिग्रस्त करते हैं, अत: कविता क्षतिग्रस्त होती है। कविता में व्यवस्था के सुरक्षित द्वारों पर आक्रमण की प्रवृत्ति मौजूद है।

''काजी कौन, पाँडे कौन, काजी पुरोहित मध्यकाल का प्रभावशील वर्ग।''

इस प्रकार कबीर के व्यक्तित्व व कविता में हस्तक्षेप की भरपूर सम्भावनाएँ है अत: कबीर को कवि कहने में कोई संकोच नहीं है।

3. **अनुभूति की मार्मिकता**–आचार्य शुक्ल अनुभूति को कविता का अनिवार्य गुण मानते हैं, पर उसे सामाजिक सन्दर्भों में देखते हैं। लोक व्यवहार, व्यक्ति का आचरण और सामाजिक सम्बन्ध ही अनुभूति के स्रोत हैं, जिनका स्रोत वैयक्तिक है वह कविता में किसी काम की नहीं। अनुभूति की वास्तविक्ता व मार्मिकता सामाजिक प्रतिरोधों के बीच ही है। अत: सीता को सबसे बड़ी विरहिणी माना गया, राधा को नहीं। वे एकान्तिक अनुभूति में मार्मिकता को देखते हैं।

जबकि शुक्ल जी के विरोधी कहते हैं कि ''ज़रूरी नहीं अनुभूतियों का स्रोत सामाजिक ही हो, वैयक्तिक भी हो सकता है।'' मार्मिक अनुभूतियों के कई स्रोत कबीर के यहाँ उपलब्ध हैं।

4. **प्रणय**–कबीर का प्रणय प्रसंग आध्यात्मिक होते हुए भी उसका रूप जागतिक है। आध्यात्मिक अभिप्रायों से संयुक्त होने के बावजूद कबीर की प्रणयानुभूति का विन्यास सामाजिक सन्दर्भों से निर्मित है। नैहर, पिया, सास, ससुर आदि जागतिक सम्बन्धों में। उनकी अनुभूतियाँ परिचित अनुभव जगत् से संयुक्त हैं। अत: स्वरूप जागतिक प्रतीकों में आध्यात्मिक भले ही हों। द्विवेदी जी का कहना है–''प्रणयानुभूति हिन्दी की श्रेष्ठतम उपलब्धियों में से एक है।"

''जियरा मेरा फिरो उदास,
राम बिना निकस नहीं जाये साँस''

प्रतीक्षा का अनिश्चय, सम्बन्धों की दुर्निवारता, प्रियतम की प्रतीक्षात्मक आशा में टँगी ज़िन्दगी का वर्णन कबीर अपने काव्य में करते हैं–

''बालम आओ हमरे गेह रे तुम बिनु दुखिया देह रे।''

विरह के अंग में रहकर कबीर विरह की अतिशयता व मार्मिकता की सूचना देते हैं।

"विरह भुजंगम मन बसे, मन्त्र न लागे कोइ।''

ये प्रणय का एक पक्ष है। दूसरा उल्लास का पक्ष भी है। इनमें कबीर की कविता में एक उत्सव की फ़िज़ा व उल्लास दिखता है। अन्तहीन प्रतीक्षा के बाद जब कबीर की आत्मा प्रियतम को देखती है तो वह कह उठते हैं। ''दुलहिन गावहि मंगलचार'' इश्क अपने समूचेपन में एक मस्ती का भाव लाता है जो सहानुभूति बिना सम्भव नहीं है। आशय यह कि इनकी कविता वेहिसाब आध्यात्मिक पर जीवन अनुभवों से बँधी हुई है।

कबीर की प्रेम सम्बन्धी भावना में अनुभूति दिखाई देती है। इश्क की मस्ती की झलक भी है–

"हमन हैं इश्क मस्ताना
हमन को होशियारी क्या।
रहें आजाद या जग से
हमन दुनिया से यारी क्या।"

अतः कबीर की कविता की मस्ती, तन्मयता अनुभव की गहराई जन्य ही है। मन की आध्यात्मिक एकाग्रता उत्सुकता ही मस्ती का प्रतीक है।

अतः मस्ती व विरह की प्रगाढ़ता उनके अनुभवजन्य कवि को प्रकट करती है, जिसे वे बिम्ब व परिस्थितियों के सहारे उसे रूपायित करने में सांसारिक रूपों का सहारा लेते हैं। जाति के सन्दर्भों को भी नकारते हैं।

5. अवसाद–बाद के आलोचकों का मानना है कि–कबीर अवसाद के सबसे बड़े कवि हैं। अवसाद के कारण वैयक्तिक नहीं है। संसार व मनुष्य की ज़िन्दगी को लेकर अवसाद भरपूर है। काल से पराजित मनुष्य ज़ीवन को लेकर निराश है। अतः कबीर की कविता में काल व मृत्यु की चर्चा बारम्बार होती है। वे मृत्यु को महिमामंडित नहीं करते बल्कि मृत्यु की अपराजेयता के समक्ष जीवन की विवशता देखते हैं। विनाशशील संसार को लेकर अवसाद की गहरी समझ दिखाई देती है।

हाड़ जले ज्यूँ लाकड़ी, केश जले ज्यों घास,
चलती चाकी देख कर दिया कबीरा रोय।
"काल खड़ा सिर ऊपरे, जागु बीराने मीत
जसका घर है गैल में, सो कस सो निचीत।"

सम्भवतः इसी मृत्यु को पराजित करने के लिए ही वे आध्यात्मिकता का सहारा लेते हैं। यही काल को पराजित करने का तरीका है।

"हम न मरें, मरें संसारा
हमको मिला जियावन हारा।"

कबीर की कविता में बार-बार यही झकझोरने व जगाने के भाव मिलते हैं। इस काल के प्रति सजगता के लिए यह अवसाद बार-बार कई रूपों में आता है।

"माटी कहै कुम्हार से तू क्यों रौंदे मोह।"

यह मृत्युपरक सन्दर्भ कबीर की कविता में सर्वाधिक दिखाई देता है। यही अवसाद पैदा करता है। यह अवसाद के साथ-साथ गहरी चेतावनी की कविता भी है। यह हाथ पर हाथ रख जड़ हो जाने की प्रेरणा नहीं देता वरन् इसके खिलाफ विकल्प खोजने की सलाह कबीर की कविता में है–अवसाद व चेतावनी की चेतना।

अनुभूतियों की चमात्कारिक अभिव्यक्ति–मार्मिक स्थलों पर अनुभूतियों को कलात्मक संयम के साथ व्यक्त करने की क्षमता भी है जो बहुत अधिक स्थलों पर नहीं है, पर फिर भी कई ऐसे स्थान हैं–

"नैनों की कारी कोठरी, पुतरी पलक बिछाय
पलकन की चिक डारि कै, पियु को लियो रिझाय।"

अतः कबीर का प्रिय को लेकर जो निवेदन है उसमें भी अनुभूति की मार्मिकता सहज है ''रंगरेज चुनरि मोरी रंग डाली''।

हजारी प्रसाद द्विवेदी जी कबीर की कविता में दर्शन व रहस्य के बावजूद संगीतात्मक लय भी पाते हैं। यही कविता को जन–जन तक पहुँचाती है। इसी कारण जन चेतना को स्पर्श करती है। संगीतात्मकता शास्त्रीय नहीं लोकपरक है।

''घूँघट के पट खोल रे तुझे पिया मिलेंगे।''

शब्द व रमैनी–पदों में, लोक धुनों का अद्‌भुत प्रयोग है। अतः पुरानी कविता के गुण संगीतात्मकता पर यह खरी उतरती है।

इन आधारों पर कहा जा सकता है कि कबीर का व्यक्तित्व काव्य प्रतिभा से सम्पन्न है। वे आध्यात्मिक अनुभवों के कवि हैं। द्विवेदी जी स्वीकार करते हैं कविता लिखने की कोई प्रतिज्ञा नहीं है मूलतः वे कवि नहीं हैं, फिर भी भरी–पूरी कविता देखने को मिलती है।

अनुभव की केन्द्रीयता, अनुभूति की मार्मिकता, अवसाद एवं कालबोध, सच कहने का साहस व संगीतात्मकता इन आधारों पर कबीर की रचनाएँ कविता के बुनियादी गुण धर्म का निर्वाह करती हैं। कबीर की प्रतिभा सर्जनामूलक थी, अनुकरणमूलक नहीं। वस्तुतः उसकी काव्य प्रतिभा परम्परा के अतिक्रमण में है, स्वीकार में नहीं। वे सबसे प्रभावित हैं पर सबसे अलग भी हैं। अतः कबीर का काव्य मध्यकाल की सांस्कृतिक चेतना व कवि की गहन संवेदनशीलता से संचालित है। इस आधार पर उनकी कविता हमारी जातीय सर्जनात्मकता की बड़ी उपलब्धि है और उनका व्यक्तित्व कवि व्यक्तित्व को प्रेरणा देने वाला दीप स्तम्भ भी है।

कबीर (के काव्य) की प्रासंगिकता

प्रासंगिकता का प्रश्न वर्तमान को उसकी समूची संश्लिष्टता में पहचानने से जुड़ा है। जो रचनाकार अपने वर्तमान को समूची संश्लिष्टता (जटिलता) में नहीं पहचान सकता वह बड़ा नहीं हो सकता। जो समझ सकता है वही प्रासंगिकता के अर्थ को उजागर कर सकता है।

प्रासंगिकता समाधान में नहीं, बल्कि पहचान के विवेक से जुड़ा हुआ प्रसंग है, इसलिए चिन्तक या रचनाकार को प्रत्येक वर्तमान में सक्रिय संकटों को समग्रता

में समझने की दृष्टि देती है। यह दृष्टि ही प्रासंगिकता का मूल आधार है क्योंकि प्रत्येक अँधेरा दृष्टिहीनता की कोख से पैदा होता है और हर अँधेरे को दृष्टि का प्रकाश ही चीरता है।

प्रासंगिकता यह कि वर्तमान के अँधेरे को समझने में कितनी सहायता मिल रही है।

रचनाकार की प्रासंगिकता का आधार उसकी भाषा का वह ढाँचा है जिसमें सामाजिक व मानवीय मुद्दों पर दोहरे अर्थ वाले अभिप्रायों की कोई जगह नहीं होती। कबीर की प्रासंगिकता का एक बिन्दु उनकी भाषिक चेतना भी है।

कबीर की भाषा–भाषा का मुद्‌दा सूचना के आदान-प्रदान मात्र का नहीं है। यह समाज के संकट की वाहक भी है। अतः शास्त्र के खिलाफ जीवन की भाषा की प्रतिष्ठा रचना का महत्त्वपूर्ण मुद्‌दा है।

मध्यकाल में लोकभाषा का उदय, नये यथार्थ बोध व जीवन के प्रति नितान्त भिन्न दृष्टि को स्थापित करता है। ज्ञान और दर्शन के समानान्तर मानवीय जीवन के महत्त्वपूर्ण प्रश्नों का समावेश पहली बार इन्हीं लोकभाषाओं के माध्यम से सम्भव होता है। इसलिए मध्यकालीन लोकभाषाएँ जीवन को रचना में रूपान्तरित करती हैं। वस्तुतः भाषा का प्रश्न मध्यकालीन कवियों की जीवन दृष्टि का महत्त्वपूर्ण अंग है। सभी बड़े कवि अपनी भाषा नीति प्रस्तावित करते हैं।

''संसकिरत है कूप जल, भाखा बहता नीर''

कबीर अपने सामाजिक कारणों से रचना के लिए जीवन की भाषा प्रयुक्त करते हैं।

प्रत्येक रचनाकार अपनी रचना के लिए एक खास भाषा व मुहावरे का चुनाव करता है। कबीर का यह चुनाव लोक जीवन की भाषा के आधार पर हुआ है।

भाषिक स्रोत–कबीर की भाषा की प्रकृति के बारे में शुक्ल जी कहते हैं कि कोई निश्चित प्रकृति नहीं है। उन्होंने दो बातें कहीं–स्वदेशिक भाषा सधुक्कड़ी अर्थात्, राजस्थानी–पंजाबी मिश्रित खड़ी बोली है।

कबीर की भाषा में परिष्कृति का घोर अभाव है। शुक्ल जी ने कबीर में इस भाषिक अव्यवस्था को इंगित किया है।

कबीर लोक संस्कृति, सत्संग पर्यटन (यानी काल व परिवेश) के कारण यह भाषा चुनते हैं। वे अन्तयजों के कवि थे, इसी कारण अखिल भारतीय सत्संग का केन्द्र या पर्यटन भी इसकी भाषा का मूल था।

इस कारण उनमें शब्दों का चुनाव व भाषा की बनावट दिखाई देती है। शुक्ल जी इसे उनकी सीमा मानते हैं। द्विवेदी जी के अनुसार–"कबीर की महानता इस बात में है कि उन्होंने उस भाषा की कोई परवाह नहीं की जो पण्डित समाज़ व राजदरबार की भाषा थी। उन्होंने स्वतन्त्र भाषा का निर्माण किया।'' गोविन्द त्रिगुणायत के अनुसार–"कबीर ने किसी एक भाषा का प्रयोग नहीं किया। उनकी बानी में

हिन्दी, उर्दू, फारसी आदि का प्रयोग तो मिलता ही है। साथ ही अवधी खड़ी, बोली, पंजाबी आदि का भी प्रचुर प्रयोग किया गया है।"

कबीर प्रकृति से सुसंस्कृत आभिजात्य व नागर कवि नहीं थे, चूँकि यह चेतन रूप से नागर नहीं हैं, अतः वह अपना उल्लास और संज्ञान ऐसी भाषा में करते हैं जो उन्हें सहज ही उपलब्ध है। "अपनी रचना प्रक्रिया में न तो वे तराशे (परिष्कृत) शब्दों की प्रतीक्षा करते थे, और न ही उन्हें रसज्ञ भावकों की तालियों की परवाह थी।" (परिष्कृत भाषा नहीं जानते थे)।

कबीर की भाषा में एक अनगढ़पन व भदेसपन है, जो एक अद्‌भुत आकर्षण पैदा करता है। हजारी प्रसाद द्विवेदी के अनुसार–"उनकी साफ चोट करने वाली भाषा, बिना कहे भी कुछ कह देने वाली शैली और अत्यन्त सादी किन्तु अत्यन्त तेज, प्रकाशनभंगी, होते हुए भी साधारण है।"

द्विवेदी जी कहते हैं "भाषा पर कबीर का जबर्दस्त अधिकार था। वह वाणी के तानाशाह (डिक्टेटर) थे। जिस बात को उन्होंने जिस रूप में कहना चाहा है उसी रूप में भाषा से कहला लिया, बना तो सीधे-सीधे नहीं तो दरेरा देकर।"

1. वाणी के डिक्टेटर का अभिप्राय–कबीर की वाणी व्याकरण के नियमों से संचालित नहीं है, व्याकरण सम्मतता का बहिष्कार है। वे भाषा में वचन, लिंग, कालबोध या व्याकरण के सम्भ्रान्त ढाँचों की परवाह नहीं करते। कबीर व्याकरण से नहीं, रचनात्मक ज़रूरत से संचालित भाषा का उपयोग करते हैं। अतः व्याकरण के नियमों का अतिक्रमण करते हैं। कबीर की ज़रूरत ही काव्य भाषा का दायरा तय करती है।

2. शब्द चुनाव के प्रति अनियंत्रित लापरवाही कबीर की भाषा में दिखती है। उनका शब्द विधान उसमें विचित्र लापरवाही पैदा करता है। शब्दों की स्वजातीयता की धारणा के कारण उन्होंने अतिक्रमित किया है। उदाहरण भोजपुरी के साथ पंजाबी। शब्द-साधना के प्रति बेमेलपन व अनगढ़ता कबीर की भाषा में लक्षित है।

3. जो शास्त्र सम्मत व्यवस्था है कबीर उसका कई जगह अतिक्रमण नहीं करते। दोहों का वर्ण विन्यास व मात्रा ठीक नहीं है। पद में भी। कविता ज़रूरत व इच्छा के अनुरूप गढ़ी गयी। इसलिए लापरवाही व स्वच्छन्दता है। द्विवेदी जी भाषा की जिस विशेषता पर बल देते हैं वह व्यंग्य व चुटकी लेने में अपना सानी नहीं मानते। वह व्यंग्यात्मक भाषा से व्यवस्था व पाखण्ड पर आक्रमण करते हैं। कबीर की भाषा मूलतः व्यंग्यधर्मी है। पण्डित और काजी, अवधू और जोगिया, मुल्ला और मौलवी सभी उनके व्यंग्य से तिलमिला जाते हैं।

> "ना जाने तेरा साहब कैसा है
> मस्जिद भीतर मुल्ला पुकारे
> क्या साहब तेरा बहरा है।"

इसी तरह पण्डितों पर चुटीला व्यंग्य–

"अरे इन दोहुन राह न पाई
हिन्दू अपने करे बड़ाई, गागर छुअन न देई
वेस्या के पाइन तर सोवे, यह देखो हिन्दुआई।"

हजारी प्रसाद द्विवेदी के अनुसार–"अत्यन्त सीधी भाषा में वे ऐसी चोट करते हैं कि चोट खाने वाला धूल झाड़कर चल देने के सिवाय रास्ता नहीं पाता।"

कबीर की भाषा की विशेषताएँ–

- आक्रामकता।
- सादगी।
- अनगढ़ता।
- व्यंग्यात्मकता।
- अनुभव के प्रति जवाबदेह भाषा।

इन सन्दर्भों में कबीर के काव्य की प्रासंगिकता का यह अद्वैत रूप जहाँ कहने व जीने के स्तर पर एक-सा है वहीं भाषा के स्तर पर इस रूप में कि भाषा आज सबसे अधिक अप्रामाणिक है। वर्तमान भारत का संकट भाषा की अविश्वसनीयता का संकट है। कबीर की भाषा एक प्रतिमान रखती है–वह है भाषा का इकहरापन। एक बड़ा संकट। सत्ता व बाजार की भाषा में दोहरापन है। इन सन्दर्भों में कबीर की कविता व भाषा की प्रासंगिकता दीप्त हो उठती है। प्रकारान्तर से बोलने व कर्म या अनुभव में अन्तर नहीं है। कबीर भाषा के स्तर पर इकहरी भाषा के कवि हैं। इनकी भाषा प्रामाणिकता का प्रतिमान सामने रखती है।

प्रासंगिकता

1. कबीर की कविता में जो अनुभव प्रधानता है, रचना की यह अनुभव केन्द्रीयता हमारे समय की सबसे बड़ी मूल्यवान धरोहर है। आँखन देखी कविता वर्तमान के निस्सार सूचना तन्त्र की विडम्बना सामने लाती है। शिक्षा, सम्बन्ध आदि के स्तर पर सूचना प्रबल है। यह अनुभव के संकुचन का कारण है। यह मनुष्यता का एक बड़ा संकट है।

सूचना की निस्सारता में कबीर का आँखन देखी पर बल उसकी प्रासंगिकता का दिग्दर्शन करता है।

2. आज का संसार सुखिया संसार सुविधाजनक संसार है। कबीर की कविता आज की मूल्यहीनता पर शून्यता रेखांकित करती है। साथ ही बताती है कि मूल्य जागने व दुखी होने से आयेगा यानी विरोधों व संघर्षों से आयेगा। कबीर की कविता जिस तरह अपने समय के अन्याय व अनौचित्य का दुख दर्ज करती है,

उसकी आवश्यकता आज कहीं अधिक प्रबल है। कविता की प्रासंगिकता चिकनी-चुपड़ी समय में दुख दर्ज करने में है।

3. कबीर की कविता अपने समय के मूल संकट की पहचान करती है–वह है विराट का लोप है। विराट से तात्पर्य उस महत्त्व से है, जो नैतिकता का संचालन करती है। महत के लोप के कारण धर्म, आचरण व सम्बन्धों के धरातल पर विशेष प्रकार की अन्धता व कोलाहल दिखता है। महत के लोप से जीवन में क्षुद्रता आती है। सम्पूर्णता से विच्छिन्नता के धरातल पर ही क्षुद्रताओं का सूत्रपात होता है। कबीर की कविता ब्रह्म महत की प्रतिष्ठा करती है। महत से विच्छिन्नता का कारण माया है। आधुनिक युग में भी महत के लोप (मानवता, राष्ट्रीयता व मानवता का लोप) का कारण बाजार रूपी माया का प्रभाव। इस प्रकार कबीर की कविता क्षुद्रता के परिष्कार की प्रेरणा देती है व महत की ओर वापसी का आह्वान करती है।

4. प्रत्येक बड़ा रचनाकार अपने समय की आभिजात्यता के गढ़ को तोड़ता है। इसका कारण है कि आभिजात्यता सहज मानवीय सम्बन्धों व साधारण मनुष्य के आत्मसम्मान का निषेध करती है। वस्तुतः आभिजात्यता किसी भी समाज की असन्तुलित स्थिति का लक्षण है। इसलिए कबीर इस पर प्रहार करते हैं। कबीर की कविता भाषा व अन्तर्वस्तु दोनों धरातल पर मध्यकालीन आभिजात्यता पर प्रहार करती है। कबीर प्रेम, भाषा व मानवीय सम्बन्धों के स्तर पर सहजता पर बदल देते हैं। पुरोहित व आभिजात्य संचालित कर्मकाण्ड व देहवाद के विकल्प में एक आध्यात्मिक मूल्य का विकल्प देते हैं।

आज की सभ्यता में भी एक नये तरह का पुरोहितवाद है। आभिजात्यता व देहवाद का संकट नये तरीके से उभरा है। इसका विकल्प ढूँढ़ा जा रहा है। सम्भवतः वह अध्यात्म (Spritualism) ही हो सकता है। आज के विकास में बन्धुत्व व सहजता का नारा नष्ट होता जा रहा है। पूँजीवादी सभ्यता का कोलाहल बढ़ता जा रहा है। इस कारण कबीर का दिया विकल्प विचारणीय है कि मात्र देह व भोग से शान्ति व पूर्णता सम्भव नहीं है। समग्रतः, कबीर मध्यकालीन भक्ति आन्दोलन के महत्त्वपूर्ण हस्ताक्षर हैं। यद्यपि उन्होंने कवि होने का दावा नहीं किया लेकिन इसके बावजूद अपने समय को लेकर कबीर की चेतना में जो चिन्ताएँ हैं, उनके आधार पर यह कहा जा सकता है कि कबीर के व्यक्तित्व में कवि होने के आधारभूत लक्षण मौजूद हैं। अपने समय के संकटों की पहचान के कारण ही वे सबसे बड़े कवि हैं।

कबीर की कविता में सुघड़ता का अभाव है लेकिन अनुभूति की मार्मिकता, मनुष्य या मानवता के पक्ष में बहस व प्रतिमानवीय शक्तियों के खिलाफ जन चेतना के संगठन के आधार पर ये कविताएँ सार्थक पहल करती हैं, इसलिए रचना के पारम्परिक पैमानों पर खरी न उतरते हुए भी कबीर की रचनाएँ हमारी सर्जनात्मकता की अमूल्य धरोहर हैं।

सूरदास भ्रमरगीत

भ्रमरगीत का प्रतिपाद्य

भ्रमरगीत वस्तुतः उपालम्भ (उलाहना) का काव्य है। प्रिय की निष्ठुरता व अनुपस्थिति के प्रति नारी के विवश आक्रोश और प्रेमानुभूति की अभिव्यक्ति भ्रमरगीत का मूल आधार है। कविता का एक रूप बन गया है। इस कविता का सम्बन्ध दर्द व अवसाद से है। वैयक्तिकता, वेदना व संगीतात्मकता इसकी मूल अन्तर्वस्तु है और रूप भी।

प्रिय की निष्ठुरता व निष्ठा के अभाव की शिकायत। उपालम्भ काव्य का अर्थ विरह का काव्य है। भारतीय कविता परम्परा की रूढ़ि भी इसमें समाहित है।

भ्रमरगीत परम्परा व सूर की मौलिक उद्भावना

विद्वानों की धारणा है कि भ्रमरगीत परम्परा का सूत्रपात कालिदास से होता है। भ्रमर पुरुष का प्रतीक है। अतः पुरुष की रसलोलुपता व निष्ठाभाव का प्रतीक है। भ्रमर के माध्यम से पुरुष की रसवृत्ति पर प्रहार व शिकायत ही भ्रमरगीत का आधार है।

'अभिज्ञान शाकुन्तलम्' में भ्रमरगीत का पहला प्रयोग मिलता है। दुष्यन्त विभिन्न स्त्रियों से प्रेम करते हैं। एक स्त्री हंसपादिका को छोड़ वसुमति के प्रति आकर्षित हो जाते हैं।

हंसपादिका भ्रमर के माध्यम से उपालम्भ देती हैं—दुष्यन्त को। अतः पुरुष की मधुलोभी प्रवृत्ति पर व्यंग्य की ये परम्परा संस्कृत, प्राकृत व अपभ्रंश साहित्य में प्रवाहित होती रही, पर इसका सम्यक विकास मध्यकालीन लोक भाषाओं में हुआ।

कृष्ण भक्ति काव्य में इस परम्परा को एक नया रूप मिला। यद्यपि 8वीं, 9वीं शताब्दी में भ्रमरगीत का प्रयोग श्रीमद्भागवत् में भी दिखाई पड़ता है। हिन्दी कवियों ने भ्रमरगीत परम्परा श्रीमद्भागवत से ही ग्रहण की। यही इसका आधार है। अतः हिन्दी के भ्रमरगीत के महत्त्वपूर्ण बिन्दु हैं।

1. गोपियाँ उद्धव से भ्रमर के माध्यम से अपने मन की व्यथा प्रकट करती हैं।

2. भ्रमर के माध्यम से कृष्ण के स्वार्थी प्रेम की शिकायत मध्यकाल के सभी भ्रमर गीतों में दिखाई पड़ती है।

3. मध्यकाल में भ्रमरगीत के दार्शनिक प्रसंगों को छह मानवीय सम्बन्धों की नियति (खासकर स्त्री–पुरुष) व मार्मिकता का उद्घाटन किया गया है। भागवत में भ्रमरगीत की प्रवृत्ति दार्शनिक है। गोपियाँ जीवात्मा का प्रतीक हैं व कृष्ण ब्रह्म का। अतः कृष्ण–गोपी सम्बन्ध का प्रसंग आध्यात्मिक जान पड़ता है।

लोकभाषाओं में भ्रमरगीत परम्परा के आरम्भिक सूत्र विद्यापति में दिखाई पड़ते हैं। लोक भाषा में प्रकृति मानवीय है विद्यापति के भ्रमरगीत के तीन तत्त्व उसे भागवत से अलग करते हैं।

- पुरुष की भ्रमर वृत्ति की चर्चा
- नारी का विरह।
- गोपियों की व्याकुलता।

विद्यापति की यही परम्परा कृष्णभक्त कवियों को थाती के रूप में मिलती है। वे इसके रूप में व अन्तर्वस्तु में अनेक महत्त्वपूर्ण परिवर्तन करते हैं। वस्तुतः सूर भ्रमरगीत परम्परा के श्रेष्ठ रचनाकार हैं। काव्यात्मक उत्कर्ष के साथ-साथ स्त्री की विवशताओं व मनोभावों का चित्रण जिस कलात्मक तरीके से सूर ने किया है वह उनकी अप्रतिम प्रतिभा का उदाहरण है। इस परम्परा को एक शाश्वत आयाम देने का कार्य किया है। सूर के भ्रमरगीत में स्त्री-पुरुष के सनातन सम्बन्धों को रेखांकित किया गया है।

1. नारी की आकुल अन्तरात्मा व संवेदनशीलता की शाश्वत कहानी है। अतः जब तक स्त्री-पुरुष है तब तक भ्रमरगीत की प्रासंगिकता है।

2. सूर भ्रमरगीतानुसार यह निष्कर्ष देते हैं! जो सूर की काव्य चेतना की विशेषता भी है कि पुरुष सृष्टि में प्रथम है व नारी दूसरी। नारी का महत्त्व, सार्थकता व स्वप्न का आधार पुरुष है।

3. भ्रमरगीत में सामन्ती समाज में स्त्री-पुरुष दोनों के प्रेम के अलग-अलग अर्थ हैं इसे सूर ने रेखांकित किया है। नारी के लिए समर्पण और पुरुष के लिए प्रेम की कामना व स्त्री के समर्पण का ग्रहण इस कविता का सार है। अतः पुरुष इच्छा है व स्वीकारकर्ता है। नारी के लिए जीवन प्रेम धर्म व पुरुष के लिए मधुपान या आकर्षण का कारण। चूँकि पुरुष मनोवृत्ति में प्रेम का अर्थ निष्ठा नहीं (नारी के लिए है)। अतः पुरुष निर्मित आचार संहिता में उसकी रसलोलुप दृष्टि अधिकार व स्वभाव माना गया। इस पुरुष प्रधान व्यवस्था पर सूर की गोपियाँ प्रश्न लगाती हैं। अतः सूर का भ्रमरगीत स्त्री विरह के सम्बन्ध में नहीं वरन् पुरुष समाज द्वारा निर्मित प्रेम का पुनर्मूल्यांकन है। गोपियों के प्रश्न, प्रेम की एक परिभाषा चाहते हैं, अतः प्रेम के धरातल पर स्त्री-पुरुष के पारम्परिक बँटवारे को गोपियाँ अस्वीकार करती हैं। अतः इसका गम्भीर, सामाजिक प्रसंग भी है। भावात्मक और दार्शनिक प्रसंग को सामाजिक एवं मनोवैज्ञानिक सन्दर्भ में रूपान्तरित करना सूर की भौतिकता का मूल आधार है। सूर ने भ्रमरगीत के समूचे अभिप्राय को बदला, घटनाएँ नहीं बदली। सूर के भ्रमरगीत के तीन प्रतिपाद्य हैं।

1. दार्शनिक मतवाद—भ्रमरगीत में सूर ने सगुण व निर्गुण का द्वन्द्व, प्रेमयोग व हठयोग, भक्तियोग व ज्ञानयोग का द्वन्द्व प्रस्तुत किया है। सगुणता, प्रेम व भक्ति की श्रेष्ठता का प्रतिपादन सूर की भ्रमरगीत योजना का महत्त्वपूर्ण अंग है।

2. सूर का भ्रमरगीत नागर संस्कृति एवं लोक संस्कृति की मुठभेड़ को रेखांकित करता है। इस सन्दर्भ में सूर के भ्रमरगीत की प्रकृति सामाजिक चिन्तक व उनके आधारों को खोजती है।

3. मनोवैज्ञानिक पक्ष–मन और बुद्धि के शाश्वत द्वन्द्व को गोपी-उद्धव संवाद योजना के माध्यम से निरूपित किया गया है। इसके अतिरिक्त प्रवृति मूलक (सांसारिक) जीवन की स्वीकृति व निवृत्ति मूलकता का निषेध भी इस भ्रमरगीत का मूल विषय है। सन्तकाव्य में निवृत्तिमूलकता संसार की निस्सारता, जीवन की क्षणभंगुरता प्रकृतिमूलकता क्षणभंगुरता को भी महत्त्व देती है। अतः सांसारिकता की स्वीकृति के पक्ष में गोपियों द्वारा तर्क दिया गया है। वस्तुतः गोपियों की प्रवृत्तिमूलकता जीवन के अनुभव से उत्पन्न व उद्धव का ज्ञान अनुभवजन्य नहीं है। (सूर अनुभव को मूल्यवान मानते हैं।) अतः प्रकारान्तर से अनुभव व शास्त्र की लड़ाई का प्रसंग भ्रमरगीत का साक्ष्य है।

सगुण–निर्गुण द्वन्द्व–कथा योजना–कृष्ण उद्धव को ब्रज में गोपियों का अज्ञान दूर करने के लिए भेजते हैं। ज्ञान के गर्व में डूबे उद्धव कृष्ण का सन्देश लेकर आते हैं। उद्धव का मूल सन्देश–कृष्ण की वास्तविक प्रकृति का उद्‌घाटन है जो निर्गुण है सगुण नहीं।

उद्धव के सन्देश में भ्रमरगीत की मूल प्रतिज्ञा है कि जिस व्रत से मुनि ध्यान करते हैं व समाधि में जाते हैं, उसे गोपियों को अपनाना चाहिए क्योंकि उनकी प्रक्रिया से विषय विस्तार व सांसारिकता ही बनेगी। अतः कृष्ण प्राप्ति की मूल प्रक्रिया निर्गुण उपासना नहीं है। पूरा भ्रमरगीत इस निर्गुण के विरोध में सगुण की स्थापना करता है। निर्गुण के विरोध में गोपियाँ कृष्ण का त्रिभंगी हृदयग्राही रूप का उल्लेख करती हैं। "उर में माखन चोर गड़े है, निकसल नाही।" अतः उद्धव कृष्ण के जिस रूप की चर्चा करते हैं उसके विरोध में अरूप व रूप की टकराहट में सूर ने रूप के प्रभाव व सत्यता को स्थापित किया है। निर्गुण इन्द्रियों के माध्यम से उपलब्ध को पूर्ण सत्य नहीं मानते अतः इन्द्रियजनित ज्ञान अधूरा है इसलिए असत्य है। सगुणवादी कहते हैं कि जो अनुभव का हिस्सा हैं, वही वास्तविक हो सकता है। अतः सत्य का सम्बन्ध शाश्वतता, सार्वभौमिकता व अमूर्तता से नहीं वरन् अनुभव के आलोक में जो स्पष्ट है उससे है। (समूचा भक्ति आन्दोलन जिस दार्शनिकता से संचालित है वह शंकर के अद्वैत–जगत की असत्यता से विरोध खासकर–विशिष्टाद्वैत व शुद्धाद्वैत जगत् की सत्यता का प्रतिपादन।) अतः अमूर्त ज्ञान की तुलना में ठोस व मूर्त अनुभव की सत्ता अधिक महत्त्वपूर्ण है, इसका रेखांकन सूर ने भ्रमरगीत के माध्यम से किया है। गोपियाँ कृष्ण के साहचर्य की यादों को तर्क के रूप में रखती हैं। निर्गुणता के विरोध में साहचर्य का तर्क, दर्शन का नहीं है। सम्बन्ध व अनुभव का सहारा लिया गया है।

हठयोग व प्रेमयोग–निर्गुण चिन्तन में ज्ञान प्राप्ति का एक माध्यम हठयोग है। जिसका मूल लक्ष्य मन को तिरोहित करना है। मन एक तरंग है, जिस प्रकार गतिशील पानी पर प्रतिबिम्ब नहीं बन सकता उसी प्रकार मन के, चेतना में तरंग है

ब्रह्म उपलब्ध नहीं है। अत: हठयोग के माध्यम से मन की सत्ता को खत्म कर दिया जाता है। चेतना की जिस अवस्था में मन खत्म होता है वहीं समाधि व ब्रह्म उपलब्ध होता है। हठयोग के माध्यम से मन को नियंत्रित नहीं वरन् उसकी सीमा से बाहर जाया जाता है। उद्धव गोपियों के मन को केन्द्रित व सन्तुलित करने की सलाह देती हैं। गोपियाँ जवाब देती हैं जो व्यंग्यपूर्ण है। "ऊधो मन भये न दस-बीस।" अत: हठयोग जीवन की स्वाभाविकता के विरोध में है। इससे बड़ी उपलब्धि प्राप्त पर अर्थहीन है। जीवन व अनुभव की राह से गुजर कर ही सार्थक हुआ जा सकता है। अत: गोपियों ने हठयोग की पूरी प्रक्रिया को सारहीन व प्रकृतिविरुद्ध और अस्वाभाविक कहा है। उद्धव की सभी हठयोग सम्बन्धी बातों के मध्य में गोपियों का पद्य–"ऊधो कोकिल कूजत कानन" जोड़ना है।

ज्ञानयोग की तुलना में भक्तियोग की प्रार्थना

भक्ति का अर्थ सम्बन्धबोध भी है। ज्ञान का अर्थ वस्तुपरकता से अलगाव (detechment) है।

उद्धव के सम्पूर्ण ज्ञान मार्ग के विरोध में गोपियाँ अपने सम्बन्ध के अनुभव को बार-बार रेखांकित करती हैं। सम्बन्ध का आधार वर्तमान ही नहीं है अपितु वास्तविक सम्बन्धों की जड़ें स्मृतियों की गहराई से जुड़ी हुई हैं। ज्ञान सतह पर होता है, इसके विरुद्ध सम्बन्धों की गहराइयों को सूर ने गोपियों की स्मृतियों के माध्यम से व्यक्त किया है।

पूरा भ्रमरगीत प्रेम की मार्मिक संस्कृतियों का आख्यान है। इस स्तर पर सूर की गोपियाँ व सूर जीवन के भाववादी दृष्टिकोण रखते हैं। भाववादी दृष्टिकोण वाले स्मृतियों को ही सर्वोपरि मानते हैं। भाववाद की प्रबलता में स्मृतियों के महत्त्व को पुनर्रेखांकित किया जाता है। स्मृति जीवन को ऊर्जा देती है।

दुर्दशाग्रस्त वर्तमान का सामना भाववादी रचनाकार स्मृति के माध्यम से करते हैं।

सूर की गोपियाँ सम्बन्ध (यानी स्मृति) को ज्ञानयोग के विरुद्ध तर्क रूप में प्रस्तुत करती हैं। स्मृति का सबसे महत्त्वपूर्ण पक्ष है–"लरिकाईन का प्रेम"। गोपियाँ स्थापना देती हैं कि जिन सम्बन्धों की जड़ें बचपन में हैं उस सम्बन्ध की प्रकृति को परिवर्तित नहीं किया जा सकता। अत: भक्ति का सामाजिक व मानवीय पक्ष भी दिखाई देता है। गोपियाँ अपने सम्बन्धों व स्मृति के माध्यम से भक्ति को सामाजिक आयाम भी देती हैं। ज्ञान सम्बन्ध हीनता से उत्पन्न, जीवन की शुष्कता की ओर ले जाता है। अत: रस, सम्बन्ध व स्मृति का समन्वित भाव ही भक्ति है।

अत: सगुणता, प्रेम व भक्ति भ्रमरगीत में जीवन मूल्य के रूप में रेखांकित हुए हैं। इन्हीं के आधार पर मानव का जीवन सार्थक किया जा सकता है। जगत् निषेध

से प्राप्त सार्थकता मनुष्य जीवन के लिए अर्थहीन है। अतः सूर की भक्ति व प्रेम एवं सगुणता ईश्वर की जागतिक भूमिका को प्रतिपादित करती है।

नागर व लोक संस्कृति की मुठभेड़—सूर लोक संस्कृति के कवि हैं। समूचा भक्ति आन्दोलन आभिजात्य संस्कृति के खिलाफ लोकजीवन की प्रतिष्ठा करता है। नागरिक जीवन सार्थकता के केन्द्र को गुमराह करता है, क्या अर्थवान है उसे पहचानने की विवेकहीनता है। यह अलक्षित गति से अभिशप्त है। गति का अर्थ गति में है मंजिल में नहीं। नागरिक जीवन में सिर्फ कर्म है कर्म का आस्वाद गायब है। मानव जीवन की सार्थकता कर्म व आस्वाद से ही तय लेकिन होती है। नगर जीवन में सिर्फ कर्म और आस्वाद खत्म हो जाता है।

सूर के समय नगर जीवन का जो भी स्वरूप होगा वह सम्बन्धों के विरोध में होगा। बहुत सारे सम्बन्ध हैं पर जड़विहीन हैं। वस्तुतः नगर जीवन सम्बन्धों के विघटन पर खड़ा है। सूर के भ्रमरगीत में भी नगर की इस प्रकृति को पहचाना गया है कि नगर को कुटिलता, स्वार्थ व छद्म के विराट भूगोल के रूप में देखा है।

"बिलग जनि ऊधो प्यारे।"

यहाँ कालेपन का प्रसंग नकारात्मकता, कुटिलता, निष्ठुरता के लिए है।

"वा मथुरा काजर की कोठी"।

अतः लोकजीवन की सहजता व स्वच्छन्दता व नगरीय जीवन की कृत्रिमता व निष्ठुरता का प्रतीक ही भ्रमरगीत के मूल प्रतिपादों में है।

अतः नगरजीवन मनुष्य को ज्ञान के लावारिस बिन्दु पर जड़ीभूत करता है। ऐसा ज्ञान दुख को भी तथ्य रूप में देखता है। (भक्तिशून्य ज्ञान का विरोध, ज्ञान से विरोध नहीं—सूर)

सूर अपनी कविता में, गोपियों के प्रति अपनी दृष्टि के साथ लोकजीवन की सम्भावनाओं व सार्थकताओं को भ्रमरगीत में प्रतिष्ठित करते हैं।

सूर की कविता अपने देशकाल अनुसार सभ्यता के प्रतीक नगर मथुरा के खिलाफ जीवन की सहजता को सामने लाती है। यह प्रसंग कविता व मनुष्य को मुक्ति व सार्थकता की तरफ ले जाने वाले प्रसंग हैं।

मनोवैज्ञानिक पक्ष—भ्रमरगीत का मन व बुद्धि के शाश्वत द्वन्द्व से सम्बन्ध है। बुद्धि का ज्ञान से सम्बन्ध, मन का अनुभूति से। मन व बुद्धि की लड़ाई ज्ञान व अनुभूति की लड़ाई है। इस स्तर पर समूचा भ्रमरगीत प्रसंग सार्थकता के अनसुलझे हुए प्रसंग में हस्तक्षेप है। हृदय और बुद्धि, ज्ञान और अनुभूति किस रास्ते पर चल कर सार्थक हुआ जा सकता है। इसी की खोज इसमें दिखाई देती है।

भ्रमरगीत मन, अनुभूति व भाव को अधिक सार्थक मानता है। ज्ञान सार्थकता नहीं दे सकता। अतः भाव व स्वप्नों के रास्ते से ही सार्थकता के आयाम को छुआ जा सकता है।

सूर कविता के इस सनातन सन्दर्भ के पक्ष में मन्तव्य देते हैं। भ्रमरगीत की प्रासंगिकता व अर्थवत्ता–वस्तुत: यह टकराहट वस्तुवाद व भाववाद की टकराहट से उपजी है। यह यांत्रिक सभ्यता व संस्कृति की मूल्यता के बीच टकराहट है। यांत्रिक सभ्यता अन्ततः मानवीय व सामाजिक जीवन को वीराने व उजाड़ता से निकलने हेतु मनुष्य को बार-बार सांस्कृतिक आर्द्रता की ओर लौटना पड़ेगा।

सूर की कविता में सांस्कृतिक आर्द्रता की तरफ वापसी को भी रेखांकित किया है। अत: जीवन के प्रति दो तरह के दृष्टिकोण की टकराहट है। सूर का मत आदर्शवादी भाववादी दृष्टिकोण के पक्ष में है।

प्रवृत्तिमूलकता की स्वीकृति व निवृत्तिमूलक चिन्तन की अस्वीकृति–महत्त्वपूर्ण प्रतिपाद्य स्वीकार से मूल्यों का, आस्तिकता का जन्म होता है। भक्ति का मूल स्वीकार है।

प्रवृत्तिमूलकता का स्वीकार संसार की महत्ता का स्वीकार है। इस तरह ईश्वर के प्रति गहरी कृतज्ञता का ज्ञापन भी। प्रवृत्तिमूलकता ही जीवन में भराव व पूर्णता दे सकती है। हमें आस्वाद तक पहुँचा सकती है।

प्रवृत्तिमूलकता जीवन को अर्थवान मानती है। अत: मनुष्य व मनुष्य के प्रति, मनुष्य व ईश्वर के प्रति, जन व चेतन के बीच स्वीकार को जन्म देती है, जिससे सार्थकता व मूल्यों का निर्माण होता है। प्रवृत्तिमूलकता सांस्कृतिक मूल्यों से संचालित होती है। ऐहिकता की स्वीकृति, संसार व जीवन की स्वीकृति भी इसी में है।

निवृत्तिमूलकता को कृतघ्नता की जीवन दृष्टि भी कहा गया है। सांसारिक सम्बन्धों को झुठलाकर अमूर्त ज्ञान के प्रति ललक ही निवृत्ति है। संसार व ईश्वर का निषेध करती है। अधूरे सच की तरफ ले जाती है। समग्रत:, सूर का भ्रमरगीत परम्परा की श्रेष्ठ उपलब्धि है। यह कृष्ण काव्य के उस महाकवि की कालजयी प्रतिभा का वाहक तो है ही, इसके साथ जीवन के सनातन द्वन्द्वों का आख्यान भी है। भाव, स्मृति और सम्बन्धों के पक्ष में जिस सहजता के साथ सूर की गोपियों ने अपना मत व्यक्त किया है वह आधुनिक यांत्रिक सभ्यता के सन्दर्भ में भी अर्थवान है।

सूर का वियोग वर्णन

भ्रमरगीत मात्र तर्क विधान नहीं है वह कविता भी है। रामचन्द्र शुक्ल जी कहते है–"कविता जीवन के मार्मिक प्रसंगों की पहचान में है।" सूर वस्तुत: वियोग के रचनाकार हैं, सिर्फ संयोग के नहीं। बड़े रचनाकार की पहचान दुख व वियोग के प्रसंगों से होती है। कवि की सृजनात्मकता का मापदण्ड वियोग को ही माना गया है। अत: वियोग के प्रयोगों की पहचान ही मानवीय सम्बन्धों की पहचान है।

सूर की काव्य प्रतिभा का पूर्ण विकास वियोग प्रसंगों के चित्रण में हुआ है। संयोग के पक्षों का चित्रण सूर ने अवसाद के वातावरण की पृष्ठभूमि में किया है। यदि दुख से ही शुरू करते तो दुख प्रकट नहीं होते। अतः प्रगाढ़ मिलन के प्रसंग व उसके चरम पर वियोग शुरू होता है। वियोग की प्रगाढ़ता को सम्प्रेषित करने हेतु ही संयोग के प्रसंग को लिया गया है। वियोग की गहनता व मार्मिकता इस बात पर निर्भर है कि वह संयोग के किस स्तर तक जुड़ा है। सूर ने अपने काव्य में संयोग का चित्रण वियोग की विषादता, अवसाद की गहराई व मार्मिकता के चित्रण के लिए किया है।

सूर के वियोग वर्णन का क्षेत्र परम्परा से हट कर दो प्रसंगों में दिखता है– (i) वात्सल्य वियोग (ii) प्रणयजनित वियोग। सूर के वियोग में मात्र प्रणयिनी का हृदय नहीं, वात्सल्य वियोग भी शामिल है। भारतीय परम्परा में वात्सल्य वियोग बहुत कम है। अतः सूर के वियोग को वात्सल्य व प्रणय के अलग-अलग सन्दर्भों में देखा जायेगा।

वात्सल्य वियोग

हजारी प्रसाद द्विवेदी के अनुसार, "यशोदा के वात्सल्य में वह सब कुछ है, जो माँ के हृदय को इतना महिमामयी बनाये हुए है।"

दरअसल सूर के वियोग की महत्ता इसमें नहीं है कि बहुत विस्तार से वर्णन किया गया है अपितु भारतीय माँ के हृदय की विशालता की पहचान (पुत्र के जीवन के लिए पूर्णाहुति स्व का विलयन बच्चे में) उसकी महिमा का आख्यान सूर के वात्सल्य वियोग की उपलब्धि है। सूर के वात्सल्य, वियोग ने नारी हृदय, पुत्र के प्रति स्त्री के समर्पण को चिह्नित कर उसे महिमामण्डित किया। मध्यकाल की समूची जकड़बन्दी के बीच भी। दूसरा, यशोदा के वात्सल्य का वर्णन करते हुए पुरुष होने के बावजूद सूर का हृदय स्त्री की अनुभूति से आवेशित होता है। विद्वानों का कहना है कि बड़ा कवि दूसरों की अनुभूति में प्रवेश की क्षमता रखता है। कवि इस खाई को पाटने की क्षमता रखता है।

वात्सल्य का चित्रण करते समय खासकर वियोग वात्सल्य में सूर का स्व यशोदा में विलयित हो गया है। इसके बिना ऐसी कविता सम्भव नहीं थी। अतः सूर का वियोग वात्सल्य सृजन का प्रतिमान तय करता है–अपनी वैयक्तिकता या स्थिति का अतिक्रमण करता है। अतः माँ के हृदय की वात्सल्यजनित अनुभूतियों के चित्रण में सूर की कविता समूचे विश्व साहित्य में अप्रतिम है।

इस वियोग वात्सल्य के चित्रण से पूर्व संयोग वात्सल्य के अनेक मार्मिक चित्रों की उद्‌भावना की है। शिशु के विकास का समूचा इतिहास (संयोग वात्सल्य के अन्तर्गत), उसकी हरकतों का चित्रण व उसके साथ-साथ माँ की अनुभूतियों के विविध आयामों का उद्‌घाटन सूर ने अपने काव्य में किया है। बच्चे के विकास व माँ की अनुभूतियों में परिवर्तन की समानता का विकास दिखाई देता है।

सूर के संयोग वात्सल्य में क्रियाशील कृष्ण की अनेक रूप छवियों का चित्रण मिलता है। रूप की बजाय हरकतों की स्मृति अधिक स्थायी होती है क्योंकि घर में सन्नाटा छा जाता है। सूर ने क्रियाशील कृष्ण पर बहुत बल दिया है।

वे घटना को मात्र घटना के रूप में नहीं मनोविज्ञान के स्तर पर दिखाते हैं।

> "किलकत कान्ह घुटरुबनि आवत
> मतिमय कनक नन्द के आँगन बिम्ब पकरि के धावत।"
> "शोभित कर नवनीत लिए"

एक पारिवारिक चित्र के माध्यम से सूर बच्चे की हर शरारत को प्रदर्शित करना चाहते हैं। बच्चे की हर नयी गति माँ के लिए अति महत्त्वपूर्ण होती है और असमय ही वह बार-बार पति को बुलाती है। अतः यशोदा की समूची दिनचर्या में कृष्ण की किलकारियाँ व गतिविधियाँ जलवायु समान व्याप्त हैं। वे यशोदा के जीवन की जलवायु हैं। जलवायु मात्र रूप विधान तय नहीं करते गुण का भी महत्त्व है।

कृष्ण गहन अवचेतन में भी व्याप्त हैं। यशोदा के मन में कई अभिलाषाएँ भी जग रही हैं।

> "जसुमति मन अभिलास करे।"

कि कब घुटनों के बल चलेगा, नन्द को बाबा कब कहेगा व अन्त में मुझे माँ कब कहेगा। अतः कृष्ण यशोदा के मन में पूरी तरह व्याप्त हैं।

इस समय एक घटना घटती है अक्रूर का आगमन। इसके साथ ही संयोग की सुख धारा वियोग में बदल जाती है और कविता एक नया मोड़ लेती है।

सूर का हृदय, वाणी व कल्पनाशीलता विश्व की आर्द्रता में प्रवेश करती है–अकेलेपन की रेत में। यहाँ से महाकवि का विषय शुरू होता है। तुलसी के यहाँ भी यही स्थिति है। अक्रूर वहाँ विश्वामित्र हो जाते हैं।

तुलसी का संसार किसानी संस्कारों से प्रेरित व रचित है। अतः कौशल्या दुखी नहीं, दशरथ दुखी हैं। यहाँ नन्द का दुख नहीं दिखाया गया। तुलसी संकेत देते हैं–"विश्वामित्र–असुर झुंड सतावत मोहिं।" अतः कुछ माँगने आया हूँ। फिर राम माँगते हैं। दशरथ–धन, धान्य, गाय, प्राण सभी देने को तैयार हैं। प्राण की तरह प्यारे पुत्र राम देते नहीं बनता। यह किसानी पिता का ही चित्र है।

सूर में पुरुष हृदय का चित्रण नहीं है। सूर के सम्पूर्ण काव्य व जीवन दृष्टि के केन्द्र में स्त्री है। वह भाव के कवि हैं मर्यादा के नहीं। इनके यहाँ स्त्री ही भाव की वाहिका है।

यहाँ से माँ के हृदय के दारुण अवसादपूर्ण अत्यन्त मार्मिक प्रसंगों की शुरुआत होती है। अपनी समूची सम्पन्नता के बीच पुत्र के बिना नारी नितान्त दयनीय व अकेलेपन को अभिशप्त है। सूर की निगाहें तभी अवसाद पर जाती हैं। यह मार्मिकता वियोग के पहले प्रसंग में ही लक्षित होती है–

"मेरा भाई निधनि के धन साधो।
करिहैं कहा अक्रूर हमारो दे हे प्रान अवाध्यो।"

अपरिवर्तनीय परिस्थितियों के बीच माँ की दारुण विवशता की पहचान सूर के वियोग का आधार है। यह दुख केवल मानसिक नहीं रह गया है।

"जसोदा बार-बार यों भाखे
है कोई ब्रज में हितु हमारो चलत गोपालहि राखै।"

बार-बार पुत्र वियोग में बिलखती विवश माँ का चित्रण सूर के इस पद में दिखाई देता है।

जब इन अपीलों का कोई असर नहीं होता व कृष्ण व बलराम रथ में बैठ जाते हैं तब सूर लिखते हैं–"जब यशोदा सुनती है कि रथ चला गया है वे भूमि पर गिर जाती हैं। अक्रूर को ठगौरी बताती है। कहती हैं वह क्रूर हैं। पाप-पुण्य की बात उठाती हैं। कहती हैं कि बुढ़ापे की लाठी ले गया। अक्रूर को पाप-पुण्य का डर नहीं है।"

इस प्रकार कृष्ण के जाने के प्रसंग में यशोदा की छटपटाहट, पीड़ा व गहन मनोवैज्ञानिक अवसाद को सूर ने संयम व सन्तुलन से चित्रित किया है।

दिन बीतते हैं और कृष्ण के लौटने की प्रतीक्षा शुरू होती है। यशोदा की स्मृतियों में कृष्ण का पुनः आविर्भाव होता है। इस वियोग में बालक कृष्ण की अनेक रूप या विधाएँ, गतिविधियाँ व माँ के जीवन में उपस्थिति अनेक चित्रों को सूर ने गहरे कलात्मक संयम से चित्रित किया है। संयोग के समय तो प्रसंग हृदय को आनन्द देते थे वियोग के समय वही प्रसंग चुभने वाले शूल बन गये हैं।

"शूल होत नवनीति देख के।
मेरे मोहन के मुख जोग।"

आशंका माँ के हृदय की संरचना की विशेषता है। पुत्र की अनिष्टता लेकर बेचैनी माँ के मनोविज्ञान का हिस्सा है। यशोदा जानती है कि वह वास्तविक माँ के यहाँ है, पर बार-बार खयाल आता है कि ठीक से नहीं होगा क्योंकि किसी को उसकी आदतों का पता नहीं है। खाने-पीने की चिन्ता कि सुबह उठ उसे मक्खन व रोटी कौन देगा, सन्देश भेजती है खाने-पीने की दिनचर्या की। इस सन्देशों में मार्मिकता के दर्शन होते हैं–

"सन्देशों देवकी सो कहियो
हौं तो धाय तिहारे सुत की दया करत ही रहियौ।"

इस 'धाय' शब्द का प्रयोग बहुत मार्मिक है कि जब कृष्ण प्रत्युत्तर भेजते हैं कि माँ ने बहुत मारापीटा हमने बुरा नहीं माना पर उनके द्वारा इस शब्द का प्रयोग बहुत व्यथित करने वाला है।

इस प्रकार वियोग वात्सल्य के विभिन्न पक्षों की विशिष्टता घटना सन्तुलन में नहीं है। वरन मातृ–हृदय की विवशता, अवसाद की गहराई और ढलती हुई उम्र में नियति के चित्रण की शक्ति निहित है।

प्रणय वियोग

वह परम्परा व मनोविज्ञान जिसके तहत सूर ने नारी हृदय के विरह पर ही ध्यान केन्द्रित किया।

विरहानुभूति का चित्रण भारतीय काव्य की प्रधान प्रकृति रही है और परम्परा में नारी व पुरुष दोनों के विरह के चित्रण की प्रवृत्ति दिखाई पड़ती है। अगर लौकिक काव्य की शुरुआत कालिदास से मानें तो उनका विरह उभयपक्षी है। 'मेघदूत' पुरुष विरह पर आधारित है, विरह अनुभूति के अप्रतिम काव्य का सम्बन्ध पुरुष से।

मध्यकाल तक आते-आते श्रृंगार के चित्रण में नारी की विरहानुभूति व इसका विरह निवेदन प्रबल होता गया है। 7वीं–8वीं सदी से विरहणियों पर अधिक ध्यान गया है। स्त्री की विरह प्रधानता का कारण वह विचार परम्परा है जिसमें ब्रह्म पुरुष है व स्त्री माया। इस प्रकार जो युग्म बना ब्रह्म–माया, शिव-शक्ति, पुरुष-प्रकृति का इसमें नारी पुरुष की मूर्तिमती कामना है। वह पुरुष के भोग व सृजन का साधन है। समर्पण उसका धर्म है और पुरुष का संयोग उसके जीवन का लक्ष्य। क्योंकि पुरुष के बगैर स्त्री अधूरी है पर विपरीत सही नहीं। अतः यदि स्त्री जीवन में पुरुष किसी रूप में नहीं तो वह अधूरी मानी जाती है। इस अधूरे सफर की पूर्णाहित पुरुष के सबल कन्धों पर ही आ खत्म होती है। इसके आध्यात्मिक कारण ही धार्मिक चिन्तन में स्त्री का यह अधूरापन स्थापित होता है। यह स्थापना सांख्य दर्शन से शुरू होती है। पुरुष को निर्बन्ध, तटस्थ द्रष्टा व भोगने वाला सिद्ध करती है। वह अनासक्त व निष्क्रिय है। प्रकृति से संयोग पर ही उसमें भाव संचरण होता है। अतः नारी आसक्त है। आसक्त में ही विरह की अनुभूति हो सकती है। स्त्री की विरहानुभूति स्वाभाविका के दर्शन यहाँ होते हैं।

इसके साथ भक्तिदर्शन की वह धारणा भी जिसके अनुसार सभी भक्त स्त्री रूप हैं कृष्ण ही एकमात्र पुरुष। यह माधुर्य भाव की उपासना का आधार है। अतः सामान्यतः कृष्ण काव्य में गोपी भाव से भक्ति की जाती है। अतः कविता भी स्त्री विरह पर आधारित है।

अतः मध्यकाल आते-आते नारी विरह के कारण दर्शन व भक्ति के ढाँचे में निहित है।

1. स्त्री की मनोवैज्ञानिक संरचना के कारण भी विरहानुभूति का केन्द्र स्त्री ही होती है पुरुष नहीं। पुरुष मनोदैहिक रूप में कठोर शक्तिवान व सरल माना गया है। इसके विपरीत कोमलता, सौन्दर्य, दुर्बलता व पराश्रयिता स्त्री की मनोदैहिक संरचना है। अतः पुरुष में सृजन की शक्ति है व नारी में पोषण की। अतः जहाँ पोषण वहाँ आसक्ति। पोषण व आसक्ति के कारण विरहानुभूति की सम्भावनाएँ स्त्री के भीतर ही है।

2. स्त्री की सामाजिक स्थिति-मध्यकाल की सामाजिक संरचना का मुख्य कारण है। पुरुष कर्त्ता है, प्रधान है व स्त्री पूरक व सहायक है। स्त्री आर्थिक दृष्टि से पुरुष पर आश्रित है व सामाजिक दृष्टि से पराधीन है। पुरुष की सहधर्मिणी हो कर भी दासी है। अतः माँ, पत्नी व बहन के रूप में स्त्री का एकमात्र धर्म है पुरुष की सेवा। अतः स्पष्ट है कि उसी पराश्रयता को मापने व सुरक्षा देने का काम पुरुष करे। अतः पुरुष न होने के कारण स्त्री विरहानुभूति रूप में जन्म लेती है। (असुरक्षा व अकेलेपन की भावना) मौजूद है।

इस पृष्ठभूमि में सूर का विरह वर्णन या वियोगानुभूति का दार्शनिक, मनोवैज्ञानिक व सामाजिक आधार है। मन व समाज की संरचना के कारण सूर में नारी विरहानुभूति मौजूद है। सूर का विरह वर्णन धार्मिक व सामाजिक सन्दर्भ में किया जा सकता है।

सूर के वियोग की स्वाभाविकता

आचार्य रामचन्द्र शुक्ल लिखते हैं-"परिस्थिति की गम्भीरता के अभाव से गोपियों के वियोग में भी वह गम्भीरता नहीं दिखती जो सीता वियोग में हैं। उनका वियोग खाली बैठो का काम दिखाई पड़ता है जबकि सूर का वियोग वर्णन वियोग वर्णन के लिए ही है परिस्थिति के अनुरोध से नहीं।"

आचार्य शुक्ल की धारणा है कि वियोग का कारण सामाजिक परिस्थितियाँ हैं। वह वस्तुतः कविता का नहीं जीवन का विषय है। दुख खिलवाड़ नहीं है।

दुख की अनिवार्य पहचान है कि मनुष्य इसे दूर करने की कोशिश करता है। इसके विरोध में किया कार्य ही दुख की गहनता प्रेषित करता है। अतः दुख की प्रामाणिकता व वास्तविकता को संघर्ष की सक्रियता के बीच पहचानने की कोशिश है दुख। कितना बड़ा है यह हम पर निर्भर है कि इससे निकलने के लिए कितना संघर्ष किया है। गोपियाँ मात्र नदी पार करने व उनके द्वारा मिलन का कोई प्रयत्न नहीं करतीं। दुख जीवन का एक श्रृंगार है, शोभा है। अतः आचार्यानुसार दुख नहीं माना जा सकता यह खिलवाड़ है। इसमें परिस्थिति का अनुरोध नहीं है। सूर की विरहानुभूति का गम्भीर आरोप-आचार्य शुक्ल कहते हैं सूर की कविता-महान कविता है पर क्षेत्र बहुत संकुचित है।"

1. परिस्थिति की गम्भीरता का अभाव है।

2. इस कारण इस विरह के दुख को दूर करने का प्रयत्न नहीं दिखता। अतः इनमें मानवीय व सामाजिक संघर्ष की पूर्ण अनुपस्थिति दिखाई देती है।

इसे वे निकम्मों का विरह मानते हैं। वह सीता का विरह ही वास्तविक मानते हैं क्योंकि वह परिस्थितियों के बीच है, जहाँ शील पर भी खतरा है। गोपियों में परिस्थिति या संघर्ष के अभाव के कारण काव्य चमत्कार पैदा कर सकता है पर जीवन के किसी गम्भीर व यथार्थ सत्य की तरफ नहीं ले जाता। अतः सूर के विरह की सम्पूर्ण मार्मिकता एक नाटकीय भंगिमा जैसी है। विरह में कलात्मक चमक तो है लेकिन वास्तविकता के चिह्न नहीं।

पर शुक्लोत्तर आलोचना में शुक्ल जी की धारणा पर प्रश्न चिह्न लगाये गये हैं। नन्द दुलारे वाजपेयी ने कहा कि "शुक्लजी पर तुलसी इतने हावी हैं कि वह सभी को उनकी तरह से देखना चाहते हैं। प्रेम को भी मर्यादा की छड़ी से हाँकते हैं।"

1. वियोग प्रेम की साधना का काल है जिसमें चेतना का प्रसार होता है। इसलिए वियोग के व गैर प्रेम परिपूर्णता तक नहीं पहुँच सकता।

2. प्रेम में विरह की अनुभूति का सम्बन्ध मात्र दैहिक दूरियों से नहीं है। शुक्लजी के द्वारा विरह का दूरी पर माप-तोल सही नहीं है। विरह एक मानसिक स्थिति है। बहुत नजदीक रहते हुए भी हो सकता है।

3. विरह प्रेम की सात्त्विक अवस्था है। विरह की आँच में ही प्रेम निखरता है। स्थूल से सूक्ष्म की ओर प्रयाण करता है। शरीर से मन व मन से आत्मा की ओर प्रेम का प्रयाण विरह से ही सम्भव हो पाता है। प्रेम की वास्तविक फलस्तुति चेतना की पूर्णता है और वह विरह में ही सम्भव है। अतः सूर के निर्णय का गहन मनोवैज्ञानिक पक्ष है। उन्हें इसमें सफलता मिली भी है। शुक्लोत्तर आलोचना सूर को विरह चेतना का सबसे बड़ा कवि मानती है।

सूर के विरह की विशेषताएँ

1. एकनिष्ठता—जो परिस्थितियाँ सूर के विरह को मार्मिक बनाती हैं वही इसमें एकनिष्ठता पैदा करती हैं। कृष्ण के जाने के बाद सिर्फ कृष्ण पर पराश्रित रहने की स्वयं थोपी विवशता या निष्ठता ही सूर की विरहानुभूति का आधार है। गोपियाँ उद्धव से कहती हैं—

"हमारे हरि हारिल (पक्षी) की लकड़ी मन-क्रम-बचन..."

2. सूर का विरह क्षणभंगुर नहीं यह चिर विरह है। इस विरह में ही प्रेम सम्भव व प्रेम में ही विरह है। विरह गोपियों के जीव में स्थायी ऋतु के समान "ऊधो बिरहौ प्रेम करें।"

विरह से भी प्रेम किया जा सकता है। केवल कृष्ण से ही नहीं उनके विरह से भी प्रेम किया जा सकता है। जीवन की सार्थकता की खोज में प्रेम से बढ़कर सार्थकता का मध्यकाल में और कुछ नहीं हो सकता।

इस प्रकार विरह को एक विराट जीवन मूल्य के रूप में गोपियाँ स्वीकृति देती हैं। गोपियाँ अन्तहीन प्रतिपक्ष व विरह से ही प्रेम करने लगीं। केवल सूर के यहाँ ही यह लक्षित होता है।

3. गोपियों के विरह को मन की वृत्ति से जोड़ा है। चेतना की अवस्था विद्यमान है। प्रिय की भौतिक अवस्था का कोई अर्थ नहीं। यह औचित्य सूर की प्रेमानुभूति को एक विशिष्ट आयाम देता है। गोपियाँ स्पष्ट करती हैं कि कृष्ण का कोई विकल्प नहीं है। यह विकल्पहीनता ही प्रेम की प्रगाढ़ता लक्षित करता है। ''ऊधौ मन नहीं दस बीस।''

इसमें मन के गहरे तल पर प्रेम की व्याप्ति करता प्रतीत होता है।

4. प्रेम की उभयनिष्ठता–यह परम्परा विद्यापति से प्रारम्भ होती है। राधा का प्रेम उभयनिष्ठ है। कृष्ण व राधा दोनों का वियोग राधा ही झेल रही है। वह कृष्णमयी हो गयी हैं। विरह के दोनों तरफ का ताप सहने को अभिशप्त हैं।

विद्याप्रति– "अनुखन माधव–माधव सुमिरत सुन्दिर भेल मधाई...।
दारुण प्रेम तबहुँ नहीं टूटत बाढ़क विरह बाधा
दुहु निसि दारू दहन वैसे दगधई
आकुत कीट परान।''

सूरदास–

''सुनह श्याम ये बात और कोऊ क्यों समझाऊ कहें
दुहुँ दिसि को अति विरह विरहिणी कैसे कैजु सहें।''

सूर की विरहानुभूति की विशिष्टता यह है कि वह विरहिणी के दुख में प्रकृति के विरहभाव को भी शामिल करता है। एक प्रकार से सम्पूर्ण प्रकृति को अपने दुख के आवेश में रंगा देखना गोपियों में लक्षित होता है। कहती हैं–यमुना और अधिक काली हो गयी है।

''देखियत कालिंदी अति कारी।''

प्रकृति में जहाँ दुख नहीं दिखता उसके प्रति आक्रोश है, जिसमें मधुबन हरा भरा है तो पूछती हैं–''मधुबन तुम कैसे हरे हो।'' कृष्ण वियोग में जल के भस्म क्यों न हो गये।

इस प्रकार यह विरह देह में कोई नहीं वरन् चेतना व प्रकृति के विस्तार से सम्पादित है।

निष्कर्षत: सूर का विरह वर्णन आध्यात्मिक अभिप्रायों से संयुक्त होने के साथ-साथ नारी की सनातन प्रकृति से सम्बद्ध भी है। इस विरह वर्णन

का मनोवैज्ञानिक व सामाजिक पक्ष भी है। प्रेम की गहनता व मार्मिकता को सर्जनात्मक आयाम देने में इस विरहानुभूति की भूमिका सूर की कविता में बहुत महत्त्वपूर्ण है। प्रेम को मानवीय जीवन की सार्थकता का आधार माननेवाले कृष्ण भक्त कवियों ने विरह को उसका प्राणतत्त्व कहा है। इस रूप में सूर की कविता प्रेम के प्राणतत्त्व के स्पन्दन की कविता है। इस रूप में वह जितनी धार्मिक है उतनी ही मानवीय व रचनात्मक भी।

सूर की काव्यकला–भ्रमरगीत की विशिष्टता–आचार्य रामचन्द्र शुक्ल लिखते हैं–"सूर में जितनी सहृदयता व भावुकता है उतनी ही वाग्विदग्धता व चतुरता भी।"

इसमें दो बातें स्पष्ट होती हैं–सूर सिर्फ काव्यकला चमत्कार के कवि नहीं।

1. सहृदयता व भावुकता के प्रसंगों का उद्घाटन (भाव–पक्ष)
2. कहने की प्रकृति–वक्रोक्ति व अलंकार (कला–पक्ष)

1. भावपक्ष–सहृदयता व भावुकता एक नहीं। सहृदयता का अर्थ है दूसरों की पीड़ा को जानने का संवेदनात्मक सामर्थ्य। दूसरे शब्दों में, दूसरे के हृदय में अपने को विलीन कर देने की क्षमता। उसकी अनुभूति, मन:स्थिति व विषाद को ठीक वैसा महसूस करना। सहृदयता कविता का अनिवार्य गुण धर्म है। बड़ा कवि स्व की सीमाओं का अतिक्रमण कर दुनिया में प्रवेश करने में समर्थ होता है। इसलिए कविता अपनी प्रकृति में सम्पूर्ण मनुष्यता धारण करती है क्योंकि कवि सार्वजनीन बातें कहने की सामर्थ्य रखता है।

शुक्लजी सूर को सहृदयता का कवि मानते हैं। सूर की कविता यानी कृष्ण के सम्पर्क में जो जीवन जगत् है, उनकी भावनाओं को पहचानने की क्षमता सूर में है। इसी कारण माँ के हृदय को समझ पाते हैं। सूर का स्वत्व यशोदा में समाहित हो जाता है। अत: वात्सल्य विरह व गोपी विरह दोनों प्रसंगों में सूर की सहृदयता सर्वाधिक सक्रिय दिखाई पड़ती है। सहृदयता की वास्तविक पहचान अवसाद व पीड़ा के प्रसंगों में ही होती है। दूसरे की तकलीफ के मर्म को पहचानने की क्षमता सूर के भीतर है।

सहृदयता की अवधारणा के बारे में राजशेखर का कहना है यह कवि में ही नहीं वरन् पाठक में भी होती है। दोनों से मिलकर तय होती है। अत: सूर की कविता माँ व गोपियों की तकलीफ पहचानने में तो है ही वह पाठक की संवेदना में कितना प्रचुरता पैदा कर पाती है यह भी आवश्यक है।

सूर ने अपनी कविता में ऐसे प्रसंगों का चुनाव किया है जो देशकाल से बँधे नहीं हैं। वात्सल्य व प्रेम इसके उदाहरण हैं। इसके प्रति संवेदित होने के लिए ज्ञान आवश्यक नहीं। अत: विषय निर्वाचन से विषय प्रस्तावना तक सूर की सहृदयता दिखती है।

वात्सल्य की सहृदयता तीन प्रसंगों में दिखती है। माँ के हृदय की पहचान व पीड़ा को समझना।

स्मृति की सघनता–कृष्ण के जाने के बाद पूरा घर आँगन, चरागाह, गाय यानी यशोदा की ज़िन्दगी के पूरे परिवेश में कैसे सन्नाटे में कृष्ण की चुप्पी खनकती है। यह स्मृति के रूप में विद्यमान है। शैतानी करता, हँसता खेलता कृष्ण का चित्र उभरता है। सूर ने इस खालीपन को रेखांकित किया है।

बचपन से किशोर होने तक की शिशु की विकास यात्रा में माँ की समानान्तर उपस्थिति है। अतः कृष्ण के रूप, आवाजों की कई ध्वनियाँ सुनाई देती हैं। यह सूर की कविता का मार्मिक प्रसंग है।

2. पुत्र की आशंका का भाव–सूर ने इस भाव को समझा व अनेक प्रसंगों में चित्रित किया। उदाहरण–"सँदेशो देवकी सों कहियो।" अभेद सुरक्षा के बीच श्रीकृष्ण की असुरक्षा की चिन्ता मातृ हृदय की विशेषता है। इस आशंकाजनित पीड़ा की सूर पहचान करते हैं और कभी न लौटने वाले पुरुष (पुत्र) के विषय में समझौता करते हैं, इसलिए लाचारी से तटस्थ पीड़ा व विवशता के प्रसंगों को सूर ने प्रसंग बनाया। उदाहरण–माँ की कामना जहाँ भी रहे सुरक्षित रहे। उस बिन्दु पर यशोदा का कथन माँ का। अतः यशोदा में कृष्ण के प्रति शुभकामनाएँ ही शेष रह जाती हैं। पीड़ा की स्थिति में जहाँ पीड़ा पीछे छूट जाती है। पीड़ा की दुनिया छूटने पर शुभकामना व पीड़ा का समग्र व अकथित रूप सूर की कविता में दिखता है।

सहृदयता का दूसरा रूप प्रणय वियोग में आता है। प्रणय वियोग के सन्दर्भ में सहृदयता के बिन्दु दिखाई देते हैं।

आरम्भ में कृष्ण की चेतना के बाद सूर की सहृदयता मनोविज्ञान के क्रम को ध्यान में रखती है। इसमें सर्वप्रथम अनुभूति सूनेपन व अनुपस्थिति की होती है। गोपियों के जीवन में फैलते सूनेपन से सूर का वियोग वर्णन शुरू होता है। कृष्ण की ऐहिक अनुपस्थिति से उत्पन्न शून्यता का चित्रण। ऐसा लगता है कि स्वयं सूर के जीवन से कोई चला गया। यह सहृदयता है। कविता के भीतर विद्यमान है।

''बिनु गोपाल बैरन भई कुंजें।'' (बैरन का अर्थ–सूनापन भी।)

संयोग में जो सुखद है वियोग में वही सर्वाधिक दुखद।

सूर कहते हैं कि कृष्ण वियोग में समूची प्रकृति जो संयोग में अतिसुन्दर थी वह काटने को दौड़ती है।

इस सूनेपन के सम्प्रेषण हेतु गोपियाँ सन्देश देती हैं उद्धव को। सहृदयता का यह सन्देश नहीं कि गोपियाँ दुखी हैं वरन् गाय आदि भी दुखी हैं।

"ऊधो इतनी कहियो जाय"

स्त्री अपने स्वभाव व शीलवश विरह व्यथा सीधे नहीं कहती। इसकी पहचान कर सूर ने गोपियों के अधिकांश कथन अन्य पर व्यंजनाश्रित कर ही दिखाए हैं।

यहाँ सूर की सहृदयता है कि वे नारी हृदय की पहचान करें। यह बात सूर प्रत्यक्ष नहीं कहलाते। यह संकोच व अप्रत्यक्षता स्त्री हृदय की विशेषता है। अतः सूर केवल स्त्री का वेग ही नहीं जानते वरन् उसकी अभिव्यक्ति छाया माध्यम भी जानते हैं।

तीसरा, इस विरह के कारण का विश्लेषण। पुरुष मानसिकता में जीवन की तकलीफ का कारण दूसरा होता है। पर सूर इसके कारणों के निष्कर्ष में यह कहते हैं कि सारा दोष (गोपियाँ) हमारा है। पीड़ा के लिए गोपियाँ स्वयं को ही उत्तरदायी मानती हैं। यह विवशताजन्य मनोस्थिति जो सूर की कविता में दिखती है। अपराध बोध की स्वीकृति स्त्री मनोविज्ञान भी है व हृदय की स्थिति भी।

"कहाँ लग मानिये अपनी चूक" में वे कहती हैं कि कृष्ण के जाने के बाद भी हम जीवित हैं यह हमारी निर्लज्जता है।

इस सहृदयता का अन्तिम हिस्सा है–समर्पण का भाव। पीड़ा की ऐसी मार्मिकता जिससे शिकायतें, विरोध, प्रतीक्षा, आशा सब खत्म हो जाता है। प्रिय की निष्ठुरता, लौटने-न लौटने का कोई अर्थ नहीं रहता। इस मनोविज्ञान में गोपियाँ अपने को काजी के रूप में कहती हैं। यह भाव निरीहता, दीनता व विवशता के कारण उत्पन्न हुई है। मध्यकालीन समय में प्रेमिका स्त्री की प्रेमी के छूटने के बाद एक लुंज-पुंज अवस्था ही दिखती है।

''उद्धव हम हैं तुम्हारी दासी।''

जो निरीहता व दैन्य व विवशता की मनःस्थिति है उसे सूर ने सफलतापूर्वक मार्मिक ढंग से प्रस्तुत किया है। प्रेम में देह की अपेक्षा मन का समर्पण दिखाई देता है। परम्परागत धारणा अनुसार स्त्री केवल एक ही पुरुष से प्रेम कर सकती है। सामान्यतः स्त्रियाँ प्रेम को मन से जोड़ती हैं, देह, वर्चस्व, वैभव आदि से नहीं। यह स्त्री के सम्पूर्ण जीवन की जलवायु है।

''ऊधो मन माने की बात'' यहाँ स्त्री की प्रेम सम्बन्धी अवधारणा को सूर ने पकड़ने की कोशिश की है। पतंगे की उपमा दी है। चकोर की उपमा दी है। अतः स्त्रियाँ जब प्रेम करती हैं तो वह विवश हो जाती है क्योंकि उसका कोई विकल्प नहीं। स्त्री प्रेम में पीड़ित रहने को अभिशप्त होती है।

भावुकता–जीवन की परिस्थितियों के प्रति तीव्र भावात्मक प्रतिक्रिया। अर्थात् भाव की तीव्रता। भावुकता परिस्थितियों के प्रति भावात्मक प्रतिक्रिया है जिसमें तर्क व बुद्धि का कोई कार्य नहीं होता। भावुकता कवि के लिए अनिवार्य होती है। दुनिया की श्रेष्ठतम रचनाएँ भावुकता के ही गर्भ से उपजी हैं। जीवन के प्रति एक दृष्टिकोण भी है। घटना के पीड़ात्मक पहलू के प्रति भावावेग से भर जाना। तकलीफ को घनत्व व सान्द्रता (विलयन) को भावुकता के माध्यम से ही पहचाना जा सकता है। अतः 1. भावुकता के लिए विवशता का बोध अनिवार्य है। दुर्निवार परिस्थितियों के प्रति विवशता।

अतः समर्थ लोग भावुक नहीं होते। सूर की गोपियों व यशोदा में विवशता के सन्दर्भ हैं–

"सन्देसो देवकी सो कहिए।"

"मेरे नयना विरह की बलिभयी"

विवशता यह कि विरह बाहरी कारणों से नहीं स्वयं के कारणों से ही। अस्तित्व के समूचे प्रसार को विरह ने ढँक लिया है।

2. भावुकता का दूसरा सन्दर्भ है जिनमें गोपियाँ उद्धव से अपनी विवशता जाहिर करती हैं कि हृदय पर ज्ञान का असर ही नहीं पड़ता, प्रकृति का पड़ता है–

''उद्धव कोकिल कूजत कानन।''

संकेत यह है कि हृदय की बनावट भी एक विवशता है। इसमें कोई परिवर्तन सम्भव नहीं।

3. भावुकता का सन्दर्भ - स्मृति का अवसाद भावुकता से उत्पन्न होता है। विचारशील व्यक्ति अतीत में नहीं रहता। भावुक व्यक्ति की अनिवार्य पहचान अतीत के प्रति प्रेम होता है। अतीत उसके जीवन की धुरी होता है। गोपियों में स्मृति का अवसाद बहुत अधिक है। कृष्ण के खेल, बदमाशियाँ आदि बार-बार स्मृति में उभरती हैं। स्मृतियों की दस्तक से बार-बार उभरती पीड़ा उन गोपियों के जीवन में दिखाई देती है।

''ऐहि बिरियाँ बन ते ब्रज आवत''

इस प्रकार गोपियों में वर्तमान व भविष्य महत्त्वपूर्ण नहीं। यह भी भावुकता का प्रसंग है।

अतः सूर सहृदयता व भावुकता के कवि हैं। एक पीड़ा मौन पीड़ा होती है। पर सूर की गोपियाँ पीड़ा के बावजूद बहुत संवाद कुशल हैं। सूर की गोपियों में वाग्विदग्धता का जो मूल अभिप्राय है वह उद्धव की वाग्विद्ग्धता व हृदयहीनता पर हँसना है, उसकी बुद्धिमत्ता को निरर्थक साबित करना है। पीड़ा के सामने ज्ञान कितना हास्यास्पद है इसके उद्घाटन हेतु ही शायद सूर को गोपियों में वाग्विदग्धता दिखाई देती है। तटस्थ ज्ञान की हास्यास्पदता के उद्घाटन के लिए वाग्विदग्धता की शैली अपनाई गयी। उद्धव की समझ व तर्क को गोपियाँ वाग्विदग्धता के आधार पर निरर्थक साबित करती हैं।

ज्ञान की गम्भीरता व जीवन की सहजता का उद्घाटन।

"ऊधो अब यह समुझ भई" (पृ. 29)

कृष्ण की उपमा "कुंतल कुटित बाल" आदि के रूप में दी गयी है। बात यह कि बाल के माध्यम से कृष्ण की कुटिलता व उलाहनों के आधार पर लम्पटता का चित्रण किया है। "चमत्कार प्रधान काव्य की उद्भावना सूर की वाग्विदग्धता का हिस्सा है।" (पृ. 31)

"दूर करहुँ वीणा कर धरिबो"

अत: ऊहात्मकता व चमत्कार प्रधानता सूर की वाग्विद्ग्धता का दूसरा हिस्सा है।

तीसरा प्रसंग–उद्धव आपका ज्ञान अनुभव शून्य, अतार्किक। कृष्ण क्यों नहीं लौट आ रहे इस पर चुटकी ली।

"ऊधो, जान्यो ज्ञान विहारो" (पृ. 42, भूमिका)

नहीं आने का कारण राज करने की अक्षमता की लाज भी है। इसी कारण लौट नहीं रहे हैं। इस तर्क के पुट में वाग्विदग्धता।

"ऊधो भली करी तुम आयो"

उद्धव का सम्पूर्ण ज्ञान एक ही झटके में खत्म। यह वाग्विदग्धता। उद्धव के समूचे ज्ञान को व्यंग्योक्ति से ध्वस्त करती है।

"बिलग मत मानो ऊधो
वे मथुरा काजर की कोठरि"
"ऊद्धव, जोग बिसटि जनि जाहु" (पृ. 45)

कहते हैं कि ज्ञान अनुपम वस्तु है, जिसे आप ही जानते हैं आप सँभाल कर रखिए क्योंकि ब्रज के लिए व्यर्थ है। उद्धव के ज्ञान को भ्रमरगीत में वाग्विदग्धता का पूरा प्रसंग उद्धव के ज्ञान की निरर्थकता को साबित करने में है। नन्द दास की गोपियाँ दार्शनिक बहस से निर्गुण की तुलना में सगुण की स्थापना करती हैं।

यहाँ दार्शनिकता नहीं मात्र उद्धव के ज्ञान पर व्यंग्य किया है।

चतुरता–वाग्विदग्धता का सम्बन्ध कथन की भंगिमा से है। चतुराई का सम्बन्ध सहज ज्ञान से है जिससे गरिष्ठ ज्ञान को चुनौती दी है। समझ की मासूमियत के सन्दर्भ में। गोपियाँ गहन ज्ञान को अपनी सहज व मासूम समझ से चुनौती देती हैं, यहाँ चतुराई का अर्थ धूर्तता व कपट से नहीं है।

"निर्गुण कौन देश को बासी"

विरोधाभासी प्रश्न कि मन तैयार है निर्गुण उपासना हेतु पर देश का नाम पूछती हैं। यही चतुराई है। उन्होंने उद्धव के तर्कों को तर्कों से काटा है। गोपियाँ अपनी तरफ से कोई तर्क नहीं लातीं।

दूसरा–"ज्ञानियों के पास कई मन। स्थानान्तरित होने की अन्तहीन सम्भावना।"

"ऊधो मन नहिं हाथ हमारे" (पृ. 45, 130)

कहती हैं कि मन हमारे साथ नहीं है अत: आपने जो कुछ कहा हमने कुछ सुना नहीं। उद्धव की सारी बात खत्म होने के बाद। इस भंगिमा से उद्धव के समूचे कथन को निस्तेज करती हैं, यह चतुराई है।

चतुरता व वाग्विदग्धता में बहुत फर्क नहीं है। चतुरता जब अभिव्यक्त होगी तो वाग्विदग्धता भी दिखेगी।

समग्रत:, भंगिमा सूर का भ्रमरगीत सार उनकी काव्य प्रतिभा का चरम निष्कर्ष है। जीवन के मार्मिक प्रसंगों की पहचान व उसके चित्रण में सूर की प्रतिभा की

श्रेष्ठता तो निर्विवाद है ही, कथन भंगिमा के स्तर पर भी सूर अविजेय हैं। भ्रमरगीत में सूर ने यद्यपि वात्सल्य के बहुत कम प्रसंगों का उल्लेख किया है लेकिन उन प्रसंगों में दैन्यता व विवशता के जो भाव हैं वह सूर के समर्थ कवि होने का प्रमाण देते हैं। इस काव्य प्रसंग में सूर की काव्य शक्ति का एक दूसरा सन्दर्भ कथन की भंगिमा भी है। उद्धव के ज्ञान गर्व को गोपियाँ अपनी ग्रामीण सहजता व कथन वक्रता के माध्यम से ध्वस्त करती हैं। व्यंग्य, विवशता और कथन की चतुरता में भ्रमरगीत की संवाद योजना को भावात्मक समृद्धि के साथ-साथ रचनात्मक शिखरता भी प्रदान की है। अतः कहा जा सकता है कि सूर की काव्य प्रतिभा में भावपक्ष व कलापक्ष का अद्भुत समन्वय दिखाई देता है।

(ग) रीतिकाल

कुछ आचार्यों का मानना है कि इसकी उत्पत्ति काव्यशास्त्र के रीति सम्प्रदाय से हुई जिसके प्रवर्तक आचार्य वामन थे। इस सम्प्रदाय में काव्य की कुछ प्रमुख शैलियों की चर्चा की गयी थी जिसमें भाषा को महत्त्वपूर्ण स्थान दिया गया था।

साहित्यिक दृष्टि से देखें तो हिन्दी साहित्य का उत्तर मध्यकाल (सन् 1943 ई. से लेकर 1843 ई. तक) जिसमें मूलत: शृंगारपरक रचनाएँ लिखी गयीं। उसे रीतिकाल कहा गया। लेकिन इस नाम को लेकर भी विद्वानों में एकमत नहीं दिखाई देता है। आचार्य रामचन्द्र शुक्ल जहाँ इसे रीति का अनुकरण करने के कारण रीतिकाल की संज्ञा देते हैं। वहीं पण्डित विश्वनाथ प्रसाद मिश्र ने इसे शृंगार काल कहा है। जबकि मिश्र बन्धुओं ने इसे अलंकृत काल कहा है। आचार्य शुक्ल इसे रीतिकाल कहने के पीछे का कारण बताते हुए कहते हैं कि क्योंकि इसमें अनुकरण करने की प्रवृत्ति अधिक थी। इसलिए इसे रीति कहना ज्यादा उपयुक्त होगा। रीति इस समय के कई कवियों के काव्य में भी किसी-न-किसी रूप में विकसित हुआ है। उदाहरण के लिए-

"काव्य की रीति सिखी सुकवीन सों" (भिखारी दास)

यह सही है कि इस काल में शृंगारपरक रचनाएँ खूब लिखी गयीं। जिसके आधार पर विश्वनाथ प्रसाद मिश्र इसे शृंगारकाल की संज्ञा देते हैं। यह बात कुछ हद तक सही है। लेकिन मिश्र बन्धुयों द्वारा इसे अलंकृत काल कहना सर्वथा अनुचित लगता है। क्योंकि किसी भी रचना में अलंकृत होने के लक्षण दिखाई देने मात्र से पूरा काल अलंकृत काल नहीं हो सकता। कारण हिन्दी में अलंकार का प्रयोग विशेषण के रूप में होता है। दूसरा सिर्फ़ सम्पूर्ण कविता का मूलाधार अलंकार ही नहीं रहा है। दूसरी भी प्रवृत्तियाँ इसमें दिखाई देती हैं। अत: इसे स्वीकार कर पाना सहज नहीं होगा।

जहाँ तक किसी रीति विशेषण को प्रयोग में लाने का प्रश्न है इस सन्दर्भ में कहा जा सकता है कि यह शृंगार काल से ज्यादा वैज्ञानिक और तर्कसंगत जान पड़ता है। कारण इनमें से अधिकतम कवियों ने शृंगारपरक रचनाएँ लिखीं। साथ ही ये रचनाएँ रीति की अपनी एक परम्परा और प्रवृत्ति को लेकर आयी। यही कारण रहा है कि

भक्ति काल में ही काव्यशास्त्र का एक महत्त्वपूर्ण अंग रीति बन चुका था। नन्ददास द्वारा रचित 'रसमंजरी' जैसा नायिकाभेद सम्बन्धी ग्रन्थ लिखा जाना तथा तुलसीदास द्वारा "धुनि अवरेब कबित गुन जाती, मीन मनोहर ते बहु भाँती" कहा जाना इस परम्परा को पुष्ट करने के लिए पर्याप्त है। आगे चलकर साधारण कवियों तक का वर्ण्य विषय होने के कारण यह युग की प्रवृत्ति का परिचायक हो गया।

हिन्दी साहित्य में उत्तर मध्यकाल को रीतिकाल की संज्ञा दी गयी थी। 'रीति' का अर्थ है परम्परा, मार्ग या पद्धति। अथवा लीक। यहाँ रीति का अर्थ है काव्य शास्त्र, अलंकार शास्त्र, छन्द शास्त्र व काम शास्त्र के नियमों के अनुसार लिखी गयी रचना। इस कविता की रचना का आधार अनुभव नहीं है वरन् शास्त्र है। कविता में चमत्कारपूर्ण अभिव्यक्ति है, अन्तर्वस्तु नहीं श्रृंगार को प्रमुखता दी गयी। इस काव्य की विशेषता है। अलंकार शास्त्र व छन्द शास्त्र के विशुद्ध नियमों का पालन करने वाली रचना का वास्तविक नाम है रीति।

इसमें तीन चीजें महत्त्वपूर्ण होती हैं :

1. विषय–श्रृंगार 2. शोभा–अलंकार 3 छन्दविधान।

रीतिकाव्य की उत्पत्ति के कारण

जब भी किसी भी देश की मूल्य चेतना का उदय होता है तो उसी के भीतर उसके पतन के सूत्र भी मौजूद होते हैं। बड़ा से बड़ा आन्दोलन एक विशेष समय में आकर अपनी तेजस्विता खो देता है। मूल्यों की बाढ़ पतन के कीचड़ छोड़ देती है। भक्ति की विशुद्धता धीरे-धीरे ऐहिक सन्दर्भों में होने लगी, उसके अभिप्राय भौतिक हो गये। इस प्रकार रीति का उदय हुआ।

ऐतिहासिक पृष्ठभूमि

रीतिकाल का आरम्भ उस समय हुआ जब राजनीतिक पटल पर मुगलों की सत्ता विराजमान थी। इनका छोटे-छोटे रजवाड़ों पर नियन्त्रण होने के कारण युद्ध प्राय्य: नहीं हो रहे थे। सत्ता का चरित्र आदिकाल की ही तरह शोषण पर आधारित था । आदिकाल में जहाँ केन्द्रीय सत्ता के अभाव में युद्ध लगातार हो रहे थे, वहीं रीतिकाल में मुगलों की सत्ता केन्द्र में होने के कारण युद्ध की स्थिति लगभग ना के बराबर थी। ऐसे में मानवीय चरित्र का स्वभाव है कि वह आलसी, आरामपसन्द अथवा अभिलाषी हो जाये। नहीं तो इसके उलट जब वह कुछ कर पाने की स्थिति में होता है तो उसके भीतर शक्ति का संचार होता है। जो जोश, वीरता और संघर्ष का माहौल पैदा होता है। ऐसे ही आत्मसंघर्ष के बीच में से रीतिकाल का उदय होता है।

राजनीतिक परिस्थितियाँ

राजनीतिक दृष्टि से देखें रीतिकाल का पूरा शासन एक तरफ मुगलों के शासन के वैभव का चरमोत्कर्ष था तो दूसरी तरफ ह्रास, पतन और विनाश का योग भी। शाहजहाँ का शासन मुगल वैभव की चरम अवस्था पर था। वहीं जहाँगीर ने अपने शासनकाल में राज्य का विस्तार बीजापुर, गोलकुंडा, अहमदनगर, पश्चिम में सिन्ध, असम में सिलहट तथा अफगानिस्तान तक विस्तारित किया। दिल्ली और आसपास के राजपूत शासकों ने भी इससे दोस्ती कर ली और एक विश्वासपात्र की तरह इसकी अधीनता स्वीकार कर लिया। राजकोष पूरा भरा हुआ था। ताजमहल का निर्माण हो चुका था। ऐसे समय में शाहजहाँ की मृत्यु की खबर सुनते ही उनके पुत्रों में संघर्ष प्रारम्भ हो गया और एक-एक करके वैभवशाली साम्राज्य पतन की ओर अग्रसर हो गये। शाहजहाँ का ज्येष्ठ पुत्र दाराशिकोह अपनी उदारता और धार्मिक सहिष्णुता के लिए जितना ही लोकप्रिय था उससे छोटा औरंगजेब उतना ही क्रूर, असहिष्णु और धर्मान्ध था। औरंगजेब ने ज्यों ही शासन की बागडोर सँभाली; त्यों ही हिन्दू राजाओं, सामन्तशाहों और छोटे जमींदारों ने उसके खिलाफ धार्मिक उन्माद प्रारम्भ कर दिया। परिणामस्वरूप उसका अधिकतम समय इन दोनों की लड़ाई को खत्म करने और उन्हें दबाने में ही व्यतीत हो गया।

औरंगजेब के बाद उसके पुत्रों में संघर्ष प्रारम्भ हो गया और उसका दूसरा पुत्र मुअज्जम अर्थात शाह आलम प्रथम गद्दी पर बैठा, जो कुछ समय ही जीवित रहा। इसके बाद एक-एक करके लोग आते गये और उनका पतन भी उतना ही जल्दी होता गया। कुल मिलाकर 50 साल से अधिक उनका शासन नहीं रहा। धीरे-धीरे इनकी पकड़ इतनी ढीली हो गयी कि इनका साम्राज्य अब दिल्ली से लेकर आगरा तक ही सिमट गया। इसी बीच 1738 में नादिरशाह का आक्रमण हुआ जिसने इस शासन की पूरी नीव हिला डाली। कुछ ही समय बाद अहमद शाह अब्दाली ने 1761 में आक्रमण कर दिया और रही सही कसर उसने पूरी कर दी। परिणामस्वरूप धीरे धीरे आपसी संघर्ष, आसपास में लड़ाई तेज होती गयी। इसका पूरा फायदा अंग्रेज़ों ने उठाया और 1803 तक पहुँचते-पहुँचते अंग्रेज़ों ने लगभग पूरे भारत में अपना राज्य स्थापित कर लिया।

एक तरफ अंग्रेज़ जब भारतीय समाज में अपनी पकड़ बनाने में लगे हुए थे वहीं भारतीय रजवाड़े अपनी-अपनी सत्ता के मद में चूर होकर वैभव और विलास में डूबते चले गये। चाहे वह अवध रहा हो, बुन्देलखण्ड का प्रान्त रहा हो अथवा फिर राजस्थान। सभी लोग नायक-नायिका, चारण-भाट की प्रशंसा में इतने आत्ममुग्ध हो गये कि उनको अपने राज्य और उसकी जनता से उनका सरोकार ही नहीं रहा।

सामाजिक परिस्थितियाँ

सामाजिक दृष्टि से इस युग को घोर पतन का युग कहा जाना चाहिए। क्योंकि छोटे-छोटे रजवाड़ों के भीतर अब सामन्तवादी सोच पैदा हो चुकी थी। जिसका प्रभाव जनसामान्य पर पड़ा। इसका परिणाम यह हुआ कि छोटे-छोटे पदों पर बैठने वाले लोग अपनी प्रतिष्ठा, पद और पैसे की लालच में सामन्तों की प्रशंसा करने लगे। यह प्रवृत्ति धीरे-धीरे इतनी बढ़ती चली गयी कि अब समाज दो वर्गों में पूरी तरह से बँट चुका था। एक था शासित वर्ग और दूसरा शोषित वर्ग। जनसाधारण की चिकित्सा, शिक्षा और रक्षा सम्बन्धी कोई प्रबन्ध नहीं था। लोगों ने अपनी कार्यसिद्धि के लिए अपनी बहन-बेटियों को इनके घर काम करने के लिए भेजना प्रारम्भ कर दिया। जिसका उपयोग काम के साथ-साथ विलासिता में भी होने लगा। नारी को भोग की वस्तु मान लिया गया। एक राजा कई-कई पत्नियाँ रखने लगा। साथ ही इतने में भी मन नहीं भरा तो वह वेश्यायों के कोठे तक में पहुँचने में भी कोई संकोच नहीं करते थे। परिणामस्वरूप इसका फायदा इन बेगमों, वेश्याओं ने भी किया। कई महत्त्वपूर्ण निर्णय इनके इशारों पर होने लगे। इसी स्थिति का पूरा फायदा उठाकर इनके दरबार में रहने वाले चारण और भाट ने सम्बन्धित राजाओं और उनके दरबार में रहने वाली रानियों, वेश्यायों और उनकी प्रेमिकायों पर प्रशंसा गीत और कविता लिखने लगे, जो प्रेम और श्रृंगार से युक्त होती थी जिसकी झलक रीतिकाल में स्पस्ट दिखाई देती है।

सांस्कृतिक परिस्थितियाँ

किसी भी देश की संस्कृति का निर्धारण उस देश और काल की सामाजिक व्यवस्था पर निर्भर करता है। इस दृश्य से देखें तो रीतिकाल का समय अन्त तक उथल-पुथल वाला बना रहा। एक तरफ जहाँ मुगलों का वैभवशाली इतिहास रहा है तो वहीं उसके पतन के बीज भी उसी में समाए हुए थे। कहने के लिए हिन्दू और मुगल शासक एक ना होते हुए भी आपस में एक थे। शाहजहाँ और जहाँगीर के शासनकाल का हिस्सा न होते हुए भी, उनके अधीन काम करने को मजबूर थे। जहाँगीर के समय हिन्दू राजा लोग अपनी बहन-बेटियों का ब्याह मुसलमानों या मुगल शासकों के साथ करने में नहीं हिचकिचाते थे। इसका प्रभाव इस समय की सांस्कृतिक विरासत पर भी पड़ा। हिन्दू धर्म को मानने वाले लोग हिन्दू मन्दिरों के साथ-साथ मुसलमान के मजारों और तकियों में अपने मनोरथ को सिद्ध करने की कामना करने लगे। ऐसे में सांस्कृतिक संक्रमण का दौर होना स्वाभाविक था। सांस्कृतिक आदान-प्रदान का जो मार्ग प्रशस्त हुआ उसने धार्मिक भ्रष्टाचार तो बढ़ाया ही, नैतिक रूप से भी कमज़ोर कर दिया।

इन परिस्थितियों के बीच में से रीतिकाल जिस प्रकार से उद्भव हुआ उसमें धार्मिक भेदभाव कम श्रृंगारिकता के लक्षण अधिक उपलब्ध थे। सत्ता का आधार धार्मिक न होकर शृंगार, अलंकार और राजाओं का प्रशस्ति गान हो गया था। राजा की नीति और रीति में नैतिकता न होकर भोगलिप्सा और लोलुपता चरम पर थी।

साहित्यिक परिस्थितियाँ

रीतिकाल में अधिकांश साहित्य मुगल संस्कृति से प्रभावित राज्याश्रय में रचा गया। मुगल सम्राट शाहजहाँ और जहाँगीर दोनों ने कई कवियों को अपने यहाँ आश्रय दिया था। प्रसिद्ध कवि चिन्तामणि, सुन्दरदास और बिहारी शाहजहाँ के कृपापात्र कवि थे।

उस युग में फारसी के राजकीय भाषा होने के कारण इसकी अलंकार-प्रधान शैली का प्रभाव सामान्यतः प्रत्येक भाषा पर पड़ा। इनमें से हिन्दी भी एक थी। उक्ति चमत्कार तथा मार्मिकता फारसी की पहचान है। इसका असर हिन्दी के रीतिकालीन कवियों पर भी पड़ा।

औरंगजेब का साहित्य के प्रति बिल्कुल रुझान नहीं था। अतः उनके दरबार में कवियों और लेखकों को आश्रय प्राप्त नहीं हुआ।

रीतिकाल में भक्तिकाल की भक्ति भावना का आश्रय लेकर इस युग के कवियों ने कविता में उन्मुक्त शृंगार तथा कामना का प्रबल प्रयोग किया। राधा और कृष्ण के नाम की ओट लेकर कवियों ने अपनी वासनात्मक प्रवृत्तियों को अभिव्यक्त किया।

"रीतिकालीन कविता समाज तथा अभिजात वर्ग में सम्मान पाने की इच्छा से ही लिखी जाती थी, सामान्य लोक-जीवन से इसका सम्बन्ध नहीं था, "आगे के सुकवि रीझिहै तो कविताई" (भिखारीदास) तथा "सुकवि रीझिहै करि कृपा तो कविता लछिराम" (लछिराम)" इत्यादि उक्तियाँ भी इसी ओर संकेत करती हैं।

धार्मिक परिस्थितियाँ

रीतिकाल में धार्मिक परिस्थितियाँ भी घोर अन्धकारमयी थीं। तत्कालीन समय में हिन्दू, जैन, बौद्ध, ईसाई, इस्लाम धर्म प्रमुख थे परन्तु हिन्दू और इस्लाम दो ही धर्म प्रधान थे। सिक्खों के देवी-देवता प्रायः हिन्दुओं के ही थे। उस समय हिन्दुओं का सर्वप्रिय सम्प्रदाय योगी सम्प्रदाय था जिसके प्रवर्तक गोरखनाथ थे। रीतिकाल में हिन्दू धर्म अपना वास्तविक रूप खो चुका था। भक्तिकाल से जिस हिन्दू धर्म या वैष्णव धर्म की पुनर्स्थापना हो गयी थी उसी वैष्णव धर्म में राम तथा कृष्ण-भक्ति में भी विलासी प्रवृत्ति का मिश्रित भाव हो गया। भगवान कृष्ण और राधा की लीलाओं को इन कवियों ने भौतिक भोगवाद का आदर्श बना दिया था।

मुगल सम्राट अकबर ने तत्कालीन सभी प्रकार की धार्मिक भावनाओं का एकीकरण करने का प्रयत्न करते हुए 'दीन-ए-इलाही' धर्म की स्थापना की

जिसका आधार कुरान, वेद, उपनिषद् और ईसाई धर्म की धार्मिक पुस्तकों के सन्देशों का मिश्रण था परन्तु अन्य मुसलमानों ने विरोध करते हुए इसे इस्लाम का परिष्कृत रूप कहा। अकबर की मृत्यु के पश्चात् इस धर्म की भी समाप्ति हो गयी।

समय-सीमा का निर्धारण

आचार्य रामचन्द्र शुक्ल उत्तर मध्यकाल अथवा रीतिकाल की समय सीमा का आरम्भ विक्रम संवत 1700–1900 (1643–1843 ई.पू.) मानते हैं। जबकि डॉ. नगेन्द्र रीतिकाल का समय 1650 से 1850 ई.पू. के बीच मानते हैं।

बाबू गुलाबराय के अनुसार, "हिन्दी रीतिकाल की परम्परा स्थापित करने का श्रेय केशवदास जी को है। निःसन्देह केशव का रीतिकाव्य परम्परा में महत्त्वपूर्ण स्थान है परन्तु रीति-ग्रन्थों की अखण्डित परम्परा चिन्तामणि त्रिपाठी से उनके दिखाये आदर्श को लेकर चली। अतः रीतिकाव्य का सीमांकन संवत 1700–1900 के ही बीच माना जायेगा। यहीं से हिन्दी साहित्य के आधुनिक काल का शुभारम्भ होता है।"

रीतिकाव्य : स्वरूप एवं प्रवृत्तियाँ

आचार्य रामचन्द्र शुक्ल का मानना है कि "प्रत्येक देश का साहित्य वहाँ की जनता की चित्तवृत्ति का प्रतिबिम्ब होता है। तब यह निश्चित है कि जनता की चित्तवृत्ति में परिवर्तन के साथ-साथ साहित्य के स्वरूप में परिवर्तन होता चला जाता है।" यही परिवर्तन साहित्य की प्रवृत्तियों के रूप में दिखाई देता है।

रीतिकालीन साहित्य की रचना दरबारी वातावरण में हुई। इसीलिए तत्कालीन दरबारी कवियों ने राजाओं की प्रशंसा हेतु उनकी मनोवृत्ति के अनुकूल शृंगारिक एवं आलंकारिक कृतियों का निर्माण किया यद्यपि तत्कालीन समय के साहित्य का प्रमुख स्वर शृंगार का था, फिर भी इस काल में वीरता, ऐतिहासिकता, पौराणिकता, छन्द विधान, भक्ति, नीति विषयक ग्रन्थों का भी सृजन हुआ, जिसके मूल विषय इस प्रकार हैं–

1. **शृंगारपरक रचनाएँ :** शृंगारिकता की प्रवृत्ति रीतिकालीन कवियों का प्राण है। इस काल की कविता में नारी केवल पुरुष के रतिभाव का आलम्बन मात्र बन कर रह गयी। इसीलिए उसके विभाव, अनुभाव और संचारी भाव तीनों का निरूपण उत्कृष्ट तरीके से हुआ है। राधा-कृष्ण के प्रेम के नाम पर नारी के अंग-प्रत्यंग की शोभा, हाव-भाव, विलास चेष्टाएँ आदि में शृंगार का जिस तरह से मनोहारी दृश्य प्रस्तुत किया गया है उसमें कृष्ण स्वयं रीझते हुए दिखाई देते हैं। वहीं वियोग वर्णन में कवि-कर्म खिलवाड़ मात्र बनकर रह गया जान पड़ता है। शृंगार के आलम्बन और उद्दीपन भाव को बड़े ही सरस और रोचक ढंग से प्रस्तुत किया गया है।

इन कवियों ने यौवन और प्रेम के हर पक्ष को अपनी कवितायों में रेखांकित किया है। उदाहरण के लिए गुण और रूप पर रीझ जाने वाली मुग्धा नायिका कृष्ण के मुख मधुरता पर ही मुग्ध हुए जा रही है–

"मोर पंखा मतिराम किरीट मैं कंठ बनी बनमाल सुहाई।
मोहन की मुस्कानि मनोहर कुण्डल डोलनी मैं छबि छाई।
लोचन लोल बिलास बिलोकनि को न बिलोकि भयो बस भाई।
वा मुख की मधुराई कहा कहौ मीठी लगे अँखियान लुनाई।।" (मतिराम सतसई)

इन कवियों की शृंगार भावना में दमन से उत्पन्न किसी प्रकार की कुण्ठा न होकर शरीर–सुख की वह साधना है जिसमें विलास के सभी उपकरणों के संग्रह उपलब्ध हैं। इनकी प्रेम–भावना में एकोन्मुखता का स्थान अनेकोन्मुखता ने इस प्रकार ले लिया है कि कुण्ठारहित प्रेम की उन्मुक्तता व रसिकता का रूप धारण कर गयी है। यही कारण है कि उनके पत्नियों के बीच अकेला नायक किसी मानसिक तनाव का शिकार नहीं होता बल्कि निर्द्वन्द्व होकर भोगने में ही जीवन की सार्थकता समझता है। उदाहरण के लिए इस पद में बिहारी की एक नायिका अपने पति पर उलाहना करते हुए कहती है–

"कत लपटैवतु मो गरे सोनजुही निसि सैन।
जिहि चम्पक बरनी किये गुल्लाला रंग नैन।।" (बिहारी रत्नाकर)

यहाँ खण्डिता नायिका का वर्णन किया गया है। खण्डिता नायिका वह होती है जिसका पति किसी अन्य स्त्री के साथ रात बिताकर घर पहुँचा हो और उसकी पत्नी को यह जानकारी हो। ऐसी ही पत्नी अपने पति से कहती है, "आप मेरे गले से क्यों लिपटते जा रहे हैं। मैं वह नहीं हूँ जो रात्रि को आपके साथ थी और जिस चम्पकवर्णी ने आपको रातभर जगाकर आपके नैनों को गुल्लाला के फूल की भाँति लाल कर दिया है।"

इस प्रकार कहा जा सकता है कि रीतिकवियों की शृंगारिकता में सामान्य रूप से कुण्ठाहीनता, शारीरिक सुख की साधना, अनेकोन्मुख प्रेमजन्य रूपलिप्सा, भोगेच्छा, नारी के प्रति सामन्ती दृष्टिकोण आदि शास्त्रीय बन्धनों में बँधकर भी पाठकों को आत्मविभोर कर दिया है।

2. **वीरकाव्य युक्त रचनाएँ :** उत्तर मध्यकाल में भी आदिकाल की भाँति वीरकाव्य की धारा प्रवाहित हुई। इसका कारण वही राजाओं के दरबारी कवि थे जो आदिकाल में दिखाई देते हैं। लेकिन इसका स्वरूप प्रशंसात्मक न होकर विद्रोही था। मुगल शासक औरंगजेब के अन्याय और अत्याचार के विरुद्ध जो विद्रोह भावना जन्म ले रही थी, उसने इस वीर काव्य की परम्परा को नया जीवन दिया। तत्कालीन कवियों ने अपने आश्रयदाताओं को आततायी के विरुद्ध खड़े होकर प्रबल ढंग से टक्कर लेने के लिए कविता के माध्यम से न सिर्फ़ उकसाया अपितु उनमें नवीन

रक्त का संचार भी किया। इन वीर रस के कवियों में राष्ट्रीयता का स्वर प्रधान था। रीतिकाल के कवियों ने वीर काव्यों की अभिव्यक्ति दो प्रकार से की है–एक-प्रबन्ध काव्य के रूप में दूसरा-मुक्तक काव्य के रूप में।

प्रबन्धकार गोरेलाल पुरोहित 'लाल कवि' (16 वीं शती का अन्तिम चरण) की रचना 'छत्रप्रकाश' में महाराजा छत्रसाल का जीवन-चरित्र दोहों और चौपाइयों के रूप में विस्तार से लिखा गया है। इस प्रबन्धात्मक वीरकाव्य में छत्रसाल की युद्ध तथा वीरता का वर्णन किया गया है। मुक्तक का स्वरूप वीर रस के कवि भूषण की रचनाओं 'शिवाबावनी' और 'छत्रसालदशक' में देखने को मिलता है। 'शिवाबावनी' राष्ट्रीय भावान्मोदन का जिस प्रकार से वर्णन किया गया है उसमें शिवाजी का पराक्रम कमाल का दिखाई देता है। भूषण शिवाजी की सेना का वर्णन करते हुए लिखते हैं कि–

"भूषन भनत तेरी हिम्मत कहाँ लौं कहौ,
किम्मति यहाँ लगि है जाकी भर जोर मैं।
ताव दै दै मूछन कंगूरन पै पाँव दै दै,
अरि-मुख घाव दै-दै कदिद परै कोट मैं।"

उपर्युक्त विश्लेषण से स्पष्ट है कि रीतिकालीन काव्य में वीरता का भाव होने के साथ-साथ देशभक्ति का स्वर भी प्रधान रूप से परिलक्षित होता है।

3. **छन्द–बद्ध लक्षण-ग्रन्थों की रचना**–रीतिकाल की एक प्रमुख विशेषता लक्षण-ग्रन्थों का निर्माण है। कवियों ने संस्कृत के लक्षण ग्रन्थकार आचार्यों का अनुकरण करते हुए अपनी रचनाओं को लक्षण-ग्रन्थों अथवा रीति ग्रन्थों के रूप में प्रस्तुत किया । ये छन्दविधान तत्कालीन काव्यप्रवृत्ति के सर्वथा अनुकूल था। छन्दशास्त्र की परम्परा का सूत्रपात पिंगलाचार्य के 'छन्द:सूत्र' से हुआ। इसी कारण छन्दशास्त्र को इसके आदि आचार्य के नाम पर पिंगलशास्त्र भी कहा जाता है। संस्कृत, प्राकृत और अपभ्रंश से छन्दशास्त्र लेखन की परम्परा विकसित होती हुई रीतिकाल तक चली आती है। रीतिकालीन आचार्यों के हेमचन्द्र कृत 'छन्दानुशासन,' 'प्राकृत-पैंगलम्' और केदारभट्ट के 'वृत्तरत्नाकर' से प्रभावित होते हुए भी विवेचन की व्यवस्था और शैली अपनी ही रही।

रीतिकाल में रचित कतिपय प्रमुख छन्द विषयक ग्रन्थ इस प्रकार हैं–

केशवदास : इन्हें रीतिकाल का प्रवर्तक भी माना जाता है। इनकी रचनाओं के नाम कविप्रिया, रसिकप्रिया, रामचन्द्रिका, रतनबावनी, जहाँगीर रसचन्द्रिका, वीरसिंह देव चरित। इनकी भाषा ब्रज है।

चिन्तामणि : रसमंजरी, शृंगार-मंजरी, रस-विलास, कृष्ण-चरित्र।

मतिराम : ललित ललाम, छन्दसार, रसराज, लक्षण-शृंगार, मतिराम-सतसई।

भूषण : शिवराज भूषण, भूषण उल्लास, दूषण उल्लास, भूषण-हजारा, शिवा-बावनी, छत्रसाल दशक।

भिखारीदास : काव्य-निर्णय, रस-सारांश, शृंगार-निर्णय, विष्णु-पुराण भाषा, शब्द नाम प्रकाश।

देव : भावविलास, भवनिविलास, रसविलास, जातिविलास, प्रेमचन्द्रिका, प्रेम-तरंग, प्रेमपचीसी।

पद्माकर : हिम्मत बहादुर बिरुदावली, पद्माभरण, प्रबोध पचीसी, राम रसायन, विनोद पचासा।

कुलपति मिश्र : संग्राम सार, द्रोणपर्व, नखशिख, मुक्ति तरंगिणी।

4. प्रकृति प्रधान रचनाएँ : रीतिकाल में प्रकृति का चित्रण उद्दीपन रूप में हुआ है। स्वतन्त्र और आलम्बन रूप में प्रकृति चित्रण बहुत कम दिखाई पड़ता है। यह स्वाभाविक ही था, क्योंकि दरबारी कवि जिनके केन्द्र में नारी ही आकर्षण का विषय हो, उनका ध्यान प्रकृति के स्वतन्त्र रूप की ओर कैसे जा सकता था। फिर भी सेनापति का प्रकृति-चित्रण प्रशंसनीय है। ये रीतिकाल के अकेले ऐसे कवि दिखाई देते हैं जिन्होंने प्रकृति का वर्णन आलम्बन रूप में किया।

"वृष कौ तरनि तेज सहसौ किरन करि,
ज्वालन के जाल विकराल बरसत है।
तचहि धरनि जग जाति झरनि सीरी,
छाँह कौ पकरि पन्थी पंछी बिरमत है।"

केशव की 'रामचन्द्रिका' में भी प्रकृति का कुछ इसी प्रकार चित्रण मिलता है किन्तु शृंगारकालीन दौर में प्रकृति का प्रमुख रूप से उद्दीपन और अलंकरण के रूप में प्रतिफलित हुआ है।

5. अलंकारिकता प्रधान रचनाएँ : रीतिकाल के आचार्यों ने अलंकारों को काव्य का अनिवार्य अंग माना। इसीलिए उनकी अधिकांश रचनायों का आधार अलंकारशास्त्र रहा है। कविता की रचना करते हुए कैसे अपनी बात को चमत्कारपूर्ण ढंग से अपने राजाओं के सामने प्रस्तुत करना है इनको बखूबी आता था। अलंकार विवेचन के लिए इन आचार्यों ने जयदेव के 'चन्द्रालोक' अथवा अप्पय दीक्षित के 'कुवलयानन्द', 'काव्यप्रकाश' और 'साहित्यदर्पण' का आधार लिया। अधिकतर कवियों ने शब्दालंकार और अर्थालंकार को ही अपनी विवेचना का विषय बनाया जबकि कतिपय कवियों ने अर्थालंकार की ही विवेचना की है।

इन अलंकार-विवेचकों के ग्रन्थों में अनेक प्रकार के नवीन प्रयोगों में मौलिकता भी दृष्टिगोचर होती है। इन कवियों के वर्ण्य-विषय शृंगार और राजप्रशस्ति के अलावा भक्ति और नीति सम्बन्धी दोहे भी रहे हैं। उदाहरणस्वरूप के लिए-

मारवाड़ नरेश महाराज जसवन्त सिंह रचित यह दोहा जिसमें स्वभावोक्ति अलंकार का उदाहरण यहाँ दिखाई देता है-

"स्वभावोक्ति वह जानिये, बर्नन जाति-सुभाय।
हँसि-हँसि उझकति फिरि हँसति मुँह मोरति इतराय।।"

जसवन्त सिंह के पश्चात् मतिराम दूसरे प्रमुख अलंकार-निरूपक आचार्य हैं। इनके अलंकार-निरूपक ग्रन्थ हैं-'ललितललाम' और 'अलंकार पंचाशिका'। अलंकार की दृष्टि से 'ललितललाम' का महत्त्व प्रशंसनीय है।

कहीं-कहीं अलंकारों का इतना अधिक प्रयोग हुआ कि वह साधन न रहकर साध्य बन गये हैं। कहीं-कहीं केवल अलंकार ही अलंकार स्पष्ट होते हैं और कवि का अभिप्रेत अर्थ उसी चमत्कार में खो जाता है। यह दोष रीतिकालीन काव्यों में प्राय: दिखाई पड़ता है। इसीलिए केशव को कठिन काव्य का प्रेत कहा जाता है।

6. भक्ति और नीतिपरक रचनाएँ : रीतिकालीन कवि किसी विशिष्ट सम्प्रदाय के अनुयायी नहीं थे। लेकिन उनका ईश्वर में विश्वास था। एक साधारण आस्तिक हिन्दुओं में देवी-देवताओं के प्रति जो श्रद्धा और भक्ति का भाव रहता है, वहीं इनमें था। इसकी प्रवृत्ति रीतिग्रन्थों के मंगलाचरणों, आशीर्वचनों, भक्ति और शान्त रसों, अलंकार-विवेचन सम्बन्धी ग्रन्थों में दिये गये विभिन्न उदाहरणों में देखने को मिलती है। सामान्य रूप से राम और कृष्ण दोनों के अवतारी रूपों में विशेष आस्था रखते हैं, कहीं-कहीं गणेश, शिव की भी उपासना दिखाई पड़ती है। डॉ. नगेन्द्र का कहना है, "जीवन की अतिशय रसिकता से जब ये लोग घबरा उठते होंगे तो राधा-कृष्ण का यही अनुराग उनके धर्म-भीरु मन को आश्वासन देता होगा। इस प्रकार भक्ति उनके लिए एक मनोवैज्ञानिक आवश्यकता थी। रीतिकाल के सामाजिक जीवन और काव्य में भक्ति का आभास अनिवार्यत: विद्यमान है और नायक-नायिका के लिए बार-बार 'हरि' और 'राधिका' शब्दों का प्रयोग किया गया है।

इस काल में कुछ ऐसे भी कवि हुए जिन्होंने भक्ति-सम्बन्धी कविता में अपने हृदय के भावों को अभिव्यक्त किया। मसलन घनानन्द की यह कविता-

"नेह सो भोय संजोय धरी हिय-दीप दसाजु भरी अति आरती।
रूप उज्यारे अजू ब्रजमोहन सौंहनि आवनि ओर निहारति।
रावरी आरति बावरी लौ घनआनन्द भूलि वियोग निवरति।
भावना-थार हुलास के हाथनि यौं हित-मूरति हेरि उतारति।"

कहा जाय तो इस युग में भक्ति धार्मिकता की परिचायक ना होकर विलास-जर्जर दरबारी वातावरण के बाहर विषय-वासनाजन्य दु:ख से आकुल मन के लिए शरणभूमि ही थी।

नीति काव्य इस युग की एक नयी देन है। इस क्षेत्र में वृन्द के नीति दोहे और गिरधर की कुंडलियाँ तथा दीनदयाल गिरि की अन्योक्तियाँ उल्लेखनीय हैं।

7. बृजभाषा प्रधान रचनाएँ : यह काल ब्रजभाषा का स्वर्णयुग रहा। भाषा लालित्य, वर्णमैत्री, अनुप्रासपरक काव्य, ध्वन्यात्मकता, संगीतात्मकता, आदि का पूरा निर्वाह इस काल में किया गया है। भाषा की मधुरता ही वह कारण रहा है जिसकी वजह से मुगल शासक भी इस ओर आकर्षित हुए। यद्यपि इसमें अवधी, बुन्देलखण्डी, फारसी के शब्दों का सम्मिश्रण देखने को मिलता है, लेकिन बहुतायत ब्रजभाषा की ही थी। भूषण और देव इसके अप्रतिम कवि है। वहीं कोमलकान्त पदावली की रचना में पद्माकर और देव ने तुलसी को भी पीछे छोड़ दिया।

रीतिकालीन काव्य पर दोष

रीतिकालीन काव्य की जहाँ अपनी कुछ विशेषताएँ थीं वहीं इस पर कई तरह के दोष भी लगाये जाते हैं। यथा–

अश्लीलता का दोष–रीतिकालीन काव्य का जहाँ अपना एक अद्वितीय सौन्दर्य है वहीं इसमें अश्लीलता दोष भी मढ़ा जाता है। चाहे इसके पीछे की परिस्थितियाँ ऐतिहासिक और सामाजिक रही हों, लेकिन यह बात सच है कि इसमें नारी के मांसल शरीर और पुरुष के काम-लोलुपता का प्रयोग जमकर हुआ है। वहीं यह बात भी सही है कि एक ही प्रकार का वस्तु रूप एक युग में एक स्थिति का कारण मात्र माना जा सकता है, जबकि दूसरा अश्लील का पर्याय भी। संस्कृत में कालिदास और कई अन्य कवियों की रचनाएँ अश्लीलता के दायरे में नहीं आती है लेकिन रीतिकाल में हैं। इस प्रकार यह स्पष्ट है कि अश्लील सापेक्ष पद है। (नीवी, नितम्ब, उरोज) जैसे जिन शब्दों का वर्णन आज अश्लील जान पड़ता है वही शब्द संस्कृत काव्य की परम्परा में गहराई के साथ रचे-बसे थे।

आश्रयदाताओं की प्रशंसा का दोष–यह सही है कि इस काल के अधिकतर कवि चाटुकार और चापलूस किस्म के थे लेकिन इसका कारण भी ऐतिहासिक और सामाजिक था। एक तरफ उनके ऊपर परिवार चलाने और रोजी-रोटी का संकट था जिसके लिए वह प्रेम-प्रसंग पूर्ण रचनाएँ करते थे तो दूसरी तरफ गुलामी से मुक्ति की छटपटाहट भी। काव्य का एक स्वरूप श्रृंगारपरक है तो दूसरे का वीररसपरक। आश्रयदाता की प्रशंसा में उठी हुई काव्य-स्फूर्ति का यही मूल कारण था।

जो भी हो, लेकिन इतना तो ज़रूर रहा कि कला, स्थापत्य और साहित्य के विकास की दृष्टि से यह काल भी किसी से कम नहीं था।

समाज को प्रगति प्रदान करने की अक्षमता–स्थिरता इस काल का एक अन्य दोष माना जाता है। ऐसा माना जाता है इस समय रचित काव्य समाज को प्रगति प्रदान करने में समर्थ नहीं था। क्योंकि इसमें मानवीय जीवन-दर्शन का अभाव

दिखाई पड़ता है, जो एक मायने में सच भी है। रीतिकाव्य वास्तव में यौवन की मादकता और विलासिता का काव्य है।

नारी का भोग्या रूप में चित्रण– इस काव्य पर जो सबसे बड़ा आरोप लगाया जाता है उसमें नारी के सम्मान को बरकरार न रखने का आरोप सबसे बड़ा है। नारी को जिस भोग्या रूप में दिखाया गया है, उसमें सिर्फ़ उसकी मांसलता, सौन्दर्यता, और मादकता के ही रूप दिखाई देते हैं। कहीं भी नारी का शुचिता रूप देखने को नहीं मिलता, जो इसकी सीमितता को दर्शाता है।

रीतिकाल के पतन का कारण

जैसा कि मैंने पहले ही कहा कि रीतिकाल के पतन के कारण उसके उदय में ही छिपे हुए हैं। 1850 के आसपास रीतिकाल का अवसान होना लगभग प्रारम्भ हो चुका था। इसके पीछे उसका अपना ही वह ऐतिहासिक और सामाजिक कारण था जिसकी पृष्ठभूमि मुगल शासकों ने तैयार की थी। इस काल का उदय जितनी तेजी से हुआ पतन भी उतनी ही तेजी हुआ। तूफान की भाँति उठे मुगल शासन का अन्त इतनी जल्दी हो जायेगा यह किसी को अनुमान नहीं था। मुगलों की आपसी फूट और कमज़ोरी का पूरा फायदा अंग्रेज़ों ने उठाया और ईस्ट इंडिया कम्पनी के माध्यम से भारतीय साम्राज्य पर अपना कब्जा जमा लिया। धीरे-धीरे वे भारतीय रजवाड़े भी खत्म होते चले गये जिनके आश्रय में रीतिकाल का उदय हुआ था। अंग्रेज़ी शासन को कविताओं से कोई मोह नहीं था और ना ही उन्हें किसी तरह के चारण-भाट तरह के लोगों की संगति पसन्द थी। उनका एक ही लक्ष्य था किसी भी तरह साम्राज्य का विस्तार करना।

रीतिकाल के पतन का दूसरा बड़ा कारण अंग्रेज़ों ने औद्योगिकीकरण और आधुनिकीकरण के माध्यम से जिस नवजागरण का सूत्रपात किया। उसका प्रभाव भारतीय जनमानस और साहित्य पर भी पड़ा। प्रिंटिंग प्रेस के विकास ने इसको और विस्तार दे दिया। साहित्य की सीमा रेखा अब राजाओं के दरबार से निकलकर आम जनता तक पहुँच गयी। इसके व्यापक प्रचार-प्रसार का पूरा फायदा हमारे नवजागरण कालीन साहित्यकारों ने भी उठाया जिसके अगुआ भारतेन्दु हरिश्चन्द्र बने। यह वही समय था जब हिन्दी साहित्य के इतिहास में आधुनिक काल का प्रारम्भ होता है और भारतेन्दु यह कहते हुए सुनाई देते हैं "निज भाषा उन्नति अहै सब उन्नति को मूल"। जिसकी भाषा खड़ी बोली हिन्दी थी। नवजागरण की यह लहर साहित्य से निकलकर समाज तक फैल गयी। कई समाज-सुधारक विधवा पुनर्विवाह, नारी-सुधार, बाल-विवाह से मुक्ति और जातिगत समानता जैसे आन्दोलन के समर्थन में आ खड़े हुए। परिणाम यह रहा कि उत्तर से दक्षिण पूर्व

से पश्चिम तक समाज-सुधार की एक बयार चल पड़ी। भाषा का मिज़ाज क्षेत्रीय भाषाओं और बोलियों से निकलकर के खड़ी बोली की तरफ मुड़ गया । जबकि रीतिवादी कवियों का आधार ब्रज भाषा थी। उसकी जगह खड़ी हिन्दी ने ले लिया। अब जीवन का संघर्ष कविता से निकल कर के निबन्धों, कहानियों, उपन्यासों और नाटकों में परिलक्षित होने लगा, जो रीतिवादी काव्य के छन्दात्मक स्वरूप को तोड़ने के लिए काफी था।

ऐसा भी नहीं था कि सम्पूर्ण रीतिकाल के इतिहास को एक झटके में खत्म कर दिया गया, लेकिन देशकाल और परिस्थितियाँ ऐसी बनीं कि कविता को वह स्थान अब नहीं मिल पाया जो पहले मिला था। तथापि पद्माकर अन्तिम समर्थ कवि दिखाई देते हैं जो 19वीं सदी के प्रारम्भ तक सफल कविताएँ लिखते हुए दिखाई पड़ते हैं। भारतेन्दु हरिश्चन्द्र और उनके मण्डल के अन्य सदस्य चाहे लाला श्रीनिवास दास रहे हों, या प्रताप नारायण मिश्र सब लोगों ने साहित्य के माध्यम से अपनी बात रखने के माध्यम के रूप में निबन्ध और नाटकों को चुना। लेकिन पूरी तरह से यह भी नहीं कहा जा सकता कि कविता का स्वरूप खत्म हो गया। हाँ कविता से मांसलता, सौन्दर्यात्मकता और अलंकारिक वर्णन का अस्तित्व भले ही मिट गया हो लेकिन इसकी प्रवृत्तियों का अवशेष हमें आगे चलकर द्विवेदी युगीन कविताओं में और छायावादी कविताओं में भी देखने को मिलता है।

कुल मिलाकर सच यही है कि ब्रिटिश हुकूमत, नवजागरण आन्दोलन और आधुनिक विचारधारा ने रीतिकालीन कविता की जड़ों को इस तरह उखाड़ फेंका कि उसको खत्म होना ही था। और यही उसके पतन का कारण भी था।

रीतिकाल की उत्पत्ति के प्रमुख कारण निम्नलिखित हैं–

1. ऐतिहासिक नियति–जब भी किसी मूल्य चेतना का उदय होता है, उसी के भीतर से उसके पतन के सूत्र भी आते हैं। बड़ा से बड़ा आन्दोलन एक विशेष चरण में आकर अपनी तेजस्विता खो देता है। मूल्यों की बाढ़ पतन की कीचड़ छोड़ देती है। भक्ति की विशुद्धता धीरे-धीरे ऐहिक सन्दर्भों में होने लगी उसके अभिप्राय भौतिक हो गये और इस प्रकार रीतिकाल का उदय हुआ।

2. कवियों का स्थानान्तरण–कवि धीरे-धीरे राजाश्रय की ओर बढ़ने लगे व कविता जीविकोपार्जन का साधन बन गयी। सामन्तों के मनोरंजन को कवियों ने जीविका का साधन बना लिया। कवियों के जीवन व परिवेश का बदलाव कविता पर भी पड़ा। कविता लोक से कटकर राजाश्रय की प्राचीरों में बँध गयी। बाहरी ढाँचा भक्ति काल का ही रखा (राधा-कृष्ण) पर अन्तर्वस्तु बदल गयी। कविता में राजाओं का वैभव, विलासिता, कलात्मकता व प्रेम का भोगवादी चेहरा दिखने लगा। यह कलात्मकता अन्य कलाओं में भी दिखती है।

3. परिवेश में बदलाव—इस कविता पर एक नैतिक दबाव है भक्ति काव्य का। अत: भक्ति को आवरण की तरह ओढ़ा। इस कविता में नैतिकता चेतना के स्तर पर नहीं है, डर के स्तर पर है। यह कवि भोग और रसिकता के कवि हैं जो राजदरबारों की माँग है। सामन्तों के निष्क्रिय जीवन को चमत्कार या खेल-तमाशे चाहिए थे, जो कवि कविता से देते थे। अनुप्रास व चित्रात्मकता पर विशेष ध्यान था। रीतिकाव्य रसिकता व प्रदर्शन का काव्य है इसमें मूल्यों की कोई परवाह नहीं है और मनोरंजन ही मूल्य है। इस काल में नैतिक चेतना व आध्यात्मिक बोध का कविता से लोप हो गया। काम-अभिप्रायों का चित्रण ही काव्य का मूल उद्देश्य बन गया। जीवन की समग्रता व जटिलता की कविता नहीं थी, सामाजिक चिन्ता से रहित काव्य लिखा जाने लगा। स्त्री के केवल कामिनी रूप का ही चित्रण हुआ, अन्य कोई भी रूप या सम्बन्ध नहीं। अत: कविता में बदलाव का कारण सामाजिक परिवेश का बदलाव नहीं वरन् कवि-परिवेश में बदलाव था।

4. भक्ति काव्य व रीतिकाव्य में अन्त:सम्बन्ध—भक्तिकाल व रीतिकाल में अन्त:सम्बन्ध है। प्रेम भक्तिकाल का भी मूल्य उपजीव्य है। लेकिन उसका केन्द्र ईश्वर है। शृंगारिकता ईश्वरोन्मुख है। दूसरे, भक्तिकाव्य में लौकिक कविता की परम्परा दब गयी थी। भक्ति का वेग उतरते ही कविता का लौकिक चेहरा उभर आया। रीतिकालीन कवि प्रेम की आध्यात्मिकता नहीं रख सके। इसका कारण सामन्ती भोगविलास का दबाव था। अत: प्रेम शारीरिक रीतिकाल में शरीरवाद बन कर रह गया। प्रेम सम्बन्धों की गहराई से उतर गया। अत: भक्ति काव्य के प्रेम का सूत्र लिया पर सन्दर्भ बदल दिया।

- रीतिकालीन काव्य पूर्णत: काव्यशास्त्र पर आधारित है। काव्यशास्त्रीय रचनाएँ भक्तिकाल में भी थीं।

1. सूरदास—साहित्य लहरी। अलंकार भेद व नायिकाभेद का निरूपण आदि।
2. नन्ददास—रसमंजरी-नायिकाभेद का निरूपण। केशवदास जी रीतिकाल में माने जाते हैं पर भक्तिकाल की सीमा में हैं।

- कविप्रिया—अलंकार शास्त्र।
- रसप्रिया—नायिकाभेद। अत: अलंकार शास्त्र व नायिकाभेद के बीज भक्ति काव्य में भी हैं।
- **प्रेम की मांसलता**—प्रेम एक अमूर्त भाव नहीं है। वह अपनी आरम्भिकता में भाव है परन्तु परिणति में शरीर। प्रेम की मांसल प्रकृति कृष्ण भक्त कवियों में दिखती है। पर वहाँ प्रेम भावना और दैहिकता दोनों स्तर पर है। उन्होंने प्रेम का निर्बन्ध चित्रण किया। रीतिकाव्य ने केवल मांसलता ग्रहण की।

रीतिकाल का नामकरण

विभिन्न विद्वानों ने रीतिकाल को अनेक नामों से पुकारा है। कुछ विद्वान इसे शृंगार काल कहते हैं तो कुछ इसे अलंकृत काल और रीतिकाल कहते हैं। वास्तव में इस काल में शृंगार और वीररस की कविताओं की रचना हुई। मिश्रबन्धु ने इसे अलंकृत काल कहा है क्योंकि इस कविता की अन्तर्वस्तु अलंकार है। समूची कविता में अलंकारों की प्रधानता है, पर अलंकृति की मूल प्रेरणा कहाँ है पता नहीं चलता।

आचार्य रामचन्द्र शुक्ल इसे **रीतिकाल** कहते हैं। ऐसी कविता जो अलंकार व रसशास्त्र के नियमों के अनुसार लिखी गयी है। अत: रीति इस काव्य की व्यापक भावभूमि है।

शृंगारकाल–विश्वनाथ प्रसाद मिश्र ने इसे शृंगारकाल का नाम दिया। कविता का मूल विषय शृंगार है। शुक्ल जी कहते हैं कि प्रवृत्ति के आधार पर इसे शृंगार काल भी कह सकते हैं। परन्तु शृंगार काव्य कहने से अन्य धाराएँ छूट जाती हैं।

कलाकाल–रमाशंकर शुक्ल 'रसाल' के अनुसार कलात्मकता कविता की मूल प्रेरणा है। पर यह नहीं दर्शाता कि कलात्मकता क्यों है।

'रीतिकाल' सर्वस्वीकृत है क्योंकि यह रीति की दोनों मुख्य प्रवृत्तियों शृंगार व अलंकार को द्योतित करता है तथा अपने समय की अन्य धाराओं नीति, वीर आदि को भी शामिल करता है।

रीतिकाव्य के भेद

आचार्य विश्वनाथ मिश्र ने हिन्दी साहित्य में रीतिकाल का विभाजन निम्न प्रकार से किया है–

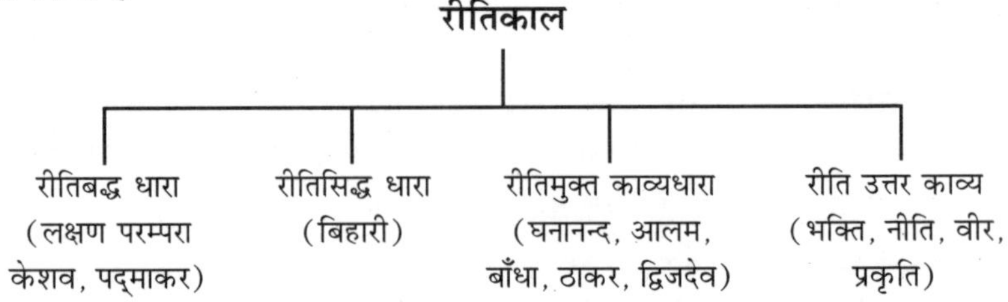

इसका कारण इस युग में शृंगार प्रेरित रचनाओं की बहुलता है। उनके अनुसार हर कवि में शृंगार की प्रवृत्ति विद्यमान रहती है अत: इसे शृंगार काल कहा जाना चाहिए।

1. रीतिबद्ध 2. रीतिसिद्ध 3. रीतिमुक्त

रीतिबद्ध–रीतिबद्ध वह कविता है जो शास्त्र के नियमों से बँधी है। काव्य शास्त्र के नियमों व उदाहरणों से इसकी रचना हुई है। सिद्धान्तों का उदाहरण काव्य से।

लक्षण उदाहरण से सम्पूर्ण कविता का विन्यास है। इन कवियों को आचार्य भी कहते हैं सम्भवतः आश्रयदाताओं को काव्य शास्त्र की जानकारी देना मूल लक्ष्य रहा होगा। संस्कृत में भी परम्परा का भाषा में अनुवाद किया गया। अतः वह कवि जो कवि व शास्त्रज्ञ दोनों हैं। चिन्तामणि, केशवदास, मतिराम, भिखारीदास, देव और पद्माकर रीतिबद्ध।

रीतिसिद्ध–लक्षण नहीं देते बल्कि उदाहरण ही देते हैं। सूत्र की व्याख्या नहीं है। व्याख्या से ही सूत्रों का पता चलता है, जो रीति को सिद्ध करती है। इसके सबसे बड़े कवि बिहारी है।

रीतिबद्ध व रीतिसिद्ध धाराएँ समानान्तर चलती रहीं।

रीतिमुक्त–इनके विरोध में 17वीं सदी में रीतिमुक्त धारा आयी। कविता व प्रेम के खिलवाड़ के विरोध में आयी। यह कविता भी प्रेम पर लिखी गयी है पर तमाशाई प्रेम नहीं है। चूँकि इनका प्रेम एकतरफा था, अतः 'प्रेम की पीर' के कवि भी कहलाते हैं। अतः अनुभूति व जीवन का वास्तविक पक्ष भी कविता में दिखता हैं। दिनकर के अनुसार इसमें आधुनिक कविता के बीज हैं। कविता व जीवन के बीच गहरे सम्बन्धों की नींव रखी। भक्ति काव्य में तकलीफों का अध्यात्मीकरण। यहाँ सारी तकलीफ खुद ही झेलनी है घनानन्द, ठाकुर, बोधा, द्विजदेव व आलम।

- कविता को कला के चमत्कार से बाहर निकाला। कविता की तत्त्ववेदना की अनुभूति को माना।
- कविता में संरचना पर अत्यधिक बल नहीं देना चाहिए। कविता की शोभा संरचना नहीं, अनुभूति के उद्रेक (प्रचुरता) में है।
- किसी भी कविता की सार्थकता चित्त में अवसाद व वेदना उत्पन्न करने में है। कविता में एकांतिक भावना की शुरुआत की।
- यह सम्बन्धों के टूटन से उपजी त्रासदी की कविता है। आधुनिक युग में यह सभी प्रवृत्तियाँ विकसित रूप से लक्षित होती हैं। अतः रामधारी सिंह दिनकर इसे आधुनिक युग की पूर्वपीठिका कहते हैं।

रीतिकाल के लक्षण

रीतिकाल के प्रमुख लक्षण निम्नलिखित हैं–

1. सरस कविता ब्रजभाषा में ही हो सकती है। द्विवेदी युग में खड़ी बोली पर कविता हुई और ब्रजभाषा के आरक्षण को तोड़ा। भाषा की समृद्धि प्रयोग पर निर्भर करती है, इसलिए द्विवेदी युग में खड़ी बोली का प्रयोग शुरू किया गया। ब्रजभाषा पर प्रहार प्रकारान्तर से प्रारम्भ हुआ। इसलिए यह रीतिवाद पर प्रहार है।

2. रीतिकाल यह मानता है कि सभी रसों में श्रृंगार रस ही श्रेष्ठ है अतः अच्छी कविताएँ श्रृंगार पर ही लिखी जा सकती हैं। कारण बताया–स्त्री–पुरुष के आदिम आकर्षण के कारण जितनी व्यापकता श्रृंगार में है, किसी अन्य भाव में नहीं। द्विवेदी युग ने इस धारणा पर प्रहार किया। श्रृंगार महत्त्वपूर्ण है। इस हेतु श्रृंगार को मर्यादित किया। प्रेम व श्रृंगार की चेतना का विस्तार किया गया। नायिका भेद की दूरी की काव्यशास्त्रीय अवधारणा को देहवाद मानते हुए कविता से बाहर निकाल दिया। अतः रीतिवादी श्रृंगार को खारिज कर राष्ट्रभक्ति, स्त्री की नयी भूमिका को केन्द्र में लाया गया।

3. कविता रीतिकाल में मनोरंजन से जुड़ी थी। द्विवेदी युग में यह सन्देश दिया कि कविता मन बहलाव नहीं है। कविता अपनी सामाजिक जवाबदेही के प्रति सजग हुई। मनोरंजन का स्थान समस्याओं ने लिया, कविता को नैतिक विधान से जोड़ते हुए उचित उपदेशात्मकता पर भी बल दिया गया। मनोरंजन के स्थान पर जो नयी मूल्य चेतना आयी उसमें नैतिकता का आग्रह था। कविता शुभ वस्त्र धारण किये हुए संन्यासिनी की तरह दिखी।

4. कविता का मूल्यांकन रीतिकाल में रस व अलंकार के आधार पर किया गया। ऊपरी चमक व चमत्कार पर बल था। द्विवेदी युग में कहा कि कविता का मूल्यांकन उसकी देह के आधार पर नहीं हो सकता। उसकी अन्तर्वस्तु के आधार पर होना चाहिए। रचना शिल्प के स्थान पर रचना दृष्टि को अधिक वरीयता दी जाये। यह प्रधानता देना ही रीतिकाल का विरोध है। कलावाद कविता को जीवन विमुख करता है। अतः द्विवेदी युग में कविता को ठेठ किसानी व्यक्तित्व देने का काम किया गया। रूढ़ता व साधारणता के साथ भी यह सुन्दर हो सकता है।

रीतिवाद के प्रतिरोध में ही उस आधुनिकता का सूत्रपात होता है जो सांस्कृतिक पौराणिक सम्बन्धों को मानवीय अर्थवत्ता से जोड़ती है। इस तरह कविता को प्रकृति व जीवन के अनगिनत वैविध्य में मुक्त कर देती है। इस तरह से द्विवेदी युग पहली बार कविता को विचार व तर्क के आधार पर संगठित करता है। इसलिए इस युग की पूरी रचनाशीलता के केन्द्र में वैचारिकता का आग्रह है। यही इस युग की पहचान है। कविता के वैचारिक आग्रहों पर सर्वप्रथम दृष्टिपात किया व कविता में आधुनिक भाव बोध का सूत्रपात किया। वैचारिक आग्रहों से परिपूर्ण होने के कारण जीवन की समस्याओं को मानवीय सन्दर्भ में देखने की शुरुआत की। देववाद से वैचारिकता का क्षरण होता है। द्विवेदी युग के प्रबन्ध काव्यों में ठोस वैचारिकता है। प्रथम काव्य 'प्रिय प्रवास' (1914) में कृष्ण को मनुष्य के रूप में स्वीकार करने की चेतना दिखाई पड़ती है। कृष्ण को ब्रह्म नहीं पुरुषोत्तम रूप में चित्रित किया गया। देववाद के स्थान पर मानववाद की स्थापना वैचारिकता का एक पहलू बना। स्त्री के जीवन को पुरुष से बँधा होने वाली मानसिकता पर वैचारिक प्रहार किया।

प्रिया के रूप में चित्रित राधा को समाज सेविका चित्रित कर स्त्री की नयी भूमिका की परिपाटी तैयार की। 'साकेत' में मैथिलीशरण गुप्त राम को मानव मानकर ही कविता कहते हैं। इससे इन पौराणिक कथाओं में चमत्कारों व अतिमानवीय प्रसंगों का निष्कासन कर दिया गया एवं देववाद को मानववाद की भूमिका पर ले आया गया।

हिन्दी साहित्य की आदिकालीन सामन्ती मानसिकता एवं राजशाही परिवेश से बाहर निकालकर जिस भक्ति और आस्था का सूत्रपात भक्तिकालीन कवियों जैसे तुलसी, सूरदास, मीरा और जायसी ने किया था उसकी गति 17 वी शताब्दी तक आते-आते एक बार पुनः क्षीण होने लगी और हिन्दी साहित्य रीतिकाल के माध्यम से दरबारी संस्कृति, मांसलता और सामन्ती मानसिकता का पुनः शिकार होता चला गया। इस दौर में सहकारिता की प्रवृत्ति बढ़ी जिसका मुख्य उद्देश्य अपने दरबारी राजाओं की प्रशंसा और उनके पौरुष और प्रतिभा का गुणगान करना था, जिसको सुनकर के उनके राजा उनसे खुश हो जायें। इस दृष्टि से यहाँ दो तरह की काव्यधाराओं का उद्‌भव दिखाई देता है–एक रीतिबद्ध और दूसरा रीतिमुक्त काव्यधारा।

रीतिबद्ध काव्यधारा

इस काव्यधारा के कवियों की विशेषता यह थी कि इस धारा के कवियों ने सामन्तों, राजाओं और अपने आश्रितों की जमकर प्रशंसा की और उन पर लक्षण ग्रन्थ लिखे। इस धारा के प्रमुख कवि थे केशवदास, पद्माकर, देव, मतिराम, भिखारीदास इत्यार्दि।

डॉ नगेन्द्र के अनुसार केशवदास रचित 'कविप्रिया' (1601) से हिन्दी साहित्य में रीत काव्यधारा की शुरुआत होती है और इसे वे रीतिकाल का पहला लक्षण ग्रन्थ मानते हैं। इसके अलावा केशवदास जी की ही रसिकप्रिया, मतिराम का रसराज, देव का रस-विलास तथा भिखारीदास के काव्य-निर्णय को रीति काव्यधारा के प्रारम्भिक ग्रन्थ माने जाते हैं। जबकि आचार्य रामचन्द्र शुक्ल ने रीति का उदय चिन्तामणि (1643) से माना है। उनका मानना है कि केशवदास ने संस्कृत आचार्यों द्वारा अनूदित रचनाओं जैसे 'कुवलयानन्द' तथा 'चन्द्रालोक' का अनुसरण किया है इसलिए आचार्य शुक्ल के अनुसार चिन्तामणि त्रिपाठी वास्तव में रीति के आरम्भकर्ता माने जायेंगे न की केशवदास।

रीतिकाल की प्रवृत्तियों को लेकर मतभेद

रीतिकाल से तात्पर्य किसी शायरी, रीति या पद्धति से न हो करके एक ऐसी विशिष्ट रचना पद्धति से है जिसमें काव्यशास्त्र के सारे लक्षण मांसलता, अलंकार,

छन्द और सब विधान समाहित हैं मतलब एक ऐसी रचना जिसको कि शब्दों के माध्यम से चमत्कार पैदा किया जा सके। इस दृष्टि से देखें तो रीतिकालीन कवि ना सिर्फ़ एक अच्छे रचनाकार थे साहित्य और संस्कृति के अच्छे ज्ञाता थे। इसीलिए रीतिकालीन काव्य को आचार्यत्व काव्य का दर्जा दिया जाता है। अर्थात आचार्य का दर्जा वही व्यक्ति पा सकता है जिसका आचरण समाज के द्वारा अनुकरणीय माना जाये। जबकि आचार्य रामचन्द्र शुक्ल का कहना है कि "हिन्दी में लक्षण ग्रन्थों की परिपाटी पर रचना करने वाले कवियों को आचार्य कोटि का नहीं माना जा सकता क्योंकि इन कवियों का न तो साहित्य और न ही चरित्र अनुकरणीय है। जिसकी वजह से इन्हें आचार्यत्व की श्रेणी में रखा जा सके।" वहीं डॉ. नगेन्द्र और डॉ. महेन्द्र कुमार इन कवियों को आचार्य कवि मानते हैं। इस दृष्टि से देखें तो रीतिकालीन काव्य को समझने की दो धाराएँ समनान्तर चलती हुई दिखाई देती हैं। जिसमें एक वर्ग इस समय के साहित्य को लक्षण प्रधान और आचार्यत्व प्रधान मानता है। दूसरा नहीं। इस तरह रीतिबद्ध काव्यधारा अथवा रीति काव्यधारा का विवेचन-विश्लेषण किया जा सकता है।

रीतिकालीन अथवा रीतिबद्ध काव्यधारा की विशेषताएँ

1. आचार्यत्व प्रधान रचनाएँ–आचार्यत्व को लेकर के रीतिकालीन कवियों का विवाद प्रारम्भ से ही बना रहा है। आचार्यत्व से तात्पर्य ऐसी रचनाओं से था जो किसी नवीन सिद्धान्त को प्रस्तुत करें। इस दृष्टि से देखें तो इस काव्य धारा के कवि नये सिद्धान्त प्रतिपादित तो करते हैं लेकिन इसमें मौलिकता ना हो करके दूसरे रचनाकारों का या तो अनुवाद किया गया है अथवा अनुकरण। यद्यपि यह बात भी सही है कि इस समय के रचनाकार राजाओं के आश्रित होने के कारण वीरता प्रधान और श्रृंगार प्रधान रचनाएँ लिखते थे। जिसे लक्षण ग्रन्थ कहा जा सकता है। इसी को आधार बनाकर के दिल्ली विश्वविद्यालय के प्राध्यापक द्वय डॉ. नगेन्द्र और डॉ. महेन्द्र कुमार ने इस पूरी काव्यधारा को आचार्यत्व प्रधान काव्य धारा कहा। और उनके रचयिता कवियों को 'आचार्य कवि' जबकि इसके उलट आचार्य रामचन्द्र शुक्ल का कहना है कि 'हिन्दी में लक्षण ग्रन्थों की परिपाटी पर रचना करने वाले सैकड़ों कवि को आचार्य की कोटि को में नहीं रखा जा सकता।

2. लक्षण ग्रन्थों की भरमार–इस धारा के धारा के कवियों में लक्षण ग्रन्थों को लिखने की होड़ सी दिखाई देती है। इस प्रकार के ग्रन्थों की रचना सिर्फ़ सर्वाधिक नहीं है बल्कि इसमें विषय वैविध्य भी दिखाई देता है। एक तरफ जहाँ राजाओं की वीरता, ऊर्जा और जोश को बढ़ा-चढ़ाकर प्रस्तुत किया गया है वहीं दूसरी तरफ नायक-नायिका भेद, उनके अंगोपांग का श्रृंगारिक वर्णन ही दिखाई देता है। श्रृंगार रस की समग्र सामग्री मसलन विभाव, अनुभाव और संचारी भाव का जिस प्रकार

से प्रदर्शन किया गया है इससे पूरी काव्य धारा में एक अनुपम और अद्वितीय किस्म का अलंकारिक और चमत्कारी वर्णन दिखाई देता है। उदाहरण के लिए मतिराम की ललित ललाम और अलंकार पंचाशिका, भूषण का शिवराज भूषण, देव का भाव-विलास और रस-विलास, गोप का रामचन्द्रभूषण, भिखारीदास का काव्य-निर्णय, ग्वाल का रसरंग और रसिक आनन्द, भूषण का शिवा-बावनी और छत्रसाल दशक, लाल कवि का छत्रप्रकाश, श्रीधर का जंगनामा, पद्माकर का हिम्मत बहादुर विरुदावली इत्यादि। उदाहरण के लिए मतिराम का अनुपम दोहा–

"केलि की राति अघाने नहीं, दिनँ मैं लला पुनि घात लगाई।
प्यास लगी कोउ पानी दै जाउ, यों भीतर बैठि कै बात सुनाई।
जेठी पठाई गयी दुलही, हँसि हेरि हिये मतिराम बुलाई।
कान्ह के बोल पै कान न दीन्हों, सु गेह की देहरी पै धरि आई।"

(http//www.kavitakosh.org)

3. शृंगार प्रधान रचनाओं की भरमार–रीतिबद्ध काव्य धारा में जहाँ एक तरफ विविध विषयों से भरपूर लक्षण ग्रन्थ लिखे गये वहीं दूसरी तरफ शृंगार प्रधान रचनाओं की भी भरमार रही। इस काल की कविता में नारी केवल पुरुष के रतिभाव का आलम्बन मात्र बनकर रह गयी। यहाँ तक कि राधा-कृष्ण के प्रेम में भी नारी के अंग-प्रत्यंग की शोभा, प्रेम-विलास, प्रेम की अभिलाषा का ही निरूपण किया। शृंगार के दोनों रूपों के माध्यम से संयोग और वियोग का चित्रण किया गया। नायिका का आंगोपांग चित्रण है तो उनकी भावनाओं और व्याकुलता का विवेचन भी। यथा–

"कुन्दन को रंग फीको लगै झलके अति अंगन चारु गोराई।
आँखिन में अलसानि चितौनी में मंजू विलसन की सरसाई।
को बिन मोल विकात नहीं, मतिराम लहै मुस्कानि मिठाई।
ज्यों-ज्यों निहारिये मेरे ह्वै नैननि त्यों-त्यों खरी निकरै सी निकाई।"

4. वीर रस की प्रधानता–इस काव्य की रचनाओं में शृंगार और वीरता का अद्‌भुत संयोग दिखाई देता है। इस काल के आश्रित कवियों ने अपने राजाओं की प्रशंसा में जिस प्रकार की विरुदावली लिखी वह हिन्दी साहित्य के इतिहास में अप्रतिम है। पद्माकर की हिम्मत बहादुर विरुदावली, भूषण की शिवाबावनी और छत्रसाल दशक, श्रीधर की जंगनामा अनेक ऐसी रचनाएँ हैं जो इस काल के काव्य की वीरता को उद्‌घाटित करती हैं। भूषण की कविताओं में युद्ध का वर्णन बड़ा ही सजीव और स्वाभाविक है। शिवाजी की सेना जब रण के लिए प्रस्थान करती है तब उस समय का चित्र कैसे होता है। इसका एक अनुपम उदाहरण इस प्रकार है–

"साजि चतुरंग बीररंग में तुरंग चढ़ि।
सरजा सिवाजी जंग जीतन चलत है

भूषन भनत नाद विहद नगारन के।
नदी नद मद गैबरन के रलत हैं
ऐल फैल खैल भैल खलक में गैल गैल,
गाजन की ठेल-पेल सैल उसलत हैं।
तारा सों तरनि घूरि धरा में लगत जिम,
धारा पर पारा पारावार ज्यों हलत हैं"

(शिवा बावनी) - (https//www.wikipedia.org)

5. नीति काव्य प्रधान रचनाएँ–जैसा कि पूर्व विदित है रीतिकालीन काव्य विविधताओं और संयोगों का काल है। इसमें से एक संयोग यह भी था कि वीरता के साथ-साथ नीति-परक दोहे भी इसी काल में देखने को मिलते हैं। नीति के मामले में वृन्द के नीतिपरक दोहे, गिरधर की कुंडलियाँ तथा दीनदयाल गिरि की अन्योक्तियाँ का जो उदाहरण प्रस्तुत किया वह हिन्दी साहित्य के इतिहास में अन्य जगह देखने को नहीं मिलता। उदाहरण के लिए वृन्द का यह दोहा–

"स्वारथ के सब ही सगे, बिन स्वारथ कोउ नाहिं ।
जैसे पंछी सरस तरु, निरस भये उड़ि जाहिं ।।
मधुर बचन तें जात मिट, उत्तम जन अभिमान ।
तनिक सीत जल सों मिटे, जैसे दूध उफान ।।"

(https//www.bharatdarshan.co.nz/magazine/literature/899/
niti&dohe&vrind.html)

6. प्रकृति चित्रण–रीतिकालीन काव्य में प्रकृति का चित्रण उद्दीपन रूप में हुआ है। प्रकृति चित्रण स्वाभाविक और सरस रूप कम ही देखने को मिलता है। कारण इस समय के अधिकतर कवियों का ध्यान या तो नारी के उद्दीपन रूप की तरफ था अथवा अपने राजाओं को खुश करने के लिए उनकी प्रसंशा की तरफ। इसलिए यहाँ प्रकृति का प्रतीकात्मक और बिम्बग्राही रूप देखने को कम ही मिलता है। वर्षा ऋतु का चित्रण सेनापति ने जिस तरह से किया है वह अद्‌भुत है।

"दामिनी दमक, सुरचाप की चमक, स्याम
घटा की घमक अति घोर घनघोर तै।
कोकिला, कलापी कल कूजत हैं जित-तित
सीतल है हीतल, समीर झकझोर तै।
सेनापति आवन कह्यों हैं मनभावन, सु
लाग्यो तरसावन विरह-जुर जोर तै।
आयो सखि सावन, मदन सरसावन
लग्यो है बरसावन सलिल चहुँ ओर तै।"

(http//dhankedeshme-blogspot-in/2010/07/blog&post_23-html)

7. अलंकार प्रधान रचनाएँ–रीतिकालीन काव्य की एक अन्य प्रधान प्रवृत्ति इसकी आलंकारिकता है। इसका कारण राजदरबारों का विलासी वातावरण तथा जन-साधारण की रुचि थी। कवि अपनी कविता को बहु-अलंकृत चाशनी में डुबोकर के उसमें से जो रसधार निकलता था उससे उसके दरबारी राजा प्रसन्न हो जाते थे। इस काल में अलंकारों का इतना अधिक प्रयोग हुआ कि वह साधन न रहकर साध्य बन गये, जिससे काव्य का सौन्दर्य बढ़ने की अपेक्षा कम ही हुआ। कई बार तो कविता की शोभा अलंकार मात्र से बढ़ाने के उद्देश्य से कवि कविता का अभिप्रेत अथवा मूलभाव ही खो बैठते थे। यह दोष रीतिकालीन काव्यों में प्रायः दिखाई पड़ता है। केशवदास इस मामले में सबसे आगे दिखाई देते हैं। इसीलिए केशव को इसी कारण कठिन काव्य का प्रेत कहा जाता है। उदाहरण के लिए उनकी यह कविता–

"बिना कंचुकी स्वच्छ बक्षोज राजैं।
किधौं साँचहूँ श्रीफलै सोभ साजैं।।
किधौं स्वर्न के कुंभ लावन्य पूरे।
बसीकन के चूर्न सम्पूर्न पूरे।।"

(https//www.vimisahitya.wordpress.com/2008/01/16/keshavdas/)

इस पद में अंगद मन्दोदरी का जिस तरह से बाल खींच कर ले जा रहा है उससे उसका वक्षस्थल पूरा दिखाई देने लगता है। अलंकार का इस तरह अतिशयोक्तिपूर्ण और अश्लील रूप कई जगह केशव के काव्य में प्रदर्शित होता है।

8. ब्रजभाषा का उत्कर्ष काल–यह काल ब्रजभाषा का स्वर्ण काल रहा। भाषा में वर्णमैत्री, अनुप्रास अलंकार की बारम्बारता, ध्वनि आदि का बखूबी वर्णन हुआ है। यद्यपि रीतिकालीन काव्य में अवधी, छत्तीसगढ़ी, अरबी और फारसी के शब्दों का भी प्रयोग हुआ है। लेकिन सम्पूर्ण कविता के केन्द्र में ब्रजभाषा ही रही है। देव और भूषण के यहाँ तो इसके उदाहरण भरपूर देखे जा सकते हैं। यथा–

कोऊ कहौ कुलटा कुलनि अकुलानि कहौ,
कोऊ कहौ रँकिनि कलँकिनि कुनारी हौं ।
तैसो नरलोक बरलोक परलोकनि मैं,
कीन्ही हौं अलीक लोक लीकनि ते न्यारी हौं।
तन जाउ मन जाउ देव गुरुजन जाउ,
प्रान किन जाउ टेकु टरत न टारी हौं ।
बृंदावनवारी बनवारी के मुकुटवारी,
पीत पटवारी वहि मूरति पै वारी हौं ।

(http//www.kavitakosh.org/kkB5)

9. मुक्तक काव्यों की बहुतायत–रीतिकालीन काव्य में मुक्तक काव्यों की प्रधानता रही है। राजाओं की काम वासना और काम क्रीड़ा को बढ़ाना और उन्हें उत्तेजित करने का सबसे आसान तरीका था उन्हें शृंगार रस से पगी हुई कविताएँ सुनाना. और यह मुक्तक के माध्यम से ही सम्भव था। इसीलिए इस काल में कवित्त और सवैयों की भरमार रही। कवित्त का प्रयोग वीर और सवैयों का शृंगार रस में हुआ। बिहारी के दोहों में शब्द सीमित लेकिन अधिक मार करने वाले होते थे। इसी तरह अन्य कवियों ने भी राजाओं की प्रशंसा में जो काव्य लिखा वह प्राय: मुक्तक रूप में ही था। जैसे–

नहिं पराग नहिं मधुर मधु, नहिं विकास यहि काल।
अली कली ही सा बिंध्यों, आगे कौन हवाल।
बतरस लालच लाल की मुरली धरी लुकाय।
सोह करे, भौंहनु हँसे दैन कहे नटि जाय।

(https//www.hi.wikipedia.org/wiki)

रीतिमुक्त काव्यधारा

रीतिमुक्त कवियों से तात्पर्य उन कवियों से था जो रीतिकालीन परम्परा को नहीं मानते थे अर्थात् जो अपने राजाओं और आश्रितों को आधार बनाकर लक्षण ग्रन्थ नहीं लिखते थे। मसलन जो रीतिकाल परम्परा का अनुसरण नहीं करते थे उन्हें रीतिमुक्त कवि कहा गया और इस तरह की कविता को रीति मुक्त कविता कहा गया। कुछ लोगों ने इसे 'रीतिमुक्त काव्य' कहा तो कुछ लोग इसे 'स्वछन्द काव्यधारा' के नाम से जानते हैं। 'रीतिमुक्त' का सीधा अर्थ यही है कि जो रीति परम्परा की साहित्यिक बन्धनों और रूढ़ियों से मुक्त है। इस परम्परा में जिन कवियों का नाम प्रमुखता से लिया जाता है उनमें से हैं घनानन्द, बोधा, आलम, ठाकुर, द्विजदेव आदि।

देखने में रीतिकालीन काव्य और रीतिमुक्त काव्य में कोई विशेष अन्तर नहीं दिखाई देता। कारण दोनों का समय, परिस्थितियाँ और परिवेश एक है। अत: बाह्य स्वरूप एक जैसा है। अन्तर बस इस बात का है कि रीतिबद्ध काव्य राजाओं के आश्रय में पल्लवित और पुष्पित हुआ तो वही रीतिमुक्त स्वछन्द प्रकृति को अपनाते हुए शृंगार को अपने कविता का मूलाधार मानता है। रीतिमुक्त कवियों की विशेषता यह भी थी कि इसके कवि काव्य लेखन को यश और धन कमाने का साधन न मानकर इसको वे साध्य मानते थे। स्पष्ट है इन कवियों का सीधा सम्बन्ध राजा और दरबारी की खुशामद न करके उस कर्म प्रधान साध्य की तरफ जिससे उनके व्यक्तित्व और पहचान में इजाफा हो सके। घनानन्द की यह कविता इस बात की पुष्टि बहुत ही सहज ढंग से करती है।

"लोगहि लागि कवित्त बनावत,
मोहि तो मोरे कवित्त बनावत"

आचार्य रामचन्द्र शुक्ल से लेकर श्रीधर पाठक, माखनलाल चतुर्वेदी से लेकर बालकृष्ण नवीन तक सभी का एकमत से मानना है कि रीतिमुक्त काव्य एक ऐसी स्वच्छन्दतावादी कविता प्रादुर्भाव करती है जो परम्पराओं और रूढ़ियों के बन्धन को तोड़ती है और उसकी जगह प्रेम के सहज रूप का प्रतिपादन करती है, जिसका मार्ग एकदम सहज और सरल है, जिसमें टेढ़ापन और चालाकी के लिए कोई जगह नहीं है। जैसा कि घनानन्द ने सुजान के प्रति अपने प्रेम को उद्‌बोधित करते हुए कहा कि–

"अति सूधो सनेह को मारग है,
जहाँ नेकु सयानप बाँक नहीं।
तहँ साँचे चलैं तजि आपुनपौं
झिझकैं कपटी जे निसांक नहीं।।
घन आनन्द प्यारे सुजान सुनो,
यहाँ एक से दूसरे आँक नहीं।
तुम कौन सी पाटी पढ़े हो लला,
मन लेहु पै देहु छटाँक नहीं।।"

(https//www.sol.du.ac.in/mod/book/view.php\
id/1463&chapterid/1353)

स्वयं स्पष्ट है यह आन्तरिक अनुभूतियों का काव्य है जिसमें भावावेग का उच्छल प्रवाह बहता है जो आत्मपरक होने के साथ-साथ व्यक्तिपरक भी है। इस दृष्टि से इसकी विशेषताएँ निम्नलिखित हैं–

1. लक्षण काव्य की जगह श्रृंगारपरक रचनाओं का सृजन–रीतिकालीन अथवा रीतिबद्ध काव्य में रचना की प्रवृत्ति बहिर्मुखी होती है। जबकि रीतिमुक्त काव्य में रचना की प्रवृत्ति अन्तर्मुखी होती है। यहाँ पर रचनाकार को अपनी अनुभूति पर अधिक विश्वास रहता है। यह अनुभूति इन्द्रियानुभूति न होकर के हृदयानुभूति परक होती है। इनका काव्य भावों की अन्तर्भूमि पर ही अधिक खड़ा है, वस्तु पर कम। प्रिय के रूप पर रीझने से मन की क्या दशा होती है। घनानन्द के इस सवैया में स्पष्ट है–

"रावरे रूप की रीति अनूप, नयो नयो लागत ज्यौं ज्यौं निहारियै।
त्यौं इन आँखिन वानि अनोखी, अघानि कहूँ नहिं आनि तिहारियै।।
एक ही जीव हुतौ सुतौ वारयौ, सुजान, सकोच और सोच सहारियै।
रोकी रहै न दहै, घनआनन्द बावरी रीझ के हाथनि हारियै।।"

(https//www.sol.du.ac.in/mod/book/view-php\
id/1463&chapterid/1353)

2. प्रेम के विरह रूप का वर्णन–रीतिमुक्त काव्यधारा में प्रेम का विरह रूप वायवीय न होकर के शरीरी है। इस प्रेम की पीड़ा में दर्द तो है लेकिन आनन्द देनेवाला और सुखात्मक है। प्रेम को इस धारा के कवि साधना का दर्जा देते हैं, जिसके सबसे माहिर कवि घनानन्द हैं। इनके प्रेम में न तो पलायन भाव दीखता और न ही निराशा। प्रेम की निराशा में जलकर ये कवि खाक हो जाने में अपनी वीरता नहीं समझते अपितु उसके लिए समर्पित होने की इसकी रसानुभूति को अपना जीवन मानते हैं। उदाहरण के लिए घनानन्द की यह कविता–

"मरिबो बिसराम गनै वह तो बापुरो मीट तज्यो तरसै
वह रूप छठा न सहारि सकै यह तेज चितवै बरसै
घनआनन्द कौन अलोखी दशा मतिआवरी बावरी ह्वै थरसै
बिछुरे-मिले मीन-पतंग-दशा खा जो जिय की गति को परसै।"

कवि बोधा ने तो प्रेम की इस विरह वेदना को अपनी कृति 'विरहवारीश' और 'इश्कनामा' जिस बेधड़क ढंग से प्रस्तुत किया है वह व्यक्तिगत होते हुए भी सार्वजनिक जीवन की जिस सच्चाई को प्रस्तुत करते हैं। ऐसा कोई अनुभवी ही कर सकता है। बोधा की यह कविता प्रेम की परिभाषा को बखूबी बयान करती है–

"यह प्रेम को पन्थ कराल महा,
तरवारि की धार पै धावनौ है।"

3. व्यक्तिप्रधान काव्य की रचना–रीतिमुक्त कवियों की सबसे बड़ी विशेषता थी अपने प्रेम को छुपाने में विश्वास नहीं करते थे। अपितु उनके प्रेम को सार्वजनिक होने में उन्हें कोई एतराज नहीं था। इनके यहाँ प्रेम का स्वरूप सांसारिक प्राणी भी हो सकता है और परमेश्वर भी। इनके प्रेम में रहस्यमयता के भी दर्शन होते है। घनानन्द का प्रेम सुजान के लिए शारीरिक हो सकता है तो ईश्वरीय भी। घनानन्द की ही तरह इस काव्यधारा के दूसरे कवि आलम का प्रेम रंगरेजिन प्रेयसी शेख से जगजाहिर है। इसीलिए इस काल का प्रेम मार्मिक और सत्य के अधिक करीब बैठता है। यथा–

"जो थल कीन्हें विहार अनेकन ता थल कांकरी बैठि चुन्यों करैं।
जा रसना सौ करी बहु बात सु ता रसना सौ चरित्र गुन्यों करैं।
'आलम' में जो सदा रहते तिनकी अब कान कहानी सुन्यों करैं।
नैनन में जो सदा रहते तिनकी अब कान कहानी सुन्यों करैं।"

4. दरबारीपन के प्रति विद्रोह–रीतिकाल में दरबारीपन संस्कृति होने के कारण सामन्तशाही अपने चरम पर थी। व्यक्ति स्वतन्त्र न के बराबर था। पीड़ा की कहानी सुनने को कोई तैयार नहीं था। इसीलिए इस काव्य के कवियों ने व्यथा और पीड़ा को भीतर-ही-भीतर पी लेने में ही अपनी भलाई समझी। यह असन्तोष प्रेम की भाषा में अभिव्यक्त होता है और सामाजिक असन्तोष बनकर जग के सामने आता है। इसीलिए घनानन्द के काव्य में प्रेम की व्यथा इतनी घनघोर है कि उन्हें संयोग में भी वियोग दिखाई देता है–

"यह कैसे संयोग न सूझि परै, जो वियोग न क्यों हो विछोहतु है"

5. प्रेम का उदात्त रूप–रीतिमुक्त काव्य में प्रेम की उदात्तता है, जबकि रीतिबद्ध कवियों में ऐन्द्रिय वासना दिखाई पड़ती है। प्रेमी वियोग की व्यथा सहकर भी अपने प्रिय की कुशल-कामना करता है। उसके लिए प्रेम त्याग है। अन्तिम श्वास तक उसी का स्मरण करता है। सच्चे प्रेमी को लौकिक वासना छू तक नहीं पाती और वे चाँद और चकोर जैसे एकाकार हो जाते हैं। इसका अनुपम उदाहरण घनानन्द के इस दोहे में मिलता है–

"चन्दहि चकोर करै, सोअ ससि देह घर।
मनसा हू ररै, एक देखिबै कौ रहै द्वै।"

6. भाषा का असाधारण प्रयोग–रीतिबद्ध कवियों की भाषा अलंकारों की सत्ता से जकड़ी हुई थी। इसलिए जीवन से कटी हुई थी जिससे इसमें एकरूपता भी दिखाई पड़ती है। लेकिन रीतिमुक्त धारा के कवियों की भाषा भक्तिकालीन कवियों की तरह उन्मुक्त थी। इसीलिए इस धारा के कवियों की भावना सूरदास, तुलसी, जायसी के जैसे जीवन-शक्ति से भरपूर है। इस धारा के कवियों ने भक्तिकालीन कवियों के जैसे ब्रजभाषा का जमकर उपयोग किया जिसमें लोकजीवन के तत्त्व भरपूर हैं। यथा कवि ठाकुर की यह कविता–

"ठाकुर एक सौ भाव है तो लगि जौ लगि देह धरे जग जीबो।
प्यारे सनेह निबहिबे को हम तौ अपनौ सौ कियौ अरु कीबौ।"

7. फारसी काव्य प्रवित्तियों का प्रभाव–भक्तिकालीन कवियों का झुकाव जहाँ लोकजीवन की ओर था वहीं रीतिकालीन कवियों तक पहुँचते-पहुँचते फारसी उत्तर भारत के हिन्दुओं तक फैलने लगी थी। घनानन्द और आलम फारसी के विद्वान थे। कहा जाता है कि घनानन्द ने कोई मसनवी भी फारसी में लिखी थी। इसलिए यह प्रभाव विषय, भाव और शैली सब पर आ गया। घनानन्द कृत 'वियोगबेली' का छन्द फारसी का है। शराब, दिल के टुकड़े, प्राणों का घुट कर मरना, छुरी-तलवार और भाले ये सब फारसी के ही शब्द हैं।

प्रमुख कवि

केशवदास

कवि केशवदास की पहचान भक्ति काल और रीतिकाल दोनों में की जाती है। एक तरफ जहाँ वह 'रामचन्द्रिका' जैसा प्रबन्ध काव्य लिखकर भक्तिकाल की राम काव्य परम्परा को आगे बढ़ाने में महत्त्वपूर्ण योगदान देते हैं, वहीं दूसरी तरफ 'रसिकप्रिया', 'कविप्रिया', 'नखशिख', 'रतनबावनी', 'वीरसिंहदेव चरित', 'जहाँगीरजसचन्द्रिका' जैसे काव्य ग्रन्थ लिख करके रीतिकाल में भी अपनी उपस्थिति दर्ज कराई।

केशवदास की सबसे बड़ी विशेषता यह थी कि वे असाधारण प्रतिभा के धनी थे। इनके काव्य में पाण्डित्य आचार्यत्व और स्वतन्त्र चिन्तन का अद्भुत संयोग दिखाई देता है।

विद्वानों का अनुमान है कि इनका जन्म 1560 ईसवी के आसपास और मृत्यु 1601 के लगभग हुई। यह महाराजा ओरछा इन्द्रजीत सिंह के गुरु के रूप में पूजे जाते थे। इन्द्रजीत सिंह के बड़े भाई महाराजा रामसिंह ने इन्हें अपना मन्त्री बनाया और अपना मित्र मानते थे। इन्हें 'रीतिकाल का प्रवर्तक' भी माना जाता है। वहीं दूसरी तरफ 1601 में रामचन्द्रिका लिखकर के रामकथा का जिस तरह से वर्णन किया है उसकी छन्द योजना, संवाद योजना और तीव्रता जिस प्रकार से गढ़ी है। इसकी तारीफ अज्ञेय ने भी की। हिन्दी का कोई दूसरा कवि शायद ही ऐसा होगा जो एक साथ श्रृंगारपरक, भक्तिपरक और नीतिपरक एक साथ कर सके। उदाहरण के लिए–

"ताते रुचि सो सोचि कै, कीजै सरस कवित्त।"
"मातु कहा नृप तात? गये सुरलोक सुत शोक लिए।"

(https//www.books.google.co.in/books\)

केशवदास को संस्कृत का ज्ञान अपने पूर्वजों से पहले से ही प्राप्त था। लेकिन भाषा के प्रति आभिजात्यता का मोह वे नहीं छोड़ पाते। इसीलिए लोकभाषा और जनभाषा के प्रति प्रेम, निष्ठा और प्रतिबद्धता इनके काव्य में कम देखने को मिलती है। केशवदास की रचना चमक तो दिखाई देती है साथ ही अलंकारों के प्रति जितना लगाव और प्रेम है उससे मानवीय मूल्यों के प्रति औदात्यता कहीं धूमिल होने लगती है। इसीलिए इन्हें कठिन काव्य का प्रेम भी कहा जाता है।

"भाषा बोल न जानहीं, जिनके कुल के दास।
तिन भाषा कविता करी, जड़मति केशवदास।।"

(tps//www.hi.wikipedia.org/wiki/B5)

रचनाएँ

केशवदास द्वारा रचित नौ प्रामाणिक ग्रन्थ पाये जाते हैं–रसिकप्रिया, कविप्रिया, नखशिख, रामचन्द्रिका वीरसिंहदेव चरित, रतनबावनी, छन्दमाला, विज्ञानगीता और जहाँगीर जसचन्द्रिका। इनकी रसिकप्रिया, कविप्रिया और छन्दमाला के आधार पर इन्हें आचार्यत्व का दर्जा देने की बात की जाती है। रसिकप्रिया में जहाँ रस की वृत्ति और काव्य दोषों के लक्षण देखने को मिलते हैं। वही कविप्रिया का प्रतिपाद्य अलंकार है। जिसमें महाराजा इन्द्रजीत सिंह की रक्षिता और केशवदास की शिष्या प्रवीणराय का गुणगान किया गया है। 'रतनबावनी' में राजा मधुकर

शाह के पुत्र रतनसेन, 'वीरसिंह चरित' में इन्द्रजीतसिंह के अनुज वीरसिंह तथा 'जहाँगीर जसचन्द्रिका' का यशोगान किया गया है। विज्ञानगीता में प्रतीक-शैली में अध्यात्मिक विषय को प्रस्तुत किया गया है। तथा 'नखशिख' में परम्परागत उपमानों की सहायता से राधा के विभिन्न अंगों का वर्णन किया गया है।

काव्यगत विशेषताएँ

केशव चूँकि संस्कृत के विद्वान थे। अतः इनके काव्य में संस्कृत के आचार्यों और व्याकरणचार्यों का प्रभाव होना स्वाभाविक था। इसीलिए इनके काव्य में अलंकारों की एक स्वाभाविक वैतरणी निर्झर बहती हुई दिखाई देती है। केशवदास संस्कृत आचार्य भामह, उद्भट और दण्डी के अलंकार सिद्धान्त का अनुसरण करते हैं। अलंकारों के प्रति विशेष आग्रह होने के कारण और काव्य में लालित्य प्रदर्शन के चक्कर में इनका काव्य पक्ष धुँधला पड़ गया है। सामन्यतः यह काव्य का विषय आमजन के बीच में से उठाते है, लेकिन भाषा की क्लिष्टता और अलंकारों की भरमार के कारण इन्हें 'कठिन काव्य का प्रेत' भी कहा जाता है। प्रबन्ध ग्रन्थों की तुलना में ये जहाँ मुक्तक लिखते हैं वह इनके काव्य में अधिक स्वाभाविकता और सरलता दिखाई पड़ती है।

1. संवाद योजना–दरबारी कवि होने के कारण इनके काव्यों में हाजिर-जवाबी, संवादों में बल और आकर्षण के साथ-साथ शिष्टता भी विद्यमान है। रामचन्द्रिका की संवाद योजना के सन्दर्भ में आचार्य रामचन्द्र शुक्ल लिखते है "रामचन्द्रिका में केशव को सबसे अधिक सफलता मिली है। संवादों में उनका रावण-अंगद संवाद तुलसी के संवाद से कही अधिक उपयुक्त एवं सुन्दर है।" 'अंगद-रावण-संवाद' के अन्तर्गत एक उत्तर-प्रत्युत्तर देखिए–

रावण–
गेंद करेउं मैं खैल की, हर-गिरि केशोदास।
सीस चढाए आपने, कमल समान सहास।।
अंगद–
जैसो तुम कहत उठायो एक गिरिवर,
ऐसे कोटि कपिल के बालक उठावहीं।
काटे जो कहत सीस काटन घनेरे घाघ,
मगर के खेले कहा भट-पद पावहीं।।

(https//www.hi.wikipedia.org/wiki/

2. प्रकृति-चित्रण–केशवदास जिस ओरझा राज्य के कवि थे वह प्रकृति की सघनता होने के बावजूद उनकी प्रवृत्ति प्रकृति के करीब नहीं रही है। कारण राजदरबारी कवि होने के नाते इनका ध्यान हमेशा साज-सज्जा, भेष-भूषा और

बाह्य आवरण पर ही टिका रहा। अतः प्रकृति के बीच रहकर के भी इनके काव्य में वह मौलिकता और नवीनता नहीं आ पायी जो होनी चाहिए। रसिक-प्रिया में कवि ने घने बादलों द्वारा फैलाए गये अन्धकार की अति मार्मिक और सुन्दर व्यंजना की है–

"राति है आयी चले घर को, दसहूँ दिसि मह महा मढ़ी आयों।
दूसरो बोल ही तें समुझै कवि 'केशव' यों छिति में तम छायो।"

(http//www.ignca.nic.in/coilnet/keshav06.htm)

3. पाण्डित्यपूर्ण प्रदर्शन–केशव के काव्य में कठिनाई का मूल कारण यह है कि वे कवित्व के साथ-साथ आचार्यत्व, पाण्डित्व और इतिहासज्ञ भी हैं। तीन विशेषताओं को एक साथ लेकर चलने के कारण इनके काव्य में मौलिकता कम पाण्डित्व-प्रदर्शन का भाव ज्यादा प्रभावी हो गया है। जैसा कि आचार्य रामचन्द्र शुक्ल भी लिखते है : "वे संस्कृत साहित्य से सामग्री लेकर अपने विशिष्ठ पाण्डित्व और रचना-कौशल की धाक जमाना चाहते थे।" इस पाण्डित्यपूर्ण प्रदर्शन के कारण इनकी कविता पूरी तरह हृदय-हीन हो गयी है ऐसा नहीं है। कुछ जगहों पर उनकी भावुकता और सहृदयता देखते बनती है, जैसे–अशोक वाटिका में हनुमान जी सीता जी को रामचन्द्र जी की मुद्रिका देते हैं। मुद्रिका के प्रति सीता जी का कथन कितना भावपूर्ण है–

"श्री पुर में बन मध्य है, तू मग करी अनीति।
कहि मुन्दरी अब तियन की, को करि हैं परतीति।।"

(https//www.hi.wikipedia.org/wiki/)

4. भाषा–आचार्य रामचन्द्र शुक्ल के अनुसार "केशव की भाषा में न तो सम्बन्ध निर्वाह की पर्याप्त क्षमता थी और न ही कथा के मार्मिक स्थलों को पहचानने की ताकत।" उदाहरण के लिए, वे आगे लिखते हैं राम के वनगमन प्रसंग को तुलसीदास ने बेहद मार्मिक और जीवन्त बना दिया था, जबकि केशवदास सिर्फ़ सूचना देकर निकल जाते हैं। ये उक्ति-वैचित्र्य और शब्दक्रीडा से ही काव्य को साध लेना चाहते हैं। इसलिए भी इनकी कविता कठिन हो जाती है।

यद्यपि इनके काव्य की भाषा बृजभाषा थी, लेकिन संस्कृत का पुट हर जगह दिखाई देता है। इनकी भाषा में बुन्देलखंडी का मिश्रण भी दिखाई देता है। कहीं-कहीं अवधि भाषा के शब्दों का भी प्रयोग मिलता है। जैसे–इहाँ, उहाँ, दिखाउ, रिझाउ आदि।

5. शैली–केशव की शैली पर उनके व्यक्तित्व की छाप स्पष्ट दृष्टिगोचर होती है इस सन्दर्भ में वे अपने किसी पूर्व कवि का अनुसरण नहीं करते। अपने समकालीन कवियों के बीच उनकी कविताओं की पहचान बहुत आसानी से की जा सकती है।

साहित्य में स्थान

केशवदास जी को रीतिकाल का प्रवर्तक तो माना ही जाता है। साथ ही उन्हें हिन्दी साहित्य का प्रथम आचार्य कवि भी माना जाता है। काव्य के विभिन्न अंगों का शास्त्रीय पद्धति से विवेचन हिन्दी में सर्वप्रथम उन्होंने ही किया। यह ठीक है कि उनके काव्य में भाव पक्ष की अपेक्षा कला पक्ष की प्रधानता है और पाण्डित्य प्रदर्शन के कारण उन्हें कठिन काव्य के प्रेत कहकर पुकारा जाता है उनका महत्त्व हिन्दी साहित्य के योगदान में अद्वितीय है। वे भक्तिकाल और रीतिकाल के सन्धि के पहले कवि थे। आचार्य रामचन्द्र शुक्ल के शब्दों में "केशव की रचना में सूर, तुलसी आदि की सी सरलता और तन्मयता चाहे न हो पर काव्यांगों का विस्तृत परिचय करा कर उन्होंने आगे के लिए मार्ग खोला।" केशवदास जी वस्तुतः एक श्रेष्ठ कवि थे। सूर और तुलसी के पश्चात् हिन्दी-काव्य-जगत में उन्हीं की ही गणना की जाती है–

सूर सूर तुलसी शशि उडुगन केशवदास।
अबके कवि खद्योत सम जहं-तहं करत प्रकाश।।

(https//www.hi-wikipedia-org/wiki/)

बिहारी

बिहारी रीतिकाल के सर्वश्रेष्ठ कवि माने जाते हैं। इनका जन्म 1595 ई. में ग्वालियर में हुआ था। इनके पिता का नाम केशवराय था। जो कि निम्बार्क सम्प्रदाय के महन्त नरहरिदास के शिष्य थे। बिहारी ने इन्हीं के यहाँ रहकर संस्कृत और प्राकृत के काव्य ग्रन्थों का अध्ययन किया। बाद में वे मथुरा आ गये और यहीं पर रहकर के इन्होंने फारसी का अभ्यास किया। धीरे-धीरे इनकी पहचान कई राज्यों तक हो गयी। 1645 के आसपास ऐसा माना जाता है कि जब वे जयपुर के महाराजा से मिलने पहुँचे। तब वे अपनी नवविवाहित पत्नी के प्रेम में इतना मदमस्त थे कि राजकाज करना भी भूल चुके थे। इसी को देख करके बिहारी ने महाराज जयसिंह पर एक दोहा लिखा और महाराज के पास तक पहुँचा दिया। जो इस प्रकार था–

"नहिं पराग नहिं मधुर मधु, नहिं विकास यहिं काल।
अली कली ही सों बिन्ध्यो, आगे कौन हवाल।।"

बिहारी के इस दोहे का महाराजा पर इतना प्रभाव पड़ा की राजा जयसिंह ने काली पहाड़ी नामक एक गाँव ही उन्हें रहने के लिए दे दिया। तत्पश्चात् बिहारी जयपुर में ही रहने लगे और आमेर दरबार के राजकवि हो गये।

बिहारी की प्रसिद्धि का सबसे बड़ा कारण उनकी अप्रतिम कृति 'बिहारी सतसई' है। जिसमें बिहारी ने अलंकार, रस, नायिकाभेद, भाव, वक्रोक्ति, रीति, गुण आदि का ध्यान रखकर के सुन्दर दोहे रचे रखे हैं। सतसई में अलंकारिक चमत्कार के

साथ-साथ भाव-सौन्दर्य भी विद्यमान है। बिहारी की यह रचना सर्वश्रेष्ठ है। इसमें कोई सन्देह नहीं है। जो रीतिबद्ध काव्य परम्परा की उत्कृष्ट कृति है।

बिहारीलाल को रीतिकाल का सबसे महत्त्वपूर्ण कवि माना जाता है। स्पष्ट है बिहारी एक दरबारी कवि थे और इनका समय अकबर से लेकर के औरंगजेब के जीवन तक फैला हुआ है। एक तरफ जहाँ वे मुगल शासक जहाँगीर और शाहजहाँ के दरबार में भी रहे वहीं दूसरी तरफ जयपुर के राजघराने से भी इनका सम्बन्ध बना हुआ था। इसीलिए उनके दोहों में सामन्ती चेतना का प्रभाव जबरदस्त है। और लगभग हर छन्द चमक-दमक में डूबा नजर आता है। इसीलिए उन्हें 'नागर-कवि' के नाम से भी जाना जाता है। काव्य-चमत्कार की इस अद्‌भुत प्रतिभा को देखते हुए इतिहासकार जॉर्ज ग्रियर्सन ने लिखा है कि "पूरे यूरोप में एक भी कवि ऐसा नहीं है। जो बिहारी की बराबरी कर सके।"

काव्यगत विशेषताएँ

बिहारी के काव्य को समझने के लिए कविता के प्रति सर्वप्रथम उनके दृष्टिकोण को समझना होगा। इनकी कविता का मूल आधार न तो कभी कबीर की तरह सामाजिक चेतना का को जाग्रत करना है और न ही तुलसी की तरह लोकमंगल की स्थापना करना। बल्कि इनका दृष्टिकोण कविता के बहाने कला जीवन में रस और आनन्द की उत्पत्ति करना था। बिहारी का कविता के बारे में सीधा-सीधा कहना है कि जो इस विषय में डूब गया वह पार हो गया और जो नहीं डूबा उसका जीवन ही बेकार हो गया।

"तन्त्री नाद कवित्त रस, सरस राग रति रंग,
अनबूड़े बूड़े तरे, जे बूड़े सब अंग।"

बिहारी का समस्त जीवन काव्य साधना में ही व्यतीत हुआ। उनका एक-एक दोहा दिल को छू जाने वाला होता है। बिहारी ने पहली दृष्टि से जीवन का जो निरीक्षण किया है। उसमें युवा व्यक्तियों का सजीव चित्रण देखने को मिलता है। जिसकी विशेषता इस प्रकार हैं-

1. श्रृंगार पक्ष-बिहारी श्रृंगार के संयोग-पक्ष के चित्रण के लिए सिद्धहस्त कवि माने जाते हैं। आन्तरिक भावनाओं से प्रेरित शारीरिक चेष्टाओं का चित्रण इस प्रकार करते हैं कि मानस पटल पर इसकी छवि हमेशा के लिए अमिट हो जाती है। उन्होंने सिर्फ भावुकता का सौन्दर्य-चित्रण नहीं किया, बल्कि उनकी रचनाओं में जीवन के अनुभवों का भी उद्‌घाटन देखने को मिलता है। उदाहरण के लिए, उनके एक दोहे में राधा, कृष्ण की बाँसुरी को छुपा देती है और जब कृष्ण राधा से अपनी बाँसुरी माँगते हैं तो दोनों में किस प्रकार की नोंक-झोंक होती है उसका एक अप्रतिम उदाहरण इस दोहे में दिखाई देता है।

"बतरस लालच लाल की, मुरली धरी लुकाय।
सौंह करे, भौहन हँसे, दैन कहे, नट जाय।"

दूसरी तरफ प्रेम में भाव का अनुभाव किस-किस तरह से प्रकट हो सकता है। इसका विलक्षण उदाहरण प्रस्तुत है :

"कहत, नटत, रीझत, खिझत, मिलत, खिलत लजियात।
भरे भौन में करत है, नैननु ही सब बात।"

2. बिहारी की सामाजिक चेतना—बिहारी की सामाजिक चेतना को लेकर के यद्यपि आलोचकों में कई तरह के मत रहे हैं। कुछ आलोचकों का मानना है कि बिहारी दरबारी कवि थे। अतः उनके काव्य में कलात्मक सौन्दर्य और चमत्कार चाहे जितना हो लेकिन सामाजिक समस्याओं को लेकर के उनका मन कम ही रमा है। यह बात भी सही है कि बिहारी राजनीतिक आश्रय वाले कवि रहे हैं, लेकिन उनकी सामाजिक चेतना जो धार्मिक और पारिवारिक सम्बन्धों में नजर आती है उसको एक सिरे से नकारा नहीं जा सकता। सामन्ती जीवन से बाहर वे बहुत कम निकलते थे, लेकिन जब भी उन्हें मौका मिलता था सामाजिक कुरीतियों पर चोट ज़रूर करते थे। धर्म के नाम पर बढ़ रहे आडम्बरों पर चोट करते हुए तत्कालीन समाज की मानसिक सोच और सृष्टि को यह दोहा बखूबी बयान करता है :

"जप माला छापै तिलक, सरै ना एकौ काम
मन काँचो नाचै वृथा, सांचौ राँचौ राम।"

3. भक्ति-भावना—रीतिकाल की एक सबसे बड़ी विशेषता यह थी कि इसमें सभी काव्यधाराएँ किसी-न-किसी रूप में मौजूद रहे हैं। चाहे वह भक्ति हो, चाहे रीति हो, चाहे वह नीति हो। इन सभी के लक्षण इस काल में किसी-न-किसी रूप में दिखाई देते हैं। रीति के साथ भक्ति भी बिहारी के काव्य की एक विशेषता थी। बिहारी का सम्बन्ध राधावल्लभ सम्प्रदाय से माना जाता है। जिसका सम्बन्ध कृष्ण भक्ति शाखा से था। प्रेम और सौन्दर्य का अनुपम उदाहरण बिहारी जिस बिहारी-सतसई के माध्यम से दुनिया के सामने लाते हैं। उसका पहला ही दोहा कृष्ण और राधा को समर्पित है। मसलन :

"मेरी भव बाधा हरौ, राधा नागरि सोई।
जा तन की झांई परै, श्याम हरित दुति होई।"

राधा और कृष्ण के प्रति अपना प्रेम प्रदर्शित करते हुए बिहारी आगे लिखते हैं कि कृष्ण के प्रेम में जो डूबता चला जाता है। वह उतना ही उज्ज्वल होता चला जाता है।

"या अनुरागी चित्त की, गति समुझै नहि कोय।
ज्यों-ज्यों बूडै श्याम रंग, त्यों-त्यों उज्ज्वल होय।"

4. भाषा—यद्यपि बिहारी की मूल भाषा बृज भाषा है, लेकिन पूर्णतः बृज भाषा नहीं कहा जा सकता, क्योंकि इसमें अवधि, बुन्देली और फारसी के कुछ शब्दों का भी प्रयोग किया गया है। बिहारी की सबसे बड़ी विशेषता यह थी कि वे हर कदम

पर रीतिकालीन अलंकार पैदा करने और इसके माध्यम से चमत्कार उत्पन्न करने के कारण भाषा को तरासते हुए चलते थे। जिससे उनके काव्य में गतिमयता और ध्वनात्मकता बनी रहती थी, चाहे वह 'कहत, नटत, रीझत, खिझत' का प्रसंग हो अथवा 'अंग-अंग नग जगमगति' वाला प्रसंग हो। डॉ. रामस्वरूप चतुर्वेदी लिखते हैं कि ध्वनात्मक और व्याकरणिक दोनों स्तरों पर कविता की यह भाषिक तराश रीतिकालीन मनोवृत्ति और मुगलकालीन कला की बारीक पसन्द समानान्तर चलती रहती है। इस सन्दर्भ में बिहारी को रीतिकालीन काव्यभाषा का प्रतिनिधि कहा जा सकता है।"

5. अलंकार और बिम्ब–अलंकारों के प्रयोग को लेकर के बिहारी की कोई सानी नहीं। वे जब चाहे तब अलंकारों की एक ऐसी छटा बिखेर देते हैं। जिससे काव्य में लालित्य पैदा हो जाता है। जैसे 'झमकि झमकि टहलै करैं' अथवा 'कहत, नटत, रीझत, खिझत, मिलत, खिलत, लजियात।'

शब्दालंकार और अर्थालंकार दोनों का प्रयोग बिहारी एक-दूसरे के समान्तर करते हुए दिखाई पड़ते हैं उनमें दोनों ही अलंकारों का प्रयोग कई बार दो-दो बार, कई बार तीन-तीन बार और कई बार चार-चार बार भी दिखाई पड़ता है और हर बार प्रत्येक शब्द अपना एक अलग अर्थ देता हुआ दिखाई देता है। यथा–

"कनक कनक ते सौ गुनी, मादकता अधिकाय,
वा खाये बौराय जग, वा पाये बौराय।"

इसी तरह बिम्ब को लेकर भी बिहारी एक ऐसी श्रृंखला रचते हुए चलते हैं। जिसमें कहीं कोई गाँठ दिखाई नहीं देती है। मानो की वे मणियों की एक ऐसी माला गूँथ देते हैं जिसका धागा कहीं अन्दर ही छुप जाता है और उसकी चमक बाहर आ जाती है। उदाहरण के लिए,

"बतरस लालच लाल की, मुरली धरी लुकाय।
सौंह करैं, भौंहन हँसे, दैन कहे, नट जाय।"

कुल मिलाकर यह कहने में कोई अतिश्योक्ति नहीं होगी कि अलंकार और बिम्ब का संयोजन बिहारी जिस प्रकार से अपने दोहों में करते हैं। वैसा कोई भी कवि हिन्दी साहित्य के इतिहास में कर पाने में सक्षम नहीं है। यदि कहीं कोई उनके आस-पास थोड़ा ठहरता भी है तो वह या तो सूरदास हैं या फिर निराला।

पद्माकर

प्रमुख्य रीतिकालीन कवियों में से अन्तिम दौर के सबसे सुप्रसिद्ध और सम्मानित कवियों में पद्माकर का नाम शुमार किया जाता है। मूलतः ये तेलगु ब्राह्मण थे।

इनके पिता मोहनलाल भट्ट सागर, मध्य-प्रदेश में आकर बस गये थे। यहीं पद्माकर जी का जन्म सन् 1753 में हुआ। जबकि आचार्य रामचन्द्र शुक्ल अपने इतिहास में इनका जन्मस्थान उत्तर-प्रदेश के बाँदा जिला को मानते है। सम्पूर्ण हिन्दी साहित्य के इतिहास में ये शायद पहले ऐसे कवि थे जिन्हें 10 राजाओं के दरबारों में रहने का अवसर मिला। इसमें से प्रमुख हैं सागर नरेश रघुनाथराव अप्पा, दतिया नरेश महाराजा परीक्षित, शुजाउद्दौला के जागीरदार गुसाई अनूप गिरी (उपनाम हिम्मत बहादुर), जयपुर नरेश प्रतापसिंह और उनके पुत्र जगतसिंह, उदयपुर नरेश महाराजा भीम सिंह और ग्वालियर नरेश दौलतराव सिन्धिया। इनके द्वारा लिखित सात मौलिक ग्रन्थ देखने को मिलते हैं: हिम्मत बहादुर विरुदावली, पद्मभरण, जगद्विनोद, प्रबोध-पचासा, गंगालहरी, प्रतापसिंह विरुदावली और कलिपच्चीसी। इसके अलावा फुटकल कुछ ग्रन्थ भी देखने को मिलते हैं। इनकी मृत्यु 1833 में कानपुर में हुई।

काव्य-सौन्दर्य

पद्माकर मूलत: शृंगार के कवि है। जिनमें अलंकारिकता कूट-कूटकर भरी हुई है। वे नायिका के प्रेम, सौन्दर्य और उसके विलास को एक ऐसे उत्सवपूर्ण चित्र रचते हैं कि इसमें नायिका का शारीरिक और मानसिक दोनों रूप परिलक्षित होने लगता है। नायिका के शृंगार का वर्णन करते हुए वे विलासिता के जिस मुकाम तक पहुँचते हैं ऐसा दृश्य शायद ही किसी दूसरे कवि के यहाँ दिखाई पड़ता हो। यथा–

गुलगुली गिल मैं गलीचा है, गुनीजन है,
चाँदनी है, चिक है, चिरागन की माला है।
कहै पद्माकर ज्यों गजक गिजा है सजी,
सेज है, सुराही है, सुरा है और प्याला है।।

पद्माकर लाक्षणिक शब्दों के प्रयोग इस प्रकार करते है कि वे सूक्ष्म-से-सूक्ष्म भावानुभूतियों को सहज ही मूर्तिमान कर देते हैं। इसीलिए उनके ऋतु-वर्णन में भी जीवन्तता और चित्रात्मकता के दर्शन होते हैं। उनके आलंकारिक वर्णन का प्रभाव ही था कि परवर्ती कवि भी सहज ही उनके अनुकरणीय बन गये। पद्माकर की भाषा सहज, सरल और सरस है। काव्य में प्रवाहमयता है अनुप्रास के माध्यम से वे एक ऐसा काव्यात्मक ध्वनिचित्र खड़ा कर देते हैं मानो कोई घटना आपकी आँखों के सामने ही घट रही हो।

कै रति रँग थकी थिर ह्वै परजँक पै प्यारी परी सुख पाय कै।
त्यौं पद्माकर स्वेद के बुँद रहे मुकताहल से छवि छाय कै।
बिँदु रचे मेहदी के लसे कर तापर यो रह्यो आनन आय कै।
इन्दु मनो अरविन्द पै राजत इन्द्र बधून को बन्द बिछाय कै।

भाषा एवं शैली

ये ब्रजभाषा का प्रयोग करते हैं। इसके अलावा इनका संस्कृत और प्राकृत पर भी अद्‌भुत अधिकार था। इनके सम्पूर्ण काव्य में बिम्बों का संयोजन बहुत ही मंजे ढंग से किया गया। अलंकारों में तो मानो महारत ही हासिल है। अनुप्रास में खासकर. यद्यपि लोकचेतना की पकड़ इनके यहाँ कम ही दिखाई देती है, लेकिन श्रृंगार के माध्यम से तात्काली समाज का जो चित्रण किया है। उसमें समय की टकराहट और ऐतिहासिकता को आसानी से पहचाना जा सकता है।

ग्रन्थ-रचनाओं का संक्षिप्त परिचय

हिम्मत बहादुर विरुदावली : अजयगढ़ के राजा गुसाई अनूपगिरी पर आधारित (हिम्मत बहादुर विरुदावली) लिखी। इनका दूसरा उपनाम हिम्मत बहादुर ही था। इसमें इनके जीवन को काव्यात्मक-प्रशंसा के माध्यम से अभिव्यक्त किया गया है।

प्रताप सिंह-विरुदाली और जगद्विनोद : जयपुर नरेश प्रताप सिंह के सम्मान में 'प्रताप सिंह-विरुदाली' और सवाई जगतसिंह के लिए 'जगत-विनोद' लिखी। जगत-विनोद पद्माकर की सर्वश्रेष्ठ कृतियों में से एक है। यह नवरस निरूपक लक्षण-ग्रन्थ है। इसमें परम्परागत ढंग से नवरसो का लक्षण सहित उदाहरण प्रस्तुत किया गया है। आचार्य रामचन्द्र शुक्ल ने इसे श्रृंगार रस का सारग्रन्थ कहा है वही कुछ आलोचकों ने इसको मतिराम के 'रसराज' के समकक्ष भी रखा है।

ग्वालियर के शासक दौलतराव सिन्धिया के सम्मान में 'आलीजाप्रकाश', जयपुर नरेश ईश्वरी सिंह की प्रशस्ति में 'ईश्वर-पचीसी' जैसे की रचना की।

घनानन्द

घनानन्द रीतिमुक्त, स्वछन्द काव्यधारा के सबसे प्रमुख कवि माने जाते हैं। इनकी कविताओं में इस धारा के लगभग सभी गुण मिल जाते हैं, जैसे—वक्रता, लाक्षणिकता, वैयक्तिकता, रहस्यमयता, मार्मिकता, स्वच्छन्दता और भावनात्मकता सब कुछ उनकी कविताओं में विद्यमान. है। हिन्दी साहित्य के इतिहास में इन्हें 'प्रेम के पीर' का कवि माना जाता है।

घनानन्द मुगल बादशाह मुहम्मदशाह रंगीले के दरबार में मीरमुंशी थे और 'सुजान' नामक नर्तकी पर आसक्त थे। ये कवि होने के साथ-साथ एक अच्छे गायक भी थे। कहा जाता है कि एक बार भरे दरबार में बादशाह ने इनसे गाने की फरमाइश की, लेकिन यह टालमटोल करते रहे। किन्तु जब इनकी प्रेमिका सुजान (जो की मूलतः एक वेश्या थी) ने इनसे अनुरोध किया तो इन्होंने गाना स्वीकार कर लिया। सुजान के मनुहार और प्यार में डूबे हुए घनानन्द ने जब गाना प्रारम्भ

किया तो उनका चेहरा सुजान की तरफ था और पीठ बादशाह की तरह। यह देखकर के बादशाह को बहुत बुरा लगा और उन्होंने इस घटना के बाद घनानन्द को अपने दरबार से निकाल दिया। इसके बाद घनानन्द मथुरा-वृन्दावन चले गये और निम्बार्क सम्प्रदाय में दीक्षित हो गये, लेकिन यहाँ कि उनका मन हमेशा सुजान पर ही लगा रहा और यहाँ भी वे उसी की याद में कविताएँ लिखते रहे। विश्वनाथ प्रसाद मिश्र के अनुसार इनकी मृत्यु अहमदशाह अब्दाली के मथुरा पर किये गये आक्रमण के दौरान हो गयी थी।

रचनाएँ

घनानन्द द्वारा रचित ग्रन्थों की संख्या 41 बताई जाती है। इनमें से प्रमुख इस प्रकार है : सुजानहित, वियोगबेलि, इश्कलता, प्रेमपत्रिका, प्रेमसरोवर, व्रजविलास, गोकुलगीत, गिरिपूजन, कृष्णकौमुदी, गोकुलचरित्र, प्रेमपहेली, कबित्तसंग्रह आदि।

घनानन्द के नाम से लगभग चार हजार की संख्या में कवित्त और सवैये देखने को मिलते हैं लेकिन घनानन्द ग्रन्थावली में उनकी 16 रचनाएँ ही संकलित हैं। इनकी सर्वाधिक लोकप्रिय रचना 'सुजान हित' है, जिसमें 507 पद हैं। इन में सुजान के प्रेम, रूप, विरह आदि का वर्णन हुआ है।

काव्यगत विशेषताएँ

घनानन्द की कविताएँ सघन अनुभूतियों द्वारा निर्मित है। इनकी कविताओं में 'प्रेम' और 'भक्ति' के दो भाव परिलक्षित होते हैं। मूलत: ये प्रेम की कवि हैं। घनानन्द की कविताएँ रीतिकालीन कवियों की तरह प्रेम-सौन्दर्य, आमोद प्रमोद, विलासिता का साधन मात्र न हो करके सघन भावनाओं से सम्पृक्त है। मानवीय ज्ञानेन्द्रियों को आधार बनाकर के भावों का जिस तरह से मानवीयकरण किया गया है। यह इनके काव्य में सहज ही देखने को मिलता है। प्रिय के रूप में रीझने से मन की क्या दशा होती इस सवैये से स्पष्ट दिखाई देता है :

"रावरे, रूप की रीति अनूप नयौ-नयौ लागत ज्यौं-ज्यौं निहारियै।
त्यौ इन आँखिन बानि अनोखी, अघानि कहूं नहिं आन तिहारियै।
एक ही जीव हुतौ सुतौ वारयों, सुजान संकोच औ सोच सहारियै।
रोकी रहै न दहै घनानन्द बाबरी रीझ के हाथ निहारियै।"

सुजान नामक वेश्या से इनका प्रेम किस तरह से एकनिष्ठ और गहंरा था उसका अत्यन्त मार्मिक, सीधा, सच्चा और सरल रूप इस प्रकार है :

"अति सुधो सनेह को मारग है, जहाँ नेकु सयानप बांक नहीं।"

घनानन्द की कविताओं में प्रेम का अत्यन्त गम्भीर, निर्मल, आवेगमय और उदात्त रूप व्यक्त हुआ है, इसीलिए घनानन्द को 'साक्षात रसमूर्ति' कहा गया है। यह मूलतः वियोग के कवि है सुजान को पुनः न प्राप्त कर पाने का दर्द इनकी कविताओं के मूल में है। इसीलिए इनकी कृति 'सुजानहित' सर्वश्रेष्ठ कृति मानी गयी है। आचार्य रामचन्द्र शुक्ल इनके सन्दर्भ में लिखते हैं कि "ये वियोग शृंगार के प्रधान मुक्तक कवि हैं। 'प्रेम की पीर' लेकर इनकी वाणी का प्रादुर्भाव हुआ। प्रेम मार्ग का ऐसा प्रवीण और धीर पथिक तथा जवाँदानी का ऐसा दावा करने वाला ब्रज भाषा का कोई दूसरा कवि नहीं हुआ है।"

घनानन्द के काव्य की एक और विशेषता इसकी–भाव प्रवणता है। घनानन्द का प्रेम लौकिक प्रेम की भाव भूमि से ऊपर उठकर आलौकिक प्रेम की बुलन्दियों को छुता हुआ नजर आता है, तब कवि की प्रिया सुजान ही परब्रह्म का रूप बन जाती है। ऐसी दशा में घनानन्द प्रेम से ऊपर उठकर भक्त बन जाते हैं।

"नेही सिरमौर एक तुम ही लौं मेरी दौर
नहि और ठौर, काहि सांकरे समहारिये"

इतना ही नहीं घनानन्द का जो सुजान के प्रति लौकिक प्रेम था। बाद में वही राधा–कृष्ण के प्रति अलौकिक प्रेम के रूप में अभिव्यक्त होता है।

"ऐरी रूप अगाधे राधे, राधे राधे राधे राधे।
तेरी मिलिए को बृजमोहन, बहुत जतन है साधे।"

भाषा और शिल्प

घनानन्द की भाषा परिष्कृत और साहित्यिक ब्रजभाषा है। इनकी 'सुजानहित' विशुद्ध बृजभाषा में लिखी गयी है। इसीलिए इन्हें 'बृजभाषा प्रवीण' अथवा 'भाषा प्रवीण' भी कहा जाता है। वस्तुतः वे ब्रजभाषा प्रवीण ही नहीं सर्जनात्मक काव्यभाषा के प्रणेता भी थे।

रीतिकाल के अधिकतर कवियों में अरबी, फारसी, अवधी, बुन्देलखण्डी, राजस्थानी और भोजपुरी के शब्द पर्याप्त मात्रा में मिलते हैं, लेकिन घनानन्द के यहाँ इसं भाषायों का प्रयोग बहुत ही कम मात्रा में देखने को मिलता है। शब्दों के चयन से लेकर के उसका संयोजन और रचनात्मक सौन्दर्यता को घनानन्द जिस प्रकार से अभिव्यक्त करते हैं। इसकी कोई दूसरी बानगी पूरे रीतिकालीन साहित्य में अन्यत्र देखने को नहीं मिलती। मुहावरों और लोकोक्तियों का भी जमकर प्रयोग करते हैं। साथ ही अलंकारों का प्रयोग अपनी कविता में चमत्कार पैदा करने के लिए बीच–बीच में करते रहते हैं। जैसे–

"उजरनि बसी है हमारी अंखियानी देखो।"

'विरोधाभास' घनानन्द का प्रिय अलंकार है। आचार्य विश्वनाथ ने उनके बारे में लिखा है-"विरोधाभास के अधिक प्रयोग से उनकी कविता भरी पड़ी है। जहाँ इस प्रकार की कृति दिखाई दे, उसे नि:संकोच इनकी कृति घोषित किया जा सकता है।"

कवि अपनी प्रिया को अत्यधिक चतुराई दिखाने के लिए उलाहना भी देता है।

"तुम कौन धौं पाटी पढ़े हौ लला मन लेहूँ पै देहूँ छटांक नहीं।"

(घ) आधुनिक काल

यूरोपीय आधुनिकता के केन्द्र में नास्तिकता व यन्त्रवाद की चेतना है। आधुनिक यूरोप में आधुनिक काल की अवधारणा का प्रारम्भ (Industrial Revolution) के बाद होता है। प्रकारान्तर से आधुनिक काल की अवधारणा का प्रारम्भ नगरीकरण से जुड़ा है।

इसके विपरीत भारतीय आधुनिकता की प्रकृति-विचार एवं सामाजिक सन्दर्भ से जुड़ी है। यह एक गत्यांत्मक प्रक्रिया है। समय की जड़ता के खिलाफ मानवीय विवेक की गत्यात्मकता भारतीय चिन्तन का मूलाधार है। अपने समय की प्रतिमानवीय शक्तियों की पहचान आधुनिकता का अभिलक्षण है। साहित्य और चिन्तन आदि यदि आधुनिक होगा तो मानवीय हित के पक्ष में है, आधुनिकता के प्रमुख लक्षण है–

- आधुनिकता की प्रकृति गत्यात्मक
- केन्द्र में मनुष्य का विवेक
- समकालीन प्रतिमानवीय शक्तियों की पहचान व उनसे संघर्ष।
- आधुनिकता सजग बोध का नाम। वर्तमान के प्रति चैतन्यता।

भारतीय आधुनिकता के तीन महत्त्वपूर्ण बिन्दु जो इसे मध्यकाल से अलग करते हैं–

1. नवजागरण की चेतना
2. इतिहास बोध
3. प्रामाणिक मनुष्य की अवधारणा।

वस्तुत: भारतीय आधुनिकता का सर्वाधिक प्रभावशाली व संगठित रूप 19वीं सदी के नवजागरण में दिखता है। नवजागरण की ये चेतना भारतीय समाज की पुनर्रचना का मूल्यांकन करती है। यह प्रकारान्तर से सामाजिक संरचना का पुनर्विचार है। इसके केन्द्र में स्त्री व शूद्र हैं। इन वर्गों की नयी भूमिका की स्थापना हुई। पहली बार सामाजिक समस्याओं पर सामाजिक दृष्टिकोण से विचार किया गया। सामाजिक कारणों पर विचार, दैव हाशिये पर चले गये। सामाजिक-राजनीतिक सन्दर्भों में विश्लेषण शुरू हुआ और समाज व्यवस्था में बदलाव का प्रयास प्रारम्भ हुआ।

इसका सीधा प्रभाव भारतेन्दु युग व गहरा प्रभाव द्विवेदी युग पर पड़ा। साहित्य में प्रथम बार ऐहिक सन्दर्भों में सामाजिक समस्याओं को शामिल किया गया।

बंकिमचन्द्र चटर्जी कहते हैं : "इतिहास बोध किसी भी देश या जाति के आत्मबोध का आधार है।" जातीय अस्मिता की पहचान के लिए अनिवार्य है। राष्ट्रीय अस्मिता का आधार भी है। प्रत्येक बिगड़े में वर्तमान से जूझने की ऊर्जा इसी से प्राप्त होती है। इतिहास का विश्लेषण व संज्ञान आधुनिकता की शर्त पहली होती है। अपनी जड़ों की पहचान व उनसे जुड़ाव आधुनिक युग का स्रोत है।

आधुनिक काल में नये प्रामाणिक मनुष्य की स्थापना है इसके प्रथम उपन्यास 'परीक्षा गुरु' में प्रामाणिक मनुष्य के संकट को उठाया है। "जो देशी-विदेशी का फर्क व आमदनी-खर्च के अनुपात का बोध है वही प्रामाणिक है।" निष्कर्षत: राजनीतिक व आर्थिक चेतना जागी। अत: आधुनिकता की व्याख्या राजनीति व अर्थ से ही सम्भव है। मध्यकाल में जो दर्शन व धर्म जानता है वही प्रामाणिक है।

इन तीनों में कहीं भी ईश्वर का उल्लेख नहीं है। निष्कर्षत: किसी परोक्ष सत्ता का निषेध करती है। मनुष्य की केन्द्रीयता व परोक्ष सत्ता के प्रति उदासीनता भारतीय आधुनिकता के मूल आधार है।

इस आधुनिकता की साहित्यिक अभिव्यक्ति भारतेन्दु युगीन साहित्य में हुई। इसलिए भारतेन्दु काल आधुनिकता का प्रवेश द्वार कहा जाता है।

भारतेन्दु काल

हिन्दी साहित्य में आधुनिक काल नाम सर्वप्रथम आचार्य रामचन्द्र शुक्ल द्वारा दिया गया था। हिन्दी में आधुनिकता और पुनर्जागरण का प्रवर्तक भारतेन्दु हरिश्चन्द्र को माना जाता वे आधुनिक हिन्दी साहित्य में (1868–1900) के कालखण्ड को भारतेन्दु की संज्ञा दी गयी। इसकी शुरुआत कविवचन सुधा में प्रकाशन से होती है।

भारतेन्दु युग की विशेषताएँ

भारतेन्दु युग की प्रमुख विशेषताएँ निम्नलिखित हैं–

1. अन्तर्विरोध की चेतना–समूचा भारतेन्दु युग अन्तर्विरोधों से भरा हुआ युग है। इनका मूल कारण यह है कि भारतेन्दु युग इतिहास के उसके संस्कार पूर्व युग के हैं पर दुनिया नयी है। मानसिकता के स्तर पर पुराना और, परिस्थितियों के स्तर पर नया है। इन नयी परिस्थितियों के स्तर पर नया और इन नयी परिस्थितियों से जूझता है। इसलिए इस युग का साहित्य विचारों व संस्कारों के समानान्तर विकास का साहित्य है। भारतेन्दु की विरह की कविता रीतिकाल की परिपाटी पर है। वे ठीक उसके समानान्तर धन के विदेश जाने पर क्षोभ व्यक्त करते हैं। दरअसल पूरा

युग परिवेश अपने को एकाएक नयी परिस्थितियों के मध्य पाता है जो अंग्रेज़ी राज से उत्पन्न हुई। गद्य विचारों की भाषा है, पद्य भावनाओं की। इसलिए भारतेन्दु के नाटकों व काव्यों में यही विचार व संस्कारों की समानान्तरता दिखती है।

दूसरा अन्तर्विरोध है राजभक्ति व देशभक्ति। राजभक्ति या शासक के प्रति निष्ठा का भाव संस्कारों से भारत की जनता में रहा है। यहाँ अंग्रेज़ शासक थे। इस साहित्य में राजभक्ति दिखाई पड़ती है, उसकी न्यायप्रियता के लिए अपार स्तुति। 'चिर जीवो विक्टोरिया रानी'। यह इस युग के समाज में भी दिखाई देती है। मुगलों के पतन के बाद जो अराजकता आ गयी उसे नियन्त्रित किया जिसके फलस्वरूप आदर व सहानुभूति जाग्रत हुई। उस प्रशंसा के साथ-साथ जगह-जगह देश-दुर्दशा पर क्षोभ व्यक्त करते दिखते हैं। इस दुर्दशा पर क्षोभ है, इसके विरुद्ध कोई संगठन की चेतना नहीं है। अत: राष्ट्रभक्ति की चेतना वंश की समस्याओं को उठाने में है। प्रकारान्तर से भारतेन्दु ने परोक्ष रूप से अंग्रेज़ों के आर्थिक शोषण का पर्दाफाश भी किया।

2. **ब्रज भाषा व खड़ी बोली की समानान्तरता**—ब्रज मध्यकालीन बोध की भाषा है। अभिव्यक्ति का क्षेत्र भक्ति व शृंगार तक सीमित हो गयी थी। खड़ी बोली गद्य की भाषा है, विचारों की भाषा जो विवेक व तर्क से आते हैं। अत: आधुनिक भावबोध की अभिव्यक्ति में इसकी सकारात्मक भूमिका है। इस युग में कविता ब्रज भाषा में तथा गद्य खड़ी बोली में लिखे गये। द्विवेदी युग में आकर खड़ी बोली काव्य की भाषा के रूप में स्थापित हो पायी।

3. **भक्ति को नया परिप्रेक्ष्य**—नया परिप्रेक्ष्य है राजनीति। भारतेन्दु युग की विशेषता भक्ति को नया सन्दर्भ देने में। यह नया सन्दर्भ है राष्ट्र। यहाँ ईश्वर की भक्ति देशहित के लिए है। अत: प्रकारान्तर से देशभक्ति ही है। ईश्वर को नये नाम दिए उदाहरण 'भारतनाथ'। अत: भक्ति की राजनीतिक सन्दर्भों में शुरुआत हुई।

4. **साहित्य की नयी सोद्देश्यता**—इस मायने में कि भारतीय जनता को जागरूक करना है, उसे राजनीतिक व सामाजिक सन्दर्भों में दीक्षित करना है। हिन्दी गद्य का सूत्रपात नाटक से होता है। जो समाज से सीधे जुड़ा है। साहित्य को जनता तक ले जाना व जागरूकता उत्पन्न करना। जागरूक औचित्य के प्रति व सामाजिक समस्याओं के प्रति भी उत्पन्न। भारतेन्दु ने लेखकों से जनोन्मुख साहित्य व जनोन्मुख विधाओं, जैसे—लोकगीतों को अपनाने का आग्रह किया। साहित्य में सामाजिक समस्याओं जैसे—विधवा विवाह, अनमेल विवाह, दहेज, छुआछूत आदि दिखते हैं। समाज, राजनीति व जीवन की अन्य समस्याओं को उपजीव्य बनाया। इसी नींव पर आगे का साहित्य विकसित हुआ। नयी सोद्देश्यता का यह प्रमाण है कि भारतेन्दु युग में नयी विधाओं का सूत्रपात हुआ। इसका कारण यह है कि उद्देश्य की जटिलता व अन्तर्वस्तु की जटिलता काव्य में व्यक्त होने में असमर्थ थी। अत: नाटक, निबन्ध, संस्मरण, आत्मकथा आदि अनेक विधाएँ उत्पन्न हुईं।

5. समाज सुधार–भारतेन्दु ने अपने युग की विभाजनकारी शक्तियों पर चोट की। उन्होंने वर्ण, जाति, धर्म और सम्प्रदाय की विभेदक प्रवृत्ति को समाज में असमानता के लिए उत्तरदायी ठहराया। उन्होंने नारी की दूर्दशा को लेकर भी आवाज उठायी।

इसमें कई सीमाएँ थी–राजभक्ति, ब्रज भाषा, रीतिबद्धता आदि। अतः भारतेन्दुकाल सन्धिकालीन साहित्य है। पुराने को छोड़ता हुआ व नये की ओर बढ़ता हुआ। तत्कालीन इतिहास व समाज का सच्चा दस्तावेज है।

इसका प्रदेह है कि इसमें साहित्य की अन्तहीन सीमाओं की ओर ध्यान आकर्षित किया गया। रीतिकाल की सीमित सीमाओं को तोड़ दिया जो प्रेम तक सीमित थी। उन्होंने साहित्य का बलाघात बदल दिया–समाज पर जोर और सामाजिक सोद्देश्यता पर भी जोर दिया।

भातेन्दु मण्डल–भारतेन्दु युग में कुछ रचनाकारों का एक समूह बना, जिसके केन्द्र में भारतेन्दु थे, इसे भारतेन्दु मण्डल कहा गया। इनमें शामिल थे–भारतेन्दु, प्रताप नारायण मिश्र, बालकृष्ण भट्ट, प्रेमधन, राधा चरण गोस्वामी, राधाकृष्ण दास, अम्बिका दत्त व्यास।

द्विवेदी युग या जागरण सुधार काल (आचार्य रामचन्द्र शुक्ल)

हिन्दी साहित्य के इतिहास में 1900–1918 के कालखण्ड का आचार्य महावीर प्रसाद द्विवेदी के नाम पर द्विवेदी युग कहा जाता है। भारतेन्दु एवं द्विवेदी जी दोनों की साहित्यिकता अलग है क्योंकि साहित्य नेता अलग-अलग हैं। आधुनिक हिन्दी साहित्य का यह दूसरा सोपान है।

महावीर प्रसाद द्विवेदी ने 1903 में सरस्वती का सम्पादन कार्य सँभाला व कई बुनियादी परिवर्तन किये। सर्वप्रथम, रीतिकालीन प्रवृत्तियों से लड़ाई की। द्विवेदीजी ने कविता में नैतिकता पर बल दिया। पवित्र और शुद्ध भावों की कविता पर बल दिया था। कहा कि कविता मनोरंजन के लिए नहीं है। मैथिलीशरण कहते हैं कि "कविता में उचित उपदेशात्मकता होनी चाहिए।"

महावीर प्रसाद द्विवेदी के अनुसार

- कविता की रचना प्रक्रिया वैचारिक होती है। यह भावना से नहीं लिखी जाती। अतः इसका कोई निश्चित क्षेत्र नहीं होता। सभी चीजों पर कविता हो सकती है।
- साहित्य को परिभाषा दी–साहित्य ज्ञान का संचित कोष है।
- किसी भी साहित्य की सार्थकता उसकी सामाजिक सम्बद्धता से होती है। इसलिए आगे आने वाले कवि समाज पर ही लिखे।

इसलिए समूचे द्विवेदी युग का साहित्य समस्या प्रधान व विचार प्रधान है। इस काल में सामाजिक सुधार व संशोधन के उद्देश्य से साहित्य रचना। वैचारिकता व सामाजिकता का गठजोड़ इस युग की पहचान है। वैचारिकता के स्तर पर मूल प्रतिज्ञा श्रीधर पाठक है?

"जगत है सच्चा, तनिक न कच्चा, जगत् सच्चाई समझो बच्चा।"

इसका भेद-सार जगत् की समस्याएँ वास्तविक हैं और ठोस मानवीय सन्दर्भों से जुड़ी हैं।

विशेषताएँ

द्विवेदी युग की प्रमुख विशेषताएँ निम्नलिखित हैं–

1. राष्ट्रीयता की चेतना–राजभक्ति के विरोध में राष्ट्रीयता का प्रार्दुभाव हुआ। मात्र भावावेश नहीं, ठोस संकल्पना के स्तर पर। इस राष्ट्रीयता से जुड़ी समस्याओं पर अनेक प्रकार की कविताएँ लिखी गयीं।

- **राष्ट्र या देश की प्राकृतिक सौन्दर्य के प्रति मुग्धता का भाव**–द्विवेदी युग में पहली बार देश की प्रकृति मूलतः राष्ट्रीय भावों से ओतप्रोत होकर दिखती है। इससे पूर्व प्रकृति प्रेम, विरह आदि के लिए है। देश की नदियों, पहाड़ों, फसलों आदि पर ढेरों कविताएँ। प्रकृति राष्ट्रीय अस्मिता व शोभा का प्रतिनिधित्व करती है। जीवन्त राष्ट्रीय चेतना के रूप में आविर्भाव हुआ।
- **बलिदान की भावना**–देश की अस्मिता के लिए बलिदान की बात बार-बार कही गयी है। राष्ट्रीयता की भावना बलिदान से जुड़ी है।
- **आत्ममन्थन**–राष्ट्रीयता का अर्थ है काल का समग्र बोध। भूत, वर्तमान व भविष्य। स्मृति, वर्तमान बोध व भविष्य की चिन्ता। मैथिलीशरण गुप्तजी ने 'भारत-भारती' लिखी।

  "हम कौन थे क्या हैं क्यों होंगे अभी।
  आयो ये विचारें मिलकर सभी।"
- **आत्मगौरव की भावना**–यदि जातीय स्तर पर हीन भावना होगी तो राष्ट्रीयता नहीं पनप सकती। स्वतन्त्रता संघर्ष में आत्मगौरव अनिवार्य था। अतः द्विवेदी युग में देश के इतिहास के उज्ज्वल पक्षों को सामने लाने का प्रयास कविता करती है। आत्मगौरव के विषयों का उद्घाटन व व्यंजना करती है। अतः एक व्यापक राजनीतिक चेतना दिखाई पड़ती है।

2. सामाजिक चेतना–द्विवेदी युग के साहित्य का सबसे विशिष्ट पक्ष उसकी सामाजिक चेतना है। स्त्री इस चेतना की मेरुदण्ड है। अभी तक स्त्री की व्याख्या पुरुष के सन्दर्भ में की गयी थी। स्त्री के स्वायत्त अस्तित्व के बारे में चिन्तन

का सूत्रपात द्विवेदी युग में हुआ। इस काल में प्रश्न पूछती स्त्री के दर्शन होते हैं। प्रश्न है–अपने दुखों, विशेषताओं व अधिकारियों के लिए। रवीन्द्रनाथ के 'काव्येर उपेक्षिता' के प्रभाव से द्विवेदी युग का साहित्य स्त्री की समस्या उठाता है। द्विवेदी युग में स्त्री के दुख का सन्दर्भ आत्मसम्मान से जुड़ा है, प्रिय विरह से नहीं। यशोधरा बुद्ध से प्रश्न पूछती है कि ''विदा न लेकर स्वागत से भी वंचित यहाँ किया"। वह आगे कहती है–"सखी वे मुझसे कह कर जाते"। यहाँ दुखी स्त्री का प्रश्न अस्मिता से जुड़ा है।

3. प्रश्नाकूलता–सामान्यत: हिन्दी कविता की परम्परागत स्त्री, प्रश्नविहीन है मूक है। उसकी कोई स्वतन्त्र पहचान नहीं है। स्त्री के सवाल हैं "सिद्धि मार्ग की बाधक नारी, फिर उसकी क्या गति है।" यशोधरा का प्रश्न। स्त्री नियति के निर्धारण में स्त्री की आवाज की बात उठायी। परिवर्तनकारी चेतना में ही आधुनिक नारी का चेहरा छिपा है। स्त्री समूची परम्परा पर प्रश्न उठाती है।

भारतीय व्यवस्था में स्त्री शोषण बहुत चालाकी से हुआ है। द्विवेदी युग की स्त्री इसी गढ़ पर आक्रमण करती है। उर्मिला कहती हैं–दास बनना इसलिए कि मुझे दासी बनाना है। तुम देव रहो और मुझे देवी बनाकर रखो। स्त्री की इसी अवधारणा पर आगे का साहित्य खड़ा है। अत: द्विवेदी युग की चेतना के केन्द्र में स्त्री है। उसकी स्वायत पहचान है।

4. जागतिक महत्त्व का प्रतिवादन–जगत स्वर्ग से भी अधिक सुन्दर है। मैथिलीशरण गुप्त के राम कहते हैं–"इस धरती को ही स्वर्ग बनाने आया।"

5. द्विवेदी युग सामाजिक चेतना का काव्य है–भारतीय नवजागरण की सामाजिक चेतना का काव्यात्मक प्रतिफलन इस युग का काव्य है। इसलिए कविता विचारों से संचालित है, कला से नहीं। रामधारी सिंह दिनकर ने इसी को कहा है : ''कला की पराजय व जीवन की विजय की कविता है।'' समस्त संचालन सामाजिक समस्याओं से नहीं। समाज के प्रति नये दृष्टिकोण की कविता। प्रकारान्तर से भारतीय समाज के पुनर्गठन की चिन्ता से संचालित। इस हेतु स्त्री की नयी भूमिका पर विचार अनिवार्य है। कविता परम्परा से टकराती है। इस युग की सामाजिक चेतना में परम्परा व आधुनिकता का सहअस्तित्व है। जो आधुनिकता व समस्या के रूप में है। अत: पुरातन व नवीन की टकराहट द्विवेदी युग के काव्य में लक्षित होती है। काव्य का कथात्मक पक्ष मिथकीय है। इतिहास के विशेष संक्रमणकाल में एक नयी सामाजिक चेतना का आग्रह द्विवेदी युगीन कविता की सामाजिकता की वास्तविक पहचान है।

रीतिवाद का प्रबल प्रतिरोध–रीतिवाद से मुक्त हुए बिना कविता को आधुनिक नहीं बनाया जा सकता है। रीतिकाल की कविता बँधी हुई थी इसे तोड़ना अनिवार्य था। कविता के क्षेत्र में रीतिवाद को तोड़ना द्विवेदी युग में सम्पन्न हुआ।

शिल्प के स्तर पर

1. खड़ी बोली की स्थापना हुई। साहित्य भाषा के द्वैत का अन्त हो गया। (ब्रज-काव्य, गद्य-खड़ी बोली की स्थापना हुई।

2. काव्य रूपों के स्तर पर मूलतः प्रबन्ध काव्यों का युग है। कारण द्विवेदी युगीन कविता सामाजिक सन्दर्भों से अनुप्राणित है। उदाहरण 'प्रियप्रवास', 'साकेत', 'यशोधरा', 'जयद्रथ वध', 'मिलन', 'पथिक' आदि। हालाँकि मुक्तकों की भी रचना हुई। उदाहरण 'भारत भारती' शिल्प विधान की एक विशिष्टता छन्दों का वैविध्य भी है। ब्रज भाषा के छन्दों कवित्र, सवैये के अतिरिक्त रोला, लावनी, हरगीतिका के साथ-साथ संस्कृत के वर्णिक छन्दों का भी प्रयोग प्रारम्भ हुआ। भारतीय काव्य परम्परा के समस्त छन्द विधान का समाहार हुआ।

शोभा के स्तर पर इस युग की कविता वैचारिक है इसलिए अलंकारों, बिम्बों व प्रतीकों का प्रयोग सामान्यतः नहीं है। यह सहज, सरल व विशुद्ध विचारों की कविता है। समग्रतः, काव्य का समस्त शिल्पविधान कलात्मक आग्रह के प्रति उदासीन है। अनुमानतः स्वतन्त्रता संग्राम की सादगी से प्रेरित होने के कारण।

हिन्दी साहित्य के इतिहास में यह कविता नव-जागरण के सामाजिक आग्रहों से संचालित कविता है। स्वाधीनता आन्दोलन की बलिदान चेतना व सहज और सादे मनुष्य की अवधारणा से इस कविता का ताना-बाना बुना गया है। यह स्थिति कविता को एक सामाजिक आधार तो देती है लेकिन रचना में जिस कल्पनाशीलता व भावात्मक गहराई की अपेक्षा की जाती है उसकी अनुपस्थिति इस कविता की ऐतिहासिक सीमा है अर्थात् युग परिवेशों से सन्दर्भित होने के कारण। इसकी प्रतिक्रिया में हिन्दी साहित्य में छायावाद की उत्पत्ति हुई।

रीतिवाद का प्रबल प्रतिरोध–रीतिवाद से मुक्त हुए बिना कविता को आधुनिक नहीं बनाया जा सकता है। रीतिकाल की कविता बँधी हुई थी इसे तोड़ना अनिवार्य था। कविता के क्षेत्र में रीतिवाद को तोड़ना द्विवेदी युग में सम्पन्न हुआ।

छायावाद

डॉ. नागेन्द्र का कहना है "स्थूल के प्रति सूक्ष्म का विद्रोह है छायावाद।" जबकि द्विवेदी युग के विद्वानों की असहमति है कि यह स्थूल द्विवेदी युग नहीं है।

छायावाद के सैद्धान्तिक पक्ष–छायावाद को पश्चिमी (स्वच्छन्दतावाद) (Romanticism) का भारतीय संस्करण माना जाता रहा है।

1. छाया के अर्थ का अनुकरण–शुक्ल कहते है–"छायावाद पश्चिम के रोमांटिक कवियों व रवीन्द्रनाथ की कविता का अनुकरण है।"

शुक्लजी आगे लिखते है : "पुराने ईसाई सन्तों के छायाभास (Phantasmata) तथा यूरोपीय काव्य क्षेत्र में प्रवर्तित आध्यात्मिक प्रतीकवाद के अनुकरण पर रची जाने के कारण बंगाल में ऐसी कविताएँ छायावाद कही जाने लगीं।"

शुक्लजी की धारणा का कड़ा विरोध आचार्य हजारी प्रसाद द्विवेदी ने किया। उन्होंने कहा ''बंगाल में छायावाद नाम की कोई धारा नहीं है।'' शुक्ल जी की धारणा को परवर्ती हिन्दी आलोचना ने पूरी तरह खारिज कर दिया।

2. सूक्ष्मता व वायवीयता–वह कविता जो ठोस नहीं है। अतिशय कल्पनाशीलता व स्वप्नशीलता दिखाई पड़ती है, यह वायवीयता का प्रमाण है। जीवनेतर विकल्प वायवीयता का आधार है।

3. अस्पष्टता-धूमिलता–छायावाद में एक धुन्धलापन है। यह रहस्यवाद का प्रभाव। छायावाद शब्द का प्रथम प्रयोग मुकुटधर पाण्डे ने अपने लेख–'काव्य में छायावाद' (1918) में किया। **श्री शारदा पत्रिका** में पाण्डेजी के चार लेख आये जिनसे यह रहस्यवाद का पर्याय प्रतीत हुआ महावीर प्रसाद द्विवेदीजी ने कहा कि "छायावाद से लोगों का क्या मतलब है कुछ समझ में नहीं आता, शायद उनका यह मतलब हो कि कविता के भावों की छाया कहीं और पड़े तो उसे छायावाद कहा जायेगा। उन्होंने कहा कविता का अर्थ कविता में न होकर जब बाहर सम्भावित हो तो छायावाद हो सकता है।

आरम्भ में छायावाद दो अर्थों में प्रयुक्त हुआ रहस्यवाद व प्रतीकवाद।

छायावाद की परिभाषाएँ

आचार्य रामचन्द्र शुक्ल–उन्होंने छायावाद को रहस्यवाद के सन्दर्भ में परिभाषित करते लिखा हुए "छायावाद का सामान्य अर्थ हुआ प्रस्तुत के स्थान पर उसकी व्यंजना करने वाली छाया के रूप में अप्रस्तुत का कथन"। इस रहस्यवाद की प्रकृति को मध्यकालीन रहस्यवाद को लेकर चलें यह हम पहले दिखा आये हैं। उसी भावात्मक रहस्य परम्परा का यह नूतन भावभंगी और लाक्षणिकता के साथ आविर्भाव है छायावाद।

आचार्य नन्ददुलारे वाजपेयी ने कहा "नयी छायावादी काव्यधारा का भी एक आध्यात्मिक पक्ष है पर उसकी मुख्य प्रेरणा धार्मिक न होकर मानवीय व सांस्कृतिक है।" छायावाद का रहस्यवाद नवीन भावबोध से संचालित है।

शान्तिप्रिय द्विवेदी–"छायावाद वस्तुतः गाँधीवाद का काव्य संस्करण है।" गाँधीवादी विचारधारा की काव्यात्मक अभिव्यक्ति।

डॉ. नागेंद्र–"छायावाद स्थूल के प्रति सूक्षम का विद्रोह है।" सामाजिक वर्जनाओं से बचने के लिए आध्यात्मिक आवरण का सहारा लिया गया। इसमें मनोवैज्ञानिक सन्दर्भ समाहित है।

डॉ. रामविलास शर्मा–"छायावाद स्थूल के प्रति सूक्ष्म का नहीं वरन् थोथी नैतिकता, रूढ़िवाद और सामन्ती साम्राज्यवादी बन्धनों के प्रति विद्रोह था।" मध्यवर्ग के तत्वावधान में यह विद्रोह हुआ था, इसलिए उनके साथ मध्यवर्गीय असंगति, पराजय और पलायन की भावना भी जुड़ी है। इसे साहित्य की मार्क्सवादी व्याख्या कह सकते हैं।

रामस्वरूप चतुर्वेदी–छायावाद महज सन्ध्या सुन्दरी, चाँदनी रात या नौका विहार का चित्र नहीं है। वह मूलतः शक्ति काव्य है। पुनर्जागरण की चेतना का व्यापक व सूक्ष्म रूप है और अपनी अर्थ प्रक्रिया में मानव व्यक्तित्व को गहरे स्तरों पर समृद्ध करता है।

हजारी प्रसाद द्विवेदी–"छायावाद एक विशाल सांस्कृतिक चेतना का परिणाम था।"

जयशंकर प्रसाद–"जब वेदना के आधार पर सहानुभूति होने लगे तब हिन्दी में उसे छायावाद के नाम से अभिहित किया जाता है।"

छायावाद की विशेषताएँ

छायावाद की प्रमुख विशेषताएँ निम्नलिखित है–

1. केन्द्रीय मूल्य : स्वातन्त्र्य–छायावाद का केन्द्रीय मूल्य है स्वातन्त्र्य है। मुकुटधर पाण्डे का निबन्ध 'कवि स्वातन्त्र्य' में इसकी चर्चा की गयी। इसमें ही इस ओर संकेत है कि छायावाद का बीजभाव स्वातन्त्र्य है। इसी स्वातन्त्र्य से छायावाद के जीवन व काव्य के मूल्य तय होते हैं। इसका प्रमाण तत्युगीन राजनीतिक-सामाजिक परिस्थितियों से भी मिलता है। इस काल (1918-36) है यह स्वतन्त्रता संग्राम का समय है। यह स्वातन्त्र्य चेतना, व्यक्ति, कविता, व इतिहास सबमें मिलती है। इसकी पुष्टि तत्कालीन परिस्थितियों से होती है। सुमित्रानन्दन पन्त ने 'छायावाद का मूल्यांकन' लेख में लिखा–"छायावादी कवियों के सामने आत्ममुक्ति की धारणा तुच्छ होकर भावमुक्ति, मानवमुक्ति, विश्वमुक्ति तथा लोकमुक्ति की सम्भावना अनेक मूल्यों, विचारों तथा भावनाओं में रूप धरकर उसकी वाणी द्वारा मूर्त होने का प्रयत्न कर रही थीं।" मुक्ति की कल्पना वैयक्तिक स्तर पर सीमित नहीं है वरन् विराट है।

पन्त जी आगे लिखते हैं : "छायावादी काव्य ऐतिहासिक सन्दर्भ व राष्ट्रीय परिवेश के अनुरूप बहुमुखी स्वातन्त्र्य की आकांक्षा का प्रतिफलन था।"

सूर्यकान्त त्रिपाठी निराला– वर दे वीणा वादिनी वर दे।
प्रिय स्वतन्त्र रव अमृत मन्त्र नव भारत में भर दे।

स्वतन्त्र स्वभाव वाले अनेक पात्रों व घटनाओं का संयोजन किया गया है। अतएव 'बादल' बहुत हैं। निराला 'बादल राग'।

"अरे वर्ष के हर्ष बरस तू बरस बरस रसधार।"

अतः निराला लगातार उन जड़ताओं को तोड़ते हैं जिनमें व्यक्ति, परम्परा आदि बन्द हैं। यह प्रहार स्वतन्त्रता की चेतना है। निराला की स्वतन्त्रता चेतना जड़ता के खिलाफ है। स्वतन्त्रता प्रतिरोध और प्रहार के स्तर पर है।

"ताल ताल रे सदियों से हृदय कपाट
खोल देकर कर कठिन प्रहार..."

महादेवी वर्मा : महादेवी के यहाँ स्वतन्त्रता की अवधारणा असीमता का स्तर है। अतः सीमाबद्धता का विरोध व उसे तोड़ने की आकांक्षा।

अन्तहीनता का वरण केन्द्र में है।

"द्रुत पंखों वाले मन को तुम अन्तहीन नम होना,
आते जाते मिट जाऊँ पाऊँ म पन्थ की सीमा।"

परतन्त्रता की सर्वाधिक मार विद्रोही होने के कारण निराला व स्त्री होने के कारण महादेवी को ही झेलनी पड़ी थी। अतः छायावाद में इनके यहाँ स्वतन्त्रता का स्वर स्पष्ट दिखता है।

2. वैयक्तिकता की अभिव्यक्ति—छायावाद में स्वतन्त्रता की पहली अभिव्यक्ति व्यक्ति के स्तर पर होती है, वैयक्तिक चेतना के रूप में। अतः छायावाद में वैयक्तिकता की चेतना अधिक है, इसलिए भ्रमवश इसे व्यक्तिवादी भी समझा गया। सुमित्रानन्दन पन्त ने स्पष्ट संकेत किया कि व्यक्ति आत्मकेन्द्रित नहीं है—"छायावादी कवि व्यक्तिनिष्ठ न होकर मूल्यनिष्ठ रहा है। उसमें व्यक्ति मूल्य का प्रतिनिधि रहा है।" छायावाद का व्यक्ति जिस मूल्य का प्रतिनिधि है, वह है मध्ययुगीन सामन्ती रूढ़ियों से मुक्त हो व्यक्ति के स्वतन्त्र विकास का प्रतीक। अतः छायावादी काव्य व्यक्तिनिष्ठ नहीं मूल्यनिष्ठ और मूल्य-स्वतन्त्रता का परिचायक है।

इसका कारण—

- दिनकर 'काव्य की भूमिका' पुस्तक में लिखते हैं—"द्विवेदी युगीन कविता सात्विकता के बन्धन से जकड़ी मर्यादा व आदर्श से बँधी कविता है। इस नैतिक बोध से मुक्त होने की प्रक्रिया में छायावादी वैयक्तिकता उभरती है।"
- जिस युग में छायावादी कविता है उस युग में अनेक परिवर्तन हो रहे थे। यह थी—स्त्री शिक्षा का प्रसार तथा उससे मानसिक संरचना का बदलाव। अतः परम्परा की अन्ध स्वीकृति नहीं है। परम्परा के पुनर्मूल्यांकन व पुनर्गठन की मानसिकता ने भी वैयक्तिकता को उभार दिया। नयी पीढ़ी के नये लोगों में व्यक्ति की अभिव्यक्ति का चित्रण किया।

वैयक्तिकता की अभिव्यक्ति—छायावादी कविता 'मैं' की कविता है। निराला ने 'मैं' शैली अपनायी।

- **सबसे अधिक आत्मकथात्मक कविताएँ लिखी गयी। अन्तर्वस्तु बहुत हद तक आत्मकथ्य से जुड़ी है। वैयक्तिकता की परिणति है।**
- **वैयक्तिक दुख की अभिव्यक्ति।**

3. आत्मकथात्मकता—छायावाद में वैयक्तिकता का आधार आत्मकथात्मकता 'मैं' शैली व वैयक्तिक दुख की अभिव्यक्ति है।

प्रसाद—उज्ज्वल माया कैसे गाऊँ मधुर चाँदनी रातों की।

निराला ने **सरोज स्मृति**, वन बेला, **राम की शक्ति पूजा** तक में मार्मिक निजी जीवन के प्रसंगों का उद्घाटन किया है।

"दुख ही जीवन की कथा रही।
क्या कहूँ आज जो नहीं कहीं।"
"हो गया व्यर्थ जीवन, मैं रण में गया हार"

पौराणिक कथाओं में भी वैयक्तिक संक्रमित हो जाता है।

महादेवी वर्मा के यहाँ वैयक्तिकता को आध्यात्मिकता व दार्शनिक का आधार देने की कोशिश की है—

"मैं जल-जल होती जितना क्षय
वह समीप आता छल न भय।"

महादेवी में वैयक्तिक आकांक्षा के सर्वाधिक स्पष्ट अभिव्यक्ति के बीज दिखाई देते हैं।

"चाहता है पागल प्यार अनोखा एक नया संसार
जहाँ सपने हों पहरेदार, अनोखा एक नया संसार।"

4. ऐहिक मनुष्य की कविता—छायावाद में इस वैयक्तिकता ने कविता के रूप में कई परिवर्तन किये। कविता अनुभूति की प्रधानता। अतः इस कविता में विषय के स्थान पर विषयी को प्रधानता दी गयी है। यह तथ्य (विषय) की कविता नहीं उसे महसूस करने वाला संवेदनशील इसमें हृदय प्रधान है। विचारों के स्थान पर अनुभूति को महत्त्व दिया गया।

अज्ञेय ने लिखा : विषयी प्रधान दृष्टि ही छायावाद की आत्मशक्ति है।

पन्त—"कविता आत्मा की संकल्पनात्मक अनुभूति की अभिव्यक्ति है।"

''वियोगी होगा पहला कवि, आह से उपजा होगा गान
निकलकर आँखों से चुपचाप, बही होगी कविता अनजान।"

5. वैयक्तिकता के कारण जिज्ञासा की भावना—छायावादी कवि प्रश्नकूल है। जगत् के रहस्यों को जानना चाहता है। विज्ञान द्वारा जाने गये विश्व को अपर्याप्त मानता है। काव्य में व्यक्ति की नयी जिज्ञासाएँ रखीं। प्रश्नाकूलता दो रूपों में है— जिज्ञासा व कल्पना। यह पश्चिमी भौतिकवाद के खिलाफ भारतीय भाववाद को रखती है।

जिज्ञासा का ही अन्य रूप–रहस्यवाद है। जिज्ञासा ही रहस्यवाद। इसके कारण छायावाद की अनुभूति पर अस्पष्टता का पर्दा पड़ा है। यह रहस्यात्मकता छायावादी कवि की जिज्ञासा भी है और जीवन सम्बन्धों व स्मृतियों में लौटने की चेष्टा भी।

सुमित्रानन्दन पन्त– 'मौन निमन्त्रण' कविता
सघन मेघों का भीमाकाश
गरजता है जब तमसाकार
दीर्घ भरता समीर नि:श्वास,
प्रखर झरती जब पावस–धार
(कामायनी 'आशा' सर्ग।)
न जाने तपक तड़ित में कौन
मुझे इंगित करता वह मौन!"

अत: छायावाद की जिज्ञासाएँ रहस्यवाद में परिणत हो गयी हैं।

छायावादी कविता में जिज्ञासा या रहस्यवाद का पक्ष जानने का अनुभव है। चूँकि जानना अनुभव का हिस्सा है। अत: यह अनुभवजन्य प्रश्नानुकूलन ही इसके रहस्यवाद का केन्द्र है।

दूसरी अभिव्यक्ति कल्पनाशीलता है। यह छायावादी काव्य की अनुभव दृष्टि है और जीवन के देखने व सृजित करने की केन्द्रीय ऊर्जा है। हिन्दी कविता के इतिहास में कल्पना का सर्वाधिक उपयोग किया गया है। अत: कल्पना के पर्याय में विकसित हो गया हैं। इसके द्वारा कवि दो काम करता है–कोलाहल भरे वर्तमान का अतिक्रमण कर स्मृतियों के निस्तब्ध संसार में लौटता है या फिर अनागत का इच्छित संसार रचता है। निराला गीतिका 'कल्पना' कविता के कानन की रानी है। प्रसाद–'कल्पना मनुज जीवन का प्राणतत्त्व है।' कवि की मुख्य चुनौती मनुष्य की कल्पनाशीलता की हिफाजत है। पन्त–'कविता कल्पना के पल्लव हैं।' पन्त के अनुसार "कोई भी गम्भीर, व्यापक व महत्त्वपूर्ण अनुभूति काल्पनिक होती है।"

जयशंकर प्रसाद–"आह कल्पना का सुन्दर वह, जगत् मधुर कितना होता
सुख स्वप्नों का दल छाया में पुलकित हो जल का सोता।"

कल्पना पलायन के स्तर पर नहीं है। गम्भीर ऊर्जा है। परिवेश से असहमति व नवीन संसार रचने की इच्छा कल्पना से ही सम्भव है। गम्भीर जीवन दृष्टि व काव्य दृष्टि है। कवि प्रश्नों का हल तथ्यों से नहीं कल्पना से पाना चाहता है। अलग–अलग कल्पनाशीलता पन्त की कल्पना में वायवीयता है। बालकोचित कल्पनाशीलता है। इसलिए कविता में कई चमत्कारपूर्ण स्थितियाँ मिलती हैं। प्रसाद ने आकांक्षा व स्मृति के रूप में इसे व्यक्त किया। प्रसाद की आकांक्षाएँ कल्पना से पूर्ण होती हैं। निराला के सन्दर्भ में-रामविलास शर्मा का कहना है : "निराला की कल्पना आकाश छूती है पर पैर धरती पर होते हैं।" उनकी रचनाओं में कल्पना व यथार्थ का सहअस्तित्व। उदाहरण–**सरोज स्मृति**।

छायावाद में कल्पनाशीलता भारतीय इतिहास की वास्तविकता, क्योंकि स्वतन्त्रता स्वयं में एक कल्पना है। जिज्ञासा व कल्पना छायावाद की स्वातन्त्र्य चेतना का प्रमाण है।

6. छायावाद की नारी भावना—छायावाद प्रेमानुभूति के स्तर पर सबसे भिन्न है। भक्ति काव्य में प्रेम का पर्याय भक्ति है। प्रेम भक्ति का हिस्सा है, मांसलता के स्तर पर भी। इससे रीतिकाल में नितान्त मांसल प्रकट होता है। द्विवेदी युग प्रेम का निषेध है और सम्बन्धों की मर्यादा पर बल देता है।

वैयक्तिक चेतना के उभार के कारण प्रेम से तटस्थ रहने का अवसर छायावाद में समाप्त हो गया। छायावादी कवियों की प्रेम भावना में दो नयी चीजें—दैहिक सम्बन्धों का निषेध और प्रेम की भावात्मक सत्ता की स्थापना है। प्रेम स्त्री–पुरुष की भावात्मक ज़रूरत है। प्रेम के प्रति रचनाकार की दृष्टि आदर्शमयी है उदाहरण के लिए—

जयशंकर प्रसाद— "पागल रे वह मिलता है कब,
उसको तो देते ही हैं सब।"

यहाँ प्रेम आत्मदान है, सम्पूर्ण समर्पण है।

छायावादी कवियों ने प्रेम को पीड़ा के रूप में भी देखा। अधूरापन इस प्रेम की नियति है क्योंकि मिलन सम्भव नहीं है। शरीर का निषेध है। अधूरेपन, अतृप्ति के कारण वेदनामय जीवन है।

प्रेम में पर्दा है और प्रेम को छिपाने का भाव है। अत: प्रेमानुभूति को दार्शनिक रंग देने की प्रवृत्ति है। पर निराला के यहाँ मिलन की कुछ स्थितियाँ हैं।

अत: छायावाद की प्रेमानुभूति आदर्शपरक, गोपनीय, स्वयं को मिटाने या समर्पण का भाव आदि है। यह द्विवेदी युगीन नैतिकता का दबाव है। प्रेम न भक्ति है, न शरीर।

छायावाद की सौन्दर्यानुभूति—प्रेमानुभूति का हिस्सा है, जितनी उदारता प्रेमानुभूति में है, उतनी ही सौन्दर्यानुभूति में भी है। नारी का सौन्दर्य देह व प्रकृति के मिलन से बना। देह व भावदृष्टि से बना है। अत: देह का अतिक्रमण कर प्रकृति की ओर जाता है। निराला में—सरोज का सौन्दर्य है। सीता का सौन्दर्य। प्रसाद के अनुसार यह श्रद्धा का सौन्दर्य है। मांसल सौन्दर्य का चित्रण नहीं है। सिर्फ निराला में कुछ जगह ऐसा दिखाई देता है।

छायावादी कवियों की नारी भावना—नवजागरण की चेतना का प्रभाव है। नारी के प्रति आदर्श दृष्टि। भोग्या रूप में नहीं है। परन्तु नारी के प्रति छायावादी दृष्टि का विरोधाभास यह है कि आदर्श दृष्टि रखते हुए भी उसके जीवन की सार्थकता को पुरुष सम्पृक्ति से जोड़कर देखता है। छायावाद में नारी की आदर्श भावना पुरुष प्रधान मानसिकता से प्रभावित है। छायावाद में स्त्री समस्या का चित्रण नहीं हुआ। छायावाद में भग्न सामन्ती मानसिकता के संस्कारों का प्रभाव दिखता है।

इस दृष्टिकोण में एक सुनियोजित सात्विकता दिखाई देती है। अन्यथा देह के आवेश के आने का खतरा था। इसमें वासना का निषेध है।

पन्त–"तुम्हारे छूने में प्राण, तुम्हारे छूने में गंगाजल की पवित्रता है।"

स्त्री को परम्परागत महान मूल्यों का वाहक कहा गया है। अतः समर्पण, सेवा, त्याग, बलिदान सबका दायित्व स्त्री को दिया गया है। नारी का चित्र अवास्तविक, आदर्शपरक व यथास्थितिवाद को पुष्ट करने वाला है। द्विवेदी युग अधिक प्रगतिशील है। छायावाद में स्त्री के पास प्रश्न नहीं है। भारतीय स्त्री की परम्परागत नियति व अवधारणा से कहीं भी असहमति नहीं है। स्त्री के प्रति दृष्टिकोण प्रेम के आस-पास घूमता है। द्विवेदी युग में स्त्री की बृहतर भूमिका का जो सूत्रपात किया था उसे छायावाद में एक धक्का लगा। इस बिन्दु पर छायावाद का विरोध हुआ। वह निर्णय के अधिकार से वंचित है। नारी भावना यथास्थितिवाद से संचालित है।

7. छायावाद की राष्ट्रीय सांस्कृतिक चेतना

- छायावाद की स्वच्छन्दतावादी प्रवृत्ति।
- भारतीय नवजागरण की चेतना।
- सांस्कृतिक चेतना।

(i) **छायावाद और प्रकृति**–हर काल में कविता में सामान्यतः प्रकृति चित्रण है। कविता अनुभूति व संवेदन से उत्पन्न होती है। इसकी उपलब्धि में प्रकृति की भूमिका। प्रकृति व मनुष्य का रिश्ता आदिम है। हर कला व रचना पर प्रकृति का प्रभाव स्वाभाविक रूप से होता है। प्लेटो–'कविता प्रकृति का अनुकरण है।'

प्रत्येक युग का कवि अपने-अपने संस्कारों व भावों के अनुसार प्रकृति चित्रण करता है। आदिकाल प्रकृति में वीरत्व के भाव खोजता है तो भक्तिकाल में भी प्रकृति नायक के कथा चित्रण में शामिल है। यहाँ प्रकृति की चैतन्य सत्ता हैं। वह मनुष्य के जीवन व भावना में शामिल है। रीतिकाल में प्रकृति आखिरी स्थल या विलास व प्रेम के रंगमंच के रूप में शामिल है। अतः प्रकृति का उद्‌दीपन रूप में चित्रण है, वैसे भरपूर प्रकृति है। कविता के मामले में भारतेन्दु युग की चेतना रीतिकालीन ही है, हालाँकि गद्य में प्रकृति की नवीन चेतना दिखती है। कविता में प्रकृति का नवीन रूप द्विवेदी युग में ही दिखता है। यहाँ प्रकृति को राष्ट्र की देह के रूप में चित्रित किया गया है। पर यह भूगोल का तथ्य वरन् एक नहीं भाव है। अतः प्रकृति राष्ट्र की शोभा व अस्मिता के रूप में चित्रित है। यह युग प्रकृति का आखेट स्थल नहीं वरन् भारत माता की परिकल्पना के रूप में है। भारत माता की परिकल्पना प्रकृति से जुड़ने लगती है।

मैथिलीशरण गुप्त–

"नीलाम्बर परिधान हरित तट पर सुन्दर है।
चँद्र सूर्य युक्त मुकुट और मेखला रत्नाकर है।"

प्रकृति व राष्ट्र प्रेम में सम्बन्ध दिखता है। द्विवेदी युग में एक नयी प्रवृत्ति भी उदय हुई–स्वछन्दतावाद या रोमांटिसिज़्म। पश्चिम का स्वछन्दतावाद मशीन व आभिजात्य के विरुद्ध है। यहाँ प्रकृति प्रेम देशप्रेम से जुड़ी है। दूसरा, वैयक्तिक प्रेम देश प्रेम से जुड़ा है। तीसरा, खड़ी बोली जुड़ी है। ये स्वच्छन्दतावादी काव्य के लक्षण हैं। इससे प्रकृति की नयी भूमिका का आरम्भ हुआ। प्रकृति की तरफ ध्यान पलायन के कारण नहीं है बल्कि इसके सामाजिक कारण हैं।

रामनरेश त्रिपाठी–

"पुण्य चरित सज्जन से विषयी कल्पष महज निवासी।
न्यायी से पंचक दाता से कृष्ण विशेष विलासी।
जहाँ श्रमी से क्रमी विक्रयी वेश्या सुखी सती से।
निर्जन वन है परम सुखद उस न्यायरहित धारती से।
प्रकृति को आर्थिक–सामाजिक संरचना से जोड़ना।"

वैयक्तिक स्वाधीनता की चेतना ने स्वयं को प्रकृति के अधिक निकट पाया। आधुनिक जीवन की घुटन से निजात पाने के लिए भी प्रकृति का सहारा लिया गया। मानसिक स्वछन्दता की पूर्ति प्रकृति से ही हो सकती थी। अतः प्रकृति का बड़े पैमाने पर चित्रण किया गया। इस वैयक्तिक स्वाधीनता की आकांक्षा ने ही राष्ट्रीय स्वाधीनता के भाव को जन्म दिया। प्रकृति राष्ट्रीय व वैयक्तिक स्वाधीनता का पर्याय बन गयी। इस पृष्ठभूमि में छायावाद का जन्म हुआ।

छायावाद में प्रकृति का चित्रण तीन रूपों में हुआ।

(अ) **विकल्पात्मक सत्ता के रूप में**–प्रकृति का चित्रण दुनिया के विकल्प रूप में और नयी दुनिया प्रकृति की गोद में है, के रूप में हुआ। चूँकि प्रकृति मनुष्य रहित है, इसलिए प्रगतिवादियों ने पलायनवाद का आरोप लगाया। यह जीवन को अर्थवान बनाने वाली सत्ता। छायावादी कवि प्रकृति की तुलना में भौतिक सुखों को खारिज करता है। स्त्री व प्रकृति में भी वह प्रकृति का चुनाव करता है।

पन्त– "छोड़ द्रुमों की मृदुछाया, तोड़ प्रकृति से भी माया
बाले तेरे बाल जाल में कैसे उलझा हूँ लोचन।"

प्रसाद– "ले चल मुझे भुलावा देकर मेरे नाविक धीरे–धीरे।
जहाँ आकाश के कानों में, सागर प्रेमकथा कहता हो।"

(ब) प्रकृति का दूसरा उपयोग मानवीकरण के रूप में हुआ है। सम्बन्धों की जीवन्त मानवीय सत्ता को माना गया। प्रकृति माँ, प्रिया, प्रेरणा आदि के रूप में है। वह मनुष्य के रूप में क्रियाशील दिखती हैं।

निराला– "दिवसावसान का समय मेघमय आसमान,
से सन्ध्या सुन्दरी, उतर रही हैं।
परी सी धीरे-धीरे साँस एक नायिका हैं।"

कामायनी आशा सर्ग में प्रसाद लिखते हैं : सिन्धु सेज पर धरा मान किये हुए वधू की तरह दिखती हैं। नायिका रूप में। पन्त के यहाँ माँ के रूप में चित्रित है।

"उस फैली हरियाली में कौन अकेली खेल रही माँ
वह अपनी वयबानी में।"

प्रकृति माँ से बालकोचित जिज्ञासा करते हैं।

अतः प्रकृति का मानवीय सत्ता के रूप में प्रयोग हुआ है।

(स) राष्ट्रप्रेम के सन्दर्भ में। प्रकृति की गरिमा व भव्यता राष्ट्रप्रेम में परिणत हो जाती है। प्रकृति राष्ट्रप्रेम, जागरण आदि के सन्दर्भ में है। राष्ट्रीय सांस्कृतिक जागरण को प्रकृति से जोड़ा गया है, उसके प्रतीकों के रूप में प्रकृति है। 'झरना/बादल' जड़ता के विरुद्ध प्रतीक है। इसके अतिरिक्त कुछ फुटकर रूप–अवसाद, दुख, अकेलापन आदि मानवीय भावों के प्रतिनिधि रूप में प्रकृति है। 'रेत'–निरर्थकता, कवि के भीतरी मनोद्वेगों का आधार बनती है।

प्रसाद– "झंझा झकोर गर्जन था। बिजली थी नीरदमाला।
पाकर इस शून्य हृदय को सबने आ डेरा डाला।"

• मानसिक अशान्ति, • मानसिक वेदना, • अकेलापन

प्रकृति के अर्थ के अनेक आयाम दिखते हैं। कविता के स्तर पर प्रकृति की भूमिका का विकास व विस्तार हुआ। प्रकृति व जीवन, प्रकृति व कविता के बीज ने गहरे सम्बन्धों का सूत्रपात किया।

(ii) **राष्ट्रीय सांस्कृतिक चेतना–**नामवर सिंह जी–"छायावाद उस राष्ट्रीय जागरण की काव्यात्मक अभिव्यक्ति है जो एक ओर पुरानी रूढ़ियों से मुक्ति चाहता था और दूसरी ओर विदेशी पराधीनता से।"

छायावाद वस्तुतः राष्ट्रीय नवजागरण की अभिव्यक्ति है। द्विवेदी युग का नवजागरण सुधार पर आधारित है। अभिधामूलक है। इसमें कथन सीधे-सीधे, स्थूल है और उपदेशात्मक है।

छायावाद में नवजागरण की प्रकृति सूक्ष्म है। प्रकृति भावात्मक हो गयी है। यहाँ अन्तर अभिव्यक्ति के रूपों के स्तर पर है। छायावाद में व्यंजनात्मक लक्षणात्मकता है। वह काव्य रचना के गहरे निहितार्थों में समाई है। इसका सम्बन्ध स्थूल सुधारों से नहीं है, वह देश की अस्मिता की सांस्कृतिक श्रेष्ठता को गहराई में उठाता है। नवजागरण की चेतना की जटिलता काव्य में लक्षित होती है। राजा राममोहन राय व महात्मा गाँधी में इसके लक्षण दिखाई पड़ते हैं। छायावादी राष्ट्रीय चेतना ही सांस्कृतिक चेतना है।

(iii) **आत्मगौरव का भाव**–यह द्विवेदी युग से प्रभावित है और प्रसाद के नाटक की कविताओं में लक्षित होता है इसका कारण है साम्राज्यवादी शक्तियों ने भारतीय संस्कृति के मूल पर आक्रमण किया और उसे पिछड़ा, अवैज्ञानिक व बर्बर कहा। अपमान के उत्तर एवं इसकी अवमानना के रूप में आत्मगौरव की बात उठाई गयी। ये आत्मगौरव का विषय इतिहास का उज्ज्वल अध्याय है। परम्परा के गौरव का बोध आत्मगौरव का पर्याय बना। कविता परम्परा की जड़ों में लौटती है।

प्रसाद– "वही है रक्त वही है देह, वही साहस है वैसा ज्ञान।
वही है शान्ति वही है शक्ति, वही हम दिव्य आर्य सन्तान।"

परम्परा से जुड़ाव इसकी सांस्कृतिक चेतना का पक्ष हैं। यह नवजागरण से जुड़ा है।

(ii) **उद्बोधन का पक्ष**–छायावाद में उद्बोधन या जगाने की चेतना बहुत है। निष्क्रिय में सक्रियता पैदा करना सम्पूर्ण जाति के जागरण का आह्वान करती है। इनके द्वारा अखिल भारतीय स्तर पर समग्र राष्ट्रीयता की अवधारणा रखती है। यह राष्ट्रीयता स्थूल नहीं, सूक्ष्म स्तर पर है। देशप्रेम की प्रकृति भावात्मक है। जिसमें क्षितिज को सहारा मिलता है व अनन्त लहरों को भी किनारा।

प्रसाद– "अरुण यह मधुमय देश हमारा
जहाँ पहुँच अनजान क्षितिज को मिलता एक सहारा।"

इसमें भारतीय नवजागरण के सूत्र भी मिलते हैं। उदाहरण क्षितिज–राष्ट्रीयता के बीज उभारती अन्तर्राष्ट्रीयता।

राष्ट्र भक्ति का आह्वान अधिक परिमार्जित है।

(v) **स्वतन्त्रता का आह्वान**–राष्ट्रीयता का एक पक्ष है स्वतन्त्रता की माँग। द्विवेदी युग में नहीं दिखता है। ऐतिहासिक काव्यों से।

प्रसाद– "हिमाद्रि तुंग श्रृंग से, प्रबुद्ध शुद्ध भारती।
स्वयं प्रभा समुज्ज्ला, स्वतन्त्रता पुकारती।
अमात्य वीर पुत्र हो, दृढ़ प्रतिज्ञा सोच लो।
प्रवीर हो जयी बनो, बढ़े चलो, बढ़े चलो।"

(vi) **जागरण**–जागरण का सम्बन्ध स्वाधीनता व मुक्ति से है। जागरण के सर्वाधिक गीत छायावादी कविता में ही दिखते हैं। जागरण के अनेक आह्वान छायावादी कविता में।

प्रसाद– "अब जागो जीवन के प्रभात
बीती विभावरी जाग री।"

निराला– "जागो फिर एक बार
जागो-जागो आया प्रभात बीती व बीती अन्धरात"

पन्त– "प्रथम रशिम का आना संगिनि तूने कैसे पहचाना"

महादेवी– "चिर सजग आँखें उनींदी।
आज कैसा व्यस्त बाना।
जाग तुझको दूर जाना।"

सामाजिक निष्क्रियता व अन्धता के खिलाफ यह जागरण है। वह भारत के लम्बे इतिहास को अन्धी रात कहता है।

(vii) **शक्ति संचय का आह्वान**–सांस्कृतिक चेतना की उपलब्धि भी है व पहचान भी। देश की दशा का मूल कारण शक्तिहीनता है और पराधीनता शक्तिहीनता का लक्षण है। इस काल में शक्तिहीनता के खिलाफ शक्ति संचय का आह्वान किया गया है।

प्रसाद की कामायनी में–श्रद्धा मनु को शक्ति संचय का उपदेश देती है। "शक्तिशाली हो, विजयी बनो, विश्व में गूँज रहा जय गान"।

निराला–राम की शक्ति पूजा में जाम्बवान का राम को शक्ति की संरचना का उपदेश–

प्रसाद– "शक्ति के विद्युत कण जो व्यस्त
विकल बिखरे हैं, हो निरुपाय
समन्वय उसका करो समस्त
विजयिनी मानवता हो जाय।"

निराला– 'शक्ति की करो मौलिक परिकल्पना।'

नये संसार की रचना शक्ति से ही सम्भव है, पर यह शक्ति मानवीयता से जुड़ी है। यहाँ शक्ति अन्याय के प्रतिकार की ऊर्जा हैं यह गाँधीवादी चिन्तन से अलग है। यह नवजागरण की चेतना का रूप है। शक्ति की प्रकृति नैतिक है।

छायावाद प्रकारान्तर से पश्चिमी व भारतीय संस्कृति की टकराहट को लक्षित करता है। पश्चिम के सांस्कृतिक आक्रमण का प्रत्युत्तर देता है। कामायनी वस्तुवाद व भाववाद की टकराहट है। श्रद्धावाद व इड़ावाद की टकराहट है। इड़ावाद पश्चिमी सभ्यता का प्रतीक है। पश्चिमी विकासवाद के खिलाफ समरसता की अवधारणा है। कामायनी में भारतीय भाववादी जीवन दृष्टि की विजय बतायी। भारतीय संस्कृति की श्रेष्ठ, मानवीय और समरसता मूलक संस्कृति को प्रतिष्ठित किया गया है।

राम की शक्ति पूजा भी गहरे सांस्कृतिक आशय को चरितार्थ करती है। रावण साम्राज्यवादी ताकतों का व राम राष्ट्रीय मन के प्रतीक हैं। राम-रावण संघर्ष साम्राज्यवाद व राष्ट्रवाद के संघर्ष के रूप में परिणत हो जाता है। साम्राज्यवादी ताकतों के गुण अमानवीयता, भौतिक ताकत आदि हैं। ये रावण में हैं। शक्ति की निर्लज्ज प्रशंसा है–रावण की भयानक हँसी। विडम्बना ही है, वह अन्यायी होते हुए भी शक्तिशाली हैं। उसके विरुद्ध आन्तरिक शक्ति की साधना का उपदेश है।

शरीर के बल के विरुद्ध आत्मबल। शक्ति के प्रति जो दो नजरिये हैं वे राम की शक्ति पूजा में दिखते हैं।

छायावादी कविता भारतीय संस्कृति के मूल्यों को सूक्ष्म रूप से संचालित करती है। छायावाद की सांस्कृतिक चेतना में इतिहास बोध, जातीय श्रेष्ठता व विश्वदृष्टि तीनों का समन्वय दिखता है।

इसका एक अन्य महत्त्वपूर्ण पक्ष भाषिक संरचना है। यह आभिजात्य भाषा का निर्माण करता है। भाषा की सांस्कृतिक श्रेष्ठता सिद्ध करने हेतु, यह उस समय की सांस्कृतिक ज़रूरत थी।

छायावाद आधुनिक हिन्दी कविता का वह चरण है जिसमें जातीय कल्पनाशीलता व सर्जनात्मक ऊर्जा का प्रभावशाली प्रयोग हुआ है। यह कविता वैयक्तिक प्रेम से (शुरू) निःसृत होकर धीरे-धीरे प्रकृति के विराट विस्तार, नवजागरण की चेतना व राष्ट्रीय सांस्कृतिक चुनौतियों को अपने भीतर समाहित करता है। वयष्टि से समष्टि की ओर प्रयोग इस काव्य की दिशा है। इस काल ने कामायनी व राम की शक्ति पूजा जैसी कालजयी रचनाओं की सृष्टि की। यह हमारी जातीय सर्जनात्मकता का गौरव भी है और सार्थकता भी।

8. छायावाद का शिल्प विधान

रचना प्रक्रिया में अनुभूति व अभिव्यक्ति एक साथ जुड़े होते हैं। अनुभूति का स्वरूप कविता के रूप का निर्माण करता है। यदि सूक्ष्म अनुभूति है तो कविता के स्वरूप में भी सूक्ष्मता आयेगी।

छायावाद में कविता अनुभूति जन्य है, वहाँ, स्थूल विचार व प्रचार नहीं है। जिस काव्य में प्रतीक व बिम्ब हो उसकी प्रकृति सूक्ष्म होगी। स्थूल कविता मात्र विचारों तक सीमित रहती है।

(i) **कविता की भाषा**–कविता की भाषा संवेग प्रधान भाषा है। संवेग–भावना व कल्पना का सम्मिश्रण रूप है। आई.ए. रिचर्ड्स ने इसे सन्दर्भ-जनित (Refereneial) और भावपरक (Emotive) कहा है। छायावाद की भाषा की प्रकृति भावपरक है: इसलिए छायावाद की काव्य भाषा में द्विवेदी युग की अभिद्याप्रधान भाषा (रूढ़ि) को तोड़ा गया है। अज्ञेय–"छायावाद के सम्मुख पहला प्रश्न अपने काव्य के अनुकूल भाषा का नयी संवेदना के नये मुहावरे का गठन करना था। इस समस्या का उसने धैर्य और साहस के साथ सामना किया।" वैयक्तिक अनुभूति की अभिव्यक्ति के लिए नयी काव्य भाषा की आवश्यकता थी। छायावाद में अनुभूति प्रधानता के कारण द्विवेदी युग की वैचारिक भाषा का परित्याग आवश्यक था। कविता की भाषा को अनुभूतिधर्मी बनाया गया। छायावाद ने द्विवेदी युग द्वारा परिमार्जित भाषा के भीतर निहित सम्भावनाओं को पहचाना और उसकी

व्यंजकता में वृद्धि की। शब्द और अर्थ को (अनेक स्तर पर अर्थ पैदा) एक नयी दिशा दी।

एक नये सम्बन्ध विधान में छायावाद ने अपने आप को गूँथा। इससे भाषा में अर्थध्वनि की नयी सम्भावनाएँ विकसित हुईं। **उदाहरण**–तुतला उपक्रम, तुमुल तम, नील झंकार, मूर्च्छित आतप आदि।

छायावाद में भाषिक बदलाव के सबसे पहले संकेत शब्द के स्तर पर दिखते हैं, कविता में वाक्य विन्यास की प्रकृति का निर्धारण शब्दों से होता है। अतः शब्द की व्यंजनाओं की पहचान आवश्यक है। अज्ञेय–"कविता शब्द से शुरू होती है और शब्द पर ही खत्म होती है।" गद्य की भाषिक इकाई वाक्य है व कविता की शब्द। हर कालखण्ड में शब्द प्रयोग नयी सम्भावनाओं को तलाशता है। छायावादियों ने शब्दों की अन्तरात्मा को पहचाना, उनकी कविता में शब्दावली भावावेश व संवेदनशीलता से युक्त हो प्राणवान हो उठी। छायावादियों ने नये शब्दों व शब्दों के नये अर्थों को खोजा। भाषा व्यंजनात्मक बन गयी।

द्विवेदी युग की भाषा गद्यात्मक थी। छायावादियों में नयी शब्दावली के साथ-साथ गुम्फन संगीतात्मकता का आग्रह है, भाषा में लय व गति आयी।

पन्त– "नौका विहार कविता
तापस बाला गंगा निर्मल
शशिमुख से दीप्ति मृदु करतल।
लहरें उर पर कोमल कुन्तल"
"गोरे अंगो पर सिहर-सिहर, लहराता तार,
तरल सुन्दर चंचल-अंचल-सा नीलाम्बर।"

छायावादियों ने अपनी काव्यभाषा में नये शब्दों का भी निर्माण किया। इन नये शब्दों के पीछे प्रवाहमयता का आग्रह था। जगह का प्रयोग किया। सुमित्रानन्दन पन्त 'ण' की गहन 'न'। उदाहरण अरूणिम, स्वर्णिम, ऊर्मिल, स्वप्निल। कहीं-कहीं शब्दों के निर्माण के लिए व्याकरण के नियमों को भी तोड़ा, खासकर पन्त ने उदाहरण के लिए मरूदाकाश–मरूताकाश, प्रियाद - प्रियआहलाद। सन्धि के नियमों को तोड़ा। पश्चिम की रोमांटिक काव्यधारा के अनेक शब्दों का हिन्दी अनुवाद किया व कविता में प्रयोग किया। उदाहरण Golden Light - स्वर्णिम प्रकाश, Golden Dream - स्वर्णिम स्वप्न, Broken Heart - भग्न हृदय।

अतः स्वच्छन्द चेतना व नये मूल्यों की अभिव्यक्ति के लिए छायावादी कवियों ने अनुकूल शब्द योजना की व्यवस्था की। भाषा को व्याकरण के कठोर नियमों से मुक्त कर उसे आन्तरिक लय प्रदान की। भाषा को अनुभूति से जोड़ने के कारण आत्मनिष्ठ भाषा बनी। हर कवि की भाषा अलग-अलग है।

प्रसाद के शब्द बाद मधु की तरह प्रगाढ़ हैं क्योंकि वे गहन अनुभूतियों के कवि हैं। सविता, वन्या, चषक जैसे पौराणिक शब्दों की बहुलता प्रसाद की सांस्कृतिक चेतना का प्रतिनिधित्व करती है। मधु, मिलन-कुंज, माधव, अलसाई वेदना, आह जैसे शब्दों के अधिक्य से प्रसाद की सौन्दर्य चेतना व व्यक्ति हृदय का संकेत मिलता है।

पन्त की भाषा में आभिजात्यता, सुकुमारता, परिष्कृत रुचि व सौन्दर्य चेतना का प्रभाव उनकी शब्द योजना में लक्षित होता है। अधिक कल्पना प्रधान होने के कारण उनकी भाषा में वायवीयता, सूक्ष्मता व स्वच्छन्दता विद्यमान है।

निराला का स्वर मूलत: विद्रोह का है। इसका असर उनके शब्द चयन पर दिखाई देता। साथ ही वे विराटता के भी कवि हैं। इसका प्रभाव भी लक्षित होता है। रामविलास शर्मा "उनकी कविता केवल मैदान में सर-सर करती हुई गंगा की भाँति नहीं वरन् पहाड़ों के बीच घनी अँधेरी घाटियों में पत्थरों को काटती-बहाती तुमुल शब्द करती चलती है।" कविता की भाषा में नाद बहुत है। वे गूँज के कवि हैं, निनाद व संघर्ष के।

महादेवी की काव्यभाषा में घरेलू वैष्णवता की भरपूर उपस्थिति है। अक्षत, चन्दन, घण्टा, सिन्दूर आदि। घरेलू संस्कारों का प्रभाव दिखाई देता है। उनके गीतों में प्रयुक्त, दीप, वर्तिका, स्वप्न, माँग, समर्पण, करुणा इत्यादि स्त्रियोचित शब्द संसार की प्रचुरता दिखाई पड़ती है जो उनकी वेदनानुभूति व प्रणय की आकांक्षा की सूचक है। इस प्रकार भाषा विषयीनिष्ठ बनी।

(ii) **छायावादी कविता का अप्रस्तुत विधान–**भारतीय परम्परा में अलंकार योजना काव्य भाषा का अनिवार्य अंग है। उसे अप्रस्तुत विधान भी कहते हैं। भामह–'अलंकार ही कविता है।' दण्डी–'अलंकार काव्य की शोभा है।'

पन्त **पल्लव की भूमिका में लिखते हैं :** "अलंकार केवल वाणी की सजावट के लिए नहीं वरन् भावाभिव्यक्ति के भी विशेष द्वार हैं।"

छायावादी भाव को अधिक सघनता से प्रस्तुत करने के लिए उपमा व उत्प्रेक्षा आदि अलंकारों का प्रयोग करते हैं। अलंकारों का प्रयोग भावों की सघनता के लिए किया गया न कि काव्यशोभा के लिए।

छायावादी कवियों ने दो नये अलंकारों का प्रयोग किया जिसकी कोई पूर्व परम्परा नहीं है। वे हैं विशेषण विपर्यय एवं मानवीकरण अलंकार। विशेषण विपर्यय–"दूरस्थ विशेषणों व विशेष्यों को एक स्थान पर संगठित करना"। जैसे

पन्त– "बच्चों के तुतले (विशेषण) भय (विशेष्य) सी।
वेदना के ही सुरीले (विशेषण) हाथ (विशेष्य) से।"

कोई सम्बन्ध नहीं होता फिर भी साथ-साथ प्रयोग।

मानवीकरण के माध्यम से जड़ पदार्थ व अमूर्त विषय पर मानवीय भावों व क्रिया कलापों का आरोप किया जाता है। मानवीकरण का बहुलता से प्रयोग मुख्यतः प्रकृति के सन्दर्भ में है।

(iii) **बिम्ब विधान**–बिम्ब शब्द निर्मल चित्र है। बिम्ब केन्द्रीय माध्यम द्वारा आध्यात्मिक अथवा बौद्धिक सत्य तक पहुँचने का मार्ग है। बिम्ब किसी अमूर्त विचार व भावना की पुनर्निर्मिति है। बिम्ब पदार्थों के आन्तरिक सादृश्य की अभिव्यक्ति है। हिन्दी समीक्षा में बिम्ब का सर्वप्रथम प्रयोग शुक्लजी ने अपने निबन्ध–'भाव व विचार' में किया। उन्होंने रेखांकित किया कि कवि कविता में बिम्ब ग्रहण करता है अर्थ ग्रहण नहीं। अच्छी कविता बिम्बों की कविता है।

छायावादी कवियों ने बिम्ब को चित्र भाषा कहा। इन कवियों के यहाँ बिम्ब विधान उनकी आन्तरिक सौन्दर्य चेतना व अनुभूति का प्रतिफलन है। भाव, रूप, रस, गन्ध, ध्वनि और स्पर्श के अनेक चित्रों से छायावाद कविता में चाक्षुष और श्रवण बिम्बों का आधिक्य है। उदाहरण :

पन्त– "उड़ गया अचानक लो भूधर
फड़का अपार वरिय के पर।"

प्रसाद, निराला व महादेवी में भी चाक्षुष बिम्बों के प्रभावशाली चित्र दिखते हैं।

निराला–"दृढ़ जटा मुकुट हो विपर्यस्त प्रति वह संखुल।"

महादेवी–"यह मन्दिर का दीप इसे नीरव जलने दो।"

छायावादियों की एक बड़ी विशेषता है विराट बिम्बों का प्रयोग। भक्तिकाल के बाद पहली बार ऐसा प्रयोग किया गया।

निराला– "है अमानिशा उगलता गगन धन अन्धकार,
खो रहा दिशा का ज्ञान ....।"

महादेवी– "अवनि अम्बर के रूपहले सीप में।
तरल मोती सा जलधि जब काँपता।"
विराट कल्पनाशीलता का प्रमाण है। (श्रवण बिम्ब)

पन्त– "पत्रों के आनत अधरों में
सो गया निखिल वन कर मर्मर।" (ध्वनि बिम्ब)

निराला– "फिर सुना हँस रहा अट्टाहस रावण खल-खल।"

समग्रतः, छायावादी कविता का अभिव्यक्ति पक्ष बिम्बाश्रित है। संश्लिष्ट बिम्बों की रचना छायावादी कविता की अविस्मरणीय उपलब्धि है। छायावादी बिम्ब विधान वैयक्तिक सौन्दर्य चेतना व सूक्ष्म अनुश्रुतियों से प्रेरित होने के कारण पर्याप्त विविधतामयी है। अतीत के प्रेम और सौन्दर्य के प्रति विशेष लगाव के कारण प्रसाद का बिम्ब विधान ऐन्द्रजालिक सौन्दर्य की प्रगाढ़ इन्द्रियानुभूति से आवेशित है। वर्ण और ध्वनि बोध की सामर्थ्य के कारण पन्त में भावावेश की अधिकता है।

उनकी बिम्ब योजना में चाक्षुष व नाद बिम्बों का प्राचुर्य दिखाई देता है। निराला के बिम्बों में विराटता और गहन संवेदनशीलता (सुकुमारता) का संयोजन दिखाई पड़ता है। महादेवी चित्रकला से सम्बद्ध होने के कारण अधिकांशतः चाक्षुष बिम्बों का प्रयोग करती है और रंग और रूप का अद्‌भुत जादू दिखाई देता है।

4. प्रतीक विधान–प्रतीक वह है जो अर्थ के दो स्तरों पर आधारित होता है– प्रत्यक्ष व अप्रत्यक्ष स्तरों पर। जिस शब्द में अर्थ की अप्रत्यक्षता प्रधान हो वही प्रतीक है। सामान्यतः प्रतीकों की ज़रूरत उन काव्यों में होती है जो या तो साधना प्रधान या अनुभूति प्रधान होते हैं।

प्रतीक विधान छायावाद की अभिव्यंजना प्रणाली का महत्त्वपूर्ण अंग है। सूक्ष्म सौन्दर्य की अभिव्यक्ति व गहन अनुभूति की प्रेषणीयता के लिए छायावादी कवियों ने प्रतीकों का प्रयोग किया है। प्रसाद के अनुसार "सौन्दर्य बोध बिना रूप के हो ही नहीं सकता। सौन्दर्य की अनुभूति के साथ ही हम अनेक संवेदन को आकार देने के लिए उनका प्रतीक बनाने के लिए बाध्य हैं।"

पन्त ने प्रतीकों को मानस चेतना का प्रामाणिक पत्रक कहा है। "हमारा मन जिस प्रकार विचारों के सहारे आगे बढ़ता है उसी प्रकार मानव चेतना प्रतीकों के सहारे विकसित होती है।" भाषा गहनतम अनुभूतियों की वाहक बनी।

छायावादी कवियों के यहाँ भाव सत्य के स्तर पर प्रतीकों का प्रयोग दिखता है। पात्र-परिस्थितियाँ-घटनाएँ इनके माध्यम से छायावादियों ने अपनी अर्थ चेतना का विस्तार किया। *कामायनी* में मनु-मन के अन्नमय कोष के फँसे जीव हैं। मध्यवर्ग के सामन्ती पुरुष आदि के प्रतीक हैं। श्रद्धा-भाववाद समर्पण चेतना का प्रतीक है। इड़ा-बुद्धि का। प्रलय-सामन्तवाद के नष्ट होने का प्रतीक है। राम-राष्ट्रीय मन और रावण-साम्राज्यवाद कें प्रतीक है। जबकि अँधेरा रावण की अपराजेय सत्ता व राम की हताशा का प्रतीक है।

प्रतीक शब्द के दोहरे अर्थ के स्तर पर। शुक्ल जी–''छायावादी कवियों ने कुछ विशिष्ट उपमानों का प्रतीकवत प्रयोग किया है।'' जैसे–

- सुख, आनन्द, प्रफुल्लता व यौवन के स्थान पर उषा, प्रभाव, मधुकाल का प्रयोग।
- प्रिया के स्थान पर मुकुल (कली) का प्रयोग।
- प्रेमी के स्थान पर मधुप का प्रयोग।
- विषाद, अवसाद के स्थान पर अँधेरी रात व पतझड़ का प्रयोग।
- मानसिक आकुलता या क्षोभ के स्थान पर झंझा का प्रयोग किया।

छायावाद का प्रतीक विधान-सूक्ष्म वैचारिक प्रतीकों का प्रयोग छायावादी कवियों की प्रतीक योजना का प्रधान अंग है। अपनी प्रगाढ़ ऐन्द्रिय अनुभूतियों की व्यंजना

एवं सूक्ष्म सौन्दर्य की सांकेतिक अभिव्यक्ति के लिए अपनी विशिष्ट रुचि के अनुकूल छायावादी कवियों ने प्रतीकों का चयन किया है।

5. छन्द विधान–छन्द मूलत: कविता की व्यवस्था या अनुशासन हैं। छायावाद में छन्द को कविता के लिए अनिवार्य कहा गया है। पन्त ने छन्द को कविता का चरण कहा है, लेकिन अपनी स्वातन्त्र्य चेतना के अनुरूप छन्द के पारम्परिक व शास्त्रीय ढाँचे का निषेध करता है। निराला ने मुक्त छन्द की प्रस्तावना की वे कविता की मुक्ति मुक्ति छन्द से मानते थे। कविता की मुक्ति में मनुष्य की मुक्ति है। अनुभूति के अनुरूप छन्द न कि छन्द के अनुरूप अनुभूति। छन्द अनुभूति का परवर्ती है। इसलिए दोनों में ज्यादा दूरी नहीं हो।

पन्त– ''खुल गये छन्द के बँध।''

छन्दों में गति व लय है पर परम्परागत छन्द नहीं है। निराला ने छन्दों को लेकर अनेक प्रयोग किये। इनमें वैविध्य दिखाई देता है। शक्ति पूजा–शक्ति छन्द। कविता में नये छन्द विधान का आविर्भाव हुआ।

समग्रत: कहा जा सकता है कि छायावादी चेतना के नवीन उन्मेष की छाया उसके शिल्प विधान पर दिखती है। भाषा शब्द प्रयोग एवं बिम्बों–प्रतीकों की नवीनता के द्वारा छायावादी कवियों ने कविता के एक नये रूप में संसार की सृष्टि की तथा मुक्त छन्द के माध्यम से कविता में संगीत और गति के नये प्रवाह का सूत्रपात किया। आधुनिक हिन्दी साहित्य के इतिहास में छायावादी काव्य अपनी अन्तर्वस्तु ही नहीं वरन् रूप की भव्यता और अर्थव्यंजनाओं की सम्भावनाओं के लिए समाहित है।

द्विवेदी युग की शैली इतिवृत्तात्मक है। शुक्ल जी के अनुसार "छायावाद की काव्य शैली प्रेम–गीतात्मक है।" विचार कम है, भावावेग की प्रधानता, वैयक्तिकता, संक्षिप्तता तथा संगीतात्मकता गीत के तत्त्व हैं। छायावादी कविताएँ गीत शैली में है व उनका विषय प्रेम है। **शक्ति पूजा**, **सरोज स्मृति** व **कामायनी** पर लागू नहीं होता। आत्माभिव्यक्ति की प्रधानता है। शब्द संधान में लय व प्रवाहमयता है।

छायावाद की गीतात्मकता का मुख्य कारण कविता व जीवन के प्रति भावात्मक जीवन दृष्टि है। यह वस्तुपरक नहीं है। इसी भावात्मकता ने गीतात्मकता का रूप लिया।

छायावाद की सीमाएँ

किसी भी युग की सीमाओं का निर्धारण वर्तमान करता है। सीमाओं का निर्धारण परिस्थितियों के परिवर्तन के कारण होता है। कविता की वे दुर्बलताएँ जिनसे वर्तमान से सघन सम्बन्ध नहीं पैदा हो सकते।

आरम्भिक सीमाओं के बारे में सबसे पहले आचार्य रामचन्द्र ने इशारा किया। शुक्ल के बाद सुमित्रानन्दन पन्त ने 'छायावाद के पुनर्मूल्यांकन में' कहा युग यथार्थ को लक्षित करने में असमर्थ-वैयक्तिक के कारण ही इसकी सीमा है। निराला ने छायावाद छोड़ नयी काव्य प्रवृत्तियों की ओर रुख किया। उदाहरण 'कुकुरमुत्ता'। सामाजिक-राजनीतिक परिवर्तनों को काव्य में लक्षित करने में छायावाद की असमर्थता थी।

1. लोक जीवन से असम्पृक्ति (पृथक)—छायावाद की शैली आभिजात्य शैली है। रोजमर्रा के जीवन की हलचलों से कटी है। यह समस्याओं को सांस्कृतिक स्तर पर उठाता है, राजनीतिक स्तर पर नहीं। छायावादी कवियों के यहाँ राजनीति न होने का कारण भावात्मक जीवन दृष्टि। यह अपनी बात जनता तक नहीं पहुँचा पा रही थी। कविता की समस्याएँ तत्कालीन राजनीति की समस्याएँ नहीं हैं। ये सार्वभौम और सार्वकालिक हैं। इस देशकालतीतता के कारण लोक तक नहीं पहुँचती क्योंकि लोक देशकाल में जीता है। अतः छायावाद की प्रकृति ही लोकात्मक नहीं है। इस कारण कविता महत्त्वपूर्ण होते हुए भी आर्थिक उपयोगी नहीं है।

2. अपने समय से संवाद के प्रति उदासीनता—छायावादी कविता अपने समय से संवाद के प्रति उदासीन है। यह कविता चूँकि कल्पना से प्रेरित है। अत: मूलत: स्वप्नों से प्रेरित है। वैयक्तिकता के दबाव के कारण अपने समय से सम्यक् संवाद नहीं कर पाती, न तो भाव के स्तर पर न भाषा के स्तर पर।

कल्पना की अतिशयता, भाषिक आभिजात्यता पर बल व प्रतीकात्मक भाषा के कारण अपने समय से प्रत्यक्ष संवाद से वंचित रह जाती है। अपवादस्वरूप निराला को छोड़ समय की जमीनी परिस्थितियों से अछूती है और समय का दस्तावेज नहीं बनती। समय के भीतर जो कालातीत व सार्वभौमिक है केवल उसे ग्रहण करती है।

हालावाद

छायावाद की सीमाओं को ध्यान में रखकर स्वयं छायावादी कवियों निराला व पन्त ने अपने काव्य की धारा बदल दी। छायावाद के उत्तरार्द्ध में ही इसकी सीमाओं को रेखांकित करने वाली प्रवृत्तियाँ दिखाई देने लगीं।

हरिवंश राय बच्चन, भगवतीचरण वर्मा, बालकृष्ण शर्मा 'नवीन', नरेन्द्र शर्मा, आदि इस हालावाद के प्रमुख कवियों में शुमार थे। इन्होंने छायावाद की अमूर्तता व आदर्शपरकता का विरोध किया। नयी काव्यधारा का विकास किया। लम्बी पराधीनता, उदासीनता, निराशा व अतृप्त यौवन के प्रभावों के कारण, जो देश की समकालीन परिस्थितियाँ थीं। इस युग की कविताओं में भी ये प्रवृत्तियाँ दिखीं। इस काव्यधारा को हालावाद, उत्तर छायावाद व वैयक्तिक गीतधारा भी कहा गया।

हालावाद की प्रवृत्तियाँ/विशेषताएँ

1. व्यक्ति संवेदना की निर्भीक अभिव्यक्ति–छायावाद की कविता में पर्दा है। समाज से सीधे मुठभेड़ नहीं है इसका कारण है कि संस्कार बहुत प्रबल हैं। बदले हुए मन व संस्कारों के दबाव की टक्कर के कारण यह पर्दा दिखाई देता है। उदाहरण, प्रेम को दर्शन से छुपाना।

बच्चन– "मैं छिपाना जानता तो, जग मुझे साधू समझता।
शत्रु मेरा बन गया है, छल रहित व्यवहार मेरा।"

उन्होंने कहा साधुता छल है, मुखौटा है। अभिव्यक्ति में किसी प्रकार का छद्म नहीं है।

2. उन्मुक्तता–उन्मुक्तता कई बार मोहभंग से पैदा होती है। यह कवि मोहभंग के दौर से गुजर रहे थे। इन्होंने अपने लिए दीवाना व फकीर जैसे शब्द इस्तेमाल किये।

भगवती चरण वर्मा– "हम दीवानों की क्या हस्ती,
हैं आज यहाँ कल वहाँ चले।
मस्ती का आलम साथ चला,
हम धूल उड़ाते जहाँ चले।"

3. विद्रोह और विवशता की घुमड़न–यह विद्रोह समूचे जीवन व परिस्थितियों से है। पर समर्थता नहीं है, न बदल पाने की असमर्थता की विवशता है। अतः विद्रोह व विवशता साथ-साथ चलती है।

हरिवंश राय बच्चन–"कितनी रातों को मन मेरा, चाहा कर दूँ चीख सवेरा।"

इस विवशता का एक छोर प्रेम में असफलता से भी जुड़ता है। प्रेम की असफलता से उत्पन्न अवसाद, विषाद आदि एक तरफ जहाँ छायावाद में आध्यात्मिक सन्दर्भ देखने को मिला है। वही हालावाद में लौकिक विषाद।

बच्चन– "रात आधी हो गयी है,
जागता मैं आँख फाड़े,
तय सुधियों के सहारे
जब की दुनिया स्वप्न के
जादू भवन में खो गयी है।
रात आधी हो गयी है।"

नरेन्द्र शर्मा–"साँझ होते ही छा गयी, न जाने कैसी उदासी।"

मिलन की पूर्ति न होने के कारण इस कविता में यह विषाद दिखता है।

4. नया सौन्दर्य बोध–छायावाद मांसलता को प्रकृति से ढ़कने की कोशिश करती है। अतः सौन्दर्य में सात्विकता लक्षित होती है। उत्तर-छायावाद में दैहिक सौन्दर्य है।

नरेन्द्र शर्मा– ''तुम दुबली पतली दीपक की लौ सी सुन्दर
मैं अन्धकार मैं दुर्निवार
मैं तुम्हें समेटे हूँ सौ–सौ बाँहों में
तेरी ज्योति प्रखर।''

इस काव्यधारा में अभिव्यक्ति की सहजता है। कहीं प्रतीकात्मकता व घुमाव नहीं है। यह अपने कथ्य को आत्मीय शैली से प्रेषित करती है। नयी पीढ़ी के जीवन व समस्याओं से जुड़ाव है। बच्चन की यही सहजता उनकी लोकप्रियता का कारण है। शैली के स्तर पर एकदम प्रत्यक्ष है। कविता को विचार व दर्शन से बाहर निकाल, प्रत्यक्ष दुखों से जोड़ा–

नरेन्द्र शर्मा– ''छिपाने को छिपा लेता, विकल चीत्कार मैं सारा।
मगर अभिव्यक्ति की मानव सुलभ तृष्णा नहीं जाती।
नहीं जाती याद किसी की, प्राणों से नहीं जाती।''

अतः छायावाद के मुहावरों को उत्तर–छायावादियों ने तोड़ दिया। पर छायावाद को असली चुनौती प्रगतिवाद से मिली।

प्रगतिवाद

प्रगतिवाद को मार्क्सवाद का साहित्यिक संस्करण कहा जाता है।

प्रगतिवाद के उदय के कारण व पृष्ठभूमि

1917 की रूसी क्रान्ति के बाद समूचे विश्व में मार्क्सवाद व समाजवाद के प्रति आकर्षण का प्रसार हुआ। उस क्रान्ति ने समूची दुनिया के सामने विषमता दूर करने का विकल्प रखा। नयी पीढ़ी में तेजी से समाजवादी चेतना के प्रति आकर्षण बढ़ा व उसका प्रभाव तत्कालीन साहित्यकारों पर भी पड़ा। 1935 में ई.एम. फोस्टर के नेतृत्व में एक लेखक संघ बनाया गया–प्रोग्रेसिव राइटर्स एसोसिएशन (Progressive Writers Association), जिसका प्रथम अधिवेशन–पेरिस में आयोजित हुआ। इसका लक्ष्य था मार्क्सवादी सिद्धान्तों पर आधारित समाज के निर्माण व प्रचार–प्रसार करना। 1936 में भारत में प्रगतिशील–लेखक संघ (Progressive Writers Association) की स्थापना हुई। जिसका नेतृत्व मुल्कराज आनन्द व सज्जाद जहीर ने किया। इसका पहला अधिवेशन 1936 में लखनऊ हुआ। इसकी अध्यक्षता–प्रेमचन्द ने की।

इन्हें छायावादी साहित्य अपर्याप्त दिखा व नयी काव्य शैली अपनाई गयी।

भारत में मार्क्सवादी पार्टी की स्थापना हुई। काँग्रेस की नयी पीढ़ी जवाहरलाल नेहरू व सुभाष चन्द्र बोस पर भी समाजवाद (सोशलिज्म) का प्रभाव। भगतसिंह पर भी। यह भारतीय युवा पीढ़ी का मानस भी था।

इस समाजवादी चेतना का असर लेखकों, साहित्यकारों व नयी पीढ़ी के शिक्षितों पर पड़ा।

राजनीति में बदलाव–अब समस्या सांस्कृतिक से राजनीतिक और आर्थिक हो गयी। जनता में सांस्कृतिक से आर्थिक प्रश्न अधिक मुखर हो गये। इस बदलते परिवेश से छायावाद जो सांस्कृतिक चेतना पर आधारित था उसका तिरोहण हुआ। मानसिकता के राजनीतिकरण के कारण कविता पर भी राजनीतिक विचारधारा का प्रभाव पड़ा। काव्यीय चेतना के राजनीतिकरण, काँग्रेस में सोशलिस्टों का प्रभाव, विश्वयुद्ध के बाद मन्दी के दौर के कारण जीवन दृष्टि में परिवर्तन आने लगा। इसे अभिव्यक्ति देने में छायावाद असमर्थ था। प्रगतिवाद अपनी समकालीन राजनीतिक चेतना का प्रतिफलन है।

साहित्यिक स्तर पर मार्क्सवादी चलन का प्रभाव

1. कला व साहित्य का स्वरूप–छायावाद में आत्मा व अनुभूति मुख्य तत्त्व था। मार्क्सवाद साहित्य को वस्तुवाद से जोड़ता है। क्रिस्टोफर काडवेल (Christopher Caldwell) ने ''साहित्य को समाजरूपी सीपी से निकले हुए मोती की संज्ञा दी।'' अतः साहित्य का सम्बन्ध व्यक्ति व अनुभूति से नहीं, समाज से है। एंजल्स (Angels) ने कला का उद्‌भव मानवीय श्रम के बीच से माना। कला समाज में श्रम की स्थिति को व्यंजित करती है। पूँजीवादी सभ्यता में श्रम की प्रकृति के अनुसार कला की प्रकृति भी निर्वैयक्तिक (तमाशा) हो जाती है। मार्क्स–''पूँजीवाद को कला का वैश्वीकरण करता है।''

अतः मार्क्सवाद में श्रम व सामाजिक परिस्थिति को ही कला में बदल देता है।

2. कला की वर्गीय चेतना–मार्क्स ने *मैनिफेस्टो ऑफ कम्युनिस्ट पार्टी* में लिखा (Manifesto of Communist Party of Marx)–"अब तक के समाज का इतिहास वर्ग संघर्ष का इतिहास है- मालिक व मजदूर, शोषक व शोषित। इस वर्गबद्ध समाज में कला भी वर्गबद्ध होती है।''

3. राजनीति व साहित्य के सम्बन्धों पर नयी स्थापनाएँ–लेनिन ने *पार्टी ऑर्गेनाइजेशन एंड लिटरेचर में* लिखा : (Party Organisation and Literature)" साहित्य मूलतः राजनीतिक होता है। राजनीति से तटस्थता का दावा भी राजनीतिक होता है। मार्क्सवाद मनुष्य को राजनीतिक प्राणी मानता है। राजनीतिक सम्बन्ध मनुष्य व समाज की स्थिति का निर्माण करते हैं। अतः राजनीति से हटकर कोई भी साहित्य नहीं लिखा जा सकता है। मार्क्स–"इसलिए राजनीति मनुष्य की मुक्ति का मार्ग है क्योंकि राजनीतिक संघर्ष के बाद ही सत्ता सर्वहारा के हाथ आती है।"

मार्क्सवाद में साहित्य को भावात्मक व कल्पना प्रधान नहीं माना। राजनीतिक विचारधारा से साहित्य की प्रेरणा आती है। मार्क्स के अनुसार, "विचारधारा का कोई स्वतन्त्र इतिहास नहीं है, यह सामाजिक जीवन से अभिभूत होती है व साहित्य को दिशा देती है।" मार्क्स ने आगे लिखा–"सार्थक साहित्य अनिवार्यतः उपयोगी होता है।" अतः शुद्ध कलात्मकता व काव्य की अवधारणा का विरोध व रचना की सामाजिक उपयोगिता पर बल देना चाहिए। वे आगे लिखते हुए कहते हैं–"नये मनुष्य, नये समाज व नये संसार के निर्माण के लिए प्रतिबद्ध साहित्य में उपयोगिता स्वतः अन्तर्भूत होती है।"

4. सौन्दर्य बोध–भाववाद में सौन्दर्य को एक निरपेक्ष व अज्ञेय देशकालातीत सत्य के रूप में निरूपित किया गया है। सौन्दर्य को मानसिक व्यापार माना जिसे भौतिक नियमों से नहीं बताया जा सकता।

भाववाद के विपरीत मार्क्सवाद सौन्दर्य को वस्तुवादी आधार देता है। सौन्दर्य अमूर्त में नहीं हो सकता। दूसरा, चूँकि वस्तु परिवर्तनशील है। अतः सौन्दर्य भी स्थायी नहीं होता, परिवर्तशील होता है। सौन्दर्य बोध, मानवीय श्रम, उपयोगिता, इन्द्रिय बोध व जटिल भाव विचारों के संश्लिष्ट रूप हैं। सौन्दर्य वस्तु का गुण है। अतः सुन्दरता कोई दैवीय वस्तु नहीं है उसकी ठोस लौकिक सत्ता है।

इन्हीं स्थापनाओं को मद्देनजर रखते हुए प्रगतिवादी साहित्य का सृजन हुआ।

प्रगतिवाद की विशेषताएँ

प्रगतिवाद की प्रमुख विशेषताएँ निम्नलिखित हैं–

1. यथार्थ चित्रण के प्रति आग्रह–मार्क्स का कहना है : ''कला का काम यथार्थ को सामने लाना है। यथार्थ की प्रकृति सामाजिक होती है। मार्क्सवादी यथार्थ है सामाजिक-आर्थिक विषमता का चित्रण जो प्रगतिवाद का मुख्य एजेंडा है।''

रामधारी सिंह दिनकर– ''श्वानों को मिलता दूध भात।
भूखे बच्चे चिल्लाते हैं।
माँ की गोदी से चिपक ठिठुर
जाड़े की रात बिताते हैं।''

2. पूँजीवाद के प्रति तीव्र घृणा का भाव–सामन्तवाद का अगला चरण। मार्क्स लिखते हैं : वह मनुष्य, उसकी संस्कृति व भविष्य को डिब्बाबन्द करता है। मनुष्य की समस्त कल्पना का अन्त। मनुष्य की कालदृष्टा होने की सम्भावना नष्ट, बाजारवाद, विकास की अन्धी प्रक्रिया है जो अर्थ के लिए किसी भी सीमा तक जा सकता है। मनुष्य के जीवन में ज़रूरतों की फसल उगा उसे कृत्रिम कर देता है। अपनी प्रकृति में मनुष्य विरोधी है।''

प्रगतिवादियों में पूँजीवाद का विरोध उसकी मनुष्य विरोधी प्रकृति के कारण है।

गजानन माधव मुक्तिबोध– "तेरे रक्त में भी सत्य का अवरोध
तेरे रक्त में भी घृणा आती तीव्र
तेर हास में भी रोग कृमि
तेरा नाश"

भाषा का सर्वाधिक अवमूल्यन पूँजीवादी युग में होता है। यह उसकी प्रामाणिकता को नष्ट करता है। भाषा द्वारा असत्य का प्रेषण। कविता में भी पूँजीवाद से समाजवाद की लड़ाई दिखती है।

दिनकर– "समर शेष है नहीं पाप का, भागी केवल व्याध
जो तटस्थ हैं समय लिखेगा उनका भी अपराध।"

3. शोषितों की शक्ति में विश्वास–पूँजीवाद की शक्ति से भी बड़ी है शक्ति जनता की शक्ति। अत: किसान-मजदूर के प्रति प्रगतिवाद में गहरा विश्वास दिखता है। पूँजीवाद का तख्ता पलटने की इस शक्ति द्वारा उम्मीद प्रगतिवाद में दिखती है।

शोषितों की शक्ति में विश्वास, प्रगतिवादी काव्य की सुनियोजित योजना है।

4. क्रान्ति की चेतना व व्यवस्था परिवर्तन का आह्वान–सामान्यत: प्रगतिवादी कविता का आह्वान सम्पूर्ण क्रान्ति व ध्वंस का आह्वान है।

मुक्तिबोध– "अब उठाने ही पड़ेंगे, अभिव्यक्ति के खतरे।"

बालकृष्ण शर्मा 'नवीन– "कवि कुछ ऐसी तान सुनाओ,
जिससे उथल-पुथल मच जाये।"

पन्त– "गा कोकिल बरसा पावक कण
नष्ट भ्रष्ट हो जीर्ण पुरातन।"

5. राष्ट्रीय चेतना की भिन्न संकल्पना–जो राष्ट्रीयता मनुष्य की बुनियादी ज़रूरतें पूरी नहीं कर पाती, मनुष्य को मनुष्य बनने का अवसर नहीं देती, वे छद्म हैं। ऐसी राष्ट्रीयता व स्वतन्त्रता का कोई महत्त्व नहीं है। वह अर्थहीन है। प्रगतिवाद में राष्ट्र को लेकर भावात्मक परिकल्पना नहीं है। राष्ट्रीयता का कुछ दायित्व भी है। राष्ट्रीयता यदि आर्थिक विषमता पर ध्यान नहीं देती तो अर्थहीन है।

नागार्जुन– "जहाँ न भरता पेट, देश व कैसा भी हो महा नर्क है।"

नागार्जुन– "आज क्या है कुछ नहीं जन्म दिन शिशु राष्ट्र का है।
आज के दिन मिल गये तुम दुश्मनों से गुनहगारों से"

प्रगतिवादियों ने आजादी को कागजी माना।

नागार्जुन– "कागज की आजादी बिकती है, ले लो दो-दो आने में।"

छायावाद की राष्ट्र अवधारणा से भिन्न है।

6. राजनीतिक चेतना–राजनीतिक चेतना व व्यंग्य चेतना घुली-मिली है। व्यंग्य चेतना की कविता का कथ्य राजनीति है, राजनीति लूट-खसोट को बढ़ावा देती है।

नागार्जुन– ''स्वेत स्याम रतनार अँखिया निहार के।
सिंडीकेटी प्रभुओं की पद्धति झार के।
लौटे हैं दिल्ली से कल टिकट मार के।
खिले हैं दाँत ज्यों दाने अनार के।
आये दिन बहार के।''

प्रगतिवादी कविताएँ राजनीति से प्रेरित कविताएँ हैं। इनकी प्रवृत्ति या अन्तर्वस्तु राजनीतिक है। परन्तु प्रगतिवाद की राजनीति इकहरी नहीं है वरन् राजनीति की सम्पूर्ण अन्तर्दृष्टि दिखती हैं नागार्जुन दो धाराएँ–राजनीति का क्रियान्वित रूप और भारतीय राजनीति की दिनचर्या व बाहरी रूप। आजादी के बाद के भारतीय जीवन व राजनीति की प्रामाणिक खबर। इनकी कविताओं में राजनीतिक तत्कालीनता के तत्त्व हैं। आन्दोलनों, घटनाओं, सत्ताधारियों के नाम व उनके कारनामे इनमें दिखते हैं। नागार्जुन क़ा समय इन्दिरा गाँधी का समय है। इस समय भारतीय राजनीति का पतन गहरा हो गया था। सत्ताधीश पर आक्रमण साफ दिखाई पड़ता है।

नागार्जुन– ''लूट पाट के काले धन की करती है रखवाली
पता नहीं दिल्ली की देवी गोरी है या काली।''

प्रगतिवादी में राजनीति की दूसरी धारा भी है जो राजनीति को घटनाओं के रूप में नहीं वरन् गहरे षड्यन्त्र के रूप में देखती है। इसके सबसे बड़े रचनाकार मुक्तिबोध हैं। सत्ता की मूल प्रकृति–स्वार्थ, मनुष्य विशेष, हिंसा, क्रूरता का पर्दाफाश करती है। सत्ता के बाहरी लक्षण एक आन्तरिक सूत्र से जुड़े हैं। देश की चिन्ता न बौद्धिकों को है, न नेताओं को। - शमशेर ''अँधेरे में कविता आजादी के बाद के भारत का दरकता इस्पाती दस्तावेज है''। राजनीति को आत्मकेन्द्रित, स्वार्थपरक, जन समस्याओं से परे, परन्तु जनता के साथ होने का स्वाँग करते बुद्धिजीवी आदि के गठबन्धन को केन्द्र में रखा गया है। सत्ता व राजनीति के नग्न सत्य को देखना। मुक्तिबोध ने राजनीति के वास्तविक गठन पर प्रकाश डाला है। राजनीति के दोनों चेहरे - घटनापरक व वस्तुपरक चेहरे प्रगतिवाद में दिखते हैं।

7. ग्राम्य प्रकृति का चित्रण–कविता व प्रकृति के रिश्ते आदिम हैं। सौन्दर्य का एहसास मनुष्य प्रकृति के माध्यम से करता है। परन्तु ये रिश्ते मानवीय मानसिकता के अनुसार बदलते हैं। छायावादी प्रकृति निर्जन प्रकृति है। प्रकृति का वैराग्य दिखाई देता है और इससे रसग्रहण करता कवि।

प्रगतिवाद में उसी प्रकृति का चित्रण है जो मनुष्य जीवन में शामिल है। नदी, खेत, पगडण्डी, बादल, धूप, फसलें, हवा आदि। मनुष्य का जीवन बनाने वाली प्रकृति है। अतः समुद्र व पर्वत आदि का चित्रण सामान्यतः नहीं है। इसी प्रकृति से सौन्दर्य निकला है।

नामवर सिंह–"कविता में पहली बार चिमनियों का धुआँ, पैरों की बिवाइयाँ आदि के दर्शन हुए।"

प्रकृति में सौन्दर्य व उपयोगिता के तत्त्व घुले-मिले हैं। प्रकृति में गहरी मानवीय आत्मीयता दिखाई देती है।

केदारनाथ अग्रवाल (प्रगतिवाद में प्रकृति के कवि)–

"एक बीते के बराबर यह हरा ठिगना चना
बाँधे मुरेठा शीश पर छोटे गुलाबी फूल का सजकर खड़ा था।"

8. प्रेम का स्वरूप व स्वकीया रूप–छायावादियों के प्रेम में हालाँकि स्वकीया और परकीया भेद नहीं दिखता, परन्तु वैयक्तिकता के कारण वह सामान्यतः परकीया ही है।

प्रगतिवादी प्रेम को सामाजिक दायित्व या भाव के रूप में ही देखते हैं। अतः प्रेम का स्वरूप स्वकीया है। प्रगतिवादी प्रेम सामाजिक मान्यताओं से स्वीकृत प्रेम या गार्हस्यिक प्रेम है। प्रेम जीवन के विभिन्न अंगों में एक अंग है।

जगदीश गुप्त (नयी कविता)–

"तुम्हारे वक्ष की गहराइयों को चूमकर
सब बीत जायेगी उमर...
मैं सोचता था।"

प्रेम का निषेध नहीं परन्तु सभी जीवन व्यापारों के साथ, प्रेम जीवन की सम्पूर्णता से विच्छिन्न नहीं है। प्रगतिवाद में प्रेम की प्रकृति सामाजिक है, वैयक्तिक नहीं। यह अमूर्त भाव नहीं वरन् संघर्ष व सुख-दुख बाँटते हुए सहचर्य है। जीवन संघर्ष से प्रेम उत्पन्न होता है।

त्रिलोचन– "मिलकर वे दोनों प्राणी
दे रहे खेत में पानी।
मुझे जगत् जीवन का प्रेमी
बना रहा है प्यार तुम्हारा।"

प्रगतिवादी प्रेम सुख-दुख दोनों में साझीदार बन जीवन को आद्र बनाता है।

9. सौन्दर्य बोध की नवीनता–साधारणतया सौन्दर्य स्रोतों की खोज प्रगतिवाद में दिखाई देती है। सामान्यतः कहा गया है असाधारणता ही सौन्दर्य है। मार्क्सवाद में साधारण में भी सौन्दर्य हो सकता है। प्रगतिवादियों ने किसान-मजदूरों के निहायत घरेलू व विपन्न जीवन से सौन्दर्य के चित्र खींचे हैं। इसका सूत्रपात निराला ने किया था (*तोड़ती पत्थर)* कविता।

"वह तोड़ती पत्थर
देखा मैंने उसे इलाहाबाद के पथ पर

स्याम तन, भर बँधा यौवन
नत-नयन प्रिय कर्म-रत मन
गुरु हथौड़ा हाथ''

संघर्ष करती स्त्री के चित्र में सौन्दर्य देखा। प्रगतिवादियों ने संघर्षरत सौन्दर्य को ही चुना, जैसे–काम करता मजदूर, खटती स्त्री आदि। सौन्दर्य के प्रतिमानों को बदल दिया। छायावादी सौन्दर्य से भिन्न एक निहायत घरेलू व परिचित सौन्दर्य की सृष्टि की।

प्रगतिवाद मार्क्सीय सिद्धान्तों से परिचालित हो, कविता की अन्तर्वस्तु ही नहीं वरन् शिल्प भी बदलता है। कविता की पहुँच साधारण मनुष्य तक होनी चाहिए। कविता का लक्ष्य व्यवस्था परिवर्तन है, आस्वाद नहीं। अत: कविता के सहज शिल्प पर बल देता है प्रगतिवादी कवियों ने सामान्य जन भाषा को अपनाया। अत: ग्रामीण शब्दों की बहुलता दिखाई पड़ती है।

प्रगतिवाद काव्य भाषा में अधिकांशत: तद्भव व देशज शब्द ही दिखते हैं। बोलचाल की भाषा पर अत्यधिक बल है।

प्रगतिवादी मानते हैं कविता में छन्द होने चाहिए। इसलिए उन्होंने तुकान्त व लयप्रधान कविताएँ लिखीं। लोक छन्दों व लोकलयों का प्रयोग करते हुए, मुकारियों, लोकोक्तियों व ग्रामीण क्षेत्रों में प्रचलित लोरियों आदि को आधार बनाया। साहित्यिक छन्दों को छोड़ दिया गया। कजरी, लावनी आदि। छोटी-छोटी पंक्तियों के तुकान्त बँध।

प्रगतिवादी भाषा स्पष्ट भाषा है। प्रतीकों के प्रति घोर विरोध है और सीधी अभिव्यक्ति है।

मुक्तिबोध– ''कोशिश करो कोशिश करो जीने की
जमीन में गड़ कर भी।''

शिल्प के स्तर पर प्रगतिवादी कविता लोक संवाद की सम्भावनाओं की खोज करती है। सामान्य मनुष्य तक कविता ले जाने का यत्न है। भक्तिकाल के बाद यह बड़ा प्रयास है।

प्रगतिवादी कविताएँ विचारों पर आधारित होने के कारण मुक्तक हैं। कविता को सूत्र व मन्त्र में बदल देने की कोशिश की गयी है। कविता में आम मुहावरा बनाने की कोशिश है।

नागार्जुन ''जहाँ न भरता पेट''–

मुक्तिबोध– ''जो है उससे बेहतर चाहिए
दुनिया को साफ करने के लिए एक मेहतर चाहिए
जो मैं न हो सका।''

प्रगतिवादियों ने कविता की सम्पूर्ण प्रकृति बदलने की कोशिश की।

1943 *तारसप्तक* का प्रकाशन। इसने प्रगतिवाद पर रोक लगायी। 1943 में प्रगतिवाद आन्दोलन के रूप में खत्म हो गया पर काव्य चेतना में समा गया। इसका प्रभाव बाद की कविताओं में दिखा।

प्रगतिवाद की सीमाएँ

प्रगतिवाद की प्रमुख सीमाएँ निम्नलिखित हैं–

1. सिद्धान्त व विचार में अन्तर्विरोध–प्रगतिवादी सिद्धान्त व कवि के जीवन में कोई तालमेल नहीं दिखाई देता। मुक्तिबोध लिखते हैं ''हमारे परिवर्तन के सारे नारे घर की चौखट से बाहर होते हैं।'' (मुक्तिबोध डायरी)। वे कहते हैं–सर्वाधिक अन्तर्विरोध प्रगतिवाद में दिखता है। प्रेम के स्तर पर, विवाह, रीतिरिवाज आदि के स्तर पर यह प्रगतिवादी काव्य की प्रामाणिकता व विश्वसनीयता का खण्डन करता है। अतः कुल मिलाकर प्रगतिवाद व्यवस्था परिवर्तन की कोई पहल नहीं कर पाता। कविता में क्रान्ति व जीवन में यथास्थितिवाद दिखाई पड़ता है। कविता व जीवन के बीच गहरी खाई के दर्शन होते है।

2. नारेबाजी व सपाट बयानी की कविता–प्रगतिवाद में कविता व नारे में फर्क नहीं किया गया।

मुक्तिबोध- ''चन्द्र है सविता है, पोस्टर ही कविता है।''

किसी भी रचना का कविता होना कुछ अभिलक्षणों पर निर्भर करता है। प्रगतिवादियों ने कविता के नाम पर नारेबाजी कर कविता की गरिमा को खण्डित किया। नागार्जुन की कविताओं को अखबारी कतरने कहा गया। यह कविताएँ तात्कालिक, समय की सतह पर हैं। एकांगी यथार्थ का चित्रण किया गया है। अतः कविता में सत्य की गहराई व सार्वकालिकता नहीं है। कविता की अन्तर्वस्तु हेतु केवल आर्थिक विषमता व कविता के पात्र किसान-मजदूर ही बनाये गये। इसका विरोध हुआ कहा गया कि मनुष्य के हर वर्ग में जीवन की यातनाएँ हैं। यथार्थ सर्वदा संश्लिष्ट होता है। उसका प्रादुर्भाव अनेक संघातों से होता है, प्रगतिवादी यथार्थ एकांगी है। अतः मुक्तिबोध ने यथार्थ चित्रण की एक अलग शैली बनायी–फैंटेसी शैली।

प्रगतिवाद में कलात्मकता का (वैचारिक स्तर पर भी) अभाव है। कविता केवल विचार नहीं पर कला भी है। कविता में खबर ही नहीं आस्वाद भी होना चाहिए।

प्रगतिवाद के योगदान

कविता की दिशा में परिवर्तन प्रगतिवाद ने अतिशय कल्पनाशीलता, कलात्मक चमत्कार, भाषा की प्रतीकात्मकता तथा वैयक्तिक्ता से कविता को मुक्त किया। कविता को जीवन के प्रति जवाबदेह बनाने की वैचारिक प्रतिबद्धता की नींव रखी।

कविता के क्षितिज में अभूतपूर्व वृद्धि की। जीवन की साधारणता से काव्य विषय का चुनाव कर प्रगतिवादी कवियों ने कविता की प्रकृति को जनतान्त्रिक बनाने की ऐतिहासिक भूमिका निभायी। अत: अपनी कतिपय सीमाओं के बावजूद इसका महत्त्व निर्विवाद है।

प्रयोगवाद

प्रयोगवाद का प्रारम्भ 1943 में *तारसप्तक* 'सात कवियों के संकलन' के प्रकाशन के बाद आरम्भ हुआ और कविता नयी दिशा में मुड़ी। प्रयोगवाद के समक्ष दो धाराएँ थीं अतिशय कल्पनाशील अन्तर्मुखी छायावाद व नारेबाजी तथा बर्हिमुखी प्रगतिवाद। यह समय का वह मोड़ था जहाँ दोनों की राहें खत्म हो चुकी थीं।

तारसप्तक में शामिल कवियों के नाम है–सच्चिदानन्द हीरानन्द वात्स्यायन अज्ञेय, गजानन माधव मुक्तिबोध, नेमी चन्द्र जैन, प्रभाकर माचवे, रामविलास शर्मा, भारत भूषण अग्रवाल, गिरिजा कुमार माथुर।

तारसप्तक की समग्र भूमिका में अज्ञेय ने प्रयोग की ज़रूरत पर बल दिया है, क्योंकि कविता भी अन्तत: सत्य की अभिव्यक्ति है और इस सत्य तक पहुँचने हेतु, प्रयोग आवश्यक हैं। कविता में सत्य कहने हेतु कवि को प्रयोगधर्मी होना पड़ेगा।

दूसरा समाज का स्वरूप बदल गया है। आधुनिक परिस्थितियों में वैयक्तिक सत्य सर्वथा सामाजिक सत्य नहीं रह गया। अत: औसत सत्य प्रयोग से ही इसे पाया जा सकता है।

इस प्रयोग शब्द के कारण नन्ददुलारे वाजपेयी ने इसे प्रयोगवादी कहा। दूसरे तारसप्तक में अज्ञेय ने इसका खण्डन किया पर नाम चल गया।

प्रयोगवाद का अर्थ एवं आवश्यकता

अज्ञेय के अनुसार प्रयोग के दो प्रयोजन हैं–

- वह उस सत्य को जानने का साधन है जिसे कवि प्रेषित करता है। काव्यवस्तु को जानने का साधन।
- वह उस प्रेषण की क्रिया को और उसके साधनों को जानने का माध्यम भी है।

क्या कहना है? कैसे कहना है? कविता की वस्तु व कविता के शिल्प दोनों को जानने के लिए।

अज्ञेय–"जो व्यक्ति का अनुभूत सत्य है उसे समष्टि तक कैसे उसकी सम्पूर्णता में पहुँचाया जाये यह पहली समस्या है जो प्रयोगशीलता को ललकारती है।" अत: प्रयोगवाद काव्यवस्तु व शिल्प के स्तर पर नवीनता का आग्रह करता है।

कविता के सत्य का सम्बन्ध विचारों, धातुओं व आस्थाओं से नहीं है। सत्य जानने का माध्यम प्रयोग है।

इस प्रयोग को आधार बना जो कविता शुरू हुई वही प्रयोगवाद है।

प्रयोगवाद कविता से समाज बदलने का विरोध करता है वह कविता को मूलत: कला मानता है। इसकी कोई सामाजिक जवाबदेही नहीं है। साहित्य व्यक्ति संवेदन का परिष्कार करता है। पठन से पहले व बाद में अन्तर होता है। साहित्य परिचित को अपरिचित व अपरिचित को परिचित बनाता है, ऐसा कलात्मकता की विशिष्टता के कारण होता है। अत: कलात्मकता पर आग्रह व सामाजिक जवाबदेही का निषेध है। अज्ञेय इसके सर्वोच्च पुरोधा बनकर उभरते हैं।

अज्ञेय–"मैं ऐसे किसी साहित्य को नहीं जानता जिससे समाज बदला है।"

कलात्मकता के साथ वैयक्तिक अभिरुचि पर बल दिया है। साथ ही शिल्प की कलात्मकता भी आवश्यक है। प्रयोगवाद का सैद्धान्तिक विरोध दिखाई देता है।

प्रयोगवाद की विशेषताएँ

1. **स्वानुभूति की अभिव्यक्ति पर बल**–इसमें दोनों पूर्ववर्ती धाराओं का विरोध है। छायावाद में–आत्मानुभूति (आध्यात्मिक का छौंक दिखता है) है प्रगतिवाद में सामाजिक चेतना से कविता पैदा होती है। प्रयोगवादियों ने कविता में स्वानुभूति पर बल दिया।

अज्ञेय–

"मौन भी अभिव्यंजना है,
जितना तुम्हारा सच है उतना ही कहो।''

1951 में दूसरा सप्तक प्रकाशित हुआ भवानी प्रसाद मिश्र *कमल के फूल*

फूल लाया हूँ कमल के क्या करूँ इनका

''ये कमल के फूल लेकिन मानसर के हैं।
इन्हें हूँ बीच से लाया न समझो तीर पर के हैं।''

कवि का सत्य जीवन की गहराइयों से उपजा है। अनुभव की प्रामाणिकता संघर्ष व स्वानुभूति पर निर्भर करते हैं। लौकिक जीवन की अनुभूतियों पर बल, दार्शनिकता व आध्यात्म नहीं है।

2. **परम्परा की अस्वीकृति**–प्रयोग परम्परा से बँधे नहीं होते। सत्य पर परम्परा तोड़कर ही पहुँचा जाता है और यह अनिवार्य भी है।

अज्ञेय लिखते हैं : 'लीक जो हमको मिली थी,' अन्धी गली थी। परम्परा अतीत व वर्तमान की निरन्तरता है। यह सत्य की उपलिब्ध व अभिव्यक्ति में बाधक है। इसका कारण है कि यह असम्मति को भी नियन्त्रित करती है। सत्य के नये अवसरों में बाधा है। भवानी प्रसाद मिश्र–उस दिशा से दिशा तक छूटने का सुख, टूटने का सुख।

"बिना सीढ़ी के बढ़ेंगे तीर के जैसे बढ़ेंगे।
इसलिए इन सीढ़ियों के फूटने का सुख,
टूटने का सुख।"

कविता व जीवन में नयी मंजिलों के लिए परम्परा से अस्वीकृति अनिवार्य।

3. **यौन चेतना का नया रूप**—प्रयोगवाद ने यौन चेतना का सैद्धान्तिक आधार देने का कार्य किया। यौन चेतना जो अब तक भाव के विषय थे, इनको मुद्दा बनाया।

अज्ञेय के अनुसार, "आज के साधारण मनुष्य का मन यौन वर्जनाओं से लदा हुआ है।" साधारण मनुष्य यौनकुण्ठा में जीने को अभिशप्त है। सामाजिक यौन वर्जनाओं को खुली चुनौती दी गयी।

धर्मवीर भारती ने **गुनाहों के गीत** में पहली बार यौन सम्बन्धों को पाप-पुण्य के आधार पर निर्धारित करने को चुनौती दी। "नसों का रेशमी तूफान मुझ पर पाप कैसे हो।"

वासना को जीवन की अनिवार्यता मानते हुए बूढ़ी नैतिकताओं के चंगुल से मुक्त किया। पूर्व युगों के मूल्य विधानों की अस्वीकृति है।

यौन प्रतीकों का निर्माण। भीतरी यौन अतृप्ति का बाहरी रूप और अधिकांश प्रतीक यौन प्रतीक है। उदाहरण के लिए, बादल-धरती का सम्बन्ध स्त्री-पुरुष सम्बन्ध है। यौन चेतना के चित्रण की पद्धति में परिवर्तन किया। इसकी सात्विकता व मर्यादा की रचना पर देह की मांसलता का चित्रण है। यह सत्य के प्रति कविता की जवाबदेही का प्रमाण है। यदि यौनकुण्ठा सत्य है तो अभिव्यक्त होना चाहिए।

उपमानों की नवीनता पर बल—कविता में बुनियादी परिवर्तन हेतु उपमानों को बदलना होगा। अज्ञेय ने *कलगी बाजरे की* में सैद्धान्तिक स्तर पर प्रश्न उठाया कि कविता की पुरानी शैली में परिवर्तन आवश्यक है।

अज्ञेय—'हरी बिखरी घाँस,' 'डोलती कलगी छरहरे बाजरे की' का नायिका हेतु प्रयोग किया। अतः ये नवीन काव्य रचना हेतु उपमान बदलना आवश्यक मानते हैं। उदाहरण—"धूप माँ की हँसी के प्रतिबिम्ब-सी शिशु बदन पर, हुई भासित। (अज्ञेय)

दिन—धीरे-धीरे झुकता जाता है, शरमाये नयनों-सा दिन। (रघुवीर सहाय)

रामेश्वर शुक्ल- 'आँचल'—उड़ता रहे चिड़ियों सरीखा, वह तुम्हारा श्वेत आँचल।

दिन—हल्की मीठी चाय सा दिन (शमशेर)

चलते पैर—की-बोर्ड व हीटर से सुर्ख चेहरे जैसे अटपटे उपमान भी।

प्रयोगवादी कविता ने छायावाद व प्रगतिवाद की सीमाएँ तय की। कविता की कला कर्म की स्थापना की। कविता का नयापन और सार्थकता उसके गठन की ताजगी पर निर्भर करती है। अतः समूचा प्रयोगवादी आन्दोलन रचना की नवीनता

खोजता है। कविता की सामाजिक जवाबदेही की धारणा को खारिज करता है। यह इसकी सीमा है। बाद में इसे लेकर प्रश्न उठाये गये। दूसरी सीमा–नवीनता हेतु बालकोचित प्रयोग है।

नयी कविता

नयी कविता ने प्रयोगवाद की नवीनता के साथ-साथ कविता की सामाजिक जवाबदेही भी स्वीकार कर एक नयी दिशा निकाली।

1. भूमिका 2. नयी कविता की प्रवृत्ति व परिवेश 3. विशेषताएँ

नयी कविता प्रयोगवाद के बाद की धारा है। ऐसा माना जाता है नयी कविता की शुरुआत अज्ञेय के काव्य संग्रह (लगभग 1551 में) *दूसरे सप्तक* से हुई। 'नयी कविता' शब्द का प्रयोग अज्ञेय ने प्रतीक नामक पत्रिका में किया। 1959 में प्रकाशित *नयी कविता* पत्रिका के सम्पादक विजय देव नारायण साही, रामस्वरूप चतुर्वेदी व जगदीश गुप्त थे। 1953 'नये पत्ते' सम्पादक लक्ष्मीकान्त वर्मा व रामस्वरूप चतुर्वेदी थे। इनमें प्रकाशित कविताएँ नयी कविता अभिधान से जानी जाती हैं।

छायावाद व प्रगतिवाद से भिन्न काव्यधारा को नयी कविता कहा गया। यह नयापन एक युग विशेष का बोधक मात्र है, एक नयी संज्ञा है। कुछ जगह पर विशेषण के तौर पर भी इसका प्रयोग किया गया। नयी अनुभूति के नये दृष्टिकोण से व्याख्या के कारण है, जो कहती है अनुभूति शाश्वत नहीं होती। इसका स्वरूप परिवर्तनीय है। अज्ञेय के अनुसार 'राग वही रहने पर भी रागात्मक सम्बन्धों की प्रणालियाँ बदल गयी हैं।' प्रेम, वात्सल्य व घृणा, क्रोध आदि सभी रागों को अभिव्यक्त करने की नयी प्रणाली है। नयी प्रणाली कविता का नयापन इसी प्रणाली के प्रति जवाबदेही के कारण है। वह भावों का शाश्वतीकरण न कर उनकी समसामयिकता के प्रति जवाबदेह है। यही इसका नयापन है।

नयी कविता में काव्यानुभूति की बनावट बदल गयी है। यह नयी परिस्थितियों में जीने वाले उस मनुष्य की कविता है जो अपने जीवन के संकटों का सामना ठेठ वर्तमान में रहकर करता है। नयी कविता काल का अतिक्रमण नहीं करती बल्कि वर्तमान से बँधी है। यह इसकी काव्यानुभूति को विशिष्ट आधार देती है।

नयी कविता एक प्रणाली या ढंग है। यह इतिहास के एक नितान्त नये युग में जन्म लेने वाली सम्पूर्ण सांस्कृतिक चेतना का एक अंग है। यह मूलतः स्वतन्त्र भारत के मध्यवर्गीय समाज की संवेदना की अभिव्यक्ति है। स्वतन्त्रता भारतीय इतिहास का नया सन्दर्भ है। मध्य वर्ग का उदय भी पूँजीवादी युग की नयी घटना है। यह वह उभरता हुआ तबका है जो वर्ग संवेदना व स्वतन्त्रता से जुड़ी कविता की अभिव्यक्ति करता है।

नयी कविता वस्तुतः एक बौद्धिक प्रक्रिया है। इसमें कविता से अधिक उसे बनाने वाले विचारों पर जोर दिया जाता है। इसमें विचार अधिक महत्त्वपूर्ण है। अतः नयी कविता पर कोई भी चिन्तन कविता मात्र की व्याख्या से तय न होकर उसके रचनाकारों व समीक्षकों के विचारों से तय होता है। इस अर्थ में नयी कविता की रचना प्रक्रिया मूलतः वैचारिक है, भावात्मक नहीं।

कुछ प्रयोगवाद को नयी कविता मानते हैं, नयी कविता प्रयोगवाद की सहज परिणति है। नयी कविता प्रयोगवाद की सहज विशेषताएँ धारण करते हुए भी उससे भिन्न है। प्रयोगवाद वैचारिक द्वन्द्व व प्रतिक्रिया की कविता है, लेकिन नयी कविता संश्लेषण व सामंजस्य की कविता है। प्रयोगवाद प्रगतिवाद की तरह इकहरी विचारधारा पर आधारित नहीं है इसलिए द्वन्द्वात्मक है। अलग-अलग व्यक्तियों के अलग-अलग सत्य हैं। जबकि नयी कविता में ये सभी धाराओं का सामंजस्य कर व उन्हें धारण कर नया रूप देती हैं। नयी कविता वर्तमान पर आधारित है पर वर्तमान खण्डित नहीं है, वरन् काल परम्परा अतीत व भविष्य का टुकड़ा है। यद्यपि प्रयोगवाद की भाँति नयी कविता में भी शिल्प के प्रति नितान्त नयी चेतना विद्यमान है, लेकिन यहाँ नयेपन की दिशा निर्धारित है, स्पष्ट है। प्रयोगवाद में नवीन शिल्प पुराने के विरोध में है, परन्तु नयी कविता में सत्य की अभिव्यक्ति की प्रामाणिकता व अनिवार्यता है। अतः नयी कविता में पुरानी मिथकों व शब्दों के प्रति अनादर नहीं है। बल्कि कई जगह इनका प्रयोग भी है। नयी कविता व प्रयोगवाद का बुनियादी अन्तर आरम्भिकता के उत्साह व प्रौढ़ता के विवेक का है। प्रयोगवाद में नयापन दिखाने हेतु, नयी कविता में स्वभावगत है, नयेपन की प्रवृत्तियाँ दोनों जगह हैं, पर उनकी प्रकृति में भेद है—प्रदर्शन व स्वभाव दोनों स्तर पर।

नयी कविता की प्रकृति

नयी कविता की मूल प्रकृति किसी भी विचारधारा से निर्धारित नहीं है। इसका किसी राजनीतिक दल, संगठन व धार्मिक आस्था से सम्बद्ध नहीं है। यह मनुष्य के विवेक और बुद्धि से संचालित है। इसलिए वह सही मायनों में यथार्थ के प्रति सत्य लेकिन अन्तर्विरोधी दृष्टिकोण अपनाती है। नयी कविता की कोई निर्दिष्ट प्रकृति नहीं है।

इसका एक अन्य कारण है उसका परिवेश। स्वातन्त्र्योत्तर भारत, परिस्थितियों व मूल्यों के स्तर पर अन्तर्विरोधों का भारत है। एक साथ—स्वप्न व मोहभंग, उजड़ते गाँव व आबाद शहर, आर्थिक प्रगति व राष्ट्रीयता का क्षरण। नयी कविता की मूल प्रकृति स्वतन्त्र भारत के परिवेश से तय हुई।

परिवेश

- **सम्पूर्ण जीवन का राजनीतिकरण**–स्वतन्त्रता संघर्ष के युग में राजनीति संस्कृति से संचालित थी। पर स्वतन्त्र भारत में राजनीति सत्ता केन्द्रित व मूल्यहीन हो गयी। नयी कविता इसी संस्कृतिविहीन राजनीति से उत्पन्न हुई। इसलिए नयी कविता की चेतना से मोहभंग की प्रवृत्ति बहुत प्रबल है। इस मोहभंग की चरम परिणिति 1960 की धूमिल की कविताओं में लक्षित होती है।
- नगरीकरण की प्रक्रिया में तेजी। नयी कविता के रक्त में राजनीति, मोहभंग व नगरीकरण का विष मौजूद है। परन्तु फिर भी यह कविता नकारात्मक नहीं है वरन् जिजीविषा की है।

नयी कविता की विशेषताएँ

नयी कविता की विशेषताएँ निम्नलिखित हैं–

1. यथार्थ के प्रति उन्मुक्त दृष्टि–नयी कविता विचारधारा का निषेध करती है। इसकी दृष्टि में विचारधाराएँ यथार्थ को एकांगी बनाती है। यह किसी संगठन से संचालित नहीं है। सुनिर्दिष्ट काव्यान्दोलन भी नहीं है। यह अन्तर्विरोधों के परिवेश में लिखी गयी कविता है। अतः इसका कोई निश्चित ढाँचा नहीं है–संवेदना शिल्प दोनों स्तरों पर है। कही गद्यात्मक भाषा तो कही पुरानी धारानुसार भाषा के दर्शन होते हैं।

नयी कविता जनतान्त्रिक दृष्टि से परिपूर्ण है। अनुभव व अभिव्यक्ति को स्वाधीन करती है। वह काव्य वस्तु का चुनाव, अनुभव व विचार के आधार पर करती है।

नयी कविता की रचना प्रक्रिया में अन्तर्विरोध दृष्टि के स्तर पर भी दिखता है। इसमें यथार्थ के सभी रंग मौजूद है। यह अनुभवों व विचारों की विविधता की कविता है। अनुभूति के बहु आयामी सन्दर्भों की कविता है। नयी कविता की निर्दिष्ट सरणियों को तोड़कर उसे एक दिशा प्रदान करती है। वह भिन्नताओं को अपने भीतर समेटती है। अतः भिन्नताओं की कविता है।

मुक्तिबोध ''ज़िन्दगी में जो कुछ है जो भी है।
सहज, सहर्ष स्वीकारा है।
इसलिए कि जो कुछ भी है
वह तुम्हें प्यारा है।''

2. इकाई पर बल–यह सामूहिकता की कविता नहीं है। इसलिए समाज के सन्दर्भ में व्यक्ति, इतिहास के सन्दर्भ पर क्षण और भाषा के सन्दर्भ में शब्द पर बल देती है। कुल मिलाकर इकाई पर बल देती है। नयी कविता समाज की तुलना में व्यक्ति पर बल देती है। नयी कविता मानती है कि किसी भी समाज का प्रामाणिक

हिस्सा व्यक्ति है। कोई समाज कैसा है यह व्यक्ति पर निर्भर करता है। यह व्यक्ति अच्छा बनकर समाज को दिशा देता है। वह व्यक्ति को बुनियादी मानती है जो समाज को बदलता है, नयी दिशा देता है। अतः व्यक्ति महत्त्वपूर्ण है। इसलिए नयी कविता व्यक्ति संस्कार पर बल देती है। अतः द्वीप व दीप की सर्वाधिक चर्चा नयी कविता में मिलती है।

अज्ञेय– ‘‘यह दीप अकेला स्नेह भरा
है गर्व भरे मदमाता पर
इसको भी पंक्ति को दे दो।’’

संस्कारित व्यक्ति समाज को जब आत्मदान करता है तब समाज संस्कारित होता है।

प्रगतिवाद की कई धारणाओं का विरोध व्यक्ति की स्वतन्त्रता की पहचान है वह, समाज का पुर्जा नहीं है। नयी कविता व्यक्तिवाद और नगरीकरण के विरोध में है, क्योंकि नगरों में व्यक्ति का कोई चेहरा नहीं होता है।

इसी व्यक्तिवाद से नयी कविता में लघुमानव की अवधारणा का जन्म हुआ। (अज्ञेय–व्यक्ति समाज में स्वतन्त्र है, समाज से नहीं।) लघुमानव की अवधारणा नयी कविता की विशिष्ट पहचान है। लघुमानव का अर्थ उस व्यक्ति–मनुष्य से है जो अपने आत्मसम्मान, विश्वास, संकल्प, जय–पराजय यानी जीवन की सम्पूर्ण परिस्थितियों के बीच आगे बढ़ता है। वह आरोपित देवत्व, आस्था व सम्भावनाओं से परहेज करता है, जो ईश्वर और सामूहिकता के भीतर अपने जीने की सम्भावनाओं की तलाश नहीं करता, इसलिए लघु है, और इस लघुता के प्रति उसके मन में ग्रन्थि की कोई भावना नहीं है।

धर्मवीर भारती–‘‘मैं रथ का टूटा पहिया
लेकिन मुझे फेंको मत
क्योंकि इतिहासों की सामूहिक गति सहसा झूठी पड़ जाने पर
क्या जाने सच्चाई टूटे पहियों का आश्रय ले।’’

नयी कविता की स्थापना है कि व्यक्ति की अनुभूतियाँ क्षणों के स्पंदन से फूटती है। इसलिए आदमी इतिहास की अनुभूति में नहीं, वर्तमान के क्षण में जीता है। इसलिए नयी कविता अपनी रचना प्रक्रिया में क्षण को स्वीकारती है, क्योंकि अनुभूति क्षण में पैदा होती है। ऐतिहासिक समय रचनाकार में सर्जनात्मक ऊर्जा पैदा नहीं कर सकता। यह स्थापना मार्क्सवाद के विरोध में है। जो कहता है कि इतिहास धारा वर्तमान को तय करती है।

अज्ञेय– ‘‘और सब समय बराबर है।
बस उतना ही क्षण अपना
तुम्हारी पलकों का कँपना।’’

वर्तमान की स्वतन्त्र सत्ता है। वह इतिहास बदल सकता है।

धर्मवीर भारती (अन्धायुग)–"वर्तमान से स्वतन्त्र कोई भविष्य नहीं। अब भी समय है दुर्योधन, समय अब भी है। हर क्षण इतिहास बदलने का क्षण होता है।" अतः क्षणों में क्षमता है कि वे इतिहास बदल सकते हैं।

भाषा के स्तर पर शब्द पर बल है। नयी कविता के शिल्प चिन्तन पर भाषा पर नहीं शब्द पर बल है। अतः इसकी संरचना पर शब्द के प्रति जागरूकता व जवाबदेही दिखाई देती है। कविता शाब्दिक व्यापार है भाषिक नहीं। कविता शब्द संस्कार से निर्मित होती है, भाषा संस्कार से नहीं। अतः इकाई की कविता है।

3. संशय-बोध–परम्परानुसार संशय को नकारात्मक वृत्ति माना जाता है। यह अज्ञानता से उत्पन्न, सत्य में बाधक है।

नयी कविता में संशय को पहली बार सकारात्मक रूप में देखा। वह मानती है कि संशय की उत्पत्ति ज्ञान के बगैर सम्भव नहीं। संशय का अर्थ अस्वीकृति से है। परम्परा के समूचे अनुभव और मूल्य के साथ व्यक्ति की चेतना से टकराहट से उत्पन्न भावबोध ही संशय है। इसलिए संशय समूह से असम्पृक्त, विवेक के प्रति समर्पित है। संशय में व्यक्ति विवेक की भूमिका केन्द्रीय है। अहं के प्रति सजग बोध के बिना संशय उत्पन्न नहीं हो सकता।

नयी कविता में संशयी चेतना, व्यक्तित्व की स्वायत्तता व सार्थकता को नयी अर्थवत्ता प्रदान करती है। संशय नयी कविता का मूल्य बोध है। उसकी अपनी पहचान।

नरेश मेहता– *संशय की रात* से

"कौन-सा
किसका असत्य
इस सत्यासत्य का निर्णय करेगा कौन
ये सब स्वीकारोक्तियाँ हैं सत्य नहीं
ओ पिता, संशय निकष है
ऋत का भी।"

4. नगर बोध–नगर बोध नयी कविता की चेतना का भूगोल है। यह गाँव की कविता नहीं है। इसलिए नयी कविता की सृजनधार्मिता व अन्तर्वस्तु का केन्द्रीय आधार नगर है।

नयी कविता नगर जीवन के परिप्रेक्ष्य में ही मनुष्य, मनुष्य की नियति, मूल्य, सार्थकता आदि को परिभाषित करती है। इस पर आरोप है कि नयी कविता की काव्य संवेदना में लोक की नितान्त अनुपस्थिति है।

नगर कई स्तरों पर

- **भूगोल**–नगर की भौगोलिक परिस्थितियों, भीड़-भाड़, शोर, हवा-पानी आदि का बड़े पैमाने पर चित्र नयी कविता में दिखता है।

विपिन कुमार अग्रवाल– *न्यूयार्क पर तीन दृष्टियाँ* कविता से

"अजब जंगल है, धूप के कतरे को तरसती
होड़ लेती उठती मीनारों का।
जानवरों के नाद से भी भयानक है
यह शोर – बिना गले की आवाजों का
कैसा दम घुटता है
हर कदम पर जान को खतरा है
यहाँ न सूरज है
न चाँद है
न हवा है।"

- **नगरीय विडम्बना**–इस भूगोल के भीतर जीता आदमी अपना चेहरा, अपने जीवन का अर्थ, आदमी होने की शर्त सब खो चुका है। शहर के आदमी का बिम्ब

श्रीकान्त वर्मा–नगर निवासी

"रोज शाम, सड़कों पर, फटे हुए, उठते सुबह के अखबार।"

शहरी जीवन की मानवीय विडम्बनाओं व विसंगतियों के अनेक सार्थक एवं प्रभावशाली सन्दर्भ व चित्र नयी कविता में दिखाई देते हैं।

सर्वेश्वर दयाल सक्सेना– पोस्टर

लेकिन मैं देखता हूँ
आज के जमाने में
आदमी से ज्यादा
लोग पोस्टरों को पहचानते हैं
वह आदमी से बड़े सत्य हैं।"

- **अर्थहीनता**–शहरी जीवन के चारों तरफ हर तरह जो सम्बन्ध है वह प्रतिस्पर्धा पर आधारित सम्बन्ध है। प्रतिस्पर्धा पर आधारित सम्बन्धों में अकेला पड़ जाना नितान्त सम्भव है। सम्बन्ध मात्र अवसर है। अतः प्रत्येक आदमी सम्बन्ध जाल के बावजूद अकेला है। इस अकेलेपन से अर्थहीनता जन्म लेती है। अर्थ विश्वासों और प्रेम सामूहिकता से पैदा होता है। अतः नयी कविता में अर्थहीनता की परिस्थितियों का उद्‌घाटन।

केदारनाथ सिंह– "जहाँ लिखा है प्यार,
वहाँ लिख दो सड़क
कोई फर्क नहीं पड़ता
मेरे युग का मुहावरा है
कोई फर्क नहीं पड़ता।"

नयी कविता में व्यक्ति के अकेलेपन की विडम्बना व त्रासदी को उठाया गया है। अकेलेपन का कारण सत्य बोलना है।

कुँवर नारायण–''क्योंकि मैं गलत को गलत साबित कर देता हूँ इसलिए हर बहस के बाद गलतफहमियों के बीच बिल्कुल अकेला छोड़ दिया जाता हूँ।''

अकेलेपन की प्रकृति। जंगल की नहीं, समूची भीड़भाड़ व चकाचौंध के बीच है।

भवानीप्रसाद मिश्र– ''बाजार भी जैसे
सन्नाटा है
बहरे के लिए
मेंहदी जैसे निरर्थक है
चेहरे के लिए।
ऐसी हो गयी है ज़िन्दगी
खाली और खस्ता
मेरे नजदीक।''

5. राजनीतिक चेतना–राजनीति नयी कविता के रक्त में है। अतः प्रखर राजनीतिक चेतना दिखाई पड़ती है। यह राजनीति बहुत समझदार पर बेहया राजनीति है। स्वातन्त्र्योत्तर राजनीति का तल्खी के साथ उद्‌घाटन है। राजनीतिक चेतना के सबसे बड़े कवि रघुबीर सहाय व धूमिल हैं।

रघुबीर सहाय– *आप की हँसी* (कविता से)
"निर्धन जनता का शोषण है
कहकर आप हँसे
लोकतन्त्र का अन्तिम क्षण है
कहकर आप हँसे
सबके सब हैं भ्रष्टाचारी
कहकर आप हँसे
चारों ओर बड़ी लाचारी
कहकर आप हँसे''

राजनीति से करुणा, लोक कल्याण आदि खत्म। कलरव हँसी।

सर्वेश्वर दयाल सक्सेना– "आपने
मेरे सीने पर रखे हुए पत्थर को हटाया
धन्यवाद
और फिर मेरे सीने पर बैठ गये
इसके लिए भी धन्यवाद"

रघुवीर सहाय– *आत्महत्या के विरुद्ध* संग्रह से
"टूटते-टूटते
जिस जगह आकर विश्वास हो जायेगा कि
बीस साल धोखा दिया गया
वहीं मुझे फिर कहा जायेगा
विश्वास करने को।"

'जनतन्त्र छलावा है' का रूप दिखाई देता है।

सर्वेश्वर दयाल सक्सेना– "लोकतन्त्र को लाठी पर लटकाये
भागे जा रहे हैं सब
सीना फुलाए"

राजनीतिक बोध त्रासदी, विडम्बना, मोहभंग व दुख का है। वर्णन के स्तर पर नहीं। नयी कविता की राजनीतिक चेतना में पीड़ा के साथ मोहभंग के दंश कविता पर दिखते हैं। वह राजनीतिक तन्त्र के सामने लाचार, बेबस व पराजित हैं। राजनीतिक विडम्बना वयस्कता के स्तर पर दिखाई देती है।

6. प्रेमानुभूति का स्वरूप–नयी कविता का नयापन वस्तुतः प्रेम में है और प्रेम की समूची पारम्परिक दृष्टि बदलती है। प्रेम होश खोकर नहीं होता, होश बना रहना चाहिए। प्रेम एक चुनाव है इसलिए वह दूसरे को स्वतन्त्रता प्रदान करता है।

अज्ञेय–प्रेम अनुभव की साझेदारी का नाम है और साझेदारी दुख की ही हो सकती है। नयी कविता प्रेम को अवसर या भाव नहीं मानती। वह प्रेम को ऐसी परिस्थिति मानती है जिसमें हम दुख बाँटते हैं। प्रेम मानसिक समझदारी व दुख बँटवारे का भाव है।

अज्ञेय– "न जाने अन्तरात्मा में मुझे यह कौन कहता है
कि तुम्हें भी यह प्रिय होता
क्योंकि तुमने भी निकट से दुख जाना था।
नयी कविता में प्रेम में अहम भाव है।"

अज्ञेय– "निशा के उस आलोक सी है व्यथा वाणी
पर प्यार में अभिमान की पर कसक ही रोने नहीं देती।
पूर्णिमा की चाँदनी सोने नहीं देती।"

अस्तित्व की अद्वितीयता का तीखा बोध दिखाई देता है, जो इसे अर्थवान बनाता है और अभिमान जगाता। इसमें समर्पण का भाव नहीं, अकेलेपन का भाव है।

श्रीकान्त वर्मा–"प्रेम अकेले होने का ही एक ढंग है।"

अतः प्रेम के प्रति नितान्त बौद्धिक दृष्टिकोण है। प्रेम के प्रति जो नवीन मनुष्य का पेशेवर दृष्टिकोण है, वह नयी कविता में दिखाई देता है।

7. मिथकीय प्रसंगों की पुनर्रचना–नगर जीवन नितान्त वर्तमान है। नयी कविता नगरबोध की कविता होने के बावजूद अन्तर्वस्तु के रूप में मिथकीय प्रसंगों

को धारण करती है। मिथकीय प्रसंगों की सर्वाधिक रचनाएँ द्विवेदी युग व छायावाद से भी ज्यादा दें।

यथार्थ के चित्रण के लिए मिथकीय प्रसंग के निम्न कारण रहें–

- नयी कविता की धारणा है कि वर्तमान के संकट को समग्रता में ही समझा जा सकता है। मनुष्य की समस्याएँ खण्डित कालदृष्टि से नहीं देखी जा सकती। इसे संकट की निरन्तरता में देखने की कोशिश है। नयी कविता समस्याओं को सम्पूर्णता में जानने की कोशिश करती है। मानवीय जीवन को आदिम अतीत में खोजने की प्रवृत्ति नयी कविता में परिलक्षित होती है। यही कवि को मिथकीय प्रसंगों में ले जाती है। मिथक वह कथा है जिसमें उसकी परम्पराएँ व संस्कृति बोध रहते हैं। इतिहास पूर्णता उसकी शर्त है। मिथक इतिहास का अतिक्रमण करता है।
- जाति की परम्परा व बुनियादी विश्वासों की झलक है। अतः जातीय मनोविज्ञान को समझने में सहायक है। नयी कविता आदिम विश्वासों के लोक में जा उस संकट की पहचान करती है जो समय बीतने के बावजूद है। अतः रामायण व महाभारत, मिथक का प्रयोग है। नयी कविता 20वीं सदी के संकट को इन मिथकों के मानवीय प्रसंगों में देखने की कोशिश करती है।
- अज्ञेय ने असाध्य वीणा (बौद्ध साहित्य की कथा)।

कृति में यह दिखाने की कोशिश कि रचना व्यक्ति के विलयन से ही सम्भव है। सत्य की उपलब्धि अहंकार व पूर्वाग्रह के विलय बिना (मैं का विलय) सम्भव नहीं है। इसे छोड़कर ही हो सकती है। वीणा के मूल में सत्य व्यक्ति सापेक्ष होता है निरपेक्ष नहीं होता। सत्य इकहरा नहीं व्यक्ति सापेक्षता से उसका निर्धारण होता है। वीणा की सबसे अलग ध्वनि है।

- 1954 – **धर्मवीर भारती–अन्धायुग** (महाभारत आधारित)

महाभारत खत्म होने के बाद का प्रसंग। वीभत्स दृश्य। यह महाभारत का नहीं 20वीं सदी का भी संकट है। पात्र आधुनिक दिखाई देते हैं। उदाहरण–सत्ता मोह व अन्धत्व पैदा करती है जो सभ्यता को विनाश की ओर ले जाता है। समस्या युद्ध नहीं वरन् सत्ता की अन्धता है।

दूसरी समस्या संजय को लेकर है। यह संजय सत्य वाहक। यह आधुनिक युग का साहित्यकार है। सत्य की सूचना उन्हें देनी है जो देख नहीं सकते समझ नहीं सकते। साहित्यकार का संकट सत्य की पहचान व अभिव्यक्ति का।

अन्धायुग युद्ध के संकट को दर्शाता है इसकी वीभत्सता को दर्शाता है। कृष्ण के व्यक्तित्व का प्रयोग इसलिए कि जो लोग इतिहास निर्माता हो सकते हैं वे पूर्वाग्रह ग्रसित हो गये हैं। अतः प्रकारान्तर से इतिहास की उन समस्याओं को लाने की कोशिश जो हमेशा मानव सभ्यता को संकटमय करती है।

कृष्ण युद्ध रोकने की कोशिश करते हैं। गाँधी भी बँटवारा रोकने की। अतः यह व्यंजित होता है कि इतिहास की घटना रोकी नहीं जा सकती। इतिहास की अनियन्त्रित स्थिति है। युद्ध का संकट वस्तुतः मूल्यहीनता व अनैतिकता के जन्म को लेकर है, मानव के मारे जाने का नहीं।

- भुभुत्सु–"पक्ष चाहे सत्य का हो या असत्य का अपनी अन्तिम परिणति में दोनों जर्जर करते हैं।" सत्ता का अन्धत्व। प्रभुता के दुरुपयोग का संकट। ईमानदार आदमी के अकेले पड़ने का संकट।

इन पुराने पात्रों व घटनाओं के बीच 20वीं सदी के भारत व विश्व जो अनेक संकटों से गुजर रहा है उसे महाभारत के माध्यम से दर्शाया गया है।

- **धर्मवीर भारती - 1956-कनुप्रिया**

  राधा का नया रूप दिखाई पड़ता है। नयी कविता में राधा मैथिलीशरण की सुधारवादी नारी नहीं वरन् नवयुग की नारी है। वह प्रेम व सम्बन्धों को परिभाषित करना चाहती है। नयी कविता में प्रेम बौद्धिक स्तर से जुड़ा है। स्त्री के जीवन की सार्थकता व प्रेम के अन्तिम अर्थ का प्रश्न उठाया गया है। यह प्रश्न आधुनिक नारी के आधुनिक भावबोध से जन्मा है। स्त्री की भूमिका सहयात्री की है या सेतु की। अतः पुरुष मानसिकता जो उसे सेतु समझती है, उस पर प्रश्न उठाया गया। राधा के दुख की प्रकृति भी बौद्धिक है। प्रकारान्तर से राधा-कृष्ण के प्रसंग से आधुनिक नारी व पुरुष के सम्बन्धों की पहचान व उस पर बहस उठाई गयी।

  ''सुनो कनु। सुनो।
  क्या मैं सिर्फ एक सेतु थी तुम्हारे लिए।
  लीलाभूमि और युद्ध क्षेत्र के आलंघ्य अन्तराल में''?

- **नरेश मेहता–संशय की एक रात** (राम कथा से)।

  इस मिथक में यह देखने की कोशिश है कि क्या वैयक्तिक संकट सार्वजनिक हो सकता है। पूरा युद्ध सीता मुक्ति हेतु राम का वैयक्तिक संकट है। क्या इसके लिए भीषण नरसंहार आवश्यक है इस पर विचार। कवि देखता है कि इतिहास की समस्याएँ मूलतः वैयक्तिक हैं। राम का संशय इसी वैयक्तिक व सार्वजनिकता को लेकर है। अन्त में युद्ध होता है–सीता हरण–संस्कृति हरण का संकट। इतिहास और व्यक्ति का अन्तर्द्वन्द्व दिखा जो आधुनिक दृष्टि है। तीन तरह के लोग मौजूद हैं:

1. जो इतिहास का निर्माण करते हैं।
2. इतिहास को तटस्थ दृष्टि से देखते हैं।
3. इतिहास को खा जाते हैं।

ये सब आधुनिक प्रश्न हैं।

• **कुँवर नारायण–आत्मजयी** (नचिकेता की कथा पर)

इसमें उठाये प्रश्न की चेतना पाखण्ड, बाह्याचार को नष्ट करती है। दूसरा, प्रश्न द्वारा ही ज्ञान प्राप्ति होती है। भक्तिकाल की धारणा है संशय अज्ञानता से पैदा होता है। नयी कविता प्रश्नाकूलता को नये मूल्य में स्थापित करती है। एक उपनिषद् के प्रसंग में।

अतः नयी कविता मिथकीय प्रसंगों के माध्यम से आधुनिक जीवन की विडम्बनाओं व संकटों की पहचान करती है। शाश्वतता और वर्तमानता के बीच निहित अन्तर्सम्बन्धों को तर्क और विचार के आलोक में प्रस्तुत करती है। इस प्रकार नयी कविता आदिम सत्य और आधुनिक सत्य के बीच निहित निरन्तरता को मिथकीय प्रसंगों के माध्यम से घटित करती है।

8. प्रकृति चित्रण का नया रूप–वस्तुतः नयी कविता जिस दौर की कविता है उसमें प्रकृति व जीवन में विच्छिन्नता दिखाई पड़ती है। मनुष्य व प्रकृति के बीच दूरी का कारण–नगरीकरण है। अतः नयी कविता में प्रकृति मनुष्य के अनुभव का हिस्सा नहीं है। यह शहरी मध्यवर्ग की कविता है। इससे पूर्व सभी कवियों व प्रकृति में सम्बन्ध था, गहन या क्षीण।

अतः यह मनुष्य के उल्लास व सौन्दर्य दृष्टि के चित्रण का हिस्सा नहीं है। नयी कविता में प्रकृति एक संकट के रूप में दिखती है। वह संकट है विकास। अतः प्रौद्योगिक विकास की प्रक्रिया में नष्ट होती प्रकृति व नष्ट होती संस्कृति–इनको बार–बार उठाया गया है। प्रकृति का संकट प्रकारान्तर से संस्कृति का संकट भी है। अतः गहरे सांस्कृतिक अभिप्राय में प्रकृति का चित्रण है।

प्रकृति चित्रण प्रकारान्तर से वर्तमान युग की विकास की अवधारणा पर प्रश्न चिह्न लगाने के इरादे से है। यह विकास कितना भयहीन क्रूर व एकांगी है। इसका उल्लेख प्रकृति चित्रण के माध्यम से किया गया है।

अज्ञेय–नन्दा देवी सीरीज।

"प्रकृति का विनाश कर मनुष्य अपनी ही कुकृतियों के प्रेत घर में भटकता रह जायेगा। प्रकृति नष्ट करने से संस्कृति व सृजन भी नष्ट हो जायेगा और मनुष्य बनैला पशु बन जायेगा।"

इस प्रकार मनुष्य के बहुत गहरे संकट की व्यंजना के लिए प्रकृति का चित्रण। नयी कविता में प्रकृति चित्रण मनुष्य के संकट के लिए है।

प्रकृति का दूसरा रूप मास्टेलजिया (अतीत–प्रेम) का है। नयी कविता में प्रकृति का सौन्दर्य चित्रण बचपन की स्मृति के रूप में है। इसमें नदी गाँव के बाहर के वटवृक्ष, रात के सन्नाटे में उड़ती टिटहरी की आवाज है। यह कवि की बाल–स्मृति की मधुरता दोनों को रेखांकित करती है। वर्तमान विडम्बना–धुआँ, इमारतों का जंजाल।

सर्वेश्वर दयाल सक्सेना– "लुढ़कता आ रहा है सूरज का लाल गोला
बज रही हैं काठ की घण्टियाँ।
उठ मेरी बेटी
कि सुबह हो गयी"

सहजता के सन्दर्भ में भी प्रकृति। रघुवीर सहाय की कविता में। थोड़ी देर की सहजता भी जीवन को कितना अर्थवान बना सकती है, इसका उल्लेख है–

रघुवीर सहाय–"आज फिर शुरू हुआ जीवन
आज मैंने एक छोटी-सी
सरल कविता पढ़ी
आज मैंने सूरज को डूबते देर तक देखा
आज मैंने शीतल जल से जीभर के स्नान किया
आज फिर शुरू हुआ जीवन।"

सीधे प्रकृति का चित्रण भवानी प्रसाद मिश्र को छोड़ किसी ने नहीं किया। भवानी प्रसाद मिश्र ने सतयुग के जीवन का चित्र खींचा–जंगल, जानवर आदिवासी।

नयी कविता में प्रकृति रूप के स्तर पर नहीं। वह विकास की विडम्बना को उद्‌घाटित करती है। साथ ही वह कवि की स्मृति की वाहक है। स्मृति और विडम्बना के सहयोग से आधुनिक मनुष्य के जीवन सत्य का रेखांकन नयी कविता की प्रकृति चित्रण की विशेषता।

9. व्यंग्य चेतना–व्यंग्य आक्रोश और विवशता की टकराहट से उत्पन्न होता है। व्यवस्था के प्रति आक्रोश व कुछ न कर पाने की विवशता। व्यंग्य में हँसी के साथ करुणा भी नहीं हो, वह हास्य हो जायेगा। व्यवस्था को व्यंग्य के स्तर पर चुनौती। नयी कविता के शत्रु परम्परागत सामाजिक-धार्मिक व नये भी हैं–बाजारवाद इसका उदाहरण है। नयी कविता इन पर हँसती व आक्रमण करती है।

व्यंग्य के कई स्तर है। सर्वाधिक व्यंग्य राजनीति पर है। आजादी बाद सबसे बड़ा मोहभंग राजनीति है। रघुवीर सहाय सबसे बड़े मोहभंग के कवि हैं। उन्होंने नेताओं के चरित्र व स्वास्थ्य को लेकर अनेक व्यंग्य किये।

"नाम कहाँ तक याद रखूँ।
मैं लोगों को उनके नाम से नहीं उनकी तोंद से जानता हूँ।"

राजनीति के चरित्र पर छा रही चर्बी पर तीखी चुटकी।

व्यंग्य का दूसरा क्षेत्र बौद्धिक वर्ग है। मुक्तिबोध ने सर्वाधिक आक्रमण इसी वर्ग पर किया। आदर्श व आचरण की खाई को रेखांकित किया।

"दुनिया न कचरे का ढेर
जिस पर चढ़ा कोई भी कुक्कुट बाँग दे।
और मसीहा बन जाये।

बुद्धिजीवियों की निष्क्रियता व दोहरे चरित्र पर कटाक्ष व्यंग्य है। मार्क्सवादियों पर भी व्यंग्य।

अँधेरे में का बैण्डदल

मुक्तिबोध– "एक चींटी चढ़ गयी गिरी के शिखर पर
और सोचा क्रान्ति आ गयी।"

नयी कविता की सरहद पर धूमिल। व्यंग्य कम आक्रोश ज्यादा है।

धूमिल– "घृणा में डूबा हुआ
सारा का सारा देश
कल की तरह आज भी
मेरा कारागार है।"

नयी कविता व्यंग्य को सूक्ष्म स्तर पर अभिव्यंजित करती है। व्यंग्य के निशाने पर व्यवस्था, नेता व बुद्धिजीवी हैं। प्रगतिवादियों की तरह नयी कविता की व्यंग्य चेतना बहुत मुखर नहीं है। वह किंचित् सूक्ष्म व व्यंजनाधर्मी है।

नयी कविता का शिल्प

भाषा–अज्ञेय के अनुसार, "काव्य भाषा इकट्ठी नहीं होती, नहीं होनी चाहिए। काव्य भाषा मुहावरे व समय से बँधने की जगह उसका विस्तार करती है।"

कविता की भाषा सपाट नहीं होती। कविता के भीतर प्रवेश के लिए भाषा का इकहरापन तोड़ भीतर जाना पड़ेगा। वह सतह के स्तर पर नहीं होता। नयी कविता को समझने के लिए भाषा की सन्दर्भता (reference) महत्त्वपूर्ण है। नयी कविता की भाषा इकट्ठी नहीं है।

विजय देव नारायण साही–वे कविता के दोहरे भाषा संकट की चर्चा करते हुए कहते है–"परिपाटी ग्रस्त भाषा और बाजारू भाषा के दोहरे खतरों से बचाकर जीवित भाषा बनानी थी, शायद इसलिए नये कवि को व्यक्तिगत भाषा का निर्माण करना पड़ा।"

नयी कविता का संकट परम्परागत भाषाओं (छायावादी–प्रतीकात्मक, प्रगतिवाद–सपाट भाषा) व बाजार की भाषा के बीच से भाषा बनाना नये कवि का संकट है। अतः उसने व्यक्तिगत भाषा का निर्माण किया। सभी कवियों की भाषा अलग है।

नयी कविता की भाषा के अनुसार व अभिव्यक्ति के बीच सरल व सहज संकट पर बल दिया।

भवानी प्रसाद मिश्र– "जिस तरह हम बोलते हैं।
उस तरह तू लिख।
और उसके बाद भी।
हमसे बड़ा तू दिख।"

नयी कविता अपनी प्रतिज्ञा में अनुभव और अभिव्यक्ति के बीच सहज सम्बन्ध पर बल देती है। अत: नयी कविता में सामान्यत: बोलचाल की भाषा को प्राथमिकता दी गयी है। बोलचाल के प्रति उन्मुख होने के कारण इसका शब्द क्षेत्र अत्यन्त व्यापक हो गया। नयी कविता की भाषा स्पष्ट नहीं है क्योंकि उसके कई अर्थस्तर हैं। शब्द चयन का क्षेत्र अत्यन्त व्यापक है।

नयी कविता विषय वस्तु के अनुसार शब्द का सीधा चुनाव करती है, अनुवाद नहीं। इसलिए नयी कविता में अंग्रेज़ी, उर्दू व लोकभाषा सभी का निस्संकोच प्रयोग।

मुक्तिबोध– ''पिस गया वह
भीतरी और बाहरी दो कठिन पाटों के बीच
ऐसी ट्रेजेडी है नीच।''

अन्य शब्द–मशीन, सायरन, कर्फ्यू। मुक्तिबोध में खासकर इनका प्रयोग हुआ है।

यह जीवन भाषा और संस्कृति पश्चिमीकरण का द्योतक है। मध्यवर्ग की कविता में जिसमें अंग्रेज़ी का वर्चस्व है।

छन्द–छायावाद में मुक्त छन्द की अवधारणा है। निराला ने छन्द मुक्ति के माध्यम से कविता की मुक्ति और उसके माध्यम से मनुष्य मुक्ति की प्रस्तावना की। अत: पन्त ने लिखा–

"खुल गये छन्द के बँध त्रास के रजत पाश"

नयी कविता में मुक्त छन्द को भी अभिव्यक्ति में बाधक समझा गया। नयी कविता के सिद्धान्तकारों ने कहा–छन्द की समूची अवधारणा को खारिज कर नयी कविता ने 'स्वाधीन लय' पर जोर दिया और उस 'स्वाधीन लय' का अर्थ लय से जोड़ा। कहा छन्द का सारतत्त्व लय है। अत: कविता में लय का जीवित रहना प्रकारान्तर से छन्द का जीवित रहना है। हर दृष्टि से पढ़ने में लय का पता चलता है, देखने में नहीं। नयी कविता का सैद्धान्तिक स्टैंड लय की स्वाधीनता। वाचन व लेखन भी लय के आधार पर।

अज्ञेय– ''तुम क्या जानो
कितनी लम्बी होती है रात
अकेली
सिसकती।''

लेखन लय में होने के कारण प्रत्येक पंक्ति स्थिति की सूचना देती है। पंक्तियों के भूगोल में रात का विस्तार व अकेला सबसे छोटा। अत: भूगोल के माध्यम से संवेदना व मनस्थिति की व्यंजना की गयी। कविता के बाहरी भूगोल के माध्यम से परिस्थिति उद्‌घाटन नयी कविता के छन्द विधान की विशेषता है।

नयी कविता में कहीं-कहीं लोक धुनों का प्रयोग भी है। इनमें अज्ञेय, भवानी प्रसाद मिश्र, गिरिजा कुमार माथुर महत्त्वपूर्ण हैं।

नयी कविता में कहीं-कहीं सॉनेट व ग़जलों का प्रयोग हुआ है, पर मनुष्य प्रवृत्ति नहीं है। गजलों की दुनिया में दुष्यन्त अकेला नाम ही काफी है। इन्होंने आधुनिक भाव बोध को ही व्यक्त किया।

दुष्यन्त– "मत कहो आकाश में कुहरा घना है।
यह किसी की व्यक्तिगत आलोचना है।"

अप्रस्तुत विधान–नयी कविता का नयापन वस्तुतः उसके अप्रस्तुत विधान में ही दिखता है। अप्रस्तुत विधान में अनुभव की ताजगी व प्रमाणिकता पर बल देती हैं। अतः नयी कविता का अप्रस्तुत विधान काव्यात्मक गरिमा से नहीं बँधने में है। परिस्थिति व दृश्य की काव्योक्ति गरिमा का अतिक्रमण नयी कविता के अप्रस्तुत विधान की मुख्य प्रवृत्ति है। नयी कविता ऐसे उपमानों का चुनाव करती है, जो अनुभव को खण्डित नहीं होने देते। इसका कारण है अनुभव को प्राथमिकता।

"मैं तुम्हारा यह अश्वत्थामा
शेष हूँ अभी तक
जैसे रोगी गुर्दे का
मुख में शेष रहता है
गन्दा कफ
बासी थूक
शेष हूँ अभी तक मैं"

वीभत्स उपमानों का प्रयोग। किसी प्रकार का कोई संकोच नहीं है। कई स्थानों पर उपमानों का सम्बन्ध आधुनिक जीवन से है।

सर्वेश्वर दयाल सक्सेना–

"इधर आओ,
चाँदनी को स्कार्फ की तरह,
तुम्हारे चेहरे पर बाँध दूँ।"

नयी कविता में अनेक स्थानों पर उपमानों का प्रयोग जीवन की विषमता और विडम्बनाओं को उद्घाटित करने के लिए भी किया गया है।

अशोक बाजपेयी–(बचपन व पानी को उपमित किया है)

ढाबे की उस मेज पर
नष्ट हुए बचपन की तरह
धीरे-धीरे सूख रहा था
पानी।

इस तरह नयी कविता उपमानों का प्रयोग भी अनेक स्तरों पर करती है।

बिम्ब–नामवर सिंह 'कविता के प्रतिमान'–"नयी कविता बिम्बों की कविता नहीं, सपाट बयानी की है।" नयी कविता में बिम्बों से मोहभंग है और वह सहजता व सपाटता पर बल देती है इसका कारण है बिम्बों के लिए कल्पनाशीलता अनिवार्य है। पर नयी कविता विचारों से बनी है। (वही कविता बिम्ब बहुला होती है जिसमें विचार अनुपस्थित हों या बहुत सघन हो।) अतः इसमें संवाद व सपाटबयानी है। नयी कविता अभिव्यक्ति के स्तर पर सपाट है। नयी कविता में विचारों की जटिलता है वह विचारों की कविता है। इसकी सपाटता भी अर्थ की जटिलता से सम्भावित है। इसे बयानों की कविता भी कहा गया।

रघुवीर सहाय–"एक बार जान-बूझकर चीखना होगा
ज़िन्दा रहने के लिए
दर्शक दीर्घा में से।"

श्रीकान्त वर्मा–"मेरे सामने समस्या है
किसको किस नाम से पुकारूँ
आईने को आईना कहूँ
या
इतिहास।"

नयी कविता में वक्तव्य बहुत हैं। सन्देशात्मक हैं। बिम्ब दिखते हैं पर वह भी सपाटता के स्तर पर, सहज। भवानी प्रसाद जैसे प्रकृति कवि में भी बिम्ब कम हैं।

प्रतीक–नयी कविता की प्रतीकात्मकता शब्द के स्तर पर नहीं वरन् सन्दर्भ के स्तर पर है। वस्तुतः नयी कविता का अर्थ विन्यास शब्द या वाक्य की बनावट के स्तर पर नहीं वरन् शब्द और वाक्य में छिपी सन्दर्भवत्ता के स्तर पर सपाट दिखता हुआ भी अर्थ व्यंजना के स्तर पर प्रतीकात्मक हो सकता है। कविता के अर्थ खुलने पर प्रतीक सामने आते हैं।

लक्ष्मीकान्त वर्मा–'मेरा अपराध' कविता से

"मेरा अपराध यह है
कि मैंने कार्निस से गिरे हुए गौरिये के चूजे को
फिर कार्निस पर रख दिया है।
बेतहाशा बढ़ती हुई मक्खियों को
कमरे में जाली का दरवाजा लगाकर
बाहर ही ठहरा दिया है
अनगिनत गलियों, ठेलों और पत्थरों के बीच
अपना रास्ता निकालने की कोशिश की है।"

विज्ञापन और प्रदर्शन वाले समकालीन संसार में सामान्य जीवन व आचरण अपराध की प्रेरणा में आ गया है।

असामान्य व सनसनीखेज की भूख इतनी बड़ी है कि जीवन का मामूली क्रम अपने आप में अटपटा लगने लगा है। ऐसे चटपटे व उत्तेजना खोजने वाले संसार में जीवन का ब्रह्म अटपटा लगने लगा है। अपराध से विरत रहना सबसे बड़ा अपराध। आधुनिक प्रवृत्ति व राजनीतिक तन्त्र में तेजी से बदलता संसार जिसमें अस्वाभाविक ही स्वाभाविक है। कविता की पूरी प्रतीकात्मकता नहीं है। अतः नयी कविता की प्रतीकात्मकता का बोध सन्दर्भवत्ता से ही है। इसकी प्रवृत्ति काव्यधर्मी न होकर जीवनधर्मी हो गयी है। नयी कविता और अस्तित्ववाद में रामविलास शर्मा ने इसके कुछ लक्षण बताये हैं :

- नयी कविता समाज विमुखता की कविता है। वैयक्तिकता की कविता है।
- नयी कविता में सर्वाधिक आत्महत्याओं का जिक्र है। यह जीवन की नहीं वरन् आत्मघात की कविता है।
- नयी कविता मानसिक विकृति की कविता है। रामविलास–'यौन विकृति'।
- नयी कविता में घृणा, यौन विकृति, उबकाई दिखती है।
- नयी कविता में स्त्री के प्रति बहुत मर्दाना (क्षुद्र) दृष्टिकोण अपनाया गया है। स्त्री को देह के रूप में देखना चाहती है। 20वीं सदी में स्त्री को बृहत्तर भूमिका से काटकर, वेश्या रूप में देखने की प्रवृत्ति है। सड़क, गाँव को भी वेश्या के रूप में देखा गया है।

काव्यात्मक : नयी कविता स्वातन्त्र्योत्तर भारतीय जीवन की बहुआयामी परिस्थितियों का काव्यात्मक दस्तावेज है। भारतीय जीवन व समाज को और उसके संकटों को आधुनिक भावबोध के परिप्रेक्ष्य में रचने की प्रवृत्ति नयी कविता को एक विशिष्ट पहचान देती है। नयी कविता का परिवेश और उसके रचनाकार दोनों की प्रकृति में बुनियादी परिवर्तन होने के कारण कविता की आँख ही नहीं वरन् दृष्टि संसार में भी परिवर्तन हुआ है। अतः नयी कविता जिस दुनिया को हमारे सामने रखती है वह अभूतपूर्व संकटों से गुजरती दुनिया है, लेकिन कविता विरोधी व संस्कृति विरोधी तमाम प्रतिकूलताओं के बीच मनुष्यता व मूल्यों के प्रति नयी कविता की आस्था अपराजेय है।

धर्मवीर भारती–"कौन कहता है कि कविता मर गयी।" (ठण्डा लोहा)

अज्ञेय– "अभी न हारो अच्छी आत्मा
अभी मैं हूँ, तुम हो
और मेरी आस्था है।"

नयी कविता का स्वर मूलतः सकारात्मक है।

भवानी प्रसाद मिश्र–"सहो और बेहतर बातों के लिए रहो।"

हिन्दी नवगीत : परम्परा एवं विकास

गीत मानव जीवन की अभिव्यक्ति है। इस गीत परम्परा का आगे विकास उत्तरोत्तर हुआ। समकालीन हिन्दी कविता में इसे नवगीत के नाम से पहचाना गया। प्राचीन साहित्य में गीत परम्परा का एक सुदीर्घ साहित्य देखने को मिलता है। लेकिन आधुनिक साहित्य में नवगीत का उदय कब से माना जाय इसको लेकर साहित्यकारों में मतभेद है। इसे नयी कविता और नवलेखन का विकसित रूप माना जाता है। कुछ आलोचकों का मानना है कि इसका उदय नयी कविता के विरोध में हुआ। क्योंकि नयी कविता अपने भाव-बोध में बहुत जटिल और विश्लेषणात्मक हो गयी थी। जिसमें भावना और संवेदना का कोई स्थान नहीं बचा था। इसीलिए इसके विरोध में नवगीत का आगमन हुआ। इसके प्रमुख अवयवों में भावना का प्रवाह, संवेदना का ज्वार और रोमानियत का पुट होना आवश्यक है। लेकिन साथ ही नवगीत के समर्थकों का मानना था कि इसमें लोच और रोमानियत के होने के बावजूद समकालीन यथार्थ का होना आवश्यक है। ऐसे समकालीन यथार्थ को समेटे हुए जो रचना जीवन के उत्सव को गीतमय ढंग से प्रस्तुत करने में सक्षम हो उसे ही नवगीत कहा गया।

नवगीत के सन्दर्भ में मधुर अष्टाना का कहना है, "नवगीत किसी वाद का प्रवर्तक नहीं है बल्कि मुक्त मानसिकता के साथ मानवता का पोषक है और मानवीय दृष्टिकोण से अपने समय की जाँच, परख कर प्रस्तुत करता है।"

कुछ आलोचकों का मानना है कि इसका नामकरण सन् 1958 ई. में डॉ. राजेन्द्र प्रसाद सिंह द्वारा सम्पादित गीत-संकलन 'गीतांगिनी' के माध्यम से हुआ। इस पर अपना अभिमत प्रकट करते हुए उन्होंने लिखा था-"समकालीन हिन्दी-कविता की महत्त्वपूर्ण और महत्त्वहीन रचनाओं के विस्तृत आन्दोलन में गीत परम्परा 'नवगीत' के निकाय में परिणति पाने को सचेष्ट है। 'नवगीत' नयी अनुभूतियों की प्रक्रिया में संचयित मार्मिक समग्रता का आत्मीयपूर्ण स्वीकार होगा, जिसमें अभिव्यक्ति के आधुनिक निकायों का उपयोग और नवीन प्रविधियों का सन्तुलन होगा।"

सन् 1969 ई. के 'गीतांगिनी पत्रिका' के 'नवगीत अंक' में डॉ. राजेन्द्र प्रसाद सिंह ने इस नाम की सार्थकता और उसकी स्थापना के पीछे व्याप्त कारणों पर अपना विचार प्रकट करते हुए लिखा-"गीतांगिनी के सहयोगियों ने आधुनिकतर गीत, बिम्ब गीत, तात्त्विक गीत आदि कुछ नामों का सुझाव दिया था किन्तु मैंने गीतों की सम्भावना को काल, प्रवृत्ति और शिल्प की एकान्तिक सीमा में बाँधना चाहा था, तभी नवगीत की संज्ञा दी। नयी कविता के कवियों द्वारा प्रस्तुत गीत,

पिछली पीढ़ियों के परवर्ती और ईषत् भिन्न गीत और छायावादोत्तर विवेककल्प गीतकारों के नवयोजित गीत कोई श्रेणिक नाम नहीं पा सके थे। साथ ही नयी पीढ़ी के गीतकार भी अपने सहज नूतन गीतों के लिए ऐसे नाम खोज रहे थे... अन्ततः नवगीत संज्ञा ही सर्वाधिक उचित प्रतीत हुई।"

नवगीत आन्दोलन के अन्य सिद्धान्तकारों में रवीन्द्र भ्रमर और रमेश रंजक का नाम भी प्रमुखता से लिया जाता है। इसके अतिरिक्त वीरेन्द्र मिश्र, शम्भुनाथ सिंह, कुमार शिव, ठाकुर प्रसाद सिंह, ओम प्रभाकर तथा उमाकान्त मालवीय को भी नवगीतकारों की श्रेणी में शामिल किया जाता है।

नवगीत आन्दोलन की विशेषताएँ

1. नवगीत परम्परा का उद्‌भव देश की आज़ादी के बाद हुआ। इसलिए आजादी के दौरान की आकांक्षाओं और इच्छाओं के तिरोहित हो जाने के दर्द के फलस्वरूप हुआ। आज़ादी के दौरान उत्पन्न हुई विचारधाराओं के प्रति जो मोहभंग हुआ उसके केन्द्र में यह पीड़ा है। यथा–

"पूरे जंगल, और कुछ नहीं
वही ढाक के तीन पात हैं।
फैले हैं, अन्तर्विरोध के याराने
मौसम का रुख़, कोई कैसे पहचाने?
रंग-रूप, रस-गन्ध, लपेटे,
देवदारु बौनी बिसात है।
रोज नयी कोपलें, किन्तु निष्फल शाखें"

2. शोषित और वंचित वर्ग के लिए पीड़ा जिस प्रकार प्रगतिवाद और नयी कविता में देखने को मिलती है, वही पीड़ा नवगीत में देखने को मिलती है। फर्क सिर्फ इतना है वहाँ इस पीड़ा को सीधे और सपाट ढंग से कह दिया गया है, जबकि नवगीत में इसी पीड़ा को गेयता का रूप प्रदान कर इसे गीतात्मक बना दिया गया है। मसलन–

"रंग के भाग ठिठोली लिखी है, रूप के भाग में चीर,
अपने भाग तो मजूर के भाग है, भाल पे श्याम लकीर"

–रमेश रंजक।

3. नवगीत आन्दोलन की उत्पत्ति सपनों की टूटन और उम्मीदों के बिखरने के परिणामस्वरूप हुई। अतः इसमें क्रोध और क्रान्तिकारी मानसिकता का होना स्वाभाविक है। यह मानसिकता जनवादी मानसिकता के प्रथम चरण में भी देखने को मिलती है–

"भूमि पर मन पर बदन पर, है अमावस का बसेरा,
चन्द लोहे की छड़ों में, बन्द है युग का सवेरा।"

–रमेश रंजक

4. नवगीतकारों की यथार्थ चिन्ता दिनों-दिन विकराल और विकट रूप धारण करती है। इसका कारण आज़ादी के बाद पैदा हुई नकारात्मक संस्कृति के कारण है। इनकी दृष्टि में पाश्चात्य सभ्यता और संस्कृति के नवीन आकर्षणों से युवा पीढ़ी जहाँ उत्साहित होकर विनष्ट हो रही है तो बुजुर्ग पीढ़ी उपेक्षित एवं ठगा हुआ महसूस कर रही है। उदाहरण के लिए

"अब तो जन्म-जन्म के रिश्ते गये दिनों की बात हो गये,
उजली किरणों के सब चेहरे पलक झपकते रात हो गये,
आँखों में गहरे विषाद की थेथर जलकुम्भी उग आयी,
मेरे अपने तन से जैसे रूठ गयी अपनी परछाईं"

–माधव कौशिक

5. भीड़तन्त्र का हिस्सा बन चुकी लोकतान्त्रिक व्यवस्था के प्रति असन्तोष का भाव नवगीत आन्दोलन के प्रबल प्रवाह के में रूप जान पड़ता है। भीड़तन्त्र के प्रति ग़ुस्सा और नफ़रत इस कविता में साफ़ तौर पर दिखाई देती है।

"हर जुलूस कुछ नारों का अनुगामी है,
भीड़ों का कोई व्यक्तित्व नहीं होता,
सबसे अधिक सुनी जाती है अफवाहें,
बहुमत में सच का अस्तित्व नहीं होता।"

6. लोकजीवन, लोकतत्त्व और लोकगीत का समावेश नवगीत आन्दोलन की धड़कन है। बिना लोकजीवन और लोकगीत के किसी भी नवगीत की कल्पना ही नहीं की जा सकती। इसलिए नवगीत में इसकी आवाज को साफ सुना जा सकता है।

"नाच रहे हैं तकली जैसे,
बज उठते हम ढपली जैसे
हँसते हैं पर हैं उदास से।"

–कुमार शिव।

स्पष्ट है नवगीत विधा को न तो नयी कविता की श्रेणी में रखकर देखा जाना चाहिए और न ही तो पारम्परिक गीत की श्रेणी में। क्योंकि इसने सम्पूर्ण गीत-विधा को भावुकता और वैयक्तिकता के चंगुल से निकालकर समाज की वर्तमान परिस्थितियों और उसकी पीड़ा से जोड़ दिया। नवगीत परम्परा ने यह साबित कर दिया कि यदि अभिव्यक्ति के नवीन प्रतिमानों को अपनाकर उसकी यथार्थता को साधारण शब्दों में भी व्यक्त किया जाय तो उसकी अनूगूँज अधिक प्रभावी हो सकती है।

समकालीन कविता

समकालीन शब्द की उत्पत्ति अंग्रेज़ी के (Contemporary) कटेंपरेरी शब्द से हुई है जिसका तात्पर्य है 'एक ही समय का', 'अपने समय का' अथवा 'वर्तमान समय का' अर्थात एक काल विशेष से सम्बन्धित रचना को ही समकालीन कहा जाता है। अर्थात जो कविता अपने समय या काल की समस्याओं और चुनौतियों का सामना करते हुए आगे बढ़ती है उसे ही समकालीन कहा गया।

समकालीन कविता अपने समय से सीधे तौर पर जुड़ी होती है। 'समकाल' से तात्पर्य ऐसी समकालीन राजनीति, समाज और जीवन से जुड़ना है जो जीवन की परिस्थितियों को उसके वास्तविक रूप में उभार दे। समकालीन कविता को 'साठोत्तरी' कविता के नाम से भी जाना जाता है। इस काल में कई प्रकार की काव्य प्रवृत्तियाँ देखने को मिलती हैं। जैसे अकविता, नवगीत, जनवादी कविता इत्यादि।

समकालीन कविता के सूत्र हमें हिन्दी साहित्य के इतिहास में साठ के दशक के बाद समन्वित रूप में दिखाई देते हैं। क्योंकि नयी कविता के बाद कोई भी बड़ा आन्दोलन नहीं दिखाई देता है सामान्य तौर पर नयी कविता के बाद की सम्पूर्ण कविता को समकालीन कविता का दर्जा दिया गया। इस दौर की कविता का जो सबसे पहला रूप हमें देखने को मिलता है उसमें 'अकविता' का नाम सबसे पहले आता है जब 1963 में जगदीश चतुर्वेदी का 'प्रारम्भ' नामक काव्य संकलन सामने आया। अकविता का सबसे प्रमुख काव्य-ग्रन्थ 'विजप' था। इसमें तीन रचनाकारों को शामिल किया गया–गंगा प्रसाद विमल, जगदीश चतुर्वेदी और श्याम परमार।

इस आन्दोलन के अन्य रचनाकार थे राजकमल चौधरी, धूमिल, मुद्राराक्षस, सौमित्र मोहन, कैलाश वाजपेयी, श्रीकान्त वर्मा, सर्वेश्वरदयाल सक्सेना और मोना गुलाटी।

यद्यपि समकालीन कविता की उपज के पीछे कहीं-न-कहीं अकविता आन्दोलन था। जिसमें पश्चिम के बौद्धिक प्रभावों की झलक देखने को मिलती है। इसीलिए इसे (Anti Poetry) के विपरीत माना गया। इस मानसिकता का प्रतिनिधित्व यूरोप तथा अमेरिका में 'हंगरी जनरेशन' ने किया। इस भूखी पीढ़ी ने जिस प्रकार से पूर्व स्थापित सभी प्रतिमानों और नैतिकता की धज्जियाँ उड़ायीं उसी को इंग्लैंड में 'टैडी बॉयज' और जापान में 'सन ट्राइबर्स' के नाम से पहचाना गया। इस सबसे प्रभावित होकर जिस पीढ़ी ने हिन्दी कविता में अपनी जगह बनायी उसे ही 'विक्षुब्ध पीढ़ी' का नाम दिया गया। इसकी शुरुआत सबसे पहले भारत में बंगाल से हुई। इस 'विक्षुब्ध पीढ़ी' के जो चार कवि सबसे मशहूर हुए उनमें से मलयनाथ चौधरी, तपन दास, देवीशंकर चट्टोपाध्याय और विमल बसाक प्रमुख हैं।

अकविता के माध्यम से प्रारम्भ हुआ इस समकालीन कविता का स्वरूप विस्तार लेते हुए साठ के दशक से लेकर नब्बे के दशक तक फैला। समकालीन कवि अपनी रचना की अभिव्यक्ति करते हुए कभी भी यह नहीं सोचता था कि अमुक कथन कितना अश्लील और विद्रूप है। इस दौर के कवि यथार्थ को सीधे और सपाट ढंग से कहने के पक्षधर थे। परिणामस्वरूप कविता की मूल प्रवृत्ति में परिवर्तन आया और पूर्व निर्धारित काव्यात्मक तत्त्वों का विघटन हुआ। भाषा आक्रामक और धारदार हुई।

समकालीन कविता की विशेषताएँ

1. नयी भाषा की तलाश : चूँकि इस समय के कवियों की भाषा सीधी और सपाट थी इसलिए इसमें पैनापन भी बहुत है। धूमिल की यह कविता सपाटबयानी का एक बेहतरीन नमूना है–

"एक आदमी रोटी बेलता है,
दूसरा आदमी रोटी खाता है,
एक तीसरा आदमी भी है,
जो न रोटी बेलता है न खाता है,
रोटी से खिलवाड़ करता है,
मैं सोचता हूँ, वह तीसरा आदमी कौन है?
मेरे देश की संसद मौन है"

2. विद्रोह और आक्रोश की कविता : समकालीन कविता में जो विद्रोह और आक्रोश का स्वर सुनाई दे रहा है उसमें समकालीन राजनीति और समाज की पीड़ा सन्निहित है। बेरोज़गारी, मँहगाई, बेकारी अकाल जैसी सामाजिक समस्याएँ इसके मूल में हैं। इसलिए समकालीन कवि ऐसी विसंगतियों से निजात पाना चाहता है। इसलिए वह खुला आह्वान करता है–

"काट दो
आँखों और पाँवों के दरमियान पल रही ग़ुलामी को
और खोल दो
उन ज़ंजीरों को
जो बेवजह बाँधती हैं
तुम्हारे साहस को"

–राजकुमार कुम्भज

3. जनतान्त्रिक व्यवस्था का मजाक : समकालीन कविता में व्यवस्था का मजाक उड़ाया गया है वह शायद ही कभी और उड़ाया गया हो। कवियों ने बहुत जोरदार शब्दों में कहा है कि चतुर नेता जनतन्त्र और लोकतन्त्र का नारा

तो लगाता है किन्तु आचरण ठीक इसके विपरीत होता है। जनतन्त्र के नाम पर स्वार्थसिद्धि करना आज की राजनीति का हिस्सा है। धूमिल बहुत ही चुटीले अन्दाज़ में इसके सन्दर्भ में लिखते हैं–

"दरअसल
अपने यहाँ जनतन्त्र
एक ऐसा तमाशा है
जिसकी जान
मदारी की भाषा है।"

4. जातिवाद/सम्प्रदायवाद की अवहेलना : समकालीन कवियों ने समाज में व्याप्त जातिवाद, सम्प्रदायवाद और धार्मिक उन्माद का जमकर विरोध किया है। आज भी आराम से देखा जा सकता है कि कैसे राजनीतिक दल जाति और धर्म के नाम पर टिकट का वितरण करते हैं और लोगों की भावनाओं को भड़काकर वोट प्राप्त करते हैं। इस समय के कवियों ने इस विषय पर भी अपनी जोरदार लेखनी चलायी।

"कब तक
घृणा के बीज बोकर
काटते रहोगे
साम्प्रदायिक फसलें
कब तक
चौकसी करोगे
भयमुक्त, लूट, कर्फ्यू, बलात्कार
बारूदी मौसम की"

5. निरर्थकता बोध की कविता : इस समय के कवि स्वाधीनता आन्दोलन के सपनों को एक-एक करके जिस प्रकार टूटते हुए देख रहे थे। उससे इनके मन में बहुत ही बेचैनी थी। इसलिए विकराल समस्याओं के सामने उनका क़द एक लघुमानव के समान जान पड़ता है। कुछ न कर पाने और व्यवस्था का अंग बन जाने के कारण उनके अन्दर एक छटपटाहट के साथ-साथ निरर्थकता का बोध भी बहुत तीव्र ढंग से फैला हुआ था।

"मैं हँसता हूँ, गाता हूँ
रोता हूँ, चीखता हूँ,
प्यार करता हूँ, गालियाँ देता हूँ,
लेकिन हर स्थिति में
वैसा का वैसा ही रह जाता हूँ,
जैसे मुर्दों के बीच हूँ।"

–सर्वेश्वरदयाल सक्सेना

6. मानवीय सम्बन्धों के प्रति अनास्था का भाव : समकालीन कविता में न प्रेम के प्रति छायावादी रोमानियत है और न ही प्रगतिवादी दाम्पत्य चेतना। प्रयोगवाद और नयी कविता में प्रेम को जिस प्रकार से मानसिक और शारीरिक ज़रूरत समझा गया है। यहाँ वैसा भी नहीं है। इस समय के कवि प्रेम शब्द से ही नफ़रत करते हैं। क्योंकि वे मानते हैं सम्बन्धों में अब वो गहराई नहीं रह गयी जैसी पहले होती थी। इसलिए ऐसे रिश्ते को एक लिजलिजा रिश्ता मानते हैं। जैसा कि सौमित्र मोहन ने लिखा है–

"अगर कोई जीने की शर्त है तो,
यही कि आदमी सड़क
का कुत्ता बन जाय या बीबी
का गुलाम या एयर इंडिया
का विज्ञापन"

7. नयी लोकोक्तियों और मुहावरों का प्रयोग : इस काल के कवियों ने पुराने घिसे-पिटे मुहावरों को एक नयी अर्थवत्ता दी। इस समय के कवियों ने कविता के भीतर के मुहावरों को बहुत ही तोड़-मरोड़ कर प्रस्तुत किया। जैसा कि धूमिल लिखते हैं–

"चेहरों का नंगा होना,
धर्मशाला हो जाना,
हरी आँख बनाना,
गोबर करना।"

"मैं कोल्हू का बैल सदा का
दशा-दिशा क्या जानूँ अपनी"

–धूमिल

स्पष्ट है कि समकालीन कविता अपने समय और काल से जुड़ी हुई कविता है। साथ ही यह नयी कविता के कई आयामों को विस्तार भी देती है। हिन्दी कविता के काल में इसे पतन का काल भी माना गया। लेकिन अरुण कमल जैसे कवि इसके आयामों को अतीत से बाहर निकालकर वर्तमान में व्याख्यायित करने की कोशिश करते हुए दिखाई पड़ते हैं–

"कल क्यों,
आज क्यों नहीं,
यह मत समझो
हमारे लिए आयेगा दिन इससे अच्छा
कल या परसों"

कुल मिलाकर समकालीन कविता की भाषा अभिजात्यता से पूरी तरह मुक्त है, डराती और आक्रान्त नहीं करती। कविता का सम्पूर्ण शिल्प भी सहज और सरल है। इसीलिए यह आज के सन्दर्भ में भी प्रासंगिक है।

जनवादी कविता

अकविता और साठोत्तरी कविता के बाद 1967 के आसपास कविता की एक नयी प्रवृत्ति बहुत तेजी से उभरी जिसे हिन्दी साहित्य के इतिहास में 'जनवादी कविता' के नाम से जाना जाता है। सुनने में इस कविता का स्वरूप भले ही नवीन लगे, लेकिन इसकी पृष्ठभूमि पहले से ही मौजूद थी। सुनने में ऐसा एहसास होता है कि यह ऐसी कविता का एक नया आन्दोलन है जिसकी समस्याएँ जनमानस से जुड़ी हुई हैं। इस जनवादी कविता की जड़ें पहले से किसी-न-किसी रूप में प्रगतिवाद और साठोत्तरी कविता में मौजूद थीं। जिसका स्वरूप यथार्थवादी था। अन्तर बस इतना था कि इस कविता आन्दोलन से जुड़े हुए रचनाकारों की विचारधारा मार्क्सवादी विचारधारा से मेल नहीं खाती थी। ये सभी उस जनवादी विचारधारा को लेकर आगे बढ़े जिनकी पृष्ठभूमि में सामाजिक यथार्थवाद मौजूद था। व्यक्तिवाद से अलग ये लोग उस जनवाद के उपासक थे। जिसकी पृष्ठभूमि में कहीं-न-कहीं सम्पूर्ण क्रान्ति के बीज मौजूद थे।

यह वह दौर था जब लोगों का आजादी से मोहभंग होने लगा था और वे यह मानने लगे थे कि हमने जिस आजादी की कल्पना की थी। कम-से-कम यह नहीं थी। लोगों का मोहभंग उस काँग्रेस पार्टी से भी होने लगा था। जिसकी भूमिका स्वतन्त्रता आन्दोलन में सर्वाधिक थी। 1967 तक के चुनाव आते-आते काँग्रेस पार्टी लगभग सिमटने लगी थी और जीत का अन्तर बहुत कम हो गया था। राष्ट्रीय राजनीतिक फलक पर जयप्रकाश नारायण का पदार्पण हो चुका था और सम्पूर्ण परिवर्तन के आह्वान का बिगुल बज चुका था। इसी पृष्ठभूमि में उस जनवादी कविता का आगाज होता है जिसकी आवाज सीधे जनता के लिए मुखरित होती है और इसके सबसे अगुवा कवि होते है त्रिलोचन। जिन्हें 'जनवादी कवि' अथवा 'पोएट ऑफ पब्लिक' कहा जाता है। त्रिलोचन के लिए यह उपाधि सार्थक इसलिए भी है क्योंकि वे सीधे उस जनता की आवाज को अपनी कविता में उठाते हैं जो शोषण की चक्की में पिस रही है।

जनवादी कविता के चार प्रमुख्य आधार-स्तम्भ माने गये जिनमें त्रिलोचन, केदार नाथ अग्रवाल, नागार्जुन और शमशेर बहादुर सिंह का नाम प्रमुखता से लिया जाता है। इसके अतिरिक्त अकविता आन्दोलन से जुड़े हुए कुछ कवि भी इस संवाद की तरफ उन्मुख हुए, जिनमें से प्रमुख थे-धूमिल, मंगलेश डबराल, लीलाधर जगूड़ी और इब्बार रब्बी।

जनवाद का यह आन्दोलन 1967 से लेकर 1980 के आसपास तक देखने को मिलता है। इस दृष्टि से देखें तो जनवादी कविता को दो चरणों में बाँटा जा सकता है। पहला 1967 से 1975 तक। दूसरा 1975 से आज तक। पहले चरण में जनवाद को लेकर के युवाओं में उत्साह, जोश और उमंग का जो सम्मिश्रण दिखाई देता है। उसमें कहीं-ना-कहीं सामाजिक क्रान्ति अथवा सम्पूर्ण परिवर्तन के भाव निहित हैं। यह वही दौर था जब जयप्रकाश नारायण के सम्पूर्ण क्रान्ति के विरोध में तत्कालीन प्रधानमन्त्री स्वर्गीय इन्दिरा गाँधी द्वारा 1975 में देश में आपातकाल लगा दिया गया था। परिणामस्वरूप अभिव्यक्ति की स्वतन्त्रता का हनन होना स्वाभाविक था। साथ ही साथ जातिवाद और साम्प्रदायिकता का एक ऐसा कुचक्र रच दिया गया था जो इस दौर के युवाओं में निराशा फैलाने के लिए काफी था। जिसकी परिणति जनवादी कविता में हुई। इसकी साहित्यिक विशेषताएँ इस प्रकार हैं :

1. जनवाद का समर्थन–जनवादी कविता में जैसा इसके नाम से ही परिलक्षित होता है कि जनवादी कविता के केन्द्र में वह जानता है जिसकी चेतना से कवि बार-बार टकराता है, खींचता है, और तरस खाता है कि कैसे वह जनतन्त्र के नाम पर हो रही लूट-खसोट से आम जनता को मुक्ति दिला पाये। इसीलिए इस दौर के सबसे प्रसिद्ध हस्ताक्षर और जनवाद की आवाज को लगातार करने वाले धूमिल लिखते हैं–

"अपने यहाँ जनतन्त्र एक ऐसा तमाशा है,
जिसकी जान मदारी की भाषा है।"

जनतन्त्र के नाम पर आम व्यक्ति से हो रहा छलावा न सिर्फ़ कविता और कहानी के रूप में प्रकट हुआ है बल्कि यह गीत और गजल के माध्यम से व्यक्त हुआ है। जनता के उत्पीड़न और दमन का जुल्म लोगों के जेहन में इतना ज्यादा रच-बस गया है कि दुष्यन्त कुमार भी अपनी गजलों के माध्यम से अब इससे मुक्ति की गुहार करते हैं–

"हो चुकी है पीर पर्वत सी पिघलनी चाहिए
इस हिमालय से कोई गंगा निकलनी चाहिए
"सिर्फ हंगामा खड़ा करना मेरा मकसद नहीं
मेरी कोशिश है कि ये सूरत बदलनी चाहिए
मेरे सीने से ना सही तो तेरे सीने से सही
हो कहीं भी आग, लेकिन आग जलनी चाहिए।"

2. विचारधारा की जगह जनता केन्द्र में–यद्यपि नागार्जुन की विशेषता एक प्रगतिवादी और मार्क्सवादी लेखक के रूप में रही है, लेकिन इन सबके बावजूद उनकी

प्रतिबद्धता विचारधारा से उठकर के उस जनता के जीवन से जुड़ती है जिसका सरोकार सीधे तौर पर उनकी रोजी-रोटी से होता है जैसा कि वह लिखते हैं–

"क्या दक्षिण क्या वाम
जनता को रोटी से काम।"

नागार्जुन अपने आप को स्वयं कभी लिखते हुए कहते हैं कि मेरा सरोकार सीधे-सीधे जनता से है न कि किसी वैचारिक प्रतिबद्धता से–

"जनता मुझसे पूछ रही है, क्या बतलाऊँ
जनकवि हूँ, मैं तो साफ कहूँगा
क्यों हकलाऊँ।"

3. किसान और मजदूर के आवाज की अभिव्यक्ति–जनवादी कविता के शीर्ष पुरुष माने जाने वाले त्रिलोचन वास्तव में एक किसान हैं इसलिए वह किसानी जीवन और उसकी गन्ध दोनों को बहुत अच्छे से जानते हैं। यही कारण है कि उन्होंने अपनी कविता 'हँसता है अकाल' में किसान की अत्यन्त दयनीय स्थिति का बहुत ही मार्मिक चित्रण किया है–

"हँसता है अकाल, तारों के दाँत निकले हैं
मन किसान का, मेरा चैन नहीं पाता है
ताक रहे आकाश, नहीं जलधर की छाया
कहीं दिखाई देती है, भय तन घर आया।"

(http//www-apnimaati-com/2017/03/blog&post_24.html)

4. सामाजिक परिवर्तन के प्रति आस्था–तमाम अनास्था और अविश्वास के बावजूद भी जनवादी कवियों के मन में कहीं-न-कहीं एक ऐसी आशा और अभिलाषा विद्यमान है जिसके भरोसे वह महसूस करते हैं कि एक दिन ऐसा आयेगा जब हालात सुधरेंगे और असमानता का दौर खत्म होगा। जैसा कि रघुवीर सहाय ने अपनी कविता में लिखा है :

"कुछ होगा कुछ होगा अगर मैं बोलूँगा,
ना टूटे, ना टूटे, तिलस्म सत्ता का
मेरे अन्दर एक कायर टूटेगा।"

"सिर्फ़ हंगामा खड़ा करना मेरा मकसद नहीं
मेरी कोशिश है कि ये सूरत बदलनी चाहिए
मेरे सीने से ना सही तो तेरे सीने से सही
हो कहीं भी आग, लेकिन आग जलनी चाहिए।"

जयशंकर प्रसाद

कामायनी प्रसाद की अन्तिम कृति है जो 1936 में प्रकाशित हुई। छायावाद भी यह युगान्त वर्ष। छायावाद का शिखर वर्ष भी। प्रसाद के जीवन दर्शन व काव्य प्रतिभा का समूचा पल्लवन इसी वर्ष में हुआ। साथ ही, सम्पूर्ण छायावादी रचनात्मकता की परम उपलिब्ध।

कामायनी तीन प्रमुख बिन्दु में लिखा गया। यह प्रबन्ध काव्य शैली का वर्ष भी है।

1. कथा, 2. कथ्य, 3. युग बोध।

कामायनी की भूमिका में प्रसाद ने लिखा है कि कामायनी का चुनाव ब्राह्मणों (राजाश्रय) व पुराणों में बिखरी मनु की कथा में समाहित है। मनु मनुष्यों के पूर्वज माने गये। अर्थात् वे पुरुष जिनके द्वारा देव व असुर संस्कृति के साथ-साथ मानवीय संस्कृति की शुरुआत हुई। कामायनी मानवीय संस्कृति की विकास कथा है। तीसरी संस्कृति की कथा का आविर्भाव है। प्रसाद का कहना है : "उपलब्ध व बिखरी कथाओं से ही संयोजित किया गया है कुछ नया नहीं है"। आर्य साहित्य में मनु का इतिहास उपलब्ध है। बिखरी कथा को एकसूत्र में बाँधने का काम कामायनी के माध्यम से किया गया इसमें श्रद्धा और इड़ा का भी मनु ने साथ में उल्लेख किया। कामायनी इन तीनों के परस्पर सम्बन्धों की कथा है।

स्वतन्त्रता संग्राम की थकान व आधुनिक युग में एक पौराणिक पुरुष की कथा का कारण भी कामायनी बनी। सम्भवतः प्रसाद के सामने ऐसे प्रश्न होंगे जो देशकालातीत थे। 20वीं सदी के मानव के संकटों का प्रागैतिहासिक काल से जोड़ने का संकट। कथा से जोड़ा। इसका लाभ यह है कि कथ्य में सार्वभौमिकता व शाश्वतता आ जाती है। उन्होंने मानवता के बड़े संकटों के सूत्र को मिथकीय चरित्रों से जोड़ा पर सन्दर्भ आधुनिक ही रखा। प्रसाद ने पैर वर्तमान की भूमि पर ही रखा अर्थात् 20वीं सदी में। इसलिए इस पुरानी कथा की नवीन व्यंजनाएँ हैं।

यदि श्रद्धा व मनु अर्थात् मनन के सहयोग से मानवता का विकास रूपक है तो बड़ा ही सहज व बाध्य है।

प्रसाद सन्दर्भ जानते थे। मनु, श्रद्धा व इड़ा आधुनिक जीवन प्रसंगों को धारण करने वाले पात्र हैं। 'कामायनी' नाम इसलिए दिया गया क्योंकि छायावादी दृष्टि व नवजागरण के केन्द्र में स्त्री है। बड़ी रचनाएँ स्त्री को या तो शीर्षक या ऊर्जा के केन्द्र में रखती हैं।

अतः मनु की कथा होते हुए भी केन्द्र में कामायनी (श्रद्धा) है। शुक्ल जी के अनुसार, मनु 'मन' का, श्रद्धा 'हृदय' (हृदय की अनुकृति बाहृय उदार) व इड़ा 'बुद्धि' (बिखरी अलके ज्यों तर्कजाल) का प्रतिनिधित्व करती है।

कामायनी में मनु यदि भारतीय समझ है तो श्रद्धा भारतीय संस्कृति व इड़ा पश्चिमी संस्कृति। अत: कामायनी को अन्तर्राष्ट्रीय सम्बन्ध में भी देखना होगा।

कामायनी में प्राचीन कथा को चुनने के पीछे प्रसाद की जो दृष्टि है उसमें मनुष्य की शाश्वत समस्याएँ व तात्कालिक राष्ट्रीय सांस्कृतिक चुनौतियाँ हैं।

कथा की शुरुआत जल प्रलय के बाद की। श्रद्धा निष्क्रिय मनु को कर्म की प्रेरणा देती है। भारतीय दर्शन में प्रकृति को शक्ति माना गया है। श्रद्धा कहती है कर्म व भोग के समानान्तर ही आनन्द है। आनन्द की नितान्त व्यावहारिक व मनोवैज्ञानिक परिभाषा श्रद्धा देती है। दोनों साथ रहने लगते हैं, फिर काम, वासना और लज्जा के महाभाव स्त्री में पुरुष जीवन से उत्पन्न होते हैं व स्त्री का सानिध्य मनु को कर्म में प्रेरित करता है। देव व असुर दोनों संस्कृति में कर्म का अर्थ यज्ञ था। इसी पूर्व संस्कार से वह यज्ञ व उसके साथ पशुबलि में उद्यत होते हैं, असुर पुरोहित आकुलि किलाल के साथ। श्रद्धा मनु को रोकती है। इधर मनु श्रद्धा के व्यवहार में परिवर्तन देखते हैं वह गर्भिणी है व सन्तान के प्रेम में लीन है। इससे मनु में ईर्ष्या का उदय होता है तथा वह श्रद्धा को अपमानित करने हेतु इसके प्रिय मृग शावक का वध कर हवन कुण्ड में डाल देते हैं। श्रद्धा दुखी होती है पर कुछ नहीं कहती।

एक दिन मनु श्रद्धा को छोड़ जाते हैं व सारस्वत नगर पहुँचते हैं। वह प्रलय से नष्ट हो चुका है सब कुछ जर्जर है, पर कुछ लोग बचे हैं। वहाँ काम उन्हें श्राप देता है कि तुम मरणशील होंगे पर प्रेम कर सकोगे, सन्तानोत्पति के लिए भी। अत: देह की नश्वरता के समानान्तर अपनी कलाओं व सन्तानों में जीवित रहोगे।

फिर यहीं इड़ा से मुलाकात होती है। इड़ा के सहयोग से मनु नयी सभ्यता की शुरुआत करते हैं। सारस्वत नगर का पुनरुद्धार होता है यहाँ लोकतन्त्र है। यन्त्र हैं व शासन व्यवस्था भी। यहाँ बुद्धि के सहयोग से विकसित नागरी सभ्यता के दर्शन भी होते हैं। श्रद्धा के साथ जो सभ्यता थी व सहज व निश्चित थी। इड़ा के साथ हाय तौबा वाली आधुनिक पश्चिमी सभ्यता है। वे इड़ा (व्यवस्था) से अतिचार करना चाहते हैं। प्रजा विद्रोह करती है। संघर्ष के दौरान मनु पराजित होते हैं। श्रद्धा पुत्र के साथ पहुँचती है। उसे देख मनु लज्जित होते हैं व चुपके से भाग जाते हैं। इड़ा व श्रद्धा संवाद होता है। श्रद्धा के द्वारा भारतीय संस्कृति पश्चिमी बुद्धिवाद (इड़ा) की कमियाँ बताती हैं। श्रद्धा इड़ा को अपना पुत्र कुमार सौंपती हैं। कुमार मानवता की प्रथम सन्तान है। रक्त श्रद्धा का व पालन इड़ा द्वारा। अत: मनुष्य व्यवहारिकता व भावात्मकता का समन्वय है। श्रद्धा मनु की खोज में निकलती है व उन्हें लेकर कैलाश पर्वत चली जाती है। कुछ ऊँचाई पर तीन लोक इच्छा, कर्म व ज्ञान का दिखाई देते हैं। श्रद्धा इन लोकों की व्याख्या करती है। कर्म लोक भीड़भाड़ वाला, लोगों में अलक्ष्य गति कोई इच्छा व ज्ञान नहीं। वह कहती है तीनों लोकों में कोई सम्बन्ध नहीं रह गया जिन्हें साथ-साथ होना था।

"ज्ञान दूर कुछ क्रिया भिन्न है,
इच्छा क्यों पूरी हो मनकी,
एक दूसरे से न मिल सके
यह विडंबना है जीवन की।"

आज की विडम्बित स्थिति यही है।

मनोवैज्ञानिक अर्थ–हम जो चाहते हैं वह कहते नहीं, जो करते हैं वह हमारे ज्ञान का हिस्सा नहीं है। सामाजिक अर्थ–धर्म, राजनीति व विज्ञान विच्छिन्न हो गये हैं। इसीलिए सभी समस्याएँ हैं।

इससे आधुनिक विश्व सभ्यता पर बेहद नकारात्मक प्रभाव पड़ता है। मनु पूछते हैं कि यह विछिन्नता खत्म कैसे होगी। तब श्रद्धा मुस्कराती है व तीनों लोक मिल जाते हैं। शायद प्रसाद कहना चाहते हैं कि भारतीय हृदय वाद ही आधुनिक सभ्यता की विच्छिन्नता का एक मात्र इलाज है। समाधान भारतीय भाववाद में। उसका दार्शनिक अर्थ भी। श्रद्धा चिति का प्रतीक है। मन के तनाव, इच्छा व कर्म से सम्भव नहीं, चिति के स्तर पर ही मन में शान्ति व पूर्णता आ सकती है। यही आनन्द की स्थिति है। आनन्द वहीं जब भेद खत्म हो जाता है। इस प्रकार मनु जीवन संघर्ष के बाद आनन्द अवस्था प्राप्त होती है।

छायावादी विशेषताओं के आधार पर कामायनी का मूल्यांकन–

1. वैयक्तिकता 2. वेदना 3. सौन्दर्य, प्रेम व स्त्री 4. प्रकृति 5. कल्पनाशीलता 6. रहस्यवाद 7. शिल्प के स्तर पर गीतात्मकता।

1. वैयक्तिकता–पूरी की पूरी कामायनी मनु के वैयक्तिक बोध से गूँथी हुई है। इसके केन्द्र में श्रद्धा है पर मनु भी महत्त्वपूर्ण है। श्रद्धा–ऊर्जा, मनु–पदार्थ के प्रतीक है। मनु की पूरी चेतना वैयक्तिक बोध से संचालित है। उसके आत्मविश्लेषण, जीवनदर्शन आदि में वैयक्तिकता का आग्रह है। वैयक्तिकता समूची सृष्टि में स्वकेन्द्रितता रखती है। मनु का ध्यान प्रलय के बाद पर जाता है। बार-बार 'मैं' की आवृत्ति छायावादी दर्शन के लक्षण हैं।

चिन्ता–"आज अमरता का जीवित हूँ मैं वो भीषण जर्जर दम्भ।

आशा–"मैं हूँ ये वरदान सदृश क्यूँ लगा गूँजने कानों में शाश्वत नभ के गानों में"

दिगदिगन्तों में अपने होने की ध्वनि सुनाई देती है। यह वैयक्तिकता का सन्दर्भ।

श्रद्धा–जब श्रद्धा मनु से परिचय पूछती है। परिचय में नितान्त वैयक्तिकता है।

कहा मनु ने नभ धरती बीच बना रहस्य जीवन निरूपाप
एक उलका का जलता भ्रान्त शून्य मैं असहाय।

बहुत स्वकेन्द्रित है। इस प्रकार वैयक्तिक निधि की व्याख्या है। मनु श्रद्धा से पहले ही सम्पर्क में है। कामायनी के भावबोध में व्यक्ति की यह प्रधानता उसे छायावादी काल चेतना से जोड़ती है।

2. वेदना–छायावाद वेदना का काव्य है। इसका कारण प्रेम में विफलता व अकेलापन है। उदास स्मृतियाँ व जीवन की निरर्थकता का बोध इसके लक्षण हैं। छायावाद की वेदना का मूल कारण वैयक्तिक है।

चिन्ता–पहले पंक्तियों में ही डबडबाई आँखों वाले मनु के दर्शन होते है।

कामायनी एक ऐसे व्यक्ति की कहानी है जिसका सब कुछ नष्ट हो चुका है।

चिन्ता–"निकल रही थी मर्म वेदना करुणा विकल कहानी सी।"

ये वेदना निहायत अकेले पड़ जाने व सभी प्रिय के नष्ट हो जाने से है। वर्तमान का अकेलापन व उदासी वेदना का मूल कारण है। मनु स्मृतियों में लौटते हैं। अत: वेदना के कई रूप उद्विग्नता, बैचेनी व निरर्थकता के रूप में कामायनी में वेदना दिखती है। वेदना की प्रकृति वैयक्तिक है पर एक व्यापक सन्दर्भ भी है प्रलय जो अतिभोगवाद से उत्पन्न हुआ पर जिसने अकेलेपन को जन्म दिया। प्रथम विश्वयुद्ध ने जो विकृतियाँ पैदा की वही मनु में हैं। अत: वेदना नितान्त वैयक्तिक नहीं। ठोस कारण। एक सभ्यता का ध्वंस। अत: वेदना मात्र भावनात्मक नहीं। छायावाद की शुरुआती वेदना की जगह प्रौढ़ वेदना है। कामायनी में वेदना के ठोस कारण हैं। जीवन की पूरी आत्मकेन्द्रित पद्धति उन्हें वेदना की ओर ले जाती है, जो व्यक्ति व्यापक सामाजिक हित नहीं देखता वह वेदना व अकेलेपन के हेतु अभिशप्त है। अत: मनु पूरी कथा में उद्विग्न है, जबकि प्रसाद आत्मकेन्द्रितता को ही वेदना का मुख्य कारण मानते हैं। जब यह अहं भाव कैलाश पर खत्म होता है तभी मनु आनन्द भाव प्राप्त करते हैं। अत: मात्र वेदना की चर्चा ही नहीं उसके कारणों की भी जाँच है। अत: कामायनी मात्र वेदना के आख्यान का काव्य नहीं है साथ ही इसके परिहार का काव्य भी।

3. सौन्दर्य–सुमित्रानन्दन पन्त जी कहते हैं–भारतीय चिन्तन में 'सत्यं, शिवं सुन्दरम' में छायावादी कवि सुन्दरता ही चुनता है। सुन्दरता एक सकारात्मक चीज है। कामायनी में चेतना का उज्ज्वल वरदान (लज्जा सर्ग) है। यह मनुष्य होने की महत्तम उपलब्धि है। अत: सौन्दर्य जीवन की लालसा बढ़ाता है, कर्म की प्रेरणा देता है। सौन्दर्य एक गत्यात्मक जीवन मूल्य है। वह देह के स्तर पर अटका नहीं है। वह चेतना का अनिवार्य हिस्सा है जो सृजन व जीवन की प्रेरणा देता है।

इस सौन्दर्य की प्रकृति बहुत लज्जाशील है। केवल संवेदनशील ही अनुभव कर पाते हैं। प्रसाद का सौन्दर्य (Exposure) का नहीं, उनमें एक संकोच है। कनक किरन के अन्तराल में लुक छिपकर चलने वाला सौन्दर्य। पश्चिम में सौन्दर्य दिखावे को अभिशप्त है। अत: कामायनी में सौन्दर्य भारतीय परम्परानुसार है।

छायावाद में सौन्दर्य वस्तु को नापकर नहीं है, बल्कि ऐसा इन्द्रजाल है। जिसके नयनों में का जादू है।

श्रद्धा–"नयनों का इन्द्रजाल अभिराम" अतः सौन्दर्य के प्रति नितान्त भाववादी दृष्टि है। यह छायावाद की विशेषता है, जो कामायनी में लक्षित है।

प्रेम–प्रेम के बिन्दु पर कामायनी में व्यवहार के स्तर पर कुछ बातें प्रकट हुई हैं। प्रेम स्त्री के समर्पण का पर्याय है। प्रेम का भारतीय परम्परानुसार एकतरफा अर्थ है, उभयात्मक नहीं स्त्री प्रेम देती है, पाती नहीं। छायावाद में भी प्रेम के प्रति यही दृष्टिकोण है। अतः प्रेम प्रकारान्तर से स्त्री की सेवा, समर्पण, कर्तव्य बोध का संश्लिष्ट रूप ही है।

श्रद्धा–"दया, माया, ममता, लो आज, मधुरिमा, लो, (प्रेम) अगाध विश्वास"
"हमारा हृदय रत्ननिधि आज रत्न-निधि स्वच्छ तुम्हारे लिए खुला है पास।"

अतः कामायनी में प्रेम का अर्थ छायावादानुसार स्त्री समर्पण पर टिका है। पर अपनी पूर्ववर्ती रचना लहर में पुरुष समर्पण भी लेते हैं। यहाँ प्रेम का अर्थ स्त्री का निर्बन्ध समर्पण है। अतः प्रेम भावुकता नहीं, अपने अस्तित्व का सम्पूर्ण दान है जो श्रद्धा करती है। मुक्तिबोध–प्रसाद की प्रेमानुभूति पर सामन्ती चेतना का दबाव देखते है।

प्रेम की चेतना का दबाव है। प्रेम की परिभाषा स्त्री सेवा के आधार पर की।

स्त्री–सौन्दर्य व प्रेम की अवधारणा से बनी है। अतः सुकुमारता, सौन्दर्य व समर्पण की जीवन्त प्रतिमा को ही स्त्री कहा गया है। अतः प्रसाद का नारी चिन्तन बहुत हद तक मध्यकालीन बोध से आक्रान्त है–

"नारी तुम केवल श्रद्धा हो"
विश्वास-रजत-नग पगतल में। पीयूष स्रोत-सी बहा करो,
जीवन के सुन्दर समतल में"।

प्रसाद नारी को केवल श्रद्धा मानते हैं। अतः पारम्परिक स्त्री बोध की स्वीकृति कामायनी में है जो छायावादी काव्य की विशेषता है। अतः छायावादी चेतना का प्रतिफलन।

4. प्रकृति–छायावाद प्रकृति का काव्य भी माना जाता है। प्रकृति की भरपूर स्थिति है इसका कारण है–

- प्रकृति स्वच्छन्दता का प्रतीक है। झरना, बादल, निर्बन्धता व स्वच्छन्दता का प्रतीक है। पारम्परिक सामाजिक ढाँचे में छटपटाते कवि का मन उसे प्रकृति की ओर ले जाता है। ढाँचे का अतिक्रमण करने का मन।
- सौन्दर्य प्रकृति से ही मानव का सौन्दर्य बोध उदित हुआ।
- रहस्य के द्वारा जीवन में अज्ञातता व रहस्यात्मकता भी प्रकृति में लक्षित होती है। छायावादी कवि यान्त्रिकता व भीड़ से बचने के लिए प्रकृति में, प्रकृति

को रहस्यात्मक दृष्टि से देखता है। इस रहस्यवादिता के कारण प्रकृति की ओर झुकाव है। छायावाद में प्रकृति का मानवीकरण है। छायावाद में प्रकृति के दोनों रूप सुन्दर हैं। रीतिकाल में केवल सौन्दर्य रूप दिखाई देता है। उदाहरण के लिए कामायनी का प्रलय चित्रण सजीव वर्णन है। अतः प्रकृति का अत्यन्त रौद्र रूप भी।

चिन्ता–"दिग्दाहों से धूम उठे" या जलचर उठे क्षितिज तट के।
सघन गगन में भीम प्रकंपन, झण्डा के चलते झटके।
प्रकृति का मानवीकरण भी है। प्रकृति को मनुष्य की तरह देखा है।

आशा–"सिन्धु सेज पर धरा वधु अब तनिक संकुचित बैठी थी।"
प्रलय निश्य की हलचल स्मृति,
में मान किये से ऐंठी से।"

उसके गत्यात्मक व प्रेरणात्मक सौन्दर्य को भी पहचाना जा सकता है।

आशा–"ऊषा जयलक्ष्मी सी उदित हुई।" अतः छायावादी प्रकृति चित्रण का निर्वाह।

5. कल्पनाशीलता–छायावाद की रचनाशीलता या ऊर्जा का मूल स्रोत कल्पनाशीलता ही है। पन्त जी कहते हैं : "छायावादी कवि सत्य को भी कल्पना के रंग में रंगे देखना चाहता है।" अत्यधिक कल्पना अधिक्य है। अतः कुछ लोग वायवी कहते हैं। इस कल्पनाशीलता के कारण हैं।

- **युग प्रभाव**–समूचा स्वतन्त्रता आन्दोलन कल्पना के मंच से है। स्वतन्त्रता एक कल्पना व इच्छा है जिसके लिए लड़ाई लड़ी गयी। अन्ततः परिवेश ही ज़रूरी छायावाद की ऐतिहासिक वास्तविकता है। सम्पूर्ण भारतीय मानस में स्वतन्त्रता की कल्पनाशीलता वे प्रश्न हैं जो कविता में आये। प्रेमचन्द में भी कल्पनाशीलता है।

  लेकिन छायावाद में कल्पनाशीलता युग परिवेश के परिणामस्वरूप पैदा हुई।

- **वैयक्तिकता की प्रकृति**–छायावाद वैयक्तिक चेतना से संचालित काल है। वैयक्तिक व्यक्ति इस दुनिया से अलग कल्पनालोक की रचना है और कल्पना, स्थान व समय के अतिक्रमण का माध्यम भी। इसी अतिक्रमण की ऊर्जा द्वारा इस अवाँछित दुनिया के समानान्तर एक इच्छित स्वप्नलोक का निर्माण करता है "होगी जय हे पुरुषोत्तम नवीन"–कल्पना। प्रसाद में भी कल्पना की समरसता थी। अतः इच्छित संसार बनाने की चाह छायावादियों को कल्पना में ले गयी। कामायनी में भी कल्पना का रूप है।

  "आहा कल्पना का सुन्दर,
  यह जगत् मधुर कितना होता।

सुख-स्वप्नों की दल छाया में, पुलकित
हो जगता-सोता।''
''निर्वेद सर्ग में भी श्रद्धा का कथन
मैं हृदय की बात रे मन।
तुमुल कोलाहल कलट में
जहाँ मरु ज्वाला धधकती सी।''

अतः कामायनी के रचना विधान में कल्पनाशीलता का बेहद सर्जनात्मक उपयोग हुआ है। इसी के द्वारा एक मिथकीय कथा को आधुनिक जीवन सन्दर्भ से जोड़ने में कवि को सफलता मिली है। प्राचीनता व वर्तमान के अन्तःसम्बन्धों की चेतना में।

6. रहस्यवाद—रहस्यवाद का मूल कारण विज्ञान की अधूरी व्याख्याएँ हैं—ये छायावादियों की मान्यता हैं। प्रकृति मात्र विराट वस्तुगत सत्ता से अच्छी नहीं लगती। छायावादी कवि जीवन को तथ्य नहीं मानता क्योंकि तथ्य में आदि है व अन्त निर्धारित है, पर जीवन निर्धारित नहीं है। तब जीवन कैसे जाना जाये। इसे जाना नहीं जा सकता केवल जिज्ञासा की जा सकती है। छायावाद के रहस्यवाद की मूल प्रकृति है प्रश्नानूकूलता। जीवन व प्रकृति की अज्ञानता के बारे में यही सवाल। इसी में उनकी भावुकता और कल्पनाशीलता प्रतिफलित होती हैं।

छायावाद का रहस्यवाद कम जानने की विवशता को स्वीकार करता है (विज्ञान के द्वारा)। वे विज्ञान के उत्तरों को तथ्य मानते हैं। अतः जो भी महत्त्वपूर्ण भाव हैं—प्रेम आदि वे रहस्यात्मक हैं। अतः रहस्यवादिता प्रत्येक व्यक्ति के आगे स्वाद की दुनिया खोलता है। अतः छायावादी जिज्ञासा प्रश्नाकूलता का चित्रण कामायनी में भी है—

आशा— छिप जाते है और निकलते
आकर्षण से खिंचे हुए?

हे अनंत मरणीय कौन तुम?
यह मैं कैसे कह सकता,

7. गीतात्मकता—वैयक्तिक चेतना से संचालित। वैयक्तिकता व भावपरकता से लिखा साहित्य गीतात्मक है। महाकाव्य के बावजूद गीतात्मक है, क्योंकि स्थितियाँ जिनसे संचालित हैं उसमें वैयक्तिकता, कल्पनाशीलता, सन्देश प्रधानता, प्रकृति आदि है जो कामायनी को गीतात्मकता देती है। लज्जा सर्ग कथा का भाग नहीं केवल अनुभूतिजन्य है।

उदाहरण— ''नयनों की नीलम घाटी, जिस रस धन से छा जाती हो,
वह कौंध जिससे अन्तर की शीतलता ठण्डक पाती हो''

लज्जा—आँसू से भीगे अँचल पर मन का सबकुछ रखना होना।
तुमको अपनी स्मित रेखा से यह सन्धि पत्र लिखना होगा।

कामायनी में कई खण्ड केवल भावात्मक हैं। अतः कामायनी छायावाद की सर्वोत्तम प्रतिकृति है।

कामायनी का महाकाव्यत्व

कामयनी के महाकाव्यत्व का प्रश्न डॉ. नगेन्द्र ने उठाया। सही व परम्परागत मायनों में यह महाकाव्य नहीं है, लेकिन कुछ तत्त्व ऐसे हैं जो इसे महाकाव्य बनने के इसे करीब ले जाते हैं।

महाकाव्य की अवधारणा व तत्त्व–महा का अर्थ–महत, बड़ा, महान, विराट। अतः ऐसी कविता जो मानवीय जीवन की विराटता व महानता (व्यापकता) को अपना आधार बनाती है अथवा मनुष्य जीवन समग्रता में अंकित करती है। अतः महाकाव्य में समग्रता व बहुआयाम का होना अनिवार्य है। जो मानवजीवन को समग्रता में ग्रहण करता है, बहुआयामिता से देखता है वही महाकाव्य हो सकता है। अतः महाकाव्य का मूल आधार है

1. समग्रता, 2. बहुआयामिता, 3. समस्याओं की शाश्वतता व चिरन्तनता

इसी आधार पर भारतीय आचार्यों ने कई नियम तय किये हैं–

- महाकाव्य की कथा योजना जातीय चेतना या समाज विशेष के समग्र जीवन पर आधारित होती है। अतः महाकाव्य की कृपा का सम्बन्ध, मिथक, पुरुषों व जातीय सन्दर्भों से संचालित होता है। वैयक्तिक नहीं। यह जातीय चेतना, मिथक, पुरुष समाहित होने के सन्दर्भ। अन्य पर्वों में लोक विश्रुत कथा पर आधारित है।
- महाकाव्य की घटनाएँ कथा के अनुरूप ही विख्यात व जीवन में परिवर्तनकारी स्थितियों से सम्बद्ध होनी चाहिए। महाकाव्य की घटनाएँ जीवन के मूल्य व ढाँचे को बदल देने वाली होनी चाहिए। जीवन पर दूरगामी प्रभाव डालना चाहिए। महाकाव्य की घटनाएँ मनुष्य के सामाजिक व मनोवैज्ञानिक सम्बन्धों की प्रतीक होती हैं। रामायण व महाभारत सबसे बड़े महाकाव्य हैं। रघुवंश, रामचरितमानस भी महाकाव्य शैली में लिखे गये।
- महाकाव्य पात्रों को भी प्रख्यातता से जोड़ा गया। ऐसे पात्रों की योजना जो समाज का प्रतिनिधित्व करते हों। सामाजिक जीवन व चेतना का प्रतिनिधित्व करने वाले पात्रों को प्राथमिकता देते हों। आचार्यों ने कहा कि नायक को राजपरिवार से होना चाहिए। सामान्य जननायक नहीं हो सकता क्योंकि वे प्रसिद्ध नहीं है। अतः नायक कुलीन व आभिजात्य होना चाहिए। साथ ही नायक को धीरोदात्र होना चाहिए, क्योंकि धीरोदात्रता को सबसे

अच्छा मनुष्य माना गया। वह जो सम-विषम परिस्थितियों में भी बहुत प्रसन्न व दुखी नहीं होता, सन्तुलित रहता है। अतः कुलीनता व धीरोदात्रता पर बल दिया गया।

- इसकी शैली में महानता का, चमत्कार की ओजस्विता का प्राचुर्य होता है। यानी महाकाव्य का रचना संगठन भाषा, बिम्ब, प्रतीक व छन्दविधान आदि बिन्दुओं पर अद्‌भुत प्रभावशाली व महाकाव्य के समूचे अर्थविन्यास के वहन में सक्षम होता है। अतः भव्य शिल्प महाकाव्य का मूल तत्त्व है।

महाकाव्य की रचना एक संगठित सामाजिकता की रचना प्रक्रिया से सम्बन्धित होती है। एक बहुत संगठित समाज की रचनात्मकता से सम्बद्ध। यह सामन्तवादी व्यवस्था में अनेक कारणों से संगठित कारण है, जैसे–

1. संयुक्त परिवार–वैयक्तिक स्वाधीनता व मूल्यों की छूट नहीं है। अतः इकाई के स्तर पर ही संगठन है।

2. पूरी आर्थिक प्रक्रिया सामूहिक (खेती) है। अतः परिवार का विघटन सम्भव नहीं है। चिन्ता, हानि, लाभ, विषाद, उत्सव एक हैं। अतः जीवन संगठित है।

इस संगठित समाज की रचना शैली महाकाव्य है, क्योंकि इसी में समग्र जीवन लक्षित होता है। आधुनिक काल में महाकाव्य की रचना सम्भव नहीं है क्योंकि जीवन में बिखराव है। महाकाव्य का मूल आधार संगठन ही खण्डित है। अतः पूँजीवादी व्यवस्था में महाकाव्य रचना सम्भव नहीं है।

महाकाव्य का मूल आधार कथा है, साथ ही कविता भी। आधुनिक उपन्यास ने महाकाव्य से केवल कथा ली। कविता में कथा कहने का अवकाश आधुनिक काल में नहीं है।

अतः जीवन की समग्रता का नष्ट होना तथा महाकाव्य के लिए कथातत्त्व की अप्रासंगिकता है, क्योंकि कथा उपन्यास में कही जाने लगी। अतः कविता का महाकाव्य होना सम्भव नहीं हो पाया।

अतः कामायनी परम्परागत रूप में कथा नहीं है। इसमें मात्र कथा के सूत्र ही मिलते हैं। कथा के खालीपन को विचार व दर्शन से भरा गया। वैचारिक निरन्तरता व मनोवैज्ञानिक दार्शनिक सत्यों का संयोजन कामायनी की अखण्डता के आधार हैं।

आधुनिक युग में महाकाव्य रचना की परिस्थितियाँ अनुकूल नहीं हैं। इसका कारण है जीवन की समग्रता का खण्डन व उपन्यास का उदय। कामायनी परम्परागत अर्थ में महाकाव्य नहीं। अतः इसके महाकाव्य के आधार नये हैं पुराने नहीं।

रवीन्द्रनाथ टैगोर–"एक कवि को कवित्व शक्ति जब समस्त जातीय संस्कारों को काव्य का बाना पहना देती है तो महाकाव्य की सृष्टि होती है।" महाकाव्य किसी देश के जातीय जीवन के विविध अंगों को समेटकर जीवन की समग्रता को व्यक्त करने वाला महत काव्य है।

जीवन के सार्वभौमिक व चिरंतन सत्य को महान पात्रों व घटनाओं के माध्यम से प्रस्तावित करने वाला महत्वपूर्ण काव्य है।

डब्ल्यू. एम. डिकसन (W.M Dickson) के अनुसार, महाकाव्य के मूल आधार तीन माने गये हैं।

1. महान कार्य जो सभी काल के महाकाव्यों पर लागू हो सकते हैं।
2. उदात्त चरित्र।
3. ऐश्वर्यशालिनी शैली।

इन आधारों पर ही कामायनी की महाकाव्यता की परख सम्भव है।

तीनों आधारों पर–(i) वस्तु योजना (ii) पात्र योजना (iii) काव्य संगठन।

(i) **वस्तु योजना–**किसी भी महाकाव्य की कथा वस्तु जातीय व सामाजिक जीवन का प्रतिनिधित्व करती है। यह तात्कालिक व सार्वभौमिक समस्याओं की पहचान, चित्रण व समाधान की कोशिश करती है। विद्वानों ने कहा है कि महाकाव्य की कथा में कई परतें होती हैं। उदाहरण, राम-रावण सत्य-असत्य के प्रतीक भी हैं। यह उसका चिरंतन पक्ष है।

कामायनी की वस्तु योजना के बारे में कई व्याख्याएँ हैं। एक व्याख्या के अनुसार, कामायनी वस्तुत: मानव सभ्यता के मनोवैज्ञानिक विकास का चित्रण है। इसका मूल आधार मानवीय विकास की मनोवैज्ञानिकता है। अत: आदिम मानव से आधुनिक मानव की यात्रा है। आदिम मनु जैविकवाद से श्रद्धा के सान्निध्य से आनन्द लोक में पहुँच जाते हैं।

दूसरी व्याख्या दार्शनिक कामायनी की कथा वस्तुत: चित्त के अन्नमय कोष से आनन्दमय कोष तक पहुँचने की यात्रा से सम्बन्धित है। भारतीय दर्शन में चार कोष हैं–अन्नमय, मनोमय, विज्ञानमय, आनन्दमय। अत: चित्र का आनन्दमय कोष में पहुँचना ही मानव की मुक्ति है। अत: कथा का आधार चित्त की यात्रा है।

तीसरी व्याख्या सांस्कृतिक सन्दर्भ में, कामायनी की मूल वस्तु, देव, असुर व मानव संस्कृति की टकराहट है। देव संस्कृति के चिह्न मनु की स्मृतियों में जो विराट भोग पर आधारित है। प्रकृति द्वारा देवस्वरूप संस्कृति नष्ट हो गयी है। पहले देव व असुर संस्कृतियों की टकराहट का चित्रण है जो इड़ा सर्ग में मौजूद है।

अथवा ''कथा एक पूजता देह दीन,
दूसरा पूर्ण अपूर्ण, अहंता में अपने को समझ रहा प्रवीण।''

अत: देह व अहंकार असुर व सुर संस्कृति के आधार हैं। देव-असुरों की साझी संस्कृति की टकराहट से मानवीय संस्कृति विकसित होती है, जो नश्वर तो है पर सर्जनात्मक भी। यह मानवीय संस्कृति प्रेम करने की क्षमता विकसित करती है। अत: कामायनी की कथावस्तु का सम्बन्ध देव-असुर संस्कृतियों से भिन्न और उनकी तुलना में अधिक सर्जनात्मक मानवीय संस्कृति के विकास से है।

इसका आख्यान है कामायनी। साथ ही इस मानवीय संस्कृति के नये संकटों की पहचान, समझ व उसके समाधान के स्पष्ट संकेत भी कामायनी में दिखाई देते हैं। अतः इसकी कथावस्तु पूर्ववर्ती महाकाव्यों की तुलना में अर्थ के अनेक स्तरों पर संचरित है।

साथ ही यदि कामायनी में इड़ा व श्रद्धा के टकराव को मुख्य मानें तो परम्परागत भारतीय जीवन पद्धति, जो सादगी प्राधान्य है उसकी पश्चिमी संस्कृति से टकराहट होती है। भाववाद व वस्तुवाद की टकराहट, भाववाद–दया, करुणा, समर्पण। वस्तुवाद–शासन, प्रजातन्त्र, मशीनें। 20वीं सदी में रचित यह रचना पूर्व व पश्चिम की संस्कृतियों की टकराहट का परिणाम भी है।

अतः महाकाव्य की कथावस्तु में जो गुण होने चाहिए वे कामायनी में पर्याप्त मात्रा में हैं। वस्तु योजना महाकाव्यात्मकता की शर्तों का निर्वाह करती है। सामाजिक व जातीय परिधि में ही न रहकर (भारतीयता) इसका सम्बन्ध सम्पूर्ण मानवीय संस्कृति से है। कामायनी की कथावस्तु की प्रकृति वैश्विक है। अतः महाकाव्यत्मकता के नितान्त अनुकूल है।

(ii) **पात्र योजना**–शास्त्रीय चिन्तन में जिस प्रकार के पात्रों की अपेक्षा की गयी है, कामायनी की पात्र योजना उसके अनुकूल नहीं है। नायक धीरोदात्र नहीं हैं। वैसे नायिका प्रधान है।

अतः कामायनी की महाकाव्यत्मकता में उसकी पात्र योजना शास्त्रीयता के अनुकूल नहीं है, तब भी कामायनी की पात्र योजना की भव्यता, व्यापकता, पात्रों की व्यंजनात्मक व्याप्ति में है। ये जीवन के अनेक अर्थों को धारण करने वाले मनुष्य के शाश्वत भावों व संकटों से जुड़े हैं। अतः पात्र योजना अर्थ की अनेक स्तरीयता से जुड़ी है।

तीन मुख्य पात्र हैं। पर इनमें मानवता के विकास, चिन्तन के दार्शनिक, मनोवैज्ञानिक सन्दर्भ व संकटों की व्यंजना है।

मनु–मनु प्रख्यात पात्र हैं, पौराणिक हैं। वेदों, ब्राह्मणों में इनकी चर्चा उपलब्ध है। धीरोदात्र नहीं है। मनु के चरित्र के अनेक अर्थ हैं। एक स्तर पर मन के प्रतीक है। अतः मनु का चरित्र मन की प्रवृत्ति व आचरण का संकेत देता है। मन दो वृत्तियों से घिरा है–एक हृदय व दूसरा बुद्धि से। इनमें डोलता हुआ, अस्थिर मनुष्य। अतः मनु एकनिष्ठ व संकल्पित नहीं है, उसमें चंचलता है। अतः आरम्भिक मनु चिन्ताग्रस्त, अवसादग्रस्त, संकल्परहित निरुद्देश्य दिखाये गये हैं। मन को जब भाव प्रेरित करते हैं तब संकल्प की ओर प्रेरित होता है। पर वहाँ भी स्थिर नहीं रहता। इड़ा में भी स्थिरता नहीं है। अतः चंचलता और संकल्प विकल्पात्मक है। जब व्यक्ति इनसे निकलता है तभी आनन्द प्राप्त होता है। जब मनु चित्र की इस अवस्था में पहुँचते हैं तभी आनन्द तक पहुँचते हैं।

कुछ ने मनु को भारतीय नवजागरण के व्यक्ति के रूप चिह्नित किया है। ये मनुष्य परम्परागत संस्कारों व नये विचारों में दक्ष नये मूल्य संधान में रत हैं। अतः पुरातनता व नवीनता के बीच से नयी मंजिल की तलाश कर रहा है। भारतीय नवजागरण की चेतना के प्रतिनिधि रूप में मनु की पहचान है। मनु में देव संस्कृति के अवरोध भी हैं और दूसरी ओर प्रजातन्त्र को अपनाते भी हैं पर दोनों में सफल नहीं है। नये मनुष्य जिस नये विकल्प की तलाश में हैं, वही मनु में दिखते हैं। नवजागरण की मूल चिन्ता नये भारत के निर्माण की चिन्ता है।

मुक्तिबोध ने "मनु को सामन्तवादी जीवन मूल्यों का प्रतिनिधि चरित्र माना।" जीवन व स्त्री के प्रति उसका दृष्टिकोण नितान्त पुराना है। पुरुष अहं से संचालित जीवन मनु में सामन्ती संस्कार प्रबल है। प्रजातन्त्र में भी अधिनायकवाद है। स्त्री के प्रति भोगवादी व अनुचरवादी दृष्टिकोण है।

वह जातीयता, मनोवैज्ञानिकता व समाज व्यवस्था के विभिन्न अर्थ सन्दर्भों को धारण करता है। इस रूप में उसका चरित्र अनेक अर्थ सम्भावों से परिपूर्ण है। मात्र व्यक्ति पात्र नहीं। अतः महाकाव्यत्य पात्र है।

श्रद्धा–कामायनी की नायिका–ये पात्र भी वैदिक व पौराणिक आख्यानों से लिया गया। अतः पात्रों की भव्यता का पूरा न सही बहुत कुछ निर्वाह हुआ है। चरित्र की उदारता व मूल्यों की प्रतिनिष्ठा श्रद्धा के चरित्र के मूल आचार में हैं।

भाववाद का प्रतीक है। भाववाद-आदर्श, आकांक्षा, स्वप्न, पूर्णता, मन को आदर्श, सर्जना, कर्म व पूर्णता की तरफ ले जाने वाली चेतना। श्रद्धा जीवन के प्रति एक दृष्टिकोण है। हर रूप में भारतीय चिन्तन के अपराजित आशावाद का प्रतिनिधित्व करती है। श्रद्धा वह मूल तत्त्व है जो अनेक प्रतिकूलताओं के बीच गुजरती सभ्यता को एक नया आयाम, नयी दिशा, नया अर्थ और दशा प्रदान करती है। इसी कारण श्रद्धा को भी नवजागरण की ऊर्जा के रूप में देखा गया है। भारतीय नवजागरण की मूल ऊर्जा कर्म के सन्देश के रूप में अभिव्यक्त हुई है। श्रद्धा का मूल सन्देश श्रद्धा–"डरो मत, अरे अमृत सन्तान, अग्रसर है मंगलमय वृद्धि।"

पूर्ण आकर्षण जीवन केन्द्र खिंची आवेगी सकत समृद्धि।"

दूसरा सन्देश शक्ति का समन्वय जिससे नयी मनुष्यता का जन्म होगा। जातियों का पतन उनकी आन्तरिक निर्बलता से होता है।

श्रद्धा – "शक्ति के विद्युत कण जो व्यस्त विकल बिखरे है निरुपाय,
समन्वय उनका करो समस्त विजयिनी मानवता हो जाय।"

अतः तमाम सन्देशों में जीवन के प्रति सकारात्मक रुख है। चिन्ता, अवसाद में डूबे मनु को कर्म व संघर्ष का सन्देश देती है।

शुक्ल जी 'उसे हृदयवृत्ति कहते हैं।' इसके मूल तत्त्व सहानुभूति, दया, ममता, मधुरिमा, त्याग व क्षमा हैं।

कुछ विद्वानों ने इसे सांस्कृतिक चेतना एवं प्रेम की कला को विकसित करने वाली चेतना के रूप में भी देखा है।

प्रसाद–''यह लीला जिसकी विकस चली, वह मूल शक्ति थी प्रेमकला।
उसका सन्देश सुनाने को, संसृति में आयी वह अमला। (पवित्र)''

अतः प्रेम की देवी के रूप में भी प्रसाद के जीवन अनुसार श्रद्धा ही मनुष्य, संस्कृति व जीवन का मूल आधार है।

इड़ा–इड़ा स्पष्टतः बुद्धिवाद का प्रतीक है। विद्वानों ने उसे हृदय की विभूतियों से वंचित व्यवसाय बुद्धि से चालित माना है। जीवन की अखण्डता के स्थान पर (श्रद्धा) वह वर्ग विभाजन और अभेद के स्थान पर भेद की स्थापना करती है। अतः इड़ा भी मात्र पौराणिक पात्र न होकर बुद्धिवाद और आधुनिक भौतिक सभ्यता की प्रस्ताविका के रूप में चिह्नित की गयी है।

अतः तीनों वैयक्तिक पात्र नहीं हैं। इनकी अर्थव्याप्ति बहुआयामी और व्यापक है। चिरंतन व सामायिक दोनों अर्थ वहन करते हैं। अतः प्रख्याततता, चिरंतनता व व्यापकता विद्यमान है। अतः यदि महाकाव्य समाजिक जीवन व मानवीय जीवन के चिरंतन मूल्यों का प्रतिनिधित्व करता है तब उसकी परियोजना पर्याप्त महाकाव्यता से संचरित होती है।

इसमें शास्त्रों का निर्वाह नहीं है, पर शास्त्रीय सिद्धान्तों के पीछे जो धारणा है पात्रों द्वारा उनकी पुष्टि होती है।

घटनाओं की योजना–इस आधार पर भी कामायनी की महाकाव्यात्मकता की पुष्टि की जा सकती है। कामायनी की मुख्य घटनाएँ चार हैं :

1. प्रलय, 2. मनु–श्रद्धा मिलन, 3. इड़ा के साथ सभ्यता का विकास, 4. कैलाश आरोहण।

ये चारों घटनाएँ मानवीय संस्कृति के सांस्कृतिक विकास के चरणों को व्यंजित करती हैं। ये मानव सभ्यता को मोड़ देने वाली घटनाएँ है।

जल प्लावन के सन्दर्भ में नामवर सिंह संकेत देते हैं ''कि प्रलय की घटना प्राचीनता के ध्वंस को रेखांकित करती है व नयी व्यवस्था के उदय का मार्ग प्रशस्त करती है। देव सभ्यता प्रकारान्तर से सामन्ती सभ्यता भोगविलास में रत, अहं में लीन दिखाई देती है। अतः देव सभ्यता के अनिश्चय अत्याचार से ही इसका ध्वंस होता है और नयी सभ्यता का उदय इस आशा से होता है कि ऊषा का आना भारतीय नवजागरण की चेतना का उदय है। अतः प्रलय मात्र पौराणिक कथा की पुनरावृत्ति मात्र नहीं।'' अरस्तु–"जो कुछ हो चुका है उसे कहना कवि का काम नहीं है वरन् कवि को वह कहना चाहिए जो हो सकता है या होना चाहिए।" प्रसाद कामायनी के माध्यम से प्रलय के सामाजिक–सांस्कृतिक निहितार्थ रेखांकित करते हैं।

मनु-श्रद्धा मिलन—वह महान घटना जिससे मनुष्य का जन्म हुआ। आदिम पुरुष व नारी की मिलन योजना को विराट रूप से प्रसाद ने दर्शाया है। यह घटना वस्तुत: नयी संस्कृति का आधार बनती है। एक ऐसी संस्कृति जो परिवर्तनशील व नश्वर है, पर सर्जनात्मक है जिसमें चेतना के सूक्ष्म या आनन्दमय स्तर तक पहुँचने की सम्भावना है। यह ऐसी महान घटना है जो एक नयी संस्कृति बनाती है।

इड़ा-मिलन—नयी संस्कृति के संकटों, भटकावों व सीमाओं को व्यंजित करने हेतु इड़ा-मनु मिलन की योजना बनाई गयी। नयी संस्कृति की समूची विसंगतियों का सम्बन्ध आधुनिक सभ्यता से है। यह मानव का वर्तमान बिखरावों व तनावों से जूझता हुआ आगे बढ़ता है। यह मिलन मनुष्य के वर्तमान संकटों को जानने हेतु महत्त्वपूर्ण है। पर प्रसाद मानते हैं कि मनुष्य जीवन वर्तमान पर ही खत्म नहीं होता। अत: वे एक सम्भावित घटना की योजना रचते हैं।

कैलाश आरोहण—यह घटना यथार्थ नहीं बल्कि संस्कृति की सम्भावना मात्र है। आधुनिक संकटों से जूझते मनुष्य के लिए एक सम्भावित समाधान के रूप में कैलाश आरोहण की घटना को व्यक्त किया गया है। इसका मूल अभिप्रेत है—समरसता के सिद्धान्त की स्थापना। चेतना की ऐसी अवस्था जहाँ इच्छा, क्रिया व ज्ञान का समन्वय हो सके। जहाँ विषमताएँ खत्म हो जायें। सुख-दुख, भेद-अभेद, बुद्धि-भाव का भेद मिट जाये। यह मनुष्य का स्वप्न है। प्रत्येक महाकाव्य एक स्वप्न से संचालित होता है। यह मनुष्य के स्वप्न व आकांक्षा का परिणाम है। मनुष्य एक सम्भावना है। पूर्णता की खोज इसकी यात्रा है। इसी खोज का परिणाम कैलाश आरोहण है। मानवीय सभ्यता की अपराजेयता का आधार पूर्णता की खोज है। अत: पूर्णता की खोज व उनकी प्राप्ति दोनों को कैलाश आरोहण के माध्यम से चित्रित किया गया है। अत: कामायनी की योजना उपर्युक्त आधारों पर महाकाव्यात्मकता से युक्त है।

4. शिल्प योजना—सामान्यत: महाकाव्य की शैली में भव्यता, विराटता, सुरुचि व आभिजात्य होना चाहिए। कामायनी अपनी शिल्प योजना के कारण भी चर्चित है।

भाषा—हिन्दी भाषा की समस्त सर्जनात्मकता की निष्पत्ति कामायनी में हुई है। कामायनी का भाषा विधान महाकाव्य के नितान्त अनुकूल है। महाकाव्यत्व भाषानुरूप। कामायनी की भाषा प्रकृति तत्सम बहुला है। तत्समता आभिजात्यता का आधार है। भाषा योजना के स्तर पर तद्भव, देशज व लोक शिल्पों से परहेज किया गया है।

ओज महाकाव्यात्मक शैली का प्रधान गुण कहा गया है। महाकाव्य भावों का उद्दीपन करता है। कामायनी की शैली में ओज को भव्यता व विराट वस्तु योजना के साथ प्रस्तुत किया गया है। हिमालय, जल, प्रलय, आदिम स्त्री-पुरुष, मिलन,

कैलाश आरोहण आदि। अतः दृश्य के आधारों व घटनाओं के स्तर पर कामायनी की शैली उदार शैली है।

विराट बिम्बों की योजना कामायनी की भव्यता का बड़ा आधार है। विशेष रूप से प्रलय प्रसंगों के चित्रण में प्रसाद ने बिम्बों की विराटता का संधान किया है। दृश्य व ध्वनि की विराटता व भयावहता कामायनी के भव्य बिम्ब को उपलब्ध कराते हैं।

कामायनी की भाषा में अव्याहत (अखण्डित) प्रतीकात्मकता है। अतः कामायनी का सम्पूर्ण रचना विधान महाकाव्यात्मक शर्तों भव्यता, उदारता, चमत्कार आदि का निर्वाह करता है। अतः कामायनी का रूप विधान महाकाव्यात्मकता की विराटता व भव्यता के अनुरूप है।

यद्यपि कामायनी महाकाव्य के शास्त्रीय आधारों का अनुकरण नहीं करती। वह महाकाव्य की सांसारिक सीमाओं का अतिक्रमण करती है। कथातत्त्व की विशृंखलता, गीतात्मक प्रकृति और पात्र योजना में अपेक्षित शर्तों के प्रति उदासीनता कामायनी के महाकाव्यत्व की सीमाएँ हैं, लेकिन अपने प्रभाव की व्याप्ति मानवीय संस्कृति के संकटों की पहचान एवं उसके समाधान के स्वप्न के धरातल पर कामायनी महाकाव्य की मूल आत्मा को समाहित करती है।

रूपक या प्रतीक योजना–रूपक का सम्बन्ध एक ऐसी द्विअर्थक कथा से है जिसमें किसी सैद्धान्तिक आख्यान का प्रस्तुत अर्थ पर आरोपण होता है।

कामायनी की प्रस्तुत कथा मनु–इड़ा व श्रद्धा की पौराणिक कथा है। अतः वह पौराणिक–ऐतिहासिक कथा है। जयशंकर प्रसाद लिखते हैं:–"यह आख्यान (कथा) इतना प्राचीन है कि इतिहास में रूपक का भी अद्‌भुत मिश्रण हो गया है। अतः मनु, श्रद्धा इत्यादि पात्र अपना ऐतिहासिक अस्तित्व रखते हुए सांकेतिक अर्थ की भी अभिव्यक्ति करें तो मुझे कोई दिक्कत नहीं होगी।"

इस प्रकार आख्यान में सांकेतिक अर्थों की उपस्थिति कामायनी को रूपकत्व प्रदान करती है। आमुख के आधार पर यह कहा जा सकता है कामायनी को कवि ने मूलतः ऐतिहासिक काव्य के रूप में लिखा है पर उसकी कथा में रूपक की सम्भावनाओं को भी स्वीकार किया गया है। कामायनी के पात्रों का प्रतीक सांकेतिक व्यक्तित्व व उसकी मुख्य घटनाओं का श्लेष गर्भित गूढ़ार्थ दोनों ही इस मत की पुष्टि करते हैं। अतः कामायनी में रूपक तत्त्व की स्थिति में सन्देह नहीं किया जा सकता। इसके तीन स्तर हैं:

1. कथा के स्तर पर, 2. पात्रों के स्तर पर, 3. घटनाओं के स्तर पर।

कथा–कामायनी की व्यक्त कथा में आदिम पुरुष मनु और उनकी सहचरी आदिम नारी श्रद्धा के संयोग से मानव सृष्टि के विकास का वर्णन है।

दर्शन में–(i) अहंकार की क्लेशमयी स्थिति से समरसता की आनन्दमयी यात्रा को संकेतित किया गया है।

(ii) मनोमय कोष से आनन्दमय कोष तक जीव का विकास कामायनी का अप्रस्तुत पक्ष है।

वस्तुवादी व भौतिकवादी संस्कृति के विकल्प में समरसता पर आधारित भाववादी संस्कृति की प्रस्तावना कामायनी का मुख्य तत्त्व।

कामायनी की दार्शनिकता

1. कामायनी में काव्य व दर्शन का समन्वय–प्रसाद की मूल प्रकृति गम्भीर चिन्तन व दार्शनिक दृष्टिकोण के सन्दर्भ में है। भावनाओं व समस्याओं की पहचान प्रसाद की रचना प्रक्रिया का मूल लक्ष्य है। उनकी काव्य चेतना तात्कालिकता की नहीं सनातनता की है। प्रसाद जीवन को उसकी एकांगिकता व वर्तमानता ही में नहीं वरन् समग्रता व अखण्ड निरन्तरता में देखते हैं। इसलिए रचना अथवा समस्याओं की पहचान में वे दृष्टि की समग्रता का समावेश करते हैं। एक व्यवस्थित विचार सूत्र प्रसाद की कल्पनाशीलता व रचनाशीलता में विद्यमान रहता है। वे भावावेश के कवि नहीं हैं, चिन्तन के कवि हैं। एक प्रौढ़ दृष्टभाव उनकी रचनाओं में लक्षित है।

कामायनी प्रसाद की अन्तिम प्रौढ़ कृति है। अत: उसके जीवन दर्शन की निष्पत्ति कामायनी में हुई है। प्रत्येक रचनाकार अपनी रचना में पूर्णता की खोज करता है। यह सत्य पर पहुँचने की प्रक्रिया है। रचनाशीलता में रचनाकार जीवन या सत्य की पूर्णता चाहता है। अन्तिम रचना समस्त जीवानुभवों को धारण करती है। कामायनी प्रसाद के सम्पूर्ण जीवन दर्शन व अनुभवों की निष्पक्ष कृति है।

कामायनी का सुनिश्चित व सुनिर्दिष्ट जीवन दर्शन है जिसे विद्वानों ने आनन्दवाद कहा है। स्वयं प्रसाद ने अपने निबन्धों में इस ओर संकेत किया है कि उनके ऊपर प्रत्यभिज्ञादर्शन का प्रभाव है। इस दर्शन को कश्मीरी शैवाद्वैत भी कहा जाता है। इसकी मूल स्थापना है कि शिव परम तत्त्व है। वह मांगलिक और कल्याणकारी है। उसकी प्रकृति आनन्दमयी है। अद्वैत व शैवाद्वैत का अन्तर–अद्वैत में जगत् की सच्चाई अस्वीकार की जाती है। शुद्धाद्वैत में परम शिव की लीला का विस्तार मिलता है। जगत् भी उतना आनन्दमय है जितना शिव। आनन्द की प्राप्ति समरस आनन्द की स्थिति है। इस तक पहुँचने की प्रक्रिया भेदों व विषमताओं से होकर गुजरती है–सुख–दुख, जड़-चेतना आदि। जहाँ विषमता वहाँ गति। गति और आनन्द एक साथ चलते हैं।

अत: जगत् की सम्पूर्ण गतिविधि उस परभाव तक पहुँचने की प्रक्रिया मात्र है। पूर्णतत्त्व का अर्थ है अभेद को उपलब्ध कर लेना। इस ओर प्रकृति व चेतना बढ़ रही है। जगत् परम शिव की छाया है।

कामायनी में यही आनन्दवाद प्रसाद द्वारा प्रस्तावित किया गया है। 20वीं सदी में गोदान में भी यही प्रस्तावित करने की कोशिश की लेकिन प्रेमचन्द असफल हुए। प्रसाद ने कहा कि परिचय की विकास प्रक्रिया भेदों पर कायम है। विच्छिन्नता इसका गुण धर्म है। आनन्द विखण्डन में नहीं संश्लेषण में, एकत्त्व में है। इस आनन्दवाद की स्थापना की है प्रसाद ने यान्त्रिक सभ्यता का एक सनातन विकल्प रखते है। और कहते है मनुष्य अहंकार से पूर्णता प्राप्त नहीं कर सकता। पश्चिमी व भारतीय दृष्टियाँ दोनों पूर्णता की खोज में हैं। अत: प्रसाद एक पुराने दर्शन के माध्यम से जगत् व मानवीय जीवन की समस्याओं का निदान करना चाहते हैं।

कामायनी का लक्ष्य—कामायनी में प्रत्यभिज्ञा व शैवाद्वैत की स्थापनाएँ की गयी हैं। डॉ. नगेन्द्र ने मानसरोवर यात्रा को कामायनी की सबसे बड़ी घटना माना। इसका प्रतिकार्य है मानव मन की आनन्द साधना। अत: आनन्द कामायनी का परम लक्ष्य है, मनु को आनन्द अवस्था तक पहुँचाना। आनन्द कामायनी की फलस्तुति है। पर आनन्द अकेले से शैवाद्वैत था इसका प्रभाव सिद्ध नहीं किया जा सकता। अत: आनन्द की प्रकृति दर्शनयुक्त होगी।

कामायनी में आनन्द की प्रकृति आत्मस्थ है। बर्हिमुख नहीं। अत: आनन्द को सामाजिक व्यवस्था, आर्थिक सम्पन्नता आदि के स्तर पर नहीं देखा गया। ये आनन्द चेतना के स्तर पर फलीभूत है। इच्छा, क्रिया व ज्ञान का समन्वय जिस बिन्दु पर है वहीं आनन्द का उद्‌भव है। अत: कामायनी में आनन्द समरसता का पर्याय है। यह समरसता साम्यवाद नहीं है क्योंकि साम्यवाद का सन्दर्भ आर्थिक—सामाजिक व समरसता की चेतना से है। यह व्यक्ति चेतना के स्तर पर घटित होती है। तीनों का मेल समरसता है। यही आनन्द है।

अत: लक्ष्य आनन्द है। इसकी प्रकृति आत्मस्थ है। उस बिन्दु पर प्राप्त होता है जहाँ भेद खत्म हो जाता है।

रहस्य—"स्वप्न, चेतना, मिल रहे जहाँ।"

इसमें श्रद्धायुक्त मनु तन्मय है। यहीं से आनन्द शैवाद्वैत से मिलता है। उसमें भी प्रकृति आत्मस्थ। जहाँ भेद खत्म हो जाता है व केवल चेतना रह जाती है वहीं आनन्द की उत्पत्ति है।

अत: कामायनी का आनन्द समरसता, चेतना के एकत्व का पर्याय है।

2. शैवाद्वैत से प्रभावित—इस आनन्द की प्राप्ति आस्तिक बुद्धि से ही सम्भव है। आस्तिकता व अभेद भावना इस समरसता का मूल आधार है। अत: शिवत्व की प्राप्ति के लिए अभेदता का बोध अनिवार्य है। वह इस बोध के बगैर आस्तिकता सम्भव नहीं है।

दरअसल यह दर्शन भौतिकवाद के विरोध में है क्योंकि उसमें अन्तहीन भेद हैं। यह सब चीजों को भेदों के आधार पर पहचानता है।

भाववाद में इस भेद को अत्यधिक नहीं माना गया है। अतः वह भी शैवाद्वैत की स्थापना की अभेदत्व व शिवस्थ को उपलब्ध करने हेतु आस्तिकता अनिवार्य है। भेद कल्पना को उत्तेजित करने वाले बुद्धिवाद का विरोध किया गया है। अतः कामायनी में श्रद्धा व इड़ा का प्रयोग। श्रद्धा–आस्तिक बुद्धि और भाववाद की प्रतीक है, तो इड़ा भेद पैदा करने वाली बुद्धि का। इन दोनों से गुजर कर मन समरसता तक पहुँचता है।

शैवाद्वैत के कुछ सैद्धान्तिक पक्ष भी कामायनी में दिखाये गये हैं। प्रथम शिव के जिस रूप की कल्पना की गयी है, उस शैवाद्वैत में शिव कई नामों से पुकारे गये। एक है चिति महाचिति।

श्रद्धा–''कर रही लीलामय आनन्द महा चिति सजग हुई सी व्यक्त।''

यानी यह महाचिति ही ब्रह्माण्ड में आनन्द कर रही है।

आनन्द–''चेतनता एक विकसती, आनन्द तत्त्व घना था।''

शिवतत्त्व की व्याप्ति अखण्ड आनन्द का पर्याय है। चेतना भी शिव का नाम है। इनका उपयोग शिवत्व के लिए देखा गया है।

जगत–जगत को भी शैवाद्वैतानुसार सुन्दर, सत्य व आनन्द से परिपूर्ण माना गया है। बौद्ध दर्शन के दुखवाद से ठीक उलट है।

आनन्द–''अपने सुख-दुख से पुलकित
विराट वपु मंगल यह सत्य सतत् चिर सुन्दर
यह मूर्त जगत् अपने से ही आनंदित है।''

यह विराट शिव की ही उपस्थिति है जो चिर, सतत् व सुन्दर है।

अतः कामायनी में प्रत्यभिज्ञादर्शन की उपस्थित, जगत, शिव व जीव की व्याख्या शैवाद्वैत के अनुसार है।

कामायनी में जीव (मनु) कोषों में बँधा है। जीव की प्रगति शिवतत्त्व की ओर है यदि वह श्रद्धा या आस्तिकता से संचालित है। यदि जीव आस्तिक बुद्धि से संचालित नहीं है तो अपूर्ण है। शैवाद्वैतानुसार जीव मात्र सम्भावना है। उनका उत्साह व पतन उसके चुनावों पर निर्भर है। श्रद्धा का चुनाव आनन्द की ओर व इड़ा का भेद बुद्धि, विषमता व तनाव की ओर है। जीव परम तत्त्व को श्रद्धा से संचालित हो प्राप्त कर सकता है। उसकी प्रकृति दुखात्मक नहीं है। सुख-दुखात्मक चुनावों पर निर्भर है। भेदों के आधार पर सुख ढूँढ़ने वालों की वही दुर्गति होती है जो मनु की इड़ा के साथ हुई। भेदवाद के कारण जीवन में विषमता, अशान्ति व भटकाव आता है। मनु की अन्तिम अवस्था जीव की पूर्ण तत्त्व पाने की सम्भावना लक्षित करती है। अतः शैवाद्वैत की तीन स्थितियों का संकेत कामायनी में दिखता है–

(i) **आनन्द**–यह सतह पर नहीं है। विशुद्ध चैतन्य मूलक, आत्मस्थ और अन्तरिक है। चेतना के सूक्ष्म स्तर पर उपस्थित है। यह समरसता से उपलब्ध होता है। चेतना के स्तर पर समरसता का अर्थ परस्पर विरोधी प्रत्ययों का समाहार करना है। दूसरों शब्दों

में इच्छा, क्रिया व ज्ञान में तारतम्यता स्थापित करना है। वास्तव में ये तीनों चेतना की ही प्रवृत्तियाँ हैं। यदि चेतना भीतर से बिखरी हो तो उसमें भी बिखराव होगा। यदि चेतना एकत्व प्राप्त करेगी तो ये बाह्य भेद भी मिट जायेंगे।

समरसता इस आनन्द की पृष्ठभूमि है।

''जीवन की प्रकृति आनन्दमयी।''

(अस्तित्व) अणु से लेकर ब्राह्मण का भी एकाकार हो सकता है। जिसमें शिवत्व का प्रसार मिलता है। अतः आनन्द, समरसता व शिवत्व की प्रधानता कामायनी में प्रत्यभिज्ञा दर्शन के तत्त्व के आधार हैं।

परन्तु कामायनी का रचना दर्शन प्रतिपादन हेतु नहीं है। कामायनी जीवन की समस्याओं का जो निदान खोज रही है उसमें शैवाद्वैत मात्र सहायक है। कामायनी के माध्यम से प्रसार जीवन के जिस सत्य को स्थापित करना चाहते हैं और सत्य की प्रकृति की व्याख्या करते हैं उस स्थापना व व्याख्या में प्रत्यभिज्ञा का प्रभाव लक्षित है।

इसके साथ कामायनी पर अन्य दर्शनों का प्रभाव भी। वे मुख्य रूप से हैं –

1. विकासवाद, 2. साम्यवाद।

भौतिकवादी दर्शन कामायनी में सम्मिलित है क्योंकि मूल प्रत्यभिज्ञा दर्शन के अनुसार जगत् सत्य माना गया।

विकासवाद–डार्विन–''जो सर्वश्रेष्ठ है, उसे जीने का अधिकार है (Survival of fittest)।'' अस्तित्व की व्याख्या पर विकासवाद की छाया देखने को मिलती है। हमारा होना हमारी शक्तिमत्ता पर निर्भर करता है। कामायनी में कहा गया है

''परम्परा रही यही, ठहरा जिसमें जितना बल है।''

साम्यवाद–कामायनी में साम्यवाद के प्रभुत्व की चर्चा शुक्ल जी ने की थी जिसकी अभिलाषा स्वप्न के रूप में सार्थक होती है।

स्वप्न– ''वह विज्ञानमयी अभिलाषा''
पंख लगाकर उड़ने की,
जीवन की असीम आशायें
कभी न नीचे मुड़ने की।
वर्गों की खाँई बन फैली
कभी नहीं जो जुड़ने की।''

पूँजीवादी व्यवस्था में विज्ञान अभिलाषाओं के पंख लगा देता है। फिर असीम तृष्णाओं की तरफ जीवन अग्रसर होता है। अधिकारियों व अधिकारों की सृष्टि होती है। इनसे एक मोह और भटकाव पैदा होता है। इनके बीच से ही वर्गों की खाई उत्पन्न होती है।

अतः वर्ग चेतना की पहचान के कारण साम्यवाद के दर्शन होते हैं। प्रभाव देखते हैं कि पूँजीवादी व्यवस्था वर्ग व्यवस्था द्वारा उत्पन्न होती है।

अतः अस्तित्ववादी विकासवाद व वर्गों के कारण की चेतना साथ ही अनेक युगीन दर्शनों का प्रभाव भी दिखाई देता है।

- **भारतीय नवजागरण**–रूढ़िवाद का विरोध व विवेकित नवीनता का आग्रह, कामयनी में देखने को मिलता है। यह समकालीन भारतीय दर्शन में भी विद्यमान है। जिसका प्रभाव कामायनी पर पड़ता है।

श्रद्धा–"पुरातनता का यह निर्भीक परिवर्तन में टेक।"

परिवर्तनता की निरन्तरता ही आनन्द की टेक है। अतः रूढ़िवाद की अस्वीकृति है।

- साथ ही परम्परागत चिन्तन में कई परिवर्तन हुए। गीता के कर्म सिद्धान्त में भी परिवर्तन है। गीता के कर्मयोग में व्यक्ति कर्ता नहीं माध्यम है। अतः माध्यम के सुखी व दुखी होने का औचित्य नहीं है। आधुनिक चिन्तन में व्यक्ति मात्र माध्यम नहीं कर्ता भी है। अतः कर्म व भोग की पास्परिकता को स्वीकारा गया है।

श्रद्धा–"एक तुम यह विस्तृत भूखण्ड, यही जड़ चेतन का आनन्द"

अतः कर्तव्य की स्वीकृति कामायनी में युग की देन है। जो कर्म करेगा वही भोग करेगा और जो भोग करेगा वही कर्म करेगा।

- गाँधीवाद का प्रभाव राजनीतिक स्तर पर नहीं, चेतना के स्तर पर है। अपरिग्रह, सादगी, अहिंसा का सन्देश है। सादगी श्रम से आती है। अतः सभ्यता जैसे ही शारीरिक श्रम से दूर होगी वैसे ही कृत्रिम होगी। शारीरिक श्रम मनुष्य को प्रकृति के नजदीक रखता है, सहज रखता है।

इस तरह सादगी, श्रम के महत्त्व व अति भौतिकता का निषेध है जो गाँधीवाद में है कामायनी पर भी कई स्थान पर दिखता है।

दर्शन–"मैं जनपद कल्याणी प्रसिद्ध अब अवनीत कारण हूं,
मेरे सुविभाजन हुए विषम टूटते, नित्य बन रहे नियम।"

भौतिकवादी समृद्धि शान्ति को निगल लेती है। अतः बढ़ती भौतिक समृद्धि चेतना के स्तर पर मनुष्य को खोखला करती है। यह भौतिकता विरोध तत्कालीन गाँधीवाद का परोक्ष दबाव ही है।

जयशंकर प्रसाद

कामायनी में आधुनिकता बोध

कामायनी की आधुनिकता इसके जीवन दर्शन से ही सम्बद्ध है।

आधुनिकता–प्रत्येक आधुनिकता अपने समय के केन्द्रीय संकटों से जूझकर अपने स्वरूप का निर्माण करती है। आधुनिकता निष्पत्ति नहीं वरन् प्रक्रिया है,

जो संकटों की पहचान करती है। समय को पहचानने की प्रज्ञादृष्टि ही आधुनिकता है। वर्तमान के संकटों को पहचानने की दृष्टि बिना आधुनिकता सम्भव नहीं है।

किसी भी कृति व व्यक्ति की आधुनिकता इस बात पर निर्भर थी कि वह धूर्तता व अतार्किकता का विरोध करता है या नहीं।

- कामायनी द्वारा युगीन संकटों की पहचान के सन्दर्भ में आधुनिकता।
- समकालीन विचारधाराओं से संवाद। आधुनिकता एक संवाद।
- प्रत्येक आधुनिकता देशकाल से बँधी होती है। इन देशकाल की परिस्थितियों के कितने चिह्न कृति में है इम पर भी आधुनिकता निर्भर करती है।

आधुनिकता पश्चिम के यन्त्रवाद का पर्याय नहीं है । आधुनिकता के भारतीय सन्दर्भ भी कामायनी की आधुनिकता वैश्विक नहीं वरन् भारतीय स्वाधीनता आन्दोलन की आधुनिकता (प्रतिज्ञाओं) से संचालित है। ये प्रतिज्ञाएँ हैं :

- **सांस्कृतिक अस्मिता की पहचान**–कामायनी में श्रद्धा का समूचा चित्रण, जीवन दृष्टि हमारी सांस्कृतिक अस्मिता से जुड़ी है जिसका आधार भाववाद है, वस्तुवाद नहीं। आजादी की लड़ाई भाववाद से संचालित है। यह लड़ाई सांस्कृतिक पश्चिमी दृष्टिकोण के विरुद्ध है। आनन्दवाद की प्रतिष्ठा पश्चिम की भौतिक संस्कृति के विरोध में है। पूर्णता तक पहुँचने के दो रास्ते हैं। कामायनी में श्रद्धा के महत्त्व की निर्विवाद स्थापना सांस्कृतिक अस्मिता की पहचान से जुड़ी है।
- **मिथक, इतिहास व वर्तमान का अन्तर्दहन**–देश को एक अखण्ड चेतना प्रवाह में पहचानने की कोशिश स्वाधीनता आन्दोलन द्वारा की गयी, उदाहरण, सती प्रथा का विरोध प्राचीन धर्मग्रन्थों के आधार पर पश्चिमी स्त्री स्वातन्त्र्य के आधार पर नहीं। पूरे स्वाधीनता आन्दोलन में जड़ों से शक्ति खींचने की कोशिश है कामायनी में भी अन्तर्दहन है। कामायनी का कथा तत्त्व इसका प्रमाण है।

कल्पनाशीलता–समूचा आन्दोलन एक आशंकित व कल्पित स्वतन्त्रता के स्वप्न से संचालित है। इसका स्वरूप–कामायनी में भी, परिवर्तन और सम्पूर्णता (आनन्द) की उपलब्धि के स्वरूप में दिखाई पड़ता है। मनु की आनन्द साधना प्रकारान्तर से स्वराज्य में उपलब्ध सामाजिक समरसता का प्रतीक बन जाती है। कामायनी का आधुनिक बोध पश्चिमी आधुनिकता के तर्क विधान को अस्वीकार करता है। राष्ट्रीय आन्दोलन के सन्दर्भ में कामायनी की आधुनिकता, पश्चिमी जीवन दृष्टि के समक्ष सशक्त भारतीय विकल्प उपस्थित करने में है। साथ ही कामायनी पर समकालीन राष्ट्रीय मूल्यों की सर्जनात्मक दस्तक सुनाई देती है।

- **जागतिक सत्यता की स्थापना–**श्रद्धा सर्ग में **श्रद्धा–**''जिसे तुम समझते हो अभिशाप, इसे मत जाना भूल।'' वैराग्यवाद पर आधारित जीवन दृष्टि स्वाधीनता आन्दोलन के अनुसार नहीं है। इस दृष्टिकोण के विरुद्ध जागतिक सत्य के स्वीकार की प्रकृति कामायनी की आधुनिकता का उल्लेखनीय पहलू है।
- **निर्भयता की स्थापना–कामायनी** निर्भयता की प्रतिष्ठा की कविता है। निर्भयता ही स्वाधीनता है। निर्बलता ही पराधीनता। कामायनी में बार-बार शक्ति और निर्भयता का आह्वान किया गया है। गाँधी की चेष्टा भारतीय जनमानस में अंग्रेज़ी शासन का डर दूर करना था। कामायनी में यह संकेत व अपील बार-बार की गयी है जो तत्कालीन राष्ट्रीय मूल्यों से संचालित।
  श्रद्धा–''विजयिनी मानवता हो जाये।''
- **भोगवादी प्रवृत्तियों की परिणति पर प्रकाश–**कामायनी की आधुनिकता भोगवाद के दुष्परिणामों की पहचान में भी है। भोगवाद केवल वैयक्तिक सुख की कामना पर आधारित नहीं। इससे आत्मप्रसार की सम्भावना खत्म हो जाती है।
- **चिन्ता–**''सुख केवल सुख सघन मिलन होता जितना।''

सुख चेतना की गतिशीलता को जड़ीभूत करता है। जहाँ जड़ता है वहाँ विध्वंस है। देह और समस्याएँ गतिहीनता के बिन्दु पर खत्म होती हैं। सुख गति की सम्भावना खत्म करता है। संकुचन ही मृत्यु है। भोगवादी दृष्टि से जो जीवन आयेगा उसमें केवल सुख-संग्रह होगा और मानव सभ्यता विनष्ट होने को अभिशप्त हो जायेगी।

- पर सुखवाद का विरोध जगत् की निर्बलता नहीं है। वैयक्तिक सुख की निन्दा नहीं पर जगत् की सुख-चिन्ता के प्रति आग्रह। एकान्तिक भोगवाद का विरोध।
- **कर्म–**''तुच्छ नहीं हैं अपना सुख भी श्रद्धे। वह भी कुछ है।''
  दो दिन के इस जीवन का तो वही चरम सब कुछ है। इंद्रिय की अभिलाषा जितनी सतत सफलता पावे जहां हृदय की तृप्ति-विलासिभि मधुर-मधुर कुछ गावें।''
  कामायनी में सन्तुलित जीवन दृष्टि जिसमें एकान्तिकता व सामाजिकता में सामंजस्य है।
- **स्त्री-पुरुष सम्बन्धों पर बहस–**नवजागरण की चेतना। बहस की चिन्ता आधुनिक है, पर स्थापनाएँ मध्यकालीन। कामायनी का सम्पूर्ण नारी चिन्तन गोदान के मेहता के चिन्तन से मिलता-जुलता है। स्त्री-पुरुष सम्बन्धों पर बहस भारतीय आधुनिकता के सूत्र पर आधारित है। हिन्दी साहित्य के आधुनिक युग का बड़ा एजेंडा है। पर स्थापनाएँ मध्यकालीन। कामायनी में यह अन्तर्विरोध है।

- **लज्जा**–''स्त्री तुम केवल श्रद्धा जीवन में।''
  लज्जा सर्ग में साथ रहने का समझौता बहुत विडम्बनापूर्ण
  'आँसू से भीगे'
  पुरानी धारणा को स्वीकारा है।
- **पूँजीवाद की विडम्बनाओं व विषमताओं की चर्चा**–'इड़ा' सर्ग कामायनी की आधुनिकता का महत्त्वपूर्ण चित्रण है।
- **इड़ा**–"यह अभिनव मानव प्रजा सृष्टि द्वयता में लगी निरंतर ही वर्णों की करती रही वृष्टि अनजान समस्याएं गढ़ती रचती हो अपनी ही विनष्टि।"
  पूँजीवाद में अनजानी समस्याएँ आयेंगी और इस तरह अपना ध्वंस कर लेंगी। ऐसी व्यवस्था जिसमें कोलाहल ही रहेगा। ''कोलाहल कलह अनन्त चले तो मिले नहीं''।
  ये पंक्तियाँ पूरी पूँजीवादी व्यवस्था की पहचान हैं। कामायनी आनन्दवाद पर आधारित होते हुए भी समकालीनता के प्रति जागरूक है। निरन्तर प्राचीन व नितान्त आधुनिकता के बीच संवाद की कोशिश की गयी है।

कामायनी की आधुनिकता पर प्रश्नचिह्न (सीमाएँ)

प्रसाद समस्याओं को शाश्वत मानते हैं। प्रत्येक समस्या विशिष्ट होती है, युग विशेष के सन्दर्भ में।

प्रसाद मनु, श्रद्धा व इड़ा को शाश्वत भावों का प्रतीक मानते हैं। "सीमाएँ सामयिक थीं लेकिन उन्हें, उन्होंने शाश्वत समझा क्योंकि उनके कारणों को प्रसाद जी ने देशकाल का आधार छोड़कर शुद्ध मानसिक जगत् में खोजा। वहाँ जाने पर उन्हें मालूम हुआ कि सारी विषमता का कारण बुद्धिवाद है और प्रसाद को बुद्धिवाद की परम्परा वैदिक युग में दिखाई पड़ी। इसलिए उन्होंने वर्तमान को अतीत से जोड़ा, क्योंकि पुरानी कहानी के चयन से आधुनिक समस्या की समानता छिप-सी जाती है। इस तरह कामायनी के रूपक प्राचीन हैं, भाव शाश्वत हैं और समस्याएँ आधुनिक। अपनी आधुनिक समस्याओं को शाश्वत रूप देकर प्रसाद जी ने उनकी आधुनिकता पर पर्दा डाल दिया। अत: सीमा समस्याओं को समकालीन न मानने में भी है। सभी समस्याओं को अतीत से जोड़ने पर आधुनिकता दो स्तरों पर खण्डित होती है।

1. नारी के प्रति दृष्टिकोण 2. समस्याओं की प्रकृति के प्रति दृष्टिकोण।

इन सीमाओं के बावजूद कामायनी के जीवनदर्शन एवं भाव बोध में आधुनिकता के अनेक सूत्र मौजूद हैं। नवजागरण की चेतना, पूँजीवादी विडम्बनाओं की पहचान, जीवन के प्रति गहरे स्वीकार का भाव कामायनी की आधुनिकता के सोपान हैं।

आधुनिकता के सन्दर्भ में कामायनी की कुछ सीमाएँ हैं। ये महान रचना की विराट जीवन दृष्टि का ही अंग है। अतः कहा जा सकता है कि कामायनी का भाव बोध, संस्कारों और विचारों के प्रभाव को ग्रहण करता है और जिस विकल्प की खोज करता है उसके सूत्र आधुनिकता में निहित थे।

काव्य व दर्शन का समन्वय

कामायनी की भूमिका में प्रसाद की दृष्टि में कविता का अर्थ–"आत्मा की संकल्पात्मक अनुभूति की अभिव्यक्ति है।" यानी छायावाद वस्तु, जगत् या विचार को अनुभूति में रूपान्तरित करता है। हम अनुभूतिपरकता के कारण ही छायावाद में स्थूलता से परहेज व सूक्ष्मता के प्रति आग्रह करते हैं। अतः प्रत्येक छायावादी रचना, वस्तु सत्य को भाव सत्य, सामाजिकता को शाश्वतता व राजनीति को संस्कृति में तब्दील करने की कठिन रचनात्मक चुनौती का सामना करती है। कामायनी भी इसका अपवाद नहीं है। इसलिए कामायनी में दर्शन की प्रत्यक्षता और सृजनात्मक ऊर्जा की सूक्ष्मता साथ–साथ दिखाई देते हैं। अतः कामायनी की प्रकृति में ही दर्शन व काव्य की समानान्तर उपस्थिति दिखाई देती है।

दर्शन उत्कर्षकारी या क्षयकारी

शुक्लजी ने दर्शन को कामायनी के काव्यत्व के लिए अहितकर माना है। कामायनी की दार्शनिक चिन्ता उसकी काव्यनुभूति का हिस्सा नहीं है। आरम्भ में दर्शन की विरलता है। अतः कामायनी का पूर्वपक्ष काव्यात्मक आर्द्रता से परिपूर्ण है। जैसे–जैसे कामायनी का कथाक्रम प्रसाद के दार्शनिक मन्तव्यों की ओर बढ़ता है। वैसे–वैसे काव्यत्व का महत्त्व घटता है। कल्पना व बिम्बात्मकता के स्थान पर प्रसाद परिभाषिक शब्दावलियों व सूक्तियों का प्रयोग करने लगते हैं। अतः कामायनी के मनु जहाँ तक मानवीय दुर्बलताओं व आकांक्षाओं से घिरे हैं वहाँ तक वह कामायनी की सृजनात्मक चेतना का वहन करते हैं। पर प्रसाद जैसे ही समाधान की ओर बढ़ते हैं कविता पीछे छूटने लगती है, क्योंकि समाधान का रास्ता समस्या व अनुभूति से नहीं फूटता वरन् वह दर्शन की उच्चतर भावभूमि से अवतरित होता है। इस तरह कामायनी का आरंभ रचनात्मक तनाव से होता है, और अन्त तक जाते–जाते दर्शन के आरोप से शिथिल होने लगता है। कल्पना, अनुभूति व बिम्बात्मकता का तिरोभाव होने लगता है और उसका स्थान लेती है सूक्ति व विचार की सपाटता। इस प्रकार कामायनी का दर्शन उसके काव्य संसार के जादू को निष्प्रभ कर देता है। आधुनिक हिन्दी साहित्य के इतिहास में कामायनी की प्रतिष्ठा उसके दर्शन के कारण नहीं वरन् कविता के कारण है।

सूर्यकान्त त्रिपाठी निराला

प्रसाद आत्माभिव्यक्ति के कवि नहीं हैं, जबकि निराला आत्माभिव्यक्ति के कवि है। वस्तुत: निराला छायावाद के ऐसे कवि हैं जिनमें जीवन व सृजनात्मक का गहरा रिश्ता है। उनके व्यक्तित्व का असर उनकी रचना पर दिखाई देता है। प्रसाद का जीवन दर्शन के कारण छिप जाता है। निराला की रचना व जीवन का रिश्ता पारदर्शी है। प्रसाद के समझने हेतु उनके विचार व दर्शन में जानना पड़ता है। जबकि निराला में ऐसा नहीं है।

1. निराला का भावबोध—सभी हिन्दी आलोचक स्वीकार करते हैं कि निराला का व्यक्तित्व व भावबोध निर्भयता का है। वह जीवन, समाज व कविता के सभी प्रकार के बन्धन तोड़ते हैं। निराला बन्धनों से टकराते हैं। अत: जीवन की स्वतन्त्रता व कविता की मुक्ति निराला के यहाँ पर्याय हैं। कविता की मुक्ति में ही जीवन की मुक्ति है, भले ही वह विपरीत भी सही। परिमल की भूमिका में निराला लिखते हैं :—"छन्द की मुक्ति में कविता की मुक्ति व कविता मुक्ति में मनुष्य की मुक्ति सीव है।" निराला ने जीवन की मुक्ति का प्रश्न कविता की मुक्ति में बदल दिया। मुक्त छन्द के कई संकेत और मुक्ति के उदाहरण—'सरोज स्मृति' में मिलते हैं मनुष्य को सबसे ज्यादा बाधित करने वाला तत्त्व भाग्य है, नियति या दर्द है। सरोज स्मृति में निराला का चरित्र—

"हँसता था मन में बड़ी चाह,
खण्डित करने को भाग्य अंक
देखा भविष्य के प्रति अशंक।"

निराला के यहाँ भाग्य अंक को खण्डित करने की चाह दिखती है। गति बाधित करने वाली अदृश्य सत्ता से टकराने का हौसला रखते हैं। उनकी कविता में वे प्रतीक आते हैं जो निबन्धता को लक्षित करते हैं—निर्झर बादल, फूल आदि। अप्रत्यक्ष रूप से इनका आगमन।

"वर वीणावादिनी वर दे प्रिय स्वतंत्र रन अमृत मंत्र नव, भारत में भरदे।
काट अंधा-डर के बंधान-स्तर, बहा जननि ज्योतिर्मय निर्झर।"

यह गति व प्रकाश के वर की प्रार्थना है। बन्धन मुक्ति की प्रार्थना है। निराला के भावबोध में स्वतन्त्रता की पुकार अपेक्षा व चाह बार-बार प्रकट हुई हैं। इसलिए निराला का व्यक्तित्व व भावबोध सुनिर्दिष्ट नहीं है, क्योंकि जो प्रवाहित व स्वतन्त्र है, उसे नियमों में नहीं बाँधा जा सकता। इसलिए निराला की काव्य चेतना में विचित्र अन्तर्विरोध दिखते हैं। अत: उनकी कविता पूर्व निर्धारित फैसलों पर आश्रित नहीं है।

निराला के व्यक्तित्व का एक महत्त्वपूर्ण पक्ष-किसानी संस्कार है। छायावाद में वे अकेले ऐसे कवि। अत: किसान और प्रकृति के बीच जो अनिवार्य व आत्मीय रिश्ता होता है वह निराला की कविताओं में दिखाई दे रहा है। यही कारण है कि निराला की कविता में बादल बहुत हैं। बादल किसान की जीविका के आधार हैं। सुख-दुख के साथी हैं। अत: निराला की कविता में जो बादल हैं वे कालिदास व पन्त के बादलों से अलग हैं। इन्हें निराला किसानी आँख से देखते हैं। जीवन को रसासिक्त करने वाले बादलों तक किसानों का निवेदन पहुँचाने की चेष्टा उनकी कविता में दिखती है।

बादलराग– ''जीर्ण बाहु है शीर्ण शरीर
तुझे बुलाता कृषक अधीर
ऐ विप्लव के बीर।''

बादल महज भावों के उद्‌दीपन नहीं है। उसके साथ कवि का रिश्ता बहुत गहरा है। वह जीवन के सूखेपन में भी बादल को बुलाता है।

निराला की कविता में रेत होता जीवन, ग्रीष्म से दहकता आकाश प्रलय का चित्र उपस्थित करता है। गर्मी जीवन व प्रकृति में भी है। अत: निराला अपनी मन की पीड़ा की अभिव्यक्ति बादलों से करते हैं।

''बादल रे जी तड़पे
अब छाया चढ़ती है। (ताप के कारण)
प्राणों के घनश्याम गगन में
बूँद कभी न बरसे?''

निराला की प्रार्थनाओं में पानी व हरियाली की पुकार है। भावना का आवेग है। निराला आवेग के कवि है। निराला में अप्रतिहत आवेग है। अत: यातना का आवेग व प्रार्थना की आर्द्रता निराला की कविता में गति व आत्मीयता के अद्‌भुत प्रभाव का सृजन करती है। उदाहरण–

बादलराग– ''झर-झर निर्झर गिरिसर में''

यह गति व आत्मीयता प्रकृति के सन्दर्भ में सरोज व शक्ति पूजा में भी दिखाई देती है।

इन दोनों में भी किसानी संस्कृति के चिह्न हैं। उदाहरण–निराला लिखते हैं कि मैं अपनी बच्ची के मुख को दही-मक्खन से भरा नहीं देख सका। वात्सल्य का यह किसानी संस्कार नहीं तो क्या है।

2. अवसाद व दुख की चेतना–भावबोध का दूसरा हिस्सा अज्ञेय लिखते हैं–"निराला की कविताओं का केन्द्रीय भावबोध अवसाद है। पर यह अवसाद भावुकता जनित नहीं है। हाड़ तोड़ने वाली वास्तविकताएँ, संघर्ष की निरन्तरता, पराजय बोध और निचाट (ठेठ) अकेलेपन में से अवसाद की अनुभूति का उदय होता है।"

निराला की कविता में दुख एक कठोर वास्तविकता है। दुख का स्रोत जीवन की परिस्थितियाँ व व्यवस्था हैं। अत: निराला की कविता का दुख समझने हेतु कवि का मनोमय लोक ही पूर्ण नहीं है। दुख का सम्बन्ध परिस्थितियों से भी है। अत: विशुद्ध मानसिक नहीं है। निराला के यहाँ दुख विचार नहीं, सच्चाई है। अन्य छायावादियों की तरह सौन्दर्य (ताकि सृजन हो) नहीं, विडम्बना है। अपनी सर्वाधिक चर्चित दुख की कविता सरोज में निराला दुख को अपने जीवन का सारांश कहते हैं–

"दुख ही जीवन की कथा रही।"

अपरिमित दुख। अत: निराला के यहाँ दुख है तथा साथ ही दुख के कारणों की पहचान की कोशिश भी है। निराला के यहाँ दुख की अभिव्यक्ति कारणों सहित हुई है। सरोज स्मृति में संकेत देते हैं कि व्यवस्था के हथियार बन्ध चक्रव्यूह में एक निहत्थे व ईमानदार मनुष्य के संघर्ष से यह दुख व अवसाद पैदा हुआ है।

"मैं खड़ा देखता रहा अपल
वह शर-क्षेप वह रणकौशल"

दुख का एक और कारण निराला की कविता में लक्षित है–निरर्थकता का बोध।

"धन्ये मैं पिता निरर्थक था
कुछ भी तेरे हित न कर सका
शुचिते पहना कर चीनांशुक"

यह सन्तान के प्रति पिता के दायित्व को न पूरा कर सकने के कारण निरर्थकता का बोध है। निराला संकेत देते हैं कि अपने दायित्वों को पूरा कर पाने का कारण सदैव व्यक्तिगत अक्षमता ही नहीं, परिस्थितियाँ भी जिम्मेदार होती है। परिस्थिति को परास्त करना हमेशा सम्भव नहीं होता। इस प्रकार वह दुख को मनुष्य की चुनौतीपूर्ण नियति मानते हैं और उससे मुक्ति की सम्भावना न होने के कारण निराला इस दुख को आत्यंतिक मानते हैं–

"बार-बार हार-हार मैं गया।
खोजा जो हार क्षार में नया।
उड़ी धूल तन सारा भर गया।
नहीं फूल, जीवन अविकच हैं
यही सच है।"

इस दुख का एक अन्य कारण-जीवन के शाश्वत विश्वासों में टूटन है। जो विश्वास सनातन व सार्वभौमिक माने गये थे, जिन पर मनुष्य की आस्था टिकी थी, उनकी टूटन से भी कविता में दुख की सृष्टि है। शक्ति पूजा में शक्ति सत्य के साथ होती है। पर इसमें शक्ति के प्रति मानवीय खेमे में शामिल होने पर भी निराला दुखी होते हैं।

"अन्याय जिधर हैं उधर शक्ति।
कह कर"

अत: भाग्य, नियति, निरर्थकता का बोध, जागतिक प्रतिकूलताएँ ये सभी मिलकर निराला की कविताओं में दुख को मौसम की सृष्टि करती हैं। निराला की समूची रचनायात्रा में दुख एक जलवायु है जो रचना के भावबोध में निहित है।

"मुसीबत में कटे हैं दिन।
मुसीबत में कटी रातें।
लगी हैं चाँद-सूरज से
निरन्तर राह की घातें।"

अत: निराला की कविताओं में दुख की निरन्तरता ने जीवन के रस को सुखा दिया है। जीवन को मरूभूमि बना दिया है।

"स्नेह निर्झर बह गया है।"
रेत ज्यों तन रह गया है
आम की यह डाल जो सूखी दिखी
कह रही है "अब यहाँ पिक या शिखी
नहीं आते, पंक्ति में वह हूँ लिखी,
नहीं जिसका अर्थ–जीवन दह गया है।"

3. अकेलापन–दुख की परिणति व्यक्ति को अकेलेपन की ओर ले जाती है। निराला में दुख व अकेलेपन की चर्चा परस्परता में हुई है, लेकिन निराला का अकेलापन अस्तित्ववादी नहीं है। (अस्तित्ववाद–अकेलेपन को मनुष्य की नियति मानता है। जिन्हें हम सम्बन्ध कहते हैं अस्तित्ववाद उन्हें मात्र अवसर मानता है। ये अकेलेपन की मूल धुरी को नहीं तोड़ सकते हैं। यह अकेलेपन को ही नियति मानता है क्योंकि हर आदमी एक दुनिया बनाना चाहता है जो सम्भव नहीं है।

निराला अकेलेपन को नियति (Destiny) नहीं मानते। दरअसल, उम्र की ढलान पर उतरते हुए निराला महसूस करते हैं कि जीवन का मेला पीछे छूट रहा है। अत: अप्रासंगिक होना कष्टकारी है। निराला की कविता में अकेलापन अप्रासंगिकता के बोध से फूटा है। यह असहायता व अप्रासंगिकता निराला को अकेलेपन में छोड़ देती है। अत: अकेलापन परिस्थितिजन्य है। अकेलापन इनकी कविताओं में दुख का पर्याय है। निराला अकेलेपन से दुखी होते हैं। अपनी एक प्रार्थना में हम अकेलेपन की हृदय भेदी स्थिति का बयान करते हैं–

"हार गया जीवन रण
छोड़ गये साथी जन
एकाकी नैश (रात) क्षण
कंटक पथ विकट पथ।"

निराला की सरोज-स्मृति व शक्ति पूजा में भी हम हृदयभेदी अकेलेपन की अभिव्यक्ति कई स्तरों पर पाते हैं।

शक्ति पूजा– ''धिक जीवन को उद्धार हो न सका।''

इस दुख और अकेलेपन के भीतर से निराला जीवन के भाव बोध की तीसरी प्रकृति के रूप में शामिल भक्ति को देखते है।

4. भक्ति–निराला अपने अवसादजनित अकेलेपन का सामना भक्ति से करते हैं। अत: उनकी कविताओं में प्रार्थना की अति पुकार है। विकराल परिस्थितियों से जूझते हुए तैराक की थकी हुई साँसों की अनकही व्यथा है, द्रवित करने वाली करुणा है।

निराला की भक्ति के निर्माण में थकान, अकेलेपन व करुणा का संयोग है। उनकी प्रार्थनाओं में बार-बार माँ (काली बंगाल का प्रभाव)। निराला अपनी प्रार्थनाओं में धरती व अपने जीवन पर गहराते अन्धकार की सूचना देते हैं। साथ ही नर्क (यन्त्रणा, भय, अनिश्चय) के बहते हुए दुर्दान्त प्रभाव से मनुष्य की मुक्ति की प्रार्थना करते हैं।

''माँ अपने आलोक निखारो
नर को नर्क त्रास से वारो।''

नरक निराला के जीवन की वास्तविकता है एवं तत्कालीन हिन्दुस्तान की भी। निराला दुख को अवांछित स्थिति मानते हैं, इसमें वे भाव विह्वल नहीं होते। भक्ति से इस नर्क त्रास को दूर करने की प्रार्थना करते हैं। मध्यकाल के भक्त कवि संसार की नश्वरता व थकी हुई देह या देह की निष्क्रियता दोनों को मिलाकर अपनी भक्ति चेतना का निर्माण करते हैं। तुलसी में भी देह की पीड़ा व थकान का चित्रण है। निराला में भी शारीरिक असमर्थता, कठिन यात्रा व गहराते हुए अन्धकार का जिक्र उनके प्रार्थना गीतों में मौजूद है। इन तमाम प्रतिकूलताओं में शरण के अतिरिक्त दूसरा विकल्प ही क्या है, यह महसूस करते हैं–

''भग्न तन, रुग्ण मन
जीवन विषण्ण वन
चलता नहीं हाथ
कोई नहीं साथ
उन्नत विनत माथ
दो शरण, दोषहरण''

यह दैन्य अत्यन्त मार्मिक है। निराला को मानवीय समाज में सहायता की कोई उम्मीद भी नहीं हैं, क्योंकि वे दया व सहानुभूति ग्रहण नहीं करते। इसे अपने स्वाभिमान के विरुद्ध मानते थे।

परिमल– ''डोलती नाव प्रखर है धार
''सँभालो जीवन खेवन हार।''

यह सम्पूर्ण समर्पण व शरणागति है।

अत: अवसाद, अकेलापन व भक्ति निराला की काव्य चेतना का एक अंग है। पर निराला का निरालापन इन परिस्थितियों व पीड़ाओं के अतिक्रमण में है। निराला द्वन्द्व के कवि हैं। निराला की कविता में जितना गहरा अन्धकार है मशाल की रोशनी भी उतनी घनी (प्रखर) है।

"हे अमनिशा उगलता गगन अन्धकार।"
खो रहा दिशा का ज्ञान
स्तब्ध है वपन-चार
अप्रतिहत गरज रहा पीछे अम्बुधि विशाल।"

निराला दुख और मृत्यु का सामना स्मृति की मधुमयता व सौन्दर्यबोध से करते हैं। शक्ति पूजा में एवं राम पराजय के विषादमय क्षणों में सीता के प्रथम स्नेह को याद करते हैं।

इसी तरह सरोज में वे मृत्यु का बार-बार सौन्दर्य की अप्रतिम अनुभूति से सामना करते हैं। सरोज में सौन्दर्य की सर्वाधिक चर्चा। निराला पतझर के खिलाफ स्वयं को वसन्त का अग्रदूत होने की घोषणा करते हैं। "मैं हूँ वसन्त का अग्रदूत।"

निराला दुख और अवसाद को झुठलाने वाले कवि नहीं है। वह जीवन व रचना में दुख का सामना करते हैं। इस मुठभेड़ में कभी दुख को विजय मिलती है तो कभी सौन्दर्य को। कभी अनास्था प्रभावशाली तो कभी आस्था।

अत: निराला के काव्यबोध में वसन्त व वर्षा की अधिकता का कारण सौन्दर्य और सृजन की अपराजेय आकांक्षा है। इसलिए निराला की आँखें दुख के साथ जीवन का दूसरा चेहरा भी देख पाती हैं–

"सखि वसन्त आया
भरा हर्ष वन के मन
नव उत्कर्ष छाया।"

वसन्त फूलों की ऋतु है। निराला फूल खिलने को संघर्ष की पूर्ण परिणति मानते हैं। फूल प्रतीक है। इस वसन्त का फूलों का एक छोर पतझड़ की वास्तविकता से बँधा है तो दूसरी ओर सृजन से। निराला ने एक स्थान पर बादलों को अपनी आँखों का सपना कहा है–

"बादल छाये
ये मेरे अपने सपने आँखों से निकले मंडराये।

निराला के स्वप्न की यह धरती व जीवन रसमय हो जाये। अत: बादल से आग्रह है–

"अरे वर्ष के हर्ष बरसत्
बार-बार रसधार।"

यह निराला की अन्तर्विरोधी द्वन्द्वाश्रित भावबोध का परिणाम है। चूँकि टकराहट का परिणाम अनिश्चित है। अत: निराला प्रायोजित निष्पत्ति के कवि नहीं।

5. सौन्दर्य बोध—इनकी काव्य चेतना का दूसरा पक्ष निराला का सौन्दर्यबोध उनकी रचनात्मक ऊर्जा व जीवन संघर्ष की अपराजेय जिजीविषा का स्रोत है। इसकी अन्य छायावादियों की तुलना में विशेषत: उनकी सौन्दर्य चेतना जीवन विरोधी ताकतों से ज़रूरी लड़ाई का हिस्सा है। सौन्दर्य चेतना संघर्ष चेतना से जुड़ी हुई है। त्वचा की सतह पर अटका हुआ सौन्दर्य नहीं, जीवन के हर संघर्ष में से ही सौन्दर्य फूटता है। सम्भवत: इसी कारण उनकी सौन्दर्यनुभूति आभिजात्यता के पूर्व निर्धारित प्रतिमानों का निषेध करती है।

"दृढ़ जटा मुकुट हो विपर्यस्त"

पराजित राम का विराट नैसर्गिक चित्र। संघर्ष स्वयं ही सौन्दर्य पैदा करता है। अत: निराला के सौन्दर्य का नया रूप दिखता है।

"वह तोड़ती पत्थर
देखा मैंने उसे इलाहाबाद के पथ पर।
श्याम तन भर बँधा यौवन
नव नयन, प्रिय कर्मरत मन
गुरु हथौड़ा हाथ,
करती बार-बार प्रहार"

मजदूरी के सौन्दर्य को कविता में शामिल करने की शुरुआत।

दूसरा, निराला के यहाँ सौन्दर्य मर्यादित है। उश्रृंखलित नहीं।

रागविराग "खुले केश अशेष शोभा भर रहे।"

तुलसी जैसा मर्यादित कवि व्यक्तित्व यदि किसी में है तो वह निशला में। शक्ति पूजा व सरोज दुख की कविताएँ उसमें भी सौन्दर्य है। उनका सौन्दर्य विराट है देह के स्तर पर नहीं है। सरोज के सौन्दर्य चित्रण में प्रकृति के तमाम उपमानों का प्रयोग है। अत: प्रकृति की दिव्यता से देह के सौन्दर्य को मर्यादित किया है।

6. कल्पनाशीलता—निराला के भावबोध का तीसरा महत्त्वपूर्ण पक्ष है कल्पनाशीता। अन्य छायावादियों से किंचित् अन्तर निराला है भीतर भी है। रामविलास जी संकेत देते हैं कि निराला का मन धरती के सौन्दर्य बोध से बँधा है। उस पर जीवन यथार्थ के गहरे दबाव हैं। अत: निराला की कल्पनाशीलता धरती के दृढ़ आकर्षण से बँधी हुई है। यही कारण है कि वे कल्पना का प्रयोग यथार्थ को अधिक पारदर्शी व समग्र तरीकों से देखने में करते हैं। उनकी कविता कल्पना दृष्टि को समग्रता देती है तथा यथार्थ को सम्पूर्णता में समझने का काम करती है।

अन्य छायावादियों कवियों के समान कल्पना का एक काम है। स्मृति व स्वप्न इनके बीच निराला की कल्पना को प्रवाहित करना है। वर्तमान संघर्षों से निर्णायक

सामना करने के लिए वे कल्पना का अस्त्र के रूप में प्रयोग करते हैं। वे इससे ऊर्जा ग्रहण करते हैं।

"याद आया उपवन विवेह का...
कहती थी माता मुझे सदा व राजीव नयन।"

अतः स्मृति व आकांक्षा दोनों के केन्द्र में निराला की कल्पनाशीलता, यथार्थ जीवन का जो क्रूर रूप है उसका सामना करने हेतु है।

प्रसाद कल्पना से संघर्ष छोड़ दूसरी दुनिया बनाने की कोशिश करते हैं। निराला कल्पना का प्रयोग भुलावे हेतु नहीं करते।

7. आत्मकथ्य–आत्मकथ्य निराला की कविताओं की महत्त्वपूर्ण प्रकृति है। इसका कारण–छायावादी कवियों की काव्यानुभूति का सन्दर्भ बहुत हद तक वैयक्तिक है। पर निराला को छोड़ बाकी सभी की वैयक्तिक्ता पर रहस्य का आवरण पड़ा है। छायावादी कवियों में निराला के यहाँ कवि के वैयक्तिक सन्दर्भों की उपस्थिति सर्वाधिक है। उनके समूचे रचना कर्म–दुख, भक्ति, संघर्ष, उल्लास सभी में वैयक्तिक चेतना लक्षित है। मैंने इन दोनों लम्बी कविताओं में 'मैं' शैली अपनायी।

सरोज का विषय निराला के वास्तविक जीवन की करुण कथा है। पूरी कविता संघर्ष व पराजय के वैयक्तिक सन्दर्भों से जुड़ी हुई है। इसकी प्रकृति आत्मकथात्मक है।

शक्ति पूजा का ढाँचा पौराणिक व मिथकीय है पर उसकी अन्तर्योजना में निराला का जीवन उपस्थित है। "निराला आत्महन्ता आस्था" में दूधनाथ सिंह का कथन है, राम के चित्र निराला के चित्र हैं। कविताओं में आत्मप्रक्षेपण निरर्थक भावना, धिक्कार आदि।

- बनबेला–"हो गया व्यर्थ जीवन में रण में गया हार।"
- राम की शक्ति पूजा–"धिक जीवन को जो पाता आया ही विरोध"
- सरोज स्मृति–"मुझ भयहीन की तू सम्बल, दुख ही जीवन की कथा रही।"

ये नितान्त वैयक्तिकता है। उनके यहाँ आत्मकथ्य प्रतीकात्मक नहीं, वरन् अभिधात्मक है।

निराला अपार विविधताओं के कवि हैं

निराला में छायावाद, प्रयोगवाद व प्रगतिवाद की अन्तर्धाराएँ निहित हैं। उनमें एक साथ प्रार्थना व क्रान्ति, पराजय बोध व अपराजेयता की चेतना मौजूद है। मृत्यु व सौन्दर्य इनकी समानान्तर बुनावट है। इनकी काव्य चेतना व भावबोध चेतना किसी सुनिर्दिष्ट इकाई से बँधी नहीं है। "निराला की प्रतिभा बहुमुखी स्पर्शिनी प्रतिभा है" शुक्ल जी का कहना है–"विषयों का चयन, चेतना व शिल्प की विविधता

की दृष्टि से निराला के समकक्ष सिर्फ तुलसी ही हैं।" रामविलास शर्मा का कहना है–"निराला का काव्य संसार अत्यन्त वैविध्य का संसार है। शक्ति पूजा व कुकुरमुत्ता साथ-साथ।"

अतः निराला की कविताओं में स्थितियों की अपार विविधता है। यह भिन्नताओं का पर्याय नहीं, भिन्नता-विच्छिन्नता हैं। सम्बन्धहीनता का नाम है। विविधता सम्बन्ध के बीच, तारतम्यता होती है। विषयों की विविधता चेतना की निरन्तरता से जुड़ी है। विविधता सम्बन्ध विधान हैं। सम्बन्ध समन्वय का ही नहीं, तनावों का भी हो सकता है।

इस प्रकार निराला की काव्यचेतना का अपार वैविध्य उनकी अद्‌भुत काव्य प्रतिभा का प्रमाण है।

सरोज स्मृति

अन्तर्वस्तु–सरोज-स्मृति निराला की आत्मकथात्मक कविता है। अन्तर्वस्तु उनके जीवन से ही उपलब्ध है। छायावाद में सभी के यहाँ आत्मकथ्य पर अपने जीवन के विशुद्ध आधार पर लिखी केवल सरोज ही है। अन्य में कथ्य केवल जीवन नहीं, दर्शन आदि भी है। प्रकृति के प्रतीक के रूप में भी उपस्थित है।

छायावाद के अन्य कवियों में निराला अपने व्यक्तिगत जीवन की अनुभूतियों व परिस्थितियों पर सर्वाधिक निर्भर कविता रचना हेतु जाने जाते हैं। उनकी इस प्रकार की यह सर्वोत्तम कविता है।

रामविलास शर्मा का कहना है : 'घटनाओं की संकेत रचना में निराला को व्यक्तिगत दुख, कल्पना का सहारा नहीं लेना पड़ा। जीवन का दुख ही कविता सृजन का कारण हो गया। सरोज की सम्पूर्ण अन्तर्वस्तु अपने जीवन से ही ली है।'

सरोज दुख की कविता है। निराला की समस्त लम्बी कविताओं में यह एक मात्र विशिष्ट कविता है जिसमें निराला बिना किसी कल्पना के अपने जीवन को ही कविता का विषय बनाते हैं और वैयक्तिक जीवन को संघर्ष करने वाले मनुष्य के जीवन में तब्दील करते हैं। इस कविता में निराला ने अपने जीवन को अवध के निम्नवर्गीय परिवार के किसानों की गाथा में बदल दिया। इनकी विशिष्टता–वैयक्तिक जीवन के दुख को सामाजिक यथार्थ में बदल देने में ही है।

सरोज में जो स्मृति है वह विद्या वरन् सम्पूर्ण रचना क्योंकि स्मृति में ही निराला अपने दुख, पराजय को पहचान पाते हैं। कवि जीवन का मार्मिक प्रसंग ही कविता का इतिवृत्त है।

सरोज में निराला का संघर्ष व मानसिक अन्धकार शक्ति पूजा या तुलसीदास की तरह नियोजित प्रतीक भाषा में अभिव्यक्त न होकर एक मार्मिक तथ्य कथन के

रूप में व्यक्त हुआ। इसमें समकालीन पाठकों व सम्पादकों से अस्वीकृति, कवि की मौलिकता पर आक्रमण (रवीन्द्र की कविता की चोरी, छन्द नहीं लिखना आता), आर्थिक विपन्नता व गहन अकेलापन यही सरोज स्मृति का समर है। इसमें निराला जीवन व कविता की लड़ाई लड़ते हैं साथ-साथ। यह उनकी पहली कविता जिसमें वे यह लड़ाई हारते हैं।

अतः सरोज स्मृति का कथन उनके वैयक्तिक संघर्ष के साथ-साथ गहन अकेलापन व पराजय बोध को दर्शाता है। इसका अध्ययन मात्र भावात्मक दुख मात्र के आधार पर नहीं किया जा सकता। पुत्री की मृत्यु पर पिता का शोक। इसे पराजय बोध से भी जोड़ा जाना चाहिए।

संघर्ष, पराजय बोध अवमानना दैन भाव भी जिसने कविता के दुख को गहन व मार्मिक बनाया।

निराला में दुख की उपस्थिति अन्य छायावादियों से अलग छायावादी कविता सामान्यतः अनुभूति की कविता है। पर मुठभेड़ नहीं, अनुभूति का अतिक्रमण है।

निराला अनुभूति, दुख व पराजय बोध का सामना करते हैं। इस दृष्टि से सरोज में दुख एक कठोर वास्तविकता के रूप में व्यक्त हुआ है। 'सरोज' का दुख कल्पना की उड़ान की तरफ नहीं जाता। यह उदास रहने व रोने के लिए नहीं है। यह दुख निराला को तोड़ता है। उनकी रचनात्मकता खण्डित करता है। मलयज का कहना है—वस्तुतः सरोज एक चीख है और यह चीख छायावादी दुख की स्वनिर्भर दुनिया से बाहर आने की चीख है। अतः सरोज स्मृति का मूल इत्तिवृत निराला की आत्मकथा है। यह दुख से जुड़ा है। दुख मानसिक नहीं।''

अतः संघर्षरत, पराजित, अपमानित कविता की आत्मकथा की अभिव्यक्ति सरोज में दिखाई पड़ती है।

अपने जीवन की कथा में निराला ने पिता-पुत्री के सम्बन्धों के इतिहास को सामने रखा। आत्मव्यथा को चित्रित करने हेतु निराला कल्पना के आकाश में नहीं वरन् जीवन के इतिहास में पहुँचते हैं। यह दुख आकस्मिक नहीं है। आकाश से नहीं आया।

अतः यह कविता स्मृति में वापसी की कविता है। माना जाता है कि दुख की वास्तविकता को जानने हेतु परतदार स्मृतियों में पहुँचना आवश्यक है। यह आकस्मिक नहीं। जीवन में स्थायी दुख। इसमें निराला दुख की परतें खोलते हैं।

''अशब्द अधरों का चुना भाष
मैं कवि हूँ, पाया है प्रकाश''

निराला में यहाँ दैन्य भाव है, क्योंकि एक अंश में दैन्य भाव प्रदर्शित है कि असफल पिता जब स्वर्ग आयेगा तब इसे तारूँगी। यह निराला की स्वकरुणा व

पराजय बोध का भाव है। दैन्य भाव है। संघर्षरत कवि में सरोज स्मृति आत्मदया को जन्म देती है।

दुख के अनेक रूप हैं। दुख व आत्मकथ्य घुले मिले हैं। इस दुख का दूसरा रूप निरर्थकता का बोध है। किसानी संस्कार में सन्तान के प्रति दायित्वबोध महत्त्वपूर्ण आधार है। निराला इसमें अक्षम है। इससे निरर्थकता का बोध उत्पन्न होता है। इसलिए मृत पुत्री से संवाद करते हुए अपनी निरर्थकता स्वीकार करते हैं।

"धन्ये मैं पिता निरर्थक था।"

पर निराला के यहाँ दुख व विवशता की कई परतें हैं। वह पैसा कमाने का उपाय जानते थे पर अपने जीवन में लागू नहीं कर सके। यहाँ वह दुख को सामाजिक यथार्थ से जोड़ते हैं जो बेईमान व क्रूर है वही धनवान हो सकता है।

"लख कर अनीति आर्थिक पथ पर।"

इस प्रकार निराला अपने दुख व विवशता को सामाजिक सत्य से जोड़ते हैं। दुख की जड़ें व्यवस्था में खोजते हैं। उनकी पितृकर्म में असफलता इस मजबूरी से है कि सम्पन्नता की राह अनर्थ पथ से जन्मती है। इसी कारण "वह पहनाकर चीनांशुक।"

अतः निराला दुख के कारण की पहचान करते हैं। हर ईमानदार आदमी पराजय के लिए अभिशप्त है। दुख इस बात का कि सही रास्ते पर चलने पर बुनियादी दायित्वों का पालन भी सम्भव नहीं। अतः निराला इसमें दुख, दुख के कारणों व विडम्बनाओं का रेखांकन करते हैं। अपने निहत्थे दुख के सामने इस अमानवीय व क्रूर व्यवस्था के चित्र खींचते हैं। दुख का सम्बन्ध भाग्य से नहीं, दुख मानसिकता नहीं वरन् एक बेईमान व्यवस्था में आत्मसमर्पण न करने के कारण है। इस प्रकार दुख को ईमानदार आदमी की नियति के रूप में प्रस्तुत करते हैं।

निरन्तर साहित्यिक उपेक्षा भी निराला का जीवन सत्य है। वह महसूस कर रहे थे कि यश का आधार योग्यता नहीं है। निराला दुख में भी व्यंग्य करते हुए कहते हैं कि सरोज की मृत्यु हिन्दी का स्नेहीपहार है। यह हार नहीं रत्नों से भरी भेंट है। साहित्य जगत् की राजनीति निराला को आहत करती है। निराला इस राजनीति में अपने को निहायत अकेला व कमज़ोर महसूस करते हैं। वह संकेत देते हैं कि उनकी योग्यता का प्रमाण उनकी रचनाओं में है। अतः निराला का संघर्ष सिर्फ आर्थिक स्तर या पिता के स्तर पर ही नहीं वरन् रचनाकार के स्तर पर भी है साहित्य जगत् के छल प्रपंचों के खिलाफ है निराला। निराला की विडम्बना यह है कि साहित्य-रचना के क्षेत्र में भी वे नितान्त उपेक्षित है। चर्तुदिक दुख व संघर्ष उनके जीवन में व्याप्त हैं। सभी स्तरों पर असफलता।

तीसरा पक्ष–निराला ने जीवन को युद्ध के रूप में चित्रित किया है। उनकी कविताओं का स्वभाव युद्ध का है। निराला ने इसकी चर्चा अपनी अनेक रचनाओं में की है। पर सरोज में चित्रित युद्ध विशिष्ट है। यहाँ निराला के पास लड़ने लायक शक्ति भी नहीं दिखाई देती। शक्ति पूजा में वे संघर्ष करते दिखाई पड़ते हैं।

"देखे वे विद्गत जन प्रवर"...

यहाँ पर निराला द्वारा प्रतिघात नहीं। एक पराजित योद्धा का वर्णन है। यह युद्ध वीरता की भावना उत्पन्न नहीं करता वरन् करुणा की सृष्टि करता है।

अतः 1. आत्मदया का पक्ष, 2. निरर्थकता का बोध, 3. साहित्यिक अवमानना, 4. पराजित योद्धा।

पर निराला अनेक स्तरों पर पराजय को चुनौती भी देते हैं। वह सरोज के बचपन में लौटते हैं। वह जीवन के मधुरतम पक्षों से ऊर्जा ग्रहण करते हैं। छायावाद में स्मृति एक मूल्य है जो प्रतिकूल जीवन से लड़ने का सहारा देती हैं। वह माँ-पुत्री के सम्बन्धों का चित्र खींचते हैं।

"तू सवा साल की जब कोमल, पहचान रही ज्ञान में चपल।"
माँ का मुख, हो चुम्बित क्षणा-झण,
भरती जीवन के नव-जीवन।"

कठोरतम सन्दर्भों में मधुरतम स्मृतियों का चुनाव निराला की विशेषता है। यह सामना निराला की कलात्मकता की खूबी है। कविता कठिन संघर्ष से एकदम सरोज के बचपन में छलाँग लगाती है।

एक और बचपन का प्रसंग लेते हैं–भाई बहन की लड़ाई का सन्दर्भ।

"खाई भाई की मार विकल रोई उत्पल-दल-दृग-छलछला"

प्रहारों के समक्ष जीवन की कोमल स्मृतियाँ मौजूद हैं। यही इनकी कविता का द्वन्द्व है।

कविता में निराला के दुख का एक कारण सरोज की मृत्यु है। यह उनके यहाँ दार्शनिक प्रसंग नहीं वरन् वास्तविकता है। ऐसी जो जीवन को तोड़ती है। अतः अभी तक की कविता में मृत्यु की जो दार्शनिक अवधारणा थी उसे एक घटना व वास्तविकता में प्रकट करते हैं।

स्मृति के भीतर स्मृति। सरोज की मृत्यु में मनोहरा की मृत्यु भी देखते हैं। अतः परत-दर-पर अन्धकार। वे मृत्यु को गहरे अन्धकार के रूप में रखते हैं। सरोज स्मृति में मात्र मृत्यु नहीं, सम्पूर्ण जीवन का अन्धकार है।

यह कविता संसार व सम्बन्धों की स्वीकृति पर आधारित है जिसमें मृत्यु को सत्य माना गया।

अन्तर्वस्तु का एक और पक्ष है कि इस मृत्यु का सामना रचनाकार कैसे करता है। एक मार्ग या विरक्ति भाव पर कविता में वे मृत्यु का सामना सौन्दर्य व कला से करते हैं। इसलिए इस कविता में मृत्यु व सौन्दर्य की लगातार मुठभेड़ दिखती है। सौन्दर्य को निराला ने अक्षय ऊर्जा का स्रोत कहा है।

निराला के यहाँ सौन्दर्य देह की सीमाओं का अतिक्रमण करता है। वह सौन्दर्य की उपमा नववीणा पर काँपते मालकौंस से करते हैं।

निराला के सौन्दर्य चित्रण में दिव्यता व माधुर्य का योग भी है। अत: निराला सौन्दर्य में विराट प्रकृति को शामिल करते हैं। सौन्दर्य को ऊषा का जागरण कहते हैं। प्रकृति व सरोज का सौन्दर्य एक-दूसरे में आरोपित है। यही आरोपण उनके सौन्दर्य को उदात्तता प्रदान करता है। यदि सौन्दर्य प्रकृति से विच्छिन्न हो जाये तो वह नितान्त देहवाद पर उतर आता है। वह सरोज की हँसी को बिजली से उपमित करते हैं। निराला का सौन्दर्य देह से भाव, स्थूल से सूक्ष्म की ओर अग्रसर होता है। निराला का सौन्दर्य देह वर्णन का नहीं, रूप की दीप्ति का सौन्दर्य। रूप के सूक्ष्म प्रभाव का सौन्दर्य। मात्र दैहिक उपस्थिति नहीं है।

अत: निराला सौन्दर्य की अवधारणा सरोज की मृत्यु व जीवन की परिस्थितियों का सामना करने हेतु करते हैं। उनके यहाँ सौन्दर्य आलोक है। आलोक अर्थात् जीवन। इस प्रकार वे सौन्दर्य को नया आयाम देते हैं।

सरोज स्मृति कवि का जीवन के प्रति दृष्टिकोण का आख्यान भी है। कवि की रचना उसके जीवन मूल्यों व दृष्टिकोण का आख्यान भी होती है। इस सन्दर्भ में सरोज स्मृति निराला के कई जीवन मूल्यों को संकेतित करती है।

निराला के मूल्य विधान में अपराजेय की चेतना सर्वोपरि है। संघर्ष उनके जीवन का सबसे बड़ा मूल्य है। निराला का संघर्ष नियति दैव या भाग्य से है। उनमें भाग्य अंक खण्डित करने की चाह है। अपराजेय भाग्य को चुनौती देना निराला का मूल्य है। विवाह अस्वीकार कर वे भाग्य अंक खण्डित करते हैं। भाग्य के विस्तार में समाज भी शामिल है। निराला समाज की निरंध्र व्यवस्थाओं जाति बन्धन, दहेज आदि को भी तोड़ते हैं। सरोज का विवाह समाज व्यवस्था के नियमों को तोड़कर होता है।

"तुम करो ब्याह, मैं तोड़ता नियम"
मैं सामाजिक योग के प्रभम,
लग्न के पढ़ूँगा स्वयं मन्त्र
यदि पंडित जी होगे स्वतन्त्र।
जो कुछ मेरे, वह कन्या का,
निश्चय समझो, कुल धन्या का।"

निराला की कविता की प्रामाणिकता इसमें है कि वह कविता में दिखाये मूल्यों को भी जीवन में लागू करते हैं। पर तोड़ने में वे स्वयं भी घायल होते हैं।

पर यह कविता पराजय बोध की कविता है। कई स्तरों पर मुठभेड़ पर अंक एक अवसाद की तरफ ले जाता है। निराला समझ पाते हैं कि भाग्य व व्यवस्था का तन्त्र इतना मजबूत है कि इसे तोड़ पाना सम्भव नहीं। पराजय बोध से संचालित होने के बावजूद संघर्ष की मार्मिकता इसे कालजयी बनाती है।

कविता के आरम्भ में मृत्यु का दार्शनिक रूप प्रस्तुत करते हैं या मृत्यु को मृत्यु ही नहीं मानते बल्कि शाश्वत विराम का वरण कहते हैं। बेहद दाशर्निक वक्तव्य। इसे संसार प्राप्त करने की तरणि कहते हैं। पर इस दार्शनिकता का निर्वाह नहीं कर पाते। कविता अन्ततः जीवन की वास्तविकता में आ जाती है। इसलिए अन्त बिल्कुल विपरीत है। कविता आदेश के चरम पर खत्म होती है।

निराला इसी पराजय बोध से शक्ति ग्रहण कर शक्ति पूजा की रचना करते हैं। यह अधिक तार्किक मत है। शक्ति पूजा में भी राम पराजय से ऊर्जा ग्रहण करते हैं। निराला सरोज का अन्त पराजय बोध पर करते हैं पर इसी से नयी रचनात्मक ऊर्जा ग्रहण करते हैं। यही निराला की काव्य चेतना की विशेषता है। यह निराला के दुख व पराजय बोध का यथार्थ आख्यान है। पूरी कविता में एक निरन्तर युद्ध है। अन्त में अपनी पराजय का मार्मिक स्वीकार है लेकिन सरोज स्मृति में निराला की पराजय एक व्यक्ति व कवि की पराजय नहीं। वह मूल्यवान आस्थाओं की पराजय है जो अवसाद व विडम्बनाओं की पराजय है जो अवसाद व विडम्बना का प्रभाव उत्पन्न करती हैं।

यह कविता आत्मकथात्मक होने के साथ-साथ जीवन की सनातन और सार्वभौमिक वास्तविकता का आख्यान भी है। अतः कहा जा सकता है कि सरोज स्मृति निराला के जीवन संघर्षों के माध्यम से रचनात्मकता व मूल्यवत्ता की पराजय के मानवीय सत्य की विडम्बना प्रस्तुत करती है।

राम की शक्ति पूजा : निराला

राम की शक्ति पूजा को सभी आलोचकों ने निराला की काव्य चेतना की सर्वोत्तम कृति माना है। रामविलास जी के अनुसार "20वीं सदी की भारतीय रचनाशीलता की अप्रतिम उपलब्धि। निराला व छायावाद की क्लासिकल उपलब्धि है।"

कविता अपने कथ्य के कारण जितनी महत्त्वपूर्ण है। शिल्पयोजना के तहत भी विस्मयकारी बनावट है। भाषा का अप्रतिहत वेग, विराट बिम्बों की योजना और ऊर्जास्वित छन्द व्यवस्था के कारण यह कविता अतुलनीय मानी गयी है। अर्थ की सघन अन्विति (एकता-जुड़ाव, परस्परता, गुँथा), नाद योजना एवं प्रतीकों की बहुस्तरीयता के कारण यह कविता महाकाव्योचित औदात्य को प्राप्त करती है।

भावयोजना/कथ्य/समस्या

राम की शक्ति पूजा के कथ्य को लेकर मत वैभिन्य है।

पहला मत यह है कि कविता शक्ति के वास्तविक रूप की खोज की प्रक्रिया है। यह प्रक्रिया इसके कथ्य को आधुनिक बनाती है। वस्तुतः शक्ति पूजा में खोज को एक आधुनिक आयाम देने की कोशिश की गयी है। खोज की दिशा आधुनिक है। अतः यह कविता, आख्यान व वर्तमान को रचना में रूपान्तरित करती है। खोज की प्रक्रिया महत वर्तमान में नहीं वरन् कालातीत है।

शक्ति पूजा का कथन आख्यानिक है, पौराणिक कथा का सहारा लिया गया है। रचनाकार जब पौराणिक कथा चुनता है तो उसमें दृष्टि की समग्रता ही रहती है। पुरानी कथा में नयी समस्याएँ पहचानने की कोशिश हर बड़ा रचनाकार करता है। कविता जातीय विश्वासों व धारणाओं का पुनर्गठन करती है। यह (पुनर्गठन) प्रक्रिया एक गहरे सांस्कृतिक संकट से हो कर गुजरती है। रचनाकार कथा को इतिवृत्त रूप में चित्रित नहीं करता वरन् उसको समय के सांस्कृतिक संकटों से गुजारता है। कामायनी का (सांस्कृतिक) संकट-मानवीय चेतना का विघटन है। शक्ति पूजा का सांस्कृतिक संकट–अँधेरा, साम्राज्यवाद, शक्ति के चरित्र में बदलाव। इससे गुजर नये विजय की ओर अग्रसर होती है।

प्राचीन कथानक का चुनाव करती हुई यह कविता 20वीं सदी के मनुष्य और भारतीय जीवन के संकट को अभिव्यक्त करती है। शक्ति पूजा वर्तमान सांस्कृतिक संकट को समग्रता में अभिव्यंजित करने के लिए मिथक एवं पौराणिकता के ढाँचे का चुनाव करती है। यह कविता जातीय परम्परा एवं विश्वासों का पुनर्गठन करती है। पुनर्गठन की प्रक्रिया जटिल व संश्लिष्ट है। शक्ति के वास्तविक रूप की खोज की प्रक्रिया है।

1. पुनर्गठन की पहली प्रक्रिया–शक्ति के वास्तविक रूप की खोज पर शक्ति पूजा की शक्ति की अवधारणा परम्परा से अलग है। नया क्या है–

1. शक्ति–शक्ति पूजा में शक्ति का रूप निरपेक्ष है। शक्ति की निरपेक्ष अवधारणा है। भारतीय विश्वासों में शक्ति के प्रति एक नैतिक अवधारणा रही हैं। 'सत्य मेव जयते।' निराला के यहाँ शक्ति सत्य का नहीं, सामर्थ्य का पर्याय है। अतः शक्ति की पौराणिक धारणा का खण्डन करती है। यह कविता अवतारवादी अथवा लीलावादी धारणा का निषेध करती है। इस प्रकार यह शक्ति व नैतिकता के पुराने ढाँचे में दरार पैदा करती है। इस दरार में ही आधुनिकता के बीज छिपे हुए है। अर्थात् न तो शक्ति अवतार लेती है न राम। दोनों स्तरों पर अवतारवाद का निषेध कर परम्परा में दरार पैदा करती है।

शक्ति पूजा में शक्ति की दोनों भूमिकाएँ मानवीय व प्रतिमानवीय दोनों पक्ष में जाती हैं। शक्ति को मानवीय पक्ष में धारण करने की समस्या इस कविता की वास्तविक समस्या है।

स्वाधीनता संग्राम के सन्दर्भ में भी इस कविता की भूमिका व सार्थकता पर विचार किया जा सकता है। शक्ति स्वाधीनता का पर्याय है। शक्तिहीनता पराजय है। निराला शक्ति पूजा में सीता के हरण को स्वाधीनता व संस्कृति हरण में तब्दील करते हैं। अतः शक्ति की खोज स्वाधीनता की खोज है। यह शक्ति संस्कृति, अस्मिता व स्वाधीनता की सुरक्षा हेतु अपरिहार्य है। अतः यह स्वतन्त्रता आन्दोलन में हो रहे वैचारिक मन्थन में हिस्सा लेती है। यह शक्ति की खोज की समस्या महज कविता की समस्या नहीं बल्कि संस्कृति व स्वाधीनता की समस्या है। कविता शक्ति के बाहरी स्वरूप का निषेध करती हुई उसकी आन्तरिक उपलब्धता पर बल देती है। शक्ति एक आत्मिक व सांस्कृतिक ऊर्जा के रूप में दिखाई देती है। कविता ढाँचे के स्तर पर आख्यान का सहारा लेती है पर समस्याएँ एकदम आधुनिक है। अतः इसमें शक्ति पूजा का जो स्वरूप है उसमें रचना की सृजनात्मकता निहित है। आख्यान का ढाँचा वर्तमान में संक्रमित है।

2. युद्ध—छायावाद दो विश्व युद्धों के बीच की कविता है। छायावाद की महत्त्वपूर्ण रचनाओं पर युद्ध की छाया मँडराती हुई दिखाई देती है—कामायनी, सरोज स्मृति, राम की शक्ति पूजा आदि। छायावादी कविता युद्ध को मनुष्य की नियति के रूप में भी देखती है। चिन्तकों की धारणा है कि मानव के प्रश्नों के उत्तर युद्ध के विध्वंस से निकलते हैं, चिन्ता से नहीं। अतः युद्ध ही उत्तर है। युद्ध मूल्यों को खोने तथा उसे फिर से पाये जाने के लिए अनिवार्य है। जिन समाजों में युद्ध नहीं होता वह गल-सड़ जाता है। समाज, संस्कृति व मूल्यों की ताजगी के लिए समाज का युद्ध से गुजरना आवश्यक है। निराला सम्भवतः शक्ति पूजा में युद्ध को नये मूल्यों की उपलब्धि मानते हैं। राम यदि राष्ट्र का प्रतीक हैं तो राम में परिवर्तन वहाँ दिखता है जहाँ वे युद्ध के लिए तत्पर दिखते हैं।

युद्ध के सन्दर्भों से ही निराला नये मूल्यों को खोजते हैं। इसलिए इसका अन्त नवीन पुरुषोत्तम से होता है। वे युद्ध के माध्यम से मानवीय नियति के उत्तर खोजते हैं। (राम अपने रामत्व को खोजने के लिए शक्ति को खोजते हैं।) इसीलिए राम की शक्ति पूजा शक्ति से सन्दर्भित है।

युद्ध का गहरा व्यापक अर्थ है। इसमें युद्ध नितान्त आन्तरिक धरातल पर भी है व बाह्य धरातल पर। यह शाश्वत भी है व समकालीन भी। आन्तरिक धरातल पर यह युद्ध मन के धरातल पर चलने वाले संकल्प और विकल्प के स्तर पर है। मन एक रणभूमि है जहाँ निरन्तर युद्ध चलता है, जय-पराजय होती है। शक्ति पूजा में

युद्ध का एक धरातल मानसिक स्तर पर है। संकल्प व विकल्प की टकराहट राम के मन में दिखाई देती है।

> ''कल लड़ने को हो रहा विकल वह बार-बार
> असमर्थ मानता मन उद्यत हो हार-हार
> स्थिर राघवेन्द्र को हिला रह फिर-फिर संशय।
> रह-रह उठता जग जीवन में रावण जय भय।
> वह एक ओर मन रहा राम का जो नहीं जानता दैन्य।''

विकल्पित व संकल्पित मन की टकराहट में संकल्पित मन विजित होता है। मानसिक स्तरों पर विजय के लिए मानसिक विकल्पों से निकलना अनिवार्य है। निष्कर्ष संकल्पबद्धता ही विजय का पर्याय है। यह कविता मन को संकल्प की तरफ ले जाने वाली कविता है।

युद्ध का एक बाहरी धरातल भी है जहाँ सेनाएँ हैं। युद्ध के खत्म होने पर लौटती सेनाओं की मनस्थिति है। निराला संकेत करते हैं कि मन के स्तर पर संकल्पित होने से ही विजय नहीं प्राप्त होती, मानसिक स्थिति समस्त नहीं। इसका सामाजिक संगठन व बाह्य सामर्थ्य आवश्यक है। अत: राष्ट्रीय सामाजिक-सन्दर्भों में भी यह कविता शक्ति संगठन का आह्वान करती है। इस सन्दर्भ में हनुमान की शक्ति रेखांकित करते हैं। अत: नायक के साथ-साथ जन शक्ति के पुनर्गठन की माँग इस कविता में उठाई गयी है।

युद्ध सनातन सन्दर्भ में—इस युद्ध को सत्य व असत्य के बिन्दु पर पहचाना जा सकता है। संस्कृति—अराजकता, प्रकाश—अँधेरे के बीच आदि। यह कविता सनातन स्तर पर मनुष्य की असल नियति की ओर संकेत करती है और हर युग के मनुष्य को अपने हिस्से का मूल्य इस युद्ध से प्राप्त करना होगा। सभ्यता प्रत्येक संस्कृति काल को अपने हिस्से के अन्याय से लड़कर नये मूल्य प्राप्त करने होंगे। इस प्रकार प्रत्येक समय अपनी समस्याओं के अनुरूप अपने-अपने तरह के नायक उत्पन्न करते हैं।

निराला संकेत करते हैं कि वैयक्तिक या सामाजिक स्तर पर प्रत्येक व्यक्ति को युद्ध लड़ना होगा। जो टकराते नहीं हैं वह महज कीड़े की तरह समय के प्रवाह में खो जाते हैं, कोई मूल्य नहीं बनाते।

समकालीन सन्दर्भ है ब्रिटिश साम्राज्यवाद व भारतीय राष्ट्रीय आन्दोलन, इसका उदाहरण है। रावण साम्राज्यवादी शक्ति का प्रतीक व राम राष्ट्रीय मन के। अत: यह युद्ध प्रकारान्तर से साम्राज्यवाद व राष्ट्रवाद का युद्ध बन जाता है। अत: यह युद्ध महज एक घटना है, मनोवैज्ञानिक सन्दर्भ है। इस रूप में मनुष्य की बाह्य व आन्तरिक नियति का पर्याय है।

3. अन्धकार की व्यापकता की पहचान–भावबोध का तीसरा पक्ष। अँधेरे की चर्चा हिन्दी कविता में कोई नयी नहीं है। अँधेरा यानी अन्धापन, विवेकशून्यता, अन्याय। प्रत्येक रचनाकार इस अँधेरे की पहचान अपनी कविता में करता रहा है।

कबीर के यहाँ यह अँधेरा अन्धेपन व जड़ीभूत विश्वासों का पर्याय है। यह ऐसा अँधेरा है जिसमें मनुष्य की दृष्टि जड़ीभूत व निष्क्रिय हो जाती है।

"यह जग अन्धा किम समझाऊ।"

तुलसीदास में यह कलयुग के रूप में है। भूख, बेकारी, अन्याय व अव्यवस्था का अँधेरा।

कामायनी में–इड़ा–"जीवन निशक्ति के मध्य अन्धकार"
तू घूम रहा अभिलाषा के।

गोदान के होरी की मुँदती आँखों में, भारतेन्दु की अँधेर नगरी में भी। यही अँधेरा दिखाई देता है। बड़ी रचना अँधेरे से गुजरे बिना लक्ष्य पर नहीं पहुँच सकती।

राम की शक्ति पूजा में प्रकृति–अँधेरा एक बोध है। यह विवेक और व्यथा के आलोक से उत्पन्न होता है। समय की कुरूपता को वेदना व विवेक के माध्यम से ही पहचाना जा सकता है। अतः जो रचनाकार इस बोध से संचालित होता है वही यह अँधेरा देख पाता है।

शक्ति पूजा का अँधेरा निराला की व्यथा व विवेक से चिह्नित है। यह दो स्तरों पर है–मानसिक व बाह्य। मानसिक स्तर पर संशय, विकल्पित मन, असमर्थता का बोध। अपनी सामर्थ्य व सम्भावनाओं से अनभिज्ञता अँधेरे का मानसिक सन्दर्भ है। यह अँधेरा पराजय बोध के स्तर पर है।

साथ ही यह अँधेरा प्रतीकात्मक स्तर पर भी है जिसे व्यापक आयाम दिया गया है। यह अँधेरा रावणी शक्तियों का अँधेरा है, शक्ति के आतंक का अँधेरा है। शक्ति पूजा में अँधेरा आतंक, भय व बर्बरता के सन्दर्भ में भी बार–बार प्रयुक्त हुआ है।

"है अमानिशा उगलता गगन धन अन्धकार,
खो रहा दिशा का ज्ञान, स्तब्ध है पवन चार।
अप्रतिहन गरज रहा पीछे अम्बुधि विशाल।
भूधर ज्यों ध्यानमग्न, केवल जलती मशाल।।"

अँधेरे का अर्थ ऐसी स्थिति जहाँ मनुष्य की सम्भावनाएँ खो जाती हैं। वह मानवीय सम्भावना को पथभ्रष्ट करने वाला है। रावण की शक्ति को स्थापित करने वाला दुर्जेय अन्याय का अँधेरा। अतः शक्ति पूजा का अँधेरा राम की मानसिक स्थिति से लेकर भूगोल के दिगन्त तक फैला है। प्रकृति, व्यक्ति व व्यवस्था–अस्तित्व के चप्पे–चप्पे में व्याप्त है।

यह भारत का वर्तमान है। 20वीं सदी के मनुष्य का वर्तमान है। इसी अँधेरे के आतंक व व्यापकता से गुजरकर प्रकाश की खोज रचना की चुनौती भी है व मनुष्य की भी।

4. आख्यान का नवीनीकरण—इसमें निराला ने राम को युग सन्दर्भों से जोड़ा है। राम एक पौराणिक पात्र होते हुए भी भारतीय मनुष्य की नियति को उसके संघर्ष को रेखांकित करते हैं। निराला के राम देवत्व की क्षमता से वंचित हैं। इस क्षमता से वंचित होकर ही मनुष्य के लिए अर्थवान हुआ जा सकता है। पुराने अवतारी राम के लिए जीवन जीता है, निराला के राम का जीवन कठोर वास्तविकता है। राम के आँसू मनुष्य के आँसू हैं। राम ही मनुष्य हैं, या मनुष्य ही राम हैं। यही कारण है कि राम को मानसिक संकल्पों विकल्पों की दशा में देखा गया है। राम के मन की दोनों स्थितियाँ हैं—एक नितान्त यथार्थ दृष्टि—संशय, विफलता, पराजय भाव आदि मानवीय बोध। निराला के राम इन मानवीय भाव बोधों के बीच से गुजरते हैं। तुलसी के राम में विफलता दिखाई पड़ती है पर है नहीं, लीला है।

निराला के राम देवत्व के आरोपण से पूर्णतः मुक्त हैं।

—"कल लड़ने को हो रहा बार-बार, असमर्थ मानता मन उद्यत हो हार-हार"

—"मित्रवर विजय होगी न समर"

—"धिक जीवन को जो पाता आया विरोध रहा" यही विफलता पराजय बोध व धिक्कार भावना तुलसी में भी है पर लीला के स्तर पर। निराला राम को ठोस वास्तविकता में बदल देते हैं। यही आख्यान का पुनर्गठन है। पौराणिक सन्दर्भों के साथ-साथ निराला ने शक्ति को स्वाधीनता व रचनात्मक ऊर्जा के सन्दर्भ में पुनर्रचित किया है।

(हनुमान मनुष्य की अपराजेय शक्ति का प्रतीक माने गये हैं। राम की आन्तरिक शक्ति।)

इस प्रकार राम की शक्ति पूजा के भाव बोध को या अन्तर्योजना को शक्ति, युद्ध अँधेरा व नायकत्व की पुर्नव्याख्या के सन्दर्भ में देखा जा सकता हैं। इस रूप में यह कविता हमारी समूची परम्परा से गुजरती हुई मूल्य के नये धरातलों का संधान करता हैं। यह भी कहा जा सकता है कि पथराई हुई परम्परा (राम का देवत्व) को फोड़कर निराला चेतना व मूल्य के नये बीजों का बखान करती है। इसलिए यह कविता न सिर्फ नये राम की तरफ संकेत करती है बल्कि साथ-साथ मनुष्य की नयी सम्भावनाओं व कविता के नये सार्थक प्रतिमानों का संकेत भी करती है। अन्धकार व प्रकाश, अन्याय व न्याय, सत्य व असत्य के सनातन द्वन्द्व के भीतर से यह कविता समकालीन मानवीय संकट को आवेगमयी भाषा में रेखांकित करती है। राम की शक्ति पूजा मूल्य सिद्धि की कविता भी है व सर्जनात्मक सिद्धि की भी।

शक्ति पूजा का स्थापत्य

स्थापत्य का मूल अर्थ बनावट की भव्यता है। स्थापत्य का सम्बन्ध संरचना से भी है, संरचना की सामग्री से भी। स्थापत्य में रूप के साथ सामग्री की भी महत्ता (सामग्री - बिम्ब आदि।) है।

आधुनिक हिन्दी कविता के इतिहास में शक्ति पूजा की चर्चा विस्मयकारी स्थापत्य के कारण भी है। सम्पूर्ण छायावादी रचनाशीलता की प्राण ऊर्जा का विस्फोट शक्ति पूजा के स्थापत्य में दिखाई पड़ता है। तत्सम बहुला भाषा, भाषा का प्रवाह, नाद योजना, विराट बिम्बधर्मिता, पहाड़ फोड़कर झरने की तरह छन्द योजना इन तमाम उपकरणों से शक्ति पूजा के स्थापत्य का निर्माण हुआ है।

1. नाटकीयता/नाटकीय विधान–समूची कविता एक पुष्ट नाटकीय व्यापार से आवेशित है। नाटकीय विधान राम की शक्ति पूजा के स्थापत्य की आधारभूत पहचान है। यह नाटकीयता चार स्तरों पर दिखाई देती है।

नाटक का मूल आधार है दृश्य योजना। शक्ति पूजा तीन अंकों या दृष्टिखण्डों में विभाजित है। पहला, युद्ध वर्णन व सेनाओं का लौटना। त्वरा एवं परिवर्तन की शीघ्रता युद्ध की प्रकृति है। यह किसी भी युद्ध प्रक्रिया या दृश्य का अनिवार्य अंग है। शक्ति पूजा के युद्ध वर्णन में शीघ्रता का, परिवर्तन का अद्भुत संकेत किया गया है।

"प्रतिफल परिवर्तित व्यूह भेद कौशल समूह"
राघव लाघव रावण वारण गत युग्म प्रहर
रावण प्रहार दुर्वार निकल वानर दल बल"

भाषा का प्रवाह, दृश्यों की योजना व क्रियाशीलता शक्ति पूजा के दृश्य विधान के नाटकीय होने के प्रमाण हैं।

दूसरा दृश्य सभा दृश्य है। इसमें समस्या युद्ध आदि है एवं इन सभी के बीच नायक की स्थिति का चित्रण किया गया है। यही कविता का अर्थ प्रदेश है। कविता की अन्तर्वस्तु योजना इसी दृश्य में की गयी है। रामविलास जी इसे ही राम की शक्ति पूजा का प्राण तत्त्व मानते हैं। इसमें आध्यात्मिकता कम है।

तीसरा दृश्य है शक्ति साधना। शक्ति आराधना से आरम्भ होकर उपलब्धि पर खत्म होती है। अतः कार्य (युद्ध) के आरम्भ से उपलब्धि (शक्ति प्राप्ति) तक शक्ति पूजा की योजना दृश्यों की नाटकीयता से आवेशित है।

एक अन्य चीज–संवाद योजना है। इसमें प्रभावशाली संवादों की योजना। यद्यपि इसका कथानक आख्यान पर आधारित, पर इस आख्यान को प्रभावशाली संवाद योजना में परिवर्तित किया गया है। यह संवाद योजना कविता में नाटकीय प्रवाह,

गति व सहजता उत्पन्न करती है। शक्ति पूजा में स्थापत्य की ताजगी का बड़ा कारण इसकी संवाद योजना है। एक संवाद शंकर व शक्ति के बीच।

"बोले - संवरो देवि निज तेज, नहीं वानर यह"

दूसरा संवाद हनुमान व अंजना के बीच

"बोली माता।" तुमने रवि को जब लिया निगल,
तब नहीं बोध था तुम्हें, रहे बालक केवल,

तीसरा संवाद, विभीषण-राम के बीच।

"हे सखा विभीषण बोलें।"

चौथा, जाम्बवान-राम के बीच।

इन संवादों के द्वारा निराला ने पात्रों की मन:स्थिति, परिस्थितियों की गम्भीरता और चरित्रों की आन्तरिक बनावट को रेखांकित किया है। चरित्र चित्रण के धरातल पर अथवा पात्रों की चरित्र योजना में निराला ने नाटकों के समान संवादों को आधार बनाया है। उनकी संवादात्मकता उसके चरित्र, संस्कार, मानसिक पृष्ठभूमि को रेखांकित करती है। उदाहरण–

"कितना श्रम हुआ व्यर्थ निर्दय
धिक राघव धिक धिक"

ऐसी बात राम से केवल विभीषण ही कह सकता है। इस संवाद द्वारा विभीषण की आन्तरिक प्रकृति व चरित्र का उद्घाटन देखने को मिलता है। साथ ही मानसिक स्थिति का भी उद्घाटन है।

"धिक जीवन को जो पाता ही आया विरोध
यह है उपाय कह उठे राम ज्यों मन्द्रित धन
कहती भी माता मुझको सदा राजीवनयन।"

विकल्पित व संकल्पित भाषा का बुनियादी फर्क है।

अत: संवाद योजना महज संवाद हेतु नहीं वरन् इसके माध्यम से अपने पात्रों (तत्त्व) को खोलने का काम किया है।

नाटक का तीसरा अंग होता है–पात्र। शक्ति पूजा में अनेक तरह के पात्रों की योजना की गयी है। कविता के रंगमंच पर मानवीय व अतिमानवीय दोनों पात्रों की उपस्थिति है। मानवीय परिस्थितियों के साथ-साथ अतिमानवीय परिस्थितियों की योजना भी निराला ने अपने पात्रों में की है। भारतीय नाट्य परम्परा में मनुष्य कथा के साथ देवताओं की चाल भी दिखाई पड़ती है। निराला वस्तुत: भारतीय मन के रचनाकार हैं। अत: शक्ति पूजा जो नितान्त समकालीन आघात से लिखी है उसमें भी मनुष्य जीवन में देवताओं की भागीदारी दिखाई है। पात्र योजना में सम्पूर्ण भारतीय विश्वासों व जीवन पद्धति का ध्यान रखा गया है।

नाटक की पात्र योजना की मुख्य बातें हैं–अन्तर्द्वन्द्व, आवेग, व्यक्तित्व परिवर्तन की सम्भावना। नायक में अन्तर्द्वन्द्व, आवेग व परिवर्तन की सम्भावना है। अतः शक्ति पूजा का विधान नाटकीय आवेग से संचालित है।

2. बिम्ब विधान–बिम्ब निराला की सर्जनात्मक कल्पना शक्ति का पर्याय है। अपनी विराट बिम्ब योजना के द्वारा निराला ने शक्ति पूजा की भाव भूमि को उदात्त बनाया है। कविता के प्रभाव को गहन करने में शक्ति पूजा की बिम्ब योजना का महत्त्व निर्विवाद है। आलोचकों का कहना है कि शक्ति पूजा हिन्दी कविता में विराट बिम्बों के अभाव की पूर्ति करती है। युद्ध, समुद्र, भूधर, दिगन्तव्यापी अन्धकार, सभी निराला की सर्जनात्मक भाषा में अपनी विराटता के साथ उपस्थित होकर एक विराट बिम्ब लोक की सृष्टि करते हैं।

–"दृढ़ जटा मुकुट हो विपर्यस्त प्रलिलट से खुल, फैला पृष्ठ पर, बाहुओं पर, वृक्ष पर विपुल उतरा ज्यों दुर्गम पर्वत पर नैशान्धकार

–है अमानिशा

–देखा है महाशक्ति रावण को लिए अंक"

3. प्रतीक योजना–रामविलास शर्मा के अनुसार, शक्ति पूजा में प्रतीकवाद का उथला रूप कहीं भी नहीं है। शक्ति पूजा में निराला ने। स्थितियों व घटनाओं के माध्यम से अर्थ की बहुस्तरीय व्यंजनाएँ दी हैं अतः यह कविता शब्दों में निहित स्थितियों को बहुआयामी व्यंजना से संयुक्त करती हैं। निराला के यहाँ प्रतीकों का कोई साम्प्रदायिक अर्थ नहीं है।

शक्ति पूजा में प्रतीक नहीं है अपितु अर्थ की अनेक आयामिता उपलब्ध है। शब्द व घटनाओं के स्तर पर अर्थ की बहुआयामिता। यह बहुआयामिता कथानक के स्तर पर, दृश्यों के स्तर पर व घटनाओं के स्तर पर देखी जा सकती है।

कथानक – पौराणिक है। इसका सन्दर्भ स्वतन्त्रता आन्दोलन से भी है। तीसरे– निराला का जीवन भी इसमें समाहित है।

राम – पौराणिक, राष्ट्रीय मन व स्वयं निराला।

अँधेरा – दृश्य ही नहीं, मनस्थिति भी, आतंक का पर्याय भी।

अतः यह कविता बहुआयामी अर्थ के चुनाव की सुविधा देती है।

हनुमान का आकाशगमन – घटना ही नहीं वरन् निराला की दिगन्तव्यापी कल्पना की उड़ान का प्रतीक भी है।

मशाल–आशा का।

युद्ध–राम का प्रतीक भी।

इस प्रकार राम की शक्ति पूजा में पारम्परिक प्रतीक योजना से परहेज किया गया है। अर्थ की अनेक आयामिता ही शक्ति पूजा की वास्तविक शक्ति है।

भाषा–शक्ति पूजा की बिम्बयोजना, नाटकीयता एवं अर्थ की बहुआयामिता का सारा श्रेय उसकी व्यंजक भाषा को जाता है। आलोचकों का कहना कि अर्थ गौरव की दृष्टि से निराला वाक्‌सिद्ध कवि हैं। शक्ति पूजा की भाषा मुख्यतः तत्सम बहुला भाषा है, लेकिन प्रसंग व प्रयोग भेद से एक ही भाषा की ओर अर्थ कवियों का संधान इस कविता में किया गया है। जैसे–

संस्कृत शब्दों के बीच 'हूह' जैसा देशज शब्द।

भाषा की दूसरी खासियत है नादानुरंजित शब्द ध्वनियों का प्रयोग। उसमें अनुस्वारात्मक ध्वनि 'न', 'म', 'ण', व महाप्राण ध्वनियों 'ढ़', 'ब', 'ह' की बहुलता है।

"शत धूर्णावर्त तरंग भंग, उठते पहाड़।
फिर सुना हँस रहा अट्टहास रावन खलखल।"

शक्ति पूजा में पुरुष (कठोर) भाषा के साथ-साथ कोमल प्रसंगों को अल्पप्राण भक्ति नयनों से सजल गिरे दो मुम्तादल। ध्वनियों के सहारे समासहीन प्रसंग और श्रुतिमधुर भाषा की योजना की गयी है।

"काँपते किसलय ...।

एक और विशेषता है सूक्त शैली या मन्त्र शैली का प्रयोग है। थोड़े में बहुत कहने की शक्ति उपलब्ध है।

–अन्याय जिधर है उधर शक्ति।

–आराधन का दृढ़।

छन्द विधान–निराला का छन्द विधान मौलिक है, पारम्परिक नहीं। शक्ति पूजा में जिस छन्द का प्रयोग किया गया है वह पारम्परिक छन्दों से नितान्त भिन्न है। आलोचकों ने उसे शक्ति छन्द नाम दिया है। निष्कम्प सन्तुलन के साथ, आवेग की तीव्रता व प्रवाह का संयम शक्ति पूजा की छन्द-योजना का वैशिष्ट्य है।

अतः द्वन्द्वश्रयी नाटकीयता, उदात्त बिम्ब योजना, आवर्त्तमय छन्द विधान एवं ओजपूर्ण काव्यभाषा शक्ति पूजा को एक कालजयी रचना के रूप में स्थापित करते हैं। इसका स्थापत्य निराला की रचनात्मक ऊर्जा के साथ युग प्रतिमा का भी दस्तावेजी प्रमाण है।

शोकगीति के तत्त्वों के आधार पर सरोजस्मृति

गीति - शास्त्र में कविता की दो श्रेणियाँ हैं–(1) प्रबन्ध (2) मुक्तक।

- **प्रबन्ध**–जीवन के अनुभव को कथा और घटनाओं के माध्यम से व्यक्त करने की विधा।
- **मुक्तक**–अनुभवों की अभिव्यक्ति के लिए कथा आवश्यक नहीं।

प्रबन्ध– 1. महाकाव्य–पूरा जीवन
2. खण्डकाव्य

मुक्तक के अनेक भेदों में एक है 'गीति' या 'गीत' मुक्तक व गीति में कुछ भेद हैं। मुक्तक स्वतन्त्र अनुभवों की अभिव्यक्ति है, लेकिन गीति में अनुभव का एक विशेष विधान होता है। अनुभव को एक विशेष व्यवस्था में धारण करने वाले मुक्तक को गीति कहते हैं। यह विशेष विधान ही गीति का घटक है।

1. आत्माभिव्यक्ति–मुक्तक में ज़रूरी नहीं की रचनाकार का अनुभव ही प्रेषित हो। गीति में आवश्यक अतएव 'मैं' में। गीति में अनुभव का ढाँचा रचनाकार की अनुभूतियों पर खड़ा होता है।

अनुभूति–स्वयं झेला अनुभव रीति का आवश्यक तत्व है। वरन् अनुभव बाहर से भी बटोरे जा सकते हैं। मुक्तक का वह रूप जिसमें रचनाकार निजी अनुभूतियों को व्यक्त करता है वही गीति का विशेष तत्व है। इसमें स्वयं के प्रसंगों की चर्चा होती है।

गीति में कर्त्ता के रूप में सर्वनाम का प्रयोग होता है। (मैं) संज्ञा का नहीं। गीति की राह से रचनाकार के हृदय में प्रवेश किया जा सकता है।

2. आवेगमयता–भावों के तीव्र आवेग से गीत फूटते हैं, कविता बनाई जा सकती है। गीत में अप्रतिहत आवेग होता है। भावों की तीव्रता गीत हेतु अनिवार्य है। इसकी प्रकृति भावात्मक है, वैचारिक नहीं। जीवन की हताशा, खालीपन व दुख से गीति का निर्माण होता है। चूँकि गहरे दुख की अनुभूति से गीति का निर्माण होता है इसलिए आवेगमयता और गीत के निर्माण में भावोच्छलता अनिवार्य है क्योंकि उसी से आवेग पैदा होता। गीति की प्रकृति सामान्यतः दुखात्मक सुख में नहीं।

3. भावान्विति–प्रबन्ध में या मुक्तक के अन्य रूपों में अनेक भावों की समानान्तर योजना की जा सकती है। अनुभवों के अलग-अलग रूप प्रबन्ध व मुक्तक के अन्य रूपों में सम्भव है। उदा–श्रृंगार, वैराग्य, वीरता आदि। परस्पर विरोधी व भिन्न भावों की उपस्थिति प्रबन्ध या मुक्तक सम्भव है।

गीत में एक ही भाव की प्रधानता होती है जो भावों की भिन्नता को अस्वीकार करती है। एक भाव से रचित होने के कारण गीत की रचना सगुंफित होती है। भावान्विति को कुछ विद्वान संक्षिप्तता भी कहते हैं। गीत लम्बे नहीं होते एक ही भावावेग से उत्पन्न होने के कारण। आवेग व भावान्विति के रूप संक्षिप्त होते हैं।

भावलय व शब्दलय/संगीतात्मकता–गीत भाव व शब्द के संगीत से युक्त होता है।

ये सारी विशेषताएँ जब किसी शोक से सम्बन्धित होती हैं तो उसे शोक गीत कहा जाता है। शोकगीति में विषय का 'मृत्यु' होना अनिवार्य है। शोक गीत का विषय अनिवार्यतः मृत्युजनित दुख है।

सम्पूर्ण भारतीय साहित्य में शोकगीति की विधा नहीं है। यह पश्चिम की एलेजी (Elegy) का अनुवाद है। पश्चिम में एलेजी एक काव्य विधा है। भाव व भाषा के सन्दर्भ यूरोपीय साहित्य में एलेजी के अलग-अलग अर्थ रहे हैं, अलग-अलग काल खण्डों में रहे हैं।

एलेजी का प्राचीनतम रूप जो देखने को मिलता है उनमें - यूनानी भाषा के प्रारम्भिक काल में एलेजी प्रेम व युद्ध का विषय था। लेटिन में शृंगारिक कविताओं को एलेजी कहा गया।

तीसरे चरण में एलेजी छन्दविधान का पर्याय हुआ। एक विशेष छन्द विधान हो गया जिसमें किसी भी विषय पर कविता लिखी जा सकती थी।

इसके वर्तमान अर्थ का सूत्रपात 16वीं सदी में हुआ। वह शोकगीति का पर्याय बनी। उसका विषय हुआ किसी आत्मीय की मृत्यु पर किया जाने वाला विलाप। अतः अंग्रेज़ी में एलेजी गहरे दुख और विलाप के आधार पर लिखी जाने वाली कविता बनी।

एलेजी के तत्त्वों का पूर्ण निर्वाह यूरोप की किसी कविता में नहीं दिखता। ग्रे (Gray) की प्रसिद्ध कविता (Written in a Country Churchyard) को कुछ विद्वानों ने एलेजी कहा, पर यह किसी व्यक्ति की मृत्यु पर नहीं वरन् सम्पूर्ण जीवन पद्धति की मृत्यु पर लिखा गया शोक गीत है। वर्ड्सवर्थ (Words worth) की कविता 'लोग' भी शोकगीत है पर यह आकार में बहुत छोटी है। एलेजी में कथातत्व में मौजूद होता है, स्मृतियाँ संस्मरण आदि। पर बहुत छोटी है अतः एलेजी नहीं माना जा सकता।

अल्फ्रेड टेनीसन (Alfred Tennyson) की 'इन मेमोरियम (In Memorium)' भी शोक से युक्त कविता है पर इसे एलेजी इसलिए नहीं माना क्योंकि बहुत बड़ी है।

अतः एलेजी का कोई निश्चित रूप तय नहीं हो पाया।

सरोज की भी अन्तर्वस्तु एलेजी से मिलती-जुलती है। सरोज स्मृति मूलतः स्मृति है। सम्पूर्ण कविता एक स्मृति है। यानी स्मृतियों के तर्क के आधार पर लिखी गयी। अतः अन्तर्वस्तु के धरातल पर शोकगीति तो है। पर सम्पूर्ण कविता के आकलन पर पाते हैं कि अपने ढंग की अकेली कविता जो शोकगीति का आभास तो देती है पर अपने रचना विधान में इसके शास्त्रीय तत्त्वों का निर्वाह नहीं करती।

इसमें गीत के तत्त्व भी हैं पर पूर्णतः नहीं। गीतात्मकता का तर्क है।

1. **आत्मानुभक्ति**–निराला का जीवन ही इसका विषय। अनुभूति में आख्यान का सहारा नहीं। गीत का एकमात्र तत्त्व है। अन्य तत्त्व फुटकर है। उदाहरण–आवेग अन्त में, पर शुरू में नहीं।

भावान्विति के स्तर पर खण्डित। मृत्यु का, करुणा का, संघर्ष का भाव है। करुणा व संघर्ष साथ-साथ। रचनाकार कविता में भाग्य अंक खण्डित करना चाहता

है तो दूसरी ओर विवशता। साथी इसमें आरम्भ में आत्मदया व आत्मकरुणा का भाव भी है और संकल्प का भी।

आत्मकरुणा–"धन्ये मैं पिता कुछ भी तेरे हित न कर सका। निरर्थक था।
क्या गयी पार पे सोचकर..."

साथ ही असहमति का भाव–

"गुजरे पूर्वज गण...नहीं विनय।"

निराला इसमें जहाँ दैन्य भाव से गुजर रहे हैं वहाँ अस्वीकृति का भाव भी।

अत: भावों के कई स्तर हैं। साथ ही यह लम्बी कविता है।

अत: आवेगमयता, भावयोजना व रूपविधान की दृष्टि से ये गीतात्मक रचना के नियमों की अवहेलना करती हैं। अत: सरोज स्मृति विशुद्ध रूप से शोकगीत नहीं है।

प्रमाण–1. सरोज स्मृति में आवेगमयता की तुलना में रचनात्मक संयम का दबाव दिखता है। रचनात्मक संयम के कारण यह कविता आत्माभिव्यक्ति व आवेग के प्रवाह को नियन्त्रित करती है। कविता का आरम्भ बहुत संयम से हुआ है। निराला कविता के आरम्भ में मृत्यु के संसार को पार करने की सलाह देते हैं। शुरुआत महाकाव्यात्मक हैं। शोकगीति में मृत्यु संसार-सागर पार करने वाली घटना नहीं है। यह जीवन में गहन दुख व अकेलापन पैदा करती है। यहाँ मृत्यु को दार्शनिक अन्दाज से देखा गया है। मृत्यु को महिमामण्डित किया है, इसे अमर शाश्वत विराम कहकर।

मृत्यु पर दुख की छाया नहीं दिखती वरन् दर्शन की तरफ है। इसका आरम्भ मृत्यु के दुख को झुठलाने वाला है। भावना पर दर्शन की लगाम है। कविता का आरम्भ रचनात्मक संयम से होता है जो गीति रचना के विरोध में है।

2. भाव के स्थान पर समूची कविता कथा को महत्त्व देती है। शोक, वात्सल्य व श्रृंगार के भाव हैं पर इन्हें कथा में गया है। अत: कई घटनाओं का संगुफन है। यह भावों के तर्क के सहारे नहीं वरन् घटना के सहारे आगे बढ़ती है। निराला के जीवन के कई प्रसंग-सरोज का बचपन, विवाह, निराला का संघर्ष आदि है। गीत में घटना नहीं होती।

अत: भाव की सघनता के स्थान पर घटना विन्यास की प्रमुखता है। इस कारण रचना की संक्षिप्तता का निर्वाह नहीं हो पाया। भाव घटना के भीतर हैं।

3. आन्तरिक लय/भावलय का अभाव कविता में दिखता है। शिल्पविधान में संगीतात्मकता की कमी है। कई स्थानों में गद्य लय है। अत: रचना की भावलयता व संगीतात्मकता का निर्वाह नहीं हो पाया।

यह शोकगीत के पारंम्परिक तत्त्वों का निर्वाह नहीं करती। विशुद्ध गीत भी नहीं है। इसकी रचना में निराला ने भाव, विचार, घटना व कल्पना शक्ति (सौन्दर्य चित्रण में)

का प्रयोग किया है। विन्यास के स्तर पर यह कविता रूप की किसी निश्चित व्यवस्था से अनुशासित नहीं है। अतः मोटे तौर पर इसके रूप विधान के लिए लम्बी कविता अभिधान प्रयुक्त किया गया है। लम्बी कविता प्रबन्ध काव्य व आवेगमयता दोनों का संगुफन करती है। राम की शक्ति पूजा व सरोज स्मृति में निम्नलिखित समानताएँ और असमानाएँ हैं।

शक्ति पूजा व सरोज स्मृति का तुलनात्मक अध्ययन

रचना भूमि की धरातल पर दोनों छायावाद काल की कविताएँ हैं। अतएव रचनाओं के स्वभाव में एक बुनियादी समानता लक्षित होती है। ये समानताएँ हैं—आत्माभिव्यक्ति, कल्पनाशीलता व वेदना। दोनों निराला की सृजनात्मक ऊर्जा की दस्तावेज हैं। भाव चेतना की परस्परता को धारण करती हैं। सरोज की भाव चेतना का विस्तार व पूर्णता शक्ति पूजा में हुआ।

दोनों कविताओं की विषय-वस्तु के केन्द्र में व्यक्ति है—निराला व राम।

दोनों में काल, विषय-वस्तु व रचनात्मक धरातल पर समानता पर पर्याप्त अन्तर भी है।

सरोज स्मृति छायावादी स्वप्नहीनता को तोड़ने वाली कविता है। छायावादी काव्य प्रवृत्ति है—स्वप्न आकांक्षा, कल्पनाशीलता स्मृति स्वप्न व कल्पना की कविता नहीं है। स्वप्न व कल्पना को चकनाचूर करती है। छायावादी कालखण्ड में लिखी जाने के बावजूद छायावाद की सुकुमार दुनिया तहस-नहस करते हैं।

इसके विपरीत शक्ति पूजा इस टूटने के विषाद को फोड़कर छायावाद की अपराजेय रचनाशीलता (छायावादी ऊर्जा) को रेखांकित करती है।

1. सरोज स्मृति ऊर्जा के दिखाने की कविता है—निराला की रचनात्मक ऊर्जा के क्षतिग्रस्त होने की कथा जबकि शक्ति पूजा अवसाद व पराजय के घनीभूत अँधेरे को फोड़कर विजय की कविता है। सृजनात्मक ऊर्जा को उपलब्ध करने वाली कविता है।

2. सरोज स्मृति व्यक्ति की निजता से सन्दर्भित है। इस कविता की निजता दुख के व्यवस्थाजनित कारणों से अनुशासित है। यह निजता विडम्बना व करुणा के स्तर पर एक ऐतिहासिक सत्य में संक्रमित हो जाती है। इसकी जो निजता है प्रवाहशील (विकासमान) है। रामविलास शर्मा ने लिखा—"सरोज की जीवन गाथा के साथ निराला ने अपनी जीवन गाथा भी कही। इस कथा को निराला ने अवध जनपद के एक सामान्य निम्न-मध्य-वित्त व्यक्ति-किसान की जीवन गाथा में बदल दिया। कविता निजता से सन्दर्भित होने के बावजूद विकास करती है और सम्पूर्ण किसानों की गाथा बन जाती है। निराला इनके प्रतिनिधि बनते हैं।

शक्ति पूजा (राम) वैयक्तिक परम्परा व जातीय अस्मिता की प्रतिनिधि काव्य रचना है। अतः यहाँ व्यक्ति का संघर्ष सार्वजनिकता से सम्बद्ध है। मात्र, अयोध्या या भारत मात्र से लेना-देना नहीं है। यहाँ व्यक्ति का संघर्ष व परिणाम व्यक्ति की नियति को पुनर्निधारित करने वाला है। अतीत के समूचे अनुभव व संचित आस्था इस कविता में दाँव पर लगी है। यदि रावण जीत जाता तो सम्पूर्ण संस्कृति को खत्म होने का खतरा था। निराला इस कविता में समय की ऐतिहासिक माँग के अनुरूप निर्णय देते हैं। मूल्य व आस्थाओं की विजय हो।

इस प्रकार दोनों कविताओं में व्यक्ति, उसके संघर्ष व उसकी परिणति में अन्तर है। दूसरा, इसमें राम सार्वजनिकता से चलकर निराला के निजी जीवन में प्रवेश करते हैं स्मृति में इसका उलटा है।

तीसरा, सरोज स्मृति की अन्तर्वस्तु जीवन में गम्भीर त्रासदी का बयान है, यह मृत्यु की कविता है। मृत्यु स्वाभाविक नहीं है। प्रकारान्तर से व्यवस्था ही सरोज की मृत्यु की जिम्मेदार है। निराला की गरीबी का कारण भ्रष्ट व बेईमान व्यवस्था है। कवि अपनी भूमिका भी स्वीकार करता है कि मैं अनीति का रास्ता नहीं चुन पाया। इस हत्या में कवि के द्वारा अपनी भूमिका को स्वीकार करने से त्रासदी को अत्यधिक सघन व कारुणिक बनाता है। स्मृति की त्रासदी सरोज की मृत्यु मात्र में नहीं वरन् निराला की गहन आत्मश्लाघा, विवशता व जमाने में नितान्त अप्रासंगिक हो जाने में है।

शक्ति पूजा त्रासदी की नहीं वरन् संघर्ष की कविता है। यह सरोज स्मृति की त्रासदी से गम्भीर मुठभेड़ है, जिसमें कवि अन्ततः शक्ति को उपलब्ध करता है। यह कविता अधर्मरत रावण के पक्ष में सक्रिय शक्ति को मानवीय संकल्प द्वारा स्वायत्त करने की कविता है। अतः नियति व मानवीय संकल्प की टकराहट में, शक्ति पूजा संकल्प की अपराजेयता का आख्यान है, स्मृति नियति के आगे समर्पण का आख्यान है।

स्मृति घात, प्रहार और क्रूरता के महायुद्ध में जूझते अकेले व निहत्थे आदमी की नियति का बयान है, जबकि शक्ति पूजा इस नियति को बदलने वाली अपराजेय मानव शक्ति का आह्वान है।

स्मृति में निहित त्रासदी और तनाव आधुनिकता के अधिक निकट हैं पर शक्ति पूजा में परम्परागत आस्था के दबाव हैं। अतः कई का मानना है कि शक्ति पूजा आदर्शात्मक है व सरोज में यथार्थ।

3. परिवेशगत यथार्थ–इस बिन्दु पर दोनों में कुछ समानता है। दोनों में परिवेशगत यथार्थ का निर्वाह दिखाई देता है। जीवन की वास्तविकता की उपस्थिति है और दोनों में देशकाल की छाया मौजूद है पर इस बिन्दु पर अन्तर भी है, जो इस प्रकार हैं–

(i) स्मृति में यथार्थ का सन्दर्भ सामाजिक व आर्थिक है। कविता बार-बार कवि की विभिन्नता व उससे उत्पन्न विवशता का संकेत करती है। साथ ही, इसका एक सामाजिक पक्ष भी है, वर्ण व्यवस्था, दहेज आदि।

(ii) सामाजिक-आर्थिक यथार्थ से युक्त होने के कारण परिवेश देश काल से सम्बन्धित है। इस कारण यह रचना अर्थ विस्तार की सम्भावना से अधिक युक्त नहीं है।

(iii) शक्ति पूजा का यथार्थ मनुष्य व इतिहास के बड़े सवालों से बँधा है। हमें यथार्थ में जीवन के अनेक सवालों से जूझने व उनके समाधान करने की कोशिश दिखाई देती है।

(iv) शक्ति पूजा का परिवेशगत यथार्थ देशकाल से निर्मित होने के बावजूद भी उसका अतिक्रमण करता है। शक्ति पूजा के सांस्कृतिक संकट की प्रकृति भी देशकालीन है।

शक्ति पूजा का परिवेशगत यथार्थ द्वन्द्वात्मक एवं परस्पर विरोधी शक्तियों की टकराहट से गूँजता हुआ।

समग्रतः स्मृति यथार्थ के प्रति निर्विकल्प व कारुणिक आत्मसमर्पण के बिन्दु पर खत्म होती है, जबकि शक्ति पूजा उस परिवेश में निर्णायक हस्तक्षेप पर खत्म होती है। यह परिवेश के ढाँचे को बदल देती है।

4. रचना विधान—सरोज स्मृति में स्मृति शब्द काव्य विधा की सूचना के लिए नहीं है वरन् स्मृति इस कविता की संरचना का केन्द्रीय बिन्दु है। वस्तुतः यह कविता स्मृति की परतों से तैयार की गयी है। अतः यह भाव के तर्क से नहीं वरन् स्मृति के तर्क से लिखी गयी। इसमें स्मृति अतीत से वर्तमान की ओर यात्रा करती है और इस कविता का वर्तमान स्मृति के दंश से आहत है।

इसके विपरीत शक्ति पूजा की केन्द्रीय चिन्ता स्मृति की नहीं भविष्य की है। समूची कविता भविष्य के प्रति चिन्तित है। इसका रचना विधान स्मृति के तर्क से नहीं वरन् पराजय के कारणों की खोज व पराजय को विजय में बदल देने की सम्भावना के तर्क से निर्मित है।

स्मृति में खोने व पाने का सारा अर्थ खत्म हो गया है क्योंकि सबसे मूल्यवान ही खो दिया गया है। शक्ति पूजा में सीता की मुक्ति की सम्भावना कविता की आन्तरिक ऊर्जा को उदीप्त करती है।

दोनों कविताओं का काव्य रूप लम्बी कविता के अन्तर्गत आता है, लेकिन सरोज स्मृति वैयक्तिकता व दुख के गहन संगीत के कारण गीतात्मकता के नजदीक है, जबकि शक्ति पूजा आख्यान अन्तर्वस्तु के कारण महाकाव्यात्मक गरिमा को प्राप्त करती है।

स्मृति का सारा गठन अभिधात्मक आग्रहों के आधार पर हुआ है। इसकी भाषा व्यंजना की आवर्तमयी बहुआयामिता को नहीं छूती। जबकि शक्ति पूजा का विधान जीवन यथार्थ की जटिल परिस्थितियों एवं भाव प्रसंगों से हुआ है इसलिए यह कविता भाव व परिस्थिति के अनेक आयामों को अभिव्यंजित करती है।

बिम्ब योजना के धरातल पर शक्ति पूजा अधिक प्रभावशाली है। स्मृति सामान्य मनुष्य की दुखद जिन्दगी के भीतर पैदा करने वाली कविता। शक्ति पूजा राम की ज़िन्दगी के साथ-साथ देशकाल के अनेक प्रसंगों को अनेक स्थलों पर विराट बिम्बों के माध्यम से व्यंजित करती है।

श्रेष्ठता का प्रश्न—स्मृति व्यक्ति, व्यवस्था और निजी सम्बन्धों के बेहद संवेदनशील व आत्मीय प्रसंगों की कविता है।

शक्ति पूजा का सन्दर्भ मनोवैज्ञानिक, राजनीतिक व सांस्कृतिक है। यह अपने समय के संकटों उनके कारणों व समाधानों की खोज की कविता है। अत: शक्ति पूजा के फलक का विस्तार बड़ा है। इसकी परिणति मनुष्य की अपराजेय शक्ति के पक्ष में मतदान करती है और कला अगर जीवन के यथार्थ के साथ-साथ उसके स्वप्नों का आख्यान है तो निस्सन्देह शक्ति पूजा का आकाश स्मृति की तुलना में भव्य व सम्भावनापूर्ण है। मनुष्य की मनुष्यता व कला की कलात्मकता, यथार्थ की अवांछित दीवार को तोड़ने में है उसे स्वीकार करने में नहीं। स्मृति रचनात्मक आत्मघात की कविता हैं जबकि शक्ति पूजा अपराजेय जिजीविषा की।

अत: अन्तर्वस्तु की व्यापकता एवं स्थापत्य की चरम प्रौढ़ता के कारण स्मृति की तुलना में शक्ति पूजा निराला की ही नहीं वरन् आधुनिक भारतीय कविता की कालजयी उपलब्धि है।

महादेवी वर्मा

छायावादी कविता के प्रमुख चार स्तम्भों में एक स्तम्भ के रूप में महादेवी वर्मा का नाम प्रमुखता के साथ लिया जाता है। महादेवी वर्मा का रचना संसार बहुत व्यापक है। इन्होंने गद्य, पद्य, बाल साहित्य और चित्रकला सभी क्षेत्रों में अपनी कलम और कूची चलायी। लेकिन जो पहचान और सफलता कविता के क्षेत्र में मिली वह अन्य क्षेत्र में नहीं मिल सकी। इनकी कविता में विद्यमान आत्मीयता, मार्मिकता और चित्रात्मकता न सिर्फ़ कविता को विशिष्ट बनाती है बल्कि मानवीय प्रकृति के भीतर छुपे हुए रहस्यवाद को छायावाद के माध्यम से अभिव्यक्त करते हैं। आत्मपरक ढंग से लिखी गयी इनकी कविताओं की मूल-बिन्दु 'वेदना' है। जैसा कि वे लिखती हैं :

मिलन का नाम मत लो मैं विरह में चिर हूँ।

× × ×

रजतरश्मियों की छाया में धूमिल घन सा वह आता;
इस निदाघ के मानस में करुणा के स्रोत बहा जाता।

महादेवी का काव्य कई संग्रहों के रूप में उपलब्ध है। नीहार, रश्मि, नीरजा, दीपशिखा और सान्ध्यगीत इनके प्रमुख काव्य संग्रह हैं। 'यामा' में जहाँ नीहार, रश्मि, नीरजा और सान्ध्यगीत के गीतों का संग्रह मिलता है वही 'सन्धिनी' में पैंसठ गीतों को संगृहीत किया गया है। जबकि 'अग्निशिखा' का प्रकाशन महादेवी वर्मा की मृत्यु के बाद हुआ। इनके आठों कविता संग्रह इस प्रकार हैं–

1. नीहार (1930), 2. रश्मि (1932), 3. नीरजा (1934), 4. सान्ध्यगीत (1936), 5. दीपशिखा (1942), 6. सप्तपर्णा (अनूदित 1959), 7. प्रथम आयाम (1974) और 8. अग्निरेखा (1990)

इनके अलावा कुछ ऐसे भी काव्य संकलन प्रकाशित हुए जिनमें कुछ चुने हुए गीतों और कविताओं को शामिल किया गया। यथा–

1. गीतपर्व 2. यामा 3. आत्मिका, 4. निरन्तरा, 5. सन्धिनी, 6. परिक्रमा, 7. दीपगीत, 8. स्मारिका।

प्रमुख काव्य कृतियाँ और उनका संक्षिप्त परिचय–

1. नीहार

'नीहार' महादेवी वर्मा का पहला काव्य संग्रह है। इसमें 1924 से 1928 तक के गीत संगृहीत है। नीहार ही वह प्रस्फुटन बिन्दु है जिसकी जड़ों से इनकी अन्य कविताएँ पल्लवित और पुष्पित हुई। पहली काव्य-कृति होने के कारण इसमें परिपक्वता नहीं दिखायी देती जो बाद के काव्य-संग्रहों में दिखायी देती है। पहला काव्य-संग्रह होने के कारण इसमें बहुत कुछ कहने का उत्साह तो बहुत अधिक दिखायी देता है लेकिन अनुभूतियों को सम्प्रेषित करने का वह अनुभव विद्यमान नहीं है जो एक परिपक्व रचनाकार में होता है। इसलिए कई सारी भावनाएँ एक साथ संगुम्फित हो गयी हैं। जैसे प्रकृति वैषम्य, जिज्ञासा, प्रेमानुभूति, विरह की वेदना, आत्म-निवेदन इत्यादि। इतना सब एक साथ होने की वजह से कविता में अस्पष्टता और रहस्य का एक गहरा धुन्ध व्यापक रूप से फैला हुआ है। इस सम्बन्ध में महादेवी वर्मा का यह कथन उल्लेखनीय है–"नीहार के रचनाकाल में मेरी अनुभूतियों में वैसी ही कौतूहल मिश्रित वेदना उमड़ आती थी, जैसे बालक के मन में दूर दिखायी देने वाली अप्राप्य सुनहली उषा और स्पर्श से दूर सजल मेघ के प्रथम दर्शन से उत्पन्न हो जाती है।"

2. रश्मि

'रश्मि' महादेवी वर्मा का दूसरा कविता संग्रह है। इसमें 1927 से 1931 तक की रचनाओं को शामिल किया गया है। इसमें अनुभूति के अनुभव के सम्प्रेषण स्थान पर दार्शनिक चिन्तन अधिक प्रभावी हो गया है। लेकिन यह काव्य संग्रह 'नीहार' के मुक़ाबले अधिक व्यवस्थित, परिपक्व, भाषायी रूप से परिमार्जित और स्पष्ट जान पड़ता है। इसके अधिकांश गीत अमरत्व की प्राप्ति हेतु प्रकृति, जीव और माया पर अधिक विश्वास करते हुए प्रतीत होते हैं। मसलन–

स्पन्दन के तारों पर गाती एक अमरता गीत

3. नीरजा

यह इनका तीसरा काव्य संग्रह है। इसमें चिन्तन और अनुभूति का एक सामंजस्य दिखायी पड़ता है। इसीलिए वेदना को एक व्यवस्थित स्वर मिला है। साथ ही, समाज के उस सामजिक पक्ष का भी स्वर विद्यमान है जिससे उनको महसूस होने लगता है कि आत्मिक दुःख के आगे भी एक दुनिया है।

विरह का जलजात जीवन, विरह का जलजात।
वेदना में जन्म करुणा में मिला आवास
अश्रु चुनता दिवस उसका अश्रु गिनती रात
जीवन विरह का जलजात।

कवयित्री सुख-दुःख में समन्वय स्थापित करती हुई पीड़ा एवं वेदना में आनन्द की अनुभूति करती है। वह अब उस सामंजस्यपूर्ण स्थिति में पहुँच गयी हैं, जहाँ दुःख सुख का पूरक लगने लगता है।

4. सान्ध्यगीत

यह महादेवी वर्मा का चौथा काव्य संग्रह है। इसमें 1934 से 1936 तक के रचित गीतों को संकलित किया गया है। काव्यात्मक अनुभूति के स्तर पर इसकी परिपक्वता नीरजा के जैसी ही प्रौढ़ है। इसमें केवल सुख-दुःख का समन्वय नहीं अपितु वेदना, मिलन और विरह, आशा और निराशा एवं बन्धन-मुक्ति आदि कभी समन्वय दुख का दृष्टिगोचर है। वेदना की गहराई अधिक होने के कारण इसमें उपासना का स्वरूप भी तीव्र जान पड़ता है।

विरह का नाम मत लो, मैं विरह में चिर हूँ
मैं नीर भरी दुख की बदली!
× × ×
विस्तृत नभ का कोई कोना

मेरा न कभी अपना होना,
परिचय इतना, इतिहास यही–
उमड़ी कल थी, मिट आज चली!

इन पंक्तियों में महादेवी वर्मा के व्यक्तिगत जीवन के उन पहलुओं को भी पहचाना जा सकता है। जिनके काव्यात्मक धरातल में वेदना और पीड़ा का बहुज़ोर समावेश है।

5. दीपशिखा

'दीपशिखा' में 1936 से लेकर 1942 तक के गीत संकलित हैं। इस संग्रह के गीतों का मुख्य प्रतिपाद्य स्वयं मिटकर दूसरे को सुखी बनाना है। इसका एक बड़ा कारण यह था कि जिस समय इन गीतों की रचना हो रही थी। उस समय राष्ट्रीय और अन्तरराष्ट्रीय जगत् में राष्ट्रीयता, सत्ता और स्वाभिमान की लड़ाई चरम पर थी। एक तरफ गाँधी जी के नेतृत्व में पूर्ण स्वराज और असहयोग आन्दोलन अपने ज़ोरों-शोरों पर था। तो दूसरी तरफ विश्वयुद्ध की अनुगूँज चारों तरफ सुनायी दे रही थी। ऐसे में दीपशिखा के माध्यम से कवयित्री ने उम्मीद की उस लौ को पहचाना जिसके सहारे मानो वे कहना चाहती हैं कुछ भी हो मानवता को कोई ख़तरा नहीं होना चाहिए। ऐसा माना जाता है यह महादेवी की सिद्धावस्था का काव्य है, जिसमें साधिका की आत्मा की दीपशिखा अकम्पित और अचंचल होकर आराध्य की अखण्ड ज्योति में विलीन हो गयी। लेकिन यह सन्देश छोड़ गयी, यह मन्दिर में उस अकम्प दीपशिखा के समान है जिसको जलना होगा।

यह मन्दिर का दीप, इसे नीरव जलने दो।

6. अग्निरेखा

इसमें महादेवी की अन्तिम दिनों में रची गयी रचनाओं को संगृहीत किया गया है। जिनका प्रकाशन उनकी मृत्यु के बाद हुआ। इसमें महादेवी का काव्य वेदना और करुणा से इस प्रकार सराबोर दिखायी देता है जिसके कारण वह वेदना के प्रकोप के रूप में उभरकर सामने आया। यह काव्य संग्रह भी दीपशिखा की तरह प्रतीक के रूप में रचा गया। 'अग्निरेखा' में भी दीपक को प्रतीक मानकर रचनाओं का सृजन किया गया।

उर तिमिरमय घर तिमिरमय
चल सजनि दीपक बार ले!

इसके अलावा महादेवी वर्मा के दो और काव्य-संग्रह आये 'सप्तवर्णा' (जो अनूदित था) और 'प्रथम आयाम'। सप्तपर्णा की भावभूमि छायावादी

विचारधारा और प्रवृत्तियों से अलग थी। सप्तपर्णा में महादेवी ने वेद, पुराण, रामायण, अश्वघोष, भवभूति, कालिदास और जयदेव के माध्यम से सांस्कृतिक चेतना को अभिव्यक्त करने का प्रयास किया है। मूलतः यह उक्त लेखकों और उनकी 39 चयनित कृतियों का हिन्दी काव्यानुवाद है। लेकिन इनके माध्यम से उन्होंने 'अपनी बात' नाम से जिस भारतीय मनीषा, साहित्यिक और सांस्कृतिक धरोहर को प्रस्तुत किया है वह आज के सन्दर्भ में भी एक शोधपूर्ण विमर्श पैदा करता है।

जबकि 'प्रथम आयाम' की पृष्ठभूमि का विस्तार सामाजिक और राष्ट्रीय स्वाभिमान के धरातल पर हुआ है। एक तरफ वह समाज के कुछ कुलीन वर्गों पर तंज कसते हुए नज़र आती हैं तो दूसरी तरफ राष्ट्रीय स्वाभिमान के गौरव के गीत को बड़े गर्व से गाती हैं। उदाहरण के लिए 'विजयनी तेरी पताका' का यह गीत–

विजयनी तेरी पताका!

तू उड़े तो रुक नहीं
सकता हमारा विजय रथ है
मुक्ति ही तेरी हमारे
लक्ष्य का आलोक पथ है
आँधियों से मिटा कब
तूने अमिट जो चित्र आँका!
विजयनी तेरी पताका!

छाँह में तेरी मिले शिव
और वह कन्याकुमारी,
निकट आ जाती पुरी के
द्वारिका नगरी हमारी,
पंचनद से मिल रहा है
आज तो बंगाल बाँका!
विजयनी तेरी पताका!

कुल मिलाकर कहा जा सकता है महादेवी का काव्य वर्णनात्मक और इतिवृत्तात्मक नहीं है। इसमें सूक्ष्म अनुभूतियों की अभिव्यक्ति के साथ-साथ सहज भावोच्छ्वास का रूप दिखायी पड़ता है। जिसको प्रतीकों के माध्यम से अभिव्यक्त किया गया है। इसीलिए इन प्रतीकों में लाक्षणिकता और व्यंजनात्मकता का बाहुल्य है। ये प्रतीक कहीं प्रकृति के आलम्बन के रूप में उभरकर आये

हैं तो कहीं स्वयं की पीड़ा के रूप में अभिव्यक्त हुए हैं। प्रतीकों के माध्यम से जीवन के रंगों की कूची जो उन्होंने चलायी है इसकी झलक 'दीपशिखा' और 'यामा' नामक काव्य-संग्रह में बखूबी दिखायी पड़ती है।

महादेवी वर्मा के काव्य में रहस्यवाद

महादेवी वर्मा छायावाद की प्रतिनिधि कवयित्री है। जिसका आधार ही रहस्यवाद है। सम्पूर्ण छायावादी काव्य का स्वरूप अदृश्य है और अमूर्त को आधार बनाकर दृश्य और मूर्त की कल्पना की गयी है। इस मायने में महादेवी का काव्य ऐसे कई प्रश्न छोड़ता हुआ चलता है जिनकी पृष्ठभूमि आभासी है। लेकिन इसके पीछे भी एक निश्चित अभीष्ट है।

भावनात्मक धरातल पर देखें तो इनके सम्पूर्ण काव्य में रहस्य की एक चादर फैली हुई है। जिसकी अभिव्यक्ति प्रणयानुभूति और वेदनानुभूति के धरातल पर हुई है। कुछ लोग छायावाद को पलायनवादी कहकर आलोचना करते हैं।

"ले चल वहाँ भुलावा देकर मेरे नाविक धीरे-धीरे"

ये पंक्तियाँ उन्हें पलायन का सन्देश देती हैं। लेकिन ध्यातव्य है कि छायावादी सांस्कृतिक चेतना आध्यात्मोन्मुख होकर भी लौकिक धरातल पर प्रतिष्ठित है। जिसका प्रथम आधार है 'आस्था'। यथा–

"कनक से दिन मोती-सी रात, सुनहली साँझ गुलाबी प्रात
मिटाता रँगता बारम्बार, कौन यह जग का चित्रकार"

इसे स्पष्ट करते हुए महादेवी ने लिखा है–"आस्था के सम्बन्ध में भी यही सत्य है–उसका मूल संस्कारजन्य है, पर प्रसार और व्याप्ति व्यक्तिगत अनुभवों की उपलब्धि है। आस्था व्यक्तिगत होने पर भी सीमित नहीं हो सकेगी। वस्तुतः आस्था मानव के युगान्तर से प्राप्त दार्शनिक लक्ष्य पर केन्द्रित रागात्मक दृष्टि है। आस्था जिसका एक अर्थ स्वीकारोक्ति भी है, वस्तुतः व्यक्ति के द्वारा समष्टि भी स्वीकृति है। इस स्वीकृति के लिए मनुष्य को अपने से बाहर स्थित जीवन से परिचित होना पड़ता है, अनेक परोक्ष और प्रत्यक्ष अनुभवों के आधार पर एक जीवन-दर्शन बनाना और उससे रागात्मक सम्बन्ध स्थापित करना पड़ता है।"

रहस्यवाद का दूसरा आधार है 'अद्वैत-भावना'। महादेवी अद्वैत दर्शन से पूर्व बौद्ध दर्शन पर विश्वास करती थीं। इसीलिए उनके जीवन एवं काव्य में बौद्ध दर्शन एवं अद्वैत दर्शन–दोनों का गहरा प्रभाव है। बौद्ध मत का प्रभाव उनकी अनुभूतियों पर तथा अद्वैत मत का प्रभाव उनकी रहस्यानुभूति पर विशेष रूप से दृष्टिगोचर होता है। यह रहस्य कई रूपों में प्रकट हुआ है। कहीं पर प्रतीकात्मक है तो कहीं पर अदृश्यमान :

"मैं कण-कण में डाल रही अलि आँसू के मिल प्यार किसी का।
मैं पलकों में पाल रही हूँ, यह सपना सुकुमार किसी का।"

महादेवी के रहस्य का तीसरा आधार वह विरहानुभूति है। जिसका जन्म वेदना और करुण भावना को आध्यात्मिक मानकर हुआ है। इसमें कविता का मानवीय पक्ष कई बार खो जाता है और व्यक्तिवाद प्रभावी हो जाता है।

प्रिय सान्ध्य गगन मेरा जीवन यह क्षितिज बना धुँधला विराग
नव अरुण अरुण मेरा सुहाग छाया-सी काया वीतराग

महादेवी के रहस्यवाद का चौथा सोपान आत्मसमर्पण के रूप में प्रगट हुआ है। इसमें वे अपना सम्बन्ध असीम सत्ता से जोड़ने लगती हैं। आत्मसमर्पण की दृष्टि से महादेवी का समूचा काव्य अप्रतिम है। छायावादी कविता में करुणा, प्रेम, सौन्दर्य, मानवतावाद, नारी उत्थान की भावना कूट-कूट कर भरी हुई है।

"चित्रित तू मैं हूँ रेखाक्रम,
मधुर राग तू मैं स्वर संगम,
तू असीम मैं सीमा का भ्रम,

काया छाया में रहस्यमय।
प्रेयसी प्रियतम का अभिनय क्या
तुम मुझमें प्रिय! फिर परिचय क्या"

महादेवी के रहस्यवाद का पाँचवाँ और अन्तिम आधार है करुणा एवं लोकमंगल की कामना। काव्यों में मानवीय करुणा का सागर असीम और अगाध है। उन्होंने समाज सापेक्ष स्थिति और साहित्य सृजन की सामाजिक उपयोगिता पर विशेष ध्यान दिया।

असहाय वर्ग के प्रति गहरी सहानुभूति दिखाकर महादेवी ने मनुष्य को मनुष्य बनाने तथा उसे समान अधिकार दिलाने का उल्लेखनीय प्रयास किया है। उन्हीं के शब्दों में-

"जो जाग चुका है वह अधिक समय तक सोते हुए का अभिनय नहीं करता रह सकता है।"

महादेवी वर्मा के काव्य में वेदना और प्रेम

महादेवी वर्मा के काव्य की केन्द्रीय संवेदना वेदना और प्रेम ही है। लेकिन इस वेदना का स्वरूप लौकिक है अथवा अलौकिक इसको लेकर आलोचकों में मतभेद रहा है। इसका प्रमुख कारण इनकी कविताओं में एक तरफ रहस्य का आवरण पड़ा हुआ है तो दूसरी तरफ प्रेम में प्रियतम से मिलने की व्याकुलता भी विद्यमान है।

आलोचकों का एक वर्ग है जो इनकी वेदना को दाम्पत्य भाव से जोड़ता है और उनके प्रेम को लौकिक मानता है वहीं दूसरा वर्ग उनकी सम्पूर्ण वेदना को आध्यात्मिकता के चश्मे से देखता है। आध्यात्मिकता का पक्ष लेने वाले आलोचकों का मानना है कि इनके जीवन में बौद्ध दर्शन के साथ-अद्वैत का भी काफी प्रभाव है। यदि मानवीय पक्ष को देखा जाये तो महादेवी वर्मा में प्रेम की अभिलाषा लौकिकता के ही प्रांगण में फैली और फूली है। लेकिन मानवीय स्वरूप को साकार न कर पाने की वजह से यह आध्यात्मिकता की ओर मुड़ गयी। दूसरे शब्दों में कहें तो प्रेम का स्वरूप मानव आकांक्षाओं की छाँव तले ही होता है लेकिन आत्मा और जीवन दर्शन के प्रति गहरा लगाव होने के कारण इसका उदात्तीकरण हो गया है।

महादेवी के काव्य संग्रह में प्रेम और वेदना का स्वरूप एक क्रमबद्धता लिए हुए है। 'रश्मि' के गीतों में जहाँ प्रीतम से मिलने की अधीरता दिखायी देती है वहीं 'सान्ध्यगीत' और 'दीपशिखा' तक आते-आते इसका स्वरूप कोमल, शान्त और स्नेहपरक हो गया है। जिसमें करुणा और वेदना का भाव सस्वर है।

"मैं नीर भरी दुख की बदली!

विस्तृत नभ का कोई कोना
मेरा न कभी अपना होना,
परिचय इतना, इतिहास यही-
उमड़ी कल थी, मिट आज चली!"

महादेवी के काव्य में वेदना का चित्रण रहस्यवादी ढंग से हुआ है। जिसमें सामाजिक चेतना के स्वर भी मौजूद हैं। इनका पूरा काव्य प्रेममय और वेदनामय होने के बावजूद भी एकरस और नीरस नहीं है। उनकी वेदना में भी मिलन का भाव है। इस वेदना की अभिव्यक्ति के लिए इन्होंने अनेकों शैलियों का प्रयोग किया। जिनमें से प्रतीक शैली, चित्रण शैली, अलंकार शैली, प्रश्न शैली प्रमुख हैं। महादेवी ने वेदना और प्रेम को भी नकारात्मक रूप में प्रस्तुत न करके सकरात्मक रूप में प्रस्तुत किया है। जिसमें जीवन का उल्लास और उत्साह मौजूद है।

पर शेष नहीं होगी यह मेरे प्राणों की पीड़ा।
तुमको पीड़ा में ढूँढ़ा तुम में ढूँढूँगी पीड़ा।

समग्रत: यह कहा जा सकता है कि महादेवी प्रेम, वेदना और करुणा की चितेरी कवयित्री हैं। उनके काव्य का आधार स्तम्भ भी यही है। जिसमें असह्य पीड़ा और गहराई का वही भाव विद्यमान है जो भाव भक्तिकाल में मीरा के यहाँ दिखायी पड़ता है। इसीलिए इन्हें 'आधुनिक मीरा' के नाम से भी जाना जाता है।

रामधारी सिंह दिनकर

छायावादोत्तर काल में राष्ट्रीय और सांस्कृतिक कविता का जो एक दौर चला उसके प्रमुख कवि थे बालकृष्ण शर्मा नवीन, भगवती चरण वर्मा, सुभद्रा कुमारी चौहान आदि। लेकिन एक विद्रोही, तीव्र और प्रखर कवि के रूप में जिसकी पहचान बनी वे थे रामधारी सिंह दिनकर। इनका जन्म सिमरिया (ज़िला–मुंगेर), बिहार में हुआ था। इन्होंने प्रारम्भ से ही ओज, क्रान्ति, आक्रोश और तेजमय कविताएँ लिखीं। स्वतन्त्रता के बाद इन्हें 'राष्ट्रकवि' के नाम से जाना जाने लगा। इनकी कुछ कविताएँ कोमल श्रृंगारिक भावनाओं से भी परिपूर्ण हैं। जिनमें 'कुरुक्षेत्र' और 'उर्वशी' नामक कृतियाँ सर्वप्रमुख हैं।

उर्वशी को भारतीय ज्ञानपीठ पुरस्कार मिला। जबकि 'कुरुक्षेत्र' को विश्व के 100 सर्वश्रेष्ठ काव्यों में 74वाँ स्थान मिला।

रामधारी सिंह दिनकर की पहली रचना थी–बारदोली-विजय सन्देश। इनकी दूसरी रचना 'प्रणभंग' थी।

जिसका प्रकाशन 1929 में हुआ। इसमें मैथिलीशरण गुप्त के 'जयद्रथ वध' का अनुकरण दिखायी पड़ता है।

इसके बाद इनकी रचनाओं की एक लम्बी सूची है। जिसमें रेणुका, हुंकार रसवन्ती, कुरुक्षेत्र, रश्मिरथी, दिल्ली, नील कुसुम, इतिहास के आँसू, बापू, सीपी और शंख, उर्वशी, परशुराम की प्रतीक्षा, आत्मा की आँखें, हारे को हरिराम, रश्मिलोक आदि प्रमुख हैं।

आचार्य हजारी प्रसाद द्विवेदी ने कहा था, "दिनकरजी अहिन्दीभाषियों के बीच हिन्दी के सभी कवियों में सबसे ज़्यादा लोकप्रिय थे और अपनी मातृभाषा से प्रेम करने वालों के प्रतीक थे।" नामवर सिंह ने कहा है, "दिनकरजी अपने युग के सचमुच सूर्य थे।" प्रसिद्ध रचनाकार काशीनाथ सिंह के अनुसार, "दिनकरजी राष्ट्रवादी और साम्राज्य-विरोधी कवि थे।"

दिनकर के सभी काव्य संकलनों का उद्देश्य भारत की वस्तुस्थिति को समाज के समक्ष प्रस्तुत करना था। जिसे उन्होंने अपने प्रबन्ध काव्यों के माध्यम से प्रस्तुत किया है। इनके द्वारा तीन प्रमुख प्रबन्ध काव्य लिखे गये। रश्मिरथी, कुरुक्षेत्र और उर्वशी। इन तीनों में तत्कालीन समाज की वैचारिक पृष्ठभूमि के साथ-साथ समाज के उन तमाम जीवन दर्शनों और थपेड़ों का उद्घाटन किया गया है जो अपने युग की नग्न सच्चाई को बयाँ करते हैं। जिसका सार संक्षेप इस प्रकार है–

रश्मिरथी

रश्मिरथी का प्रकाशन 1957 ईस्वी में हुआ। इस प्रबन्ध काव्य को सात सर्गों में विभक्त किया गया है जिसमें महाभारत के पात्र कर्ण के जीवन चरित्र और उसके पराक्रम का वर्णन मिलता है। इस प्रबन्ध काव्य में करण और अर्जुन की उस प्रतिद्वन्द्विता का दर्शन स्पष्ट दिखायी देता है जिसका आधार जातीयता है, राजकुल है। जातीयता के आधार पर ही उनके गुरु कृपाचार्य कर्ण को अपमानित करते हैं। परिणामस्वरूप दुर्योधन उसे अपना मित्र बनाकर अंग देश का राजा बना देता है। बाद में कर्ण धनुर्विद्या सीखने के लिए अपनी जाति को छुपाकर ब्राह्मण बनकर परशुराम के शिष्य बन जाते हैं किन्तु भेद खुलने पर परशुराम कर्ण को यह श्राप देते हैं कि मुश्किल के क्षण में वह अस्त्र विद्या को भूल जायेगा। जिसका फायदा पाण्डवों को मिलेगा और यही उसकी मृत्यु का कारण होगा।

अन्ततः होता यही है कि युद्ध के मैदान में कर्ण का पहिया पृथ्वी में धँस जाता है जिसको निकालने के प्रयत्न में अर्जुन कर्ण को मार देता है और इस तरह वह वीरगति को प्राप्त होता है।

चारित्रिक रूप से देखें तो रश्मिरथी में कर्ण के जिस चरित्र का दर्शन होता है। वह वीरता की अद्‌भुत मिसाल की तरह है। जिसका वर्णन ओज और जोश के साथ किया गया है। इसकी सौन्दर्यता सिर्फ़ इसके स्वरूप और सृजन में ही नहीं दिखायी पड़ती बल्कि भाषा का लालित्य भी इसके ओज को प्रकट करने में पूरी तरह सक्षम हुआ है। भाषा का संयोजन जिस सरसता और सुबोधता के साथ किया गया है। वह कविता के बिल्कुल अनुकूल है। मुहावरे और लोकोक्तियाँ इसको और प्रभावी बनाते हैं।

कर्ण का परिचय काव्य के अन्दर एक आदर्श मित्र, आदर्श गुरुभक्त शिष्य, तेजस्वी, कुशल धनुर्धर, निश्छल, निष्कपट, दयाशील और परम त्यागी पुरुष के रूप में कराया गया है। साथ ही इसमें कर्ण और अर्जुन की माँ कुन्ती को भी एक वात्सल्यमयी और ममतामयी माँ के रूप में प्रस्तुत किया गया। जिसमें उनकी भावनाओं और व्यवस्था के बीच उनकी विवशता का अद्‌भुत संयोग दिखायी देता है।

साथ-ही-साथ अर्जुन, श्रीकृष्ण और युधिष्ठिर के उस द्वन्द्वात्मक युद्ध और व्यवस्था को भी एक महिमामण्डित स्वरूप प्रदान किया गया है। जिसके कारण कर्ण का चरित्र प्रभावी बन पड़ा है। यहाँ दुर्योधन को भी एक सच्चे और स्नेही मित्र के रूप में प्रस्तुत किया गया है।

कुल मिलाकर 'रश्मिरथी' एक उत्कृष्ट और सफल प्रबन्ध काव्य है। जो अपने भाषा लालित्य, ओजमयी शैली और व्यंजनात्मकता के कारण सर्वश्रेष्ठ बन पड़ा है।

उर्वशी

'उर्वशी' दिनकर की एक ऐसी काव्य-कृति है जिसमें छायावादी कवि जयशंकर प्रसाद की 'कामायनी' की झलक दिखायी देती है। इसमें नायक पुरुरवा को जिस तरह सनातन मानव प्रतीक और नायिका उर्वशी को सनातन नारी प्रतीक के रूप में प्रस्तुत किया गया है वह बिल्कुल 'कामायनी' के मनु और श्रद्धा के अनुकूल है। प्रासंगिकता के धरातल पर कामायनी का परिप्रेक्ष्य जहाँ ऐतिहासिक है वहीं 'उर्वशी' का परिप्रेक्ष्य समसामयिक है। इसमें नर-नारी की प्रेम-समस्या को जिस सूक्ष्मता के साथ दिखाया गया है। उसका फलक बहुत व्यापक बन पड़ा है। गम्भीरता की कसौटी पर यह रचना अपने समय की एक अद्वितीय और अप्रतिम कृति है। नाटकीयता इसके ज़ेहन में है। मुझे लगता है कि रंगमंच पर भी इसे उतारने में कठिनाई नहीं होगी।

'उर्वशी' की कथा पौराणिक है। इसका फलक वेदों से लेकर कालिदास के 'विक्रमोर्वशीयम्' नाटक तक फैला हुआ है। इस काव्य में दिनकर ने नारी-पुरुष के काम सम्बन्धों को जिस तरह से उभारा है। वह न सिर्फ समसामयिक और आधुनिक है, अपितु इसी चर्चा के पीछे इसकी मौलिकता, मार्मिकता और वह मनोरंजन भी है।

आधुनिक काल की सबसे बड़ी समस्या काम है। जिसके पीछे सम्पूर्ण संसार व्याकुल और व्यथित है। कामायनी के मनु और इड़ा की तरह यहाँ पुरुरवा आधुनिक पुरुष है। जबकि उर्वशी सुशिक्षित नारी है। जहाँ कामायनी का भावपक्ष पौराणिक और प्राचीन था वही उर्वशी का भावपक्ष आधुनिक है। कामायनी में इड़ा का स्वरूप बुद्धि के प्रतीक के रूप में देखने को मिलता है। जबकि 'उर्वशी' में उर्वशी का स्वरूप बौद्धिकता लिए हुए है। जो पुरुष का साहचर्य तो चाहती है, लेकिन वह अपनी शर्तों पर। वह किसी बन्धन में बँधना नहीं चाहती है।

दिनकर 'उर्वशी' में फ्रायड के मनोविज्ञान के अन्तर्गत आधुनिक काम-सौन्दर्य को व्याख्यायित करते हुए प्रतीत होते हैं।

इसमें दिनकर ने काम-भावना को जिस उद्वेग और प्रभाव के साथ प्रस्तुत किया है। काव्य के नायक और नायिका की भोग-लिप्सा और काम-लिप्सा का स्वाभाविक चित्र देखने को मिलता है। मानवीयता के धरातल पर वर्णित इस काव्य की विशेषता इसकी प्रौढ़ता और प्रांजलता ही है।

काव्य-सौन्दर्य के स्तर पर 'उर्वशी' की छवि कई विशिष्टताओं को एक साथ समेटे हुए है। कवि ने भी उर्वशी के स्वरूप को पूरी तन्मयता के साथ उकेरा है। शारीरिक सौन्दर्य के साथ-साथ मानसिक सौन्दर्य भी अद्‌भुत लालित्य लिए हुए है। उर्वशी का काव्य सौदर्य दैहिक सौन्दर्यता के साथ-साथ प्राकृतिक सौन्दर्यता को भी अपने आप में समेटे हुए है। बिल्कुल रवीन्द्रनाथ टैगोर के 'गीतांजलि' की तरह।

कुरुक्षेत्र

'उर्वशी' में जहाँ दिनकर ने प्रेम और काम की समस्या को उभारा है वही कुरुक्षेत्र में युद्ध की समस्या का वर्णन किया गया है। रचना की पृष्ठभूमि में महाभारत का युद्ध है। लेकिन इस पूरे युद्ध के दो प्रारूप दिखायी देते हैं। एक जो युद्ध को जायज़ मानता है। और दूसरा पक्ष मानता है कि इसका समाधान वैचारिक स्तर पर ही सम्भव है। तमाम कोशिशों के बाद युद्ध को अवश्यम्भावी माना गया। जिसका स्वरूप हमें कृष्ण के गीता के उपदेश के रूप में देखने को मिलता है। जिसे कुरुक्षेत्र का दार्शनिक पक्ष माना जा सकता है। महाभारत के इस युद्ध की मान्यता को आधुनिक युग में हीगेल और नीस्ते ने भी स्वीकार किया कि सामाजिक समरसता के लिए युद्ध ज़रूरी है। वही दूसरी तरफ बुद्ध, महावीर और गाँधी जैसे विचारक और दार्शनिक भी हुए, जिनका मानना है कि सामाजिक समरसता का रास्ता बातचीत और शान्ति से ही निकलता है। ये लोग युद्ध जैसे किसी भी विचार को सिरे से ख़ारिज करते हैं। लेकिन दिनकर रचना को उत्कर्ष प्रदान करने के लिए एक तरफ बुद्ध के सम्यक् दर्शन को आधार बनाते है तो दूसरी तरफ गीता के उस कृष्ण से भी प्रेरणा लेते हुए प्रतीत होते हैं जिसके सन्दर्भ में वे लिखते हुए कहते हैं कि यद्यपि युद्ध शान्ति के लिए आवश्यक नहीं है, लेकिन यदि समाज में बुराई और अधर्म का बोलबाला हो जाय तो यही एकमात्र उपाय बचता है। जैसा कि उन्होंने कुरुक्षेत्र की भूमिका में लिखा कि–"बात यह हुई कि पहले मुझे अशोक के निर्वेद ने आकर्षित किया और 'कलिंग विजय' नामक कविता लिखते-लिखते मुझे ऐसा लगा मानो युद्ध की समस्या मनुष्य की सारी समस्याओं की जड़ है। इसी क्रम में द्वापर की ओर देखते हुए मैंने युधिष्ठिर की ओर देखा जो 'विजय' इस छोटे से शब्द को कुरुक्षेत्र में बिछी हुई लाशों से तौल रहे थे।"

कुरुक्षेत्र का मानववादी विचार और युद्ध दर्शन

मानवतावाद आधुनिक विचारधारा का विषय है जिसके केन्द्र में मनुष्य है। प्राचीनकाल में मनुष्य के जिस ईश्वरीय को देखने को मिलता वह मध्यकाल तक आते-आते इहलोक और परलोक में परिलक्षित होने लगता है। जबकि आधुनिक काल में इहलोक और परलोक की अवधारणा को गौण माना गया और कहा गया कि मनुष्य के चिन्तन में मानव स्वयं है। यदि कोई भी चिन्तन मनुष्य के प्रश्नों और उसकी जिजीविषा को लेकर पैदा नहीं हुआ है तो वह मानववादी विचारधारा के अनुकूल है ही नहीं। वैश्विक स्तर पर इस मानववादी विचारधारा को मानने वाले कई विचारकों के नाम सामने आये। लेकिन जिनका नाम प्रमुखता

से लिया जाता है उनमें कार्ल मार्क्स, जान डिवी, टी.एच. हक्सले, एम.एन. राय और जवाहरलाल नेहरू प्रमुख हैं।

चूँकि दिनकर कार्ल मार्क्स की विचारधारा से प्रभावित थे। इसलिए आधुनिकता का प्रभाव पड़ना इन पर स्वाभाविक था। मानववाद को स्थापित करने में संघर्ष एक प्रमुख उपादान के रूप में कार्य करता है। इसीलिए दिनकर ने कुरुक्षेत्र के माध्यम से संघर्ष के बीच में से मानवतावादी उस स्वरूप को गढ़ा है। जिसका विमर्श न सिर्फ आधुनिक है बल्कि समसामयिक भी।

1. अध्यात्मवाद का विरोध और युद्ध की अनिवार्यता : कुरुक्षेत्र की पृष्ठभूमि अर्जुन के उस संशय से शुरू होती है जिसमें वह युद्ध नहीं लड़ना चाहता। लेकिन कृष्ण के समझाने के बाद वह युद्ध में शामिल होता है। परिणति एक बड़े नरसंहार के रूप में होती है। जिसका पश्चात्ताप रचना के आरम्भ में युधिष्ठिर के उस निर्वेद भाव से होता है जिसमें उसे आत्मग्लानि से भरा हुआ और अपराध-बोध से ग्रस्त दिखाया गया है। लेकिन अन्त में सार्वभौमिक सत्य यही है। एक दिन जाना सबको है लेकिन अमिट वही रह जाता है जो सत्य और धर्म के मार्ग पर चलता है–

"ऊपर सब कुछ शून्य-शून्य है, कुछ भी नहीं गगन में।
धर्मराज जो कुछ भी है, वह मिट्टी में जीवन में।"

2. युद्ध का समाजशास्त्र और मानवीय क्षमताओं का विकास : युद्ध के पश्चात युधिष्ठिर की चिन्ता जिस रूप में व्यक्त हुई है। उसको भीष्म पितामह ने अलग-अलग सन्दर्भों में व्याख्यायित करने की कोशिश की है–

"जीवन उसका नहीं युधिष्ठिर, जो उससे डरते हैं।
वह उनका जो चरण रोप, निर्भय होकर लड़ते हैं।"

भीष्म पितामह ने युधिष्ठिर और गीता में कृष्ण ने अर्जुन के प्रश्नों का जिस प्रकार से उत्तर दिया है उसी में इस युद्ध के दर्शन की पूरी पृष्ठभूमि छिपी हुई है। दोनों ने युद्ध के लिए किसी व्यक्ति को जिम्मेदार नहीं माना, अपितु उनको माना जिन्होंने अन्याय का साथ दिया। पाण्डवों को उनका बराबर का हिस्सा न मिलने की वजह से दुर्योधन के खिलाफ न्याय पाने के लिए कुरुक्षेत्र जैसे युद्ध के हालात पैदा होते हैं।

मानवीयता की रक्षा के लिए हर समय अन्याय को सहते जाना भी एक तरह कि कायरता होती हैं। धर्म और मानवीयता की धारणा यही है। की अन्याय के खिलाफ आवाज उठाना और न्याय की स्थापना करना ही नैतिकता का मूल है।

"छीनता हो स्वत्व कोई और तू,
त्याग तप से काम ले, यह पाप है।
पुण्य है विछिन्न कर देना उसे,
बढ़ रहा तेरी तरफ, जो हाथ है।"

3. मानवीय प्रवृत्तियाँ और नैतिकता का द्वन्द्व : मानवीय प्रवृत्तियों का यह द्वन्द्व कुरुक्षेत्र में भीष्म पितामह के उस सहज स्वाभाविक संशय के माध्यम से प्रकट किया गया है। जिसमें कहीं-न-कहीं उन्हें यह अफसोस रह जाता है। वह जीवन में दाम्पत्य सुख का भोग नहीं कर सके। साथ ही साथ सामाजिक नैतिकता का यह सवाल भी उन्हें परेशान करने लगता है कि तात्कालिक परिस्थितियों में यदि वे ऐसा करते तो उन्हें समाज कर्म के मार्ग से भटकने वाला भगोड़ा साबित कर दिया जाता। तत्कालीन नैतिकता की यही माँग थी कि वे युद्ध में कर्मरत हों। क्योंकि मानवीय प्रवृत्तियों का पूरा द्वन्द्व परिस्थितियों पर आश्रित होता है।

"क्योंकि कोई कर्म ऐसा नहीं,
जो स्वयं ही पुण्य हो या पाप हो।"

4. शान्ति का समाजशास्त्र और युद्ध की अनिवार्यता : दिनकर का मानववाद समाजवादी मानववाद है। जो व्यक्तिवाद का निषेध करता है। वे मानते हैं कि समाजवादी मानववाद को स्थापित करने के लिए अवसरों का समान वितरण सिर्फ योग्यता के आधार पर नहीं आवश्यकता के आधार पर भी होना चाहिए। दिनकर कहते हैं यदि एक सामान्य व्यक्ति को कोई अवसर ही नहीं मिल पायेगा तो योग्यता कहाँ से हासिल करेगा। इसीलिए वे आवश्यकता की पूर्ति पर पहले बल देते हैं–

"शान्ति नहीं तब तक जब तक, सुख भाग्य न नर का सम हो,
नहीं किसी को बहुत अधिक हो, नहीं किसी को कम हो।"

वहीं दूसरी तरफ वे युद्ध की नैतिकता की वकालत करते हुए कहते हैं युद्ध कोई वैयक्तिक स्वार्थ के लिए नहीं, बल्कि सामुदायिक स्वार्थ के लिए लड़ना चाहिए और लड़ा भी गया। कुरुक्षेत्र का युद्ध भी वैयक्तिक और पारिवारिक लड़ाई नहीं थी, बल्कि असमता के खिलाफ समता के अधिकार की एक ऐसी लड़ाई थी जिससे पाण्डवों को विवश होकर कौरवों के खिलाफ युद्ध लड़ना पड़ा। जो बिल्कुल अनैतिक नहीं था।

"किन्तु उठता प्रश्न जब समुदाय का
भूलना पड़ता हमें ताप त्याग का।"

5. मानव के सुखद भविष्य की कामना और वैश्विक शान्ति की स्थापना : कुरुक्षेत्र में एक जगह वह प्रसंग आता है जहाँ युधिष्ठिर भीष्म पितामह से यह प्रश्न पूछते नज़र आते हैं कि क्या कभी ऐसा समय आयेगा जब समाज युद्ध जैसी विभीषिका से मुक्त होगा। इसके जवाब में भीष्म पितामह कहते हैं जरूर होगा। लेकिन यह तभी सम्भव है जब मनुष्य ज्ञान-विज्ञान संकीर्णता से मुक्त होकर न्याय और सामाजिक समानता के लिए कार्य करने लगेगा।

"आशा के प्रदीप को जलाये चलो धर्मराज।
एक दिन होगी मुक्त भूमि रण भीति से।"

अज्ञेय

अज्ञेय की पहचान प्रयोगवाद और नयी कविता के प्रवर्तक के रूप में होती है। इन्होंने लगभग सभी विधाओं में अपनी कलम चलायी। स्वभाव से ही विद्रोही होने के कारण साहित्य के सभी रूपों में इनके विद्रोह का स्वर एक प्रयोगात्मक प्रतिफलन के रूप में हुआ। ये एक साथ कवि, कथाकार, आलोचक, सम्पादक, थे। वैसे तो अज्ञेय को प्रगीतात्मक अभिव्यक्ति वाली छोटी कविताओं का कवि माना जाता है। लेकिन 'असाध्य वीणा' जैसी लम्बी कविता लिखकर इन्होंने न सिर्फ अपने एक सफल कवि होने का परिचय दिया अपितु मिथकीय धरातल को आधार बनाकर कविता लिखी इससे प्रतीकात्मक कविताओं का दौर भी प्रारम्भ हुआ। यह कविता अज्ञेय के काव्य-संग्रह 'आँगन के पार द्वार' में संगृहीत है।

'असाध्य वीणा' एक जापानी लोककथा पर आधारित है। यह कथा 'ओकाकुरा' की पुस्तक 'द बुक ऑफ टी' में 'टेमिंग ऑफ द हार्प' शीर्षक से संगृहीत है। एक कथा के अनुसार यह वीणा एक विशाल कीरी वृक्ष से बनी थी। इसकी विशेषता यह थी कि अनेक वादक कलाकार प्रयत्न करके हार गये पर वीणा नहीं बजा सके इसीलिए इसका नाम 'असाध्य वीणा' पड़ गया। अन्त में बीनकारों का राजकुमार पीवो ही उस वीणा को बजा सका। इस वीणा से उसने जो सुर-ताल छेड़ी उससे अनेकों तरह के संगीत गूँज उठे। कभी संगीत के स्वर फूटते तो कभी युद्ध के। अज्ञेय का मानना है ऐसी 'असाध्य वीणा' को वही साधक साध पाता है जो सत्य को एवं स्वयं को शोधता है। अथवा जो अपने आप को और परिवेश को भूलकर उसी के प्रति समर्पित हो जाता है। यह अन्तर्मुखी प्रक्रिया है। बौद्ध दर्शन में इसे 'तथता' कहा गया है जिसमे स्वयं को समर्पित करने के बाद ही सत्य को पाया जा सकता है।

'असाध्य-वीणा' के दार्शनिक पक्ष को लेकर कई विद्वानों में मतभेद है। कुछ लोग इसमें 'जेन बुद्धिज़्म' का प्रभाव देखते है। तो कुछ लोग इसको बौद्ध धर्म के महायान सम्प्रदाय से प्रभावित मानते हैं। इसके अन्तर्गत यह माना जाता है कि बुद्धत्व प्राप्ति के लिए सभी बाहरी अनुष्ठान निरर्थक हैं। सिर्फ ध्यान ही एकमात्र रास्ता है, जिससे बुद्धत्व की प्राप्ति हो सकती है।

अज्ञेय का दार्शनिक चिन्तन और असाध्य वीणा

1. टी.एस. इलियट का प्रभाव : अज्ञेय का सम्पूर्ण रचना कर्म दार्शनिक चिन्तन की एक पूरी रचना प्रक्रिया से होकर गुज़रता है। कभी वे बौद्ध दर्शन से प्रभावित जान पड़ते हैं, तो कभी जैन दर्शन से। कभी वे टी.एस. इलियट से प्रभावित जान पड़ते हैं तो कभी उन पर अस्तित्ववाद का प्रभाव जान

पड़ता है। लेकिन वैचारिक धरातल पर वे सबसे अधिक टी.एस. इलियट से ही प्रभावित जान पड़ते हैं। उनके तमाम रचना कर्म में इनका बेहद प्रभाव दिखायी पड़ता है। इलियट का सम्बन्ध नयी समीक्षा आन्दोलन से रहा है। जिसमें उन्होंने परम्परा, निर्वैयक्तिकता और वस्तुनिष्ठता का सिद्धान्त प्रतिपादित किया। इन सिद्धान्तों का सम्बन्ध नव-शास्त्रवाद (Neo-Classicism) से रहा है। इन सभी सिद्धान्तों का प्रभाव अज्ञेय पर पड़ा। 'असाध्य वीणा' में भी यह प्रभाव परिलक्षित होता है।

निर्वैयक्तिकता का सिद्धान्त स्वच्छन्दतावादी काव्यधारा के विरोध में है। स्वच्छन्दतावादी कवि वर्ड्सवर्थ का मानना है कि, "कविता तीव्र भावों की सहज अभिव्यक्ति है।" जबकि इलियट का मानना है कि, "कविता भावों की अभिव्यक्ति नहीं, बल्कि भावों का वमन करती है।" उनका कहना है, "अच्छा कवि वह नहीं जो भावों का प्रदर्शन करता है, अपितु अच्छा कवि वह होता है जो तटस्थ रहकर कविता करता है।'' इस सन्दर्भ में उनका कहना है, "भोगने वाले मन और रचना करने वाले मन में अनिवार्यतः एक अन्तराल बना रहता है और यह अन्तराल जितना अधिक रहता है। रचना उतनी ही महान बनती है।"

इसकी व्याख्या करते हुए वे आगे लिखते हैं, "जिस प्रकार सल्फ्यूरिक एसिड से भरे बर्तन में प्लेटिनम की उपस्थिति से सल्फर डाइऑक्साइड का निर्माण होता है वैसे ही कवि की मौजूदगी कविता के लिए आवश्यक है" प्रियंवद की भूमिका में वे स्वयं लिखते हैं–

"तू उतर बीन के तारों में
अपने से गा,
अपने को गा"

'असाध्य वीणा' पर इलियट के परम्परा सिद्धान्त का भी प्रभाव पड़ा। इलियट के यहाँ रचना का मूल्यांकन परम्परा के सापेक्ष होता है। जबकि अज्ञेय के यहाँ सम्पूर्ण रचनाशीलता ही परम्परा का अंग बन जाती है।

"वायु सा नाद भरा मैं उड़ जाता हूँ।"

वस्तुनिष्ठता अज्ञेय की रचनाधर्मिता का तीसरा गुण है। इसको भी अज्ञेय ने इलियट से ही ग्रहण किया है। वस्तुनिष्ठता के माध्यम से इलियट अनुभूति और अभिव्यक्ति के जिस अन्तर को समाप्त करना चाहते हैं। उसका जीवन्त प्रयोग अज्ञेय की कविता 'शब्द और सत्य' में स्पष्ट जान पड़ता है।

"सदा एक-दूसरे से तन कर रहते हैं,
कब कैसे किस आलोक स्फुरण में,
इन्हें मिला दूँ-
दोनों जो बन्धु सखा चिर सहचर मेरे"

2. जेन बुद्धिज्म का प्रभाव : जैन बुद्धिज़्म का दर्शन भारत में जापान से आया। जो महायान बौद्ध परम्परा की एक शाखा है। इस परम्परा की दो शाखाएँ हैं एक माध्यमिक शून्यवाद दूसरी विज्ञानवाद। अज्ञेय पर इस शून्यवाद का बहुत प्रभाव पड़ा। असाध्य वीणा पर इस शून्यवाद का बहुत प्रभाव नज़र आता है। प्रियंवद से पहले सभी कलाकार इस भौतिक वीणा को साधने में लगे हुए थे। किन्तु अन्ततः प्रियंवद ही इसे मानसिक स्तर पर साधने में सफल हुए–

"वीणा उस पर रख, पलक मूँदकर, प्राण खींच,
कर के प्रणाम,
अस्पर्श छुअन से छुए तार"

इस मानसिक तादात्म्य का परिणाम यह हुआ कि वीणा का सोया हुआ संगीत प्रियंवद की छुअन मात्र से झंकृत हो गया।

3. अस्तित्ववाद का प्रभाव : कीर्केगार्द, सार्त्र, कामू और हाइडेगर जैसे विचारकों को अस्तित्ववाद का जनक माना जाता है। इस विचारधारा का प्रारम्भ पश्चिम में द्वितीय विश्वयुद्ध के बाद हुआ। इस विचारधारा का मूल बिन्दु था कि इसमें मनुष्य की सत्ता को व्यक्तिगत सत्ता से जोड़ा गया और कहा गया कि प्रत्येक मनुष्य को अपना जीवन स्वतः जीना चाहिए। उसको समाज और परम्परा के समक्ष अपने आप को नहीं समर्पित करना चाहिए। मूलतः अस्तित्ववाद में अनास्था का भाव प्रभाव रहा है। लेकिन कीर्केगाद और पाल ने इसमें आस्था के भाव को भी ढूँढ़ा है।

असाध्य वीणा में अस्तित्ववाद की समस्या स्वधर्म के अभाव की समस्या है। उनका मानना है कि स्वधर्म का अभाव उनकी शक्ति को क्षीण कर देता है। अज्ञेय ने असाध्य वीणा में दिखाया है कि स्वधर्म में डूबते ही सभी को वह परम ज्ञान मिल जाता है जिसकी उन्हें अपेक्षा थी। यथा–

"डूब गए सब एक साथ
सब अलग-अलग एकाकी पार तिरे"

असाध्य वीणा की मूल संवेदना

असाध्य वीणा अज्ञेय की प्रतिनिधि कविताओं में से एक है। जिसका कथा विन्यास जटिल है। प्रतीकों पर आधारित होने के कारण इसकी संवेदना विश्व-व्यापित तो है लेकिन कथ्य का निर्धारण कर पाना कठिन काम है। कविता की मूल समस्या उस निराशा और अनास्था से शुरू होती है जो कला, ज्ञान और विज्ञान में लगभग समाप्त होने की कगार पर है। ऐसे समय में कवि एक ऐसे सृजनकर्ता और योग्यता वाले पुरुष की तलाश में है जो न सिर्फ कला को जीवित कर सके अपितु एक ऐसे साधक के रूप में समाज के सामने आ सके। जो अहंकार रहित हो।

निराशा के उत्कर्ष के बाद आशा का जो संचार प्रियंवद के रूप में होता है उसका नमूना इस प्रकार है–

मेरे हार गये सब जाने-माने कलावन्त
सबकी विद्या हो गयी अकारथ, दर्प चूर,
कोई ज्ञानी गुणी आज तक इसे न साध सका

लेकिन दूसरे ही क्षण जैसे ही आशा और आस्था का संचार प्रियंवद के रूप में होता है। कवि के मन में उत्सुकता और उत्साह की एक नयी लहर उमड़ उठती है। मसलन–

धीरे बोला : राजन! पर मैं तो
कलावन्त हूँ नहीं, शिष्य, साधक हूँ।

स्पष्ट है सृजन प्रक्रिया का सम्बन्ध अहंकार के उस विरेचन से है जिसमें मनुष्य अपनी सभी शक्तियों को भूलकर एक साधक की भाँति आत्मनिवेदन के भाव से खुद को परम सत्ता के सामने समर्पित करता है। प्रियंवद इसी आस्था और विश्वास के सहारे उस असाध्य वीणा को साधने की कोशिश करता है जिसको अभी तक कोई दूसरा साध नहीं सका। साधनावस्था की इस ऊँचाई तक प्रियंवद इसलिए पहुँच सका क्योंकि उसके व्यक्तित्व का विलयन हो जाता है। व्यक्तित्व का विलयन उसी व्यक्ति का हो सकता है जिसका व्यक्तित्व स्वयं विराट हो। व्यक्तित्व के इस विलयन से ही सारे संगीत, सृजन और कला का प्रस्फुटन होता है।

अवतरित हुआ संगीत
स्वयंभू
जिसमें सोता है अखण्ड
ब्रह्म का मौन
अशेष प्रभामय।

यह सृजन ही वह तत्त्व है। मानव मुक्ति का पाठ पढ़ाता है। सृजन का सबसे बड़ा गुण होता है अपने युग की पहचान करने की अन्तर्दृष्टि। किसी भी रचना की सबसे बड़ी पहचान यही होती है। कुल मिलाकर देखें तो इस कविता की मूल संवेदना यही है कि कैसे राजनीति और विज्ञान के सर्वसत्तावादी रूप के सामने मानव का स्वरूप लघुमानव के रूप में तब्दील होता जाता है। असाध्य वीणा में प्रियंवद का यह अतिमानवीय रूप ही है जो उसे अपने समय का नायक बनाता है। इस कविता में अज्ञेय ने अस्तित्ववादी अनास्था 'न कुछ' को भारतीय चिन्तन धारा के धरातल 'आस्था' की जमीं पर उतारकर 'सब-कुछ' के भ्रम को तोड़ा है। इस सन्दर्भ में रामस्वरूप चतुर्वेदी का यह कथन प्रासंगिक ही है 'न कुछ' से भयभीत हुआ जा सकता है, जबकि 'सब-कुछ' को सब कुछ सौंपा जा सकता है। जैसा कि प्रियंवद भी एक जगह कहता है–

श्रेय नहीं कुछ मेरा,
मैं तो डूब गया था स्वयं शून्य में,
वीणा के माध्यम से अपने को मैंने
सब-कुछ को सौंप दिया था।

अज्ञेय की कविताएँ सांस्कृतिक अस्मिता के प्रश्नों को भी बार-बार उठाती हैं। उन्होंने स्वयं लिखा है, "उस साहित्य को कोई प्रतिष्ठा नहीं मिल सकती जिसमें कोई सांस्कृतिक अस्मिता नहीं होती है। जिससे हम बनते हैं उसे पहचानते हुए उसे अभिव्यक्ति दें तो ही हमारा वर्तमान और भविष्य सुरक्षित रहेगा। नहीं तो हम कही के नहीं रहेंगे।"

सांस्कृतिक अस्मिता का यह सवाल इस कविता में भी दिखायी देता है। इसमें प्रियंवद के माध्यम से अज्ञेय ने उस व्यक्तित्व को ढूँढ़ने की कोशिश की है जो कहीं विलुप्त हो गया है। इसका दर्शन भले वैश्विक हो और पश्चिमी साहित्य चिन्तन से प्रभावित हो। लेकिन जड़ें पूरी तरह से भारतीय हैं। इसी आत्मविश्वास की खोज में विजयदेव नारायण साही ने जयशंकर प्रसाद और अज्ञेय को एक ही स्तर पर पकड़ने और उनके दर्शन को साधने की कोशिश की है। साही लिखते हैं, "प्रसाद ने अनुभूति को दर्शन में घुलाया है जबकि अज्ञेय ने दर्शन को फिर से अनुभूति में घुलाने की राह अपनी कविता के माध्यम से निकाली है।"

अज्ञेय की इस कविता की केन्द्रीय संवेदना व्यक्ति और समाज के सम्बन्धों की पड़ताल करना भी है। जिस दौर में सम्पूर्ण विश्व में अस्तित्ववादी अनास्था, वैज्ञानिक सत्ता और मार्क्सवादी विचारधारा का बोलबाला था। और बुद्धि की सत्ता के आगे व्यक्ति गौण दिखायी दे रहा था, उस दौर में अज्ञेय ने इस पूरे दर्शन और विचार को एक नये सिरे से समझने का प्रयास किया। उन्होंने व्यक्ति को समाज से अलग न मानकर एक-दूसरे का पूरक माना। असाध्य वीणा में एक स्तर पर व्यष्टि को समष्टि से मिलाने की बात कही गयी है। इसीलिए इसे व्यष्टि से समष्टि को मिलाने का आख्यान कहा गया है।

असाध्य वीणा का रहस्यवाद

रहस्यवाद एक ऐसी अनुभूतिपरक भावना का नाम है जिसकी उत्पत्ति आन्तरिक होती है, जो अदृश्यमान होती है। जो बाह्य जगत् में दिखायी न देते हुए भी यथार्थ जगत् में अपने सम्बन्धों को अनुभव के माध्यम से उद्घाटित करने में सक्षम हो। यह सम्बन्ध आध्यात्मिक और ईश्वरीय होते हैं। रहस्यवाद में सम्बन्धों का एक ऐसा एकात्म दिखायी देता है जिसमें मानवीय शक्तियों का विलयन आध्यात्मिक शक्तियों से हो जाता है।

कविता के स्तर पर अज्ञेय पहले पहल रहस्यवाद का विरोध करते हुए प्रतीत होते हैं। लेकिन धीरे-धीरे अपनी बात को कहने के लिए कविता में रहस्य की

एक चादर चढ़ाते हुए नज़र आते हैं। इन पर रवीन्द्रनाथ टैगोर का काफी प्रभाव दिखायी देता है। इनके रहस्यवाद का चरम उत्कर्ष 'असाध्य वीणा' में प्रकट होता है। इनके रहस्यवाद को 'सृजनात्मक रहस्यवाद' का नाम दिया गया। अज्ञेय अपने इस रहस्यवाद को उद्‌घाटित करते हुए स्वयं रहस्यवाद नाम की एक कविता लिखते हुए उसमें अपना मत स्पष्ट करते हैं–

> लेकिन मेरा रहस्यवाद ईश्वर की ओर उन्मुख नहीं है।
> मैं उस असीम शक्ति से सम्बन्ध जोड़ना चाहता हूँ।
> अभिभूत होना चाहता हूँ।
> जो मेरे भीतर है।

स्पष्ट है इनका रहस्यवाद पारम्परिक रहस्यवाद से अलग है, जो भक्त कवियों की तरह अपना सम्बन्ध ईश्वर से जोड़ना चाहते हैं। अज्ञेय का यह रहस्यवाद 'जेन बुद्धिज़्म' से प्रभावित है। जो शून्यवाद और विज्ञानवाद के माध्यम से बाहरी साधनों का निषेध करते हुए आन्तरिक शोधन पर बल देता है और जिसकी सत्ता अनुभूतिपरक और आन्तरिक है।

अज्ञेय के रहस्यवाद की विशेषता यह है कि वे अनुभव को दर्शन के स्तर पर घुलाते हैं। व्यक्ति का समष्टि के साथ जो समावेश होता है। उसमें ज्ञाता और ज्ञेय का अन्तर ख़त्म हो जाता है। असाध्य वीणा में नायक प्रियंवद का साधनावस्था में खो जाना उस एकात्म की ओर इशारा करता है, जो किसी भी सृजनात्मक व्यक्ति के लिए उसके चरमबिन्दु को दर्शाता है। यथा–

> मुझे स्मरण है
> पर मुझको मैं भूल गया हूँ
> सुनता हूँ मैं
> पर मैं मुझसे परे
> शब्द में लीयमान

अज्ञेय मानते हैं इस प्रकार के अलौकिक रहस्यवाद में डूबना अपने आप में एक विराट प्रभाव वाले परमात्मा की गोद में जा बसने जैसा है। जिसकी आत्मीयता की थाप इतनी सम्मोहनकारी है कि उसकी शरण में आते ही आम मनुष्य अपनी सब सुध-बुध खो बैठता है। और उस अद्‌भुत, अतुलनीय आनन्द की अनुभूति में अपने आपको समर्पित कर देता है। उदाहरण के लिए–

> डूब गये सब एक साथ
> सब अलग-अलग एकाकी पार तिरे

संक्षेप में कहा जा सकता है अज्ञेय का यह रहस्यवाद भक्तिकालीन रहस्यवाद न होकर सृजनात्मक रहस्यवाद से प्रभावित है। जिसमें अनुभूति को दर्शन के धरातल पर तिरोहित करके आनन्द की अनुभूति का प्रकटीकरण किया गया है।

मुक्तिबोध

डॉ. नामवर सिंह ने मुक्तिबोध के बारे में लिखा कि, "नयी कविता में मुक्तिबोध की कविता की स्थिति वही है, जो छायावादी कविता में निराला की है। बीसवीं सदी की हिन्दी कविता में यदि किसी कवि के भीतर छटपटाहट, बेचैनी और जीवन की सच्चाइयों के प्रति ईमानदार कोशिश दिखायी देती हैं तो वह है गजानन माधव मुक्तिबोध। देखने में यद्यपि मुक्तिबोध की कविता जटिल है लेकिन अभिव्यक्ति में उतनी ही सरल। भगवान सिंह ने उनकी कविता की जटिलता का बयान इस तरह किया है, "वे सरस नहीं हैं, सुखद नहीं हैं। वे हमें अन्दर से झकझोर देती हैं।"

ब्रह्मराक्षस कविता का अर्थ और प्रतीक

'अँधेरे में' और 'ब्रह्मराक्षस' सर्वाधिक प्रसिद्ध कविताएँ है। 'ब्रह्मराक्षस' को 'चाँद का मुँह टेढ़ा है' नामक कविता संकलन में प्रकाशित किया गया है। इस कविता को लेकर सबसे बड़ा संशय यही है कि इसमें 'ब्रह्मराक्षस' कौन है और 'मैं' कौन है। 'ब्रह्मराक्षस' (1957) के बारे में खूब लिखा गया और अलग-अलग स्तर पर व्याख्यायित भी किया गया। लेकिन जो सबसे सटीक व्याख्या लगती है उसमें श्रीकान्त वर्मा की यह व्याख्या अधिक उपयोगी जान पड़ती है हइस कविता में मुक्तिबोध स्वयं 'ब्रह्मराक्षस' की भूमिका में हैं। और उसके शिष्य की भूमिका में भी वही विद्यमान हैं। दोनों अलग-अलग न होकर एक ही व्यक्ति के दो व्यक्तित्व के रूप में वे स्वयं ही मौजूद हैं।

कविता की प्रारम्भिक 32 पंक्तियों में एक परित्यक्त बावड़ी और उसके वातावरण का चित्रण किया गया है। बावड़ी शहर के बाहर किसी खँडहर की याद दिलाती है। उसके अन्दर ठहरे पानी में भीतर तक सीढ़ियों की एक श्रृंखला जाती है। सीढ़ियों की यहश्रृंखला कितनी दूर जाती है पता नहीं। यह टी.एस. इलियट के 'Streets that follow like a tedious argument' की तर्ज पर जान पड़ता है–

सीढ़ियाँ डूबीं अनेकों
उस पुराने घिरे पानी में...
समझ में आ न सकता हो
कि जैसे बात का आधार
लेकिन बात गहरी हो।

इन पंक्तियों में जिस गहराई की झलक देखने को मिलती है वह मुक्तिबोध की कविता 'अँधेरे में' के बिल्कुल क़रीब बैठती है। जिस प्रकार 'अँधेरे में' का

'मैं' और 'मुक्तिबोध' दोनों में एक 'सुविधाभोगी मन' और दूसरा 'क्रान्तिचेतना' मन का प्रतिनिधित्व करता है। वैसे ही ब्रह्मराक्षस में इनका मन 'आदर्शवादी आग्रहों' और 'व्यक्तिवादी आग्रहों' के बीच फँसकर तड़पता रहा। इस अर्थ में श्रीकान्त वर्मा का उपर्युक्त कथन सही जान पड़ता है।

इसके बाद की पंक्तियाँ बहुत अधिक कसी हुई और सन्दर्भित हैं। बावड़ी के चारों ओर गूलर के पुराने पेड़ हैं, जिनकी शाखाओं पर घुग्घुओं के परित्यक्त घोंसले हैं। मुक्तिबोध ने गूलर के अर्थ में ही औदुम्बर का प्रयोग किया है। ये वृक्ष प्राचीनता, भूतकाल के गौरव और रहस्य का वातावरण बनाते हैं। उल्लुओं के परित्यक्त घोंसले खँडहर, बावड़ी और पुराने गूलरों के सम्मिलित प्रभाव को गाढ़ा करते हैं–यह ऐसी जगह है जिसे उजाड़ का प्राणी उल्लू भी छोड़ गया है। ऐसे वातावरण में ब्रह्मराक्षस का प्रवेश होता है, जो बावड़ी में रहता है। इस कविता की लगभग साठ पंक्तियों में ब्रह्मराक्षस की मानसिकता का चित्रण किया है। जिसमें तीन बातें उभरकर सामने आती हैं–पहला वह विक्षिप्त आचरण वाला है, अपराध-बोध से ग्रसित है और आत्ममुग्धता का शिकार है। ब्रह्मराक्षस को अपना अन्तर-बाह्य मलिन लगता है। वह अनवरत स्नान करता है पर मलिनता दूर नहीं होती। मन्त्रोच्चार से भी शान्ति नहीं मिलती। आत्मालोचन के प्रकाश से अन्दर पैठी संवेदनात्मक कालिमा दूर नहीं होती। क्योंकि वह प्रबल अपराध-बोध का शिकार है। लेकिन दूसरा एक दृश्य यह भी देखने को मिलता है कि जब सूर्य की किरणें बावड़ी में पहुँचती हैं तो ब्रह्मराक्षस समझता है कि सूर्य, चन्द्रमा ही नहीं बल्कि सारे आकाश ने उसकी वन्दना की है और उसे ज्ञानगुरु मान लिया है। इस तरह वह आत्ममुग्धता का भी शिकार दिखायी देता है, जो उसकी विक्षिप्तता को दर्शाता है।

यह ब्रह्मराक्षस मुक्तिबोध का प्रिय प्रतीक है। जिसका प्रयोग उन्होंने अपनी कई कविताओं में किया है। भारतीय सांस्कृतिक परम्परा में ब्रह्मराक्षस उसे माना गया है जो अपने पाप कर्मों की वजह से प्रेत-योनि में विचरण करता है। इस मिथकीय चरित्र को मुक्तिबोध ने फैटेंसी का एक नया रूपक गढ़कर और नये शिल्प में ढालकर एक नया रूप दिया है। ब्रह्मराक्षस मुक्तिबोध के चरित्र में इतना रच-बस गया है कि वे स्वयं अपना स्वरूप ब्रह्मराक्षस के रूप में देखने लगते हैं। इसकी एक बानगी उनकी एक अन्य पुस्तक 'एक अधूरी डायरी' में देखने को मिलती है। जहाँ वे लिखते हैं–"मैं ब्रह्मराक्षस हूँ। अनादिकाल से चला आया। वह ब्रह्मराक्षस जिसने हमेशा सही करने की कोशिश की और गलती करता चला गया।"

अब सवाल उठता है यह ब्रह्मराक्षस है कौन। एक वह जो हमें बौद्धिकों और चिन्तकों के प्रतीक के रूप में दिखायी देता है अथवा दूसरा वह मध्य-वर्ग

बुद्धिजीवी जो अपने ऐतिहासिक उत्तरदायित्व को न निभा पाने के कारण सामान्य जन से कट गये हैं। मार्क्सवादी विचारधारा के अनुसार मध्यवर्गीय बुद्धिजीवियों का उत्तरदायित्व बनता है कि वे शोषित और वंचित वर्ग को उनके अधिकारों के प्रति अवगत करायें और क्रान्ति चेतना का विकास करें। लेकिन वे ऐसा न कर पाने में इसलिए अक्षम दिखायी देते हैं क्योंकि वे अपने व्यक्तिवादी सुखों से ही बाहर नहीं निकल पाते। जिससे कोई बड़ी क्रान्ति नहीं हो पाती। दूसरे शब्दों में, वे अपनी आत्ममुग्धता की बावड़ी से ही बाहर नहीं निकल पाते। एक तरफ उनको अपने ज्ञान का घमण्ड है तो दूसरी तरफ कुछ न कर पाने की अतृप्ति भी। इसलिए उनके मन में एक अपराध-बोध है। अपने जीवन की व्यर्थता का अपराध-बोध। जो 'पागल प्रतीकों' के रूप में जगह-जगह प्रकट हुआ है। इस तरह जीवन में किसी परिणति तक न पहुँच पाना ही उनकी 'नीच ट्रैजेडी' है।

उपरोक्त व्याख्या से स्पष्ट है कि ब्रह्मराक्षस खण्डित व्यक्तित्व का प्रतीक है। डॉ. रामविलास शर्मा का मानना है कि, "अस्तित्ववाद के पितामह कीर्केगार्द ने मनुष्य की भूलों, अपराध भावना, पाप सम्बन्धी चेतना, आत्मपरिष्कार की तड़प, आत्मसंघर्ष द्वारा मुक्ति और ईश्वर प्राप्ति की सम्भावना पर बड़ा बल दिया है।" उनकी राय में ब्रह्मराक्षस की समस्या यही है। क्योंकि मुक्तिबोध कहीं-न-कहीं अस्तित्ववादी दर्शन से प्रभावित हैं। दूसरा, कविता में नायक पहले ही मृत होकर ब्रह्मराक्षस बन चुका है और जो काफी समय से बावड़ी में क़ैद है। तीसरा, एक प्रभावी प्रतीक का उदाहरण यह भी है कि नायक एक सामान्य चरित्र है, वह खुद सच को रचते हुए दूसरे सच का सामना नहीं कर पाता। मुक्तिबोध का सचमुच ब्रह्मराक्षस जैसा होना कविता के प्रतीकत्व को दर्शाता है।

ब्रह्मराक्षस का कथानक

कविता का कथानक मानवीय चिन्तन और ज्ञान की ऐतिहासिक विफलता के रेशे से बुना गया है। सभ्यता के आरम्भ से आज तक ज्ञान 'एक्सक्लूसिव' रहा है न कि 'इन्क्लूसिव'। कविता में जिस ट्रैजेडी का ज़िक्र बार-बार होता है वह मानवता के संचित ज्ञान की ट्रैजेडी है। इसलिए इसकी व्याख्या 'एलिगॉरिकल' चरित्र के रूप में भी हुई और कहा गया कि कविता में एलिगरी का अंश मौजूद है। 'एलिगरी' का मतलब होता है—'रूपक' अथवा 'दृष्टान्त'। मसलन ब्रह्मराक्षस की कथा के बहाने इसके वास्तविक कथ्य को उभारा गया है। इसलिए इसके स्थूल सच का कोई महत्त्व नहीं है, इसके भीतर की सूक्ष्मता को समझे जाने की जरूरत है। इसकी सम्पूर्ण 'क्रोनोलॉजी' को भी एक रूपक के रूप में देखे जाने की जरूरत हैं। बावड़ी सचमुच की बावड़ी नहीं है, गूलर के पेड़ सिर्फ

गूलर के पेड़ नहीं है। इन सभी को एक 'एलिगॉरिकल नैरेटिव' के रूप में देखने की जरूरत है।

कविता में जिस ब्रह्मराक्षस की चर्चा की गयी है। वह मानव जाति का प्रतिरूप है जो जनता तक पहुँचना चाहता है, लेकिन नहीं पहुँचता। इसलिए उसमें आत्मसन्तुष्टि की जगह व्यर्थता का बोध है। बावड़ी मानवीय ज्ञान के संकुचित आश्रय का रूपक है। जो ब्रह्मराक्षस को एक वर्गविशेष के दायरे में सीमित करके रखती है। गूलर के पेड़ उस विशालकाय वटवृक्ष की तरह हैं जिनकी जड़ें तो बढ़ती चली जाती हैं लेकिन वे जड़ता की निशानी हैं। इस तरह देखें तो सम्पूर्ण कविता की एक-एक वस्तु, एक-एक तत्त्व का प्रतीक है।

उपरोक्त रूपक कथा के आईने में यदि ब्रह्मराक्षस के कथानक को समझने की कोशिश की जाय तो ब्रह्मराक्षस एक ऐसा प्राणी है जो मनुष्य योनि में पैदा होता है और जिसका लक्ष्य सत्य की खोज करना है। लेकिन वह अपने रास्ते से भटक जाता है और सत्य की खोज नहीं कर पाता। इसीलिए वह बार-बार बावड़ी की सीढ़ियों में चढ़ता और उतरता है लेकिन चढ़ नहीं पाता। यह उसके भीतर के विकृत संघर्ष को उद्घाटित करता है। अन्ततः वह घुट-घुटकर मर जाता है। कविता की इन पंक्तियों में उसके इस निमित्त को इस प्रकार दर्शाया गया है–

सितारे आसमानी छोर पर फैले हुए
अनगिन दशमलव से
दशमलव बिन्दुओं के सर्वत्र
पसरे हुए उलझे गणित मैदान में
मारा गया, वह काम आया
और वह पसरा पड़ा है।
वक्ष बाँहें, खुली फैली,
एक शोधक की।

ब्रह्मराक्षस की मूल समस्या गणित की 'ज्यामितिक संगति' और उसके 'भव्य मान' की तरह दशमलव के बिन्दुओं के आर-पार उलझी हुई है। जिसके एक तरफ उसका खुद का आत्मचेतस–सूक्ष्म नैतिक भान है। दूसरी तरफ वैश्विक नैतिकता के लिए विश्वचेतस मन से लड़ने की कोशिश। आत्मचेतस और विश्वचेतस नैतिकता की व्याख्या यहाँ तीन स्तरों पर की गयी है। पहला वह जो 'रक्तपायी वर्ग से नाभिनालबद्ध' है, अर्थात् जिनकी बुद्धि बिक चुकी है। दूसरा–जिनकी बुद्धि बिकी तो नहीं है, लेकिन जो अपनी बुद्धि के साथ 'असंग' रहना चाहते हैं। तीसरे वे हैं–जिनकी न तो बुद्धि बिकी है, न तो असंग रहना चाहते हैं, और न ही सत्ता से समझौता करना चाहते हैं। मुक्तिबोध ने ऐसे ही व्यक्तियों को 'आत्मचेतस और विश्वचेतस' कहा है। जिनका व्यावहारिक मन

तो आत्मचेतस है और नैतिक मन विश्वचेतस। जो न तो किसी भी चीज़ को स्वीकारने को तैयार है और न ही किसी चीज़ से समझौता करने को। इसलिए उनके मन में निरन्तर भीतर ही भीतर एक आत्मसंघर्ष चलता रहता है।

इस आत्मसंघर्ष से मुक्ति पाने के लिए वह कई उपाय भी करता है। वह गुरुओं, पण्डितों और चिन्तकों के पास भी जाता है लेकिन भौतिकता और आध्यात्मिकता के बीच के रहस्यवाद में फिर फँस जाता है। बिल्कुल 'कामायनी' के मनु के समान। यथा–

उस भाव–तर्क व कार्य सामंजस्य योजन
शोध में
सब पण्डितों, सब चिन्तकों के पास
वह गुरु प्राप्त करने के लिए भटका।

किन्तु यहाँ भी वह पूँजीवादी और बाज़ारवादी व्यवस्था का शिकार बन जाता है। वह नैतिकता की विश्वचेतस सीढ़ियों में चढ़ना तो चाहता है लेकिन उसका आत्मचेतस मन धन–सम्पदा, सुख और वैभव से मुक्त नहीं होने देता। एक तरफ शोधक का आत्मसंघर्ष तो था ही अब बाहर से पूँजीवादी संस्कृति का दबाव उसको और जीने नहीं देता। इस तरह वह भीतरी और बाहरी दबावों के बीच पिसकर मर जाता है।

पिस गया वह भीतरी
औ' बाहरी दो कठिन पाटों बीच,
ऐसी ट्रैजडी है नीच!!

लेकिन कविता यहीं समाप्त नहीं होती। कविता का पहला भाग इस कथानक और त्रासदी पर ख़त्म होता है, और दूसरा पक्ष यहीं से अपना विस्तार पाता है। क्योंकि ब्रह्मराक्षस एक ऐसी फैंटेसी शिल्प पर आधारित रचना है जिसका कथानक जहाँ ख़त्म होता है। वहीं से कविता अपना अर्थ ग्रहण करना प्रारम्भ करती है।

मुक्तिबोध की कविताओं की सबसे बड़ी विशेषता यह है कि वे समग्र सत्य को पकड़ना चाहती हैं। उसमें उनका सबसे बड़ा लक्ष्य यही होता है कि कैसे मानवीय त्रासदी के कारणों का संधान किया जाय। ब्रह्मराक्षस में भी इस त्रासदी के होते ही कविता फिर एक बार प्रश्नाकुल होती है। और प्रश्न पूछती है–

यह क्यों हुआ !
क्यों यह हुआ !!

ऐसा प्रतीत होता है कि वक्ता–कवि इतिहास के भीतर संचित ज्ञान सम्पदा को समस्त मानव जाति के लिए उपयोगी बनाना चाहता है। इसीलिए ब्रह्मराक्षस भी अपने व्यक्तित्व को नैतिक रूप से पूर्ण बनाना चाहता है। ब्रह्मराक्षस अपनी

नैतिकता को सच्चांई के उस पैमाने तक ले जाना चाहता है। जहाँ उसकी उपयोगिता स्वयंसिद्ध हो। बिल्कुल गणित के उन सवालों की तरह जिसमें वस्तुनिष्ठ सवालों की तरह ही उनका उत्तर भी बिल्कुल स्पष्ट होता है। लेकिन यह सम्भव नहीं जान पड़ता। क्योंकि नैतिक प्रतिमान भी एक सीमा के बाद आत्मनिष्ठ और मनोवैज्ञानिक हो जाते हैं।

ब्रह्मराक्षस कविता का पूरा द्वन्द्व इसी नैतिकता और आत्मनिष्ठता के बीच उस मार्ग को खोजना है जिसकी जड़ें बहुत गहरे तक जमी हुई हैं। इसीलिए वह एक स्तर पर आकर अच्छे और बुरे के बीच की खोज में नहीं भटकता बल्कि अच्छे और अधिक अच्छे के बीच में से और अधिक अच्छे को खोज लेने में ही अपनी सफलता मानता है।

बुरे–अच्छे बीच के संघर्ष
से भी उग्रतर
अच्छे व उससे अधिक अच्छे बीच का संगर
गहन किंचित सफलता।

मुक्तिबोध ब्रह्मराक्षस के बहाने से उस सांस्कृतिक ऐतिहासिक बोध को भी जगाना चाहते हैं जिसकी सम्भावना पूँजीवादी संस्कृति के आगमन से समाप्त हो गयी। इसीलिए कविता में नायक लगातार मुक्ति की कामना के लिए छटपटा रहा है। अपने अपराध–बोध के ऊपर वह बाह्य सांस्कृतिक संकट का सामना करने को न सिर्फ बाध्य है बल्कि व्याकुल भी है।

पाप–छाया दूर करने के लिए, दिन–रात
स्वच्छ करने
ब्रह्मराक्षस
घिस रहा है देह
हाँथ के पंजे बराबर
बाँह–छाती–मुँह–छपाछप
खूब करते साफ
फिर भी मैल
फिर भी मैल।

इतने सब प्रयासों के बावजूद ब्रह्मराक्षस हार जाता है। कविता के अन्त में उसकी मृत्यु भी दिखायी देती है। यह मृत्यु दो स्तरों पर होती है। एक–उसकी एकान्त बौद्धिकता के सन्दर्भ में और दूसरी–बाह्य दबावों के सन्दर्भ में। यह मृत्यु कविता के कथानक और रूपक को एक नया आयाम देती है। अन्त की पंक्तियों में कवि वर्तमान में लौट आता है और अपनी त्रासद कथा को 'पागल प्रतीकों' के माध्यम से कहता है।

कविता के अन्त में ब्रह्मराक्षस की अभिलाषा है कि वह एक सहानुभूतिशील शिष्य बने और मानव जाति के ज्ञान की धरोहर को सर्वजन के जीवन तक पहुँचाने में सहयोग करे। यह महज़ संयोग ही नहीं था कि यह कविता प्रकाशित होने के लगभग तीन महीने पहले मुक्तिबोध की कहानी 'ब्रह्मराक्षस का शिष्य' प्रकाशित हुई थी। जिसमें वे लिखते है, "ज्ञान का लाया हुआ उत्तरदायित्व मैंने पूरा किया, अब यह मेरा उत्तरदायित्व तुम पर आ गया है। जब तक मेरा दिया हुआ ज्ञान तुम किसी और को न दोगे तब तक तुम्हारी मुक्ति नहीं।" इसी बिन्दु पर आकर कविता भी समाप्त हो जाती है।

संवेदना और शिल्प

मुक्तिबोध की इस कविता में संवेदना और शिल्प का स्वरूप स्वयं के आत्मसंघर्ष और स्व की खोज के रूप में दिखायी देता है, जो उनकी कविता की ताकत भी है और मजबूरी भी। ताकत इसलिए कि इसके माध्यम से वे जो फैटेंसी रचते हैं, उसकी पहुँच बहुत व्यापक है। ब्रह्मराक्षस कविता का स्वरूप इसके माध्यम से संश्लिष्ट हो जाता है। लेकिन यही वह बिन्दु होता है जहाँ से ब्रह्मराक्षस का संघर्ष मध्यवर्गीय बुद्धिजीवी का संघर्ष जान पड़ता है।

मुक्तिबोध की कविताओं की विशेषता यह रही है कि उन्होंने ज्ञानात्मक संवेदना और संवेदनात्मक ज्ञान को एक साथ रखने पर बल दिया है। उनका मानना है कि न तो ज्ञान अपने आप में परिपूर्ण है और न ही संवेदना ही। वे एक साहित्यिक डायरी में विस्तार से लिखते हुए कहते हैं, "फैटेंसी में संवेदनात्मक ज्ञान और ज्ञानात्मक संवेदना रहती है। साथ ही वे कहते हैं व्यक्तित्व के रूपान्तरण के लिए चिन्तन और कर्म दोनों का होना आवश्यक है। जिस तरह आचाररहित किसी विचार का कोई मतलब नहीं। उसी तरह यदि सिर्फ चिन्तन किया जाय कर्म नहीं तो हमारी स्थिति भी वैसी ही होगी जैसी की ब्रह्मराक्षस की थी।" यथा–

बावड़ी में वह स्वयं
पागल वृत्तिकों में निरन्तर कह रहा
वह कोठरी में किस तरह
अपना गणित करता रहा
और मर गया

मुक्तिबोध की विशेषता यह है कि वे जिस तरह से कविता में ꣹ैंटेसी का प्रयोग करते हैं उससे कविता का यथार्थ पूरी तरह उघड़कर सामने आ जाता है। इसी तरह जब वे यथार्थ का चित्रण करते हैं तो कविता को फैंटेसी बना देते हैं। वे कहते भी हैं कविता का अर्थ है–"सत्य में स्वप्न, और स्वप्न में सत्य" का होना ज़रूरी है।

मुक्तिबोध प्रगतिशील कवि हैं। प्रगतिशील कवि प्राय: शिल्प के प्रति बहुत गम्भीर नहीं होते। मुक्तिबोध का स्पष्ट मानना है कि रचना में वस्तु का होना आवश्यक है, जबकि उसके बाई-प्रोडक्ट के रूप में शिल्प स्वत: मौजूद होता है। लेकिन पश्चिम में जिस प्रकार जॉर्ज लुकाच ने प्रगतिशील आन्दोलन के भीतर इस मान्यता को स्थापित किया ठीक उसी प्रकार हिन्दी साहित्य के भीतर इस प्रकार की प्रगतिशील रचनाओं की खोज मुक्तिबोध ने की। उनका मानना है कि उचित अर्थ के बिना सिर्फ शिल्प का निर्माण नहीं हो सकता। इसीलिए कविता के भीतर चेतना का होना आवश्यक है। चेतना होने पर रचना अपने आप प्रभावशाली हो जायेगी।

ब्रह्मराक्षस एक लम्बी कविता है लेकिन यह लम्बी कविताओं में से भी छोटी है। कुछ लोगों ने इसे 'वस्तुपरक एक लम्बी कविता' का नाम दिया। जो लम्बी कविताओं की तरह रहस्यवाद और कल्पना पर आधारित न होकर किसी भी समस्या को सम्पूर्णता की तलाश में देखने की कोशिश करती हैं। जैसा कि मुक्तिबोध स्वयं लिखते हैं, "मेरी कविताओं में यथार्थ के तत्त्व परस्पर गुम्फित होते हैं साथ ही पूरा यथार्थ गतिशील होता है। ...यही कारण है कि मैं छोटी कविताएँ नहीं लिख पाता। जो छोटी होती हैं वस्तुत: छोटी न हो करके अधूरी होती हैं।..."

शिल्प और बिम्ब योजना

शिल्प के स्तर पर ब्रह्मराक्षस फैंटेसी शिल्प पर आधारित है। फैटेंसी उस स्वप्न और कल्पना को कहते हैं जिसमें व्यक्ति वास्तविक जीवन की अपूर्णताओं की काल्पनिक पूर्ति करता है। मुक्तिबोध ने अपनी कविता में गतिशील, बहुआयामी और जटिल यथार्थ का फैटेंसी शिल्प के माध्यम से पकड़ने की कोशिश की है। इसलिए यथार्थ के अनावश्यक वर्णन करने से वे बच गये हैं। इसके माध्यम से वे सीधे-सीधे यथार्थ का वर्णन करने में सक्षम हुए हैं।

इस शिल्प का प्रयोग अति यथार्थवादी तथा भाववादी रचनाकार अपने मन में बसे अमूर्त भावों को और मन:स्थितियों को प्रकट करने के लिए करते हैं। फ्रायड के मनोविज्ञान का भी उन पर गहरा असर रहा है।

अपनी अन्य कविताओं की तरह मुक्तिबोध ने 'ब्रह्मराक्षस' कविता में भी बिम्ब का जमकर प्रयोग किया है। बिम्बों की सघनता के कारण कुछ आलोचकों ने उनकी कविताओं को 'बिम्बों का नगर' कहा है। मुक्तिबोध स्वयं स्वीकारते हैं कि, "उनकी कविताएँ भयावह बिम्बों से निर्मित हुई हैं। उन्होंने एक कविता में इसका ज़िक्र भी किया है–

मेरी ये कविताएँ
भयानक हिडिम्बा हैं,
वास्तव की विस्फारित प्रतिमाएँ,
विकृताकृति बिम्ब हैं।

मुक्तिबोध के बिम्बों की मूल विशिष्टता उनकी भयानकता और रहस्यमयता है। मसलन–

शहर के उस ओर खँडहर की तरफ,
परित्यक्त सूनी बावड़ी

'ब्रह्मराक्षस' नयी कविता के दौर की रचना है। इस दौर में कविताओं की बाकायदा बिम्ब शृंखला निकाली गयी थी, जिसमें कई प्रकार के बिम्बों का प्रयोग किया गया। इन बिम्बवादी रचनाकारों में एक कवि मुक्तिबोध भी थे जिनकी प्रतिनिधि कविता थी 'ब्रह्मराक्षस'। यह इस दौर की एक ऐसी कविता थी जो बिम्बों से प्रारम्भ होती है और बिम्बों पर ही ख़त्म होती है। एक उदाहरण–

ब्रह्मराक्षस,
घिस रहा है देह,
हाँथ के पंजे बराबर,
बाँह-छाती-मुँह छपा-छप

(गतिशील दृश्य बिम्ब के साथ श्रव्य बिम्ब भी)

कुल मिलाकर ब्रह्मराक्षस के माध्यम से मुक्तिबोध एक ऐसे मध्यवर्गीय बुद्धिजीवी के आत्मसंघर्ष को केन्द्र में लाना चाहते हैं जो न सिर्फ रचना के स्तर पर जोखिम उठाता है, अपितु इसके माध्यम से लम्बी कविताओं का एक ऐसा शिल्प भी गढ़ता है जिसका आधार बिम्ब है। लेकिन इन बिम्बों के पीछे का रचना संसार अमूर्त के माध्यम से जीवन की उन सच्चाइयों को मूर्त करना है जिसको कि कवि सीधे-सीधे शब्दों में व्याख्यायित नहीं कर सकता।

नागार्जुन

नागार्जुन का काव्य जीवन का साक्षात्कार है। मानव जीवन का जिससे गहन सम्बन्ध है। इन्होंने रचना को सिर्फ विशिष्ट वर्ग का आधार न मानकर जन-जन के जीवन को जवाबदेह बनाने की कोशिश की। नागार्जुन ने जनता के समस्त जीवन यथा–हर्ष-विषाद, स्वप्न और आकांक्षा सभी को कविता के माध्यम से व्याख्यायित करने का प्रयास किया। डॉ. शिव कुमार मिश्र इनकी कविता के बारे में लिखते हुए कहते हैं– "नागार्जुन की कविता जीवन के अमृत और विष दोनों में सराबोर कविता है। जीवन के विष को उसने भारतेन्दु एवं निराला की भाँति

निर्विकार पिया और पचाया है और अमृत को दोनों हाथ से मनुष्यता के हित के लिए कविता के रूप में उलीचा है। प्रेमचन्द और मुक्तिबोध के साथ वे अकेले रचनाकार थे अपने व्यक्तिगत जीवन के कटु और भयावह यथार्थ की मलिन छाया भी जिन्होंने अपने काव्य के ऊपर नहीं पड़ने दी है।"

जनकवि होने की अपनी कुछ शर्तें होती हैं। अलग-अलग कवि अलग-अलग शर्तों पर खरे उतरते हैं। लेकिन नागार्जुन एक ऐसे कवि हैं जो जनता की सभी कसौटियों पर खरे उतरे।

1. पहली शर्त है कि नागार्जुन की कविताएँ जनता के साथ तादात्म्य स्थापित करते हुए आगे बढ़ती हैं। स्वतन्त्रता के बाद नागार्जुन अकेले ऐसे कवि हैं जो जनता के हर वर्ग तक अपनी सीधी पहुँच रखते हैं। डॉ. नामवर सिंह ने लिखा भी है कि, "इस बात में तनिक भी अतिशयोक्ति नहीं है कि तुलसीदास के बाद नागार्जुन अकेले ऐसे कवि हैं जिनकी कविता की पहुँच किसानों की चौपाल से लेकर काव्य रसिकों की गोष्ठी तक है।"

2. जनकवि की दूसरी शर्त यह है कि वह जनता की समस्याओं से गहराई तक जुड़ा होता है। जनसाधारण के प्रति प्रतिबद्धता हर किसी में नहीं होती है लेकिन संवेदना व कलात्मकता के मामले में नागार्जुन अद्वितीय हैं। एक तरफ इनमें समाज के मंगलमय भविष्य के प्रति आस्था तो दूसरी तरफ सामाजिक विविधता और राजनीतिक विश्रृंखलता के दर्शन मिलते हैं। मसलन-

"रोता हूँ लिखता जाता हूँ,
कवि को बेक़ाबू पाता हूँ"

3. नागार्जुन की कविताओं में जनता के मुद्दे को राजनीतिक मंच पर भी उठाया जाता है। इसीलिए वे राजनीति पर भी गहरा व्यंग कसते हैं। वे सिर्फ दिखावटी घोषणाओं से प्रभावित नहीं होते, अपितु उन पर करारा प्रहार भी करते हैं-

आओ रानी हम ढोयेंगे पालकी।
यही हुई है राय जवाहरलाल की।
× × × ×
भूखी भारतमाता के भूखे हाथों को चूम लो।
प्रेसिडेंट के लंच डिनर में
स्वाद बदल लो, चूम लो।
पद्मभूषणों, भारत रत्नों से
उनके उद्‌गार लो।
पार्लियामेंट के प्रतिनिधियों से,
आदर लो, सत्कार लो।

मिनिस्टरों से शेक हैंड लो,
जनता के जयकार लो।

4. जो कवि जनता की समस्याओं के प्रति जबाबदेह होता है। वह किसी भी विचारधारा से ऊपर जनता की भावनाओं को रखता है। यही बात नागार्जुन के काव्य में देखने को मिलती है। यद्यपि वे मार्क्सवादी विचारधारा से प्रभावित दिखायी देते हैं। लेकिन जब ज़रूरत पड़ती है तो वे उसको भी दरकिनार कर जनता के मुद्दे को अधिक तरजीह देते हुए उस पर भी प्रहार करने से नहीं चूकते।

क्या है दक्षिण क्या है वाम,
जनता को रोटी से काम।

कुल मिलाकर नागार्जुन के सन्दर्भ में इतना कहा जा सकता है कि जिस तरह अपने पूरे जीवन में उन्होंने एक सामान्य नागरिक और जनता की तरह अपना जीवन जिया, ठीक वही जीवन उनके काव्य में भी परिलक्षित होता है। जनता की सहज भावनाओं से लेकर उनकी भाषा तक सभी में उनकी इस उपस्थिति को आसानी से पहचाना जा सकता है। जो एक सामान्य जन के प्रति उनकी प्रतिबद्धता को दर्शाता है।

'अकाल और उसके बाद' कविता : संवेदना और शिल्प

'अकाल और उसके बाद' नागार्जुन की बहुचर्चित कविताओं में से एक है। इस कविता में अकाल और उसके बाद की जिस संश्लिष्ट स्थिति का वर्णन किया गया है उससे भारतीय जनमानस के सामाजिक यथार्थवाद के दर्शन होते हैं। यह कविता भूख और उसके बाद की जिस मन:स्थिति का वर्णन करती है वह न सिर्फ मार्मिक है बल्कि इस बात का दिग्दर्शन भी कराती है कि यदि पेट भरा न हो तो सारे-के-सारे दर्शन, विचार, चेतना, मानवीय आकांक्षाएँ और इच्छाएँ धरी-की-धरी रह जाती हैं। यथा–

कई दिनों तक चूल्हा रोया, चक्की रही उदास
कई दिनों तक कानी कुतिया सोयी उनके पास
कई दिनों तक लगी भीत पर छिपकलियों की गश्त,
कई दिनों तक चूहों की भी हालत रही शिकस्त

यह कविता जिस ख़ूबसूरती के साथ मनुष्य की पीड़ा और वेदना को अभिव्यक्त करती है उतनी ही गम्भीरता के साथ उन प्राणियों की मन:स्थिति को भी उजागर करती है जो मनुष्य और उनकी भूख से जुड़े हुए हैं। एक व्यक्ति और खुशहाल ज़िन्दगी का प्रभाव कैसे पर्यावरण और उनसे जुड़े प्राणियों पर पड़ता है। इसका वर्णन इस कविता में अप्रतिम ढंग से किया गया है। 'कानी कुतिया' शब्द का प्रयोग उस सामाजिक विकलांगता की ओर इशारा करता है।

जिसके कारण मनुष्य तो क्या, मनुष्यों से जुड़े उन प्राणियों की हालत और दुर्दशा का भी ज़िक्र है जिनको भूख ने बेबस और लाचार बना दिया है।

घर के भीतर खाने के लिए एक दाने का भी न होना। छिपकलियों की जिस बेचैनी की ओर इशारा करता है। वह आज के भौतिकवादी और प्रगतिवादी समाज में उस यथार्थ को भी पहचानने की कोशिश है जिससे मानवीय मूल्यों का निस्पन्दन होता है। समुच्चय के तौर पर नागार्जुन की इस कविता को सामाजिक यथार्थवाद कहा जाता है, तो यह सच ही है।

इस कविता में अकाल के समाप्त होने और भूख की सम्भावनाओं के ख़त्म होने का चित्रण जिस तरह से किया गया है वह अपने आप में यह दर्शाता है कि पेट की भूख मनुष्यता के मानदण्डों को समझने के लिए कितनी महत्त्वपूर्ण है।

दाने आये घर के अन्दर, कई दिनों के बाद
धुआँ उठा आँगन के ऊपर, कई दिनों के बाद,
चमक-उठी घर भर की आँखें, कई दिनों के बाद
कौए ने खुजलायीं पाँखें, कई दिनों के बाद।

अकाल के माध्यम से मनुष्य के मूल्यों का जिस तरह से अवमूल्यन होता है उसका प्रभाव सिर्फ आम आदमी के जीवन पर ही नहीं पड़ता, बल्कि इसके सहभागी पशु-पक्षी भी होते हैं। कौए द्वारा पंखों के खुजलाये जाने का चित्रण यहाँ उतना ही प्रासंगिक है जितना कि अकाल के दौरान चूहे की हालत शिकस्त दिखायी देती है।

कुछ आलोचक 'अकाल और उसके बाद' कविता के उत्तरार्ध को मिथ्या चेतना से जोड़ते हुए कहते हैं कि नागार्जुन समाज की वर्तमान व्यवस्था के प्रति कुछ अधिक आस्थावान दिखायी देते हैं। जबकि मार्क्सवादी आलोचकों का यह मानना है कि नागार्जुन को कविता के भीतर संघर्ष का रास्ता तब तक नहीं छोड़ना चाहिए जब तक कि दमन और शोषण का क़िला पूरी तरह धवस्त नहीं हो जाता। यदि छोटी-छोटी खुशियों के लालच में हम पड़ने लगे तो हमारी क्रान्ति चेतना ठण्डी हो जायेगी। मार्क्सवादी विचारकों का मानना है कि अकाल का मूल कारण उत्पादन नहीं, बल्कि संसाधनों का असमान वितरण है। और इससे मुक्ति तभी हो सकती है जब मुक्त बाज़ार और कालाबाज़ारी से इस बाज़ारवादी संरचना को स्वतन्त्र किया जायेगा। इन आलोचकों का यह भी मानना है कि घर में कुछ दाने आ जाने से जिस तरह की प्रसन्नता दिखायी गयी है, वह क्रान्ति की सारी सम्भावनाओं को क्षीण कर देगी।

लेकिन नागार्जुन उपरोक्त भावों और विचारों से इत्तेफाक नहीं रखते हैं। उनके लिए तो रोटी ही सबसे महत्त्वपूर्ण उपादान है एक सामान्य जीवन जीने के

लिए। इसीलिए वे किसी भी तरह की विचारधाराओं और आलोचकों की बातों को नज़रअन्दाज़ करते हुए लिखते हैं कि–

क्या है दक्षिण क्या है वाम,
जनता को तो रोटी से काम

'अकाल और उसके बाद' कविता की सबसे बड़ी संवेदना यह भी है कि वह अकाल के माध्यम से प्रकृति के उस जड़ और चेतन अन्तर को भी बाँटना चाहते हैं जिसका सीधा सम्बन्ध मानवीय प्रकृति और उसकी संवेदनाओं से जुड़ा हुआ है। वे कविता में जोर देकर कहना चाहते हैं कि अकाल के आने से सिर्फ मनुष्य जीवन प्रभावित नहीं होता है अपितु इसका प्रभाव वहाँ रहने वाले पशु-पक्षियों और प्राणियों पर भी पड़ता है। कई दिनों बाद घर के सभी लोगों की आँखों का चमकना इस बात का प्रमाण है कि इसका सम्बन्ध सिर्फ शारीरिक नहीं है, भावनात्मक भी है। जिसका सीधा असर मानवीय जीविका से जुड़े तत्त्वों पर भी पड़ता है जो इनके दिन-प्रतिदिन के कार्यों से जुड़े होते हैं। उदाहरण के लिए चक्की और चूल्हों का उदास होना भी मानवीय मूल्यों के पतन की पराकाष्ठा है।

शिल्प

1. कविता की प्रकृति को देखते हुए इसके स्वरूप का निर्धारण कर पाना थोड़ा कठिन जान पड़ता है लेकिन कविता की गेयता, संक्षिप्तता, लयात्मकता को देखते हुए कहा जा सकता है सम्पूर्ण कविता निजता के लक्षणों से परिपूर्ण है। इसीलिए कविता में यथार्थता के साथ-साथ वस्तुपरकता के लक्षण भी विद्यमान हैं। कुल मिलाकर इस कविता को ऐसी लघु कविता की श्रेणी में रखा जा सकता है जिसका स्वरूप यथार्थता से सीधे जुड़ा हुआ है।

2. नागार्जुन को सपाटबयानी का कवि माना जाता है। जिसके कारण इनके काव्य में अभिध के भरपूर लक्षण दिखायी देते हैं। बातों को सीधे-सीधे कह देने की कला के चलते इनकी कविता में न सिर्फ देशज शब्दों का प्रयोग दिखायी देता है। अपितु देशज मुहावरों का प्रयोग भी जमकर हुआ है। 'छिपकलियों की गश्त' लोकभाषा का मुहावरा है। साथ ही साथ इसमें लक्षणा और व्यंजना के तत्त्व विद्यमान हैं। 'चूल्हा रोया' और 'चक्की रही उदास' जैसे प्रसंगों में लक्षणा के तत्त्व विद्यमान हैं। 'चूल्हा' और 'चक्की' का प्रयोग जिस गेयता के साथ किया गया है उससे अवध और बिहार क्षेत्र के मुहावरों की धमक भी स्वरित होती है।

3. इस कविता के भीतर 'प्रतीक' का तत्त्व जीवन के सन्दर्भों से जुड़ा हुआ है। घर के भीतर से 'धुआँ उठने' और 'कौए का पंख खुजलाना' लोक जीवन के प्रतीक जान पड़ते हैं, जो समाज की उस ख़ुशहाली का दिग्दर्शन कराते हैं जो अकाल की वजह से अदृश्य हो गयी है।

4. नागार्जुन की सभी कविताओं में बिम्बों का जबरदस्त प्रयोग होता है। अपनी कविता के माध्यम से वे बिम्बों की एक शृंखला रचते हैं। बिम्बों की यह झाँकी न सिर्फ उनकी इस कविता में दिखायी देती अपितु नागार्जुन के पूरे काव्य में बिम्बों की एक शृंखला देखने को मिलती है। उदाहरण के लिए–'एटमबम' कविता का यह बिम्ब–

> खीझ-खीझकर ट्रू मैन के नाती–पोते चेला चांटी
> बरसावेंगे अपने ही हाथों एटमबम

कुल मिलाकर कहें तो अपने स्वरूप में यह कविता भले ही छोटी है लेकिन अकाल और उसके बाद की परिस्थिति के माध्यम से जिस बात का सन्देश देती है, उसका फलक बहुत व्यापक है। जीवन के तमाम पक्षों को कविता बिम्बों और प्रतीकों के माध्यम से उठाती है। इसलिए इस कविता को 'क्लासिक कविता' की श्रेणी में रखा जा सकता है।

खण्ड - ग

कथा साहित्य

1. उपन्यास : उपन्यास और यथार्थवाद, हिन्दी उपन्यासों का उद्भव और विकास
   (प्रमुख उपन्यासकार : प्रेमचन्द, जैनेन्द्र, यशपाल, रेणु और भीष्म साहनी)
2. हिन्दी कहानी : हिन्दी कहानी का उद्भव और विकास
3. नयी कहानी : नयी कहानी के उद्भव की पृष्ठभूमि
   (प्रमुख कहानीकार : जयशंकर प्रसाद, अज्ञेय, मोहन राकेश, कृष्णा सोबती)

1

उपन्यास

हिन्दी उपन्यास

कविता रचना की प्राचीनतम विधा है। कविता मानवीय रचनाशीलता का माध्यम रही है। 17वीं सदी के यूरोप में कविता का माध्यम दरकने लगा था और एक नयी विधा को अपनाने के लिए बाध्य होना पड़ा। जीवन को सीधे और सपाट ढंग से कहने के लिए जिस रचना विधा का जन्म हुआ, उसका नाम उपन्यास।

उपन्यास के उदय के कारण

औद्योगिक क्रान्ति के बाद जिस प्रकार की सामाजिक व्यवस्था का प्रादुर्भाव हुआ उसे कविता या नाटक में नहीं कहा जा सकता था। समाज की जटिलता, नगरीकरण व भाव के स्थान पर बुद्धि की स्थापना मानव की उत्तरोत्तर जटिल होती परिस्थितियों व समस्याओं ने कविता को अपर्याप्त पाया। अत: यथार्थ-चित्रण की नयी विधा अपनाई गयी, जिसे उपन्यास कहा गया। उपन्यास एक ऐसी लम्बी कथा है जिसमें भावना व कल्पना या रोमांस के स्थान पर जीवन के यथार्थ चित्रण को महत्त्व दिया गया। अत: आरम्भ से ही उपन्यास की मूल प्रतिज्ञा मनुष्य के यथार्थ का उद्‌घाटन थी। यही इस विधा की आधारभूत प्रतिज्ञा है। कविता व नाटक में जीवन के विस्तार को अभिव्यक्त करना सम्भव नहीं रह गया था। यथार्थवादिता उपन्यास के स्वभाव में है। कथा के दो रूप हैं–कल्पनाशील (Fiction) व यथार्थपरक (Novel)। इतिहास व उपन्यास में फर्क है नाम, तिथि व घटनाएँ सत्य बाकी सब कल्पित हैं। उपन्यास में ये सभी सत्य कल्पित हैं ।

उपन्यास का जन्म मध्यवर्ग के जन्म से जुड़ा है। यह पूँजीवादी व्यवस्था की देन है। प्रत्येक व्यवस्था की निश्चित विधाएँ होती हैं। सामन्ती युग की देन महाकाव्य। सामन्ती जीवन मूल्यों में जो नायकत्त्व की परिकल्पना है वह महाकाव्य में है। आधुनिक युग में नायकत्व खण्डित हुआ। अत: महाकाव्य का स्थान उपन्यास ने ले लिया। इसे आधुनिक युग का महाकाव्य भी कहा गया। महाकाव्य में वैशिष्ट्य

नायक व नायिका की पहचान है। आधुनिक युग में महामानव व असामान्य बनाने के अवसर कम हैं। अतः उपन्यास में साधारण पात्रों में नायकत्व खोजा गया। सबसे बड़े उपन्यासकार लियो टॉलस्टॉय, अन्ना कैरेनिया (Anna Karenina) साधारण स्त्री है, जबकि हीरो–साधारण कृषक।

सामान्यतः उपन्यास को पूँजीवादी समग्रता की देन व मॉडल माना जाता है। प्रसिद्ध उपन्यास आलोचक राल्फ फॉक्स (Ralf Fox) द नोबेल एंड द पीपुल–"The novel and the people" "पूँजीवादी सभ्यता ने संसार की कल्पनाप्रधान संस्कृति को जो भेट दी है। उसमें सर्वाधिक महत्त्वपूर्ण है उपन्यास।" पूँजीवादी व्यवस्था के साथ ही मध्यवर्ग का उदय जुड़ा है। उपन्यास का सम्बन्ध इसी मध्यवर्ग से होता है। 1740 में पहला उपन्यास रिचर्डसन का 'पामेला' था। इसका कथानक रूस से जुड़ा है। उपन्यास का उदय मध्यवर्ग की स्त्रियों की बोरियत दूर करने के लिए हुआ और उनके घरेलू जीवन का खालीपन भरने के लिए।

आरम्भ में उपन्यास का मिजाज विशुद्ध मनोरंजनात्मक हो गया था। यह मनोरंजन की विधा थी। अतः विद्वानों का मानना है उपन्यास का जन्म मध्यवर्ग की 'रीडिंग हैबिट' (पठन की आदत) की पूर्ति के लिए हुआ। अपराधी मुकदमों की तर्ज पर छपी काल्पनिक कथाएँ उपन्यास का आधार थीं।

धीरे-धीरे इसका रूप बदला और 19वीं सदी के आते-आते उपन्यास जीवन के प्रति जवाबदेह दिखने लगा व मनोरंजन से समस्याओं की ओर मुड़ा। मनुष्य की मनोवैज्ञानिक परिस्थितियों व समस्याओं का चित्रण होने लगा।

भारत में उपन्यास विधा नहीं थी आख्यान थे। कुछ विद्वान बाणभट्ट की कादम्बरी को उपन्यास का पूर्व रूप मानते हैं। पर भारत में उपन्यास की वास्तविक शुरुआत 19वीं सदी में पश्चिम के प्रभाव के परिणामस्वरूप हुई।

उपन्यास के विकास चरण

हिन्दी उपन्यास के विकास चरण तीन रूपों में परिलक्षित होते है–

- प्रेमचन्द पूर्व
- प्रेमचन्द युगीन
- प्रेमचन्द उत्तर

प्रेमचन्द पूर्व हिन्दी उपन्यास

प्रेमचन्द पूर्व हिन्दी उपन्यासों का एकमात्र लक्ष्य मनोरंजन है। मनोरंजन प्रधानता के कारण विस्मय और चमत्कार के माध्यम से पाठकों में कौतुहल जागृत करना इन उपन्यासों का मूल लक्ष्य था। मनोरंजन पूर्ण होने के कारण प्रेमचन्द पूर्व उपन्यास

घटना बहुल हैं। इन घटनाओं के पीछे रहस्य का धीरे-धीरे उद्घाटन और इसी के द्वारा पाठकों का मनोरंजन करना प्रेमचन्द पूर्व उपन्यास का लक्ष्य था। व्यक्तिगत था सामाजिक समस्याओं का उद्घाटन करना। इस युग के सबसे बड़े उपन्यास देवकीनन्दन खत्री का–'चन्द्रकान्ता' तथा 'भूतनाथ' थे। गैर-हिन्दी भाषियों ने चन्द्रकान्ता पढ़ने के लिए हिन्दी सीखी। यह अपार लोकप्रियता पर चमत्कार से परिपूर्ण उपन्यास था।

दूसरी ओर रहस्यतत्त्वमूलक जासूसी उपन्यास भी लिखे गये।

इस युग में दूसरी प्रवृत्ति समाज सुधार की भी है। 19वीं सदी नवजागरण व समाज सुधार का महायुग था। इसका प्रभाव उपन्यास पर पड़ा और सामाजिक सुधार व उपदेशात्मकता से प्रेरित उपन्यासों की रचना की गयी।

इसमें घटनाएँ कल्पित हैं और कल्पना प्रधानता है। पात्रों का कोई स्वतन्त्र अस्तित्व नहीं है। मात्र रचनाकार की कठपुतलियाँ थीं। इनका समूचा कथानक भी रचनाकार के अधीन हैं। अतः पैर जमीन पर नहीं रचनाकार के दिमाग पर रहता था। समाज सुधार वाले उपन्यासों में भी सामाजिक यथार्थ का चित्रण कम ही देखने को मिलता था।

तीसरी धारा ऐतिहासिक उपन्यासों की है। इनमें सिर्फ भूतकाल की घटनाओं का उल्लेख मिलता है। इतिहास के तत्त्व, दृष्टि व घटनाओं का नितान्त अभाव है। रोमांसकारी रचनाकारों ने सुदूर अतीत में जाकर अपनी रोमांसकारी वृत्ति को ही मूर्त रूप दिया। यह नाममात्र को ऐतिहासिक है।

समग्रतः वास्तविकता से सम्बन्धहीनता, अतिशय कल्पनाशीलता, रचना व जीवन के सम्बन्धों के प्रति जवाबदेही का अभाव दिखाई पड़ता है।

शिल्प की दृष्टि से सभी उपन्यासों में घटना वैचित्र्य का वर्चस्व है। तथा असहज (दिमागी) पात्रों व चमत्कारपूर्ण घटनाओं का आयोजन मिलता है।

प्रेमचन्द पूर्व हिन्दी उपन्यासकार

1. **विशुद्ध मनोरंजन प्रधान**–देवकीनन्दन खत्री–चन्द्रकान्ता (1891), चन्द्रकान्ता सन्तति, काजर की कोठरी व भूतनाथ। तिलस्मी उपन्यास जासूसी उपन्यास, गोपाल राम गहमरी ने 125 से अधिक जासूसी उपन्यास रचे। अद्भुत तारा, खूनी बॉल, गुप्तभेद, जासूस की भूल इत्यादि।

2. **उपदेश प्रधान**–श्रीनिवासदास का परीक्षा गुरू (1882)। आचार्य रामचन्द्र शुक्ल ने इसे अंग्रेज़ी ढंग पर आधारित हिन्दी का पहला उपन्यास कहा। बालकृष्ण भद्द 'नूतन ब्रह्मचारी।' राधाकृष्ण दास–'निस्सहाय हिन्दू'। राधाचरण गोस्वामी–'विधवा विपत्ति'। अयोध्या प्रसाद हरिऔध 'अधखिला फूल।' इनमें समाज के बुनियादी सत्यों की पकड़ वही है। सतह पर फैली समस्याओं का चित्रण ही

दिखाई देता है। उन्हें निमित्त करने वाली सामाजिक–ऐतिहासिक वास्तविकताओं व जटिलताओं की पकड़ नहीं है।

3. **ऐतिहासिक**–नवजागरण की चेतना के प्रभाव से अनेक रचनाकारों का ध्यान भारत के गौरवपूर्ण कालखण्डों की ओर गया। अतः कुछ उपन्यासकारों ने उपन्यास लिखकर सांस्कृतिक विरासत को पुनर्जीवित करने की कोशिश की, पर असफलता मिली। विशुद्ध रोमांस प्रधान उपन्यास ही लिखे गये। किशोरी लाल गोस्वामी–रजिया बेगम, लवंग लता। गंगाप्रसाद गुप्त–'पृथ्वीराज चौहान'। अखौरी कृष्ण प्रकाश सिंह –'वीर चूड़ामणि।'

प्रेमचन्द के आगमन से पूर्व हिन्दी उपन्यास अपरिपक्वता की स्थिति में था। यथार्थ से कोई गहरा सम्बन्ध नहीं, कलात्मकता भी नहीं थी। मात्र ऐतिहासिक महत्त्व के उपन्यास लिखे गये।

प्रेमचन्द का उदय विस्मयकारी घटना है। कुछ विद्वान कहते हैं कि उपन्यास का वास्तविक उदय प्रेमचन्द से होता है।

साहित्यिकता की कसौटी

1. उपन्यास का लक्ष्य सिर्फ बाजार में बेचे जाने हेतु है न कि जीवन की समस्याओं का उद्घाटन करना। बाजारू साहित्य साहित्यिक नहीं हो सकता। यह व्यापार का अंग है।

2. साहित्यिक उपन्यासों में कल्पनाशीलता नियन्त्रित है । सत्य को और अधिक स्पष्ट करने हेतु कल्पना का प्रयोग है ।

प्रेमचन्द युग

प्रेमचन्द युग का आगमन उपन्यास के इतिहास में युगान्तकारी घटना मानी गयी। उन्होंने उपन्यास के कथानक पात्र तथा भाषा में बुनियादी परिवर्तन किये।

मूल स्थापना–प्रेमचन्द ने उपन्यास की उत्पत्ति के सन्दर्भ में अपनी मूल स्थापना को प्रतिवादित करते हुए कहा कि

- "मैं उपन्यास को मानव चरित्र का चित्रमात्र समझता हूँ।" अतः उपन्यास लेखन में मनुष्य के चरित्र की प्रामाणिकता स्थापित रहनी चाहिए। उन्होंने मानव के चरित्र पर बल दिया, मनुष्य को केन्द्र में रखा। किसी भी मनुष्य के चरित्र का निर्माण परिस्थितियों व व्यक्तित्व की टकराहट से होता है। अतः चरित्र और कुछ नहीं–बस परिस्थिति और व्यक्ति है। प्रेमचन्द पूर्व उपन्यास में परिस्थितियाँ व पात्र कल्पित हैं। अतः चरित्र पर बल दिया गया। जबकि प्रेमचन्द ने वास्तविक घटनाओं को चुनने पर बल दिया।
- प्रेमचन्द का कहना था कि उपन्यास का लक्ष्य मात्र मनोरंजन नहीं हो सकता।

1936 भारतीय प्रगतिशील लेखक संघ (IPWA) ने कहा कि "साहित्य केवल मनोरंजन व विलासिता की वस्तु नहीं है। हमारी कसौटी पर वही साहित्य खरा

उतरेगा जो हममें गति, संघर्ष व बैचेनी उत्पन्न कर सके, सुलाये नहीं क्योंकि अब और ज्यादा सोना मृत्यु का लक्षण है।"

अतः मानवचरित्र पर प्रकाश डालना व उसके रहस्य को उद्घाटित करना ही उपन्यास का लक्ष्य है । प्रत्येक चरित्र मानव के यथार्थ जीवन का चित्र है। उपन्यास चेतना में विचलन पैदा करे। सत्य व यथार्थ के प्रभावशाली चित्र दे सके।

अतः दृष्टि पूर्ववर्ती युग से भिन्न है। वे गहरे लक्ष्य को ले अवतरित हुए।

(i) घटना (ii) चरित्र (iii) भाषा

घटना–"घटनाएँ मनोरंजन या कथा विकास का माध्यम मात्र नहीं हैं। वे जीवित और संगठित रचनाएँ हैं।"

प्रेमचन्द के यहाँ प्रत्येक घटना एक यथार्थ है। सामाजिक अभिप्राय है। कोई भी घटना महज कथा विकास के लिए नहीं है। वे जीवित व संगठित रचनाएँ हैं, जिनमें जीवन के कई परस्पर विरोधी पहलू निहित हैं। घटना को तथ्य नहीं वरन् सामाजिक सत्य के रूप में चित्रित किया गया। यही कारण है प्रेमचन्द के उपन्यासों में घटनाएँ मात्र तथ्यपरक नहीं समस्यापरक हैं।

पात्र–प्रेमचन्द पूर्व पात्र की प्रकृति पूर्व निर्धारित थी–अच्छे या बुरे के रूप में।

प्रेमचन्द–"पात्र मात्र अच्छे या बुरे होकर नैतिकता व अनैतिकता के सिद्धान्त नहीं होते।" पात्र टाइप्ड नहीं हैं। उनके पात्र "परिस्थितियों के दबाव को झेलते हुए आशा-निराशा, आकांक्षा-स्वप्न व भावों-विचारों के जटिल संस्थान होते हैं एवं कार्यों के कर्ता मात्र नहीं होते बल्कि संस्कारों, परिस्थितियों के दबावों व मनोभावों के वास्तविक प्रतिनिधि होते हैं।"

इसलिए प्रेमचन्द ने पात्रों का जगत् नहीं खड़ा किया, बल्कि उन्होंने दर्शाया कि प्रत्येक पात्र की मनोवैज्ञानिक व सामाजिक सत्ता है।

अतः प्रेमचन्द ने अपने उपन्यासों में घटनाओं और चरित्रों को एक सही अनुपात में संगठित किया जिससे तत्कालीन व आधुनिक भारतीय समाज की मानवीय नियति, संघर्ष की दिशा और सम्भावना परिभाषित हो सके।

भाषा–"भाषा कुछ भी व्यक्त करने का माध्यम नहीं है ।" उपन्यासकार की भाषा पर जीवन की सच्चाइयों के निशान मौजूद होने चाहिए। पात्र की सामाजिक परिस्थिति व घटना के अनुरूप भाषा का गठन किया गया। उनकी भाषा इकहरी नहीं है। पात्र व परिस्थितियों के अनुसार बदलती है। सामाजिक हैसियत की सूचना इसमें मिलती है। अतः एक ही उपन्यास में भाषा की अनेक परतें दिखाई पड़ती हैं। तद्भवता व देशीयता ग्रामीण पात्रों की पहचान है।

प्रेमचन्द की भाषा जीभ और दाँत की टकराहट से बनी भाषा है। विचार से उत्पन्न भाव नहीं है। अतः प्रेमचन्द ने सम्पूर्ण बदलाव लाया। उनकी जीवन के प्रति जो धारणा है वही उपन्यास के प्रति है। जैसा कि उन्होंने कहा–

"जीवन सम्पूर्णता में न तो अच्छा है न बुरा है और सम्भावना की सन्धि पर है। इसका चित्रण ही उपन्यासकार का लक्ष्य है–यथार्थ।" सम्भावना–आदर्श है। प्रेमचन्द में यथार्थ व आदर्श की समानान्तरता है। आदर्शोन्मुख यथार्थवाद। उपन्यास के यथार्थ चित्रण के साथ-साथ पात्र की सम्भावना का भी ध्यान रखना चाहिए। अत: उपन्यासों में पात्रों का हृदय परिवर्तन दिखता है। 'गोदान' अफवाह को छोड़कर आदर्श के दबाव से उत्पन्न उपन्यास है।

वे अपराजेय मानवीय आस्था के कलाकार हैं, जो घोर अन्धकार में जीने का ढाढस बँधाती है। पर अन्तिम दिनों में उन्होंने इस आदर्शपरकता को छोड़ दिया। इससे उनका मोहभंग हुआ। प्रेमचन्द ने दो बातें कीं–

- उपन्यास के संगठन में क्रान्तिकारी परिवर्तन। इसे वास्तविकता से जोड़ा। यथार्थवाद के माध्यम से उन्होंने–मानवीय जीवन की सच्चाइयों का चित्रण किया।
- यथार्थ को प्रकृतिवादी होने से बचाया।

प्रकृतिवाद–मनुष्य के जैविक सत्यों का उद्‌घाटन किया। वे मूल्य व संस्कारों को झूठ मानते हैं। अत: जीवन की निकृष्टता का चित्रण किया।

यथार्थवाद में यथार्थ का चित्रण मात्र नहीं पर यथार्थ के कारणों का चित्रण किया। वे यथार्थवादी हैं, मन पर गाँधी की गहरी छाप है। उन्होंने यथार्थ को जीवन की सम्भावनाओं से जोड़ा।

प्रेमचन्द के उपन्यासों की अन्तर्वस्तु

समाजशास्त्री पूरनचन्द जोशी का कहना है–"वे भारतीय ग्राम्य जीवन के प्रति वफादार रचनाकार हैं।" "राजनीति में जो भूमिका गाँधी की है वही साहित्य में प्रेमचन्द की है।" केन्द्र में गाँव व जन को प्रमुख माना।" गाँधी का राजनीति में प्रवेश व प्रेमचन्द का साहित्य प्रवेश साथ-साथ होता है। अत: जीवन और साहित्य में भारतीयता की प्रतिष्ठा हुई।

प्रेमचन्द के उपन्यासों में किसानों की दशा, सामाजिक बन्धनों में छटपटाती नारी की वेदना व वर्ण व्यवस्था से त्रस्त हरिजनों की पीड़ा का मार्मिक चित्रण मिलता है। यहाँ ग्राम्य जीवन भी समाहित है। अत: वे आधुनिक भारतीय जीवन के व्यास कहे जाते हैं।

प्रेमचन्द का कथा संसार आधुनिक भारतीय जीवन की महागाथा है।

प्रेमचन्द हिन्दुस्तान की नियति व सत्य के कथाकार थे। इसलिए उन्हें 'उपन्यास सम्राट' भी कहा जाता है, जो स्थान मध्ययुग में तुलसी का था वही आधुनिक युग में प्रेमचन्द का था। हमारी रचनात्मक प्रतिभा की महत्त्वपूर्ण उपलब्धि है। उन्होंने भारतीय जीवन के यथार्थ के प्रश्न में उपन्यास को व उपन्यास में जीवन को तब्दील कर दिया।

उन्होंने क्षितिज का ही विस्तार नहीं किया वरन् भारत को समझने के लिए गहरे विवेक व संवेदनशीलता की स्थापना की। मनोरंजन व चमत्कारों की भूलभूलैया में भटकते उपन्यास को खींचकर जीवन की ठोस वास्तविकता को जमीन पर प्रतिष्ठित किया। आचार्य शुक्ल के अनुसार प्रेमचन्द ने "हिन्दुस्तान के पाठक वर्ग को बदल दिया।" चेतना के स्तर पर बहुत महत्त्वपूर्ण सांस्कृतिक परिवर्तन का सूत्रपात किया। भारतीय पाठक की मानसिकता बदल दी जो एक बड़ी उपलब्धि है।''

प्रेमचन्द का अनुसरण करने वाले अन्य उपन्यासकारों के नाम इस प्रकार हैं–

विशम्भरनाथ कौशिक – *भिखारिणी*

राजा राधिका रमण प्रसाद सिंह – *राम रहीम*

सियाराम शरण गुप्त – *गोद*

लेकिन इसी युग में दो उपन्यासकार आये जिनकी प्रवृत्ति प्रेमचन्द से भिन्न थी–

जयशंकर प्रसाद – *'कंकाल', 'तितली'* व *'इरावती'*

पूँजीवाद के फलस्वरूप सामाजिक मूल्यों का क्षरण हुआ। पर दिखावा बरकरार रहा। जीवन व वास्तविकता में अन्तराल है। पाखण्ड की प्रवृत्ति विकसित दिखाई पड़ती है। इन उपन्यासकरों ने जीवन के इसी पाखण्ड पर आघात किया। वास्तविकता व पाखण्ड की खाई पर प्रहार किया। कंकाल के माध्यम से प्रसाद ने बहुत निर्ममता के साथ सामाजिक मूल्यों की कृत्रिमता व धर्म की ओट में पल रहे पाप का उद्घाटन किया। साथ ही विवाह संस्था पर भी चोट किया। इन्होंने कहा, वास्तव में सच्चा प्रेम ही सम्बन्ध की वास्तविक कसौटी है।

दूसरे–पाण्डेय बेचन शर्मा 'उग्र' ने समाज से परित्यक्तों के जीवन को विषय के रूप में चुना–चोर व वेश्याओं को उपन्यास का विषय बनाया। उन्हें सहानुभूति से देखते हुए इसे समाज के पाखण्ड का ही कारण माना। इनके सामाजिक कारणों का उद्घाटन किया। इनके उपन्यास को 'पीत साहित्य' लिटरेचर कहा जाता है। दिल्ली का दलाल, चन्द हसीनों के खतूत, शराबी आदि।

प्रेमचन्द युग के सभी उपन्यासकार यथार्थ के प्रति आग्रहशील हैं। सबकी अपनी सामाजिक दृष्टि है जो पाठकीय संवेदना में विचलन पैदा करती है।

प्रेमचन्दोत्तर उपन्यास

प्रेमचन्द के युग में ही उनसे भिन्न धाराएँ दिखने लगी थीं। मुख्यतः चार धाराएँ आयी। बाद में महिला लेखन के रूप में एक और धारा का जन्म हुआ। इस युग में मनुष्य रूप में निम्न विषयों पर उपन्यास लिखे गये–

- मनोवैज्ञानिक उपन्यास
- सामाजिक उपन्यास
- आंचलिक उपन्यास

- आधुनिक भावबोधा से प्रेरित जीवन पर आधारित उपन्यास।
- महिला लेखन–स्त्री लेखन की की समाचाओं पर आधारित

1. **मनोवैज्ञानिक उपन्यास**–सिद्धान्त पक्ष–मनोवैज्ञानिक उपन्यासकारों के अनुसार जीवन की समस्याएँ सामाजिक नहीं वरन् वैयक्तिक हैं। अतः यथार्थ की औसत सत्ता नहीं हैं। हर व्यक्ति की अपनी समस्याएँ भी होती हैं। अतः समस्याएँ जीवन की आन्तरिकता में हैं, सतह पर नहीं। इनका उद्घाटन उपन्यासकार का लक्ष्य होता है।

ऐसा मानते ही उपन्यास के शिल्प में परिवर्तन हो जाता है। पात्रों की बहुलता खत्म हो गयी। उपन्यास में प्रतीकात्मक भाषा का प्रयोग शुरू हुआ।

समस्या की अन्तर्मुखता, पात्रों की संख्या में ह्रास व प्रतीकात्मक भाषा, मूल पहचान, प्रेमचन्द के पात्र वर्ग के प्रतिनिधि भी हैं, वहीं इन उपन्यासों में पात्र वैयक्तिक होते हैं।

व्यक्तित्व की विशिष्टता भी मनोवैज्ञानिक उपन्यासों की विशेषता है। अतः सतह पर तैरती दुनिया को छोड़ा है। मन की गहराइयों के अन्तर्द्वन्द्वों को रचना का माध्यम बनाया।

अज्ञेय–शेखर एक जीवनी।

इलाचन्द्र जोशी–संन्यासी

डॉ. देवराज--अजय की डायरी।

ऐसे ही उपन्यासकार थे।

2. **सामाजिक उपन्यास**–इनके समानान्तर एक धारा जो प्रेमचन्द व मार्क्सीय चिन्तन से प्रभावित थी जिसे सामाजिक उपन्यास कहा गया। इसमें उपन्यासकार दो तरह के सन्दर्भों को अपने उपन्यास का विषय बनाते हैं। एक सीधे-सीधे प्रेमचन्द से प्रभावित विचारधारा का सीधा प्रयोग नहीं करते, लेकिन सामाजिक उपन्यासकार हैं–भगवती चरण वर्मा, अमृतलाल नागर, भगवती प्रसाद बाजपेयी।

विचारधारा प्रभावित–समाजवादी–यशपाल, नागार्जुन, रांगेय राघव, अमृत राय, भैरव प्रसाद गुप्त।

1936 के बाद का भारतीय समाज पहली धारा में दिखता है। इसमें बुनियादी फर्क है कि इसने प्रेमचन्द के आदर्श को छोड़ा। दूसरा जीवन के ब्यौरों की अधिकता। अतः कथानक में विस्तार है। छोटी-छोटी घटनाओं के चित्रण के माध्यम से मानवीय जीवन के सत्य का उद्घाटन किया। प्रेमचन्दोत्तर सामाजिक उपन्यासों में आदर्श की घटती मात्रा, जीवन के ब्यौरों में वृद्धि व प्रतिनिधिक पात्रों की संख्या में ह्रास दिखाई पड़ता है। पात्र विवरण में सामाजिक मनोविज्ञान का भी प्रयोग किया गया। इस प्रकार प्रेमचन्द परम्परा के उपन्यास में वृद्धि हुई।

भगवती चरण वर्मा–'टेढ़े-मेढ़े रास्ते', 'भूले-बिसरे चित्र,' 'आखरी दाँव' 'चित्रलेखा,' (ऐतिहासिक) तीन वर्ष का समय। इनके केन्द्र में सामाजिक समस्याएँ हैं। ऐतिहासिक उपन्यासों में पाप-पुण्य का प्रश्न है, प्रेम वासना नहीं। बुनियादी आवश्यकता विवाह और प्रेम की समस्या है। वास्तविक प्रेम विवाह के बाहर ही सम्भव है। "हर विवाहित पुरुष विवश प्यार पाता है। निर्मल प्यार केवल वही नारी दे सकती है जो प्रेयसी हो।"

अमृतलाल नागर–'बूँद और समुद्र', 'अमृत और विष', 'मानस के हंस' (तुलसी के जीवन पर आधारित) 'खंजन नैन' (सूर) के जीवन पर आधारित)

सही मायने में इन्होंने प्रेमचन्द परम्परा का निर्वाह किया। 'बूँद और समुद्र' में व्यक्ति व समाज के सम्बन्धों व उनके पारस्परिक महत्त्व पर प्रकाश डाला गया। व्यक्ति निरपेक्ष सामाजिकता बेमानी होती है, लावारिस होती है। पर समाज बिना व्यक्ति अर्थहीन। अतः दोनों की परस्परात्मकता में ही भलाई है। इसमें लखनऊ के जीवन का चित्रण है।

अमृत लाल नागर का कहना है–आजादी (अमृत मन्थन) के बाद के हिन्दुस्तान का त्रासद चित्रण दिखाई पड़ता है। अतः स्वप्नहीनता व संस्कृति की मानसिकता व जातीयता की दारुण कथा का चित्रण दिखाई पड़ता है।

इनमें सच्चाई विवरण की अधिकता, भाषा में किंचित आभिजात्यता व प्रतीकात्मक पात्रों का ह्रास भी देखने को मिलता है।

समाजवादी उपन्यासों में अर्थ को ही भारतीय समस्याओं का मूल माना गया है। अतः अर्थ को केन्द्र में रखकर समूची चर्चा है, यशपाल, का मानना है कि मध्यवर्ग का सर्वाधिक पाखण्ड यौन चेतना में दिखाई देता है। अतः मध्यवर्गीय जीवन की यौन चेतना के पाखण्ड का पर्दाफाश किया। यौन नैतिकता के पारम्परिक ढाँचे पर प्रहार व आर्थिक सम्बन्धों पर आधारित समाज का उद्घाटन इन उपन्यासों का मूल लक्ष्य है। यह अपनी कथा का चयन समाज के नितान्त निचले वर्ग से करते हैं। अतः अवर्ण जातियों, नटों, खेतिहरों के जीवन को समग्रता में उठाया जाता है। इस उपेक्षित वर्ग की कथा है।

यशपाल–'दादा कामरेड', 'पार्टी कामरेड', 'मनुष्य के रूप', 'झूठा सच' (विभाजन की त्रासदी पर आधारित।)

भैरव प्रसाद गुप्त–सती मैया का चौरा।

रांगेय राघव–विषाद मठ।

नागार्जुन–रवीनाथ की चाची।

अमृत राय–धुँआ।

ये दोनों धाराएँ मिलकर प्रेमचन्दोत्तर भारतीय जीवन का इतिवृत्त पूरा करती हैं।

प्रेमचन्दोत्तर उपन्यासों के अनेक रूप बदलने का कारण भारत में बदलाव है। स्वातन्त्र्योत्तर उपन्यास भी कहलाते हैं। आजादी के बाद, देश, समाज, व्यक्ति व परिस्थितियों में बद्लाव भी इन उपन्यासों के जन्म के कारण बना।

देश का विभाजन—देश की अखण्डता का स्वप्न टूट चुका था। 150 वर्षों का अखण्ड व स्वतन्त्र भारत का स्वप्न, छिन्न-भिन्न हो चुका था। अन्ततः खण्डित स्वतन्त्रता ही प्राप्त हुई। यह विडम्बनापूर्ण थी। इसका परिणाम हिंसा के बड़े पैमाने पर प्रयोग के रूप में हुआ। अहिंसा का मूलमन्त्र छोड़ हिंसा का ताण्डव देखने को मिला। अत: पराजयजन्य आजादी मिली।

इस 'संघर्ष की विफलता का असर स्वातंत्र्योत्तर पीढ़ी की मानसिकता पर पड़ा। आजादी पूर्व उपन्यासों में आशावाद है, पर आजादी के बाद मोहभंग है। राष्ट्रीय आत्मप्रवंचना का युग भी शुरू हुआ। नैतिकता, अहिंसा, अखण्डता आदि का झूठा बयान करते रहें। आजादी के बाद के भारत में जीवन व भाषा दोनों में आत्मप्रवंचना आयी। इसने विश्वासों, मूल्यों और सम्बन्धों की विश्वसनीय को खण्डित कर दिया। विश्वसनीयता का शून्य पैदा हुआ। राजनीति की तरफ इसके आने से सर्वाधिक अविश्वसनीयता, असुरक्षा, अमानवता का भाव उत्पन्न हुआ। सम्पूर्ण भारतीय, जीवन में कुण्ठा की चेतना पैदा हुई। अन्तहीन व दुखदायी कुण्ठा।

प्रेमचन्दोत्तर उपन्यासों का यह वातावरण सभी उपन्यासों में दिखाई देता है। बेईमानी हमारी प्रामाणिकता का आधार हो गयी। 'रागदरबारी' में इसी हिन्दुस्तान के बेईमानों का नक्शा दिखाई दिया। प्रेमचन्द वाली आस्था व दुख अब नहीं दिखता।

3. **आंचलिक उपन्यास**—देश की आजादी के बाद पहली घटना समग्रता बोध का विघटन थी। स्वतन्त्रता आन्दोलन के दौरान राष्ट्रीय एकता का जो भाव था, वह खण्डित हुआ और स्थानीयता उभरी। हिन्दुस्तान की घटना व प्रवृत्ति देशीय चेतना की ओर मुड़ी। देश ठोस वास्तविकता बन गया, भावना नहीं। वंचित इलाकों की तरफ स्थानीय रचनाकारों का ध्यान गया। देश के भीतर स्थानीय स्तरों पर चिन्तन का भाव बना। यह स्थानीयता व गाँवों व अंचलों की ओर बढ़ा थी।

- आजादी के बाद लोकतन्त्र का उदय हुआ। वयस्क मताधिकार से वोट गाँवों में थे। अत: नारे के स्तर पर ही सही गाँव की चर्चा राजनीति के केन्द्र में आयी। पंचवर्षीय योजना लागू हुई। ग्रामीण विकास की तरफ सरकार का ध्यान गया।
- गाँव के पले-बढ़े युवक शहर आये। अपनी स्थानीयता के प्रति नॉस्टेलजिया पैदा हुआ। शहरी वैभव व सम्पन्नता पर दबाव भरे जीवन के बीच गाँव का महत्त्व बढ़ा। गाँवों के सहज व अभावपूर्ण जीवन में साहित्य पहुँचा। परिणामस्वरूप—समग्रता बोध का विघटन, राजनीति में लोकतन्त्र, गाँव की सहजता का मोह।

स्थानीयताओं में देश को देखने की प्रवृत्ति बढ़ी। देश की स्थानीयताओं से ही हिफाजत से रखा जा सकता है। अत: लोकजीवन को महत्ता दी गयी।

1954 में रेणु ने मैला आंचल लिखा। अपनी भूमिका में ही उन्होंने उसे आंचलिक उपन्यास कहा। आंचल एक क्षेत्र विशेष को कहते हैं जो अपनी भौगोलिकता व सांस्कृतिकता में एक होता है। जिसकी प्रकृति, भाषा व रीतिरिवाज अन्य क्षेत्रों से अलग है। अत: आंचलिकता के लिए विशिष्ट भूगोल होना अनिवार्य है। पर प्रेमचन्द के गाँव किसी भूगोल से नहीं बने थे। सार्वदेशीय ग्राम हैं। समूचे उत्तर भारत के गाँव। अत: अंचल पर आधारित कथा आंचलिक।

फणीश्वर नाथ रेणु—मैला आंचल

नागार्जुन—बलचनमा, मिथिलांचल का सामाजिक जीवन।

रांगेय राघव—कब तक पुकारूँ जरायम पेशा जाति के नरो के जीवन पर केन्द्रित।

रामदरश मिश्र—जल टूटता हुआ

राही मासूम रजा—आधा गाँव

शानी—काला जल

शैलेश मटियानी—हवलदार

विशेषताएँ—आंचलिक उपन्यासों की विशेषताएँ निम्नानुसार थीं।

विकेन्द्रित कथा योजना—कथा विन्यास सुनिश्चित नहीं है। इसका कारण है कि जीवन को उसकी यर्थाथता में पेश करने की कोशिश। गाँव की ज़िन्दगी समस्त बिखराव के साथ प्रकट हुई। अत: यथार्थ जीवन जैसे विशृंखलित होता है। प्रेमचन्द के उपन्यासों में एक जुड़ाव दिखता है। पर जीवन में कथा नहीं तो उपन्यास में कैसे हो, कथा संयोजन से आंचलिक जीवन का वैविध्य छूट सकता है। कोई कथा नहीं है। अत: कोई नायक भी नहीं है। कथा विहीनता व नायक का अभाव क्या योजना का हिस्सा है। वस्तुत: नायक अंचल ही, उपन्यासकार मात्र रचनात्मक आँख का फर्ज़ अदा करता है। हस्तक्षेप नहीं। रचनात्मक विवेक की तुलना में दुख व दृष्टि को अधिक महत्त्व प्रदान किया गया।

वर्णन की कोई निरन्तरता नहीं होने से विकेन्द्रीकरण व कथा का खण्डित रूप सामने आता है। इसी बिन्दु पर यह परम्परागत से भिन्न, जीवन योजना के रूप में है। रचनाकार द्वारा घटना का चयन व त्याग प्रदर्शित है। आंचल में चयन व त्याग नहीं है। अत: कथा बिखरी, फैली, अनियोजित व अनियन्त्रित। नायक व्यक्ति नहीं है। पात्रों का जंजाल है। अत: सभी पात्र महत्त्वपूर्ण है या कोई नहीं। अत: नायकत्व की अवधारणा का त्याग एंव बिखराव कथा की मुख्य विशेषताएँ हैं।

प्रकृति चित्रण—आंचलिकता प्रकृति के कारण बनती है। अत: अंचल में प्रकृति व जीवन के बीच गहरा सम्बन्ध है। जीवन की दिनचर्या में प्रकृति घुली-मिली है। प्रकृति के सौन्दर्य का चित्रण नहीं है। बहुत विस्तार से प्रकृति का विवरण अंचल

की विशेषता है। वह जीवन की समग्रता के चित्रण के लिए प्रकृति चित्रण को महत्त्वपूर्ण मानते हैं। अतः असुन्दर एवं सुन्दर दोनों रूपों का चित्रण प्रकृति के भीतर किया गया।

स्थानीयता–आंचलिक उपन्यासकार जीवन का चित्रण स्थानीय सन्दर्भों में करते हैं। वे रीति-रिवाज, संस्कृति, बोलचाल, भाषा, सभी स्तरों पर रचनीयता को महत्त्व देते हैं। अतः सम्प्रेषण की समस्या भी आती है। स्थानीयता रीति-रिवाज, भाषा व विश्वासों (अन्ध) के स्तर पर ये उपन्यास स्थानीय होते हुए भी समग्र हैं। राष्ट्र व समाज की मुख्यधारा के ही हिस्से हैं। इनमें उभरने वाली समस्याएँ प्रकारान्तर से देश की ही समस्याएँ हैं। स्थानीयता जोड़ी हुई राष्ट्रीयता की अन्तर्धारा है।

आंचलिक उपन्यासों की समस्याएँ राष्ट्रीय समस्याओं का ही प्रतिनिधित्व करती हैं। उदाहरण–मैला आंचल, आधा गाँव, बावनदास की हत्या, प्रकारान्तर से गाँधी की हत्या का प्रतीक माना जाता है। कम्युनिस्टों को चोर-डकैत बना पुलिस द्वारा हत्या की ज़ाती है। स्वप्न भंग, सत्ता की निरंकुशता व देश की हताशा सभी देश की समस्याएँ हैं।

आधा गाँव में विभाजन की समस्या का गाँव पर प्रभाव दिखाया गया है। अतः समस्याओं का धार्मिक चित्रण। हिन्दुस्तानी जीवन के सूक्ष्म स्तर को विस्तार से देखने की प्रवृत्ति आंचलिकता की पहचान है।

आंचलिकता की सीमाएँ–भाषा के स्थानीय प्रयोगों के कारण सम्प्रेषणीयता का अभाव दिखाई देता है। पात्रों के द्वारा स्थानीय मुहावरों व लोकोक्तियों का प्रयोग रचना के मूल लक्ष्य के विरोध में किया जाता हैं।

जीवन की सहजता के चित्रण के कारण कई स्थानों पर अनपढ़ता, फूहड़ता व अश्लीलता दिखाई देती है। यह सामाजिक जीवन का यथार्थ है। इस पर आरोप है यह पाठक की सांस्कृतिक चेतना में वृद्धि नहीं करता। सांस्कृतिक परिष्कार नहीं करते। उपन्यासकारों द्वारा समूचा जीवन रखा गया। लेकिन किसी प्रकार का कोई सेंसर (Censor) नहीं गया।

गाँव के जीवन पर आधारित होने के कारण शहरी दृष्टि से आरोप।

गठन चूँकि विशृंखलित व ढेरों पात्रों के कारण प्रभावन्विति का अभाव है।

इन सीमाओं के बावजूद आंचलिक उपन्यासों की स्वतन्त्र सत्ता बनी रही। इन्हें साहित्यिक उपलब्धि माना गया।

आंचलिक उपन्यासों ने भाषा, धरातल व कथानक के नये आस्वादों का आरम्भ किया। हिन्दी उपन्यास क्षेत्र में नयी रचनात्मक ऊर्जा का प्रभाव है। हमारी औपन्यासिक परम्परा के एक नये चरण के रूप में पदार्पण हुआ। तमाम सीमाओं के बावजूद ये हमारी रचना परम्परा के दस्तावेज माने गये।

4. **नगरबोध–धारा नगरीय जीवन पर आधारित उपन्यास**–आंचलिक धारा के विपरीत इनका विकास हुआ। इनकी प्रकृति आंचलिक से ठीक विपरीत है। नगरीय मध्यवर्ग के जीवन के भूगोल व वास्तविकताओं का चित्रण स्त्री-पुरुष सम्बन्ध, अकेलापन, अजनबियत, विसंगति इसकी खासियत। केन्द्र में यही विषय हैं।

नागरिक जीवन के परिवर्तनों का पहला झटका स्त्री-पुरुष सम्बन्धों पर पड़ा। विवाह नगरीय जीवन में धार्मिक अनुष्ठान न रहा व स्त्री–पुरुष के सामाजिक सम्बन्धों के रूप में परखा जाने लगा। स्त्री–पुरुष सम्बन्धों की परम्परागत नैतिकता व अक्षुण्णता खण्डित हुई। यौन सम्बन्धों की परम्परागत धारणाओं में दरार पैदा हुआ। इस तरह विवाह की नैतिक प्रासंगिकताओं का क्षरण हुआ। स्त्री की आर्थिक स्थानीयता ने स्त्री–पुरुष सम्बन्धों पर निर्णायक दबाव डाला। सम्बन्धों का परम्परागत नैतिक विधान टूटा। इन उपन्यासों का एक आधार स्त्री–पुरुष के नये सम्बन्धों का चित्रण भी था।

दूसरा पक्ष, नवीनता के बावजूद नारी के संस्कारों पर प्राचीनता का दबाव बना रहा। इसे भी उन उपन्यासों में रेखांकित किया गया। बाहरी जीवन की व्यस्तता व घरेलू जीवन के दोहरे पात्रों में कैद स्त्री के अस्तित्व का चित्रण किया गया। उसके व्यक्तित्व में द्वैत का तनाव पैदा हुआ। इस तनाव ने उसके व्यक्तित्व को खण्डित किया। अतः नये सम्बन्धों व स्त्री के नये रूप पर ध्यान गया। केन्द्र में बदले हुए सामाजिक सम्बन्धों का चित्रण कसा हुआ नजर आया।

अन्य विषय–नगरीय जीवन भीड़ का जीवन होता है, सामाजिक सम्बन्धों का नहीं। नगर में आदमी चेहराविहीन, भीड़ का हिस्सा बन गया है। इससे खास तरह का अकेलापन पैदा हुआ क्योंकि गाँव की सुख–दुख बाँटने वाली परिस्थितियाँ खत्म हुई। आदमी जड़विहीन परिवेश में अपनों के बीच अपनी–अपनी तरह से अकेला महसूस करने लगा। यह अकेलापन, अजनबियत का चित्रण इसके केन्द्र में है।

महानगरीय जीवन में आत्मकरण की संस्कृति का विकास हुआ। बहिर्मुखता के रास्ते खत्म हो गये अर्थात् तन्त्र ने समूचे जीवन की गतिविधि को नियन्त्रित किया। आर्थिक परिस्थितियों से उत्पन्न जीवन की विकृतियों को उठाया गया, इसका किटी पार्टी, बच्चों पर असर पड़ा।

समग्रतः ये उपन्यास मनुष्य के नर्क, अकेलेपन, खण्डित व बिखरे जीवन के दस्तावेज के रूप में प्रकट हुए।

निर्मल वर्मा–वे दिन, एक चिथड़ा सुख

मोहन राकेश–अँधेर बन्द कमरे।

जगदंबा प्रसाद दीक्षित–मुर्दाघर

इनके साथ-साथ नगर जीवन की विसंगतियों व विडम्बनाओं पर प्रयोगात्मक उपन्यास लिखे गये। मसलन एक चूहे की मौत, बदीउज्जमा, मछली मरी हुई, सोया हुआ जल और एक पति के नोट्स।

5. **महिला लेखन–स्त्री लेखन की विशिष्टताएँ**–आजादी के बाद स्त्री जीवन में व्यापक परिवर्तन हुआ। सार्वजनिक जीवन प्रक्रिया शुरू हुई। बाह्य दुनिया से साक्षात्कार हुआ। इसे स्त्री ने अपने अनुभव की आँख से देखा। स्त्री की मानसिकता में बुनियादी परिवर्तन हुआ। नये जीवन के कारण स्त्री को अपनी नैतिकता व सम्बन्धों के नये ढाँचे खड़े करने पड़े। इनकी खोज ही महिला लेखन के मूल में है। इसमें स्त्री की आकांक्षा, बाहरी-भीतरी जीवन की समस्याएँ, परतन्त्रताएँ, पसन्द-नापसन्द को उठाया गया।

स्त्री ने लेखन में पति का विश्लेषण किया। एक विचारहीन सम्बन्ध को विश्लेषित करने का प्रयास। इनमें लेखिकाओं ने अपने वैयक्तिक, पारिवारिक व सामाजिक दायित्वों का पुनर्मूल्यांकन किया। परम्परागत धारणाओं को तोड़ा। सामान्यत: इन उपन्यासों का विषय दो ही बिन्दुओं पर केन्द्रित है–

1. स्त्री जीवन के दबाव व तनाव।
2. सम्बन्धों को परिभाषित करते रहने की माँग।

महिला लेखन में 'बोल्ड' अभिव्यक्ति हुई।

कृष्णा सोबती ने 'मित्रों मरजानी' में स्त्री यौन आकर्षण की अभिव्यक्ति के प्रश्न को उठाया।

तलाकशुदा परिवार में बचपन की दुर्गति

मन्नू भंडारी–आप का बंटी

शिवानी–कृष्ण कली

मृदुला गर्ग–'चितकोबरा' (असाधारण बोल्ड उपन्यास)

मँजुला भगत–अनारो

राजी सेठ–तत्सम (आदिवासी स्त्री के संघर्ष को उपजीव बनाया।)

मैत्रेयी पुष्पा–बेतवा बहती रही, इदन्नमम्, चाक।

इस तरह धीरे-धीरे स्त्री लेखन नगर की चौहद्दी छोड़कर धीरे-धीरे मुख्यधारा में विलयित होती जा रही है।

ऐतिहासिक-पौराणिक धारा

इसमें अतीत को मोह की दृष्टि से नहीं, बल्कि एक वयस्कता व प्रौढ़ विवेकशीलता की दृष्टि से देखा गया। ऐतिहासिक व पौराणिक आख्यानों को आधुनिक दृष्टि से देखा व प्रस्तुत किया गया। इन उपन्यासकारों ने समय की दबी हुई रेत में जो जीवन था उसे वर्तमान की आँख से देखा तथा प्रस्तुत किया। अत: वर्तमान का विस्तार ही किया। वर्तमान के साथ लगे अतीत को अपनी कल्पनाशीलता से सामने रखा। जीवन समग्रता व सम्पूर्णता में सामने आया। अत: समाज व राष्ट्र की निरन्तरता को सामने लाना इनका मुख्य प्रदेह रहा।

हजारी प्रसाद द्विवेदी वाणभट्ट की आत्मकथा

चतुरसेन शास्त्री–वैशाली की नगरवधू, वयम् रक्षामः।

वृन्दावनलाल वर्मा–विराट की पद्मिनी।

अमृतलाल नागर–मानस का हंस, खंजन नयन।

भगवान सिंह–अपने-अपने राम (रामकथा)।

नरेन्द्र कोहली–महासमर (महाभारत), दीक्षा, अवसर, संघर्ष (रामायण)।

अद्यतन उपन्यास

लगभग 1980 के बाद लिखे गये उपन्यासों को इस श्रेणी में रखा जाता है।

टेलीविजन के आने के बाद बाजार की भाँग अत्यन्त बढ़ी हुई आक्रामकता के साथ प्रकट हुई। बाजार घर की सीमा में पहुँच गया। इससे जीवन व जीवन की धुरी बदल गयी। निश्चिन्त व सुखी जीवन दुखी और विचलन की ओर बढ़ा। निहायत भरे-पूरेपन में भी नितान्त अभावग्रस्तता का भाव पैदा हुआ। जीवन की सतही संस्कारशीलता पर तीव्र बदलाव हुआ। बची-कुची नैतिकता भी खत्म हो गयी। जीवन का नायकत्व भी खत्म हो गया। पैसा कमाने व उपभोक्तावाद की अन्धी दौड़ प्रारम्भ हुई। बाजार की आक्रामकता घर में और यातायात की अराजकता सड़क पर देखने को मिली। रंगीन टेलीविजन व मारुति कार का आगमन हुआ। अतः समय बदलता नजर आया।

अद्यतन उपन्यास की जलवायु 1980 के बाद के हिन्दुस्तान में बनी। स्त्री-पुरुष सम्बन्धों का बदलाव पहले भी देखा गया। पर स्त्री-पुरुष सम्बन्ध में नैतिक अभाव को गर्व और प्रदर्शन की भावना से देखा जाने लगा। नैतिकता दिमागी पिछड़ेपन का यथार्थ बन गयी। निर्वस्त्रता आधुनिकता का पैमाना बन गयी। बेशर्मी जीवन संस्कृति बनी। बेहयापन खुलकर दिखने लगा। अद्यतन उपन्यास स्त्री-पुरुष सम्बन्धों की गोपनीयता की सम्पूर्ण अनुपस्थिति में नजर आये। प्रेम व सम्बन्ध की सभी तरह की पारम्परिकता का खात्मा हो गया। प्रेम स्वाद का एक प्रकार हो गया। देह का ताण्डव, लिप्सा और उच्छृंखलता साफ दिखाई पड़ने लगी। अतः नया उपन्यास बाजार की संस्कृति और धुरी विहीन समाज से निकला संस्कार है।

पंकज बिष्ट–लेकिन दरवाजा (मण्डी हाउस की कला पर आधारित)

सुरेन्द्र वर्मा–मुझे चाँद चाहिए (फिल्मी दुनिया में कस्बे की लड़की का शोषण)

यूरोप व अमेरिका की आयातित संस्कृति से नष्ट होते समाज का चित्रण इसमें देखने को मिला।

मध्यवर्गीय नौकरी पेशा समाज की जीवन परिस्थितियों का चित्रण– समस्याओं, परिस्थितिक सम्बन्धों और जीवन को उपजीव्य बनाया गया। गिरिराज किशोर–'ढ़ाई घर।'

विदेश में रहने वालों भारतीयों के अकेलेपन एवं स्वतन्त्रता को रूप से विषय बनाया गया।

आतंकवाद–समस्या व उससे उत्पन्न विभीषिका। जलता हुआ गुलाब–तरसेम सिंह गुजराल द्वारा लिखा गया।

विकास की प्रक्रिया व प्रकृति के विनाश को लेकर–विस्थापन की समस्या को लेकर व विकास विरोधी जनमत का पक्ष है और वीरेन्द्र कुमार जैन–डूब, पार।

इस प्रकार अद्यतन उपन्यासों में कल्पना का न्यूनतम उपयोग है और मोहभंग से भी बाहर समस्याएँ विचित्र रूप में है। इन समस्याओं को वस्तुगत, विवेकशील व वैज्ञानिक दृष्टि से देखा गया। यान्त्रिक विकास और मूल्यों के विघटन के सन्दर्भ में जीवन को गहराई व प्रामाणिकता से दिखाने की प्रकृति इनकी विशेषता है।

लगभग 125 वर्षों की दीर्घ यात्रा में हिन्दी उपन्यास ने अनेक मंजिलें पार कीं। जीवन यथार्थ के चित्रण को लेकर जिस हिन्दी उपन्यास की शुरुआत हुई थी। आज वह जीवन की तरह बहुविध, जटिल व वयस्क हो गया है। जीवन परिस्थितियों के समानान्तर उसकी अन्तर्वस्तु और रूप विधान में भी दुनियादारी के आधार पर परिवर्तन हुए हैं। कह सकते हैं हिन्दी उपन्यासों की दुनिया भारतीय कथा साहित्य में अपनी समर्थ रचनाशीलता से स्थापित है। आने वाले समय में और अधिक समृद्ध व संस्कृत होगा, इस सम्भावना से इनकार नहीं किया जा सकता है।

मुंशी प्रेमचन्द : गोदान

व्याख्या के रूप में पूंछे जाने वाले सवालों के उत्तर : नमूना (Sample) : गोदान के भीतर मेहता का चरित्र : (नारी में पुरुष के गुण... पृष्ठ 93 से)

गोदान में मेहता की स्थिति–गोदान में मेहता बुद्धिजीवी पात्र हैं, विश्वविद्यालय का प्रोफेसर है। गोदान में उच्च-मध्यवर्गीय चेतना व जीवन पद्धति का प्रतीक है। इस पूरे कथन में स्त्री-पुरुष के बुनियादी अन्तरों को पहचानने की कोशिश की गयी है। सामाजिक नहीं वरन् मनोवैज्ञानिक व सांस्कृतिक स्तर पर।

मेहता के अनुसार अहं भावना पुरुष का बीज तत्त्व है। इसी के सहारे वह ईश्वर को प्राप्त करना चाहता है। यह उसे परम्परा से प्राप्त है। अत: मेहता निष्कर्ष निकालता है वह ज्ञान का पुतला है। इसी के आधार पर ईश्वर में लीन होने की बात सोचता है। मेहता के सामने मनुस्मृति की विचारधारा है।

कथन के पूर्वाद्धि में पुरुष मानसिकता व अहंकार की चर्चा है। मेहता की दृष्टि में पुरुष अहंकार के बिन्दु पर जीने को अभिशप्त है। वह अपने को मिटाएगा तो शून्य हो जायेगा। स्त्री पृथ्वी की भाँति धैर्यवान व इसी कारण

शान्ति सम्पन्न है। जिस प्रकार पृथ्वी अनेक उथल-पुथल सह कर भी स्थिर रहती है, उसी प्रकार स्त्री का जीवन है। इसके बावजूद वह सृजन का अंकुरण करती है।

जिन गुणों को ग्रहण कर पुरुष महात्मा बनता है वह स्त्री को प्रकृति प्रदत्त है।

इन पंक्तिय्रों में पुरुष व स्त्री की बुनियादी अन्तर की पहचान, लेकिन–

यथास्थितिवाद बनाये रखने पर बल है। स्त्री पुरुष सम्बन्धों के पारम्परिक ढाँचे पर छेड़छाड़ नहीं करते। प्रेमचन्द मेहता के माध्यम से तत्कालनीन बौद्धिक वर्ग की चालाकी भी उद्घाटित करते हैं। इसमें स्त्री की महानता को इसलिए स्वीकार किया है क्योंकि इससे पुरुष की सुविधाएँ बनी रहे। प्रेमचन्द की दृष्टि में स्त्री जीवन्त वास्तविकता, उसके अपने सुख-दुख हैं। उदाहरण–सात बेटों वाली विधवा। प्रेमचन्द अपने साहित्य में स्त्री वास्तविकता का उद्घाटन करते हैं, अमूर्त का प्रभाव उपमानों की धात्री नहीं है। अतः यह व्यंग्यानुकूल प्रसंग है जिसमें प्रेमचन्द मेहता के माध्यम से तत्कालीन बौद्धिक वर्ग पर चुटकी लेते हैं। प्रेमचन्द ने हमेशा स्त्री के सामाजिक-आर्धिक संघर्षों को व्यंजित किया है। अतः इसे प्रेमचन्द का कथन मानना उपयुक्त नहीं है। अतः दार्शनिकता के माध्यम से स्त्री-पुरुष सम्बन्धों को यथावत् रखने की चाह दिखती है।

पर प्रेमचन्द स्त्री की पश्चिमी आधुनिकता की कहीं भी वकालत नहीं करते।

गोदान की महाकाव्यात्मकता–महाकाव्यात्मक उपन्यास का मूल आशय है ऐसा उपन्यास जिसमें मानवीय नियति की व्याख्या अथवा जातीय प्रश्न या सभ्यता-संस्कृति के बड़े संकटों को अपनी कथा का आधार बनाता है, वह महाकाव्यात्मक हो सकता है। इसी रूप में अपने देशकाल व संस्कृति के रहस्यों को तोड़ता है। अतः यह जीवन के विराट महत्त्व या गम्भीर सांस्कृतिक संकट को रचना का माध्यम बनाते हैं तब महाकाव्यात्मक का उपन्यास का जन्म होता है।

1. **कथावस्तु का चयन**–व्यक्ति जब नियति व वर्ग का प्रतिनिधित्व करने लगे तब महाकाव्यात्मक।

युग परिवेश की भरपूर उपस्थिति–कथा व कथा में युग दोनों अनिवार्य।

2. **चरित्रयोजना**–महाकाव्यात्मक चरित्र अपने समय में प्रवाहित परस्पर विरोधी धाराओं के प्रतिनिधि होते हैं। एक ही समय में अनेक परस्पर विरोधी धाराएँ प्रवाहित रहती हैं जो जटिल जीवन के विरोधाभास का कारण बनती हैं।

परिस्थिति उपन्यास के चरित्र जीवन की जटिलता का आधार होती है। गोदान में अनेक तरह के चरित्र तथा एक ही चरित्र के अनेक रंग हैं।

महाकाव्यात्मक चरित्र वैयक्तिक होने के साथ-साथ सार्वजनिक भी होते हैं। शेखर का चरित्र आदि से अन्त तक वैयक्तिक है। महाकाव्यात्मक चरित्र में वैयक्तिकता व सार्वजनिकता के अन्तर्विरोधों का सन्तुलन महाकाव्यात्मक उपन्यास की चरित्र योजना में होता है।

व्यक्ति के रूप में महाकाव्यात्मक चरित्र ढाँचे को तोड़ते हैं व सार्वजनिक स्तर पर मूल्य प्रतिमान बनाते हैं, उदाहरण–होरी मर्यादावादी किसान है। महाकाव्यात्मक चरित्र में सम्भावनाओं की व्यंजना बहुत होती है। कई तरह से व्याख्या की जा सकती है, उदाहरण–गोबर होरी का पुत्र है नयी पीढ़ी का प्रतिनिधि भी। महाकाव्यात्मक चरित्र में अनेक अर्थ की परतें होनी चाहिए।

घटना विधान–महाकाव्यात्मक उपन्यास अपने कथा विधान में ऐसी घटनाओं का चयन करता है जो घटनाएँ परिवर्तन की वास्तविकता को इंगित करती हैं। घटनाओं का ऐसा विधान जिसमें व्यक्ति के माध्यम से समाज के यथार्थ का उद्‌घाटन होता है। प्रेमचन्द पूर्व उपन्यास में घटनाएँ सामाजिक वास्तविकताएँ नहीं थी। महज मनोरंजन हेतु थी।

महाकाव्यात्मक उपन्यास की घटनाएँ प्राय: व्यंजनार्थी होती हैं। अनेक अर्थ सम्भावनाएँ हैं। साथ ही घटना में परिस्थिति का अथवा जीवन का विस्तार (ब्यौरा) होता है। यह जीवन के समूचे विस्तार को बाँधने की चेष्टा करती है। किसी समाज व जीवन का विस्तारपूर्वक विवरण इसमें होता है। महाकाव्य परिवारों, रीति-रिवाजों तक ले जाता है। घटनाएँ व्यंजनाश्रित होने के साथ-साथ परिवेश के ब्यौरे भी, ये महाकाव्य का अनिवार्य गुण है।

महाकाव्यात्मक उपन्यास की कथा योजना में ढली हुई समरूपता का अभाव होता है। विवरण के कारण अनगढ़ता आती है। कथा योजना में जीवन के प्रति अनगढ़ता व अनिश्चितता मौजूद होती है। महाकाव्यात्मक उपन्यास की घटनाएँ पाठक को मनुष्य जीवन की वास्तविकता में ले जाती हैं। अत: विवरण व अनगढ़ता दोनों एक साथ मौजूद होते हैं।

3. **शिल्प योजना**–प्रत्येक महाकाव्यात्मक उपन्यास भाषा, मुहावरे (सोचने–बोलने की पूरी पद्धति के निशान) अपने रचना विधान में समावेश करता है। रचनाकार कथा ही नहीं कहता वरन् पूरे जीवन का भाषा से टंकन करता है।

इस पृष्ठभूमि में गोदान की महाकाव्यात्मक पर विचार किया जा सकता है। इसको लेकर तीन तरह की सोच (विवाद की शुरुआत भी यहीं से होती है।) है–

नन्द दुलारे वाजपेयी–अपने लेख में लिखते हैं : "गोदान भारतीय जीवन के सम्पूर्ण यथार्थ का प्रतिनिधित्व नहीं करता।" समूचे उपन्यास में इतिहास अनुपस्थित है। स्वतन्त्रता संघर्ष का चिह्न नहीं दिखता। रचना समय से निरपेक्ष है। यूपी-बिहार में चल रहे किसान आन्दोलन व बगावत के निशान नहीं हैं,

वरन् होरी यथास्थितिवादी है। वे होरी के माध्यम से यथास्थितिवादी किसान की कथा कह रहे हैं।

अतः यह यथार्थ विमुख समय निरपेक्ष है। स्वतन्त्रता संग्राम की कोई लहर नहीं देखने को मिलती। परिवर्तन के ऐतिहासिक दौर में परिवर्तन-विमुख उपन्यास। अतः उपन्यास के कथानक को किसी भी स्थिति में महाकाव्यात्मक नहीं माना जा सकता। एक दूसरा आरोप वाजपेयी जी लगाते हुए कहते हैं कि ''इसकी कथा विखण्डित है। ग्राम-शहर का सामंजस्य नहीं बैठ पाया है।''

विजयदेव नारायण साही–"गोदान की महाकाव्यात्मकता के लिए उसमें ऐतिहासिक घटनाओं की छानबीन करना रचना का स्थूलीकरण है। (रचना का आकलन समय से मिलाकर करना अनुचित)।"

उनका कहना है "असली प्रश्न मनुष्यों के बारे में नहीं, मनुष्य के बारे में उठता है, प्रेमचन्द ने गोदान में इसी प्रश्न को उठाने की चेष्टा की है।"

"गोदान में यह महत्त्वपूर्ण नहीं कि वह कैसे मरा, वरन् महत्त्वपूर्ण यह है कि कैसे जीया।" अतः गोदान की कथा योजना पर विचार करते हुए कथा के मूल केन्द्र की पहचान ज़रूरी है। गोदान की अन्तर्वस्तु भारतीय जीवन की महागाथा से जुड़ी है–नलिन विलोचन शर्मा, सिर्फ गाँव व शहर की अन्तर्वस्तु नहीं, वरन् दोनों के बीच बहते भारतीय जीवन के यथार्थ की अन्तर्वस्तु। साही के अनुसार यह होरी का जीवन है, होरी विशिष्ट है। प्रत्येक बड़ा रचनाकार वर्ग चरित्र को वैयक्तिक बनाता है।

अतः साही के अनुसार इसकी महाकाव्यात्मकता औसत वरन् मानवीय मूल्यों के निरर्थक हो जाने की विडम्बना में इसकी महाकाव्यत्मकता छिपी हुई है।

जबकि परम्परागत आलोचना के अनुसार यह "किसान से मजदूर बनने की त्रासदी है।"

साही–केन्द्र में होरी की दरिद्रता नहीं है। "वहीं पहुँचकर मानव मूल्य ही बौने हो गये हैं। उसकी सार्थकता की अनुभूति किसी को भी नहीं होती, दुलारी सहुआइन से लेकर राजा साहब तक। वस्तुतः मूल्यों का बौनापन है। सारे चरित्र रिक्तता का शिकार है।

गोदान की वास्तविक समस्या मूल्यों के बौने होने व जीवन के खाली हो जानें की समस्या है। सभी पात्रों के जीवन में खालीपन है। इस समस्या को यदि तत्कालीन संघर्षों में देखें तो यह सम्पूर्ण देश की नियति है। यही खालीपन गोदान में है। अतः महाकाव्यात्मकता स्वयं सिद्ध है।

इस अर्थ में गोदान का कथानक सूक्ष्म व गहरे स्तर पर इतिहास की सबसे बड़ी वास्तविकता से रूबरू होता है। अतः गोदान का कथा विन्यास घटनाओं की बहुलता, परिवेश चित्रण के विस्तार में नहीं बल्कि उसकी महाकाव्यात्मकता एक

ऐतिहासिक समय में व्यक्ति व उसके माध्यम से समूचे देश की नियति की व्यंजना में है। यह नियति है रिक्तता व मूल्यों के बौने हो जाने की नियति।

प्रेमचन्द ने गोदान की बुनावट में अपने आदर्श का क्षेपण नहीं किया वरन् मनुष्य ज़िन्दगी पर छोड़ दिया। सही मायने में इन्हें कथानक यथार्थवादी, सारगर्मित व कालजयी भी कहा जा सकता है।

चरित्र योजना–महाकाव्यात्मकता की शर्तों को पूरा करती है। इसकी विशिष्टता है वैयक्तिकता व आधुनिकता का अद्भुत सन्तुलन। पात्र पूर्व निर्धारित प्रतिमानों से संचालित नहीं हैं। महाकाव्य में चरित्रों की नियति पूर्व निर्धारित नहीं है। घटना व परिस्थिति के संजाल से चरित्रों में बदलाव होता है।

क्या गोदान की चरित्र (पात्र) योजना पूर्व निर्धारित प्रतिमानों से बनायी गई है।

विद्वानों का मानना है कि प्रेमचन्द इस प्रतिज्ञा पर अडिग हैं कि वह पात्रों को खड़ा मात्र करते हैं व इनके जीवन में हस्तक्षेप नहीं करते। गोदान की पात्र योजना प्रेमचन्द के गहन जीवनानुभवों से निर्मित है। इन पर परिवेश, घटना व मानसिकता के गहरे दबाव व निशान दिखाई देते हैं। उदाहरण–होरी के चरित्र में कोई समरूपता नहीं है। मरजाद-झुनिया, भ्रातृप्रेम-बाँस में झूठ इत्यादि।

प्रेमचन्द के इस उपन्यास में चरित्र योजना का आधार सरलीकरण नहीं है। चरित्रों के माध्यम से प्रेमचन्द वैयक्तिक व सामाजिक दोनों स्तरों पर यथार्थ के परतदार हिस्सों को पकड़ने की कोशिश करते हैं। प्रेमचन्द के पात्र माध्यम नहीं लक्ष्य हैं। गोदान की चरित्र योजना जटिल (परतदार) है। वह जीवन के विस्तार व गहराई दोनों को समेटने में सक्षम हैं। उपन्यास की अन्तर्वस्तु व चरित्र योजना में तालमेल दिखता है।

दूसरा–वैयक्तिक होने के साथ-साथ पात्र वर्ग चरित्र के प्रतिनिधि भी है। इनके माध्यम से प्रेमचन्द हिन्दुस्तान के परम्परागत व उभरते दोनों समाजों को व्यंजित करते हैं। निहायत पुराने व नये पात्र साथ-साथ चलते हैं।

पात्रों में भरपूर विविधता है। किसी विशेष पर बलाधात नहीं है। महाकाव्य का गुण है। यह भरपूर विविधता महज खानापूर्ति नहीं वरन् इसके माध्यम से पुराने व नये हिन्दुस्तान के चेहरे को टटोलने की कोशिश करते हैं। चरित्रों में परिवर्तनवाद व सुविधावाद साथ-साथ चलते हैं। उदाहरण के लिए, राय साहब।

तीसरा, ग्रामीण पात्र योजना में प्रेमचन्द ने अमर पात्रों की सृष्टि की है। होरी व धनिया इस उपन्यास की धुरी हैं। उपन्यास की पात्र योजना प्रकारान्तर से समूची जातीय वास्तविकता का चित्रण करती है। इस तरह महाकाव्यात्मकता स्वयं सिद्ध है।

होरी व धनिया हिन्दी के नये मिथ हैं। मिथकीय बनाने की क्षमता प्रेमचन्द में है।

गोदान की पात्र योजना में जटिलता, जातीय प्रतिनिधित्व व मिथकीय होने की भरपूर सम्भावना है। कुछ पात्र वर्गीय चरित्र को लेकर आगे बढ़ते हैं। वैयक्तिक होने के साथ-साथ इतिहास व समाज के सच को अभिव्यक्त करने का माध्यम भी बनते हैं।

कथावस्तु व अन्तर्वस्तु–अन्तर्वस्तु का कहना है : क्या करना है, यह पूर्व निर्धारित है। इस अन्तर्वस्तु हेतु कथावस्तु का निर्माण करते हैं।

घटना विन्यास–अमृतलाल नागर ने कहा कि "प्रेमचन्द ने गोदान में घटनाओं की महानता का अर्थ बदल दिया।"

गोदान की घटनाओं की महत्ता उनकी भव्यता में नहीं अपितु सभी घटनाएँ मिलकर महान त्रासदी को जन्म देती हैं। अतः पूरी घटना इकाई में नहीं वरन् निष्पत्ति में है।

फिर भी कुछ बड़ी घटनाएँ

1. गोबर के लखनऊ जाने की–गोबर जिन कारणों से व जिस तरह शहर जा रहा है, यह उपन्यासों में विस्थापन की पहली घटना थी जो भारतीय गाँवों के विस्थापन का संकेत देती है। कृषि संस्कृति के मरने की घटना है। उपन्यास के भीतर यह घटना बहुत महत्त्वपूर्ण है। इसके संकेत गोबर के लौटने पर दिखाई पड़ते हैं। शहर से लौटे गोबर की दृष्टि का चित्रण इसमें दिखाई दिया है। गोबर के व्यवहार में परिवर्तन का चित्रण नयी पीढ़ी में बदलाव के चित्रण के समान है।

2. बिरादरीवाद के आगे होरी का आत्मसमर्पण–जिस पर होरी की सम्पूर्ण आस्था है वही बिरादरी होरी के कष्ट का कारण बनती है। बड़ी ऐतिहासिक स्थिति है।

3. होरी की मौत–इसके माध्यम से प्रेमचन्द कृषि संस्कृति की मौत की सूचना नहीं देते अपितु एक विडम्बना की सूचना देते हैं। यह व्यक्ति की मौत की घटना नहीं वरन् सम्पूर्ण संस्कृति में पिता मृत्यु पर पुत्र का न होना पहली बार जान पड़ता है। यह नयेपन पर बिखरे हिन्दुस्तान की आहट का चित्र है। परिवारों के खण्डित होने का चित्र है।

ये तीनों घटनाएँ तत्कालीन हिन्दुस्तान के समूचे यथार्थ को घेरती हैं। पर इन घटनाओं की प्रकृति तत्कालीन नहीं है। त्रासदी, विघटन, विस्थापन मात्र तात्कालिक नहीं, आज भी लक्षित हैं। महाकाव्य (गोदान) की घटनाएँ तात्कालिक होते हुए भी इनकी फलस्तुति आज के जीवन में भी लागू होती है। घटनाओं में अधिक देर तक ठहरे रहने की क्षमता है। आज के हिन्दुस्तान में भी इन घटनाओं का प्रभाव दिखता है। तात्कालिकता के अतिक्रमण करने की क्षमता है। वे इतिहास का तथ्य होते हुए भी जीवन का वर्तमान समझने में मदद देती हैं।

अतः गोदान में तात्कालिकता व वर्तमानता की सम्भावनाएँ एक साथ मौजूद हैं।

शिल्प संगठन/भाषा–क्या गोदान की शिल्प योजना में महाकाव्यात्मक औचित्य है। इस सम्बन्ध में कई बार विचार विखण्डित दिखते हैं। इसलिए भराव व अखण्ड नहीं जो इसे महाकाव्य की श्रेणी में ला सके।

गोदान की शिल्प योजना की महाकाव्यात्मकता का निर्धारण दो आधारों पर किया जा सकता है।

पहला, गोदान का समूचे शिल्प विधान समस्याओं की निरन्तरता को धारण करने में सक्षम। समस्याओं को सम्प्रेषित करने में सक्षम है। पाठक वहाँ तक पहुँच पाता है जहाँ प्रेमचन्द उसे ले जाना चाहते हैं।

गोदान की शिल्प योजना तमाम विवादों के बावजूद अपनी अन्तर्वस्तु को सम्प्रेषित करने में सक्षम है। पर इसमें सुगढ़ता, भीतरी कसाव नहीं दिखता शिथिल शिल्प योजना है। पर दुनिया के सभी महाकाव्यात्मक उपन्यासों का शिल्प शिथिल है। पात्रों, घटनाओं आदि के स्तर पर कसाव नहीं। पात्र व घटनाओं का संयोजन सही पर शिल्प शिथिल है।

दूसरा, प्रेमचन्द अपने उपन्यासों में नया मुहावरा रचते हैं। गोदान की भाषा सम्पूर्ण जातीय भाषा का प्रतिनिधित्व करती है। भाषा, हिन्दुस्तानी सामाजिक भाषा है। अन्य की तरह यह उपन्यास भी भाषा की राजनीति से ऊपर उठकर आम जनता की भाषा के प्रति सम्मान व्यक्त करता है। प्रेमचन्द सही मायने में आम जीवन के कथाकार है। अतः इनकी भाषा में आम जीवन की स्थितियाँ मौजूद हैं। महाकाव्य यदि समाज विशेष का प्रतिनिधित्व करता है तो भाषा भी इसका एक अंग है।

भाषा की अनेक सतहें हैं। यह सतहें वर्गीय जीवन के विविध स्वरूपों को इंगित करती हैं। तीन सतह स्पष्ट है–

1. गाँव की भाषा होरी, धनिया 2. सम्भ्रात, बुद्धिजीवी, शहरी भाषा–मेहता, राय साहब 3. तीसरी भाषा गाँव के सम्भ्रात वर्ग (दातादीन) व शहरी व्यापारी वर्ग (खन्ना) की भाषा।

अतः प्रेमचन्द उस भाषा विधान का निर्वाह करते हैं जिसमें सम्पूर्ण जीवन का प्रतिनिधित्व है। जो औसत हिन्दुस्तान के भाषा विधान व मिजाज पर आधारित है। ग्रामीण भाषा में अनगढ़ता व देशजता है। शहरी भाषा तत्समी व मानक है। लोक भाषा व आभिजात्य भाषा का सन्तुलन। भाषा के माध्यम से दो तरह की दुनिया की सूचना दी गयी है। इनकी भाषा की विशेषता भारतीय जीवन को सम्पूर्णत्व में व्यंजित करने में है।

यह एक प्रतिमान भाषा है, आगे के उपन्यासकारों की प्रेरणा व चुनौती भी। जो भाषा की प्रेरणा व चुनौती थी। निष्कर्षतः गोदान प्रेमचन्द की औपचारिक यात्रा का अन्तिम पड़ाव है। इसमें उन्होंने अपने समूचे रचना अनुभव का ही नहीं,

वरन् जीवनानुभवों का भी रचनात्मक उपयोग किया है। गोदान भारतीय जीवन की महागाथा है जिसमें कृषि संस्कृति की त्रासद मृत्यु के साथ-साथ विस्थापन से आबाद होने वाले शहरों की धीमी ध्वनि भी सुनाई देती है। गोदान की महाकाव्यात्मकता इसकी कथा के स्थूल विस्तार अथवा तात्कालिक परिवेश की आख्यानपरकता में नहीं है, बल्कि हिन्दुस्तान की उस नियति की पहचान में है जहाँ उसकी जड़ें सूखती हैं और एक नयी किन्तु जड़विहीन सभ्यता की या ज़िन्दगी की शुरुआत होती है। सूखी हुई जड़ों व जड़विहीन जीवन संस्कृति के अन्तराल में जो चिन्ताजनक खालीपन है गोदान की महाकाव्यात्मकता उसी खालीपन की मुँडेर पर थरथराती है। (पुराना टूट गया है पर नया अभी बना नहीं अतः खालीपन)।

गोदान की चरित्र परिकल्पना (पात्र योजना)

मानव चरित्र को पहचानना व उसके रहस्यों को उद्घाटित करना ही उपन्यास का धर्म है। मानव चरित्र का चित्रमात्र है उपन्यास।

पात्र व चरित्र–पात्र व चरित्र एक-दूसरे के सामान्य रूप से पर्याय समझे जाते हैं पर इनमें अन्तर है। किसी भी उपन्यास में चरित्र का निर्माण परिस्थिति व व्यक्तित्व के टकराव से होता है, जो परिस्थितियों से टूटता, टकराता या बदलता नहीं, वह चरित्र नहीं है उदाहरण–खुर्शीद पात्र है चरित्र नहीं। चरित्र टकराव से। खुर्शीद न परिस्थितियों से प्रभावित होता है न उन्हें प्रभावित करता है। चरित्र पात्र रूपी जनता के प्रतिनिधि होते हैं। गोदान में बहुत सारे किसान पात्र हैं, पर चरित्र होरी है। शहरी पात्रों में चरित्र केवल मालती है।

पात्रों में जो पात्र कथा विकास व परिणति में निर्णायक भूमिका निभाते हैं वही चरित्र होते हैं।

गोदान में गाँव का त्रिकोण–गोबर, होरी, धनिया।

शहरी–मेहता, मालती

सीमा पर–राय साहब।

प्रेमचन्द की पात्र परिकल्पना–प्रेमचन्द से पूर्व पात्र घटना विकास के माध्यम थे। वस्तुतः उपन्यास का लक्ष्य चमत्कारी घटनाओं के माध्यम से मनोरंजन करना था। उनका जीवन की जटिलता व सत्य के साथ कोई सम्बन्ध नहीं था। सामाजिक उपन्यासों में भी उपदेशात्मकता प्रधान वृत्ति थी। उपदेशात्मकता के बावजूद उपन्यास जीवन का दस्तावेज होने से वंचित था। अतः प्रेमचन्द पूर्व उपन्यासों में मनोरंजन, उपदेश व रूमानियत मिलती। सामाजिक रूढ़ियों के खिलाफ़ रूमानी सोच।

प्रेमचन्द ने अपनी औपन्यासिक अवधारणा के सम्बन्ध में जो प्रथमतः वक्तव्य दिये वे चरित्र योजना के सम्बन्ध में दिये। उपन्यास की व्याख्या भी चरित्र के सम्बन्ध में है–"मैं उपन्यास को मानव चरित्र का चित्रमात्र समझता हूँ।"

उन्होंने कहा कि उपन्यास ऐसी रचना है जो मानवीय चित्रों से होकर गुजरती है। इसका तात्पर्य यह कि वे रचनाकार द्वारा चरित्र में हस्तक्षेप के विरुद्ध थे। 'चित्र'–सच्चाई है कल्पना नहीं। चरित्र निरन्तर गतिविधि से निर्मित निरन्तर हरकत, सक्रियता है। अत: उपन्यास पूर्व कल्पित चीज नहीं है। जीवन परिस्थितियों के बीच इसे जिया जाता है और वह स्थायी नहीं होता अत: 'सेवासदन' में ईमानदार व्यक्ति द्वारा 26 वर्ष बाद रिश्ता खोने का जिक्र।

चरित्र जीवन के संघातों से निर्मित होता है। "मानव चरित्र का चित्रमात्र" जीवन परिस्थितियों में जो घटनाएँ घट रही हैं। उपन्यास में जीवन व चरित्र की वास्तविक सक्रियता पर बल है। चरित्र जीवन की वास्तविक जमीन से उसन्त है कल्पना से नहीं।

अत: प्रेमचन्द ने उपन्यास की प्रकृति व लक्ष्य में बदलाव किया। केन्द्र में चरित्र को रखा। उन्होंने कहा–कि पात्र या चरित्र अच्छे या बुरे होकर नैतिकता या अनैतिकता के सिद्धान्त नहीं होते, वे परिस्थितियों का दबाव झेलते हुए आशा–निराशा आकांक्षा–स्वप्न, भावों विचारों के जटिल संस्थान होते हैं अत: उन्होंने पात्र परिकल्पना का संस्थानी करण किया।

पात्र जीवन यथार्थ के वाहक व उपन्यासकार का दायित्व ऐसे ही पात्रों के प्रति। कथानक व पात्रों के बीच सम्बन्ध स्थापित किया। उन्हें यथार्थ की ठोस भूमि पर स्थापित किया। ठेठ समाज जीवन पर उन्हें जीया।

इस प्रकार प्रेमचन्द ने अपने उपन्यासों में ऐसे पात्रों के प्रयोग की योजना बनायी जो हमारे अनुभव, सामाजिक वास्तविकता व ऐतिहासिक दबाव से उत्पन्न हुए थे। उनके पात्रों में तत्कालीन व आधुनिक भारतीय समाज की नियति, संघर्ष की दिशा व सार्थकता की सम्भावना प्रस्तावित एवं परिभाषित होती है।

गोदान में प्रेमचन्द ने अपने आदर्शों और सम्भावनाओं का पुनर्मूल्यांकन किया है इसलिए यह उपन्यास एक बड़े रचनाकार की रचना यात्रा का अन्तिम पड़ाव होने के साथ-साथ उसकी सम्पूर्ण जीवन आस्था व यथार्थ बोध का पुनर्मूल्यांकन भी है। अपने आरम्भिक उपन्यासों में वे गाँधीवादी आस्था व नवजागरण के मूल्यों से प्रभावित होने के कारण आदर्श से प्रभावित रहे हैं। अत: गोदान से पूर्व उनकी पात्र योजना में जीवन के यथार्थ व व्यक्ति के हृदय परिवर्तन का अद्भुत संयोग दिखता है।

बाद में यह संयोग कटा हुआ दिखाई देता है–रचनाकार को पात्रों में परिवर्तन नहीं करना, जैसा है वैसा प्रस्तुत करना है। अत: गोदान में प्रेमचन्द ने अपने आदर्शों के लिए हृदय परिवर्तन की परिकल्पना त्याग दी।

गोदान के सभी पात्र विभिन्न भारतीय वर्गों के वास्तविक प्रतिनिधि हैं। अत: उनकी स्थिति में कोई नाटकीय परिवर्तन नहीं किया गया। अत: इसकी पात्र योजना आद्योपान्त यथार्थवाद (यथार्थगत परिस्थितियों) के प्रति जवाबदेह है, रचनाकार की आर्दशपरक मान्यताओं के प्रति नहीं।

गोदान में मुख्यत: छह पात्र हैं जो उसकी सम्पूर्ण अन्तर्वस्तु को धारण करने में सक्षम है। होरी, गोबर, धनिया, राय साहब, मेहता व मालती। देशकाल के यथार्थ का समूचा दारोमदार इन्हीं पात्रों के कन्धों पर दिखाई देता है।

होरी–सभी विद्वान स्वीकार करते हैं कि गोदान भारतीय किसान के संघर्ष की महागाथा है या भारतीय संस्कृति के विघटन की त्रासदी है। इस उपन्यास में होरी इस महागाथा या त्रासदी का साधारण नायक है। गोदान की कथावस्तु के अनुरूप होरी की चरित्र परिकल्पना में भी एक मन्थरता है। वह आद्योपान्त ठहरी हुई जीवन मान्यताओं व आदर्शों के साथ बीतता है। रामविलास शर्मा जी ने कहा–"होरी का चरित्र भारत के अजेय किसान का चरित्र है। होरी अकेला है तो उसकी जिम्मेदारी ऐतिहासिक परिस्थिति पर भी है।"

होरी के रूप में प्रेमचन्द ने ऐसे पात्र की कल्पना की जो भारतीय किसान के समूचे जीवन, संघर्ष व पराजय का प्रतिनिधित्व करता है। होरी की चरित्र योजना में उसकी वैयक्तिकता के स्थान पर प्रतिनिधिकता पर अधिक बल है जो समूचे देश के किसान का प्रतिनिधित्व करता है।

आकांक्षा के स्तर पर–आकांक्षा के केन्द्र में गाय है। आरम्भ से अन्त तक गाय की उपस्थिति है। शुरू में राय साहब से मिलने जाते वक्त से मरणासन्न अवचेतन होरी गाय के बारे में सोचता है। भारतीय ग्राम्य संस्कार में गाय महज आर्थिक सम्पत्ति नहीं है। अर्थ, सामाजिक प्रतिष्ठा व धार्मिक चेतना की त्रयी गाय में समायी है।

प्रेमचन्द ने होरी की लालसा के रूप में भारतीय किसान के उस मनोविज्ञान को पकड़ने की कोशिश की जिसकी एक साधारण इच्छा है और वह भी पूरी नहीं होती है। यही गोदान की त्रासदी है। यह भारतीय किसान की त्रासदी है।

संघर्ष–होरी के जीवन में संघर्ष का कारण, रामविलास जी के अनुसार "गोदान की केन्द्रीय समस्या ऋण की है।"

प्रेमचन्द ने अपने सम्बन्धों में भारतीय किसान की दुर्दशा का कारण सूदखोरी व महाजनी सभ्यता को माना है। इस आर्थिक शोषण में तीन तत्त्व प्रबल हैं–

1. जमींदार द्वारा शोषण।
2. महाजनों द्वारा शोषण।
3. प्रशासनिक तन्त्र–पुलिस, प्रशासन, पटवारी द्वारा शोषण।

लगान हेतु सूत्र–इस हेतु महाजन से उधार व ऋण की अमानवीयता प्रशासनिक तन्त्र द्वारा रक्षित। इन तीनों में पिसता किसान।

एक अन्य पहलू बिरादरी व समाज भी है। पुरोहित वर्ग भी जिम्मेदार जिसके चक्रव्यूहों में फँसा है होरी। पर विडम्बना यह कि वह इन्हें बचाये रखना चाहता है, पोषता है, तोड़ता नहीं। साथ ही बेहतर जीवन की लालसा भी। यह होरी के

चरित्र का अन्तर्विरोध है। व्यवस्था बनाये भी रखना चाहता है व इसके दुष्प्रभावों से बचना भी चाहता है। पर बदलाव के लिए संघर्ष व तोड़ना आवश्यक है। होरी कहीं संघर्ष करता है कि ये बनी रहें। अतः उसका अन्त पराजय में होता है, तन्त्र के प्रति आक्रोश नहीं है।

होरी के समूचे मनोविज्ञान में किसानों की मानसिकता लक्षित है—धार्मिक, सामाजिक व आर्थिक तीनों स्तरों पर। होरी की पराजय का कारण वास्तविक संघर्ष स्थल को न जान पाना है। इस प्रकार प्रेमचन्द संघर्ष की प्रकृति की गलती की तरफ इंगित करते हैं। संघर्ष के सही बिन्दुओं की पहचान की चूक में पराजय निहित है। पर उसकी पराजय एकाएक नहीं वरन् वह धीरे-धीरे उस ओर स्वयं बढ़ता है, जो पराजय के कारण हैं उन्हें बचाता है। बेटी बेचने के बाद होरी के आत्मविश्लेषण के माध्यम से होरी के सम्पूर्ण संघर्ष को रेखांकित करते हैं।

होरी का अन्त व्यक्ति का अन्त नहीं एक संस्कृति, सभ्यता व वर्ग का अन्त भी है। प्रेमचन्द बताते हैं कि इतिहास बोध के बिना जो जीवन जिया जाता है वह काल प्रवाह में कलवित होने को अभिशप्त है। होरी का समूचा चरित्र वास्तविकता के आलोक से दीप्त है। कहीं भी महामानव बनाने की कोशिश नहीं है।

किसान व मानवीय जीवन के अन्तर्विरोधों को होरी के जीवन में दिखाने की कोशिश है। अतः उसमें लोभ, झूठ, प्रपंच आदि प्रबल मात्रा में है। भोला से विवाह का झूठ, बाँसों पर झूठ, समझौता परस्ती, पर इन सभी के बावजूद उससे घृणा नहीं करुणा प्रवाहित होती है, क्योंकि जीवन में अनिवार्यतः अन्तर्विरोध है। होरी का चरित्र प्रामाणिक मनुष्य का है जिसमें इसके वैयक्तिक व वर्गीय समस्त अन्तर्विरोधों को देखने की भी करुणा व सहानुभूति पैदा करता है।

होरी ऐसा चरित्र है जो अपनी सहजता के कारण पराजित होता है। उन आदर्शों के प्रति समर्पण के कारण पराजित होता है जो मृत हो चुके हैं। विवेक व संघर्ष के वास्तविक सन्दर्भों की पहचान के बिना एक व्यक्ति व वर्ग की जो परिणति हो सकती है होरी उसका प्रतिनिधित्व करता है।

धनिया—गोदान में धनिया मात्र चरित्र नहीं है वह प्रेमचन्द की सर्जनात्मक आँख भी है। जिसके माध्यम से वे होरी को एक करुण अन्त की ओर धकेलने वाली शक्तियों की क्रूर निरन्तरता को देखते हैं। धनिया की प्रकृति होरी की चरित्र योजना के बिलकुल विपरीत है। वह जीवन की पथराई हुई अँधेरी परिस्थितियों की वास्तविकता को पहचानती है व उनके प्रति विद्रोह करती है। इसलिए अपने जीवन (ग्राहस्तिक) व उसको त्रासदी की तरफ ढकेलने वाले तन्त्र के प्रति उसमें गहरा आक्रोश है।

वस्तुतः धनिया का चरित्र होरी की बर्फीली ज़िन्दगी, (कहीं असहमति विरोध नहीं) आग का बहता हुआ दरिया है जो अन्ततः होरी की मौत के अँधेरे में समा जाता है।

कहीं भी बिरादरी समाज से सहमति नहीं पर होरी की मृत्यु पर दातादीन के हाथों में पैसा रखती हैं। यह धनिया की त्रासदी है कि वह कहीं परिवर्तन नहीं कर पायी।

धनिया के चरित्र के माध्यम से प्रेमचन्द समूचे शोषण तन्त्र की धूर्तता व कायरता को उद्‌घाटित करने की कोशिश करते हैं। धनिया विद्रोही नारी चरित्र है जो शोषण के कारकों का पर्दाफाश करती है। उसकी दृष्टि यथार्थवादी है। धनिया की इस यथार्थवादी दृष्टि व होरी के आदर्श संस्कार के बीच टकराहट ही गोदान की कथा का मुख्य आधार है।

गोदान में प्रेमचन्द ने धनिया के चरित्र को सैद्धान्तिक विद्रोहिणी के रूप में नहीं वरन् दुखों के निरन्तर साक्षात्कार से पैदा हुए विद्रोह के रूप में दिखाया है, उदाहरण– होरी का राय साहब के यहाँ जाने का विद्रोह। लगान के अतिरिक्त कोई सम्बन्ध नहीं होना चाहिए। किसानी जीवन के करुण संघर्ष को झेलने वाली है। उसका प्रेमचन्द द्वारा दिया विवरण ही इसका प्रभाव है।

वह जमींदारी, पुरोहितवाद, प्रशासनिक तन्त्र यहाँ तक की पति को भी अस्वीकार करती है। पर छटपटाता अस्वीकार, उसकी सीमाएँ हैं। जहाँ तक सम्भव होता है उससे टकराती हैं। धनिया के माध्यम से ही व्यंवस्था का क्रूर चेहरा सामने आता है।

गोबर–गोबर नयी पीढ़ी के विद्रोह का प्रतीक चरित्र है। यह सरलीकरण है। यानी होरी परम्परागत किसानी मान्यताओं का प्रतीक व गोबर इस व्यवस्था के खिलाफ नये तर्क विधान का प्रतीक। आदर्श व यथार्थ, संस्कार व तर्क, स्वीकृति व असहमति, परम्परागत आधुनिकता। इस द्वन्द्व को धारण करने वाले पात्र होरी व गोबर ही है। इन चरित्रों की योजना के माध्यम से प्रेमचन्द पुराने भारत व नये भारत की मानसिकता को रेखांकित करना चाहते हैं। गोबर की असहमति भी सैद्धान्तिक नहीं है। होरी व गोबर बौद्धिक पात्र नहीं है। अत: असहमति जीवन से उत्पन्न है। किस प्रकार किसानी जीवन के बीच ही नयी परिस्थितियाँ उभर रही हैं। इसका प्रतीक है गोबर।

होरी व गोबर के माध्यम से प्रेमचन्द उस मानसिक बदलाव के प्रस्थान बिन्दु को रेखांकित करना चाहते हैं, जहाँ से पुरानी मान्यताएँ धीरे-धीरे इतिहास के हाशिये में चली जाती हैं। अन्तर्विरोध व टकराहट के विधान में होरी व गोबर के चरित्रों का वर्णन किया गया है।

होरी का चरित्र जितना जीवन्त और प्रामाणिक है क्या गोबर का चरित्र है। होरी में आत्मविश्लेषण की क्षमता है। होरी को छोड़ कोई भी ग्रामीण पात्र आत्मविश्लेषण नहीं करता। अत: गोबर का चरित्रांकन बहुत हद तक परिस्थिति व विचार के मेल से हुआ है। गोबर की चरित्र योजना में आत्मविश्लेषण, संघर्ष बोध व स्मृति यात्रा की योजना नहीं की गयी है। जीवन्त आदमी स्मृतियों में लौटता है। स्मृति यात्रा पात्र की जीवन्तता का प्रतीक है। चित्रण की जीवन्तता के सन्दर्भ में गोबर में अपेक्षाकृत

सपाटता है। पर फिर भी जीवन्त क्योंकि चरित्र में अरोह–अवरोह है। गाँव का विद्रोही गोबर शहर में समझौता परस्त बन जाता है। अतः उसका विद्रोह पिता से टकराहट के बिन्दु पर है। गाँव के गोबर व होरी के माध्यम से प्रेमचन्द नयी व पुरानी पीढ़ी की टकराहट व्यंजित करना चाहते हैं। यह टकराहट कई बिन्दुओं पर है–

1. धार्मिक मान्यताओं के धरातल पर किसानी संस्कार के अनुसार सृष्टि के साथ–साथ व्यवस्था (गरीब–अमीर) का निर्माण भी ईश्वर करता है। गरीबी का कारण व्यवस्था नहीं, भाग्य है। होरी इस मान्यता को मानता है, पर गोबर विरोध करता है। वह कहता है भगवान ने सबको बराबर बनाया है। मतलब गरीब–अमीर भाग्य के कारण नहीं तन्त्र के कारण हैं। यह नयी मान्यता है। परम्परागत हिन्दुस्तानी मान्यता से भिन्न। पर यह अभारतीय मान्यता नहीं। नवजागरण इसका प्रमाण है। धनिया व गोबर के माध्यम से ही होरी का चरित्र प्रकाशित होता है। उसके चरित्र की ऐतिहासिक सीमाएँ रेखांकित होती हैं।

2. धर्म के स्तर पर भी पिता से गहरी असहमति का भाव है। गोबर धर्म को दूसरे नजरिये से देखता है। यह अकर्मण्यता और अय्याशी का नाम है। प्रेमचन्द ने गोबर के चरित्र पर अपनी धर्म सम्बन्धी मान्यताओं को लागू किया है। गोबर रेखांकित करता है कि धर्म एक ऐसी व्यवस्था है जो गरीबों के एवज में कुछ लोगों की अय्याशी का कारण बनती है।

गोबर पूर्व जन्मों के संस्कारों को अस्वीकार करता है। इसके अतिरिक्त पिता के चरित्र में समझौतापरस्ती, दब्बूपन आदि के संस्कारों का विरोध है। गोबर का विरोध परिवारिक दायरे में नहीं वरन् पिता की सामाजिक परिस्थितियों के दायरे में है।

गोबर तन्त्र के खिलाफ होकर व्यंग के द्वारा इसका सार्वजनिक रूप में कटाक्ष करता है। गोबर सही मायने में नयी पीढ़ी का प्रतीक है। प्रेमचन्द जानते थे कि नयी पीढ़ी अपनी ऐतिहासिक परम्पराओं की जमीन से छूट गयी है, पर नयी जमीन भी नहीं है। गोबर के चरित्र उत्तर पक्ष में शहरी जीवन की विकृतियों का शिकार होता है। वस्तुतः इस मूल्य अनुपस्थिति ने जो इस पीढ़ी के जीवन में शून्य बनाया है इसमें ये विकृतियाँ प्रवेश कर पाती हैं। अतः नयी पीढ़ी का प्रतीक, मात्र नयी पीढ़ी के विद्रोह का प्रतीक नहीं है। गोबर विद्रोही नहीं वरन् नयी पीढ़ी की असहमति की चेतना का प्रतीक है। विद्रोह ध्वंस ही नहीं करता विकल्प भी देता है। गोबर के चरित्र में यह सम्भावना नहीं है।

गोबर का चरित्र वस्तुतः नयी पीढ़ी के जड़ों से टूटने (अस्वीकृति) व मूल्य शून्यता के बीच में धँसी नयी पीढ़ी का प्रतिनिधित्व करता है। अतः तेजतर्रार परिवर्तन के साथ शहरी जीवन में समझौतापरस्ती गोबर के दो आयाम हैं। होरी जहाँ सम्पूर्ण परम्परा का प्रतीक वहीं गोबर खण्डित आधुनिकता का। यह कई जगह पर लक्षित–प्रेम करता है, पर प्रेम के परिणाम का साहस नहीं कर सकता। होरी जो

बिरादरी का दबाव सहता है वह झुनिया को रख लेता है। नयी पीढ़ी के चरित्र में अस्वीकृति सूचक विद्रोह की छलना व मूल्य शून्यता है।

होरी में सम्पूर्णत्व व भराव है क्योंकि जो करता है उसे मानता है। गोबर में खालीपन है।

राय साहब–गोदान यदि कृषि संस्कृति पर आधारित है तो इसके दो स्तम्भ–1. कृषक 2. जमींदार है। राय साहब सामन्ती व्यवस्था का दूसरा छोर है। उपन्यास में राय साहब का पतन भी दिखता है। सामन्ती व्यवस्था पर महाजनी व्यवस्था का बढ़ता शिकंजा दोनों पात्रों पर लागू होता है। शहर में भी महाजन हैं। होरी में भी प्रदर्शन की भावना है। गाय लाने के पीछे सामाजिक प्रतिष्ठा, होरी महतो कहलाने का भाव है। धनिया की गरीबी में भी बेटी के दहेज की चिन्ता है। राय साहब में भी प्रदर्शन भावना। इनके चरित्र में तीन बातें प्रमुख हैं–

1. ढहती हुई सामन्ती व्यवस्था का एक छोर - धीरे-धीरे राय साहब की शहरी सम्बद्धता बढ़ती जाती है।

2. इस चीज के माध्यम से प्रेमचन्द ने जमींदारों के वर्गीय चरित्र का उद्घाटन नहीं किया। यहाँ वे वैयक्तिक पात्र हैं। यहाँ प्रेमचन्द ने उनके अन्तर्विरोधों को खोलने की कोशिश की है।

वैयक्तिक विशिष्टता का ध्यान। सम्पूर्ण जमींदारों के प्रतीक नहीं।

अन्तर्विरोध यह है कि राय साहब विचारों में बहुत प्रगतिशील हैं पर जहाँ स्वार्थ व वैयक्तिक हित आते हैं, वहाँ दूसरे जमींदारों जैसे क्रूर है। अतः शाब्दिक हवाबाजी व परम्परा का मेल है। राय साहब विचारों में जमींदारों से घृणा रखते हैं, पर वस्तुतः जमींदारों सा ही आचरण करते हैं। उनके चरित्र में कथनी-करनी जीवन व व्यक्तित्व के बीच गहरा अन्तर्विरोध है। इससे निकलने की बजाय उसे स्वीकार करना राय साहब की नियति है। राय साहब भी एक-दूसरे प्रकार के होरी है। परम्परा से बँधे हैं।

रायसाहब के माध्यम से जमींदारों का दिखावापन भी झलकता है। राय साहब की चरित्र योजना ग्राम जीवन के शोषण व उस वर्ग के अन्तर्विरोधों का चित्रण है। पर राय साहब खलनायक के रूप में नहीं दिखते हैं।

मालती-मेहता–प्रेमचन्द के वैचारिक पात्र हैं। प्रेमचन्द गोदान में अपने युग की मान्यताओं व परिस्थितियों का आकलन करते हैं। मेहता वस्तुतः एक धारणा है। इसलिए कि वह परिस्थितियों के बीच में नहीं, विचार करने में आजाद है। प्रेमचन्द ने इसके निर्माण, विवाह और स्त्री के सम्बन्ध में विवेचन विश्लेषण के लिए परिकल्पना की है।

मेहता के स्त्री विचार यथास्थितिवादी व आदर्शपरक हैं। वह कहता है–"मेरे जेहन में औरत वफा और प्यार की मूर्ति है जो अपनी बेजबानी से, अपनी कुर्बानी से अपने को बिलकुल मिटाकर पति की आत्मा का एक अंश बन जाती है।"

यह आदर्श स्त्री की परिकल्पना है। मेहता 1936 के आसपास का वह आदर्शवादी बुद्धिजीवी है जो धारणाओं से यथास्थिति बनाये रखना चाहता है। उनकी धारणा में एक निष्प्राण आदर्श है। मेहता के जीवन के प्रति धारणा–"मेरे लिए जीवन एक आनन्द क्रीड़ा है।..."

मेहता जीवन के भीतर नहीं है, जीवन के प्रति जो बेफिक्री है उससे स्त्री के प्रति धारणा बनी है। मेहता की स्त्री सम्बन्धी धारणा सामाजिक परिवर्तन की प्रक्रिया को रोकती है। प्रेमचन्द इस अन्तर्विरोध को पकड़ते हैं जब वह प्रेम के बारे में वक्तव्य देता है। जिस स्त्री से प्रेम किया जाता है उसे सम्पत्ति मानता है। स्त्री की वृहत्तर भूमिका का निषेध किया है।

मेहता वस्तुतः चरित्र नहीं है पर मालती के चरित्र में प्रेमचन्द ने परिवर्तन की सम्भावना को रेखांकित किया है। पूर्वार्द्ध व उत्तरार्ध की मालती में बहुत अन्तर है। आरम्भ में यूरोपीय स्त्री की स्वछन्दता है। पर जब सामाजिक जवाबदेही से जुड़ती हैं तब उसमें परिवर्तन होते हैं। प्रेमचन्द इसके माध्यम से आधुनिक स्त्री के उभरते चरित्र को रेखांकित करते हैं। मेहता की स्त्री सम्बन्धी धारणा को खण्डित करती है। सम्बन्धों के बारे में मालती की अवधारणा बहुत आधुनिक है। प्रेमचन्द की आधुनिक स्त्री स्वतन्त्र, विवेकसम्मत व सामाजिक जवाबदेह के रूप में है। मालती के द्वारा प्रेमचन्द विवाह संस्था पर भी सन्देह या अस्वीकार करते हैं। मालती के माध्यम से एक आधुनिक शीला स्त्री परिकल्पना को मूर्त किया गया है। पूरा गोदान अपने युग का प्रतिबिम्ब भी है और आने वाले समय की प्रसव वेदना भी। ये हैं नयी पीढ़ी के जीवन में मूल्यों की अनुपस्थिति, कृषि संस्कृति की मृत्यु से उजड़ा व विस्थापित गाँव, निष्क्रिय बौद्धिक वर्ग और एक आधुनिक नारी जो चुनाव व अस्वीकार की यातना झेलती हुई एक स्वतन्त्र व्यक्तित्व का निर्माण करना चाहती है।

अतः प्रेमचन्द का गोदान मानव चरित्रों की विविधता और उनके जटिल सत्य से निर्मित एक ऐसा उपन्यास है जिसमें सम्पूर्ण भारतीय जीवन की अनेक यथार्थ छवियाँ दिखती हैं।

वस्तु-विधान

समस्याओं की जिस सामग्री से समूचे उपन्यास का गठन होता है, वह उपन्यास का वस्तु विधान होता है। इसलिए वस्तु विधान के अन्तर्गत उपन्यास की मूल समस्या, रचनाकार की जीवन दृष्टि एवं साथ-साथ उपन्यास का गठन भी शामिल है। वस्तु विधान के अन्तर्गत गोदान की समस्याएँ व सांगठानिकता, गोदान की आलोचना, आदि शामिल हैं। गाँव व शहरी कथा में कथावचन नहीं है।

1. **गोदान की त्रासदी (वस्तु विधान त्रासदी का)**–त्रासदी उस रचना को कहते हैं जिसमें भय, करुणा, स्थिति विपर्यय, शारीरिक आघात मृत्यु आदि त्रासद तत्त्वों की

प्रधानता होती है। पात्र अपनी निर्णय सम्बन्धी भूल के कारण दुर्भाग्यपूर्ण परिस्थितियों को झेलता है और उन्हीं से संघर्ष करता व भोगता हुआ, अन्ततः उनका शिकार हो जाता है। गोदान रूपतः नहीं वरन् प्रभाव में त्रासदी है।

गोदान में त्रासदी होरी की मृत्यु मात्र से वहीं वरन् जिस प्रक्रिया में मरा है उसमें है। गोदान में त्रासदी एक प्रभाव है जो होरी की मृत्यु से होता है। ट्रेजडी का सम्बन्ध होने वाले प्रभाव से नहीं वरन् उनसे ध्वनित होने वाले प्रभाव से है। अतः किसी भी रचना में निहित त्रासदी घटनाओं की सतह पर नहीं वरन् उनसे आहत नायक, मूल्यों के विघटन व जीवन की निस्सहायता के चित्रण में है। प्रेमचन्द ने गोदान में त्रासदी को अनेक बिन्दुओं पर संगठित किया है। गोदान की त्रासदी उपन्यास की सम्पूर्ण संरचना में व्याप्त है, नाटकों की तरह अन्त से बँधी नहीं है। उसकी सम्पूर्ण संरचना का महत्त्वपूर्ण हिस्सा है।

गोदान की त्रासदी का पहला महत्त्वपूर्ण बिन्दु मोहभंग है। आस्थाओं व मूल्यों का टूटना सबसे अधिक त्रासद है। गोदान को मोहभंग का उपन्यास कहा गया है। यह मोहभंग प्रेमचन्द का अपना अनुभव भी या अपने पूरे समय का भी है। आरम्भिक प्रेमचन्द के पास आदर्श की ढाल थी जिससे वे यथार्थ के प्रहार को रोकते हैं, लेकिन गोदान में आदर्श की ढाल टूटती है व रचनाकार यथार्थ की तनी तलवारों के बीच अकेला, निहत्था व निरुपाय खड़ा है। यह लगभग व्यास के अभिमन्यु वध-सी त्रासदी है। होरी अपनों के बीच मारा जाता है। बिरादरी, जमींदार आदि। ज़िन्दगी मूल्यों व आदर्श की हिफाजत करने वाला रचनाकार अपने अन्तिम उपन्यास में आदर्शवाद छोड़ देता है।

प्रेमचन्द की त्रासदी, होरी की निरुपायता प्रेमचन्द की निरुपायता से है। सामाजिक नवजागरण से, स्वाधीनता आन्दोलन से रूबरू होने वाले प्रेमचन्द गोदान में ये महसूस करने लगते हैं कि कोई परिवर्तन संभव नहीं है। अतः एक रचनाकार की रचना आस्था व आदर्शों का गोदान है, जैसे–निराला सरोज में तर्पण करते हैं।

होरी की मृत्यु व्यक्ति की मृत्यु नहीं है। साथ ही प्रेमचन्द व उनके आदर्शों की मृत्यु भी है। दुखान्तता कथा के स्तर पर ही नहीं है। इसका सम्बन्ध प्रेमचन्द, उनकी आस्थाओं व मूल्यों के स्तर पर भी है।

2. **गोदान में त्रासदी उसके सम्पूर्ण रचना विधान में व्याप्त है**–घटनाओं का चक्र ऐसा है कि घटनाओं के परस्पर टकराव से उपजा प्रभाव त्रासदी की सृष्टि करता है।

होरी कभी जीत नहीं सकता पराजय की अनिवार्यता के खिलाफ मासूम आकांक्षाओं व जीने की चाह की योजना से गोदान में त्रासद प्रभाव (अन्तर्विरोधी) की योजना से त्रासदी की सृष्टि की गयी। "गोदान का कथा नायक नितान्त साधारण इच्छाओं वाला किसान है जिसे अपने विश्वासों के मूल्य के रूप में ज़िन्दगी की

असाधारण कीमत चुकानी पड़ती है। साधारण इच्छाओं वाले किसान की असाधारण मृत्यु त्रासदी नहीं तो क्या है। गाय के प्रसंग के द्वारा उत्सव व मातम यानी परस्पर विरोधी, लेकिन पड़ोसी परिस्थितियों की योजना द्वारा इस त्रासदी को अधिक घनीभूत किया गया है।

गोदान की योजना कुछ इस प्रकार है कि उसमें जीवन की प्रत्येक खुशी होरी की ज़िन्दगी में मातम का अन्धकार लेकर आती है। इसमें त्रासदी है। होरी बार-बार मरता है व बार-बार खड़ा होता है। प्रेमचन्द एवं होरी बार-बार जीना चाहते हैं। प्रेमचन्द जीवन के कलाकार हैं–रामविलास शर्मा। सेवासदन का सूरदास घर जल जाने पर भी बार-बार बनाने हेतु संकल्पशील है। पर गोदान में प्रक्रिया उलट गयी है। इसमें योजना कुछ इस प्रकार है कि जीवन की प्रत्येक खुशी जीने का प्रत्येक आरोहण एक दुर्दान्त खाई में परिवर्तित होने को अभिशप्त है। अत: त्रासदी का एक रूप गोदान की अन्तर्योजना में दिखाई देता है।

3. **विडम्बनात्मक सन्दर्भों की योजना**–विडम्बना का अर्थ है अनौचित्यपूर्ण वास्तविकता। गोदान में विडम्बनात्मक सन्दर्भों की योजना से त्रासदी उत्पन्न की गयी है।

- अन्न उपजाने वाला किसान भुखमरी का शिकार है। इस सन्दर्भ में होरी के घर की दशा देखी जा सकती है। गोदान में भूख के दारुण दृश्य चित्रित किये गये हैं। जी तोड़ मेहनत के बाद भी भूख व फटेहाली।
- उपन्यास का नायक अभाव और अपनी मृत्यु के लिए जवाबदेह ताकतों के प्रति समर्पण का भाव रखता है। यानी भाग्यवाद, बिरादरी, सत्ता से भय व धार्मिक भीरूता यह होरी की संरचना के तत्त्व हैं। जिन कारणों से वह मौत का शिकार होता है वह संघर्ष करते हुए नहीं वरन् समर्पण के कारण आती है। होरी में कोई छटपटाहट नहीं है। वह लगातार उन्हीं शक्तियों के प्रति समर्पित है जो उसे मार डालने वाली हैं।

इसका सर्वाधिक विडम्बनापूर्ण दृश्य है विद्रोही की पराजय। गोदान का अन्त अपने-आप में सर्वाधिक विडम्बित व त्रासद अन्त है। इतना प्रभावशाली व त्रासद अन्त किसी अन्य भारतीय उपन्यास में उपलब्ध नहीं है। उपन्यास के अन्त में विद्रोहिणी धनिया के माध्यम से गोदान की प्रक्रिया का संकेत इस उपन्यास ही नहीं वरन् भारतीय जीवन की कभी खत्म नहीं होने वाली विवशता का संकेत है। यह विद्रोह की पराजय है। ज़िन्दगी भर धर्म के पाखण्ड व बिरादरी की चालबाजी से लड़ने वाली धनिया ही दाताहीन को पैसे देती हैं। अत: विद्रोह को पराजित होने की योजना भी गोदान में की है। विद्रोह जो परिवर्तन का अस्त्र है वही निष्क्रिय हो गया है–यह विडम्बना है।

4. **होरी के टूटते सपने व निरन्तर अकेले होते जाने की नियति** इसके माध्यम से भी गोदान की त्रासदी को संघनित किया गया है। एक ऐसा नायक जो

घर, बाहर व स्वयं के प्रतिमानों पर निरन्तर पराजित है। अपनी ही नजर में गिरा हुआ है। वह निरन्तर एक दबाव के भीतर जीने को अभिशप्त है। परिवार में भी अकेला है पत्नी सन्तुष्ट नहीं, बेटे से भी तनाव। उपन्यास के आरम्भिक अंश में हँसी-ठिठोली (होरी-धनिया) में एक प्रसंग भी शीघ्र त्रासद हो जाता है (साठ से पहले ही मर जायेंगे)।

इसी प्रकार गाय की मृत्यु पर गृहकलह व मारपीट (होरी धनिया) का प्रसंग है। दाम्पत्य जीवन में निरन्तर तनाव है। अतः जिस बुनियादी ढाँचे (परिवार) में उसे सुकून मिल सकता था, उसमें भी नहीं मिलता। यह अकेलेपन का एक सन्दर्भ है। परिवार के स्तर पर स्नेह का अभाव एवं बाहर शोषण का निरन्तर दबाव है महाजनों, बिरादरी आदि से।

अतः बाहरी शोषण व पारिवारिक दरिद्रता की चक्की में वह निरन्तर पिसता है

होरी में एक स्नेहिल हृदय भी है। वह अन्त में नजर आता है जब स्मृतियों का सिलसिला शुरू होता है। जीवन के स्नेहिल प्रसंगों की पहचान है पर जीवन संघर्ष में यह आर्द्रता खत्म हो गयी है। उसमें आत्म पराजय का विवश स्वीकार भी है। जब रूपा को बेचता है तब रुपये लेते हुए हाथ काँपते हैं। तब आत्मविश्लेषण का एक हिस्सा आता है। होरी अपनी ही दृष्टि में गिरा हुआ है।

होरी घर व बाहर से अकेला होने के साथ नैतिक बिन्दु पर भी अकेला है। नैतिक कक्ष के प्रकोष्ठ में अपने को निस्सहाय व अकेला पाता है। बेटी बेचने, घर गिरवी व होरी की स्मृतियों के माध्यम से प्रेमचन्द अकेले होते होरी के त्रासद प्रभाव को दिखलाते हैं।

इन सभी प्रसंगों के आधार पर गोदान को भारतीय जीवन की त्रासदी कहा जा सकता है।

गोदान प्रेमचन्द का एकमात्र पूर्णतः यथार्थवादी उपन्यास

गोदान यथार्थवादी उपन्यास है। इसके यथार्थवाद को निम्नांकित बिन्दुओं पर देखा जा सकता है। ये हैं–

1. **प्रेमचन्द की जीवन दृष्टि में परिवर्तन–**गोदान के यथार्थवाद का आरम्भिक आधार प्रेमचन्द की परिवर्तित जीवन दृष्टि है। प्रेमचन्द की जीवन दृष्टि का पहला सूत्र–मनुष्य केवल बुरा नहीं होता वह हमेशा अच्छाई की सम्भावनाओं से युक्त होता है। दूसरा–समस्याएँ सामाजिक हैं, पर उनका समाधान वैयक्तिक स्तर पर सम्भव है। तीसरा–रचनाकार का दायित्व अन्धकार का ही चित्रण करना नहीं है वरन् उस अन्धकार से फूटने वाली किरणों की ओर इशारा करना भी उसका काम है। उम्मीद व आस्थावाद से जीवन की समस्याओं के समाधान की खोज भी रचनाकार का धर्म है।

आरम्भिक उपन्यास में इस दृष्टि का प्रयोग।

- गोदान में यथार्थवादी हो गयी सामाजिक समस्याओं का हल वैयक्तिक स्तर पर सम्भव नहीं है। अत: पात्रों का हृदय परिवर्तन नहीं है, क्योंकि समस्याओं का कारण व्यक्ति नहीं व्यवस्था है। प्रेमचन्द शुरू में समझते रहे कि समस्याएँ आदमी में हैं। यहाँ प्रेमचन्द गाँधी को छोड़ मार्क्स के ज्यादा करीब हो गये। प्रेमचन्द मानने लगे कि समस्याएँ व्यवस्था के भीतर हैं। व्यक्ति के अच्छे-बुरे होने का कोई अर्थ नहीं। होरी अच्छा है पर मारा जाता है।
- व्यक्ति का जीवन उसकी अच्छाई व बुराई से नहीं वरन् ठोस आर्थिक-सामाजिक परिस्थितियों से परिचालित होता है। जीवन सिद्धान्तों से परिचालित नहीं होता, परिवेश भी महत्त्वपूर्ण है। प्रेमचन्द ने गोदान में व्यक्ति की ज़िन्दगी के विश्लेषण में सामाजिक-आर्थिक परिस्थितियों को आधार बनाया।
- रचना दृष्टि में परिवर्तन। समाधान देना रचनाकार का काम नहीं है। आरम्भ में प्रेमचन्द समाधान देना व उम्मीद जगाना रचनाकार का धर्म मानते थे। पर गोदान में आते-आते वह समझ गये थे कि जीवन में ही समाधान नहीं है तो उपन्यास में देना बेईमानी है। 1936 तक आते-जाते राजनीति का आदर्शवाद स्खलित होने लगा था। आदर्श जीवन से मेल नहीं खा रहे थे। जीवन में मेल नहीं होने के कारण ये आदर्श यथार्थ के विरुद्ध पड़ने लगे थे। यह जीवन की बढ़ती प्रतिकूलता का प्रमाण है। प्रेमचन्द महसूस करने लगे थे कि कोरे आदर्शों से काम नहीं चल पायेगा। रचनात्मक प्रतिबद्धता में परिवर्तन आवश्यक था। गोदान में आकर प्रेमचन्द उस दृष्टि में परिवर्तन करते हैं। इस कारण उन्होंने गोदान में आदर्शपरक प्रसंगों का निषेध किया है। यह गोदान की यथार्थपरकता का प्रस्थान बिन्दु था।

2. **आदर्श के आरोपण का निषेध**-गोदान में प्रेमचन्द ने भी आदर्श का आरोपण नहीं किया है। पूर्ववर्ती उपन्यासों में यथार्थ पर आदर्श का आरोपण करते हैं। आदर्शोन्मुख यथार्थवाद को रचना का लक्ष्य मानते थे। जीवन की समस्याओं का समाधान विचारों से करते थे। इस कारण समस्या व समाधान में कोई वास्तविक सामंजस्य नहीं था। जीवन की समस्याओं का समाधान जीवन से ही आता है विचारों से नहीं। अत: रचना में दिया गया समाधान अप्रमाणिक था। गोदान में उन्होंने इसका निषेध किया। आदर्शपरकता का आरोपण न करना ही गोदान का यथार्थवाद है। पर मेहता के वक्तव्य आदर्शवादी लगते हैं पर वह आदर्श की विडम्बना है। पात्र के विचार रचनाकार के नहीं हैं। मेहता-मालती के प्रसंगों में कोई आदर्श आरोपित नहीं करते वरन् सम्बन्धों की नयी जमीन तलाशते हैं क्योंकि विवाह संस्था में उन्हें अविश्वास हो गया था। तलाश आदर्शपरकता नहीं।

उदार होरी के चरित्र चित्रण में प्रेमचन्द ने कोई आदर्शपरक शैली का प्रयोग नहीं किया। अतः गोदान के कथानक व पात्र योजना दोनों में प्रेमचन्द ने जीवन की वास्तविकता का सामना किया।

3. **समस्याओं की प्रकृति व कारणों की पहचान**—प्रेमचन्द ने गोदान में जिन समस्याओं को उठाया है, वह समय, समाज व इतिहास की है। समस्याओं की प्रकृति मानसिक नहीं वरन् ऐतिहासिक-सामाजिक सन्दर्भों से बँधी है।

गोदान की मुख्य समस्या आर्थिक शोषण से उपजे अभाव की। धनिया के शब्दों में—"कितनी ही कतर-ब्योत...करो, कितना ही पेट-तन काटो चाहे एक-एक कौड़ी को दाँत से पकड़ो, अगर लगान से छुटकारा पाना मुश्किल है।"

आर्थिक शोषण का मूल केन्द्र यही लगान है। यहीं से ऋण समस्या शुरू होती है। रामविलास शर्मा का मत है कि "ऋण समस्या ही गोदान की मुख्य समस्या है। गोदान पहला उपन्यास है जिसमें प्रेमचन्द ने आर्थिक समस्या को उठाया। समूचा उपन्यास आर्थिक समस्या के इर्द-गिर्द ही बुना गया। इस कारण मार्क्सवादी आलोचना गोदान को एकमात्र यथार्थवादी उपन्यास मानती हैं इसका कारण है कि इसके केन्द्र में अर्थ है।"

आर्थिक शोषण के सभी—आयामों का चित्रण गोदान में उनकी यथार्थवादी दृष्टि का प्रमाण है। इसके अतिरिक्त प्रेमचन्द ने अन्य समस्याएँ भी देखी हैं, जिनमें कृषकों की रूढ़िप्रियता व संघर्ष चेतना का अभाव है। वस्तुतः किसानी जीवन की परिस्थितियों व मान्यताओं को बिना किसी मानसिक आवेश से देखा है। रूढ़िप्रियता व संघर्ष चेतना के अभाव के कारण यथार्थ को भी वास्तविकता से चित्रित किया गया।

4. **परिवेश चित्रण**—रचनाकार की यथार्थवादिता परिवेश के वास्तविक चित्रण से जुड़ी है। परिवेश की जीवन्तता रचनाकार की यथार्थ सम्पृक्ति का प्रमाण है। प्रेमचन्द का ग्रामीण परिवेश का मिश्रण—ग्रामीण जीवन के भूगोल, रहन-सहन व रीतिरिवाजों का बहुत यथार्थपरक ढ़ंग से प्रस्तुत करता है। गाँव में खेत हैं खेतों में गाँव हैं। खेतों की मेड़े हैं जिनमें होकर गुजरने वाले पशु भी हैं व आदमी भी है और ओसारे में तखत हैं, खूँटी पर ढोलक टँगी है, ताक पर बँधी रामायण की पुस्तक है, घर के कोने में तुलसी का चबूतरा है, खपरैलों पर लौकी की बेलें हैं। कहीं गाय बँधी हैं, कहीं बेलें कहीं चूल्हा है, कहीं पुआल की चारपाई, कहीं होली का हुड़दंग है तो कहीं आम की डालों पर चहकती कोयल व मैनाएँ हैं।

प्रेमचन्द ने ग्राम्य ज़िन्दगी के भीतर के परिवेश में झाँकने की कोशिश है।

परिवेश चित्रण के आधार पर जिन उपन्यासों की पहचान यथार्थवादी रूप में की गयी है उसमें गोदान महत्त्वपूर्ण है। परिवेश के माध्यम से रचनाकार पाठक को

किसानी जीवन की गहराइयों में ले जाता है। वे परिवेश का विस्तारपूर्वक वर्णन करते हैं। समाज शैली के स्थान पर व्यास शैली का प्रयोग प्रेमचन्द ने किया है।

5. **शहरी जीवन का चित्रण**–शहरी जीवन के कथा प्रयोग का आयोजन गोदान के वस्तु संगठन का सर्वाधिक कमज़ोर पक्ष माना गया है। परिवेशगत यथार्थ की जो पकड़ प्रेमचन्द या परिवेशगत यथार्थ के सम्बन्ध में प्रेमचन्द गाँव के बिन्दु पर जितने सिद्धहस्त हैं, शहरी जीवन के चित्रण में उनकी कलम उतनी ही कमज़ोर है। आलोचकों का आरोप कि शहर चित्रण के नाम पर प्रेमचन्द ने कुछ स्थितियों की है। अभिजात वर्ग व नागरिक जीवन का चित्रण प्रेमचन्द ने बहुत कम किया है और जहाँ ऐसे स्थल आये हैं वहाँ उनका मन थमा नहीं है। कथित शहरी जीवन का चित्रण अपूर्ण, अप्रामाणिक व मनचाहा है। यह शहरी जीवन पर प्रेमचन्द की कमज़ोर पकड़ का प्रमाण है। जीवन के गहरे यथार्थ की पहचान करने वाले रचनाकार की यह भारी सीमा है।

शहरी योजना के बारे में रामविलास शर्मा का कहना है–"गोदान में मुनाफे की दुनिया व मेहनत (गाँव) की दुनिया में बढ़ती हुई खाई पर नजर रखी गयी है। मुनाफे की संस्कृति ने मेहता, खन्ना, पं. ओंकारनाथ, मिर्जा खुर्शीद जैसे घाघ पैदा किये हैं।" प्रेमचन्द शहरी जीवन से अपरिचित नहीं थे। पर वह शहरी जीवन का चित्रण नहीं करना चाहते थे। मात्र दो समानान्तर जीवन पद्धतियों का संकेतन शहर में, मात्र चार चीजें रेखांकित की, बौद्धिक वर्ग जो सब कुछ जानते हुए भी निष्क्रिय हैं, प्रेस का उदय, मजदूर व मिल मालिकों का संघर्ष व आमोद-प्रमोद। यह ग्रामीण जीवन से भिन्न एक ज़िन्दगी है। यह रचनात्मक सीमा की बजाये एक चुनाव है। पर प्रचलित मत यही है कि शहरी जीवन का चित्रण अधिक प्रामाणिक नहीं है। अतः शहरी जीवन गोदान के यथार्थ बोध की सीमा मानी जा सकती है, न तो विस्तार व न भीतरी पकड़।

समग्रतः गोदान एक मजबूत, प्रामाणिक व प्रभावशाली यथार्थवादी उपन्यास है। गोदान का यथार्थवाद उसके अन्त पर ही नहीं वरन् रचनाकार की जीवन दृष्टि, परिवेश व समस्याओं की पहचान व प्रामाणिक चित्रण से जुड़ा है। इस सम्पूर्ण यथार्थ का आधार है गोदान की भाषा। नामकरण से लेकर, गाँव की बोली बानी, मुहावरे और भाषा में अभिव्यक्त होने वाली ज़िन्दगी की दिनचर्या को प्रेमचन्द ने मजबूती से पकड़ा है। अतः गोदान को प्रेमचन्द की महान सर्वोत्तम यथार्थवादी रचना माना गया है। गोदान की कथा में संश्लिष्टता नहीं है। अधिकांश आलोचकों का मानना है बिखराव है। शहर व गाँव की कथा अलग-अलग हो गयी है। गोदान के कथानक में नगर जीवन का ग्राम्य जीवन में सीधा हस्तक्षेप कहीं नहीं है। गाँव व शहर में जो अन्तर्क्रिया होनी चाहिए वह नहीं है।

अतः अपने प्रभाव कथानक के धरातल पर गोदान भारतीय जीवन की सम्पूर्णता की कथा होकर भी दरारों से युक्त है। शहर गाँव में सीधे हस्तक्षेप नहीं करता मात्र अन्तर्सूत्र है। जैनेन्द्र ने शहरी कथा के औचित्य पर प्रश्न खड़ा किया है। पर ग्रामीण जीवन के पतन हेतु शहर का चित्रण अनिवार्य था। प्रेमचन्द की दृष्टि सम्पूर्ण भारतीय जीवन की थी पर संगठन में इसका विकास ठीक से नहीं कर पाया। अतः संगठनात्मक दृष्टि से प्रेमचन्द का यह उपन्यास शहरी जीवन की बुनावट में किंचित शिथिल रह गया है।

गोदान की गति धीमी है होरी के जीवन की तरह। औपन्यासिक गति व जीवन की गति में तालमेल है। रामविलास जी का कहना है–"यहाँ सैलाब का वेग नहीं है, लहरों के थपेड़े नहीं हैं। ऊपर से शान्त दिखने वाली नदी की भँवरे हैं। अतः गोदान का वस्तु संगठन भारतीय किसान की त्रासदी व जीवन के यथार्थ चित्रण के साथ-साथ उसकी औपन्यासिक बुनावट में भी है। कथानक, पात्र, परिवेश चित्रण व भाषा के संगठन के माध्यम से गोदान में प्रेमचन्द ने जिस संसार का निर्माण किया है वह अपनी प्रामाणिकता व मार्मिकता के सन्दर्भ में स्वयं सिद्ध है।

हिन्दी के प्रमुख्य उपन्यासकार

जैनेन्द्र कुमार

प्रेमचन्दोत्तर उपन्यासकारों में जिन उपन्यासकारों का नाम प्रमुखता से लिया जाता है उनमें से जैनेन्द्र कुमार का नाम प्रमुख है। प्रेमचन्द के सामाजिक यथार्थवाद से आगे निकलकर के जैनेन्द्र ने फ्रायड के मनोविश्लेषणवाद से प्रभावित होकर जो जमीन तैयार की उसमें जैनेन्द्र के अलावा आगे चलकर अज्ञेय और इलाचन्द्र जोशी ने भी अपनी रचनाधर्मिता की फसल काटी। मनोविश्लेषणवादी उपन्यासकारों में जैनेन्द्र, अज्ञेय और इलाचन्द्र जोशी का वही स्थान है जो स्थान हिन्दी काव्यधारा में सूर, तुलसी और जायसी का है। हिन्दी में मनोविज्ञान, दर्शन और आध्यात्मिक कला चेतना को एक साथ प्रस्तुत करने का श्रेय जैनेन्द्र को ही जाता है। उन पर एक तरफ जहाँ फ्रायड का प्रभाव है तो दूसरी तरफ गाँधी दर्शन का भी। मार्क्सवाद से भी वे कुछ स्तर पर प्रभावित दिखाई देते हैं, लेकिन अपनी रचनाधर्मिता का विषय वे इसको नहीं बनाते। उनके उपन्यासों में से 'परख', 'सुनीता', 'त्यागपत्र', 'सुखदा', अनामस्वामी प्रमुख है।

जैनेन्द्र कुमार के प्रमुख उपन्यासों का संक्षिप्त परिचय–

1. परख–यह जैनेन्द्र कुमार का पहला उपन्यास है, जो 1929 में प्रकाशित हुआ इसमें आधुनिक जीवन में छिन्न-भिन्न होते बहुत सारे प्रेम की किशोरावस्था के उस प्रेम का चित्रण किया गया है जिसके केन्द्र में एक सामान्य मानवीय आकर्षण है।

इसमें मुख्यतः चार प्रमुख पात्र कट्टो, सत्यधन, बिहारी और गरिमा है। शत्रुधन एक शिक्षित शान्तिप्रिय और सामान्य जीवन जीने वाला एक आदर्शवादी युवक है, जो एक जमींदारी प्रथा से परिपूर्ण गाँव में रहता है। यहीं पर कट्टो नाम की एक विधवा रहती थी, जो कुछ पढ़ने के लिए सत्यधन के पास आया करती है। धीरे-धीरे इन दोनों के बीच में प्रेम विकसित होने लगता है।

इसी गाँव में एक दूसरा युवक है जिसका नाम है बिहारी। जो कि सत्यधन का मित्र और इसकी बहन का नाम है गरिमा। गरिमा के पिता गरिमा का विवाह सत्यधन से करना चाहते हैं. एक तरफ जहाँ कट्टो दिल से सत्यधन से प्यार करती है वहीं दूसरी तरफ गरिमा ज्यादा पढ़ी-लिखी होने के कारण सत्यधन को ज्यादा आकर्षक लगती है। इस तरह सत्यधन का विवाह गरिमा से हो जाता है और कट्टो का विवाह बिहारी से।

परिणामस्वरूप एक तरफ कट्टो बिहारी की पत्नी होते हुए भी वह आत्मिक सुख और शारीरिक अनुभव नहीं तलाश पाती। जिसकी उसे आकांक्षा है और जिस प्यार को वह सत्यधन के रूप में पाना चाहती है। इस तरह बिहारी और कट्टो का प्रेम अशरीरी और प्लेटोनिक सा लगता है। दूसरी तरफ सत्यधन कट्टो का मनोवैज्ञानिक स्वरूप देखकर के अन्दर ही अन्दर न सिर्फ़ विचलित और परेशान रहने लगता है, बल्कि वह सांसारिक जीवन से मुक्ति पाना चाहता है। लेकिन कट्टो के निःस्वार्थ प्रेम के सामने वह ऐसा करने में अपने आपको अक्षम पाता है। वहीं दूसरी तरफ सारी दुनिया छोड़-छाड़ के कट्टो एक छोटे से स्कूल में पढ़ाने का काम करने लगती है और बिहारी एक सामान्य किसान के रूप में दूसरे गाँव में काम करने लगता है।

कुल मिलाकर यह उपन्यास प्रेम के अद्भुत विसर्जन का उपन्यास है। इससे यह बात जाहिर होती है कि दो व्यक्ति दूर होकर के भी एकात्म रूप में रह सकते हैं और दूसरी तरफ उनके भीतर एक-दूसरे को पाने की आकांक्षा सदैव बलवती रह सकती है।

2. **सुनीता**–सुनीता जैनेन्द्र कुमार का दूसरा उपन्यास है जिसका प्रकाशन 1935 में हुआ। इसके तीन प्रमुख पात्र हैं-सुनीता, श्रीकान्त और हरिप्रसन्न। सुनीता, श्रीकान्त की पत्नी हैं और हरिप्रसन्न श्रीकान्त का मित्र। दोनों की एक बार मुलाकात दिल्ली में होती है और वह हरिप्रसन्न को अपने घर लेकर आता है। यहीं पर हरिप्रसन्न और सुनीता का परिचय होता है। श्रीकान्त पारिवारिक जीवन से थोडा अलग होकर बाहर जाना चाहता है और जाते समय सुनीता को कहता है हरिप्रसन्न जितना दिन यहाँ रुकना चाहता है, रुकने देना और उसका पूरा ख्याल रखना। सुनीता के साथ हरिप्रसन्न इस तरह अकेले रहते हुए उसके मन में सुनीता को पाने की इच्छा जागृत होने लगती है। इसके लिए वह हर सम्भव प्रयत्न भी करता है।

एक बार वह श्रीकान्त की अनुपस्थिति का फायदा उठाते हुए सुनीता को कहता है। आज रात को जंगल में कुछ क्रान्तिकारियों की बैठक है। मैं चाहता हूँ कि उसका नेतृत्व तुम करो और उसको लेकर वह जंगल की तरफ जाता है, लेकिन पुलिस को इसकी भनक लगने के कारण यह बैठक भंग हो जाती है। जंगल से लौटते समय हरिप्रसन्न सुनीता से उसे निर्वस्त्र देखने की इच्छा जागृत करता है। सुनीता अपने आप को ऐसे में एक विकट परिस्थिति में फँसी हुई महसूस करती है, लेकिन एक तरफ नैतिक जिम्मेदारी और मूल्य सामने आता है तो दूसरी तरफ उसी तरह पति के मित्र को दुख न पहुँचाने की इच्छा और अभिलाषा। ऐसे में सुनीता अन्ततः निरावरण होने के लिए तैयार हो जाती है। लेकिन नैतिकता और कामग्रन्थी के द्वन्द्व में उलझा हरिप्रसन्न वहाँ से भाग खड़ा होता है। उपन्यास में एक तरफ जहाँ काम और प्रेम के दर्शन को चरितार्थ किया गया है। वहीं मानवीय कायरता की उस पराकाष्ठा को भी दर्शाया गया है। जिसकी पूर्णता केवल हिंसक कामग्रन्थि में होती है।

3. **त्यागपत्र**–त्यागपत्र का प्रकाशन 1937 में हुआ था। यह जैनेन्द्र का तीसरा सबसे महत्त्वपूर्ण उपन्यास है। इसमें तीन मुख्य पात्र हैं–मृणाल, प्रमोद और शीला। मृणाल की परवरिश उसका भाई करता है। लेकिन उसकी भाभी बहुत उदार नहीं है। वह जब चाहे तब बात-बात में मृणाल को परेशान करती रहती है। प्रमोद, मृणाल का भतीजा है, जिससे वह स्नेह करती है। स्कूल में पढ़ाई के दौरान उसकी एक सहेली 'शीला' के भाई से प्यार हो जाता है। इस बात का पता जब उसकी भाभी को चलता है। तो वह मृणाल की जमकर पिटाई करती है और उसका विवाह एक अधेड़ उम्र के व्यक्ति से कर दिया जाता है। तब भी मृणाल उस अधेड़ उम्र के व्यक्ति से भी पूरी सिद्दत से प्रेम करती है। और उसका भरोसा जीतती है। जब उसे पूरा विश्वास हो जाता है कि उसका पति उसकी हर बात को समझ सकता है। तब वह एक दिन अपने प्रेम में डूबी हुई अपने पुराने प्रेम का जिक्र कर बैठती है। परिणामस्वरूप उसका पति उसको घर से निकाल देता है। इसके बाद वह कोयले के एक व्यापारी के प्रेम-जाल में फँस जाती है। जो वासना की पूर्ति होने के बाद मृणाल को छोड़ देता है।

इस तरह मृणाल का जीवन धीरे-धीरे बद से बदतर होता चला जाता है और वह घातक बीमारी का शिकार हो जाती है। इस स्थिति को सुनकर प्रमोद उसे लेने आता है, लेकिन वह जाने से मना कर देती है। कुछ ही दिनों बाद इस यन्त्रणा और बीमारी के चलते मृणाल की मृत्यु हो जाती है। इस क्षोभ और आत्मग्लानि से प्रमोद अपने जज के बाद से त्याग-पत्र दे देता है।

इस उपन्यास में लेखक ने यह दिखाने की कोशिश की है कि कैसे एक औरत के लिए प्रेम उसका हक नहीं बल्कि भोग का एक साधन मात्र है। मृणाल तमाम

दु:ख-दर्द सहते हुए भी समाज की अमानवीयता के खिलाफ विद्रोह नहीं करती, अपितु उसको सहते हुए अपना बलिदान दे देती है। उपन्यास में मृणाल के आत्मदान को जिस तरह से दिखाया गया है। वह पुरुष समाज के लिए एक चुनौती है। हिन्दी साहित्य के इतिहास में ऐसा वर्णन अनूठा है।

कुल मिलाकर कहें तो हिन्दी साहित्य के इतिहास में जैनेन्द्र को मनोविश्लेषणात्मक और मनोवैज्ञानिक उपन्यास विधा का जनक माना जाता है। मनोविश्लेषणात्मक उपन्यास की तर्ज पर ही जैनेन्द्र की पूरी लेखन-शैली में एक नवीन कथावस्तु, भाषा और चरित्र-चित्रण का प्रयोग दिखाई देता है। कथा कहने की जैनेन्द्र की जो शैली है उसमें एकलयता न हो करके शब्दों और विचारों का टूटन दिखाई देता है। जो आज के मानवीय जीवन-दर्शन और जीवन शैली को दर्शाता है। जैनेन्द्र अपने पात्रों के माध्यम से दार्शनिकता का जो एक अम्बार खड़ा कर देते हैं उसमें कई बार उनका वैयक्तिक जीवन ज्यादा प्रभावी दिखाई देता है और उनके पात्र कमज़ोर दिखाई पड़ने लगते हैं। भाषा की बात करें तो जैनेन्द्र की भाषा उनके दार्शनिक चिन्तन से पूरी तरह आप्लावित है। जिसके बारे में कहा जा सकता है कि जैनेन्द्र सोचते हुए लिखते हैं न कि जो सोचा हुआ है उसको लिखते हैं। भाषा प्रयोग की दृष्टि से वे शब्दों ऊबड़-खाबड़पन के विद्वान हैं जो उनकी सहजता और स्वाभाविकता को दर्शाता है।

यशपाल

प्रेमचन्दोत्तर उपन्यासकारों में प्रेमचन्द के सामाजिक यथार्थवाद को सही अर्थों में मायने देने का काम यशपाल ही करते हुए दिखाई देते हैं। मार्क्सवादी चेतना से प्रभावित होने के कारण उनके उपन्यासों में वर्ग संघर्ष, क्रान्ति क्षेत्र, असमानता, समाजवाद जैसे शब्द बार-बार दिखाई और सुनाई पड़ते हैं...यशपाल ने दिव्या, दादा कामरेड, पार्टी कामरेड, काँग्रेस, देशद्रोही, अमिता, झूठा-सच, 12 घण्टे, अप्सरा का श्राप, क्यों फँसे, मेरी तेरी उसकी बात, मनुष्य के रूप में आदि उपन्यास लिखें।

झूठा सच : यशपाल का सबसे प्रसिद्ध उपन्यास है। अपनी प्रकृति और कथावस्तु के आधार पर इसे एक ऐसा महाकाव्यात्मक उपन्यास कहा जा सकता है। जो भारत के विभाजन की त्रासदी पर लिखा गया है। इसको दो भागों में बाँटा गया है। पहला है 'वतन और देश' तथा दूसरा 'देश का भविष्य'। पहले भाग में देश के विभाजन के वास्तविक कारणों की पड़ताल की गयी है। साथ ही विस्थापित शरणार्थियों की उस समय की दर्दनाक स्थितियों का चित्रण किया गया है जिसको उन्होंने भोगा है। दूसरे भाग में विभाजन के बाद की स्थिति का वर्णन है। इसमें यह दर्शाया गया है कि बुद्धिजीवी प्रगतिशील, प्रगतिवाद के नाम पर एक ऐसा मॉडल खड़ा कर देते हैं जो पूँजीवाद पर आधारित होता है। जिनका सम्बन्ध राजनीति और पत्रकारिता के साथ चोली-दामन का

होता है। जो भ्रष्टाचार और बेईमानी के माध्यम से समाज के हर तबके को लूटने में लगे हुए हैं। सोमराज और सूद ऐसे ही दो चरित्र हैं वहीं दूसरी तरफ कुछ ऐसे भी चरित्र हैं जो समाज की इन बुराइयों से संघर्ष करते हैं। इनमें 'तारा', 'जयदेव पुरी', 'पत्रकार' 'कनक' इंजीनियर 'नरोत्तम' और 'श्यामा' का नाम प्रमुखता से लिया जा सकता है।

इस उपन्यास के दो प्रमुख पात्र 'जयदेव पुरी' और उसकी बहन 'तारा' के माध्यम से लेखक ने तत्कालीन सामाजिक, राजनीतिक और आर्थिक सम्बन्धों की पड़ताल करने की कोशिश की है और दिखाया है कि पूँजीवादी शक्तियाँ किस तरह देश को खोखला कर रही है। लेखक ने उपन्यास में बदलते मानवीय रिश्तों और मानवीय सम्बन्धों की भी पड़ताल की है। उपन्यास सिर्फ़ विभाजन की त्रासदी का सही चित्रण नहीं करता, बल्कि मानवीय जिजीविषा की उस कभी न हार मानने वाली अदम्य इच्छा का भी वर्णन करता है, जिसके सामने साम्प्रदायिकता, वर्ग-संघर्ष, असमानता के प्रश्न बहुत बौने नजर आते हैं।

यशपाल का दूसरा सबसे प्रमुख उपन्यास है **दिव्या**। दिव्या के माध्यम से लेखक ने नारी मुक्ति की एक दास्तानगोई को प्रस्तुत किया है। इस उपन्यास में नारी समस्या को सामाजिक-आर्थिक परिप्रेक्ष्य में एक व्यापक समाधान के साथ प्रस्तुत किया गया है। साथ ही वह सुझाव देते हैं कि नारी समस्या का समाधान तभी सम्भव है जब स्त्री और पुरुष परस्पर भूमिका निभाते हुए जीवन की तमाम गतिविधियों और परिस्थितियों में एक-दूसरे से हाथ बटाते हुए आगे बढ़े।

मेरी तेरी उसकी बात उपन्यास में देश की स्वतन्त्रता पूर्व और स्वतन्त्रता पश्चात् के सामाजिक-राजनीतिक जीवन को दर्शाया गया है। इसकी पृष्ठभूमि बहुत कुछ झूठा-सच के करीब बैठती हुई दिखाई देती है। वहीं 'क्यों फँसे' उपन्यास में यशपाल ने परम्परागत स्त्री-पुरुष के सम्बन्धों पर प्रश्न चिह्न लगाया है। साथ ही विवाहित जोड़ों को अन्यंत्र यौन सम्बन्ध बनाने के निषेध की बात करते हैं, लेकिन दूसरी तरफ यह भी सुझाव देते हैं कि आज जब नारी आर्थिक और वैचारिक रूप से स्वतन्त्र हो चुकी है और वह जब अपने पैरों पर खड़ी हो चुकी है तो ऐसे समय में ऐसी कोई कामना करना बेमानी है। साथ ही कहते हैं कि ऐसे में नैतिक सुचिता और मूल्यों की बात का कोई प्रश्न ही नहीं उठता। स्त्री और पुरुष तभी तक एक-दूसरे के साथ रह सकते हैं। जब तक उनका एक-दूसरे के प्रति आकर्षण बना रहे अन्यथा वह अपने देह की अभिलाषा की पूर्ति के लिए अपने आप में स्वतन्त्र है।

यशपाल के एक अन्य उपन्यास 'अप्सरा का शाप' में दुष्यन्त और शकुन्तला की कहानी का वर्णन किया गया है। इस उपन्यास में लेखक ने दुष्यन्त को एक स्वास्थ्य लेकिन वासना से युक्त पुरुष के रूप में प्रस्तुत किया है। जो सामन्तवादी विचारधारा का पोशक है, जबकि शकुन्तला सामन्ती समाज द्वारा शोषित, असहाय नारी का प्रतिनिधित्व करती है।

कुल मिलाकर यशपाल के उपन्यास अनुभव की विविधता और विषयों की व्यापकता से भरपूर है। जिसमें भावों की सरलता, चित्रात्मकता, व्यंगात्मक, मधुरता और विषयों का विशद वर्णन एक साथ दिखाई देता है। यशपाल की लेखन की सबसे बड़ी विशेषता यह है कि उनके लेखन में बोधगम्यता और एक आकर्षण लगातार बना रहता है। कई जगह वे काव्यात्मक गद्य का भी प्रयोग करते हुए दिखाई देते हैं।

फणीश्वरनाथ रेणु

रेणु का नाम लेते ही एक आंचलिक उपन्यासकार की छवि आँखों के सामने तैरने लगती है। 'मैला आंचल' एक ऐसा आंचलिक उपन्यास है जो आंचलिकता और आंचलिक उपन्यासों के बीच में एक ध्रुव तारे की तरह अलग ही अपनी चमक बनाये हुए हैं। माना जाता है कि शिवपूजन सहाय का 'देहाती दुनिया' हिन्दी साहित्य का पहला आंचलिक उपन्यास है, लेकिन आंचलिकता के सम्पूर्ण गुण न होने के कारण कुछ आलोचकों ने इसे आंचलिक उपन्यास मानने से ही मना कर दिया, जबकि कुछ लोगों का मानना है कि नागार्जुन द्वारा लिखित 'बलचनामा' से आंचलिक उपन्यासों की शुरुआत होती। इसमें नागार्जुन ने एक छोटी-सी स्थानीय समस्या को राष्ट्रीय परिप्रेक्ष्य में प्रस्तुत किया है। जिसकी भाषा मैथिली है।

हिन्दी साहित्य के इतिहास में आंचलिकता को सही मायने में स्थापित करने का श्रेय यदि किसी को जाता है तो वह है रेणु। वे सिर्फ़ एक आंचलिक रचनाकार नहीं है, बल्कि उन्होंने एक छोटे से अंचल अर्थात् क्षेत्र को आधार बनाकर जिस तरह से राष्ट्रीय समस्या को एक व्यापक फलक देने का काम किया है। उसको सिर्फ़ आंचलिकता के माध्यम से ही प्रस्तुत किया जा सकता था। रेणु ने कुल 26 पुस्तकें लिखी हैं, जिनमें से 'मैला आंचल' (1954) 'परती परिकथा' (1957) 'जुलूस' (1965) 'दीर्घतपा' (1964) 'कितने चौराहे' (1966) 'पलटू बाबू रोड' (1979) रेणु के उपन्यास हैं, लेकिन इनमें से सर्वाधिक चर्चित उपन्यास रहा 'मैला आँचल', जिसकी भूमिका को लिखते हुए फणीश्वर नाथ रेणु स्वयं लिखते हैं–यह है 'मैला आँचल' एक आंचलिक उपन्यास। इस उपन्यास के केन्द्र में है बिहार का पूर्णिया जिला, जो काफी पिछड़ा है। रेणु आगे कहते हैं "इसमें फूल भी है शूल भी, गुलाब भी है, कीचड़ भी, चन्दन भी है, तो सुन्दरता भी–मैं किसी से दामन बचाकर नहीं निकल पाया।"

मैला आंचल : इस उपन्यास का नायक है पूर्णिया जिले का 'मीरगंज' गाँव। इसकी विस्तृत और व्यापक कथा इस उपन्यास के माध्यम से प्रस्तुत की गयी है। 'मीरगंज' के माध्यम से रेणु ने इस गाँव की तमाम उन समस्याओं को उद्घाटित करने का प्रयास किया है। जो रचना का उद्देश्य भी हैं और प्रतिपाद्य भी।

इस आंचलिकता में कुरूपता भी है, तो सुन्दरता भी। कुटिलता भी है तो राजनीति भी। इसके भीतर लोकतन्त्र की तमाम उन बुराइयों का जन्म होता है जिसकी शिकार आम जनता है। फिर चाहे वह जातिवाद हो, अवसरवादी राजनीति हो, पाखण्ड हो, अन्धविश्वास हो, दिखावा हो अथवा भ्रष्टाचार हो। बावनदास इस उपन्यास का असली हीरो है। जो समय की मार से बौना हो गया है।

परती परिकथा रेणु का दूसरा सबसे प्रसिद्ध उपन्यास है, जिसके केन्द्र में पूर्णिया जिले का 'परानपुर गाँव' है। हवेली परगना के अन्य गाँवों की तुलना में यह अधिक उन्नत है, लेकिन गाँव में सभी राजनीतिक पार्टियों की शाखा में मौजूद होने के कारण यह राजनीति का शिकार है। जिसमें नेपाल की तराई से निकलकर के गंगा में मिलने वाली कोशी नदी की एक उपधारा दुलारीदाय का सूख जाना है। गर्मियों में इसके सूख जाने के कारण इस गाँव के आसपास स्थित सभी जमीनें परती हो जाती हैं। कोसी की भयानक बाढ़ और विनाशलीला का परिणाम यह होता है कि पूरा-का-पूरा गाँव परती हो जाता है, जो इसकी कथा को जन्म देता है।

जबकि अन्य उपन्यास **पल्टू बाबू रोड** रेणु का 90 पृष्ठों का एक छोटा-सा उपन्यास है। इसमें पूर्णिया जिले के पल्टू बाबू रोड की कहानी कही गयी है। इसमें एक कस्बे के विशिष्ट मानसिकता के दो परिवारों की मार्मिक कहानी है। इस उपन्यास में पुरुष समाज की मानसिकता और उसकी यौन वासना का इस रूप में चित्रण किया गया है कि इसकी पूर्ति न होने के कारण वह हिंसक हो जाता है। इतना ही नहीं वह धन, वैभव, विलासिता के लिए किसी भी स्तर तक गिर सकता है।

दीर्घतपा उपन्यास में बांकीपुर स्थित 'वर्किंग वोमेन हॉस्टल' को केन्द्र में रखकर लिखा गया है। जिसकी मुख्य पात्र बेलागुप्त है। जो इस हॉस्टल की सर्वेसर्वा है, लेकिन अपने आसपास हो रहे तमाम अनैतिक कार्यों को वह चाह कर भी नहीं रोक पाती।

कुल मिलाकर रेणु के उपन्यासों की सबसे बड़ी विशेषता इसकी भाषा और शैली है। जिसके माध्यम से वह एक छोटे से समाज और समुदाय के उस सम्पूर्ण जीवन का चित्रण करते हैं। जिसमें प्रामाणिकता का अंश भरपूर होता है। दूसरा रेणु की सबसे बड़ी विशेषता है उनके लेखन की स्वाभाविकता। इसको जीवन्त रखने रखने के लिए वे अपनी कथा में गीत, लय, वाद्य, ढोल, मंजीरा, खँजड़ी आदि जैसे उपकरणों का न सिर्फ़ प्रयोग करते है अपितु लोकगीत और लोकनाटक आदि के माध्यम से वे जीवन की उस सजीवता को जिन्दा बनाये रखने की कोशिश भी करते हैं, जो एक छोटे से स्थान की पहचान होती है। जिसका प्रभाव मनुष्य जीवन पर गहराई से पड़ता है। रेणु के उपन्यासों का सबसे बड़ा सौन्दर्य यह होता है कि वह अमानवीयता, पराधीनता और किसी भी प्रकार की साम्राज्यवादी मानसिकता का प्रतिवाद करता है और इसके स्थान पर वे कहीं-न-कहीं पर आंचलिकता का वह

बीज रोपित करना चाहते हैं। जिसके माध्यम से ही सम्पूर्ण समाज के सर्वमांगल्य की कामना की जा सकती है।

भीष्म साहनी

वर्तमान पाकिस्तान के रावलपिंडी में जन्मे भीष्म साहनी को हिन्दी साहित्य में प्रेमचन्द की परम्परा का अग्रणी लेखक माना जाता है। वह मानवीय मूल्यों का हरदम समर्थन करते रहे हैं और किसी भी विचारधारा को अपने ऊपर हावी नहीं होने दिया। यद्यपि उनका लगाव वामपन्थी विचारधारा के प्रति था, लेकिन उसके ऊपर मनुष्य और मनुष्य के भीतर छिपी हुई मान्यता और उसके मूल्यों को उन्होंने कभी भी अपनी आँखों से ओझल नहीं होने दिया। इन्होंने उपन्यास, कहानी, नाटक और आत्मकथा लेखन में अपनी कलम चलाई, लेकिन इनकी पहचान मुख्यतः एक उपन्यासकार और नाटककार के रूप में ही बनी। इनके प्रसिद्ध उपन्यास थे–'तमाशा', 'झरोखे', 'मय्यादास की माड़ी', 'बसन्ती' और 'नीलू नीलिमा नीलोफर'।

एक कथाकार के रूप में भीष्म साहनी पर प्रेमचन्द और यशपाल की गहरी छाप है। इनके उपन्यासों में जीवन के अन्तर्द्वन्द्व, विसंगतियों के मध्य मध्यवर्ग और निम्न वर्ग की जिजीविषा और संघर्षशीलता का बखूबी चित्रण किया गया है। भीष्म साहनी ने अपनी कहानी में, अपने लेखन में सामान्य जन की आकांक्षा, दुख-दर्द, पीड़ा, अभाव, संघर्ष, आशा-अभिलाषा और विडम्बनाओं को कभी ओझल नहीं होने दिया है। एक भोक्ता के रूप में भीष्म साहनी ने देश विभाजन की दुर्भाग्यपूर्ण स्थिति को भी झेला है। जिसकी अभिव्यक्ति उनके उपन्यास 'तमस' में बराबर देखी जा सकती है। भीष्म साहनी ने भारतीय राजनीति में निरन्तर बढ़ते भ्रष्टाचार, नेताओं की पाखण्डी प्रवृत्ति, भ्रष्ट चुनावी प्रक्रिया, राजनीति में धार्मिक भावनाओं का उपयोग करना, साम्प्रदायिकता, जातिवाद, भाई-भतीजावाद, नैतिक मूल्यों का हास, राजनीतिक आदर्शों का खोखला होना आदि विषयों को अपनी कथा का आधार बनाया है। उनका सामाजिक बोध व्यक्तिगत अनुभव पर आधारित था। प्रगतिवादी मूल्यों से जुड़े होने के कारण वे एक ऐसी धर्म भावना के पक्षधर हैं जो मानव मात्र के कल्याण के लिए प्रतिबद्ध हो और समतामूलक समाज की स्थापना के लिए अग्रसर हो।

तमस : तमस भीष्म साहनी का सबसे प्रसिद्ध उपन्यास है। इस उपन्यास में 1947 में पंजाब में हुए ऐतिहासिक दंगे की कथा का चित्रण किया गया है। यह उपन्यास दो भागों में विभाजित है। पहले भाग में साम्प्रदायिक तनाव की कहानी। दूसरे भाग में कई अन्य गाँवों की कहानी को दर्शाया गया। उपन्यास का आरम्भ नत्थू चमार द्वारा सुअर मारने की घटना से होता है। मुराद अली, अंग्रेज़ी सरकार का चमचा है।

वह नत्थू को रुपये देकर के सुअर मरवाता है और उसे मस्जिद की सीढ़ियों पर फेंकवा देता है। इस घटना से मुसलमानों की धार्मिक भावना आहत होती है। उनके समाज में खलबली मच जाती है। इसके बदले वे लोग गाय मारना प्रारम्भ कर देते हैं। परिणाम यह होता है कि पूरे शहर में सांप्रदायिक दंगा फैल जाता है। हिन्दू और मुसलमान दोनों सम्प्रदाय एक-दूसरे के दुश्मन और खून के प्यासे हो जाते हैं। साम्प्रदायिकता की आग धीरे-धीरे छोटे-छोटे गाँवों में फैलने लगती है, जिसमें से एक गाँव है सैयदपुर जिसमें मुसलमानों और सिक्खों के बीच खून की होली खेली जाती है। भयानक रक्त-पात होता है। सिक्ख महिलाएँ अपने बच्चों के साथ कुएँ में कूदकर आत्महत्या कर लेती है। लगभग जब सारी बर्बादी हो जाती है तो सरकार की आँख खुलती है। सरकार गाँव और शहर में कर्फ्यू लगाती है। तब सब लोग अपने-अपने घरों में दुबक जाते हैं। कुछ समितियों का गठन कर दिया जाता है। लोग अमन-चैन की कामना करते हैं, लेकिन अब तक जो होना था हो चुका होता है। घर-परिवार के लोग एक-दूसरे से बिछड़ चुके होते हैं. लोग एक जगह से दूसरी जगह पर दरबदर हो चुके होते हैं। विस्थापन और विभाजन की कहानी रची जा चुकी हैं। लोग एक-दूसरे और अपने सगे-सम्बन्धियों से बिछड़ चुके हैं। उनके घरों को जला दिया गया होता है। सम्पत्ति लूटी जा चुकी है और इस तरह कहानी का अन्त हो जाता है।

भीष्म साहनी का एक अन्य उपन्यास 'मय्यादास की माडी' एक ऐतिहासिक उपन्यास है। इसमें पंजाब के एक कस्बे की कहानी है। जिसके तीन प्रमुख पात्र हैं—मय्यादास, धनपत और हुकूमत राय। मय्यादास समाजवादी मूल्यों का प्रतीक है। जबकि धनपत उसके बाद की पीढ़ी का प्रतिनिधित्व करता है। धनपत का छोटा बेटा हुकूमत राय है, जो तीसरी पीढ़ी का प्रतिनिध्रि है और इंग्लैंड में बैरिस्टरी पढ़ करके लौटा है। वह पूरी तरह से पूँजीवादी संस्कृत में रंगा हुआ है। इस उपन्यास के माध्यम से लेखक ने तीन पीढ़ियों के सामाजिक, सांस्कृतिक, वैचारिक अन्तर्विरोधों को दर्शाने की कोशिश की है। 'कड़ियाँ' उपन्यास में मध्यवर्गीय पति-पत्नी की जीवन कथा को वर्णित किया गया है, जबकि 'बसन्ती' में राजस्थान के अप्रवासीयों की झुग्गी में रहने वाली एक संवेदनशील लड़की की कहानी है। 'कुन्तो' उपन्यास में पंजाब के एक आर्यसमाजी संस्कारों वाले परिवार की कहानी को उठाया गया है। जिसके माध्यम से लेखक ने पतियों की परिस्त्रीगमना की समस्या को उठाया है। 'नीलू नीलिमा नीलोफर' उपन्यास में हिन्दू-मुस्लिम युवक-युवतियों के बीच पनपे प्यार और उनके बीच खड़ी होने वाली दीवार को उपन्यास का विषय बनाया गया है, जिसमें लेखक कहता है कि जब तक व्यक्ति का आन्तरिक मनोबल और वैचारिक स्थिति नहीं सुधरती है। तब तक ऐसी किसी भी समस्या से छुटकारा नहीं मिल सकता है।

कुल मिलाकर हम कहें तो भीष्म साहनी प्रेमचन्द के बाद हिन्दी साहित्य के भीतर सामाजिक यथार्थ बोध का सूत्रपात करने वाले दूसरे प्रमुख रचनाकार हैं। जिनकी प्रासंगिकता आज भी हैं। उनके उपन्यासों की सबसे बड़ी विशेषता यह है कि वह सामाजिक, साम्प्रदायिक दृष्टिकोण को सबके सामने रखते हैं। जो कि आज की समस्या का सबसे बड़ा कारण कहे जा सकते हैं। भीष्म साहनी के उपन्यास इतिहास, संस्कृति एवं मूल्यों की एक ऐसी स्थिति पैदा कर देते हैं। जहाँ से मनुष्य का सम्पूर्ण विकास हो सके और उसका दृष्टिकोण यथार्थवादी और प्रामाणिक बना रहे।

2

हिन्दी कहानी

भारतीय साहित्य में कथा की लम्बी व समृद्ध परम्परा रही है। उदाहरण–वैदिक साहित्य, उपनिषद्, पुराण आदि। हिन्दी कहानी का सम्बन्ध परम्परागत भारतीय परम्परा से कम पश्चिमी-कहानी परम्परा से ज्यादा प्रभावित रहा है। पश्चिमी रचनाशीलता व संस्कृति के प्रभाव की देन है कहानी।

परम्परागत कहानी के केन्द्र में (वैदिककलाएँ) रहें, पंचतन्त्र, जातक, बृहतकथा सागर, तिलस्में हुस्नरूबा (अरब प्रदेश की कहानियाँ), आदि की खासियतें ये हैं कि इनके केन्द्र में विचार व आदर्श रहे हैं। इन्हें मूर्त करने हेतु पात्रों व घटनाओं का आयोजन किया गया। नैतिक विचार व आदर्श स्थापित करने का प्रयोजन है। भारत में कहानी लिखने नहीं कहने की विधा रही है। परम्परागत रूप में नैतिक बिन्दु आलोकित करना इसका मूल लक्ष्य होता है। अत: पात्र व घटनाएँ कल्पित रूप हैं। परम्परागत में सम्भवता व असम्भवता का खयाल नहीं है। पशु भी बोलते थे। ये कहानियाँ हमें किसी नैतिक लोक व आदर्श की तरफ ले जाती थी। यही कहानी का लक्ष्य है।

परम्परागत कहानी का लक्ष्य नैतिक विचार व आदर्श की तरफ ले जाना है। नैतिक विचार व आदर्श केन्द्र में हैं। पात्र व घटनाएँ कल्पित, सम्भव-असम्भव को एक नैतिक आयाम देने की कोशिश कहानी के माध्यम से की गयी है।

हिन्दी कहानी परम्परागत साहित्य से कई बिन्दुओं पर अलग

1. हिन्दी कहानी घटनाओं की समस्या के प्रति जवाबदेह है। पशु-पक्षी का बोलना, परियाँ, परीलोक, राजकुमार आदि को छोड़ दिया गया। कहानी प्रथम बार मनुष्य जीवन के सामने खड़ी दिखी। कहानी का स्रोत न तो कल्पना न नैतिक उपदेश था। कल्पना व नैतिक आग्रह छोड़ मनुष्य के जीवन को विषय बनाया गया।

2. कहानी को निश्चित विभाग में बाँटा गया। परम्परागत कहानी की प्रकृति में उपन्यास या लिखने के स्तर पर नहीं, रूपविधान के स्तर पर मुख्य कहानी में कई अलग-अलग कहानी धाराएँ निकलीं, कहानी के बीच से कहानी इनका विधान निश्चित नहीं है।

हिन्दी कहानी में रचना का निश्चित विधान है। कहानी आरम्भ, उत्कर्ष व अन्त से बँधी हुई थी।

3. सामान्यत: मध्ययुगीन कहानी का ढाँचा प्रेमाख्यानक है। प्रेम या जीवन की समस्या (गुत्थी) को कहानी का उपजीव्य माना गया। इस ढाँचे को हिन्दी (बेताल-कथा) कहानी ने तोड़ा। जीवन का कोई खण्ड व परिस्थिति कहानी का मूल आधार बनी।

4. कहानी लिखने की विधा के रूप में स्थापित हुई। परम्परागत ढाँचे से कटने की परम्परा का सूत्रपात हुआ। इस कारण कहानी लेखन की प्रकृति में बदलाव आया। लिखने के अनुशासन के कारण कहानी का विस्तार संयमित रहा।

अत: कथ्य, प्रकृति व विस्तार में परिवर्तन और (रूप विन्यास) पर पूरी तरह से बदलने के बावजूद बहुत दिनों तक परम्परा का प्रभाव कहानियों में दिखा। प्रेमचन्द तक में नैतिक लक्ष्य, आदर्श, किस्सागोई दिखती है। काफी दिन तक यह प्रभाव रहा।

हिन्दी कहानी और बीसवीं सदी

हिन्दी कहानी का आरम्भ 20वीं सदी से माना जाता है। पहली कहानी के सम्बन्ध में धारणा निश्चित नहीं है, पर आरम्भ सरस्वती से शुरू हुआ (इसका प्रकाशन 1900 से शुरू)। 1900 में किशोरी लाल गोस्वामी की कहानी इन्दुमति प्रकाशित हुई। कई विद्वान इसे पहली कहानी मानते हैं। पर कुछ 1808 में इंशा अल्ला खाँ की कहानी'' "रानी केतकी की कहानी को पहली कहानी मानते हैं।" यह कहानी कालक्रम की दृष्टि से सरस्वती से काफी पूर्व की है। पर शुक्ल जी व परवर्ती आलोचक इसे कहानी नहीं मानते। उनका तर्क है–(i) इस कहानी में परिवेश की जीवन्तता व चरित्र चित्रण का अभाव है।

(ii) भाषा का व्यवस्थित ढाँचा नहीं है।

(iii) पुराने किस्म के कौतुहल के साथ-साथ इस पर पारसी थिएटर का प्रभाव है।

(iv) जीवन की किसी समस्या की अनुपस्थिति है।

यह कहानी मध्यकालीन प्रेरणादायक ढाँचे पर आधारित है। अत: सैद्धान्तिक आधारों पर इसे आधुनिक कहानी मानने से इनकार किया गया।

शुक्ल जी ने इन्दुमति के मौलिक होने पर सन्देह व्यक्त किया और इसे टेमपेस्ट का अनुवाद माना।

कुछ लोगों ने बंग मेहता की 'दुलाई वाली' और रामचन्द्र शुक्ल जी की '11 वर्ष का समय' को हिन्दी की पहली कहानी माना।

परवर्ती शोधों के अनुसार, हिन्दी की पहली कहानी माधव राव सप्रे की कहानी 'एक टोकरी भर मिट्टी' को माना गया जो कहानी की आधुनिक चेतना को प्रसारित करती है। 20वीं सदी के पहले दशक में जो महत्त्वपूर्ण कहानी लिखी गयी उनमें–'एक टोकरी भर मिट्टी', 'प्लेग की चुड़ैल' (लाला भगवानदीन), 'दुलाई वाली' (बंग मेहता), '11 वर्ष का समय', 'राखीबन्द भाई' (वृंदावन लाल वर्मा) व 'ग्राम्य' (जयशंकर प्रसाद) शामिल हैं।

सरस्वती में सामाजिक घटनाओं से प्रेरित कहानी ही छप रही थी। इसके समानान्तर बनारस से इन्दु पत्रिका प्रकाशित हुई। सरस्वती व इन्दु के माध्यम से हिन्दी में दो कहानी धाराओं का विकास हुआ।

सरस्वती में प्रकाशित भारतीय कथा परम्परा व नवजागरण के आदर्शों से प्रेरित हैं। द्विवेदीयुगीन नैतिकता व परम्परागत कथा विन्यास इन कहानियों में मौजूद हैं। त्याग, बलिदान, आदर्श व मानवीय मूल्यों की प्रेरणा इनमें लक्षित है। साथ ही इनकी बनावट में नाटकीयता, सुदृढ़ प्लाट और विवरण की प्रधानता इनकी संरचनात्मक विशेषता है।

इन्दु में प्रकाशित कहानियों में रूमानियत, राष्ट्रीयता व मनोवैज्ञानिकता पर अधिक बल दिया गया है। जीवन के कोलाहल से दूर एक स्वतन्त्र संसार की परिकल्पना इन कहानियों के केन्द्र में है। इसलिए भावना, मनोविज्ञान व कल्पना की ऊर्जा से इन कहानियों का विन्यास किया गया है।

इस प्रकार दोनों धाराएँ विकसित हुईं इसमें हिन्दी की प्रथम प्रौढ़ कहानी प्रकाशित (आदर्श व रूमानयित दोनों) चन्द्रधर शर्मा गुलेरी 'उसने कहा था'। यह कहानी न अपने कथ्य के कारण वरन् अपनी शिल्प योजना के कारण भी हिन्दी कहानी विकास परम्परा में मील का पत्थर बनी। इस कहानी में प्रथम बार "फ्लैश बैक" का इस्तेमाल हुआ। प्रेम के आदर्श व बलिदान के साथ-साथ परिवेश की पकड़ के कारण दुनिया की 10 सर्वश्रेष्ठ कहानियों में गठित होती है। अतः वास्तविक कहानी के आरम्भ (प्रेमचन्द) से पूर्व आदर्श व रूमानियत हिन्दी कहानी की प्रकृति में विद्यमान हैं।

हिन्दी कहानी के विकास में प्रेमचन्द का आगमन 1915 के बाद होता है। प्रेमचन्द की कहानी के विषय में वही सत्य है जो उपन्यास के सन्दर्भ में। प्रेमचन्द भारतीय स्वतन्त्रता आन्दोलन के कथाकार हैं। अतः इसकी समस्याएँ, स्वप्न व मूल्य इनकी कहानियों में लक्षित होता है।

साथ ही प्रेमचन्द्र भारतीय समाज व्यवस्था व इसकी मूल्य परम्परा के प्रति अत्यधिक सम्पृक्त रचनाकार हैं। भारतीय चेतना में निहित निर्भीकता व आदर्श

प्रेमचन्द की कहानियों के बड़ी विशेषता है। प्रेमचन्द की कहानियाँ संयुक्त परिवार की व्यवस्था को श्रेयस्कर मानते हुए उनके बने रहने की हिमायत करती हैं। प्रेमचन्द परिवार व्यवस्था के बने रहने की हिमायती (बड़े घर की बेटी) इसका उदाहरण है। साथ ही प्रेमचन्द्र भारतीय पंचायती न्याय प्रणाली की उदारता व न्यायशीलता के प्रति आश्वस्त थे–'पंच परमेश्वर'।

अतः परिवार, न्याय व्यवस्था, यहाँ तक कि परिवार व आत्मीयता की गहरी जड़ों के प्रति निष्ठा व्यक्त की। बच्चे तक में सम्बन्धों की गहरी जड़ें। साथ ही सामाजिक क्रूर व्यवस्था की भी (बच्चा बड़ों की तरह सोचने लगे)।

इसके अलावा प्रेमचन्द ने गाँधीवादी आस्था का निर्णय भी दिया जिसमें मनुष्य अन्ततः अच्छा है। करुणा, क्षमा, दया मनुष्य की मूल वृत्तियाँ। उदाहरण–'मन्त्र' (डॉ. बैडमिंटन, छाँव)। अतः प्रेमचन्द को राष्ट्रीय आन्दोलन में मूल्य, आदर्श व मानवीयता के प्रति आस्थाशील कह सकते हैं।

प्रसाद की कहानियाँ भावना व कल्पना प्रधान हैं। भाषा की काव्यात्मकता व स्थूल समस्याओं की अनुपस्थिति इनकी विशेषता है।

प्रथम चरण–1925 के बाद प्रेमचन्द की आदर्शपरक कहानियों का दौर खत्म होते ही कहानियों का दूसरा दौर शुरू होता है।

दूसरा चरण–इसमें यथार्थ की कुरुपता व व्यवस्था के अमानवीय चरित्र का निरूपण देखने को मिलता। यथार्थ व व्यवस्था केन्द्र में हैं। 'ठाकुर का कुआँ', 'सवासेर गेहूँ', 'सद्गति', 'ईदगाह', 'शतरंज के खिलाड़ी', 'पूस की रात' व 'कफन' महत्त्वपूर्ण हैं।

प्रेमचन्द का लक्ष्य भारतीय मनुष्य व समाज को सम्पूर्णता में चित्रित करना था। स्त्री, किसान व हरिजन उनकी कहानियों के मूल आधार हैं। प्रेमचन्द ने हिन्दी कहानी के क्षितिज का विस्तार किया व कथ्य को गहराई दी।

इस धारा का निर्वाह करने वाले अन्य कहानीकारों में सुदर्शन (हार की जीत), विशम्भर नाथ शर्मा "कौशिक" (ताई) का नाम प्रमुखता से लिया जाता है।

तीसरा चरण–इसी पृष्ठभूमि में हिन्दी कहानी का तीसरा चरण प्रारम्भ होता है इसे–**मनोवैज्ञानिक कहानी** का दौर कहते हैं। यह 1930 के आस-पास विकसित कहानी धारा है। इनमें जैनेन्द्र, अज्ञेय व इलाचन्द्र जोशी के नाम प्रमुख है। हिन्दी कहानी की प्रकृति व स्वरूप में परिवर्तन आया इन्होंने जीवन को भिन्न दृष्टि से देखा व नयी स्थापनाएँ की। उनकी प्रमुख मान्यता थी–

- समस्याएँ भीतर होती हैं बाहर नहीं।
- सत्य को वस्तुगत आधारों पर ही नहीं, दार्शनिक आधारों पर भी पकड़ा जा सकता है।

मनोवैज्ञानिक कहानी में बदलाव

1. कथानक का ह्रास–बाहरी घटना को नहीं बल्कि मानसिक जगत् को आधार बनाया गया। कहानी को मन की भीतरी दुनिया से जोड़ा गया। मानसिक संसार से जुड़ने के कारण कहानी आरम्भ, उत्कर्ष व अन्त की शृंखला से विछिन्न हो गयी। मन की दुनिया बाहरी दुनिया के समानान्तर नहीं है।

2. कहानी के अन्त में उत्पन्न चमत्कार का जादू खत्म हो गया। वह मन:स्थितियों के आधार पर विकसित होती हुई शान्त व ठहर जाती है। अन्तिम प्रक्रिया खत्म हो गयी।

3. भाषा प्रतीकात्मक हो गयी। घटना आधारित भाषा अभिधात्मक होती है।

इस प्रकार जैनेन्द्र की प्रसिद्ध कहानी 'पाजेब' व 'खेल'। जैनेन्द्र मनोविज्ञान में दर्शन का इस्तेमाल करते हैं। 'खेल' में बताया गया कि पुरुष प्रकृति से विध्वंसात्मक है व स्त्री संरचनात्मक व्यवहार करती है। स्त्री को सांसारिक पुरुष बर्बरता से उजाड़ता है (घरौंदा तोड़ना)। दर्शन और विचार–'नीलम देश की राजकथा' व 'तत्सत'।

अज्ञेय की मूल चिन्ता व्यक्ति की अस्थिरता की खोज है। परिवेश की वस्तुगत सत्ता से हटकर मानसिक जटिलताओं में जीवन का सत्य खोजने की प्रवृत्ति अज्ञेय की कहानियों में दिखती है। अज्ञेय घटनाओं में निहित अनुभूति के सत्य को पाने की कोशिश करते हैं।

प्रसाद के बाद भाषा का सर्वाधिक सर्जनात्मक प्रयोग अज्ञेय की कहानियों में हुआ है। 'कोठरी की बात' (जेल कोठरी नायक), 'शरणदाता', 'ईलाबोन की बत्तखें' और 'रोज' या 'ग्रेंग्रीन'।

प्रगतिशील कहानी–इन मनोवैज्ञानिक कहानियों की प्रतिक्रिया में प्रगतिशील कहानियों का सूत्रपात होता है। प्रगतिशील कहानी की धारा मन की भीतरी दुनिया पर ताला लगाकर कहानी को जीवन के बाहरी विस्तार व कोलाहल में ले आती है। जीवन की विषमता व शोषण को कहानियों का आधार बनाया गया। साथ ही ये कहानियाँ सामाजिक परिवर्तन पर बल देती हुईं बुर्जुआ नैतिक चेतना को चुनौती देती हैं। इस धारा के सर्वाधिक प्रसिद्ध व विवादास्पद रचनाकार यशपाल रहे हैं। यशपाल ने अपनी कहानियों में जिस पर सर्वाधिक बल दिया–वह मध्यवर्ग की नैतिक चेतना के ढाँचे को छिन्न-भिन्न करना था। अपनी चर्चित कहानियों में यशपाल ने सायास रूप से मध्यवर्ग की नैतिक मान्यताओं के खोखलेपन पर प्रहार किया। मध्यवर्ग की नैतिकता का आधार यौन प्रसंग रहा। कहा गया जब तक यह रूढ़ि नहीं टूटेगी समाज बदलेगा नहीं। राजनीतिक-आर्थिक परिवर्तन सिर्फ ऊपरी दिखावा है। उनकी कहानियाँ

अपने कथ्य के कारण विवादास्पद हैं। 'ज्ञान दान' व 'धर्मयुद्ध' पर मार्क्सवादी आलोचक रामविलास जी को तक को विरोध में लिखना पड़ा। उदाहरण 'फूलों का कुर्त्ता'।

इस धारा के अन्य कथाकारों में राहुल सांकृत्यायन (सतमी के बच्चे) रांगेय राघव (गदल), भैरवप्रसाद गुप्त व अमृतराय हैं। इन कहानियों की विषय-वस्तु एक वैचारिक आग्रह से निर्मित होती है। इसलिए इन कहानियों में जीवन के स्पन्दन का अभाव व वर्णन की सपाटता दिखाई देती है।

इन कहानियों के समानान्तर प्रेमचन्द की संशोधित परिवर्तित धारा भी बहती है। अमृतलाल नागर, भगवतीप्रसाद वाजपेयी, भगवतीचरण वर्मा इस धारा के कहानीकार हैं।

1950 तक आते-आते उपन्यासों में जो धारा आंचलिक स्तर पर विकसित हुई। उसे इतिहासकार नयी कहानी में शामिल कर लेते हैं। इसी वैचारिक प्रतिबद्धता (मनोविश्लेषणवाद व प्रगतिवाद) के निष्कर्षात्मक वैचारिकता के खिलाफ नयी कहानी आन्दोलन का सूत्रपात हुआ। भैरव प्रसाद गुप्त के सम्पादन में 1956 में 'कहानी' पत्रिका का विशेषांक प्रकाशित हुआ। इसी विशेषांक में प्रकाशित कहानियों के आधार पर कहानी की एक धारा विशेष को नयी कहानी कहा गया।

3

नयी कहानी

नयी कहानी आन्दोलन कहानी के इतिहास का सबसे बड़ा आन्दोलन था। जो मोटे तौर पर 1955 से 1965 ई. के बीच विकसित हुआ। 1956 भैरव प्रसाद गुप्त के सम्पादन में 'नयी कहानी' नामक एक विशाल विशेषांक निकला, जिसमें 18 लोगों की कहानियों को शामिल किया गया। विशेषांक के आधार पर इन कहानियों को नयी कहानी का नाम दिया गया। नयी कहानी आन्दोलन में तीन प्रमुख व्यक्ति शामिल थे—मोहन राकेश, राजेन्द्र यादव और कमलेश्वर। इसके बाद निर्मल वर्मा, मन्नू भंडारी, अमरकान्त, उषा प्रियंवदा आदि भी इस कहानी आन्दोलन से जुड़े रहे।

नयी कहानी आन्दोलन का प्रवर्तक किसे माना जाये और कौन-सी कहानी को पहली कहानी माना जाये इसको लेकर विवाद रहा है। डॉ. नामवर सिंह के अनुसार निर्मल वर्मा द्वारा लिखित 'परिन्दे' कहानी को पहली नयी कहानी माना गया। इसी को आधार बनाकर नामवर सिंह ने नयी कविता की तर्ज पर नयी कहानी आन्दोलन का सूत्रपात किया, जबकि कुछ आलोचक मार्कण्डेय द्वारा लिखित कहानी 'दादी' को पहली कहानी मानते है। अन्ततः आम सहमति जो बनी उसके अनुसार निर्मल वर्मा की 'परिन्दे' को ही पहली नयी कहानी माना गया।

नयी कहानी के उद्भव की पृष्ठभूमि

नयी कहानी के उद्भव के पीछे स्वतन्त्र्योत्तर भारत की आजादी का वह उत्सव था। जिसके कुछ दिनों बाद ही आजादी का वह विद्रूप चेहरा सामने दिखाई देने लगा। जिसकी कल्पना किसी ने नहीं की थी। स्वातन्त्र्योत्तर भारत में जिस अर्थव्यवस्था को स्वीकार किया गया। उसका मॉडल भले ही समाजवादी रहा हो, लेकिन उसकी नीतियाँ पूँजीवादी अर्थव्यवस्था के करीब ठहरती थीं। स्वतन्त्र भारत के बाद जिस नीति को अपनाया गया उसमें औद्योगिकीकरण और नगरीकरण की प्रक्रिया बहुत तेजी से विकसित हुई।

इस पूँजीवादी अर्थव्यवस्था के कारण एक नया वर्ग पैदा हुआ, जो शहरी मध्यवर्ग

था। जिसके जीवन मूल्यों का जुड़ाव प्राचीन परम्परा और संस्कृति से न होकर के व्यक्तिवादी संस्कृति से था, जिसमें अलगाव, अकेलापन मौजूद था। परिणाम यह हुआ की इनका सम्बन्ध एक-दूसरे से कटने लगा। लोग एकाकी होते चले गये। जीवन निरर्थक जान पड़ने लगा। और लोगों का सम्बन्ध व्यक्तिगत स्वार्थ और स्वयं की प्रगति तक ही सीमित रह गया। इसका प्रभाव पारिवारिक जीवन पर ही पड़ा। परिवारिक ढाँचा धीरे-धीरे टूटने और चिटकने लगा। संयुक्त परिवार की जगह लोग एकाकी परिवार को महत्त्व देने लगे। स्त्री-पुरुष के साथ में काम करने की वजह से नैतिकता की गरिमा भी छिन्न-भिन्न होने लगी। इस तरह आपस में अलगाव, अवसाद और विडम्बना की स्थिति भी पूरे समाज में फैलने लगी।

नयी कहानी आन्दोलन की जो पृष्ठभूमि विश्वयुद्ध के बाद बनी। वह सबकी नजरों के सामने थी। लोग इससे इस तरह विचलित थे कि लोगों के मन में व्यक्ति और समाज के अस्तित्व के प्रति भी खतरा उत्पन्न होने लगा। ऐसे माहौल में एक नयी विचारधारा का जन्म हुआ। जिसका नाम था अस्तित्ववादी विचारधारा। यह पश्चिमी विचारधारा थी। जिसके प्रमुख विचारकों में से सार्त्र, कामू, और हाइडेगर का नाम प्रमुखता से लिया जाता है। इन सबके विचारधारा के प्रवर्तक के रूप में सार्त्र का नाम लिया जाता है। इस विचारधारा की जो सबसे बड़ी विशेशता थी। उसके अनुसार यह माना गया कि एक मनुष्य अपने जीवन का निर्णय स्वयं ले सकता है, जिसका समाज और परिवार से कोई लेना-देना नहीं होता। इसलिए कुछ-न-कुछ ऐसी चीजें छूट जाती हैं जो उसे अधूरेपन की उस सीमा तक ले जाती हैं जहाँ उसे अधूरापन, अजनबीपन (Alienation) और विसंगति (Absurd) के सिवा कुछ नहीं मिलता। ऐसे में जब मनुष्य की तमाम महत्त्वाकांक्षाओं और मनोभावों को पूर्ति नहीं कर पाती तब एक सामान्य मनुष्य खुद में अकेला होने लगता है। नयी कहानी की पृष्ठभूमि इसी मनुष्य के अकेलेपन की खोज की कहानी है।

नयी कहानी की विशेषताएँ और प्रमुख प्रवृत्तियाँ

1. **मध्यवर्ग का उदय :** नयी कहानी के केन्द्र में वह मध्यवर्ग है जो छोटे-छोटे गाँव से उखड़ करके शहरों की ओर पलायन कर चुका है। अपनी जड़ों से कटने के बाद सामाजिक सम्बन्धों के अभाव में उसे जिस्र अकेलेपन और अजनबियत से गुजरना पड़ता है। इससे उसे उसका जीवन ही निरर्थक जान पड़ता है। जीवन की निरर्थकता के कारण जो त्रासदी झेलनी पड़ती है। इसका वर्णन इस समय की कहानियों में किया गया है। उदाहरण के लिए, राजेन्द्र यादव की 'टूटना' मोहन राकेश की 'मिस पाल' और मन्नू भण्डारी की 'अकेली' ऐसी कहानियाँ है।

2. **नायकत्व की अनुपस्थिति :** स्वतन्त्रता पूर्व की कहानियों में कहीं-न-कहीं ऐसे पात्र अथवा चरित्र देखने को मिल जायेंगे जो पूरी कहानी का नेतृत्व करते हैं।

चाहे 'उसने कहा था' का लहना सिंह हो अथवा 'कफन' का घीसू और माधव। लेकिन स्वतन्त्रता के बाद और नयी कहानी के दौर में जो कहानी लिखी गयी इसमें कोई एक चरित्र प्रधान न हो करके, चरित्र के भीतर की छिपी हुई पीड़ा ही कहानी का नायक बनकर उभरी है। चाहे वह निर्मल वर्मा की कहानी 'परिन्दे' की मिस लतिका हो या फिर 'पिता' के रूप में सकलदीप बाबू इन सबका जीवन जिन स्थिर परिस्थितियों से मुठभेड़ करते हुए आगे बढ़ता है। उसको देखकर यही लगता है कि चरित्र गौण हो गया है और परिस्थितियाँ अधिक प्रभावी। इसे देखते हुए हम कह सकते हैं कि नयी कहानी का चरित्र कोई व्यक्ति न हो करके व्यक्ति के द्वारा भोगी हुई वे समस्याएँ हैं जिनसे रोज-रोज उसे दो-चार होना पड़ता है।

3. **स्त्री और पुरुष के सम्बन्धों में बदलाव** : औद्योगिकीकरण और नगरीकरण के दौर में आर्थिक रूप से जो स्वतन्त्रता स्त्रियों को मिली है। उसके कारण वह व्यक्तिगत रूप से किसी पुरुष पर आश्रित न हो करके वैचारिक रूप से भी स्वतन्त्र होने लगी है। उनकी स्वयं की मनोभावना और इच्छाएँ दमित ना होकर के सार्वजनिक रूप में एक अभिव्यक्ति का रूप धारण करने लगी थी। नयी कहानी आन्दोलन के दौरान यह पहली बार देखने को मिला कि स्त्रियाँ अब अन्य आवश्यकताओं की तरह सेक्स की भी आवश्यकता को खुले तौर पर प्रस्तुत करने लगी हैं। इसलिए इस दौर की कहानियों में पारम्परिक यौन इच्छा और नैतिकता का जो पर्दा दिखाई देता था। यहाँ आकर वह टूट-चिटक जाता है। 'मित्रो मरजानी' के माध्यम से कृष्णा सोबती ने एक ऐसी स्त्री का वर्णन किया है। जो अपनी देह की माँग की ज़रूरतों के प्रति अत्यन्त सजग और संवेदनशील है। इसी तरह मोहन राकेश की कहानी 'एक और ज़िन्दगी' दाम्पत्य जीवन के बीच में से इसकी नायिका एक भरे-पूरे परिवार को जिस तरह नकारते हुए पूरे विवाह बन्धन को ही धता बता देती है इससे उसकी देश की चाह का प्रगटन तो होता ही है साथ ही उस नैतिकता के मुँह पर करारा तमाचा भी लगता है जिस पर स्वतन्त्रता के पूर्व के कहानीकारों ने नैतिकता का एक आवरण चढ़ा कर रखा हुआ था। स्वतन्त्र स्त्री की इसी तरह की चाह को निर्मल वर्मा की कहानी 'लन्दन की एक रात' तथा मन्नू भण्डारी की 'यही सच है' में भी दर्शाया गया है।

4. **मानवीय सम्बन्धों के विघटन की कहानी** : नयी कहानी का पूरा प्लेटफॉर्म एक ऐसे ढाँचे पर खड़ा है जिसका प्लास्टर धीरे-धीरे चटकता जा रहा है। इसका कारण मानवीय सम्बन्धों में आया हुआ वह बिखराव है जो विघटन का कारण बनता है। ग्रामीण परिवेश से निकलकर के जब एक व्यक्ति शहर की तरफ आता है तो उसके बहुत सारे नाते-रिश्ते न सिर्फ़ वहीं छूट जाते हैं, बल्कि उनसे कई दिनों तक न मिलने के कारण एक तरह की दूरी भी बनती चली जाती है। यह दूरी

पारिवारिक और सामाजिक सम्बन्धों में धीरे-धीरे दरार पैदा कर देती है। जिस कारण एक व्यक्ति अपने आपको पूरे परिवार और समाज से ही अलग-थलग महसूस करने लगता है। उषा प्रियंवदा की 'वापसी' ऐसी ही एक कहानी है। जिसमें एक रिटायर्ड व्यक्ति अपने घर लौटता है तो पाता है वहाँ पर उसे पहचानने वाला कोई नहीं है और न ही उसकी वहाँ कोई ज़रूरत है। दूसरा भीष्म साहनी की कहानी 'चीफ की दावत' ऐसे ही कहानी है। जिसमें एक वृद्धा की घर में उपस्थिति अनुपयोगी और अप्रस्तुत योग्य करार कर दी जाती है। और उसको उसके दुख-दर्द पर जीने के लिए छोड़ दिया जाता है।

5. **सामाजिक समस्याओं का जिक्र करने वाली कहानी :** इन कहानियों में तत्कालीन समस्याओं का विवरण बड़ी बेबाकी के साथ किया गया है। इसका विवरण करते हुए कहीं भी किसी भी तरह की लिहाज नहीं रखी गयी है। चाहे वह हरिशंकर परसाई की कहानी 'भोलाराम का जीव' हो जिसमें व्यवस्था में निहित भ्रष्टाचार की समस्या को विषय बनाया गया है। अथवा मोहन राकेश की कहानी 'मलबे का मालिक' हो जो विभाजन की त्रासदी का वर्णन करती है। इसी तरह अमरकान्त की कहानी 'ज़िन्दगी और जोंक' वंचित वर्ग के शोषण के सवालों को जिस तरह से उठाती है। वह अपने आप में अप्रतिम है।

6. **भाषा और शैली :** नयी कहानी की भाषा प्रेमचन्द की तरह सपाट और सीधी न हो करके जैनेन्द्र और अज्ञेय की तरह मनोविश्लेषणात्मक विचारों से परिपूर्ण है। जिसमें बिम्बों और प्रतीकों का प्रयोग जमकर किया गया है। भाषा की काव्यात्मकता और लयात्मकता इसको एक नया रूप-रंग प्रदान करती है। इस दौर की कहानियों में कुछ ऐसे भी प्रयोग किये गये हैं। जिनमें कथात्मक विशेषताएँ न होकर के इन्हें नोट्स, रिपोर्ताज और संस्मरण के रूप में प्रस्तुत किया गया। भाषा की नवीनता से ही इस कहानी के दौर की शैली का भी पता चलता है। उदाहरण के लिए, 'मलबे का मालिक', 'इन्सान के खण्डहर', 'छोटे-छोटे ताजमहल', 'ज़िन्दगी और गुलाब के फूल' आदि ऐसे ही शीर्षक वाली कहानियाँ है।

समकालीन कहानी

नयी कहानी आन्दोलन के बाद कई नामों से छोटे-छोटे कहानी आन्दोलन चले। जिनको अलग-अलग नामों से पहचान मिली। सम्पूर्णतया इसे 'समकालीन कहानी' के नाम से जाना जाता है। जिसमें प्रमुख हैं अकहानी, समान्तर कहानी, सचेतन कहानी, जनवादी कहानी, सहज कहानी और सक्रिय कहानी। इन सभी का संक्षिप्त विवरण इस प्रकार है :

अकहानी : अकविता की तर्ज पर 1960 के आसपास अकहानी आन्दोलन का एक मूवमेंट चला। जिसे 'एंटी स्टोरी मूवमेंट' के नाम से भी जाना जाता है।

इन कहानियों में जीवन के प्रति निरर्थकता का भाव वैसे ही दिखता है जैसे कि अकविता आन्दोलन में दिखाई पड़ता है। सामाजिक मूल्यों के प्रति अनास्था एवं जीवन के प्रति मोहभंग का जो भाव अकविता आन्दोलन के दौरान दिखता है। वही कहानी के इतिहास में अकहानी के दौर में दिखाई पड़ता है। स्वतन्त्रता के बाद लोकतान्त्रिक मूल्यों का जिस तरह पतन होता है, भ्रष्टाचार और अपराध की जिस तरह बढ़ोतरी होती है, समाज में नैतिक मूल्यों का जिस तरह ह्रास होता है। इससे लोगों के मन में एक तरह का आत्मपीड़न, अलगाव, अजनबीपन और अकेलेपन का भाव पैदा होता है। जो इस कहानी को जन्म देता है। मणिका मोहन की कहानी 'मेरा एक दोस्त', मणि मधुकर की 'कटघरे' गंगा प्रसाद विमल की 'प्रश्नचिन्ह' और रवीन्द्रनाथ कालिया की 'नौ साल छोटी पत्नी' ऐसी ही कुछ कहानियाँ हैं।

समानान्तर कहानी : इस कहानी आन्दोलन का सूत्रपात 1974 के आसपास होता है। जब 'सारिका' नामक पत्रिका ने अपना "समानान्तर कहानी विशेषांक" निकाला। माना जाता है कि 1980 तक इस तरह की कहानियों का प्रभाव साहित्य के इतिहास में रहा। इस कहानी आन्दोलन के केन्द्र में वह आम आदमी था जो रोज संघर्ष की चक्की में पिस रहा है। और लगातार संघर्ष करने के बाद भी जिसकी आकांक्षाएँ और महत्त्वाकांक्षाएँ बिल्कुल पूरी नहीं होती । समान्तर कहानी आन्दोलन दो तरह के प्रश्नों को लेकर के आगे बढ़ती है। एक तरफ जहाँ शक्तियों के प्रदर्शन का स्वघोष करती हैं और दमघोटू वातावरण से बाहर निकलना चाहती हैं। वहीं दूसरी तरफ यह भी पक्ष रखने की कोशिश करती हैं कि कैसे उसकी न्यूनतम आवश्यकताओं की पूर्ति का साधन लगभग लुप्तप्राय हो चुका है। इन्हीं दोनों के बीच में समान्तर कहानी का जन्म होता है।

समान्तर कहानी समाज में फैले उस दोहरे चरित्र की पहचान करने की कोशिश भी करती है। जो इस उत्पीड़न का कारण है। चाहे वह बेरोजगारी हो, महँगाई हो या आर्थिक तंगी। इस दौर की सभी कहानियाँ यह दर्शाती हैं कि एक वर्ग विशेष के द्वारा सारे संसाधनों पर कब्जा कर लेने से समाज में इस तरह की समस्या का जन्म हुआ है।

समान्तर कहानी में किसी भी प्रकार के शिल्प और बिम्ब का निषेध दिखाई देता है। इसमें कहानी का विषय ही उस प्लेटफार्म का निर्माण करना है जिसके अनुसार भाषा का गठन आपने आप होता चला जाता है। इस बात की पहचान स्वदेश दीपक की 'तमाशा' जवाहर सिंह की 'गुस्से में आदमी' और हिमांशु जोशी की 'जलते हुए डैने' के माध्यम से की जा सकती है।

सचेतन कहानी : इस कहानी आन्दोलन के अगुआ के रूप में डॉ. महीप सिंह का नाम लिया जाता है। जिन्होंने 1960 के आसपास अकहानी की प्रतिक्रिया स्वरूप सचेतन कहानी का सूत्रपात किया। डॉ. महीप सिंह ने 'संचेतना' पत्रिका के माध्यम से इस कहानी आन्दोलन को प्रमुखता से स्वर दिया। इस आन्दोलन के बारे में लिखते

हुए डॉ. महीप सिंह ने कहा था कि "संचेतना एक दृष्टि है वह दृष्टि जिसमें जीवन जिया जाता है" अर्थात् सचेतन कहानी ज़िन्दगी की स्वीकृत कहानी है। सचेतन कहानी की सबसे बड़ी विशेषता यह है कि वह अकहानी की तरह सम्पूर्ण जीवन को संत्रास और निरर्थकता बोध की तरह नहीं प्रस्तुत करती बल्कि यह मानती है कि जीवन जीने के लिए संघर्ष और जागरूकता का होना आवश्यक है। यह आत्मसंघर्ष और सकारात्मकता की कहानियाँ हैं। उदाहरण के लिए, महीप सिंह की कहानी 'कील' तथा मनोहर चौहान की कहानी 'बीस सुबहों के बाद' ऐसी ही कहानियाँ हैं। जिनमें मानव मुक्ति की प्रयासों की कल्पना की गयी है।

सक्रिय कहानी : इस कहानी आन्दोलन की शुरुआत "मंच" पत्रिका के माध्यम से 1962 में राकेश वत्स द्वारा किया गया। इसके माध्यम से राकेश वत्स ने यह बताने की कोशिश की है कि मनुष्य के भीतर स्वयं एक ऐसी शक्ति विद्यमान है जो सामाजिक और मानसिक रूढ़िवादिता को तोड़ सकती है। मसलन इन कहानियों में मानव मन के भीतर समाये अन्तर्द्वन्द्व को दूर करके एक ऐसी प्रेरणा का संचार करना है जिसके माध्यम से लड़ने का हौसला मिले। इन कहानियों का मूल मकसद शोषण के विरुद्ध एक ऐसी सक्रियता का संचार करना है जिसके माध्यम से एक व्यक्ति के अन्दर रचनात्मकता का विकास हो सके। उदाहरण के लिए, खुद राकेश वत्स की कहानी "एक ना एक दिन" और "हमें अपनी लड़ाई खुद लड़नी है" इस बात का सबसे बड़ा उदाहरण है।

जनवादी कहानी : इस कहानी आन्दोलन का सूत्रपात 1982 में दिल्ली में "जनवादी लेखक संघ" की स्थापना के साथ प्रारम्भ होता है। यह कहानी आन्दोलन अपने आप को प्रेमचन्द की परम्परा के विकास के रूप में देखता है। इन कहानीकारों पर वामपन्थी विचारधारा का जबरदस्त प्रभाव है। इसीलिए इन्हें प्रगतिवाद का नया एवं गत्यात्मक संस्करण भी माना जाता है। इस आन्दोलन को मानने वाले ही यह स्वीकार करते हैं कि मध्यवर्ग का भविष्य सर्वहारा के साथ ही है। इसीलिए ये लोग सर्वहारा पर किये जा रहे शोषण के विरुद्ध आवाज उठाते हैं और किसान और मजदूर के प्रश्नों को बड़ी सजगता के साथ प्रस्तुत करते हैं। कहानी का सबसे बड़ा सकारात्मक पहलू यह है कि पूरे विषय-वस्तु को मनुष्य के अनुभव से जोड़ करके देखते हैं और मानते हैं कि लेखन की भाषा और शिल्प कहानी के विषय और कथ्य के अनुसार होने चाहिए न कि कथ्य के अनुसार भाषा और शिल्प होने चाहिए। जनवादी कहानीकारों के रूप में जिन लोगों का प्रमुखता से नाम लिया जाता है उनमें हैं नीरज सिंह, नमिता सिंह, असग़र वजाहत, सूरज पालीवाल, स्वयं प्रकाश, संजीव, शिव मूर्ति, काशीनाथ सिंह, रमेश उपाध्याय आदि।

सहज कहानी : इस कहानी आन्दोलन के प्रवर्तक अमृतराय थे। जो स्वयं यह मानते थे कि यह कोई आन्दोलन नहीं था। अमृतराय का मानना था कि कहानी

लिखते समय किसी विशेष लेखन शैली का प्रयोग न करके विषय को सहज रूप से प्रस्तुत किया जाना चाहिए। जिससे उसकी पठनीयता बनी रहे और कहानीकार का अनुभव उसके लेखन से अलग न हो। अमृतराय मानते हैं कि नयी कहानी और अकहानी के दौरान ऐसी बहुत सारी कहानियाँ लिखी गयी। जिनमें जीवन को निरर्थक रूप में प्रस्तुत किया गया है। साथ ही इन कहानियों में कुण्ठा और संत्रास का वर्णन भी किया गया। अमृतराय मानते हैं कि कहानीकार को ऐसी कहानी लिखनी चाहिए जिससे उसकी सहजता बनी रहे। और वे किसी भी प्रभाव में आये बिना मानवीय स्थिति के उन सब पहलुओं को प्रस्तुत करें। जिनसे उनको गुजरना पड़ता है। इस कहानी में जिनका नाम प्रमुखता से लिया जाता है। उनमें–रमेश बत्रा, नासिरा शर्मा, विनोद, राजा जाफरी, कमल गुप्ता आदि शामिल है।

प्रमुख कहानीकार

जयशंकर प्रसाद

जयशंकर प्रसाद की पहचान मूलतः एक छायावादी कवि के रूप में होती है, लेकिन इन्होंने कविता के साथ-साथ गद्य के क्षेत्र में भी अपना हाथ आजमाया। नाटक और उपन्यास के अलावा इन्होंने कहानियाँ भी लिखी। इनकी कहानियाँ प्रेमचन्द की तरह यथार्थवादी न हो करके प्रेम, करुणा, सहानुभूति से परिपूर्ण है। इनकी कहानियों में स्वच्छन्दतावादी रोमांस के दर्शन मिलते है। इन्होंने 60 से अधिक कहानियाँ लिखी। जिसमें गुंडा, पुरस्कार, आकाशदीप, बहुचर्चित रहीं। इसके अलावा प्रसाद की कहानियों में ग्राम, छाया, प्रतिध्वनि, आँधी और इन्द्रजाल लिखी। प्रसाद की कहानियों की सबसे बड़ी विशेशता उनके नारी पात्र हैं जो एक स्वच्छन्द प्रेम और उन्मुक्त जीवन का प्रतिनिधित्व करती है। 'आकाशदीप' की चम्पा हो अथवा 'पुरस्कार' की मधुलिका ऐसे ही नारी पात्र है। जो समाज और नियति से लगातार टकराते हैं, लेकिन अपनी निश्छलता और उन्मुक्तता को नहीं छोड़ पाते।

प्रसाद की कहानियाँ मानसिक अन्तर्द्वन्द्व और अवसाद की कहानियाँ हैं जिसमें करुणा और प्रेम का सघन रूदन एक साथ दिखाई देता है। साथ ही इनकी कहानियों की दूसरी विशेषता यह है कि इनकी कहानियाँ इतिहास की पृष्ठभूमि से कहीं-न-कहीं संचालित हैं। जैसे इनके नाटकों के कई पात्र अपने इतिहास से अपनी विषय-वस्तु उठाते हैं। चाहे वह चन्द्रगुप्त हो अथवा स्कन्दगुप्त। ठीक ऐसे ही इनकी कई कहानियों के पात्र इतिहास की कोख से पैदा हुए हैं। जैसे सालवती, पुरस्कार और आकाशदीप। यद्यपि इनकी कहानियों में वैसा कसाव और प्रभाव नहीं पैदा हो पाया है। जैसा कि प्रेमचन्द की कहानियों में सामाजिक और यथार्थवादी प्रभाव पैदा हुआ है। प्रसाद की कुछ कहानियाँ सांस्कृतिक भारतीय इतिहास और संस्कृत से भी

प्रभावी है। उदाहरण के लिए, 'उस पार का योगी', 'प्रतिज्ञा', 'चक्रवर्ती का स्तम्भ' 'खण्डहर की लिपि' आदि।

प्रसाद की कहानियाँ अपने समकालीन कहानीकारों से इस तरह भी भिन्न हैं क्योंकि उन्होंने सबके माध्यम से उस सांस्कृतिक आदर्शवाद और राष्ट्रवाद का बीजारोपण करने का प्रयास किया था। जिसकी अनुगूँज आज भी भारतीय राजनीतिक पटल पर सुनाई देती है। इसकी बुनियाद में देश प्रेम की वह भावना है। जो प्रेमचन्द अथवा इनके अन्य समकालीन रचनाकारों में नहीं दिखाई देती है। कह सकते हैं प्रेमचन्द यथार्थवाद के प्रवक्ता थे तो प्रसाद आदर्शवाद के।

प्रसाद की कहानियों की एक और जो सबसे बड़ी खूबी यह थी कि ये अपने नारी पात्रों को इस तरह गढ़ते थे कि वह समर्पण और त्याग की प्रतिमूर्ति लगने लगे। उनका प्रभाव बहुत ही आकर्षक और वजनदार होता था।

भाषा शैली की दृष्टि से देखें तो सम्पूर्ण कहानी का कथानक वर्णनात्मक होने के साथ-साथ चित्रात्मक भी है। जिसमें हर एक शब्द को पढ़ते हुए ऐसा लगता है कि इनको एक-एक करके पिरोया गया है। जबकि भाषा की बात करें तो कविता की तरह इसमें भी एक अलग किस्म का काव्यात्मक लय है। कविता की तरह भाषा की व्यापकता, भावनात्मकता और पठनीयता दिखाई देती है। इन सबके संगुफन में ही प्रसाद की कहानियों का जन्म होता है।

अज्ञेय

प्रेमचन्दोत्तर कहानी के बाद हिन्दी कहानी में दो तरह की धाराएँ उभरकर सामने आयीं । एक धारा थी जो प्रेमचन्द के सामाजिक यथार्थवाद को आगे बढ़ाते हुए उसमें प्रगतिवाद और मार्क्सवाद के वैचारिक चिन्तन को जोड़ते हुए समाजवादी यथार्थवाद की प्रस्तावना रखती है। इस धारा के कहानीकारों में नागार्जुन, रांगेय राघव, अमृतराय और यशपाल है। तो दूसरी धारा वह जो मनोवैज्ञानिक विश्लेषण और मध्यवर्गीय वर्ग चरित्र की वैयक्तिकता को अपनी कहानी का विषय बनाती है। इस वैयक्तिक मनोविश्लेषणवादी विचारधारा का प्रवर्तन सर्वप्रमुख जैनेन्द्र, अज्ञेय और इलाचन्द्र जोशी करते हुए दिखाई पड़ते है। अज्ञेय की कहानियों का जन्म इसी वैयक्तिक मनोविश्लेषणवादी विचारधारा के गर्भ तले होता है। जैनेन्द्र की कहानियों का विकास जहाँ वैचारिक और दार्शनिक धरातल पर हुआ है वही अज्ञेय की कहानियों का विकास मनोवैज्ञानिकता के धरातल पर। अज्ञेय अपनी कहानियों में एक ऐसा मध्यवर्गीय सामाजिक यथार्थ रचते हुए आगे बढ़ते हैं जिसका चरित्र व्यक्तिवादी होने के साथ-साथ आत्मवादी भी है।

प्रेमचन्द युग की कहानियों में जहाँ घटना एक प्रमुख विषय बनकर उभरती है। वहीं अज्ञेय की कहानियों में घटना की जगह व्यक्ति महत्त्वपूर्ण हो जाता है।

एक मध्यमवर्गीय जीवन की विसंगतियाँ, उसके रोजमर्रा के दुख-दर्द, संत्रास, घुटन और टूटन ही कहानी का विषय बन जाता है। सार्वजनिक जीवन में एक व्यक्ति कैसे यान्त्रिक जीवन का शिकार हो जाता है और किस प्रकार से उसके भीतर धीरे-धीरे एक अकेलेपन और अजनबीपन का जन्म हो जाता है। इनकी कहानियों का मनोजगत व्यक्ति चरित्र के भीतर से उपजा हुआ ऐसा स्वंतन्त्र है जो मानसिक संघर्ष और परिवेश के मानसिक दबाव से पैदा हुआ है। 'रोज' और 'गैंग्रीन' अज्ञेय की सबसे प्रसिद्ध कहानियों में से एक है। जिसमें उन्होंने लिखा है कि किसी भी प्रकार के नयेपन के बिना जीवन में व्यक्तिगत सम्बन्धों का क्या हस्र होता है। कहानियों का विषय है। टूटे हुए सम्बन्धों के बीच कुछ नयापन ढूँढ़ना भी एक नयापन ही है। जैसा रोज कहानी का यह संवाद कि "ऐसा तो रोज होता है आज के जीवन की जिस विडम्बना को उजागर करता है, व्यक्तिगत जीवन की सच्चाई को दर्शाता है, जो अब आम बात हो चुकी है।

अज्ञेय की कहानियाँ मनोविज्ञान के साथ-साथ प्रकृति और उसका समाज में पड़ने वाले प्रभाव को भी अपने लेखन का विषय बनाती है। विविधता इनकी कहानी का मुख्य आधार है। 'परम्परा' संग्रह की कहानियों में जहाँ मध्यवर्गीय जीवन के व्यक्तिगत और सामाजिक पक्षों का विश्लेषण किया गया है। वहीं 'मेजर चौधरी की वापसी' कहानी में व्यक्ति विशेष के भीतर छुपी हुई उस भावना का सघन विश्लेषण देखने को मिलता है जो आसानी से समाज के सामने प्रकट नहीं हो पाता। 'जयदोल' और 'पठार का धीरज' कहानी में एक तरफ अवचेतन मन के भीतर समाएँ हुए विभिन्न बिम्बों का दृश्य देखने को मिलता है तो दूसरी तरफ रोमांस का भरपूर तड़का भी। 'पुलिस की सीटी' कहानी में राष्ट्रवादी व्यक्तियों की उस क्रान्तिकारिता का प्रदर्शन किया गया है जो विद्रोह का कारण बनती है। 'बदला', 'शरणदाता' 'लेटर बॉक्स' जैसी कहानियाँ विभाजन की त्रासदी का बखान करती हैं। वहीं 'हरसिंगार' 'अमर' और 'वल्लरी' कहानियाँ स्त्री और पुरुष के प्रेम सम्बन्धों की विवेचना करती है। एक तरह से अज्ञेय का पूरा जीवन दर्शन पश्चात सिद्धान्तकार फ्रायड के मनोविज्ञान के काफी करीब जान पड़ता है। साथ ही इनकी कहानियों में डी. एच. लॉरेंस का भी प्रभाव देखने को मिलता है।

कुल मिलाकर कहा जाये तो अज्ञेय की कहानियों की सबसे बड़ी खूबी यह थी कि हिन्दी साहित्य के इतिहास में यह पहली बार हुआ जब कहानियों का चरित्र वैयक्तिक न हो करके विषय प्रधान हो गया।

कहानियों का परम्परागत ढाँचा टूट कर के व्यक्तिवादी शैली में अनुभव आधारित बात कहने या लिखने की एक नयी परम्परा का ईजाद हुआ। कहानियों की भाषा प्रतीकात्मक होते हुए भी कथन की शैली बेहद साधारण और सरल बनी रही। दार्शनिक स्तर पर अधिकतम कहानियों की पृष्ठभूमि वह पूर्वदीप्ति (Flash Back)

शैली रही जो कथानक के समनान्तर चलती रही। यह अज्ञेय की कहानियों का एक अपना मूल्य था जो उन्हें अपने समकालीन अन्य कहानीकारों से अलग करता है।

मोहन राकेश

अज्ञेय की तरह मोहन राकेश के लेखन का भी कैनवास बहुत बड़ा है। उन्होंने नाटक और रंगमंच के साथ-साथ कहानियाँ भी लिखी। साथ ही मोहन राकेश उस नयी कहानी आन्दोलन का हिस्सा भी बने। जिसमें कमलेश्वर, राजेन्द्र यादव के साथ वे स्वयं थे। नयी कहानी आन्दोलन की सबसे बड़ी विशेषता यह थी कि यह जिस 'अनुभूति की प्रामाणिकता' और 'भोगे हुए यथार्थ' की बात करती है। वह मोहन राकेश की कहानियों में बराबर दिखाई देती है। स्वातन्त्रोत्तर भारत के छिन्न-भिन्न होते संयुक्त परिवार के बीच व्यक्ति के रोमांस का और अस्तित्व का बचा रह जाना ही इन की कहानियों का आधार है। इसका कारण मोहन राकेश मनुष्य की असमंजस की स्थिति को मानते हैं। जहाँ वह निर्णय करने में सक्षम नहीं होता और न चाहते हुए भी वही करता है जिसकी पीड़ा को वह निरन्तर सहता रहता है। 'एक और ज़िन्दगी', 'नये बादल', 'इन्सान के खण्डहर', 'दो राहें' ऐसी ही कहानियाँ है। इसके बारे में मोहन राकेश लिखते हैं "मैं हर घटना और दृश्य में कहानी ढूँढ़ सकता हूँ। क्योंकि मेरी कहानियाँ सम्बन्धों की यन्त्रणा को अपने अकेलेपन में झेलते लोगों की कहानियाँ हैं।"

यद्यपि मोहन राकेश पर कई बार यह आरोप भी लगाया जाता है कि वह कहानियों के माध्यम से अपने निजी ज़िन्दगी को अभिव्यक्ति प्रदान करते हैं। और स्त्री-पुरुष के बीच बच्चों को लेकर के होने वाली उस समस्या का भी जिक्र करते हैं। जो एक मध्यवर्गीय परिवार प्रायः ऐसी समस्या से दो-चार होता रहता है। परिणाम यह होता है कि एक सामान्य मनुष्य न तो छूटी हुई ज़िन्दगी को भूल पाता है और न ही नयी ज़िन्दगी के फसाद को सह पाता है। 'एक और ज़िन्दगी' नामक कहानी उनकी इसी व्यथा-कथा की कहानी है। 'मिस पाल' एक ऐसी स्वतन्त्र स्त्री की कहानी है। जो स्वतन्त्रता की चाह तो रखती है लेकिन इस स्वतन्त्रता की चाह में उससे किन-किन कठिनाइयों का सामना करना पड़ता है। इस कहानी में इस बात का जिक्र किया गया है। दिल्ली के एक दफ्तर में काम करते हुए मिस पाल का अकेलापन और साथ ही उनका मोटापा किस तरह दफ्तर के कर्मचारियों के मजाक का विषय बन जाता है। इसको लेकर के उनके मन में अपने प्रति एक तरह हीनता का भाव पैदा होता चला जाता है। वहीं उनकी यन्त्रणा का कारण ही हो जाता है। परिणामस्वरूप कोई अपनी ही नजरों में उपेक्षित और अपमानित महसूस करते हुए अकेलेपन का शिकार कैसे हो जाता है। इसका अदभुत उदाहरण है 'मिस पाल'।

देखा जा सकता है कि कामकाजी महिलाओं के भावनात्मक शोषण और आर्थिक स्वावलम्बन के बीच स्त्री की मनोस्थिति का चित्रण मोहन राकेश जिस

तरह करते हैं ऐसा दूसरे कहानीकारों के यहाँ मिलना शायद मुश्किल ही है। स्त्री के मन में उठने वाले द्वन्द्व के बीच स्वतन्त्रता का प्रश्न किसी तरह एक महिला के मन में उठ सकता है। इसकी पहचान 'आद्रा', 'अपरिचित', 'सुहागिनी', 'भूखे' आदि कहानियों में देखा जा सकता है। इन कहानियों का पूरा-पूरा ढाँचा समाज के परिवेश का प्रतिनिधित्व करता है। जिसके बीच में से आज एक स्त्री अपनी पहचान की तलाश में संघर्षरत है।

जैसा कि मैंने पहले ही कहा कि मोहन राकेश की पहचान एक बड़े कैनवास वाले कहानीकार के रूप में की जाती है। इसीलिए इनकी कहानियों का विषय भी वैविध्यपूर्ण है। पारिवारिक और सामाजिक यन्त्रणा की प्राप्ति के बीच में उन्होंने देश की परिस्थिति का जिस तरह जिक्र किया जाता है। वह 'मलबे का मालिक' कहानी में देखा जा सकता है। जो विभाजन की विडम्बना को रेखांकित करती है। वहीं 'परमात्मा का कुत्ता' में व्यवस्था में निहित विसंगतियों का जिस तरह विस्तारपूर्वक वर्णन करते हैं। आज के सड़-गल चुके व्यवस्था की पूरी तस्वीर इसमें दिखाई देती है।

अज्ञेय की तरह ही मोहन राकेश की कहानियाँ स्थिति और चरित्र प्रधान हैं। नायक और खलनायक के रूप में उनकी कहानियों की विषय-वस्तु कहानियों के बीच में से ही पैदा होती है। स्थितियाँ और चरित्र ही हैं जो एक मध्यवर्गीय समाज के बीच में से पैदा होती हैं। इनकी कहानियों का केन्द्रबिन्दु स्थितियों पर सिमटे होने के कारण भाषा और शैली अत्यन्त समर्थ होने के बावजूद भी नाटकीयता से भरपूर है। भाषा का उपयोग आम बोलचाल की तरह किया गया है, लेकिन शैली में सामाजिक उलझन और टूटन का जोर दिखाई देता है।

कृष्णा सोबती

नयी कहानी आन्दोलन के दौरान हिन्दी कहानी लेखन के इतिहास में अपनी तरह का एक नया लेखन प्रारम्भ हुआ। जिसे स्त्रीवादी लेखन के नाम से जाना जाता है। इस स्त्रीवादी लेखन को प्रारम्भ करने में जिन कहानीकारों का नाम प्रमुखता से लिया जाता है उनमें मन्नू भण्डारी, कृष्णा सोबती और उषा प्रियंवदा का नाम महत्त्वपूर्ण है। नयी कहानी आन्दोलन में महिला कहानीकारों का इस तरह सामने आना उनकी स्वतन्त्र सोच और अपनी खुद की आवाज को अभिव्यक्ति देने का परिणाम है। अपने खुद के व्यक्तित्व की पहचान कहानी के माध्यम से प्रकट करना इन कहानीकारों का उद्देश्य रहा है। मन्नू भंडारी की कहानियाँ जहाँ ऑफिस जाती उस आधुनिक नारी का चित्रण करती है जो कार्यालय और पारिवारिक जीवन की जिम्मेदारियों के दो पाटों के बीच रोज पिसती है और अपना जीवन व्यतीत करती है। ऐसी ही समस्याओं को सामने लाती है।

कृष्णा सोबती ने अपनी कहानियों के पात्रों को न सिर्फ़ स्वतन्त्र बल्कि इस प्रकार गढ़ा है जो सामाजिक, आर्थिक और मनोवैज्ञानिक दृष्टि से उन सभी पहलुओं को छूने की कोशिश करते हैं जिनसे उन्हें रोज दो-चार होना पड़ता है। इस कारण इनकी कहानियों के पात्र स्वतन्त्र होने के साथ-साथ स्वछन्द व्यक्तित्व के भी धनी बन पड़े हैं। परिणामस्वरूप नारी स्वतन्त्रता के नाम पर कई जगह यौन-स्वतन्त्रता के भी दर्शन होने लगते है। यही कारण है कि इनकी कहानियों की नायिकाएँ अपने आप को कुण्ठित, पराजित और डब्बू महसूस नहीं करती, अपितु एक जुझारू और संघर्ष से जूझते हुए दुनिया जीतने का सपना देखती है। आत्मविश्वास और स्वावलम्बन इनकी नायिकाओं की पहचान है।

'मित्रो मरजानी' कृष्णा सोबती की एक ऐसी लम्बी कहानी है जिसमें एक साहसिक महिला की कथा कही गयी है। इसकी नायिका न सिर्फ़ अभूतपूर्व साहस से लबालब है, अपितु निडर भी है। वह पुरुष समाज द्वारा निर्मित किसी भी मान्यता को ठेगा दिखाते हुए सीना तानकर चलती है और महिला के लिए निर्मित किसी भी प्रकार की यौन वर्जना का अतिक्रमण करती है। इसकी नायिका तमाम उन परम्परागत संस्कारों, जड़ मान्यताओं को तोड़ देती है जो उसकी स्वतन्त्रता में बाधा बनती हैं। वह खुलेआम कहती है उसका देह सिर्फ़ पुरुष कामना की पूर्ति का साधन मात्र नहीं है बल्कि उसकी अपनी स्वतन्त्र कामनाएँ हैं। इस तरह इसकी अदम्य इच्छाएँ किसी का साधन न बनकर साध्य रूप में प्रकट होती हैं। जिसमें अस्तित्ववाद का दर्शन घुला-मिला सा लगता है।

'बादलों के घेरे' कृष्णा सोबती की दूसरी एक ऐसी कहानी है जो पारिवारिक समस्या को अपने कथानक का आधार बनाती है। सम्बन्धों का टूटना और स्त्री-पुरुष सम्बन्धों में आयी हुई दरार को इस कहानी का विषय बनाया गया है। इस कहानी में रवि नामक एक ऐसे व्यक्ति को दर्शाया गया है। जिसको टीबी नामक बीमारी है। ऐसे हालात में पत्नी और बच्चों द्वारा परित्यक्त होने के डर का भाव उसके मन में बैठ जाता है। जो उसे अकेलेपन की ओर ले जाता है। कहानी की नायिका मीरा उसको इस हालत में सिनेटोरियम में उसकी दशा पर छोड़कर जिस तरह अपने और बच्चों को लेकर अलग हो जाती है। ऐसी हालत में रवि को लगता है। सारे रिश्ते छलावा और कृत्रिम मात्र है। जब उसको जीवनसाथी की सबसे अधिक ज़रूरत है उस हालत में वह उसे छोड़ देती है। इसमें एक स्त्री को जिस प्रकार स्वार्थी दिखाया गया है। इससे रवि का चरित्र एक निश्छल, बेबस, निरीह व्यक्ति के रूप में उभरा है। जिसको देखकर लगता है। सारे सम्बन्ध झूठे हैं। दाम्पत्य जीवन भी मात्र स्वार्थ का एक आधार है। दाम्पत्य जीवन की जिस बिडम्बना को इस कहानी के माध्यम से दिखाया गया है। वह बड़ा ही मार्मिक और पीड़ादायक है।

'ऐ लड़की' कृष्णा सोबती की एक अन्य लम्बी कहानी है। जिसकी नायिका उम्मु मृत्यु की देहली पर खड़ी है लेकिन उसे मृत्यु से किंचित भी डर नहीं लगता। वह अपना जीवन जिस सहज ढंग से जीती है उससे नायिका की उस जिजीविषा का पता चलता है। जो मृत्यु को हराने का साहस रखती है, लेकिन इसकी व्याख्या जिस सहज ढंग से की गयी है इससे कहानी अत्यन्त ही मार्मिक बन पड़ी है। करुणा और दु:ख के बीच में से जीवन जीने की अभिलाषा का द्वन्द्व अपने आप में अद्भुत है।

'पहाड़ों के साये तले', 'दो राहें', 'दो बाहें', 'कुछ नहीं-कोई नहीं', 'बदली बरस गयी', 'आजादी सम्मोजान की' इनकी कुछ अन्य उल्लेखनीय कहानियाँ हैं। इनकी कुछ कहानियों का विषय अविभाजित पंजाब और देश-विभाजन की त्रासदी का जिक्र करती है तो कुछ उस बचे हुए मानवीय मूल्य का उल्लेख भी करती है। जिसको पढ़कर विश्वास पैदा होता है। सब कुछ अभी खत्म नहीं हुआ है। आशा और विश्वास को जागृत करने वाली ऐसी ही कुछ अन्य कहानियों के नाम हैं—'मैं तुम्हारी रक्षा करूँगा', 'डरो मत' और 'सिक्का बदल गया' है।

जहाँ तक कहानियों की भाषा का प्रश्न है इसमें हिन्दी-पंजाबी मिश्रित उस भाषा का प्रयोग किया गया है। जिसमें स्थानीय और देशीय शब्दों का उपयोग किया गया। इसीलिए अपने मूल भावना और तत्त्व को खोये बिना इनकी कहानियाँ अपनी संवेदनाओं को बचाये रख पाने में सफल हुई है। कहीं-कहीं स्थानीय गालियों का प्रयोग करके कृष्णा सोबती ने इसकी प्रामाणिकता को भी खत्म नहीं होने दिया है। संवादों का छोटा होना और देशज शब्दों का प्रयोग मसलन मनुख्य, भौंडे, गुंडे कहानी की सहजता का उदाहरण है।

कुल मिलाकर सम्पूर्ण कहानियों में जिस तरह का बोल्डनेस (साहस) दिखाई देता है। इससे नारी उन्मुक्तता नहीं, बल्कि नारी की मानसिक स्वतन्त्रता का दिग्दर्शन होता है। इसीलिए कृष्णा सोबती को हिन्दी जगत् का सिमोन दा बोउया कहा जाता है। जिसने 'सेकण्ड सेक्स' लिखकर दुनिया में तहलका मचा दिया। कृष्णा सोबती की कहानियाँ भी सिमोन दा बोउया की कहानी से किसी स्तर पर कम नहीं है। अपितु एक ऐसा प्लेटफार्म अपने आने वाले दिनों की स्त्री-लेखिकाओं को देती हैं, जिस पर वह अपनी स्वतन्त्रता की इबारत कोई भी स्त्री-लेखिका पूरी उन्मुक्तता के साथ लिख सकती है।

खण्ड - घ

नाटक और रंगमंच

1. हिन्दी नाटक का उद्‌भव और विकास
2. हिन्दी थिएटर का विकास

1

हिन्दी नाटक का उद्‌भव और विकास

हिन्दी नाटक का विकास क्रम

भारतीय साहित्य में नाटक की परम्परा सम्भवतः भरत से भी पुरानी है। लगभग 2000 वर्ष पूर्व से नाटकों की शुरुआत मानी जाती है। विद्वानों के अनुसार, 10वीं 11वीं सदी तक संस्कृत नाटक लिखे गये। 10-11वीं सदी के बाद संस्कृत नाटकों की परम्परा क्षीण पड़ने लगी व 10 से 19वीं सदी तक हिन्दी साहित्य नाटक से शून्य रहा। कोई भी ऐसा नाटक नहीं रचा गया जो अभिनेय एवं रंगमंचीय था।

हिन्दी नाटक का आरम्भ 19वीं सदी में भारतेन्दु से होता है। आचार्य शुक्ल ने भारतेन्दु युग के कृतित्व में नाटक की केन्द्रीय स्थिति की पहचान करते हुए लिखा। "विलक्षण बात यह है कि आधुनिक गद्य साहित्य की परम्परा का प्रवर्तन नाटक से हुआ"। भारतेन्दु युग की आधुनिक व केन्द्रीय विधा नाटक थी। भारतेन्दुयुगीन चेतना के आधुनिक बोध या नवीनता का प्रतिफलन नाटक से हुआ।

भारतेन्दु युग की नाट्‌य प्रवृत्ति व चेतना

1. हिन्दी नाटक का प्रारम्भ राष्ट्रीय व सामाजिक जागरण से जुड़ा हुआ है। हिन्दी के प्रायः सभी प्रारम्भिक नाटकों में सोद्धेश्यता की चिन्ता महत्त्वपूर्ण है। नवजागरण का सर्वाधिक सशक्त स्वर भारतेन्दु युग में नाटकों में ही दिखता है। इन लेखकों ने एक ओर नवीन सभ्यता व संस्कृति को स्वीकार करते हुए अपने परम्परागत विश्वासों व नैतिक मूल्यों पर भी बल दिया, वहीं नवीनता को आग्रह के साथ-साथ परम्परा की रक्षा का भार भी भारतेन्दु युग में दिखता है।

भारतेन्दुयुगीन चेतना संक्रमण की है। नाटकों में भी ये चेतना दिखती है। इस युग के नाटककारों ने अपने नाटकों के माध्यम से नवजागरण की पृष्ठभूमि में जनता के सांस्कृतिक उत्थान का प्रयास किया और प्राचीन आदर्शों के विकास की चेष्टा की।

इस लक्ष्य की पूर्ति के लिए इस युग के नाटककारों ने ऐतिहासिक, पौराणिक, राष्ट्रीय और सामाजिक नाटकों की रचना की।

पौराणिक नाटकों का विषय या स्रोत रामायण व महाभारत रहा। इन महाकाव्यों को आधार बनाकर प्राचीन कथानक चुनने के पीछे सांस्कृतिक गरिमा की प्रतिष्ठा करना था।

ऐतिहासिक नाटकों में राष्ट्र प्रेम व स्वाभिमान के स्वर को मुखर किया गया। यह स्वर भारतेन्दुयुगीन ऐतिहासिक नाटकों का मूल प्रतिपाद्य था।

सामाजिक नाटकों में सामाजिक कुरीतियों को दूर करने व समाज सुधार का प्रयत्न किया गया। अनेक रचनाओं में प्रतीकों का सहारा लेकर राजनीतिक व सामाजिक व्यंग्य किये गये।

इस प्रकार भारतेन्दु व सहयोगियों ने समय की सामाजिक व राष्ट्रीय चिन्ताओं को मुखर किया। इन नाटककारों का दृष्टिकोण बहुत हद तक यथार्थवादी था। इनमें अपने समय के यथार्थ को नाटकीय सम्भावनाओं से जोड़कर प्रस्तुत किया गया।

इस युग के महत्त्वपूर्ण नाटककार व नाटक–

पौराणिक – प्रहलाद चरित – लाला श्रीनिवास दास
नल दमयन्ती स्वयंवर – बालकृष्ण भट्ट
सीताहरण – देवकीनन्दन खत्री
प्रद्युम्न विजय – अयोध्या सिंह उपाध्याय "हरिऔध"
ऐतिहासिक नाटकों की शुरुआत नील देवी – भारतेन्दु हरिशचन्द्र
अनूदित नाटक, संयोगिता स्वयंवर – श्रीनिवास दास
अमरसिंह राठौड़ – राधाचरण गोस्वामी
महाराणा प्रताप – राधाकृष्ण दास

वस्तुतः इस युग की नाट्य रचना की उपलब्धि सामाजिक नाटक हैं। नाटककारों ने संक्रान्ति काल में उत्पन्न अनेक युग प्रश्नों से जूझने की कोशिश की है। आपसी फूट, पाश्चात्य सभ्यता का अन्धानुकरण, धार्मिक अन्धविश्वास, आर्थिक शोषण, नारी समस्याएँ इस युग की ज्वलन्त सामाजिक वास्तविकताएँ हैं, जिन्हें नाटक का आधार बनाया गया। इन सामाजिक समस्याओं को नाटककारों ने अधिकांशतः प्रहसन के व्यंग्यात्मक ढाँचे में प्रस्तुत किया। ऐसे नाटकों की शृंखला में ''अँधेर नगरी'', ''भारतदुर्दशा'' –भारतेन्दु के चर्चित प्रहसन हैं। सत्ता का अन्धापन और अँधेरगर्दी इस नाटक की मूल अन्तर्वस्तु हैं। तात्कालिक सन्दर्भ ब्रिटिश साम्राज्य है। शाश्वत रूप से यह नाटक सत्ता की अन्धता व न्याय की हास्यास्पदता को उद्घाटित करता है। इस युग के अन्य सामाजिक नाटकों में शामिल है–

देशदशा – गोपालराम गहमरी
जैसा काम वैसा परिणाम – बालकृष्ण भट्ट
बूढ़े मुँह मुहाँसे – राधाचरण गोस्वामी
देसी कुतिया विलायती बोल – राधाकृष्णदास।

रंगमंच की दृष्टि से भारतेन्दुकालीन नाटक संस्कृत काव्यशास्त्र की मर्यादा का पालन करते हैं, लेकिन इसके साथ-साथ पाश्चात्य नाट्यशास्त्र व नाट्य परम्परा को भी ग्रहण करते हैं। पश्चिमी नाटक का त्रासदी तत्त्व भारतेन्दु युग के रंगमंच ने ग्रहण किया। भारत में सामान्यतः सुखान्त नाटक की परम्परा रही है। हिन्दी में त्रासदी लिखने की शुरुआत–नील देवी से हुई।

इसके अतिरिक्त इस युग के नाटक एक ओर पारसी थिएटर की अश्लीलता व फूहड़पन की प्रतिक्रिया में अपने स्वतन्त्र रंगमंच की तलाश करते हैं। इसलिए इस युग के पुरोधा रचनाकार भारतेन्दु हरिशचन्द्र ने नाटकों को मंचित करने के लिए एक स्वतन्त्र रंगमंच परम्परा की अवश्यकता पर बल दिया और इस नये रंगमंच की स्थापना की खोज में उन्होंने लोक नाट्य परम्पराओं के विश्लेषण एवं अध्ययन पर बल देते हुए हिन्दी की अपनी नाट्य सम्भावनाओं को मूर्त करने का प्रयास किया। यह कहा जा सकता है कि भारतेन्दु युग के नाटकों में परिपक्वता का अभाव है। भाषा की अव्यवस्था, रंगमंच की अवयस्कता और पाठ की गम्भीरता के अभाव का दोष इस युग के नाटकों पर लगाया जाता है, लेकिन इसमें सन्देह नहीं कि इस युग के नाटककारों ने अपने नाटकों के माध्यम से एक ओर हिन्दी गद्य को खड़ा किया तो दूसरी ओर अपने नाटकों के लिए स्वतन्त्र रंगमंच की खोज की कोशिश की। जीवन्तता, अभिनय के प्रति सजगता व युग समस्याओं की पकड़ इन सभी दृष्टियों से भारतेन्दु युग हिन्दी नाटक के इतिहास का ठोस प्रस्थान बिन्दु है।

2. प्रसाद युग–हिन्दी नाटक का दूसरा चरण जयशंकर प्रसाद से शुरू होता है। विद्वानों की मान्यता है हिन्दी नाटक के विकास में प्रसाद का आगमन युग परिवर्तन का आगमन है। द्विवेदी युग में मौलिक नाटकों की रचना नहीं हुई। इस युग में भारतेन्दु युग की प्रबल पहल शिथिल पड़ गयी। इसका मूल कारण महावीर प्रसाद द्विवेदी की नैतिकवादी दृष्टि के कारण नाटक रचना सम्भव नहीं थी। प्रसाद के आने से नाटक का एक नया युग प्रारम्भ होता है।

नाटक का विकास

भारतेन्दु के नाटकों में जिस प्राचीन भारतीय संस्कृति की स्मृति पर बल दिया था (पौराणिक व ऐतिहासिक उसी संस्कृति के उदार व मानवीय रूप पर प्रसाद ने अपने नाटकों की नींव रखी। प्रसाद के अधिकांश नाटक ऐतिहासिक हैं, किन्तु इतिहास की पीठिका में उन्होंने वर्तमान भारत की समस्याओं व प्रश्नों को उठाने की

कोशिश की। प्रसाद से पूर्व हिन्दी में साहित्यिक नाटकों का अभाव था। प्रसाद ने उस अभाव की पूर्ति की। वस्तुतः पारसी रंगमंच की अंतिरंजना, चमत्कार व फूहड़ता का सामना प्रसाद ने अपने गम्भीर-साहित्यिक-ऐतिहासिक नाटकों के माध्यम से किया। दार्शनिकता, सांस्कृतिक बोध उदास कल्पना तथा काव्यात्मकता प्रसाद के नाट्य विन्यास की महत्त्वपूर्ण उपलब्धियाँ थीं। साहित्यिक एवं कलात्मक वैशिष्ट्य के बावजूद प्रसाद के नाट्य विधान की कुछ सीमाएँ हैं। पारसी थिएटर की अनेक नाट्य रूढ़ियों को प्रसाद ने अनजाने में ही स्वीकार कर लिया। स्वच्छन्दतावादी नाट्य प्रणालियों को आधार बनाकर लिख गये प्रसाद के नाटक रंगमंच के लिए बड़ी चुनौती साबित हुए। इसलिए प्रसाद के नाटकों पर अन-अभिनेयता का आरोप भी लगाया गया। इन सीमाओं के बावजूद प्रसाद के नाटकों ने हिन्दी में गम्भीर साहित्यिक नाटकों का सूत्रपात किया व रंगमंच के सामने चुनौती प्रस्तुत की।

हिन्दी नाटक के विकास में प्रसाद का योगदान ऐतिहासिक है। वह एक प्रतिमान है जहाँ से आगे आने वाली नाट्य परम्परा चुनौती तथा प्रेरणा ग्रहण करती है। प्रसाद के चर्चित नाटकों में अजातशत्रु, जनमेजय का नागयज्ञ, स्कन्दगुप्त, चन्द्रगुप्त तथा ध्रुवस्वामिनी प्रमुख हैं। प्रसाद युग के समानान्तर ही हिन्दी में अन्य नाट्य प्रवृत्तियों का उदय हो रहा था। प्रसाद की नाट्य चेतना से भिन्न इस समय दो नाटककार सक्रिय थे। ये हैं–हरिकृष्ण प्रेमी व लक्ष्मी नारायण मिश्र। चेतना की दृष्टि से प्रसाद युग के अत्यन्त महत्त्वपूर्ण नाटककार हैं और उनका विषय भी इतिहास है। प्रसाद ने जहाँ प्राचीन भारत का चित्रण करते हुए सत्य, प्रेम, त्याग एवं वीरता का सन्देश दिया वहाँ प्रेमी जी ने मध्यकालीन भारत को नाट्य विषय के रूप में ग्रहण करते हुए हिन्दु-मुस्लिम एकता की स्थापना की कोशिश की। राष्ट्रीयता की चेतना इनके नाटकों में अर्न्तव्याप्त है। साहित्यिकता व रंगमंचीयता का प्रयास इनके नाटकों की विशेषता है। इन्होंने संस्कृत नाट्य परम्परा को न अपनाकर पाश्चात्य परम्परा को अपनाया। कथानक सुगठित है, चरित्र सहज है, संवाद पात्रों के अनुकूल है व बनावट की दृष्टि से स्थूल एवं स्वाभाविक है। प्रेमीजी के नाटकों ने रंगमंचीय दुरूहता को कम करने का प्रयत्न किया।

विद्वानों की मान्यता है कि नाटक में बौद्धिकता का विनियोजन लक्ष्मी नारायण मिश्र से होता है। इन्होंने प्रसाद के विरोध में समस्या प्रधान नाटकों का सूत्रपात किया। भावात्मकता के स्थान पर बौद्धिकता इनके नाटकों का मूल स्वर है। विघटित जीवन मूल्यों की अभिव्यक्ति के लिए मिश्रजी ने नाटकों की शिल्पगत नवीनता पर बल दिया। इनके नाटकों में 'संन्यासी', 'मुक्ति का रहस्य', 'राक्षस का मन्दिर', 'सिन्दूर की होली' व 'आधीरात' मुख्य हैं, लेकिन समालोचकों का कहना है कि मिश्रजी बुद्धिवादी दृष्टिकोण अपनाते हुए भी परम्परा के मोह से मुक्त न हो सके। युगीन अन्तर्विरोधी चेतना उनके सभी नाटकों में देखी जा सकती हैं। इनके नाटकों का केन्द्रीय विषय स्त्री-पुरुष सम्बन्ध एवं सेक्स है।

3. प्रसादोत्तर युग–इस तरह से प्रसाद युग में ही प्रसाद से भिन्न नाट्य चेतना की शुरुआत हो गयी था।

नाटक का तीसरा चरण–प्रसादोत्तर युग है, जिसे कुछ लोग स्वातन्त्र्योत्तर युग भी कहते हैं। प्रसाद के बाद हिन्दी नाटकों में अनेक धाराएँ विकसित हुईं। कइयों के बीजतत्त्व प्रसाद व भारतेन्दु युग में ही थे।

प्रसादोत्तर नाटकों की कई धाराएँ हैं–

1. द्वितीय विश्व युद्ध 2. स्वतन्त्रता व देश विभाजन 3. राजनीतिक मूल्यहीनता इन नाटकों का परिवेश था। प्रसादोत्तर नाटकों में युग से उपजी मूल्यहीनता व अनास्था भी दिखाई पड़ती है। पश्चिम में द्वितीय विश्व युद्ध के बाद घटी सबसे बड़ी घटना थी अस्तित्ववाद का उदय होना। अस्तित्ववादियों के निष्कर्ष अद्‌भुत व परम्परा विरुद्ध थे। मनुष्य के लिए, नैतिकता व आदर्श विचार दर्शन का कोई अर्थ नहीं होता, आदमी अर्थहीनता के संत्रास में जीने के लिए अभिशप्त है।

इसकी छाया भारत पर भी पड़ी, साथ ही विभाजन की पीड़ा भी। स्वतन्त्रता प्राप्ति के बाद 60 के दशक तक सत्ता के चरित्र व मूल्यहीनता व आश्वासनों की राजनीति का रूप खुलकर सामने आने लगा था। प्रसादोत्तर नाटक की चेतना में इन्हीं सामाजिक व राजनीति-आर्थिक परिस्थितियों में बदलाव आया। स्त्री-शिक्षा ने स्त्री-पुरुष सम्बन्धों को बदल दिया। यह बदलाव सबसे ज्यादा नाटकों में दिखाई पड़ता है। प्रसादोत्तर परिदृश्य इन सभी से भिन्न है।

1. काव्यनाटक–प्रसादोत्तर नाटक के विकास का एक रूप काव्य नाटक (संवाद काव्य रूप होते हैं) है। इसकी शुरुआत प्रसाद के ''करुणालय'' (1913) से मानी जाती है, लेकिन जिस प्रमादोत्तर नाटक की हम चर्चा कर रहे हैं उसमें सबसे महत्त्वपूर्ण कृति–'अन्धायुग' (धर्मवीर भारती) है। अन्धा युग ने हिन्दी नाटक ही नहीं वरन् हिन्दी रंगमंच के स्वरूप को भी बदला। भारती ने पौराणिक प्रसंगों व प्रतीकों के माध्यम से आधुनिक युग की चेतना को प्रभावशाली अभिव्यक्ति दी। इस नाटक में भारती ने मिथकों और प्रतीकों के माध्यम से वर्तमान मूल्यहीनता को उद्‌घाटित किया। इसी मूल्यहीनता की सजग प्रहरी है जनता। अन्धत्व के निरन्तर सम्पर्क से संजय (आधुनिक साहित्यकार का प्रतीक) की दृष्टि भी कुन्द हो गयी है। अनास्था की धुरीहीनता और आत्मघाती युयुत्सा को जन्म देती हैं। उत्तर युद्ध की परिस्थितियाँ किस प्रकार मनुष्य का विवेक नष्ट करती हैं और उसे अर्द्धसत्यों के दंश से पीड़ित करती हैं, इसका प्रभावशाली अंकन अन्धा युग में हुआ है। इस नाटक का रंगविधान प्रभावशाली है। नाटक की विशेषता यह है कि अनेक रंगमंचीय सम्भावनाओं को जन्म देती है। इसकी लगभग सौ प्रस्तुतियाँ अनेक निर्देशकों द्वारा की जा चुकी हैं। इसमें यह भी विशेषता है कि यह तय नहीं है कि नायक कौन। हर बार नया अर्थ देती है और चरित्र का निर्माण भी करती है।

इस युग के अन्य काव्य नाटकों में गिरिजा कुमार माथुर का 'पृथ्वी कल्प,' भारतभूषण अग्रवाल का 'सेतुबन्धन'। नरेश मेहता का 'संशय की एक रात' व दुष्यन्त कुमार का 'एक कण्ठ विषपायी' इन सभी नाटकों का विषय पौराणिक है। इनके द्वारा आधुनिक जीवन की विडम्बना के प्रश्न को उठाने की कोशिश की गयी है।

2. मनोविश्लेषणवादी या मनोविज्ञान प्रधान नाट्य परम्परा–इस धारा के नाटककारों में व्यक्ति जीवन के मानसिक तथा आन्तरिक पहलुओं को अपने नाटक का विषय बनाया। इस तरह के नाटकों का सूत्रपात उपेन्द्रनाथ अश्क से होता है–नाटक है "लौटता हुआ दिन" जिसमें एक स्त्री अपने प्रेमी से विवाद न कर पाने की मानसिक त्रासदी झेलती है। विष्णु प्रभाकर ने "डॉक्टर" नाटक में व्यक्ति के विभाजित मानसिक खण्डों के आपसी संघर्ष का चित्रण किया है। अन्य नाटककार है निर्मल वर्मा–तीन एकान्त (तीन नाटक 'धूप का टुकड़ा', 'डेढ़ इंच ऊपर' व 'वीक एंड' (कहानियों का रूपान्तरण) इनमें आत्मकेन्द्रित पात्रों के एकालाप के माध्यम से व्यक्ति की अन्तर्मन की सूक्ष्मता का रेखांकन किया गया है। इस श्रृंखला में डॉ. लक्ष्मीनारायण लाल का 'कर्फ्यू', 'मादा कैक्टस' व 'सूर्यमुख' का नाम लिया जा सकता है। यह नाटक व्यक्ति की मानसिक टूटन.को अभिव्यक्त करता है। 'मि. अभिमन्यु' उस समकालीन व्यक्ति का प्रतीक हैं जो व्यवस्था के चक्रव्यूह में भीतर से परास्त हो चुका है। 'कर्फ्यू' नाटक पति-पत्नी के आपसी रिश्तों में तीसरे पुरुष व तीसरी स्त्री की पक्षधरता को रेखांकित करता है। 'मादा कैक्टस' में नाटककार ने यौन तुष्टि की दैहिक आवश्यकताओं को अनिवार्य मानते हुए विभाजित व्यक्तित्व की झाँकी प्रस्तुत की है। सुरेन्द्र वर्मा के नाटक 'द्रौपदी' में 'वह' अमानवीकृत व्यक्ति है जो कई खण्डों में विभक्त हो चुका है और उनका प्रतीक खण्ड एक-दूसरे के विरोध में है। इसी काव्य को सुरेन्द्र वर्मा ने एक नाटक 'शनिवार को दो बजे' में आगे बढ़ाया है। रमेश बक्षी ने अपने नाटक 'देवयानी' में स्त्री-पुरुष सम्बन्ध की वर्तमान विसंगतियों का मानसिक स्तर पर चित्रण किया है। 'देवयानी' को सम्पूर्ण अस्वीकार की भूमिका में चित्रित किया गया है, जो हर दिन काम सम्बन्धों के लिए एक नये पुरुष की तलाश करती हैं और इस बहुआयामिता में ही अपनी सार्थकता की तलाश करती है। मुद्राराक्षस के 'तिलचट्टा' में पत्नी स्वाद बदलने के लिए अपने कार्यालय के पुरुष के साथ सम्बन्ध बनाती हैं। इस प्रकार हिन्दी के मनोविश्लेषणवादी नाटकों में अधिकांशतः मन विभाजन व स्त्री-पुरुष के सम्बन्धों को उठाया गया है।

3. सामाजिक यथार्थ के नाटक–इन नाटकों में स्वतन्त्र्योत्तर भारतीय जीवन का विसंस्कृतिकरण (Anti-culture) दो पीढ़ियों का मूल्य टकराव, व्यवस्था का विरोध, व्यवस्था से उत्पन्न आम आदमी की पीड़ा व संघर्ष का चित्रण और

साम्प्रदायिक तनाव को प्रमुखता दी गयी है। विष्णु प्रभाकर के 'युगे-युगे क्रान्ति' में क्रान्ति की युग सापेक्षता का उद्घाटन किया गया है। मोहन राकेश के 'आधे-अधूरे' में काले सूट वाला आदमी (पात्र) इस बात का प्रतीक है कि उसके आपसी टकराव के कारण सूट का रंग बदल रहा है यानी मूल्य बदल रहे हैं।

दो पीढ़ियों का टकराव व विच्छेद कई नाटकों में लक्षित होता है।–विष्णु प्रभाकर का 'टूटते परिवेश' पुरानी-नयी पीढ़ी के द्वन्द्व, सम्बन्धहीनता व अजनाबियत को व्याख्यायित करता है। डॉ. लक्ष्मीनारायण दास के 'सूर्यमुख' में नयी पीढ़ी का पुरानी पीढ़ी से विद्रोह किसी सकारात्मक आधार पर न होकर मूल्यहीनता व दिशाहीनता से संचालित है। 'एक श्री हरिचन्द्र' नाटक में डॉ. लाल ने नयी पीढ़ी के रोहित से पुरानी पीढ़ी के अनुशासन पर रचनात्मक प्रश्न भी किया है। 'सूखा सरोवर' व 'रक्त कमल' नाटकों में डॉ. लाल ने वर्तमान सत्ता के द्वारा की जाने वाली दुर्व्यवस्था के चित्र अंकित किये हैं। अमृतराय के 'चिन्दियों की एक झालर' नाटक में पूर्व पीढ़ी अपने आदर्श को त्याग के नैतिक मूल्यों के कारण सन्दर्भहीन व अनपेक्षित हो अकेली पड़ जाती है व नयी पीढ़ी की आत्मकेन्द्रिकता व स्वार्थपरता ने उसका स्थान ले लिया है। भीष्म साहनी, सर्वेश्वर दयाल सक्सेना, देवकी शरण शर्मा, मणि मधुकर इत्यादि नाटककार सामाजिक प्रतिबद्धता से सम्बद्ध हैं और इनके नाटकों पर प्रगतिवादी जीवन दृष्टि का स्पष्ट प्रभाव है।

4. व्यंग्य नाटक–प्रसादोत्तर नाटकों की अत्यन्त सशक्त धारा है जो व्यंग्य नाटकों के रूप में दिखाई देती है। इन नाटकों में व्यंग्य के सशक्त उपयोग के लिए, कथ्य, भाषा और रचना विधान में परिवर्तन किया गया है। 1970 के आस-पास व्यंग्य को केन्द्र में रखकर नाटक लिखने की परम्परा चली। इन व्यंग्य नाटककारों में ज्ञानदेव अग्निहोत्री, लक्ष्मीनारायण लाल, नरेन्द्र कोहली, सर्वेश्वर दयाल सक्सेना, शरदजोशी एवं मुद्राराक्षस के नाम उल्लेखनीय हैं। ज्ञानदेव अग्निहोत्री के 'शुतुरमुर्ग' में चालाक सत्ता के भ्रष्टाचारी एवं विलासी चरित्र का उद्घाटन किया गया है। डॉ. लाल के 'कलंकी' नाटक में भारतीय गणतन्त्र के चुनाव रूप में शवसाधना पर व्यंग्य किया गया है। नरेन्द्र कोहली का 'शंबूक की हत्या' वर्तमान प्रशासनिक नौकरशाही पर व्यंग्य करता है। सर्वेश्वर के 'बकरी' और 'लड़ाई' आदि नाटकों में जनवादी चेतना के अनुरूप वर्तमान व्यवस्था के छद्म पर व्यंग्य किया गया है शरद जोशी के दो व्यंग्य नाटक 'अन्धों का हाथी' और 'एक था गधा' व्यंग्य की दृष्टि से अधिक धारदार नाटक हैं। मुद्राराक्षस का 'आला अफसर' भी एक व्यंग्य नाटक है, जिसमें अफसरशाही की वृत्ति पर करारा व्यंग्य किया गया है। वस्तुतः व्यंग्य नाटकों के माध्यम से इन नाटककारों ने सत्ता व राजनीति के चरित्र, उसकी विलासिता, विडम्बना तथा मूल्यहीनता का रूप प्रस्तुत किया है।

विसंगतिपूर्ण नाटक (Absurd Play) को नया नाटक भी कहा गया है। यह नया नाटक वर्तमान जीवन की विसंगति एवं त्रासदी की देन है। एर्ल्सड (Absurd) नाटकों की शुरुआत वस्तुतः प्रसाद युग के आस-पास भुवनेश्वर के नाटकों से होती है। 'ऊसर' (1938) और 'ताँबे के कीड़े' (1946) भुवनेश्वर के इन दो नाटकों में एब्सर्ड नाटकों के बीज निहित हैं। भारत में सन् 1960 तक आस्था का स्वर रहा। इसके बाद मोहभंग की प्रक्रिया शुरू हुई।

इसी मोहभंग की प्रक्रिया में हिन्दी में एब्सर्ड नाटकों की शुरुआत हुई। एब्सर्ड नाटकों में जीवन का बाह्य यथार्थ न होकर आन्तरिक यथार्थ होता है। इसमें कथानक, चरित्र आदि के गठन और उनकी संगति पर ध्यान नहीं दिया जाता। रंगमंचीय सापेक्षता को ध्यान में रखकर इनमें केवल उन्हीं स्थितियों का चित्रण किया जाता है जो आम आदमी की पीड़ा व्यक्त करती हैं। व्यक्ति के व्यक्तित्व का लाभ, कथाहीनता, बेतुके संवाद व एक-दूसरे से असम्बद्ध दिखाई देने वाली स्थितियाँ एब्सर्ड नाटकों की विशेषताएँ हैं।

एब्सर्ड नाटकों के रचनाकारों की श्रृंखला में भुवनेश्वर, विपिन कुमार अग्रवाल, ज्ञानदेव अग्निहोत्री, राजकमल चौधरी, ब्रजमोहन शाह, मुद्राराक्षस, मणि मधुकर के नाम उल्लेखनीय हैं। विपिन कुमार अग्रवाल का 'तीन अपाहिज' ग्यारह लघु नाटकों का संग्रह है। इनमें देश में व्याप्त निष्क्रियता, थकान, ठण्डापन, मानसिक अपाहिजपन व जीवन की निरर्थकता का प्रतीकात्मक अंकन हुआ है। 'ऊँची-नीची टाँग का जाँघिया' राजनीति दोगलेपन का चित्रण है। भाषा नाटकीय व व्यंग्य का पैनापन भी है। राजकमल चौधरी का "भग्न स्तूप का एक अक्षय स्तम्भ" नेपथ्य व मंच के बीच दीवार तोड़ने का प्रयास है।

इस नाटक में अत्यधिक प्रयोगशीलता है। राजकमल का मत है—नाटक का आन्तरिक यथार्थ नेपथ्य में होता है, इसलिए नेपथ्य को छिपाना गलत है। ब्रजमोहन शाह का 'त्रिशंकु' एक असंगत नाटक है। इस नाटक में शिक्षित बेरोजगार युवकों की मनःस्थिति का चित्रण किया गया है। मुद्राराक्षस का 'योर्स फेथफुली' 'तेंदुआ' आदि नाटक असंगत नाटकों के बहुत नजदीक हैं। 'मरजीवा' नाटक समझौतावादी न होने के कारण व्यक्ति के टूटने की प्रक्रिया को व्यक्त करता है।

असंगत नाटक के माध्यम से नाटककारों ने 60 के दशक के बाद उपजे मोहभंग, निरर्थकता बोध व आम आदमी की पीड़ा को अपना विषय बनाया है व इनकी सशक्त अभिव्यक्ति की है।

5. लोकधर्मी प्रयोगशील नाटक—नाटकों में प्रयोगशीलता की परम्परा पुरानी है। प्रत्येक युग जीवन के नये सत्य की अभिव्यक्ति के लिए नये प्रयोग करता है। संस्कारों में नवीनता का समावेश इसी प्रयोगधार्मिता के कारण सम्भव हों पाता है! यूँ तो प्रयोगशीलता सभी युगों में दिखती है। सायास, संगठित स्तर पर चेतना व शिल्प

के स्तर पर प्रयोगों की शुरुआत प्रसाद युग के बाद ही शुरु होती हैं। डॉ. लाल ने अपने नाटकों 'सगुण पक्षी', 'गंगामाटी', 'एक सत्य हरिश्चन्द्र' नाटकों में लीला, जात्रा व संगीत नाटक का शिल्प अपनाया है। मुद्राराक्षस के नाटकों में लोकशैली का प्रसंग आधुनिक बोध के साथ संयुक्त होकर हुआ है।

सर्वेश्वर के नाटक 'बकरी' में नौटंकी शैली का प्रयोग किया गया है। मणिमधुकर ने अपने नाटकों में राजस्थान का ख्याल रखा है। लोकराज्यों को अपनाकर नाटक को अधिक दृश्यात्मक, मनोरंजक व लौकिक स्वरूप दिया है। अब बहुत से नाटककारों के गीतों में आधुनिक फिल्मी बोध की छाया मिलती है। नाटक को अधिक दृश्यात्मक रूप देने के कारण साहित्यिक गाम्भीर्य कम हुआ है। लोक नाट्य परम्परा को पुर्नजीवित करने का सर्वाधिक सार्थक प्रयास हबीब तनवीर के नाटकों में दिखाई देता है। उन्होंने 'आगरा बाजार', 'जमादारी', 'कागज का पुतला', 'गाँव का नाम ससुराल', 'ठाकुर पृथ्वीपाल सिंह' नाटकों में लोक शैली एवं छत्तीसगढ़ के आंचलिक लोक नाट्यों का मंचीय प्रस्तुतिकरण कर पर्याप्त लोकप्रियता हासिल की है।

यह सुखद संयोग है कि हिन्दी नाटक अपनी सर्जनात्मकता प्राप्त करने की दिशा में सक्रिय है। आज का नाटक गहरी मानवीय अनुभूति एवं स्थितियों का संधान करता है। जीवन एवं समाज की विसंगतियों, पीड़ा एवं संत्रास एवं अजनबीपन के बीच आज के मनुष्य की दयनीय नियति का रेखांकन आज के नाटककारों का लक्ष्य है। आधुनिकता बोध एवं रंगशिल्प के प्रति जागरूकता हिन्दी नाटक को विकास के प्रति हमें आश्वस्त करती है।

भातेन्दु

भारतेन्दु की नाट्य दृष्टि–रामचन्द्र शुक्लजी ने लिखा कि ''यह आश्चर्यजनक है कि हिन्दी गद्य का सूत्रपात नाटक से हुआ।'' नाटक एक सामूहिक दिशा है तथा भारतेन्दु के अनुसार अपने समय की चुनौतियों के खिलाफ आगाह व जागरूक नाटक के माध्यम से अधिक किया जा सकता है। नवजागरण पूर्व समाज अन्धविश्वास व रूढ़ियों से ग्रसित था। इसमें जागरूकता पैदा करने के लिए भारतेन्दु ने नाटक का प्रश्रय लिया। भारतेन्दु समय के पारसी थिएटर में नाटक मात्र मनोरंजन विधा थी इसकी कोई सामाजिक जिम्मेदारी नहीं थी।

भारतेन्दु के लिए नाटक मनोरंजन मात्र नहीं था वरन् वे इसके माध्यम से जनजागरण नाटक में पाँच लक्ष्यों की चर्चा की–

1. हास्य 2. शृंगार 3. कौतुक 4. समाज संस्कार 5. देशवत्सलता

भारतेन्दु की नाट्य दृष्टि समकालीन सांस्कृतिक–सामाजिक समस्याओं से निर्मित है। इनकी नाट्य दृष्टि का एक पक्ष जहाँ सामाजिक समस्याओं से जोड़ना है तो

दूसरा पक्ष पारसी थिएटर का विकल्प तैयार करना है। अतः नाटक की सामाजिक भागीदारी व हिन्दी नाट्य का स्वतन्त्र विकास इनकी नाट्य दृष्टि के आधार हैं। वह मात्र नाटक लिखते ही नहीं थे वरन् अभिनय भी करते थे। काशी में नेशनल थिएटर का गठन भी किया।

भारतेन्दु के नाटकों की विषय-वस्तु व अँधेर नगरी की स्थिति

भारतेन्दु ने तीन तरह के नाटक लिखे :

1. **ऐतिहासिक**–नील देवी। इनमें भारतेन्दु ने इतिहास के माध्यम से देश की समस्याओं की चर्चा की। देश की वर्तमान दुर्दशा व ऐतिहासिक गौरव को आमने-सामने रखकर उन्होंने देशवासियों में गर्व की भावना व राष्ट्रीयता की चेतना उत्पन्न की।

2. पारम्परिक बोध से संचालित जिसमें दृश्य, सत्य व आचरण की पवित्रता का आग्रह मौजूद है। नीति प्रधान या उपदेश प्रधान सत्य हरिश्चन्द्र–वाणी के सत्य की रक्षा के लिए लिखा गया। परिणाम सत्य के पक्ष में जाता है यह उपदेश दिया।

3. सामाजिक कुरीतियों, अन्धविश्वासों, राजनीतिक-आर्थिक शोषण सामाजिक-राजनीतिक नाटक–'भारत दुर्दशा', 'वैदिक हिंसा हिंसा न भवति', अँधेर नगरी। अतः इतिहास, नीति, सामाजिक राजनीतिक यथार्थ।

अँधेर नगरी का सम्बन्ध तीसरी नाट्य चेतना से

अँधेर नगरी लोक कथा पर आधारित प्रहसन सनातन और समकालीन जीवन यथार्थ की विडम्बनाओं को उद्‌घाटित किया गया है। रामविलास शर्मा ने लिखा : "अँधेर नगरी अंग्रेज़ी राज्य का ही दूसरा नाम है। अंग्रेज़ी राज्य की अँधेरगर्दी की आलोचना ही नहीं वह इस अँधेरगर्दी को खत्म करने के लिए भारतीय जनता की प्रबल इच्छा भी प्रकट करता है।"

महन्त का व्यक्तव्य–

"जहाँ धर्म न बुद्धि नहीं, नीति न सुजन समाज
ते ऐसेहि आपहि तैसे जैसे चौपट राज"

अंग्रेज़ों का राज्य ऐसा ही है। अतः अंग्रेज़ी राज्य को भारतीय जगत् के विवेक व नैतिक चेतना के माध्यम से ही नष्ट किया जा सकता है।

युगबोध या यथार्थ बोध–युगबोध के दो स्तर नाटक में दिखाई देते हैं। एक धरातल पर पारम्परिक आस्थाएँ हैं और दूसरी ओर अंग्रेज़ी शासन व्यवस्था में बनता नया समाज। परम्परा व आधुनिकता आमने-सामने खड़े हैं। ठहराव व परिवर्तन की शक्तियाँ रूबरू हैं। अतः इस नाटक में भी दोनों स्थितियाँ हैं।

नाटक के प्रारम्भ में हिन्दोस्तान का पारम्परिक रूप 'राम-भजो भाई' इसके साथ-साथ एक गहरा नीतिगत आग्रह भी प्रारम्भ में लक्षित होता हैं। हिन्दुस्तान का नैतिक मन बोलता है। लोभ पाप का मूल है लोभ मिटावत मान लोभ कभी नहीं कीजिए, थामें नरक निदान खासतौर पर यही नैतिक बोध मनुष्य एवं व्यक्ति को पशुता से रोकता है। अतः भारतीय नैतिकता का आग्रह सांस्कृतिक हैं कानूनी नहीं।

पहले दृश्य में इन्हीं पारम्परिक मूल्यों वाले भारत का दृश्य। दूसरे दृश्य में भारतेन्दु का दूसरा पक्ष-आधुनिकता। इस दृश्य में बाजार। इस बाजार की प्रकृति आधुनिक है। नाटक में पात्रों व स्थितियों का प्रतीकीकरण भी। महन्त चेलों को पूर्व व पश्चिम दिशा में भेजता है। बाजार पश्चिम की ओर है। गोवर्धन दास मिठाई वाला है। प्रतीक यह है कि पश्चिम से आने वाला सुखदायी पर नष्ट करने वाला है। अँधेर नगरी का बाजार जीभ के स्वाद व पेट को लालच देता है। सब कुछ खाने-पीने का किताब, दवाई की दुकान नहीं है। अतः ये बाजार जीवन के सम्पूर्णत्य को क्षरण करता है। इस बाजार व आज के बाजार में कोई बुनियादी फर्क नहीं है। दोनों व्यक्ति मन को देह व उत्तेजना स्तर पर लाते हैं।

बाजार की दूसरी खासियत–जीवन, समाज, प्रकृति आदि में विविधताएँ हैं। पर बाजार में सब कुछ तो बिकाऊ होता है। महन्त का कथन–

"सेत-सेत सब एक से कपूर कपास
ऐसे देश कुदेश में, कबहुँ न कीजे बास।"

अतः जो बाजार या आर्थिक व्यवस्था विविधता की मूल्यवादी संरचना को तोड़ती है, वह संस्कृति व मनुष्य के लिए विपत्तिकारक। बाजार विविधताओं का सम्मान नहीं करता। चीजों का महत्त्व उनकी गुणवत्ता में नहीं बेचे जाने में है।

अँधेर नगरी का बाजार एक प्रलोभनकारी भाषा का प्रयोग करता है। आधुनिक शब्दावली में सेल (Sale) की भाषा। अतः बाजार हमें नाटक में (Climate) के रूप में दिखता है। समूचा नाटक व दृश्य बाजार से बँधे राज्य तक। शायद भारतेन्दु कहना चाहते हैं ... कि बाजार की समझदारी से ही जीवन को समझा जा सकता है। यह भारतेन्दु का आधुनिक युगबोध, जिसके अनुसार जीवन की विडम्बना व सामाजिक राजनीतिक यथार्थ को मानवीय सम्बन्ध विधान से नहीं बाजार व्यवस्था के ढाँचे से समझा जा सकता है। जीवन यथार्थ को बाजार से समझना यह आज की सच्चाई है। ये बोलियों में लक्षित-"चूरन साहब लोग जो खाता, सारा हिन्दुस्तान हजम कर जाता"। "ले हिन्दुस्तान का मेबा-फूट व बैर।" अतः रिश्वत, सूदखोरी या जमाखोरी तत्कालीन हिन्दुस्तान की वास्तविकता इस बाजार से सामने आती है। इन दुकानों में एक दुकान ब्राह्मण की है। भारतेन्दु संकेत करते हैं कि वर्ण-व्यवस्था अब बाजार उदय के बाद सामाजिक ढाँचा या विश्वास नहीं वरन् बाजार में बिकने वाली वस्तु है। यानी बाजार व्यवस्था आदमी के विश्वास को खरीद-बिक्री में बदल देती है। पूँजीवाद किस तरह सामन्ती विश्वासों को निरर्थक कर देता है इसका प्रमाण है जातिवाद।

तीसरा दृश्य–बाजार की चालाकी एवं उसके तन्त्र का पर्दाफाश करता है। पूरे दृश्य का जो कथ्य है वह है ऐसी व्यवस्था जो मनुष्य के सम्पूर्ण अस्तित्व को बिकाऊ एकरूपता में बदल देती है। वह मनुष्यघाती है एवं आत्मघाती भी। अत: बाजार के सम्पूर्ण मायाजाल के महन्त का नैतिक बोध तार-तार कर देता है। भारतेन्दु शायद संकेत करना चाहते हैं कि पश्चिम का इन्द्रजाल परम्परागत भारतीय नैतिक बोध से ही तोड़ा जा सकता है। महन्त–भारतीय परम्परागत नैतिक बोध का प्रतिनिधित्व करता है।

महन्त– "कोकिल बायस एक सम पण्डित मूरख एक
इन्द्रयान दाड़िम विषय, जहाँ न नेकु विवेक,
बसिये ऐसे देस नहिं, कनक वृष्टि जो होया।
रहिये तो दुख पायिए, प्रान दीजिए रोय।"

भारतेन्दु पश्चिम के खतरों के प्रति सजग थे। वे भारतीय धन के विदेश जाने की बात समझते थे। अत: तीसरा दृश्य है उसके माध्यम से भारतेन्दु का युगबोध यह संकेत देता है कि बाजार से केवल सांस्कृतिक नैतिक मूल्यों से ही लड़ा जा सकता है। (यथार्थ बोध समाधान भी देता है) अत: प्रथम तीन दृश्य बाजार व नैतिक बोध के गुत्थम-गुत्था दृश्य दिखाई पड़ते हैं।

चौथा दृश्य–राजदरबार का। इसमें व बाजार में विचित्र समानता दिखाई देती है। सत्ता का बाजार। न्याय व औचित्य इसके मुखौटे। न्याय होता है पर उनका सम्बन्ध अपराध से नहीं है। अत: व्यवस्था न्याय होने का छद्म प्रकाशित करना चाहती है। अत: सत्ता व बाजार दोनों की प्रकृति व चरित्र में तर्क ब नैतिक बोध की शून्यता दिखाई पड़ती है। किसी भी समाज व समय के न्याय में अभियोग की प्रकृति निश्चित होती है, जो अपराध हुआ व जिसके द्वारा हुआ। पर अभियोग की प्रकृति निश्चित नहीं है। न्याय की पूरी कार्यवाही कितनी हास्यास्पद व विवेकरहित है, भारतेन्दु इसका संकेत देते हैं।

न्याय वास्तव में नहीं महज न्याय का प्रदर्शन है। भारतेन्दु के अनुसार न्याय हेतु विवेक व नैतिक बल अनिवार्य है। यहाँ राजा अभियोग की ठीक से पहचान भी नहीं कर पाता। इसे भारतेन्दु राजा के माध्यम से कई बार कहलाते हैं। न्यायपालिका बाजार व्यवस्था में सत्ता से अलग नहीं होती वह सत्ता के अधीन ही होती है यह भारतेन्दु के समय में ही साफ था। इस प्रकार भारतेन्दु संकेत करते हैं कि न्याय स्वाँग है, यही अँधेर नगरी है।

पाँचवाँ दृश्य–गोवर्धन दास एक गीत गाता नजर आता है। उसके सभी कथनों में बाजार व्यवस्था व अँधेर नगरी की चालाकियों की समझ दिखती है।

"साँचे मारे-मारे डोलों छली दुष्ट, सिर चढ़ि-चढ़ि बोलें
प्रगट सभ्य अन्तर छल धारी सोई, राज्य सभा बलधारी"
"साँच कहे तो पनही खावे, झूठे कहे पदवी पाइे"।

इस प्रकार विडम्बना को पहचान लेना है। आज भी इस विडम्बना में फर्क नहीं आया है। इस प्रकार से पाँचवाँ अंक बुद्धिजीवी की सजगता को रेखांकित करता है पर साथ ही यह बताने की कोशिश करता है कि सत्ता व बाजार की चालाकी से अवगत होते हुए भी बुद्धिजीवी वर्ग उसके पंजे में रहने के लिए अभिशप्त है। बाजार व सत्ता के लोभ से बाहर निकलने की ताकत नहीं होती। अतः उनका यह बोध निरर्थक है। गोवर्धन दास मिठाई का आनन्द लेता है। इस बौद्धिकता में विवेक, भोग व राम भजन में कोई अन्तर नहीं है। गोवर्धन दास जितना विवेकी है उत्तम भोगी भी दिखता है। यह बुद्धिजीवी का जीवन है। बुद्धिजीवी वर्ग सत्ता व बाजार की सुविधाएँ बटोरकर सच बोलता है। अतः विवेक व सत्य का स्वाँग मात्र है, विवेक आचरण की माँग करता है, इसलिए विवेक से रहित बौद्धिकता अपाहिज, अपंग व अहितकर है।

अन्तिम दृश्य में भारतेन्दु प्रथम दृश्य वाले पारम्परिक नैतिक बोध पर लौटते हैं कि अनीति करने वाले व्यक्ति या व्यवस्था का विनाश निश्चित है। भारतीय जीवन दृष्टि में जो कर्म फल की धारणा है उसका प्रतिफलन दिखता है। अतः ऐसी व्यवस्था जिसकी चेतना में अँधेरगर्दी व्याप्त है, वह अपनी ही अन्धता की शिकार होती है, यही अँधेर नगरी का कथ्य है।

इसमें पूर्व–पश्चिम का टकराव लक्षित होता है। जीवन की आधुनिक विडम्बनाओं के साथ नैतिक बोध की धीमी रोशनी भी है। भारतेन्दु को लगता है कि भारतीय चेतना की धीमी रोशनी में ही अँधेरे से पार पाया जा सकता है।

रचना आस्था व सन्देश पर खत्म होती है क्योंकि भारतेन्दु जनता को सन्देश देना चाहते हैं।

मंचीयता

इस नाटक को प्रहसन कहा गया है। लोककथा पर आधारित प्रहसन। यह प्रहसन हास्य रस सिर्फ हास्य नहीं हास्य व्यंग्य का भी मुख्य नाट्य रूप है।

भारतीय काव्यशास्त्र के आदि आचार्य भरतमुनि ने 'नाट्यशास्त्र' में प्रहसन पर विचार किया है और इसके दो भेद बताये हैं–

1. शुद्ध प्रहसन, 2. संकीर्ण प्रहसन।

1. शुद्ध प्रहसन–जब नीच व्यक्तियों द्वारा किसी सज्जन पुरुष का उपहास किया जाता है वहाँ शुद्ध प्रहसन होता है। इसमें भाषा व कथानक को आद्योपान्त पाखण्डी व्यक्तियों के जीवन के अनुरूप रखा जाता है। अतः सज्जनों का उपहास व पाखण्डी समाज की प्रशंसा की जाती है।

संकीर्ण प्रहसन–वेश्या, नपुंसक, धूर्त व दुराचारिणी के अशिष्ट वेश, भाषा व चेष्टाओं का अभिनय प्रदर्शित किया जाता है। अतः उपहास व पाखण्ड का उद्घाटन प्रहसन।

धनंजय कहते हैं कि प्रहसन की प्रकृति–भाँड से मिलती–जुलती इस (नाटक) रूपक प्रकार में जब पाखण्डी सत्ता या जाति के प्रताप से पूज्य बनता है। नीच प्रकृति वाला, मक्कारी से परिपूर्ण क्षुद्रों से घिरा हुआ उपहासास्पद हरकतें करता है।"

भारतेन्दु ने 'नाटक' में लिखा–प्रहसन का नायक राजा, धनी, ब्राह्मण या धूर्त होता है। इसमें प्राचीन रीति से एक अंक ही होना चाहिए किन्तु अब अनेक दृश्य दिये बिना प्रहसन नहीं लिखे जाते। इस प्रकार प्रहसन हास्य रस पर आधारित नाट्य रूप है जिसमें नायक की चरित्रहीनता, अप्रामाणिकता व हास्यास्पद हरकतों के माध्यम से जीवन के किसी विडम्बित सत्य की अभिव्यक्ति की जाती है।

अँधेर नगरी का नाट्य रूप प्रहसन की प्रकृति से मिलता–जुलता है। इस नाटक का नाट्य रूप बहुत खुला हुआ है क्योंकि भारतेन्दु की नाट्य चेतना के निर्माण में अनेक परम्पराओं व दृष्टियों का समाधान है। नाट्य शिल्प में न तो वह परम्पराबद्ध अवधारणा को स्वीकार किया जाता है और नहीं पश्चिम का अनुकरण। संस्कृत की शास्त्रीय परम्परा, पाश्चात्य रंगदृष्टि, लोक नाट्य (रासलीला, रामलीला, स्वाँग, भाँड) एवं पारसी रंगमंच का समन्वय दिखाई देता है, वस्तुतः भारतेन्दु हिन्दी की ठेठ रंग परिकल्पना का विकास करना चाहते थे इसलिए कई नाट्य परम्पराओं का समाहार अपनी नाट्य दृष्टि में किया। यही कारण है कि इसका रंगविधान मुक्त हैं। प्रयोगों की विविध सम्भावनाओं से युक्त है। यह नुक्कड़ नाटक, आकाशीय मंच (Open Theatre), रंगमंच आदि में मंचित किया गया है। यह हिन्दी का सर्वाधिक मंचित नाटक है।

गायन, नृत्य, संगीत, गति संचार इसके नाट्य विधान की अंगभूत विशेषताएँ हैं। प्रहसन में गायन, नृत्य संगीत नहीं होता पर चरित्र प्रहसन की तरह है।

प्रहसन इस नाटक के रस व नायक के चरित्र के आधार पर कहा गया है।

मंचीय रूप–ऐसा प्रहसन जिसमें भारतेन्दु ने अपनी लोकधर्मी नाट्य चेतना का विकास किया है। रंगमंचीयता कुछ आधारों पर विश्लेषित की जाती है। पाँच तत्त्वों पर निर्भर है–

1. कथावस्तु–नाटक की कथावस्तु संक्षिप्त होती है एवं घटनाओं व मनस्थितियों के चित्रण पर बल दिया जाता है। साथ ही घटना की मंचीय सम्भव्यता पर भी विचार किया जाता है। भारतेन्दु की अँधेर नगरी की कथावस्तु चयन में रंगमंचीय सम्भावनाओं का सम्मान किया है। समूची कथा संकलन त्रय में बँधी है। (देश, काल व कार्य की एकसूत्रता में बँधी होनी चाहिए–अरस्तु) देश, काल व कार्य का सन्तुलन इसके कथानक को उपयुक्त मंचीय आधार देता है। दूसरा, संक्षिप्त कथा वस्तु है। संक्षिप्तता नाटक के कथानक की अनिवार्य माँग है। 'चन्द्रगुप्त' में 26 वर्ष का समय है। अँधेर नगरी का कथानक संक्षिप्तता का निर्वाह करता है। तीसरा, इसकी कथावस्तु में यथार्थ व सन्देश की समानान्तर योजना की गयी है। अतः सिर्फ

यथार्थ का बयान नहीं है। अवांछित यथार्थ के विकल्प की खोज भी है। कथानक आदर्श की खोज पर भी आधारित है।

2. पात्र–अँधेर नगरी की पात्रयोजना इसकी अपार रंगमंचीय सफलता में ही है। नाटक के सभी पात्र वर्गीय चरित्र के हैं। महन्त–नैतिक मन, गोवर्धन–बाजार व्यवस्था में मग्न नयी पीढ़ी, राजा–सत्ता की अन्धता, मन्त्री–विवेकहीन चापलूसी। इन पात्रों के माध्यम से भारतेन्दु ने समाज की विभिन्न वर्गों की मनस्थितियों व जीवन दृष्टियों का चित्रण किया है। पात्रों का विधान नाटकीय हरकतों से संचालित है। पात्र हमेशा गतिशील होते हैं।

3. संवाद–किसी नाटक की सफलता नाटक की संवाद योजना पर निर्भर करती है। प्रभावशाली संवाद योजना जिसमें पात्रों की सामाजिक हैसियत, मानसिक दशा व दर्शक की अभिरुचि का निर्वाह किया जाये। इस दृष्टि से अँधेर नगरी में विलक्षण संवाद योजना है। संवाद तीन स्तर पर साधु की भाषा, बाजार की भाषा व राजा की भाषा में है। साधु संवाद में वैष्णवीयता, पवित्रता व ढीलापन मौजूद है। बाजार भाषा में प्रलोभन का तनाव। राजदरबार की भाषा में भाषाविहीनता, भाषा की शून्यता। इसकी नाटकीय जीवन्तता का आधार है पात्रों के अनुरूप संवाद।

अँधेर नगरी के भाषिक विधान में ब्रज व खड़ीबोली का सन्तुलन किया गया! मुहावरे, लोकोक्तियों व सूक्तियों का भरपूर प्रयोग इसकी संवाद योजना व भाषा को सशक्त बनाते हैं।

4. अभिनेयता–कथानक, पात्र, संवाद योजना आदि अभिनेयता के स्तर पर खरे उतरते हैं। अँधेर नगरी पठ्य नाटक नहीं है, मंचीय नाटक है। भारतेन्दु के लिए नाटक का अर्थ है मंच। भारतेन्दु स्वयं अभिनेता व निर्देशक थे। सैद्धान्तिक व व्यावहारिक परेशानियों से अवगत होकर अभिनेयता को नाट्य लेखन की चुनौती मानते थे। अतः नाटकीय अभिनेयता के लिए भारतेन्दु में अतिरिक्त सजगता लक्षित है। सहज संवाद योजना, एकान्विति (संकलन त्रय) और प्रभावशाली दृश्यों की योजना। बाजार व शमशान का दृश्य नाटकीयता से तरबतर है। शमशान के दृश्य में कौतूहल है, नाटकीय अनिश्चय जो तनाव पैदा करता है, महन्त के आगमन के बाद। इन तीनों के कारण अभिनय की दृष्टि से यह नाटक हिन्दी नाटक के इतिहास का प्रतिमान है।

अतः समग्रतः अँधेर नगरी भारतेन्दु की नाट्य चेतना, युगबोध की सर्वाधिक महत्त्वपूर्ण उपलब्धि है। भारतेन्दु ने जिस हिन्दी रंगमच की परिकल्पना की थी जिसके माध्यम से वे अभिनय व सन्देश की नयी सम्भावनाओं की तलाश कर रहे थे। इस प्रक्रिया में अँधेर नगरी सार्थक खोज है। आज भी हिन्दी रंगमंच की सम्भावनाओं की दिशा व रंगमंचीयता सार्थक भी हैं व प्रासंगिक भी।

संभावित प्रश्न :
अँधेर नगरी की प्रासंगिकता के निम्नांकित आधार :

1. सामाजिक मूल्यों की पकड़ के आधार पर।
2. बाजार व सत्ता के गठजोड़ से उभरती जीवन की नयी विडम्बनाओं की पहचान।
3. नैतिक विकल्प की खोज।

चन्द्रगुप्त नाटक : जयशंकर प्रसाद

स्वछन्दतावादी तत्त्वों के आलोक में चन्द्रगुप्त

स्वछन्दतावाद की अवधारणा व उसकी भारतीय प्रकृति/प्रसाद की रचना चेतना में इसका रूप। स्वछन्दतावादी तत्त्वों के आधार पर चन्द्रगुप्त की परख।

स्वछन्दतावाद (Romanticism) का अनुवाद है। यूरोप में दो कारणों से विकसित हुआ–आभिजात्यवाद (Classical tradition) के खिलाफ रचना मुक्ति। प्लूटो आदि के माध्यम से महान चरित्र, उदात्त भाषा, विराट कल्पनाएँ। 17वीं सदी के आसपास महसूस किया गया कि आभिजात्यता मनुष्य की उन्मुक्त चेतना के खिलाफ है। समग्रता, समाज व परम्परा के स्थान पर वैयक्तिक आशा-निराशा व कल्पना का महत्त्व। अत: स्वछन्दतावाद रचना व मानव की मुक्ति आभिजात्य तहजीब को तोड़ने में है।

दूसरा, औद्योगिक क्रान्ति ने मानवीय जीवन की सहजता को खण्डित किया। जीवन के भूगोल व संस्कृति में बदलाव लाया। नयी बैचेनी व भाग-दौड़ के बीच स्वछन्दतावादियों ने महसूस किया कि मशीनें मनुष्य के ठहराव व फुरसत को खत्म कर रही हैं। रोमैंटिसिज्म का एक रूप जीवन की सहजता की पुनर्स्थापनाओं से जुड़ा था। अर्थ जीवन-प्रकृति व जीवन में सहज सम्बन्ध है। सहज मानव जीवन व प्रकृति चित्रण। मशीनी जीवन का विरोध व नैसर्गिक प्रकृति के सान्निध्य की आकांक्षा पश्चिमी स्वछन्दतावाद के आधार हैं।

हिन्दुस्तान में परिस्थितियाँ भिन्न थीं। भारतीय चिन्ता व रचना धारा में आभिजात्यता कभी आतंक नहीं रहा। रासो काव्य के राजसी वैभव के समानान्तर गाँव के नितान्त सामान्य घर की विरहिणी के आँसू भी उतने ही महत्त्वपूर्ण हैं। सन्देश रासक व पृथ्वीराज रासो। भारतीय परम्परा में कोई आभिजात्य युग नहीं रहा। शुक्लजी ने "इसे देश की परम्परा में विरुद्धों के सामंजस्य का समाहार कहा।" अत: भारतीय संवाद की चुनौती दूसरी है।

दूसरा, यान्त्रिक आतंक नहीं है। अत: पश्चिमी अनुकरण के आधार पर विकसित नहीं (शुक्लजी ने ऐसा माना)। यह भारतीय जीवन से उत्पन्न है। इसके तत्त्व हैं–

1. स्वतन्त्रता की कामना–मुक्ति का स्वप्न। यान्त्रिक जीवन से नहीं राष्ट्रीय सामाजिक पहले से भारतीय स्वच्छन्दतावाद का आधार है। यह राष्ट्रीय, सामाजिक व वैयक्तिक मुक्ति से सम्भव एवं इसमें संचालित है।

दूसरी चुनौती भाषा के स्तर पर है। नयी रचना भाषा के रूपों के गठन के स्तर पर है। यूरोप में आभिजात्य भाषा से मुक्ति व सामान्य आदमी की भाषा का प्रयोग किया गया। भारत में दूसरी चुनौती थी कि 600 वर्षों से ब्रज काव्य भाषा रही, इस भाषा में नयी परिस्थितियों की गाथा सम्भव नहीं थी। अतः खड़ी बोली की स्थापना का आधार बना।

भाषिक पुनर्गठन व स्वाधीनता की चेतना भारतीय स्वच्छन्दतावाद के दो आधार हैं।

प्रसाद के सम्पूर्ण रचना कर्म की वास्तविक चुनौती सांस्कृतिक है। प्रसाद पूर्व के नाटक सांस्कृतिक नहीं। समाज सुधार, पौराणिक आख्यानों को नये मानवीय सम्बन्ध विधान देने की चुनौती थी। बल्कि प्रसाद के यहाँ इतिहास बोध स्वाधीनता के लिए आवश्यक है। स्वधीनता एक बोध व संज्ञान है। इसलिए अपने अतीत व परम्पराओं से जुड़ना व जानना स्वाधीन राष्ट्र व जाति के लिए अनिवार्य है।

प्रसाद अपनी सभी रचनाओं के बीज इतिहास के भीतर से पाते हैं। वे इतिहास व वर्तमान के बीच एक निरन्तरता स्थापित करना चाहते हैं। अपमानित, पराजित व पद्‌लित जाति में अपनी महान परम्परा व अस्मिता बोध हेतु इतिहास को एक उपचार व ज़रूरत के रूप में रखते हैं। विशाख नाटक की भूमिका में–"मेरी इच्छा भारतीय इतिहास के अप्रकाशित अंशों में से उन प्रकाण्ड घटनाओं का दिग्दर्शन कराना है, जिन्होंने हमारी वर्तमान स्थिति को बनाने का बहुत प्रयत्न किया।"

प्रसाद ब्योरेवार इतिहास नहीं लिखते, इतिहास का चुनाव करते हैं। वर्तमान को ठीक से पहचानने के लिए। परम्पराओं का काफिला कैसे वर्तमान में पहुँचा। अतः स्वतन्त्रता का सीधा आह्वान नहीं है। बल्कि भारत की सम्पूर्ण समझ का वातावरण तैयार करते हैं। आलोचकों का कहना है कि प्रसाद इतिहास को जीवन चरित्र व सत्ता परिवर्तन की गाथा के रूप में नहीं लेते वरन् एक ऐसे समय प्रवाह के रूप में देखते हैं, जिसमें मानवीय जीवन के भावपूर्ण प्रसंगों, सामूहिक आस्था, विश्वासों और जातीय चेतना का अस्तित्व सुरक्षित रहता है। प्रसाद का इतिहास बोध राजनीतिक धुरी पर नहीं, सत्ता परिवर्तन व व्यक्ति की कहानी नहीं लिखते। मूल प्रयोजन सांस्कृतिक है। वे रचना में इतिहास की धारणा बदलते हैं। आदमी या समाज के दर्द का समूचा अतीत जो इतिहास की पारम्परिक संरचना में अभिव्यक्ति नहीं पा सका उसी की अभिव्यक्ति प्रसाद की इतिहासानुभूति में हुई।

स्वच्छन्दतावादी तत्त्वों में प्रसाद के यहाँ स्वाधीनता व इसका पहला आधार इतिहास बोध है। विद्धानों ने संकेत किया कि इतिहास बोध के बिना मिली स्वतन्त्रता

बेनामी है। किसी भी जाति की अस्मिता व अस्तित्व की व्याख्या इतिहास बोध के माध्यम से की जाती है। अतः साम्राज्यवादी ताकतें इस इतिहास बोध को खत्म करना चाहती हैं। अतः नवजागरण के चिन्तकों एवं प्रसाद ने महसूस किया कि साम्राज्यवादी ताकतों से लड़ाई महज राजनीतिक व सामाजिक स्तर पर नहीं, ये सांस्कृतिक अपहरण के स्तर पर है। अतः अपने नाटकों व कविताओं में वे इससे लड़ते हुए दिखाई देते है।

2. रूढ़ियों का अस्वीकार—छायावादी कवि मानसिक रूढ़ियों या रचना रूढ़ियों का अस्तित्व मानते थे तथा इन्हें तोड़ना चाहते थे। क्योंकि तभी मुक्ति सम्भव है।

यह तोड़ना व मुक्ति प्रसाद जैसे आभिजात्य नाटककार में भी है। नाट्य रूढ़ियों को तोड़ते हैं। अस्वीकार करते हैं। भारतीय नाट्य परम्परा की अनेक रूढ़ियाँ जैसे

(i) **मंगला चरण** (धार्मिक अनुष्ठानिक पक्ष)। प्रसाद के नाटकों में इसे तोड़ा गया।

(ii) **भरत वाक्य**—नाटक के अन्त में सूत्रधार जीवन के प्रति आस्थामूलक वाक्य कहता है। प्रसाद ने भरत वाक्य वाली परम्परा तोड़ी। अतः आरम्भ व अन्त की रूढ़ियों को तोड़ा।

इसके अतिरिक्त अभिनय व मंचीय रूढ़ियाँ भी थीं। जैसे मंच पर युद्ध, प्रेम प्रसंग, हत्या व प्राकृतिक दृश्य नहीं दिखाये जा सकते थे। इन वर्जनाओं की रूढ़ि को तोड़ा। प्रसाद ने निषेधों की रूढ़ियों को ध्वस्त किया। पश्चिमी यथार्थवादी नाटक से प्रभाव ग्रहण कर दृश्य प्रसंगों में प्रतिबन्धित दृश्य का आयोजन किया। उदाहरण चन्द्रगुप्त ।

सबसे महत्त्वपूर्ण चीज जो यथार्थवादी नाटकों से ग्रहण की वह है पात्रों के अन्तर्द्वन्द्व का चित्रण। नाटक के पात्र सपाट नहीं होते, परिस्थितियों के आरोह-अवरोह में उत्थान पतन होता है। चाणक्य कूटनीतिज्ञ व भावुक भी थे। आदमी के भीतर दूसरे आदमी की तलाश अन्तर्द्वन्द्व। यही चरित्र की प्रामाणिकता का आधार है। भरत की लीक से हटकर अर्न्तद्वन्द्व की चेतना पैदा करते हैं।

स्वच्छन्दतावाद के भीतर दो चीजें निम्न हैं—

1. इतिहास बोध, 2. नाट्य रूढ़ियों का तिरस्कार।

3. भारतीय नवजागरण की चेतना में—स्वच्छन्दतावाद में अनिवार्यताः नवजागरण चेतना समाहित है। भारतीय नवजागरण की चुनौती समाज के ढाँचे में परिवर्तन व इसके द्वारा नये समाज व संस्कृति का विकास करना है। अतः भारतीय नवजागरण के दो पक्ष हैं। एक-सामाजिक केन्द्र में स्त्री और दूसरा—जातीय स्वाभिमान, जागरूकता व सजगता। प्रसाद के नाटकों में भारतीय नवजागरण का उथला व प्रत्यक्ष प्रभाव नहीं है। वे नवजागरण की चेतना के नाट्यानुसार नहीं वरन् सार से अपनी नाट्य चेतना में कुछ चीजें ग्रहण करते हैं।

(i) **नारी**–प्रसाद के नाटकों की नारियाँ तेजस्विनी, आत्मस्वाभिमान से युक्त, राष्ट्रीय सामाजिक जवाबदेहियों को निभाने में सक्षम, त्याग व बलिदान भावना से आवेशित हैं। वस्तुत: समाज व देश के सार्वजनिक जीवन में पुरुष के समानान्तर स्त्री की भूमिका को प्रसाद ने महत्त्व दिया। चन्द्रगुप्त के नारी पात्र पुरुष पात्रों की तुलना में अधिक सक्रिय, आत्माभिमानी व बलिदान भावना से युक्त है। पर इसके साथ प्रसाद नारी हृदय की कोमलता एवं प्रेम-संस्कार की क्षमता का ख्याल भी रखते हैं। सम्भवत: प्रसाद इस धारणा को भी तोड़ना चाहते हैं कि प्रेम करने वाली स्त्री की वृहत्तर भूमिका नहीं हो सकती। अत: एक प्रकार से वैयक्तिक प्रेम को राष्ट्र प्रेम में तब्दील किया है। प्रेम को नया आयाम दिया। राष्ट्र प्रेम व वैयक्तिक प्रेम को अन्तर्लक्षित कर दिया। यह प्रेम की तन्मयता व ममता ही नारी को इतना बड़ा आयाम देती है। मालविका, कल्याणी प्रेम करती हैं, पर साथ ही बलिदान करती हैं। स्त्री के सन्दर्भ में प्रसाद की दृष्टि आदर्शवादी है उस पर नवजागरण का प्रभाव हो। प्रसाद ने अपने नाटकों में परम्परागत स्त्री की धारणा बदली। यह पश्चिमी नहीं वरन् ठेठ भारतीय परम्परा में होकर गुजरती है। प्रसाद की नारी चेतना नवजागरण के अनुरूप ही है। ध्रुवस्वामिनी में पति का अस्वीकार तक है। इस प्रकार शास्त्र की धारणा तोड़ी। प्रसाद की स्त्री धारणा आदर्शवादी है पर साथ ही परिवर्तनकारी तथा स्वाभिमान से जुड़ी है। प्रसाद चन्द्रगुप्त में जिस राष्ट्रीय–सांस्कृतिक चेतना का प्रसार सामने लाना चाहते हैं उसके सर्वाधिक सशक्त पात्र नारी ही हैं। चन्द्रगुप्त में नारी की विशेषताएँ :

1. **प्रसाद की नारियों की संकल्प शक्ति**–पुरुष पात्र की तुलना में अधिक दीप्तिमयी है। सर्वाधिक ज्वलन्त उदाहरण अलका। यवनों से पिता-भाई के मिलने पर गृह त्याग। देशप्रेम के अनेक वक्तव्य अलका के माध्यम से दर्शाये गये हैं। उदाहरण "मैं भी आर्यवर्त की बालिका हूँ, मैं तुमसे अनुरोध करती हूँ कि शीघ्र गन्धार छोड़ दो" आर्यवर्त की बालिका का बोध।

"मेरा देश है, मेरा पहाड़ है मेरा जंगल है। यह संकल्प व स्वाभिमान की दीप्ति किसी अन्य पुरुष पात्र में नहीं दिखती। वह संकल्प की दृढ़ता के कारण निर्णय कर पाती है। परम्परा के परिपेक्ष्य में तेजस्विता है।"

निरन्ध्र संकल्प बहता–जीवन की परिस्थितियाँ तोड़ नहीं पाती। अत: अलका, मालिका व कार्नेलिया के माध्यम से भारतीय नारी की संकल्पशीलता व व्यक्तित्व के औदात्त को सामने रखने की कोशिश की।

2. **निर्भयता**–निर्भयता का तत्त्व स्त्री पात्रों में अधिक है। लोभ से (सत्ता व प्रेम) अपने चुनाव पर अडिग। अपनी निर्भयता के कारण प्रतिकूलता में भी समझौता नहीं करती।

3. **भावभयता/भावनाशीलता**–भावुकता, दयालुता, कोमलता चन्द्रगुप्त के स्त्री पात्रों को विलक्षण आधार एवं रूप देता है। कोमलता व भावुकता के माध्यम से स्त्री जीवन में निहित सौन्दर्य का उद्घाटन है, प्रेम व सौन्दर्य का केन्द्र। अतः पुरुष पात्रों की तुलना में अधिक मानवीय व सम्भावनाशील है।

प्रेम वैयक्तिक व राष्ट्रीय स्तर दोनों पर है। कार्नेलिया में सौन्दर्य व प्रेम का तन्मय भाव–

"अरुण यह मधुमय...हमारा जहाँ पहुँच।"

इस प्रकार भाव व सौन्दर्य के प्रतिमान के रूप में भी स्त्री हैं। सम्पूर्ण भारतीय रचना में नवजागरण में उज्ज्वल स्त्री चित्रण हुआ है। निचली से निचली स्त्री में चरित्र की उज्ज्वलता की खोज है। परम्परा स्त्री को अच्छी दृष्टि से नहीं देखती, नकारात्मक दृष्टि से देखती है।

प्रसाद ने अपने नाटकों में स्त्री के उस व्यक्तित्व की तलाश की जो, नया, प्रेरणादायी व स्वतन्त्रता की भावना को उद्दीप्त करने वाला हो। प्रसाद ने उसकी भूमिका व व्यक्तित्व में ऐतिहासिक परिवर्तन किया।

4. **जीवन को पूर्णता प्रदान करने वाली शक्ति**–चन्द्रगुप्त व चाणक्य के संघर्ष को पूर्णता देती है। संकल्प, निर्भयता, प्रेम सौन्दर्य व कर्म की प्रेरणा स्त्री पात्रों के माध्यम से सामने रखे गये हैं। स्त्री पात्रों की योजना के द्वारा प्रसाद स्वाधीनता, राष्ट्रीयता व सामाजिकता को नया आयाम देते हैं। नाटक की विशेषता स्त्री को महान रूप में चित्रित करने में नहीं। उनकी गरिमा उनकी सक्रियता में है। निर्णय लेने की क्षमता व राष्ट्रीय संघर्ष में सहभागिता का प्रश्न महानता का नहीं तेजस्विता व प्रभावशीलता का है।

प्रसाद के सभी नाटकों ने पारम्परिक स्त्रियों की भूमिका बदली है। पुरुष के साथ चलते हुए भी अधिक गरिमामय है। यही तेजस्विता का आधार है।

(ii) **जागरण-उद्बोधन**–नाटक में उद्बोधन, आह्वान व अपील के स्वर सुनाई देते हैं।

''हिमाद्रि तुँग...बढ़े चलो।''

उद्बोधन गीत है। उद्बोधन वस्तुतः जागरण का चिह्न है। समूची छायावादी रचनाशीलता में दृष्टव्य है। प्रसाद के नाटकों में यह उद्बोधन उनकी नवजागरण व राष्ट्रीय सामाजिक चेतना का तत्त्व।

(iii) **स्वच्छन्दतावाद का तत्त्व**–गीतों का प्रयोग नहीं होता। स्वच्छन्दतावादी नाटक की परिकल्पना का आधार चूँकि सांस्कृतिक भाव बोध होता है। अतः भावना को तथ्य के स्थान पर प्रबलता के साथ रखा। गीत भावना की उपज। अतः पश्चिम व भारत में स्वच्छन्दतावादी नाटकों में गीतों का प्रयोग है। इसके द्वारा कल्पना व भाव की योजना नाटक में रची गयी है। वस्तुतः स्वच्छन्दतावादी नाटक भावों के आलोक

में जीवन के आख्यान की पुनर्रचना करता है। इस हेतु गीत का प्रयोग है। प्रसाद के नाटक अपनी गतिमयता के लिए प्रसिद्ध हैं। दरअसल भाव दृष्टि ही स्वच्छन्दतावादी नाटकों की धुरी है। इसका अर्थ-जीवन भाव, संवेदना व अनुभूति है। प्रसाद के नाटक के गीत जीवन की भावमयता के अद्भुत आख्यान है। इनमें कल्पना, भावना, देशप्रेम व स्वप्न आकांक्षा को नियोजित किया गया है।

चन्द्रगुप्त पहला गीत। पहला अंक दूसरा दृश्य "तुम कनक किरन के अन्तर्गत में"

दूसरा अंक पहला दृश्य। कार्नेलिया का गीत।

"–अरुण यह मधुमय देश हमारा"

इन गीतों में प्रसाद की कविताओं की तुलना में अधिक संवेदना व आवेग है। इसमें आवेग, संगीत, बिम्ब आदि का अद्भुत संयोजन देखने को मिलता है। अतः यदि स्वच्छन्दतावादी नाटकों का मूल आधार भाव है तो इसका संघनित रूप गीत है। स्वच्छन्दतावाद की गीतिमयता का प्रबल निर्वाह है।

5. भाषा का औदात्त–वस्तुतः भाषा का औदात्त सांस्कृतिक चुनौती का सामना करने हेतु लाया गया है। प्रसाद के सामने दो नाट्य चुनौती थी :

1. पारसी थिएटर–भाषा का चलताऊ प्रयोग। सिर्फ मनोरंजन की भाषा। इसमें सांस्कृतिक प्रयोजन वाले नाटक नहीं लिखे जा सकते थे।

2. दूसरी चुनौती अंग्रेज़ी। कई सौ वर्षों से परिमार्जित। अर्जन की चुनौती–बोलियों का देश। औपनिवेशिक दम्भ के तोड़ने हेतु परिमार्जित भाषा आवश्यक थी।

अतः पारसी थिएटर की लटक-सटक भाषा को छोड़ना एवं औपनिवेशिक दम्भ प्रसाद को परिमार्जित भाषा की ओर ले गया। भाषा में कहीं भी उतार-चढ़ाव नहीं है। पर वी. वी. कारन्त इस धारणा से सहमत नहीं कि उतार-चढ़ाव प्रकृति के स्तर पर नहीं है, नाटक के स्तर पर है। प्रसाद की नाट्य भाषा एक प्रतिमान तय करती है। यह हमारी अपराजेय रचनाशीलता का उदाहरण है। आने वाले रचनाकार मोहन राकेश व सुरेन्द्र वर्मा ने इसका निर्वाह अपने नाटकों में किया।

प्रसाद की नाट्य भाषा का औचित्य नाट्य में निहित स्वच्छन्दतावादी चेतना को पुष्ट करता है। प्रसाद मानते थे सस्ता मनोरंजन सांस्कृतिक विकृतिवाद की तरफ ले जाता है। अतः रचनाशीलता में इस विकृतिवाद को (पारसी थिएटर) प्रश्रय नहीं देना चाहिए।

उदाहरण–दाण्डायन की भाषा–सिकन्दर (विदेशी) के दूत से वार्ता चिन्तन, आत्मविश्वास व विचारों को वहन करने में अत्यन्त सम्भव है। भाषा का गुण। इसके द्वारा प्रसाद ने नाटक की फलस्तुति का नया प्रतिमान रखा।

6. कल्पनाशील रंगमंच–पश्चिम में स्वच्छन्दतावादी नाटकों ने बॉक्स (बँधा हुआ प्रेक्षागृह है) थिएटर का विरोध किया एवं बल दिया कि रंगमंच को पुनर्गठित किया जाना चाहिए। रंगमंचों के स्थिरता के आधारों पर नाटकों की दृश्य योजना

नहीं है। स्थिर व परम्परागत नाट्य ढाँचे को तोड़ा। रंगमंच की पारम्परिक दुनिया के सामने चुनौती रखी। रंगमंच में प्रयोगों की सम्भावना को बढ़ावा दिया।

दुर्भाग्यवश प्रसाद के नाटकों को अरंगमंचीय माना गया। प्रसाद के नाटक रंगमंच की परम्परागत प्रविधि को तोड़ते हैं। प्रसाद का मानना है कि रंगमंच की चिन्ता नाटककार का काम नहीं। रंगमंच को नाटक के अनुसार गठित होना पड़ेगा। रंगमंच एवं नाटक में एक विरोध।

अपनी दृश्य योजना में परम्परागत रंगमंच की सीमा को तोड़ा। जंगल नहीं, युद्ध आदि के दृश्य रखे। 1970 के बाद निर्देशकों ने माना कि अभिनेयता है। खासकर वी. वी. कारन्त ने ऐसा माना। परिणामस्वरूप रंगमंच का पुनर्गठन।

कल्पनाशील रंगमंच स्वच्छन्दतावादी नाटकों का आधार है। चन्द्रगुप्त रंगमंच की नयी सम्भावनाओं को उकसाता है।

इन तत्त्वों के आधार पर कह सकते हैं कि प्रसाद के नाटक स्वच्छन्दतावादी चेतना से अनुप्रमाणित हैं।

सारांश (Summary)

प्रसाद की नाट्य चेतना के केन्द्र में इतिहास बोध है व इसका प्रयोजन सांस्कृतिक अस्मिता की पहचान व स्वाधीनता की चेतना है। चन्द्रगुप्त इस दृष्टि से राष्ट्र बोध व नयी सत्ता प्रणाली को पहचानने की कोशिश करते हैं। नयी राज्य व्यवस्था इसकी माँग या आह्वान करती है। इस नाटक में प्रसाद ने नन्द को प्रतीकात्मक रूप में ब्रिटिश साम्राज्यवाद की तानाशाही व विलासी शासन पद्धति से जोड़ा है। राष्ट्रीय विखण्डन, क्षेत्रीयता व स्वाधीनता के खतरे के माध्यम से प्रसाद ने इतिहास के एक प्रसंग को समकालीन राष्ट्रीय प्रसंग से जोड़ दिया है। इस प्रकार नाटक की केन्द्रीय वस्तु राष्ट्रीय सांस्कृतिक अस्मिता है। इसके साथ-साथ प्रसाद ने उज्ज्वल नारी चरित्रों की योजना, भाषा के कल्पनाशील रंगमंच के द्वारा नाटक के स्वच्छन्दतावादी तत्त्वों को एक सर्जनात्मक परिणति दी है। प्रसाद का यह नाटक तत्कालीन भारतीय स्वाधीनता आन्दोलन की चेतना का प्रतिनिधि होने के साथ-साथ हमारे इतिहास के उज्ज्वल प्रसंगों की महागाथा भी है।

सूत्र-वाक्य (Quotations) नाटक

- प्रसाद के नाटक भारत की सांस्कृतिक एवं मूल्य समृद्धि के दस्तावेज हैं।
- प्रसाद के नाटकों के पात्र मृत अतीत के प्रतिनिधि नहीं, बल्कि उनके व्यक्तित्व एवं चेतना में वर्तमान का स्पन्दन है।
- प्रसाद का इतिहास बोध जहाँ युगीन राष्ट्रीय-सांस्कृतिक आकांक्षा से निर्मित है वहीं उसमें सार्वकालिक व सार्वभौमिक सांस्कृतिक मूल्यों का आग्रह भी है।
- भारतीय संस्कृति की उज्ज्वल गाथा कहते हुए प्रसाद इसकी आध्यात्मिक प्रकृति, कर्मवादी चेतना व लोकमंगल की भावना का उद्‌घाटन करते हैं।
- स्त्री के पति प्रसाद की दृष्टि आदर्शवादी है अपने नाटकों में उन्होंने नारी जीवन से सम्बन्धित अनेक ऐसे प्रश्न उठाये हैं, जिनकी प्रकृति आधुनिक मूल्यों के आग्रह से निर्मित है।
- अपने इतिहास बोध के द्वारा प्रसाद अपने समय के यक्ष प्रश्नों से जूझते हुए राष्ट्रीय एवं मानवीय मूल्यों के तहत उनका समाधान करते हैं। इतिहास प्रसंगों पर आधारित उनके सभी नाटक, राष्ट्रीय एवं मानवीय संकट को पहचानने, संघर्ष करके उन्हें एक निश्चित बोध तक पहुँचाने का प्रयास करते हैं। यही उनके नाटकों की अर्थवत्ता व मूल्यवत्ता है।
- प्रसाद का इतिहास दर्शन युग आकांक्षा के साथ मानवीय आकांक्षा का भी पूरक है।

चन्द्रगुप्त

राष्ट्रीय सांस्कृतिक चेतना की रूपरेखा

प्रसाद की रचनात्मकता में राष्ट्र व संस्कृति की चिन्ता केन्द्र में है। द्विवेदी युग की सुधारवादी चेतना से अलग प्रसाद इतिहास के संकट को सांस्कृतिक संकट के रूप में महसूस करते हैं। अतः अपनी समूची रचनात्मक क्षमता के साथ इतिहास के सर्वाधिक महत्त्वपूर्ण संकट-सांस्कृतिक अस्मिता से रूबरू होते हैं। प्रायः अपनी समस्त महत्त्वपूर्ण रचनाओं में भारतीय संस्कृति की गौरवगाथा व इसके महान व उदास मूल्यों को प्रस्तावित करते हैं। इस देश की महान सांस्कृतिक परम्परा व गौरवपूर्ण इतिहास की अभिव्यक्ति के लिए प्रसाद नाटक की विधा का चयन करते हैं। चन्द्रगुप्त इसी नाट्य विधा की सर्वाधिक महत्त्वपूर्ण उपलब्धि है।

प्रसाद की राष्ट्रीय सांस्कृतिक चेतना की प्रकृति–प्रसाद की सांस्कृतिक चेतना वर्णन के स्तर पर नहीं है, प्रसाद ने उसे मूल्य व भावना के आलोक में गूँथा है। इसलिए हमें नाटक में भी यह राष्ट्रीय सांस्कृतिक चेतना पात्रों के चरित्र, उनकी जीवन दृष्टि व गतिविधियों में दिखाई देती हैं। इस राष्ट्रीय सांस्कृतिक चेतना का विस्तार चरित्रों के जीवन की आन्तरिक बनावट के साथ-साथ इस देश के भूगोल, परम्परा व इतिहास में भी दिखाया गया है। कहा जा सकता है कि जीवन जीने की दृष्टि, पद्धतियाँ व इस जीवन को धारण करने वाली भौगोलिक भूमि इन सभी स्तरों

पर यह सांस्कृतिक चेतना परिलक्षित होती है। लेकिन इसके साथ-साथ प्रसाद ने इस नाटक में राष्ट्रीय संकट और समकालीन परिवेश की अनेक महत्त्वपूर्ण समस्याओं को भी समाहित किया है। समूचा नाटक इतिहास और वर्तमान के बँटवारे को पाटता हुआ राष्ट्रीय एकता और उसकी संकटों को पहचानने वाली आँख के रूप में तब्दील हो जाता है। एक पराजित और पराधीन देश में संस्कृति और परम्परा के पुनर्गठन द्वारा स्वाभिमान और स्वाधीनता की चेतना का विकास इस नाटक की मूल प्रेरणा है। इस रूप में यह इतिहास की आवृत्ति नहीं बल्कि इतिहास के माध्यम से जागरण, संघर्ष व स्वाभिमान की चेतना का आह्वान है।

चन्द्रगुप्त में अनेक स्थानों पर राष्ट्रीय संकट के बोध वाले प्रसंगों की चर्चा की गयी है। इनके माध्यम से प्रसाद राष्ट्र व संस्कृति को कमज़ोर करने वाली ताकतों व उनके कारणों की ओर संकेत करते हैं। राष्ट्रीय संकट का यह बोध प्राचीन भारत का भी है व समकालीन भारत का भी। उदाहरण–राष्ट्रीय संकट की ओर इशारा सिंहरण के पहले अंक में देखने को मिलता है। पहले दृश्य के आर्यावर्त का भविष्य लिखने के लिए कुचक्र व प्रताड़ना की जाती है। उत्तराखण्ड के राज्य परस्पर द्वेष से जर्जर होते जा रहे है।

भारतीय इतिहास की विडम्बना है कि उसकी पराधीनता आपसी द्वेष व कलह से हुई। प्रसाद उस वस्तु को देखते हैं कि व्यक्तिगत रागद्वेष की वेदी पर राष्ट्र को चढ़ाया जा रहा है। व्यक्तिगत रागद्वेष, राजनीतिज्ञों की महत्त्वाकांक्षाएँ (आम्भीक) । यह द्वेष जर्जरता भारत का स्थायी भाव बनती जा रही है। प्राचीन भारत में भी व आज भी। यह राष्ट्रीय संकट का बोध है। इसके विपरीत राष्ट्र भावना का विकास प्रसाद की पहली चुनौती है। चाणक्य के माध्यम से।

अतः इस नाटक की राष्ट्रीय सांस्कृतिक चिन्ता का पहला बिन्दु अपने लोगों के आपसी द्वेष द्वारा देखते हैं। देश जब आन्तरिकता से जर्जर होता है, तभी बाहरी आक्रमण होता है। जब भीतरी कमजोरियों व द्वेष आंतरिक रूप में प्रसाद उस नाटक में अभेद्द निहित होता है। राष्ट्रीयता का निर्माण करना चाहते हैं। जिससे सर्वप्रथम भारतीय होने का बोध होता है। देश की विडम्बना पहली क्षेत्रीय पहचान होती है। अतः स्वाधीनता आन्दोलन के समय राष्ट्रीय चेतना में जो दरारें थीं प्रसाद इस संकट पर ध्यान केन्द्रित करते हैं।

इस राष्ट्रीय संकट से उबरने हेतु प्रसाद चन्द्रगुप्त के माध्यम से राष्ट्रीय एकता का आह्वान करते हैं। यह इस नाटक की राष्ट्रीयता का महत्त्वपूर्ण सोपान है। क्षेत्र, प्रान्त, भाषा इन खण्डित मानसिकताओं के स्थान पर एक समग्र आर्यावर्त के बोध का आह्वान इस नाटक में चाणक्य के माध्यम से किया गया है। पहला अंक पहला दृश्य चाणक्य : "तुम मालव थे मागध...

जब तुम आर्यावर्त का नाम लोगे तभी वह मिलेगा।"

किसी भी व्यक्ति का स्वाभिमान व सम्मान राष्ट्रीय एकता पर निर्भर करता है। प्राचीन देश में स्वाभिमान से रहने का अवसर व्यक्ति को प्राप्त नहीं है। चाणक्य संकेत करते हैं कि जब तक मालव-मागध का भेद खत्म नहीं होता स्वाभिमान सुरक्षित नहीं होगा। अतः राष्ट्रीय एकता एक नारा नहीं, मनुष्य के सम्मान का मूलभूत आधार है। जातीय अपमान झेलना पड़ेगा जब तक भेद खत्म नहीं होगा। अतः नाटक में बार-बार राष्ट्रीय एकता पर बल दिया गया है। नागरिकों के राज्य विशेष से सम्बद्ध होने की मानसिकता को हटाने का आह्वान। आज के भारत में भी लक्षित है।

अतः राष्ट्रीय स्वाभिमान के बगैर मानवीय स्वाभिमान को सुरक्षित नहीं रखा जा सकता। राष्ट्रीय स्वाधीनता व वैयक्तिक स्वाधीनता को राष्ट्रीयता के बिन्दु पर चरितार्थ किया गया है।

इसके अतिरिक्त कई तात्कालिक मानसिकताओं को उठाने की कोशिश भी की गयी है। पहला अंक चौथा दृश्य-सामान्य नागरिकों के संवाद के माध्यम से प्रसाद ने तात्कालिक परिवेश के अनेक प्रसंगों को चित्रित किया है। इसमें ब्रह्मचारी का कथन-'धर्म पालित मगध को उन्माद...।' वह जनसाधारण के अधिकार अत्याचारियों को हाथ देकर विलासिता का स्वप्न।" सत्ता के मनुष्य विरोधी होने की परम्परा बहुत पुरानी है व ऐसी सत्ता को उखाड़ फेंकना किसी भी सभ्य व जागरूक समाज का कर्तव्य है। यह सत्ता की प्रकृति की ओर इशारा करती है। विलासी सत्ता। नन्द प्रकारान्तर से साम्राज्यवादी सत्ता का प्रतीक भी है। इस विलासिता व कर्महीनता के कारण वंश टूट रहा है। इसका कारण सिर्फ आक्रमण नहीं वरन् नन्द की विलासी व संकीर्ण मानसिकता है। यह विलासिता का आलम आज भी लक्षित है। भारतीय राजनीति का तत्कालीन ढाँचा ही ऐसा है। ऐसी स्थिति में देश को टूटने से बचाना मुश्किल है। आज के राष्ट्र की समस्याएँ राजनीतिज्ञों के विलासी जीवन जीने की आकांक्षा से उत्पन्न हैं। विलासिता का स्वप्न देखने वाला राष्ट्रीय विघटन का कारण बनता है।

अतः राष्ट्रीय एकता के मार्ग में बाधा सत्ता का आचरण है। प्रसाद ने राष्ट्रीय संकट का मूल कारण अत्याचारियों के हाथ में विलासिता का स्वप्न वाला मुल्क खण्डित व विघटित होने को अभिशप्त है।

इसके बाद प्रसाद संस्कृति के प्रश्न को उठाते हैं। पहला सवाल उठाते हैं-''किसी भी राष्ट्र की संस्कृति की श्रेष्ठता सम्बन्धों की प्रकृति पर निर्भर है। सम्बन्ध जीने की प्रक्रिया संस्कृति की अन्तरात्मा को रेखांकित करती हैं। इस व्यवहार को स्त्री-पुरुष सम्बन्धों के परिप्रेक्ष्य में रखा गया है। स्त्री द्वारा भारतीय व पश्चिमी व्यवहार को एक ही दृश्य में ला प्रसाद ने भारतीय संस्कृति की श्रेष्ठता स्थापित की है।"

पहला अंक आठवाँ दृश्य-अलका, यवन व सिंहरण-"स्त्री की मर्यादा को न समझने वाले यवन को यह समझा दो कि वे चला जाये।"

"यवन क्या तुम्हारे देश की सभ्यता तुम्हें स्त्री सम्मान नहीं सिखाती। क्या तुम सचमुच बर्बर हो।"

भारतीय समाज स्त्रियों के प्रति सम्मानशील है। अतः संस्कृति की एक पहचान। संस्कृति की मर्यादा इस पर निर्भर है कि वह स्त्रियों से कैसा व्यवहार करती है। स्त्रियों के अपमान पर आधारित सभ्यता बर्बर कहलाती है। प्रसाद भारत व यूरोप को सामने रखकर यूरोपीय सभ्यता को बर्बर ठहराते हैं जो संस्कृति व मूल्य चेतना से खाली हैं।

दूसरा, संस्कृति आत्मकेन्द्रिकता की मानसिकता को तोड़ती है। वस्तुभाव व भौतिक चेतना पर आधारित सभ्यताएँ मनुष्य को आत्मकेन्द्रण की तरफ ले जाती हैं। प्रसाद ने संस्कृति की खासियत की तरफ ध्यान कर यह भी संकेत दिया कि भारतीय संस्कृति आत्म विस्तार की तरफ ले जाती है। इसका आधार राष्ट्र है, राष्ट्र के प्रति जीना व मरना हमारे सांस्कृतिक प्रशिक्षण का अंग है।

अंक एक दृश्य आठ–सिंहरण–"जन्म भूमि के लिए ही यह जीवन है।

अंक एक दृश्य 8–अलका–"कुल पुत्रों के रक्त से आर्यावर्त की भूमि सींचेगी। दानवीर बनकर जननी जन्मभूमि अपनी सन्तानों को खोएगी। महाराज आर्यावर्त के सब बच्चे आम्भीक जैसे नहीं होंगे। इनकी मान प्रतिष्ठा व रक्षा के लिए तिल–तिल मर जायेंगे।"

राष्ट्रीय सांस्कृतिक चेतना का अगला चरण–देश की प्रकृति के प्रति मुग्धता, श्रद्धा व तन्मयता का भाव। देश की प्रकृति के प्रति गहरी अनुरक्ति की भावना नाटक में लक्षित होती है। राष्ट्र प्रेम हेतु राष्ट्रीय प्रकृति से भावात्मक लगाव अनिवार्य है। युग में देश की प्राकृतिक सम्पदा को सांस्कृतिक सम्पदा के रूप में देखा गया है। उदाहरण इकबाल–गोरी में। प्रसाद के इस नाटक में भी इकबाल की इस धारणा की पुनरावृत्ति होती है।

अंक 2 दृश्य 1 कार्नेलिया–''सिन्धु का यह मनोहर तट जैसे मेरी आँखों के सामने एक नया चित्रपट उपस्थित कर रहा है''–

''अरुण यह मधुमय देश हमारा''
जहाँ पहुँच अनजान क्षितिज को मिलता एक सहारा।
सरस तामरस गर्भ विचार–पर–नाच रही तरुशिखा मनोहरा।
छिटका जीवन हरियाली पर–मंगल कुंकुम सारा।।''

''अरुण यह मधुमय देश हमारा।'' इस प्रकार कई बार सिकन्दर के माध्यम से भी इस देश की वीरता व युवकों के श्रेष्ठ चरित्र का बोध मनवाया गया है। देश की वीरता, निष्ठा, ईमानदारी की तरफ प्रसाद ने बार–बार संकेत किया है।

सिकन्दर हमारी श्रेष्ठ सांस्कृतिक परम्परा व मूल्य के प्रति सम्मान व्यक्त करता है।

2. आर्य वीर! मैंने भारत में हरक्यूलिस, एचिलिस की आत्माओं को भी देखा और देखा डेमोस्थेनिस को। सम्भवतः प्लेटो और अरस्तू भी होंगे। मैं भारत का अभिनन्दन करता हूँ।

अंक 2 दृश्य 3–"मैंने एक अलौकिक वीरता का अद्भुत दृश्य देखा...''

3. मैंने एक अलौकिक वीरता का स्वर्गीय दृश्य देखा है। होमर की कविता में पढ़ी हुई जिस कल्पना से मेरा हृदय भरा है। उसे यहाँ प्रत्यक्ष देखा है। भारतीय वीर पर्वतेश्वर, अब मैं तुम्हारे साथा कैसा व्यवहार करूँ।''

अपनी सांस्कृतिक चेतना की अभिव्यक्ति हेतु प्रसाद इस संस्कृति के गुणों को दर्शाने हेतु दृश्यों की योजना करते हैं–दार्शनिकता व निर्भयता। दांडायन सिकन्दर जैसे विश्वविजेता के दूत से जिस निर्भीकता व आत्मविश्वास से बात करते हैं वह भारतीय मनीषा के चरित्र के अनुरूप ही है।

दांडायन योजना (कल्पित प्रसंग) इसी उद्देश्य के लिए की है।

पहला अंक दृश्य 11–संस्कृति की विलक्षणता व विशिष्टता का साक्षात रूप दांडायन के रूप में देखने को मिलता है। अपरिग्रह, निर्भीकता आदि भारतीय संस्कृति की विशेषताएँ। दांडायन–में भी यही विशेषताएँ हैं।

समस्त आलोक चैतन्य व प्राण शक्ति प्रभु के द्वारा

''न मुझे किसी से डरने का कारण।"

समूचे नाटक में राष्ट्रीय सांस्कृतिक चेतना स्थूल स्तर पर न होकर मूल्य, दृष्टि, सम्बन्ध बोध व जीवन जीने की प्रक्रिया के स्तर पर है। स्वाधीनता आन्दोलन का दबाव है। जागरण के संकेत भी–"हिमाद्री तुँग श्रृँग..."। प्रसाद का यह नाटक हमारी श्रेष्ठ सांस्कृतिक परम्परा का आख्यान होने के साथ-साथ राष्ट्रीय गौरव व स्वाधीनता के मार्ग में आने वाले संकटों की तरफ संकेत भी है।

चन्द्रगुप्त की अभिनेयता

आधुनिक हिन्दी गद्य का आरम्भ भारतेन्दु युग के नाटकों से होता है। नाटक एक सामाजिक विधा है जिसके माध्यम से भारतेन्दु राष्ट्रीय नवजागरण व सामाजिक परिवर्तन की धारा को एक सार्थक दिशा देना चाहते हैं। भारतेन्दु की नाटय चेतना में राष्ट्रीय-सामाजिक समस्याओं के साथ-साथ रंगमंच की चिन्ता भी महत्त्वपूर्ण है। वे पश्चिमी व पारसी थिएटर के समानान्तर हिन्दी का अपना स्वतन्त्र रंगमंच विकसित करना चाहते थे। अतः संस्कृत नाट्य परम्परा, पश्चिमी परम्परा के साथ, समृद्ध लोक नाट्य परम्पराओं को भी अपनी रंग परिकल्पना में शामिल किया, लेकिन भारतेन्दु के बाद रंगमंच की खोज की प्रक्रिया शिथिल पड़ गयी और प्रसाद तक आते-आते रंगमंच के प्रति एक गहरी उदासीनता का भाव लक्षित होने लगा। पारसी थिएटर की प्रतिक्रिया में प्रसाद ने ऐसे नाटकों की रचना की,

जिन्हें तत्कालिक रंगमंचीय विधान में प्रस्तुत नहीं किया जा सकता था। इसलिए यर्थाथवादी आलोचकों ने प्रसाद के नाटकों को रोमानी, गद्यकाव्य मानते हुए उसे अभिनेय घोषित किया। प्रसाद के सभी नाटकों की तरह चन्द्रगुप्त की अभिनेयता पर भी प्रश्न चिह्न लगाये गये हैं। चन्द्रगुप्त की अभिनेयता को लेकर जो प्रश्न हैं वे मुख्यत: दृश्य योजना, देशकाल के विस्तार और भाषा से सम्बन्धित हैं। इस परिप्रेक्ष्य में चन्द्रगुप्त नाटक की अभिनेयता पर लगाये गये आरोपों को निम्नांकित बिन्दुओं पर देखा जा सकता है।

1. नाटक में दृश्यों व पात्रों का बाहुल्य है। कई दृश्य बहुत बड़े हैं व कई बहुत छोटे। यह स्थिति मंच पर दृश्य परिवर्तन करने के मार्ग में बहुत बड़ी बाधा है। इसमें पात्रों की संख्या 30 हैं। 4 अंक हैं व 44 दृश्य हैं। 12 गीतों की योजना की गयी है। प्रदर्शन में लगने वाला समय है 6 घण्टे यानी यह नाटक अपने विधान में ही रंगमंच की व्यावहारिक सम्भावनाओं के विरोध में है। साथ ही नाटक में मुख्य कार्यस्थलों की संख्या 14 से भी अधिक है। तक्षशिला का गुरुकुल मगध सम्राट का विलास कानन, पाटलिपुत्र का भग्नकुटीर। (इतनी जल्दी सेट बदल पाना सम्भव नहीं है।) कुसुमपुर के उपवन का पथ, सिन्धु तट, मगध का बन्दीगृह, दांडायन का आश्रम, युद्ध क्षेत्र आदि। दृश्यों की बहुलता व विविधता व पात्रों की संख्या नाटक को मंचित करने के मार्ग में बाधा बनती है।

2. नाटक में समय अन्तराल बहुत ज़्यादा–20 वर्ष। 326 ई.पू. से 306 ई.पू. नाटक में देश, काल व घटना का सन्तुलन टूट गया। नाटक का काल विस्तार प्रभान्विति में बाधा है। समय अन्तराल इस नाटक की अभिनेयता के मार्ग में बाधा है।

- चन्द्रगुप्त की भाषा दुरुह व संस्कृतगर्भित है। इस कारण नाटक की भाषा सम्प्रेषित नहीं हो पाती। यानी चन्द्रगुप्त की भाषा असम्प्रेषणीय है।
- नाटक में बहुत लम्बे स्वागत कथनों की योजना की गयी है। नाटक के लिए उचित नहीं। इससे नाटक में अभिनयोचित तीव्रता का अभाव हो गया है। अत: कुछ का कहना नाट्य भाषा में अभिनयोचित चापल्य नहीं।
- यह गद्य की भाषा नहीं कविता की भाषा है। उदाहरण–अंक 4 दृश्य 9 सुवासिनी का कथन।–"अकस्मात् जीवन कानन में एक राजा रानी की छाया में आकर मधुर वसन्त...मकरन्द-सी उसमें छिपी रहती है।"
- "अकस्मात् जीवन-कानन में, एक राजा-रजनी की छाया में छिपकर मधुर वसन्त घुस आता है। शरीर की सब क्यारियाँ हरी-भरी हो जाती हैं। सौन्दर्य का कोकिले-क़ौन कहकर सबको रोकने-टोकने लगता है, पुकारने लगता है–राजकुमारी। फिर उसी में प्रेम का मुकुल लग जाता है, आँसू भरी स्मृतियाँ मकरन्द-सी उसमें छिपी रहती हैं।"

- गीतों की अत्याधिक योजना कथा के प्रवाह व नाटक की गति को बाधित करती है। अतः चन्द्रगुप्त में गीतों की योजना नाट्य परिस्थितियों की गम्भीरता व चरित्रों के प्रभावों को खण्डित करती है। अतः भाषा नाटकोचित नहीं है।

4. पारसी थिएटर के प्रकोप से त्रस्त प्रसाद हम नाटक में पारसी थिऐटर को विधान से प्रभावित दिखाई देते हैं। युद्ध (अंक 2, दृश्य 3 अंक 4 दृश्य 10), न ही (अंक 2, दृश्य 8), नौका संचरण, बाघ का उपस्थित होना, शकटार का भू-गर्भ से बाहर निकलना, गुफा के द्वार का खुलना यानी अतिनाटकीय दृश्यों की योजना की गयी है। अतः अन-अभिनेय रंगपरिस्थितियों की योजना इसे अन-अभिनेय बनाती है। पारसी थिएटर में संयोग घटना बहुत है। चन्द्रगुप्त में भी। अतः पारसी नाटक विचार सैद्धान्तिक विरोध करते हुए भी उसके प्रभावों से ग्रस्त है। गीतों व दृश्यों की योजना में। कालान्तर में जब प्रसाद के नाटकों पर गम्भीर चिन्तन शुरू हुआ तब कहा गया कि उनमें रंगमंच की अद्‌भुत सम्भावनाएँ हैं, अन-अभिनेय नहीं है।

प्रसाद के नाटकों की अभिनेयता के पक्ष में तर्क दिये। उनके तर्क-

- प्रसाद के नाटक (खासकर चन्द्रगुप्त) कल्पनाशील रंग-निर्देशन की माँग करते हैं इसलिए उनके नाटकों को उसी रूप में नहीं बल्कि नाट्य पुनर्गठन के द्वारा मंचित किया जा सकता है।

गीतों की संख्या में संशोधन किये जा सकते हैं। परिस्थिति कथा व दृश्य के अनुसार गीतों के प्रयोग में परिवर्तन किया जा सकता है। तर्क-शेक्सपियर के नाटकों में कविता है। प्रसाद के नाटकों में गीत सीमा नहीं शक्ति है। प्रेक्षक समुदाय को संस्कृत करने की ज़रूरत है। अतः दृश्यों के पुनर्गठन व गीतों के स्थान संशोधन के माध्यम से इन्हें मंचित किया जा सकता है।

- चन्द्रगुप्त की संवाद योजना किसी भी व्यावहारिक रंगमंचीय नाटक की तुलना में कम नहीं है। संवाद योजना को लेकर गलत प्रचार किया गया। प्रसाद की नाट्य भाषा अभिनेयता की सभी माँगों को पूरा करती है। पात्र, परिस्थिति व मानसिकता का दबाव सर्वत्र है। एकल (एक वाक्य में ही संवाद) से लेकर स्फीत वाक्यों (बड़े वाक्य) का प्रयोग संवाद योजना पर प्रसाद की पकड़ के प्रमाण हैं।

उदाहरण-अंक 1 दृश्य 8 अलका, आम्भीक व गान्धार नरेश का संवाद।

"तब महाराज उस प्रतिष्ठा की रक्षा के लिए जो लड़कर मर नहीं गया, वह कायर नहीं तो और क्या कहूँगी महाराज।"

छोटे वाक्यों का प्रयोग।

चाणक्य पर्वतेश्वर का संवाद (अंक 1 दृश्य 9), चाणक्य सेल्युकस का संवाद व आम्भीक चन्द्रगुप्त व फिलिप्स का संवाद इन सभी संवाद योजना में इकहरे वाक्यों के प्रयोग के द्वारा प्रसाद ने प्रभावशाली संवादों की योजना की है।

दूसरा, प्रसाद की भाषा विचारों को मन्त्र सा सूक्ति के स्तर तक संघनित करती है। यह विचार के स्तर पर सुलभ भाषा की पकड़ का प्रतिबिम्ब है। सूक्तियाँ प्राय: दांडायन व चाणक्य संवाद में उपलब्ध हैं। उदाहरण–(अंक 3 दृश्य 2)।

चाणक्य–मनुष्य अपनी दुर्बलता से भली भाँति परिचित रहता है, पर अपने बल से भी अवगत होना चाहिए।

(अंक 1 दृश्य 11) दांडायन "मंगलमय अनेक अमंगलों में कौन-कौन-सा कल्याण छिपाये रहता है इसे हम नहीं समझ सकते देवी।" अत: संवादात्मकता व सूक्तिपरक्ता है

तीसरा, स्वागत गम्भीर कथनों द्वारा प्रसाद ने व्यक्तित्व, चिन्तन व भाषा को नया आयाम दिया है।

मेरे उस सरल हृदय में उत्कट इच्छा थी कि कोई भी सुन्दर-मन मेरे साथ हो। प्रत्येक नवीन परिचय में उत्सुकता थी और उसके लिए मन में सर्वत्व लुटा देने की संकल्प-शक्ति भी। परन्तु कठोर संसार ने सिखा दिया कि तुम्हें परखना होगा। समझदारी आने पर यौवन चला जाता है जब तक माला गूँथी जाती है तब तक फूल कुम्हला जाते हैं।''

(अंक 3 दृश्य 6)

चाणक्य–''वह सामने कुसुमदुर हैं जहाँ मेरे जीवन का प्रभात हुआ था।''

नाटक का सर्वाधिक महत्त्वपूर्ण पात्र स्वागत कथनों के माध्यम से अपने बारे में चिन्तन का रहा है। संवाद को नया आयाम लम्बा संवाद। जिसे संवाद की सीमा कहा गया। वह वी. वी. कारन्त अनुसार शक्ति है नाटक के दर्शकों को संस्कारित करने की शक्ति। संवाद की परतें बहुत हैं। दर्शक व निर्देशक के लिए चुनौती का कार्य।

3. चन्द्रगुप्त की योजना नाटकीय सम्भावनाओं से भरपूर है।
मुख्य पात्रों की संख्या बहुत ज्यादा नहीं है। उनमें चाणक्य, चन्द्रगुप्त, नन्द, राक्षस, अलका, सिकन्दर, पर्वतेश्वर व कार्नेलिया है। अत: पात्रों की भीड़ नहीं है कि दृश्य में पात्रों के चेहरे रखे जायें। तीसरे पात्र इस दृश्य विधान में गुँथे हैं। दृश्य में भीड़ नहीं दिखाई देती।

अपने पात्रों के चरित्रांकन में प्रसाद ने नाटकीय अन्तर्द्वन्द्वों की समझ योजना की है। अत: पात्रों का चारित्रिक विकास दिखाई देता है। दो केन्द्रीय चरित्रों चाणक्य व चन्द्रगुप्त में चरित्र चित्रण व चरित्र विकास की अद्‌भुत रचनात्मक क्षमता का परिचय प्रसाद ने दिया है। चाणक्य में स्वाभिमान, स्मृति एवं अन्तर्द्वन्द्व, संकल्पनिष्ठा, स्पष्टवादिता और आत्मविश्लेषण जैसी स्थितियों के समायोजन द्वारा प्रसाद ने इस चरित्र को अद्‌भुत व स्मरणीय गरिमा दी है।

(अंक 1 दृश्य. 7) **चाणक्य**–"मैं लेखक नहीं हूँ कात्यायन, शास्त्र प्रणेता हूँ।" भाषा ठीक करने से पहले मनुष्यों को ठीक करना चाहता हूँ। नाटक में पात्रों का लगातार विकास होता है। इसके कई रूप हैं। चाणक्य बहुत क्रूर भी (अंक 4 दृश्य 1) ...प्रसंग जब कल्याणी पर्वतेश्वर (क्रूरता) का वध करता है व स्वंय आत्मध्यान करता है।

"चन्द्रगुप्त आज तुम निष्कंटक हुए।" "महत्त्वाकांक्षा का मोती निष्ठुरता की सीपी में रहता है।" चाणक्य का व्यावहारिक व क्रूर रूप सामने आता है।

क्षमाशील–मौर्य सेनापति को माफ करता है। चन्द्रगुप्त का भी बहुआयामी व्यक्तित्व है। नैतिक बोध, स्वाभिमान, जातीय संस्कार व गहरी संवेदनशीलता से युक्त दिखाया है। इस प्रकार प्रसाद चरित्र योजना में सैद्धान्तिक योजना के स्थान पर भावना, मानसिकता व परिस्थिति को प्रश्रय देते हैं। प्राय: सभी पात्र प्रभावशाली व सम्प्रेषणीय दिखाई देते हैं।

4. प्रसाद के नाटकों की दृश्य योजना को आधुनिक विकसित रंगमंच की सहायता से प्रस्तुत किया जा सकता है।

अत: समग्रत: प्रसाद के इस नाटक की अभिनेयता विवादास्पद है। यह सच है कि परम्परागत रंगमंच की सीमाएँ हैं। दृश्य योजना का विस्तार, समय का लम्बा अन्तराल व पात्रों की बहुलता इस नाटक के रंगमंचीय विधान में कठिनाइयाँ उत्पन्न करती हैं, लेकिन यह भी सच है कि प्रसाद जैसे महाकाव्यात्मक नाटक लिखने वाले नाटककार की कृतियों के मंचन के लिए एक संवेदनशील रंग-निर्देशन और विकसित रंगमंच की आवश्यकता है। अत: कुछ संशोधनों के साथ प्रसाद के अन्य नाटकों की तरह यह नाटक भी रंगमंच पर अभिनीत हो सकता है।

2

हिन्दी थिएटर का विकास

थिएटर यानी रंगमंच वह स्थान है, जहाँ कोई भी नाटक या नृत्य खेला जाता है। रंगमंच शब्द की उत्पत्ति दो शब्दों से मिलकर बनी है। पहला 'रंग' अर्थात् कलर और दूसरा है 'मंच' अर्थात् वह स्थान जहाँ पर कोई भी नाटक खेला जाता है, अर्थात् विभिन्न रंगों के संयोजन, वेशभूषा, साज-सज्जा आदि के द्वारा जब किसी भी नाटक का मंचन एक निश्चित स्थान पर किया जाता है चाहे वह रंगशाला हो, नाट्यशाला हो, प्रेक्षागृह हो अथवा खुले में हो, उसे रंगमंच कहा जाता है। पश्चिम में इसे ही हम थिएटर अथवा ओपेरा के नाम से जानते है।

हिन्दी रंगमंच (थिएटर) की पृष्ठभूमि

भारत में हिन्दी रंगमंच के विकास में संस्कृत साहित्य, लोक साहित्य एवं पारसी रंगमंच की भूमिका महत्त्वपूर्ण रही। संस्कृत साहित्य में सर्वप्रथम भरतमुनि ने अपनी प्रसिद्ध रचना 'नाट्यशास्त्र' में 'नाट्य' शब्द का प्रयोग किया। जिसको कि कई रूपों में मंचित किया जाता रहा। जैसे—अभिनय, रंगमंच, नृत्य, संगीत, वेशभूषा इत्यादि। यदि हम भारतीय लोक परम्परा के इतिहास को देखें तो यहाँ भी रंगमंच की एक पूरी श्रृंखला हमें देखने को मिलेगी। उदाहरण के लिए—रामलीला, नौटंकी, तमाशा, यक्षगान, नाचा, स्वांग, यात्रा, रासलीला आदि। यह सभी किसी-न-किसी रूप में रंगमंच के प्रकार रहे। कुछ विद्वानों का मानना है कि ऋग्वेद के भीतर यम-यमी संवाद, पुरुरवा और उर्वशी संवाद से रंगमंच का सूत्रपात्र हुआ, जबकि बलवन्त गार्गी हिन्दी रंगमंच का आविर्भाव पारसी रंगमंच से मानते हैं। उनका कहना है कि जिस समय बंगाल में 1870 में व्यावसायिक थिएटर की नींव रखी जा रही थी तब कुछ पार्टी के लोग मुम्बई में नाटक और ललित कलाओं में रुचि लेते हुए देखे गये थे। इस बात का समर्थन प्रसिद्ध नाट्य समीक्षक नेमीचन्द जैन ने भी किया था।

हिन्दी रंगमंच का आविर्भाव 1853 ईस्वी में नेपाल के मटगाँव में अभिनीत विद्याविलाप नाटक से माना जाता है, किन्तु यह नेपाल तक ही सीमित रह गया।

वास्तव में हिन्दी रंगमंच का नवोत्थान 1871 में स्थापित "अल्फ्रेड नामक मण्डली" से हुआ, जिसने राधाकृष्णदास और भारतेन्दु के नाटकों का स्टेज पर मंचन किया। इसी बीच कोलकाता के 'मॉडर्न थिएटर' ने मुम्बई की पारसी रंगमंच की "इम्पीरियर" कंपनी को खरीदकर कोलकाता को थिएटर का केन्द्र बना दिया। इन दोनों संस्थानों के एकीकरण के पश्चात् कई नाटककार एक ही मंच पर आ गये, जिनमें से प्रमुख थे तुलसीदत्त, शैदा, हरिकृष्ण जौहर, नारायण बेताब, आगा हस्र आदि। बाद में इसका नाम बदलकर 'मॉडर्न थिएटर' हो गया। जिसका हिन्दी रंगमंच के विकास में बहुत ही महत्त्वपूर्ण योगदान रहा।

हिन्दी में अव्यावसायिक थिएटर का प्रारम्भ 1868 ईस्वी में 'बनारस थिएटर' के साथ हुआ। इस थिएटर ने सर्वप्रथम भारतेन्दु के नाटक 'अँधेर नगरी' का मंचन नेशनल थिएटर में किया था। इसके पश्चात "भारतेन्दु नाटक मण्डली (1906)" ने थिएटर के विकास में भूमिका निभायी। इस मण्डली ने लगभग 15 से अधिक नाटकों का मंचन किया। जिसमें चन्द्रगुप्त, स्कन्दगुप्त, सुभद्रा-हरण, सत्य हरिश्चन्द्र आदि महत्त्वपूर्ण थे। जयशंकर प्रसाद के नाटकों का भी इस मण्डली ने मंचन किया। आगे चलकर बनारस हिन्दू विश्वविद्यालय के "विक्रम परिषद् (1939)" के साथ इसे मान्यता प्रदान कर दी गयी। जिससे स्त्री पात्रों के लिए स्त्रियों का चयन ही किया जाने लगा। जबकि इसके पूर्व अभी तक स्त्री पात्रों के लिए भी पुरुष को ही स्त्री की वेशभूषा में अभिनय के लिए उतारा जाता था। बनारस की तरह ही इलाहाबाद भी धीरे-धीरे रंगमंच का केन्द्र बन गया। यहाँ की 'श्री रामलीला नाटक मण्डली', 'हिन्दी नाट्य समिति' और 'आर्य नाटक सभा' ने कई नाटकों का मंचन करके अपनी एक अलग पहचान बनायी। बाद में देखादेखी कानपुर और पटना में भी नाट्य समितियों की स्थापना हुई। जिसमें कानपुर की 'कानपुर एकेडमी ऑफ ड्रामेटिक आर्ट्स' तथा बिहार में 'पटना नाटक मण्डली' प्रमुख रही।

हिन्दी रंगमंच के विकास की प्रमुख प्रवृत्तियाँ

भारतेन्दु युग

हिन्दी साहित्य के इतिहास में भारतेन्दु काल को भारतीय पुनर्जागरण का न सिर्फ़ आधार बिन्दु माना जाता है। अपितु नाटक लेखन और मंचन का स्वर्ण युग भी। यह वह समय था जिसमें सिर्फ़ नाट्य-लेखन ही नहीं हुआ बल्कि नाटकों के मंचन को एक प्रमुख आधार भी मिला। स्वयं भारतेन्दु नाटक के क्षेत्र में सिर्फ़ एक रचनाकार के रूप में नहीं उभरे अपितु वे स्वयं एक चलती-फिरती संस्था थे। पारसी रंगमंच का स्वरूप व्यावसायिक था, लेकिन भारतेन्दु ने अपने नाटकों का स्वरूप अव्यावसायिक ही बने रहने दिया।

भारतेन्दु के नाटकों की सबसे प्रमुख विशेषता यह रही कि इन्होंने अपने नाटकों के विषय में परम्परा और आधुनिकता का समामेलन करते हुए अपने विषय को दर्शकों के सामने रखा। यह सब करते हुए वे लोक परम्परा के उन तत्त्वों को भी नहीं भूले। जो कहावतों, मुहावरों और लोकगीतों के माध्यम से दर्शकों और पाठकों के जेहन में पहले से मौजूद थे। यद्यपि वे ग्रीक नाट्य परम्परा शैली से प्रभावित थे, लेकिन इनकी रंगमंच की सम्पूर्ण पात्र योजना भाषा के स्तर पर, संवाद के अवसर पर, कथानक के अवसर पर और अभिनेता के तौर पर भारतीयता के मूल्यों के अनुसार ही बनी रही।

पारसी थियेटर

हिन्दी रंगमंच के विकास में पारसी थिएटर को अलग करके इसके इतिहास को नहीं समझा जा सकता। भारतेन्दु के उलट पारसी थिएटर यद्यपि शुद्ध व्यावसायिक था। इसलिए अपने मंचन के दौरान इस थिएटर में उन सब मौलिक रंग पद्धतियों का प्रयोग किया गया जो एक व्यावसायिक रंगमंच के लिए आज की ज़रूरत है। हिन्दी रंगमंच की तुलना में पारसी थिएटर में हिन्दी-उर्दू मिश्रित संवाद, लोकरंग, शेरो-शायरी अभिनेयता, अति नाटकीयता, गीत-संगीत, चमत्कारिक ध्वनि, प्रकाश-सज्जा आदि पर अत्यधिक बल दिया जाता है। लक्ष्मीनारायण लाल लिखते हैं कि "आगा हश्र, राधेश्याम कथावाचक, नारायण बेताब के नाटक पूरे हिन्दी भाषी क्षेत्र के लिए दशकों तक आकर्षण का केन्द्र रहे"। क्योंकि इनकी भाषा और शैली का उपयोग दर्शक के पसन्द-नापसन्द को ध्यान में रखकर किया जाता था।

इस सब के बावजूद पारसी थिएटर को उतनी मान्यता नहीं मिली। जितनी भारतेन्दु के नाटकों को मिली। इसका कारण यह रहा कि राष्ट्रीय आन्दोलन के विकास में जिस राष्ट्रीय संस्कृति और मर्यादावाद को बल दिया गया। उसके अन्तर्गत पारसी थिएटर फिट नहीं बैठते थे। इनकी व्यावसायिक पद्धति भारतीय सांस्कृतिक मूल्यों के अनुकूल नहीं थी। इसलिए लोगों ने इस थिएटर की जमकर भर्त्सना की। लक्ष्मीनारायण लाल लिखते है कि "हिन्दी में अतिशुद्धि एवं अर्थ-भावना के कारण पारसी रंगमंच को हिन्दी ने अपना नहीं माना और रंगमंच-दर्शक, रंगमंच-नाटक, विषयवस्तु-नाटक, पाठक-दर्शक व्यवसाय-साहित्य के बीच करीब 50 वर्षों का भयानक अन्तराल पैदा कर दिया।"

लेकिन व्यावसायिकता के रंग में रंगे पारसी थिएटर का प्रभाव लोगों के मन में इतना गहरा बैठ चुका था कि भारतेन्दु और प्रसाद के नाटक इसकी उपस्थिति को नकार नहीं सकते बल्कि जाने-अनजाने अपने नाटकों को पॉपुलर बनाने के लिए इन लोगों ने भी पारसी थिएटर की उस अभिनय-शैली, रंग-शैली और गीत-संगीत को अपना लिया, जिससे उनके नाटकों में एक संजीदगी बनी रहे और लोगों का आकर्षण इसके प्रति कम न हो।

प्रसाद के नाटक और हिन्दी रंगमंच

हिन्दी साहित्य के इतिहास में उपन्यास के लिए जो स्थान प्रेमचन्द, आलोचना के लिए आचार्य रामचन्द्र शुक्ल का है वही स्थान नाटक के लिए प्रसाद का है। हिन्दी नाटकों और रंगमंच की कल्पना प्रसाद के नाटकों की चर्चा किये बिना नहीं की जा सकती है। हिन्दी नाटकों की दुनिया में प्रसाद का वही स्थान है जो अंग्रेजी के लिए शेक्सपियर का। प्रसाद उस नवजागरण चेतना के आधारस्तम्भ है जो राष्ट्रीय सांस्कृतिक चेतना को अभिव्यक्ति प्रदान करती है। प्रसाद ने अपने पूर्ववर्ती उन सभी नाटककारों चाहे वह भारतेन्दु रहे हो, हरिकृष्ण जौहर रहे हो, पारसी थिएटर की व्यावसायिक पद्धति रही हो। इस सबके बीच उन्होंने अपनी एक नयी शैली विकसित की। जो गम्भीर साहित्य नाट्यलेखन पर जोर देती थी और रंगमंच की समस्या को निर्देशक और अभिनेता की व्यक्तिगत कोई योग्यता पर छोड़ देती थी। प्रसाद ने नाटक के बारे में साफतौर पर लिखते हुए कहा कि "नाटक के लिए रंगमंच होना चाहिए, न की रंगमंच के लिए नाटक" इसने सब के बावजूद इनके नाटकों में पर्याप्त रंग और नाटकीयता उपलब्ध रही। जो भारतीय पद्धति के रंगमंच को नकारते हुए भी उससे प्रभावित दिखाई देते हैं। वहीं पॉपुलर नाटकों की नाटकीयता और गीतों की बहुलता भी बरकरार रही।

पश्चिम के नाटककारों में प्रसाद शेक्सपियर एवं बर्नार्ड शॉ के नाटकों से प्रभावित दिखाई देते हैं। तो वहीं राष्ट्रीय-सांस्कृतिक विरासत को बचाये रखने के लिए भरतमुनि के 'नाट्यशास्त्र' के अनेक तत्त्वों को अपने नाटकों में शामिल किया। हिन्दी रंगमंच के इतिहास में प्रसाद के नाटकों को नजरअन्दाज करना वैसा ही होगा जैसा हिन्दी उपन्यासों की दुनिया से प्रेमचन्द के नाम को मिटा देना।

यह बात भी सही है कि मंचन की दृष्टि से प्रसाद के नाटक थोड़े जटिल हैं। जिसकी वजह से मंचन में एक अवरोध पैदा होता है। इसका कारण पात्रों की बहुलता, कठिन दृश्य विधान, समानान्तर कथाओं पर चलते रहने आदि से अभिनेयता के लिए मंचन में अवरोध पैदा हो जाता है। लेकिन निर्देशकों ने यह माना कि जो निर्देशक प्रसाद के नाटकों को नहीं कर पाते हैं तो यह हिन्दी रंगमंच की कमी है न कि प्रसाद के नाटकों की। ऐसा कहने वालों में सबसे प्रमुख्य नाम इब्राहिम अल्काजी का है।

कुल मिलाकर भारतेन्दु और प्रसाद के नाटकों का विकास किये जाने के लिए स्वाभाविक-सांस्कृतिक रंगमंच का विकास किया जाना एवं एकसमान दृष्टि से वेतन का बढ़ना नाटक के विकास के लिए अत्यन्त आवश्यक है।

इप्टा (IPTA)

इंडियन पीपल थिएटर एसोसिएशन (IPTA) के नाम से जाने जाने वाले इस थिएटर ग्रुप की स्थापना 25 मई, 1945 को मुम्बई में हुई थी। इस एसोसिएशन का जन्म विश्वव्यापी फाँसीवाद के विरोध में हुआ था। आजादी की लड़ाई में भी इसकी भूमिका सराहनीय रही। इसका नामकरण रोम्या रोला की पुस्तक "पीपल थिएटर" के आधार पर किया गया था। इस थिएटर ग्रुप ने प्रगतिशील मानवीय मूल्य को अपनाते हुए, अन्धविश्वास, धर्म के ठेकेदारों, छुआछूत, साम्प्रदायिकता आदि जैसे मुद्दों पर अपने मंचन द्वारा जमकर कुठाराघात किया। हिन्दी, उर्दू अथवा अन्य भारतीय भाषाओं के लगभग सभी प्रगतिशील लेखक, बुद्धिजीवी साहित्यकार, प्रत्यक्ष या अप्रत्यक्ष रूप से इससे किसी-न-किसी रूप में जुड़े रहे। जिसमें कैफी आजमी, राजेन्द्र रघुवंशी, रामविलास शर्मा, रांगेय राघव, सरदार जाफरी, ख्वाजा अहमद अब्बास, उपेन्द्रनाथ अश्क , शबाना आजमी, अंजन श्रीवास्तव, फारुख शेख, पुरुषोत्तम अग्रवाल आदि लोगों के नाम प्रमुख हैं। बलराज साहनी इस ग्रुप से जुड़े एक महत्त्वपूर्ण अभिनेता थे। आम जनता के प्रति अपनी प्रतिबध्यता को बनाये रखने में इसकी भूमिका ऐतिहासिक है। आज भी देश के विभिन्न क्षेत्रों में राष्ट्रीय एकता को अक्षुण्ण रखने में इसका योगदान है। अपनी समकालीन कृतियों और रचनाओं के साथ रंगमंच की दुनिया में इप्टा आज भी सक्रियता के साथ संलग्न है।

पृथ्वी थिएटर

पृथ्वी थिएटर की संकल्पना 1944 में पृथ्वीराज कपूर द्वारा की गयी थी। फिल्म की कमाई से मिलने वाला सारे धन को पृथ्वीराज कपूर ने इस थिएटर की स्थापना में लगा दिया, लेकिन मुम्बई में ही नहीं बल्कि भारत भर में आज पृथ्वी थिएटर की अपनी एक अलग पहचान है। रंगमंच की दुनिया में एक बड़े प्लेटफार्म के साथ पृथ्वी थिएटर नये कलाकारों को उभरने और उनको सामने लाने के लिए जो मंच प्रदान करता है। उतना शायद ही कोई निजी मंच करता होगा। इसने देश के अलग-अलग जगहों पर अपने नाटकों का मंचन कर यह भी सिद्ध कर दिया कि जगह नहीं, सोच बड़ी होनी चाहिए। रास्ते अपने आप बन जाते हैं। इस थियेटर ग्रुप ने शकुन्तला, दीवार, आहुति, कलाकार, पठान, किसान, दत्ता, पैसा आदि नाटकों का कई जगहों पर मंचन किया।

पृथ्वी थिएटर पारसी थिएटर के बाद एक ऐसा मंच है जो अपने नाटक दल के सदस्यों को प्रस्तुतियाँ करने के लिए सारे उपकरण, रंग-सज्जा, प्रकाश-सज्जा से जुड़ी सारी सामग्री प्रदान करता है। जिससे इसकी प्रमाणिकता और प्रभावशीलता बनी रहे। पृथ्वी थिएटर से जुड़े कुछ प्रमुख कलाकारों के नाम हैं जोहरा सहगल, राज कपूर,

प्रेमनाथ, शम्मी कपूर, सुदर्शन सेठी, श्रीराम, नादिरा जहीर बब्बर, सोंनाली कुलकर्णी, अनुराग कश्यप, मकरन्द देशपाण्डे आदि। इनके नाटकों की विशेषताएँ थीं कि यह पूँजीवाद के विकृत स्वरूप, साम्राज्यवाद के विरोध, सामन्तवादी मानसिकता आदि को अपने मंचन का आधार बनाया।

आज पृथ्वी थिएटर की कमान कपूर परिवार की ही संजना कपूर के हाथों में है। जो पूरी प्रतिबद्धता के साथ इस कार्य को आगे बढ़ाने में संलग्न है। समय-समय पर अखिल भारतीय स्तर पर यह थियेटर फेस्टिवल आयोजित करता है। इसके कई थियेटर फेस्टिवल दिल्ली और मुम्बई में हो चुके हैं।

राष्ट्रीय नाट्य विद्यालय (NSD)

भारत में रंगमंच के उत्तरोत्तर विकास को देखते हुए संगीत नाटक अकादमी द्वारा अप्रैल, 1959 में दिल्ली के मण्डी हाउस स्थित राष्ट्रीय नाट्य विद्यालय की स्थापना की गयी। इस विद्यालय ने न सिर्फ़ कई महत्त्वपूर्ण रंग प्रतिभाओं, अभिनेताओं, निर्देशकों को जन्म दिया बल्कि नाटकों के विकास एवं इसके मंचन के लिए इसका योगदान देश में ऐतिहासिक है।

अभिनय की बारीकियों को सीखने के लिए इस विश्वविद्यालय में 1964 में रंगमण्डल की स्थापना की गयी। यह रंग-मण्डल भारत के मुख्य शहरों में अपनी प्रस्तुति तो करता ही है साथ-ही-साथ विदेशों में भी इसकी प्रस्तुतियाँ होती रहती है। देश विदेश से आये प्रमुख नाटकों, रंगमंच कलाकारों को अपनी प्रतिभा का प्रदर्शन करने के लिए अन्तरराष्ट्रीय स्तर पर यह एक मंच भी प्रदान करता है, जिसे अन्तरराष्ट्रीय रंगोत्सव के बैनर तले आयोजित किया जाता है।

इस नाट्य विद्यालय के प्रथम निर्देशक 'इब्राहिम अल्काजी' थे। जिन्होंने रंगमंच को साहित्य जगत् और कला-जगत में न सिर्फ़ प्रतिष्ठित किया बल्कि इसे अन्तरराष्ट्रीय फलक प्रदान किया। इस विद्यालय की सबसे बड़ी विशेषता यह है कि यह आधुनिक तकनीकों से युक्त है। प्रकाश और ध्वनि का जिस तरह से इस्तेमाल किया जाता है उसका स्वरूप अन्तरराष्ट्रीय है। इसीलिए अभिनेयता की बारीकियों को सीखने वाले सभी कलाकारों को यहाँ वह मंच मिलता है जो अन्य जगहों पर नहीं मिल पाता। यही कारण है कि कठिन से कठिन नाटकों को इन बारीक तकनीकी सामग्रियों के साथ मंचन किया जा सकता है। जयशंकर प्रसाद के नाटक इसका सबसे बड़ा उदाहरण है। कहना ना होगा आज के औद्योगिकीकरण में रंगमंच और साहित्य यदि आज भी अपनी पैठ बनाये हुए हैं। तो उसमें राष्ट्रीय नाट्य विद्यालय की भूमिका बहुत ही महत्त्वपूर्ण है।

मोहन राकेश और हिन्दी रंगमंच का विकास

हिन्दी रंगमंच की दुनिया में मोहन राकेश एक ऐसा नाम है जिसके बिना हिन्दी रंगमंच के इतिहास को पूरा-पूरा पढ़ा नहीं जा सकता। इनकी अप्रतिम कृति 'आधे-अधूरे' अपने आप में एक ऐसी अद्‌भुत कृति है जो एक परिवार के एक ही घर में रहने के बावजूद भी, उनके भीतर अपने-अपने ढंग से फैला हुआ अजनबीपन, अकेलापन पूरे आधुनिक समाज को एक नयी परिभाषा देता है। और समाज के उन रिश्तों को खोलने का अवसर भी प्रदान करता है। जो आज कहीं-ना-कहीं टूट-चिटक रहा है।

मोहन राकेश की सबसे बड़ी विशेषता यह थी कि उन्होंने पश्चिमी रंगमंच के जानकार होते हुए भी इससे अलग अपने मौलिक चिन्तन के आधार पर अपनी एक अलग शैली विकसित की। जो पूरी तरह से भारतीय है। मानवता के तत्त्व अधिक मात्रा में होने के साथ-साथ इन्होंने तकनीक और योजना के स्तर पर भी अपनी एक अलग शैली विकसित की।

'आषाढ़ का एक दिन' की भूमिका में लिखते हुए मोहन राकेश कहते हैं "हिन्दी रंगमंच को हिन्दीभाषी प्रदेश की सांस्कृतिक मूर्तियों और आकांक्षाओं का प्रतिनिधित्व करना होगा। रंगों और राशियों के हमारे विवेक को हमारे दैनिक जीवन के रंग के साथ प्रस्तुत करना होगा। हमारे सन्देशों और उसके भाव को व्यक्त करने के लिए इस तरह के रंगमंच की आवश्यकता है जो पहले से कहीं अधिक प्रभावी हो" इसका प्रयोग वे अपने नाटक 'लहरों के राजहंस' और 'आधे अधूरे' में भी किया।

मोहन राकेश की यह रंग दृष्टि इतनी अधिक सफल कि इसने हिन्दी नाटक और रंगमंच की दुनिया में एक नये मुहावरों को जन्म दिया। कई मायनों में इनके नाटक सिर्फ़ एक चरित्र के सभी अंगों की प्रस्तुति मात्र मनचाहे संवादों के साथ करते हुए दीखते हैं अपितु ध्वनियों और प्रकाश सज्जा के माध्यम से पूरी संवाद योजना को भी अभिव्यक्त करते हैं। जिससे अभिनेता का अभिनय और प्रभावशाली ढंग से इनके नाटकों में उभरकर सामने आता है।

रंगमंच के विकास में अन्य संस्थाओं का योगदान

रंगमंच की बढ़ती हुई लोकप्रियता को देखकर के देशभर में कई नाट्य मन्दिर और रंगमंच केन्द्रों की स्थापना की गयी। इनमें से दिल्ली स्थित श्री राम सेंटर के साथ-साथ देशभर में फैले 'नया थियेटर', 'अनामिका', 'जन नाट्य मंच', 'अभियान', 'प्रयोग', 'रूपान्तर', 'मेघदूत', 'प्रतिदिन' आदि ऐसे नाट्य समूह हैं। जिसने रंगमंच के क्षेत्र में अपनी एक अलग पहचान बनायी है। समय-समय पर ये नाट्‌य समूह विभिन्न जगहों पर नाटकों का मंचन करते रहते हैं। परिणाम यह हुआ

कि हिन्दी नाटक समूह द्वारा ओम शिवपुरी, सुधा शिवपुरी, मोहन महर्षि, मनोहर सिंह, राम गोपाल बजाज, जोहरा सहगल, वी.वी. कारन्त आदि जैसे व्यक्तियों ने रंगमंच के क्षेत्र में अपनी अभिनेयता और निर्देशक के रूप में एक अलग पहचान बनायी। प्रसिद्ध रंगमंच कलाकार हबीब तनवीर द्वारा स्थापित 'नया थियेटर' द्वारा छत्तीसगढ़ के आदिवासियों को लेकर के हिन्दी लोक परम्परा और आदिवासी लोक परम्परा को माध्यम बनाकर जिस तरह नाटकों की प्रस्तुतियाँ की गयी, वह अपने आप में अद्‌भुत है।

नुक्कड़ नाटकों में हिन्दी रंगमंच का विकास

भारतीय रंगमंच से पश्चिमी थिएटर के प्रभावों को खत्म करने और अपनी जड़ों की तरफ लौटने की कोशिश छठे दशक में ही प्रारम्भ हो गयी थी। इसका कारण आम बोलचाल की भाषा के माध्यम से लोगों तक अपनी पहुँच बनाने का प्रश्न सबसे बड़ा बन गया था। यद्यपि हमारे नुक्कड़ नाटक जो पश्चिम के बरटोल्ड ब्रेख्त और जर्जी मरियन ग्रोटोवस्की के विचारों से प्रभावित होकर पैदा हुए थे। उसमें भारत की सम्पूर्ण सच्चाई का दिग्दर्शन नहीं हो पाता था। स्वतन्त्रता के बाद देशव्यापी परिस्थितियों के बदलने, शोषण और संघर्ष के विषयों की बाढ़ के कारण इनको अभिव्यक्ति का एक नया धरातल मिला। जो कि पश्चिम की विचार शैली के माध्यम से भारतीय दर्शक और जनमानस तक नहीं पहुँच पाता था। इसीलिए भारतीय नाटककारों ने नुक्कड़ नाटकों की अपनी एक देसी लोकमंचीय शैली विकसित की। जिसमें संगीतात्मकता, सामूहिकता, उन्मुक्तता, लचीलापन आदि गुणों का समामेलन एक साथ दिखाई पड़ता है।

नुक्कड़ नाटकों की अन्य विशेषता यह है कि इसमें राजनीतिक, सामाजिक, सांस्कृतिक और समसामयिक मुद्दों को प्राथमिकता दी जाती है। नाटक और जनता के बीच की दूरी समाप्त न हो, इसलिए इनके माध्यम से ज्वलन्त मुद्दों को उठाया जाता है। इसीलिए एक तरफ जहाँ प्रेमचन्द की कहानियाँ नुक्कड़ नाटकों के केन्द्र में हैं। वहीं कई ऐसे नाटककार भी हुए जिन्होंने समसामयिक विषयों एवं नाट्य लेखन पर अपनी कलम चलायी जिसमें सफदर हाशमी, राधाकृष्ण सहाय, गुरचरण सिंह, स्वदेश दीपक आदि प्रमुख रहे हैं। इन लोगों ने अपने नाटकों को लिखते समय इस बात का हमेशा ध्यान रखते कि हमारे दर्शक वही लोग हैं जो एक मध्यवर्ग की राह चलते है, दफ्तरों और कल-कारखानों से निकले कर्मचारी, मजदूर, विद्यालय-महाविद्यालय में पढ़ रहे छात्र आदि वे तमाम लोग हैं जो कुछ नया तो देखना चाहते हैं, लेकिन साथ ही उसमें समाज की सच्चाई भी हो। इन नुक्कड़ नाटकों की बड़ी विशेषता यह भी है कि यह 30 से 40 मिनट में ऐसी छोटी-छोटी

घटनाओं को उठा कर के जनता के सामने प्रस्तुत कर देते हैं। जिसमें वे सभी नग्न सच्चाई समाहित होती हैं, जिसको समाज के कुछ राजनीतिक ठेकेदार अपने स्वार्थ और अपने वोट बैंक के लिए किसी को आपस में लड़ाने से भी नहीं चूकते। ये नुक्कड़ नाटक समाज की इस सच्चाई को आम जनता के सामने प्रदर्शित कर लोगों की आँख खोलने का काम करते हैं।

नुक्कड़ नाटकों की भाषा छोटे-छोटे दृश्यविधान, भाषा की प्रखरता, गीत-संगीत, प्रभावशाली संवाद, काव्यात्मक शैली और त्वरिता न सिर्फ़ आम जनता को बाँधने में सफल होती है। अपितु आत्मावलोकन के लिए भी विवश करती है। ऐसी अविस्मरणीय भूमिका करने के लिए सफदर हाशमी का नाम प्रमुखता से लिया जा सकता है। आज देश के सम्पूर्ण कोनों में सैकड़ों लोग ऐसे हैं जिन्होंने नुक्कड़ नाटकों के मंचन के द्वारा देश में अपनी एक अलग पहचान बनाई है।

खण्ड - ङ

आलोचना एवं हिन्दी गद्य की अन्य विधाएँ

1. आलोचना : हिन्दी आलोचना का उद्‌भव और विकास, सैद्धान्तिक, व्यावहारिक, प्रगतिवादी, मनोविश्लेषणवादी आलोचना और नयी समीक्षा
   (प्रमुख आलोचक : रामचन्द्र शुक्ल, हजारी प्रसाद द्विवेदी, रामविलास शर्मा और नगेन्द्र)
2. हिन्दी गद्य की अन्य विधाएँ : ललित निबन्ध, रेखाचित्र, संस्मरण, यात्रा वृत्तान्त

1

आलोचना

हिन्दी आलोचना

आलोचना का अर्थ है सम्यक विवेचना। भली-भाँति देखना। किसी भी कृति को सम्यक रूप से, सम्पूर्णता में देखने की प्रवृत्ति ही आलोचना है। कृति भाषा, परम्परा, विषय-वस्तु (Contents) सभी स्तर पर देखी जाती है। आलोचना का अर्थ सापेक्षता में देखना भी होता है। यह कृति को सम्पूर्णता में देखने का माध्यम है। आलोचना का लक्ष्य है रचना के मर्म को पाठक तक पहुँचाना।

हिन्दी गद्य के विकास में आलोचना एक स्वतन्त्र साहित्य विधा के रूप में विकसित हुई। भारतीय काव्यशास्त्र में इसकी एक सुदीर्घ परम्परा थी। रस, अलंकार, रीति, ध्वनि एवं वक्रोक्ति के आधार पर साहित्य की आलोचना की एक परम्परा दिखाई देती है। रचनाओं की टीका के माध्यम से (अर्थ करना-यह भी आलोचना है) टीका पद्धति के रूप में दिखती है। पर रचना को जीवन से जोड़ने वाली प्रक्रिया के रूप में आलोचना का विकास आधुनिक काल में ही हुआ है। काव्यशास्त्रीय आलोचना इस सन्दर्भ में नहीं दिखती। जीवन व रचना के अनिवार्य रिश्ते की खोज ही आलोचना है।

आधुनिक काल की हिन्दी आलोचना को रीतिकाल के लक्षण-ग्रन्थों की परिपाटी विरासत में मिली। लेकिन आलोचकों ने उस परिवारी को छोड़कर नये मार्ग व पद्धतियों की स्थापना की। इसका मूल कारण साहित्य व इसके पाठक वर्ग में ऐतिहासिक बदलाव था। इसमें तीन मुख्य बातें कही गयीं-

(i) आलोचना स्वतन्त्र विधा के रूप में आधुनिक काल में विकसित हुई।

(ii) जीवन व रचना के रिश्तों की खोज की प्रक्रिया में आलोचना का विकास आधुनिक युग में सम्भव हुआ। पुराने औजारों से नये साहित्य व नये पाठकों के साथ न्याय सम्भव नहीं था। अतः वे छोड़ दिये गये। नये औजार तलाशे गये, आधुनिक युग में साहित्य व्यक्ति-सत्ता या वर्ग सत्ता की परिधियों से बाहर निकलकर समाज-सत्ता की वस्तु हो गया। (यह बदलाव का कारक साहित्य प्रकृति में)।

(iii) बड़े पैमाने में पत्र-पत्रिकाओं का प्रकाशन व उसके कारण पाठक वर्ग की अभिरुचि में परिवर्तन हुआ, इसलिए हिन्दी आलोचना का दायित्व इसी नये पाठक समुदाय व साहित्य के प्रति स्थिर हुआ।

कुछ विद्वानों की मान्यता है कि हिन्दी आलोचना का उदय भारतेन्दु के निबन्ध "नाटक" (1883) से हुआ। यही हिन्दी आलोचना का सूत्र बिन्दु है। पर शुक्लजी ने अपने इतिहास में इसके सूत्रपात का श्रेय बालकृष्ण भट्ट व चौधरी बदरीनारायण प्रेमघन को दिया है। 'संयोगिता स्वयंवर' नाटक की आलोचना इन दोनों ने की। कृति के गुण-दोषों को लेकर पहली बार आलोचना की गयी। शुक्लजी के अनुसार, "समालोच्य पुस्तक के विषयों का अच्छी तरह विवेचन करके, गुण-दोषों के विस्तृत विवेचन की चाल उन्होंने चलायी।"

बीसवीं सदी में इन्हीं पुस्तक समीक्षाओं से आलोचना की परम्परा आगे बढ़ी। इस दृष्टि से सन् 1900 में "सरस्वती" का प्रकाशन हिन्दी आलोचना के विकास की महत्त्वपूर्ण घटना है। सन् 1903 में द्विवेदी ने सम्पादन कार्य सँभाला व 'पुस्तक समीक्षा' नामक कालम शुरू किया। इस तरह देखे तो इसके बाद विभिन्न स्थानों से कई पत्रिकाओं का प्रकाशन आरम्भ हुआ जिनमें पुस्तक समीक्षा की परम्परा को विकसित करने के ईमानदार प्रयास हुए। 'सुदर्शन' व 'समालोचक' इस दृष्टि से महत्त्वपूर्ण पत्रिकाएँ हैं।

- हिन्दी आलोचना की शुरुआत पुस्तक समीक्षा से। मानी जाती है जिसका श्रेय–सरस्वती को दिया जाता है।

इन्हीं पत्रिकाओं में प्राचीन व सामयिक साहित्य पर कुछ मूल्यांकनपरक लेख भी प्रकाशित हुए। अतः हिन्दी आलोचना की सही नींव इन्हीं लेखों से पड़ी। हिन्दी कवियों व साहित्य को विषय बनाकर यह शुरुआत हुई। मिश्रबन्धुओं ने इसे प्रारम्भ किया। सन् 1900 में सरस्वती में 'हम्मीर हठ' व श्रीधर पाठक पर तथा 1904 में "समालोचक में महाकवि भूषण पर मिश्रबन्धुओं के लेख प्रकाशित हुए। सन् 1910 में मिश्रबन्धुओं का 'हिन्दी नवरत्न' प्रकाशित हुआ। हिन्दी के नौ कवियों पर पुस्तक भी इसी वर्ष प्रकाशित हुई। विद्वानों की धारणा थी की हिन्दी आलोचना के विकास का महत्त्वपूर्ण चरण इस किताब से है। आलोचना पर यह पहली पुस्तक है। इसमें उन्होंने देव को बिहारी से बड़ा कवि माना था। इस पुस्तक ने हिन्दी में तुलनात्मक आलोचना का भी सूत्रपात किया। 20वीं सदी के आरम्भिक दशकों में देव व बिहारी की श्रेष्ठता का निर्धारण ही प्रान्तों की मुख्य समस्या बनी रही। श्रेष्ठता का निर्णय करने के लिए जो विवाद शुरू हुआ उनमें मिश्रबन्धु, पण्डित पद्मसिंह शर्मा, पण्डित कृष्णबिहारी मिश्र तथा लाला

भगवानदीन ने भाग लिया। रीतिकाल के कवियों को लेकर इस युग में जो विवाद हुआ, उसमें आलोचकों में कवि विशेष की श्रेष्ठता को लेकर मतभेद तो सिद्ध होता है लेकिन संस्कार भेद नहीं।

आलोचना को परम्परागत ठहराव से निकालने का श्रेय अपने युग के सर्वाधिक निर्मम व प्रखर स्वर पण्डित महावीर प्रसाद द्विवेदी को जाता है। परम्परा के दबाव से अधिक उन्हें अपने युग की आवश्यकताओं का ध्यान था। उन्होंने समीक्षा के स्वरूप को अधिक व्यवस्थित किया। नवीन युग की सामाजिक आवश्यकताओं के अनुरूप साहित्य के निर्माण की प्रेरणा दी। सामाजिक उत्थान तथा राष्ट्रीय विकास भावनाओं से युक्त कृतियों को अपनी समीक्षा में प्राथमिकता दी। महावीर प्रसाद द्विवेदी ने हिन्दी समीक्षा के क्षेत्र से नायिका भेद वाली परम्परा को निर्वासित कर एक स्वस्थ, समाजसंयोगी आलोचना का सूत्रपात किया। उन्होंने अपनी आलोचना में रचना की सहजता व उसकी सामाजिक प्रयोजनीयता पर बल दिया। खण्डन-मण्डन, निर्ममता और निर्भीकता महावीर प्रसाद द्विवेदी जी की आलोचना शैली के विशेष गुण हैं।

शुक्ल पूर्व आलोचना की मुख्य प्रवृत्तियाँ हैं–

- ''सैद्धान्तिक ग्रन्थों व निबन्धों का निरूपण'' इस प्रवृत्ति को दिखाने वाले ग्रन्थ हैं–
- 'नाटक भारतेन्दु' (1883), 'छन्द प्रभाकर' जगन्नाथ प्रसाद भान (1897), ''समालोचना'' गंगा प्रसाद अग्निहोत्री (1897)।
- पुस्तक समीक्षाएँ–'सच्ची समालोचना' के नाम से बालकृष्ण भट्ट का निबन्ध 1886 में प्रकाशित हुआ। पत्रिका थी 'हिन्दी प्रदीप।' इसी नाम से 1887 में चौधरी बदरी नारायण प्रेमघन का निबन्ध प्रकाशित हुआ। पत्रिका थी–'आनन्द कादम्बिनी'।
- तुलनात्मक आलोचना–इसके केन्द्र में देव व बिहारी रहे।
- नैतिक एवं उपयोगितावादी दृष्टि–इसके सूत्रधार महावीर प्रसाद द्विवेदी थे।
- अतः शुक्ल पूर्व हिन्दी आलोचना में मुख्यतः दो प्रकार की दृष्टियाँ प्रचलित थीं। पहली–रीतिबद्ध आलोचना दृष्टि जिसका प्रतिफलन तुलनात्मक आलोचना में हुआ। दूसरी–नैतिक उपयोगितावादी जिसमें काव्य रचना व आलोचना दोनों के लिए रीतिबद्ध दृष्टिकोण को व्यर्थ सिद्ध किया गया।

निष्कर्षतः शुक्ल पूर्व आलोचना में कृति के गुण-दोष निरूपण, तुलना शैली

आदि के अतिरिक्त साहित्य की उपयोगिता की परख की ओर भी ध्यान दिया जाने लगा किन्तु कवियों की विशेषताओं व उनकी प्रवृत्तियों की छानबीन अभी आरम्भ नहीं हुई। इसका विकास आगे चलकर शुक्ल युग में हुआ।

शुक्लयुग (1920-1940)

आलोचना की नयी दृष्टि का सूत्रपात आचार्य रामचन्द्र शुक्ल के युग से माना जाता है। उनका कहना था : ''साहित्य जनता की चित्तवृत्ति को बदलता है—आर्थिक, सामाजिक व राजनीतिक। इस कारण साहित्य भी बदलता है।''

हिन्दी आलोचना के क्षितिज पर शुक्लजी का उदय आलोचना के इतिहास की सर्वाधिक महत्त्वपूर्ण घटना थी। शुक्लजी की विहंगम दृष्टि, मीमांसक प्रज्ञा एवं मूल्यवादी आग्रहों के कारण उन्हें आलोचना का युग प्रवर्तक कहा गया है। नन्द दुलारे वाजपेयी ने शुक्लजी को हिन्दी आलोचना का युग प्रवर्तक आलोचक कहा है।''

धीरे-धीरे परिवेश में बदलाव आ गया। इस बीच ऐसी कई घटनाएँ घटीं जो आलोचना के क्षेत्र में बदलाव का कारण बनी मसलन–

'सरस्वती' के सम्पादन से महावीर प्रसाद द्विवेदी ने अवकाश ले लिया। यह एक युगान्तक स्थिति थी। शुक्लजी युगान्त की इसी नोंक पर दिखाई पड़े, जिसने हिन्दी साहित्य का इतिहास बदल दिया।

2. छायावाद का उदय—छायावाद नयी काव्य संवेदना व नये काव्यशिल्प का उन्मेष था।

3. प्रेमचन्द का उदय—साहित्यिक धरातल पर प्रेमचन्द का अवतरण हुआ।

4. भारतीय विश्वविद्यालयों में उच्च शिक्षा के लिए हिन्दी विभागों की स्थापना। वह नये तरीके से विकसित हुई।

इन बदली हुई स्थितियों ने परम्परागत आलोचना के रहे-सहे प्रभाव को भी ध्वस्त कर दिया। इसी समय 'माधुरी', 'मर्यादा', 'सुधा', इन्दु व भी 'शारदा' आदि पत्रिकाओं का प्रकाशन आरम्भ हुआ। इन पत्रिकाओं ने भी हिन्दी आलोचना के इसी दूसरे चरण के विकास में योग दिया। आलोचना के इसी दूसरे दौर को शुक्ल युग कहा गया। यह हिन्दी में वास्तविक आलोचना का प्रस्थान बिन्दु है। शुक्लजी के आते ही आलोचना में तीन महत्त्वपूर्ण परिवर्तन हुए।

(i) साहित्य की रुचि में परिवर्तन।

(ii) आलोचना के केन्द्र में भक्तिकाल की स्थापना।

(iii) साहित्यिक परम्परा का पुनर्गठन हुआ।

शुक्लजी की आलोचना की विशेषता

1. शुक्ल जी ने रस की लोकवादी अवधारणा का सूत्रपात किया। रस का प्रथम प्रयोग भरत ने 2000 वर्ष पूर्व किया था। जिसमें उन्होंने कहा था कि नाट्य आनन्द रचना को पढ़ने पर जो आनन्द प्राप्त होता है वही साहित्यानन्द रस है। अतः एक वैयक्तिक उपलब्धि है। शुक्लजी ने इस वैयक्तिक अवधारणा का विरोध करते हुए लोकवादी अवधारणा का सूत्रपात किया। पहली बार रस विवेचन को मनोवैज्ञानिक आधार मिला। अपने रसप्रवाह में उन्होंने अनुभूति को सर्वोपरि महत्त्व देकर उसे लोकमानस के विस्तृत धरातल पर प्रतिष्ठित किया। साथ ही दो चीजों को स्पष्ट भी किया।

सच्चा साहित्य अनुभूतिपरक होता है। यह अनुभूति लोक से आती है। अतः रस को लोकमानस पर प्रतिष्ठित किया। उन्होंने कहा लोकमानस से इस रूप में आती है कि सामाजिक परम्पराओं से ही हम रस लेते हैं। उदाहरण–राम–सीता के प्रसंग का रस यूरोपीय नहीं हो सकता। अतः रस ग्रहण की परिपाटी समाज संस्कार से आती है। आचार्य ने लोकमानस के व्यापक धरातल पर अनुभूति की प्रतिष्ठा की।

शुक्लजी के लिए काव्य में रसात्मकता का अभिप्राय रागात्मकता या अनुभूतिपरकता का है। उन्होंने कल्पना व बुद्धि की तुलना में अनुभूति को अधिक महत्त्व दिया। आचार्य ने काव्य में अनुभूति को प्रधानता देकर भी उसे आत्माभिव्यक्ति प्रधान अनुभूति से भिन्न सिद्ध किया। सामाजिक अनुभूति वाले पक्ष की प्रतिष्ठा की। आचार्य ने लोकमानस व लोक हृदय के साथ रागात्मक सम्बन्ध को प्रमुखता दी। "लोक हृदय में हृदय के अलग होने की दशा का नाम रस दशा है।" इस प्रकार रस–मार्ग को अन्तर्मुखता से मुक्त कर जीवन के बर्हिमुखी सन्दर्भों से जोड़कर आचार्य ने रस की लोकवादी परम्परा का रसपान किया।

दूसरा शुक्ल ने काव्य प्रयोजन के रूप में लोकमंगल की स्थापना की। साहित्य के समूचे विश्लेषण में लोकमंगल का प्रतिमान लागू किया। आलोचना का कांम साहित्य में लोकमंगल की खोज है। यह लोकमंगल कामना मानवीय दृष्टि से उद्भूत है। यही आधार कवि व काव्य की श्रेष्ठता का आधार है। इस क्रम में उन्होंने करुणा को अत्यधिक महत्त्व दिया क्योंकि इसके बिना लोकमंगल सम्भव नहीं है। करुणा से संचालित लोकमंगल को किसी काम का नहीं माना। लोकमंगल की चेतना के केन्द्र में करुणा है। यह करुणा ही लोकसत्ता व व्यक्तिसत्ता को मिलाने वाला भाव–सूत्र है। यह हमारे भीतर की सामाजिकता को पुष्ट करता है, आत्म प्रसार का कारण है और वही अन्ततः कविता में लोकमंगल का विधान करता है।

साधनावस्था को प्राथमिकता–शुक्लजी जीवन व साहित्य में सिद्धावस्था के विरुद्ध साधनावस्था को प्रमुखता देते हैं। इसे सौन्दर्य का चरम कहते हैं। वे कहते हैं कि जो साहित्य हमें सिद्ध की तरफ नहीं कर्म, संघर्ष व दायित्व की तरफ ले जाता है,वही श्रेष्ठ हो सकता है। इसी आधार पर उन्होंने कबीर पर आरोप लगाये। जो साहित्य सिद्धावस्था, मोक्ष, अनहद नाद की तरफ ले जाता है उसे उपयोगी नहीं। निकृष्ट माना। इसीलिए रीतिकाल संघर्षविहीन सौन्दर्य है। यह सामाजिक पतन से पैदा होता है व पतन की ओर ले जाता है। कविता में जहाँ कर्म सौन्दर्य है साधना है उसे श्रेष्ठ माना।

साधनावस्था के अन्तर्गत आचार्य ने विरुद्धों के सामंजस्य में ही लोक धर्म का सौन्दर्य देखा। इस प्रकार सौन्दर्य की परिधि में रूप के साथ कर्म, शक्ति व शील के सौन्दर्य का भी समाहार हुआ।

शुक्लजी द्वारा पहली बार कवियों की विशेषताओं के अन्वेषण व अन्तःप्रवृत्तियों के उद्घाटन का कार्य शुरू हुआ। उन्होंने अपने विवेचन हेतु सूर, जायसी व तुलसी को चुना।

रहस्यवाद, चमत्कार व वैयक्तिकता पर आचार्य शुक्ल ने निर्मम प्रहार किया।

शुक्ल जी की आलोचना दृष्टि की सीमा

1. शुक्ल जी ने लोकमंगलवादी चेतना के आग्रह के कारण सूरदास व रीतिकाल के कवियों के साथ न्याय नहीं किया।

2. भक्तिकाल की केन्द्रीयता के कारण आचार्य ने अपने समकालीन छायावाद की उपेक्षा ही नहीं की, बल्कि विरोध भी किया।

3. आचार्य शुक्ल की आलोचना दृष्टि में नयी विधाओं के विवेचन की शक्ति क्षीण दिखाई देती है। प्रेमचन्द पर बहुत कम लिखा है और कहानी पर नहीं लिखा है। मन भक्तिकाल में ही केवल लीन था।

इनके बावजूद, व्यापक व सजग दृष्टि और आलोचना को गम्भीर व सूक्ष्म दृष्टि से जोड़ने का ऐतिहासिक कार्य शुक्लजी द्वारा सम्पन्न हुआ। जीवन के प्रति जवाबदेही, मानवतावादी दृष्टिकोण व राष्ट्रीय सांस्कृतिक चेतना की प्रवृत्तियाँ आचार्य शुक्ल की आलोचना दृष्टि में समाहित हैं अपनी सीमाओं के बावजूद शुक्लजी आलोचना के शिखर पुरुष माने जाते हैं। परवर्ती आलोचना उन्हीं के समर्थन व प्रतिरोध में विकसित हुई।

शुक्लोत्तर आलोचना की तीन धाराएँ हैं–

1. स्वच्छन्दतावादी आलोचना।
2. प्रगतिवादी आलोचना।
3. नयी समीक्षा।

1. स्वच्छन्दतावादी आलोचना–पण्डित हजारी प्रसाद द्विवेदी व डॉ. नगेन्द्र ने शुक्लोत्तर आलोचना की बृहद् त्रयी का निर्माण किया, जिसे स्वच्छन्दतावादी धारा के नाम से भी जाना जाता है। यह शुक्लजी की धारणाओं से असहमति के रूप में विकसित हुई। वाजपेयीजी की शुक्लजी से पहली व सीधी टकराहट छायावाद को लेकर हुई। उन्होंने छायावाद को राष्ट्रीय स्वाधीनता आन्दोलन व सांस्कृतिक पुनर्जागरण की साहित्यिक अभिव्यक्ति के रूप में प्रतिष्ठित किया। वैचारिक धरातल पर छायावाद के सामाजिक सन्दर्भ को स्पष्ट करते हुए लिखा–"नयी छायावादी काव्यधारा का भी एक आध्यात्मिक पक्ष है, परन्तु उसकी मुख्य प्रेरणा धार्मिक न होकर मानवीय व सांस्कृतिक है।" आधुनिक काव्य के विकास की ऐतिहासिक तथा सांस्कृतिक व्याख्या तथा उसका विवेचन वाजपेयीजी का विशिष्ट क्षेत्र है। उनकी रचनाओं में 'आधुनिक साहित्य', 'हिन्दी साहित्य बीसवीं शताब्दी', 'नया साहित्य नये प्रश्न', 'महाकवि सूरदास', 'निराला', 'जयशंकर प्रसाद' आदि हैं।

पण्डित द्विवेदी का आचार्य शुक्ल से मतभेद साहित्य के प्रति सम्पूर्ण दृष्टिकोण को लेकर था। साहित्य क्या है? पण्डित, द्विवेदी ने परम्परा व संस्कृति के आलोक में साहित्य की प्रत्येक प्रवृत्ति को व्याख्यायित किया। द्विवेदीजी का दृष्टि भेद सामान्य रूप से भक्तिकाल व विरोध रूप से निर्गुण काव्य को लेकर व्यक्त हुआ। इस दृष्टि भेद को कबीर के भक्ति आन्दोलन और छायावाद सम्बन्धी मान्यताओं के सन्दर्भ में देखा जा सकता है। वस्तुतः पण्डित द्विवेदी ने साहित्यिक परिवर्तनों के मूल में राजनीतिक उथल-पुथल को महत्त्व न देकर एक सांस्कृतिक नैरन्तर्य की प्रतिष्ठा की। वे भक्तिकाल की सगुण-निर्गुण धाराओं को खण्डों में बाँटकर देखने की बजाय एक विराट भक्तिचेतना एवं भक्तिधारा के रूप में समझने का प्रयास करते हैं। उनकी महत्त्वपूर्ण पुस्तकों में हिन्दी साहित्य की भूमिका, आदिकाल, साहित्य सहचर, कबीर आदि हैं।

डॉ. नगेन्द्र अपने दृष्टिकोण में व्यक्तिवादी हैं। उन पर फ्रायडीय मनोविज्ञान का गहरा प्रभाव है। (जीवन की अतृप्तियों को पूर्ण करने का अवचेतनात्मक प्रयास है। अतः रचना एक मनोवैज्ञानिक प्रक्रिया है। बेहतर साहित्य तभी लिखा जा सकता है जब सचेतन मन (Concious Mind) हो। अतः सामाजिक ऐतिहासिक सन्दर्भ व युगबोध उनकी रचनाओं में लगभग अनुपस्थित है। वह कवि की सौन्दर्यानुभूति के स्वरूप विश्लेषण पर दृष्टि टिकाकर बात करते हैं। आलोचना में उन्होंने शास्त्रीय चेतना पैदा की। डॉ. नगेन्द्र ने विशेष रूप से रचना के शिल्प पक्ष की विशेषताओं को उद्‌घाटित किया। आत्मनिष्ठ, प्रगतिमय रचनाओं को सही परिपेक्ष्य में रखने का प्रयास किया। साथ ही रस की, प्राचीन परम्परा की आधुनिक व्याख्या की। नगेन्द्र की आलोचना का क्षेत्र व्यापक है। रीतिकाल से आधुनिककाल तक फैला हुआ। उनकी मुख्य पुस्तकों में भारतीय काव्यशास्त्र की

भूमिका, रस-सिद्धान्त, रीति काव्य की भूमिका, सुमित्रानन्दन पन्त व कामायनी के अध्ययन की समस्याएँ हैं।

अतः समग्रतः नन्द दुलारे वाजपेयी के सिद्धान्त विरोधी, हजारी प्रसाद द्विवेदी के नये इतिहास बोध तथा डॉ. नगेन्द्र की छायावादी काव्य की सरस व्याख्याओं में शुक्लजी की आलोचना पद्धति से टकराहट के दर्शन होते हैं। इस स्वछन्दतावादी आलोचना दृष्टि के विरोध में या भिन्नता में प्रगतिवादी समीक्षा विकसित हुई।

2. प्रगतिवादी आलोचना–राष्ट्रीय व वैश्विक परिस्थितियों के दबाव से सन् 1904 के आस-पास साहित्य के प्रतिमानों एवं उसे विश्लेषित करने वाली दृष्टि में भी बदलाव आया। वैयक्तिकता और कल्पना की अनिवार्यता की प्रक्रिया में जिस प्रगतिवादी आन्दोलन का सूत्रपात हुआ, उसी साहित्य के आदर्श का सामाजिक आग्रह करती हुई एक समीक्षा पद्धति का सूत्रपात हुआ, जिसे मार्क्सवादी व प्रगतिवादी समीक्षा के नाम से जाना जाता है। मार्क्सवादी समीक्षा ने रचना के प्रतिमान, उनके प्रयोजन और उसके स्वरूपगत ढाँचे को नये सन्दर्भों में व्याख्यायित किया।

प्रगतिवादी आलोचना की स्थापनाएँ

1. **साहित्य की प्रयोजनता**–इस पर पुनर्विचार करती है। वह साहित्य को सिर्फ जनता के लिए एवं जनता में भी किसान व मजदूर के लिए आरक्षित मानती है। इसके साथ-साथ साहित्य का प्रयोजन समस्याओं का चित्रण मात्र नहीं वरन् सामाजिक परिवर्तन के द्वारा क्रान्ति लाना है। क्रान्ति चेतना का उन्मेष भी है। यह साहित्य का अन्तिम लक्ष्य रस, आनन्द व तृप्ति को नहीं मानती, वह टकराव, तनाव और सामाजिक परिवर्तन को साहित्य की सार्थकता का मूलाधार मानती है।

2. साहित्य की प्रकृति–परम्परागत दृष्टिकोण में अनुभूति को सार्वभौमिक व शाश्वत माना गया था। जीवन के गम्भीर मसलों में देशकाल का प्रभाव भी पड़ता है।

प्रगतिवादी समीक्षा इस अनुभूति की शाश्वतता व सार्वभौमिकता का निषेध करती हुई उसकी वर्गीय प्रकृति की स्थापना करती है। चूँकि समाज वर्गीय अन्तःचेतना भी वर्गीय व साहित्य भी वर्गीय होता है। इस प्रकार वर्ग के आधार पर साहित्य को देखने व विश्लेषित करने का प्रयास किया गया।

3. प्रगतिवादी आलोचक–प्रगतिवादी आलोचक मानते हैं कोई भी साहित्य अनिवार्यतः राजनीतिक होता है। मार्क्सवाद में मनुष्य की परिकल्पना राजनीतिक प्राणी के रूप में हुई। राजनीति मनुष्य की सामाजिक नियति का निर्धारण करती है। हमारी सम्पूर्ण सामाजिकता राजनीतिक प्रणाली से बँधी हुई है। मार्क्सवादी समीक्षा ने रचना में छिपे राजनीतिक निहितार्थ की व्याख्या की। परिवर्तनशील या यथास्थितिवादी। इस प्रकार अब साहित्य के मूल्यांकन का आधार रूप में सामाजिक-राजनीतिक परिवर्तन में रचना की भूमिका को महत्त्व दिया गया।

4. रचना प्रक्रिया—परम्परागत दृष्टिकोण में इसे अमूर्त व बहुत हद तक दैवीय माना गया था। रचना प्रक्रिया में अमूर्त भावों और कल्पनाशीलता को प्रगतिवादी समीक्षा में चुनौती दी गयी और उसके ठोस स्वरूप की ओर संकेत किया गया। अनुभव की तीव्रता, कल्पना क्षमता और उसे शब्दबद्ध करने की सामर्थ्य भी रचना प्रक्रिया के सोपान कहे जा सकते हैं।

5. वस्तु और शिल्प के सन्दर्भ में—प्रगतिवादी समीक्षा का आग्रह वस्तु के प्रति है। कोई भी रचना अपनी प्राथमिक अवस्था में वस्तु का हिस्सा है। भाव व संवेदन वस्तु के आधार हैं। वे शिल्प को गौण मानते हैं। शिल्प रचना वस्तु से लिपटा हुआ आता है। इसलिए किसी भी रचना की गम्भीरता व महत्ता का आधार उसका वस्तु पक्ष है, न कि शिल्प पक्ष। वस्तु के आधार पर शिल्प के बारीकी चमत्कार भी अर्थहीन होते हैं।

इस प्रकार मार्क्सवादी समीक्षा ने परम्परागत आलोचना में परिवर्तन करते हुए रचना की वर्गीय प्रवृत्ति का निर्धारण किया। इस धारा के आलोचकों से शिवदान सिंह चौहान, प्रकाशचन्द्र गुप्त, रामविलास शर्मा, नामवर सिंह व मुक्तिबोध के नाम उल्लेखनीय हैं।

3. नयी समीक्षा—नयी समीक्षा की पश्चिम में व्यवस्थित धारापहले से जो मौजूद थी। मार्क्सवादी प्रतिमानों की विरोधी है। हिन्दी में कोई धारा नहीं है। मार्क्सवादियों ने उसे नयी समीक्षा कहा जिसमें मार्क्सवाद का विरोध है। पर इसका कोई केन्द्रीय सूत्र नहीं बनता। कई प्रकार के आलोचक इसको नयी समीक्षा मानते हैं।

पश्चिम में नयी समीक्षा मार्क्सवादी समीक्षा के विरोध में विकसित हुई। हिन्दी में नयी समीक्षा जैसी कोई आलोचना धारा नहीं है, फिर भी मार्क्सवादी आलोचना विरोधी एक धारा ज़रूर दिखाई देती है। 'परिमल' (इलाहाबाद की संस्था) ने संगठित रूप से मार्क्सवाद की रचनाओं का विरोध किया। अज्ञेय ने समय-समय पर अपने अनेक निबन्धों व स्थापनाओं में मार्क्सवादी मान्यताओं का खण्डन किया। अत: नयी समीक्षा के अन्तर्गत सच्चिदानन्द हीरानन्द वात्सायन 'अज्ञेय,' साही, रघुवंश, रामस्वरूप चतुर्वेदी, मलयज व रमेशचन्द्र शाह का नाम लिया जा सकता है। इन आलोचकों की अलग-अलग मान्यताएँ हैं, पर औसत मान्यताएँ निम्न हैं :

1. साहित्य आर्थिक ढाँचे व वर्गीय बोध से निर्धारित नहीं होता। इसका कारण यह दिया गया कि—प्रेमचन्द सर्वहारा या किसान वर्ग के नहीं हैं, फिर भी किसान पर सर्वाधिक मुकम्मल ढंग से लिखा। यदि हम साहित्य को वर्गीय मानें तो यह साहित्य निर्माण का सरलीकरण होगा। वे व्यक्ति संवेदन की केन्द्रीय भूमिका को स्थापित करते हैं। यदि आर्थिक या वर्गीय चेतना से निर्मित है तो एकरूपता होनी चाहिए। 1920-40 में प्रेमचन्द और छायावाद साथ-साथ चलते हैं। एक ही सामाजिक आर्थिक ढाँचे में अनेक प्रवृत्तियाँ हैं। इन लोगों ने यान्त्रिकता के स्थान में व्यक्ति संवेदन को मान्यता दी। साहित्य व्यक्ति संवेदन से लिखा जाता है।

2. साहित्य के लक्ष्य की नयी स्थापना–मार्क्सवादी मानते हैं कि साहित्य का लक्ष्य सामाजिक परिवर्तन व क्रान्ति की धारा को बल देना है। सामाजिक परिवर्तन एवं क्रान्ति चेतना का उन्मेष साहित्य का मूल सरोकार है।

नयी समीक्षा वैयक्तिक संवेदन के परिष्कार को साहित्य का लक्ष्य मानती है। अज्ञेय ने लिखा–''समाज के परिवर्तन का आधार राजनीति है, साहित्य नहीं। वह श्रेष्ठ दायित्व उसे मानते हैं जो व्यक्ति के मन को बदलता है। अच्छी रचना का मापदण्ड क्रान्ति का मन नहीं बस संवेदन व संस्कार का परिष्कार है। वह हमारी अनुभूति, कल्पना व मनुष्यता की रक्षा करता है। आस्थाओं की रक्षा करता है।''

असली सवाल मनुष्यों के बारे में नहीं, मनुष्य के बारे में है। इस प्रकार समूहवादी सामाजिकता का निषेध व उसके स्थान पर नयी समीक्षा में व्यक्ति संवेदना को प्रश्रय दिया गया।

3. पाठ पर बल–नयी समीक्षा रचना की अन्तर्वस्तु की तुलना में उसकी बनावट पर ध्यान केन्द्रित करती है। अत: नयी समीक्षा में शब्द, बिम्ब, प्रतीक व भाषा के समग्र प्रभाव को आलोचना की ज़रूरत के रूप में देखा गया है। इस सन्दर्भ में वह रचना की वस्तु की तुलना में उसके शिल्प पर अधिक महत्त्व देती है। नये समीक्षकों का मानना है कि रचना एक निर्मिति है उसे निर्मिति होने के कारण उसके ठोस सन्दर्भ हैं। रचना सिर्फ भाव या विचार नहीं है, उसको आकार देना पड़ता है। आलोचना में निर्मिति के उपकरणों को महत्त्व दिया जाना चाहिए। अत: भाषिक संवेदना व बनावट को महत्त्व दिया गया।

4. रचना की विशिष्टता का स्वीकार–नयी समीक्षा में किसी भी कृति या रचना के मूल्यांकन में ढाँचाबद्ध औसत निर्णयों को अस्वीकार किया जाता है। प्रत्येक कृति की व्याख्या उसकी विशिष्ट भावात्मक व संरचनात्मक प्रणाली के अन्तर्गत किया जाता है। अत: रचना की विशिष्टता को महत्त्व दिया गया।

5. नयी समीक्षा मार्क्सवाद की रचना प्रक्रिया सम्बन्धी मान्यताओं का विरोध करती है। रचना प्रक्रिया प्रत्यक्ष और वस्तुगत धरातल पर व्याख्यायित नहीं की जा सकती। वह एक जटिल मानसिक व्यापार है जिसमें अमूर्तन की महत्त्वपूर्ण भूमिका है। रचना प्रक्रिया में आवेग और क्षण की भूमिका को भी नयी समीक्षा स्वीकार करती है। इस सन्दर्भ में नयी समीक्षा प्रतिभा को (मार्क्सवाद में प्रतिभा सामाजिक गुण) दैवीय वरदान के रूप में भी स्वीकार करती है।

समग्रत: नयी समीक्षा की आधारभूत स्थापनाओं का विरोध करती है। वह आलोचना की परम्परा में निहित प्रगतिशील तत्त्वों का सार ग्रहण करती हुई आलोचना को आर्थिक सूक्ष्म, लचीला व जवाबदेह बनाती है। वस्तुत: मार्क्सवादी

तथा नयी समीक्षा के समन्वित प्रभाव ने हिन्दी आलोचना को एक वयस्कता प्रदान की है। आज हिन्दी आलोचना की स्थिति भारतीय भाषाओं के सन्दर्भ में अपेक्षाकृत अधिक विकसित व सम्भावनापूर्ण है व इसके विकास को लेकर हम आशान्वित हैं।

प्रसिद्ध आलोचक और उनकी आलोचना दृष्टि

आचार्य रामचन्द्र शुक्ल

आचार्य रामचन्द्र शुक्ल को हिन्दी साहित्य के इतिहास का पहला प्रामाणिक आलोचक माना जाता है, बल्कि यह भी कहा जाता है कि वह एक ऐसे समन्वयवादी आलोचक हैं जो रसवाद और लोकमंगलवाद को एक साथ लेकर चलते हैं। इनकी आलोचना में विश्लेषणात्मकता, तार्किकता और प्रमाणिकता का सामंजस्य देखने को मिलता है। 'काव्य में रहस्यवाद', 'रस मीमांसा', 'कविता क्या है' इनकी ऐसी कुछ आलोचनात्मक पुस्तकें हैं, जिससे इनकी सम्पूर्ण रचनात्मक शैली और सिद्धान्तों का पता चलता है, शुक्ल जी रामचरितमानस की व्याख्या करते हुए कहते हैं कि तुलसी की सम्पूर्ण दृष्टि सामाजिक और सांस्कृतिक धरातल पर टिकी हुई है। इसी आधार पर वह कहते हैं कि तुलसी समन्वयवादी कवि है। दूसरा वे अपनी आलोचना का आधार संस्कृत काव्यशास्त्र और पश्चिमी काव्यशास्त्र की उस समन्वय भावना को बनाते हैं जिसके आधार पर वह कहते हैं कि "कविता भाव का योग है उसे ज्ञान योग कर्म योग के समकक्ष नहीं रखना चाहिए"। आचार्य शुक्ल मानते हैं कि रस को काव्य की आत्मा माना जाना चाहिए। आचार्य शुक्ल के आलोचना के कुछ महत्त्वपूर्ण बिन्दु इस प्रकार हैं–

1. प्रबन्ध-काव्य और मुक्तक काव्य में अन्तर करते हुए आचार्य शुक्ल कहते हैं कि मुक्तक काव्य को इतना महत्त्व नहीं दिया जा सकता, जितना कि प्रबन्ध-काव्य को दिया जाना चाहिए, क्योंकि प्रबन्ध-काव्य में लोकमंगल की भावना होती है और इस योजना का जितनी व्यापकता से निस्तारण हो सकता है, उतना मुक्तक-काव्य में सम्भव नहीं है।
2. कविता में प्रतीकवाद और रहस्यवाद को महत्त्व नहीं देते। कारण काव्य में इससे स्पष्टता नहीं आती है।
3. अलंकारों और बिम्बों पर चर्चा करते हुए वे कहते हैं कि एक सफल काव्य में बिम्ब का होना अनिवार्य है। लेकिन अलंकार का प्रयोग उतना ही किया जाना चाहिए जितना उपयोगी है। क्योंकि अलंकार से भाषा की लालिमा तो बढ़ाई जा सकती है लेकिन उसकी अर्थवत्ता में बहुत इजाफा नहीं होता है।

4. काव्य में लोकमंगल की साधना के महत्त्व को स्पष्ट करते हुए उन्होंने कहा कि कविता में नाम बोधक की जगह गुण बोधक शब्दों का प्रयोग होना चाहिए। जिससे कि वह जनमानस के हृदय के करीब पहुँच सके।
5. गद्य के सन्दर्भ में उनका कहना है कि "यदि गद्य कवियों की कसौटी है, तो निबन्ध गद्य की कसौटी"। इस बात को और आगे स्पष्ट करते हुए उन्होंने कहा कि भाषा की सम्पूर्ण शक्ति का विकास निबन्धों के माध्यम से ही सम्भव है न कि कविता के माध्यम से।

इसके अलावा आचार्य शुक्ल ने तुलसीदास, सूरदास, मलिक मोहम्मद जायसी और साहित्य के इतिहास पर भी कुछ व्यवहारिक आलोचनाएँ की, जिसको इन्होंने अपनी अलग-अलग पुस्तकों के माध्यम से व्याख्यायित किया, जैसे :

1. अपनी पुस्तक **हिन्दी साहित्य के इतिहास** में उन्होंने लिखा कि भक्ति आन्दोलन के उद्‌भव के पीछे इस्लामी आक्रमण जिम्मेदार था। जिसके चलते भक्तिकाल का उदय हुआ। उन्होंने लिखा है कि "अपने पौरुष से हताश जाति के पास भगवान की करुणा और शक्ति में ध्यान लगाने के अतिरिक्त कोई दूसरा मार्ग ही क्या था"।

2. तुलसी को भक्ति साहित्य का ऐसा समन्वयवादी कवि मानते हैं। जो साहित्यिक रचनाशीलता के सर्वोच्च शिखर पर विराजमान है। वहीं जायसी का रहस्यवाद सर्वव्यापी है।

3. शुक्ल जी ने जितना महत्व रामचरितमानस और पद्मावत को दिया उतना सूरदास और कबीर को नहीं दिया। उनका मानना था कि सूरदास और कबीर के दोहे मुक्तक के रूप में होने के कारण वह प्रभाव नहीं पैदा कर पाते। जो एक प्रबन्ध काव्य के माध्यम से पैदा किया जा सकता है। लेकिन उन्होंने यह ज़रूर कहा कि सूरदास श्रृंगार और वात्सल्य के अप्रतिम कवि हैं। लोकरंजन उनकी कविता का सबसे बड़ा गुण है। वही कबीर की कविताओं पर टिप्पणी करते हुए उन्होंने कहा कि कबीर की अक्खड़ता में नाथपन्थियों का प्रभाव है जो कि भक्ति आन्दोलन में पहले से मौजूद था, इसीलिए उनकी कविताएँ प्रत्यक्षवादी ज्यादा और भाववादी कम लगती है।

कुल मिलाकर कहा जा सकता है कि आचार्य रामचन्द्र शुक्ल हिन्दी आलोचना में वही क्रान्ति करते हुए दिखाई देते हैं। जो हिन्दी उपन्यास जगत् में प्रेमचन्द करते है। उन्होंने सैद्धान्तिक और व्यावहारिक आलोचना का मार्ग प्रशस्त करते हुए कहा कि आलोचना दृष्टि का विकास न सिर्फ़ भारतीय संस्कृति के मापदण्डों के अनुसार होना चाहिए अपितु पश्चिमी मापदण्डों को भी ध्यान देने की ज़रूरत है। जिसके धरातल पर साहित्य की आलोचना को सम्पूर्ण व्यवहारिकता के साथ देखा और परखा जा सके।

आचार्य हजारी प्रसाद द्विवेदी

शुक्लोत्तर आलोचना को जिस आलोचक ने सर्वाधिक समृद्ध किया उसमें हजारी प्रसाद द्विवेदी का नाम सबसे महत्त्वपूर्ण है। हजारी प्रसाद द्विवेदी की आलोचना दृष्टि को ऐतिहासिक आलोचना दृष्टि की श्रेणी में रखा गया। परिवेश के आधार पर यदि इनकी आलोचना दृष्टि का मूल्यांकन किया जाये तो एक तरफ इनमें वामपन्थ का प्रभाव दिखाई देता है तो दूसरी तरफ छायावाद और रहस्यवाद का प्रभाव भी। शायद इसीलिए परम्परा और सांस्कृतिक निरन्तरता इनकी आलोचना दृष्टि के केन्द्र में है।

आलोचना कर्म पर प्रकाश डालते हुए आचार्य द्विवेदी लिखते है कि "मनुष्य ही साहित्य का लक्ष्य होना चाहिए" अर्थात् उनकी दृष्टि में मनुष्य वह प्राणी है जो अपनी परिस्थितियों और बाह्य अभिव्यक्तियों में संचरण करते हुए भी अपनी मूल भावना को नहीं त्याग पाता। अखण्डता और अविच्छिन्नता को अपनी आलोचना कर्म का अंश मानते हुए भारतीय संस्कृति और साहित्य को ही आलोचना का मुख्य माध्यम माना। इनकी आलोचना दृष्टि को समझने के लिए जिन प्राचीन पुस्तकों का उल्लेख किया जाता है उनमें से 'हिन्दी साहित्य की भूमिका', 'हिन्दी साहित्य का आदिकाल', 'हिन्दी साहित्य उद्‌भव और विकास' के अलावा उन्होंने 'सूर-साहित्य, 'कबीर' जैसे कवियों पर भी आलोचनात्मक पुस्तकें लिखी। इसके अलावा उनके कुछ ऐसे लेख भी हमें पढ़ने को मिलते हैं। जैसे–'अशोक के फूल', 'विचार और वितर्क' जिनके आधार पर हिन्दी में उनके सैद्धान्तिक आलोचना कर्म और सोच को जाना और समझा जा सकता है।

आचार्य द्विवेदी की आलोचना दृष्टि के जो प्रमुख बिन्दु है वह इस प्रकार हैं–

1. द्विवेदीजी ने अपने पूर्ववर्ती आलोचक आचार्य रामचन्द्र शुक्ल के उस साहित्यिक दृष्टिकोण को सिरे से नकार दिया जिसमें उनका कहना है कि आलोचना का अध्ययन स्थान, परिस्थिति, और क्षण पर आधारित होना चाहिए। हिन्दी साहित्य की भूमिका में आचार्य द्विवेदी स्पष्ट रूप में लिखते हैं कि "हिन्दी साहित्य भारतीय चिन्तन धारा का स्वाभाविक विकास है"। इसके लिए संस्कृत, पाली, अपभ्रंश के साथ-साथ, बौद्ध, जैन, नाथ, सिद्ध साहित्य का भी योगदान है। जिससे समन्वयवादी विचारधारा का विकास हुआ। यही भारतीय चिन्तन धारा का मूल भी है। जिसमें भारतीय साहित्यिक-संस्कृति योगदान का भी समावेश है।

2. भक्तिकाल के उद्‌भव के सन्दर्भ में द्विवेदीजी आचार्य शुक्ल की उस मान्यता का भी खण्डन करते हैं कि "भक्ति साहित्य की उत्पत्ति इस्लाम के आक्रमण के फलस्वरूप हुई।" द्विवेदीजी का कहना है कि भक्ति साहित्य "हतदर्प पराजित जाति" का साहित्य नहीं है। वे अपनी पुस्तक "भक्ति काल का उद्‌भव

और विकास" में लिखते है कि "यदि इस्लाम नहीं आया होता तो इस साहित्य का स्वरूप बारह आने वैसा ही होता जैसा आज है।" इस तरह उन्होंने माना कि भक्ति साहित्य तत्कालीन घटनाओं की उपज न हो करके सांस्कृतिक निरन्तरता का अगला चरण है।

3. द्विवेदीजी आचार्य रामचन्द्र शुक्ल से भक्तिकाल की मूल संवेदना को भी लेकर टकराते हुए दिखते है। अपने 'हिन्दी साहित्य के इतिहास' में आचार्य शुक्ल लिखते हैं कि "जबकि प्रत्येक देश का साहित्य वहाँ की जनता की चित्तवृत्ति का संचित प्रतिबिम्ब होता है" वहीं इसके विपरीत द्विवेदीजी मानते हैं कि ऐसी प्रस्तावना 'लोक-चिन्ता' की है। दोनों को यदि बारीकी से देखे तो गुणात्मक अन्तर है। ऐसा भी नहीं है कि शुक्लजी 'लोक' शब्द से परिचित नहीं थे। वे बराबर अपने साहित्य में "लोकमंगल" की बात करते हुए दिखाई देते है। पर उन्होंने व्याख्या के लिए 'जनता' शब्द को चुना। जो समाज के सभी वर्गों और समूचे जनजीवन को समेटता है। जबकि द्विवेदी जी का प्रिय शब्द 'लोक' है। जो जनता के अपेक्षाकृत पिछड़े वर्ग को संकेतित करता है। ऐसे में स्वाभाविक है कि आचार्य शुक्ल के मानक कवि तुलसीदास है। जो जनता के मानक कवि है। जबकि द्विवेदी जी के मानक कवि कबीर है। जो लोक में प्रिय है।

4. आचार्य शुक्ल और द्विवेदीजी में एक बड़ा विरोध कबीर को लेकर भी बना रहा। शुक्ल जी मानते हैं "कबीर की भाषा में वह क्षमता ही नहीं है, जिससे कविता में भाव पैदा हो सके।" जबकि इसके उलट द्विवेदी का कहना है कि कबीर की भाषा में वह कबीरत्व है जिसको स्वीकार कर पाना उतना ही कठिन है, जितना अस्वीकार कर पाना। इसीलिए वे कबीर को वाणी का डिक्टेटर कहते हैं। द्विवेदी जी मानते हैं कि कबीर की भाषा में इतना तेज है जो किसी भी धर्मावलम्बी और रसवादी विचारधारा को ना सिर्फ़ चकनाचूर कर सकती है बल्कि अपनी भाषा से ऐसी तिलमिलाहट पैदा कर देती है कि लोगों को इसके आगे कुछ सूझ नहीं पड़ता है। कबीर की अभी तक जितनी भी आलोचना हुई है उसमें हजारी प्रसाद द्विवेदी की आलोचना अपने आप में सर्वश्रेष्ठ आलोचना मानी जाती है।

5. अपनी पुस्तक "सूर-साहित्य" में सूरदास की रचना प्रक्रिया पर टिप्पणी करते हुए आचार्य हजारी प्रसाद द्विवेदी लिखते हैं कि "सूर के काव्य में जिस तरह की काव्यात्मकता है उसकी प्रकृति को देखते हुए उनकी कृति सूरसागर किसी भी महाकाव्य से कम नहीं है"।

6. आचार्य द्विवेदी की आलोचना दृष्टि में टैगोर के मानवतावादी चिन्तन का भी प्रभाव है। 'अशोक के फूल' नामक निबन्ध में वह लिखते हैं "मनुष्य ही साहित्य का लक्ष्य है"। इसी बात को आगे बढ़ाते हुए वे लिखते हैं कि "निखिल विश्व में एकत्व की साधना ही साहित्य की साधना है"। इस दृष्टि से हम देखें तो उनकी

आलोचना दृष्टि में इतिहास और परम्परा को अधिक महत्त्व दिया गया है। द्विवेदी जी की आलोचना आज के प्रगतिवादी आन्दोलन के सबसे करीब दिखाई पड़ती है। प्रगतिवाद के सन्दर्भ में वे लिखते हुए कहते हैं कि "प्रगतिवादी आन्दोलन बहुत महान उद्देश्य से संचालित है। इसमें साम्प्रदायिक भाव का प्रवेश नहीं हुआ है। अतः इसकी सम्भावनाएँ भी अत्यधिक है"। इस दृष्टि से देखें तो आचार्य द्विवेदी प्रेमचन्द की दृष्टि से उत्प्रेरित जान पड़ते हैं जहाँ प्रेमचन्द यह कहते हुए दिखाई देते हैं कि "साहित्य का लक्ष्य मनुष्य मात्र की सेवा करना है"।

7. द्विवेदीजी ने आलोचना के सैद्धान्तिक और व्यावहारिक दोनों पक्षों पर अपनी कलम चलायी। 'साहित्य के मर्म' नामक निबन्ध इस बात को पूरी प्रमाणिकता के साथ समझा जा सकता है।

समग्रतः कहा जा सकता है द्विवेदीजी ने अपने युग में उस खाली पद को भरने की पूरी कोशिश की। जो आचार्य शुक्ल के विराट व्यक्तित्व के बाद पैदा हुआ था। एक तरफ वे हिन्दी साहित्य को सम्पूर्ण भारतीय परम्परा से जोड़ते हैं दूसरी तरफ जीवन के सम्पूर्ण काव्यात्मक, कलात्मक और ज्ञानात्मक पक्षों को मानवीय मूल्यों से। द्विवेदीजी मूल आलोचनात्मक दृष्टि मानवतावादी है। जबकि शुक्लाजी लोकमंगलकारी। दोनों एक-दूसरे के करीब दिखाई देते हुए भी अलग-अलग हैं। द्विवेदीजी के चिन्तन के केन्द्र में लोक मौजूद है जबकि आचार्य शुक्ल के चिन्तन के केन्द्र में जनता। द्विवेदीजी आधुनिक हिन्दी आलोचकों में प्रगतिशील आलोचकों के जहाँ सबसे निकट जान पड़ते हैं वही भक्तिकालीन साहित्य के भीतर लोकमंगल की जिस तरह स्थापना करते हुए दिखाई देते हैं। इससे इनका व्यक्तित्व और लेखन दोनों ही सर्वश्रेष्ठ बन गया है।

डॉ. रामविलास शर्मा

हिन्दी आलोचना के इतिहास में रामविलास शर्मा का नाम एक प्रगतिवादी आलोचक के रूप में लिया जाता है। इनकी आलोचना का फलक बहुत व्यापक है। अन्तर्विषयक दृष्टिकोण (Interdisciplenary Approch) को अपनाते हुए ये न सिर्फ़ हिन्दी आलोचना को शिखर तक ले गये बल्कि कई ऐसी मौलिक प्रतिस्थापनाये की जो पहले से हिन्दी आलोचना के भीतर मौजूद नहीं थी। हिन्दी आलोचना की व्याख्या करते हुए उन्होंने जिन विषयों को अपनी आलोचना का आधार बनाया। उनमें हिन्दी, संस्कृत, अंग्रेज़ी के साथ-साथ भाषा विज्ञान, इतिहास, समाजशास्त्र, दर्शनशास्त्र, उपनिवेशवाद और मार्क्सवाद जैसे विषयों को भी अपनी आलोचना पद्धति में शामिल किया। साहित्यिक दृष्टि से देखें तो हिन्दी आलोचना के क्षेत्र में रामचन्द्र शुक्ल को सर्वाधिक पसन्द करते हैं। तो वहीं उपन्यासकार के रूप में प्रेमचन्द और कवि के रूप में निराला को अपना प्रिय लेखक मानते हैं। इन तीनों

पर लिखी हुई अलग-अलग पुस्तकें हैं। पुस्तकें ही इनके प्रति उस आत्मीयता को अभिव्यक्त करती हैं। पहला आचार्य शुक्ल और उनकी हिन्दी आलोचना, दूसरा प्रेमचन्द और तीसरा निराला की साहित्य साधना।

डॉ. शर्मा का दृष्टिकोण प्रगतिवादी होने के कारण उनका सीधा-सीधा सम्बन्ध मार्क्सवादी विचारधारा से भी जुड़ता है। मार्क्सवाद को अलग करके इनकी आलोचना दृष्टि का मूल्यांकन नहीं किया जा सकता। इनके अनुसार रचना और कला एक ही है। डॉ. शर्मा का मानना है कि शोषित और उत्पीड़ित वर्ग का साहित्य उतना ही महत्त्वपूर्ण होता है जितना कि समृद्ध वर्ग का। शोषितों के प्रति उनकी प्रतिबद्धता उनके साहित्य की सुन्दरता का मूल प्रतिपाद्य है। इसीलिए सौन्दर्य की आत्मनिष्ठ व्याख्या करते हुए वे कहते हैं कि इसको "व्यष्टि और समष्टि की अन्तर्क्रिया" के रूप में देखना जाना चाहिए।

"भारत में अंग्रेज़ीराज और मार्क्सवाद" नामक प्रसिद्ध पुस्तक में लिखते हुए उनका मानना है कि मार्क्सवाद की पुनर्व्याख्या की जानी चाहिए। इसका मुख्य कारण भारतीय आर्थिक और सामाजिक कारक है। जिसके कारण इसके सैद्धान्तिक पक्ष में आमूलचूल परिवर्तन हुआ है। दूसरा औद्योगिक पूँजीवाद ने जब से वाणिज्यिक पूँजीवाद का रूप ग्रहण कर लिया है। तब से पूजीवाद में मजदूरों के साथ-साथ उन किसानों को ही महत्त्व देना चाहते हैं। जो मार्क्सवाद के एक नये संस्करण के रूप में उभरे हैं।

डॉ. शर्मा की आलोचना की कुछ महत्त्वपूर्ण प्रतिस्थापनाएँ इस प्रकार हैं–

1. सर्वप्रथम साहित्यिक सौन्दर्य पर चर्चा करते हुए वे लिखते हैं कि इससे व्यक्ति और विषय तक सीमित न करके दोनों की अन्त:क्रिया के रूप में देखा जाना चाहिए। साहित्य को भाषा समाज भूगोल और अर्थव्यवस्था से बनने वाली उस जातीय मानसिकता से जोड़कर देखते हैं। जिससे इसका जन्म होता है। इस बात की चर्चा उन्होंने अपने प्रसिद्ध निबन्ध "सौन्दर्य की वस्तुगत सत्ता और सामाजिक विकास" में की है।

2. डॉ. शर्मा ने प्रगतिवादी आलोचना को लोकोन्मुखी चेतना से जोड़ते हुए कहा कि हमारी आलोचना को भारतीय साहित्य की ऐतिहासिक परम्परा के परिप्रेक्ष्य में विवेचित किया जाना चाहिए। इसीलिए मार्क्सवादी विचारधारा से प्रभावित होने के बावजूद भी उनकी आलोचना दृष्टि में यह कभी हावी नहीं हो पाती। इसका सबसे बड़ा उदाहरण उर्वशी की समीक्षा करते हुए वे प्रगतिशील विचारधारा को मानने के बावजूद इसके रस-सिद्धान्त एवं लोकवादी स्वरूप को स्वीकार करने में जरा भी नहीं हिचकिचाते। इसी तरह निराला की प्रतिभा का लोहा मानते हुए स्वीकार करते हैं कि प्रगतिशील आन्दोलन प्रेम की सम्भावना से इनकार नहीं किया जा सकता। जैसा कि उन्होंने लिखा कि प्रेम और प्रगतिशील विचारधारा में कोई आन्तरिक

विरोध नहीं है। लेकिन स्वामी विवेकानन्द से प्रभावित होने वाले क्रान्तिकारी यह समझते आये थे कि क्रान्ति और ब्रह्मचर्य का अटूट सम्बन्ध है। जैसे आजकल के बहुत से कहानीकार और कवि समझते हैं कि आधुनिकता का अटूट सम्बन्ध परकीया प्रेम से है। यही कारण है कि वाल्मीकि, कालिदास, और भवभूति के साहित्यकार गहन विश्लेषण करते हुए दिखाई पड़ते हैं।

3. आचार्य रामचन्द्र शुक्ल को अपना प्रिय आलोचक मानते हुए वे कहते हैं डॉ. शर्मा ने रहस्यवाद और छायावाद में जो विरोध प्रकट किया है वह बिल्कुल जायज है। "परम्परा का मूल्यांकन" निबन्ध में उन्होंने सामन्तवाद विरोधी चेतना और साम्राज्यवाद विरोधी चेतना के परिप्रेक्षय में शुक्ल की आलोचना दृष्टि की पुनर्व्याख्या की। साथ ही आचार्य शुक्ल कि जिस लोक-मंगलकारी दृष्टि का विरोध हिन्दी आलोचना के भीतर हो रहा था उसका प्रत्युत्तर देते हुए डॉ. शर्मा ने आचार्य शुक्ल की आलोचना दृष्टि को नये परिप्रेक्ष्य में रखने की कोशिश की। इतना ही नहीं आचार्य शुक्ल का बचाव करते हुए सीधे-सीधे वे लिखते है कि हिन्दी साहित्य में शुक्लजी का वही महत्त्व है जो उपन्यासकार प्रेमचन्द्र का और कवि निराला का।

4. प्रेमचन्द के लेखन पर प्रकाश डालते हुए डॉ. शर्मा लिखते हैं कि प्रेमचन्द ने साहित्य के भीतर प्रगतिशील मूल्यों की स्थापना करने के साथ-साथ सामन्तवाद विरोधी और साम्राज्यवाद विरोधी चेतना को भी पुनर्गठित किया। यही कारण है कि गोदान को एक कृषक जीवन की त्रासदी न मानते हुए वे होरी और धनिया द्वारा निर्मित दाम्पत्य-जीवन की त्रासदी मानते हैं। इसी क्रम में वे गोदान की तुलना शेक्सपियर के नाटक 'किंगलियर' की त्रासदी से करते हैं साथ ही लिखते हैं कि गोदान नारी की पराधीनता का पर्दाफाश करने वाला उपन्यास है। साथ ही गोदान की कथा में ग्राम और शहरी जीवन के बीच मेहनत की दुनिया और मुनाफे की दुनिया का साफ अन्तर दिखाई देता है।

5. डॉ. शर्मा की आलोचना दृष्टि का सबसे बड़ा उत्थान-बिन्दु था "निराला की साहित्य साधना"। यही वह पुस्तक है जो डॉ. शर्मा को आचार्य रामचन्द्र शुक्ल और आचार्य हजारी प्रसाद द्विवेदी जैसे आलोचकों के समकक्ष लाकर खड़ा कर देती है। 'निराला की साहित्य साधना' में निराला का व्यक्तित्व और कृतित्व परस्पर घुलमिल-सा जाता है। डॉ. शर्मा ने इस पुस्तक में निराशा, पराजय और अन्धकार इन तीनों समीकरणों का जिस तरह से समामेलन किया है। इससे निराला के 'शक्ति, खोज और संघर्ष' तीनों प्रवृत्तियों का दिग्दर्शन होता है। डॉ. शर्मा आगे लिखते हैं कि यही वह प्रस्थान बिन्दु है जहाँ पर निराला के 'ट्रैजिक सेन्स' का भी पता चलता है। जिसके आधार पर उनकी तुलना सूर, तुलसी, टैगोर के काव्य के समानान्तर उनका मूल्यांकन करते हुए दिखाई पड़ते हैं।

रामविलास शर्मा और हिन्दी जातीयता का प्रश्न

डॉ. शर्मा की पहचान सिर्फ़ एक मार्क्सवादी आलोचक के रूप में नहीं है अपितु उन विरले आलोचकों में की जाती है जिन्होंने हिन्दी आलोचना को एक वैश्विक आधार प्रदान किया। सम्पूर्ण हिन्दी आलोचना को उसकी जातीयता के आधार पर विश्लेषित किये जाने पर बल देते हुए उनका कहना है कि हिन्दी आलोचना का महत्त्व तभी बढ़ सकता है। जब उसको एक सांस्कृतिक और भौगोलिक आधार प्रदान किया जाये। डॉ. शर्मा ने "हिन्दी जाति, हिन्दी भाषा, लोक जागरण और नवजागरण' जैसे शब्दों का प्रयोग करके हिन्दी आलोचना को अपनी एक विशिष्ट पहचान दिलाने की भरपूर कोशिश की। आचार्य शुक्ल के यहाँ जातीयता के सांस्कृतिक सन्दर्भ देखने को तो मिलते हैं लेकिन डॉ. शर्मा ने जातीयता के लिए भाषायी महत्त्व को बताते हुए उसके सामाजिक सांस्कृतिक और राजनीतिक पक्षों को भी उजागर किया। इन्होंने अपनी पुस्तक 'लोक जागरण और हिन्दी साहित्य' में हिन्दी-साहित्य की विवेचना करते हुए कहा कि जातीयता का सम्बन्ध 'राष्ट्रीयता' और 'नेशनलिटी' से है इसलिए इसकी व्याख्या इसी सन्दर्भ में की जानी चाहिए।

डॉ. शर्मा ऐसे आलोचक जो किसी रचनाकार और पुस्तक की समीक्षा करते हुए कोई संकोच नहीं करते। वे हिन्दी आलोचकों पर कटाक्ष करते हुए लिखते हैं कि "हिन्दी में क्रान्तिकारी तो बहुत पैदा हुए लेकिन कहीं क्रान्ति नहीं हुई"। भारतीय संरचना में यदि क्रान्तिकारी परिवर्तन चाहिए तो उनका मानना है राष्ट्रीयता का विकास अनिवार्य होना चाहिए। उत्तर भारतीय राज्यों को उन्होंने हिन्दी जाति के रूप में संगठित होने की परिकल्पना की और कहा कि आलोचना को सुन्दर होने के लिए इसे इस सन्दर्भ में समझा जाना आवश्यक है। डॉ. शर्मा के इस जातीय एकीकरण के पीछे रूस की वह सोवियत क्रान्ति थी। जिसमें वहाँ के लोगों को 'रूसी जाति के एकीकरण' के आधार पर एक किया गया। इसी को वे पूर्णतः भारतीय एवं उत्तर-भारतीय जातीय विशेषताओं के सन्दर्भ में विश्लेषित करने की कोशिश करते हैं। जैसा कि उन्होंने 'हिन्दी जाति के पुनर्गठन' नामक निबन्ध में लिखा कि "सवाल यह है कि हिन्दी जाति का अस्तित्व कोई मानता है या नहीं। अगर कोई मुझसे पूछे कि हिन्दी जाति कहाँ रहती है तो मैं कहूँगा कि उत्तर भारत के उन राज्यों में रहती है जहाँ हिन्दी राजभाषा है। बिहार से लेकर मध्य प्रदेश तक और ऊपर दिल्ली, हरियाणा इन राज्यों को मिलाकर हिन्दी प्रदेश बनता है। भारत में जातीय-चेतना के अलग-अलग स्तर हैं। कहीं जातीय चेतना अधिक है तो कहीं कम।''

आगे लिखते हुए वे कहते हैं कि "हिन्दी जाति के पुनर्गठन का अर्थ है। हिन्दी भाषी-राज्यों में हिन्दी को उच्चतम शिक्षा का माध्यम बनाना और अंग्रेज़ी के वर्चस्व को समाप्त करना। यदि निष्ठा का स्थान बदलता है आप जाति-बिरादरी और हिन्दू सम्प्रदाय और मुस्लिम सम्प्रदाय के प्रति कट्टरता कम कर सकते हैं या करते हैं तो

इससे यहाँ पर बड़ा क्रान्तिकारी परिवर्तन होगा। चिन्तन में बहुत बड़ा परिवर्तन होगा। जो सामन्ती, साम्यवादी अवशेष है उनका जो दबाव है वह खत्म होगा।"

इसी जातीय दृष्टिकोण के आधार पर उन्होंने तुलसी को हिन्दी साहित्य के भीतर जातीय स्मृति का सबसे बड़ा कवि माना, जबकि भारतेन्दु-युग, द्विवेदी युग का मूल्यांकन करते हुए उन्होंने लिखा कि भारतीय नवजागरण के एक अंग के रूप में हिन्दी क्षेत्र का नवजागरण हुआ है, इसी तरह छायावाद और प्रगतिवाद आन्दोलन को भी वे हिन्दी जातीयता की सृजनात्मक अभिव्यक्ति का एक रूप मानते हैं।

कुल मिलाकर डॉ. रामविलास शर्मा की पहचान एक ऐसे आलोचक के रूप में होती है। जिसका क्षेत्र और कैनवास न सिर्फ़ बड़ा है बल्कि बहुत व्यापक भी। जो बहुत सारी पुस्तकों को पढ़ने बहुत सारा ज्ञान अर्जित करने और कई सारे सिद्धान्तों को समझने के बाद पैदा हुआ है। इसीलिए इनकी सोच मार्क्सवादी और प्रगतिवादी होने के बावजूद भी प्रकृतिवादी विचारधारा के करीब जान पड़ती है। ये वामपन्थी विचारधारा से प्रभावित होते हुए भी उन सभी भारतीय-सांस्कृतिक, ऐतिहासिक पक्षों को अपनी समीक्षा का आधार बनाया। जिसके आधार पर हिन्दी साहित्य के भीतर इसकी एक अलग पहचान बन सके। इसीलिए वे साहित्य के अन्दर हिन्दी-जातीयता के प्रश्न को उठाते हुए यह सिद्ध करने की कोशिश करते हैं हिन्दी-आलोचना का सीधा सम्बन्ध देशीय होते हुए भी कुछ मात्रा में इसमें पश्चिम का प्रभाव है। जो कि एक सन्दर्भ के रूप में है। न कि भारतीय आलोचना पद्धति को प्रभावित करने के लिए।

डॉ. नगेन्द्र और उनकी आलोचना-दृष्टि

हिन्दी साहित्य के इतिहास में डॉ. नगेन्द्र को सैद्धान्तिक समीक्षा का जनक माना जाता है। हिन्दी आलोचना में इनका पदार्पण उत्तर छायावादी युग में होता है। जब से आचार्य रामचन्द्र शुक्ल का प्रभाव आलोचना के क्षेत्र में कम होने लगा था। डॉ. नगेन्द्र अपनी आलोचना का आरम्भ पारम्पारिक आलोचना से किया था, लेकिन धीरे-धीरे सैद्धान्तिक आलोचना की तरफ मुड़ते चले गये। उत्तर छायावादी युग में साहित्य को जिस त्रयीं ने स्वच्छन्दतावादी आधार प्रदान किया, उनमें नन्द दुलारे वाजपेई, शान्तिप्रिय द्विवेदी के साथ डॉ. नगेन्द्र का नाम भी लिया जाता है। डॉ. नगेन्द्र का महत्त्व छायावाद की स्थापना के प्रारम्भ से लेकर के वैश्विक साहित्यशास्त्र के निर्माण तक रहा है। साथ ही डॉ. नगेंद्र की पहचान एक ऐसे रसवादी आलोचक के रूप में भी होती है जो फ्रायड के के मनोविज्ञान से प्रभावित है। वह साहित्य के उद्देश्य को रस की निष्पत्ति से जोड़ते हुए कहते हैं कि इसका व्यावहारिक जीवन में साधारणीकरण भले हो जाता है, लेकिन इसका स्वरूप मनोवैज्ञानिक ही होता है। इसीलिए सामाजिक-ऐतिहासिक सन्दर्भों की तुलना में वे अनुभूति को अधिक महत्त्व देते हैं। साथ ही समन्वयवादी आलोचना को विकसित करते हुए वर्ग संघर्ष

की तरफ भी आकर्षित होते हैं। प्रगतिवादी विचारधारा भी इन्हें महत्त्वपूर्ण लगती है। लेकिन उनका मानना है कि समाज का विकास वर्गों के भीतर रहकर के सम्भव नहीं, क्योंकि वर्गों में बँटा हुआ समाज एक शुष्क समाज का धोतक है। ऐसे में उनकी व्यक्तिवादी और आत्मविश्वास से भरी हुई आलोचना कई बार सामाजिक आर्थिक सन्दर्भों में एवं युगबोध की प्रासंगिकता के सन्दर्भ में अप्रसांगिक दिखाई देने लगती है। इनकी आलोचना के कुछ महत्त्वपूर्ण बिन्दु निम्नलिखित हैं–

1. डॉ. नगेन्द्र मूलतः रसवादी और व्यक्तिवादी आलोचक है। रसवादी का अर्थ है जो साहित्य और कला की निष्पत्ति का उद्देश्य 'रस की निष्पत्ति' और 'साधारणीकरण' को मानता हो। इनकी सैध्यान्तिक आलोचना का उत्कर्ष बिन्दु 1964 के आसपास देखने को मिला। जब इनकी पुस्तक 'रस-सिद्धान्त' का प्रकाशन हुआ। जिसमें रस निष्पत्ति की प्रतिष्ठा करते हुए उन्होंने लिखा कि "जब तक मानवीय संवेदना की जगह काव्य में किसी अन्य रमणीय तत्त्व को शामिल नहीं कर लिया जाता, तब तक रसवाद एक प्रामाणिक आलोचना सिद्धान्त बना रहेगा।" डॉ. नगेन्द्र का रसवाद आचार्य रामचन्द्र शुक्ल की रचना से अलग है क्योंकि वह 'अनुभूति' को सबसे अधिक महत्व देते हैं और आनन्द को रस-सृजन का माध्यम मानते हैं। इसीलिए रस की व्याख्या करते हैं वे "साहित्य और कला की उत्पत्ति के लिए रस की निष्पत्ति होना आवश्यक है और उसका साधारणीकरण भी।"

2. डॉ. नगेन्द्र की आलोचना पद्धति व्यक्तिवादी होने के कारण इसमें फ्रायड के मनोविज्ञान का भी प्रभाव दिखाई देता है। उनका मानना है जब कोई मनुष्य अचेतन मन में उपस्थित दमित भाव जब जीवन शक्ति से प्रेरित होकर व्यक्त होते है तब साहित्य और कला का जन्म होता है। इसका प्रभाव 'तुलसी और नारी', 'देव और उनकी कविता' तथा 'हरि कृष्ण प्रेमी के नाटकों' में भी देखा जा सकता है। साथ ही, 'कामायनी के अध्ययन की समस्याएँ' नामक पुस्तक में उन्होंने छायावाद की परिभाषा को स्पष्ट करते हुए लिखा कि 'कामायनी की मनोवैज्ञानिक और कलात्मक दृष्टि की तरह से व्यक्त हुई है'।

3. डॉ. नगेन्द्र की सैद्धान्तिक आलोचना का वास्तविक रूप छठे दशक में दिखाई देता है। जब 'साहित्य के मान', 'कविता क्या है', 'साहित्य और धर्म', 'भारतीय काव्यशास्त्र की भूमिका' जैसे निबन्ध सामने आये। इसमें उन्होंने आचार्य शुक्ल के लोकमंगल 'रस मीमांसा' होने के कारण इसको आत्मपरक साहित्य माना। डॉ. नगेन्द्र इसी को आत्मनिष्ठ आनन्दवादी छायावादी कविता का आधार बिन्दु मानते हैं। साथ ही वे मानते हैं कि कविता में अनुभूति का साधारणीकरण का होना आवश्यक है।

4. डॉ. नगेन्द्र नयी समीक्षा आन्दोलन को समझने के लिए 'आई ए रिचड्‌र्स' की पुस्तक 'प्रिंसिपल ऑफ लिटरेरी क्रिटिसिज्म (Principal of Literary Criticism)'

का अनुवाद करते हुए कहते हैं कि "समीक्षा के लिए परम्परा का भी होना आवश्यक है" वे पश्चिम के अन्य प्रमुख सिद्धान्तकार का अरस्तु और लोंजाइनस की ग्रन्थों का भी अनुवाद करते हैं और मानते है कि छायावाद के महत्त्व की स्थापना करने में वैश्विक साहित्यशास्त्र का योगदान है।

5. साहित्य के उद्देश्य को सिद्ध करने के लिए डॉ. नगेन्द्र का मत है कि इसके लिए सामाजिक और ऐतिहासिक परिप्रेक्ष्य को भी समझा जाये। इनकी व्यावहारिक समीक्षा का प्रारम्भ 1937 में 'सुमित्रानन्दन पन्त' नामक ग्रन्थ की समीक्षा से शुरू हुआ है। जिसमें उन्होंने लिखा कि "आचार्य शुक्ल ने जो छायावाद की समीक्षा की थी उसके खण्डन के प्रयास अभी तक कुछ महत्त्वपूर्ण होते हुए भी पर्याप्त नहीं हैं"। वे मानते हैं कि शान्तिप्रिय द्विवेदी छायावाद के रस का आस्वादन तो करा सके लेकिन स्वरूप को स्पष्ट नहीं कर सके। दूसरी तरफ नन्द दुलारे वाजपेयी के सम्बन्ध में लिखते हुए कहते हैं कि वह पहले व्यक्ति थे जिन्होंने निर्भीक और निडर होकर छायावाद को भारत में स्वीकृत और प्रतिष्ठित तो किया, लेकिन उसका सही मूल्यांकन नहीं कर सके। डॉ. नगेन्द्र ने छायावाद की व्याख्या एक अलग दृष्टिकोण से की। जिसमें उनका मानना था कि इसमें आध्यात्मिकता का स्थान मनोविश्लेषण ने ले लिया है तथा कथ्य का स्थान बहुलांश में सिर्फ़ शैली को मिलने लगा है। पन्त पर लिखी डॉ. नगेन्द्र की पुस्तक पर टिप्पणी करते हुए आचार्य शुक्ल ने 'ठीक-ठिकाने की पुस्तक' कहकर उनकी प्रसंशा की। इनकी दूसरी पुस्तक 'कामायनी के अध्ययन की समस्याएँ' भी मनोवैज्ञानिक विवेचन के साथ पूरी गहराई के साथ जुड़ी हुई हैं।

6. अपनी पुस्तक 'रीतिकाल की भूमिका' में डॉ. नगेन्द्र रीतिकाल के सन्दर्भ में लिखते हुए भक्तिकाल और रीतिकाल के जटिल सम्बन्धों को स्पष्ट करते हैं। साथ ही कहते हैं रीतिकाल 'अपराध-बोध' से ग्रसित साहित्य है। एक तरफ इसमें भोगवादी शृंगार है तो दूसरी तरफ नैतिकता-बोध जैसी द्वन्द्वात्मकता भी। रीतिकाल पर उनकी दूसरी महत्त्वपूर्ण पुस्तक थी 'देव और उनकी कविता'। बाद में व्यावहारिक समीक्षा के रूप में 'कुरुक्षेत्र' और 'उर्वशी' उनकी दो अन्य महत्त्वपूर्ण पुस्तकों का प्रकाशन हुआ।

7. आलोचना के अन्तिम दिनों में डॉ. नगेन्द्र पश्चिमी साहित्य चिन्तन से प्रभावित होने लगे। इसका प्रमाण 'काव्य-बिम्ब', 'नयी समीक्षा नये सन्दर्भ', 'शैली-विज्ञान', 'मिथक और साहित्य का समाजशास्त्र' आदि जैसे नये विषयों के रूप में उभरकर आया। यद्यपि विषयों का चिन्तन उनके अपने व्यक्तिगत चिन्तन से मेल नहीं खाता था, लेकिन इसके माध्यम से वे पश्चिम के सिद्धान्तकारों के मर्म को समझने में सफल हुए। और जहाँ आवश्यकता पड़ी उसका उपयोग वे भारतीय सन्दर्भ में भी करने से नहीं चूके।

8. समकालीन साहित्य पर भी उन्होंने खूब लिखा। नयी कविता, नयी समीक्षा, जैसे नये विषय उठाकर के भी उन्होंने हिन्दी आलोचना दृष्टि को समृद्ध करने का काम किया।

निष्कर्ष रूप में हम कह सकते हैं कि डॉ. नगेन्द्र हिन्दी आलोचना के उन आधार-स्तम्भों में से एक थे जिन्होंने अपनी कर्मपरायणता, अनुशासन से न सिर्फ़ हिन्दी आलोचना को समृद्ध किया अपितु कई ऐसी सैद्धान्तिक और व्यावहारिक समीक्षाओं को जन्म दिया जिसमें भारतीय तथा पश्चिमी दर्शनों का प्रभाव सामंजस्य पूर्ण दिखाई देता है।

2

हिन्दी गद्य की अन्य विधाएँ

1. ललित निबन्ध

हिन्दी गद्य विधाओं को मूलतः दो भागों में विभाजित किया जाता है। पहला मुख्य और दूसरा गौण। मुख्य विधाएँ हैं–नाटक, एकांकी, ललित निबन्ध, निबन्ध, कहानी, उपन्यास, समालोचना। गौण विधाओं में जीवनी, आत्मकथा, यात्रावृत्त, रेखाचित्र, संस्मरण, पत्रविधा, साक्षात्कार आदि आते हैं। हिन्दी साहित्य के इतिहास में इस गद्य विधा का विकास भारतेन्दु युग से ही देखने को मिल गया था। भारतेन्दु हरिश्चन्द्र ने स्वयं कई विधाओं में अपना हाथ आजमाया जिसमें नाटक, उपन्यास, निबन्ध आदि महत्त्वपूर्ण थे।

ललित निबन्ध को निबन्ध का ही एक प्रकार माना जाता है। इस विधा का विकास भी आधुनिक हिन्दी गद्य साहित्य के विकास के साथ ही देखने को मिलने लगता है। भारतेन्दु हरिश्चन्द्र, प्रतापनारायण मिश्र, सरदार पूर्ण सिंह, बालमुकुन्द गुप्त, पुन्नालाल पदुमलाल बख्शी आदि के निबन्धों में इस विधा का पूर्वाभ्यास दिखाई देने लगता हैं, लेकिन एक व्यवस्थित और महत्त्वपूर्ण विधा के रूप में इसकी पहचान सबसे पहले आचार्य हजारी प्रसाद द्विवेदी के निबन्धों में दिखाई पड़ती है। 'अशोक के फूल', 'कुटज 'और 'कल्पलता' संकलनों के निबन्ध में सबसे पहले इस विधा का विधिवत् विकसित रूप देखने को मिलता है। इसीलिए आचार्य हजारी प्रसाद द्विवेदी को ही हिन्दी साहित्य का पहला विधिवत् ललित निबन्धकार माना जा सकता है। बाद में कुबेरनाथ राय, विद्यानिवास मिश्र, विवेकी राय, परिचय दास आदि के निबन्ध भी ललित निबन्ध की शैली में ही लिखे गये।

ललित का सीधा सम्बन्ध लालित्य से होता है। लालित्य से तात्पर्य उस सौन्दर्य से होता है जिसके माध्यम से किसी भी विषय-वस्तु को पूरी कलात्मकता, सौन्दर्य-बोध और भावनात्मकता के साथ प्रस्तुत किया जाता हो। ऐसे निबन्धों का भावनात्मक लगाव होने के कारण आत्मपरकता भी अधिक होती है। ललित निबन्धों की विशेषता यह होती है कि इसमें भाव-पक्ष सबसे अधिक महत्त्वपूर्ण होता है।

बुद्धि की जगह हृदय को अधिक महत्त्व दिया जाता है। भावनात्मकता से तात्पर्य यह नहीं है कि इसमें वैचारिकता का समावेश नहीं होता। वैचारिकता इन निबन्धों में मौजूद तो होती है। लेकिन भावनात्मक पक्ष के आगे इसकी उपस्थिति गौण होती है। संक्षेप में कहें तो "जब किसी निबन्ध को व्यक्तिगत चिन्तन, आत्मानुभूति और भावनात्मक लगाव के माध्यम से प्रस्तुत किया जाता है। तो उसे ललित निबन्ध कहते हैं।" लोकजीवन से लगाव, कल्पना, स्वच्छन्दता और रोचकता ललित निबन्ध के अन्य महत्त्वपूर्ण गुण है।

आचार्य हजारी प्रसाद द्विवेदी

ललित निबन्ध लेखन में आचार्य हजारी प्रसाद द्विवेदी का वही स्थान है जो उपन्यास लेखन में प्रेमचन्द्र का। इनके निबन्धों में गम्भीरता के साथ-साथ वह सहजता भी दिखाई देती है। जिसमें किसी तरह के ज्ञान का आतंक नहीं दिखाई देता। जैसा कि उन्होंने स्वयं अशोक के फूल की व्याख्या करते हुए कहा है कि "पण्डिताई एक बोझ है जब यह जीवन का अंग हो जाती है तो सहज हो जाती है"।

आचार्य द्विवेदी के निबन्धों की एक खासियत यह भी है कि वे 'निबन्धों को स्वाधीनता की उपज मानते हैं।" निबन्धों में मनुष्य को केन्द्र में रखते हैं। इसे वह कोई अमूर्त वस्तु नहीं मानते बल्कि यह मानते हैं कि "इसी पशुवत समाज से उस मनुष्य का उदय होता है। जो विचारशील होता है लेकिन भावनात्मकता उसका स्वाभाविक गुण है।" 'कल्पलता' नामक निबन्ध में लिखते हुए कहते हैं कि "यदि मनुष्य में विवेक जागृत नहीं हो सका। यदि उसमें समता, उदारता एवं संवेदनशीलता का विकास नहीं हो सका। तो उसे पशु से अधिक भिन्न नहीं समझा जाना चाहिए"।

भारतीय संस्कृति के प्रति लगाव इनके निबन्धों की दूसरी बड़ी विशेषता है। इसके प्रति वे अपना मोह नहीं छोड़ पाते। वह धर्म, दर्शन, ज्योतिष जैसे गूढ़ विषयों को भी अपने निबन्धों का आधार बनाते हैं। लेकिन इसके माध्यम से वे एक ऐसी सांस्कृतिक यात्रा पर ले जाते हैं। जिससे मनुष्य के स्वाभाविक गुण और अभिलाषा का पता चलता है। उदाहरण के लिए 'नाखून क्यों बढ़ते हैं' निबन्ध में एक छोटी सी बच्ची की जिज्ञासा का उत्तर देने के लिए वे लाखों वर्षों पुरानी मनुष्य की ऐतिहासिक सभ्यता में घुस जाते हैं और इसके माध्यम से भारतीय साहित्य और संस्कृति का पूरा लेखा-जोखा प्रस्तुत कर देते हैं। इतना ही नहीं 'देवदारु', 'अशोक के फूल', 'कुटज' जैसे पौधों को आधार बनाकर भी एक पूरी साहित्यिक और सांस्कृतिक यात्रा की झाँकी किस प्रकार से प्रस्तुत की जा सकती है। यह कोई द्विवेदीजी से सीखे।

द्विवेदीजी के निबन्धों की तीसरी सबसे महत्त्वपूर्ण विशेषता यह है कि इनमें कबीर की वह फक्कड़ता है, जो किसी भी तरह के गम्भीर और बौद्धिकता के उस

ताने–बाने को तोड़ देती है। जिसके सामने मनुष्य का भावनात्मक लगाव आड़े आ जाता है। अपनी भावनात्मक विचारों को वे जिस तरह से एक–एक करके क्यारियों में रोपते चले जाते हैं। उससे लगता है कि वे एक सामान्य व्यक्ति ही नहीं, बल्कि एक ऐसे साधक भी है। जिसमें न सिर्फ़ भाषा का वह प्रवाह है बल्कि भावों और विचारों की वह रूपरेखा भी है। जिसके धरातल पर ललित निबन्धों की पूरी दुनिया टिकी हुई है। यही कारण है कि वे व्यंग्य जैसी विधा को भी इतनी सहजता से अभिव्यक्त कर देते है कि सामने वाला कसमसाकर भले रह जाता हो, लेकिन कुछ बोल नहीं पाता। जैसा कि वे व्यंग्य को स्पष्ट करते हुए लिखते है "व्यंग्य वह है जिसमें कहने वाला अधरोष्ठों पर मुस्कुरा रहा हो और सुनने वाला तिलमिला उठा हो।"

पण्डित विद्यानिवास मिश्र

ललित निबन्धों की शृंखला को आगे बढ़ाने एवं आचार्य हजारी प्रसाद द्विवेदी की परम्परा को विकसित करने में जिस व्यक्ति का योगदान सर्वाधिक रहा है उसमें पण्डित विद्यानिवास मिश्र का नाम प्रमुखता से लिया जाता है। इनकी विशेषता यह है कि ये लोकजीवन के विषयों को पूरे मनोयोग से उठाते हैं। लेकिन पशि्चमी संस्कृति का अन्धानुकरण और आज के मनुष्य के खोखलेपन को कोसने से अपने को नहीं रोक पाते। इनके प्रमुख निबन्धों में 'तुम चन्दन हम पानी', 'बंजारा मन', 'मैंने सिल पहुँचाई', 'बसन्त आ गया पर कोई उत्कण्ठा नहीं', 'मेरे राम का मुकुट भीग रहा है', 'छितवन की छाँह' 'कदम्ब की फूली डाल' आदि प्रमुख है।

मिश्रजी के निबन्ध इतिहास, संस्कृति, भारतीय पुरातत्व, भारतीय अध्यात्म और दर्शन की गहरी समझ को अभिव्यक्त करते है। इससे जुड़े हुए ज्ञान और बोध को उन्होंने युगीन परिवेश से जोड़ते हुए समाज का चित्रण किया है। 'आँगन का पक्षी' निबन्ध में उन्होंने वंश परम्परा और मिट्टी के बोध के साथ प्रकृति के सह–अस्तित्व का जिस प्रकार से वर्णन किया है, वह अद्वितीय है।

लोकजीवन, लोक–दर्शन और लोकमाटी की गन्ध उनके निबन्धों की विशेषता है। समसामयिक विषयों को अपने निबन्धों का आधार बनाते हुए वे जीवन की उन तमाम असमानताओं को अपने निबन्धों में शामिल करते हैं जो समाज के एक बड़े वर्ग को प्रभावित करती हैं। रीति–रिवाज, त्यौहार, नाते–रिश्ते को निबन्धों से जोड़ते हुए वे सम्बन्धों का एक ऐसा लोक–दर्पण प्रस्तुत करते हैं। जिससे समाज की विडम्बना अपने आप बाहर आ जाती है। उदाहरण के लिए "इंटेलेक्चुअल भैया राखी का दिन बीत गया। तुम्हें राखी बँधवाने की फुरसत न मिली। तुम चले गये, तब से इस दिनों की बाट जोह रही थी। तुम राखी बँधवाने भी उसी भीने भाव से आओगे, पर तुम नहीं आये"।

पण्डित मिश्रजी के निबन्धों में भारतीय लोकजीवन एवं किसानी गन्ध का जो समावेश दिखाई देता है। उससे इनकी जड़ों से जुड़े होने की प्रकृति का पता चलता है। इन्होंने अपने निबन्धों में विन्ध्य प्रदेश के लोक संस्कृति पर आधारित गीत 'धनवा पियर भइले, मनवा पियर भइले' निबन्ध में जिस ग्रामीण अंचल की दुर्दशा और किसानों की दयनीय स्थिति का जिक्र किया है वह अपने-आप में बेजोड़ है। ऐसी स्थितियों को उठाते हुए वे स्थानीय शब्दों और भाषाओं का प्रयोग करना भी नहीं भूलते। डोलची, रपटा, लकुची, बेनवा, धमाचौकड़ी, खटिया आदि शब्द लोकभाषा को समृद्ध करते हैं। भोजपुरी, अवधी, बघेली के मिश्रण के साथ वह हिन्दी की जिस जातीय गन्ध को अभिव्यक्त करते हैं इसे ही आचार्य रामचन्द्र शुक्ल हिन्दी भाषा की जातीयता का नाम देते है।

कुबेरनाथ राय

आचार्य हजारी प्रसाद द्विवेदी और पण्डित विद्यानिवास मिश्र के साथ ललित निबन्धकारों की श्रेणी में जो तीसरा सबसे प्रमुख नाम आता है वह कुबेरनाथ राय का है। ये तीनों मिलकर ललित निबन्धकारों की एक त्रयी का निर्माण करते हैं। कुबेरनाथ राय के संस्कार लेखन के मामले में भले ही परम्परावादी रहे हो, लेकिन उनकी दृष्टि मौलिक और आधुनिक है। 'प्रिया नीलकंठी', 'रस-आखेटक', 'महाकवि की तर्जनी', 'विषाद योग', 'अन्धकार में अग्निशिखा', 'स्वर्ण मुकुट', 'गन्ध मादन', 'कामधेनु', 'किरण सप्तपदी' 'चित्र-विचित्र', 'कीचक', 'दर्पण विश्वासी' आदि इनके प्रमुख निबन्ध है।

रायजी अपने निबन्धों में समसामयिक विषयों को उठाते हुए समाज के उस राजनीतिक, आर्थिक और सामाजिक परिवेश को भी प्रस्तुत करने का प्रयास करते हैं। जिससे आज हमारा परिवेश प्रभावित है। सांस्कृतिक-बोध और लोकसमाज की समझ होने के बावजूद वे आज के आधुनिक बोध से भी अपने आप को अलग नहीं कर पाते। जिससे आज की समस्याओं का हल निकलना है। 'गंध मादन', 'रस आखेटक' ऐसे ही निबन्ध हैं जिसमें सांस्कृतिक चेतना भरपूर है, लेकिन सामाजिक समस्याओं को भी इसका आधार बनाया गया है।

युगबोध कुबेरनाथ के निबन्धों की एक बड़ी विशेषता है। वे आत्मकथात्मक शैली का सहारा लेते हुए युवा आक्रोश और समाजवाद के उन प्रश्नों को भी उठाने की कोशिश करते हैं जिससे समाज आप्लावित है। वैयक्तिकता का समावेश इनके निबन्धों की दिखाई देता है। 'सिंहद्वार का कवि प्रेत' और 'होमर-आत्मकथ्य' इनके ऐसे ही निबन्ध है।

कथन में ये अभिधा और व्यंजना की जगह लाक्षणिकता का उपयोग करते हैं। इसीलिए उक्तियों का सहारा लेते हैं। अलंकारिकता इनके निबन्धों की दूसरी

बड़ी विशेषता है। अलंकारिकता के साथ रोचकता, लाक्षणिकता, प्रतीकात्मकता इनके निबन्धों के अन्य लक्षण हैं। भाषा संस्कृतनिष्ठ है। जिसमें हिन्दी, उर्दू फारसी और अंग्रेज़ी के शब्दों का भी प्रयोग किया गया है। उदाहरण के लिए, गुनगुनाना, ऊलजलूल, अशर्फी, बेफ्रिक, टाइम आदि। कुल मिलाकर कुबेरनाथ राय एक ऐसे निबन्धकार है जिनके निबन्धों में रोचकता के साथ-साथ काव्यात्मक-बोध को बनाये रखने के लिए बिम्बों और प्रतीकों का प्रयोग किया गया है, जिससे निबन्ध साहित्य में लोगों की अभिरुचि न सिर्फ़ बनी रहे बल्कि एक महत्त्वपूर्ण विधा के रूप में स्थापित भी हो सके।

आचार्य हजारी प्रसाद द्विवेदी, पण्डित विद्यानिवास मिश्र, कुबेरनाथ राय के बाद ललित निबन्ध की धारा को विकसित करने में जिन अन्य लोगों का महत्त्वपूर्ण योगदान रहा है उनमें अज्ञेय, प्रभाकर माचवे, धर्मवीर भारती, शिवप्रसाद सिंह, रामवृक्ष बेनीपुरी, विवेकी राय का नाम प्रमुखता से लिया जाता है। आचार्य द्विवेदी की तरह धर्मवीर भारती के निबन्धों में भी पाण्डित्य का बोझ नहीं है। कोई आडम्बरयुक्त भाषा का प्रयोग नहीं करते हैं, लेकिन अपनी गम्भीरता को कहीं खत्म नहीं होने देते। 'ठेले पर हिमालय' 'पश्यन्ति', 'कहनी-अनकहनी' उनके प्रमुख निबन्ध हैं। इसी तरह शिवप्रसाद सिंह के निबन्ध 'शिखरों के सेतु' लक्ष्मीकान्त का निबन्ध 'मैंने कहा' विवेकीराय का 'फिर बैतलवा डाल पर' और 'मनबोध मास्टर की डायरी' ने एक ललित निबन्धकार के रूप में इन सबकी पहचान बनाई।

2. रेखाचित्र

'रेखाचित्र' शब्द का निर्माण अंग्रेज़ी के 'स्कैच' शब्द से हुआ है। 'स्कैच' के माध्यम से जैसे किसी विषय-वस्तु का चित्रण किया जाता है, ठीक वैसे ही चित्रात्मक शब्दों के माध्यम से जब किसी विषय-वस्तु का विवेचन किया जाता है तब रेखाचित्र का निर्माण होता है अर्थात् जब किसी विषय-वस्तु और व्यक्ति के व्यक्तित्व को उसके सम्पूर्ण रूप में पाठकों के सामने प्रस्तुत कर दिया जाता है तब वही रचना रेखाचित्र कहलाने लगती है। रेखाचित्र प्रायः वही व्यक्ति लिख सकता है जिसका किसी घटना अथवा व्यक्ति से नजदीक का रिश्ता रहा हो अथवा उससे बहुत प्रभावित रहा हो।

रेखाचित्र को लिखते समय एक लेखक की भूमिका वही होती है जो भूमिका चित्रकला बनाते समय एक चित्रकार की होती है। मसलन जब किसी भी व्यक्ति, वस्तु, घटना, स्थान, और दृश्य को देखकर के पाठकों के मन के अनुसार एक चित्रकार कोई कलात्मक चित्र बना दे, जिसको पढ़कर के कोई भी पाठक अपने-आप को वहाँ उपस्थित महसूस करने लगे तब वही कथानक रेखाचित्र कहलाता है। रेखाचित्र में शब्दों का सजीव और यथार्थ होना आवश्यक है। मर्मस्पर्शिता, जीवन्तता, प्रभावशीलता के साथ-साथ यथार्थता रेखाचित्र की महत्त्वपूर्ण

विशेषताएँ हैं। संस्मरण की तरह रेखाचित्र का भी कहानी से निकट का सम्बन्ध होता है। कहानी की तरह रेखा में भी घटना के प्रभाव का विशेष ध्यान रखा जाता है। कथा में 'नरेशन' और 'पात्र' का संवाद बहुत ही महत्त्वपूर्ण होता है। यही कारण है कि कहानी और रेखाचित्र में अन्तर कर पाना कई बार बहुत मुश्किल होता है। कहानी जैसी गम्भीरता और कथात्मकता का अभाव रेखाचित्र में होता है। रेखाचित्र बहुत हद तक किसी विषय-वस्तु या व्यक्ति के जीवन चित्र के लगभग कवि माने जाते हैं। इसीलिए इसमें स्थापत्य था वस्तुनिष्ठता, समग्रता का होना आवश्यक है। रचनाकार की भावना और कल्पना को रेखाचित्र में बहुत महत्व दिया जाता है।

हिन्दी में रेखाचित्र लेखन की परम्परा बहुत पुरानी है, लेकिन सर्वप्रथम एक अलग विधा के रूप में इसकी पहचान आधुनिक काल में बनी। बीसवीं शताब्दी से पूर्व पद्य साहित्य में रेखाचित्र लिखने की चेष्टा की गयी और उसके साथ ही वस्तु, व्यक्ति, घटना का निरूपण चित्रात्मक शैली में किया गया, लेकिन एक स्वतन्त्र विधा और शैली के रूप में इसका विकास आधुनिक काल में हमें द्विवेदी युग में देखने को मिलता है रेखाचित्र को स्वतन्त्र विधा के रूप में स्थापित करने का श्रेय पद्म सिंह शर्मा कृत 'पद्म पराग' को जाता है। 'पद्म पराग' में संस्मरणात्मक निबन्धों को रेखाचित्र की शैली में प्रस्तुत किया गया है। श्रीराम शर्मा के रेखाचित्रों का प्रथम संग्रह 'बोलती प्रतिमा' (1937) में प्रकाशित हुआ। इसकी विशेषता यह है कि इसमें समाज के निम्नवर्ग के पात्रों का सजीव चित्रण हुआ है। तत्पश्चात रामवृक्ष बेनीपुरी की 'माटी की मूरतें' (1953) 'लाल तारा' (1958) और 'गेहूँ और गुलाब' (1950) का प्रकाशन हुआ। 'गेहूँ और गुलाब' में उन्होंने प्रतीकों के माध्यम से जीवन में उपयोगिता के साथ-साथ सौन्दर्यबोध की महत्ता की प्रतिष्ठा की। 'माटी की मूरतें' ग्रह में इन्होंने समाज के उपेक्षित पात्रों को गढ़कर नायक का दर्जा दे दिया। उदाहरण के लिए 'रजिया' नामक रेखाचित्र के माध्यम से निम्नवर्ग की एक बालिका को जीवन्त कर दिया। इस संग्रह के अन्य रेखाचित्रों के नाम 'बलदेव सिंह', 'मंगर', 'बालगोबिन भगत', 'बुधिया', 'सरजू भैया' आदि है। इन रेखाचित्रों की श्रेष्ठता का अनुमान मैथिलीशरण गुप्त के इस कथन से लगाया जा सकता है, "लोग माटी की मूरतें बनाकर सोने के भाव बेचते हैं पर बेनीपुरी सोने की मूरतें बनाकर माटी के मोल बेच रहे हैं।"

रेखाचित्र लेखन में बनारसीदास चतुर्वेदी का नाम भी उल्लेखनीय है। इनकी शैली सरस और व्यंग्यपूर्ण है। रेखाचित्र के सन्दर्भ में इनका कहना है कि, "जिस प्रकार एक अच्छा चित्र खींचने के लिए कैमरे का लेंस बढ़िया होना चाहिए और फिल्म भी काफी कोमल या सेंसिटिव, उसी प्रकार साफ चित्रण के लिए रेखाचित्रकार में विश्लेषणात्मक बुद्धि तथा भावुकतापूर्ण हृदय दोनों का सामंजस्य होना चाहिए। परदुःख कातरता, संवेदनशीलता, विवेक और सन्तुलन इन सब गुणों की आवश्यकता है।"

महादेवी वर्मा ने कविता के साथ-साथ रेखाचित्र के माध्यम से भी अपनी काव्यात्मक अभिव्यक्ति की। 'यामा', 'दीपशिखा', 'नीरजा' उनकी काव्यात्मक शैली के रेखाचित्र हैं। 'अतीत के चलचित्र' संस्मरणात्मक रेखा चित्रों का संग्रह है। महादेवी वर्मा पर मनोविज्ञान का भी प्रभाव है। इसकी झलक 'स्मृति की रेखाएँ' और 'अतीत के चलचित्र' में देखा जा सकता है। 'बिन्दा' अबोध बालिका के चित्र को प्रस्तुत करती हैं। जो एक पिंजरे में बन्द चिड़िया की तरह है। उसकी व्याख्या करना बहुत ही कठिन है। 'पथ के साथी' में इन्होंने अपने साथी साहित्यकारों के चित्रों को लिपिबद्ध किया है। महादेवी के रेखाचित्रों में शोषित, पीड़ित, दीन-हीन पात्रों, नारी, जीव-जन्तुओं को बहुत ही संवेदनशील और मार्मिक ढंग से प्रस्तुत किया गया है।

कन्हैयालाल मिश्र प्रभाकर की शैली भी रेखाचित्र लेखन में रामवृक्ष बेनीपुरी के समान ही सम्मान प्राप्त है। इन्होंने विविध विषयों के माध्यम से जीवन को प्रेरणा देने वाले रेखाचित्रों को लिखा है। 'भूले हुए चेहरे', 'बाजे पायलिया के घुंघरू', 'जिन्दगी मुस्काई', 'दीप जले शंख बजे', 'क्षण बोले कण मुस्काए', 'महके आँगन चहके द्वार' और 'माटी हो गयी सोना' इनके रेखाचित्र संग्रहों के नाम हैं।

बाद में प्रकाशचन्द्र गुप्त ने इस विधा को स्थापित करने के लिए 'रेखाचित्र' नाम से ही संकलन प्रकाशित कराया। इनके रेखाचित्रों की विशेषता यह है कि इन्होंने अपने विषयों को मनुष्य की परिधि से बाहर ले जाते हुए पेड़-पौधों तथा पशु-पक्षियों तक को अपने रेखाचित्रों में स्थान दिया।

विष्णु प्रभाकर के रेखाचित्र 'जाने-अनजाने', 'कुछ शब्द कुछ रेखाएँ' और 'हँसते निर्झर दहकती भट्टी' नाम से संकलित किये गये हैं। इनके रेखाचित्रों का कैनवास बड़ा है। सामाजिक सजगता के साथ मानवीय चित्र उकेरने में ये माहिर हैं। इन्हीं रेखाचित्रकारों में देवेन्द्र सत्यार्थी, डॉ. नगेन्द्र, विनयमोहन शर्मा, जगदीशचन्द्र माथुर आदि का नाम लिया जा सकता है। समकालीन हिन्दी साहित्य में इस विधा में बन्धनों की जकड़न थोड़ी शिथिल हुई है। यह विधा अपनी ही पूर्ववर्ती सीमाओं का लगातार अतिक्रमण कर रही है। जो इस विधा के भविष्य के लिए शुभ संकेत है।

विषय और शैली के आधार पर इनको कई भागों में वर्गीकृत किया जा सकता है। जैसे—संस्मरणात्मक, व्यंग्यात्मक, वर्णनात्मक और मनोवैज्ञानिक आदि।

किसी भी रेखाचित्र की जो कुछ विशेषताएँ हो सकती है। वे इस प्रकार हैं :

1. रेखाचित्र महज कोई चित्र नहीं अपितु किसी विषय, वस्तु, घटना, व्यक्ति आदि का संवेदनशील तरीके से विश्लेषण और विवरण है।
2. इसमें विस्तार नहीं, तीव्रता की ज़रूरत होती है।
3. इसके लेखन में लेखक का दृष्टिकोण और पारखी नजर बहुत महत्त्वपूर्ण होती है।

4. रेखाचित्र लेखक की विशेषता होती है कि वह कम-से-कम शब्दों में अधिक-से-अधिक चीजों का वर्णन कर सके।

5. रेखाचित्र लेखन में विषय-वस्तु का चुनाव एक महत्त्वपूर्ण बिन्दु है।

रेखाचित्र लेखन की विशेषताओं पर लिखते हुए डॉ. रामचन्द्र तिवारी लिखते हैं कि "रेखाचित्र में किसी व्यक्ति, वस्तु, स्थान, का वर्णन किया जाता है। यह पूर्णता तटस्थ-भाव से, निर्विकार और निडर ढंग से किया जाता है। रेखाचित्र में रेखा बोलती है। जिस प्रकार थोड़ी-सी रेखाओं का प्रयोग करके रेखाचित्रकार किसी व्यक्ति, वस्तु की विशेषता को उभार देता है। उसी प्रकार इसका लेखक कुछ थोड़े से शब्दों का प्रयोग कर किसी व्यक्ति, वस्तु, की मूलभूत विशेषता को सजीव कर देता है। रेखांकन करते समय वह अपने को तटस्थ रखने की चेष्टा करता है। वस्तु को ही महत्त्व देता है। जब घटना उभर आती है तो वह रंगों की चटक रेखाओं में डूब जाती है।" (हिन्दी गद्य का साहित्य, रामचन्द्र तिवारी, पृष्ठ-297)

कुल मिलाकर रेखाचित्र मानव और परिस्थितियों के आन्तरिक और बाह्य अन्तर का एक ऐसा अंकन है। जिसमें मार्मिकता, एकात्मकता और वस्तुनिष्ठता होना आवश्यक है। रेखाचित्र लिखते समय विषय, व्यक्ति ,स्थानीय परिवेश, किसी को भी माध्यम बनाया जा सकता है। इसमें काव्य के गुण होते हुए भी रचनाकार का व्यक्तिगत होना भी महत्त्वपूर्ण है, लेकिन इन सबके बीच आत्मपरकता और भावनात्मकता इसके नाक, कान और आँख हैं। कुल मिलाकर रेखाचित्र आधुनिक काल की एक ऐसी विधा है। जिसको पढ़कर कोई भी किसी भी व्यक्ति, वस्तु का मूल्यांकन बड़े आसानी से कर सकता है।

3. संस्मरण

संस्मरण अंग्रेज़ी के शब्द 'मोमोअयर' (Memoir) का हिन्दी अनुवाद है। जिसका अर्थ है किसी भी विषय-वस्तु का सम्यक (भली-भाँति) स्मरण करना (याद करना)। अर्थात् जब किसी घटना अथवा व्यक्ति की यादों को लेकर के किसी लेखक द्वारा उसका आत्मीय और तटस्थ होकर के विवेचन किया जाता है तो उसे संस्मरण कहते हैं। संस्मरण लिखते समय हमेशा इस बात का ध्यान रखा जाता है कि लेखक सम्बन्धित घटना अथवा व्यक्ति से व्यक्तिगत तौर पर जुड़ा हुआ है। मसलन जब लेखक उत्तम पुरुष के रूप में (मैं और हम) जैसे शब्दों का प्रयोग करते हुए अतीत की रोचक मधुर स्मृतियों को कल्पना की चासनी में यथार्थता की चादर को लपेटता चला जाता है। तो संस्मरण का जन्म होता है। समग्र रूप में कहे तो संस्मरण लेखक का एक ऐसा आत्मपरक इतिहास होता है जिसमें वह स्वयं संलिप्त होता है।

महादेवी वर्मा ने संस्मरण को परिभाषित करते हुए लिखा कि "संस्मरण में हम अपनी स्मृति के आधारों पर समय की धूल को पोंछकर उन्हें अपने मनोजगत के

निर्भ्रांत कक्ष में बैठाकर उनके साथ जीवित रहते हैं। और अपने आत्मीय सम्बन्धों को पुन:जीवित करते हैं। इस स्मृति मिलन में मानो हमारा मन बार-बार दोहराता है—हमें आज भी तुम्हारा अभाव है।"

संस्मरण को साहित्यिक निबन्ध की एक प्रवृत्ति भी माना जाता है। ऐसी रचनाओं को 'संस्मरणात्मक निबन्ध' कहा जा सकता है। संस्मरण लेखन में कथा का मुख्य पात्र लेखक स्वयं होता है। संस्मरण में लेखक जो कुछ स्वयं देखता, अनुभव करता है उसी का चित्रण करता है। लेखक की स्वयं की अनुभूतियाँ, परिस्थितियाँ और भावनाएँ संस्मरण में अन्तर्निहित होती हैं। इस दृष्टि से संस्मरण अनुभव आधारित निबन्धों का एक संकलन होता है। जो अपने आसपास के जीवन-दर्शन की व्याख्या अपने नजरिये से करता है। इसमें घटनाओं का जिक्र तो होता है, लेकिन ये घटनाएँ इतिहास के दायरे में नहीं आती, क्योंकि इसमें कल्पना का भी समावेश होता है।

उद्भव और विकास

संस्मरण एक आधुनिक विधा है। संस्मरण और रेखाचित्र में बहुत सूक्ष्म अन्तर है। कुछ विद्वानों ने तो इन दोनों विधाओं को एक-दूसरे की पूरक विधा भी कहा है। इसका उदय महावीर प्रसाद द्विवेदी द्वारा सम्पादित पुस्तक पत्रिका सरस्वती के प्रकाशन के साथ हुआ। द्विवेदीजी ने स्वयं 'सभा की सभ्यता' और 'अनुमोदन का अन्त' संस्मरण लिखकर के इस विधा का सूत्रपात किया। दूसरी तरफ कुछ विद्वानों का मानना है कि बालमुकुन्द गुप्त द्वारा 1907 में प्रताप नारायण मिश्र पर लिखी गयी रचना ही हिन्दी का पहला संस्मरण है। तत्पश्चात गुप्त जी द्वारा ही लिखा गया 'हरिऔध जी के संस्मरण' का प्रकाशन हुआ। इसको भी संस्मरण की श्रेणी का निबन्ध माना गया। इसमें हरिऔध को विषय बनाकर पन्द्रह संस्मरणों की रचना का संकलन प्रकाशित किया गया।

संस्मरण का प्रारम्भिक स्रोत 'सरस्वती' में ही देखने को मिला। जिसमें स्वयं महावीर प्रसाद द्विवेदी ने कई संस्मरण लिखे। लेकिन इसके पश्चात् कई लेखकों ने इस विधा में अपना हाथ आजमाया और यह विधा एक पापुलर विधा के रूप में हिन्दी साहित्य में स्थापित हो गयी। द्विवेदी युग के प्रमुख्य संस्मरण लेखकों में रामकुमार खेमका, काशीप्रसाद जायसवाल और श्यामसुन्दर दास का नाम सर्वप्रथम आता है। श्यामसुन्दर दास ने लाला भगवानदीन पर रोचक संस्मरण लिखे। जिसकी एक समृद्ध परम्परा आज भी समकालीन लेखकों द्वारा जारी है।

छायावाद काल में जिन संस्मरण लेखकों का नाम प्रमुखता से लिया जाता है उनमें पद्मसिंह शर्मा, महादेवी वर्मा और सूर्यकान्त त्रिपाठी 'निराला' का नाम शामिल है। पद्म सिंह शर्मा के संस्मरण 'प्रबन्ध मंजरी' और 'पद्म पराग' में संकलित हैं। कुछ लोगों का मानना है कि इन संकलनों में शामिल निबन्धों को रेखाचित्र की

श्रेणी में रखा जाना चाहिए। शर्माजी ने सत्यनारायण कविरत्न, महाकवि अकबर और भीमसेन शर्मा आदि पर संस्मरण निबन्ध लिखे। इनके संस्मरणों की विशेषता यह है कि ये अपने पाठकों को कहीं नीरस और उबाऊ होने नहीं देते। मनोरंजन का पुट पूरे निबन्धों में विद्यमान है।

'पथ के साथी' महादेवी वर्मा का सबसे प्रसिद्ध संस्मरण है। इसमें उन्होंने अपने जीवन के सबसे अनमोल पलों को संकलित किया है। निराला के 'बिल्लेसुर बकरिहा' और 'कुल्लीभाट' को संस्मरण का अनुपम उदाहरण माना जाता है। बिल्लेसुर के माध्यम से निराला ने अपने जीवन की पीड़ा और अनुभव को जिस तरह से व्याख्यायित किया है। वह अपने आप में अद्‌भुत है। व्यंग्य और सजीवता का ऐसा संयोग हिन्दी साहित्य में कम ही देखने को मिलता है। इलाचन्द्र जोशी कृत 'मेरे प्राथमिक जीवन की स्मृतियाँ' और वृन्दावनलाल वर्मा कृत 'कुछ संस्मरण' इस काल की अन्य उल्लेखनीय रचनाएँ हैं।

स्वतन्त्रता के बाद भी संस्मरण लेखन का कार्य अबाध चलता रहा। इस दौर में बनारसीदास चतुर्वेदी को संस्मरण लेखन के क्षेत्र में अपार सफलता मिली। इन्होनें 'संस्मरण' नामक नाम से लिखे संस्मरण में मानवीय पक्षों को जिस प्रबलता के साथ उभारा है वह अप्रतिम है। इनके संस्मरण पठनीयता और रोचकता के मामले में बेजोड़ है। शैली वर्णनात्मक है और भाषा सहज और सरल। उपेन्द्रनाथ अश्क का 'मंटो मेरा दुश्मन' भी संस्मरण लेखन का अपने ढंग का बेजोड़ संकलन है। इसने भी प्रकाशन होने के साथ ही आलोचकों का ध्यान अपनी और आकृष्ट किया। जगदीशचन्द्र माथुर ने 'दस तस्वीरें' और 'जिन्होंने जीना जाना' के माध्यम से अपने समय की घटनाओं और व्यक्तिगत अनुभवों की महत्त्वपूर्ण संस्मरणात्मक झाँकी प्रस्तुत की। कन्हैयालाल मिश्र प्रभाकर ने अपनी रचनाओं 'भूले हुए चेहरे' तथा 'दीप जले शंख बजे' के कारण महत्त्वपूर्ण संस्मरण लेखकों की श्रेणी में शामिल हो गये। बाद में डॉ. नगेन्द्र ने 'चेतना के बिम्ब' नाम से संस्मरण लिखा। इस दौर के अन्य संस्मरण लेखकों में प्रभाकर माचवे, विष्णु प्रभाकर, अज्ञेय और कमलेश्वर आदि का नाम भी प्रमुख्यता से लिया जाता है।

समकालीन संस्मरण लेखकों में जिस साहित्यकार ने अपना ध्यान सबसे अधिक खींचा उनमे डॉ. विश्वनाथ त्रिपाठी का नाम सबसे अधिक उल्लेखनीय है। इनके द्वारा नामवर सिंह पर लिखित संस्मरण 'हक अदा न हुआ' ने इस विधा को नयी ऊर्जा से भर दिया। बाद में 2004 में प्रकाशित 'नंगातलाई का गाँव' अपने गाँव के तालाब के माध्यम से गाँव की जो तस्वीर प्रस्तुत की। वह अपने ढंग का अनोखा संस्मरण है। यद्यपि उन्होंने इसे स्मृति आख्यान कहा है। समकालीन अन्य संस्मरण लेखकों में काशीनाथ सिंह, कान्तिकुमार जैन, राजेन्द्र यादव, रवीन्द्र कालिया, ममता कालिया अखिलेश का नाम भी प्रमुखता से लिया जा सकता है।

रेखाचित्र और संस्मरण में अन्तर

रेखाचित्र और संस्मरण में अन्तर करना बहुत ही मुश्किल है। दोनों की सीमा रेखा काफी हद तक एक-दूसरे से सटी हुई है। अक्सर उनकी विशेषताएँ इतनी मिली-जुली होती हैं कि अन्तर कर पाना बहुत ही कठिन काम है :

1. रेखाचित्र में मार्मिकता होती है, संस्मरण में आत्मीयता होती है।
2. रेखाचित्र घटना प्रधान होता है। संस्मरण व्यक्ति प्रधान होता है।
3. रेखाचित्र उपेक्षित, परिचित, साधारण व्यक्ति के असाधारण व्यक्तित्व पर आधारित होता है जबकि संस्मरण प्रायश्चित्त और असाधारण व्यक्ति के असाधारण व्यक्तित्व पर आधारित होते हैं।
4. रेखाचित्र में संवेदनात्मक दृश्य को लिखा जाता है लेकिन संस्मरण अक्सर श्रद्धा भाव से लिखा जाता है।
5. रेखाचित्र समाज के उपेक्षित व्यक्तियों के प्रति करुणा उत्पन्न करने के लिए लिखा जाता है जबकि संस्मरण समाज के उच्च वर्ग के लोगों के भीतर श्रद्धा भाव जगाने के लिए लिखा जाता है।

4. यात्रा वृत्तान्त

सम्पूर्ण मनुष्य जाति का इतिहास उसकी यायावरी का इतिहास रहा है। यायावरी को ही साधारण शब्दों में यात्रा-वृत्तान्त भी कहते हैं। यह अंग्रेजी के शब्द "Travelogue" का हिन्दी अनुवाद है अर्थात् जब कोई भी व्यक्ति किसी उद्देश्य, मनोरंजन और जानकारी के लिए एक स्थान से दूसरे स्थान के लिए जाता है। उसे ही यात्रा-वृत्तान्त कहते हैं। अपने जीवन काल में प्रत्येक आदमी कभी-न-कभी कोई-न-कोई यात्रा अवश्य करता है, लेकिन सृजनात्मक प्रतिभा के धनी लोग अपने यात्रा अनुभवों को जब पाठकों के समक्ष लेखन के माध्यम से प्रस्तुत कर देते हैं। उसी से यात्रा-साहित्य का निर्माण हो जाता है। यात्रा-साहित्य का उद्देश्य लेखक के यात्रा अनुभवों को पाठकों के साथ बाँटना और पाठकों को भी उन स्थानों की यात्रा के लिए प्रेरित करना होता है। स्थानों की प्राकृतिक सुन्दरता, उनकी विशेषता, सामाजिक संरचना, सांस्कृतिक सरोकार, वर्गों के साथ सह-सम्बन्ध, वहाँ की भाषा, रीति-रिवाज की जानकारी आदि देना भी इस साहित्य का लक्ष्य होता है। रामचन्द्र तिवारी के शब्दों में कहें तो "सामान्य वर्णनात्मक शैली के अतिरिक्त पत्र और रिपोर्ताज शैली में लिखे जाते हैं। इसलिए इनमें निबन्ध तथा संस्मरण आदि कई ग्रन्थों-रूपों का आनन्द एक साथ देखने को मिलता है।"

संसार में जितने भी बड़े यात्रा-वृत्तान्त लेखक रहे हैं। उन सबका उद्देश्य अलग-अलग रहा है। लेकिन अधिकतम लोगो का उद्देश्य घुम्मकड़ी स्वाभाव ही था।

प्राय: जितने भी बड़े यायावर रहे हैं उनकी अपनी मनोवृत्ति में साहित्य था। फाह्यान, ह्वेनत्सांग, इब्नेबतूता, मार्कोपोलो, अलबरूनी आदि सब किसी-न-किसी नयी चीज को देखने के लिए निकले थे। और कइयों ने तो एक पूरे देश की खोज कर डाली। घूमना ही उनके लिए प्रधान उद्देश्य रहा है, लेकिन जब कोई लेखक इसी यात्रा को अपने शब्दों में पिरो देता है और रुचिकर बनाये रखता है। तब यही यात्रा वर्णन यात्रा-वृत्तान्त की श्रेणी में आ जाता है।

भारतीय-संस्कृति में इस यायावरी संस्कृति की झलक कालिदास की रचना 'कादम्बरी' और 'हर्षचरित' में देखने को मिलती है। जिससे देश-प्रदेश के कई रूपों का वर्णन देखने को मिलता है। यह कालिदास के यायावरी प्रकृति का परिचायक भी है और उनकी उस लेखकीय प्रतिभा का भी जिसमे कालिदास प्रकृति जैसे विषय को आधार बनाकर इतनी सुन्दर कृति का जन्म दे देते हैं।

ऐसा माना जाता है कि इसका भी विकास पश्चात्य साहित्य के सम्पर्क में आने के बाद ही हुआ। इसमें भी निबन्धों के वे सारे गुण होते हैं। यथा--व्यक्तिपरकता, आत्मीयता और स्वछन्दता। एक निबन्धकार ज़िस तरह निबन्धों को अपने अनुभव और मानसिक स्थिति के साथ विस्तार देता है। ठीक उसी प्रकार एक यात्रा-विवरण लेखक भी अपने अनुभव को वैसे ही विस्तार देता है। इसमें लेखक संवेदना के पूरे भाव को संजोते हुए भी अपनी तटस्था बनाये रखता है। यात्रा लेखक की एक अपनी दुनिया होती है। उसकी एक अपनी मस्ती होती है। सोच भी वैसे ही उन्मुक्त होती है, जैसा उसका जीवन होता है। इसलिए लेखन में भी वही सारी बात उन्मुक्त ढंग से अभिव्यक्त होती है। राहुल सांकृत्यायन को हिन्दी यात्रा-वृत्तान्त लेखक का शिखर-पुरुष माना जाता है। उनका इस विषय पर कहना है है कि "घुमक्कड़पन एक धर्म है। एक बार जिसने इस धर्म को अपना लिया, उसे किसी बात की टेंशन और विश्राम नहीं होता है। आखिर में हड्डियाँ खटते ही बिखर जायेंगी।"

अन्य गद्य विधाओं की तरह यात्रा-साहित्य का आरम्भ भी भारतेन्दु-हरिश्चन्द्र से ही माना जाता है। उनके सम्पादन में निकलने वाली पत्रिकाओं में 'हरिद्वार', 'लखनऊ', 'जबलपुर', 'सरयूपार की यात्रा', 'वैद्यनाथ की यात्रा' और 'जनकपुर की यात्रा' आदि का प्रकाशन हुआ। इन यात्रा-वृत्तान्तों की भाषा व्यंग्यपूर्ण है। और शैली बड़ी रोचक और सजीव है। इस समय के अन्य यात्रा-वृत्तान्त लेखकों में दामोदर शास्त्री कृत 'मेरी पूर्व दिग्यात्रा' (सन् 1885), देवी प्रसाद खत्री कृत 'रामेश्वर यात्रा' (सन् 1893) का नाम उल्लेखनीय है।

बीसवीं सदी के आरम्भिक दशकों में यात्रा-वृत्तान्त लेखकों की एक नयी पीढ़ी सामने आयी। द्विवेदी युग में श्रीधर पाठक और राम लोचन पाण्डेय का नाम यात्रा-साहित्य लेखकों की सूची में जुड़ा। बाबू शिवप्रसाद गुप्त द्वारा रचित 'पृथ्वी प्रदक्षिणा' (सन् 1924) को हम बीसवीं सदी की आरम्भिक यात्रा-साहित्य में

महत्त्वपूर्ण स्थान दे सकते हैं। चित्रात्मकता इस वृत्तान्त का गुण था। संसार के अनेक स्थानों का बड़े ही रोमांचक ढंग से वर्णन किया गया है। इसके कुछ समय बाद ही स्वामी सत्यदेव परिव्राजक कृत 'मेरी कैलाश यात्रा' (सन् 1915) तथा 'मेरी जर्मन यात्रा' (सन् 1926) का प्रकाशन हुआ। विदेशी यात्राओं को आधार बनाकर जो यात्रा-साहित्य रचा गया, उनमें कन्हैयालाल मिश्र कृत 'हमारी जापान यात्रा' (सन् 1931), रामनारायण मिश्र कृत 'यूरोप यात्रा के छः मास' और मौलवी महेशप्रसाद कृत 'मेरी ईरान यात्रा' (सन् 1930) प्रमुख हैं।

इसके बाद 'राहुल सत्ता' राहुल सांकृत्यायन का यात्रा साहित्य में पदार्पण होता है। उनके आते ही यात्रा-वृत्तान्त ही उनके नाम का पर्याय बन गया। अपनी यायावरी प्रवृत्ति के लिए सम्पूर्ण साहित्य की दुनिया में विख्यात है। 'मेरी यूरोप यात्रा' 'मेरी तिब्बत यात्रा' 'गंगा से वोल्गा तक' 'हिमालय यात्रा', 'मेरी लद्दाख यात्रा', 'किन्नर देश में', 'रूस में 25 मास', 'तिब्बत में सवा वर्ष', 'मेरी यूरोप यात्रा', 'यात्रा के पन्ने', 'जापान, ईरान, एशिया के दुर्गम खण्डों में' आदि उनके प्रमुख यात्रा साहित्य है। एक बात और लद्दाख की यात्राओं में उन्होंने पूरे क्षेत्र को जिस ऐतिहासिक सांस्कृतिक और भौगोलिक वशिष्ठ के साथ प्रस्तुत किया है वह अपने आप में अप्रतिम है। गुणवत्ता और परिमाण की दृष्टि से इनके यात्रा-वृत्तान्तों की तुलना में कोई दूसरा लेखक कहीं नहीं ठहरता है। सन् 1948 में इन्होंने 'घुम्मकड़ शास्त्र' नामक ग्रन्थ की रचना की। जिससे यात्रा करने की कला को सीखा जा सकता है। इसके बाद शिवनन्दन का 'कैलाश दर्शन' गोपाल नेवटिया का 'नेपाल यात्रा', 'लंका यात्रा' और 'भूमण्डल यात्रा' का प्रकाशन हुआ।

राहुल सांकृत्यायन के बाद यात्रा-वृत्तान्त लेखन में कवि-कथाकार अज्ञेय का नाम बड़े सम्मान के साथ लिया जाता है। 'अरे यायावर रहेगा याद' (सन् 1953) और 'एक बूँद सहसा उछली' (सन् 1960) उनके द्वारा रचित प्रसिद्ध कृतियाँ हैं। 'अरे यायावर रहेगा याद' में जहाँ उन्होंने भारत भ्रमण का वर्णन किया है वहीं 'एक बूँद सहसा उछली में' उनकी विदेशी यात्राओं को शब्द-बद्ध किया है।

स्वातन्त्र्योत्तर भारत में भी खूब यात्रा-साहित्य का सृजन किया गया। इस दौर के अधिकतम यात्रा-वृत्तान्त संस्मरणनात्मक रहे, क्योंकि इस दौर के लेखकों ने संवेदनाओं, अनुभूतियों और व्यक्तिगत जीवन की घटनाओं को अधिक महत्त्व दिया। रामवृक्ष बेनीपुरी कृत 'पैरों में पंख बाँधकर' तथा 'उड़ते चलो उड़ते चलो', भगवत शरण उपाध्याय का 'वो दुनिया' और 'कलकत्ता से पेकिंग तक', अमृत राय का 'सुबह का रंग' यशपाल कृत 'लोहे की दीवार के दोनों ओर' प्रभाकर माचवे कृत 'गोरी नजरों में हम' उल्लेखनीय हैं।

बाद के दिनों में मोहन राकेश तथा निर्मल वर्मा भी एक बड़े यात्रा-वृत्तान्त लेखक के रूप में उभरे। इन्होंने सम्पूर्ण यात्रा-साहित्य को नये अर्थों से समन्वित किया।

मोहन राकेश द्वारा लिखित 'आखिरी चट्टान तक' में दक्षिण भारत का विस्तार से वर्णन किया गया है। वही निर्मल वर्मा ने 'चीड़ों पर चाँदनी' में यूरोपीय जीवन के चित्रों को विस्तार से उकेरा है। इन दोनों लेखकों की यात्रा साहित्य के वर्णन में इतिहास और संस्कृति के अनेक बिन्दुओं को व्यापक ढंग प्रस्तुत किया गया है। देशी-विदेशी दोनों सन्दर्भों को इस तरह से अभिव्यक्ति प्रदान की है कि पाठक इसको पढ़ते हुए कही ऊबता नहीं। रोचकता और नाटकीयता इसका गुण है।

समग्रत: कहा जा सकता है यात्रा-साहित्य लेखन के क्षेत्र में एक बड़ी विधा के रूप में प्रतिष्ठित हो चुका है। हिन्दी गद्य के साथ-साथ इसने भी पर्याप्त विकास किया है और एक लम्बी दूरी तय कर चुका है। विषयों की वैविध्यता और व्यापकता ने इसको एक नयी पहचान दी है। प्राय: सभी बड़े लेखकों ने इसे अपनी एक नयी विधा के रूप में अपनाया है और इस पर अपनी कलम चलाई है।

सन्दर्भ ग्रन्थ सूची

1. रामचन्द्र शुक्ल, हिन्दी साहित्य का इतिहास, नागरी प्रचारिणी सभा, काशी।
2. हजारी प्रसाद द्विवेदी, हिन्दी साहित्य की भूमिका, हिन्दी ग्रन्थ रत्नाकर कार्यालय, मुम्बई।
3. हजारी प्रसाद द्विवेदी, हिन्दी साहित्य का आदिकाल, बिहार, राष्ट्रभाषा परिषद्, पटना।
4. हजारी प्रसाद द्विवेदी, नाथ सिद्ध की बानियाँ, नागरी प्रचारिणी सभा, काशी।
5. नामवर सिंह, दूसरी परम्परा की खोज, राजकमल प्रकाशन, नयी दिल्ली।
6. पारसनाथ तिवारी (सं.) कबीर ग्रन्थावली, हिन्दी परिषद्, प्रयाग विश्वविद्यालय।
7. रामचरितमानस, गीता प्रेस, गोरखपुर।
8. सूर्यकान्त त्रिपाठी 'निराला', तुलसीदास, भारती भण्डार, इलाहाबाद।
9. रामचन्द्र शुक्ल, (सं.) जायसी ग्रन्थावली,नागरी प्रचारिणी सभा, काशी
10. हनुमान प्रसाद पोद्दार (सं.), विनय पत्रिका, गीता प्रेस, गोरखपुर।
11. परशुराम चतुर्वेदी (सं.), मीराबाई की पदावली, हिन्दी साहित्य सम्मलेन, इलाहाबाद
12. धीरेन्द्र वर्मा (सं.), सूरसागर सार, साहित्य भवन, इलाहाबाद।
13. नगेन्द्र, हिन्दी-काव्य की भूमिका, नेशनल पब्लिशिंग हाउस, नयी दिल्ली।
14. जगदीश गुप्त (सं.), रीति काव्य संग्रह, साहित्य भवन, इलाहाबाद।
15. जगन्नाथदास रत्नाकर (सं.), बिहारी रत्नाकर, ग्रन्थकार, बनारस।
16. विश्वनाथ प्रसाद मिश्र (सं.), भूषण, वाणी वितान, बनारस।
17. विश्वनाथ प्रसाद मिश्र (सं.), घनानन्द, वाणी वितान, बनारस।
18. रामविलास शर्मा, भारतेन्दु युग और हिन्दी भाषा की विकास परम्परा, राजकमल प्रकाशन, नयी दिल्ली।

19. उदयभानु सिंह, महावीर प्रसाद द्विवेदी और उनका युग, लखनऊ विश्वविद्यालय
20. रामविलास शर्मा, महावीर प्रसाद द्विवेदी और हिन्दी नवजागरण, राजकमल प्रकाशन, नयी दिल्ली।
21. अयोध्या सिंह उपाध्याय 'हरिऔध' प्रियप्रवास, हिन्दी साहित्य कुटीर, बनारस
22. नन्द दुलारे बाजपेयी, आधुनिक साहित्य, भारती भण्डार, इलाहाबाद।
23. रामविलास शर्मा, निराला की साहित्य साधना (3 खण्ड), राजकमल प्रकाशन, नयी दिल्ली।
24. शान्ति जोशी, सुमित्रानन्दन पन्त, जीवन और साहित्य (2 भाग), राजकमल प्रकाशन, नयी दिल्ली।
25. विशम्भर 'मानव', महादेवी की रहस्य साधना, लोकभारती प्रकाशन, इलाहाबाद।
26. गिरिजा राय, कामायनी की आलोचना प्रक्रिया, लोकभारती प्रकाशन, इलाहाबाद।
27. गोपाल राय (सं.) हिन्दी उपन्यास कोश (2 भाग), ग्रन्थ निकेतन, पटना।
28. दूधनाथ सिंह, निराला : आत्महन्ता आस्था, नीलाभ प्रकाशन, इलाहाबाद।
29. लक्ष्मण सिंह बिष्ट, प्रेमचन्द्र-पूर्व के कथाकार और उनका युग, रचना प्रकाशन, इलाहाबाद।
30. निर्मला जैन, हिन्दी आलोचना-बीसवीं शताब्दी, नेशनल पब्लिशिंग हाउस, नयी दिल्ली।
31. अज्ञेय, आत्मनेपद, भारतीय ज्ञानपीठ, काशी।
32. रामस्वरूप चतुर्वेदी, हिन्दी साहित्य और संवेदना का विकास, लोकभारती प्रकाशन, इलाहाबाद।
33. विश्वनाथ त्रिपाठी, हिन्दी साहित्य का संक्षिप्त इतिहास।
34. डॉ. नगेन्द्र, हिन्दी साहित्य का इतिहास।
35. डॉ. हरदेव बाहरी, हिन्दी भाषा।
36. डॉ. नामवर सिंह, छायावाद।
37. हजारी प्रसाद द्विवेदी, कबीर।
38. नामवर सिंह, कविता के नये प्रतिमान।
39. एन.सी.ई.आर.टी. के 11वी. क्लास के नोट।
40. राजेन्द्र यादव, एक दुनिया समनान्तर।

□□